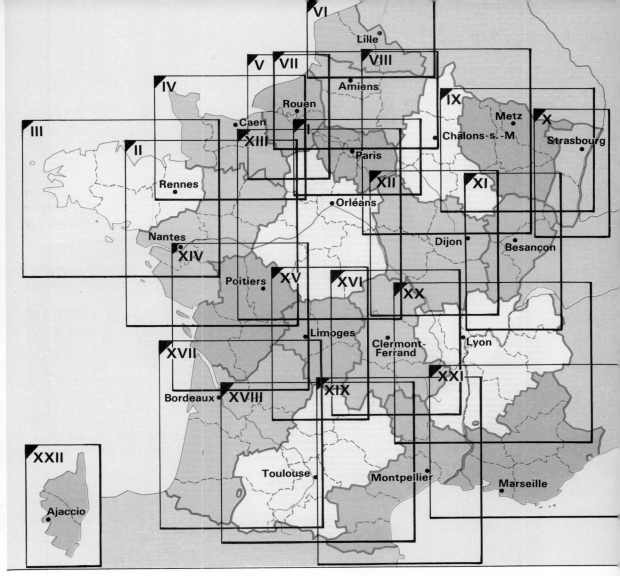

Table des régions

Le vieux Chartres, le pont sur l'Eure et la cathédrale.

La France, vous connaissez ?

par Maurice Le Lannou
Professeur au Collège de France
Membre de l'Institut

Et si la France, de toujours réputée attrayante, même à l'époque où les hommes bougeaient peu, s'avisait d'exploiter mieux encore, en conviant plus attentivement à l'itinéraire français les foules voyageuses de plus en plus denses de notre temps, les prestiges qu'elle tient de la nature et de l'Histoire ? Précaires paradis touristiques d'aujourd'hui, Acapulco, la Thaïlande, les Seychelles tirent parti d'un engouement fait d'un désir d'évasion, qui est une trahison culturelle, ou d'une gloriole, qui a le ridicule des modes. Combien plus solide et plus enrichissant est l'avoir d'un grand pays – il vient en Europe pour la superficie, au deuxième rang, après la Russie – comme le nôtre, si fourni de sites, de paysages, de monuments, de spectacles humains, et si expressif de toute une civilisation ! Encore faut-il que l'inventaire en soit présenté, sans vains discours, en un assemblage commode de notices instructives nourries aux sources les plus sûres, facile à feuilleter, pourvu d'images et d'un texte sans confusion et ne laissant au lecteur que le minimum de perplexité. J'ai défini là un bon guide. Ce guide : le voici.

On dira qu'il en existe de nombreux et de consacrés. Mais les patrimoines culturels et touristiques sont, malgré l'apparence, bien loin d'être immobiles et commentés une fois pour toutes. Et d'autre part, les grands mouvements actuels du monde, loin de faciliter leur accès, tendent proprement à les mettre à l'écart et comme à les enfouir dans l'oubli. Bien qu'elle ait pris quelque retard sur ce point, voici la France découpée par un réseau d'autoroutes et de voies express où le touriste curieux, avide de contempler et de s'instruire, ne trouve guère son compte, tant ces grands chemins, établis sur une toute autre échelle des distances et un tout autre calcul du temps, sont comme surimposés aux vieux réseaux des routes, comme indifférents aux paysages et véritablement destructeurs d'une civilisation. Comment attendre aide et repère d'une signalisation qui vous impose de tourner à droite pour atteindre un pays, un château, une église dont vous imaginez qu'ils se situaient à une lieue ou deux sur la gauche ? L'autoroute désoriente, car elle néglige la géographie, méprise l'Histoire et n'a de règle que le tourbillon. Combien risibles me paraissent les images stylisées que des panneaux signalisateurs, le long de certaines de ces artères, proposent, assez grosses pour qu'elles puissent être déchiffrées par l'automobiliste le plus rapide, assez schématisées pour que le plus ignorant garde une chance d'en retenir quelque chose, pourtant assez naïves, souvent, et obscures, pour ne lui en laisser aucune : un épi de blé, vous avez là la Beauce ; une grappe de raisin, voici le vignoble (on ne le voit pas, mais c'est la direction) ; un veau, c'est la Bresse, un poulain, le Perche ; un clocher ? par là se trouve Cluny, ou Chartres... N'y a-t-il pas lieu de demander à un guide de vous remettre en meilleur contentement de l'esprit et... sur un droit chemin ?

J'ajouterai que, pour achever de désorienter le voyageur et de le brouiller avec les temps et avec les lieux, l'Etat technocratique moderne, soucieux de gestion de croissance, d'alignement sur quelque communauté économique de dimension supérieur (l'Europe, le monde...), a bouleversé les cadres traditionnels où s'inscrivaient précisément ces sites, ces paysages et ces monuments qui font l'enchantement du touriste conscient. Tout cela, curieusement, par le biais d'un découpage « régional » qui taille dans le vif et débaptise les lieux sans vergogne ni prudence. Allez-vous y reconnaître : le château nantais de notre duchesse et reine Anne n'est plus en Bretagne, Orléans a quitté les bords de Loire. Il ne faut plus compter que les dénominations officielles vous aident à vous y retrouver dans le passé subtil de nos provinces, ni dans la géographie de vos loisirs et de vos sécurités ; les toponymies elles-mêmes sont bouleversées, et je sais déjà des sites et des lieux qui ont changé de noms. Un guide vous sera utile pour vous conduire, si vous tenez à une patrie, dans son présent et dans son passé.

J'aurais scrupule à ajouter, tant l'évidence s'impose, de quelle richesse est la nôtre, et à quels soins a dû s'attacher le maître d'œuvre de cet ouvrage. La France est, dans sa structure physique et dans son relief, un condensé de tout le continent européen. En elle viennent se rassembler en un faisceau tous les constituants de l'Europe, des plaines graveleuses ou limoneuses et des brumes du Nord aux arabesques lumineuses de la Méditerranée, par le chapelet des vieilles montagnes rabotées qui se projettent sur l'Océan Atlantique dans l'étonnante péninsule armoricaine, et par l'alignement des montagnes jeunes qui, des Alpes au Pyrénées, dressent, entre le domaine des forêts et celui des glaces, leurs alpages, leurs névés et leurs pics. En elle voisinent, des volcans aux plaines abritées, des rugueux « abers » bretons aux vastes deltas et aux larges estuaires, les témoignages des épisodes géologiques si variés qui firent notre territoire. En elle se rapprochent des climats contrastés, du « sombre éclat de la Méditerranée » dont parlait, je crois, Vidal de la Blache, aux ciels tumultueux et doux de l'Armorique, chers à Renan. Sur son pourtour viennent se mélanger quatre mers.

Mais que dire de l'Histoire ! Vingt peuples se sont réunis dans l'hexagone, dont certains revendiquent encore avec force leur originalité. Vingt héritages de civilisation s'y sont confondus. Du mégalithe de Carnac ou des grottes de la Vézère à Beaubourg, que de chemins rompus et, dans le même temps, continus, par Vézelay, Chartres et Chambord ! Le tout dans une harmonie où foisonnent les contrastes, dans un environnement – j'entends par là les paysages naturels, les ciels, les champs cultivés, les habitats, les monuments et les coutumes – qui rend lisible les lieux, intelligible l'Histoire, et donne, par une sorte de nécessité, l'amour des pays, des hommes et du voyage.

M. L.L.

Sourire charmant de cette jeune bretonne portant fièrement la coiffe « bigouden » aux fêtes de Cornouailles du mois de juillet à Quimper.

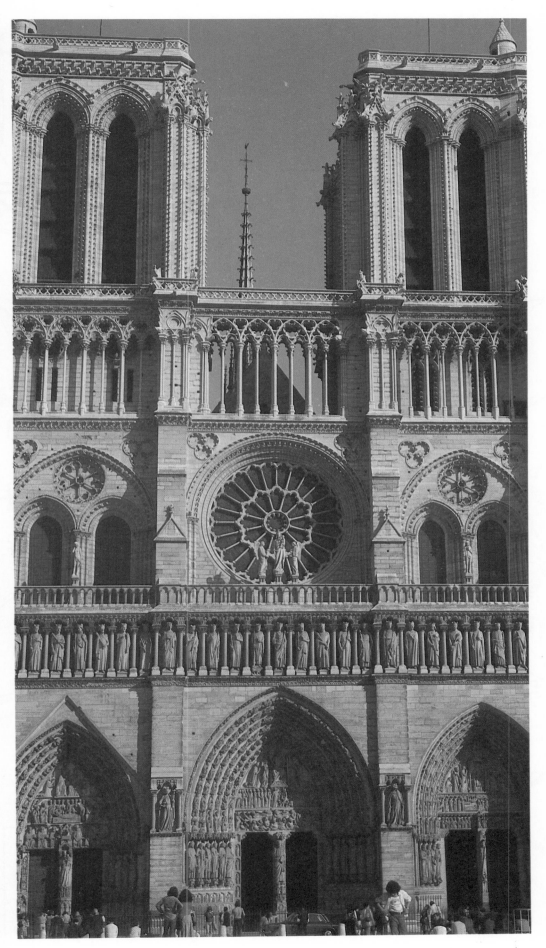

Notre Dame de Paris, une présence, une âme, au cœur de la ville.

RÉGION PARISIENNE (I)

1 - St OUEN-l'AUMÔNE
2 - CONFLANS-STE HONORINE
3 - ENGHIEN-LES-BAINS
4 - SARCELLES
5 - GOUSSAINVILLE
6 - MAISONS-LAFFITTE
7 - SARTROUVILLE
8 - SAVIGNY-S.-ORGE
9 - STE-GENEVIÈVE-DES-BOIS
10 - MONTGERON

75 - PARIS
77 - SEINE-ET-MARNE
78 - YVELINES
91 - ESSONNES
92 - HAUTS-DE-SEINE
93 - SEINE-ST DENIS
94 - VAL-DE-MARNE
95 - VAL-D'OISE

0   25 km

Ile-de-France

I

12 002 km² — 10 073 059 habitants

Départements	Superficie en km²	Population
75 Paris	108	2 176 570
77 Seine-et-Marne	5 917	887 112
78 Yvelines	2 271	1 196 111
91 Essonnes	1 802	988 000
92 Hauts-de-Seine	175	1 387 039
93 Seine-St.-Denis	236	1 323 974
94 Val-de-Marne	244	1 193 655
95 Val-d'Oise	1 249	920 598

Petite région par l'étendue mais région... capitale par la population et les activités. Peu de chose en France échappe à son emprise ou à son contrôle. Elle regroupe près du cinquième de la population du pays sur 2 % de la surface (0,2 % urbanisé) et son importance grandit toujours.

Historiquement, l'Ile-de-France déborde la région actuelle, englobant le Beauvaisis, le Valois, la Brie ; possession des Capétiens, elle fut le noyau du pays à qui elle a donné sa langue et son art. Son agriculture a toujours été très riche ; l'industrie, de par sa situation, est surtout de transformation, et les activités tertiaires pèsent lourd.

Paris en est bien sûr la tête et le cœur, mais les autres villes importantes évoquent presque toutes le passé historique : Versailles, Saint-Denis, Saint-Germain-en-Laye, Fontainebleau, Provins, Rambouillet...

Blandy : Il ne reste pas tellement de châteaux forts proches de Paris pour négliger celui-ci, curieusement situé au cœur du village. On pourrait se croire très loin de Vaux-le-Vicomte !

AMBLEVILLE – 95.
Château Renaissance et XVIIᵉ, beaux jardins. Gracieuse vallée de l'Aubette.
➡ 2,5 km E.-S.-E., Omerville, joli village, autour d'un ancien manoir XVᵉ et de l'église XIᵉ-XIIIᵉ ; 3 km S.-S.-O., Villarceaux, bel ensemble d'un château XVIIIᵉ (jardins à la française, pièces d'eau) et du manoir Renaissance de Ninon de Lenclos. Beaux environs.

ARGENTEUIL – 95. 100 000 hab.
Patrie de Georges Braque et rendue célèbre par les séjours des impressionnistes au bord de la Seine ; panoramas des moulins d'Orgemont et de Sannois. Musée archéologique et d'histoire locale.

ARMAINVILLIERS (Forêt d') – 77.
Vaste forêt (4 300 ha), surtout de chênes, sur un plateau humide (grands étangs à l'E.), longuement parcourue par le G.R. 14.

ARPAJON – 91. 8 100 hab.
Eglise XIIIᵉ-XVᵉ ; remarquables halles en charpente XVIIᵉ à trois nefs. Célèbre foire aux haricots en septembre.

AUVERS-SUR-OISE – 95.
C'est encore maintenant un beau village, que découvrirent les impressionnistes et après eux Van Gogh qui s'y suicida en 1890 après un bref séjour où il peignit notamment l'église ; il est enterré au cimetière près de son frère Théo ; monument par Zadkine (1961) au parc Van Gogh ; sur la place, l'auberge Ravoux où il mourut (restaurant Van Gogh). Belle église XIIᵉ-XIIIᵉ (chapelle Renaissance).
➡ 1 km S.-E., sur la rive gauche, Méry-sur-Oise, château XVIᵉ-XVIIIᵉ, église attenante. ● G.R. 1.

BARBIZON – 77. 1 200 hab.
Le joli village que les peintres de l'école de Barbizon ont rendu célèbre en en peignant les environs à partir de 1830 à la suite de Corot est devenu un haut lieu touristique et une résidence recherchée. Maisons de Millet et de Théodore Rousseau (fermées le mardi), et Auberge du Père Ganne (vis. tous les jours en saison sauf mardi), à l'intérêt anecdotique (intéressants petits musées).
➡ 2 km N., Chailly-en-Bière, Théodore Rousseau et Millet, qui y peignit l'*Angelus,* sont enterrés au cimetière ; église gothique. ➡ E., célèbre futaie du Bas-Bréau et gorges d'Apremont, vers Fontainebleau*. ➡ 6 km E., Fleury-en-Bière*.

BEAUMONT-DU-GÂTINAIS – 77.
Village pittoresque sur le Fusain, église début gothique, vestiges d'un château médiéval et halles anciennes en bois.
➡ 3 km N.-O., Boësse, porche intéressant à l'église.

BEAUMONT-SUR-OISE – 95. 8 300 hab.
Ancien bourg fortifié, restes de remparts et du château (terrasse) ; belle église XIIᵉ-XIIIᵉ (tour Renaissance, chapiteaux).
➡ 3,5 km S., Presles, église surtout Renaissance avec savoureuses stalles XVIᵉ ; 3 km E., Pierre-Turquaise, en forêt de Carnelle, belle allée couverte. ➡ S.-E., forêt de Carnelle (1 000 ha), accidentée, beaux points de vue, et superbes étangs au centre, près de la D. 85.

BIÈVRES – 91. 4 100 hab.
Bourg plaisant sur la Bièvre, contourné par la voie rapide F 18, restant entouré de verdure et de bois. 78, rue de Paris, riche musée de la Photographie (fermé mardi). A l'E., château des Roches, haut lieu de l'époque romantique (séjours notamment de Victor Hugo), et moulin de Vauboyen XVIᵉ-XVIIᵉ, centre artistique et culturel contemporain, chapelle moderne décorée par Buffet, Lurçat, etc.

BLANDY – 77.
Au-dessus de l'Almont qui va arroser Vaux-le-Vicomte*, superbe château fort XIVᵉ au XVIᵉ à peine en ruines, donjon de 35 m (vue immense ; fermé mardi). Chapelle XVIᵉ.

BOULOGNE-BILLANCOURT – 92.
L'extraordinaire banquier ruiné Albert Kahn a créé près de la Seine et du bois de Boulogne des jardins qui évoquent les principaux styles de « parcs » du monde ; la forêt vosgienne et le jardin japonais sont les plus étonnants (belle roseraie ; vis. tous les jours en saison). Au N.-E., musée Paul-Landowski. Bibliothèque-musée Paul-Marmottan (Empire). Parc public de l'île Saint-Germain. Vastes usines Renault (pas de vis.).

BOURGET (Le) – 93.
Ancien aéroport en cours de reconversion. Grand Parc des Expositions. Célèbre Salon de l'Aéronautique tous les deux ans. A l'aérogare, musée de l'Air (jadis à Meudon).
➡ A l'E., autour de l'énorme échangeur des autoroutes A 1 et B 3, Garonor, gigantesque gare commerciale routière (vis. poss.).

BOUSSY-SAINT-ANTOINE – 91.
Le vieux centre est encore plein de charme ; la mairie, maison natale de Dunoyer de Segonzac, contient un petit musée (vis. samedi après-midi). Non loin au S.-E., joli site, très apprécié, du moulin de Jarcy, sur le bord de l'Yerres.

BOUTIGNY-SUR-ESSONNE – 91.
La vallée de l'Essonne y est très champêtre et agréable, et le reste au S. jusqu'à Malesherbes* (région XIII) ; nombreuses cressonnières. Eglise en partie romane XIIe (chapiteaux).

BRAY-SUR-SEINE – 77. 2 100 hab.
Jolie petite ville, chef-lieu de la Bassée, zone humide où la Seine se répand en multiples bras et méandres entre des marais et des bois, très pittoresque par endroits (pêche). Vieux pont de Mouy. Curieuse église romane et parties Renaissance. Pittoresque vieux quartier, maisons à colombages, vieilles halles.
➡ 10 km E.-N.-E., Noyen-sur-Seine, vieux château, douves, parterres ; au N.-O., Port-Montain, joli site, plage sur la Seine.

BRIE-COMTE-ROBERT – 77. 8 800 hab.
Belle église Saint-Etienne XIIIe remaniée, beaux vitraux XVe-XVIe, splendide rose XIIIe au chevet. Jardin public de l'ancien château fort, restes de murs entourés de douves. Ancien Hôtel-Dieu (arcades gothiques). Culture de la rose.
➡ 8,5 km S.-E., Soignolles-en-Brie, sur l'Yerres, église gothique pittoresque, stalles XVIe. ➡ 8 km N.-O., château de Gros-Bois*.

CHALOU – 91.
Intéressante église en partie XIIe ; en aval, dans la jolie vallée de la Chalouette, étangs de Chalou et de Moulineux (joli village et ruines de l'église XIIe), puis beau village de Chalô-Saint-Mars.

CHAMARANDE – 91.
Beau château milieu XVIIe de François Mansart, au bord de la Juine dérivée en canaux dans le parc de Le Nôtre (vis. du parc tous les jours).
➡ 3 km E.-N.-E., Lardy, château du Mesnil-Voisin Louis XIII (beaux communs, grand pigeonnier) ; au S., à Janville, tour de Pocancy (panorama).

CHAMPEAUX – 77.
La splendide collégiale XIIe-XIVe (vis. après-midi samedi, dimanche, et sur demande), fortifiée au XVIe, conserve un musée lapidaire funéraire et des stalles XVIe irrévérencieuses.

CHAMPCUEIL – 91.
Eglise XIIIe, beau chœur. Vue remarquable.

CHAMPMOTTEUX – 91.
A l'église, tombeau Renaissance de Michel de l'Hospital.

CHAMPS (Château de) – 77.
Très beau château début XVIIIe, construit par Bullet avec un souci du confort propre à l'époque ; sa décoration, refaite pour Madame de Pompadour, est somptueuse (boiseries, peintures, salon chinois, etc.) (vis. tous les jours sauf mardi et visites officielles). Admirable parc à la française (fermé mardi).
➡ N.-E., Vaires-sur-Marne, grande base nautique.

CHARS – 95. 1 400 hab.
Sur la Viosne, dont la belle vallée est appréciée des cyclistes. Superbe église romane, gothique (chœur) et Renaissance.
➡ 4,5 km S., Santeuil (eau minérale), église en partie romane (tour) ; 4 km S.-S.-E., Us, église gothique (Vierge ancienne) ; grande sucrerie. ➡ 3,5 km E., Neuilly-en-Vexin, au N.-O. de la jolie région des buttes de Rosne, près de Marines.

CHÂTEAU-LANDON – 77. 3 100 hab.
L'ancienne capitale du Gâtinais est une belle cité médiévale perchée, avec des restes de remparts. Eglise Notre-Dame romane et gothique, portant un très beau clocher ajouré XIIIe (portails, chapiteaux). De la terrasse centrale, vue

magnifique. Tour romane Saint-Thugal. Ancienne abbaye Saint-Séverin (maison de retraite, vis. sur autor.), église basse XIe sous les ruines de l'abbatiale XVIe, beaux bâtiments abbatiaux dominant la vallée, vue splendide d'en bas.
➡ 5,5 km N., Souppes-sur-Loing, baignade, base de loisirs. ➡ 5 km E., Dordives, baignade ; 3 km E., Mez-le-Maréchal* (région XIII), château médiéval en ruines.

CHAUMES-EN-BRIE – 77. 1 900 hab.
Joli bourg, sur l'Yerres, restes de remparts ; belle église XIIIe-XVe, peintures.
➡ 2,5 km N., ruines romantiques du château du Vivier XIVe (hôtel), près d'un grand étang ; souvenirs de la folie de Charles VI (vis.).

CHELLES – 77. 42 600 hab.
Site préhistorique célèbre et ancienne capitale mérovingienne. Au parc municipal, restes du cloître de l'abbaye royale et logis des abbesses devenu mairie. Place de la République, le musée Alfred-Bonno évoque la préhistoire, les antiquités et l'abbaye (vis. après-midi mercredi et samedi).

CHENNEVIÈRES-SUR-MARNE – 94. 17 600 hab.
Eglise XIIIe. Le panorama de la terrasse est célèbre (table d'orientation).
➡ S.-E., Ormesson-sur-Marne, remarquable château XVIe-XVIIIe, beau parc (pas de vis.) ; au S.-O., plusieurs châteaux à Sucy-en-Brie.

CHEVREUSE – 78. 4 200 hab.
Au cœur de la vallée de Chevreuse, région encore champêtre (malgré les nombreux lotissements) drainée par l'Yvette et ses affluents. Superbes ruines féodales du château de la Madeleine (accès possible à pied, ou en voiture), avec un donjon barlong XIIe et une tour d'où la vue est remarquable, dominant à pic le bourg charmant, qui entoure une intéressante église ancienne remaniée.
➡ Au N., la jolie vallée du Rhodon (ou, à pied, le « chemin de Racine ») mène à Port-Royal-des-Champs* par Saint-Lambert.
➡ 4 km O., Dampierre* puis, au S.-O., les Vaux de Cernay*. ➡ 6 km S.-O., château de Breteuil, début XVIIe au XIXe, qui possède d'intéressantes collections diverses et des scènes historiques avec des personnages de cire (vis. dimanche et jours fériés et après-midi tous les jours) ; beaux jardins et parc, sentiers botaniques et nombreux animaux (vis. tous les jours). ➡ A l'E., vers Saint-Rémy-lès-Chevreuse et Orsay, la vallée s'urbanise de plus en plus.

CONFLANS-SAINTE-HONORINE – 78. 32 000 hab.
Sur l'Oise et la Seine, de part et d'autre du confluent (« Fin-d'Oise »), la capitale de la batellerie regroupe constamment de nombreuses péniches en transit autour de la péniche « Je sers », centre social et chapelle ; fêtes, pardons ; etc. ; en ville, à l'entrée du parc du Prieuré, musée de la Batellerie (vis. après-midi mercredi, samedi et dimanche) dans le château néo-Renaissance. La vieille ville escalade la colline, en amont, autour de l'église Saint-Maclou XIIe-XIIIe (gisant) ; près du musée, derrière, terrasse (vue superbe). Reste du donjon féodal carré. Beau pont Eiffel sur l'Oise (chemin de fer).
➡ 3 km S.-O., Andrésy, église XIIIe et Renaissance (vitraux). ➡ 3 km S., plage de la Forêt, baignade, voile.

CORBEIL-ESSONNES – 91. 39 200 hab.
Ville industrielle, célèbre dès le Moyen Age pour ses moulins, toujours les plus grands de France. Eglise (cathédrale) Saint-Spire XIIe au XVe ; œuvres d'art, sculptures funéraires, boiseries ; belle porte Saint-Spire XIVe qui donnait accès au cloître. Bords de Seine.

COUILLY – 77. 1 000 hab.
Jolie église ancienne XIe au XVIIe, très « éclectique » (œuvres d'art).
➡ 1 km S., Pont-aux-Dames, maison de retraite des Artistes dramatiques et lyriques, musée du Théâtre (vis. samedi, dimanche et jours fériés après-midi).

COULOMMIERS – 77. 12 000 hab.
Sur le Grand-Morin*. Patrie du fameux fromage, variété du brie. Au S.-E., entre deux bras du Morin, parc des Capucins, où de vastes douves entourent des restes du château début XVIIe ; dans l'ancienne chapelle, musée archéologique et régional (vis. samedi et dimanche après-midi en saison). Au N.-E., ancienne commanderie de templiers XIIe-XIIIe restaurée bénévolement, musée du papier et expositions (l'après-midi en saison).

COUPVRAY – 77. 1 000 hab.
Musée Louis-Braille, dans sa maison natale (fermé mardi).
➡ 2,5 km N.-E., Esbly, jolis bords de Marne (pêche) ; plage (rive droite). ➡ O. et N.-O., Chalifert, Lesches et Jablines, superbe région sur les boucles de la Marne ; vaste base de plein air et de loisirs sur les étangs de Jablines.

COURANCES - 91.

Superbe château XVIe remanié Louis XIII, en brique et grès, entouré de douves et de pièces d'eau dans un parc admirable de Le Nôtre (vis. après-midi samedi, dimanche et jours fériés en saison).

CRÉCY (Forêt de) - 77.

Grand massif forestier (5 000 ha, petite partie domaniale au centre, autour de l'Obélisque), attenant presque à la forêt d'Armainvilliers* à l'O. et à celle de Malvoisine à l'E., et proche de la belle vallée du Grand-Morin* au N.-E. ; elle est traversée par les G.R. 1 et 14.

CRÉCY-LA-CHAPELLE - 77.   2 200 hab.

Vieux bourg charmant sur le Grand-Morin* en plusieurs bras ; il reste des traces des enceintes fortifiées successives ; il vaut la peine en outre de fureter dans les environs pour jouir du site.
➡ 1 km E., la Chapelle-sur-Crécy possède une église Notre-Dame XIIIe magnifique, parmi les plus belles de la région. ➡ 2 km O., Villiers-sur-Morin fut très prisé des peintres.

CRÉTEIL - 94.   65 500 hab.

L'urbanisme du nouveau Créteil est sans doute moins indigeste à vivre que bien d'autres parmi les grands ensembles, et le quartier administratif est plutôt réussi avec son parc paysager. Eglise XIIe-XIIIe remarquable (belle crypte).
➡ S., Villeneuve-Saint-Georges, église XIIIe-XVe, façade Renaissance ; énorme gare de triage (250 km de voies), l'une des plus modernes d'Europe. ➡ O., Vitry-sur-Seine, énorme centrale thermique E.D.F. Arrighi (cheminées de 160 m).

CROUY-SUR-OURCQ - 77.   1 000 hab.

Près de la gare, une ferme conserve les ruines importantes d'un château XIVe. Eglise gothique avec un clocher roman.
➡ 7,5 km S., Ocquerre, superbe ferme Renaissance.

DAMMARTIN-EN-GOËLE - 77.   4 400 hab.

Sur une butte panoramique (au N., la forêt d'Ermenonville) dominant la riche plaine de Goële. Belle collégiale Notre-Dame XIIIe-XVe avec le tombeau d'Antoine de Chabannes, compagnon de Jeanne d'Arc. Portail XVe et œuvres d'art à l'église Saint-Jean. Anciennes halles.
➡ 9 km N., Ermenonville* (région VII). ➡ S.-E., belle route vers Meaux* par Saint-Mard, Montgé-en-Goële et Saint-Soupplets, parcours suivi parallèlement par le G.R. 1.

Conflans-Sainte-Honorine : Le rassemblement permanent de nombreuses péniches de passage donne une animation et un cachet très particuliers au port et à la ville. Le Pardon de la batellerie (en juin) est une fête folklorique unique en son genre. En amont, sur l'Oise, se trouve un émouvant cimetière de péniches.

DAMPIERRE - 78.

Dans un admirable site boisé de la vallée de Chevreuse*, au confluent de l'Yvette et du ru des Vaux de Cernay*, s'élève le beau château fin XVIIe de Mansart (vis. tous les après-midi en saison sauf mardi), en brique et pierre, aux fossés en eau vive, entre une vaste cour d'honneur (grille) et un grand parc de Le Nôtre ; bel intérieur XVIIe-XVIIIe (et XIXe à la décoration très chargée, salle des Fêtes avec *l'Age d'Or*, par Ingres).
➡ Au N., fameuse descente des « dix-sept tournants ». A l'O., jolie haute vallée de l'Yvette ; 3,5 km N.-O., Lévis-Saint-Nom, jolie église XVe ; 1,5 km N., Notre-Dame-de-la-Roche, remarquable ancien prieuré XIIIe et Renaissance, stalles XIIIe (parmi les plus anciennes) ; tout près, église et mairie (ancien château) XVIe du Mesnil-Saint-Denis.

DÉFENSE (La) - 92.

Dans certaines conditions d'éclairage, la spectaculaire forêt des tours de la Défense, encadrant la « voie triomphale » Louvre-Concorde-Champs-Elysées-Etoile-pont de Neuilly, peut revêtir une certaine beauté mais sa démesure est celle de ses ambitions ; le palais de la Défense avec son étonnante voûte en triangle sphérique en est peut-être à la fois l'élément le plus hardi et le moins choquant. Remarquables sculptures monumentales modernes.
➡ 3 km N.-E., Courbevoie, musée Roybet-Fould (vis. mardi, jeudi, samedi, dimanche et jours fériés l'après-midi), histoire locale et sculptures de Carpeaux ; parc et terrasse, belle vue sur la Seine.

DONNEMARIE-DONTILLY - 77.   1 800 hab.

Dans le vallon de l'Auxence au travers du Montois (rebord de la Brie sur la vallée de la Seine), le bourg jadis fortifié possède une pittoresque église XIIIe avec un portail XIIe et, au N., un ancien cimetière à galeries de bois XVIe et chapelle. Porte fortifiée de Provins.
➡ 3,5 km S.-S.-O., ancienne abbaye de Preuilly, cistercienne, dans une ferme, ruines de l'abbatiale XIIIe.

DORMELLES - 77.

Belle église XIIe au XIVe avec une grosse tour. Le site est pittoresque, au-dessus de la vallée de l'Orvanne (vieux lavoir, belle ferme ancienne).
➡ 3 km O., ancien château XVIe-XVIIe de Saint-Ange.
➡ 1,5 km E., Flagy, joli village avec une église ancienne au curieux clocher ruiné (mobilier) ; en amont, Thoury-Férottes (à l'E., ferme-forteresse) et Voulx ont aussi de jolies églises.

DOURDAN - 91.   7 500 hab.

Ancienne capitale du Hurepoix et vieille ville fortifiée pleine de charme, avec des restes importants du château XIIIe, donjon, enceinte abritant un petit musée folklorique (vis. tous les jours sauf mardi l'été, et mercredi, samedi, dimanche après-midi), belle église Saint-Germain XIIe-XIIIe remaniée et pittoresques halles XIIIe (et XIXe hélas).
➡ 5 km N., Saint-Cyr-sous-Dourdan, charmant village, église à deux nefs XIIIe-XVIe et ferme médiévale fortifiée ; 6 km E., château du Marais*.

ECOUEN - 95.   4 500 hab.

Magnifique château, un des plus beaux de la Renaissance, qui abrite le musée national de la Renaissance (fermé mardi) ; superbe cour aux portiques de style antique ; à l'intérieur, extraordinaires tapisseries (*David et Bethsabée*, Bruxelles, début XVIe), cheminées et mobilier, salle d'honneur avec carreaux de faïence XVIe et cheminée ornée d'une célèbre *Victoire* par Jean Goujon ; il est entouré d'un beau parc et d'une petite forêt. Eglise Saint-Acceul XVIe aux splendides chœur et vitraux Renaissance.
➡ 1 km S.-E., Villiers-le-Bel, église XIIIe-XVIe intéressante pour ses parties Renaissance. ➡ 2 km S., Sarcelles, église XIIe au XVIe (façade Renaissance). Le nouveau Sarcelles est resté symbolique des grands ensembles dortoirs nés de l'urbanisation massive de la banlieue parisienne dans les années 1955-1960.

ÉGREVILLE - 77.   1 200 hab.

Marché agricole, dont la place groupe une splendide halle en bois XVIe à pignon de pierre et l'église XIIIe-XVe avec un gros clocher-porche et une fine flèche centrale. Le château XVIe-XVIIe d'Anne de Pisseleu vit mourir Massenet.

ENGHIEN-LES-BAINS - 95.   10 700 hab.

Golf [18] (6 km N.)
Célèbre station thermale très parisienne, avec un beau lac (canotage) que bordent le casino et de vastes propriétés ; belles vues des ponts de l'avenue de Ceinture et de l'esplanade de l'établissement thermal au S.-E.

ÉTAMPES - 91.   19 800 hab.

Belle ville ancienne, bonne vue d'ensemble de la tour Guinette, au N., donjon royal XIIe quadrilobé unique en son genre.
En dessous, face à la gare, église Saint-Basile, romane (beau portail restauré) et XVe-XVIe ; hôtel de Diane de Poitiers, Renaissance ; maison d'Anne de Pisseleu, Renaissance (S.I) ; hôtel de ville XVe restauré, intéressant musée

Courances : *Le parc, bien connu, est très beau, et le château, que l'on visite aussi maintenant, est caractéristique du style Louis XIII et très intéressant.*

régional, préhistoire, antiquités (vis. après-midi sauf mardi). Très belle église Notre-Dame-du-Fort, XIIᵉ-XIIIᵉ, à façade fortifiée et au superbe clocher XIIᵉ ; le portail S., milieu XIIᵉ, possède des statues-colonnes proches de celles de Chartres ; intérieur curieux, sculptures, clés de voûte, fresques, vitraux, crypte XIᵉ. Eglise Saint-Gilles XIIᵉ au XVIᵉ, en partie romane (façade), voûte peinte XVIᵉ. Place Saint-Gilles, maisons anciennes à piliers. Eglise Saint-Martin XIIᵉ-XVIᵉ à la fameuse tour penchée. Pittoresques abords de la Chalouette, vestiges de remparts et nombreux vieux ponts.
➡ 3 km N.-E., Morigny, abbatiale bénédictine XIᵉ-XIIIᵉ-XVIᵉ (sculptures) et château XVIIIᵉ (ancien palais abbatial).
➡ 5 km N. (N. 20), parc de Jeurre, qui a recueilli des « fabriques » XVIIIᵉ de Méréville* (vis. guidées à heures fixes, se rens.).

ÉVRY – 91.   25 000 hab.
La « ville nouvelle » entoure une agora très vivante à l'architecture moderne intéressante. De grands parcs publics, des pièces d'eau, des aménagements collectifs rationnels semblent faire bien augurer de son avenir. Hippodrome. Parc Saint-Eutrope et son petit train à vapeur.
➡ 4 km N.-O., étangs de Viry-Châtillon (voile) ; 4 km N.-O., Juvisy-sur-Orge, beau pont XVIIIᵉ sur la rivière.

FARCHEVILLE (Château de) – 91.
Remarquable château féodal fin XIIᵉ qu'on ne peut guère qu'entrevoir, dans une vaste enceinte fortifiée. Superbes environs au N. et au N.-E., Villeneuve-sur-Auvers, Boissy-le-Cutté, belles vues, nombreux sentiers.

FERRIÈRES – 77.   1 000 hab.
Joli site au N. de la forêt d'Armainvilliers*. Remarquable château XIXᵉ de style Renaissance (fermé mardi). Belle église XIIIᵉ.

FERTÉ-ALAIS (La) – 91.   2 000 hab.
Pittoresque vieux bourg sur l'Essonne. Intéressante église début gothique (parties romanes XIᵉ ; boiseries).
➡ N., nombreux étangs et marais le long de l'Essonne, zone de pêche appréciée.

FLEURY-EN-BIÈRE – 77.
Charmant petit village. Le château fin XVIᵉ est un vaste et bel édifice en brique et pierre entouré de douves, sur une grande cour ; immenses communs. Eglise romane XIIᵉ.

➡ 5 km N.-O., Soisy-sur-Ecole, verrerie d'art au Moulin des Noues, atelier et exposition-vente (vis. l'après-midi sauf lundi).

FONTAINEBLEAU – 77.   19 600 hab.
Autour du célèbre château, la ville, née par lui, conserve quelques beaux vieux hôtels, bd Magenta (hôtel de Mme de Pompadour), rue Saint-Honoré (où se trouve aussi le musée napoléonien d'art et d'histoire, vis. après-midi sauf dimanche et lundi), et rue Royale (musée d'Art figuratif contemporain de la ville, fermé mardi).
Le vaste palais, d'origine lointaine comme séjour de chasses royales au cœur de la forêt, remonte surtout à François Iᵉʳ, Henri II pour la décoration, et Henri IV ; leurs successeurs y feront encore des transformations (vis. tous les jours sauf mardi). Entrée par la cour du Cheval-Blanc ou des Adieux (de Napoléon à la Garde impériale en 1814) au célèbre escalier du Fer-à-Cheval. Faire le tour par la cour de la Fontaine, l'étang des Carpes, la porte Dorée, le parterre, la cour Ovale dont l'entrée est la porte du Baptistère (en face, la cour des Offices), le tour de l'aile des Princes XVIIIᵉ et traverser le jardin de Diane pour revenir dans la cour des Adieux. A l'intérieur, au 1ᵉʳ étage, les Grands Appartements (vis. libre) comprennent : la splendide galerie de François Iᵉʳ (boiseries de Scibec de Carpi, fresques et stucs de Rosso et de Primatice), salle des Gardes, escalier du Roi XVIᵉ-XVIIIᵉ, admirable salle de bal terminée par Philibert Delorme (plafond à caissons) et décorée par Primatice, appartements royaux de François Iᵉʳ, transformés par Louis XIV et Napoléon, galerie de Diane, appartements de la Reine (où Marie-Antoinette a une grande part), superbes salles du Trône et du Conseil XVIIIᵉ, et grands appartements de Napoléon. Chapelle de la Trinité, de Philibert Delorme, décorée par Fréminet, le Michel-Ange français. Appartements des reines-mères et du pape Pie VII. Au rez-de-chaussée, petits appartements de Napoléon Iᵉʳ et de l'Impératrice, galerie des Cerfs. Musée napoléonien en cours d'aménagement dans l'aile Louis XV de la cour des Adieux. Visite des jardins et du parc : jardin anglais début XVIIIᵉ (fontaine Bleau), étang des Carpes, superbe parterre et vaste parc entourant le grand canal d'Henri IV.
➡ E., au bout du grand canal, Avon (18 000 hab.), vieux bourg, curieuse église préromane (nef) et XVIᵉ (chœur, pittoresque porche en bois). ➡ Voir aussi Samoreau*.

FONTAINEBLEAU (Forêt de) – 77.
L'immense et célèbre massif (25 000 ha dont 19 000 domaniaux) est composé de vastes plateaux calcaires ou de grès (les « platières ») couverts les uns de futaies, les autres de mares épisodiques et de bruyères, puis de nombreuses gorges sableuses jonchées des fameux chaos rocheux parsemés de bouleaux ; de superbes futaies de chênes, de pins, de hêtres, occupent les grandes surfaces planes hautes ou basses. Le paysage est extrêmement varié. Plusieurs

Château de Fontainebleau : *L'un des principaux et des plus beaux monuments de France que ce château ; il fut témoin d'une grande partie de l'histoire du pays, et souvent à des instants passionnés – passions de l'art, passions des rois – ou émouvants, tels les adieux de l'empereur.*

La Salle de Bal : *Philibert Delorme est le principal architecte de cette splendeur décorée par Primatice.*

routes le traversent en étoile autour de la ville, reliées à distance par la route Ronde (stationnement réglementé). Vastes zones de silence au N.-O., à l'O., au S. et au S.-E., interdites aux véhicules à moteur et aux transistors. Nombreux sont les sentiers balisés : circuits « bleus » (n° 1 à 14 et variantes) des « Sylvains », Denecourt et Colinet, « T.M.F. » (tour de la forêt), sentiers G.R. blanc et rouge (1, 11 et 13) complétés de retours autopédestres, jaunes. Nombreux sites d'escalade (des clubs organisent des écoles ; fléchages parfois confus et anarchiques). A l'O. de la forêt s'ajoute le curieux massif des Trois-Pignons, surtout fait de landes rocheuses et sableuses accidentées et de belles pinèdes, hélas séparé de la forêt par l'autoroute (rares passages inférieurs). Quelques grottes à découvrir permettent à des ermittes amateur de passer une nuit d'aventure.

Itinéraires principaux : De la gare de Fontainebleau, route au N. pour la tour Denecourt (vaste panorama) ; croix de Toulouse ; au S.-O., croix et caverne d'Augas ; à l'O., route des hauteurs de la Solle, sinueuse et pittoresque ; au carrefour du Grand Veneur, route Ronde au S.-O., puis route de Barbizon* à droite ; à 1,5 km, Grand Belvédère d'Apremont, dominant les Gorges d'Apremont, étonnant chaos rocheux qu'aucune route ne franchit (la caverne des Brigands y est un site curieux) ; plus loin, futaie du Bas-Bréau et Barbizon*. Gorges de Franchard, au départ de la route Ronde : carrefour de la Croix de Franchard ; à l'O., route de l'Ermitage ; carrefour de l'Ermitage de Franchard, ruines de la chapelle (et maison forestière), jadis pèlerinage puis antre de malfaiteurs ; à l'O., les gorges, très pittoresques, terrain difficile, superbes Grand Point de Vue et belvédère Marie-Thérèse. Carte I.G.N. au 1/25 000 très conseillée pour toutes promenades.

GAILLON-SUR-MONTCIENT – 78.
Beau village (sur le G.R. 2). Remarquable église romane XIIe et château en partie XVIe, début Renaissance.
➡ 7 km S.-O., Juziers, église XIe-XIIe en partie romane. A Meulan et aux Mureaux, importantes activités nautiques sur la Seine.

GENNEVILLIERS – 92.   50 300 hab.
Le « port de Paris », qui n'est qu'une fraction des installations du Port Autonome de Paris (s'étendant il est vrai à des distances importantes autour de la capitale) est un des plus grands ports fluviaux de France ; il est spectaculaire à voir depuis l'A 15 par exemple, qui le traverse en viaduc.
➡ 3,5 km S., Asnières, curieux cimetière des chiens dans l'ancienne île des Ravageurs où plus de 100 000 animaux domestiques et quelques-uns sauvages sont enterrés (fermé le matin des dimanches et jours fériés).

GRAND-MORIN (Vallée du) – 77.
Une des plus jolies vallées de l'Est parisien, au travers de la Brie ; de belles routes suivent depuis la Ferté-Gaucher jusqu'à la Marne ses paysages champêtres où les peupliers et les moulins à papier abondent ; les plus beaux passages se situent vers Jouy-sur-Morin puis vers Guérard et les environs de Crécy-la-Chapelle*, très appréciés des peintres. Pêche. A Saint-Rémy-la-Vanne, base de loisirs (baignade, voile).

GREZ-SUR-LOING – 77.
Village pittoresque ; tour de Ganne XIIᵉ, vestige du château de la Reine Blanche (de Castille) ; pont XVᵉ et église ancienne remarquable (sculptures curieuses).
➡ 4 km N.-E., Montigny-sur-Loing, bourg charmant, vieilles maisons, vue agréable du pont ; 2 km S., la Genevraye, belle église ancienne isolée sur une butte (portail roman).

GROS-BOIS (Château de) – 94.
Bâti fin XVIᵉ, agrandi au XVIIᵉ, le château du maréchal Berthier (vis. l'après-midi, samedi, dimanche et jours fériés), superbe extérieurement, conserve un ameublement et une décoration exceptionnels XVIIIᵉ-XIXᵉ et notamment Empire ; la salle à manger restée Louis XIII possède de belles fresques d'Abraham Bosse ; beaux plafonds peints. Parc.

GUERMANTES (Château de) – 77.
Magnifique édifice Louis XIII en brique et pierre, agrandi début XVIIIᵉ de deux grandes ailes d'un côté, dont la première contient la grande galerie d'apparat « la Belle Inutile » ; beaux salons XVIIᵉ et XVIIIᵉ dont la décoration et le mobilier sont splendides (vis. après-midi samedi, dimanche et jours fériés en saison).
➡ 1 km E., Conches, belle église ancienne (chapiteaux romans).

GUIRY-EN-VEXIN – 95.
Joli site sur l'Aubette naissante. Eglise gothique et Renaissance. Musée archéologique des fouilles des environs (vis. dimanche et jours fériés). Château XVIIᵉ.

HAUTIL (Hauteurs de l') – 78.
Etroit plateau aux carrières de gypse abandonnées (formant des effondrements dans les bois), dominant Pontoise au N.-E. et la Seine au S.-O. ; vues superbes des rebords ; sur la D. 22 qui les traverse, célèbre côte de Chanteloup-les-Vignes où un monument rappelle la première course de côte automobile en 1898.

HAŸ-LES-ROSES (L') – 94. 31 400 hab.
Dans un beau parc, célèbre roseraie réunissant des milliers de variétés (vis. de juin à septembre ; nocturnes) et un curieux musée de la Rose.

HOUDAN – 78. 3 400 hab.
Ancienne ville forte conservant un formidable donjon XIIᵉ (château d'eau). Belle église flamboyant et Renaissance (splendide chevet ; œuvres d'art, fresques fin XVIᵉ, orgues XVIIIᵉ, concerts). Remarquables maisons anciennes en bois.

ISLE-ADAM (L') – 95. 10 000 hab.
Villégiature appréciée, dans un très beau site sur l'Oise qui y entoure deux îles côte à côte, avec parcs, écluse, grande plage, le vieux pont du Cabouillet. Eglise Saint-Martin début Renaissance (portail ; magnifique mobilier, stalles amusantes). Pavillon chinois de Cassan, « folie » XVIIIᵉ, au N.-E.
➡ 3 km N., rive droite, Champagne-sur-Oise, superbe église XIIIᵉ ; à l'E., énorme centrale thermique E.D.F.

Forêt de Fontainebleau : *Un des grands « poumons » de la région, très fréquenté et très agréable bien que l'eau y manque.*

ISLE-ADAM (Forêt de l') – 95.
1 700 ha de chênes et autres beaux feuillus ; sentiers balisés et nombreuses routes forestières. La partie N.-E. est accidentée. Au N., allée couverte la Pierre Plate ; près de la D. 64, le Gros Chêne.

JOSSIGNY – 77.
Beau château XVIIIᵉ avec une façade classique et l'autre baroque, dans un grand parc. Eglise XIIIᵉ.

JOUARRE – 77. 2 800 hab.
Dans un beau site bordant le plateau de Brie au-dessus de la vallée du Petit-Morin et de son confluent avec la Marne, la célèbre abbaye fondée au VIIᵉ ne conserve qu'une tour romane XIIᵉ avec de belles salles (musée de l'abbaye, fermé mardi) et la fameuse crypte VIIᵉ (vis. id.), faite de magnifiques chapelles aux colonnes antiques (chapiteaux), abritant de beaux sarcophages sculptés, de Sainte-Telchilde et Saint-Agilbert surtout ; au-dessus, petit musée briard. Beau chœur à l'église XVᵉ (œuvres d'art).
➡ 3 km N., la Ferté-sous-Jouarre, au confluent, jolis bords de Marne ; mémorial britannique des combats de 1914.

JOUY-EN-JOSAS – 78. 8 200 hab.
Dans un joli site sur la Bièvre. Eglise XIIIᵉ-XVIᵉ avec une très belle Vierge à l'Enfant XIIᵉ, la « Diège », et de nombreuses œuvres d'art. Musée Oberkampf, créateur des toiles de Jouy, au château de Montebello (vis. après-midi samedi et dimanche). Au N., hameau des Metz, rue Victor-Hugo, maison où séjourna Juliette Drouet en 1835.
➡ 5,5 km O. (par les Loges, Buc et ses arcades), sources de la Bièvre, centre de loisirs autour d'étangs (pêche, voile, sentiers).

LAGNY-SUR-MARNE – 77. 16 900 hab.
Vieille place forte sur la rive gauche. Belle abbatiale Notre-Dame-des-Ardents-et-Saint-Pierre XIIIᵉ (en partie), au superbe intérieur. Pittoresque place de la Fontaine avec des maisons à pignons et la belle façade flamboyant de l'ancienne église Saint-Furcy. Musée municipal.
➡ S.-O., vaste « ville nouvelle » de Marne-la-Vallée, faite de nombreuses communes préexistantes qu'elle doit coordonner en respectant les zones rurales ou boisées qui subsistent. ➡ N., belle région de Villevaudé et d'Annet-sur-Marne.

LARCHANT – 77.
Très ancien et célèbre pèlerinage, l'église Saint-Mathurin XIIᵉ au XIVᵉ en partie ruinée par la chute d'un angle de sa tour a une silhouette étonnante ; beau portail XIIIᵉ et œuvres d'art. Rares maisons anciennes.
➡ 3 km N., massif de la Dame Jeanne, au-dessus du célèbre chalet Jobert au N.-E., c'est le plus haut rocher bellifontain (15 m), très convoité par les varappeurs ; autour, le G.R. 13 permet une promenade magnifique que l'on peut allonger à volonté. ➡ O., route de La Chapelle-la-Reine ; dans la montée, vue magnifique sur Larchant.

Larchant : *Saint Mathurin, dont la châsse fut l'objet d'un pèlerinage extrêmement fréquenté, y compris par plusieurs rois, était mort à Rome après moult miracles ; son église, que le temps et les hommes ont beaucoup rudoyée, se ressent d'un tel passé...*

Paysage de la Bière : *Cette plaine que couvrait jadis la forêt du même nom, devenue de Fontainebleau, porte de riches cultures et, par endroits, des tapis de fleurs...*

LIMOURS – 91.   4 300 hab.

Avant de l'être au N. d'Orléans, l'aérotrain fut expérimenté ici sur une voie de béton longeant la D. 988 au N.-E. Eglise flamboyant début XVIe (vitraux).

LOING (Vallée du) – 77.

Parcours magnifique de Montargis* (région XIII) à Moret-sur-Loing* par Nemours* et Grez-sur-Loing*, la belle rivière et son canal formant de remarquables paysages de bocage entre des versants souvent boisés et rocheux (forêt de Fontainebleau au N.). Circuit d'églises illuminées en fin de semaine l'été : Moret-sur-Loing, Grez-sur-Loing, Moncourt-Fromonville, Nemours, Egreville, Château-Landon, Souppes-sur-Loing, Saint-Pierre-les-Nemours. Bel itinéraire touristique : de Moret-sur-Loing* à Château-Landon* par Nemours*, château de Mez-le-Maréchal* (région XIII), Egreville*, Lorrez-le-Bocage*, vallée du Lunain jusqu'à Treuzy au N.-O., à l'E. Villemaréchal, Voulx, vallée de l'Orvanne au N.-O., Dormelles*, Villecerf, Moret ; pêche et nombreuses églises anciennes.

LORREZ-LE-BOCAGE – 77.   1 000 hab.

Dans la vallée du Lunain (ravissante en aval), village qui fut fortifié ; restes de remparts, jolie église XIIIe et, entouré par la rivière, château XVIe.
➜ 3 km O., Paley, village très pittoresque, vestiges préhistoriques, antiques et mérovingiens (cimetière) ; 6,5 km O.-N.-O., Treuzy, église ancienne perchée.

LUZARCHES – 95.   2 500 hab.

Vieux bourg dans un joli site entouré de bois ; église XIIe-XVIe à belle façade Renaissance et clocher roman ; porte fortifiée Saint-Cosme ; halle ancienne. A l'O., belle vue.
➜ 3 km S., château XVIIIe de Champlâtreux. ➜ N.-E., forêt de Coye, traversée par le G.R. 1.

MAGNY-EN-VEXIN – 95.   4 600 hab.

Le beau vieux bourg (maisons anciennes), jadis fortifié, entoure une église fin gothique et début Renaissance (fonts baptismaux, sculptures, statues funéraires).
➜ 2,5 km N.-O., Saint-Gervais, belle façade Renaissance de l'église (tour XIIe) ; 3 km N.-N.-O., château d'Alincourt (voir Montjavoult*, région VII). ➜ 5,5 km E., Nucourt, au N.-O., église XIIe et Renaissance (mobilier).

MAISONS-LAFFITTE – 78.   23 800 hab.

Remarquable cité résidentielle XIXe autour de l'admirable château milieu XVIIe de François Mansart et de son célèbre champ de courses ; il domine à l'E. la Seine et le pont au-delà de parterres à la française ; cour d'honneur à l'O. ; magnifiques aménagements intérieurs, restaurés : appartements du comte d'Artois XVIIIe, splendide escalier d'honneur, appartements royaux (visites-conférences après-midi des mercredi, samedi et dimanche). Au N.-E., au-delà du champ de courses, nombreuses pistes d'entraînement des chevaux.

Mantes-la-Jolie : *La guerre n'a pas épargné cette vieille cité où Henri IV, plusieurs années après la bataille d'Ivry, abjura pour la seconde fois le protestantisme.*

MANTES-LA-JOLIE – 78.   42 600 hab.

Vaste agglomération commerciale et industrielle (énorme centrale E.D.F. de Porcheville et industries de Gargenville à l'E., carrières au S.-E., grands ensembles du Val Fourré et de Gassicourt à l'O.).
Dans le cœur de la vieille ville, éprouvée en 1940-1944, admirable collégiale gothique Notre-Dame XIIᵉ-XIIIᵉ (portail central fin XIIᵉ, de la Vierge ; superbe nef, et chapelle de Navarre XIVᵉ), très proche de Notre-Dame-de-Paris. A côté, ancien Hôtel-Dieu XVIIIᵉ, joli square du château (vue) et restes des remparts (portes aux Prêtres et de l'Etape). Belle tour Renaissance Saint-Maclou. A l'hôtel de ville, musée Maximilien Luce ; dans le square derrière, musée Duhamel (archéologie, faïences). A l'O., église XIIᵉ-XIIIᵉ en partie romane de Gassicourt. Entre les ponts (vues), base de loisirs. A Limay, rive droite, remarquable église Saint-Aubin XIIᵉ-XVIᵉ.

MARAIS (Château du) – 91.

Dans un beau site de la vallée de la Remarde, superbe édifice fin XVIIIᵉ près d'une longue pièce d'eau, entouré de jardins à la française ; musée dans les communs (vis. parc et musée dimanche et jours fériés après-midi en saison).

MARLY (Forêt de) – 78.

Splendide forêt (très humide et boueuse par endroits) de 2 000 ha, très accidentée, malheureusement tronçonnée dans sa longueur par l'A 13. Beaux points de vue ; le G.R. 1 la traverse entièrement.

MARLY-LE-ROI – 78.   16 100 hab.

Le parc seul évoque les fastes campagnards du Roi-Soleil (plan au sol du pavillon royal, au carrefour de la grande esplanade, que continue le Tapis Vert, et de l'avenue de la Grille-Royale) avec de beaux bassins et le grand Abreuvoir. Place du Général-de-Gaulle, musée de Marly, dans l'ancien chenil royal début XVIIIᵉ (vis. après-midi samedi et dimanche). Eglise Saint-Vigor fin XVIIᵉ par Mansart (œuvres d'art).

➡ 2 km N.-N.-E., villa de Monte-Cristo, due à l'imagination fertile d'Alexandre Dumas, au-dessus de la N. 13, futur musée.
➡ E., Louveciennes, charmante localité résidentielle au-dessus de la Seine ; église Saint-Martin XIIIᵉ (œuvres d'art) ; plusieurs châteaux XVIIᵉ et XVIIIᵉ dans de beaux parcs, château du Pont, pavillon de Madame du Barry, de Ledoux. Restes de l'aqueduc de la « Machine de Marly » (disparue), jolie promenade. Rue du Maréchal-Joffre, on entrevoit la petite rotonde où Joffre est enterré.

MAULE – 78.   4 300 hab.

Dans la tranquille vallée de la Mauldre. Eglise Saint-Nicolas romane et Renaissance, belle crypte XIᵉ. Curieux petit musée municipal. Maisons anciennes. Au N., fameux petit musée du Vélocipède.
➡ 7 km N.-N.-O., Epône, église en partie romane, beau clocher, portails ; 3 km E., Aubergenville, quartier résidentiel et plage d'Elisabethville sur la Seine (sports nautiques) ; gigantesques usines Renault de Flins ; à l'O., dolmen.

MAY-EN-MULTIEN – 77.

L'église XIIᵉ au XVIᵉ a grandi avec les siècles ; de la tour (vis. l'après-midi), belle vue sur la vallée de l'Ourcq ; portails romans, chapiteaux XIVᵉ. Le Multien est un riche plateau occupé par de grandes entreprises agricoles, bordant à l'E. la belle vallée de l'Ourcq*.

MEAUX – 77.   43 100 hab.

Célèbre marché agricole sur une étroite boucle de la Marne et patrie de la variété la plus connue des fromages de Brie. La cathédrale Saint-Etienne, XIIᵉ au XVIᵉ, est surtout un beau monument XIIIᵉ (façade et tours flamboyant XVᵉ) ; magnifique intérieur aux nombreuses œuvres d'art, tombeau de Bossuet qui y fut évêque. L'ancien évêché XIIᵉ et XVIIᵉ (vis. l'après-midi sauf mardi et jours fériés) contient un musée Bossuet et un musée régional (souvenirs historiques, peintures, meubles, retour de Louis XVI de Varennes) et lapidaire (salles XIIᵉ) ; le Vieux-Chapitre XIIIᵉ, au fond de la cour, possède un escalier extérieur couvert Renaissance ; jardin de l'évêché, de Le Nôtre, en forme de mitre, avec le pavillon de travail de Bossuet ; au fond, les anciens remparts XVᵉ et gallo-romains (vue superbe), jusqu'à la tour des Arquebusiers à l'E. Au S.-O., en bord de Marne, belle promenade des Trinitaires. Dans la boucle de la Marne, le fameux marché, sur une place immense (halles métalliques).
➡ 4,5 km E., plage de Trilport.

MELUN – 77.   39 000 hab.

Dans un site remarquable sur une boucle de la Seine qui y forme une île. Eglise Saint-Aspais XVᵉ-XVIᵉ gothique et début Renaissance, curieuse de plan (irrégulier à cinq nefs) ; vitraux. Dans l'île, église collégiale royale Notre-Dame XIᵉ remaniée (peintures de Primatice, Jordaens, œuvres d'art) ; Musée municipal à l'hôtel de la Vicomté (fermé lundi), collections régionales. Musée de la gendarmerie, rue Emile-Leclerc.
➡ O., rive droite, le Mée, musée Chapu (sculpture fin XIXᵉ). ➡ S.-O., rive gauche, Dammarie-les-Lys, belles ruines de l'abbaye du Lys début XIIIᵉ, dans un restant de parc. ➡ S.-E., Vaux-le-Pénil, château XVIIIᵉ, centre archéologique et important musée du Surréalisme (Dali, Ernst, etc.) (vis. après-midi dimanche). ➡ N.-O., Melun-Sénart « ville nouvelle », disséminée en plusieurs agglomérations de pavillons et de petites résidences, conservant une certaine verdure ; à l'O., joli bourg de Seine-Port (bords de Seine au N.-O.) et forêt de Rougeau. ➡ N.-E., Vaux-le-Vicomte*.

MÉRÉVILLE – 91.   2 400 hab.

Bourg agricole de la Beauce, joliment situé sur la Juine naissante. Le parc du château féodal, remanié XVIIIᵉ, est d'Hubert Robert ; plusieurs de ses « fabriques » sont au château de Jeurre (voir Etampes*) mais il reste intéressant (vis. incertaine) ; la colonne de Cook ou colonne trajane est visible près de la gare. Pittoresques halles XVIᵉ et église gothique ancienne. Pont et lavoir.

MEUDON – 92.   53 400 hab.

L'avenue du Château aux superbes tilleuls conduit à la vaste et belle terrasse du château disparu (remarquable panorama) ; dans la partie N., dolmen ; à l'extrémité S. recouvre l'Orangerie XVIᵉ (concerts), près du Château-Neuf converti en Observatoire d'Astronomie physique. Le musée de Meudon, occupant la « villa Molière » XVIIᵉ, qu'Armande Béjart acquit après sa mort, évoque les figures célèbres qui séjournèrent dans la ville, entre autres Rabelais, Wagner, Rodin, Céline (vis. tous les jours). Le Musée de l'Air s'est réinstallé au Bourget*. A l'E., derrière l'hôpital Percy, musée Rodin, dont *le Penseur* orne le tombeau (vis. après-midi samedi, dimanche et jours fériés en saison).
➡ Autour de la ville au S.-O., la forêt (1 150 ha) accidentée et agrémentée d'étangs est pittoresque et très appréciée.

MILLY-LA-FORÊT – 91.   3 500 hab.

Dans une charmante petite plaine sur l'Ecole, entourée de bois, suite du massif de Fontainebleau. Sur la jolie place, belles halles en bois XVᵉ ; vers l'E., église XVᵉ (mobilier) et château XIIᵉ-XVᵉ avec douves d'eau vive. Au S.-E. (D. 16), chapelle Saint-Blaise-des-Simples XIIᵉ restaurée, décorée par Jean Cocteau qui y repose (vis. tous les jours sauf mardi en saison, et dimanche et jours fériés), et entourée d'un jardin de simples, spécialité de Milly.
➡ Au S.-E., massif des Trois Pignons (voir forêt de Fontainebleau*). ➡ 10,5 km S.-S.-E. par le Vaudoué, beau site rocheux du village de Boissy-aux-Cailles.

MONTCEAUX (Château de) – 77.

Dans un beau parc en lisière de la forêt de Montceaux, ruines d'un château XVIᵉ magnifique construit pour Catherine de Médicis, par Philibert Delorme et le Primatice, près d'un château moderne (vis. dimanche après-midi).
➡ 6,5 km S.-O., Saint-Fiacre, dans une région pétrolifère qui s'étend au S. ; pèlerinage très fréquenté le 30 août au saint patron des jardiniers briards.

MONTEREAU-FAUT-YONNE – 77.   21 800 hab.

Ville plaisante au confluent majestueux de l'Yonne et de la Seine, que deux ponts XVIIIᵉ restaurés franchissent ; entre les deux, statue équestre de Napoléon qui y livra bataille ; Jean sans Peur fut assassiné sur le pont de l'Yonne. Collégiale Notre-Dame-et-Saint-Loup XIIᵉ au XVIᵉ (œuvres d'art, épée de Jean sans Peur). Point de vue du Fer à Cheval, promontoire de Surville, dominant le confluent. Tapisseries anciennes à l'hôtel de ville.
➡ 7 km S.-O., fouilles préhistoriques de Pincevent (chasseurs magdaléniens). ➡ 5 km S.-S.-E., Esmans, château XVᵉ-XVIᵉ (ferme) avec douves, porte fortifiée.

MONTFORT-L'AMAURY – 78.   2 500 hab.

Les ruines du château XIᵉ-XVᵉ des célèbres comtes dominent toujours (jardin public) la charmante ville ancienne. Eglise fin XVᵉ et Renaissance, admirables vitraux. Un ancien charnier XVIᵉ et XVIIᵉ de trois galeries couvertes en carène renversée entoure le cimetière. Nombreuses et belles vieilles maisons. La maison de Maurice Ravel, « le Belvédère », où il vécut seize ans avant sa mort et composa presque toutes ses grandes œuvres, est devenue musée (cadre inchangé et jardin japonais de sa main ; vis. samedi, dimanche et jours fériés et l'après-midi lundi, mercredi, jeudi).
➡ 3,5 km S.-E., les Mesnuls, beau village autour d'un remarquable château Renaissance (centre de rééducation de jeunes infirmes).

MONTLHÉRY – 91.   4 200 hab.

La vieille petite ville jadis fortifiée est groupée au pied de la fameuse tour de 32 m, impressionnant vestige du château féodal (vis. tous les jours sauf jeudi et vendredi), panorama immense ; traces d'une des enceintes. 1 km S., Linas, église XIIIᵉ-XVIᵉ ; célèbre autodrome dit de Montlhéry (anneau de vitesse et circuit routier renommés).
➡ 2,5 km E.-N.-E., Longpont-sur-Orge, belle priorale Notre-Dame en partie XIᵉ au XIIIᵉ, portail XIIIᵉ mutilé, pèlerinage le lundi de Pentecôte.

MONTMORENCY – 95.   21 000 hab.

Sur le flanc S. des collines de la vaste forêt de Montmorency*, belle localité ancienne, illustrée par la célèbre famille de ducs et le séjour de J.-J. Rousseau (musée dans la maison du Montlouis où il vécut cinq ans ; vis. tous les jours en saison). Vue magnifique de la terrasse de la collégiale Saint-Martin gothique XVIᵉ aux beaux vitraux Renaissance.
➡ 5 km O., Eaubonne, plusieurs édifices de Ledoux (XVIIIᵉ) ; au N., Saint-Prix, charmante église ; O., Saint-Leu-la-Forêt, d'où monter au N. en forêt, Chauvry, à gauche près Béthemont-la-Forêt et revenir au S.-O. sur Taverny*.

MONTMORENCY (Forêt de) – 95.

Elle reste un des rares massifs un peu sauvages proches de Paris ; ses 3 500 ha humides et très accidentés, peuplés de chênes et de châtaigniers, offrent des promenades variées dans un air vif (parcours balisés) ; jolies vues.

MONTREUIL – 93.   96 700 hab.

Le musée de l'Histoire Vivante (vis. dimanche après-midi et mardi, jeudi et samedi) expose le développement des mouvements sociaux depuis deux siècles (nombreux documents rares). Remarquable église gothique XIIᵉ et XVᵉ.

MORET-SUR-LOING – 77.   3 100 hab.
Son et Lumière

Charmante cité ancienne très fréquentée, adoptée par Sisley qui y est mort (tombe au cimetière) ; les portes de Samois et de Bourgogne et son donjon XIIᵉ (vue), son église XIIᵉ au XVᵉ (portail, œuvres d'art), composent depuis le beau vieux pont un tableau magnifique, à voir aussi de la rive droite en aval (Son et Lumière l'été). Près de Notre-Dame, maisons anciennes en bois, notamment l'ancien hospice. Rue Grande, maisons Renaissance ; dans la cour de la mairie, façade dite de la « maison de François Iᵉʳ », superbe galerie sculptée. A l'E., « la Grange Batelière », maison de Clemenceau (vis. après-midi samedi, dimanche et jours fériés en saison).

➡ 2,5 km N., Saint-Mammès, au confluent du Loing et de la Seine, pittoresque rendez-vous de mariniers, au pied du grand viaduc courbe de la ligne Paris-Dijon. ➡ S.-O., jolies routes, par les deux rives, de la vallée du Loing*.

NANGIS – 77.   6 700 hab.
Ancienne place forte, remarquable ensemble de l'église Saint-Martin XIIIᵉ et du château XIIIᵉ-XVIIᵉ (devenu mairie).
➡ 4,5 km E.-S.-E., Rampillon*.

NANTOUILLET – 77.
Remarquable château Renaissance, l'un des premiers de la région parisienne (occupé par une ferme). Eglise XIIIᵉ et Renaissance.

NEAUPHLE-LE-CHÂTEAU – 78.   2 000 hab.
Bourg pittoresque sur une hauteur dominant la haute vallée de la Mauldre, vue générale de l'église (gothique, intéressante).
➡ 2 km S., Pontchartrain, sur la N. 12, superbe château XVIIᵉ de François Mansart.

NEMOURS – 77.   11 200 hab.
Jolie ville ancienne où le Loing et le canal forment des îles ; belle vue du Grand Pont. Eglise XIIᵉ-XVIᵉ au joli clocher. Château XIIᵉ-XVᵉ avec un vieux donjon carré, musée régional. Route de Sens, remarquable musée de la Préhistoire de l'Ile-de-France (fermé mardi). Superbe parc municipal, entourant la mairie, à l'O., comprenant les rochers Gréau.
➡ S.-E., beau massif de rochers boisés de Chaintréauville et de Beauregard (table d'orientation), parcouru par le G.R. 13 et des sentiers.

NESLES-LA-VALLÉE – 95.
Sur le Sausseron à la jolie vallée. Belle église romane XIIᵉ (clocher, statues) ; sur la place, ancien manoir devenu ferme.

NEUILLY-SUR-SEINE – 92.   66 100 hab.
Musée de la Femme, 12, rue du Centre (vis. l'après-midi sauf mardi et jours fériés) ; collection d'automates (séance à 15 h).

ORGEVAL – 78.   3 500 hab.
A l'écart de l'échangeur A 13-N. 13 et des centres commerciaux de la N. 13, charmant village autour du très beau clocher roman de son église. A l'O., vaste forêt des Alluets (privée) divisée par de grandes clairières, jolie région champêtre.

Paris. Le Pont-Neuf : Le plus vieux pont de Paris − et n'est-ce pas le plus beau ? Au bout de la Cité, face au Louvre et à l'Institut, il coïncide tellement avec l'histoire...

ORLY (Aéroport d') – 94.
Un des grands aéroports européens (vis. guidées, y compris tour de contrôle) ; accès libres aux terrasses d'Orly-Sud (table d'orientation) et d'Orly-Ouest ; le spectacle est fascinant.
➡ 4 km N., M.I.N. (marché d'intérêt national) de Rungis (accès à péage), extraordinaires installations du plus important marché alimentaire professionnel du monde (vis. guidées jeudi à 11 h).

OURCQ (Vallée de l') – 77.
Né dans le Tardenois, l'Ourcq se creuse une jolie vallée dans l'E. du Valois, par Oulchy-le-Château* et la Ferté-Milon* (région VII), frôlant la forêt de Retz*, puis il se dirige vers le S.S.-O. avec force méandres, à la rencontre de la Marne qu'il rejoint au N.-E. de Meaux* ; cette dernière partie est très pittoresque, entre des versants presque escarpés, et les peupliers bordant souvent la rivière et le canal très fréquentés par les pêcheurs.

OURCQ (Bataille de l') – 77.
C'est sur l'Ourcq que fut arrêtée l'avance allemande du 5 au 9 septembre 1914 par Gallieni et les « taxis de la Marne ». Sur la N. 3 à 6,5 km O. de Meaux, monument Gallieni ; par la D. 27, 3 km N., mémorial de Villeroy, tombe des premières victimes, dont Charles Péguy. N. de Meaux (D. 38), monuments des Quatre-Routes (5 km) et de Notre-Dame-de-la-Marne (8 km), au superbe panorama sur toute la zone des combats. N.-E. de Meaux (D. 405), grand monument américain, très belle vue.

OZOIR-LA-FERRIÈRE – 77.   13 800 hab.
A 2 km S., zoo d'AttiYly, beau parc ornithologique et animalier dans un bois de chênes avec des pièces d'eau.

PARIS – 75.   2 300 000 hab. (intra-muros)
Altitude 26 m (la Seine)
Capitale et cas particulier majeur de la France, centre de décision chargé d'histoire au rayonnement unique au monde, dans un site propice à sa destinée économique et intellectuelle, la ville a grandi démesurément avec les siècles et forme aujourd'hui le cœur d'une énorme agglomération qui en est indissociable et dont le côté humain a été négligé. La décentralisation tant attendue palliera peut-être les nombreux inconvénients de l'hypertrophie et des appétits parisiens.

De l'île Saint-Louis, **Notre-Dame** *présente une image rare, comme une figure de style à la fois audacieuse et rigoureuse.*

Les guichets du Louvre, *ou plus précisément du Carrousel, sont un endroit bien parisien où les chefs-d'œuvre de peinture de la Grande Galerie défilent au-dessus d'une circulation dense...*

Ile de la Cité, Ile Saint-Louis

La Cité est le village primitif de Paris et la Lutèce gallo-romaine en a débordé sur la rive gauche ; les fouilles récentes du grand parvis de Notre-Dame y ont amené la création d'une importante crypte archéologique (fermé le lundi).

La cathédrale **Notre-Dame** est une des merveilles de l'art gothique, un de ses premiers témoins aussi : commencée en 1163, construite en 1250, terminée vers 1345 ; la façade aux deux tours carrées (fermé mardi) est célèbre pour son équilibre ; galerie des rois de Juda, grande rose, admirables portails, à gauche, de la Vierge, au centre, du Jugement dernier, à droite, de Sainte-Anne ; au transept N., portail du Cloître XIIIe (Vierge du trumeau), et porte Rouge plus loin ; magnifique chevet XIIIe-XIVe aux immenses arcs-boutants, et flèche de 90 m restituée par Viollet-le-Duc ; transept S., portail Saint-Etienne XIIIe ; vue splendide du square Jean-XXIII. A l'intérieur, immense, célèbres verrières (roses), œuvres d'art, clôture, tombeaux, belle Vierge à l'Enfant XIVe dite Notre-Dame-de-Paris, riche trésor (reliques de la Passion) (fermé dimanche et jours fériés), orgues célèbres (concerts le dimanche). A la pointe orientale de l'île, mémorial de la Déportation (vis. tous les jours).

Palais de Justice. C'est l'ancien palais des premiers rois capétiens, pratiquement reconstruit XVIIIe-XIXe ; grille de la cour du Mai XVIIIe, animation étonnante de la salle des Pas-Perdus ; la **Sainte-Chapelle** est un merveilleux bijou gothique élevé en moins de trois ans avant 1250 par Saint Louis pour les reliques de la Passion : curieuse chapelle basse et admirable chapelle haute qui n'est presque qu'une verrière XIIIe aux couleurs et détails prodigieux (fermé mardi). Côté N., le palais conserve sa sombre **Conciergerie** dont les trois tours rondes et la tour carrée de l'Horloge XIVe lui donnent son aspect médiéval au N., au-dessus de la Seine ; superbe salle gothique des Gens d'Armes, fameux cachots de la Révolution (Marie-Antoinette, Robespierre), galerie des Prisonniers (fermé mardi). A l'O., la tranquille place Dauphine mène au **Pont-Neuf,** le plus vieux de Paris, d'où Henri IV à cheval domine le square du Vert-Galant, pointe de l'île face au Louvre, au pont des Arts et à l'Institut.

Ile Saint-Louis. Du chevet de Notre-Dame, le pont piétonnier Saint-Louis passe dans cet enclos de beauté et de tranquillité aux quais ombragés et aux nombreux hôtels XVIIe (notamment de Lauzun et Lambert, construits par Le Vau) ; église **Saint-Louis-en-l'Ile,** de Le Vau, intérieur jésuite.

Louvre, Tuileries

L'immense palais du **Louvre**, re-création continue de François 1er à Napoléon III à la place de la forteresse médiévale de Philippe-Auguste et de Charles V, est d'abord un des premiers musées du monde (fermé mardi et jours fériés ; fermeture par roulement de nombreuses salles ; gratuit le dimanche ; bureau d'information salle du Manège, à l'entrée principale, Porte Denon). Six départements traitent de toute l'histoire de l'art jusqu'au XIXe : Antiquités grecques et romaines, Antiquités égyptiennes, Antiquités orientales, Peintures et dessins, Sculptures, Objets d'art ; les œuvres majeures sont innombrables, des bas-reliefs assyriens aux *Esclaves* de Michel-Ange et aux joyaux de la Couronne (dans l'admirable galerie d'Apollon, de style Louis XIV) en passant par la *Vénus de Milo* et la *Victoire de Samothrace,* et par la Grande Galerie (422 m) abritant des peintures françaises XVIIe-XVIIIe et des primitifs italiens. La partie la plus remarquable du palais est la célèbre cour Carrée, commencée au XVIe par l'angle S.-O. dû à Pierre Lescot (sculptures de Jean Goujon), et achevée à l'E. par la Colonnade fin XVIIe de Claude Perrault au-dessus de fossés prévus mais réalisés seulement en 1965.

Saint-Germain-l'Auxerrois XIIIe au XVIe, face à la Colonnade du Louvre, fut un temps la paroisse des rois ; magnifique porche flamboyant XVe (portail central XIIIe) ; nombreuses œuvres d'art dont le banc d'œuvre fin XVIIe et les vitraux Renaissance du transept. Du XIXe, la mairie voisine et le beffroi (carillon) font avec l'église un ensemble pittoresque. **Place du Carrousel. Arc de triomphe du Carrousel** (1808), d'où part l'alignement, voulu par Napoléon, avec l'arc de triomphe de l'Etoile par les Champs-Elysées, où l'obélisque de la Concorde est venu s'intercaler. De beaux parterres (statues de Maillol) amènent, au-delà du palais des Tuileries disparu, au **Jardin des Tuileries,** XVIe, redessiné par Le Nôtre ; nombreuses statues, beaux bassins ; vue superbe de la terrasse du Bord de l'Eau, terminée à l'O. par l'Orangerie, qui accueille la donation Walter-Guillaume ; au rez-de-chaussée, deux salles ovales présentent au mieux les grands *Nymphéas* de Claude Monet. La terrasse N. s'achève par le **musée du Jeu de Paume** (fermé mardi et jours fériés), consacré aux impressionnistes.

Musée des Arts décoratifs, 107, rue de Rivoli, dans le pavillon de Marsan et la galerie N. XIXe du Louvre (fermé lundi et mardi) ; riches collections d'art français et étranger ancien et moderne, Centre de création industrielle, bibliothèque, expositions temporaires.

Place Vendôme. Au N. de la rue de Rivoli aux célèbres arcades (boutiques de luxe), par la rue de Castiglione, la place, dessinée fin XVIIe par J. Hardouin-Mansart, est un magnifique ensemble de style Louis XIV ; la **Colonne Vendôme** de 43 m (1810), portant Napoléon en César, est ornée d'une spirale de bas-reliefs en bronze fondue avec les canons pris à Austerlitz.

Saint-Roch. XVIIe-XVIIIe, de style jésuite, remarquables peintures et tombeaux de Corneille, Le Nôtre, Diderot.

Palais Royal, Bourse, Halles

Palais Royal. Construit pour Richelieu puis agrandi (Conseil d'Etat) ; son grand jardin entouré d'un ensemble XVIIIe avec arcades de Victor Louis est une délicieuse oasis. Au S.-O., la **Comédie-Française** également de Victor Louis donne sur la jolie place André-Malraux. Rue de Richelieu au N., **Bibliothèque Nationale.** D'une richesse fabuleuse, dans plusieurs hôtels XVIIe réunis, agrandis et modifiés depuis. Expositions temporaires dans la galerie Mansart et la galerie Mazarine (du même F. Mansart) milieu XVIIe ; étonnantes collections du cabinet des Médailles et Antiques. Les salles de consultation de documents sont réservées aux titulaires de cartes.

Bourse. (Entrée libre.) Le Palais Brongniart (son architecte) début XIXe bat son plein de 12 h 30 à 14 h (sauf samedi et dimanche), au moment des cotations journalières par transactions autour de la corbeille : c'est très curieux (visites organisées).

Place des Victoires. Ronde, fin XVIIe, due à J. Hardouin-Mansart ; statue de Louis XIV de 1822 (la statue primitive était entourée des Nations soumises, maintenant au parc de Sceaux*). La rue Vide-Gousset la réunit à **Notre-Dame-des-Victoires.** Eglise de pèlerinage XVIIe-XVIIIe fondée par Louis XIII. Boiseries XVIIe et tableaux de Van Loo.

Saint-Eustache : Restaurée en son temps par Baltard (à qui étaient dues les Halles voisines), c'est l'une des plus belles églises de Paris, et très appréciée des mélomanes.

Saint-Eustache. Admirablement dégagée par la disparitions des Halles, c'est une magnifique église gothique (1532-1637) à la décoration Renaissance ; vitraux, tableaux, sculptures (tombeau de Colbert). Orgues célèbres (concerts réputés).

Forum. Toujours en travaux, le « trou » des Halles, depuis leur destruction scandaleuse (pavillons métalliques XIXe de Baltard, surannés peut-être mais encore « opérationnels » et aux caves admirables ; le n° 8 a été remonté à Nogent-sur-Seine, voir Vincennes*), se comble lentement, au-dessus d'une énorme gare du R.E.R., par un vaste centre commercial ultra-moderne et animé, une gigantesque voirie souterraine et futurs jardins.

A l'E., **Saint-Leu-Saint-Gilles,** XIVe très remaniée (peintures, sculptures).

Par la pittoresque rue Saint-Denis au S., **fontaine des Innocents,** petite merveille Renaissance sculptée par Jean Goujon milieu XVIe. Son charmant square est un ancien cimetière.

A l'E., **Centre national d'art et de culture Georges-Pompidou** (1977), alias « Beaubourg », familièrement (sur l'ancien plateau Beaubourg) ; bâtiment violemment moderne (l'essentiel de la « voirie » et les canalisations sont à l'extérieur, permettant l'usage intégral du volume intérieur), il comprend le Musée national d'Art moderne, une riche bibliothèque de lecture publique avec centre de documentation, le C.C.I. (Centre de Création Industrielle), une cinémathèque, des expositions temporaires, etc. Côté O., la « piazza » est souvent amusante à observer. A proximité, musées de l'Holographie (tous les jours), des Machines à sous (tous les jours) et de la Musique mécanique (fermé mardi).

Au S., **Saint-Merri.** Serrée au milieu d'un remarquable quartier aux vieilles maisons, l'église XVIe flamboyant est pittoresque (nombreux objets d'art, peintures, orgue célèbre).

Tour Saint-Jacques. Dans un square, ancien clocher d'église XVIe, célèbre par les expériences de Pascal sur la pesanteur de l'air.

Au S., **place du Châtelet.** Entre les théâtres XIXe du Châtelet et de la Ville, belle fontaine de la Victoire.

Marais, Hôtel de Ville

Le **Marais** est l'ancien quartier noble du XVIe au XVIIIe et ses vieux hôtels restaurés sont célèbres (nombreux travaux en cours).

Place de la Bastille. La forteresse s'y élevait à l'O. Colonne de Juillet dominée par le Génie de la Liberté (ascension sauf mardi : 238 marches).

Place des Vosges. De style Louis XIII, ensemble homogène de pierre et brique, une des merveilles du Marais et de Paris. N° 6, maison et musée Victor-Hugo (fermé lundi, mardi et jours fériés).

Hôtel de Béthune-Sully, 62, rue Saint-Antoine. Début XVIIe, un des plus beaux, siège de la Caisse nationale des monuments historiques.

Saint-Paul-Saint-Louis, typique du style jésuite XVIIe.

Au N., **hôtel de Lamoignon,** 24, rue Pavée, Renaissance : Bibliothèque historique de la Ville de Paris (fermé dimanche et jours fériés et août), superbe salle de lecture.

Hôtel Carnavalet, 23, rue de Sévigné. Renaissance par Lescot et Goujon, remanié par F. Mansart, Musée historique de la Ville de Paris (fermé lundi, mardi et jours fériés), riches collections documentaires, costumes, mobilier, intérieurs XVIIe et XVIIIe.

Hôtel de Marle, 11, rue Payenne, début XVIIe, Centre culturel suédois (expositions).

Hôtel Libéral-Bruant, 1, rue de la Perle, Musée de la Serrure (musée Bricard) (fermé lundi, mardi et jours fériés).

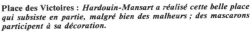

Place des Victoires : *Hardouin-Mansart a réalisé cette belle place qui subsiste en partie, malgré bien des malheurs ; des mascarons participent à sa décoration.*

« Beaubourg », ou **Centre Pompidou,** *connaît un succès extraordinaire ; il surprend d'abord, par son excentricité ; il conquiert ensuite par l'abondance de ses centres d'intérêt.*

Paris regorge encore d'enseignes ou de décorations de devantures tout à fait étonnantes, notamment dans le **quartier du Marais.** *Ci-contre.*

Hôtel Salé ou de **Juigné,** 5, rue de Thorigny, XVIIe, superbe. C'était l'hôtel du fermier de la gabelle, d'où son surnom. Important musée Picasso (en cours de création).
Hôtel Guénégaud, 60, rue des Archives, magnifique édifice de F. Mansart milieu XVIIe, **Musée de la Chasse et de la Nature** (fermé mardi et jours fériés).
Archives nationales, 60, rue des Francs-Bourgeois. Elles emplissent entre autres les admirables **palais Soubise** et **hôtel de Rohan** XVIIIe ; le premier possède une célèbre cour en fer à cheval et de somptueux appartements rococo, avec le Musée de l'Histoire de France (vis. après-midi sauf mardi et jours fériés) ; dans l'enceinte du second, anciennes écuries avec les fameux *Chevaux du Soleil* par Robert le Lorrain ; superbes appartements (visites guidées). 58, rue des Archives, porte du manoir de Clisson fin XIVe.
Au S., **Notre-Dame-des-Blancs-Manteaux** XVIIe, façade XVIIIe, splendide chaire flamande baroque. Orgue renommé (concerts).
Hôtel des Ambassadeurs de Hollande, 47, rue Vieille-du-Temple, XVIIe, superbes porte et cour.
Au S., le quartier juif (rues des Rosiers, des Ecouffes, du Roi-de-Sicile) amène à la rue de Rivoli.

23

Ci-dessus : **Place des Vosges :** *L'une des plus belles places du monde, imaginée par Henri IV qui ne devait pas la voir achevée : elle le fut sous Louis XIII.*

En bas, à droite : **Place de la Bastille :** *le gracieux Génie de la liberté surmonte la colonne de Juillet commémorant les journées de 1830.*

Page 25 : En haut à gauche une des figures (ici l'été) ornant la façade intérieure de l'hôtel de Béthune-Sully (p. 22) à droite, **porte de l'hôtel des Ambassadeurs de Hollande** *(p. 23) fameux relief sculpté dans le bois.*

En bas : L'Hôtel de Ville, côté sud, avec la statue d'Etienne-Marcel qui fut prévôt des marchands et lutta contre l'autorité royale.

Hôtel de Beauvais, 68, rue François-Miron, XVIIᵉ (vestibule, cour). Caves médiévales (se rens.). **Hôtel d'Aumont,** 7, rue de Jouy, de Le Vau et F. Mansart. **Hôtel de Sens,** 1, rue du Figuier, XVᵉ, rare témoin, avec l'hôtel de Cluny notamment, de l'art médiéval privé (restauré) ; **bibliothèque Forney** (arts appliqués ; fermé dimanche, lundi et jours fériés).
Non loin à l'E., rue des Jardins-Saint-Paul, reste de l'enceinte de Philippe-Auguste.
A l'O., rue Geoffroy-l'Asnier, 17, émouvant **Mémorial du Martyr juif inconnu** et musée (fermé samedi). Nᵒ 14 à 2, rue François-Miron, Pourtour Saint-Gervais XVᵉ.
Saint-Gervais-Saint-Protais, flamboyant fin XVᵉ-XVIIᵉ, façade classique de 1621 ; nombreuses œuvres d'art, orgues célèbres début XVIIᵉ longuement tenues par la dynastie des Couperin.
Temple et cloître des Billettes, 24, rue des Archives. Ancienne église des Carmes XVIIᵉ maintenant temple luthérien, avec le dernier cloître médiéval de Paris (début XVᵉ) (vis.).
Hôtel de Ville. Brûlé en 1871 et reconstruit à l'identique, style Renaissance. Salons richement décorés dans le style officiel fin XIXᵉ (visites guidées lundi à 10 h 30).

Une enseigne célèbre dans une des rues les plus étroites de Paris, la rue du Chat-qui-Pêche.

Rue de Bièvre : *Au bas de la colline Sainte-Geneviève... merveilleuse perspective sur le Panthéon.*

Montagne Sainte-Geneviève, Panthéon, Quartier-Latin

Panthéon. Au sommet de la montagne Sainte-Geneviève, l'ancienne église de ce nom a été bâtie par Soufflot (deuxième moitié XVIIIe) ; elle est devenue Panthéon à la mémoire des hommes de liberté en 1791 et définitivement consacrée aux « grands hommes » pour les funérailles de Victor Hugo en 1885. Sculptures et peintures de style souvent officiel. La crypte abrite les tombes de Rousseau, Voltaire, Hugo, Zola, Jaurès, Schoelcher, Jean Moulin, etc. Rue Saint-Jacques (195), Centre de la Mer et des Eaux (fermé lundi).

Saint-Etienne-du-Mont. Surtout XVIe. Nombreuses œuvres d'art, châsse de sainte Geneviève et dernier jubé de Paris (Renaissance XVIe).

Tranquille quartier du Panthéon, pittoresque au S.-E. avec la place de la Contrescarpe et la rue Mouffetard très commerçante (mais restaurée) ; en bas, **Saint-Médard** XIIe au XVIIIe.

Au N.-E., place du Puits-de-l'Ermite, **Mosquée de Paris** (1927), de style hispano-mauresque, au patio inspiré de l'Alhambra ; minaret, belle salle de prières (tapis). (Vis. après-midi sauf vendredi).

Jardin des Plantes, du XVIIe mais arrangé par Buffon au XVIIIe puis devenu Muséum d'histoire naturelle (galeries fermées mardi). Aquarium, vivarium, ménagerie, importants jardins d'hiver et alpins, riches galeries (fossiles, minéraux, etc.).

Au N.-O., rue des Arènes, **Arènes de Lutèce.** Du IIe ou IIIe, destinée au cirque et au théâtre et retrouvées au XIXe, elles pouvaient recevoir 16 000 spectateurs.

Nouvelle Faculté des Sciences (Universités Paris VI-Paris VII Pierre et Marie Curie), dominée par l'incongrue tour Zamansky, elle contient des œuvres d'art moderne intéressantes de Vasarely, Gischia, etc. Musée de minéralogie (après-midi mercredi et samedi hors vac. univ.).

Saint-Julien-le-Pauvre, square René-Viviani, face à Notre-Dame (vue célèbre) ; charmant édifice fin XIIe (chapiteaux), réservé au rite catholique grec.

Saint-Séverin. XIIIᵉ au XVIᵉ, magnifique église gothique au splendide double déambulatoire flamboyant (vitraux XVᵉ et modernes de Bazaine) mais curieusement large ; concerts réguliers et orgues célèbres. Côté S., le jardin conserve des galeries XVᵉ-XVIᵉ des anciens charniers Saint-Séverin.
Quartier piétonnier restauré, fort animé, contigu aux quais et à la **place Saint-Michel** (fontaine).
Au S., musée de Cluny (tous les jours sauf mardi), 6, place Paul-Painlevé, dans l'**hôtel de Cluny** fin XVᵉ, une rareté à Paris. Admirables collections d'art décoratif médiéval et tapisseries célèbres (*Dame à la licorne*). Il englobe les ruines des thermes gallo-romains début IIIᵉ qui donnent sur le boulevard Saint-Michel.
En face, centre du quartier Latin, **la Sorbonne,** jadis siège unique de l'Université de Paris ; ses immenses bâtiments fin XIXᵉ entourent l'église de la Sorbonne XVIIᵉ (tombeau de Richelieu par Giraudon fin XVIIᵉ).

Luxembourg, Saint-Germain-des-Prés

Le palais du Luxembourg (Sénat), construit début XVIIᵉ pour Marie de Médicis par De Brosse, possède des peintures de Delacroix dans la bibliothèque ; beaux salons, salle des séances. (Vis. dimanche.)
Superbe **jardin du Luxembourg,** avec ses quinconces, son grand bassin, sa belle **fontaine de Médicis** XVIIᵉ. Il se termine au S. par les parterres de l'avenue de l'Observatoire ; belle fontaine de l'Observatoire, avec les *Quatre parties du monde,* par Carpeaux, puis statue du Maréchal Ney, par Rude, en allant vers l'Observatoire XVIIᵉ (vis. guidées sur demande le 1ᵉʳ samedi du mois).
Au N.-E., **Val-de-Grâce.** Ancienne abbaye XVIIᵉ devenue hôpital militaire. Eglise jésuite dessinée par Mansart, coupole peinte par Mignard (1663), fameux baldaquin du maître-autel. Cloître classique et bâtiments (pavillon d'Anne d'Autriche). Musée (fermé samedi, dimanche et jours fériés).
De l'autre côté du Luxembourg, immense église **Saint-Sulpice,** rebâtie aux XVIIᵉ-XVIIIᵉ, façade à l'antique de

Marché Maubert : Proche de la Cité et des « écoles », « la Maube » fut un quartier jadis populeux et mal famé, maintenant beaucoup plus bourgeois, mais restant sympathique et animé. Le marché de la place est toujours pittoresque et coloré, et le quartier est riche de maisons anciennes et d'enseignes suggestives (en haut, à gauche). Sur la place, où l'on exécutait jadis, s'élève un monument à Etienne Dolet, imprimeur hérétique qui y fut supplicié en 1545.

Servandoni, célèbres peintures de Delacroix (1ʳᵉ chapelle à droite) ; orgue renommé. Sur la place, **fontaine Saint-Sulpice,** par Visconti (XIXᵉ).
Au N., le fameux et charmant quartier Saint-Germain-des-Prés ; autour de l'église, les grands cafés littéraires, Flore, Lipp, Deux-Magots.
Saint-Germain-des-Prés, illustre abbatiale romane, la plus ancienne église de Paris, en partie XIᵉ-XIIᵉ (belle tour, portail XIᵉ ; chœur et déambulatoire XIIᵉ, beaux chapiteaux). Nombreuses œuvres d'art, tombeaux, dalles funéraires. Près de l'entrée, petit square, Hommage à Apollinaire, par Picasso. Rue de l'Abbaye, palais abbatial fin XVIᵉ.
Délicieuse **place de Furstenberg** ; au nº 6, **musée Delacroix** (fermé mardi), dans son atelier.
Au N.-E., quai de Conti (vue splendide), **hôtel des Monnaies,** superbe édifice fin XVIIIᵉ, par Antoine ; musée monétaire (fermé dimanche et jours fériés) et salle de vente des médailles.
A côté, **Institut de France** (là où s'élevait la tour de Nesle), ancien collège des Quatre-Nations fondé par Mazarin, dessiné par Le Vau, siège des Académies, la célèbre coupole abritant la salle des séances solennelles (ancienne chapelle) ; bibliothèque Mazarine. Devant le **pont des Arts,** passerelle métallique début XIXᵉ (reconstruite), en face de la cour Carrée du Louvre ; vue admirable.

Ecole des Beaux-Arts, quai Malaquais ; ancien couvent des Petits-Augustins XVIIᵉ et hôtels avoisinants ; la cour, 14, rue Bonaparte, a recueilli des vestiges des châteaux d'Anet et de Gaillon, entre autres.

Montparnasse, Gobelins, Montsouris

Le quartier bohème de 1900 a cédé la place à un gigantisme fonctionnel et glacé où culmine la fameuse **tour Maine-Montparnasse** de 210 m (terrasse hélicoptère ouverte au public au 58ᵉ étage) ; au 56ᵉ étage, belvédère et table d'orientation lumineuse (restaurant panoramique).

A la gare, hall décoré par Vasarely. Site étonnant du pont des Cinq-Martyrs-du-Lycée-Buffon. Bd de Vaugirard, **musée Postal,** passionnant (fermé jeudi et jours fériés) ; rue Antoine-Bourdelle, **musée Bourdelle** (fermé mardi), œuvres du célèbre sculpteur.

A l'E., bd du Montparnasse, le cœur du vieux quartier est encore très animé au carrefour du bd Raspail, avec les fameux cafés de la Coupole, du Dôme et de la Rotonde, celui-ci à côté du *Balzac* de Rodin. Près de là, rue d'Assas, musée Zadkine.

Au S., le **cimetière Montparnasse,** où reposent entre autres Baudelaire (caveau Aupick), Rude, César Franck, Soutine, Zadkine ; voir *le Baiser,* par Brancusi.

Au S., **place Denfert-Rochereau,** statue réduite du **Lion de Belfort** de Bartholdi et **pavillons de l'Octroi** par Ledoux (la « barrière d'Enfer », de l'enceinte des Fermiers Généraux XVIIIᵉ).

Par celui de l'O., accès aux **Catacombes,** anciennes carrières formant un extraordinaire et vaste ossuaire regroupant les restes de millions de morts parisiens après la désaffectation fin XVIIIᵉ de nombreux cimetières (vis. à 14 h le samedi l'été, et les 1ᵉʳ et 3ᵉ samedi du mois hors saison ; lampe de poche).

A l'E., avenue des Gobelins, **Manufacture des Gobelins,** célèbre fabrique de tapisseries, en partie XVIIᵉ (vis. après-midi mercredi, jeudi et vendredi) ; derrière, rue Berbier-du-Mets, ancienne manufacture royale de Meubles, bâtiments du Mobilier national par Auguste Perret, et square René-Le-Gall.

Les Invalides : *Le magnifique dôme de Hardouin-Mansart recouvre l'église Saint-Louis-des-Invalides et le fameux tombeau de l'empereur.*

La tour Eiffel : *Construite pour vingt ans et pour porter le drapeau de l'Exposition universelle de 1889 à la glorieuse altitude relative de 300 m.*

En bas à droite : vue de Paris prise du haut de la Tour Montparnasse : Saint-Germain-des-Prés, Saint-Sulpice, le « Luxembourg », Notre-Dame...

A l'E., **la Salpêtrière,** bd de l'Hôpital, vaste établissement hospitalier XVIIᵉ-XVIIIᵉ surtout dû à Libéral Bruant (étonnante chapelle en croix à nefs séparées et dôme octogonal, de 1670).

Au S.-O., sur les boulevards extérieurs, **parc Montsouris,** très agréable jardin anglais dessiné par Alphand en 1868, avec des buttes, des cascades, un lac, une reproduction du palais du Bardo de Tunis (souvenir de l'Exposition de 1867), un observatoire météo, la mire du sud de l'ancien méridien de Paris et la tranchée très profonde de la Petite Ceinture S.N.C.F. que croise en surface la ligne B du R.E.R. De l'autre côté du bd Jourdan, la **Cité Universitaire** internationale où trente-sept pavillons nationaux reflètent leur origine (Le Corbusier est l'auteur de ceux de la Suisse et du Brésil) ; au centre, la Maison Internationale (théâtre, salons).

Invalides, Champ-de-Mars, Tour Eiffel

Hôtel des Invalides. Ensemble magnifique XVIIᵉ dû à Libéral Bruant ; accès libre à la cour d'honneur (Son et Lumière l'été). Il contient les **musées de l'Armée** (vis. tous les jours), des Plans-Reliefs (fermé dimanche matin, mardi et jours fériés) des places fortes (réalisés au XVIIᵉ) et de l'Ordre de la Libération (vis. après-midi sauf dimanche et jours fériés et août) et entoure l'église **Saint-Louis-des-Invalides** par J. Hardouin-Mansart fin XVIIᵉ, qui fit aussi le superbe dôme culminant à 105 m et surmontant un intérieur somptueux et la célèbre crypte du **tombeau de Napoléon,** entouré de ceux de Turenne, Vauban, Foch, Lyautey (vis. tous les jours). Vues splendides de la place Vauban et de l'esplanade.

Musée Rodin, en face des Invalides à l'E., dans l'**hôtel Biron** XVIIIᵉ, 77, rue de Varenne, regroupant l'œuvre du grand sculpteur dans un cadre admirable (fermé mardi).

Les rues de Varenne, de Grenelle, de l'Université, de Lille, etc. et le bd Saint-Germain, entre les Invalides et Saint-Germain-des-Prés, composent le célèbre faubourg Saint-Germain aux fameux hôtels XVIIIᵉ, presque tous ministères ou ambassades. 57-59, rue de Grenelle, **fontaine des Quatre-Saisons,** de Bouchardon.

Palais de la Légion d'Honneur, bel **hôtel de Salm** fin XVIIIᵉ, musée de la Légion d'Honneur (vis. après-midi sauf lundi). La **gare d'Orsay** voisine, typiquement fin XIXᵉ, devrait justement héberger le musée du XIXᵉ siècle, en cours de création.

Palais-Bourbon, XVIIIᵉ-XIXᵉ, à façade de temple grec symétrique de celle de la Madeleine en face, de l'autre côté de la Concorde ; siège de l'Assemblée Nationale ; superbe bibliothèque aux fameuses peintures de Delacroix (vis. sur autor.).

Après les ponts de la Concorde, Alexandre-III et des Invalides, à l'angle de celui de l'Alma et du quai d'Orsay, entrée des **égouts** (vis. après-midi lundi, mardi et dernier samedi du mois), curieux petit circuit dans les galeries, correspondant aux rues (réseau de 2 100 km).

Tour Eiffel, chef-d'œuvre métallique du célèbre ingénieur (1887-1889), haute de 300 puis 320 m (vis. tous les jours, 3ᵉ étage fermé l'hiver) ; restaurants et bars ; panorama... Elle domine les beaux jardins du **Champ-de-Mars,** qui amènent à la superbe **Ecole militaire,** XVIIIᵉ, par Gabriel. Elle donne au S.-E. sur la place de Fontenoy où s'élève notamment le **palais de l'U.N.E.S.C.O.** bâti par Breuer, Nervi et Zehrfuss (1955-1958) et remarquablement décoré : Picasso, Calder, *Murs du Soleil et de la Lune* par Miro et Artigas, jardin de Noguchi, etc.

Chaillot, Passy, Auteuil

Palais de Chaillot, construit en 1937, entre la grande place en demi-cercle du Trocadéro (statue de Foch) et de beaux jardins (aquarium) ; la terrasse centrale ouvre une perspective grandiose sur la tour Eiffel et Paris. Sous la terrasse, l'immense salle de théâtre que le T.N.P. a rendue célèbre. Quatre musées l'occupent : **Musée de l'Homme** (fermé mardi et jours fériés), des origines à nos jours dans le monde entier, anthropologie, ethnologie, préhistoire ; **musée des Monuments français** (fermé mardi et jours fériés), moulages ou reproductions de nombreux détails grandeur nature, portails, statues, fresques, etc. ; **musée de la Marine** (fermé mardi et jours fériés) ; nombreux navires (vrais ou réduits), tableaux, dessins, films ; **musée du Cinéma** (vis. tous les jours) et **Cinémathèque.**

Musée Guimet, 6, place d'Iéna, arts et religions d'Asie, de l'Inde à l'Extrême-Orient (fermé mardi et jours fériés).

Palais de Tokyo, 13, avenue du Président-Wilson, restant de l'Exposition de 1937, deux ailes reliées par un beau portique et de grandes terrasses. Dans l'aile O., **musée d'Art moderne,** annexe du Centre Georges-Pompidou (fermé mardi et jours fériés), collections post-impressionnistes et donations (Braque, Rouault, etc.), et **Musée d'art et d'essai.** Aile E. : **Musée d'Art moderne de la Ville de Paris** (fermé lundi, mardi et jours fériés), collections de l'Ecole de Paris, avec *la Fée Electricité,* peinture murale de 600 m² par Dufy.

Théâtre des Champs-Elysées, 13, avenue Montaigne, bâti en 1913 par les frères Perret en béton armé, décoré notamment par des sculptures de Bourdelle.

Place du Trocadéro, **cimetière de Passy** contenant d'illustres disparus notamment du monde des arts, Manet, Debussy, Fauré...
Musée Clemenceau, 8, rue Franklin (vis. après-midi mardi, jeudi, samedi, dimanche et jours fériés). **Maison de Balzac,** 47, rue Raynouard (fermé lundi, mardi et jours fériés), où il vécut sept ans, modeste et charmante propriété donnant en bas sur le fort peu parisienne rue Berton ; importante bibliothèque.
Maison de Radio-France. Due à Henri Bernard en 1963, la vaste couronne (500 m de circonférence), avec une tour centrale d'archives de 70 m, contient les studios et auditoriums dont les principaux sont remarquablement décorés ; **musée de la Radio et de la Télévision.** En face, l'île aux Cygnes où s'appuie le pont de Grenelle, vues étonnantes sur Radio-France et sur le Front de Seine, forêt de tours du quartier Beaugrenelle en cours d'aménagement. Côté aval, réduction de la statue de la Liberté de Bartholdi, et vue sur le pont Mirabeau.
Fondation Le Corbusier, 8-10, square du Dr-Blanche (fermé samedi et dimanche).
Musée Marmottan, 2, rue Louis-Boilly (fermé lundi). Art médiéval et Empire. Collection impressionniste et riche fonds Monet (fleurs peintes à Giverny).
Bois de Boulogne. Près de 900 ha, lambeau de l'antique forêt du Rouvre, aménagé par Alphand (XIXe) ; on y trouve : un grand lac Inférieur (canotage, île avec restaurant), un petit lac Supérieur, les hippodromes d'Auteuil et de Longchamp, plusieurs restaurants, la Grande Cascade (monument des Fusillés au S.-E.), l'admirable **parc de Bagatelle** XVIIIe avec sa « folie » et sa roseraie, le pré Catelan et le jardin Shakespeare, le jardin fleuriste de la Ville de Paris (3, av. de la Porte-d'Auteuil, vis. tous les jours).
Au N.-E., important **Musée des Arts et Traditions populaires** (près de la Porte des Sablons ; fermé mardi et jours fériés), la vie quotidienne de jadis et ses transformations, dans un beau cadre moderne ; riche documentation.
A côté, le **Jardin d'Acclimatation,** parc d'attractions surtout pour enfants (vis. tous les jours, petit train mercredi, samedi et dimanche après-midi).

Champs-Élysées, Étoile

C'est la voie triomphale, l'alignement du Louvre à la Défense* par les arcs de triomphe du Carrousel et de

Champs-Elysées : *l'une des avenues les plus célèbres de par le monde, où à la verdure succède le luxe, des Tuileries à l'immense arc de triomphe de l'Etoile ; tous les défilés de prestige la remontent.*

En bas : **Garde Républicaine,** *elle est de toutes les parades. A droite :* un des angelots du pont Alexandre III, il date de 1900 et porte bien son âge !

l'Etoile, les Tuileries, la Concorde, les Champs-Elysées, l'avenue de la Grande-Armée, vers le pont de Neuilly.
Place de la Concorde, réalisée de 1755 à 1775 par Gabriel ainsi que les deux beaux hôtels la bordant au N. (**hôtel Crillon** et **ministère de la Marine**) ; au centre, un des obélisques égyptiens de Louksor (23 m), et deux belles fontaines ; à l'entrée des Champs-Elysées, les *Chevaux de Marly* par Coustou ; côté Tuileries, les *Chevaux ailés* par Coysevox.
Les Champs-Elysées, jusqu'au Rond-Point, sont entourés de jardins ; à gauche, se suivent : le **Petit Palais** (1900), **musée des Beaux-Arts de la Ville de Paris,** riches collections (fermé lundi, mardi et jours fériés) et expositions temporaires ; l'avenue Winston-Churchill qui mène au pont Alexandre III, face aux Invalides ; le **Grand-Palais** (1900), immense construction modern-style répartie surtout en galeries Nationales abritant les grandes expositions temporaires ; accolé à l'O., le **Palais de la Découverte,** important musée de vulgarisation scientifique avec le Planétarium (entrée sur l'av. F.-D.-Roosevelt, fermé lundi) ; à droite des Champs-Elysées, les jardins du palais de l'**Elysée** XVIIIe, présidence de la République, qui donne au N. sur la rue du Faubourg-Saint-Honoré, grande vitrine du commerce de luxe.
Après le Rond-Point, les Champs-Elysées sont une succession de grands commerces, sièges de sociétés, compagnies aériennes ou bancaires, cinémas, cafés... En haut, sur l'immense place Charles-de-Gaulle, **l'arc de triomphe de l'Etoile** (1806-1836) par Chalgrin, abritant la tombe du Soldat Inconnu (1914-1918) ; face aux Champs-Elysées et à droite, *la Marseillaise,* chef-d'œuvre de Rude ; ascension de l'arc, panorama (fermé mardi). A l'O., la superbe avenue Foch, large de 120 m.

Saint-Augustin, Parc Monceau

Saint-Augustin, curieuse église en fer par Baltard (1860-1871), avec un dôme de 60 m.

Du quartier de la Madeleine et de l'Opéra aux Grands Boulevards : *En haut, les verrières de la gare Saint-Lazare, peintes par Monet en 1877, tamisent une lumière grise.*

Ci-dessus, la porte Saint-Martin, *érigée – de même que la porte Saint-Denis – en l'honneur des campagnes du Roi Soleil.*

Concorde et Madeleine : *Ce saisissant raccourci rapproche l'étonnant obélisque égyptien rapporté en 1833, recouvert d'hiéroglyphes et de dessins expliquant sa mise en place, et la façade néogrecque de l'église de la Madeleine, en passant par l'une des superbes fontaines à qui les illuminations vont si bien...*

Au S.-E., sur le bd Haussmann, square Louis XVI et **Chapelle expiatoire** (1815-1826), sur la sépulture de Louis XVI et de Marie-Antoinette avant leur transfert à Saint-Denis (fermé mardi). Au N., 14, rue de Madrid, **Conservatoire national de Musique,** important musée instrumental (vis. après-midi mercredi et samedi).
Musée Jacquemart-André, 158, bd Haussmann. Ancienne collection privée extrêmement riche notamment en Renaissance italienne et en art européen XVIIIe (fermé lundi, mardi et jours fériés et août).
Musée Cernuschi, 7, avenue Velasquez, l'art ancien en Chine et au Japon (fermé lundi, mardi et jours fériés). Expositions temporaires.
Parc Monceau, beau jardin anglais dessiné par Alphand dans un reste de parc XVIIIe avec des « fabriques », lac avec naumachie et colonnade, pyramide, etc. et des statues. Remarquable rotonde de l'Octroi par Ledoux.
Musée Nissim de Camondo, 63, rue de Monceau, splendides collections XVIIIe d'art décoratif dans un hôtel de 1910 de style Louis XVI (fermé lundi, mardi et jours fériés).
Cathédrale Alexandre-Newsky, 12, rue Daru, église russe de Paris, style byzantin-moscovite.

Opéra, Grands Boulevards, Temple

De la Madeleine à la République, les Grands Boulevards sont une des voies les plus animées de Paris et un vaste centre des affaires.
Eglise de la Madeleine, temple grec début XIXe (œuvres d'art, grande colonnade), répondant au Palais-Bourbon en face derrière l'obélisque de la Concorde.
Théâtre de l'Opéra, remarquable construction originale de Charles Garnier, ouvert en 1875 ; à la façade, *la Danse,* par Carpeaux (original au Louvre) ; célèbre Grand Escalier et décoration somptueuse ; étonnant plafond de la salle par Chagall. **Musée de l'Opéra** (fermé dimanche et jours fériés). En face, **musée Cognacq-Jay,** 25, bd des Capucines, arts décoratifs et peinture XVIIIe (fermé lundi, mardi et jours fériés).
Musée Grévin, 10, bd Montmartre, célèbre galerie de scènes historiques en cire et d'illusionnisme (vis. après-midi). En face, le pittoresque passage des Panoramas, vers la Bourse.
Porte Saint-Denis, arc de triomphe des victoires de Louis XIV sur le Rhin (1672).
Porte Saint-Martin (1674), plus petite, marque les victoires sur la Triple Alliance (prise de Besançon).
Au S., 292, rue Saint-Martin, **Conservatoire des Arts et Métiers,** Musée national des Techniques (fermé jours fériés), dans l'ancien prieuré **Saint-Martin-des-Champs** et son église romane (chœur XIIe splendide) ; riches collections d'appareils et de maquettes en tous genres ; splendide bibliothèque, ancien réfectoire gothique XIIIe. A côté au S., belle église **Saint-Nicolas-des-Champs** XVe-XVIIe, superbe portail Renaissance fin XVIe (œuvres d'art). Non loin à l'E., 3, rue Volta, maison à pans de bois qui passe pour la plus vieille de Paris (XIVe ?). Au N., près des gares du Nord et de l'Est, **musée de la Cristallerie de Baccarat** (fermé samedi et dimanche), 30 bis, rue de Paradis, et, au n° 18, étonnant **musée de l'Affiche et de la Publicité** (fermé mardi). A l'E., canal Saint-Martin, au parcours très pittoresque par ses écluses, ses passerelles, ses ombrages ; dans son coude, admirable hôpital Saint-Louis (heures de visite).

Montmartre

C'est un village tranquille et populaire sur sa célèbre colline, bordé par les hauts lieux de « Paris by night », les boulevards de Clichy et de Rochechouart, les places Clichy, Pigalle, Blanche avec le célèbre Moulin-Rouge de Toulouse-Lautrec, quartier « chaud » où abondent cabarets et boîtes de nuit.

Montmartre : La rue Tholozé, une de ces voies bien raides qui grimpent sur la Butte et offrent des vues, partielles mais lointaines, sur la grande ville... Ce sont en général des rues tranquilles et agréables, contrastant avec le « gai Paris » voisin, qui bat son plein la nuit tombée. Montmartre en revanche est un quartier calme et toujours doucement bohème, entrecoupé d'escaliers pittoresques. La vigne symbolique existe toujours, entre le musée du Vieux-Montmartre et la rue des Saules.

De petites rues raides et parfois des escaliers entourent la « **Butte** » (129 m) dominée par la basilique du **Sacré-Cœur**, immense construction romano-byzantine (1876-1910) dessinée par Abadie, le restaurateur de Saint-Front de Périgueux ; dôme de 83 m, campanile remarquable de 84 m contenant la cloche « la Savoyarde » de près de 19 tonnes ; l'intérieur est surchargé de décoration ; du dôme panorama immense, de même du parvis mais limité à Paris (table d'orientation).
A l'O., remarquable vieille église **Saint-Pierre** XIIᵉ, entre le jardin du Calvaire et le cimetière Saint-Pierre, tout petit (ouv. le 1ᵉʳ novembre). En face à l'O., la place du Tertre arrive à garder un peu de son charme villageois. A l'O., place Emile-Goudeau, le **Bateau-lavoir** (façade, reconstruction après un incendie) où vécurent vers 1900 de nombreux artistes, Picasso, Juan Gris, Modigliani, Max Jacob, etc., bouillon de culture d'où émergea le cubisme.
Au N., entre les rues Cortot (au 12, atelier d'Utrillo) et Saint-Vincent, **musée du Vieux-Montmartre** (maison XVIIᵉ de l'acteur Rosimond ; vis. après-midi sauf mardi) et célèbre vigne de Montmartre ; en face, le cabaret « le Lapin Agile ». Plus bas, 42, rue des Saules, musée d'Art juif.
Petit cimetière Saint-Vincent : tombes d'Harriet Smithson (femme de Berlioz), Utrillo, Marcel Aymé, etc. Par la rue de l'Abreuvoir, **château des Brouillards** XVIIIᵉ. Avenue Junot, **Moulin de la Galette** (1295), restauré, le dernier de

Montmartre, que Renoir entre autres a rendu illustre (dans son enceinte, la mire N. du méridien). Au cimetière Montmartre, rue Caulaincourt, reposent Berlioz, Stendhal, Heine, Renan, Degas, Giraudoux, etc.

L'Est Parisien
Parc des Buttes-Chaumont. Un des plus beaux jardins parisiens, très accidenté ; un lac y entoure un belvédère (petit temple) sur un grand rocher (vue).
Entre les Buttes-Chaumont et le Père-Lachaise, la rénovation de Belleville et de Ménilmontant à grand renfort de tours de béton a presque anéanti la poésie qui émanait de ce quartier, ancien village trop vite grandi au XIXᵉ ; ici et là, un vieil îlot, comme autour de **Saint-Germain-de-Charonne** XIIIᵉ.
Cimetière du Père-Lachaise, le plus vaste et le plus célèbre de Paris, véritable musée funéraire historique (ouv. tous les jours) dans un remarquable parc. Innombrables tombes illustres (notamment dans la partie S.-O.) ; entre autres, Héloïse et Abélard, Balzac, Bizet, Chopin, Colette, Delacroix, Eluard, La Fontaine, Molière, Musset, Edith Piaf. A l'angle S.-E., mur des Fédérés, où furent fusillés sur place les derniers combattants de la Commune en 1871 ; auprès, monuments aux résistants et déportés.
Avenue Daumesnil, au S.-E. de la place Félix-Eboué, curieuse église du **Saint-Esprit** (1935), sur le plan de Sainte-Sophie de Constantinople mais en béton armé et avec des fresques étonnantes.
Bois de Vincennes. Beau parc de plus de 900 ha, malheureusement coupé par de vastes installations sportives et militaires ; au N.-E., beau lac des Minimes, temple du Souvenir indochinois et jardin tropical ; au S.-E. du château (voir Vincennes*), superbe **Parc floral de Paris** (vis. tous les jours), expositions florales, exotarium, jardin aquatique, jardin du dahlia ; nombreuses sculptures contemporaines ; jardin d'enfants ; à l'O., près du grand lac Daumesnil, célèbre « **Zoo de Vincennes** » (vis. tous les jours), aux très nombreux animaux dans un cadre rocheux (artificiel) remarquable ; vue superbe du grand rocher de

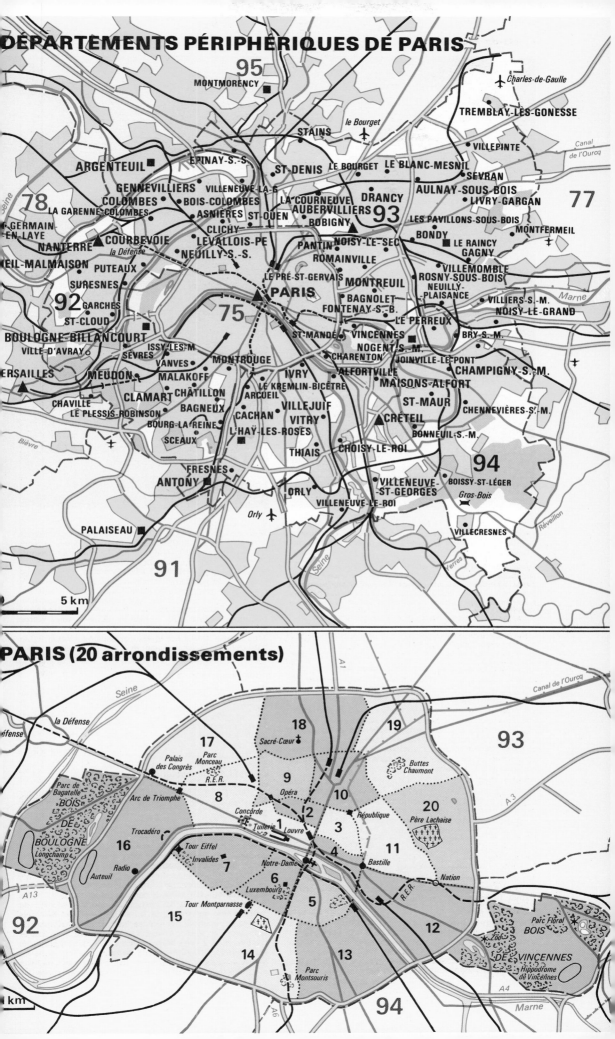

DÉPARTEMENTS PÉRIPHÉRIQUES DE PARIS

95
MONTMORENCY

Charles-de-Gaulle

TREMBLAY-LÈS-GONESSE

le Bourget

VILLEPINTE

Canal de l'Ourcq

STAINS

ARGENTEUIL

ÉPINAY-S.-S.

ST-DENIS

LE BOURGET

LE BLANC-MESNIL

SEVRAN

GENNEVILLIERS

VILLENEUVE-LA-G.

AULNAY-SOUS-BOIS

78

COLOMBES

BOIS-COLOMBES

LA COURNEUVE

DRANCY

LIVRY-GARGAN

77

LA GARENNE-COLOMBES

ASNIÈRES

ST-OUEN

AUBERVILLIERS

LES PAVILLONS-SOUS-BOIS

Seine

CLICHY

BOBIGNY

93

MONTFERMEIL

ST-GERMAIN-EN-LAYE

COURBEVOIE

LEVALLOIS-PE.

NOISY-LE-SEC

BONDY

LE RAINCY

GAGNY

NANTERRE

la Défense

NEUILLY-S.-S.

PANTIN

ROMAINVILLE

VILLEMOMBLE

EIL-MALMAISON

PUTEAUX

LE PRÉ-ST-GERVAIS

ROSNY-SOUS-BOIS

NEUILLY-PLAISANCE

SURESNES

92

GARCHES

PARIS

MONTREUIL

BAGNOLET

Marne

ST-CLOUD

75

FONTENAY-S.-B.

VILLIERS-S.-M.

NOISY-LE-GRAND

BOULOGNE-BILLANCOURT

ST-MANDÉ

VINCENNES

LE PERREUX

VILLE-D'AVRAY

ISSY-LES-M.

NOGENT-S.-M.

BRY-S.-M.

SÈVRES

VANVES

MONTROUGE

CHARENTON

JOINVILLE-LE-PONT

CHAMPIGNY-S.-M.

ERSAILLES

MEUDON

MALAKOFF

IVRY

ALFORTVILLE

MAISONS-ALFORT

CHÂTILLON

ARCUEIL

LE KREMLIN-BICÊTRE

ST-MAUR

CHAVILLE

CLAMART

BAGNEUX

CHENNEVIÈRES-S.-M.

LE PLESSIS-ROBINSON

CACHAN

VILLEJUIF

VITRY

CRÉTEIL

BOURG-LA-REINE

L'HAŸ-LES-ROSES

BONNEUIL-S.-M.

Bièvre

SCEAUX

THIAIS

CHOISY-LE-ROI

94

FRESNES

BOISSY-ST-LÉGER

ANTONY

ORLY

VILLENEUVE-ST-GEORGES

Gros-Bois

Réveillon

VILLENEUVE-LE-ROI

Orly

VILLECRESNES

PALAISEAU

Yerres

91

Seine

5 km

PARIS (20 arrondissements)

Seine

Canal de l'Ourcq

A1

la Défense

éfense

17

18

Sacré-Cœur

19

93

Palais des Congrès

Parc Monceau

R.E.R.

Buttes Chaumont

Parc de Bagatelle

BOIS

Arc de Triomphe

9

Opéra

10

8

20

Père Lachaise

DE

Concorde

2

République

BOULOGNE

Longchamp

Trocadéro

Tuilerie

Louvre

1

3

11

Bastille

16

Tour Eiffel

Invalides

4

Nation

Radio

Notre-Dame

R.E.R.

Auteuil

7

6

Luxembourg

A13

Tour Montparnasse

5

12

Parc Floral

BOIS

92

15

14

13

DE VINCENNES

Parc Montsouris

Zoo

Hippodrome de Vincennes

A6

94

A4

Marne

km

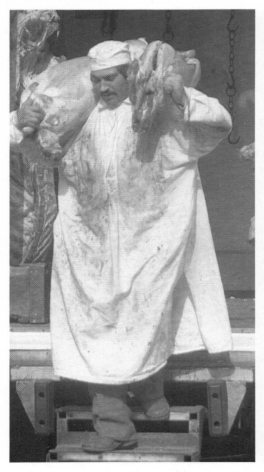

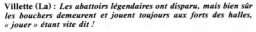

Villette (La) : *Les abattoirs légendaires ont disparu, mais bien sûr les bouchers demeurent et jouent toujours aux forts des halles, « jouer » étant vite dit !*

Canal Saint-Martin : *Arletty et Marcel Carné ont donné un écho fantastique à l'« atmosphère » de ce merveilleux canal, dont la partie non couverte, miraculeusement échappée au sacrifice sur les autels de la voiture et de l'immobilier, garde à ce coin de Paris une poésie intense faite de son miroir d'eau, de ses arbres, de ses passerelles.*

70 m. A l'O., **musée des Arts africains et océaniens,** 293, avenue Daumesnil (fermé mardi et jours fériés), très importantes collections ; aquarium tropical.

PETIT-MORIN (Vallée du) – 77.
En aval comme en amont de Montmirail* (région VIII), elle est charmante et presque sauvage, encaissée dans le plateau briard ; il faut voir au passage les belles églises anciennes de Verdelot, Villeneuve-sur-Bellot, Sablonnières et Saint-Cyr-sur-Morin, le château XVIIe de Saint-Ouen-sur-Morin, et ne surtout pas oublier Jouarre* sur sa hauteur, avant la Marne.

POISSY – 78.   37 700 hab.
Joli site d'ensemble entre la forêt de Saint-Germain et la Seine. La collégiale Notre-Dame, romane XIIe (deux beaux clochers axiaux) et remaniée puis restaurée, possède un remarquable porche S. flamboyant XVIe à deux portails ; bel intérieur aux nombreuses œuvres d'art, dont les fonts sur lesquels saint Louis aurait été baptisé. De l'ancienne abbaye il ne reste que l'entrée fortifiée XIVe où s'est installé le musée du Jouet, unique en France (vis. tous les jours sauf lundi, mardi et jours fériés). A la suite, superbe parc Meissonier. Dans le parc du lycée, villa Savoye de Le Corbusier (fermée mardi). Promenades le long de la Seine. Usines Talbot-Simca (vis. sur R.V.).

PONTOISE – 95.   29 500 hab.
La pittoresque vieille ville, avec des escaliers et des ruelles étroites, escalade l'éperon dominant le confluent de la Viosne et de l'Oise ; belle vue du jardin de l'ancien château (restes de remparts), où est le musée Pissarro (vis. l'après-midi sauf lundi et mardi). En haut, l'église Saint-Maclou XIIe-XVe-XVIe (chapiteaux romans et Renaissance, vitraux,

Mise au tombeau XVIe, superbe ensemble de boiseries XVIIe avec jubé). A l'E., musée Tavet-Delacour, dans un joli hôtel XVe. A l'O., jardin de la ville (vue) ; au-dessous, église Notre-Dame, basse, fin XVIe (beau tombeau XIIe).
➡ S.-O., Cergy-Pontoise, « ville nouvelle », se développe entre Pontoise et la grande boucle de l'Oise de Neuville qui contient un grand parc de loisirs (étangs, voile, baignade). Le vieux Cergy possède une belle église XIIe-XVIe (portails), ainsi que Jouy-le-Moutier au S.-O. ➡ E., Saint-Ouen-l'Aumône, église XIIe, restaurée, abritant une Vierge ouvrante XIIIe ; ruines XIIIe de l'abbaye cistercienne de Maubuisson. ➡ 9,5 km N.-O., Cormeilles-en-Vexin, église XIIe-XVIe en partie romane. ➡ 3 km N., Ennery, église XIIe et Renaissance, beau clocher roman.

PORT-ROYAL-DES-CHAMPS – 78.
Au fond d'un beau vallon solitaire, quelques traces émouvantes de l'abbaye des jansénistes détruite en 1710, qu'avaient fréquentée notamment Pascal et Racine (vis. tous les après-midi sauf mardi). Au N. (2 km par la D. 91), Musée national des Granges de Port-Royal dans le château XVIIe des Petites Ecoles des jansénistes (vis. tous les jours sauf lundi, mardi et jours fériés). Au S. (D. 46), Saint-Lambert, dont le cimetière, entourant la vieille petite église, conserve la fosse commune où furent déversés les restes exhumés des jansénistes de Port-Royal ; près de là, on a élevé une croix en 1944 « à la personne humaine ».
➡ 5 km E., Magny-les-Hameaux, paroisse de Port-Royal, le curé en avait recueilli les pierres tombales dans son église XIIe-XVe.

PROVINS – 77.   13 100 hab.
Etonnante cité médiévale, qui fut l'une des capitales des comtes de Champagne et le siège d'une des plus grandes foires de l'époque, également lieu d'introduction de la rose en France.
La ville haute est encore à demi enfermée dans de superbes remparts XIIe-XIIIe, longés par une route entre les belles portes Saint-Jean et de Jouy, et comportant nombre de tours et une poterne ; proches de la place du Châtel, on trouve la magnifique Grange aux Dîmes XIIe (musée lapidaire), l'énorme tour de César XIIe, donjon carré dont le haut est XVIe et l'entourage anglais XIVe (vis. tous les jours, l'hiver l'après-midi), vue admirable, la collégiale Saint-Quiriace (chœur fin XIIe et XIIIe, voûtes octopartites, portails, coupole XVIIe, clocher écroulé), l'ancien palais des

comtes (lycée), une maison romane XIᵉ (musée archéologique et du Provinois). La rue Saint-Thibault descend à la ville basse ; en bas, ancien Hôtel-Dieu (souterrains étonnants, vis. dimanche et jours fériés après-midi) ; église Sainte-Croix XIIᵉ-XVIᵉ (mobilier, vitraux) ; au S.-O., hôtels XIIIᵉ de Vauluisant et de la Croix d'Or, entre autres maisons anciennes ; à l'E., pittoresque église Saint-Ayoul XIIᵉ remaniée, à trois portails (beau portail central roman, mutilé), œuvres d'art ; clocher Notre-Dame-du-Val XVIᵉ ; au N., couvent des Cordelières, salle capitulaire, cloître, chapelle XIVᵉ au XVIᵉ (tombeau XIIIᵉ du cœur de Thibaut IV de Champagne).
Roseraies, illuminations, festival du théâtre des Remparts.
➡ 7 km N. (D. 71), Voulton, magnifique église début gothique (voûtes octopartites).

RAINCY (Le) – 93.   14 000 hab.
L'église Notre-Dame (1923) d'Auguste Perret, en béton armé et murs en vitraux, marque un tournant dans l'art sacré moderne.
➡ 8 km N., Aulnay-sous-Bois, intéressante église en partie XIIᵉ.

RAMBOUILLET – 78.   20 000 hab.
Entre les deux grands massifs de sa forêt, agréable ville célèbre par son château historique et « présidentiel » (vis. tous les jours sauf mardi et nécessités du service) ; du château féodal il ne reste que la grosse tour de François Iᵉʳ (XIVᵉ), où mourut ce roi, parmi les bâtiments XVIIIᵉ qui le composent maintenant. Appartements « d'Assemblée » (boiseries magnifiques) ; boudoir de Marie-Antoinette ; salle de bains et chambre de l'Empereur ; superbe salle de Marbre XVIᵉ.
Le parc (ouv. tous les jours), du XVIIIᵉ, comporte des parterres, un beau jardin d'eau (six îles), un tapis vert dans la perspective du grand canal et un jardin anglais dû à Hubert Robert. Jolie laiterie de la Reine, faite pour Marie-Antoinette, avec des grisailles en trompe-l'œil, et chaumière des Coquillages. Le dimanche après-midi hors saison, visite de la Bergerie nationale (Musée du Mouton) créée par Louis XVI. En ville, musée du Train miniature.

RAMBOUILLET (Forêt de) – 78.
Grande forêt (22 000 ha, dont 14 000 domaniaux) en plusieurs massifs séparés ou éclaircis par de vastes clairières ; moins prestigieuse que Fontainebleau, elle est plus variée par certains côtés avec son relief plus irrégulier, la beauté de ses eaux, nombreux étangs et ruisseaux, et ses merveilleux sous-bois de bruyères ou fougères, sous des

étendues de chênes et hêtres sur les plateaux, de pins, bouleaux et landes sur les sables des versants.
Innombrables sentiers (dont le G.R. 1) et routes forestières, piste cyclable de Rambouillet à Montfort-l'Amaury*. Joli château de la Mormaire au N. Vallées des Ponts Quentins au N., de la Vesgre à l'O., de la Guesle (Poigny-la-Forêt, beaux rochers d'Angennes) au S.-O., de la Rabette et de la Celle aux confins S.-E., autour des beaux villages de Clairefontaine et de la Celle-les-Bordes ; étangs de Hollande (plage, voile) au N.-E., nappe d'eau de 6 km divisée par des chaussées ; étang du Coupe-Gorge ; au S.-E., étangs d'Or et de la Tour, parc animalier des Yvelines (entre Rambouillet et Rochefort ; vis. dimanche et jours fériés et samedi après-midi) avec miradors d'observation ; nombreux animaux dans toute la forêt.

RAMPILLON – 77.
Sur une butte (vue sur la Brie), au milieu du village, la très belle église gothique XIIIᵉ possède un portail sculpté superbe et justement renommé (fin XIIᵉ), représentant notamment le Jugement dernier et la résurrection des morts ; beau triforium et œuvres d'art, Vierge XIVᵉ polychrome en pierre dans un retable en bois XVIᵉ.

REBAIS – 77.   1 500 hab.
Eglise romane XIIᵉ remaniée, gisant.
➡ 6 km O., Doue ; d'une chapelle, vaste panorama.

RECLOSES – 77.
Beau village en lisière de la forêt de Fontainebleau, connu pour les jonquilles ; église XIIIᵉ pittoresque.

ROCHE-GUYON (La) – 95.
Le long de la Seine, le village est dominé par un puissant donjon XIIᵉ sur la crête des falaises qui contournent le beau méandre ; sous le donjon, on voit le château médiéval et classique des ducs de La Rochefoucauld. Halles XVIIIᵉ (mairie).
➡ E., Haute-Isle, ancien village troglodyte et église monolithe. Au-dessus, D. 100, « route des Crêtes », vues étendues, et G.R. 2 ; à l'E., terrain de vol à voile. En bas, belle route de Vétheuil*.

ROISSY-EN-FRANCE – 95.
L'aéroport Charles-de-Gaulle, couvrant une partie de la riche plaine de France, cœur de l'Ile-de-France, est un des plus grands et modernes du monde, qui a nécessité d'énormes installations. L'aérogare nᵒ 1 est un curieux bâtiment annulaire aveugle et fort complexe relié à sept

Provins : *La formidable tour de César gouverne cette région de la Brie.*

Rampillon : *Les apôtres du portail de l'église sont animés d'une vie étonnante.*

Royaumont : *L'un des plus beaux ensembles cisterciens, à l'exception, hélas, de l'église qui a disparu. Son nom indique bien que cette abbaye fut chérie des rois, et traitée en conséquence.*

satellites extérieurs ; restaurant et bar panoramiques ; aérogare n° 2 en cours de mise en service. (Vis. guidées.) La plupart des villages agricoles de la plaine de France, dont certains sont devenus des grands ensembles dénués de charme, possèdent de remarquables églises gothiques et Renaissance (Louvres, Goussainville, Fontenay-en-Parisis, Gonesse, etc.).

ROSNY-SUR-SEINE – 78. 3 500 hab.
Beau château début XVII° construit par Sully, dans un parc remarquable en bord de Seine (terrasse) ; mobilier et décoration magnifiques (tapisseries) ; souvenirs de la duchesse de Berry (vis. du 20 juillet au 31 août sauf mardi).
➡ 3 km N.-O., Rolleboise, panorama sur la Seine de la célèbre corniche ; une route pittoresque contourne le méandre de Moisson ; baignade dans les anciennes sablières des Mousseaux-sur-Seine, face à Vétheuil*.

ROYAUMONT (Abbaye de) – 95.
L'abbaye cistercienne XIII° fondée par saint Louis a perdu son église à la Révolution (il en reste le plan et des vestiges) mais a conservé d'admirables bâtiments, réfectoire des moines (admirable décoration), grand cloître aux galeries en terrasses entourant un beau jardin, anciennes cuisines, etc. (vis. tous les jours sauf mardi), abritant maintenant un grand Centre culturel international qui organise congrès, séminaires, et des concerts réputés.
➡ 7 km S., Belloy-en-France, intéressante église XIII° au XVI° avec façade Renaissance.

ROZAY-EN-BRIE – 77. 1 800 hab.
Sur l'Yerres, vieille ville fortifiée sur une butte (vestiges de remparts) ; remarquable église XII°-XIII° (façade XVI°), œuvres d'art.
➡ 2,5 km S., château de la Grange-Bléneau, médiéval remanié XVII°, dans des douves en eau, qui fut à La Fayette.

RUEIL-MALMAISON – 92. 65 000 hab.
L'immense domaine a fait peau de chagrin autour du château XVII° sans prétention de la Malmaison où habitèrent longtemps Joséphine et un peu Bonaparte ; admirablement restauré et remeublé, c'est le grand musée napoléonien (fermé mardi) ; beau parc (roseraie de Joséphine, cèdre de Marengo) où se trouvent le pavillon de travail d'été de Napoléon, le pavillon Osiris (collection d'« objets » napoléoniens) et le pavillon des voitures.
Non loin, le château de Bois-Préau abrite surtout des souvenirs de Marie-Louise et du roi de Rome (fermé

mardi). Intéressante église Renaissance, beau tombeau en marbre blanc de Joséphine et admirable buffet d'orgues fin XV° provenant de Florence.
➡ S., joli bois de Saint-Cucufa, autour d'un étang au fond d'un vallon. ➡ O., Bougival, que les peintres fréquentèrent ; île de la Loge et écluse de Bougival.

SAINT-ARNOULT-EN-YVELINES – 78. 4 000 hab.
Bien situé sur la Remarde (plage municipale) entre des forêts ; église intéressante XII° et XVI° flamboyant, crypte préromane ; belle maison Renaissance et petit musée des arts et traditions populaires (vis. après-midi samedi et dimanche) dans un ancien moulin à blé.
➡ 4 km N.-E., Rochefort-en-Yvelines, village pittoresque dans un vallon boisé, vestiges du château féodal XI°, église en partie romane et maisons anciennes.

SAINT-CLOUD – 92. 28 400 hab.
Les grandes dimensions (400 ha, 4 km de long) et le relief de son beau parc dessiné par Le Nôtre en font une réserve intéressante de promenades (routes à péage) ; la partie E. dominant la Seine est la plus mouvementée, elle possède la Grande Cascade, étonnant monument baroque XVII°, proche du Grand Jet (42 m) ; au bout des parterres, dont la terrasse (panorama sur Paris*) portait le célèbre château, les Vingt-quatre Jets sont suivis du Tapis Vert qui mène à la Grande Gerbe (grandes eaux 2° et 4° dimanche de juin à septembre) ; rond-point de la Lanterne (panorama) ; au N., jardin anglais du Trocadéro ; musée historique (vis. après-midi mercredi, samedi, dimanche et jours fériés).
En ville, musée culturel ; place H.-Chrétien, belle église moderne Stella Matutina (1965).
➡ O., après Garches, parc de Villeneuve-l'Etang, grand mémorial La-Fayette, dédié aux aviateurs américains volontaires de la Grande Guerre (crypte), dans un beau cadre.

SAINT-DENIS – 93. 96 800 hab.
Ancienne abbatiale, la basilique-cathédrale est une des plus célèbres églises de France et a servi de nécropole à presque tous les rois de France.
Le chœur et le narthex sont, avec la cathédrale de Sens, les prototypes du gothique (1137) ; la basilique a été achevée au XIII° mais a été remaniée et restaurée par la suite (vis. tous les jours sauf dimanche matin) ; les tombeaux royaux et princiers constituent un étonnant et imposant musée de la sculpture médiévale et Renaissance, avec d'admirables gisants et monuments funéraires (beaux tombeaux de Louis II et d'Anne de Bretagne, de François I°', d'Henri II et de Catherine de Médicis, etc.) et de nombreuses statues agenouillées ; la très belle crypte romane XII° contient la « chapelle royale » des Bourbons et leur ossuaire. La maison d'éducation de la Légion d'Honneur occupe les bâtiments XVIII° de l'abbaye. Important musée municipal d'Art et d'Histoire, archéologie, céramiques, salle Paul-Eluard, né à Saint-Denis, peintures, dessins, etc. (fermé dimanche matin, mardi et jours fériés). Curieux musée Christofle (fermé samedi, dimanche et jours fériés).
➡ O., 4 km S.-O., Saint-Ouen, dont le château est un des rares édifices Restauration (fermé mardi et jours fériés).

Saint-Germain-en-Laye : Le château où notamment Louis XIV naquit, et où Marie Stuart vécut la part française de son destin hors série, offre un aspect des plus inhabituels et les additions de Hardouin-Mansart ne nous sont pas parvenues. Les parterres et l'admirable terrasse le complètent de façon très plaisante.

Saint-Loup-de-Naud : Les statues-colonnes du portail de l'église méritent que l'on vienne de loin les admirer, dans un très joli cadre de campagne briarde.

SAINT-GERMAIN-EN-LAYE – 78.   40 500 hab.

Pentagone irrégulier et fermé, le célèbre château royal a été reconstruit à la Renaissance pour François Iᵉʳ, sur deux étages antérieurs ; il conserve aussi le donjon XIVᵉ de Charles V et la splendide Sainte-Chapelle de saint Louis attribuée à Pierre de Montreuil. A l'intérieur, le très important musée des Antiquités nationales (fermé mardi), rénové, présente de façon passionnante toute l'évolution humaine, de la préhistoire la plus lointaine à l'époque mérovingienne. De beaux parterres et un jardin anglais mènent à la fameuse terrasse (2 400 m) de Le Nôtre (table d'orientation) au panorama considérable, qui longe la forêt et la vallée de la Seine. Pavillon Henri IV subsistant du Château Neuf de Philibert Delorme.
Place Général-de-Gaulle, église XVIIIᵉ (mausolée de Jacques II Stuart). Aux abords du château, nombreux hôtels XVIIᵉ et XVIIIᵉ (de Noailles, 10-11, rue d'Alsace, de Lauzun, 1, place M.-Berteaux, S.I., etc). Musée municipal (notamment Jérôme Bosch et Flamands). Musée départemental du Prieuré (Nabis et symbolistes), vis. tous les jours sauf lundi et mardi. Tapisserie XVIIIᵉ à l'hôtel de ville.
➡ N., belle forêt de Saint-Germain (3 500 ha) comportant toutes sortes de feuillus et des pins, mais surtout chênes et châtaigniers ; traversée de plusieurs grandes routes et voies ferrées (triage d'Achères), elle est néanmoins profonde et agréablement diverse ; nombreux sentiers ; elle contourne Poissy*, Achères, Maisons-Laffitte* ; à l'E., château du Val, par Mansart. Grande fête des Loges (août).

SAINT-LOUP-DE-NAUD – 77.

Entre deux vallons, le village pittoresque, dans des restes de remparts, conserve une des plus anciennes églises d'Ile-de-France, presque toute du XIᵉ ; l'O. de la nef et le porche sont XIIᵉ et le portail, sculpté vers 1170, comporte de célèbres statues-colonnes valant celles de Chartres, Christ en majesté au tympan, apôtres sur le linteau ; à l'intérieur, observer la curieuse transition du roman au gothique commençant dans la nef (voûtes, piliers) ; œuvres d'art.
➡ 3 km S.-O., Lizines, église XIᵉ-XIIIᵉ au porche XIIᵉ massif (tympan polychrome).

SAINT-QUENTIN-EN-YVELINES – 78.   110 000 hab.

« Ville nouvelle » fortement urbanisée par endroits (Elancourt, Maurepas, Trappes), autour du grand étang de Saint-Quentin très fréquenté pour sa vaste base de loisirs possédant une déjà célèbre piscine à vagues.

SAINT-SULPICE-DE-FAVIÈRES – 91.

Dans un site magnifique au-dessus de la vallée de la Renarde, le village entoure une admirable église fin XIIIᵉ, beau portail mutilé début XIVᵉ, chapelle XIIᵉ avec les reliques de Saint-Sulpice, chœur magnifique, vitraux.
➡ 4 km N.-N.-E., colline de Saint-Yon, chapelle et vieux village à 146 m, vue très étendue ; 9 km O., Saint-Chéron, sur l'Orge, au cœur d'une jolie région boisée parcourue de nombreux sentiers. ➡ 5,5 km S.-O., Villeconin, remarquable château médiéval (remanié) avec un donjon et des douves (vis. après-midi en août).

SAINT-VRAIN (Parc animalier de) – 91.

C'est à la fois un grand parc-safari (voiture, bateau, champêtre à pied) parmi toutes sortes d'animaux sauvages en semi-liberté, et un parc de loisirs (manèges, petit train, pêche, etc.). (Vis. tous les jours sauf matins d'hiver en semaine).

SAMOREAU – 77.
Belle grange aux dîmes médiévale.
➡ 3,5 km N., Héricy, dans un beau site près de la Seine en face de Samois, belle église gothique (œuvres d'art).
➡ 4 km N., rive gauche, Samois-sur-Seine, villégiature recherchée, en bordure de la forêt de Fontainebleau ; à l'O., tour (vaste panorama) ; nombreux sentiers en boucles, et G.R. 2 (sentier « de la Seine »). Au pont de Valvins, maison de Stéphane Mallarmé (enterré au cimetière de Samoreau).

SAUVAGE (Parc de) – 78.
Près d'Emancé, réserve ornithologique et beau parc animalier (vis. tous les jours).

SCEAUX – 92.   20 000 hab.
Le beau parc de Sceaux (ouv. tous les jours) n'entoure plus le magnifique château de Colbert, démoli après la Révolution, et remplacé par le château actuel de 1856 qui abrite l'excellent musée de l'Ile-de-France (fermé mardi et jours fériés, et les matins des lundi et vendredi) ; du XVIIᵉ subsistent le pavillon de l'Aurore (fermé), la belle Orangerie de Hardouin-Mansart (concerts, expositions) et le parc, dessiné par Le Nôtre, au relief remarquable, utilisé par les grandes cascades (jeux d'eau le dimanche en saison) qui descendent au bassin de l'Octogone relié par le Petit Canal au Grand Canal (1 100 m) ; la terrasse des Pintades qui le domine fait remonter au château ; groupe de statues des Nations soumises, bronze XVIIᵉ ; à l'O. du Grand Canal, pavillon de Hanovre XVIIIᵉ.
En ville, église Saint-Jean-Baptiste XVIᵉ et jardin des Félibres (tombe de Florian) ; jardin de Sceaux ou de la Ménagerie, où sont enterrés les serins et le chat de la duchesse du Maine et où se donnait le Bal de Sceaux.
➡ 2,5 km O., la terrasse de Robinson offre un panorama étendu sur la banlieue S., et ses restaurants dans les arbres ; au pied au S., la Vallée aux Loups, souvenir de Chateaubriand ; Châtenay-Malabry possède une très belle église Saint-Germain-l'Auxerrois XIᵉ et XIIIᵉ.

SÉNART (Forêt de) – 91.
Rongée par l'urbanisation et l'emprise grandissante des voies routières, très fréquentée, elle reste assez étendue (2 600 ha) et variée pour sembler encore quelque peu

Vaux-le-Vicomte : *La somptueuse et éphémère demeure de Fouquet, restée quelque peu inachevée, est un précieux témoin de l'art classique alors qu'il est encore exempt de gigantisme. L'élégie aux Nymphes de Vaux, du bonhomme La Fontaine, souligne le côté humain de cette entreprise et par là même de son curieux et « magnifique » promoteur.*

sauvage ; chênes remarquables à l'O., autour de l'Ermitage ; sentier botanique à la Mare aux Canes ; à la Faisanderie (pavillon XVIIIᵉ), musée de plein air (sculpture moderne) et centre d'initiation de l'O.N.F. (vis. lundi, mercredi, samedi et dimanche). Au N., petit musée municipal à Brunoy et musée de l'Automobile à Yerres. Au N.-O., Draveil, base de plein air et de loisirs.

SÈVRES – 92.   21 300 hab.
Le Musée national de Céramique (fermé mardi et jours fériés) permet une vision globale de cet art. Les ateliers de la Manufacture nationale de la porcelaine peuvent se visiter les 1ᵉʳ et 3ᵉ jeudis du mois sauf l'été ; exposition-vente. Villa-musée des Jardies, où habitèrent Balzac, Corot, Gambetta, qui y mourut (monument).

SURESNES – 92.   39 300 hab.
Les rois appréciaient le vin de Suresnes mais aujourd'hui la vendange se fait surtout au musée municipal (vis. mercredi, samedi et dimanche, après-midi). Dominant la région, le Mont Valérien est couronné par un vaste fort pentagonal XIXᵉ ; de ses abords, vues immenses sur Paris et ses environs proches ; le Mémorial national de la France combattante (vis. guidées tous les jours) évoque les combats et souffrances de la Résistance et de la France libre, beau monument sur le glacis S. du fort, non loin de la clairière où furent fusillés, de 1941 à 1944, près de 5 000 résistants et otages, et de la chapelle où ils laissèrent des graffiti.

TAVERNY – 95.   18 900 hab.
A la corne O. de la forêt de Montmorency*, superbe église XIIIᵉ restaurée par Viollet-le-Duc, clocher en bois XVᵉ, beau retable Renaissance en pierre ; les panneaux de bois XVIᵉ de la tribune d'orgues racontent le voyage aux Indes de saint Barthélemy et son martyre ; belle statuaire et pierres funéraires.

THOIRY (Château et parc zoologique de) – 78.
Beau château XVIe, salons au superbe mobilier, tapisseries, peintures, porcelaines. Dans l'immense parc, célèbre réserve africaine, parc des lions, parc des ours (vis. en voiture non décapotable ou en minicar) ; vaste parc zoologique (à pied) ; les animaux sont en semi-liberté partout ; important vivarium au château. (Vis. tous les jours, forfait d'ensemble, restaurants, pique-nique, etc.).

TRIEL-SUR-SEINE – 78.   7 000 hab.
Belle situation sur la Seine au pied des hauteurs de l'Hautil*. Eglise XIIIe au XVIe avec un beau portail XVe et remarquable chœur Renaissance (vitraux).
➡ 2 km O., Vernouillet, jolie église en partie romane et XIIIe ; 2,5 km S., Médan, où Zola avait une maison de campagne ; S., Villennes-sur-Seine, dans un beau site ; dans l'île, plage, sports nautiques.

VAUX DE CERNAY – 78.
Vaste vallon boisé et rocheux où dévale le ru des Vaux qui forme trois grands étangs séparés par de petites gorges avec des cascatelles ; beau site célèbre du moulin des Rochers ; à 3 km en amont, entrée de l'ancienne abbaye cistercienne, ruines XIIe de l'abbatiale (propriété privée) ; aux environs, bois magnifiques. Le G.R. 1 C suit le vallon rive gauche. Sites très fréquentés.

VAUX-LE-VICOMTE (Château de) – 77.
Le célèbre château du Surintendant des Finances de Louis XIV lui coûta son irrésistible ascension : Fouquet périt en prison, et ses merveilleux artisans, Le Vau, Le Brun et Le Nôtre, allèrent œuvrer à Versailles.
Construit de 1657 à 1661 (vis. tous les jours en saison, et samedi, dimanche ; fermé 15 décembre au 31 janvier ; jeux d'eaux, 2e et dernier samedis du mois l'après-midi) au milieu de vastes douves, précédé de superbes communs, le splendide précurseur de Versailles, qui n'en a pas la démesure, est entouré de somptueux jardins restaurés au XIXe ; appartements et salons magnifiques ; musée de cire ; visites aux chandelles. Musée des Equipages.
➡ 6 km E., Blandy* ; 8 km, Champeaux*. ➡ 7 km O., Melun*.

VERSAILLES – 78.   97 100 hab.
Né d'un rendez-vous de chasse dans des bois humides et sauvages, Versailles fut la grande capitale artificielle de la royauté absolue, où la ville est le satellite indispensable du prestigieux ensemble que constituent le château, ses jardins et les Trianons.
Sur la place d'Armes, où aboutissent les trois grandes avenues de Saint-Cloud, de Paris et de Sceaux, encadrant les Grandes et les Petites Ecuries, de Mansart fin XVIIe, l'immense cour des Ministres précède la cour Royale avec la statue équestre de Louis XIV, puis l'admirable cour de Marbre au milieu du château de Louis XIII que développèrent Le Vau puis Mansart (vis. tous les jours sauf lundi).
On rentre dans le château par l'arcade du Nord (passage libre pour le parc). Le Grand Appartement du Roi, côté N. du corps central, comporte les célèbres salons d'apparat suivis de la solennelle galerie des Glaces, de Mansart et Le Brun, symbole de l'art Louis XIV. Suit l'appartement de la Reine, au S. ; toutes ces salles, donnant sur les jardins, entourent l'appartement du Roi (sa chambre étant au centre du palais) et ses cabinets intérieurs, autour de la cour de Marbre, qui sont devenus l'appartement de Louis XV, merveille d'aménagement XVIIIe avec un célèbre mobilier ; appartement de la Reine. Dans l'aile du Midi, l'immense galerie des Batailles. L'aile du Nord comprend l'admirable chapelle Saint-Louis de Mansart, le musée de l'Histoire de France et le magnifique Opéra royal fin XVIIIe. Au centre,

le rez-de-chaussée possède encore les beaux appartements XVIIIe du Dauphin, de la Dauphine et de Mme Victoire, et le 2e étage les salles du Consulat, de l'Empire et du XIXe ; les petits appartements de Louis XV présentent aussi beaucoup d'intérêt.
Les jardins de Le Nôtre, qui couvrent approximativement un carré de 1 km de côté se divisent en vastes parterres devant le château, du Midi et du Nord, sur l'Orangerie (escalier des Cent-Marches) au S. (suivie, au-delà de la N. 10, de la grande pièce d'eau des Suisses) et vers le bassin de Neptune au N. ; dans l'axe, le bassin de Latone est suivi du Tapis Vert séparant les bosquets du Midi (admirable Colonnade) de ceux du Nord (bassin de l'Obélisque et bains d'Apollon) et aboutissant au bassin d'Apollon (char d'Apollon) et au Grand Canal. (Grandes eaux les 1er et 3e dimanches du mois à 16 h 30 de juin à septembre.) Le Petit Parc (voitures) entoure le Grand Canal (location de barques), long de 1,5 km et croisé par le Petit Canal, de 1 km, dont la branche N. amène au pied du Grand Trianon fin XVIIe, au merveilleux péristyle de marbre blanc et rose restauré, et remeublé dans le style Empire ; beau jardin. Le Petit Trianon est un bel édifice XVIIIe de Gabriel, entouré d'un ravissant jardin anglais avec le célèbre hameau de Marie-Antoinette. Musée des Voitures.
En ville, ne pas manquer le précieux musée Lambinet (vis. après-midi jeudi, samedi, dimanche), dans un bel hôtel XVIIIe meublé, nombreuses œuvres d'art, souvenirs versaillais, céramiques, objets précieux, peintures de Dunoyer de Segonzac. Vieux hôtels dans le secteur sauvegardé au S. du château. Rue de l'Indépendance Américaine, n° 1, Grand Commun de Mansart, façades sculptées (cuisines du château) ; n° 5, bibliothèque municipale, porte et salons magnifiques, au 1er étage, de l'ancien ministère de la Marine et des Affaires étrangères. Salle du Jeu de Paume (vis. sur autor.). A l'hôtel de ville, *Voltaire assis* de Houdon. Cathédrale Saint-Louis XVIIIe (œuvres d'art) ; curieux carrés Saint-Louis, boutiques XVIIIe. Avenue de Paris, nombreux hôtels XVIIIe, Menus-Plaisirs (n° 22), écuries et hôtel de Madame du Barry, etc. Côté N., intéressante place Hoche et ses abords ; église Notre-Dame, par Mansart (œuvres d'art).

VÉTHEUIL – 95.
Son site réputé a inspiré Monet ; belle église XIIe à superbes façade et porche Renaissance (nombreuses œuvres d'art, statues, boiseries).

VIGNY – 95.
Jolie vallée de l'Aubette. Beau château début Renaissance, remanié (vis. du parc samedi, dimanche, lundi et jours fériés en saison).

VILLE-D'AVRAY – 92.   11 700 hab.
A l'entrée de jolis bois de Fausse-Repose (sentiers, route de l'Impératrice), les étangs peuvent rappeler Corot qui y travailla beaucoup (monument) ; l'église Saint-Nicolas fin XVIIIe en possède des peintures.

VILLEFERMOY (Forêt de) – 77.
Belle forêt domaniale entourée de nombreux autres bois constituant un vaste massif traversé de plusieurs routes ; grand étang au N. avec les ruines d'une abbaye ; arboretum aux Huit Routes, 9 km E. du Châtelet-en-Brie.

VILLERON – 95.
Splendide grange aux dîmes de Vollerand, cistercienne XIIIe, faisant partie d'une ferme de l'abbaye de Chaâlis.

VINCENNES – 94.   44 500 hab.
L'immense château royal XIVe et XVIIe est enfermé dans une vaste enceinte entourée de fossés ; la belle tour du village, au N., y donne accès ; l'admirable donjon carré de 52 m cantonné de tourelles (fermé mardi), avec sa propre enceinte fortifiée, est un musée historique dont les sculptures et la disposition sont étonnantes ; la Sainte-Chapelle fin XIVe et XVIe, gothique, possède de superbes vitraux Renaissance ; le château classique de Le Vau, dans la partie S. de l'enceinte, entoure la vaste cour d'honneur des pavillons du Roi et de la Reine reliés par des portiques monumentaux, celui du S. confondu avec la tour du Bois qui domine l'esplanade du château et le bois.
➡ Bois de Vincennes (voir Paris*). ➡ 4 km S.-E., Joinville-le-Pont, plage sur la Marne, guinguettes, restaurants ; 2 km N.-E., Nogent-sur-Marne, célèbre pour ses guinguettes, restaurants et plages populaires, a sauvé un des pavillons Baltard des Halles de Paris (le n° 8), bien mis en valeur (centre culturel André-Malraux). ➡ 4 km S.-O., Charenton-le-Pont, curieux musée du Pain (vis. mardi et jeudi après-midi sauf été). ➡ O., à Saint-Mandé, Musée des Transports Urbains, 60, av. Sainte-Marie (vis. après-midi samedi et dimanche en saison).

Retour de pêche à La Turballe, près de Guérande.

Pays de la Loire

32 126 km² − 2 930 398 habitants

Départements	Superficie en km²	Population
44 Loire-Atlantique	6 893	995 498
49 Maine-et-Loire	7 131	675 321
53 Mayenne	5 171	271 784
72 Sarthe	6 210	504 768
85 Vendée	6 721	483 027

C'est une grande région un peu disparate, disputée entre la Bretagne, le Poitou, le Bassin Parisien, un peu bicéphale avec Angers, la vieille capitale de l'Anjou − dont le rôle dans l'histoire a été très grand, avec les Plantagenêts et avec les maisons d'Anjou, dont les princes ont régné sur de nombreux pays − , et Nantes, la ville des ducs de Bretagne, le grand port qui gouverne une industrie importante.

Cette région est un peu, comme toutes celles du bassin de la Loire, le symbole d'une douceur de vivre que tout le monde aime retrouver, que ce soit les coteaux du Layon, le Saumurois, la vallée du Loir ou le littoral, vendéen surtout, qui connaît un soleil très apprécié.

L'agriculture est prépondérante dans l'économie de la région, mais l'industrie progresse dans les centres urbains, Saint-Nazaire, Angers, Le Mans, notamment.

Innombrables sont les châteaux, et l'on trouve des moulins à vent...

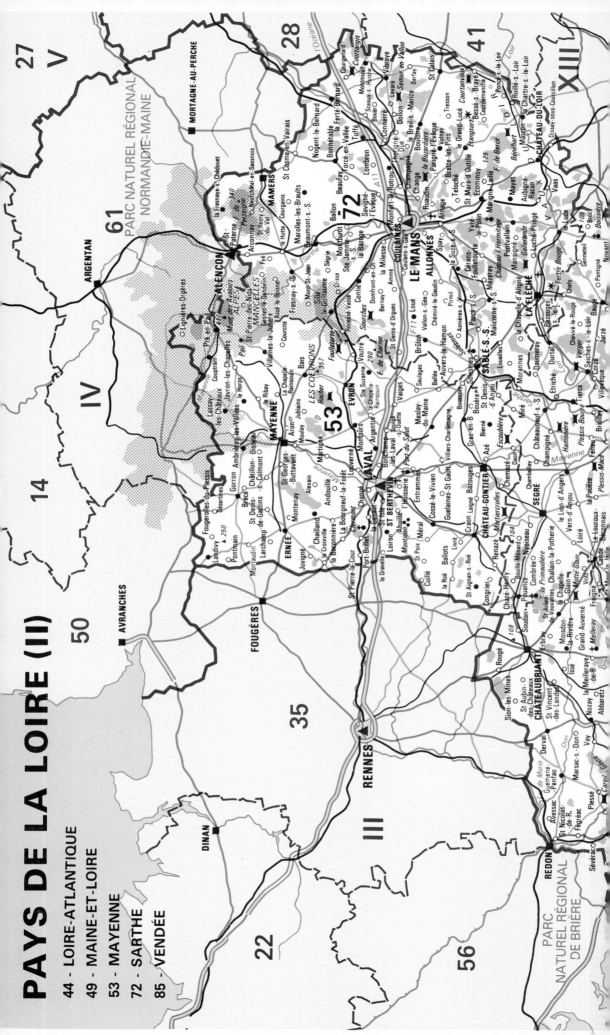

PAYS DE LA LOIRE (II)

44 - LOIRE-ATLANTIQUE
49 - MAINE-ET-LOIRE
53 - MAYENNE
72 - SARTHE
85 - VENDÉE

Angers : *Détail du portail de la cathédrale Saint-Maurice.*

AIGUILLON (Pointe de l') – 85.

Ancienne île au milieu de l'anse de l'Aiguillon, peu à peu comblée par les polders du Marais* poitevin, c'est un paysage entre ciel et mer, comme fait pour les oiseaux qui le fréquentent (réserve).

AIGUILLON-SUR-MER (L') – 85.   2 100 hab.

Sur le long estuaire du Lay, important centre ostréicole et mytilicole, cultures florales. A côté à l'O., la Faute-sur-Mer, grande plage, école de voile ; au S.-E., pointe d'Arçay, réserve ornithologique.
➡ 9,5 km S.-E. par la digue de l'Aiguillon, pointe de l'Aiguillon*.

ALOUETTES (Mont des) – 85.

Altitude 231 m

Haut lieu vendéen, dont les moulins « parlaient » (par la position des ailes) pendant les guerres de 1793 ; abattus, trois ont été restaurés ; chapelle néo-gothique « troubadour » 1823-1968 ; vue immense sur le Bocage et les Collines vendéennes (table d'orientation).

ALPES MANCELLES – 72.

Charmant petit massif, profondément découpé par les méandres de la Sarthe et de ses affluents en gorges granitiques sauvages, dessinant des sites remarquables autour de l'église romane de Saint-Céneri-le-Gérei (belles fresques XIVe ; vieux pont) et de Saint-Léonard-des-Bois (église XIIe), aux superbes promenades fléchées : points de vue du Haut-Fourché et de Narbonne, vallée de Misère à l'O. ; les G.R. 36 et 36 A permettent de belles excursions.

AMBRIÈRES-LES-VALLÉES – 53.   2 900 hab.

Joli site sur la Varenne. Eglise romane XIe.
➡ 12 km O., Brécé, église XVe. ➡ 5 km E., Chantrigné, jolie église XIe-XVe, peintures murales, statuaire ; allée couverte « la Hamelinière ».

AMNÉ – 72.

Eglise gothique, peintures murales remarquables du XIIIe (œuvres d'art).
➡ 1,5 km S., remarquable château des Bordeaux, XVIIIe.

ANCENIS – 44.   7 300 hab.

Ville pittoresque jadis fortifiée, nombreuses maisons anciennes aux toits d'ardoise, notamment rue des Tonneliers et autour du château historique XVe-XVIIe (aile Renaissance ; vis. l'été). Statue de Du Bellay.

ANGERS – 49.   143 000 hab.

Sur la Maine, réunissant pendant 10 km la Mayenne et la Sarthe grossie du Loir, l'ancienne capitale de l'Anjou est une grande ville d'art et un centre commercial important. Dominant la Maine sur un rocher, l'immense château XIIIe, ceinturé de dix-sept tours rondes et de profonds fossés en jardins (parc de cerfs côté N.), renferme l'ensemble de tapisserie le plus riche du monde : la célèbre tenture de l'*Apocalypse,* chef-d'œuvre de la tapisserie médiévale, occupe une galerie moderne construite à son intention ; dans la belle chapelle Sainte-Geneviève XVe (voûtes splendides), tapisseries XVIe de la Loire et du Nord ; au logis royal, tapisseries XVIe de Bruxelles ; au logis du Gouverneur XVe-XVIIIe, diverses tapisseries XVe au XVIIe ; des remparts, vue étendue sur la ville (vis. tous les jours). Cathédrale Saint-Maurice XIIe-XIIIe, belle nef (la plus large de toutes les cathédrales de France), belle façade, magnifique ensemble de vitraux, XIIe (nef), XIIIe et XVIe (chœur), XVe (transept), et modernes ; riche trésor (vis. été sauf mardi) ; voûtes angevines (début). Autour de la cathédrale, quartier de la Cité et vieux quartiers aux nombreuses maisons anciennes. Superbe maison d'Adam XVe en bois et en brique. Ancien évêché avec un bâtiment XIIe remanié (immense salle synodale). Logis Pincé, Renaissance : musée Turpin-de-Crissé, salles Renaissance, antiquités, arts d'Extrême-Orient, gravures (Dürer). Au logis Barrault XVe, musée des Beaux-Arts, peinture, sculpture, dessins de David-d'Angers, vis. tous les jours sauf lundi. A l'ancienne église Toussaint XIIIe, restaurée, musée David-d'Angers (sculptures). Collégiale Saint-Martin XIe-XIIe. A la Préfecture XVIIe, admirables arcades romanes XIIe. Au N.-E., non loin du beau Jardin des Plantes, église Saint-Serge, qui a un très beau chœur de style gothique angevin début XIIIe (grisailles ; nefs XVe).
Rive droite, quartier de la Doutre. L'hôpital Saint-Jean (environ 1200), l'un des plus beaux du Moyen Age, abrite un musée archéologique et, dans la grande salle des malades à trois nefs aux voûtes angevines, le *Chant du Monde,* série de dix tapisseries de Jean Lurçat, inspiré par l'*Apocalypse ;* cloître, chapelle, étonnants greniers Saint-Jean (musée du Vin). Maisons anciennes à pans de bois, autour de l'église de la Trinité fin XIIe, restaurée ; place de la Laiterie, hôtels XVe au XVIIIe.
➡ 6 km S., les Ponts-de-Cé (10 000 hab.), quatre ponts successifs sur l'Authion, la Loire et le Louet (bras de Loire), avec des vues superbes, et donjon XVe. ➡ 3 km O., beau parc de la Garenne, encadrant le long étang Saint-Nicolas.

Angers : Ville de la tapisserie ? Soit mais bien vivante et elle ne fait pas tapisserie. De Foulques Nerra, le redoutable bâtisseur de forteresses, au bon roi René et à Lurçat, en passant par les Plantagenêts et la guerre de Vendée, que d'aventures !

ANGLES – 85.

Sur la façade de l'abbatiale XIIᵉ, un ours qui porte la croix ; voir aussi les voûtes de la nef. Moricq, à 1,5 km E., est un ancien port avec une tour à mâchicoulis. A l'O. (2,5 km), moulin à vent.

APREMONT – 85.   1 100 hab.

Un barrage sur la Vie y retient un lac de 7 km où se pratique la voile. En aval, au-dessus du pont, restes intéressants d'un château XVIᵉ en ruines avec deux belles tours, dont celle du S. commande une vue étendue (vis. tous les jours l'été). Au N. (D. 40), l'immense château d'eau (80 m) fournit un panorama immense sur le bocage et la côte.

➡ 8 km O., Commequiers, ruines d'un intéressant château médiéval dans une enceinte entourée de douves en eau. A proximité, dolmen de Pierre-Folle et d'autres mégalithes.

ASNIÈRES-SUR-VÈGRE – 72.

C'est l'un des ravissants villages de la Sarthe ; du vieux pont XIVᵉ en dos d'âne, vue très attachante. L'église XIᵉ (chœur gothique) contient de remarquables peintures murales XIIᵉ au XIVᵉ (Vie du Christ, l'Enfer, Vierge à l'Enfant). Curieux bâtiment gothique « Cour d'Asnières ».
➡ 2 km N.-O., admirable manoir de Verdelles fin XVᵉ, encore féodal mais début Renaissance.

ASNIÈRES (Ancienne abbaye d') – 49.

Ruines XIIᵉ-XIIIᵉ ; le chœur de l'abbatiale, intact, est l'un des plus beaux exemples du gothique angevin (vis. l'été sauf mardi).

AVALOIRS (Mont des) – 53.

Altitude 417 m

Comme la forêt d'Ecouves, point culminant de l'Ouest, à la lisière occidentale de la forêt de Multonne ; une tour-belvédère assure un panorama immense (table d'orientation).

AVRILLÉ – 85.

Les menhirs cernent le bourg, comme les dolmens le Bernard, 5 km S.-E., notamment l'allée couverte de la Frébouchère.

La Baule : *La géographie administrative contemporaine, sans pitié, coupe ces paysages de leur Bretagne natale, mais personne n'est dupe et la Loire elle-même se sait bretonne en arrivant parmi des plages immenses que délimitent, çà et là, de superbes rochers où abondent coquillages et mollusques divers...*

BAIS – 53.   1 500 hab.
A l'O., château de Montesson XVᵉ-XVIᵉ (curieuses toitures).
➡ 3,5 km S.-O., butte de Montaigu (290 m), chapelle et panorama circulaire. ➡ 3,5 km S. puis à gauche, mont Rochard (357 m), plus haut sommet des Coëvrons*, vue au S. (30 mn aller et retour), G.R.37 à proximité.

BALLON – 72.   1 100 hab.
Donjon rond XVᵉ commandant un vaste panorama, sur une butte au-dessus de l'Orne Saosnoise.

BATZ-SUR-MER – 44.   2 200 hab.
Ancien bourg de paludiers dans un beau site resserré entre les marais salants et la Grande Côte rocheuse aux petites plages ; la tour de 60 m de son église Saint-Guénolé XVᵉ-XVIᵉ en granit (sculptures, Vierge XVᵉ, clés de voûte) offre un panorama inhabituel (ouv. l'été). Belles ruines de la chapelle Notre-Dame-du-Mûrier XVᵉ-XVIᵉ.

BAUGÉ – 49.   4 000 hab.
Capitale du Baugeois, belle contrée de pauvres bois et de landes. Château XVᵉ de Yolande d'Aragon et de son fils, le roi René (mairie et musée, escalier à vis remarquable ; vis. tous les jours l'été). Pharmacie XVIIᵉ à l'hôpital Saint-Joseph (vis.). Eglise XVIIIᵉ ; au S., à la chapelle des Incurables, voir la célèbre croix de Lorraine, ou croix d'Anjou, rapportée d'Orient au XIIIᵉ et qui fut longtemps à la Boissière*, relique de la Vraie-Croix.
➡ 1,5 km S.-O., le Vieil-Baugé, église en partie XIᵉ, à flèche tournante et inclinée.

BAULE (La) – 44.   15 200 hab.
Grande station balnéaire sur une immense plage de sable fin dont les boulevards sont bordés d'hôtels et d'immeubles résidentiels parmi les villas, au bord d'une célèbre baie en arc de cercle. A l'E., la Baule-les-Pins occupe la grande pinède du Bois d'Amour qui se prolonge par la forêt d'Escoublac ; à l'O., le port de plaisance, sur l'Etier.
➡ Voir Le Pouliguen*, Batz-sur-Mer*, Le Croisic*.

BAZOUGES-SUR-LE-LOIR – 72.   1 400 hab.
Du pont, vues magnifiques. Château au bord de la rivière, XVᵉ-XVIᵉ, avec une entrée imposante ; belle chapelle fin XVIᵉ, salons XVIIIᵉ, beau parc (vis. en saison mardi et jeudi matin, et samedi après-midi). Eglise XIIᵉ.

BEAUFORT-EN-VALLÉE – 49.   4 100 hab.
Dans le riche val d'Authion. Château en ruine XIVᵉ-XVᵉ fondé par Foulques Nerra, vue superbe. L'église XVᵉ et XVIᵉ possède un beau clocher Renaissance et des œuvres d'art XVIIᵉ. Intéressant musée Joseph-Denais (vis. dimanche après-midi) : antiquités, histoire, céramique. Vieilles maisons, ancienne manufacture de toiles à voile.
➡ 6 km N.-E., Fontaine-Guérin, église en partie XIᵉ, lambris peint XVᵉ. ➡ 4,5 km E., Brion, remarquable église romane XIIᵉ.

BEAULIEU-SUR-LAYON – 49.
Joli bourg vigneron fait de maisons anciennes XVIIIᵉ, parmi les coteaux du Layon*. Caveau du Vin (petit musée).
➡ 1 km N.-O., près de la D. 55, table d'orientation, vue panoramique sur la région des fameux coteaux, vignoble renommé. ➡ Vallée du Layon*, magnifique en amont et en aval (D. 55 sur rive droite, D. 125 rive gauche).

BEAUMONT-SUR-SARTHE – 72.   2 200 hab.
Dans une large boucle de la charmante rivière. Pont gothique, restes du château médiéval, porte romane et œuvres d'art à l'église. Baignade.
➡ 2,5 km E., Vivoin, ancien prieuré XIIIᵉ-XVᵉ magnifique (salle capitulaire XIIIᵉ), centre culturel, expositions, concerts ; église priorale Saint-Hippolyte XIᵉ-XIIIᵉ très intéressante à nef unique.

BEAUPRÉAU – 49.   5 700 hab.
Au-dessus de l'Evre, au centre du petit massif des Mauges*. Important château XVᵉ-XVIᵉ restauré début XIXᵉ (après la guerre de Vendée), dans un joli site.

BEAUVOIR-SUR-MER – 85.   3 000 hab.
Au bout d'un ancien cap entre les marais actuels, au-dessus des polders et des marais salants. Eglise romane et XVᵉ. Excursions guidées sur le « Marais insolite » (ports ostréicoles, marais salants, promenades en yole).
➡ 5 km O., fameux passage du Gois, de 5 km de long, ancien accès unique à l'île de Noirmoutier* avant le pont, praticable à basse mer seulement. ➡ 9 km S.-O., Fromentine, belle plage face à la pointe S. de Noirmoutier, près du grand pont qui y accède (à péage), et port de pêche et d'embarquement pour l'île d'Yeu*.

BÉHUARD – 49.
Dans l'île Béhuard sur la Loire, vieux village pittoresque autour d'une église XVᵉ construite par Louis XI à la suite d'un vœu qu'il fit en manquant de se noyer, lieu d'un très ancien pèlerinage à la Vierge (œuvres d'art).
➡ Rive droite, Savennières, église carolingienne et XIIᵉ ; plusieurs moulins à vent. Immenses grèves de la Loire. Vins des coteaux de la Loire.

BÉNÉHART (Château de) – 72.
Joli château XVIᵉ-XVIIIᵉ à la belle façade Renaissance.

BERCÉ (Forêt de) – 72.
Grand massif domanial (5 500 ha) en arc de cercle, composée de pins à l'O. et d'admirables chênes mêlés de quelques hêtres au centre et à l'E. Belles sources de l'Hermitière, et fontaine de la Coudre près d'un étang ; à l'E., la futaie des Clos, réserve artistique, conserve de beaux spécimens. Sentiers (dont le G.R. 36 à l'O.) et belles routes.

BLAIN – 44.   7 200 hab.
Au S. de la ville, le canal de Nantes à Brest baigne les remparts en ruine du château sévère, gothique et Renaissance, dont le beau logis du Roi XVᵉ est surveillé par la tour du Connétable XIVᵉ.
➡ Au N.-O., la grande forêt du Gâvre*.

BLOU – 49.
Belle église romane à clocher central. La D. 129 au S. offre une belle vue sur la vallée.

BOISSIÈRE (Ancienne abbaye de la) – 49.

Cistercienne XIIᵉ-XVᵉ, devenue château au XVIIIᵉ, dans un site très tranquille près d'un étang ; la chapelle de la Vraie-Croix XIIIᵉ, à l'O., a longtemps hébergé sous ses voûtes angevines l'original de la célèbre croix de Lorraine, maintenant à Baugé*.
➜ 4 km S., Dénezé-sous-le-Lude, église romane et XVᵉ (peintures murales).

BONNÉTABLE – 72.   3 700 hab.

Château XVᵉ avec de grosses tours et des douves en eau. Eglise XVIIᵉ (fresques).
➜ 4,5 km E., forêt de Bonnétable, privée mais accessible.

BOUËR – 72.

Eglise pittoresque ; jolie vue sur la vallée de l'Huisne.

BOUMOIS – 49.

Très beau château fin XVᵉ début XVIᵉ à grosses tours et beau logis pré-Renaissance ; important colombier. (Vis. tous les jours, sauf mardi hors saison.)

BOURGNEUF-EN-RETZ – 44.   2 200 hab.

Le port médiéval est maintenant à 3 km de la mer (plage du Collet) qui découvre elle-même à 3 km ; immenses polders, entre le marais de Machecoul et la côte. Musée du Pays de Retz, dans une maison XVIIᵉ.
➜ 5 km E.-S.-E., Saint-Cyr-en-Retz, vue immense sur le marais (table d'orientation). ➜ 5 km N.-O., les Moutiers, plage (vue), lanterne des morts, chapelle de Prigny XIᵉ au N.-E. ; 3,5 km N.-O., la Bernerie-en-Retz, belle plage que bordent presque les vignes.

BOURGONNIÈRE (Château de la) – 49.

Il remplaça au XIXᵉ un château XVᵉ détruit dans les guerres de Vendée, dont il reste une tour et un donjon à mâchicoulis. La chapelle (vis. tous les jours) est une petite merveille Renaissance avec des tourelles et de remarquables sculptures décoratives et symboliques (taus) de l'ordre des Antonins ; voûtes en étoile à clés pendantes et blasons, beaux retables avec un admirable Christ ; banc seigneurial sculpté de grotesques.
➜ 3,5 km S.-O., près de Bouzillé, château de la Mauvaisinière, début XVIIᵉ (douves).

BRAIN-SUR-ALLONNES – 49.   1 500 hab.

Musée d'art religieux « aux Pâtenôtriers ». Au N., immenses bois, traversés par plusieurs routes et le G.R. 36, passant près des étangs du Bellay.

BREIL – 49.

Dans un joli cadre champêtre, sur le Lathan où le barrage des Mousseaux forme en amont une vaste retenue. Jolie église romane dont le clocher a une flèche de pierre. Château du Lathan et magnifique parc XVIIᵉ (grand canal).

BRETON (Marais) – 85.

Les marais de Challans et de Monts sont séparés de la mer par la grande flèche littorale aux dunes fixées par des pins de la côte de Monts ; ils sont aussi monotones mais plus riches et moins menacés que les marais de Machecoul* dont les sépare un cap intérieur de terrains anciens ; nombreux canaux et bosquets.

BRIÈRE (Parc naturel régional de) – 44.

Une des régions les plus originales de France, entourant, sur 40 000 ha de prairies et tourbières marécageuses, un vaste marais indivis de 7 000 ha parsemé de « piardes » (plans d'eau) et parcouru d'un long réseau de canaux qui en permettent l'accès aux Brièrons ; ceux-ci se regroupent dans des « îles », pointements granitiques bas où les villages annulaires donnant sur les canaux entourent des jardins ; ces îles sont presque toutes dans le centre et le S.-E., reliées par la D. 50 ; les plus typiques sont celles de Mazin et de Fédrun (Maison du Parc et Chaumière briéronne, vis. l'été) ; à Saint-Malo-de-Guersac (belle vue générale), Maison de l'éclusier, musée de l'eau et de l'économie de la Brière ; à Kerhinet (près de Saint-Lyphard), village reconstitué, Maison des techniques et traditions rurales, auberge, musée de l'Ouest du marais ; auberge du Haut-Marland à Saint-André-des-Eaux. Promenades en barque. Tour classique du marais par les D. 47, 51 et 50. Faune et flore très riches mais très discrètes.

BRISSAC-QUINCÉ – 49.   2 000 hab.

Eglise XVIᵉ. Le château de Brissac début XVIIᵉ est l'un des plus beaux d'Anjou (vis. tous les jours sauf hors saison) ; flanquée de deux tours XVᵉ à mâchicoulis, son aile E. se compose d'un pavillon de style Henri IV mais encore marqué par la Renaissance ; le reste est Louis XIII déjà très classique ; superbes appartements meublés style XVIᵉ, nombreuses œuvres d'art.

BUZARDIÈRE (Château de la) – 72.

Emouvant vieux château début XVIᵉ, très romantique, dans le bois de Loudon.
➜ 4,5 km S., Parigné-l'Evêque, lanterne des morts XIIᵉ au cimetière.

CANDÉ – 49.   2 600 hab.

Ancienne ville fortifiée ; maisons XVIᵉ ; à l'église XIXᵉ, œuvres d'art, dont des vitraux XIIIᵉ. Plusieurs moulins à vent aux environs (E. et O.).

CAREIL (Château de) – 44.

L'extérieur féodal XIVᵉ abrite un beau château de la Renaissance bretonne (vis. tous les jours en saison), beaux appartements meublés, porcelaines du Croisic XVIIᵉ.

CHABOTTERIE (Château de la) – 85.

Dans un site typique du Bocage, beau manoir vendéen fortifié fin XVIᵉ-XVIIᵉ (vis. tous les jours sauf mardi) où le chef vendéen Charette fut amené mortellement blessé après sa capture en 1796, avant d'être fusillé à Nantes ; important musée militaire. A proximité, croix-mémorial au lieu où Charette fut pris.

CHAIZE-GIRAUD (La) – 85.

L'église romane possède une belle façade (chapiteaux du portail ; voir le chœur).

Brière : Paysage typique, si bien évoqué par Alphonse de Châteaubriant. Un vaste marais indivis de 7 000 ha forme une des régions les plus originale de France.

Careil : Un remarquable petit château, entre Guérande, la Brière et La Baule, cachant la Renaissance sous l'armure médiévale.

CHAIZE-LE-VICOMTE (La) – **85.**   2 000 hab.
Belle priorale romane à trois nefs (chapiteaux, vitraux) et façade fortifiée ; en face, restes d'un château féodal, que des fortifications reliaient à l'église.

CHALLANS – **85.**   12 200 hab.
Grand marché aux canards le mardi matin. Capitale du Marais vendéen (ou « breton »*). Fêtes folkloriques.

CHAMPTOCEAUX – **49.**   1 300 hab.
Site magnifique de la promenade du Champalud (table d'orientation), près de l'église, panorama sur la Loire et ses îles, en face d'Oudon*.

CHAMPTOCÉ-SUR-LOIRE – **49.**
Ruines importantes d'un château médiéval de Gilles de Rais. Maisons anciennes.
➡ Au S.-O., la Boire, sorte de bras de la Loire, remontant d'Ingrandes*.

CHANDELAIS (Forêt de) – **49.**
Superbe forêt domaniale de 1 000 ha de futaies régulières (feuillus et pins), rayonnant autour du carrefour du Roi-René. Etangs dans le N.-E.

CHANTONNAY – **85.**   7 400 hab.
Cuisante et sanglante défaite des Républicains en septembre 1793. Eglise XIVᵉ à trois nefs.
➡ S.-S.-O., belle région verdoyante et vallonnée de la retenue du barrage de l'Angle Guignard, en amont du lieu-dit « l'Assemblée-des-Deux-Lay » (le Petit et le Grand Lay). Voile, équitation, etc.

CHAPELLE-RAINSOUIN (La) – **53.**
L'église possède de belles œuvres d'art, poutre de gloire, arcades et pierres tombales Renaissance, litre, et une remarquable Mise au tombeau polychrome début XVIᵉ.
➡ 9 km N., Saint-Ouën-des-Vallons, 1 km E., château de la Roche-Pichemer XVᵉ au XVIIIᵉ.

CHARNIE (Forêts de) – **53-72.**
Séparées, la Grande et la Petite Charnie forment un massif important au S. des Coëvrons*, limité à l'O. par l'Erve ; panorama du Signal de Viviers (290 m), au centre.

CHÂTEAUBRIANT – **44.**   13 800 hab.
Sur la Chère, dans une belle région d'étangs et de forêts. Un gros donjon carré domine la vieille ville et le Vieux-Château féodal XIᵉ-XVᵉ en ruine (porte XIIIᵉ, chapelle XIIᵉ-XIIIᵉ) ; le Château-Neuf, Renaissance, possède une galerie à arcades qui rejoint un beau pavillon à deux étages d'arcades ; jolies lucarnes (vis. tous les jours sauf lundi). Au N.-O., église Saint-Jean-de-Béré fin XIᵉ, porche en bois XVᵉ, œuvres d'art (retables). Maisons anciennes.
➡ 1 km E., la Sablière, monument des Vingt-sept Martyrs de Châteaubriant, fusillés en 1941.

CHÂTEAU-DU-LOIR – **72.**   6 200 hab.
Sur l'Yre, dans la vallée du Loir. Collégiale Saint-Guingalois gothique (Pietà et saint Martin XVIIᵉ, et peintures ; crypte romane, avec un Christ aux outrages). Manoir de Riablay XIVᵉ-XVIᵉ.

➡ 5 km S.-E., Dissay-sous-Courcillon, église XIIᵉ au XIVᵉ à deux nefs, beau chœur roman ; à l'E., restes du château médiéval de Courcillon.

CHÂTEAU-GONTIER – **53.**   8 700 hab.
Pittoresque cité ancienne sur la rive droite de la Mayenne, née autour d'une des forteresses de Foulques Nerra. Du chevet de Saint-Jean et de la promenade du Bout-du-Monde, jolies vues ; près des anciens remparts, église Saint-Jean XIᵉ-XIIᵉ, restaurée, belle tour centrale et coupole, fresques XIIᵉ et vitraux modernes, crypte. Grande-Rue et aux abords, belles maisons anciennes. Musée (hôtel XVIIᵉ) : antiquités, sculptures, peintures. Enorme marché de veaux, et d'oies, le jeudi matin.

CHÂTEAU-L'HERMITAGE – **72.**
Remarquable église priorale XIIIᵉ (gisant XVᵉ, stalles, fresques funéraires). Région boisée et de landes.

CHEMAZÉ – **53.**   1 000 hab.
Au N.-E., admirable château de Saint-Ouen XVᵉ-XVIᵉ début Renaissance.
➡ 4 km S.-E., Molière, église romane sur une butte rocheuse.

CHEMILLÉ – **49.**   5 100 hab.
Marché d'élevage important, au-dessus de l'Hyrôme ; église Notre-Dame XIᵉ-XIIᵉ (superbe clocher roman angevin) ; spécialité de plantes médicinales. Victoire vendéenne en avril 1793.

CHOLET – **49.**   54 000 hab.
Détruite par les guerres de Vendée, la ville a été reconstruite autour de la place Travot, ancien étang, qu'avoisinent cependant quelques beaux hôtels XVIIIᵉ ; musée des Guerres de Vendée et d'histoire régionale (vis. tous les après-midi sauf mardi et vendredi) ; maison des Sciences et Techniques (dimanche après-midi) ; musée des Beaux-Arts. Eglise Notre-Dame XIXᵉ néo-gothique. Jardin du Mail (porche XVIIᵉ) à la place de l'ancien château, près du Pont-Vieux sur la Moine.
➡ 1 km N.-O., le Bois Lavau. ➡ 4 km S.-E., lac de Ribou et centre de loisirs, plage, sports nautiques, musée des traditions populaires. ➡ 9,5 km N.-N.-O., Bégrolles-en-Mauges (moulin à vent au S.) ; 1,5 km N., abbaye de Belle-Fontaine, fondée au XIᵉ, logis Renaissance et église XIXᵉ (trappistes). ➡ 4 km N.-E., monument de La Rochejaquelein, tombé ici en mars 1794. ➡ E., grandes forêts de Nuaillé et de Vézins, avec des étangs.

CLERMONT (Abbaye de) – **53.**
Admirable ancienne abbaye cistercienne XIIᵉ, grande abbatiale et beau bâtiment des convers (vis. tous les jours sauf dimanche matin).

CLISSON – **44.**   4 700 hab.
Superbement situées au-dessus du confluent de la Moine et de la Sèvre (du viaduc de la Moine, belle vue), les ruines du château XIIIᵉ-XVIIᵉ des ducs de Bretagne ont grande allure (vis. tous les jours sauf mardi) ; entrée monumentale XVᵉ à mâchicoulis au N., partie médiévale à l'E., extension XVᵉ à l'O., ouvrages XVIᵉ au S. Vieilles halles en bois et église Notre-Dame XIXᵉ de style italien (la ville a été reconstruite après les guerres de Vendée par des architectes revenant d'Italie).

Sur la rive droite, église de la Trinité XIIe-XIIIe. Vieux ponts XIVe.
➡ E., importantes exploitations d'uranium.

COËVRONS (Les) – 53.
Joli petit massif de grès et de landes, première manifestation de l'Armorique à l'E., aux eaux vives et aux buttes boisées panoramiques ; roches magnifiques.

COLLINES VENDÉENNES (Les) – 85.
Belle région austère, au sommet du Bocage et de cet ultime alignement des chaînes hercyniennes bretonnes, regroupant tous les hauts lieux vendéens où les moulins (les feux, la nuit) servaient de sémaphores ; le printemps y égaie la lande des ajoncs et des genêts en fleurs.

COLOMBIER (Le) – 85.
Près de la ferme du Colombier, propriété de la famille Clemenceau, au pied d'un cèdre, tombes de Georges Clemenceau et de son père ; stèle funéraire de Sicard, en marbre, qui désigne celle du « Tigre ».
➡ 5 km S.-O., Mouchamps (2 200 hab.), bourg traditionnellement protestant ; 3,5 km N.-O., château du Parc Soubise XVIe-XVIIe, en ruine depuis le massacre en 1794 de deux cents civils par les « colonnes infernales », au bord d'un vaste étang, très beau site.

CONNERRÉ – 72.   2 500 hab.
Rillettes réputées.
➡ A l'E. et à l'E.-S.-E., sur de petites routes, menhir de la Pierre Fiche et superbe dolmen de la Pierre Couverte.
➡ 5,5 km E.-N.-E., près de Vouvray-sur-Huisne, dolmen.
➡ 7,5 km N.-E., Tuffé, église gothique et, au N., château de Chéronne, XVe, fortifié, dans un beau cadre ; petit lac (baignade). ➡ 6 km S., le Breil-sur-Mérize, beau château de Pescheray XVIe, musée agricole, parc animalier (tous les jours).

CORDEMAIS – 44.   1 800 hab.
Enorme centrale thermique E.D.F. au bord de l'estuaire de la Loire (vis.), dans une île ; hippodrome.

CORNICHE ANGEVINE (La) – 49.
Entre Rochefort-sur-Loire et Chalonnes-sur-Loire, superbe route évoluant au flanc du coteau dominant la large vallée marécageuse du Louet et de la Loire, et doublée au S. par de très belles petites routes autour du Layon*. A Rochefort (hippodrome), vieilles maisons et ruines du château de Saint-Offange ; vins réputés (quart de chaume). Près de la Haie-Longue, splendide panorama (table d'orientation). Près de la D. 125 au S., châteaux en ruine de la Haute et Basse-Guerche.

CORNICHE VENDÉENNE (La) – 85.
Accident rocheux pittoresque à la suite de la côte de Monts, protégeant l'embouchure de la Vie qui forme le Havre-de-Vie, port de pêche et plages de Saint-Gilles-Croix-de-Vie ; ses falaises schisteuses sont à voir par grosse mer ; au N., belle plage de Sion-sur-l'Océan.

COSSÉ-LE-VIVIEN – 53.   2 500 hab.
1,5 km S.-S.-E. (D. 126), La Frénouse, étonnant musée Robert Tatin, céramiques et sculptures géantes symboliques (vis. tous les jours).

COUDRAY-MONTBAULT (Château du) – 49.
Beau château fin XVe en pierre et brique. Restes d'un prieuré voisin, ruines de l'église XIIe (chapiteaux) et magnifique Mise au tombeau fin XVe dans une chapelle.
➡ 3 km O. (D. 960), moulin à vent de Nouronde.

COUROSSÉ (Cirque du) – 49.
A 7 km N. de Montrevault, site très curieux de falaises de schiste entourant un méandre de l'Evre. A proximité au N.-O., moulin à vent.

COURTANGIS (Château de) – 72.
Remarquable manoir début XVIe dans un charmant vallon.
➡ 1 km N., Courgenard, église romane et XVIe avec peintures murales XVIe (l'Enfer) ; 7 km E., Saint-Ulphace, sur la Braye naissante, église XVe-XVIe avec un portail Renaissance ; jolies routes vers le S. et Montmirail*.

COURTANVAUX (Château de) – 72.
Beau château XVe-XVIe, gothique, avec une remarquable porte d'entrée Renaissance à deux tours rondes (lucarnes sculptées) ; à l'intérieur, salons fin XIXe intéressants et souvenirs du Roi de Rome et de la famille de Montesquiou-Fezensac (vis. tous les jours l'été sauf lundi ; hors saison, dimanche et jours fériés). Expositions, brocante.

COURT-D'ARON (Château de la) – 85.
Rebâti au XIXe dans le style Renaissance (vis. tous les jours l'été) ; ses beaux appartements contiennent de nombreuses œuvres d'art, cheminées, tapisseries, émaux, ivoires, antiquités. Floralies réputées dans le parc (saison).

CRAON – 53.   4 800 hab.
Ville agréable sur l'Oudon. Au N., bordant la rivière, élégant château Louis XVI avec beaux jardins et parc (vis. ext. tous les jours). Vieilles halles en bois. Prieuré XVIe. Courses hippiques très réputées dans la région (septembre).

CRAPAUD (Puy) – 85.
Altitude 270 m
Un des sommets des Collines* vendéennes ; vue immense et très belle sur ce petit massif et le Bocage à l'O., la Gâtine à l'E. (table d'orientation sur la tour du restaurant, ancien moulin).

CROISIC (Le) – 44.   4 300 hab.
Sur une longue presqu'île entre le Grand-Traict, la rade du Croisic et la Grande Côte, le vieux port de pêche (criée) possède des maisons XVe au XVIIIe sur de petites ruelles ; quai XVIIIe, château d'Aiguillon fin XVIe (hôtel de ville et musée naval) ; église Notre-Dame-de-Pitié fin XVe en granit (haute tour). Au S.-E. et N.-O., mont Esprit et mont Lénigo (vues). Aquarium marin (vis. tous les jours sauf mardi l'hiver). ➡ 3 km O., pointe du Croisic, dont une belle route en corniche fait le tour face au large.

Clisson : Les ruines formidables du château, ancienne demeure des ducs de Bretagne, font rêver de la vie qui devait les animer à ces époques qui nous paraissent bien inquiétantes. La ville toute voisine a un petit air italien.

Cunault : Dans un cadre empreint de la « douceur angevine », cette admirable église contient un des plus riches ensembles de chapiteaux en France.

CUNAULT – 49.

Splendide église romane XIIᵉ-XIIIᵉ, l'une des plus belles et importantes du Val de Loire ; beau clocher à flèche XIᵉ ; sur la façade O., fortifiée, belle Vierge à l'Enfant au tympan ; l'intérieur est orné de deux cent vingt-trois chapiteaux (jumelles utiles) qui s'enchaînent de façon extraordinaire ; œuvres d'art et restes de peintures murales (XVᵉ). Le cadre extérieur est remarquable.
➡ 1 km S.-E., Trèves-Cunault, joli ensemble d'une petite église romane et d'un superbe donjon XVᵉ à mâchicoulis ; 3 km S.-E., Chênehutte-les-Tuffeaux, église XIIᵉ, l'ancien château (hôtel) est un prieuré XVIᵉ avec des restes romans (vue superbe). ➡ 3 km N.-O., Gennes*.

DOMFRONT-EN-CHAMPAGNE – 72.

Eglise XIIᵉ. Au N.-E., camp « de César », panorama étendu.

DONGES – 44.   6 300 hab.

Agglomération industrielle touchant à Saint-Nazaire*, port pétrolier et raffinerie importante. Le bourg anéanti en 1944 possède une intéressante église moderne avec une grande flèche métallique sur le clocher carré ; à la façade, calvaire monumental et vitrail de Max Ingrand.

DOUÉ-LA-FONTAINE – 49.   6 500 hab.

Au pays des roses, et à la source du Douet. Ruines de la collégiale Saint-Denis, style angevin fin XIIᵉ roman-gothique (chapiteaux). Eglise Saint-Pierre XVᵉ. A Douces au S.-O., arènes de Douces, anciennes carrières médiévales ; en juillet, y ont lieu les grandes Fêtes de la Rose (vis. tous les jours). A l'O., sur la D. 960, beau parc zoologique des Minières, dans un cadre curieux (vis. tous les jours).

DURTAL – 49.   3 300 hab.

Le site sur le Loir est remarquable (vue du pont). Château XVᵉ au XVIIᵉ (hospice, vieille pharmacie). Restes de remparts et porte Véron XVᵉ.
➡ S., belle forêt de Chambiers.

ERDRE (Vallée de l') – 44.

Calme rivière à la jolie vallée vers Saint-Mars-la-Jaille et Riaillé, qui devient navigable à partir de Nort-sur-Erdre (4 600 hab.), petit port ; le canal de Nantes à Brest la rejoint plus loin et lui forme un grand plan d'eau dans la plaine marécageuse de Mazerolles ; après Sucé-sur-Erdre (centre de voile, pêche), elle baigne le beau château de la Gâcherie* avant d'entrer dans Nantes ; services de bateaux, v. Nantes*.

ERNÉE – 53.   6 000 hab.

Dans la vallée de l'Ernée, très pastorale. Eglise classique à dôme. Maisons XVIIᵉ-XVIIIᵉ.
➡ 1 km E., Charné, première église d'Ernée, romane et gothique (Vierge XVᵉ polychrome, pèlerinage), dans un ancien cimetière. ➡ 4 km N., allée couverte de la Contrie, joli site.

ESCOUBLÈRE (Château de l') – 53.

Beau manoir XVIᵉ fortifié, avec des douves.
➡ 2,5 km S.-O., Daon, beau site sur la Mayenne.

ESSARTS (Les) – 85.   3 400 hab.

Au milieu du Bocage. A l'entrée N.-E., une porte fortifiée garde les ruines du château féodal et XVIᵉ, incendié en 1793 (vis. tous les jours) ; puissant donjon carré XIᵉ qui abrite de belles salles voûtées ; beau parc XIXᵉ (vue générale du château). Un château XIXᵉ a été bâti dans le style « troubadour ». A l'église, crypte XIᵉ à trois nefs (fresques).

Fontenay-le-Comte : *Sise sur les bords de la Vendée, la ville est de celles où l'on doit s'attarder. Le château de Terre-Neuve, bâti pour Rapin le poète, en est une des beautés.*

ÉTANGSORT (Vallée de l') – 72.
C'est « seulement » un charmant vallon, au travers de la Gâtine mancelle, qui va rejoindre la vallée de la Vove près de la forêt de Bercé* ; la nature y est fort agréable dès la source à Maisoncelles ; beaux villages dont Courdemanche, église XVIe (œuvres d'art).

ÉVRON – 53.   5 900 hab.
Petite ville industrielle au pied des Coëvrons*. Superbe basilique Notre-Dame, ancienne abbatiale bénédictine XIe (tour et nef) et chœur XIVe (vitraux, sculptures ; mobilier XVIIe-XVIIIe) ; chapelle Notre-Dame-de-l'Épine (pèlerinage début septembre), romane XIIe, fresques, tapisseries d'Aubusson XVIIe et riche trésor, Vierge-reliquaire en bois lamé d'argent début XIIIe et nombreux objets d'art. Grands bâtiments abbatiaux XVIIIe. Marché le jeudi, festival de la Viande le 1er dimanche de septembre.
➡ 4 km S.-O., beau château de Montecler début XVIIe avec châtelet à pont-levis sur des douves.

FERTÉ-BERNARD (La) – 72.   9 800 hab.
Sur l'Huisne au confluent de la Même, dans un site charmant. Admirable église XVe-XVIe Notre-Dame-des-Marais dont le vaste chœur est un des plus beaux de la Renaissance (galeries extérieures, voûtes des chapelles, superbes vitraux ; buffet d'orgues). Maisons anciennes à sculptures, belles halles XVIe fermées en pierre ; superbe porte Saint-Julien fortifiée XVe (musée sarthois) ; restes de l'importante forteresse.

FLÈCHE (La) – 72.   16 500 hab.
Ville agréable sur le Loir. Le collège des jésuites fondé par Henri IV est devenu le célèbre Prytanée militaire aux remarquables bâtiments XVIIe ; superbe chapelle Saint-Louis baroque (vis. tous les jours). Près du pont (belle vue), château des Carmes XVe (hôtel de ville) et ravissant jardin public. Eglise Saint-Thomas, romane et gothique. Près du cimetière, chapelle Notre-Dame-des-Vertus, romane (portail ; très belles boiseries XVIe).

FLOCELLIÈRE (La) – 85.   1 900 hab.
Eglise XIIe-XVe-XVIe ; le château XIXe s'entoure de ruines féodales dont un remarquable donjon XIIIe possédant un escalier XVe.
➡ 4 km N.-E., les Châtelliers, vaste panorama.

FONTENAY-LE-COMTE – 85.   16 700 hab.
Sur la Vendée, la capitale du Bas-Poitou est une intéressante vieille ville où la Renaissance a pris beaucoup d'importance.
A l'E. de la place Viète, le vieux quartier entoure l'église Notre-Dame XVe-XVIe (beau clocher, portail flamboyant, œuvres d'art, chapelle Brisson, Renaissance ; crypte XIIe) ; en face, le musée Vendéen (histoire, folklore, archéologie)

Fontevraud : L'abbaye-nécropole de quelques grands Plantagenêts, illustrée ensuite par des grands noms avant sa déchéance carcérale, est depuis peu rendue à l'admiration générale.

et le Musée ornithologique ; les rues Guillemet, Goupilleau, du Pont-aux-Chèvres, la place Belliard, et, dans le faubourg Saint-Jean, les rues des Loges et Saint-Nicolas, sont bordées de remarquables maisons et hôtels XVe au XVIIIe ; rue Goupilleau, fontaine des Quatre-Tias, Renaissance, où figure la devise donnée à la ville par François Ier, « Fontaine et source de beaux esprits » ; parc Baron, contenant restes et ruines de la vieille forteresse XIIIe-XVe. Au S.-O., le beau château Renaissance fin XVe de Terre-Neuve, restauré XIXe, bâti pour le poète fontenaisien Nicolas Rapin (boiseries, plafond à caissons de pierre, mobilier, cheminées Renaissance, etc. ; vis. tous les jours l'été).
➡ N. et N.-E., la forêt de Mervent* et Vouvant*. ➡ S., le Marais* poitevin et l'abbaye de Maillezais*. ➡ 2 km S.-E., remarquable usine-étoile dessinée par le peintre Georges Mathieu (1970).

FONTENELLES (Ancienne abbaye des) – 85.
Abbatiale gothique angevin abritant le tombeau de sa fondatrice (beau gisant XIIIe) ; salle capitulaire et restes d'un cloître ; l'ensemble tombait en ruines et se trouve en cours de restauration. Fontaine minérale à proximité.

FONTEVRAUD-L'ABBAYE – 49.   1 900 hab.
Magnifique ensemble abbatial.
La célèbre abbaye fondée à la fin du XIe, où sont enterrés quatre Plantagenêts, et que dirigèrent de grandes abbesses régnant sur un ordre très particulier de cinq monastères d'hommes et de femmes, est un splendide ensemble roman (église, cuisine) et XVIe, qui devint prison sous l'Empire (restauration en cours). On ne visite actuellement que le Grand-Moûtier ; son abbatiale XIIe possède une superbe nef (chapiteaux) à coupoles ; dans le transept, gisants d'Henri II d'Angleterre († 1189), de sa femme Aliénor d'Aquitaine et de Richard Cœur de Lion leur fils, le quatrième étant celui de la femme de Jean sans Terre ; beaux transept et chœur. Grand cloître et salle capitulaire Renaissance (peintures murales), réfectoire roman voûté au XVIe. Célèbre cuisine octogonale monumentale à vingt cheminées à lanternons et étonnante toiture en écailles de pierre. (Vis. tous les jours sauf mardi.) Centre culturel et artistique de rencontre. En face de l'entrée, l'église paroissiale Saint-Michel XIIIe-XVe avec un charmant préau a un beau maître-autel XVIIe et d'autres œuvres d'art de l'abbaye.

FOULLETORTE (Château de) – 53.
Charmant et majestueux édifice fin XVIe avec des douves au bord de l'Erve dans un joli site des Coëvrons*. Passage du G.R. 37, qui traverse, à l'E., la forêt de Sillé*.

Guérande : *Au milieu des marais salants se dressent ses insolites remparts, qui veillaient sur la précieuse denrée produite par les paludiers dans des « œillets ».*

FOUSSAIS – 85.
L'église XVe possède une magnifique façade romane sculptée (notamment une Déposition de croix).

FRESNAY-SUR-SARTHE – 72.   2 800 hab.
Petite ville fortifiée ancienne dans un beau site. Belle église Notre-Dame romane XIIe (portail à vantaux Renaissance). Jardin public dans l'ancien château, ensemble pittoresque avec jolie vue ; dans la porte du château, musée des Coiffes des provinces (vis. tous les jours l'été, dimanche et jours fériés en saison).

GÂCHERIE (Château de la) – 44.
Près de la Chapelle-sur-Erdre, au bord du grand lac que forme la rivière, c'est une belle demeure gothique, presque Renaissance (fenêtres, tourelles).

GALLERANDE (Château de) – 72.
Superbe édifice XIVe-XVe à quatre tours rondes à mâchicoulis et parc splendide, bien visibles de la route (D. 13).
➡ 1 km E., Pringé, église romane et XVe (peintures murales, statues) et beau prieuré XVe.

GARDE (Puy de la) – 49.
Altitude 210 m
Point culminant des Mauges* et remarquable panorama sur leur bocage.

GÂVRE (Forêt du) – 44.
4 400 ha d'un seul tenant, vaste futaie (chasse à courre) de chênes, hêtres et pins, où l'on peut parcourir 12 km du S.-O. au N.-E. sous bois, de part et d'autre du carrefour de la Belle-Etoile ; riche en champignons et en animaux.

GENNES – 49.   1 700 hab.
Remarquable situation dans des collines très boisées où abondent dolmens et menhirs. Eglise Saint-Vétérin XIIe avec un porche en charpente. Sur la hauteur, ancienne église Saint-Eusèbe XIe-XVe ; monument aux Cadets de Saumur tombés en juin 1940 ; vue immense.

GENNETEIL – 49.
Belle église romane XIIe (clocher, portail, litre).
➡ 3,5 km E.-S.-E., Chigné (église romane).

GOULAINE (Château de) – 44.
Au bord des vastes marais de Goulaine, qui s'étendent sur 6 km, c'est un superbe édifice fin gothique et Renaissance

avec des douves, des tourelles et de belles lucarnes (vis. tous les jours l'été sauf mardi, et samedi, dimanche et jours fériés en saison) ; beaux appartements XVIIe (mobilier et décoration).
➡ 8 km S., la Haie-Fouassière ; à l'O. (sentier à gauche sur la D. 359), site des Cavernes, vue pittoresque sur les méandres de la Sèvre. Aux environs, vignobles du muscadet.

GRAINETIÈRE (Abbaye de la) – 85.
En partie restaurées (salle capitulaire, galerie romane de cloître), belles ruines XIIe-XVe de l'église et de plusieurs bâtiments (vis. tous les jours l'été, et dimanche après-midi).

GRAND-LIEU (Lac de) – 44.
Très discret, il se dissimule au centre d'un immense marais de 7 000 ha de hautes herbes ; il faut une promenade en bateau pour révéler sa beauté ; sensible aux marées par l'intermédiaire de l'Acheneau (25 km) qui le joint à la Loire, c'est un abri ornithologique de premier ordre, et la pêche y est fructueuse (petit port à Passay).

GRAND-LUCÉ (Le) – 72.   1 900 hab.
Elégant château XVIIIe (beau parc). Eglise XVe.
➡ 5 km S., Saint-Vincent-du-Lorouër, église XIIIe (façade Renaissance, vitraux).

GRÉZILLÉ – 49.
Château de Pimpéan XVIe, peintures murales XVIe à la chapelle.

GROS-ROC (Parc zoologique du) – 85.
A 7,5 km N.-E. de Fontenay-le-Comte*, c'est un beau parc au-dessus de la Vendée, avec beaucoup d'animaux du monde entier (vis. tous les jours).

GUÉRANDE – 44.   9 400 hab.
Superbe cité médiévale fortifiée, toute ronde dans ses remparts XVe de six tours et quatre portes, au milieu des marais salants.
Faire le tour des remparts, en partie entourés de fossés. A l'E., la porte Saint-Michel XVe (« château »), avec un musée du Vieux-Guérande (art régional, marais salants ; vis. tous les jours en saison). Collégiale Saint-Aubin XIIe au XVIe, chaire extérieure, vitraux XVIe, concerts d'orgue (les vendredis l'été). Maisons anciennes XVe au XVIIIe.
➡ 2 km N., moulin du Diable (à vent). ➡ 4 km S., Saillé (Cercle folklorique celtique), au cœur du marais salant ; au N.-O., la D. 92 le traverse vers la Turballe*. ➡ 6 km N.-E., dolmen de la Madeleine ; à l'E., site rocheux du Rohin, vue sur la Brière*. ➡ O., D. 99, très belle route de la Turballe*.

HAMONIÈRE (Château de la) – 49.
Remarquable manoir XVe et fin XVIe avec une superbe tour Renaissance.

HERBIERS (Les) – 85.   11 000 hab.
Carrefour important, ville industrielle et marché à bestiaux. La ville fut incendiée par les Républicains en 1794. Priorale Saint-Pierre XVe en granit (clocher roman).

INGRANDES – 49.   1 500 hab.
Ancien port important sur la Loire, avec de vieilles maisons à tourelles et un hôtel de la Gabelle qui surveillait le trafic du sel. Eglise moderne en granit.
➡ 5,5 km E., rive gauche par le bord de Loire, Montjean-sur-Loire (2 300 ha), vieux bourg bien situé au-dessus de la Loire.

JARZÉ – 49.   1 300 hab.
Belle collégiale surtout XVe ; stalles et statue d'enfant ; peintures murales XVIe d'une Mise au tombeau disparue.
➡ 2,5 km N.-E., chapelle de Montplacé, superbe portail Renaissance.

JUBLAINS – 53.
Le bourg est établi sur une ville gallo-romaine (temple, boutiques, peu décelables) ; au S., célèbre fort de Jublains gallo-romain Ier-IIIe, puissant poste de garde et vaste enceinte refuge, bâtiment-magasin (vis. tous les jours sauf mardi). Vastes étangs au S.-O. et au N.-O.

LASSAY – 53.   2 600 hab.
Son et Lumière
Au bord d'un bel étang, la formidable forteresse XVe possède huit tours aux toits en poivrière et une imposante barbacane défendant le pont-levis ; dans les salles du logis, beaux meubles et collections d'armes ; four à porcelaine dans une tour. (Vis. tous les jours en saison.) Ancienne chapelle Notre-Dame-du-Rocher, fresques XIVe. Maisons anciennes en granit.
➡ 1,5 km N., château de Bois-Thibault, Renaissance, en ruine (clé à Lassay). ➡ 7 km N., Rennes-en-Grenouilles, au N., bord de la Mayenne, château XIVe-XVIIe du Bois-du-Maine, joli site.

LAVAL – 53.   54 500 hab.
Patrie de la chouannerie et d'anticonformistes notoires : Ambroise Paré, le « Douanier » Rousseau, Alfred Jarry, Alain Gerbault.

Belles vues des ponts sur la Mayenne qui sépare la ville moderne, à l'E., de la vieille ville dominée par le Nouveau Château, Renaissance (palais de justice) remanié et le Vieux Château, XIIIe au XVIe, au formidable donjon XIIe à hourds (vis. tous les jours sauf mardi) ; la façade sur cour Renaissance est ravissante ; chapelle basse romane XIe (chapiteaux) ; musée Henri Rousseau d'art naïf ; superbe salle d'Honneur des comtes de Laval, de 32 m de long (tombeaux XVe, statues, etc.), belle voûte de bois ; musée d'artisanat régional ; charpente du donjon.
Vieux quartiers, aux abords du château et du Pont-Vieux XIIIe, maisons XVe-XVIe à pans de bois, surtout dans la Grande-Rue, logis Renaissance (maison du Grand Veneur XVIe) et hôtels XVIIe-XVIIIe ; porte Beucheresse XVe (où naquit Henri Rousseau) et autres vestiges des remparts, tour Renaise XVe. Eglise de la Trinité ou « cathédrale », belle nef romane aux voûtes angevines fin XIIe, chapelles XVe, tapisseries d'Aubusson XVIIe, retable XVIIe, triptyque flamand XVIe. Eglise Saint-Martin XIe-XIIe. Au-dessus de la Mayenne, superbe jardin de la Perrine (tombe du Douanier Rousseau). Eglise d'Avesnières, romane XIe-XIIe, chevet magnifique et belles sculptures en bois (vitraux modernes). Rive gauche, église Saint-Vénérand XVe-XVIe à cinq nefs, façade flamboyant et Renaissance (vitraux XVIe).
➜ 2 km N., rive droite, chapelle Notre-Dame-de-Pritz IXe-XIe, carolingienne et romane, poutre de gloire avec une Crucifixion XVe, et surtout de superbes fresques fin XIe et peintures murales du XIIIe (calendrier) au XVIe. ➜ 5,5 km E., vieux village de Bonchamp-lès-Laval (à l'église, romane, chaire en fer forgé XVIIIe).

LAYON (Vallée du) – 49.
Ravissante région où la petite rivière sépare avec force méandres les calcaires saumurois des schistes des Mauges, dans un aimable désordre de collines boisées ou cultivées, avec de nombreux vignobles (les célèbres coteaux) et des moulins. Des châteaux, parfois en ruine comme à Martigné-Briand du fait des guerres de Vendée, et de vieilles maisons vigneronnes lui donnent un charme supplémentaire.

LIEU-DIEU (Ancienne abbaye de) – 85.
Fondée à la fin du XIIe, elle comprend un énorme bâtiment fortifié au XVIe et complété aux XVe et XVIIe (chapelle XIIe-XVe, salle capitulaire, cellier, etc., musée lapidaire ; vis. tous les jours l'été). Jolie forêt autour, en bord de mer.
➜ 3 km E., Jard-sur-Mer, église romane.

LION-D'ANGERS (Le) – 49. 2 300 hab.
Sur l'Oudon, près du confluent avec la Mayenne, où se trouve le château XVIIIe de l'Isle-Briand (haras national, hippodrome). Eglise Saint-Martin XIe (portail ; peintures murales XVe-XVIe).
➜ 5,5 km N., château du Bois-Maubourcher XVe-XVIIe, près d'un étang, magnifique cadre de verdure ; 3,5 km N., château du Percher fin XVe presque Renaissance.

LIRÉ – 49. 2 100 hab.
Pour le souvenir de Joachim du Bellay (« Plus mon petit Lyré que le mont Palatin »...), qui naquit à proximité ; petit musée. Vignobles du muscadet.

Luçon : Cet ancien port et ce pauvre évêché, que Richelieu illustra bien malgré lui, ne manque pas d'agréments : outre la cathédrale et le jardin Dumaine, le cloître de l'évêché est des plus intéressants.

LOUÉ – 72. 1 900 hab.
Joli village sur la Vègre, où François Reichenbach a tourné *la Douceur de vivre* (documentaire).
➜ 6 km S.-O., rochers de Pissegrêle et ruines du château fort de l'Isle, site très romantique sur la Vègre.

LOURESSE-ROCHEMENIER – 49.
Petit musée troglodyte et paysan.

LUCHÉ-PRINGÉ – 72. 1 400 hab.
A l'église, superbe chœur XIIIe à voûtes angevines ; Pietà en bois début XVIe. De la D. 54 au N., belle vue sur la vallée.
➜ 3 km N.-E., charmant manoir de Vénevelles XVe-XVIIe au bord de l'Aune.

LUÇON – 85. 9 600 hab.
En bordure du Marais* poitevin, le premier évêché de Richelieu a une belle cathédrale gothique XIIIe-XIVe à façade classique fin XVIIe (restes romans au transept N. : portail) ; chaire de Richelieu début XVIIe, mobilier XVIIIe, décoration rocaille du transept S. XVIIIe ; grande flèche gothique restaurée. L'évêché voisin renferme un beau cloître gothique et Renaissance de trois galeries. Près de l'hôtel de ville, jardin Dumaine, style Second Empire. Chapelle des Ursulines début XVIIe.
➜ S., Marais* poitevin.

LUCS-SUR-BOULOGNE (Les) – 85. 2 200 hab.
Sinistre haut lieu des guerres de Vendée, où cinq cent soixante-trois habitants furent exterminés par les célèbres « colonnes infernales » républicaines.

LUDE (Le) – 72. 4 100 hab.
Son et Lumière
Petite ville agréable au-dessus du Loir, que domine directement le très beau château XVe-XVIIIe à la célèbre façade S. Renaissance ; quatre énormes tours rondes délimitent le quadrilatère entourant une belle cour Henri IV ; douves en jardins ; superbes appartements (habités ; vis. tous les après-midi en saison). Beau parc (vis. tous les jours). Maison des Architectes, Renaissance (P.T.T.), à côté du château. Eglise XIIe.

MACHECOUL – 44. 4 800 hab.
Ruines du château XIVe de Gilles de Rais dit « Barbe-Bleue », qui résidait plutôt à Tiffauges*, mais fut arrêté ici. Maisons anciennes. Fabrique de bicyclettes.

MACHECOUL (Marais de) – 44-85.
Partie N. du marais Breton, entre Beauvoir-sur-Mer* et le pays de Retz*, c'est le fond comblé de la baie de Bourgneuf, transformé en polders sillonnés de canaux où les yoles circulent toujours beaucoup mais les bourrines, petites maisons traditionnelles couvertes de roseaux, se raréfient. Grands parcs à huîtres et marais salants le long de la côte. Bouin est une ancienne île, émergeant de ce pays tout plat, à la merci des tempêtes.

Le Lude : *Un des fleurons de la vallée du Loir — qui en regorge —, le château aux façades très diverses possède néanmoins une étrange harmonie dont le fameux « Son et Lumière » tire une grande part de son succès.*

MAILLÉ – 85.

Près d'un méandre de la Sèvre, dans le Marais « mouillé » ; portail roman à l'église.

MAILLEZAIS – 85.
Son et Lumière

Sur une ancienne île calcaire au cœur du Marais* poitevin, les ruines magnifiques de l'abbaye Saint-Pierre (vis. tous les jours, Son et Lumière certains soirs d'été), fondée au XIᵉ, refuge de Rabelais, puis fortifiée par Agrippa d'Aubigné son gouverneur, et devenue cathédrale entre-temps, comprennent le narthex et le mur N. de l'abbatiale XIᵉ-XIVᵉ (chapiteaux romans) ; traces de l'abbaye romane et de son cloître, et bâtiments monastiques XIIIᵉ-XIVᵉ (réfectoires, dortoir, cuisine octogonale, cave à sel) devenus musée lapidaire. Eglise paroissiale Saint-Nicolas XIIᵉ restaurée, beau portail. Croix hosannière.
➡ Du port de l'abbaye, promenades en barque dans le Marais (en saison).

MALICORNE-SUR-SARTHE – 72.   1 700 hab.

Site agréable au fond d'un méandre de la rivière, avec de très jolies vues, du N.-E. et du pont. Ateliers de poterie d'art, exposition de poteries anciennes et vis. tous les jours sauf lundi. Eglise romane (œuvres d'art, Pietà XVIᵉ, statues, gisant). Jolies maisons anciennes. Château XVIIᵉ (douves, joli pont ; parc).
➡ 10 km O.-N.-O., Parcé-sur-Sarthe, par une jolie route ; site remarquable et vieux clocher roman ; baignade.

MAMERS – 72.   6 800 hab.

Charmante petite capitale du Saosnois, gros marché (le lundi) et industries diverses, dans un cadre de verdure. Complexe de loisirs (plans d'eau, équitation). Confrérie des Rillettes... Eglise Saint-Nicolas XVᵉ-XVIᵉ au curieux clocher. Eglise Notre-Dame XVIᵉ à trois nefs avec une belle Dormition de la Vierge, en terre cuite. Halles anciennes sur piliers de pierre. Porte du Parc Normandie*-Maine. Circuits balisés.
➡ 4 km E., Origny-le-Roux ; au S.-S.-O., joli château XVIIIᵉ de Chèreperrine.

MANS (Le) – 72.   155 000 hab.

L'ancienne capitale du Maine est une superbe vieille ville dans le confluent de l'Huisne et de la Sarthe que domine sur la colline de la Cité sa magnifique cathédrale Saint-Julien romane (façade et nef) et gothique ; le chœur XIIIᵉ en est particulièrement beau ; vitraux splendides (jumelles !) du XIIᵉ au XVᵉ, et tapisseries XVIᵉ ; double déambulatoire ; dans la chapelle des Fonts, admirables tombeaux Renaissance en marbre ; monter à la tour, vue sur la ville.
Dans ses remparts gallo-romains, le pittoresque Vieux Mans entoure au S.-O. la cathédrale en occupant tout le plateau ; nombreux hôtels et maisons XVᵉ-XVIᵉ : hôtel Renaissance du Grabatoire (évêché), maison dite de la Reine Bérengère fin XVᵉ (musée d'Art populaire, ferronne-

rie, céramique), Grande-Rue (maison d'Adam et Eve, Renaissance) ; suivre les remparts N.-O. à l'extérieur (rue Saint-Hilaire), c'est une des plus belles enceintes de l'époque gallo-romaine en France ; du pont Yssoir sur la Sarthe, vue superbe. Place des Jacobins à l'E., vue célèbre sur le chevet de Saint-Julien ; horloge florale, monument à Wilbur Wright et à l'Aviation ; près du quinconce des Jacobins, musée de Tessé (vis. tous les jours sauf jours fériés), peintures italiennes et françaises importantes, beaux objets d'art, photos, et une célèbre plaque d'émail champlevé du tombeau de Geoffroy Plantagenêt (XIIᵉ).
Au S. de la vieille ville, église Notre-Dame-de-la-Couture, XIᵉ au XVᵉ, ancienne abbatiale bénédictine (belle façade, portail XIIIᵉ, vaste nef aux voûtes angevines, Vierge XVIᵉ) ; plus loin au S., église Sainte-Jeanne-d'Arc ou Maison-Dieu de Coëffort fin XIIᵉ (voûtes angevines), fondée par Henri II Plantagenêt. Place de la République (centre), église de la Visitation XVIIIᵉ (façade, grilles intérieures). Rive droite de la Sarthe, église XIIᵉ Notre-Dame-du-Pré, ancienne abbatiale romane (chapiteaux, beau chevet).
➡ Jolie vallée de la Sarthe, au N. ➡ 4 km E. (D. 152), ancienne abbaye de l'Epau XIIIᵉ-XVᵉ restaurée, cistercienne, église, superbe salle capitulaire, etc. ➡ 5 km S.-S.-E., circuit automobile de la Sarthe, cadre des 24 Heures du Mans et important musée de l'Automobile (fermé mardi hors saison) ; circuit permanent Bugatti, parc des Expositions, golf, etc.

MARAIS POITEVIN (Parc naturel régional du) – 85-17-79.

Le Marais poitevin, de la Tranche-sur-Mer à Niort (région XIV), s'étend sur 70 km ; la nature a apporté les alluvions par les rivières ; le sable, par la mer, a comblé le golfe du Poitou ; et l'homme a fait le reste. C'est-à-dire le Marais tel qu'il est, avec ses prairies, ses canaux, ses cultures, un milieu unique et étonnant, particulièrement le marais mouillé (15 000 ha), à l'E., de Niort* à Marans* (région XIV), qu'on appelle aussi « Venise verte » et qui occupe surtout la région de Maillezais* ; les canaux y sont multiples et enchanteurs entre les haies d'arbres, et les parcelles inondées l'hiver portent de belles prairies et cultures à la belle saison, dans un grand silence.
Le marais desséché, beaucoup plus grand (65 000 ha), est constitué de riches polders entrecoupés de digues et de canaux. Dans le marais mouillé, des promenades en barque, très recommandées, sont organisées à partir de Coulon* (région XIV), de Maillezais*, de Damvix, etc.
Le Parc régional, créé en 1976 sous l'égide des principaux organismes professionnels et administratifs et régions intéressés, couvre 200 000 ha (pour bien « ancrer » le Marais dans son contexte régional) et œuvre essentiellement pour le développement rural et artisanal en cherchant à animer et à sensibiliser aux questions d'environnement.

MAREUIL-SUR-LAY – 85.   1 900 hab.

Dans la jolie vallée du Lay entourée de vignobles produisant de bons vins. Près des restes du château (donjon restauré), remarquable église romane XIᵉ-XIIᵉ (chevet) restaurée.

MAUGES (Les) – 49.

Entre la Loire, le Layon, la Moine et la Divatte, c'est un petit massif schisteux tout vert dont le bocage vallonné était une citadelle vendéenne ; la rectitude des grandes routes est purement stratégique.

MAYENNE – 53.   13 500 hab.

Ville-pont commandée par le Vieux Château, vestiges importants XVᵉ et promenade des anciens remparts (enceinte et tours, jardin en terrasse), sur le rocher de la rive droite, où s'étagent des hôtels XVIᵉ au XVIIIᵉ (hôtel de ville XVIIᵉ). Basilique Notre-Dame romane et premier gothique, très remaniée. Fontaine Mazarin, qui acquit la ville.
➡ 7 km S.-O., Fontaine-Daniel, ancienne abbaye cistercienne (site). ➡ 11 km O., forêt de Mayenne, 3 800 ha de chênes qui appartinrent à Mazarin et s'étendent sur 12 km (route) vers le S.-O. ➡ 14,5 km S.-O. (D. 104), château de Marigny, près d'un étang.

MAYENNE (Vallée de la) – 53.

D'abord E.-O. depuis le mont des Avaloirs*, la vallée s'oriente N.-S. jusqu'à Angers* ; en amont de Mayenne*, la rivière est encaissée et son cours est vif, apprécié des canoéistes ; canalisée en aval (écluses entretenues après Laval), elle offre de beaux plans d'eau et un agréable chemin de halage aux promeneurs et pêcheurs ; sites charmants.

Marais Poitevin : *Le marais mouillé dépayse totalement le promeneur tenté par les longues glissades des barques sous les tunnels de verdure, révélant un mode de vie très particulier.*

MELLERAY (abbaye de) – 44.

Abbaye cistercienne fondée au XIIᵉ, abbatiale fin XIIᵉ restaurée, bâtiments XVIIIᵉ, au bord d'un bel étang (vis. aux offices). Beau portail XIIᵉ (statues).

MERVENT – 85.

Au cœur de la fameuse et très pittoresque forêt de Mervent-Vouvant (2 400 ha de châtaigniers, hêtres et surtout chênes), le bourg jadis fortifié, dans un site magnifique (voir la terrasse du parc), domine le grand lac sinueux créé par le barrage de Mervent (5 km S.-O.) sur la Vendée que la Mère rejoint à Mervent ; ce barrage de 26 m de haut sert à l'alimentation en eau potable et accessoirement à la production d'électricité ; plage et voile.
➡ 5 km N.-O., site de Pierre-Brune, calvaire sur un rocher dominant la Mère ; en dessous, grotte de saint Grignion de Montfort (pèlerinage) ; à proximité, parc d'attractions, centre de loisirs, petit train, etc., et belles promenades pédestres.

Maillezais : *La grande abbaye-cathédrale du Marais Poitevin, qui abrita Rabelais et fut fortifiée par le poète et capitaine huguenot Agrippa d'Aubigné, a été victime des guerres de religion.*

Montsoreau : *Ce beau château, que Dumas avec sa Dame de Montsoreau a illustré en littérature, domine le fleuve grossi de la Vienne.*

Saillé : *Rompus ici et là par de rares villages et les digues portant les routes, les marais salants s'étendent à l'infini dans ces plaines aux grands ciels qu'ils reflètent, paysages de lumière et d'eau, hélas en cours d'abandon...*

MIRÉ – 49.   1 000 hab.
A l'église, voûte de bois en carène aux panneaux peints de sujets des Ecritures et clocher roman carré.
➡ 4,5 km N.-O., château de Vaux, fin XVe.

MISSILLAC – 44.   3 700 hab.
A l'église XIXe néo-gothique, vitraux XVIe et retable XVIIe. A l'O., superbe château de la Bretesche, gothique XVe (rebâti après un incendie), vendu par appartements (centre sportif) ; un étang le borde.

MONTAIGU – 85.   4 800 hab.
Important carrefour sur la Petite Maine. Au S.-O., restes du château et de ses remparts ; musée de la Vendée du Nord (archéologie, histoire, traditions populaires).

MONTGEOFFROY (Château de) – 49.
Superbe édifice XVIIIe avec des restes du XVIe (tours, chapelle) ; toujours resté dans la même famille, il est célèbre pour son mobilier (signé) et ses boiseries et décorations de l'époque, portraits et tapisseries (vis. tous les jours en saison).

MONTJEAN (Château de) – 53.
Au bord du grand étang de Montjean, belles ruines romantiques XVe avec des tours énormes.

MONTMIRAIL – 72.
Ancienne ville fortifiée, capitale du Perche-Gouët (du nom d'un seigneur) ; restes de remparts (porte) ; château considérable XVe-XVIIIe (vis. tous les jours l'été), immense panorama ; église XVIe (belle Mise au tombeau). Louis VII et Henri II Plantagenêt y signèrent un traité.

MONTREUIL-BELLAY – 49.   4 200 hab.
Le site du pont sur le Thouet est magnifique, face à l'église et au château (fondé au XIe), vaste ensemble de bâtiments XVe du plus bel effet, châtelet d'entrée, cuisine monumentale, Petit-Château à quatre logis séparés avec tourelles d'escaliers, et superbe Château-Neuf fin XVe flamboyant avec de belles salles (chapelle remarquable, fresques). L'église Notre-Dame XVe, ancienne collégiale du château, est décorée d'une grande litre. Restes de remparts XVe et deux portes fortifiées. Sur le bord du Thouet, restes charmants du prieuré des Nobis.
➡ 7 km S.-O., Le Puy-Notre-Dame*. ➡ 8 km N.-O., restes de l'abbaye d'Asnières*.

MONTSABERT (Château de) – 49.
Beau château fort XVe à grandes tours d'angles et donjon.

MONTSOREAU – 49.
A côté de Candes-Saint-Martin (région XIII) où la Loire reçoit la Vienne, et au pied du même coteau calcaire, le château XVe encore féodal et déjà résidence (sur la cour) possède un bel escalier d'honneur Renaissance ; nombreuses salles ; musée des Goums marocains et souvenirs de Lyautey ; de la grande tour, vue splendide ; passage par un pont à l'ancienne chapelle Saint-Michel, gothique, à côté de la belle demeure du Sénéchal. Le bourg est très pittoresque, église XIIIe et nombreuses maisons anciennes. Aux environs, plusieurs moulins à vent.
➡ 4 km S., abbaye de Fontevraud*.

MORTAGNE-SUR-SÈVRE – 85.   4 700 hab.
Anciens remparts en terrasses (jardins) au-dessus de la Sèvre Nantaise, château en ruine XIVe-XVe (tour du Trésor) ; église romane.

MORTIERCROLLES (Château de) – 53.
Edifice superbe fin XVe, en brique et tuffeau, tours d'angles, douves, châtelet, logis seigneurial à lucarnes finement sculptées, belle chapelle (vis. l'après-midi l'été sauf dimanche et jours fériés).

MOTTE-GLAIN (Château de la) – 44.
Sombre château féodal à l'extérieur, beau logis gothique sur cour, bordant un étang.

MOUILLERON-EN-PAREDS – 85.   1 200 hab.
Patrie de Clemenceau et du maréchal de Lattre de Tassigny dont la maison est maintenant un musée ; il repose au cimetière près de son fils, tué en Indochine. Musée des Deux-Victoires, consacré aux deux grands Vendéens (vis. des musées tous les jours sauf mardi). Eglise XVe, carillon de treize cloches. Château de la Fosse, Renaissance.
➜ 1,5 km E.-S.-E. (par la D. 949 bis), hauteur des rochers de Mouilleron, avec treize moulins, chapelle, vue superbe.

MOULIHERNE – 49.   1 200 hab.
Sur un éperon rocheux dans le joli vallon du Riverolle ; l'église XIe au XVe dénote la progression du style angevin ; superbe clocher typique de la région. Remarquable manoir de la Touche XVIe (« chambre fleurie » ; vis.).

MOUTIERS-LES-MAUXFAITS – 85.
Eglise romane (façade et trois nefs). Halles XVIIIe remarquables.
➜ 7 km E., le Champ-Saint-Père, baignade sur le Graon ; au N.-O., ruines du château de la Motte-Frélon ; 4,5 km N.-O., Saint-Vincent-sur-Graon, au bord d'un lac de barrage, sur le passage du G.R. 364 (beau parcours dans les environs).

NANTES – 44.   265 000 hab.   (agglom. : 440 000)
Important centre industriel, grand port, vieille ville d'art aux riches musées et monuments.
Le château des ducs de Bretagne XVe et Renaissance (vis. tous les jours sauf mardi) est un superbe ensemble fortifié flanqué de grosses tours, avec douves et fossés ; magnifiques façades sur cour du Grand Logis XVe et Renaissance (musée des Arts décoratifs), du Grand Gouvernement début Renaissance (musée d'art populaire breton) et du Petit Gouvernement, Renaissance ; au Harnachement fin XVIIIe, musée des Salorges ou de la Marine ; le château héberge aussi les musées de Nantes par l'image et d'Art religieux.
Tout près, la cathédrale Saint-Pierre XVe-XVIIe (en cours de restauration après l'incendie de 1972) possède de beaux portails ; remarquable intérieur (nef), abritant une des grandes œuvres de la Renaissance, le tombeau de François II duc de Bretagne et de Marguerite de Foix par Michel Colombe ; tombeau de Lamoricière fin XIXe. Côté S. de Saint-Pierre, logis de la Psalette XVe ; côté N., porte Saint-Pierre XIVe-XVe.
Le proche musée des Beaux-Arts est l'un des grands musées de France (vis. tous les jours sauf mardi) pour toute l'histoire ; quelques très grands chefs-d'œuvre de Brueghel de Velours, de Rubens, La Tour, Ingres, Courbet *(les Cribleuses de Blé)*, modernes et abstraits. A l'O., musée Dobrée, d'art médiéval et des guerres de Vendée ; au manoir de Jean V, XVe, riches collections archéologiques régionales. Musée d'histoire naturelle.
Entre le château et les cours des Cinquante-Otages (recouvrant l'Erdre), le quartier médiéval groupe de nombreuses maisons à colombages XVe-XVIe autour de l'église Sainte-Croix XVIIe et son beffroi. La proche Ile Feydeau possède les hôtels XVIIIe des armateurs nantais (souvent négriers). A l'O. des cours, la ville du XVIIIe autour des places Royale et Graslin (Grand Théâtre) que joint la fameuse rue Crébillon où s'ouvre le passage Pommeraye, galerie XIXe ; cours Cambronne, remarquable ensemble fin XVIIIe. Quai de la Fosse, le port, sur le bras de la Madeleine que l'île Beaulieu sépare du bras de Pirmil ; au S.-O., belvédère Sainte-Anne, vue sur la ville et le port (table d'orientation) ; à côté, musée Jules-Verne, né à Nantes (vis. tous les jours sauf mardi). A l'E., Jardin des Plantes. Au N.-O., parc de Procé. Plus loin à l'E., remarquable parc botanique du Grand-Blottereau. Près du centre, de la haute tour Bretagne, vue immense.
A Rezé au S., la cité radieuse de Le Corbusier. Enormes installations portuaires et industrielles le long de la Loire en aval. Remontée de l'Erdre en bateau, service touristique régulier ; services également sur la Sèvre et la Loire.

NIEUL-SUR-L'AUTISE – 85.
Ancienne abbaye fondée au XIe. L'abbatiale roman poitevin, très restaurée, conserve trois nefs magnifiques XIIe et de beaux chapiteaux (façade remarquable) ; le cloître attenant roman XIIe est le seul intact de toute la région ; salle capitulaire, lavabo, dortoir.

NOIRMOUTIER (Ile de) – 85.
Le grand pont à péage de Fromentine n'empêche pas d'utiliser à marée basse le vieux passage du Gois ; tous deux permettent d'accéder à la longue et étroite bande de dunes de Barbâtre, protégée au N.-E. par des digues, au S.-O., immense et belle plage du Midi ; après l'isthme central, la Guérinière, petit port, maison des Arts et Traditions (vis. tous les jours en saison) ; à l'O., l'Epine, joli bourg et long bois côtier ; grands marais salants de l'Etier de l'Arceau. Noirmoutier-en-l'Ile (4 200 hab.), chef-lieu de l'île, sur un

canal formant port ; place d'Armes aux hôtels XVIIIe ; au château XVe-XVIIIe aux remparts « Vauban », le donjon carré XIe abrite un musée d'histoire ; l'abbatiale bénédictine Saint-Philibert, romane d'origine, possède une remarquable crypte mérovingienne remaniée au XIe. Au N.-E., restes du magnifique bois de la Chaize ; de son petit port, bateaux pour Pornic* ; belles plages. Joli port sardinier de l'Herbaudière au N.-O., face à l'île et au phare du Pilier, à 4 km au large.

NORMANDIE-MAINE (Parc naturel régional) – 50-53-61-72.
Situé en majeure partie en Normandie (v. région IV, même article), le parc englobe dans celle-ci une grande partie de la haute Mayenne, la région du Pail*, les Alpes* Mancelles et les Coëvrons , la forêt de Perseigne* et le Saosnois qui l'entoure, toutes contrées qui renferment de grandes beautés naturelles et une originalité certaine, qu'il s'agit de sauvegarder sans refuser l'avenir.

OLONNE (Forêt d') – 85.
Longue et belle forêt de 1 300 ha de pins maritimes sur les dunes d'une ancienne île, au bord de l'Océan, du havre de la Gachère à la Chaume, port primitif des Sables. Passage du G.R. 364.

OUDON – 44.   1 600 hab.
En face de Champtoceaux*, « tour d'Oudon », donjon octogonal début XVe de calcaire et schiste (vue étendue, vis. tous les jours l'été).

OULMES – 85.
Eglise romane en partie XIe.

PAIL (Corniche du) – 53.
Sur la D. 20 au S. de Pré-en-Pail*, joli parcours à vues lointaines vers Domfront et la forêt des Andaines, par-dessus le vaste bassin de la Mayenne. La forêt de Pail est privée et seules les routes sont praticables.

PAIMBŒUF – 44.   3 700 hab.
Ancien port sur la Loire, dans un curieux paysage industriel (Donges* en face). Hôpital XVIIe.

PASSAVANT-SUR-LAYON – 49.
Un château médiéval en ruine (avec bâtiment XVIe) domine le joli village et un long étang formé par la rivière.

PERSEIGNE (Forêt de) – 72.
Splendide massif domanial très accidenté de 5 000 ha entre la haute Sarthe et la Champagne mancelle ; la vallée d'Enfer, environnée des plus beaux arbres (hêtres, chênes, sapins), est dominée au N.-E. par le belvédère de Perseigne, tour de 30 m sur le point culminant, 340 m (tous les jours l'été) ; G.R. 22 et sentiers balisés. Au S., ruines de l'abbaye de Perseigne, près du grand étang de Guibert ; au S.-O., belle région de Bourg-le-Roi (restes médiévaux) et d'Ancinnes, ouest du verdoyant Saosnois.

PIERRE-LEVÉE (Château de) – 85.
Jolie « folie » XVIIIe du receveur des Finances de la région.

PIGNEROLLE (Château de) – 49.
Fin XVIIIe, inspiré du Petit Trianon.

PIRIAC-SUR-MER – 44.   1 100 hab.
Station balnéaire et joli port de pêche aux vieilles maisons ; au S.-O., plage, puis pointe du Castelli, aux beaux rochers, superbe vue du sémaphore. Belles routes côtières au S. et au N.-E., vers Mesquer et ses anciens marais salants.

PIRMIL – 72.
Remarquable église XIIe à voûtes angevines gothiques, sculptures et statues.
➜ 5 km S., Noyen-sur-Sarthe (œuvres d'art à l'église), très beau site, baignade.

PLESSIS-BOURRÉ (Château du) – 49.
Admirable ensemble fortifié fin XVe, impressionnant au milieu de ses larges douves avec son châtelet et son double pont-levis ; à l'intérieur, superbe demeure seigneuriale ; extraordinaire plafond de la salle des Gardes aux peintures humoristiques ; mobilier (vis. tous les jours sauf mercredi et hiver).

PLESSIS-MACÉ (Château du) – 49.
Vaste château fort féodal XIIe-XVe avec tours et douves à l'extérieur et belle résidence Renaissance à l'intérieur (superbe balcon en tuffeau) ; la chapelle flamboyant est une petite merveille (tribune en bois). (Vis. tous les jours en saison sauf mardi.)

POMMERAIE-SUR-SÈVRE (La) – 85.
A l'église, voûtes angevines sur la nef gothique et fresques fin XVe des Sept péchés capitaux.

PONCÉ-SUR-LE-LOIR – 72.
Beau et discret château Renaissance avec un escalier extraordinaire à six rampes droites ornées de merveilleux caissons sculptés (vis. tous les jours en saison, sauf les matins des dimanche et jours fériés) ; dans les jardins, superbe colombier et labyrinthe de charmilles ; les communs abritent le musée ethnographique de la Sarthe. Eglise XIe-XIIe, belles peintures murales. Au moulin de Paillard, centre artisanal d'art, sur les bords du Loir. Belle route de la vallée.

Le Plessis-Bourré : *Au milieu de sa vaste pièce d'eau, ce château XVᵉ est typique de la transition Moyen Age-Renaissance et fait rêver par son site et ses aménagements.*

PONTCHÂTEAU – 44. 6 500 hab.
Sur le Brivet, au centre d'une grande région d'élevage et de moulins à vent.
➡ 4 km O., calvaire de la Madeleine, et chapelle de pèlerinage où aboutit un chemin de croix ; vue immense sur la Brière* et la région de Saint-Nazaire*. Menhir au S.

PONTIGNÉ – 49.
Remarquable église romane, clocher tournant, beaux chapiteaux, voûtes angevines, très belles peintures murales XIIIᵉ-XIVᵉ.
➡ 2 km O., dolmen de Pierre Couverte (sentier d'accès).

PONTMAIN – 53. 2 200 hab.
Grande basilique néo-gothique de pèlerinage à Notre-Dame-de-Pontmain, apparue en 1871 à deux enfants ; carillon de trente-deux cloches ; chapelle moderne des Pères Oblats (vitraux).
➡ 1,5 km N., beau château de Mausson XVᵉ-XVIᵉ.
➡ 11 km S.-E., Saint-Berthevin-la-Tannière, beau retable XVᵉ à l'église.

PORNIC – 44. 8 200 hab.
Joli port de pêche au fond d'une belle crique dominée par les corniches de Gourmalon à l'E. et de la Noëveillard à l'O. ; superbe petite plage de la Noëveillard ; le château XIIIᵉ-XIVᵉ de Gilles de Rais, et le jardin de Retz, anciens fossés naturels, protégeaient le port et la ville. Passages à Noirmoutier* (1 h, l'été).
➡ O., allée couverte double. ➡ 3 km O., Sainte-Marie, plage des Sablons, suivie d'un sentier des douaniers vers (8 km) Préfailles, station balnéaire ; de Pornic à la pointe de Saint-Gildas*, c'est la côte de Jade.

PORNICHET – 44. 5 500 hab.
Station balnéaire qui précéda la Baule*, sur l'E. de la fameuse plage ; port de plaisance et hippodrome de la Côte d'Amour. Agréables pinèdes. Au S.-E., plage de Sainte-Marguerite et pointe rocheuse de Chémoulin (sémaphore).

PORT-DU-SALUT (Trappe du) – 53.
Abbaye cistercienne début XIXᵉ qui a créé le port-salut, au bord de la Mayenne dans le site charmant de Port-Ringeard. Très belle vallée de la Mayenne au N. (village de

Saint-Pierre-le-Potier) et au S. pont près de Houssay ; au S., château de la Rongère, XVIIe-XVIIIe, beaux jardins à la française et parc, au bord de la rivière.

POUANCÉ - 49. 3 200 hab.
Ancienne place forte à la frontière bretonne de l'Anjou ; porte de l'Horloge XVe et Vieux-Château, à l'O., au-dessus de l'étang de Saint-Aubin, ruines formidables XIIIe-XVe avec de nombreuses tours (vis. tous les jours l'été, et samedi, dimanche et jours fériés). Au S., étangs du Fourneau et de Tressé. Au N., baignade sur l'étang de Saint-Aubin.
➡ 5 km S.-S.-E. (D. 6), grand menhir de Pierre Frite (6 m).

POULIGUEN (Le) - 44. 4 300 hab.
Vieux port de pêche sur l'Etier qui conduit aux marais salants et sert de port de plaisance ; quai pittoresque et, au S., belle plage de la Grande-Côte suivie de criques de sable dans les rochers ; 2 km S.-E., pointe de Penchâteau (vue) ; la corniche rocheuse très pittoresque se poursuit jusqu'à Batz-sur-Mer*.

POUZAUGES - 85. 5 500 hab.
Altitude 225 m
Petit centre industriel parmi les Collines* vendéennes. Vieux château XIIIe, puissante forteresse en ruine, avec un beau donjon carré ; vue sur le Bocage. Eglise Saint-Jacques XIIe (nef début gothique) – XVe (chœur) ; tour carrée centrale.
➡ 1,5 km S.-E., Pouzauges-le-Vieux, remarquable église romane (chœur gothique), dans un ancien cimetière ; pavée de dalles funéraires, la nef est ornée de peintures murales romanes de la vie de la Vierge. Au-delà, D. 49, jolie route de Montournais. ➡ 9,5 km E., ruines du château féodal de Saint-Mesmin, où eut lieu une des batailles de Vendée. ➡ 9 km S.-O. (par D. 43 et D. 113), au château du Bois-Tiffrais, musée du Protestantisme français (vis. l'après-midi en saison). ➡ N., le bois de la Folie, point caractéristique sur une butte rocheuse (vue étendue sur le Bocage).

PRÉ-EN-PAIL - 53. 2 500 hab.
Près de la Mayenne naissante, au cœur d'une région pittoresque ; à l'O., le petit « désert de Pail » ; au N., forêt de Monaye ; au S.-E. (5 km), le mont des Avaloirs* ; au S.-O., la corniche du Pail* (D. 20).

PRIMAUDIÈRE (Ancien prieuré de la) - 44.
Bâtiment XVIIe et belle église XIIIe gothique près d'étangs à la lisière E. de la forêt de Juigné.

PUY-DU-FOU (Château du) - 85.
Son et Lumière
Bel édifice Renaissance fin XVIe en cours de restauration (incendié pendant les guerres de Vendée) ; Son et Lumière « Ce soir la Vendée ».
➡ 2,5 km S.-E., les Epesses, église XVe-XVIIe conservant des traces de guerres ; belles routes de tous côtés.

PUY-NOTRE-DAME (Le) - 49. 1 500 hab.
Belle collégiale XIIIe aux voûtes typiquement angevines ; on y conserve une « ceinture de la Vierge » rapportée des croisades ; jolie salle capitulaire XVe.

RANROUËT (Château de) - 44.
Ruines énormes XIIe-XIIIe (en cours de restauration) de six grandes tours et de douves jadis en eau, à la limite N. de la Brière*.

RÉAUMUR - 85.
Manoir où résida le physicien Réaumur ; église fortifiée XVe et fontaine de pèlerinage.

RETZ (Pays de) - 44.
Entre la Loire et la région de Machecoul et de Grand-Lieu, c'est un vaste pays encore breton, presque plat, sableux, peu boisé, au charme un peu nostalgique malgré la vigne et les maisons blanches ; c'est le pays du gros-plant et en partie du muscadet.

ROCHER (Château du) - 53.
XVe au XVIIe, l'un des plus beaux de la région, au bord d'un vaste étang ; belle façade Renaissance sur la cour, remarquable galerie (vis. ext. tous les jours l'été). Parc. Au village, Mézangers, logis XVe-XVIe.
➡ 5 km E., Sainte-Gemmes-le-Robert, ruines gallo-romaines du Rubricaire, camp fortifié et thermes. Allée couverte « les Pierres Jumelles ».

ROCHE-SUR-YON (La) - 85. 48 000 hab.
Napoléon Ier décida, à des fins stratégiques, de bâtir une ville de garnison à la place de l'ancien bourg victime des guerres de Vendée ; « Napoléon-Vendée », sur plan régulier, entoure la place Napoléon (statue équestre) aux monuments néo-classiques. Sur la rue Georges-Clemenceau, artère animée de la ville, le musée municipal (fermé lundi et jours fériés l'été, samedi, dimanche, lundi et jours fériés hors saison) évoque les guerres de Vendée, des souvenirs napoléoniens, l'archéologie régionale. Au S., jardin public de la Préfecture et très importants haras, dont les étalons sont parmi les plus beaux de France (vis. de juillet à février).
➡ 5 km O., ancienne abbaye des Fontenelles*. ➡ 10 km N.-O., la Génétouze, parc zoologique.

ROË (La) - 53.
Ancienne abbatiale de chanoines réguliers, avec des restes romans XIIe et un chœur XVe en ruine ; bâtiments XVIIe.
➡ 3 km O.-N.-O., Fontaine-Couverte, église classique, décoration baroque ; à proximité, moulin à vent.

ROSIERS (Les) - 49. 1 800 hab.
Le site est très beau en bord de Loire, face à la rive gauche très boisée ; pont suspendu. A l'église XIIIe, superbe clocher Renaissance.

SABLES-D'OLONNE (Les) - 85. 18 200 hab.
Grande station balnéaire et important port de pêche, la ville est bâtie sur la dune qui longe la superbe plage de 3 km en arc de cercle au pied du Remblai que bordent hôtels et belles villas ; à l'O., le Grand Casino, la piscine et la jetée des Sables ; à l'E., le Remblai est prolongé par la superbe Corniche au-dessus des falaises jusqu'au Puits d'Enfer, profond site rocheux où la mer se déchaîne.
Derrière l'O. de la ville, les ports de pêche (voir le retour des pêcheurs) et de plaisance (bassin des Chasses) ; le chenal du port sépare le quartier O., la Chaume, origine de la ville, autour de la tour d'Arundel (phare, belle vue) ; à la pointe, le fort Saint-Nicolas XVIIIe. En ville, église Notre-Dame-de-Bon-Port XVIIe (façade de style Renaissance) ; à l'ancienne abbaye Sainte-Croix, centre culturel et musée municipal (art contemporain, arts populaires, archéologie).
➡ Au N.-O., la forêt d'Olonne*. ➡ Au N.-E., château de Pierre Levée*. ➡ S.-E., lac de Tanchet (pêche, voile, baignade) et parc zoologique.

SABLÉ-SUR-SARTHE - 72. 11 800 hab.
Le grand château début XVIIIe des Colbert domine la Sarthe et le centre de la ville où elle fait une île sur la rive gauche ; dans l'île, l'église XIXe possède deux belles verrières XVe et XVIe ; porte fortifiée XIVe. Au N.-E., rive droite, beau jardin public ; un peu plus loin, vue sur l'abbaye de Solesmes* et la vallée.
➡ 6 km S.-E., la Chapelle-du-Chêne, basilique de pèlerinage (Vierge XVe). ➡ 8,5 km N., Auvers-le-Hamon, à l'église, curieuses peintures murales de saints régionaux. ➡ S.-O., rive gauche, très jolie route vers Pincé.

SAINT-BRÉVIN-LES-PINS - 44. 8 600 hab.
Agréable station balnéaire avec de grandes plages, de la pointe de Mindin au N. à Saint-Brévin-l'Océan au S. ; belles vues sur Saint-Nazaire* en face et la vaste embouchure de la Loire.

SAINT-CALAIS - 72. 4 600 hab.
Charmante petite ville sur l'Anille (quais et vieilles maisons), au curieux plan, dominée à l'E. par la « butte du château », ruines XIe dans un jardin public (panorama). Remarquable église Notre-Dame XVe-XVIe à façade Renaissance originale (beau portail, orgue XVIIe et retable, trésor : « suaire de Saint-Calais », étoffe byzantine VIe). Petit musée, à l'hôtel de ville (bâtiments abbatiaux), tableaux ayant appartenu à Charles Garnier, l'architecte de l'Opéra.

SAINT-DENIS-D'ANJOU - 53. 1 300 hab.
Eglise en partie XIIe avec remarquables peintures murales XIVe au XVIe ; mairie dans une maison canoniale Renaissance ; halles en charpente et maisons anciennes. S.-E., corniche touristique de Beaumont.
➡ 5 km S.-E., sur la Sarthe, Varennes, « église de gué » XIe-XVe, belles fresques XIIe, peintures murales XVIe (voir S.I. de Saint-Denis).

SAINT-FLORENT-LE-VIEIL - 49. 2 400 hab.
Site remarquable du bourg sur le mont Glonne au bord de la Loire. Haut lieu vendéen, l'insurrection partit de là en mars 1793 et, en octobre suivant, les Blancs s'y réfugièrent après la défaite de Cholet, et y firent grâce, sur l'ordre de leur chef Bonchamp mourant, à des milliers de prisonniers républicains. A l'église, tombeau de Bonchamp par David d'Angers (son père était un des prisonniers). Esplanade (vue). Musée des Guerres de Vendée. Tombeau de Cathelineau.
➡ E., superbe route D. 210 le long de la Loire vers Montjean-sur-Loire.

SAINT-GILDAS (Pointe de) - 44.
Contournée par un sentier des douaniers ; le sémaphore donne une vaste vue marine, la Baule*, la baie de Loire, la baie de Bourgneuf, Noirmoutier* ; c'est la pointe rocheuse du pays de Retz*, à l'extrémité de la côte de Jade (Préfailles, Pornic*).

SAINT-GILDAS-DES-BOIS - 44. 2 600 hab.
Dans une jolie région boisée, bien entendu (au N.-E., Sapins de Saint-Gildas) ; église XIIe-XIIIe en roussard, Vierge XIVe et mobilier XVIIIe (remarquable porche intérieur). Vastes étangs à l'O.

SAINT-HILAIRE-DES-LOGES - 85.
Eglise romane XIe (chapiteaux) et maison XVIe.

Saint-Nazaire : L'estuaire de la Loire, no man's land entre l'eau, le ciel, la nature et l'industrie. La pêche y garde ses droits et son pittoresque.

SAINT-JEAN-DE-MONTS – 85. 5 500 hab.

La côte de Monts, de la pointe Notre-Dame-de-Monts (à côté de Fromentine) à la Corniche vendéenne*, est une longue plage de sable bordée d'une forêt de pins plantée sur des dunes, qui se mite de plus en plus de villas et d'immeubles résidentiels de vacances comme ceux de cette moderne station balnéaire aux plages Saint-Jean et des Demoiselles très sûres et appréciées, longées par un grand front de mer, le « Remblai ». Musée vendéen « Bourrine des Grenouillères ». Dans l'immédiat arrière-pays, immense partie S. du marais breton* : marais de Monts et de Challans*.

SAINT-LAURENT-DE-LA-PLAINE – 49.

Musée des Vieux Métiers d'Anjou.

SAINT-LAURENT-SUR-SÈVRE – 85. 4 100 hab.

Près de la Sèvre Nantaise, la basilique néo-gothique abrite le tombeau de saint Louis-Marie Grignion de Montfort.

SAINT-MICHEL-CHEF-CHEF – 44. 2 500 hab.

Vastes plages du Redois et de Tharon-Plage, dans les pins et les dunes ; petites falaises rocheuses par endroits.

SAINT-MICHEL-EN-L'HERM – 85. 2 000 hab.

Joli bourg sur une ancienne île. Restes de l'ancienne abbaye XIIᵉ-XIIIᵉ (salle capitulaire notamment) et de bâtiments XVIIᵉ ; petit musée de coiffes (vis. tous les jours en saison). Au N.-E., butte de coquilles d'huîtres.

SAINT-MICHEL-MONT-MERCURE – 85. 1 500 hab.

Altitude 285 m

C'est par de beaux parcours de tous les côtés que l'on accède au point culminant des Collines* vendéennes, où passait déjà une voie romaine suivant les crêtes ; saint Michel y terrasse symboliquement le dieu du commerce, en haut de la tour de l'église d'où le panorama (vis. tous les jours) est sans limite (par temps clair, la mer).
➡ 5,5 km S.-O., le Boupère, église priorale Saint-Pierre fortifiée XIIIᵉ-XVᵉ.

SAINT-NAZAIRE – 44. 69 800 hab.

Port important et énormes chantiers navals.
La ville fut entièrement détruite en 1943 et 1945 (libérée le 11 mai 1945) ; elle est rebâtie sur un plan régulier aéré (églises modernes) ; au centre, le Dolmen. Le port entouré des Chantiers de l'Atlantique comprend les deux grands bassins de Penhoët et de Saint-Nazaire reliés à la Loire par des écluses géantes ; sur le bassin de Saint-Nazaire, formidable blockhaus allemand de 300 m de la base sous-marine sortant en face par une écluse sous-marine dont la terrasse (ouv. l'été, table d'orientation) offre un panorama étonnant. Du Vieux-Môle (phare), belle vue. Au S.-O., vaste plage.
➡ 8 km S.-O., Saint-Marc, la jolie plage familiale des *Vacances de M. Hulot* et la corniche de la Côte d'Amour vers la Baule* et le Croisic*. ➡ Au N., la Brière*. ➡ E., l'immense pont de la Loire (à péage), culminant à 60 m.

SAINT-NICOLAS-DE-BREM – 85.

Ancien port, avec une intéressante église romane XIᵉ reprise au XVIIᵉ. Dolmen à l'O.
➡ 5 km N.-O., belles plages de la Parée et du Marais-Girard près de Brétignolles-sur-Mer. ➡ 3 km S., vastes marais salants autour de la Vertonne, petite rivière, dans un ancien lac, et, le long de la côte, forêt d'Olonne*.

SAINT-PHILBERT-DE-GRAND-LIEU – 44. 3 700 hab.

Sur la Boulogne, qui alimente le lac de Grand-Lieu*, au N. L'abbatiale carolingienne IXᵉ-XIᵉ (remaniée XIXᵉ) est, à l'intérieur, l'un des plus anciens sanctuaires de France et relativement homogène ; dans la crypte, sarcophage VIIᵉ en marbre du saint, fondateur de Jumièges, de Déas (ici) et de Noirmoutier (reliques à Tournus). Logis prioral et bâtiments monastiques XVIᵉ-XVIIᵉ.

SAINT-RÉMY-DU-VAL – 72.

Eglise gothique. Au N.-E., chapelle de Notre-Dame-de-Toutes-Aides, de pèlerinage (objets d'art).

SAINT-VINCENT-SUR-JARD – 85.

A 1 km S., au bord de la plage de Belesbat, la maison de Clemenceau, « la Bicoque » vendéenne, s'entoure des roses du jardin ; elle demeure telle qu'à la mort du « Tigre » (vis. tous les jours sauf mardi).

SAINTE-HERMINE – 85. 2 300 hab.

Monument de Clemenceau au milieu des soldats, par Sicard (1921).

SAINTE-SUZANNE – 53.

Puissante place forte dans un fort beau site rocheux au-dessus de l'Erve, c'est une pittoresque cité médiévale dans ses remparts XIVᵉ-XVᵉ (auparavant, elle avait résisté à Guillaume le Conquérant puis aux Anglais) ; remarquables maisons et logis anciens XVᵉ au XVIIᵉ, statuaire XIVᵉ-XVIᵉ à l'église ; citadelle : château début XVIIᵉ et donjon XIᵉ en ruine (vis. tous les jours l'été). De la tour d'Orientation, en ville, vue splendide ; promenade des remparts.
➡ 2,5 km N.-E., dolmen des Erves (allée couverte). ➡ S.-O., D. 125 puis 235, jolie route suivant l'Erve.

SALLERTAINE – 85. 2 100 hab.

Curieuse petite église romane avec une des premières voûtes angevines de la région, et des fresques.
➡ 2 km O., moulin à vent de Rairé, près du Grand Etier du Marais breton de Challans.

SAULGES – 53.

Joli bourg sur l'Erve ; ancienne église Saint-Pierre pré-romane. A l'O., ermitage Saint-Cénéré (site).
➡ 1 km N.-E., grottes réputées, de Rochefort et de Margot, préhistoriques et à concrétions (vis. tous les jours), de part et d'autre de l'Erve ; 2,5 km N., Saint-Pierre-sur-Erve, curieux pont piéton.

SAUMUR – 49.   34 200 hab.

Dans le confluent du Thouet et de la Loire, la ville est dominée à l'E. par une butte qui porte son célèbre château, énorme et superbe édifice gothique XIVe carré à tours d'angles à mâchicoulis et toitures polygonales (vue splendide sur la ville et les vallées) ; il héberge le musée des Arts décoratifs (antiquités, tapisseries, émaux, importantes céramiques) et le musée du Cheval (vis. tous les jours, sauf mardi l'hiver).

La vieille ville entoure la butte du château. Au S., église romane Notre-Dame-de-Nantilly, belle nef (chapiteaux), nombreuses œuvres d'art, magnifiques tapisseries XVe au XVIIe. Au pied du château au N., église Saint-Pierre romane et gothique (beau portail XIIe, façade XVIIe, remarquables tapisseries XVIe, stalles XVe) ; autour, pittoresque vieux quartier aux nombreuses maisons anciennes, Grande-Rue, rue Fourrier, etc. A l'E., église Notre-Dame-des-Ardilliers classique XVIIe, précédée d'une belle rotonde. A l'hôtel de ville en partie XVIe, fortifié, superbe chapelle Saint-Jean XIIIe aux voûtes angevines. Du pont, vue splendide ; quartier des Ponts, dans l'île d'Offard,

Saumur : Dominé par son étonnant château gothique (photo du bas) qui commande une vue immense, Saumur groupe autour de la vénérable église Saint-Pierre un agréable vieux quartier plein de pittoresque. Le château, aux toitures polygonales, héberge le musée des arts décoratifs et le musée du cheval.

reconstruit après 1944, manoir de la reine de Sicile début XVe. Au N.-O., musée des Blindés (vis. tous les jours). Fin juillet, carrousels du « Cadre Noir ». G.R. 3 et 36. Vins réputés.

➡ 2 km N.-O., Saint-Florent, ancienne abbaye de Saint-Florent, admirable porche XIIe et crypte XIe (vis. possible).
➡ 11 km S., Brézé, grand château Renaissance (douves).
➡ 2 km S.-O., Bagneux, Grand-Dolmen, allée couverte de 20 m.

Parmi les techniques artisanales, la vannerie toujours appréciée produit des articles de qualité.

Page 67 : La Turballe : La pêche reste une des grandes activités économiques de la Côte ; l'arrivée des bateaux et la criée sont toujours des moments intéressants.

Le Croisic : *De beaux rochers granitiques forment le long promontoire du Croisic qui s'avance en pleine mer comme un wharf.*

SEGRÉ – 49.   7 200 hab.
Petite ville pittoresque sur le confluent de la Verzée et de l'Oudon ; maisons anciennes de schiste, sur des coteaux escarpés, et vieux ponts ; vestiges d'un château. Au N.-O., mines de fer.
➡ 5,5 km N.-O., Nyoiseau, joli village au-dessus de l'Oudon ; baignade.

SÉGRIE – 72.
Remarquable église d'environ 1200, très simple.
➡ 4 km N., Saint-Christophe-du-Jambet, église XIIᵉ ; vue superbe. ➡ S., belle route du Mans par la D. 82 ; aux étangs de Lavardin (9 km), musée de la Guerre 39-45 (vis. tous les jours l'été, et dimanche et jours fériés en saison).

SEILLERAYE (Château de la) – 44.
Remarquable construction XVIIᵉ de Mansart, devenue hôpital, entourée de beaux jardins de Le Nôtre avec de grandes pièces d'eau.

SEMUR-EN-VALLON – 72.
Superbe château XVᵉ-XVIᵉ dans un cadre ravissant, adossé à la forêt de Vibraye*.

SERRANT (Château de) – 49.
Bel édifice XVIᵉ-XVIIIᵉ d'esprit purement Renaissance avec de grosses tours à dômes, construit en schiste et tuffeau, dans de vastes douves, en bordure d'un étang. Ameublement et décoration splendides. Chapelle de J. Hardouin-Mansart, abritant le tombeau du marquis de Vaubrun par Lebrun et Coysevox. Superbes tapisseries de Bruxelles XVIᵉ. (Vis. tous les jours en saison, sauf mardi.)

SILLÉ-LE-GUILLAUME – 72.   3 000 hab.
Ancienne place forte sur le flanc S. des Coëvrons* qui portent ici la longue forêt de Sillé (voir plus loin). Château XVᵉ au XVIIᵉ (donjon). Eglise Notre-Dame XVᵉ (portail et crypte XIIIᵉ).
➡ 4 km N., Sillé-Plage, sur l'étang du Defais, base de plein air et de loisirs (voile, baignade, petit train, équitation), en forêt de Sillé (3 000 ha) ; superbe route suivant une des crêtes principales des Coëvrons*, S.-O.-N.-E., de Voutré à la maison forestière du Saut du Cerf (beau site à proximité), en contournant la cote 330 (panorama) et la Croix-de-la-Mare (chapelle, vue) ; G.R. 36 et 37. ➡ 9 km N., Butte Voyère (240 m), panorama.

SOLESMES (Abbaye de) – 72.
Sévère abbaye Saint-Pierre bénédictine, fin XIXᵉ de style gothique, haute de 50 m au-dessus de la Sarthe ; on ne visite (tous les jours) que l'abbatiale, petite nef XIᵉ-XVᵉ et chœur XIXᵉ à voûtes angevines gothiques ; dans le transept, les splendides sculptures gothiques « les Saints de Solesmes » : sépulture du Christ fin XVᵉ, avec une célèbre Madeleine, et Pietà, dans le croisillon droit ; sépulture de la Vierge XVIᵉ dans le croisillon gauche. Beau prieuré XVIIIᵉ. Beaux offices en grégorien (que Solesmes a restauré dans sa splendeur, en renouvelant la liturgie) matin et soir tous les jours.

SOURCHES (Château de) – 72.
Vaste et très bel édifice XVIIIᵉ ; parc de J. Hardouin-Mansart.

TALMONT-SAINT-HILAIRE – 85.   3 300 hab.
Jadis port de mer ; l'ancien golfe est occupé par des marais salants ; le bourg est dominé par les ruines impressionnantes d'un château XIᵉ rebâti aux XVᵉ et XVIᵉ (beau donjon XIᵉ, et chapelle romane), vue étendue (vis. tous les jours).
➡ 3 km O., musée automobile de Talmont (vis. tous les jours en saison). ➡ 1,5 km N.-E., château des Granges-Cathus Renaissance. Passage du G.R. 364.

TERTRE ROUGE (Zoo du) – 72.
Un des meilleurs du genre, dans un grand bois de pins (vis. tous les jours) ; musée de la Faune régionale (animaux naturalisés).

THOUREIL (Le) – 49.
Joli village, ancien port sur la Loire (école de voile) ; clocher-mur XIIIᵉ à l'église (curieuses châsses-reliquaires en bois).
➡ 2,5 km N.-O., ancienne abbaye de Saint-Maur (collège), chapelles XIIᵉ et moderne, bâtiments et galeries de cloître XVIIᵉ.

TIFFAUGES – 85.   1 100 hab.
Le bourg est bâti sur un éperon qui porte au N. le fameux château de Gilles de Rais dit « Barbe-Bleue », compagnon de Jeanne d'Arc puis terreur de la région ; ses vastes ruines dominent la Sèvre et comprennent de belles salles et tours XIIᵉ (donjon) au XVᵉ (tour du Vidame) ; chapelle avec crypte XIᵉ (vis. tous les jours en saison sauf mardi) ; curiosités militaires et acoustiques.

TRANCHE-SUR-MER (La) – 85.   2 100 hab.
A l'O., immense plage des Conches, au pied des dunes de la grande forêt de Longeville, qui protègent au S. la plage de la Tranche (phare de la Pointe du Grouin du Cou) ; en arrière de l'anse du Maupas, célèbres floralies (saison).

TRÉLAZÉ (Ardoisières de) – 49.
Elles s'étendent entre le bourg et Angers* ; sur une hauteur, une table d'orientation offre une vue générale. Jadis exploitées à ciel ouvert, les ardoises sont maintenant abattues en profondeur dans des installations modernes, et travaillées en surface (plus de la moitié de la production française).

TURBALLE (La) – **44.**   3 100 hab.
Port sardinier moderne (artificiel), comme l'architecture de la petite ville. Centre de voile.

VAAS – **72.**   1 700 hab.
Joli site au bord du Loir. Eglise avec chœur intéressant XIIIᵉ (peintures, statues).
➡ 5 km N.-O., Aubigné-Racan, sculptures à l'église ; au N.-E., château du Champ-Marin, Renaissance, où naquit le poète Racan.

VENDÉEN (Marais)
Voir Machecoul* et Breton* (marais).

VERGER (Château du) – **49.**
Vestiges importants d'un beau château fin XVᵉ avec tours et douves.
➡ 3 km S., Seiches-sur-le-Loir ; 3 km O., dolmen. Superbe trajet du G.R. 35 dans toute cette partie de la vallée du Loir.

VERNOIL – **49.**   1 300 hab.
Eglise priorale bénédictine XIIᵉ-XVᵉ surtout romane mais très remaniée ; belle maison du Prieur, gothique.
➡ 2 km O., Vernantes, l'église, au beau clocher XIIᵉ à flèche de pierre, est devenue la mairie (tombeau XVIIᵉ).
➡ 2 km N., château de la Ville-au-Fourier, Renaissance.

VIBRAYE (Forêt de) – **72.**
Grande forêt privée (2 000 ha), pittoresque, avec des étangs. Jolie région.

VIOREAU (Réservoir de) – **44.**
Destiné à l'alimentation du canal de Nantes à Brest et bordé au N. par la forêt de Vioreau, sa grande surface en longueur est appréciée des amateurs de voile. Il communique à l'E. avec deux autres grands étangs près de la forêt d'Ancenis.

VOUVANT – **85.**
Superbe village fortifié sur un éperon entouré par un méandre de la Mère. Du château féodal, il ne reste guère que la tour Mélusine XIIᵉ haute de 30 m (vue superbe), contenant des salles voûtées. Eglise romane à clocher octogonal et admirable portail N. XIIᵉ.

YEU (Ile d') – **85.**   4 800 hab.
A 17 km au large de Saint-Jean-de-Monts*, petite terre très bretonne de 10 km sur 4 que le « pont d'Yeu », série de hauts-fonds (visibles aux plus fortes marées), relie au continent. On y accède en 1 h 15 depuis Fromentine (v. Beauvoir-sur-Mer*). La Côte Sauvage du S.-O. est très découpée ; pointes du But et du Châtelet, Grand-Phare (vue), étonnantes ruines du Vieux Château XIᵉ, superbe crique du Port de la Meule, pointes de la Tranche et des Corbeaux.
Le chef-lieu, Port-Joinville, au N., grand port thonier, possède un petit musée consacré à l'histoire locale et au maréchal Pétain, mort à la maison Lucos en 1951 et inhumé au cimetière. Un bon marcheur peut faire le tour de l'île dans la journée.

La pointe de Pen-Hir et les Tas de Pois.

Bretagne   III

27 184 km² — 2 707 886 habitants

Départements	Superficie en km²	Population
22 Côtes-du-Nord	6 878	538 869
29 Finistère	6 785	828 364
35 Ille-et-Vilaine	6 758	749 764
56 Morbihan	6 763	590 889

Notre grande péninsule occidentale symbolise pour chacun quelque chose de différent ; pour les uns, les vacances, la mer « vivante », les vastes plages, les superbes rochers où éclatent les vagues à marée haute ; pour d'autres, la pluie, le crachin ; pour d'autres encore, l'exode rural, l'industrie tard venue et la renaissance d'un pays qui s'ouvre vers l'avenir, sans oublier des traditions ancestrales et une langue toujours vivante après des siècles de centralisation. Tout est vrai, bien sûr.

Il y a aussi une histoire riche d'une longue indépendance mouvementée, les mégalithes, ces « grosses pierres » dont le maniement humain semble un défi, l'obstination des habitants, qui leur permet de résister à leur terre comme à la mer.

L'économie est particulière, l'agriculture se convertissant souvent en élevage spécialisé et en maraîchage intensif, de bon rendement mais sujets à des crises.

Les villes se sont fortement industrialisées, ports comme Brest et Lorient ou « capitale » : Rennes, secondées par une série de sites charmants : Quimper, Fougères, Vannes, Saint-Malo, entre autres...

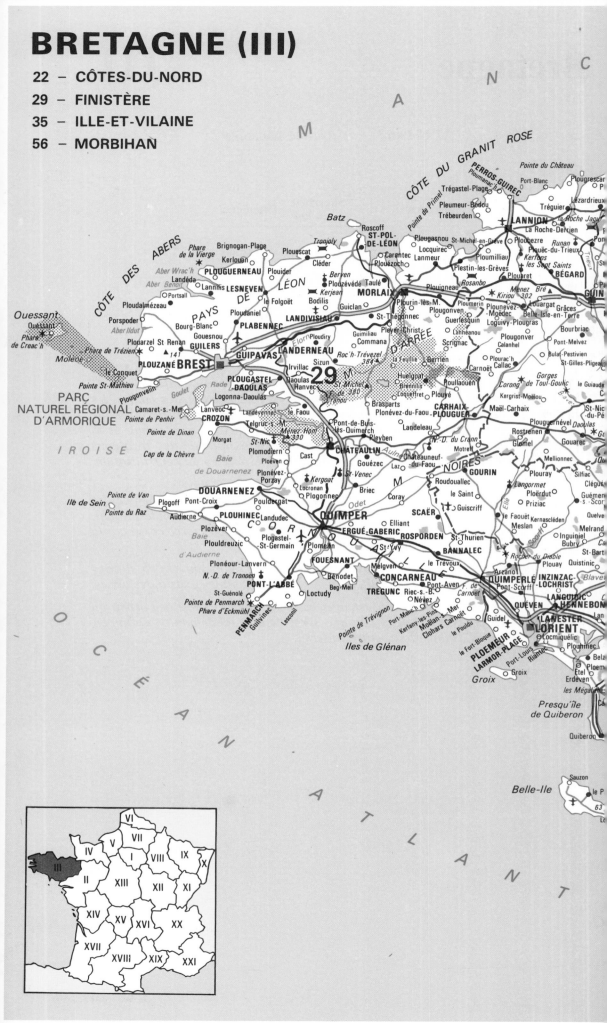

BRETAGNE (III)

22 – CÔTES-DU-NORD

29 – FINISTÈRE

35 – ILLE-ET-VILAINE

56 – MORBIHAN

ABER-BENOÎT − 29.
S'enfonce de 10 km dans les terres, belle vallée en amont.

ABER-ILDUT − 29.
Profonde de 4 km (bac léger à l'entrée), une route pittoresque en longe le N. ; à l'E., Brélès, église.
➡ 5 km N., Porspoder ; côte très rocheuse, petites plages. Belle route côtière de Portsall. Menhirs à l'intérieur.

ABERS (Les) − 29.
Trait caractéristique de la côte du Léon (Finistère N.-O.), ce sont des rias qui s'emplissent à marée haute, sur une côte basse mais très rocheuse. La récolte de goémon et la pêche sont les grandes activités.

ABER-WRAC'H (L') − 29.
A la sortie S. de l'aber de ce nom, sur une baie curieuse ; plage et petit port. A l'O., baie des Anges et ruines d'un couvent, presqu'île sableuse de Sainte-Marguerite, environnée de roches.
➡ 5 km S.-E., Lannilis ; 3 km N.-E., château de Kerouartz, XVIIᵉ. Belle route de Lannilis à Plouguerneau en traversant l'aber, profond de 10 km dans les terres.

ANTRAIN − 35.   1 600 hab.
Aux portes de la Normandie. Eglise XIIᵉ-XVIᵉ (portail roman) ; retables.
➡ 1,5 km S., château de Bonne-Fontaine, XVIᵉ, tout à la fois gracieux et austère.

ARCOUEST (Pointe de l') − 22.
Lieu, renommé pour sa beauté, où on embarque pour Bréhat* (traversée 10 mn). Monument à Frédéric et Irène Joliot-Curie.
➡ 3 km S., chapelle de Perros-Hamon.

ARGENTRÉ-DU-PLESSIS − 35.   2 800 hab.
Château du Plessis, XVᵉ-XVIIᵉ-XIXᵉ, dans un beau cadre. Mme de Sévigné, victime du voisinage d'une demoiselle du Plessis, la fit passer à la postérité par un trait de plume vengeur.

ARMORIQUE (Parc naturel régional d') − 29.
Créé en 1969, il couvre l'essentiel des monts d'Arrée* et du Ménez Hom*, une part de la presqu'île de Crozon* dans les environs de Camaret*, et l'archipel d'Ouessant*. Il veut aider son territoire à surmonter ses difficultés à travers un aménagement équilibré. Maison du Parc : centre d'information dans une ancienne ferme, avec enclos d'animaux, à Menez-Meur (9 km S.-S.-E. de Sizun*) ; écomusée : maison des techniques et traditions rurales, à Saint-Rivoal (11 km E.), dans une ferme XVIIIᵉ ; moulins à eau restaurés de Kerouat à Commana* ; et musée de l'école rurale à Trégarvan (au pied N. du Menez-Hom*). Il a créé des sentiers pédestres, organise des randonnées équestres et stimule l'artisanat. A 7,5 km S.-O. de Menez-Meur, au S.-O. du hameau de Pen-ar-Hoat-ar-Gorré, sommet (210 m) de Pen-ar-Hoat : beau panorama.

ARRÉE (Monts d') − 29.
Chaîne de hauteurs parfois aiguës et sauvages courant du Faou à la région de Guingamp, dont le caractère est prenant ; la nature y est rude mais bruyères et ajoncs y rendent les demi-saisons étonnantes ; les pourtours boisés sont très vallonnés. Culminent au Roc'h Trévezel*, à la montagne Saint-Michel*, et, entre les deux, au Signal de Toussaines. Le G.R. 34 les traverse, de Morlaix au Faou par Huelgoat et Saint-Rivoal.

ARZAL (Barrage d') − 56.
De 380 m de long et portant la route (pont mobile), il alimente la région en eau et, en supprimant les marées sur la Vilaine, a créé 100 km² de prairies d'élevage et assaini toute la vallée basse.

ARZON − 56.   1 600 hab.
Port abrité de Port-Navalo à l'entrée du golfe du Morbihan* et belles plages et falaises sur la baie de Quiberon. Au N., rivages remarquables du golfe. Au S.-E., pointe du Petit Mont, tumulus et vue.
➡ 3 km E., tumulus de Tumiac, haut de 20 m, panorama.

AUDIERNE − 29.   3 700 hab.
Très joli port de pêche sur l'estuaire du Goyen et agglomération principale du cap Sizun. « La Chaumière », intérieur breton traditionnel (vis. en saison). Plages à 1,5 km.
➡ 4 km O., Saint-Tugen, belle chapelle XVIᵉ dans un petit enclos, sculptures et œuvres d'art. ➡ S.-E., belles plages à Plouhinec.

AULNE (Vallée de l') − 29.
Née au pied de la forêt de Beffou (C.-du-N.), au S.-E. de Guerlesquin*, elle traverse le massif forestier de Fréau et d'Huelgoat et approfondit ses méandres en se rapprochant des Montagnes Noires*. Le canal de Nantes à Brest la rejoint près des beaux sites de Landeleau. En aval, son cours tranquille et sinueux est le paradis des pêcheurs (saumon, brochets). L'estuaire commence à Port-Launay, après Châteaulin*. Beaux paysages dans la région de Trégarvan (au N. du Menez-Hom) et en approchant de Térénez (voir le Faou*) et de Landévennec*.

AURAY − 56.   10 400 hab.
Du Guesclin s'y fit capturer et c'est la patrie de Cadoudal le héros chouan. Ville ancienne, centre de pèlerinage (Sainte-Anne-d'Auray est à 6 km) et grand carrefour touristique, port de mer sur sa « rivière ». A l'E. du beau pont XVIIᵉ, Saint-Goustan, la vieille ville avec ses maisons XVᵉ sur la place Saint-Sauveur (porche XVIᵉ de l'église Saint-Goustan) ; on en a une belle vue de la promenade du Loch sur la rive droite (belvédère) ; de ce côté, chapelle du Père Eternel (stalles) et église Saint-Gildas XVIIᵉ aux styles mélangés.

➡ 2 km N.-O., chartreuse d'Auray XVIIᵉ-XVIIIᵉ où une chapelle funéraire avec mausolée évoque des fusillades de la guerre de Vendée ; 1 km N.-E., chapelle expiatoire au Champ des Martyrs où 950 émigrés et Chouans ont été fusillés. ➡ 4 km S.-E., Saint-Avoye, hameau dans un site prenant de lande, où une chapelle XVᵉ a une belle charpente et un jubé en bois sculpté Renaissance. ➡ 6 km S.-E., Bono, vue sur le Bono (bras de la rivière d'Auray) franchi par deux ponts ; ostréiculture ; tumulus du Rocher.

BAIN-DE-BRETAGNE – 35.   5 100 hab.
C'est « le pays des vastes horizons ». Bel étang de la Bornière au S.-E. Maisons anciennes.
➡ 6 km N., Poligné, au-dessus de la vallée du Semnon ; à l'E., belle route de Pancé par la crête du Tertre-gris ou (dans le pays) le « Volcan » (panorama, pierres rares).

BAIS – 35.   2 000 hab.
Eglise gothique à portail Renaissance remarquable, « porche des lépreux ».

BAUD – 56.   5 100 hab.
Une chapelle XVIᵉ forme le fond de l'église. Belle campagne, traversée au N.-E. par les méandres de l'Evel (chapelle Saint-Michel sur une hauteur, vue).
➡ A l'O., vallée du Blavet, à descendre jusqu'à Hennebont*, ou traverser au N.-O. vers Melrand*. En face au S., début des landes de Lanvaux* avec la forêt de Camors*. ➡ 1,5 km S.-O., sur la gauche, chemin vers une fontaine avec la Vénus de Quinipily, grande statue ancienne.

BÉCHEREL – 35.
Village sur une hauteur (vues) avec quelques restes de remparts.
➡ 1,5 km O., château de Caradeuc XVIIIᵉ, du fameux procureur La Chalotais ; façade classique avec un grand escalier, beau parc (qu'on visite) et point de vue.

BEG-MEIL – 29.
Une des grandes plages de Fouesnant ; pointe avec vue sur Concarneau en face. Petit port et jolies criques et plages. Voir le village moderne de « Renouveau ». Passages en bateau aux Glénan, à Concarneau*, à la Forêt-Fouesnant*, à Quimper* par l'Odet*.

BELLE-ILE – 56.   4 500 hab.
La plus grande des îles bretonnes est appréciée depuis longtemps. Plateau de 17 km sur 9 au maximum aux rivages très découpés, c'est une forteresse naturelle bravant l'Océan de sa superbe Côte Sauvage à l'O. et au S. : pointe des Poulains (panorama) avec le fort Sarah-Bernhardt au N.-O., magnifique grotte de l'Apothicairerie, plage de Port-Donnant et ses falaises, Grand-Phare et aiguilles de Port-Coton, Port-Goulphar au S.-O., les falaises du S., n'en sont que les points les plus marquants. Le chef-lieu est Le Palais,

port principal et citadelle revue par Vauban (musée sur l'histoire de l'île) ; plages au S.-E. Au N., Sauzon est un petit port. Au S.-E. et au S., Locmaria et Bangor (petites plages aux environs). Des sentiers courent partout dans un cadre sauvage.

BELLE-ISLE-EN-TERRE – 22.   1 300 hab.
Dans de jolis vallons ; panoramas dans les environs.
➡ 1,5 km N., chapelle de Locmaria (jubé, vue). ➡ 4 km S., belles forêts domaniales de Coat-an-Noz et de Coat-an-Hay (sentiers), et Loc-Envel, belle église XVIᵉ aux riches mobiliers et sculptures. ➡ 9 km S.-E., Gurunhuel, église XVIᵉ et beau calvaire.

BELZ – 56.   3 400 hab.
Village au S. de la rivière d'Etel. A l'O., dolmen.
➡ 1 km N.-O., chapelle Saint-Cado (et fontaine), romane et Renaissance, dans un îlot (chaussée).

BÉNODET – 29.   2 100 hab.
Vaste port de plaisance et station réputée à l'entrée de l'estuaire de l'Odet, face à Sainte-Marine (bac léger). Beau site, plages, phare (vue). Au S., pointe Saint-Gilles (table d'orientation), vue immense. Vedettes remontant l'Odet.
➡ 3 km N.-O., pont de Cornouaille (vue) sur l'Odet.

BERVEN – 29.
Belle église Renaissance (jubé, stalles, œuvres d'art) ; porte triomphale de l'enclos paroissial.
➡ 4 km N., Tréflaouénan, église (peintures). ➡ 4 km N.-O., château de Kergornadéac'h, XVIIᵉ, en ruine.

BIENASSIS (Château de) – 22.
Château XVIIᵉ en grès rose entouré de douves et de beaux jardins (vis. tous les jours sauf dimanche et jours fériés).

BINIC – 22.   2 400 hab.
Ancien port de pêche, port de plaisance et station familiale aux belles plages. Voile et tous sports nautiques, pêche en rivière. Pointes de la Rognouze au N. et de Pordic au S., sur des falaises suivies par un sentier littoral.
➡ 6,5 km O., chapelle Notre-Dame-de-la-Cour XVᵉ (verrière, œuvres d'art) ; beaux vallons aux environs.

*Page 72, **Pointe de l'Arcouest** : Face à l'île de Bréhat, l'endroit est admirable et spécifiquement breton.*

*Page 73, à gauche, **Château de Bienassis** : Le XVIIᵉ siècle breton est très beau mais sévère, loin des fastes des fabricants de l'histoire. Les très beaux jardins sont bien du Grand Siècle et loin du cap Fréhel !*

*A droite, **Brasparts** : Au pied de la fameuse montagne Saint-Michel, charmante église au milieu de son enclos paroissial.*

Cancale : *La fameuse huître de Cancale (qui vaut le déplacement) a fait la fortune de ce port charmant. Elle est « cultivée » dans d'immenses parcs que la marée anime et bouscule.*

BLAVET (Vallée du) – 56.
Née dans la région de Bourbriac*, traverse des « montagnes » par les gorges de Toul-Goulic* ou, plus loin, celles que le barrage de Guerlédan* a ennoyées, tous paysages typiques. Arrosant ensuite Pontivy* où le quitte le canal qu'il avait rencontré à Gouarec, le petit fleuve décrit de beaux méandres (site de Castennec*) et, à Hennebont*, trouve la marée et son estuaire baigne Lorient* et Port-Louis* où il débouche dans l'Océan.

BOQUEN (Abbaye de) – 22.
En bordure N. de la profonde forêt de Boquen (850 ha), culminant à 232 m, l'abbaye XIIᵉ en ruine a été restaurée. L'église cistercienne seule se visite.

BOULET (Etang de) – 35.
Grand étang irrégulier (avec centre de voile) en partie inclus dans la forêt de Bourgouet, où naît l'Ille.

BOURBANSAIS (Château de la) – 35.
Bel édifice XVIᵉ et XVIIIᵉ, avec grands jardins à la française ; parc zoologique (vis. des jardins et du zoo tous les jours).

BOURBRIAC – 22.   2 900 hab.
Eglise XIᵉ au XVIIIᵉ (crypte XIᵉ, tombeau et sarcophage de saint Briac). Au N.-E., bois de Coat-Liou, colline de 270 m, vue panoramique.

BRANFÉRÉ (Parc zoologique de) – 56.
Très isolé (10 km N.-E. de Muzillac), autour d'un château ; plus de deux cents espèces des cinq continents (oiseaux surtout) (vis. tous les jours en saison).
➡ 2,5 km S.-E., le Guerno, église XVIᵉ.

BRASPARTS – 29.   1 200 hab.
Avec « sa » montagne Saint-Michel* (panorama), c'est un haut lieu breton. Enclos paroissial typique XVIᵉ, église avec porche Renaissance (statues), Pietà, vitrail de la Passion, retable ; calvaire et ossuaire. Beaux environs.
➡ 6 km E., Lannédern, modeste enclos (église). Magnifique route de Morlaix.

BRÉHAT (Ile de) – 22.
On y vient en 10 mn de la pointe de l'Arcouest*. Entourée de beaux rochers roses, son micro-climat lui vaut une végétation méridionale : eucalyptus, mimosas, aloès, etc. Ce sont en fait deux îles aux rivages très découpés, celle du N. très sauvage avec le phare du Paon au N.-E., et celle du S., charmante, portant le bourg. Promenades merveilleuses, à pied ou à bicyclette (voitures proscrites). Tour de l'île en vedette. Innombrables récifs.

BRENNILIS – 29.
Près du vaste réservoir Saint-Michel et de la centrale nucléaire qu'il refroidit, le village a une belle église XVᵉ (porche Renaissance, objets d'art) ; ossuaire et calvaire avec Pietà. 0,5 km N.-E., dolmen de 14 m.

BREST – 29.   172 000 hab.
Grand port de guerre, sur sa rade* profonde aux rives découpées ; industries et commerce se sont développés depuis la destruction quasi totale de 1944 ; le port de commerce est important ; on visite l'arsenal et le port militaire de Laninon* (Français seulement) ; d'énormes ponts sur la Penfeld les dominent. Près du pont de Recouvrance, tour de la Motte-Tanguy XVIᵉ, musée du vieux Brest. Précédé de la belle esplanade du cours Dajot au-dessus du port (table d'orientation, panorama sur la rade), sur les remparts de Vauban, château XVᵉ-XVIᵉ dominant l'entrée de la Penfeld (vis. tous les jours sauf mardi) ; musée naval. Près de la rue de Siam, musée des Beaux-Arts (vis. tous les jours sauf mardi) et église moderne Saint-Louis. Palais des Arts et de la Culture. Visites de la rade en vedettes.
➡ 8 km N., belle église de Gouesnou*. ➡ 7 km E., pont Albert-Louppe, sur l'Elorn (vue). ➡ 7,5 km S.-O., par une belle route longeant la rade, Sainte-Anne-du-Portzic, Centre océanographique de Bretagne ; vues. ➡ 13 km S.-O., pointe du Petit Minou, phare, vue sur le goulet de Brest et la presqu'île de Crozon.

BRIGNOGAN-PLAGE – 29.   1 000 hab.
Nombreuses petites plages avec de beaux rochers. Men-Marz, menhir de 8 m, sur la route de la pointe de Pontusval (N.-O.), entourée de chaos de granit.
➡ 5 km S.-E., Goulven, église Renaissance à beau clocher-porche (œuvres d'art). Dolmen. La mer basse se retire très loin sur 20 km de côte. 7 km N.-E., baie de Kernic, presque fermée à marée haute ; 4 km E., Plouescat, halles XVᵉ.

BULAT-PESTIVIEN – 22.
Sur une crête, village avec une grande chapelle Notre-Dame-de-Bulat, Renaissance, grande tour, porche important, curieuse sacristie avec sculptures, œuvres d'art. – Passage du G.R.34, entre les belles vallées du Léguer et du Blavet.

CALLAC – 22.   3 200 hab.
Bourg prospère et pittoresque dans une région de landes sauvages avec des buttes panoramiques et des rivières à truites. Chapelle XVIᵉ. Au N., ruines de l'église de Botmel.
➡ 6,5 km S., Duault, église XIXᵉ conservant verrière XVIᵉ et sculptures anciennes. ➡ 6 km E., Burthulet, chapelle XVIᵉ dans un site pittoresque (vue).

CALLAC – 56.
Sites agréables dans la vallée de la Claie, longeant au N. les landes de Lanvaux. Grotte dite de Lourdes et calvaire (vue). Château XVIᵉ.
➡ 3 km S.-O., Trédion, château au bord d'un étang, dans les landes de Lanvaux. Passage du G.R.34. Aux environs, nombreux châteaux, chapelles, mégalithes.

CAMARET-SUR-MER – 29.   3 300 hab.
Port langoustier typique sur une belle anse, fermé par la flèche de sable du Sillon (chapelle Notre-Dame-de-Rocamadour XVIIᵉ, pardon le 1ᵉʳ dimanche de septembre). Tour Vauban, XVIIᵉ, musée naval.
➡ A l'O., alignements de Lagatjar (143 menhirs). ➡ 2 km O., pointe du Toulinguet. ➡ 10 km N.-E., presqu'île de Roscanvel et pointe des Espagnols, face à Brest, vue.

CAMORS (Forêt de) – 56.
Hêtraie de 650 ha, vallonnée et parcourue de routes agréables. Au S.-O., près de Trélecan sur la D.24, vaste panorama.

CANCALE – 35.   4 800 hab.
Au port de la Houle, on déguste les huîtres et il reste encore des pêcheurs et des bateaux. Du monument aux morts ou de la pointe du Hock, vue d'ensemble du Cancale marin, des parcs à huîtres à marée basse, de la baie et au loin du Mont-Saint-Michel. A l'église Saint-Méen, tour panoramique (ticket) avec table d'orientation, vue splendide ; à côté, maison des Bois Sculptés (vis. tous les jours en saison), curieuses sculptures sur bois par l'abbé Quémerais (XIXe). Les fameux rochers de Cancale sont ceux de la pointe de la Chaîne et de l'île des Rimains, avec un fort de Vauban. Le G.R.34 contourne toute la côte jusqu'à Saint-Malo, par la pointe du Grouin*, La Guimorais et Rothéneuf.

CARANTEC – 29.   2 600 hab.
Station balnéaire dans un très beau site entre les baies de Saint-Pol et de Morlaix. Belles plages. 1,5 km E., pointe de Pen-Lan, vue sur le château du Taureau en face dans son îlot, barrant la rivière de Morlaix. Rocher de la Chaise du Curé. Ile de Callot, presqu'île à marée basse, pardon à la mi-août à la chapelle. L'église abrite une belle croix de procession ancienne.

CARHAIX-PLOUGUER – 29.   9 000 hab.
Carrefour important et centre d'élevage (lait). Patrie de la Tour-d'Auvergne. Belles maisons anciennes (du Sénéchal, Renaissance, S.I.). Eglise Saint-Trément, reconstruite. Eglise de Plouguer (œuvres d'art).
➡ 10 km S.-O., Cléden-Poher, belle église XVe (retables, boiseries ; peintures XVIIIe) et ossuaire devenu chapelle (charpente) ; calvaire. ➡ 7 km S.-S.-O., sur D.82, calvaire de Kerbreuder XVe ; 3 km S.-O., Saint-Hernin, enclos paroissial.

CARNAC – 56.   3 700 hab.
La « capitale » des menhirs connaît la célébrité aussi par ses plages très sûres et son environnement touristique : Quiberon*, le golfe du Morbihan*, La Trinité-sur-Mer* et la presqu'île de Locmariaquer*, Auray* et Sainte-Anne-d'Auray*.
Les groupements de menhirs dans les landes avoisinantes sont une curiosité unique au monde : alignements du Ménec (1099 menhirs, cromlech entourant un village) s'enchaînant presque avec ceux de Kermario (1029 pierres, dont les premières sont gigantesques) sur près de 3 km et de 100 m de large ; plus loin au N.-E., ensemble de Kerlescan (site). Tumulus de Kercado (sur un dolmen), et du Moustoir et Saint-Michel (vis. tous les jours en saison), de 12 m de haut sur 100 m de long, contenant des chambres funéraires, en haut chapelle et panorama (table d'orientation). Important musée préhistorique Miln-Le-Rouzic (vis. tous les jours en saison), à Carnac ; église Saint-Cornély XVIIe au plafond peint (baldaquin au-dessus d'un porche). ➡ 1,5 km S., Carnac-Plage ; au S.-O., pointe de Legenèse, vue sur Quiberon et toute sa baie (ou « mer de Carnac »).

CARNOËT (Forêt de) – 29.
Forêt domaniale de 750 ha en hêtres et chênes, longeant la Laïta sur 5 km de beaux sites. Des sentiers (G.R.342 et autres) la traversent. Ruines de l'abbaye XIIIe de Saint-Maurice, étang ; jolie vue du pont de Saint-Maurice. Rocher Royal.

CASTENNEC (Site de) – 56.
Beau passage de la vallée du Blavet où il forme un étroit méandre ; de la D.1, vue sur les deux côtés et sur le village traditionnel de Saint-Nicolas-des-Eaux. Chapelle de Saint-Gildas, au bord du Blavet.
➡ 2 km O., Bieuzy, église. ➡ 3,5 km E., chapelle Saint-Nicodème, XVIe, flamboyante, voir l'intérieur ; fontaines.

CHAMPEAUX – 35.
Fief de la famille d'Espinay. Remarquable collégiale XV-XVIe avec stalles à baldaquin et mausolée magnifique de Guy d'Espinay et de sa femme, œuvre majeure du XVIe ; vitraux. 1 km S., château d'Espinay.

CHÂTEAU (Pointe du) – 22.
Impressionnant site rocheux, au bout de la presqu'île de Plougrescant. Petit port de Porz-Hir, côté E. Au S.-O., Pors-Scarff, rochers étonnants. A Plougrescant, chapelle Saint-Gonéry XVe à la curieuse flèche inclinée (à l'intérieur, peintures du lambris, mausolée, et meuble sculpté à la sacristie).

CHÂTEAUGIRON – 35.   2 300 hab.
Curieux et massif château XIII-XVe conservant (séparé) un donjon rond de 38 m. Maisons anciennes avec sculptures.

CHÂTELAUDREN – 22.   1 000 hab.
Etang sur le Leff (truites renommées). Pommes. Chapelle Notre-Dame-du-Tertre, XIVe au XVIe ; chœur décoré de 96 panneaux de bois peint XVe ; retable XVe, et statue en albâtre. Pardon le 15 août.

CHÂTEAULIN – 29.   5 900 hab.
Petite ville aux jolis quais bordant l'Aulne entre deux méandres ; la rivière offre le spectacle de la pêche au saumon. Eglise Notre-Dame XVe.
➡ 7 km N. (en suivant l'Aulne rive droite), Saint-Sébastien ; chapelle (retables XVIIe) dans un petit enclos, avec calvaire et porte.

CHÂTEAUNEUF-DU-FAOU – 29.   3 900 hab.
Beau site dominant l'Aulne* (pêche au saumon et au brochet). Vue sur les Montagnes Noires*.

CHÂTELLIER (Le) – 35.
Petit village perché au-dessus de ruisseaux ; on en voit une grande étendue de bocage (que traverse le G.R.34 non loin).
➡ 12 km O., près de la Selle-en-Coglès, château XVIIe du Rocher-Portail, fort beau, dans un joli site (douves).

CHÂTILLON-EN-VENDELAIS – 35.
Baignade et voile sur le grand étang de Châtillon, et passage des G.R.37 et 34 au travers d'une riche nature.
➡ 6 km N.-E., rochers du Saut de Roland, et nombreux mégalithes dans les bois et landes.

CHÈVRE (Cap de la) – 29.
Falaises de 100 m face à la pointe du Raz* et dominant la baie de Douarnenez. Mer toujours forte. Panorama immense. Belles landes.

COJOUX (Lande de) – 35.
A l'O. de Saint-Just, longue hauteur de pins, de rochers, de bruyères, connue pour ses mégalithes, menhirs surtout (ainsi que les autres landes des environs, de Quilly, de Tréal – beau dolmen –, de Roche Blanche) ; joli étang à Vieux-Bourg.

COLLINÉE – 22.
Sur le versant E. de la haute lande du Menez. Grand abattoir. Maisons anciennes.

COMBOURG – 35.   4 700 hab.
Dominant le bourg et un étang, vaste et beau château féodal XIe, XIVe et XVe (très restauré) des Du Guesclin puis des Chateaubriand, où le grand écrivain passa quelques années d'enfance ; un musée rassemble des souvenirs dans sa chambre et la salle des Archives (vis. l'après-midi en saison sauf mardi ; parc tous les jours).

Pointe du Château : *Près de Tréguier, rochers sauvages si caractéristiques des côtes bretonnes dans cette partie nord.*

Carnac : *Les surprenants mégalithes de Carnac composent des paysages curieux et impressionnants que certains éclairages rendent spectaculaires.*

Page 77 : Concarneau : *Au milieu du fameux port, la Ville Close, à l'abri de puissants remparts, constitue une curiosité sensationnelle.*

COMMANA – 29.
Village dans un site aéré, à vue étendue. Bel enclos, porte, ossuaire, église XVIIe, porche remarquable ; à l'intérieur, retables, statues.
➡ 1 km S.-O., à Mougau-Vian, allée couverte gravée de 14 m. ➡ 6 km N.-E., Plounéour-Ménez, gros village sur une butte (vue étendue) ; enclos dont il reste une porte avec croix et l'église XVIIe (porche et objets d'art) ; 4 km E. (par une belle route, D.111, qui suit la crête N. des monts d'Arrée* jusque vers Guerlesquin*), le Relecq, abbaye cistercienne en ruine avec église XIIe (façade refaite au XVIIIe) qu'on restaure ; petit étang. ➡ 5 km O., moulins à eau restaurés par le Parc d'Armorique et aménagés en musée.

CONCARNEAU – 29.   19 000 hab.
Grand port de pêche (thon) et industries de conserveries. Les amateurs ne doivent pas manquer l'arrivée des pêcheurs (variable mais souvent la nuit) et la criée, moins bruyante que jadis. Musée de la pêche, dans la célèbre Ville Close, îlot fortifié (vis. des remparts XVe revus par Vauban, tous les jours) au milieu de l'estuaire du Moros qui forme le port ; la vieille ville s'y abrite, reliée à la place Jean-Jaurès par un double pont illuminé l'été ; un petit bac de l'autre côté. Belles plages et corniches rocheuses.
➡ 7 km S., en face, pointe du Cabellou (vues.) ➡ N.-O., route de la Forêt-Fouesnant. ● En bateau, îles de Glénan, centre de voile réputé, archipel sauvage. Fin août, fête des Filets bleus.

CONQUET (Le) – 29.   1 900 hab.
Petit port (passage pour Ouessant), plage. Belle côte au S. vers la pointe Saint-Mathieu*. Par-delà l'estuaire, au N., pointe de Kermorvan et belle plage des Blancs-Sablons.

CORLAY – 22.   1 200 hab.
Ruines XVe d'un château fort des Rohan. Eglise XV-XVIe (portail et ossuaire). Elevages de chevaux, hippodrome.
➡ N., belle route D.767 de Guingamp ; à 10 km, la Clarté, belle vue : vallée du Trieux.

CORNOUAILLE (La) – 29.
Vaste pays, limité par l'Odet*, Quimper* et Locronan* à l'E. et comprenant notamment la pointe du Raz*, la presqu'île de Pont-l'Abbé*, Audierne*, Douarnenez* ; plat dans l'ensemble et très cultivé, il a gardé des traditions vivaces (pardons, costumes, fêtes).

CORONG (Gorges du) – 22.
Dans la forêt de Duault au S.-E. de Callac, le Corong a un cours torrentueux à travers des chaos de rochers.
➡ A 10 km S.-O. par Le Guellec, Locarn, église remarquable avec œuvres d'art et verrière XVIe (trésor au presbytère).

CORSEUL – 22.
Ancienne et importante cité gallo-romaine (et auparavant gauloise), entourant les restes d'un temple de Mars et où convergeaient plusieurs voies romaines. La mairie abrite de nombreuses pièces (petit musée), ainsi que le musée de Dinan*.

COUËLAN (Château de) – 22.
XVIIe, avec des jardins en terrasses.
➡ Belle route à l'E. vers Guitté et Bécherel* ou le barrage de Rophémel*.

CRANOU (Forêt de) – 29.
Belle forêt très accidentée, de hêtres et de chênes, dans l'O. des monts d'Arrée. Elle est parcourue par le G.R.34.

CROZON – 29.   8 000 hab.
Au centre de « sa » superbe presqu'île, qu'il faut voir du Menez-Hom*. Dans l'église, retable polychrome début XVIIe. Maisons anciennes. Patrie de Louis Jouvet.
➡ 5 km N., le Fret (service de vedettes pour Brest) ; 4 km E., Lanvéoc, petit port. ➡ 10 km O., Camaret-sur-Mer*.

DAMGAN – 56.
Station balnéaire avec plages de sable et quelques rochers. Plages aussi à Kervoyal (2 km E.) et à Larmor, O., sur la route de Pénerf, petit port à l'entrée de la rivière de Pénerf (ostréiculture), en face du Tour-du-Parc (plage, marais salants) et de la pointe de Penvins (voir Sarzeau*).

DAOULAS – 29.   1 100 hab.
Eglise romane XIIe restaurée (porche) ; autre porche isolé XVIe remarquable ; ancienne abbaye (vis.), cloître roman XIIe avec curieux lavatorium au centre.
➡ 4 km E., Irvillac, église. ➡ 7 km S.-O., presqu'île de Logonna-Daoulas, pittoresque. ➡ 5 km N., Dirinon, église de pèlerinage, beau clocher XVIe.

DAOULAS (Gorges du) – 22.
Ce petit torrent coule dans une gorge profonde et sinueuse au décor de lande, accompagné par la route (D.44) qui prend à droite à 11,5 km O. de Mur-de-Bretagne*, au pont de Bon-Repos, site magnifique près des belles ruines de l'abbaye de Bon-Repos (chapelle XIIIe, bâtiments XVIIIe).

DIABLE (Rocher du) – 29.
La route de Locunolé à Guilligomarc'h est très belle au franchissement de l'Ellé qui, un peu au N. (plusieurs sentiers), est dominé par un groupe chaotique de rochers impressionnants, dans la verdure.

DINAN – 22.   16 400 hab.
La vieille ville, enfermée dans ses remparts presque complets dominant à l'E. la profonde vallée de la Rance, conserve de nombreux logis anciens et des ruelles escarpées (rue du Jerzual aux boutiques médiévales descendant au port par la porte gothique du Jerzual), la place des Merciers, l'« Apport » et ses « porches » soutenant les maisons ; l'église Saint-Sauveur XV-XVIe a un porche et le côté droit de la nef romans (tour XVIe) et contient un cénotaphe renfermant le cœur de Du Guesclin ; derrière, jardin anglais donnant une belle vue sur la Rance, le viaduc de la route, le pont gothique et le port ; au S., le château XIV-XVe (vis. tous les jours), musée d'archéologie (fouilles romaines de Corseul*), d'histoire, d'ethnographie ; du donjon, panorama ; église Saint-Malo, promenade des Remparts, couvent des Cordeliers (collège ; vis. l'été), etc.
➡ 2 km N., ruines du château de la Garaye, Renaissance. ➡ 4 km N.-E., Taden, bourg ancien. ➡ 2 km S., Léhon, château en ruine, et restes d'un prieuré : église restaurée, réfectoire et ruines du cloître XVIIe. Sentier suivant la Rance. ➡ Descente de la Rance* en bateau à Saint-Malo et Dinard (tous les jours l'été). Circuit de la Rance (à pied, G.R.34 sur la rive gauche) par Plouër, la Richardais, le barrage de la Rance*, Saint-Suliac*, la Ville-ès-Nonais, Lanvallay.

DINAN (Pointe de) – 29.
A 6 km O.-S.-O. de Crozon*, promontoire rocheux et « château » naturel ruiniforme ; panorama.

Ci-dessus, **Dinan** : *Auprès de la Rance, magnifique vieille ville que sauva une fois Du Guesclin par un combat singulier.*

Page 79 : **Deux vues d'Erquy** : *Le très joli port de pêche, où les coquilles saint-jacques et les araignées de mer sont les principales prises.*

DINARD – 35.   9 600 hab.
Ses belles plages mondaines et cosmopolites s'ouvrent grandes sur la superbe baie de Saint-Malo* à l'embouchure de la Rance et sur la Côte d'Emeraude. Grandes fêtes, manifestations, « spectacle d'ambiance » sur la promenade du Clair de Lune les soirs d'été, régates, casino, c'est la station par excellence, antithèse de Saint-Malo en face. De la plage de Saint-Enogat à la plage du Prieuré on peut longer tout le rivage à pied, promenade magnifique par la pointe des Etêtés, la grande plage, la pointe du Moulinet et l'exotique promenade du Clair de Lune. Le chemin de ronde de la pointe de la Vicomté au S.-E. permet de compléter le panorama par la vue de Saint-Servan et de l'usine de la Rance*. Musée de la Mer avec aquarium. Vedettes Dinard-Saint-Malo en service régulier toute l'année, permettant toutes les excursions et les services réguliers en mer depuis Saint-Malo.

DOL-DE-BRETAGNE – 35.   5 000 hab.
Ancienne ville épiscopale dominant le marais de Dol de ses remparts et de sa cathédrale Saint-Samson XII-XIIIᵉ en granit, bel édifice gothique normand à l'intérieur vaste et équilibré (verrière XIIIᵉ, tombeau Renaissance de l'évêque Thomas James, stalles) ; beaux porches au S. Etonnante Grande-Rue-des-Stuarts avec maisons Renaissance, gothiques et même romanes (des Plaids ou Palets). La maison de la Trésorerie XVIᵉ abrite un musée local (armes, saints en bois et en faïence). Marché animé le samedi.
➡ 4 km N., le mont Dol, butte granitique de 65 m où la légende situe le combat entre Saint Michel et Satan (nombreuses traces...) ; chapelle Notre-Dame-de-l'Espérance, pèlerinage (tour : panorama sur le marais, le Mont-Saint-Michel, sa baie, la région de Saint-Malo, Dol).
➡ 2 km S., menhir de Champ-Dolent, de 9 m. ➡ 8 km N., le Vivier-sur-Mer, petit port de pêche, connu pour ses moules ; 5 km E., Cherrueix, grèves immenses où l'on fait du char à voile ; plages (à haute mer).

DOUARNENEZ – 29.   19 300 hab.
Grand port de pêche ; conserveries. Plages réputées, notamment à Tréboul (port de plaisance). A l'E., Nouveau-Port et port de Rosmeur (criée, pour les pêcheurs). Au centre, rivière de Pouldavid (Port-Rhu, port de commerce), que traverse le Grand Pont vers Tréboul (où est la gare). Corniche et plage des Dames. Chapelle Sainte-Hélène XVIᵉ. Ile Tristan. A Tréboul, plage des Sables-Blancs.
➡ 2 km E., plage du Ris (le sentier des Plomarc'hs y conduit), au fond de la baie. ➡ 4 km N.-O., pointe de Leydé, vue. ➡ 1 km S.-E., Ploaré, église XVI-XVIIᵉ (tour XVIᵉ de 55 m). ➡ 8 km S.-E., le Juch, église XVIIᵉ (vitraux).

ÉLORN (Vallée de l') – 29.
Née au cœur des monts d'Arrée*, la rivière arrose Sizun* et d'agréables paysages ; elle s'encaisse davantage après Landivisiau* dans un cadre boisé. Moulin de Brézal, ruines de Pont-Christ, la Roche-Maurice, Landerneau* et c'est l'estuaire presque droit, « fermé » par les vastes arches du pont Albert-Louppe avant Brest*.

ELVEN (Tours d') – 56.
A 2,5 km au S.-O. d'Elven s'ouvre à droite la route qui mène aux célèbres ruines du château fort de Largoët, imposantes au bord d'un étang au cœur d'un grand bois clos ; il reste des portes fortifiées, une tour Ronde XVᵉ et un formidable donjon XIVᵉ haut de 44 m et dont les murs ont de 6 à 9 m d'épaisseur (vis. tous les jours).

ERQUY – 22.   3 300 hab.
Station balnéaire appréciée et port de pêche. Base de voile. Plusieurs plages, Caroual notamment. Au N., beau cap d'Erquy entouré de falaises tourmentées de grès rose.

ETABLES-SUR-MER – 22.   2 000 hab.
Entre Paimpol et Saint-Brieuc. Petite église Notre-Dame-de-la-Cour XVᵉ. (Voir Binic*.)

ÉTEL (Rivière d') – 56.
Vaste plan d'eau très découpé et plein d'ambiance à marée haute surtout, communiquant avec la mer par un goulet de 5 km aux courants violents (« barre » d'Etel au débouché) sur lequel se situe le port de pêche d'Etel. Le Pont-Lorois, suspendu, le traverse, vue magnifique sur la « rivière ».

FAOU (Le) – 29.   1 600 hab.
Sur le Faou, au fin fond de la rade* de Brest, joli village et petit port (à voir à marée haute) ; maisons anciennes.
➡ 2,5 km N.-E., Rumengol, dont les pardons sont célèbres (Trinité et 15 août) ; église à façade XVIᵉ et sculptures magnifiques du porche ; statue de Notre-Dame, XVᵉ, en chêne, retables. ➡ 6,5 km S.-E., Quimerch ; à l'O., Ty-Jopic, un peu au N., point de vue (table d'orientation) dont le panorama est beau (rade, presqu'îles de Daoulas). ➡ 9 km O., corniche et pont de Térénez, splendide parcours au fond de la rade puis dans l'estuaire de l'Aulne et le site de Landévennec* en face ; grand pont suspendu.

FAOUËT (Le) – 56.   3 200 hab.
Au cœur de la Bretagne bretonnante et traditionnelle, beaux paysages, chapelles innombrables, pardons... Halles XVIᵉ sur la place. Eglise XVIᵉ.
➡ 2,5 km N.-E., chapelle Sainte-Barbe, dans un beau site au-dessus de l'Ellé, style flamboyant début XVIᵉ ; escalier Renaissance et oratoire Saint-Michel ; pardons fin juin et en décembre. ➡ 8,5 km E., chapelle Saint-Nicolas, gothique, dans un beau cadre ; jubé ; 2 km N.-E., Priziac et étang du Bel-Air. ➡ 2 km S., chapelle Saint-Fiacre, XVᵉ, clocher-pignon breton et jubé magnifique.

FERRIÈRE (La) – 22.
Eglise XIVᵉ, vitraux XVIᵉ, sculptures.

FEUILLÉE (La) – 29.

Village dominé au N. par le relais TV du roc Trédudon (371 m) et au N.-O. par le roc'h Trévezel*. Maison de l'aliment traditionnel breton (parc).

FOUESNANT – 29.   5 000 hab.

Un grand verger, c'est le royaume du cidre. Et aussi celui du « mitage » de la côte par l'immobilier. Eglise romane XIIe, chapiteaux, arc triomphal. Fête des Pommiers (juillet). Costumes régionaux.
➡ 1,5 km N., chapelle Sainte-Anne, pardon (fin juillet).
➡ 3,5 km N.-E., la Forêt-Fouesnant, bourg étendu dans une jolie situation sur la rivière de la Forêt ; église XVIe ; à l'E., plage de Kerleven, au fond de la baie de la Forêt. Port de plaisance de Port-la-Forêt. ➡ 2,5 km S.-E., cap Coz, sur la baie. ➡ 4 km S.-O., enclos remarquable de la chapelle Sainte-Brigitte à Perguet, des XIe-XVIe ; 4 km S., pointe sablonneuse de Mousterlin, face à la haute mer.

FOLGOËT (Le) – 29.   2 200 hab.

Un des grands pèlerinages bretons : pardon les 7 et 8 septembre ; église Notre-Dame du Folgoët, XVe, flamboyant, belles tours ; portails, dont le portique des Apôtres XVe (statues) ; magnifique jubé de granit XVe ; derrière l'église, fontaine de Salaün ; nombreuses œuvres d'art. Sur la place, Doyenné, manoir Renaissance.
➡ 2 km N.-E., Lesneven, maisons anciennes. ➡ 7,5 km S.-O., Locmaria, chapelle XVIe-XVIIe ; devant, croix avec personnages.

FORT-BLOQUÉ – 56.

Grande plage et station en cours d'extension, sur la belle côte de sable entre la pointe du Talud, face à l'île de Groix*, et Guidel-Plages à l'embouchure de la Laïta (le Pouldu* en face). Grands étangs, de Lannenec notamment. A Guidel, musée naval.

FOUGÈRES – 35.   27 700 hab.

Le célèbre château féodal, un des plus grands d'Europe, XIIe-XVe, était dans une boucle du Nançon, relié à la ville, sur la hauteur, par des remparts qui mènent au S. à la place aux Arbres (vue) ; treize tours et d'importantes défenses ne l'ont pas empêché d'être pris plusieurs fois, tant la place est essentielle ; de la tour Mélusine, près du donjon disparu, vue d'ensemble remarquable (vis. tous les jours en saison). Au pied S., église Saint-Sulpice flamboyante et le vieux quartier avec la place du Marchix et ses vieilles maisons et celles des rues voisines, du Nançon, des Tanneurs, de la Fourchette qui passe sous la belle porte Notre-Dame, de la Pinterie qui remonte dans la ville haute. Place aux Arbres, l'église Saint-Léonard (XVe-XVIe) possède des peintures ; l'hôtel de ville, voisin, est XVIe. Soirs d'été : « spectacle de lumière ». Enorme marché à bestiaux le vendredi matin. Marché le samedi. Mi-juin : festival des Lutins. En fin d'été, fêtes de l'Angevine. L'été, au château, expositions de chaussures anciennes et orientales.
➡ 3 km N.-E., forêt domaniale de Fougères de 1 500 ha avec surtout de beaux hêtres ; ses vallons renferment des ruisseaux, l'étang de Saint-François bordé par les vestiges d'une abbaye, des dolmens et un alignement de mégalithes de quartz ; à la lisière N., près de Landéan, les celliers XIIe, souterrains des seigneurs.

FRÉHEL (Cap) – 22.
Altitude 72 m

Admirable site (mais follement fréquenté), d'où l'on peut voir de Bréhat au Cotentin en passant par Saint-Malo et la pointe du Grouin. C'est un vaste plateau (parking) entouré de formidables falaises de grès rouge à pic et de rochers ruiniformes peuplés d'oiseaux. Phare (vis. tous les jours en saison). Au second plan, au S.-E., le fort la Latte*.

GACILLY (La) – 56.   2 100 hab.

Gentil bourg arrosé par l'Aff (qui sert presque toujours de frontière entre l'Ille-et-Vilaine et le Morbihan de la forêt de Paimpont* à son confluent) et environné de belles landes. Artisanat. Menhir à l'O., dolmen au S.

GAVRINIS (Ile et Tumulus de) – 56.

Ile du golfe du Morbihan, à 1 km S. de Larmor-Baden d'où l'on y accède, célèbre par son tumulus, un des grands monuments mégalithiques du monde ; 8 m de haut et 100 m de tour, il contient une longue galerie sculptée et une chambre funéraire. Il remonterait à 2000 av. J.-C. et conserve encore tout son mystère. D'en haut, vue panoramique sur le golfe.

Cap Fréhel : *Puissante avancée de ces falaises entourée d'un horizon marin grandiose ;*

Fougères : *Célèbre château-fort, un des plus grands d'Europe évoquant un Moyen Age romantique à souhait.*

GLOMEL – 22.   1 800 hab.
Eglise XVe-XVIe. Menhir de 8,60 m à l'E., sur une belle route suivie brièvement par le G.R. 37 (accompagnant souvent le canal de Nantes à Brest). Bel étang du Corong, et autres étangs qui alimentent le canal.

GOUESNOU – 29.   3 100 hab.
A la sortie N. de Brest. Belle église XVIIe (porche N.) et fontaine.

GOURIN – 56.   5 500 hab.
Ardoisières et élevage. Haut lieu de la Bretagne : pardon aux Chevaux, pardon des Sonneurs (fin septembre), championnat des Bagadou bretonnants (binious, bombardes ; le 1er mai). Eglise XVIIe (tour, sculptures, Pietà XVe).

GRAND-FOUGERAY – 35.   2 000 hab.
Tour Du Guesclin XIIIe restaurée (centre de loisirs). Eglise en partie romane.

GROIX (Ile de) – 56.
Un plateau de 7 km sur 2, aux rivages découpés, bas et sableux à l'E., plage des Grands Sables, rocheux et pittoresques partout ailleurs, notamment la côte S. avec la pointe et le Trou d'Enfer ; jolie baie de Locmaria au S.-E. A l'O., pointe et phare de Pen-Men (altitude 40 m). Passages quotidiens depuis Lorient (45 mn). Mégalithes.

GROUIN (Pointe du) – 35.
A 4,5 km N. de Cancale*, beau cap sauvage dont les falaises rocheuses ont 40 m de haut. Vue étonnante : Granville, le Mont-Saint-Michel, le cap Fréhel. Au premier plan, l'île des Landes, réserve naturelle.

GUÉHENNO – 56.
Calvaire XVIe (restauré après la Révolution) à la belle sculpture équilibrée, précédé d'une colonne portant les instruments de la Passion ; remarquable ossuaire.

GUÉMÉNÉ-SUR-SCORFF – 56.   2 100 hab.
Eglise XVIIe. Maisons anciennes en granit sur la « rue Bisson », longue place en pente ; une maison XVe en bois près de là.
➡ 3 km N.-O., à gauche, chapelle de Crénénan, XVIIe (ouv. dimanche seulement), peintures et sculptures.

GUERCHE-DE-BRETAGNE (La) – 35.   3 800 hab.
Région de grands étangs de Carcraon au N. (4 km), de Marcillé, à l'O. (10 km), fort beau, de Roches, au S. (10 km), dans la grande forêt privée de la Guerche (2 800 ha), de la Forge (15 km S.-O.) près de Martigné-Ferchaud. Eglise XVe-XVIe avec vitraux et stalles Renaissance. Belles maisons anciennes.

Guimiliau : *Bel enclos paroissial, la base du Calvaire.*

GUERLÉDAN (Lac de) – 22-56.
Grand et beau lac de barrage très sinueux, occupant les gorges du Blavet à l'O. de Mur-de-Bretagne*, sur 400 ha et plus de 13 km de long ; son beau décor, escarpé au N. et forestier au S. (forêt de Quénécan*) se colonise, notamment vers les sites de Keriven (S.-O. de Caurel) au N. et de l'anse de Sordan au S. (d'où on fait des excursions en bateau). Le barrage est un ouvrage hydro-électrique de 45 m de haut. De beaux sentiers font le tour du lac, qu'un bon randonneur peut faire dans la journée.

GUERLESQUIN – 29.   1 600 hab.
Belle place entourée de maisons anciennes, un pavillon XVIIᵉ au milieu, qui fut prison, le « présidial ». Le Parc pousse une « branche » jusqu'à ses portes.

GUIAUDET (Le) – 22.
Chapelle Notre-Dame du Guiaudet, XVIIᵉ, pèlerinage fréquenté (Vierge parturiente).
➡ 1 km S., Lanrivain possède un calvaire XVIᵉ et un ossuaire.

GUILVINEC – 29.   4 600 hab.
Port de pêche important et conserveries. Côte plate (lande).

GUIMILIAU – 29.   700 hab.
Enclos paroissial renommé. Calvaire de plus de 200 personnages, peut-être le plus beau de Bretagne, fin XVIᵉ, représentant la vie du Christ. Chapelle funéraire. Eglise XVIIᵉ avec beau porche et baptistère en chêne sculpté.
➡ 3,5 km O., Lampaul-Guimiliau, enclos paroissial complet (porte, chapelle-ossuaire, calvaire, église) Renaissance ; l'église XVIᵉ remarquable est traversée par une poutre de gloire, XVIᵉ ; stalles XVIIᵉ, baptistère, retables, nombreuses sculptures, Mise au tombeau. ➡ 4 km N.-O., Landivisiau*.

GUINGAMP – 22.   10 800 hab.
Gros marché agricole et centre industriel, qui parle breton et ne garde que des traces de son passé féodal, ruines du château et remparts entre les places du Vally et Saint-Sauveur au-dessus du Trieux. Basilique Notre-Dame-de-Bon-Secours, gothique à gauche et Renaissance à droite (portail) ; Vierge noire vénérée, célèbre pardon (veille du 1ᵉʳ dimanche de juillet). Belle place du Centre, maisons anciennes et fontaine « la Plomée », Renaissance.
➡ 3 km O., Grâces, église XVIᵉ à curieuses sculptures à l'intérieur. ➡ 1,5 km S., ancienne abbaye de Sainte-Croix XIIᵉ-XVIᵉ (vis.). ➡ 9,5 km S. (D. 767), chapelle d'Avaugour (site), dans la vallée du Trieux (statues).

HARDOUINAIS (Forêt de la) – 22.
Vaste forêt privée, traversée par la D. 793 au N.-E. de Merdrignac (2 700 ha) ; un grand étang et un petit, à côté du domaine de la Hardouinais.

HÉDÉ – 35.   1 400 hab.
Bourg ancien dans un beau site sur une hauteur entre plusieurs réservoirs du canal d'Ille et Rance ; ruines médiévales du château, église XIIᵉ romane. Passage du G.R. 37 qui à l'O. va aux Iffs* et à Bécherel*.

➡ 5 km N.-O., Tinténiac (2 400 hab.), porte Renaissance à l'église moderne (bénitier XIVᵉ « le beau diable de Tinténiac ») ; maison ancienne.

HENNEBONT – 56.   12 500 hab.
Ville ancienne, jadis fortifiée et port sur le fond de l'estuaire du Blavet, très endommagée par la guerre 1939-1945. Eglise Notre-Dame-du-Paradis XVIᵉ, épargnée. La Ville-Close, très abîmée, garde des maisons anciennes, la porte-prison XIIIᵉ et des remparts XVᵉ. Vieux puits ferré. Haras importants, renfermant des restes XVIIᵉ de l'abbaye de la Joie.
➡ 6 km S.-O., pont sur le Blavet (vue). ➡ 14 km S.-O., Port-Louis*. ➡ 3 km E., dolmen. ➡ 9 km S.-S.-E., Merlevenez, jolie église romane XIIᵉ ; en chemin, Kervignac, église moderne intéressante. ➡ 11 km N.-O., Pont-Scorff, joli bourg, hôtel Renaissance.

HOEDIC (Ile de) – 56.
Petite (2 km sur 1), basse (25 m au N.), du sable sur des rochers. Passages depuis Quiberon (quotidiens l'été).

HOUAT (Ile de) – 56.
4 km sur 1,5 km au maximum, très rocheuse, belle plage dans l'anse de l'E., près du village. Passages (quotidiens l'été) de Quiberon, en 1 h.

HUELGOAT – 29.   2 300 hab.
Villégiature très appréciée pour son environnement magnifique : étang, rochers et chaos, forêt, rivières. Eglise gothique et Renaissance ; chapelle Renaissance Notre-Dame-des-Cieux ; belle place. Des sentiers parcourent les rochers (chaos du Moulin, Ménage de la Vierge, etc.) creusés par la rivière d'Argent dans la forêt montueuse ; gouffre, promenade du canal, grotte et camp d'Artus, mare aux Sangliers, etc. De la Roche Cintrée, E., vue. Menhirs (2,5 km N., 2 km O.).
➡ 2 km S., à droite de la D. 14, panorama. ➡ 7 km S.-O. (D. 14), Saint-Herbot, beau site et église remarquable XVᵉ-XVIᵉ à riche décoration intérieure (clôture, stalles) ; 4 km O., Loqueffret, église XVIᵉ ; passage du G.R. 34 proche.

HUNAUDAIE (Château de la) – 22.
Ruines puissantes (restaurées) d'un grand château XIIIᵉ-XIVᵉ à l'allure sauvage, entouré de douves ; le logis seigneurial Renaissance était moins rébarbatif. Le site, proche de la profonde forêt de la Hunaudaie, est agréable mais bien solitaire.

IFFS (Les) – 35.
Belle église gothique flamboyant à porche ; verrières XVIᵉ et œuvres d'art dont un chemin de croix moderne.
➡ 1 km N.-N.-E., château de Montmuran, féodal, au châtelet XIVᵉ avec pont-levis, où Du Guesclin aurait été armé chevalier (vis. l'après-midi, été tous les jours, hiver samedi, dimanche). Site remarquable.

ILE AUX MOINES – 56.
C'est la plus grande des îles du golfe du Morbihan* (6 km de long), la traversée dure 5 mn depuis Port-Blanc (N.-O.) et les touristes s'y baignent beaucoup. Climat spécialement doux : mimosas, camélias. Dolmen au S.

Page 82, haut, Huelgoat : Superbe chaos, dans les monts d'Arrée.

Bas, Lamballe : La belle maison du Bourreau abrite le musée Mathurin Méheut, étonnant peintre et illustrateur breton qui fut aussi un grand artisan et un marin accompli.

Page 83, Landevennec : Beau site à l'embouchure de l'Aulne.

JOSSELIN – 56.   3 000 hab.
Sur la rive N. de l'Oust (canal de Nantes à Brest), château magnifique des Rohan et ville charmante au flanc de la colline ; belle vue depuis la D. 4 au S. Le château, à l'histoire riche, est XIVᵉ à l'extérieur et XVᵉ pour le beau logis intérieur dont la façade sur la cour intérieure est une splendeur du style flamboyant (vis. tous les jours l'après-midi l'été, et mercredi, dimanche et jours fériés). Au-dessus dans le bourg, basilique Notre-Dame-du-Roncier romane et surtout flamboyant avec un buffet d'orgues XVIᵉ, chaire en fer forgé et tombeau d'Olivier de Clisson et de Marguerite de Rohan (XVᵉ). Grand pardon le 8 septembre. Belles maisons anciennes. Rive droite, chapelle Sainte-Croix XIᵉ et XVIᵉ avec jolie vue.

JUGON-LES-LACS – 22.   1 300 hab.
Sur l'Arguenon et le bord du Grand étang de Jugon, belle étendue d'eau formée par la Rosette, sinuant dans un paysage vallonné de landes et de prés-bois ; maisons anciennes XIVᵉ-XVᵉ.

KERFANY-LES-PINS – 29.
Charmante station devant le débouché des estuaires de l'Aven et du Bélon.
➜ 7,5 km E., Moëlan-sur-Mer, musée régional ; chapelle Saint-Roch-Saint-Philibert XVIᵉ ; au S., menhir. ➜ 7,5 km S.-E., Brigneau, joli port.

KERFONS (Chapelle de) – 22.
7 km S.-S.-E. de Lannion*, chapelle XVIᵉ avec jubé de bois sculpté flamboyant ; l'endroit est charmant.
➜ 6 km N., château en ruine de Coatfrec. ➜ 4,5 km S.-E., château de Tonquédec, en ruine, XVᵉ, vaste et plein de verdure (vis. en saison) ; panorama. ➜ 5 km S., château de Kergrist (vis. ext.), aux belles façades de toutes époques, jardins descendant vers le Léguer. Tous ces sites sont proches du Léguer, suivi par le G.R. 34. Voir aussi les Sept-Saints* et Belle-Isle-en-Terre*.

KERGOAT – 29.
Chapelle gothique (vitraux).

KERGRIST-MOËLOU – 22.
Eglise XVIᵉ gothique flamboyant avec bel escalier, porche et ossuaire, à l'intérieur très curieux (cheminée, voûte peinte, vitraux).
➜ Au N.-E., jolies routes vers les gorges de Toul-Goulic* et le Guiaudet*.

KERJEAN (Château de) – 29.
Extraordinaire château fort et manoir Renaissance à la fois (vis. tous les jours sauf mardi) avec enceinte fortifiée ; belle cour avec puits Renaissance ; collection exceptionnelle de mobilier breton ancien. Illumination et évocation sonore les soirs d'été.
➜ 5 km O., Lanhouarneau, église XVᵉ (porche).

KERMARIA – 22.
Chapelle de Kermaria-an-Isquit XIIIᵉ-XVᵉ, porche ; peintures murales XVᵉ, notamment une *Danse macabre* de quarante-sept personnages très divers, et sculptures nombreuses et intéressantes.

KERNASCLÉDEN – 56.
Petit village avec une célèbre église XVᵉ aux sculptures remarquables (porche) et possédant un ensemble de fresques couvrant l'intérieur de scènes de la vie de la Vierge et de l'enfance du Christ, de la Résurrection, de l'enfer, une danse macabre, un des plus étonnants de la peinture ancienne.
➜ 3 km S.-O., Pont-Calleck, ancien château au bord d'un grand étang, au N. de la belle forêt de ce nom, longée par le Scorff et la D. 110.

KIRIOU (Roche de) – 22.
Altitude 223 m
A 1 km N. de la N. 12 (à 10 km O. de Belle-Isle-en-Terre), panorama remarquable.

LAMBALLE – 22.   10 100 hab.
Vieille ville, carrefour, marché, foire importants, sur un méandre du Gouessant entourant la colline Saint-Sauveur

où fut le château des comtes puis ducs de Penthièvre et qui porte la collégiale Notre-Dame surtout gothique (jubé en bois, buffet d'orgues Renaissance). Place du Martray, avec de vieilles maisons, du Bourreau XVᵉ (musée Mathurin Méheut), et d'autres dans les rues proches. Eglise Saint-Jean XVᵉ. Eglise Saint-Martin XIᵉ remaniée (porche XVIᵉ). Jardins. Haras national (concours ; vis.).
➡ 13 km N.-O., Hillion et les plages du fond de la baie de Saint-Brieuc (panorama de la pointe des Guettes, tertre de 55 m).

LANDAL (Château de) – 35.
Château féodal restauré dans un site romantique au bord d'un grand étang en demi-cercle et au milieu des bois (vis. de la cour et des remparts XVᵉ).
➡ 2 km S.-E., Broualan, église XVᵉ.

LANDERNEAU – 29.   15 700 hab.
Sur l'Elorn devenant estuaire, petit port et marché agricole. Ville ancienne charmante. Eglises Saint-Houardon et Saint-Thomas-de-Cantorbéry Renaissance, vieux pont habité sur l'Elorn, place du Marché, maisons anciennes.
➡ Excursions dans les enclos paroissiaux : voir Guimiliau*, Saint-Thégonnec*, Sizun*. ➡ 5 km N.-E., la Roche-Maurice, ruines du château, enclos paroissial, église XVIᵉ avec jubé et vitrail de la Passion, ossuaire XVIIᵉ. ➡ 3,5 km S.-E., Pencran, bel enclos paroissial XVIᵉ, l'église abrite des sculptures remarquables et un beau porche ; calvaire et statues.

LANDÉVENNEC – 29.
Beau site au bout d'une presqu'île à l'embouchure de l'Aulne. Abbaye bénédictine moderne. Ruines de l'ancienne abbatiale XIIᵉ (vis. tous les jours en été).

LANDIVISIAU – 29.   7 800 hab.
Célèbres foires. Eglise moderne avec porche et clocher XVIIᵉ. Fontaine XVᵉ. Au cimetière, chapelle-ossuaire XVIIᵉ.
➡ 5,5 km N.-O., Bodilis, église XVIᵉ avec porche Renaissance et belles sculptures à l'intérieur. ➡ 7,5 km N., Lambader, église XVIᵉ avec clocher de 58 m et jubé en bois fin XVᵉ.

LANGON – 35.   1 100 hab.
Non loin de la Vilaine et de sa vallée de marais au S. et au S.-O. vers Redon*, ce bourg possède une vieille chapelle Sainte-Agathe qui serait un ancien temple romain à Vénus (ou des thermes) avec fresque de ladite déesse (Vᵉ ?) ; l'église voisine XIIᵉ-XVᵉ conserve aussi une fresque (XIIᵉ), le Christ en majesté. Les Demoiselles de Langon, dans une lande à l'O., sont des menhirs. Au N., beaux sites de Port-de-Roche et de la Corbinière.

LANGONNET (Abbaye de) – 56.
Dans un site solitaire et boisé au bord de l'Ellé, ses bâtiments sont du XVIIIᵉ sauf la belle salle capitulaire XIIIᵉ.
➡ 5,5 km O., Langonnet, église XVᵉ-XVIᵉ.

LANLEFF – 22.
Le Temple n'est pas romain mais roman, ruine d'une église XIIᵉ imitant (voir Quimperlé*) le Saint-Sépulcre de Jérusalem.
➡ 4,5 km N.-E., tumulus.

LANLOUP – 22.
Eglise XVIᵉ (beau porche à statues et Vierge XIVᵉ).
➡ 2,5 km N.-E., Bréhec-en-Plouha, joli port avec plage ; route côtière jusqu'à la pointe de Minard (vue).

LANMEUR – 29.   2 100 hab.
Eglise XXᵉ conservant des statues anciennes, un portail roman et une crypte préromane (rare en Bretagne) ; au cimetière, belle chapelle XIIᵉ-XVIᵉ de Kernitron (portail, poutre de gloire). Pardon le 15 août.

LANNION – 22.   18 300 hab.
Port au fond de l'estuaire du Léguer, avec un bel ensemble de maisons anciennes place du Général-Leclerc ; église Saint-Jean-du-Baly XVIᵉ-XVIIᵉ et, sur la colline au N. (escalier), église de Brélévenez, roman XIIᵉ ; le pont et les quais du Léguer sont aussi pleins de charme.
➡ La Côte de granit rose, circuit de 38 km plus les indispensables détours et promenades, est l'excursion essentielle (voir Perros-Guirec*, Ploumanach*, Trégastel-Plage*, Trébeurden*, et Pleumeur-Bodou* et son « radome »). Un sentier en fait le tour complet (G.R. 34).
➡ 2,5 km O. (rive gauche), Loguivy-lès-Lannion, joliment situé, église XVIᵉ, sculptures, fontaine. 1 h plus loin par le G.R. (341), 6 km par la route, chapelle du Yaudet (Vierge couchée), du fond de la baie de Lannion, avec vue sur le large. ➡ Au S., vallée du Léguer (voir Kerfons*), remontée par un admirable sentier (G.R. 34).

LANRIGAN (Château de) – 35.
Petit château XVᵉ et Renaissance en granit, fort plaisant (vis. ext. l'été les mercredi, jeudi, vendredi).

LANSALAÜN – 22.
Charmant petit enclos avec chapelle ancienne (vitrail XVIᵉ).

LANVAUX (Landes de) – 56.
Paysage typique du Morbihan intérieur, ligne de hauteurs courant du Blavet (vers Baud*) à la région de Redon*, couvertes de maisons anciennes de bois de pins, de landes, de rochers, entrecoupés de forêts et de cultures. Par endroits, c'est fascinant. Nombreux mégalithes. Le G.R. 34 les accompagne longtemps.

LARMOR-PLAGE – 56.   5 400 hab.
« La » plage de Lorient, à l'entrée du vaste estuaire du Blavet et du Scorff ; vue sur Port-Louis* et l'île de Groix*. Eglise surtout Renaissance, porche, beau retable, fresques et œuvres d'art. Des plages se succèdent à l'O. (Kerpape) jusqu'à la pointe du Talud en face de Groix.

LATTE (Fort la) – 22.
Dans une situation magnifique commandant la baie de la Frênaye (belle vue sur le cap Fréhel, Saint-Cast et la région de Dinard), énorme château fort médiéval occupant un cap rocheux (vis. tous les jours l'été) ; donjon XVIIᵉ.

LAZ – 29.
Village dans les Montagnes Noires. Au N.-E. du village, belles vues sur la vallée de l'Aulne ; à l'E., forêt de Laz, avec sommet de 305 m (panorama). En forêt, parc départemental de Trévarez (vis. tous les jours en saison sauf mardi et dimanche et jours fériés) superbement fleuri. Belle route (D. 41) pour Châteaulin.
➡ 4 km E., menhir ; 4 km E., sommet (290 m) de Coat-Plin-Coat (sentier, 30 mn aller et retour).

LÉHÉLEC (Château de) – 56.
Belle demeure XVIᵉ dont les communs abritent un musée paysan (vis. l'après-midi sauf mardi l'été, et samedi, dimanche en saison). Route de la Roche-Bernard à Redon par la rive droite de la Vilaine.

LÉZARDRIEUX – 22. 1 800 hab.
Ville-pont sur le Trieux (vue magnifique du pont). Eglise (XVIIIᵉ).
➡ 6 km N., Kermouster, village devant l'embouchure du Trieux ; de l'Ile à Bois, vue étonnante de la baie du Trieux, limitée à l'E. par Bréhat.

LOCMARIAQUER – 56. 1 300 hab.
Sa presqu'île s'achève par la pointe de Kerpenhir sur l'entrée du golfe du Morbihan*. Petit port sur le golfe et plage sur le large (près de l'allée couverte des Pierres-Plates). 1 km N.-O., célèbre dolmen la Table des Marchands, presque enterré, et Grand Menhir, brisé et abattu, qui mesurait 20 m (le plus grand connu) ; un peu plus loin, dolmen de Mané Lud. Passages à Vannes en bateau, et excursions sur le golfe, et la rivière d'Auray.

LOCMINÉ – 56. 3 600 hab.
Eglise XVIᵉ et curieux ossuaire.
➡ 4 km S., vallon charmant entre Moustoir-Ac et la D. 16.

LOCQUIREC – 29. 1 000 hab.
Port tranquille et plages immenses, site remarquable dans la baie de Lannion et face à la corniche de l'Armorique. Eglise (retable, statues). Faire le tour de la pointe (sentier).
➡ 4 km O., table d'orientation, point de vue.

LOCRONAN – 29. 700 hab.
Petite ville ancienne de tisserands offrant un ensemble remarquable, sur sa place, des église et chapelle du Pénity, XVᵉ-XVIᵉ, accolées, et de maisons anciennes. Il faut le voir de la montagne de Locronan (289 m) à l'E., les jours de « Troménie » grande (prochaine en 1983) et petite (2ᵉ dimanche de juillet) qui sont de grands pardons. Dans la chapelle du Pénity, Mise au tombeau et vitrail. Ateliers traditionnels (vis.) et musée breton (en saison).
➡ 8 km N.-O., Sainte-Anne-la-Palud (voir aussi Ploéven*) : chapelle dans un beau cadre. ➡ 3,5 km S.-E., Plogonnec, église XVIᵉ (vitraux) ; 6 km S., Guengat, église gothique (vitraux, sculptures, trésor).

LOCTUDY – 29. 3 500 hab.
Prolongement naturel de Pont-l'Abbé à l'embouchure de sa vaste rivière, joli port de pêche et belles plages. En face, l'Ile-Tudy et sa longue plage qui la relie à la terre (sports nautiques). Eglise XIIᵉ romane remarquable (façade XVIIIᵉ).
➡ 2 km O., château de Kérazan (vis. l'été sauf mardi), XVIIIᵉ, beau parc, peintures et dessins. Vedettes pour les Glénan*, l'Ile-Tudy, l'Odet*.

LORGE (Forêt de) – 22.
En longueur suivant deux lignes de hauteurs mais vaste (2 600 ha) et profonde. Landes aux environs. Joint les monts d'Arrée aux landes du Menez.

LORIENT – 56. 72 000 hab.
Grand port militaire, de pêche, de commerce sur une rade sûre et très découpée, arsenal important, ville neuve depuis la destruction pendant la guerre. Reconstruction intéressante en style régional (plusieurs édifices en granit) : place Alsace-Lorraine, église Notre-Dame-de-Victoire (bel intérieur), hôtel de ville. Au bord du Scorff, l'arsenal (vis. tous les jours, Français seulement) avec deux pavillons Louis XV restaurés, la tour de la Découverte XVIIIᵉ (38 m, panorama) et les moulins à poudre de l'Amirauté XVIIᵉ : musée naval. Au S., le port de pêche de Keroman (criée), et la base sous-marine Stosskopf (vis. tous les jours en saison, Français seulement, photo interdite), construite de 1941 à 1943 par les Allemands (qui ont fusillé l'ingénieur Stosskopf, résistant infiltré) et pouvant contenir près de 30 sous-marins. Rive gauche du Scorff, chantiers navals de Lanester. Tour de la rade en bateau. Traversée à Port-Louis (30 mn). Passage à Groix (45 mn). Début août, festival international des cornemuses. 11 km N.-O., parc zoologique.

LOUDÉAC – 22. 10 100 hab.
Marché d'une région d'élevage moderne, industries alimentaires. Courses hippiques importantes. Eglise XVIIIᵉ (sculptures).

Loctudy : Tout le charme des grèves bretonnes.

➡ N.-E., belle forêt domaniale de Loudéac (2 600 ha), bordant le Lié au N.-E. sur plusieurs kilomètres (route D. 1).

LOUVIGNÉ-DE-BAIS – **35.**   1 100 hab.
Magnifiques verrières XVIᵉ de l'église (Transfiguration, Résurrection, Descente aux Enfers, vie de Saint-Jean) ; chapelle XIᵉ.

MALESTROIT – **56.**   2 500 hab.
Agréable bourg ancien au bord de l'Oust canalisé. Eglise Saint-Gilles XIIᵉ et XVᵉ à deux nefs (vantaux du portail S.) et mobilier intéressant. Maisons anciennes XVᵉ et Renaissance, certaines avec des sculptures savoureuses. Passage du G.R. 347.

MÉGALITHES (Les) – **56.**
L'ensemble de la région Locmariaquer*-Carnac*-Erdeven regroupe plus de 4 000 menhirs, la plupart dans des alignements (sur des levers de soleil), des dizaines de dolmens et plusieurs cromlechs (menhirs en cercle voire en rectangle comme celui de Crucuno) et tumulus. Compte tenu des gravures qui ornent certains ensembles (Gavrinis*, la Table des Marchands à Locmariaquer*, etc.) et des objets, armes et outils qu'ils contenaient, il s'agit en fait d'une civilisation assez évoluée (se situant vers l'an 2000 avant J.-C.) et capable par ailleurs de résoudre les problèmes techniques et de main-d'œuvre que posait leur érection (le Grand Menhir pesait plus de 350 tonnes).

MELRAND – **56.**   1 900 hab.
Proche de la vallée du Blavet, bourg bien breton en granit ; calvaire portant notamment la Sainte-Trinité.
➡ 2 km N.-E., Locmaria, chapelle XVᵉ.

MÉNEZ-BRÉ – **22.**
Altitude 302 m
Sommet marquant à l'E. l'extrémité des monts d'Arrée. Beau panorama, notamment au N. sur le Trégorrois. Chapelle Saint-Hervé. Nombreux menhirs aux environs.

MÉNEZ-HOM – **29.**
Altitude 330 m
Un des grands points de vue de Bretagne, à l'entrée de la presqu'île de Crozon. Route. Table d'orientation. Fête le 15 août.
➡ Au pied S. (3,5 km), Sainte-Marie-du-Ménez-Hom, chapelle XVIᵉ et calvaire. G.R. 34.

MESNIL (Forêt du) – **35.**
Au milieu d'une région d'étangs, elle abrite un dolmen et, au N.-E., l'abbaye du Tronchet.

MESSAC – **35.**   2 200 hab.
Eglise XVᵉ (stalles XVIIᵉ, chaire Renaissance). Site du pont et du port de Messac sur la Vilaine (suivie par le G.R. 39).
➡ 3 km O., Guipry, maisons anciennes.

MONCONTOUR – **22.**   1 100 hab.
Ancien bourg fortifié, sur une butte commandant un carrefour important du Penthièvre. Richelieu rasa les remparts. Du château des Granges au N., panorama. La ville, toute de granit avec quelques maisons de bois, est typique, accidentée et plaisante. Eglise Saint-Mathurin XVIᵉ-XVIIIᵉ sur une belle place (beaux vitraux XVIᵉ). Pittoresque pardon à la Pentecôte.

Page 84, en haut, Locmariaquer : Réenterrée, la Table des Marchands y perd en pittoresque, mais y gagne en vérité.

En bas, Locronan, célèbre pour ses « Troménies » (pardons).

➡ 2 km S.-E., Notre-Dame-du-Haut, chapelle des sept pittoresques saints guérisseurs ; 5 km S.-E., Bel-Air, chapelle, au sommet des landes du Menez (339 m), immense panorama ; tours hertziennes.

MONTAGNES NOIRES – **29.**
Chaîne de reliefs très usés au S. de l'Aulne*. Le reboisement leur rend leur couleur. Culminent à l'E. au roc de Toullaëron (voir Notre-Dame-du-Crann*) à 326 m et à l'O. au Menez-Hom* qui en est très détaché. La D. 41 de Roudouallec à Châteaulin en suit le flanc N.

MONTAUBAN – **35.**   3 000 hab.
Sur le Garun qui y forme l'étang de Chaillou. Le château XVᵉ (vis.) est en partie en ruine ; il est en bordure de la forêt de Montauban (toute en longueur), à 1,5 km N. du bourg.
➡ 8 km N., Médréac, croix ornée au cimetière ; château de la Costardais et, 4 km N., alignements mégalithiques, non loin de la retenue de Rophémel*.

MONTFORT – **35.**   3 400 hab.
Petite ville au confluent du Meu et du Garun ; tour du château XIVᵉ et restes de remparts.
➡ Au S., forêt de Montfort, parcourue par le G.R. 37 A, avec de beaux points de vue sur la campagne rennaise ; le sentier part au S.-O. vers la forêt de Paimpont* en passant par l'étang de Trémelin (9 km S.-O. par Iffendic ; base de loisirs et de plein air). ➡ 6,5 km O., Iffendic, église XVᵉ (chevet, vitraux XVIᵉ).

MORBIHAN (Golfe du) – **56.**
« Petite mer » intérieure aux îles innombrables et au paysage toujours renouvelé et déroutant, selon les routes, l'orientation, les marées, le temps. Le goulet de 1 km qui le fait communiquer avec Mor-Braz, la grande mer, connaît des courants violents aux marées. Il faut le voir en bateau ; services réguliers (desserte des îles) de Vannes* à Locmariaquer* et Port-Navalo (voir Arzon*), et services d'excursions de ces points et d'Auray* ; horaires selon marées. Les îles aux Moines, d'Arz, de Gavrinis* valent la visite. En voiture, on verra la pointe d'Arradon, Port-Blanc, Larmor-Baden, Conleau (voir Vannes*) et les presqu'îles de Rhuys et de Locmariaquer.

MORGAT – **29.**
Plage célèbre, port de pêche et de plaisance. Fameuses grottes marines dans les falaises. Au S.-E., phare (vis.). Excursions en vedette aux grottes.

Ci-dessus, **Notre-Dame de Tronoën** : *très émouvant, ce calvaire XVᵉ est peut-être le premier calvaire breton.*

A droite, **Ouessant** : *L'île est un condensé de la province, une petite Bretagne émigrée en plein vent et en pleine mer ; le ramassage des coquillages.*

Bas de page, **près de Carnac** : *Au carrefour du village, le dolmen fait partie du quotidien : chassez le naturel...*

MORLAIX – 29.   20 500 hab.

Outre le fameux viaduc (58 m de haut) qui délimite la ville basse avec le port et la vieille ville, il existe de nombreuses maisons anciennes, autour de l'église Sainte-Melaine XVᵉ, dans la Grand'Rue, rue du Mûr (maison de la Duchesse Anne XVᵉ, restaurée, décorée de statues). Musée, dans l'ancienne église des Jacobins (archéologie, folklore, peinture ; vis. tous les jours sauf mardi). Vierge XVᵉ ouvrante à l'église Saint-Mathieu.

➡ 13 km N., Barnenez, important tumulus (vis. tous les jours l'été sauf mardi), dans une presqu'île de la rivière de Morlaix, rive droite, entre la baie de Térénez et le château du Taureau. Au passage, moulin de Dourduff. ➡ S., vallée du Queffleuth, remontant vers les monts d'Arrée et Huelgoat.

MUR-DE-BRETAGNE – 22.   2 200 hab.

Bourg pittoresque et vivant, près du lac de Guerlédan* (point de vue à 2 km O. ; centre de voile ; passage du G.R. 34). Chapelle Sainte-Suzanne XVIIᵉ.

➡ 4 km S.-O., Saint-Aignan ; au N. et au N.-O., beaux sites en bordure du lac. ➡ N.-E., gorges du Poulancre*. Petit train Mur-Caurel.

Page 87, à gauche, **Pen-Hir** : *La fameuse pointe principale de la presqu'île de Crozon.*

A droite, **Perros-Guirec** : *Grande et belle station, joli port de pêche.*

MUZILLAC – 56. 3 000 hab.

En aval du bel étang de Pen-Mur, long de 2,5 km ;
maisons anciennes.
➡ 5 km N.-N.-E., Noyal-Muzillac, église XIᵉ-XIIIᵉ et
chapelles. ➡ 4,5 km S., pointe de Pen-Lan (phare), à
l'embouchure de la Vilaine (en face, la presqu'île de
Pénestin*). A proximité, marais salants de Billiers et
ancienne abbaye de Prières (sépultures de ducs de
Bretagne).

NOTRE-DAME-DE-TRONOËN – 29.

Chapelle gothique XVᵉ dans des dunes sauvages (pardon en
septembre) (vis. l'été), et beau calvaire XVᵉ.

NOTRE-DAME-DU-CRANN – 29.

Chapelle XVIᵉ avec superbe ensemble de vitraux.
➡ 1 km N.-E., Spézet (église XVIIIᵉ), vue sur les
Montagnes Noires ; ossuaire Renaissance. ➡ 8 km S.-E.
(D. 117 puis D.17) plus 30 mn aller et retour, roc de
Toullaëron (326 m), sommet des Montagnes Noires, beau
panorama.

ODET (Estuaire de l') – 29.

Belle excursion en bateau, de Quimper ou de Bénodet. Des
routes permettent de l'approcher, notamment la D. 20 à
l'O. dans le site des Vire-Court, à mi-chemin ; la baie de
Kérogan et l'anse de Toulven au N. ne se voient bien qu'en
bateau.

OUÉE (Etang d') – 35.

Vaste et bel étang, bordé par la lande d'Ouée au N. (camp
militaire) et la forêt de Haute-Sève (ou de Saint-Aubin), aux
chênes superbes (G.R. 37).

OUESSANT (Ile d') – 29.

Son archipel (Molène et Ouessant sont seules habitées) fait
partie du Parc naturel régional d'Armorique*. Traversées
de Brest* et (l'été) de Camaret*, en 2 h, escales au
Conquet* et à Molène. Ouessant mesure 8 km sur 3 ; côtes
très irrégulières entourées d'innombrables récifs ; rochers
célèbres de la côte N.-O., phare de Créac'h, pointe de Pern
à l'O. Baie de Lampaul, le port (plage). A Niou, écomusée
du Parc : deux maisons des Techniques et Traditions
ouessantines du XIXᵉ (été). Au N.-E., phare et baie du Stiff.

OUST (Vallée de l') – 22-56.

Elle traverse une grande partie de la Bretagne intérieure,
venant de près de Quintin* par le Quillio, Rohan, Josselin*
après quoi elle prend encore plus de caractère à travers les
abords des landes de Lanvaux* : le Roc-Saint-André,
Malestroit*, avant de recueillir l'Aff au S. de la Gacilly* et
de rejoindre la Vilaine à Redon*. La rivière se confond
avec le canal de Nantes à Brest de Rohan à Redon.

PAIMPOL – 22. 8 500 hab.

Ancien grand port de pêche que Pierre Loti et Théodore
Botrel ont rendu célèbre, c'est devenu un centre touristique
par la beauté de sa baie et la proximité de l'île de Bréhat*.
Port de plaisance et centre ostréicole.

➡ 2 km E., pointe de Guilben, au centre de la baie.
➡ 2 km S.-E., abbaye de Beauport, XIIIᵉ, en ruine (vis.
tous les jours en saison), conservant la plupart de ses
éléments ; 3 km S.-E., Sainte-Barbe (table d'orientation) et
5 km E., pointe de Bilfot (60 m ; table d'orientation) aux
vues magnifiques. ➡ 2 km N., tour de Kerroc'h. ➡ 5 km
N., Loguivy-de-la-Mer, joli petit port de pêche ; à gauche,
tertre (46 m) avec belle vue sur la baie du Trieux et Bréhat ;
à côté, dolmen. Sentier littoral.

PAIMPONT (Forêt de) – 35.

La forêt de Paimpont est un reste de celle de Brocéliande,
haut lieu de la Bretagne traditionnelle. 7 000 ha (privés) de
taillis, de pins (reboisements) et encore de beaux arbres ici
et là qu'on a du mal à entretenir, des étangs romantiques
dans les vallons, entourent le village de Paimpont, rendez-
vous de druides, de pêcheurs, de randonneurs autour de
son abbatiale XIIIᵉ (mobilier XVIIᵉ, Christ en ivoire XIIIᵉ), et
de son étang. A 4 km N.-E., Brocéliande, près de l'étang
du Pas. Au N., ruines et logis restauré du château de
Comper (étangs) où est née Viviane la fée. Merlin se cache
dans la Haute Forêt ou le Val sans Retour (O.). Au S.-E.,
les Forges de Paimpont, fondées au XVIIᵉ, où l'on forgea
longtemps ; étangs. Le G.R. 37 contourne le S. et l'E. du
massif.

PÉNESTIN – 56. 1 200 hab.

Petite station balnéaire agréable dont la côte, entre
l'embouchure de la Vilaine à la pointe du Halguen et la
pointe du Bile au S., fait alterner plages et rochers. La
Baule* et la Brière* ne sont pas loin (région II).

PEN-HIR (Pointe de) – 29.

Site célèbre, sur des falaises de 70 m, face aux rochers des
Tas de Pois.

PENMARC'H (Pointe de) – 29.

Pointe basse, rocheuse, nombreux écueils, mer souvent
magnifique. Phare d'Eckmühl, de 65 m (vis. tous les jours),
panorama immense. Au N., chapelle Notre-Dame-de-la-
Joie, XVᵉ, et calvaire.
➡ 3 km N.-E., Penmarc'h, église Saint-Nonna XVIᵉ
(bateaux sculptés sur les murs extérieurs).

PERROS-GUIREC – 22. 8 000 hab.

Station balnéaire renommée, sur un promontoire ; beaux
rochers, et plages de Trestrignel et de Trestraou. Eglise
ancienne (chapiteaux romans). Table d'orientation (vue
immense ; en face, les Sept-Iles). Pointe du Château (vue).
➡ 3 km N.-O., chapelle de la Clarté, XVᵉ, grand pardon le
15 août ; table d'orientation voisine (72 m), panorama.
Excursion en vedette aux Sept-Iles, réserve d'oiseaux
(8 km au large). ● Le G.R. 34 contourne toute la Côte de
Granit Rose (sentier des douaniers).

PLANCOËT – 22. 2 500 hab.

Joli village au fond de l'estuaire de l'Arguenon, dominé au
S. par la colline de Brandefer (91 m ; panorama). Source
minérale. Petit port.

PLÉCHÂTEL – 35.   1 500 hab.
« Levée » touristique près de la Vilaine. Du mont Uzel,
vue. Sur la place aux vieilles maisons, calvaire monolithe
XVIᵉ. Belle vallée, suivie par le G.R. 39.

PLESTIN-LES-GRÈVES – 22.   3 200 hab.
Eglise Saint-Efflam XVIᵉ, restaurée (porche).
➙ 4 km N., superbe corniche de l'Armorique, face à
Locquirec*, au fond de la baie de Lannion ; à l'E., la Lieue
de Grève, plage de 5 km dominée par des falaises (Grand
Rocher, 80 m, vue ; sentier).

PLEUBIAN – 22.   3 400 hab.
A l'église, chaire extérieure XVᵉ, sculptée.
➙ 5 km N.-E., à Larmor-Pleubian, monument à des
résistants et belle vue (table d'orientation) ; à droite, au
milieu de récifs, le Sillon de Talbert, sorte de chaussée
naturelle de sable et de galets s'avançant en mer sur 3 km.

PLEUMEUR-BODOU – 22.   2 900 hab.
Célèbre par son « radome », station de télécommunications
spatiales (vis. tous les jours en saison, sauf mardi à part
l'été), coupole gonflée de 50 m de haut couplée avec des
antennes.
➙ 2 km N.-E., menhir christianisé de Saint-Duzec et, au
N. près du rivage, dolmen ; dans l'Ile Grande (un sentier
fait le tour), dolmens ; mer magnifique si elle est forte.

PLEYBEN – 29.   3 900 hab.
Superbe enclos paroissial : magnifique et célèbre calvaire
XVIᵉ sur portes triomphales et église XVIᵉ remarquable,
tour Renaissance massive à dôme ; intérieur très riche,
peintures, sculptures, vitrail de la Passion, statues, groupe.
Chapelle funéraire.
➙ 10 km S.-O., chapelle de Trois-Fontaines, XVᵉ, fontaine
et calvaire ; 5 km E., roche du Feu (281 m), panorama
(table d'orientation).

PLOËRDUT – 56.   1 800 hab.
Eglise à belle nef romane (chapiteaux) ; cimetière charmant
et ossuaire avec sculptures.

PLOËRMEL – 56.   7 000 hab.
Vieille ville tranquille, où les ducs venaient chasser. Un très
beau portail et des verrières Renaissance sont les attraits
principaux de l'église Saint-Armel XVIᵉ, qui renferme aussi
le tombeau de Philippe de Montauban et de sa femme
(XVIᵉ), et un gisant en marbre blanc XIVᵉ ; statues
funéraires des ducs Jean II et Jean III (XIVᵉ). Derrière
Saint-Armel, le vieux quartier possède des maisons XVIᵉ,
des ducs de Bretagne, des Marmousets avec des statues de
bois.
➙ 2 km N.-O., Etang au Duc (sports nautiques, plage) de
5 km de long, créé par les ducs (moulins) ; le Vieux-Bourg,
en contrebas, a une église XVᵉ-XVIᵉ avec sculptures.
➙ 2,5 km S.-O., des rochers dominent le confluent de
l'Yvel et du Ninian et, 2,5 km S.-O., la hauteur du Temple
(84 m) offre un panorama sur les vallées de l'Oust et du
Ninian. ➙ 7 km O., colonne des Trente ou pyramide de
Mi-Voie, rappelant un épisode héroïque de l'histoire
bretonne. ➙ 18 km E., belles landes du camp militaire de
Coëtquidan-Saint-Cyr. Maison de bois à Guer, au S.-E.

PLOÉVEN – 29.
Eglise (peintures XVIᵉ).
➙ 5 km S.-O., Sainte-Anne-la-Palud, célèbre pardon (le
dernier dimanche d'août) à la statue XVIᵉ de Sainte-Anne
dans la chapelle (XIXᵉ). La côte est suivie par le G.R. 34.

PLOGOFF – 29.   2 400 hab.
Ultime commune du cap Sizun, que l'actualité a rendue
célèbre (les atomes n'y sont pas crochus), entourée de
landes ; toutes les pointes N. sont remarquables (voir
Van*).
➙ 5 km O., pointe du Raz*. ➙ 10 km N.-E., Réserve
ornithologique du Cap Sizun (vis. commentées, en saison).
➙ 2 km N.-E., Cléden-Cap-Sizun, église XVIᵉ remarquable.

PLOUDIRY – 29.
Enclos ; église (porche et stalles Renaissance).
➙ 1,5 km O., la Martyre, bel enclos en pierre sombre :
porte triomphale gothique avec calvaire, église XVᵉ
(clocher XIIIᵉ) avec porche, vitraux XVIᵉ et objets d'art ;
ossuaire. Hippodrome. 1 km S., panorama sur les monts
d'Arrée*.

PLOUGASNOU – 29.   3 400 hab.
Eglise XVIᵉ, porche Renaissance.
➙ 4 km N.-O., plages de Primel-Trégastel et pointe de
Primel*, encadrant avec la pointe de Diben la jolie baie de
Primel. ➙ 2,5 km E., Saint-Jean-du-Doigt, beau village
dans un vallon ; enclos paroissial avec belle église XVᵉ-XVIᵉ
restaurée, grande fontaine Renaissance sculptée, chapelle
funéraire XVIᵉ ; le trésor de l'église est très important, un
des reliquaires conserve une phalange de doigt de saint
Jean-Baptiste ; beau calice XVIᵉ en vermeil. Pardon 23-
24 juin.

PLOUGASTEL-DAOULAS – 29.   8 200 hab.
Son calvaire XVIIᵉ de plus de 150 personnages très
pittoresques est célèbre. Eglise moderne (retables). Culture
de la fraise.
➙ 5 km N.-E., chapelle Saint-Jean, au bord de l'Elorn.
➙ S.-O. ; la presqu'île de Plougastel est très pittoresque et
traditionnelle ; panorama de Kerdeniel au milieu de la
rade ; autres points de vue à Kernisi face à Brest et à
Keramenez (table d'orientation), au S. ; chapelles Sainte-
Christine, Saint-Adrien et Saint-Guénolé (statues de bois
peint).

PLOUGONVEN – 29.   3 000 hab.
Enclos paroissial (église XVᵉ-XVIᵉ), ossuaire avec un
calvaire de 1554.

PLOUMANAC'H – 22.
Station aux fameux rochers, symboliques de la Côte de
Granit Rose ; ancien port de pêche et petite plage. Phare,
pointe du Squewel et extraordinaire parc municipal
abritant les rochers. Le G.R. 34 suit la côte.

PLOURAC'H – 22.
Proche du cours supérieur de l'Aulne ; église remarquable
XVᵉ-XVIᵉ (porche, statues), trésor au presbytère.

PLUMERGAT – 56.   2 300 hab.
Eglise XVIIᵉ avec restes romans et Vierge à l'enfant ; voir le
cimetière et les chapelles.
➙ 4,5 km N.-O., Brandivy et la vallée du Loc. ➙ 8 km N.,
étang de la Forêt et forêt de Lanvaux, d'où part un sentier
(G.R. 34) pour traverser vers l'E. les landes de Lanvaux*.

PONT-AVEN – 29.   3 600 hab.
Bourg charmant et petit port sur l'Aven, qu'ont aimé bien
des peintres et d'abord Gauguin (souvenirs entretenus).
Belle promenade du Bois d'Amour au N. Chapelle de
Trémalo au N.-O. Le musée (vis. tous les jours l'été)
présente des expositions des peintres de Pont-Aven. Tombe
de Théodore Botrel, l'« inventeur » de la fête des Fleurs
d'Ajoncs (1ᵉʳ dimanche d'août).

PONT-CROIX – 29.   2 000 hab.
Vieille ville-pont pittoresque. Eglise Notre-Dame de
Roscudon XIIIᵉ au XVIᵉ, beau clocher à flèche de pierre,
Cène sculptée, vitraux, trésor. Pardon le 15 août.
➙ 5,5 km E., Comfort, église XVIᵉ restaurée (intérieur) ;
3 km N.-E., chapelle de Notre-Dame de Kérinec. ➙ Au
N., nombreuses pointes sur la baie de Douarnenez.
➙ 8,5 km S.-E., Plozévet, église ancienne ; le monument
aux morts est un menhir ; 1 km N., chapelle de la Trinité
XIVᵉ et XVIᵉ ; 3 km O., plage de Pors-Poulhan.

PONTIVY – 56.   14 300 hab.
Curieuse ville double : « Napoléonville » au S., extension
favorisée par l'empereur, au plan géométrique, et la vieille
cité au N., autour de la pittoresque place du Martray
(vieilles maisons, ainsi que rue du Pont) et de l'église Notre-
Dame-de-la-Joie XVᵉ ; le château de Rohan XVᵉ domine ce
quartier et le Blavet ; ses fossés, son enceinte et sa façade à

deux grosses tours basses ont une allure médiévale prononcée (vis. tous les jours en saison ; expositions). Le canal de Nantes à Brest, aux très nombreuses écluses, déclassé et même en partie désaffecté, est également dû à Napoléon et son parcours est dans l'ensemble extrêmement pittoresque ; Pontivy était la clé du système stratégique dont il était l'une des artères.
➡ 6 km N.-E., Sainte-Noyale, ensemble XVᵉ étonnant : chapelle gothique (voûte peinte), oratoire, croix à personnages, fontaine ; 2 km S.-E., Noyal-Pontivy, église XVᵉ-XVIᵉ avec un gros clocher et une jolie flèche.

PONT-L'ABBÉ – 29.   7 800 hab.
Capitale du pays bigouden, aux traditions solides. Musée bigouden dans le château, XIVᵉ-XVIIIᵉ (vis. l'été sauf dimanche et jours fériés). Eglise Notre-Dame-des-Carmes XIVᵉ (rosace XVᵉ) ; derrière, promenade du Bois-Saint-Laurent, où a lieu la Fête des Brodeuses (2ᵉ dimanche de juillet). Ruines de l'église du Lambourg XIIIᵉ-XVIᵉ.
➡ 3 km O., chapelle de Tréminou XVᵉ. ➡ 3 km S.-O., château de Kernuz, XVIᵉ-XIXᵉ.

PONT-RÉAN – 35.
Quelques maisons, un pont, joli site sur la Vilaine.
➡ 2 km S.-E., moulin et écluse du Boël. ➡ 4 km N., rive droite, au confluent du Meu, château XVIIᵉ de Blossac, entouré de jardins et d'eaux vives. ➡ 4 km N.-E., Bruz, ville reconstruite (église moderne).

PORT-BLANC – 22.
Petit port de pêche et jolie station, en vue de Perros-Guirec, ainsi que Trévou-Tréguignec au S.-O. Chapelle XVIᵉ.

PORT-LOUIS – 56.   3 700 hab.
Citadelle XVIᵉ à l'embouchure du Blavet (rade de Lorient*), la ville dans ses remparts XVIIᵉ est une presqu'île avec plage sur le large, en face de Larmor-Plage*, de Gâvres et de l'île de Groix*. Musée naval et de l'Atlantique à la citadelle (vis. tous les jours sauf mardi). Port de pêche. Passages à Lorient en bateau (30 mn). Bac pour Gâvres, plage au bout d'une longue flèche littorale de sable enfermant presque la « petite mer de Gâvres ».

PORT-MANECH – 29.
Beau site face à Kerfany-les-Pins*, à l'embouchure commune de l'Aven et du Bélon. Plages. On voit Groix.

PORTSALL – 29.
Petit port sur la côte du goémon et des récifs. Au S.-O., ruines de Trémazan.
➡ 5 km E., Lampaul-Ploudalmézeau, côte magnifique ; église : clocher-porche Renaissance XVIIᵉ ; dolmen.

POULANCRE (Gorges du) – 22.
Entre Saint-Gilles-Vieux-Marché et Mur-de-Bretagne, belle vallée rocheuse et boisée, suivie par la route (G.R. en même temps). Près de Saint-Gilles, menhir et étangs.

Page 88, Pleyben : Le très bel enclos paroissial comprend une superbe église et ce calvaire spectaculaire.

Page 89, ci-dessus, La Pointe du Raz : Si la mer y consent, le spectacle peut être grandiose.

Ci-dessous, Ploumanach : L'extraordinaire chaos de granit rose borde un étrange rivage.

POULDU (Le) – 29.

A l'embouchure de la Laïta, petit port et plage familiale en face de Guidel-Plages et de l'île de Groix. En souvenir de Gauguin qui séjourna ici, chapelle Notre-Dame-de-la-Paix transférée depuis Nizon (2 km O. de Pont-Aven), XVᵉ-XVIIᵉ (vitraux et poutre triomphale modernes) ; plage des Grands-Sables, entre des falaises, vue sur Groix.
➡ 8 km O., joli port de Doëlan sur un estuaire. ● G.R. 342 vers Quimperlé* par la forêt de Carnoët.

PRIMEL (Pointe de) – 29.

Site de rochers de granit rose s'avançant en pleine mer : vue très étendue.

QUELVEN – 56.

Beau village ancien, chapelle XVᵉ considérable (pardon le 15 août) abritant notamment une statue ouvrante.

QUÉNÉCAN (Forêt de) – 56.

Forêt privée de 2 500 ha, d'une grande variété d'essences, très vallonnée, bordant au S.-O. le lac de Guerlédan* et comprenant, près des Forges des Salles (3 km S. de Bon-Repos, voir gorges du Daoulas*), de beaux étangs et des ruines d'un château, berceau de la famille des Rohan. Elle est traversée par les G.R. 37 et 34. Au S. (D. 10 entre Silfiac et Cléguérec), site du Ravin de l'Enfer.

QUESTEMBERT – 56.   4 900 hab.

Grandes halles XVIIᵉ en charpente. Maisons anciennes sculptées. Voir le cimetière. Le roi breton Alain le Grand y vainquit les Normands en 888 (monument).

QUIBERON – 56.   4 700 hab.

Grande station, cinq belles plages, port de plaisance, centres de voile, port de pêche et de passage pour Belle-Ile, Houat et Hoedic, institut de thalassothérapie. C'est aussi sa magnifique Côte Sauvage, où même par temps calme le spectacle de la mer dans les rochers est grandiose, de la pointe du Percho au N.-O. à Beg er Lan au S.-O.. Et la pointe du Conguel, tout au bout, devant les îles (table d'orientation).

QUIBERON (Presqu'île de) – 56.

6 km d'isthme, 8 km de rochers et de plateau livrés au vent salé, c'est bien une ancienne petite Belle-Ile, sauvage à l'O., douce à l'E. sur la « mer de Carnac » (alias baie de Quiberon) où il fait bon se baigner et faire de la voile et revenir sur le sable (Port-Haliguen, Saint-Julien, Saint-Pierre-Quiberon, Kerhostin, Penthièvre). Forêts de pins sur l'isthme, bien clairsemées.

QUIMPER – 29.   60 500 hab.

Jolie ville ancienne, très traditionnelle. Patrie de Laënnec et de Max Jacob. Au centre, près de l'Odet, la cathédrale Saint-Corentin XIIIᵉ-XVᵉ gothique breton (flèches XIXᵉ) ; façade ; intérieur (deux axes) ; vitraux XVᵉ et nombreuses œuvres d'art. Maisons anciennes entre le Steir et la cathédrale, place Terre-au-Duc, rue Kéréon. Les deux musées entourent la cathédrale ; au bord de l'Odet, musée départemental breton (vis. tous les jours l'été, et jours fériés), riches collections régionales, escalier à vis dans une tour. Musée des Beaux-Arts (vis. tous les jours sauf mardi et jours fériés), importantes collections de peintures XVIᵉ au XXᵉ. Au S.-O., rive gauche, faïenceries (vis.), église Notre-Dame-de-Locmaria, romane XIᵉ-XIIᵉ restaurée. Mont Frugy, jardin public en hauteur (vue).
➡ Descente de l'Odet* en bateau. ➡ 8 km N.-E., rive gauche, le Stangala, site rocheux d'un méandre boisé de l'Odet encaissé de 70 m (fond accessible à pied par les deux rives, traverser au moulin du Poul). ➡ 1 km N.-E., Kerfeunteun, église XVIᵉ (vitrail). ➡ 9 km N.-E., Kerdévot, belle chapelle Notre-Dame XVᵉ, retable flamand. ● Fêtes de Cornouaille, fin juillet.

QUIMPERLÉ – 29.   11 700 hab.

Au confluent de l'Isole et de l'Ellé qui forment la Laïta, la vieille ville a beaucoup de charme. Curieuse église Sainte-Croix en rotonde, à l'imitation du Saint-Sépulcre, initialement du XIᵉ mais reconstruite au XIXᵉ après l'écroulement du clocher ; façade XVIIIᵉ et, à l'intérieur, beau retable Renaissance ; abside romane (d'origine), très belle ; crypte XIᵉ également (chapiteaux). Autour, ville basse avec des maisons anciennes (rues Brémond-d'Ars, et Dom-Morice : maison des Archers, musée régional) dans une île des rivières. A l'O., ville haute, par des ruelles escarpées ; église Notre-Dame-de-l'Assomption gothique XIIIᵉ et XVᵉ, beau porche N. et tour carrée, décoration remarquable à l'intérieur. G.R. 342 de Quimperlé au Pouldu* par la forêt de Carnoët* et les bords de la Laïta.
➡ 12 km N.-E., chaos des Roches du Diable* dans un site étonnant.

QUINTIN – 22.   3 600 hab.

Jolie cité ancienne sur le Gouet qui fait un petit lac ; maisons Renaissance, belle place, château XVIIᵉ, témoins de la prospérité du temps des « toiles de Bretagne ». Basilique Notre-Dame XIXᵉ, conservant des pierres tombales XIVᵉ de ducs de Bretagne, et des reliques, dont un

morceau de la « ceinture de la Vierge » ; statue ancienne de Notre-Dame-de-Délivrance (pardon le 2ᵉ dimanche de mai). Restes de remparts. Menhir de Roche-Longue.
➡ 2 km S.-O., château de Robien, XVIIIᵉ. ➡ 10 km S.-O., cime de Kerchouan (320 m).

RADE DE BREST – 29.

Vaste bras de mer très découpé, formant un estuaire commun à l'Elorn et à l'Aulne, entre Brest* et la presqu'île de Crozon* (voir aussi Camaret*) ; elle ouvre sur l'Océan par le Goulet de Brest long de 6 km et large de 1,5 km en deux points. Les nombreuses presqu'îles composent de beaux paysages. Traversées régulières Brest-Le Fret at visites de la rade par vedettes, au Fret, à Landévennec* et à Brest.

RANCE (Estuaire de la) – 35.

L'excursion en bateau se fait au départ de Saint-Malo* ou de Dinard* et sa durée est fonction des marées, avec possibilité d'escales très longues à Dinan*. La variété des rivages et des éclairages la rendent très attrayante. Par la route, voir Dinan*.

RANCE (Usine marémotrice de la) – 35.

Première dans le monde à l'échelle industrielle, elle utilise l'énergie du reflux comme les moulins à mer mais aussi du flux, par le barrage de l'estuaire de la Rance qu'utilise la route Dinard-Saint-Malo remplaçant le bac de jadis. Salle d'explication avec balcon sur la salle des machines (vis. tous les jours, côté O.). Plate-forme panoramique. Ecluse (O.) avec pont mobile.

RAZ (Pointe du) – 29.

Pointe ultime du cap Sizun*. Haut lieu touristique (et commercial ; venir si possible hors saison et en tout cas par mer forte) d'une sauvage et d'une sauvagerie saisissantes, échine de rochers fantastiques culminant à 72 m, parcourus par un sentier (glissant) dominant au S. l'Enfer de Plogoff et au N. la baie des Trépassés, fermée par la pointe du Van*. Au large, le raz de Sein et ses fameux récifs, le phare de la Vieille et l'île de Sein*, au loin, plate sur l'horizon.

REDON – 35.   10 800 hab.

L'Oust s'y jette dans la Vilaine que croise le canal. Avant le barrage d'Arzal*, Redon était port de mer, l'estuaire remontant jusque-là ; la plaisance l'a adopté. Belle église romane XIIᵉ à clocher central étonnant (chœur gothique XIIIᵉ et XVᵉ ; œuvres d'art, fresques) et clocher gothique séparé XIVᵉ ; joli cloître voisin (vue sur le clocher roman). Maisons anciennes dans la Grande-Rue. Importante fabrique de briquets à gaz.

RENNES – 35.   206 000 hab.

Les quais de la Vilaine canalisée et en partie couverte sont, avec les quartiers centraux rebâtis au XVIIIᵉ par Jacques Gabriel, le trait marquant de l'urbanisme du cœur de Rennes, où le vieux quartier n'occupe qu'une surface réduite autour de la cathédrale XIXᵉ (la précédente s'était effondrée), suite à un incendie en 1720 qui détruisit le reste ; de nombreuses petites rues possèdent néanmoins maisons à colombages et vieux hôtels (de Blossac) et il est agréable de s'y promener le nez en l'air, entre la place des Lices, la place Sainte-Anne, l'hôtel de ville de Gabriel et les quais (parking). Plus à l'E., la rue Saint-Georges est remarquable. A la cathédrale (façade XVIIIᵉ), voir le retable flamand XVIᵉ ; porte Mordelaise proche, XVᵉ.
Le plus beau monument de Rennes est le palais de justice, ancien Parlement de Bretagne, XVIIᵉ, de Salomon de Brosse, à la magnifique décoration intérieure (s'adresser au concierge), Grand-Chambre du Parlement (plafonds, boiseries, tapisseries modernes des Gobelins), Salle des Pas Perdus, 1ʳᵉ Chambre civile. Le palais des musées (vis. tous les jours sauf mardi et jours fériés), quai Emile-Zola, regroupe le musée de Bretagne (archéologie, histoire, et surtout meubles, costumes, céramiques) et le musée des Beaux-Arts, très riche en peintures du XVIᵉ au XXᵉ (le *Nouveau-Né* de G. de La Tour, Rembrandt, Gauguin) et en faïences. Eglises Saint-Sauveur, Saint-Germain XVIᵉ, vitraux ; Saint-Melaine romane et XIVᵉ, avec un cloître classique. Jardin du Thabor, Jardin des Plantes. Maison de la Culture.
➡ 2 km E., musée automobile de Bretagne : 80 voitures anciennes (vis. tous les jours sauf mardi). ● Le décollage industriel, économique, administratif, universitaire de Rennes, devenue en outre capitale régionale unique, a entraîné une urbanisation considérable et audacieuse de sa périphérie, manifeste depuis les rocades ; certaines réalisations, églises, parcs, par exemple, sont intéressantes.

RENNES (Forêt de) – 35.

Grande forêt domaniale (3 000 ha) aux essences multiples avec notamment de nombreux chênes, étoile de Mi-Forêt. Le G.R. 39 la traverse. A l'E., une zone d'étangs, près de Liffré, sépare la forêt domaniale de Liffré au N. de la forêt de Chevré au S. (privée), aux nombreux étangs.

ROCHE-AUX-FÉES (La) – **35.**
Célèbre allée couverte de 22 m, aux pierres énormes de schiste pourpré.

ROCHE-BERNARD (La) – **56.**   1 000 hab.
Vieux bourg dans une belle situation au bord de la Vilaine (port de plaisance), sur la colline de la Garenne (vues). Grand pont suspendu sur la Vilaine (vues). Maisons et hôtels XVᵉ au XVIIᵉ.

ROCHE-DERRIEN (La) – **22.**   1 000 hab.
Ancienne place forte au fond de l'estuaire du Jaudy. Ruines du château. Eglise fortifiée XIᵉ-XIVᵉ. Maisons de bois.

ROCHEFORT-EN-TERRE – **56.**
Dans un très beau site rocheux et vallonné, sur un éperon, « village fleuri » ancien avec des hôtels et maisons XVIᵉ et

Quimper : La vieille ville très typique entoure sa superbe cathédrale, que de riches musées accompagnent. Les Grandes Fêtes de Cornouaille demeurent une importante manifestation populaire où les traditions et le folklore sont à l'honneur.

XVIIᵉ. Anciennes halles. Eglise Notre-Dame-de-la-Tronchaye XIVᵉ au XVIᵉ (retables) et calvaire XIVᵉ. Ruines pittoresques du château XIIIᵉ en partie restauré (parc).
➡ Environs dignes du bourg : défilé au N., vallée de l'Arz, landes de Lanvaux* ; 7 km N., mont Herse (80 m), panorama.

ROCHE-JAGU (Château de la) – **22.**
Au-dessus de grandes courbes de l'estuaire du Trieux, sombre forteresse et belle résidence (côté cour) XVᵉ ; expositions.

91

ROCHERS-SÉVIGNÉ (Château des) – 35.
Charmant château XVᵉ-XVIIᵉ de la « divine marquise », qui par nécessité l'habita souvent et longtemps ; nombreux souvenirs (vis. tous les jours).

ROPHÉMEL (Barrage de) – 22.
Sur la Rance (pour alimenter Rennes en eau), dans une belle campagne ; des points de vue jalonnent le circuit qui entoure la retenue.

ROSANBO (Château de) – 22.
Sur un rocher au-dessus du ruisseau le Bo (d'où son nom) beau château fortifié en granit XVᵉ-XVIIᵉ (vis. tous les jours en saison) ; jardins en terrasses étagés (Le Nôtre) ; intérieur richement meublé, tapisseries.
➡ 4 km N.-E., Plouzélambre, église XVᵉ remarquable dans un enclos.

ROSCOFF – 29. 3 700 hab.
Port de pêche (langouste, homard) et de commerce, passage en Angleterre. Thalassothérapie. Plage réputée. Le climat permet au célèbre figuier de 1621 (ancien couvent des Capucins, entrée de la ville) de prospérer et de produire. Aquarium Charles-Pérez (vis. tous les jours en saison). Eglise Notre-Dame-de-Kroaz-Baz, gothique XVIᵉ, beau clocher Renaissance ; sculptures extérieures ; retables nombreux et étonnants, dont un avec reliefs d'albâtre XVᵉ. Proches de l'église, belles maisons anciennes.
A l'E., pointe de Bloscon, vue sur Roscoff et la baie de Morlaix ; viviers à crustacés. ➡ O., Santec et bois de Santec, en bord de mer ; plages. ➡ 1 km N.-O., île de Batz (vedettes tous les jours), au climat très doux (jardin colonial au S.-E.), longue de 4 km ; belles plages ; récifs et courants violents.

ROSPORDEN – 29. 6 100 hab.
Joli étang à l'E., retenue de l'Aven. Eglise XIVᵉ-XVᵉ (clocher XIVᵉ), beau porche ; œuvres d'art.
➡ 9 km O., Saint-Yvi, enclos : église et calvaire XVIᵉ, ossuaire XVᵉ.

ROSTRENEN – 22. 4 800 hab.
Ensemble breton typique de maisons anciennes de granit et de l'église Notre-Dame-du-Roncier (XIIIᵉ, remaniée) qui a un porche remarquable. Fontaine.

ROZ-SUR-COUESNON – 35. 1 000 hab.
Entre Pontorson et le marais de Dol, les premières collines bretonnes dominent les polders approchant le Mont-Saint-Michel (région IV) qui se découpe sur le fond de sa baie. Le G.R.34 y conduit (en 3 h 30).

RUNAN – 22.
Dans un enclos, église XVᵉ avec sculptures remarquables, intérieur et extérieur ; retable ; verrière ; ossuaire et chaire extérieure.

SABLES-D'OR-LES-PINS – 22.
Plage agréable dans une belle anse près de pinèdes. Au N.-

Saint-Malo : Vu du Grand Bé (tombeau de Chateaubriand) sur le Petit Bé et le fort Vauban.

E., site et plages de Vieux-Bourg au début de la longue et belle lande de Fréhel (voir cap Fréhel*).

SAINT-AUBIN-DU-CORMIER – 35. 3 100 hab.
Où les Français vainquirent les Bretons en 1488 (6 000 morts) : monument à 2 km N.-O., dans la lande de la Rencontre. Le château en fut démantelé aussi (XIIIᵉ), il n'en reste que de beaux vestiges, près d'un étang.

SAINT-BRIAC-SUR-MER – 35. 1 600 hab.
Jolie station balnéaire, ancien port de pêche, port de plaisance, plages variées et belles vues vers Saint-Cast.

SAINT-BRIEUC – 22. 56 300 hab.
Vieille ville accidentée et discrètement bretonne autour de sa cathédrale fortifiée Saint-Etienne XIIIᵉ-XVᵉ remaniée, étrange silhouette médiévale avec un chemin de ronde ; porche XIIIᵉ, chapiteaux, statues, buffet d'orgues, rosace XVᵉ. Nombreuses maisons anciennes, rue Fardel (hôtel des Ducs de Bretagne XVIᵉ), place au Lin, rue Henri-Servain (manoir de Bellecize), rue de Gouet. Hôtel du Saint-Esprit, Renaissance. Chapelle et fontaine de Saint-Brieuc. Grandes Promenades, suivies des boulevards, au N.-E., donnant des points de vue sur les profondes vallées du Gouédic et du Gouet et la baie de Saint-Brieuc : rond-point Huguin et panorama du tertre Aubé.
Jolie vallée du Gouet, au N.-O. ➡ 5 km N.-E., Saint-Laurent-de-la-Mer, à l'entrée de l'estuaire du Gouet, par le port du Légué ; 4 km N., pointe du Roselier, belle vue générale sur la baie ; 6 km N.-O., plage des Rosaires, rochers et sable, entre des falaises (voile). Un sentier suit toute la côte. ➡ 10 km S., Plédran, église ; dolmen de la grotte aux Fées ; 3 km O., château de Craffaut XVIIᵉ, et belle chapelle Saint-Nicolas XVIᵉ (jubé, verrière). ➡ 6 km S., camp romain de Péran, dominant l'Urne.

SAINT-CAST-LE-GUILDO – 22. 3 200 hab.
Importante station balnéaire ; Grande plage (ou plage des Mielles) et jolie petite plage de la Mare sur l'entrée de la baie de la Frênaye, séparées par la pointe de Saint-Cast (sémaphore, table d'orientation, monument aux Evadés) d'où la vue porte sur la côte du fort la Latte à Saint-Malo et au-delà. Colonne rappelant une victoire sur les Anglais. Pointe de la Garde.
➡ 10 km S., le Guildo, sur l'estuaire de l'Arguenon, ruines d'un château et Pierres sonnantes ; dolmen. ➡ 6 km S.-O., Matignon, gros marché.

SAINT-GILDAS – 22.
Sur la colline du Tossen (238 m), à l'E. de la forêt domaniale de Fréau, chapelle gothique intéressante. Panorama. ➡ 5 km E. puis N.-E., Plusquellec, église XVIᵉ (mobilier) et enclos.

SAINT-GILDAS-DE-RHUYS – 56. 1 000 hab.
Station familiale avec des plages et des petites falaises ; de la pointe du Grand-Mont, panorama sur le golfe, la baie de

Quiberon, les îles, le large. Ancienne abbatiale romane, l'église Saint-Gildas garde un chœur roman XIe et des chapiteaux XIIe ; pierres tombales du XIe au XVIIIe ; important trésor (vis.).

SAINT-GUÉNOLÉ – 29.
Port de pêche (sardine, thon) et conserveries. Célèbres rochers au N. en bord de mer. 2 km E., musée préhistorique finistérien.
➡ 4 km N.-E., belle anse et pointe de la Torche, commençant l'immense arc de la sauvage et plate baie d'Audierne. Dolmen sur un tumulus.

SAINT-JACUT-DE-LA-MER – 22.   1 000 hab.
Petit port sur une longue presqu'île très étroite aux belles plages, au milieu de la vaste baie entre Saint-Cast et Lancieux. Pointe du Chevet.
➡ 8 km S.-E., Ploubalay (courses de chevaux l'été), où un château d'eau sert d'observatoire (vis. tous les jours en saison), panorama sur la côte d'Emeraude. ➡ 4 km N., Lancieux, station familiale, belle plage.

SAINT-LÉRY – 56.
Eglise intéressante (tombeau XVe de Saint-Léry) avec beau porche.
➡ A Mauron (2 km S.-O.), église et maisons anciennes.

SAINT-LUNAIRE – 35.   1 600 hab.
Plages réputées de Longchamp (O.) et de Saint-Lunaire (E.), de part et d'autre de la superbe pointe du Décollé (vue magnifique). Eglise en partie XIe (plusieurs gisants XIIe et XIVe, dont saint Lunaire).
➡ 2 km O., pointe de la Garde-Guérin, belle vue.

SAINT-MALO – 35.   46 300 hab.
La cité corsaire et le grand port de Saint-Malo sont au cœur d'un des plus beaux paysages marins de France sur la Côte d'Emeraude et l'estuaire de la Rance, face à Dinard, Saint-Cast, au cap Fréhel, à de nombreux îlots et récifs comme le Grand-Bé et à la pointe de la Varde ; tel est le spectacle du tour des remparts, à peu près seuls rescapés de la destruction de 1944.
Mais la ville close a été remarquablement restaurée dans son beau style classique en granit. La cathédrale, XIIe-XIIIe à l'intérieur et XVIe à l'extérieur, a une nef romane et un chœur gothique avec des verrières modernes remarquables de Le Moal. Puissant château XVe (mairie) avec petit et grand donjons, quatre tours d'angle plus, en avancée, les grosses tours rondes la Générale et Quic-en-Groigne (musée de cire de la cité corsaire, vis. tous les jours en saison) ; il héberge le Musée de la ville, patrie de Jacques Cartier, Duguay-Trouin, Surcouf, Chateaubriand, Lamennais (vis. tous les jours sauf mardi l'hiver). Agréables petites plages au pied des remparts à l'O. et au N. A marée basse, visiter l'îlot du Grand-Bé à l'O. avec la simple tombe de Chateaubriand, et le Fort National au N., par Vauban (vue magnifique y compris sur Saint-Malo).
Paramé, qui s'est regroupé avec Saint-Malo ainsi que Rothéneuf et Saint-Servan, a une très belle plage de 3 km, suite à la Grande Plage N. de Saint-Malo. Rothéneuf, à la suite au N.-E., avec la pointe de la Varde, la petite plage du

*En haut, **Saint-Malo** : Etonnant pardon aux oiseaux, une occasion de ne pas laisser rouiller les traditions.*

En bas, la très célèbre tour Quic-en-Groigne, devenue hôtel de ville et musée de cire.

Val et la belle plage du Havre (centre nautique) sur une baie presque fermée, dans un paysage de dunes qui se poursuit par les plages de la Guimorais vers la pointe du Grouin ; l'aquarium de Rothéneuf est voisin des curieux rochers sculptés par l'abbé Fouré (début XXe). Le port de Saint-Malo est important, commerce, pêche, passagers pour l'Angleterre et les îles anglo-normandes (ferries) et excursions : Jersey, Chausey, Côte d'Emeraude et la baie, et navette régulière Saint-Malo-Dinard. Au S., Saint-Servan-sur-Mer, que l'histoire et l'apparence opposent à Saint-Malo, en est un peu le quartier de plaisance, avec des plages rompant les falaises, et de la verdure ; la presqu'île d'Aleth, entourée d'une belle corniche (à pied), surveille l'entrée de la Rance par son fort (vues) et par la tour Solidor, XIVe, au S., dominant deux ports et abritant le musée des Cap-Horniers (vis. tous les jours l'été, l'après-midi sauf mardi l'hiver). Parc des Corbières, au bord des rochers au-dessus de la Rance.

Ci-dessus, Le Calvaire de Melrand (Page 85) : Surprise et étrangeté de ces têtes sculptées dans le granit.

A droite : Figure de l'ossuaire de Lannidern (v. Brasparts - 29).

Ci-dessous, à gauche : Château de Tonguédec (voir Kerfons).

A droite, Saint-Vénec : Beau calvaire ; Saint-Vénec était l'un des triplés de sainte Guen, qui avait trois mamelles.

Page 95 : Superbe et truculent calvaire de Saint-Thégonnec (détail).

SAINT-MATHIEU (Pointe de) – 29.

Site remarquable, rochers de 30 m, panorama : Ouessant, Crozon, pointe du Raz. Phare (vis. tous les jours). Ruines XIIIe d'une abbatiale (vis. tous les jours). Menhirs. Belle route du Conquet.

➡ 6 km E., Trez-Hir, plage sur l'anse de Bertheaume.

SAINT-MÉEN-LE-GRAND – 35.   3 500 hab.

Eglise abbatiale remaniée, tour XIIe, chapiteaux romans, ancienne salle capitulaire, tombeau de Saint-Méen, et gisant XVe. Maisons anciennes et croix à personnages. Agréable campagne aux alentours, bois, vallées, étang de Loscouët (O.).

SAINT-MICHEL (Montagne) – 29.

Altitude 380 m.

Longue croupe portant une chapelle (une route monte presque en haut). Panorama étendu sur toutes les montagnes de l'ouest breton et la mer (par temps très clair) ; à l'E., le réservoir de Saint-Michel et la centrale nucléaire de Brennilis*, au milieu du marais du Yeun Elez qui occupe le cirque de Botmeur, dominé au N. par le roc'h Trévezel*, et à l'O. par le Tuchenn Gador.

SAINT-MICHEL-EN-GRÈVE – 22.

A l'extrémité E. de la Lieue de Grève (voir Plestin-les-Grèves*), petite station balnéaire (église XVIᵉ).
➡ 4 km E.-S.-E., Ploumilliau, église XVIIᵉ (treize panneaux en bois sculpté peint). ➡ 3 km N.-E., menhir. ➡ 2 km N., Trédrez, église XVIᵉ ; 5,5 km N., pointe de Séhar, vue étendue ; 1 km E., Locquémeau, petit port (église XVIᵉ).

SAINT-NIC – 29.

Eglise XVIᵉ (objets d'art).
➡ 1 km S., chapelle Saint-Côme XVIᵉ, charpente et sculptures. ➡ 2 km S.-O., Pentrez-Plage, plage au N. de la Lieue de Grève. ➡ 10 km O., Telgruc-sur-Mer, plage de Trez-Bellec. ➡ 2 km E., dolmen.

SAINT-NICOLAS-DU-PELEM – 22.   2 400 hab.

Eglise XVᵉ (vitrail) et jolie fontaine Saint-Nicolas. A l'écart au S., chapelle du Ruellou XVIIᵉ (roue à carillon) ; route de Saint-Igeaux, au S.-E., chapelle Saint-Eloi. Au N.-E., beaux étangs. N. puis N.-O., jolie route du Guiaudet*. Dolmens et menhirs. Passage du G.R.34 à proximité à l'O., suivant la belle vallée rocheuse (chaos) du Blavet (voir Toul Goulic*).

SAINT-POL-DE-LÉON – 29.   8 800 hab.

Enorme marché et centre de production de légumes, primeurs, fleurs, et ancienne ville épiscopale que le clocher du Kreisker annonce de loin. Ancienne cathédrale XIIIᵉ-XVᵉ de style gothique normand ; ses tours à flèche de pierre mesurent 50 m ; beau porche et magnifique rosace S. ; stalles XVIᵉ dans le chœur. Son clocher de 77 m, très imité, fait la célébrité de la chapelle du Kreisker XIVᵉ-XVᵉ où se tenait le conseil de ville ; d'en haut, vue immense. Illumination des deux monuments l'été. Maisons anciennes entre les deux. A l'E., après la maison prébendale XVIᵉ, promenade et vue magnifique sur la baie de Saint-Pol, Carantec, la baie de Morlaix. Plage Sainte-Anne et petit port de Pempoul.

SAINT-QUAY-PORTRIEUX – 22.   3 600 hab.

Station réputée pour ses belles plages et sa côte de falaises très découpée (sentier littoral), port abrité. Du sémaphore, à la pointe de Saint-Quay (table d'orientation), vue couvrant toute la baie, de Bréhat au cap Fréhel.
➡ 4 km S., Etables-sur-Mer*, plage familiale ; joli parc municipal au bourg. ➡ N.-O., pointes du Bec-de-Vir, de Plouha, le Palus-Plage, Port-Moguer, etc., succession de criques sableuses ou rocheuses et de falaises.

SAINT-RENAN – 29.   4 600 hab.

Ville ancienne, marché, sur la rivière de l'Aber-Ildut.
➡ 5 km O., grand menhir de Kerloas (12 m). ➡ 7,5 km N.-O., château XVIIᵉ de Kergroadès (vis. ext.).

SAINT-SULIAC – 35.

Beau site au bord de la Rance ; église gothique ancienne (clocher) ; au S., Mont-Garrot (72 m), vue ; menhir proche. Du pont suspendu de Saint-Hubert (S.), belle vue.

SAINT-THÉGONNEC – 29.   2 000 hab.

Célèbre enclos paroissial Renaissance : porte triomphale XVIᵉ, chapelle ossuaire XVIIᵉ avec Saint-Sépulcre en chêne peint, beau calvaire de 1610 et église (porche) avec nombreux objets d'art, chaire et belles boiseries XVIIᵉ-XVIIIᵉ.
➡ 6 km E., Pleyber-Christ a une église gothique et Renaissance (portail et intérieur) et un ossuaire. ➡ 7,5 km S.-O., Guimiliau*.

SAINT-THURIAL – 35.

Région de beaux étangs dans d'agréables vallons. Le barrage Jean Descottes, à l'O., retient le lac de la Chèze long de 7 km, aux rives découpées. Nombreux sentiers balisés attrayants.

SAINT-VENEC – 29.

Chapelle gothique dans un beau site, fontaine, calvaire ; nombreuses statues.
➡ 5 km S., Quilinen, jolie chapelle XVᵉ (poutre de gloire et statues) et remarquable calvaire à la géométrie originale contrastant avec le naturel des sculptures.

SAINTE-ANNE-D'AURAY – 56.   1 500 hab.

Grand pèlerinage breton à sainte Anne (pardon le 26 juillet notamment, avec de nombreux costumes) ; basilique très XIXᵉ, quelques objets d'art (autel de la Vierge) et nombreux ex-voto ; cloître XVIIᵉ dans l'ancien couvent des carmes, abritant le trésor (vis. tous les jours en saison) et un musée d'art breton. Fontaine miraculeuse monumentale, Scala Sancta. Monument aux morts des guerres du XXᵉ. Musée de la Fontaine (folklore breton et surtout poupées en costumes). Historial.

SARZEAU – 56.   4 100 hab.

Chef-lieu de la presqu'île de Rhuys, qui ferme au S. le golfe du Morbihan*. Patrie de Lesage, auteur de *Turcaret* (maison natale). Vieilles maisons de granit.
➡ 3 km O., château de Kerlévenan, XVIIIᵉ. ➡ 8,5 km S.-E., après le château de Suscinio*, pointe de Penvins, rocheuse, entre des plages. ➡ 5,5 km S.-O., pointe de Saint-Jacques, plages. ➡ Au N., petites routes donnant des vues sur le golfe.

SCAËR – 29.   6 700 hab.

Croix XVᵉ, à personnages, devant l'église en partie romane. Papeterie très ancienne à Cascadec (S.-E.) sur l'Isole.

SEIN (Ile de) – 29.

Ilot très découpé, d'environ 60 hectares et plat (18 m au point le plus élevé). La vie y reste difficile (600 hab.). Phare (vue). La chaussée de Sein, à l'O., continue ses récifs jusqu'au phare d'Ar-Men, de 55 km de portée, à 10 km plus au large. Passage en vedettes depuis Audierne (1 h).

SEPT-SAINTS (Les) – 22.

Dans le hameau, chapelle XVIIIᵉ sur un dolmen lui-même chapelle primitive où on aurait trouvé les images des Sept Dormants d'Ephèse, murés dans une grotte en 250 et « réveillés » au moment où le Concile proclama la résurrection des corps en 431 à Ephèse. Pèlerinage commun aux chrétiens et aux musulmans (4ᵉ dimanche de juillet).

En haut, plage de Trébeurden, *sur la côte de granit rose.*

En bas, Tréguier : *La maison natale de Renan, apôtre du rationalisme, objet de scandale en son temps.*

Page 97, Vannes : *Cette ancienne capitale a beaucoup de charme, au fond du golfe du Morbihan. Les anciens remparts, bordés de jardins, sont une promenade agréable et pittoresque.*

SIZUN – 29. 1 900 hab.
Enclos remarquable : porte triomphale et chapelle-ossuaire XVIe contenant un musée d'art sacré, église XVIIe à curieuse abside polygonale très ornée de sculptures (frise) ;

intérieur très riche.

STIVAL – 56.
Eglise Saint-Mériadec XVIe (vitraux) ; jolie fontaine au saint.

SUSCINIO (Château de) – 56.
Près d'un hameau de ce nom et assez proche de la mer, qui communiquait avec les fossés, c'est une formidable ruine, à qui il ne manque que deux tours sur huit et les toits (vis. tous les jours en saison, mercredi, samedi, dimanche l'hiver) ; plage sur l'anse de Suscinio (qui devient station).

TOUCHE-TRÉBRY (La) (Château de) – 22.
Beau château XVIe à grosses tours et enceinte près d'un étang. Beau site.

TOUL-GOULIC (Gorges de) – 22.
Le Blavet y a creusé un chaos granitique formidable dans des bois accidentés, où il se perd pendant un moment. Le site, accessible par Saint-Antoine (route), Trémargat ou Pors-Porret (à pied), est parcouru par le sentier (G.R.34) dont le trajet est très pittoresque dans la région.

TRÉBEURDEN – 22. 2 900 hab.
Station avec de superbes plages, sur la Côte de Granit Rose (longée par le G.R.34). Pointe de Bihit, vue (table d'orientation).

TRÉCESSON (Château de) – 56.
Beau château XVe au bord d'un étang, site romantique digne de la forêt de Paimpont* très proche.

TRÉGASTEL-PLAGE – 22. 2 000 hab.
Station de la Côte de Granit Rose ; rochers célèbres au N.-O. (Grève Blanche), au N. et dans l'île Renote (route ; au N.-E.) : le « Dé » notamment. Près du centre, table d'orientation, panorama sur la côte et l'intérieur. Moulin à mer.
➡ 3 km S., Trégastel-Bourg, église XIIe-XIIIe, ossuaire XVIIe. ➡ 2,5 km S.-O., dolmen et allée couverte de Kerguntuil.

TRÉGUIER – 22. 3 700 hab.
Port sur l'estuaire du Jaudy, au confluent du Guindy, ancien archevêché et vieille ville silencieuse où se disputent Renan et la cathédrale Saint-Tugdual, XIVe-XVe, une des merveilles de la Bretagne gothique, dont le chœur possède quarante-six stalles XVIIe ; beau cloître XVe à quarante-six arcades. Sur la place du Martray, monument Renan, enfant de Tréguier. Vieilles maisons. Rue Renan, maison natale de l'écrivain, devenue musée (vis. tous les jours en saison sauf mardi). Une maison XVIIe abrite un atelier de tissage à la main du Trégor. Agréable bois de l'Evêché.
➡ N. Saint-Gonéry (voir pointe du Château*). ➡ 1 km S., Minihy-Tréguier, village natal de saint Yves (patron des avocats, des juristes et des pauvres ; pardon, en procession depuis Tréguier, le 19 mai).

TREMBLAY – 35. 1 800 hab.
Eglise romane XIe-XIIe (remaniée au XVIe). Objets d'art.

TRÉMOHAR (Château de) – 56.
XVIIIe, avec beaux éléments antérieurs (vis. en saison).

TRÉVEZEL (Roc'h) – 29.

Altitude 384 m

Entre deux routes, un immense relais T.V. et une centrale atomique (Brennilis*), ce sont pourtant de beaux rochers ; le point culminant de la Bretagne « sent » la montagne et son cadre aussi. Immense panorama.

TRÉVIGNON (Pointe de) – 29.

Pointe basse s'avançant en pleine mer, face aux îles de Glénan (phare) ; sur la côte au N., étangs.
➡ 6 km E., Raguenès-Plage, devant deux petites îles.

TRÉZIEN (Phare de) – 29.

Entre la pointe Saint-Mathieu* et les abers*. Du haut, vue immense (Ouessant).

TRINITÉ-SUR-MER (La) – 56.   1 400 hab.

Grand port de plaisance sur la rivière de Crach (estuaire) et plages très fréquentées. Pont de Kerisper (vue).
➡ Au S.-E., Saint-Philibert, belle presqu'île.

TRINITÉ-PORHOËT (La) – 56.   1 000 hab.

Sur le Ninian (belle route le remontant au N.-E. vers Gomené) et au N. de la grande forêt privée de Lanouée (3 800 ha). Eglise romane et gothique (œuvres d'art).

TRONJOLY (Château de) – 29.

Beau manoir Renaissance.

VAL-ANDRÉ (Le) – 22.

Très belle plage de sable de 2 km entre la pointe de Pléneuf (60 m) au N. et celle de la Guette au S., devant laquelle un phare marque l'entrée du beau et profond port naturel de Dahouët (qui a failli être défiguré). Faire le tour des deux pointes.

VAN (Pointe du) – 29.

Pointe N.-O. du cap Sizun, au N. de la baie des Trépassés. Site remarquable et sauvage, vue magnifique : pointe du Raz*, île de Sein*, cap de la Chèvre*, pointes de Dinan*, de Pen-Hir* et de Saint-Mathieu*.

VANNES – 56.   43 500 hab.

Ancienne capitale de la Bretagne, gros marché agricole et centre touristique important, c'est une ville tranquille qui a beaucoup de charme, au fond du golfe du Morbihan. La cathédrale Saint-Pierre remonte au XIIIe pour sa tour, le reste va du XVe au XVIIIe (portail N. flamboyant, chapelle Renaissance avec le tombeau de saint Vincent Ferrier et tapisseries, mobilier) ; trésor à la salle capitulaire XVIIIe. Autour, le vieux quartier. Place Henri-IV entourée de maisons XVIe, rue des Halles (la « Cohue », ancienne halle), rue des Orfèvres, rue Saint-Salomon, rue Noé, au coin,

« Vannes et sa femme », en face du château Gaillard XVe (ancienne maison du Parlement) qui est le musée archéologique (préhistoire, Moyen Age ; vis. tous les jours sauf dimanche et jours fériés). Rue Thiers, musée de l'Huître (tous les jours sauf samedi et dimanche).

A l'E., les pittoresques remparts, bordés de jardins et d'un ruisseau (beaux lavoirs), avec de vieilles tours et des portes (Porte-Prison XVe, Poterne, Saint-Vincent), bel ensemble à voir de la promenade de la Garenne. Au S., promenade de La Rabine et port (plaisance et vedettes du golfe, régulières et d'excursions).
➡ 5 km S., Conleau, petit port et plage (vue). ➡ S.-O. par D.101, Arradon, Port-Blanc, Larmor-Baden (voir golfe du Morbihan*). ➡ 4 km N.-E., Saint-Avé, chapelle Notre-Dame-du-Loc XVe (mobilier).

VIERGE (Phare de la) – 29.

Au large des belles grèves de Lilia, le plus grand phare de France (75 m) ; des bateaux y passent de Lilia. Récifs dangereux.

VILAINE (Vallée de la) – 35.

Prend sa source au N.-E. de Vitré* qu'elle traverse, puis Rennes* où l'Ille la rejoint. La vallée est alors fort belle par Pont-Réan*, Pléchâtel*, Messac*, Langon* où elle devient un vaste marais (« petite mer » de Murin) jusqu'à Redon* ; là commence l'estuaire, immense, régularisé par le barrage d'Arzal*.

VILLE-CARTIER (Forêt de) – 35.

Domaniale d'environ 1 000 ha ; routes et sentiers. Au N., un étang.

VITRÉ – 35.   12 900 hab.

Sur un éperon dominant la Vilaine, la vieille ville bretonne est une puissante évocation médiévale, avec son château fort féodal, énorme et triangulaire, bâti du XIIIe au XVe et comportant bon nombre de tours à mâchicoulis et un châtelet fortifié mais fort élégant (accès libre à la cour, et vis. du musée tous les jours), tapisseries, faïences, histoire régionale) ; église Notre-Dame XVe-XVIe, chef-d'œuvre de décoration du flamboyant (façade S.), portail Renaissance, retables, vitrail et, à la sacristie, triptyque de trente-deux émaux de Limoges XVIe ; chaire extérieure XVe. Des vieilles rues entières sont faites de maisons en encorbellement sur piliers ou recouvertes d'ardoises : rues Baudrairie, d'Embas, Notre-Dame, de Paris... Au N. et à l'E., la promenade du Val suit les remparts. Au N.-O., voir le faubourg du Rachapt à maisons anciennes et chapelle Saint-Nicolas XVe (fresques), et la colline des Tertres Noirs (vue sur la ville).

Les falaises d'Etretat.

Basse et Haute-Normandie

IV et V

29 841 km² − 3 006 341 habitants

Départements	Superficie en km²	Population
14 Calvados	5 536	589 559
27 Eure	6 004	462 323
50 Manche	5 947	465 948
61 Orne	6 100	295 472
76 Seine-Maritime	6 254	1 193 039

Comment « couper » en deux l'image de cette vieille province ?

Certes la Basse-Normandie est beaucoup plus le pays des bocages et d'une agriculture traditionnelle, et la Haute celui de l'agro-industrie et d'une grande industrie animée par des transports aisés et les grands ports dynamiques que sont Le Havre et Rouen.

Mais il y a aussi Caen et sa région industrielle encore active, Cherbourg, et les interférences sont en fait nombreuses entre ces deux fausses jumelles.

Leur histoire à coup sûr est bien commune, qui a tellement contribué à façonner − ou à subir − celle de l'Europe, à travers l'épopée normande puis les démêlés constants entre rois de France et d'Angleterre, entre les insulaires et les continentaux, car c'est bien de l'Europe qu'il s'agit, jusqu'au fameux Débarquement de 1944 qui lui a permis de conserver sa physionomie coutumière.

Les abbayes sont célèbres, mais les quartiers anciens des villes comme les châteaux mériteraient la même renommée. Le littoral manque un peu de chaleur mais n'en est pas moins fréquenté, et plages et falaises sont très belles.

BASSE NORMANDIE (IV)

14 – CALVADOS

50 – MANCHE

61 – ORNE

AIGLE (L') – 61.   10 200 hab.
Sur la Risle, centre métallurgique. Eglise Saint-Martin XVe-XVIe avec tour de l'Horloge XIIe et belle tour de style flamboyant très ouvragée, remarquables objets d'art dont des statues et vitraux modernes (Barillet, Max Ingrand), et XVIe. Château XVIIe de Hardouin-Mansart (mairie), abritant le musée Juin 44-Bataille de Normandie, de cire (vis. tous les jours sauf lundi) ; carte animée. Maisons à pans de bois (sculptures).

ALENÇON – 61.   35 000 hab.
Sur les bords de la Sarthe, dans une jolie campagne, c'est une importante ville-marché. Remarquable église Notre-Dame XIVe-XVe, superbe porche XVIe et vitraux XVIe. Maison d'Ozé XVe, musée d'histoire locale. Musée de la Dentelle (vis. tous les jours sauf dimanche et jours fériés, et lundi hors saison). A l'hôtel de ville XVIIIe, musée de peinture (XVIIe au XIXe) et dentelles (fermé le lundi). Ancien château des ducs (prison). Remarquable église Saint-Léonard de style flamboyant. Hôtel de Guise XVIIe (préfecture) ; en face, maison natale de sainte Thérèse de l'Enfant-Jésus.
➡ E.-S.-E., forêt de Perseigne (région II). ➡ N., forêt d'Ecouves*. ➡ 6 km N.-O., Lonrai, célèbre haras et château XVIe. ➡ 13,5 km N. puis S.-O., vers la Sarthe, début des Alpes Mancelles* à Saint-Céneri-le-Géréi* (v. région II), site admirable.

ANDAINES (Forêt des) – 61.
Altitude 300 m au Mont en Gérôme (N.-O.)
De part et d'autre de Bagnoles-de-l'Orne*, ce long et magnifique massif forestier couvre les granits de ses beaux arbres ; nombreux ruisseaux et étangs, points de vue, sentiers balisés, jolies routes, sites superbes aux environs, Dompierre et la Ferrière-aux-Etangs au N.-O., Perrou et la chapelle de Sainte-Geneviève à l'O. ; au S.-E. de la chapelle, près de la D. 235, curieux ensemble de la tour de Bonvouloir, vestige du XVe.

ARGENTAN – 61.   17 400 hab.
Important carrefour sur l'Orne, la ville a été gravement sinistrée en 1944. Eglise Saint-Germain XVe-XVIIe à trois absides (chœur et transept), tour-lanterne Renaissance sur la croisée, et tour XVIIe ; porche flamboyant. Ancien château XIVe à trois petites tours, restauré, et chapelle Saint-Nicolas (S.I.). Donjon XIIe (table d'orientation), panorama. Eglise Saint-Martin, flamboyant et Renaissance. Musée de la Dentelle au point d'Argentan, à l'abbaye bénédictine, dont les religieuses ont l'exclusivité de ce point. Belles forêts de Gouffern au N.-E. et à l'E.
➡ 10 km S., Saint-Christophe-le-Jajolet, pèlerinage de voitures fin juillet ; 1 km S., château de Sassy XVIIIe (vis.).

ARROMANCHES-LES-BAINS – 14.
Petit port de pêche et plage entourée de falaises où les Alliés apportèrent et montèrent en quelques jours le port Winston à l'abri d'une rade artificielle de 12 km avec quatre jetées flottantes de près de 6 km en tout ; plus d'un million d'hommes avec leurs chars et leur matériel y débarquèrent pendant deux mois ; on en voit des restes (table d'orientation). Musée du Débarquement, très vivant (vis. tous les jours).
➡ 4 km S., Ryes, jolie église XIe-XIIIe.

AUGE (Pays d') – 14.
Son riche bocage est un peu synonyme de Normandie et son trio de fromages est célèbre : camembert, pont-l'évêque, livarot ; ses pommiers fournissent la boisson et de quoi faire le fameux « trou normand » : cidre et calvados. Les reliefs sont suffisants pour donner à ses innombrables manoirs à colombages un cadre quasi paradisiaque aux yeux du citadin de la fin du XXe siècle. Il se compose essentiellement des vallées de la Touques et de la Vie et possède avec la Côte Fleurie une extraordinaire vitrine sur la mer, de Honfleur* à Cabourg* par Trouville*-Deauville* et Villers-sur-Mer*.

AVRANCHES – 50.   11 300 hab.
Belle situation au-dessus des estuaires de la Sée et de la Sélune face au Mont-Saint-Michel*, panorama splendide depuis son fameux jardin des Plantes (ouv. tous les jours, illuminé et sonorisé l'été ; table d'orientation), beaux arbres ; belle vue aussi de la « plate-forme » où s'élevait la cathédrale devant laquelle fut assassiné Thomas Becket. Vestiges du palais épiscopal, musée (vis. tous les jours en saison sauf mardi), expositions régionales et célèbres manuscrits du Mont-Saint-Michel VIIIe-XVIe. A l'église Saint-Gervais-et-Saint-Protais XVIIIe, trésor (châsse de saint Aubert, fondateur du Mont). Place et monument Patton, au S., commémorant la « percée d'Avranches » effectuée en juillet 1944 par l'armée Patton.

BAGNOLES-DE-L'ORNE – 61.
Avec Tessé-la-Madeleine, importante station thermale dans la belle vallée de la Vée, en lisière de la grande forêt des Andaines*. Lac, casino, hippodrome, grands parcs. Parc d'attractions du château de Tessé, petit train l'après-midi, Roc au Chien, etc.

➡ 2,5 km S., château de Couterne XVIe-XVIIIe en brique rose et granit, entouré d'eau. ➡ 5 km E., pittoresque vallée de la Cour.

BALLEROY – 14.
Superbe château Louis XIII par François Mansart dans l'alignement du village, dans un environnement somptueux de bâtiments et de parterres et jardins dus à Le Nôtre (vis. tous les jours sauf mercredi) ; splendide décoration intérieure. Dans les communs, musée de l'Aérostation. Eglise XVIIe.

BARFLEUR – 50.
Petit port de pêche et plage, sur une belle côte rocheuse basse ; bourg pittoresque autour du port.
➡ 4 km N., pointe de Barfleur, avec le grand phare (74 m) de Gatteville (vis., superbe panorama).

BARNEVILLE-CARTERET – 50.   2 000 hab.
Station balnéaire autour de l'estuaire de la Gerfleur, protégée par le cap de Carteret, beau promontoire de schiste qu'un superbe sentier contourne (phare, vis.) ; du port de Carteret (belle plage), services pour Jersey. Table d'orientation. A Barneville, église XIe restaurée (chapiteaux) ; tour XVe fortifiée. 2 km S.-O., Barneville-Plage.

BAYEUX – 14.   14 500 hab.
Première ville libérée en 1944, elle a eu l'immense chance de ne pas souffrir des combats. Admirable cathédrale Notre-Dame, romane XIe à l'origine et devenue peu à peu d'un beau gothique normand, façade XIIIe (flèches de 75 m), grande tour centrale flamboyant de 80 m ; sculptures intérieures et extérieures étonnantes (et décoration, fresques, etc.) ; crypte XIe, trésor, salle capitulaire XIIe-XIIIe. En face, l'ancien évêché XVIIIe où est exposée la célèbre *Tapisserie de Bayeux* dite *de la reine Mathilde*, fin XIe, qui est une broderie de 70 m sur 0,50 m relatant la conquête de l'Angleterre par les Normands (vis. tous les jours). Musée Baron-Gérard (admirables céramiques ; dentelles et peintures) ; au palais de justice voisin, belle chapelle octogonale Renaissance.
Dans les vieilles rues pittoresques, maisons anciennes remarquables : du Gouverneur XVe-XVIIe, siège du S.I. XIVe, rue Saint-Martin, rue Franche, rue Saint-Malo, etc. A la sortie O., monument du Débarquement et Musée de la Bataille de Normandie.
➡ 6,5 km N. puis N.-O., ancien manoir d'Argouges (ferme), restes de fortifications et de douves, beau logis Renaissance. ➡ 6 km O.-N.-O., Tour-en-Bessin, belle église romane et gothique (chœur XIVe étonnant). ➡ 1,5 km S.-S.-O., Saint-Loup-Hors, église XIIe-XIIIe, belle tour romane.

BELLÊME – 61.   1 800 hab.
Une des anciennes capitales du Perche, sur l'une de ses belles collines. Vieux porche XVe (porte fortifiée, centre d'artisanat d'art) flanqué de deux tours, restes de l'ancien château. Remarquables maisons anciennes rue Ville-Close, maison du Gouverneur et hôtel de Bansard-des-Bois (douves à proximité). Eglise Saint-Sauveur XVIIe, belle décoration classique. Chapelle Saint-Santin Xe.
➡ 9 km E., Nocé ; 1,5 km N. (D. 9), manoir fortifié de Courboyer XVe ; 1 km S., manoir de Lormarin. ➡ N.-O., forêt de Bellême (2 400 ha) aux superbes futaies de chênes et hêtres ; étang de la Herse, vallée du Creux, chêne de l'Ecole, beau point de vue de la Perrière, à l'orée O., joli village de Saint-Martin-du-Vieux-Bellême (église XVe-XVIe) ; G.R. 22 et parcours-santé.

BELLOU – 14.
Superbe manoir XVIe à colombages.
➡ 3 km E.-S.-E., Chiffretot, joli manoir XVIIe ; 0,5 km E., les Moutiers-Hubert, église moderne ; 1,5 km N., Notre-Dame-de-Courson ; 1,5 km N. puis 2,5 km E., manoir ravissant de la Cauvinière XVIe.

BIVILLE – 50.
Eglise XIIIe, de pèlerinage.
➡ 20 mn aller et retour S.-O., calvaire des Dunes, vue sur l'anse de Vauville. Centre de vol à voile. ➡ 4 km N.-O., Vauville, manoir Renaissance, paysage curieux de dunes ; au S., mare de Vauville, réserve naturelle (lagune) ; au N., cote 134 m, vue immense, dolmen la Pierre Pouquelée à proximité, écroulé.

BRÈCHE AU DIABLE – 14.
Sous la tombe de l'actrice Marie Joly, profonde gorge du Laizon, accident pittoresque dans la riche campagne de Falaise.
➡ 2 km N., Soumont-Saint-Quentin, église XIIe-XIVe à beau clocher ; 2,5 km N.-E., Assy, remarquable château XVIIIe.

BREUIL-EN-AUGE (Le) – 14.
Joli château XVIe à pans de bois, entrée XVIIIe ; 1 km E., à Louteries, vue superbe ; 3 km N.-E., Blangy-le-Château, campagne ravissante, église XVe et maison XVe ; 2 km N.-O., le Mesnil-sur-Blangy, où Gounod créa son *Faust*.

Bayeux : *Epargnée par le temps, peu touchée par la guerre, cette ville merveilleuse, première à être libérée en 1944, conserve de vieux quartiers admirables. La cathédrale Notre-Dame associe roman et gothique dans un véritable enchantement. La célèbre tapisserie est exposée en face, dans l'ancien évêché.*

Dame de Grâce) XIXᵉ, chant grégorien (accès libre à l'église). Marché pittoresque le lundi. ➡ 6 km N.-E., Saint-Martin-le-Hébert, manoir XVIIᵉ avec douves.

BULLY – 14.
Joli village au bord de l'Orne. Presque en face sur la rive gauche (7 km), May-sur-Orne, détruit en 1944, possède une remarquable église moderne.

CABOURG – 14.   3 300 hab.
Magnifique plage et station élégante sur la « Côte fleurie », bâtie sur plan régulier avec de superbes jardins et villas. Longue digue-promenade Marcel-Proust.
➡ 1 km E., Dives-sur-Mer (6 200 hab.), ancien port important sur la Dives ; ville industrielle ; église XIVᵉ-XVᵉ et belles halles anciennes en charpente ; 3 km N.-E., Houlgate, superbe plage dans un site ravissant ; belle vue de la table d'orientation à l'E., au début de la falaise des Vaches Noires (fossiles).

BRICQUEBEC – 50.   3 600 hab.
Dans un joli bocage, bourg ancien au superbe château fort en ruine XIVᵉ avec enceinte fortifiée, donjon et tour de l'Horloge (musée régional), souterrains voûtés. Joli château des Galeries, Renaissance et XVIIᵉ.
➡ 2,5 km N.-N.-O., Trappe de Bricquebec (abbaye Notre-

Caen : L'immense château, transformé en jardins et musées dans les remparts retrouvés, fut fondé par Guillaume le Conquérant il y a près de neuf cents ans.

Page 105, **Coutances** : *La cathédrale Notre-Dame : le roman et le gothique s'y superposent avec bonheur.*

Ci-dessous, **l'abbaye aux Hommes** : *Cloître du XVIIIᵉ au pied de l'église romane Saint-Etienne construite par Guillaume.*

CAEN – 14.   123 000 hab.

Caen est restée une grande ville d'art malgré les graves dommages de 1944, qui ont par ailleurs dégagé le château, vaste ensemble fortifié XIᵉ au XVᵉ au cœur de la ville, avec fossés et barbacanes, fondé par Guillaume le Conquérant ; il contient la chapelle Saint-Georges XIIᵉ-XVᵉ, les bases du donjon XIIᵉ, la belle salle romane dite de l'Echiquier et les

musées (vis. tous les jours sauf mardi), de Normandie dans le Logis des Gouverneurs, et des Beaux-Arts, l'un des plus riches de France en peintures des primitifs au XXᵉ, en faïences, gravures (roulement), mobilier, orfèvrerie, etc. Des remparts, vues sur la ville.

Place Saint-Pierre, hôtel d'Escoville XVIᵉ (S.I. ; voir la cour et sa belle décoration Renaissance) ; église Saint-Pierre XIIIᵉ au XVIᵉ (célèbre tour XIIIᵉ, restaurée, et admirable chevet Renaissance normande) ; rue de la Geôle en face, maison des Quatrans XIVᵉ-XVIᵉ ; rue Saint-Pierre, autres rares vieilles maisons à pans de bois très ouvragés (nᵒˢ 52 et 54) ; église Saint-Sauveur à deux nefs XIVᵉ-XVᵉ et absides flamboyante et Renaissance ; à l'O., ancienne église Saint-Sauveur-du-Marché XIIᵉ-XVᵉ en ruine sur une belle place aux maisons XVIIIᵉ, quartier encore très pittoresque ; de la place Guillouard, vue splendide sur l'abside de Saint-Etienne et, derrière, sur les ruines du Vieux-Saint-Etienne XIIIᵉ-XVIᵉ.

L'abbaye aux Hommes (fondée par Guillaume) comporte l'admirable abbatiale Saint-Etienne romane XIᵉ-XIIIᵉ (façade, clochers de 90 m, abside à trois étages) et de superbes bâtiments XVIIIᵉ (hôtel de ville) avec cloître, chapitre, réfectoire, etc. (décoration, boiseries) ; au N.-O., Saint-Nicolas romane XIᵉ, avec narthex et ancien cimetière ; revenant au S.-E., église « jésuite » Notre-Dame-de-la-Gloriette fin XVIIᵉ. A l'E., superbe église Saint-Jean XVᵉ restaurée. Au N.-E., autre merveille de la ville, l'abbaye aux Dames ou église de la Trinité fin XIᵉ (fondée par la duchesse-reine Mathilde), magnifique ensemble roman normand aux clochers carrés. Au N. du château, splendide Université moderne ; à l'O., église elliptique moderne Saint-Julien, puis Jardin des Plantes. Au S.-O., M.J.C. « Prairie », stade nautique, et la vaste « Prairie » bordant l'Orne. A l'E., le port, important.

➡ Sortie O.-N.-O. (S. de Cussy), ancienne abbaye d'Ardenne, importantes ruines XIIIᵉ (église, grange aux dîmes, bâtiments XVIIᵉ), partagées entre deux fermes. ➡ S., route de Falaise, traversant la campagne de Caen, peu normande d'aspect avec ses grandes cultures sur un plateau assez sec, et ses mines de fer. ➡ N.-E., basse vallée de l'Orne, Pegasus Bridge (v. Ouistreham*), canal latéral important desservant le port de Caen.

CAMEMBERT – 61.

Marie Harel (statue) y trouva la bonne formule pour le fameux fromage.

CARENTAN – 50.   6 600 hab.

Un des grands centres laitiers normands. Superbe église Notre-Dame XIIᵉ-XVᵉ avec clôture et stalles Renaissance. Maisons anciennes sur arcades XVᵉ sur la place. Hôtel de ville style Louis XIII.
➡ 8 km O., vastes marais de Gorges.

CAROLLES – 50.

En retrait des falaises (suivies par un sentier) de la pointe de Champeaux ; points de vue de la Cabane Vauban (sur le Mont Saint-Michel) et du Pignon Butor vers Granville (table d'orientation).

➡ N., belles plages de Carolles-Plage et de Jullouville (Mare de Bouillon, à l'intérieur). ➡ S.-E., sur la route de Saint-Jean-le-Thomas (beau village), vue magnifique sur le Mont, plus proche encore du Bec d'Andaine (église XIIᵉ-XIVᵉ à Genêts, pèlerinage l'été au Mont).

CARROUGES (Château de) – 61.
Superbe édifice XVᵉ au XVIIᵉ en brique rouge et encadrements de granit, quadrilatère irrégulier entouré de douves et de tours, avec donjon XIVᵉ ; belles salles d'apparat, mobilier magnifique, salon des Portraits, cheminées de granit (vis. tous les jours sauf mardi) ; il est précédé d'un beau châtelet XVIᵉ (expositions). Sur la route du bourg, Maison du Parc naturel régional Normandie-Maine* (siège), dans les bâtiments du Chapitre des chanoines du château.

CASTRE (Mont) – 50.
Altitude 130 m
Eminence de grès et de schiste portant un château et une église en ruine, ainsi qu'un relais hertzien et des restes d'un camp antique dit de César ; vue immense sur les landes.

CAUMONT-L'ÉVENTÉ – 14.   1 200 hab.
Altitude 245 m
Comme le dit son nom ; vue immense sur le Bocage.

CERISI (Mont de) – 61.
Altitude 260 m
Propriété privée (vis. tous les jours) ; très joli site, à l'O. de Cerisi-Belle-Etoile, ruines d'un château et vaste panorama sur le Bocage ; fin mai, « fête des Rhodos ». En contrebas au N., les Vaux, bords du Noireau (G.R. 22 B et 226).
➡ 3 km S., vestiges de l'abbaye des Prémontrés de Belle-Etoile.

CERISY-LA-FORÊT – 50.
Magnifique abbatiale XIᵉ, un des chefs-d'œuvre romans de Normandie (chœur) ; stalles début XIVᵉ. Bâtiments conventuels XIIIᵉ, musée lapidaire, chapelle de l'Abbé, salle de Justice (meubles classiques) (vis. tous les jours l'été).

CERISY (Forêt de) – 14.
2 200 ha de futaies de chênes et hêtres, c'est une forêt domaniale profonde qui mérite la promenade, entre le château de Balleroy* et l'abbatiale de Cerisy-la-Forêt*.

CHAMBOIS – 61.
Monument commémorant les combats de 1944 où Alliés venant du S. et du N. se rejoignirent en enfermant les restes d'une armée allemande dans la « poche de Falaise ». Superbe donjon XIIᵉ et belle église de la même époque.

CHANTELOUP (Château de) – 50.
Renaissance, dans un étang, entouré des remparts d'une ancienne forteresse ; superbe décoration.

CHAULIEU – 50.
Village presque au sommet de la butte Brimballe (368 m), point culminant des collines de l'Avranchin ; panorama.
➡ 4 km N.-N.-E., château de Chaulieu.

CHAUSEY (Iles) – 50.
Au large de Granville* (15 km), archipel de rochers sauvages d'un superbe granit (utilisé à Granville et au Mont Saint-Michel) ; trois cents îlots à marée basse ; seule la Grande Ile est habitée (longue de 2 km), modeste village avec un ancien fort, une chapelle, un phare. Rochers remarquables. Liaison en saison avec Granville.

CHERBOURG – 50.   34 600 hab.
Port important et pittoresque, militaire, de commerce et de voyageurs (car-ferries pour l'Angleterre), de pêche et de plaisance, sur les petite et grande rades aux immenses digues. Plage.
Fort du Roule, au S.-S.-E., vue splendide sur la ville, et musée de la Guerre et de la Libération (vis. tous les jours sauf mardi), salle des Cartes. Près de la place Napoléon (statue équestre ; plage à côté), église de la Trinité XVᵉ flamboyant ; le musée des Beaux-Arts Thomas-Henry (fermé mardi et dimanche et jours fériés) possède de beaux Millet (portraits) et des peintures italiennes, françaises, flamandes et allemandes ; le parc Emmanuel-Liais fait profiter sa végétation exotique du climat très doux et son musée d'Histoire naturelle et d'Ethnographie mérite une visite. On visite l'Arsenal (photo interdite).
➡ 7 km N.-O., pointe de Querqueville ; 2,5 km S.-O., église, remarquable panorama, et chapelle Saint-Germain peut-être VIIIᵉ ; 2 km O., beau château XVIᵉ de Nacqueville (vis. tous les après-midi en saison sauf mardi et vendredi), parc magnifique. ➡ 6,5 km O.-S.-O., Martinvast, église XIᵉ. ➡ 4,5 km E., château de Tourlaville, Renaissance, avec des douves, et un beau parc exotique qu'on visite en saison ; 5,5 km E., allée couverte de Bretteville, de 16 m de long.

CLÉCY – 14.   1 200 hab.
Belle localité ancienne au-dessus de l'Orne, au centre de la « Suisse normande » aux magnifiques sites rocheux et boisés. A l'E., manoir de Placy XVIᵉ (petit musée régional), et site du pont et du moulin du Vey. Base de plein-air.

Promenades pédestres balisées, G.R. 36 sur la rive droite, rochers des Parcs en amont, Pain de Sucre (vue splendide) en aval, croix de la Faverie au S. (vue), admirable parcours du G.R. 36 en amont jusqu'à Pont-d'Ouilly*, l'Eminence (282 m, panorama, au S.-O.). Les routes des environs très belles : voir le Bô, la Pommeraye, Saint-Rémy, la route des Crêtes au N. entre Saint-Rémy et Saint-Clair (butte au 306 m, panorama). 4 km S., centre de vol à voile.

CONDÉ-SUR-NOIREAU – 14.   7 900 hab.
Ville industrielle, reconstruite depuis 1944, au confluent de la Druance et du Noireau (belle vallée à l'E.). Eglise Saint-Martin Xᵉ-XIIᵉ.

COTENTIN (Presqu'île du) – 50.
Un bout-du-monde, un haut lieu normand à l'ambiance très bretonne, au climat très doux et au bocage typique. Le royaume normand de Sicile fut fondé par les Normands du Cotentin. Ce pays joue un rôle agricole important par ses primeurs et son élevage. Les sites magnifiques des pointes rocheuses de Flamanville, du Nez de Jobourg, du cap Lévy ou de Barfleur, le grand port de Cherbourg, les plages de débarquement d'Utah Beach en sont les hauts lieux.

COUPESARTE – 14.
Magnifique manoir XVIᵉ en pans de bois, bordé d'eau ; petites échauguettes.

COURSEULLES-SUR-MER – 14.   2 600 hab.
Petit port de pêche et station balnéaire à l'embouchure de la Seulles ; un port artificiel y fut installé le 6 juin 1944 pour le débarquement (ici, Juno Beach). La côte à l'E. y est basse mais rocheuse jusqu'à l'embouchure de l'Orne (station balnéaire presque continue). Huîtres réputées.

COURTOMER – 61.
Sur le flanc E. des petits monts d'Amain. Château XVIIIᵉ.

COUTAINVILLE – 50.
Station balnéaire, superbe plage à « paillottes », longue digue-promenade. 4 km S., pointe d'Agon (phare), à l'entrée du grand estuaire de la Sienne, à sec à marée basse.
➡ 14 km S. par Pont-de-la-Roque, station balnéaire d'Hauteville-Plage et bourgs de Montmartin-sur-Mer et de Regnéville-sur-Mer (plage, église XIIIᵉ-XIVᵉ).

COUTANCES – 50.   11 900 hab.
La ville, sur une butte dominant la région, a été très atteinte en juin 1944. Sa célèbre cathédrale Notre-Dame, chef-d'œuvre du gothique normand XIIIᵉ, domine la campagne et la mer ; ses clochers de 77 m sont romans à l'intérieur ; admirable tour-lanterne octogonale de 57 m sur la croisée du transept ; double déambulatoire ; œuvres d'art. L'église Saint-Pierre XVᵉ-XVIᵉ a aussi une massive tour-lanterne Renaissance octogonale. Eglise Saint-Nicolas XVIᵉ au XVIIIᵉ, tour XVIIIᵉ (portail XIIIᵉ). Remarquable jardin public en terrasses, à la française, et musée. Chapelle de l'Hôtel-Dieu (mobilier, faïences). N.-O., aqueduc XIIIᵉ.
➡ 5 km O. puis N.-O., Gratot, église XVᵉ-XVIᵉ et remarquable château XVᵉ-XVIᵉ (douves).

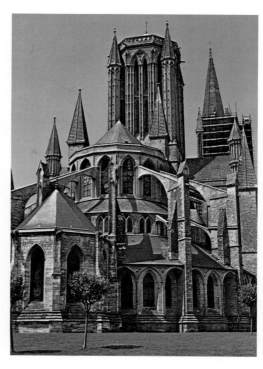

Cap de la Hague : *D'apparence tranquille, les parages de ce* finis terrae *sont piquetés d'écueils et les tempêtes y sont redoutables.*

CREULLY (Château de) – 14.
Bâtiments composites XIIᵉ au XVIᵉ avec donjon carré, grande tour XVᵉ et beau logis XVIᵉ (vis. tous les jours).
➡ 2 km O., Saint-Gabriel-Brécy, restes et ruines du prieuré de Saint-Gabriel XIᵉ-XVIIᵉ (vis. tous les jours, école), magnifiques bâtiments et chœur de la chapelle ; 1,5 km S.-O., beau château de Brécy XVIIᵉ (portail, jardins en terrasses ; vis. tous les jours sauf mardi). ➡ 2 km S.-S.-E., château de Lantheuil XVIIᵉ (vis.).

DEAUVILLE – 14.   5 700 hab.
Célèbre station balnéaire dont les fameuses « planches » rassemblent une clientèle élégante et mondaine, qui fréquente le casino, les hôtels Normandy et Royal, les jardins fleuris en terrasses et la grande plage de 3 km, séparée de la Touques par Port-Deauville (plaisance et marinas). Hippodromes de la Touques et de Clairefontaine.
➡ 4 km S.-O., mont Canisy (112 m, vue étendue), sur les falaises de Bénerville. ➡ 1 km N.-E., Trouville*. ➡ 2 km S., Saint-Arnoult, ruines de l'église XIᵉ-XVᵉ.

DIÉLETTE – 50.
Joli petit port au N. des falaises de Flamanville ; centrale nucléaire en construction ; au-delà, sémaphore et cap de Flamanville, beau site rocheux, vue sur les îles anglo-normandes ; à Flamanville, château XVIIᵉ (on visite le parc) ; au S., belle anse de Sciotot et pointe du Rozel. Mines de fer sous-marines abandonnées.

DOMJEAN – 50.
A 3,5 km N. puis O., château de l'Angotière XVᵉ-XIXᵉ, typique du bocage, dans un joli site ; cheminées, mobilier (vis. l'après-midi sauf mardi) ; beau parc.
➡ 4 km N.-O., la Chapelle-sur-Vire, beau site, chapelle de pèlerinage (œuvres d'art).

DOMFRONT – 61.   4 500 hab.
En longueur sur un rocher escarpé dominant la gorge de la Varenne, la vieille ville conserve de beaux remparts ; à l'O., le jardin public, autour des restes imposants du donjon XIᵉ, offre une belle vue sur la région au S. (table d'orientation) et le val des Rochers ; remparts S. et N., points de vue de la place du Panorama et du Calvaire à l'E. Au centre, église Saint-Julien (1925). Musée Charles-Léandre, à l'hôtel de ville. Sortie S.-O., au bord de la Varenne, église Notre-Dame-sur-l'Eau XIᵉ restaurée.
➡ E., forêt des Andaines*. G.R. 22. ➡ 6,5 km O., manoir de la Saucerie XVᵉ-XVIᵉ ; 5 km N.-O., la Fosse-Arthour, beau site rocheux où la Sonce forme des cascades et de petits bassins (G.R. 22), dans la forêt de Lande-Pourrie.

ÉCOUCHÉ – 61.   1 500 hab.
A l'E., char de la 2ᵉ D.B., commémorant la libération de la ville ; belle église XVᵉ-XVIᵉ inachevée.
➡ 5 km N.-O., Ménil-Glaise, beaux sites dans les méandres de l'Orne.

ÉCOUVES (Forêt d') – 61.
Altitude 417 m
Immense (14 000 ha) et admirable forêt domaniale, aux multiples essences et très accidentée, culminant à 417 m au Signal d'Ecouves, comme le proche mont des Avaloirs (région II), mais sans vue ; beaux rochers du Vignage au S. (sentier) ; carrefour de la Croix-Madame et butte Chaumont au S.-O. ; Croix de Médavy au N. (char Valois de la Division Leclerc) ; lac de Radon au S.-E.. Elle est parcourue par les G.R. 36 et 22.
➡ Au N.-O., chapelle Saint-Michel à Goult au-dessus de la Cance, vue étendue.

FALAISE – 14.   8 600 hab.
Au fond d'une gorge, l'Ante sépare le mont Myrrha, à l'O. (vue splendide), du formidable château XIᵉ-XIVᵉ qui domine la ville et où serait né Guillaume le Conquérant ; son énorme donjon et la tour Talbot de 35 m sont entourés d'une enceinte de seize tours (fermé mardi et vendredi).
Hôtel de ville XVIIIᵉ (casques datant de vingt-huit siècles). Eglise de la Trinité XIIIᵉ-XVIᵉ (porche Renaissance). Pittoresque porte des Cordeliers XIVᵉ-XVᵉ. Eglise Saint-Gervais XIᵉ-XVIᵉ, remarquable. A l'E., église Notre-Dame-de-Guibray romane XIIᵉ. Dans le val d'Ante, à l'O., fontaine d'Arlette (vue sur le château) et pittoresque vieux lavoir. Beau plan d'eau au N.
➡ 2,5 km N.-E., château XVIIIᵉ de Versainville. ➡ 2,5 km N., Aubigny, dans le chœur de l'église, six seigneurs au lieu prient agenouillés ; château XVIIᵉ. ➡ 4 km O., Noron-l'Abbaye, église XIIIᵉ (clocher roman), château XVIIIᵉ.

FERTÉ-FRÊNEL (La) – 61.
Etangs. A l'O., superbe dolmen de la Pierre-Couplée.

FERTÉ-MACÉ (La) – 61.   7 700 hab.
Petite ville industrielle et très commerçante (marché le jeudi) ; vestiges de l'église romane XIᵉ (chapiteaux) ; musée Léandre à l'hôtel de ville.

FERVAQUES (Château de) – 14.
La Touques sert de douves à ce bel édifice XVIᵉ-XVIIᵉ en pierre et brique (vis. ext., aérium) ; porte fortifiée.

FLERS – 61.   21 200 hab.
Ville moderne et industrielle, reconstruite après 1944. Château XVIᵉ et surtout XVIIIᵉ sur un étang et des douves, avec un beau parc ; il abrite la mairie et un bon musée de peinture et régional.
➡ 8 km O., petit lac sur la Visance (voile).

FONTAINE-HENRY (Château de) – 14.
Beau château Renaissance à la décoration extérieure et intérieure magnifique (salons classiques, restes XIIIᵉ dont cheminée gothique à trois foyers) et pavillon XVIᵉ caractéristique avec ses très hautes toiture et cheminées (vis. tous les après-midi l'été, et dimanche et jours fériés).
➡ 2 km S., Thaon ; au N., belle ancienne église romane (vis.), dans un très joli site au bord de la Mue.

FONTAINE-LE-PIN – 14.
Au pays des mines de fer, l'église de ce village détruit en 1944 leur ressemble.

➡ 8 km N., Gouvix, château d'Outrelaize ; 3 km N.-N.-E., Cintheaux, église romane XIIᵉ. ➡ 4,5 km E., la Brèche* au Diable.

FORMIGNY – 14.
Monument de la bataille de 1450 par laquelle la Normandie revint aux Français, à la fin de la guerre de Cent Ans.

GACÉ – 61.   2 700 hab.
Sur la Touques. Château XVIᵉ (donjon).
➡ 2 km N.-E., Saint-Evroult-de-Montfort, fonts baptismaux en plomb du XIIᵉ à l'église. ➡ 4,5 km S.-E., Cisai-Saint-Aubin, église XIIIᵉ intéressante et château XVIᵉ.

GRANDCHAMP-LE-CHÂTEAU – 14.
Etonnant château XVIᵉ-XVIIᵉ à colombages et galerie.
➡ 8 km N.-O., Mont de la Vigne (53 m), panorama et château XVᵉ-XVIᵉ (vis. ext.) ; 3 km N., Crèvecœur-en-Auge, manoir XVIᵉ, musée de la recherche pétrolière.

GRANVILLE – 50.   15 200 hab.
Le Roc de Granville s'aventure en pleine mer, portant la Haute-Ville dans ses remparts XVIIIᵉ, avec ses austères maisons de granit du temps. Tour des Remparts (table d'orientation place de l'Isthme, vue splendide) et pointe du Roc. Aquarium (vis. tous les jours sauf hiver). Eglise Notre-Dame-Granville en granit. Musée du Vieux-Granville dans le logis du Roi (Grande-Porte) (vis. en saison sauf mardi). Au S., le port (vedettes pour les îles Chausey*). Au N., la plage, casino, centre de thalassothérapie, jardin public Christian Dior.
➡ 3,5 km S.-E., Saint-Pair, belle plage très sûre, église en partie romane et XIVᵉ (œuvres d'art). ➡ 3 km N.-E., Donville-les-Bains, belle plage.

HAGUE (Cap de la) – 50.
A l'extrémité N.-O. du Cotentin*, une grève sablonneuse et rocheuse entourée d'écueils. Sémaphore.
➡ 3 km S.-O., Goury, petit port, bateau de sauvetage ; en face, l'écueil du Gros du Raz porte un phare de 50 m. Près d'Auderville, dernier bourg, vue d'ensemble ; au S., la corniche de la baie d'Ecalgrain, belle route vers le Nez de Jobourg* (et G.R. suivant la côte). ➡ 3,5 km E., Port-Racine, minuscule, sur l'anse Saint-Martin ; 6 km E., Omonville-la-Rogue, son petit port du Hâble ; église XIIIᵉ ; sémaphore de Jardeheu.

HAMBYE (Abbaye de) – 50.
Ancienne abbaye bénédictine en cours de restauration. Admirables ruines de l'abbatiale XIIᵉ au XIVᵉ, nef romane et superbe chœur gothique. Bâtiments conventuels XIIᵉ-XIIIᵉ (fermés mardi sauf été) restaurés : magnifique salle capitulaire (gothique normand typique), sacristie, salle des Morts (fresques), etc. ; mobilier et tapisseries classiques, peintures. Centre culturel et centre équestre.

➡ 9 km E., mont Robin (276 m, route, quelques instants à pied à la fin), panorama remarquable sur le bocage.

HOC (Pointe du) – 14.
Site magnifique et impressionnant d'un haut lieu du Débarquement où des troupes spéciales américaines enlevèrent difficilement les puissants blockhaus allemands ; le terrain est resté bouleversé, « monument » très parlant par lui-même. Une « porte » perce la pointe et les falaises sont sauvages.
➡ 4,5 km O., Grandcamp-Maisy, plage et petit port, entouré au large d'écueils sous-marins, les « roches de Grandcamp ». ➡ 3,5 km S.-E., château d'Englesqueville fin XVIᵉ (ferme), pittoresque ; au village, église XIIᵉ-XIIIᵉ ; au S.-O., ruines du château de Beaumont XIIᵉ-XIIIᵉ.

HONFLEUR – 14.   9 200 hab.
Y naquirent notamment Eugène Boudin, Alphonse Allais, Erik Satie.
Ancien port important d'où partirent les grands explorateurs du Canada et de l'est des Etats-Unis, et ravissante ville ancienne autour du Vieux Bassin bordé de quais avec de hautes maisons recouvertes d'ardoise, dont dépassent l'église Sainte-Catherine, fin XVᵉ aux deux nefs entièrement en bois, et son curieux clocher isolé, aussi en bois. La Lieutenance XVIᵉ-XVIIᵉ, englobant la porte de Caen, surveille le Vieux Bassin et l'avant-port. En face, sur le quai Saint-Etienne, l'ancienne église Saint-Etienne XIVᵉ-XVᵉ et des maisons voisines rue de la Prison abritent le musée du Vieux Honfleur (musée de la Marine et musée d'Art populaire normand). Au N.-O., musée Eugène-Boudin (peintures impressionnistes et modernes, costumes et coiffes normands). Nombreuses maisons anciennes et voies piétonnes aux abords des ports. Eglise Saint-Léonard XVIIᵉ et flamboyant (portail). Illuminations le soir. Au N., jardin public et plage, sur la baie de Seine.
➡ 1 km O., la Côte de Grâce, site remarquable dominant la baie et le Havre dans un panorama célèbre ; chapelle de pèlerinage Notre-Dame-de-Grâce XVIIᵉ ; la route côtière vers Vasouy (vues) plaisait fort aux nombreux peintres d'Honfleur et notamment aux Impressionnistes (ferme Saint-Siméon).

ISIGNY-SUR-MER – 14.   3 300 hab.
Petit port sur l'Aure près de la Vire, à 4 km de la baie des Veys, refuge d'oiseaux migrateurs, bordée d'immenses polders. Eglise XIIIᵉ. Hôtel de ville dans un château XVIIIᵉ. Importante laiterie coopérative (vis.).
➡ 6,5 km N.-E., imposant cimetière militaire allemand de la Cambe.

Abbaye de Hambye : Loin des grands itinéraires, les restes magnifiques de l'abbaye méritent l'effort d'imagination nécessaire pour les atteindre.

Honfleur : *Le grand port de jadis aligne ses hautes maisons serrées sur ses quais, dans des couleurs délicates variant avec la lumière.*

Ci-dessous : Abbatiale de Lessay, *gloire romane de la Normandie.*

JOBOURG (Nez de) – 50.
Du Nez de Voidries (belles grottes peu accessibles au pied des falaises), portant le sémaphore des Hautes-Falaises sur un haut plateau d'où la vue est immense (îles anglo-normandes), on découvre au S. la pointe plus basse mais escarpée et caractéristique du Nez de Jobourg fermant une anse sauvage ; site magnifique. Réserve d'oiseaux.
➡ 2,5 km E., Jobourg, église en partie XIIᵉ ; belles vues des deux côtés sur la mer ; 2,5 km E., usine de retraitement atomique de la Hague ; au S., belle route de Beaumont par Herquemoulin, très accidentée. Un sentier (G.R.) suit la côte.

LANDEMER – 50.
Belle petite plage dans un site agréable. E., manoir de Dur-Ecu XVIᵉ, et Urville-Nacqueville, station balnéaire.
➡ 3,5 km O., site du rocher du Castel-Vendon, près de Gruchy où est né Millet ; il peignit souvent l'église de Gréville-Hague, XIIᵉ-XVIᵉ (Vierge fin XIIIᵉ).

LANGRUNE-SUR-MER – 14.   1 000 hab.
Centre de la longue station balnéaire formée par Bernières-sur-Mer (belle église romano-gothique, superbe clocher XIIIᵉ), Saint-Aubin-sur-Mer, à l'O., et Luc-sur-Mer (parc municipal) à l'E. ; belles plages. A Langrune, belle église XIIIᵉ avec tour-lanterne. Monuments de 1944.
➡ 3 km S., basilique XIXᵉ de la Délivrande, très ancien pèlerinage à une Vierge noire (peut-être IVᵉ) très vénérée.

LESSAY – 50.   1 300 hab.
L'abbatiale XIᵉ-XIIᵉ presque ruinée en 1944, superbement restaurée, est l'une des beautés romanes de Normandie (toiture de schiste, vitraux modernes).
➡ O., vaste estuaire de l'Ay (vue, du pont de la D. 650), à sec à marée basse. ➡ S., immense lande de Lessay (5 000 ha), d'ajoncs et de bruyères, en cours de transformation à l'exemple du domaine du Buisson ; dans sa partie N., a lieu la grande foire de Sainte-Croix du 9 au 12 septembre, remontant au XIIIᵉ (bovins, chevaux, chiens).

LÉVY (Cap) – 50.
Vaste panorama. Beau phare moderne (vis.). Belle route de corniche pour Cherbourg.
➡ 7 km S.-E., Saint-Pierre-Eglise, château XVIIIᵉ ; restes XIIᵉ à l'église.

LISIEUX – 14.   27 000 hab.
Sainte Thérèse de l'Enfant-Jésus a fait la célébrité de la ville durement touchée en 1944, perdant la plupart de ses vieux quartiers. Outre la basilique de pèlerinage romano-byzantine où la sainte n'aurait peut-être pas trouvé sa vocation (belles décorations intérieures), son souvenir est vivant à la maison de sa famille, les Buissonnets ; sa châsse est exposée à la chapelle du Carmel.

La capitale du Pays d'Auge* possède aussi une superbe cathédrale Saint-Pierre XIIᵉ-XIIIᵉ, que Thérèse fréquenta, d'un gothique normand très homogène (tour-lanterne, portail du Paradis au S., chœur XIIIᵉ-XVᵉ, stalles XIVᵉ et nombreuses œuvres d'art), un palais de justice, ancien évêché XVIIᵉ (salle dorée, vis.), un beau jardin public, une remarquable église Saint-Jacques flamboyant, quelques belles maisons à pans de bois XVᵉ au XVIIIᵉ (rues A.-Briand, Henry-Chéron, bd Pasteur) dont le musée du Vieux-Lisieux XVIᵉ (histoire et archéologie locales, céramiques ; vis. l'après-midi sauf mardi). Musée des Merveilles de la mer (coquillages). Place de la République, fragment de voie romaine.
➡ En aval (N.), très jolie vallée de la Touques (préférer la rive gauche) ; 3,5 km N., au bord de la rivière, église Xᵉ-XIᵉ d'Ouilly-le-Vicomte, une des plus anciennes de la région.
➡ 11 km O.-N.-O. sur la D. 59, ancienne abbaye du Val Richer dont Guizot fit un château ; 2 km N.-O., la Roque-Baignard où Gide fut maire ; jolie vallée de la Dorette ; 10 km O. et N.-O. (D. 117 et 85), Clermont-en-Auge ; de l'église, perchée, vue superbe sur le pays d'Auge ; 7 km S., Victot, remarquable château XVIᵉ, haras.

LIVAROT – 14.   2 900 hab.
Sur la Vie. Fromages... Maisons anciennes, Manoir XVᵉ.

LONGNY-AU-PERCHE – 61.   1 600 hab.
Dans la jolie vallée de la Jambée, près de la forêt de Longny (privée) aux nombreux étangs. Eglise Saint-Martin XVe-XVIe au surprenant clocher avec nombreuses sculptures (œuvres d'art, autels XVIIe en bois sculpté). Restes du château XVIIe (et château XIXe) avec pièces d'eau. Au cimetière, chapelle Notre-Dame-de-Pitié, Renaissance, portail sculpté (beaux vantaux XIXe).

LONLAY-L'ABBAYE – 61.   1 400 hab.
Superbe abbatiale bénédictine XIe au XVe restaurée, dans un joli site (G.R. 22) ; chapiteaux, œuvres d'art. Environs ravissants.

LUCERNE (Abbaye de la) – 50.
Belles ruines de l'abbatiale XIIe (chœur restauré) ; restes du cloître et de bâtiments XIIe au XVIIe (vis. tous les jours) ; logis abbatial XVIIIe privé dans un beau parc. Expositions.

MOLAY-LITTRY (Le) – 14.   2 300 hab.
Localité industrielle et jadis minière, passionnant musée de la Mine (vis. tous les jours en saison sauf mardi). Eglise en partie XIIIe. Important marché de veaux.

MONDAYE (Abbaye de) – 14.
Couvent de Prémontrés reconstruit au XVIIIe, avec une belle abbatiale classique dont la décoration est remarquable et rare en Normandie (visite libre).

MONT-SAINT-MICHEL – 50.
Un des plus beaux sites de France, malheureusement exigu et surfréquenté, menacé en outre par l'éloignement de la mer qui ne le baigne plus qu'aux grandes marées.

Mont-Saint-Michel : Arrivera-t-on à le laisser au péril de la mer ? Car celui de la terre le guette beaucoup plus.

Ci-dessous : Le cloître aux colonnettes.

Une longue digue courbe accède à l'îlot rocheux conique fortifié qui porte la célèbre abbaye, en haut des escaliers à la suite de la Grande-Rue aux maisons anciennes à pignons et nombreuses boutiques de souvenirs. Fondée au VIIIe, l'abbaye dans son état actuel remonte aux XIe-XVIe, romane et gothique (vis. tous les jours) ; l'église abbatiale a la nef et le transept romans suivis d'un splendide chœur flamboyant (au-dessus de la crypte des Gros Piliers XVe) dont un des arcs-boutants supporte l'escalier de dentelle arrivant à une galerie au panorama grandiose. Les bâtiments monastiques comportent des salles romanes XIe-XIIe presque troglodytes et surtout « la Merveille » gothique début XIIIe qui regarde le N., la baie et le large et comprend, sur trois étages, en bas l'aumônerie et le cellier, puis la salle des Hôtes et celle des Chevaliers (quatre nefs) et en haut le réfectoire et l'admirable cloître aux colonnettes de granit rouge en quinconce, ouvrant sur la mer. Beaux jardins en terrasses, côté O. Devant l'entrée de l'abbaye, musée historique, et Historial devant l'église paroissiale en partie XIe.
Faire le tour des remparts XIIIe-XVe ; le bois de chênes au N. est accessible. Tour du Mont en bateau si possible ; à pied (humide !), attention aux marées. Ne pas s'aventurer dans la baie sans guide (sables mouvants), excursions organisées, traversées sur Genêts et l'îlot de Tombelaine. En saison, illuminations.

Encore maintenant, voir marchander éleveurs et acheteurs est un spectacle haut en couleurs, et une grande leçon de commerce.

MONTEBOURG – **50.**   2 300 hab.
Eglise XIVᵉ.
➡ 7,5 km E.-N.-E., Quinéville, belle vue sur la côte rectiligne (marécageuse au N.) ; golf à 2 km S.-E. ➡ 2 km N.-O., carrière de quartzite.

MORTAGNE-AU-PERCHE – **61.**   5 100 hab.
Altitude 255 m.
Ancienne capitale du Perche sur une colline, patrie du philosophe Alain. Remarquable église Notre-Dame début XVIᵉ avec belles boiseries XVIIIᵉ et superbe porte des Comtes latérale. Maisons anciennes XVIᵉ-XVIIᵉ et beau « portail » Saint-Denis XIIIᵉ-XVIᵉ abritant un musée percheron. Cloître XVIᵉ à l'hôpital. Le jardin public offre une vue caractéristique sur les collines du Perche. Environs magnifiques.
➡ 8 km N., Champs, belle église XIIᵉ-XIVᵉ (œuvres d'art). ➡ N.-E., forêt du Perche* et la Trappe*. ➡ E., forêt de Reno-Valdieu*. ➡ 16 km O., le Mêle-sur-Sarthe, dans une jolie campagne (baignade).

MORTAIN – **50.**   3 100 hab.
Remarquable site rocheux encadrant la gorge de la Cance. Eglise Saint-Evroult XIIIᵉ, beau clocher, porte romane ; trésor : le Chrismale, coffret VIIᵉ avec inscriptions runiques. Au S.-E., petite chapelle, près du cimetière, vue immense (Mont Saint-Michel*), table d'orientation. N.-N.-O., Abbaye Blanche (vis.), cistercienne XIIᵉ-XIIIᵉ, chapelle, galerie de cloître, salle capitulaire, musée des Missions africaines ; au S., tout près, grande cascade de la Cance (25 m), dans un très beau site. Sous la place du Château, sentier qui mène à la petite cascade du Cançon, au-delà de la Cance, superbe site.
➡ S.-E., forêt de Mortain, dans le parc régional Normandie-Maine* ; G.R. 22.

NONANT-LE-PIN – **61.**
Eglise romane et classique.
➡ 2 km E.-N.-E., Saint-Germain-de-Clairefeuille, église gothique (tour romane) avec une belle clôture de bois sculpté (panneaux XVIᵉ peints).

NORMANDIE-MAINE
(Parc naturel régional) – **50-53-61-72.**
Créé en 1975, il couvre 23 400 ha dans la Manche, la Mayenne, l'Orne et la Sarthe. Géré par un syndicat mixte, il veut préserver tout en aménageant et en développant de façon coordonnée et équilibrée, afin de maintenir et de promouvoir la qualité des bocages et forêts extraordinaires qu'il regroupe à la rencontre des terrains anciens de l'Armorique et de ceux du « bord de l'assiette » du Bassin Parisien avec leurs grandes cultures et leur structure très différente. [V. forêts des Andaines*, d'Ecouves*, de Perseigne, de Sillé et les Alpes Mancelles (région II)]. Il crée peu à peu des Maisons (de la Forêt, des Métiers) et des expositions itinérantes de culture paysanne (le Cidre et le Calvados, les Noces Paysannes, la Vie Domestique, etc.) et des manifestations culturelles diverses animant des sites de la région. Il organise également de nombreuses activités de plein air aisément praticables et notamment les différentes formes de randonnée. Tous renseignements au siège, au château de Carrouges*.

O (Château d') – **61.**
Ravissant château fin XVᵉ au XVIIᵉ dans un étang et un beau parc, décoration Renaissance (vis. tous les jours sauf mardi).
➡ 7 km S.-O., étangs de Blanchelande.
➡ 3,5 km N., Médavy, beau château XVIIIᵉ (douves) ; 3 km N.-E., Almenêches, église Renaissance et XVIIᵉ (sculptures).

OËTRE (Roche d') – **61.**
Site splendide de belvédères dominant la Rouvre d'environ 130 m, dans le paysage le plus accidenté de la « Suisse normande » ; célèbre profil humain de la roche vue de côté.

OMAHA BEACH – **14.**
Vaste plage, haut lieu du Débarquement de 1944, combats dramatiques entre Vierville (station balnéaire, église XIIIᵉ) et le monument actuel de Colleville (cimetière militaire américain) ; entre les deux, monument du Débarquement, à l'E. d'un grand front de mer.

ORBEC – **14.**   3 500 hab.
Charmant bourg ancien sur l'Orbiquet naissant (jolie source à 5 km S.) ; rue Grande, nombreuses maisons XVᵉ-XVIᵉ, hôtels classiques ; église XVᵉ avec une grosse tour XVᵉ-XVIᵉ (œuvres d'art ; vitraux).

ORNE (Vallée de l') – **14-61.**
Née près de Sées, la rivière baigne de beaux châteaux avant de s'enfoncer dans les gorges qui font tout le charme de la « Suisse normande », par Putanges-Pont-Ecrepin*, Saint-Aubert, Pont-d'Ouilly*, Clécy*, Thury-Harcourt*, avec de nombreux méandres et dans des paysages parfois bien proches en effet de la montagne. Après une traversée riante de la Campagne de Caen, elle est doublée jusqu'à la mer d'un important canal qui souligne le rôle, qu'elle a longtemps joué, d'accès au port de Caen*.

OUISTREHAM-RIVA-BELLA – **14.**   6 100 hab.
Sur l'embouchure de l'Orne et la mer, formant avec Lion-sur-Mer une seule station balnéaire (belles plages). Centre réputé de yachting. Port, sur le canal de Caen. Superbe église romane et gothique (styles normands XIIᵉ et XIIIᵉ). Musée du Débarquement « Nᵒ 4 Commando ». Au Haut-Lion, château avec beau pavillon Renaissance.
➡ 4 km S., Bénouville, dont le pont, Pegasus Bridge, fut préservé par une division anglaise aéroportée ; superbe château XVIIIᵉ de Nicolas Ledoux.

PERCHE (Forêt du) – **61.**
Avec la forêt de la Trappe, beau massif de 2 200 ha (chênes, hêtres, pins) où naissent l'Avre et l'Iton qui forment des chapelets d'étangs. G.R. 22.

➡ S., Tourouvre (sur le G.R. 22), église conservant de nombreux objets d'art dont une belle Adoration des Mages, toile XVᵉ.

PÉRIERS – **50.**   2 700 hab.
Belle église XIIIᵉ (œuvres d'art).
➡ 10 km E., Marchésieux, église XIIIᵉ-XIVᵉ, belles peintures murales XIVᵉ.

PIN (Haras du) – **61.**
Superbe ensemble XVIIIᵉ du château et de ses communs abritant les écuries, dessiné par Mansart (vis. du haras tous les jours), dans un cadre somptueux de parc et de forêts.
➡ 3,5 km N.-E., Exmes, qui fut capitale de la région ; église XIᵉ-XVᵉ ; vues superbes. ➡ 5 km N., manoir d'Argentelles, Renaissance. ➡ 4,5 km N.-O., le Bourg-Saint-Léonard, au N., château du Bourg XVIIIᵉ ; 3,5 km S., menhir de la Pierre Levée.

PINÇON (Mont) – **14.**
Altitude 365 m
15 mn aller et retour à l'O. d'un relais TV, un des panoramas les plus étendus de Normandie, vue typique du Bocage.
➡ 6,5 km N., Aunay-sur-Odon, anéanti en 1944, possède une remarquable église romane moderne (belle reconstruction du village).

PIROU-PLAGE – **50.**
Immense plage de sable. 2 km E., château de Pirou XIᵉ au XVIIIᵉ au pittoresque mélange de styles (vis. l'après-midi l'été).

PONT-D'OUILLY – **14.**   1 200 hab.
Au confluent du Noireau et de l'Orne, site agréable et central de la « Suisse normande » ; au S.-E., méandre de Rouvrou, magnifique roche d'Oëtre* et gorges de Saint-Aubert, dans les vallées de la Rouvre et de l'Orne ; au N.-O., superbe région de Clécy*. Riches possibilités de loisirs de plein air, canoë-kayak, équitation, sentiers balisés, escalade, etc.

PONTÉCOULANT (Château de) – **14.**
Bel édifice XVIᵉ-XVIIIᵉ un peu rustique dans un parc magnifique ; musée départemental, mobilier Renaissance et XVIIIᵉ-XIXᵉ et objets d'art (vis. tous les jours sauf mardi et en octobre). Jolie vallée de la Druance.

PONT-L'ÉVÊQUE – **14.**   4 100 hab.
La charmante vieille ville a durement souffert en 1944. Eglise Saint-Michel XVIᵉ. Hôtel Montpensier XVIIᵉ et hôtel de ville XVIIIᵉ ; manoir des Dominicains de l'Isle XVIᵉ. Vieilles maisons à pans de bois rue Saint-Michel et surtout hôtel de l'Aigle d'Or XVIᵉ (cour normande), 68, rue de Vaucelles. Fromage célèbre.
➡ 7 km E.-N.-E., Saint-André-d'Hébertot, beau château XVIIᵉ-XVIIIᵉ.

PONTORSON – **50.**   5 500 hab.
Joli pont d'Orson sur le Couesnon, frontière de la Bretagne (mais les polders de la rive gauche sont aussi en partie en Normandie). Ancienne place forte du duché. Eglise Notre-Dame XIᵉ à l'origine (façade romane) puis gothique primitif.

PORTBAIL – **50.**   1 600 hab.
Port de plaisance, passages à Jersey, et station balnéaire. Eglise Notre-Dame XIᵉ-XVᵉ (chapiteaux) baignée par la mer ; à proximité, vestiges d'un baptistère VIᵉ-VIIᵉ. Plage à 2 km S.-O.

PORT-EN-BESSIN – **14.**   2 400 hab.
Pittoresque petit port de pêche (criée) rompant la ligne des falaises ; tour Vauban XVIIᵉ dominant le port. Curieuses falaises à l'E. (G.R. 261), étonnant site du Chaos à 6,5 km E. (rochers très friables).

PUTANGES-PONT-ÉCREPIN – **61.**
Dans un joli site sur l'Orne retenue en aval par le barrage de Rabodanges ; sports motonautiques (ski nautique) ; N.-O., site magnifique de Sainte-Croix et de son pont ; joli château XVIIᵉ à Rabodanges. En aval de Sainte-Croix, gorges de Saint-Aubert, suivre le G.R. 36 ; rive droite, ruines du Moulin de la Jalousie.

RENO-VALDIEU (Forêt de) – **61.**
Très belle forêt accidentée de 1 600 ha, possédant de vieux arbres dans le N.-O.
➡ Au S.-O., la Chapelle-Montligeon, basilique de pèlerinage de l'Œuvre de Montligeon ; 5 km S., manoir fortifié XIVᵉ au XVIIᵉ de la Vove (vis. l'après-midi en saison) avec donjon ; 4 km E., château de Maison-Maugis XVᵉ au XVIIᵉ ; 5,5 km S.-E., Rémalard, sur l'Huisne, église et château anciens ; 5 km N., dolmen du bois de Saint-Laurent, et 2,5 km E., château de Voré XVIIᵉ, sur la belle route de Moutiers-au-Perche.

ROTS – **14.**   1 100 hab.
Eglise romane et gothique XIIᵉ-XVᵉ restaurée (tour-lanterne).
➡ 6 km S.-O., Norrey-en-Bessin, belle église gothique XIIIᵉ restaurée depuis 1944 (grande tour-lanterne et superbe chœur) ; 4 km N.-N.-O., Secqueville-en-Bessin, église romane XIᵉ remarquable (chœur XVIIᵉ), flèche XIIIᵉ.
➡ 3 km N., Lasson, château Renaissance (vis.).

SAINT-ÉVROULT-NOTRE-DAME-DU-BOIS – **61.**
Sur la Charentonne naissante, en bordure N. de la vaste forêt de Saint-Evroult, ruines de la célèbre abbaye d'Ouche, XIIIᵉ, en cours de restauration, sur un bel étang artificiel (pêche, canotage) ; musée de l'abbaye.

SAINT-GATIEN (Forêt de) – **14.**
Vaste massif (2 800 ha) très divisé maintenant, qui héberge l'aéroport de Deauville*-Trouville* mais aussi de jolis villages du bas Pays d'Auge dominant la Touques.

SAINT-GERMAIN-DE-LIVET (Château de) – **14.**
Typique du Pays d'Auge, ce curieux et charmant manoir XVᵉ-XVIᵉ au bord de l'eau juxtapose les pans de bois et un ravissant damier de pierre et de brique, avec des toitures variées ; beau mobilier dans des salons classiques et Empire (peintures murales, vastes cheminées). (Vis. tous les jours sauf mardi.)

111

SAINT-LÔ – 50.   25 000 hab.

Presque totalement détruite en 1944, la ville « ancienne », dans ses remparts (promenade), occupe un éperon de schiste. La cathédrale Notre-Dame XIIIe-XVIe (tours conservées en l'état) a une chaire extérieure. A l'hôtel de ville, musée (vis. tous les jours l'été sauf lundi, jeudi et jours fériés et l'après-midi) : série de tapisseries fin XVIe, peintures. Belle place de la Préfecture. Eglise Sainte-Croix (portail roman, clocher moderne). Haras (vis. de juillet à février). Bords de la Vire.
➡ 2 km S.-O., Hôpital-Mémorial France-Etats-Unis (1956), grande mosaïque extérieure de Fernand Léger.
➡ 8 km S.-O., Canisy, château début XVIIe près d'un étang (on vis. le parc) ; 4 km S.-S.-O., Saint-Sauveur, ravissant hameau.

SAINT-PIERRE-SUR-DIVES – 14.   4 300 hab.

Sauf une tour romane, l'abbatiale XIIe au XIVe est un remarquable édifice gothique normand ; tour-lanterne sur la belle nef ; superbe salle capitulaire XIIIe auprès du transept S. Magnifiques halles médiévales reconstituées après 1944.

SAINT-SAUVEUR-LE-VICOMTE – 50.   2 200 hab.

Au château, maison de retraite (vis.), restes du château fort XIIe, puissant donjon rectangulaire et bâtiments, dont l'un abrite le musée Barbey d'Aurevilly, né à Saint-Sauveur (vis. tous les jours sauf mardi). Eglise XIIIe-XVIe (œuvres d'art, notamment un Ecce Homo XVIe). Au S., abbaye, anciennement bénédictine XIe, restaurée XIXe (vis.), bâtiments XVIIIe.
➡ 5 km O., moulin à vent (vue).

SAINT-SEVER-CALVADOS – 14.   1 500 hab.

Ancienne abbatiale XIIIe-XIVe avec une belle tour-lanterne et ancien clocher séparé (d'une église disparue).
➡ S., remarquable forêt de Saint-Sever (1 600 ha), très appréciée ; dolmen cassé « la Pierre coupée » ; l'Ermitage ; circuits balisés.

SAINT-VAAST-LA-HOUGUE – 50.   2 300 hab.

Port de pêche dans un beau paysage marin très plat ; S., digue et plage du fort de la Hougue (Vauban), ancienne île. Au large, fort de l'Ilet et île de Tatihou.
➡ 4 km N., Réville, église romane et XVe, dans un joli site ; 3 km S.-E., pointe de Saire, phare, belle vue. ➡ 3 km O., église XIIIe-XVe, vue ; au S., grande plage de Morsalines.

Ferme normande traditionnelle, en bois charpentés à la façon d'une cage, garnis de pisé, blanchie chaque année, toits de chaume, plusieurs bâtiments répartis dans un enclos planté de pommiers, nous sommes ici dans le pays d'Auge, près de Vimoutiers, patrie des trois fromages normands : Camembert, Pont-l'Evêque et Livarot.

SAINTE-GAUBURGE – 61.   1 300 hab.

Eglise priorale désaffectée XIIIe au XVIe, devenue musée d'art populaire (vis. tous les jours l'été, et les samedi, dimanche après-midi en saison). E., belle ferme de la Chaponnière XVIe.
➡ 1 km O., Saint-Cyr-la-Rosière, portail roman à l'église, et Mise au tombeau en terre cuite polychrome XVIIe ; 1 km S., manoir fortifié de l'Angenardière XVe-XVIe. ➡ 7 km O., remarquable château des Feugerets XVIe, avec des douves (vis. poss.). Nombreux autres manoirs dans la région.

SAINTE-MÈRE-L'ÉGLISE – 50.   1 500 hab.

C'est ici qu'atterrirent les premiers parachutistes américains (deux divisions) dans la nuit du 5 au 6 juin 1944. Devant l'église XIIIe (à grosse tour XIIe), borne 0 de la Voie de la Liberté, suivie par l'armée Patton. Musée des Troupes aéroportées.

SAIRE (Val de) – 50.

Ravissante vallée entre le Theil et Valcanville ; des hauteurs de la Pernelle à l'E. (table d'orientation), vue magnifique sur tout le N.-E. du Cotentin.

SÉE (Vallée de la) – 50.

La D. 911 la suit de Sourdeval à Avranches* ; le parcours est très pittoresque de Sourdeval à Chérencé-le-Roussel puis de Brécey à Avranches.

SÉES – 61.   5 300 hab.
Son et Lumière

Sur l'Orne naissante. Admirable cathédrale Notre-Dame gothique normand XIIIe-XIVe (nef, triforium, transept, chœur, merveilleux déambulatoire, roses et vitraux XIIIe au XVIe ; maître-autel en marbre avec reliefs sculptés et stalles XVIIIe) ; statue de Notre-Dame-de-Sées XIVe. Bel ancien évêché XVIIIe. Voir les bas-reliefs de l'église Notre-Dame-de-la-Place XVIe (tribune d'orgues Renaissance) ; ancienne abbaye Saint-Martin XVIIIe (façade). Musée d'art religieux et folklorique.

SÉLUNE (Vallée de la) – 50.

La rivière coule dans une large dépression puis, en aval de Saint-Hilaire-du-Harcouët, s'enfonce dans des collines où deux barrages successifs retiennent des lacs dans ses méandres, créant de beaux paysages, le barrage de Vézins et celui de la Roche-qui-Boit. Elle débouche au fond de la baie du Mont Saint-Michel*.

SUISSE NORMANDE – 14-61.

Seule la beauté de la nature est en cause dans cette appellation naïve, et peut-être la fraîcheur très vive qui émane de ses paysages tour à tour vallonnés et escarpés selon les caprices des méandres de l'Orne*, de la Rouvre, du Noireau et de la Vère. Un circuit fléché permet d'en voir des sites caractéristiques au départ de Thury-Harcourt*, au S.-E. par Esson, la route des Crêtes, Saint-Rémy, Clécy*, Pontécoulant*, Saint-Pierre-la-Vieille, Saint-Martin-de-Sallen.

Arromanches-les-Bains – Utah Beach : *L'évocation du Débarquement de 1944 est inséparable du littoral du Calvados, dans des sites que le ciel rend souvent impressionnistes.*

THURY-HARCOURT – 14. 1 400 hab.
Pittoresquement situé au-dessus de l'Orne à la vallée ravissante au S. et au N. (jusqu'aux abords de Caen*), et reconstruit en 1944, le bourg garde le parc du château incendié à ce moment ; belle façade XIIIe de l'église.
➡ N.-O., petite boucle du Hom, méandre pittoresque à l'isthme rocheux très étroit. ➡ 7 km S.-O., près de Saint-Martin-de-Sallen, chapelle Saint-Joseph (panorama), sur la crête portant à l'O. le mont d'Ancre (331 m), non loin du mont Pinçon* ; superbe région. ● Nombreuses promenades établies par le S.I.

TILLY-SUR-SEULLES – 14. 1 100 hab.
Lieu de combats furieux en 1944, le bourg fut durement touché. Eglise XIe remaniée et restaurée.

TINCHEBRAY – 61. 3 300 hab.
Parmi de belles collines du Bocage, sur le Noireau naissant. Beaux vestiges de l'église Saint-Rémy fortifiée XIIe. Au cimetière, église Notre-Dame-des-Moutiers XVIIe (œuvres d'art). Quincaillerie, ferronnerie d'art.

TORIGNI-SUR-VIRE – 50. 2 800 hab.
Beau château XVIe-XVIIe (restauré depuis 1944) ; mobilier, tapisseries (vis. l'après-midi en saison sauf samedi, dimanche et jours fériés). Belles promenades aménagées à la place du parc. Deux églises.
➡ 5,5 km N.-O., Condé-sur-Vire, énorme coopérative laitière ; 3 km S., roches de Ham, site superbe dominant de près de 100 m un double méandre de la Vire dans une gorge de schiste.

TRAPPE (Abbaye de la) – 61.
Dans un beau site solitaire près des étangs de Chaumont à la lisière O. de la forêt de la Trappe (baignade à l'étang Neuf, 2 km S.-E.), abbaye des cisterciens réformés dits trappistes.
➡ 4 km S.-O., Soligny-la-Trappe, village plaisant, portail roman à l'église ; source de la Sarthe assez proche au N.-O.

TROUVILLE-SUR-MER – 14. 6 700 hab.
Ancien port de pêche très animé (criée) sur la Touques et belle station balnéaire plus tranquille que sa voisine, grande plage bordée aussi par la promenade des Planches. Musée municipal de peinture (vis. l'après-midi l'été et samedi et dimanche). Superbe corniche au N.-E. (vues).
➡ 3 km S.-E., Touques, belles églises Saint-Thomas et Saint-Pierre romanes, maisons anciennes en bois, ruines du château du duc Guillaume à Bonneville ; belle vallée de la Touques ; 3,5 km S.-E., joli manoir XVe de Canapville (vis.).

UTAH BEACH – 50.
Un des lieux de débarquement le 6 juin 1944, destiné à couvrir Omaha Beach à l'O. A la Madeleine, au S., monuments aux troupes du génie et des divisions débarquées ; musée du Débarquement (documents, armes, films, etc.), dans un blockhaus. Plage longée par la « route des Alliés ». Aux Dunes-de-Varreville, monument de l'arrivée du général Leclerc (été 1944).
➡ S.-O., Sainte-Marie-du-Mont, remarquable église XIIe-XIVe.

VALOGNES – 50. 6 100 hab.
1944 n'a pas laissé grand-chose du « Versailles normand ». Il reste cependant quelques beaux hôtels, notamment ceux de Grandval-Coligny XVIIe et de Beaumont XVIIIe, un des plus beaux de Normandie (vis.) ; parc. Eglise en partie XVe reconstruite. A la bibliothèque, table d'autel du VIIe. A la Maison du Grand Quartier XVe, musée régional du Cidre.
➡ N.-E., faubourg d'Alleaume, église XIe-XVe et ancien couvent de bénédictines XVIIe ; au S., restes d'un balnéaire romain.

VILLEDIEU-LES-POÊLES – 50. 4 700 hab.
Le travail du cuivre y est réalisé depuis 800 ans. Musée de la Poeslerie (vis. l'été). Fonderie de cloches (vis. tous les jours sauf dimanche et jours fériés). Musée du meuble normand (vis. tous les jours l'été, dimanche en saison). Eglise XVe en granit et maisons anciennes.
➡ 8 km O., à Champrepus, remarquable zoo (vis. tous les jours sauf hiver).

VILLERS-BOCAGE – 14. 2 300 hab.
Bourg reconstruit depuis 1944 ; église moderne Saint-Martin intéressante ; grand marché couvert, d'une technique extraordinaire ; foires importantes de bestiaux.

VILLERS-SUR-MER – 14. 1 800 hab.
Vaste plage, grande digue-promenade, vue vers le Havre. Beau rivage des Vaches Noires à l'O., plages de Blonville et Bénerville au N.-E., dominées par le mont Canisy (112 m, belle vue) et suivies de falaises.

VILLERVILLE – 14.
Charmante station très appréciée pour sa plage, ses rochers et son côté campagnard. Vue sur la baie de Seine et le Havre.
➡ 1,5 km E., Cricquebœuf, église XIIe au bord d'un étang.

VIMOUTIERS – 61. 5 100 hab.
Grand centre du commerce de beurre, fromage et pommes du Pays d'Auge, près de Livarot* et de Camembert* ; presque détruit en 1944.
➡ 4,5 km N., Lisores, ferme-musée Fernand-Léger (vis. tous les jours sauf mercredi). ➡ S. et S.-E., jolies vallées de la Vie et de la Touques.

VIRE – 14. 14 400 hab.
Contournée par la Vire, la ville reconstruite après 1944 occupe une colline au milieu du Bocage normand ; elle conserve la belle Porte-Horloge XIIIe-XVe, et l'église Notre-Dame XIIIe au XVe en granit (vitraux) ; derrière l'église, importants vestiges du château XIIe, sur une esplanade de tilleuls (vue). Vers l'O., rocher des Rames, vue sur les Vaux de Vire, vallées encaissées aux usines jadis pittoresques. Superbe Bocage, beaux environs, vallée de la Vire* en aval.

VIRE (Vallée de la) – 14-50.
De Vire, rejoindre par la D. 577 au N.-E. et la D. 56, à gauche, Bény-Bocage (au N., belle vue) ; on retrouve la Vire qu'on suit par la D. 293 ; Saint-Martin-Don, Malloué (église), Sainte-Marie-Outre-l'Eau, Pont-Farcy ; au N., Tessy-sur-Vire, la Chapelle-sur-Vire (v. Domjean*), les Roches de Ham (v. Torigni-sur-Vire*), Saint-Lô* et ses belles promenades. Parcours très pittoresque.

HAUTE-NORMANDIE (V)

27 - EURE
76 - SEINE-MARITIME

80

ABBEVILLE

V

MANCHE

CÔTE D'ALBÂTRE

DIEPPE

LE TRÉPORT
EU
Mesnil-Val
Criel-s.-Mer
Incheville
Penly
Berneval-le-Grand
Puys
St Martin-le-Gaillard
Sept-Meules
Grandcourt
Blangy-s.-B.
Fresnoy-Folny
Foucarmont
Vieux-Rouen-s.-B.

NEUVILLE-LÈS-D.
Arques-la-Bataille
St Nicolas-d'Aliermont
Envermeu
Londinières
Osmoy-St Valéry
Aumale

Varengeville-s.-Mer
St Aubin-s.-Mer
Phare d'Ailly
Veules-les-Roses
St Valéry-en-C.
Offranville
Bourg-Dun
Luneray
Fontaine-le-Dun
Longueville-s.-Srie
Bacqueville-en-C.
Torcy-le-Grand
Mesnières-en-Bray
NEUFCHÂTEL-EN-B.

Veulettes-s.-Mer
les Petites Dalles
St Pierre-en-Port
Cany-Barville
St Laurent-en-C.
Val-de-Saâne
Auffay
Bellencombre
76
F. d'Eawy
235
les Hayons
Gaillefontaine
247

FÉCAMP
Yport
Valmont
Ourville-en-C.
Auffay
Rocquefort-s.-Héricourt
Doudeville
St Saëns
Bosc-le-Hard
Buchy
Forges-les-Eaux
Serqueux

Cap et Phare d'Antifer
Etretat
St Michel-en-Caux
Fauville-en-C.
Yerville
Yvetot
Motteville
Limésy
Clères
Grugny
176
Tôtes
Fontaine-le-Bourg
Arcgueil-Fry
Beauvoir-en-Lyons
Beuvre

Port Pétrolier d'Antifer
St Jouin-Bruneval
Cuverville
Godervlle
Bréauté
Yébleron
Bailleul
Alouville-Bellefosse
YVETOT
BARENTIN
PAVILLY
MONTVILLE
Malaunay
Quincampoix
Ry
Morgny
la Feuillie
225
GOURNAY-EN-B.

MONTIVILLIERS
Epouville
Octeville-s.-M.
HARFLEUR
Gommerville
BOLBEC
LILLEBONNE
Caudebec-en-C.
St Romain-de-Colbosc
132
Villequier
St Wandrille
Duclair
Isneauville
Marainville-Epreville
Vascoeuil
Pierriers-s.-A.
Lyons-la-Forêt
Charleval
Mainneville

C. de la Hève
GONFREVILLE-L'O.
N.-D. DE GRAVENCHON
LE TRAIT
la Mailleraye
MAROMME
CANTELEU
2 3
DARNÉTAL
BONSECOURS
Fleury-s.-Andelle
Neuf-Marché
Forêt de Lyons

LE HAVRE
Tancarville
Pont
Quillebeuf-s.-S.
Routot
St Martin-de-B.
Jumièges
Vieux-Port
ROUEN
GRAND-QUEVILLY
5
Boos
Pierriers-s.-A.
Charleval
6

PARC NATUREL RÉGIONAL DE BROTONNE
Beuzeville
Berville-s.-Mer
Foulbec
PONT-AUDEMER
Bourg-Achard
GRAND-COURONNE
la Bouille
St Adrien
St Adrien
Pont-St-Pierre
Deux Amants
Ecouis
Etrepagny
GISORS

St Germain-Village
Epaignes
Cormeilles
184
Monfort-s.-Risle
Bourgtheroulde-Infreville
Pont-Authou
ST AUBIN-LÈS-E.
Cléon
OISSEL
Pont-de-l'Arche
Léry
Vaudreuil
Neubourg
Port-Mort
Tourny
Dampsmesnil
Ecos
Dangu

A 13
St Georges-du-Vièvre
le Bec-Hellouin
ELBEUF
CAUDEBEC-LÈS-E.
LOUVIERS
LES ANDELYS
les Thilliers-en-V.
Château-Gaillard

Autoroute de Normandie
LISIEUX
14
Thiberville
la Bretagne
Brionne
Champ-de-Bataille
Amfreville-la-Campagne
Iville
Acquigny
Neubourg
Gaillon
Gasny
95

Serquigny
Nassandres
le Neubourg
la Croix St Leufroy
VERNON
MANTES-LA-V.

BERNAY
Beaumont-le-Roger
Emanville
27
Gravigny
Cocherel
Pacy-s.-E.
A 13
Autoroute de Normandie

Broglie
Beaumesnil
EVREUX
Prey
Guichainville
Breuilpont
Bueil
Neuilly
I

Montreuil-l'Argillé
la Ferrière-s.-Risle
la Barre-en-Ouche
la Neuve-Lyre
187
la Bonneville-s.-Iton
Conches-en-Ouche
St André-de-l'Eure
Ivry-la-Bataille
Ezy-s.-E.

IV
Rugles
Breteuil
Damville
Lignerolles
Marcilly-s.-E.
78

Bourth
la Neuve-Lyre
Hellenvilliers
Breuil-Benoît
St Georges-Motel
Nonancourt
Tillières-s.-Avre
VERNEUIL-S.-AVRE

DREUX

PAYS D'OUCHE
Risle
Charentonne
Eure
Avre

61
VI
VII
IV
I
VIII
IX
X
III
II
XIII
XII
XI
XIV
XV
XVI
XX
XVII
XVIII
XIX
XXI

■ **MORTAGNE-AU-PERCHE**

28

XIII

▲ **CHARTRES**

1 – DÉVILLE-LÈS-ROUEN
2 – MONT-ST-AIGNAN
3 – BOIS-GUILLAUME
4 – BIHOREL
5 – SOTTEVILLE-LÈS-ROUEN
6 – ST ETIENNE-DU-ROUVRAY

0 _____ 25 km

Le vieux Rouen : *La rue du Petit-Mouton.*

Les Andelys : *La fantastique forteresse de Château-Gaillard évoque les rois « maudits » qui y réglèrent des comptes terribles. Le site est... royal.*

ACQUIGNY – 27. 1 000 hab.
Beau château Renaissance au bord de l'Eure, dans un grand parc. Intéressante église XVIIIe ; le lundi de Pentecôte, procession de « Charitons ».

ALLOUVILLE-BELLEFOSSE – 76.
Son fameux chêne d'au moins dix siècles et de près de 5 m de diamètre héberge dans son tronc deux chapelles superposées.

ANDELLE (Vallée de l') – 27-76.
Le charmant et original bassin de l'Andelle a pris le nom de « Trois vallées normandes », celles de l'Andelle, du Héron et du Crevon, dont les paysages ruraux sont parmi les plus délicats de Normandie ; plus industrielle, la basse vallée de l'Andelle reste verdoyante dans un relief plus vigoureux que domine la Côte des Deux-Amants* au-dessus du confluent avec la Seine. V. Forges-les-Eaux*, le Héron, Ry*, Vascoeuil*, Pont-Saint-Pierre*.

ANDELYS (Les) – 27. 8 300 hab.
Une seule agglomération regroupe maintenant les Grand et Petit Andelys, ce dernier dominé par l'énorme masse des ruines du Château-Gaillard, pris d'assaut par Philippe-Auguste à peine construit par Richard Cœur de Lion, mort entre-temps (vis. tous les jours sauf hiver ; sens unique de la route) ; il était fait d'un énorme donjon dans une double enceinte avec de profonds fossés où des casemates creusées dans le roc servaient de magasins, et d'un avant-fort protégeant l'isthme de l'éperon ; la vue est splendide sur les Andelys, la vallée de la Seine et ses falaises.
Au Petit-Andely, remarquable église Saint-Sauveur fin XIIe (porche en bois, chœur). L'église Notre-Dame du Grand-Andely, restaurée depuis 1940 où la ville bombardée a en partie brûlé, est du plus beau XIIIe pour la nef et le chœur, et XVe-XVIe flamboyant et Renaissance pour le reste (splendide mobilier, buffet d'orgues, vitraux, stalles et statues). Maisons anciennes. Fontaine Sainte-Clotilde (pèlerinage), tilleul de six cents ans. Patrie du peintre Poussin, le musée possède son célèbre *Coriolan*. Port de plaisance. G.R. 2.
➡ Au N.-O., près de Noyers, traces d'un vaste théâtre romain et d'une villa. ➡ 6 km O., la Roquette, dominant la Seine, église XIIe, vue superbe.

ANTIFER (Cap et phare d') – 76.
Sur des falaises de 110 m, site splendide et sauvage, gâté par les installations gigantesques, au S., du port pétrolier d'Antifer ; grand phare (vis.).
➡ 7 km S., Bruneval, petite plage, monument d'un fait d'armes en 1942 ; 4 km S., belvédère du port d'Antifer (salle explicative), recevant depuis 1976 les pétroliers.

ARQUES-LA-BATAILLE – 76. 2 700 hab.
Eglise flamboyant XVIe-XVIIe possédant un superbe jubé Renaissance et une belle clôture ; vitraux. Le bourg est dominé par les ruines du château XIIe-XVIe sur un éperon étroit, d'où Henri IV canonna les troupes de la Ligue et remporta la fameuse bataille (1589). (Vis. tous les jours sauf mardi.) Au N.-E., superbe forêt d'Arques (1 000 ha de hêtres) ; à la lisière O., dominant la vallée de l'Arques, monument de la bataille et belle vue.

AUFFAY – 76. 1 700 hab.
Belle église Notre-Dame romane et gothique (restaurée après 1940) avec sur une petite tour un populaire jacquemart de deux personnages, en bois, Houzou Bénard et Paquet Sivière.
➡ Au N., très jolie vallée de la Scie ; à 10 km, Longueville-sur-Scie, château médiéval en ruine qui appartint à Du Guesclin et à Dunois, entre autres personnages illustres. La Scie va se jeter dans la Manche à l'O. de Dieppe. A 7 km S.-E. de Longueville, Muchedent, dans la vallée de la Varenne, église avec de belles peintures.

AUFFAY (près Oherville) – 76.
Joli petit château XVe, au-dessus de la vallée de la Durdent, que suit le G.R. 211.

AUMALE – 76. 3 000 hab.
Joliment située sur la Bresle presque naissante. Eglise Saint-Pierre-et-Saint-Paul XVIe avec un beau portail latéral (qui serait de Jean Goujon) et des clés pendantes, buffet d'orgues XVe et nombreux objets d'art. Hôtel de ville XVIe-XVIIe en pierre et brique.

AVRE (Vallée de l') – 27-28-61.
Née dans la forêt du Perche*, la rivière, à partir de la région de Verneuil-sur-Avre*, sépare la Normandie du Chartrain et a joué un rôle historique important. Sa vallée est très agréable (G.R. 22) ; 7,5 km E. de Verneuil, Montigny-sur-Avre, joli et vaste château classique XVIIe-XVIIIe de brique et pierre au bord de l'Avre (vis.) ; Tillières-sur-Avre, belle église romane et Renaissance (voûtes du chœur), jolie promenade publique ; Nonancourt*.

BAILLEUL (Château de) – 76.
Magnifique château Renaissance (vis. tous les jours en saison), décoration remarquable (nombreuses œuvres d'art, mobilier) ; beau parc.

BARENTIN – 76. 12 200 hab.
Remarquable viaduc de brique de la ligne Paris-le Havre ; « musée dans la rue », la ville est ornée de nombreuses sculptures (entre autres, Rodin, Bourdelle) et œuvres d'art XVIIe au XXe ; église XIXe néo-roman, œuvres modernes ; musée d'histoire locale à la mairie.

BEAUMESNIL – 27.
Un des plus beaux châteaux début XVIIe baroques de France, en pierre et brique, vastes bassins, admirable parc (vis. ext. sauf dimanche ; vis. int. certains samedis).

➡ 7 km S.-E., la Ferrière-sur-Risle, église gothique (œuvres d'art), halles et maisons anciennes ; S.-O., Park Risle Valley, parc d'attractions multiples (en saison).

BEAUMONT-LE-ROGER – 27.   2 900 hab.
Site agréable sur la Risle, au pied de la vaste forêt de Beaumesnil. Belle église Saint-Nicolas XIVe au XVIe, restaurée (vitraux XVe-XVIe et modernes, jacquemart). Au N., belles ruines du prieuré et de son église XIIIe.
➡ 1 km N.-O. (D. 23), Beaumontel, église gothique à flèche de pierre. ➡ 7 km N.-O. (D. 133), Serquigny, où la Charentonne* rejoint la Risle ; à l'église, beau portail XIe, sculptures, statues, chapelle Renaissance ; château XVIIe avec fossés et pont-levis ; 2,5 km N., chapelle Saint-Eloi, en partie XIe, pèlerinage à une source. ➡ S.-E., Grosley-sur-Risle et le Val Gallerand, sites remarquables.

BEAUVOIR-EN-LYONS – 76.
Beau village typique ; du chevet de l'église, admirable panorama sur le pays de Bray.
➡ 3 km E., Brémontier, église romane et gothique à la décoration remarquable.

BEC-HELLOUIN (Le) – 27.
Importante abbaye bénédictine fondée au XIe (vis. tous les jours sauf mardi) ; l'ancienne abbatiale n'existe plus qu'en plan au sol ; superbe tour Saint-Nicolas XVe d'où la vue est très belle ; beaux bâtiments conventuels XVIIe, réfectoire (nouvelle abbatiale), cloître, avec des statues et des remplois antérieurs. L'église gothique du bourg possède de belles statues XVIIe. Musée de l'Automobile à « l'Abbatiale » (tous les jours). Le vallon du Bec est très beau (D. 39 en amont, S.-E.).

BERNAY – 27.   11 300 hab.
Sur le confluent du Cosnier et de la Charentonne* ; belle vue de l'agréable Promenade des Monts, dominant la ville au N. L'abbaye, origine de la ville, héberge dans de beaux bâtiments XVIIe l'hôtel de ville, et le musée dans un logis XVIe en damier bien normand (faïences, peinture, mobilier ; fermé le mardi) ; remarquable abbatiale romane XIe, très remaniée ; jardin public. Eglise Sainte-Croix XIVe-XVe, pierres tombales et statues intéressantes. Curieuse basilique Notre-Dame-de-la-Couture XVe (vitraux, lambris), pèlerinages des confréries de charitons. Belles maisons anciennes, de bois et Renaissance. Hôtel de la Gabelle XVIIIe.

BERVILLE-SUR-MER – 27.
Joli site et belle vue sur la Seine à l'embouchure de la Risle ; château de Berville. A l'O. (D. 312), mont Courel et château de la Pommeraye XVIIe, puis l'ancienne abbaye bénédictine de Grestain (fermée) où reposent Arlette, la mère de Guillaume le Conquérant, et son mari.

BEUVREUIL – 76.
Jolie église XIe avec porche en bois XVIe aux briques vernissées ; château des Huguenots XVIe.

BEUZEVILLE – 27.   2 400 hab.
Eglise gothique restaurée, beaux vitraux modernes (par Decorchemont) et autres œuvres d'art contemporaines.

BLANGY-SUR-BRESLE – 76.   3 400 hab.
La vallée de la Bresle est plaisante par les deux rives ; bourg

anéanti en 1940 ; église Notre-Dame gothique, reconstruite.

BORD (Forêt de) – 27.
Grande (3 500 ha), très variée et accidentée, malheureusement tronçonnée par la N. 15 et l'A. 13, mais par endroits très profonde et superbe ; elle se poursuit au S. par la forêt de Louviers, de même nature (feuillus et résineux).

BOUILLE (La) – 76.
Site ravissant sur la rive escarpée du méandre de la forêt de Roumare*, au pied de la forêt de la Londe (peu courue, belles promenades) et du fameux château fort de Robert le Diable, XIe, ruiné et restauré (musée des Vikings, vis. tous les jours en saison) ; parc d'attractions), splendide panorama.
➡ 8 km N.-O., face au méandre de Jumièges*, Yville-sur-Seine, joli château XVIIIe.

BOURG-ACHARD – 27.   1 800 hab.
Sur le riche plateau du Roumois, limoneux et céréalier. Le chœur XVe de l'église possède de beaux vitraux XVIe ; remarquables boiseries et objets d'art (une Vierge à l'oiseau).
➡ 7 km O.-N.-O., Routot, jolie église romane ; 3 km N., la Haye-de-Routot, à la lisière de la forêt de Brotonne*, église romane, nombreuses statues ; ifs prodigieux dans le petit cimetière.

BOURG-DUN – 76.
Belle église XIe au XVIe (chapiteaux, fonts Renaissance, beau croisillon S. flamboyant).

BREUIL-BENOÎT (Abbaye du) – 27.
En partie restaurée, elle comporte une belle église cistercienne XIIe et un manoir XVIIe dans un joli cadre ; l'ensemble est fort beau vu du G.R. 22 couronnant le coteau de la forêt de Dreux en face.
➡ 2,5 km S., Saint-Georges-Motel, château XVIIe de Motel.

BRIONNE – 27.   4 900 hab.
A l'E., un superbe donjon carré XIe qui fut très disputé domine la vallée (vue ; accès rapide à pied) ; église XIVe-XVe possédant des objets d'art de l'abbaye du Bec-Hellouin.
➡ 6,5 km S.-E., Harcourt, puissant château féodal XIIIe-XIVe remanié (fossés, pont-levis), avec un parc et un arboretum remarquables, conifères et essences exotiques (sentiers balisés ; vis. après-midi en saison sauf mardi). Superbe chœur à l'église gothique. ➡ 11 km N.-O., remarquable château de Launay XVIIIe.

BROGLIE – 27.   1 100 hab.
Sur la Charentonne*. Château XVIIIe à l'O., dans un grand parc, appartenant toujours à l'illustre famille de Broglie. Belle église romane et XVe-XVIe.

La fabrication du cidre : Dans un premier temps les pommes sont écrasées, ce qui donne un premier jus ; puis c'est le pressoir, ici à l'ancienne mode où l'huile de coude doit être aussi abondante que le cidre produit.

Ferme à Saint-Vaast : Le beau corps d'habitation, à colombages, d'une grande ferme du pays de Caux, au milieu des vergers.

BROTONNE (Parc naturel régional de) – 27-76.

Comprenant, outre la splendide forêt de Brotonne (près de 7 000 ha), le Nez de Tancarville*, une partie du Marais Vernier (v. Quillebeuf*) et les régions de Saint-Wandrille* et de Jumièges*, et composant ainsi un ensemble naturel et écologique remarquable dans la basse vallée de la Seine, il couvre 40 000 ha débordant sur les plateaux du pays de Caux et du Roumois, dans le but de préserver, améliorer et développer le patrimoine et les activités. De nombreux sentiers pédestres et itinéraires équestres sont balisés ; une grande base de plein air et de loisirs existe à Jumièges-le-Mesnil, et une Maison des Métiers (ferronnerie, tissage, poterie), à Bourneville (Eure), est un centre de production et de vente de produits artisanaux.

BUCHY – 76.   1 100 hab.

Halles XVIᵉ en charpente ; église en partie XVIᵉ, vitraux remarquables.

➡ 3,5 km E., Bosc-Bordel, église XIIIᵉ, beau porche Renaissance.

CANY-BARVILLE – 76.   2 200 hab.

Sur la Durdent, dont la jolie vallée (suivie par le G.R. 211) va déboucher sur la mer à Veulettes*. Eglise Renaissance (panneaux de bois sculptés XVIᵉ) ; halles XVIIIᵉ.
➡ 2 km S. (par D. 268), site charmant de l'église de Barville puis, plus loin, beau château XVIIᵉ de Cany.

CAUDEBEC-EN-CAUX – 76.   2 700 hab.

Joliment située sur la Seine, face à la plaine où s'élève peu à peu la forêt de Brotonne, la ville a été presque détruite en 1940 puis 1944.
Jolie vue de la terrasse, à l'O. Eglise Notre-Dame flamboyant XVᵉ-XVIᵉ, « la plus belle chapelle du royaume » selon Henri IV, avec une grande tour à flèche de 54 m ; magnifiques œuvres d'art, vitraux XVIᵉ, orgues XVIᵉ restaurées (concerts), chapelle du Sépulcre (de Jumièges), clé de voûte monolithe pendante de 4,30 m dans la chapelle de la Vierge. Autour, quelques maisons XVᵉ. Maison des Templiers XIIIᵉ, musée du Vieux Caudebec. Le fameux mascaret n'existe presque plus depuis les travaux sur la Seine au Havre. A l'E., le grand pont de Brotonne (à péage) suspendu, à 50 m au-dessus des hautes eaux et long de 1 280 m, remplace le bac (les premiers en amont sont ceux du Trait et de Jumièges*).
➡ 3,5 km N.-O., Sainte-Gertrude, joli village en forêt, belle église XVIᵉ ➡ 4,5 km O.-S.-O., Villequier*. ● Base nautique (voile), promenades balisées. Proximité du Parc naturel régional de Brotonne*.

CHARENTONNE (Vallée de la) – 27.

Elle coupe un grand plateau entre sa forêt natale de Saint-Evroult* et la Risle* qu'elle va rejoindre à Serquigny ; au passage, elle traverse de jolis sites de part et d'autre de Broglie* et de Bernay*.

CHAMP-DE-BATAILLE (Château du) – 27.

Très curieux et bel ensemble de deux magnifiques bâtiments XVIIᵉ semblables en vis-à-vis, formant cour avec des murs, colonnes et portiques ; appartements splendides (mobilier, peintures, nombreux objets d'art ; vis. tous les après-midi l'été sauf mardi, mercredi et dimanche et jours fériés) ; beau parc.
➡ 4,5 km S.-E., le Neubourg, église XVIᵉ, foires célèbres jadis, au centre d'un plateau de grande culture traversé par le G.R. 26 et parsemé d'églises et châteaux souvent intéressants ; 4 km S., Omonville, beau château XVIIIᵉ avec parc à la française (vis. tous les après-midi l'été, et samedi, dimanche et jours fériés).

CLÈRES – 76.   1 100 hab.

Bourg délicieux dans un joli vallon ; halle ancienne. Autour du château, ensemble pittoresque et un peu hétéroclite du XIIᵉ au XVIᵉ (restauré), superbe parc zoologique, particulièrement riche en oiseaux (vis. tous les jours). Sur la place, musée de l'Automobile, belle collection de modèles depuis les origines, en état de marche, avec des engins militaires de 1944 (vis. tous les jours).
➡ 6 km S.-E., Fontaine-le-Bourg, dans la ravissante vallée du Cailly ; église en partie romane (chapiteaux).

COCHEREL – 27.

Agréable site sur l'Eure, que la belle D. 71 suit au N.-O. (rive gauche) plus loin. Aristide Briand y est enterré.

➡ 1 km S.-O. (D. 57), un monument rappelle une victoire de Du Guesclin sur les Anglais en 1364.

CONCHES-EN-OUCHE – 27.　　　　　　　　3 800 hab.

Joli site sur une butte contournée par le Rouloir à la ravissante vallée au N.-E. (vue superbe sur la ville de la D. 830 à l'E.). Eglise Sainte-Foy XVᵉ-XVIᵉ avec splendide ensemble de vitraux XVIᵉ et beaux albâtres anglais XVᵉ. Ruines du château XIIᵉ, jardin public. Maisons anciennes. Promenade du Parc.

➡ S.-O., immense forêt de Conches, très agréable, rejoignant la forêt de Breteuil de part et d'autre d'une vaste clairière occupée par trois communes ; le G.R. 222 y suit un joli trajet.

CUVERVILLE – 76.

Pour le souvenir d'André Gide, qui s'y maria et y repose.

DAMPSMESNIL – 27.

Au N.-O. du pont d'Aveny, près de la D. 170, en forêt, remarquable allée couverte.

DAMVILLE – 27.　　　　　　　　　　　1 500 hab.

Sur l'Iton. Intéressante église Saint-Evroult XVᵉ-XVIᵉ.

➡ 6,5 km S.-O., château de Chambray, XVIIᵉ, en pierre et brique.

DEUX-AMANTS (Côte des) – 27.

Ce superbe promontoire dominant le confluent de l'Andelle et de la Seine, accessible par le Plessis sur le plateau, commande une vue splendide. On peut aussi y monter à pied (G.R. 2, 1 h aller et retour), sans courir et risquer ainsi le sort tragique des pauvres amants. Au pied, les écluses d'Amfreville, dernier ouvrage de navigation sur la Seine, qui devient maritime en aval, la marée remontant jusqu'ici (un passage piéton emprunte le barrage de Poses et permet d'apprécier le fleuve et ses aménagements).

DIEPPE – 76.　　　　　　　　　　　26 000 hab.

Grand port de voyageurs (ligne de Newhaven), de pêche et de commerce, très pittoresque, et vaste plage (galets) dans un vaste et beau cadre de falaises.

La station balnéaire est l'une des plus anciennes de France. Le château domine la plage et la ville resserrée à ses pieds ; XVᵉ au XVIIᵉ (fermé mardi sauf l'été), il abrite le musée municipal, archéologie, peintures, superbes ivoires dieppois, marine et navigation anciennes. Auprès, table d'orientation, vue d'ensemble sur le site de la ville et du port. Porte du N.-O. XVᵉ. Eglise Saint-Rémy, gothique tardif. Belle église Saint-Jacques XIIIᵉ-XVIᵉ, remaniée (décoration extérieure du chevet, intérieur très riche en œuvres d'art et sculptures ; frise du palais d'Ango, etc.).

➡ 7,5 km S., Offranville, église XVIᵉ, gros if millénaire ; 3,5 km E., superbe château de Miromesnil début XVIIᵉ, où naquit Maupassant (beau parc ; vis. l'après-midi en saison). ➡ 3 km N.-E., Puys, petite plage dans les falaises ; au-dessus, cité de Limes, antique et médiévale. ➡ 2 km O., Musée de la guerre et du débarquement de 1942 (vis. tous les jours en saison). ● Marché le samedi. Promenades en mer.

DUCLAIR – 76.　　　　　　　　　　　3 000 hab.

Site charmant sur la Seine (bac). Eglise XIᵉ au XVIᵉ, restaurée (statuaire, vitraux XVIᵉ et modernes de Max Ingrand).

EAWY (Forêt d') – 76.

Vaste et très beau massif domanial (6 500 ha), de chênes et surtout de hêtres splendides, dont de nombreuses routes traversent les vallons très accidentés, et notamment l'allée des Limousins, de Maucomble au hêtre le Poilu ; la chapelle de la Heuze, dans une vaste clairière près du centre, est un pèlerinage à saint Christophe.

ECOUIS – 27.

Eglise XIVᵉ fondée par Enguerrand de Marigny, le financier de Philippe le Bel. Elle est remarquable et sa statuaire est un ensemble de chefs-d'œuvre. Stalles XIVᵉ.

ELBEUF – 76.　　　　　　　　　　　19 500 hab.

Vieille ville industrielle bien située sur la Seine. Remarquable musée d'Histoire naturelle à l'hôtel de ville. Deux belles églises : Saint-Etienne XVᵉ-XVIIᵉ flamboyant, bel ensemble de verrières XVIᵉ, Saint-Jean XVIIᵉ-XVIIIᵉ gothique, intérieur classique (vitraux).

➡ 4,5 km N., roches d'Orival, promenade remarquable dans les falaises (G.R. 2), vues superbes sur la Seine.

➡ 6 km N.-E., rive droite, Freneuse, table d'orientation, vue panoramique. ● Ecole de voile. Circuit automobile.

ENVERMEU – 76.　　　　　　　　　　1 500 hab.

Remarquable église gothique XVIᵉ avec des éléments Renaissance (colonnes torsadées) ; chœur magnifique. Jolie vallée de l'Eaulne.

EPTE (Vallée de l') – 27-78-95.

De Gisors* à Vernon*, cette jolie vallée a toujours attiré les peintres ; une route la descend sur chaque rive ; elle est jalonnée d'anciennes forteresses normandes à la frontière de la France, Château-sur-Epte (vis. jeudi et dimanche en saison), et le château de Baudemont, au-dessus de Bray-et-Lu ; beau pont ancien à Aveny. Elle débouche sur la Seine.

ÉTRETAT – 76.　　　　　　　　　　　1 500 hab.

Son cadre de falaises en fait dans son ensemble l'un des sites les plus spectaculaires de France ; station balnéaire fréquentée, lancée par les peintres, Alphonse Karr et Maupassant.

Au S., falaise et « porte » d'Aval, arche gigantesque, suivie de l'Aiguille d'Etretat, de 70 m ; du haut de la falaise, on découvre l'énorme Manneporte (98 m au sommet) qu'on atteint facilement et d'où à son tour la vue est splendide vers le cap d'Antifer* (phare) qu'un sentier (environ 5 h aller et retour) rejoint par la sévère plage d'Antifer. Au N., falaise et porte d'Amont, chapelle Notre-Dame-de-la-Garde et monument Nungesser et Coli (musée) ; vues splendides. En ville, belle maison normande ancienne provenant de Lisieux, pittoresques halles à l'ancienne, cabestans et « caloges » du front de mer ; à l'E., belle église Notre-Dame, romane et XIIᵉ (tour-lanterne).

➡ 4 km N.-E., Bénouville, célèbre « valleuse du Curé » (descente impraticable), aiguille de Belval.

Gisors : *Les vestiges du château fort, XIᵉ au XVᵉ, dans un site de verdure.*

EU – 76.   8 900 hab.

Vieille ville normande à la frontière picarde, Eu a dédié sa collégiale à saint Laurent O'Toole, primat d'Irlande, mort ici au XIIᵉ, et à Notre Dame ; XIIᵉ-XIIIᵉ, elle a un superbe chevet XVᵉ ; Mise au tombeau XVᵉ à huit personnages ; remarquable crypte avec tombeaux de la famille d'Artois et gisant de saint Laurent ; nombreuses œuvres d'art. Le château fin XVIᵉ en brique, où Louis-Philippe reçut deux fois la reine Victoria, abrite un musée Louis-Philippe (vis. tous les jours en saison sauf mardi) ; parc de Le Nôtre. A la chapelle du Collège (des Jésuites), mausolées XVIIᵉ du duc de Guise, le Balafré, et de Catherine de Clèves son épouse. Remarquable Hôtel-Dieu XVIIᵉ. Fouilles antiques de Bois-l'Abbé, 5 km S.-E., sur la route de la forêt d'Eu* (circuits fléchés). Eu vit le mariage de Guillaume le Conquérant avec Mathilde.

EU (Forêt d') – 76.

Grande forêt (11 000 ha) et superbe hêtraie, en plusieurs massifs : Basse forêt d'Eu, au N.-O. d'Aumale*, Haute forêt d'Eu, entre l'Yères et la Bresle à la hauteur de Blangy*, la plus belle partie, et le Triage d'Eu, moins compact, allant jusqu'aux abords d'Eu*. Très « habitée », le promeneur discret a des chances de surprendre des animaux dans un cadre souvent très beau.

EURE (Vallée de l') – 27.

Comme en amont de Dreux (région XIII), l'Eure traverse des plateaux parfois monotones par une vallée verdoyante à souhait où foisonnent les résidences secondaires ; la rivière a un cours magnifique qui charme les pêcheurs, et les flancs de la vallée sont souvent couverts de forêts, accentuant l'impression générale d'être dans un parc, jalonné de châteaux.

ÉVREUX – 27.   50 400 hab.

Durement touchée par la guerre, la ville a repris une expansion remarquable (grand marché agricole, industries), et gardé quelques beaux monuments.
L'admirable cathédrale Notre-Dame XIIᵉ au XVIIᵉ est presque un résumé de l'histoire de l'architecture du roman à la Renaissance (vitraux splendides XIIIᵉ au XVIIᵉ, clôtures de bois Renaissance des chapelles du déambulatoire, tour-lanterne, superbe façade Renaissance). Le bel ancien évêché voisin, fin XVᵉ, avec un joli cloître, héberge le Musée municipal (archéologie – superbe Jupiter en bronze du Iᵉʳ –, peintures, céramiques). La Promenade des Remparts, le long de l'Iton, mène à la tour de l'Horloge fin XVᵉ (haute de 44 m). A l'O., l'abbatiale Saint-Taurin romane et XIVᵉ-XVᵉ (chœur, vitraux) contient la châsse XIIIᵉ de saint Taurin, une merveille de l'orfèvrerie médiévale. Au S., beau jardin public et cloître XVIIᵉ des Capucins.
➡ S.-O., vaste forêt d'Evreux, contournée par l'Iton (cours souterrain au S.-O.) ; jolies routes ; aux Ventes, dolmen.
➡ N., belle vallée de l'Iton* (G.R. 222).

FÉCAMP – 76.   22 200 hab.

Port important et pittoresque (pêche à la morue) et belle ville dans un site magnifique au débouché du Valmont ; station balnéaire, grande plage (galets), port de plaisance.
Au-dessus au N., Notre-Dame-du-Salut, pèlerinage de marins, vue admirable sur les falaises vers Etretat* et sur Fécamp (table d'orientation) ; du bord des falaises, vue vers Dieppe.
Splendide abbatiale de la Trinité, typique du gothique normand XIIᵉ, aux proportions de cathédrale (127 m de long), belle tour-lanterne carrée de 65 m ; très belles œuvres d'art (sculptures, clôtures, stalles, tombeaux) ; façade XVIIIᵉ. Hôtel de ville XVIIIᵉ dans les bâtiments abbatiaux. Etablissements de la Bénédictine, néo-XVIᵉ fin XIXᵉ ; remarquable musée de la Bénédictine (fermé samedi et dimanche l'hiver), sur l'abbaye et l'art médiéval (et ferronnerie, émaux, etc.). Musée municipal et centre des arts (fermé mardi et jours fériés) : arts et traditions populaires, faïences, marine.

FORGES-LES-EAUX – 76.   3 400 hab.

Agréable station thermale au cœur du pays de Bray ; très beau parc thermal où l'Andelle naissante forme un joli lac.
➡ 7 km E., Pommereux, église gothique aux sculptures intéressantes.

GAILLON – 27.   5 800 hab.

Du magnifique château Renaissance du cardinal d'Amboise, il reste surtout le pavillon d'entrée et un bâtiment avec deux tours (on restaure).

GISORS – 27.   8 300 hab.

Sur l'Epte, capitale du Vexin normand.
Le château fort XIᵉ au XVᵉ, pièce maîtresse de la défense normande à la frontière, conserve un gros donjon (vis. tous les jours sauf mardi) dans une double enceinte puissante (jardin public), dont la promenade du Château fait le tour. L'église Saint-Gervais-et-Saint-Protais XIIIᵉ et XVIᵉ a une célèbre façade Renaissance, une nef flamboyant et un beau chœur gothique, et l'ensemble est très beau (vitraux XVIᵉ, portails, surtout le N., Renaissance, et sculptures).
➡ 5 km O. par la D. 10, Neaufles-Saint-Martin, donjon XIIᵉ en ruine, belle vue. ➡ 8 km S.-O., Dangu, église intéressante (statues), gothique et Renaissance ; châteaux, dont un revient de Saint-Cloud ; haras.

GOMMERVILLE – 76.

Superbe château de Filières XVIIIᵉ (de Victor Louis) et XVIᵉ, mobilier et portraits XVIIIᵉ, art d'Extrême-Orient (vis. après-midi des mercredi, samedi, dimanche et jours fériés) ; parc de Le Nôtre, voir la « cathédrale » des hêtres.

GOURNAY-EN-BRAY – 76.   6 600 hab.

Patrie du Petit-Suisse, importantes usines Gervais à Ferrières-en-Bray, faubourg E. Ancienne place forte, la ville a été détruite en 1940. L'église Saint-Hildevert garde de belles parties XIᵉ-XIIᵉ (remarquables chapiteaux).
➡ 7 km S.-O., Bosc-Hyons, petit autel romain supportant la croix du cimetière ; autour, la forêt de Lyons*.

HAVRE (Le) – 76.   219 600 hab.

La ville et le port, fondés par François Iᵉʳ, ont pratiquement été anéantis en 1944 et Auguste Perret a dirigé la reconstruction en béton, sobre, spacieuse, grandiose mais assez monotone.
De la superbe place de l'Hôtel-de-Ville, où le grand monument avec une tour de 72 m regarde le port au bout de la rue de Paris (S.), la vaste avenue Foch conduit à l'ensemble symbolique de la Porte Océane (O.) et à la plage sur l'Océan. L'église-mémorial Saint-Joseph surmontée d'un clocher de 106 m a un intérieur remarquable. Eglise Saint-Michel. Cathédrale Notre-Dame Renaissance et classique, restaurée.
Les musées sont remarquables. Musée du Vieux Havre, dans la maison des Veuves XVIIᵉ-XVIIIᵉ (au cœur du vieux quartier Saint-François, quelques maisons anciennes et l'église Saint-François XVIᵉ-XVIIᵉ) : archéologie, histoire du Havre, faïences et verreries (fermé lundi et mardi). Musée des Beaux-Arts, beau bâtiment moderne précédé du Signal du sculpteur Adam et presque flanqué du grand séma-phore, au carrefour du port ; importantes collections d'œuvres de Boudin, de Dufy et des « fauves » (fermé mardi et jours fériés). Musée du Prieuré de Graville (5 km E. du centre), lapidaire et statuaire, habitat ancien (fermé lundi et mardi) ; à côté, abbatiale Sainte-Honorine XIᵉ-XIIIᵉ (crypte). Au N., vaste parc de loisirs de la forêt de Montgeon (sports, lac, parc animalier, sentiers, etc.).
Entre les forts de Tourneville et de Sainte-Adresse (panorama), la côte d'Ingouville, quartier résidentiel, donne une vue remarquable sur l'ensemble de la ville, du port et de l'estuaire, ainsi que du cap de la Hève (phare, et au S.-E., table d'orientation). Le port, 2ᵉ de France (important trafic de passagers avec l'Angleterre et l'Irlande), possède de nombreux bassins à flot, l'écluse François Iᵉʳ, la plus grande du monde (400 m), accueillant dans le Grand Canal du Havre des navires de 250 000 t permettant le fonction-nement d'un gigantesque complexe industriel ; visite du

port libre (en voiture ou à pied) ou en vedettes (en saison).
➡ 6,5 km E., Harfleur, belle église Saint-Martin flamboyant avec une superbe tour à flèche de pierre de 83 m ;
hôtel de ville dans un remarquable château XVIIᵉ ; 3,5 km
E. par Gonfreville-l'Orcher, terrasse du château d'Orcher.

ITON (Vallée de l') – 27.
La rivière descend de la Trappe* ; la vallée devient très
bucolique vers Breteuil* et Condé-sur-Iton ; après Damville*, l'Iton se perd dans le plateau de la forêt d'Evreux et
sa vallée est sèche jusqu'au confluent du Rouloir ; sites
charmants de la Bonneville et d'Arnières-sur-Iton ; en aval
d'Evreux*, une petite route ravissante suit la rivière rive
gauche à partir de Normanville jusqu'à Acquigny* par
Houetteville (jolie église XVIᵉ de la Vacherie sur une petite
butte en face). G.R. 222.

IVRY-LA-BATAILLE – 27.   2 300 hab.
La place forte fut souvent prise mais la bataille en question
eut lieu sur le plateau (7 km N.-O.) au N. de la Couture-
Boussey (à la mairie, collection d'instruments à vent,
spécialité du pays), où un obélisque signale la victoire
d'Henri IV sur la Ligue en 1590. Eglise gothique dont le
portail S. serait de Philibert Delorme. Belle maison « de
Henri IV » et portail restant de l'abbaye XIᵉ. Ravissante
vallée de l'Eure* (pont Saint-Jean en amont d'Ezy-sur-
Eure).

JUMIÈGES – 76.   1 500 hab.
Son et Lumière
Dans un beau parc, les ruines de la célèbre abbaye fondée
au VIIᵉ par saint Philibert sont une gloire de la France
romane.
La façade de l'abbatiale Notre-Dame XIᵉ, ses hautes tours
carrées puis octogonales, l'élévation de la nef, le fragment
de tour-lanterne restant comme suspendu en plein ciel sur
un arc parfait, s'accrochent dans le souvenir ; la petite
église Saint-Pierre carolingienne et XIIIᵉ-XIVᵉ, la salle
capitulaire début XIIᵉ, le grand cellier, complètent cet
ensemble étonnant massacré au XIXᵉ ; beau logis abbatial
XVIIᵉ avec musée lapidaire (dalle funéraire d'Agnès Sorel).
Eglise paroissiale romane et Renaissance, avec des œuvres
provenant de l'abbaye.
➡ 4,5 km S.-E., le Mesnil-sous-Jumièges, remarquable
manoir XIIIᵉ d'Agnès Sorel, qui y mourut.

Jumièges : *Les restes de la puissante abbaye forment un ensemble
grandiose, dans lequel il faut se promener lentement pour se laisser
imprégner de l'ambiance qu'ils dégagent.*

LILLEBONNE – 76.   10 300 hab.
Ancien port romain ; le théâtre romain de 110 m sur 80 m
est le plus important reste antique de Normandie (vis. l'été).
En face, à l'hôtel de ville, musée archéologique et
historique. Eglise en partie gothique XVIᵉ (œuvres d'art).
Ruines du château XIIᵉ-XIIIᵉ (fermé dimanche et jours
fériés) fondé par Guillaume le Conquérant ; c'est là qu'il
proposa à ses barons d'envahir l'Angleterre.
➡ 5,5 km S., Port-Jérôme, énorme raffinerie de pétrole.
➡ 4,5 km S.-E., Saint-Georges-de-Gravenchon, église
moderne. ➡ 8 km N.-O., Bolbec (12 800 hab.), église
XVIIIᵉ, sculptures du parc de Marly au jardin public.

LOUVIERS – 27.   18 900 hab.
Entre sa belle forêt et l'Eure* en plusieurs bras. La ville a
été très touchée par la guerre en 1940. Son église Notre-
Dame XIIIᵉ à l'origine est célèbre pour l'extraordinaire
décoration flamboyante de son flanc S. et du porche ;
l'intérieur abrite une riche statuaire et quelques beaux
vitraux. Intéressant musée sur l'industrie textile et d'admirables céramiques notamment de Rouen ; archéologie,
peinture, etc. (vis. tous les après-midi sauf mardi). Voir
l'ancien couvent des Pénitents et son petit cloître sur l'eau.
Belles routes pour les Andelys*, rive droite par Andé et
Muids, et rive gauche par Heudebouville et une petite route
qui descend droit sur la Seine (belle vue) et la suit par
Bernières-sur-Seine et la Garenne. Promenades en forêt,
très accidentée.

LYONS (Forêt de) – 27-76.
Massif domanial considérable (10 600 ha), alternant ses
admirables hêtraies avec de vastes clairières ; elle s'étend
sur 22 km entre la vallée de l'Andelle et celle de l'Epte et
forme des secteurs plus compacts à l'O. et au S. de Lyons-
la-Forêt où les parages de la source du Fouillebroc sont
particulièrement pittoresques ; voir aussi, à 5,5 km E. de la
Feuillie, le hêtre de la Bunodière, de plus de 40 m, et, à l'E.,
le massif des Quatre-Cantons.

LYONS-LA-FORÊT – 27.
Joli bourg très normand au cœur de l'immense hêtraie
discontinue de sa forêt. Halles XVIIIᵉ, église romane et
Renaissance (statues).
➡ 5 km S., ruines de l'abbaye de Mortemer, cistercienne
XIIᵉ-XIIIᵉ (vis. l'après-midi en saison) ; 7 km O., Menesque-
ville, jolie église XIIᵉ (œuvres d'art, vitraux modernes).
➡ 8,5 km N., la Feuillie, remarquable église flamboyant à
flèche très aiguë. ➡ 4 km E., Beauficel-en-Lyons, très
beau porche en bois sculpté à l'église.

MAINNEVILLE – 27.

Dans la jolie vallée de la Levrière, qu'on peut suivre de la forêt de Lyons* (Bézu-la-Forêt, château de la Fontaine du Houx, beau menhir en forêt) à Bézu-Saint-Eloi près de Gisors*. A l'église, une admirable Vierge, une belle Vierge à l'Enfant et un Saint-Louis que l'on dit son seul portrait fidèle, toutes statues XIVᵉ.

➡ 5 km S.-S.-O., Heudicourt, extraordinaire charpente XVIᵉ sculptée à l'église ; château.

MARTAINVILLE – 76.

Près des « Trois vallées normandes » (v. vallée de l'Andelle*), le château fin XVᵉ (siège du groupement touristique), en pierre et brique, avec des douves, est un remarquable musée normand (fermé mardi).

MESNIL-VAL – 76.

Agréable petite station balnéaire, plage de galets et sable.

➡ 1,5 km S.-O., Criel-Plage, jolie plage entre des falaises (mont Jolibois, 104 m, à l'O.), sur l'embouchure de l'Yères ; 3 km S., Criel-sur-Mer, église XVIᵉ restaurée, et hôpital Saint-Louis dans un château XVIᵉ.

MONTFORT-SUR-RISLE – 27.

La belle forêt de Montfort (2 000 ha) y entoure des ruines du XVIᵉ (vue) ; église intéressante, ainsi qu'à Saint-Philbert-sur-Risle (1 km O.), du XIIIᵉ, Saint-Etienne-l'Allier (10 km S.-O.), XIIᵉ-XIIIᵉ.

➡ 9 km S.-E. (D. 124), Boissey-le-Châtel, superbe château de Tilly, début XVIᵉ.

MONTIVILLIERS – 76.   14 300 hab.

Petite ville industrielle sur la Lézarde ; belle église XIᵉ-XVᵉ avec une tour romane en façade, une tour-lanterne romane et un porche flamboyant, deux nefs, romane et gothique ; curieux cimetière de Brisegaret avec galerie de bois XVIᵉ d'un ancien charnier.

➡ 5,5 km N.-E., Manéglise, remarquable petite église romane. ➡ 6,5 km N., beau château du Bec XVIᵉ (douves).

NEUFCHÂTEL-EN-BRAY – 76.   6 100 hab.

Ce fut le chef-lieu du pays de Bray, presque anéanti en 1940 ; le musée Mathon, d'art populaire, détruit, se reconstitue dans une maison ancienne (vis. l'après-midi samedi et dimanche) ; disparate mais remarquable, l'église Notre-Dame a un beau chœur XIIIᵉ et des chapiteaux Renaissance dans la nef XVIᵉ (sculptures).

➡ 5,5 km N.-O. (D. 1), Mesnières-en-Bray, magnifique château Renaissance, à quatre tours d'angles ; 4 km S.-O., Fresles, église XIIIᵉ, fresques, statues ; 2,5 km S.-E., Bully, manoir du Flot XVIᵉ.

NEUILLY – 27.

Beau château de la Folletière fin XVIᵉ, au bord de l'Eure. En aval, au pied de la forêt de Mérey, jolie vue sur la vallée.

Mesnières-en-Bray / Neufchâtel-en-Bray : *Le château de Mesnières-en-Bray est un superbe témoin de la Renaissance en Normandie, avec des tours d'angle encore médiévales.*

NONANCOURT – 27.   1 900 hab.

Sur l'Avre, ancienne place forte normande. Belle église Saint-Martin XVIᵉ flamboyant (vitraux, mobilier), tour XIIIᵉ. Maisons anciennes. Sur la rive droite, Saint-Lubin-des-Joncherets (28 E.-et-L., région XIII), remarquable église XVᵉ flamboyant et Renaissance (statues).

OSMOY-SAINT-VALÉRY – 76.

Eglise romane et gothique.

➡ 2 km O., Maintru (église) ; 2 km S., d'une des buttes typiques du pays de Bray, vue superbe ; 3,5 km S.-E., Bures-en-Bray, joli site et belle église XIIᵉ-XVᵉ-XXᵉ ; 2 km S.-O., panorama sur la hauteur.

➡ Au N.-E., belle forêt du Hellet, que continue au N.-O. le plateau d'Aliermont (un village interminable borde la D. 56 qui le traverse). Londinières, au pied N. de la forêt, sur l'Eaulne, intéressante église moderne (statues anciennes).

PACY-SUR-EURE – 27.   3 600 hab.

Remarquable église Saint-Aubin XIIIᵉ, remaniée ; belles statues, vitraux modernes.

➡ 3 km N.-O., Menilles, jolie église XVᵉ et Renaissance.

PETITES-DALLES (Les) – 76.

Petite plage dans un site superbe parmi les falaises, ainsi que les Grandes-Dalles au S.-O. (5 km par la route, 30 mn à pied, G.R. 21) ; jolis vallons verdoyants.

➡ 3 km E., Saint-Martin-aux-Buneaux, église gothique à deux nefs, beaux vitraux modernes ; château XVIIᵉ ; 3 km E., Auberville-la-Manuel, beau manoir XVIᵉ fortifié (douves, colombier).

PONT-AUDEMER – 27.   10 000 hab.

Ancienne ville de tanneurs sur la Risle qui s'y divise en plusieurs bras et lui donne, ainsi que ses vieilles maisons à colombages, un véritable charme, sensible depuis ses différents ponts ; auberge du Vieux Puits XVIIᵉ, hôtels et maisons XVIᵉ au XVIIIᵉ, pittoresque cour Canel. Eglise Saint-Ouen XIᵉ (chœur) et XVᵉ, avec de splendides vitraux Renaissance (et modernes) et de nombreux objets d'art (albâtres XVᵉ).

➡ 6 km E., Corneville-sur-Risle, dont l'Hostellerie des Cloches à un beau carillon (audition sur demande, en saison), depuis la célèbre opérette. Jolis environs.

PONT-DE-L'ARCHE – 27.   2 900 hab.

Beau site entre la forêt de Bord* et la Seine qui y reçoit l'Eure ; remarquable église flamboyant XVIᵉ à superbe décoration extérieure et nombreuses œuvres d'art, beaux vitraux, stalles XVIIIᵉ et boiseries, retables, statues. Maisons anciennes. (On ne peut pas visiter la belle abbaye de Bonport XIIIᵉ, 1,5 km O.)

➡ 6 km E., Léry, belle église romane ; 3 km E., Poses, importante base de plein air et de loisirs.

PONT-SAINT-PIERRE – 27.   1 200 hab.

Bourg agréable dans la vallée de l'Andelle* ; château au bord de la rivière ; église XIIᵉ avec de belles œuvres d'art et des boiseries XVIᵉ.

➡ 3,5 km N.-E., restes et ruines de l'abbaye de Fontaine-Guérard XIIIᵉ, église et belles salles, salle capitulaire (vis. tous les jours l'été sauf lundi).

PORT-MORT – 27.

Joli site sur la Seine, au pied de la forêt des Andelys. Vitraux XVIᵉ à l'église. N.-O., menhir et dolmen, et ruines de Châteauneuf (vue sur la Seine). G.R. 2.

PREY – 27.

A l'église, remarquables boiseries XVᵉ et XVIIIᵉ.

QUILLEBEUF – 27.   1 200 hab.

Ancien port et étape importante sur la Seine, sur un petit éperon à « l'entrée » N. de l'ancien méandre du Marais Vernier, face aux raffineries de Port-Jérôme (bac) ; panorama surprenant depuis le phare. Intéressante église Notre-Dame-de-Bon-Port, romane et XVIᵉ. Le Marais Vernier, « fermé » par la Digue des Hollandais (D. 103), est maintenant partagé entre de riches cultures en polders et de beaux pâturages, avec la Grande Mare à l'E. ; des routes pittoresques le contournent, ainsi le G.R. 23, tantôt en haut de la « falaise » concave en amphithéâtre ; du phare de la Roque au N.-O., panorama étonnant.

RISLE (Vallée de la) – 27.

La charmante rivière, descendue des petits monts d'Amain, draine, après la campagne de L'Aigle, le pays d'Ouche, ingrat, forestier, d'un charme certain, qu'elle quitte en recevant la Charentonne, pour séparer le Neubourg et le Roumois du Lieuvin, par une vallée typiquement normande, proche du Bec-Hellouin* et où elle traverse la jolie Pont-Audemer*.

ROUEN – 76.   120 000 hab. (325 000 agglom.)

Ville-pont, ville-carrefour, grand port, la capitale de la Haute-Normandie reste aussi une grande ville d'art malgré les destructions massives de la guerre. Le site est magnifique, à voir de la côte Sainte-Catherine (au S.-E. du

Rouen : *La cathédrale Notre-Dame – comme Saint-Maclou – est un morceau de bravoure du style gothique.*

La rue du Gros-Horloge, piétonnière et aux magasins très fréquentés, mène de la place du Vieux-Marché, où Jeanne fut brûlée, à la cathédrale par la fameuse porte ornée de grands et superbes cadrans.

centre, D. 95, rive droite ; table d'orientation) ou route de la Corniche, du belvédère de Bonsecours plus haut au S.-E., et de l'église de Canteleu à l'O., au-dessus du port.

La cathédrale Notre-Dame XIIIe au XVIe est un chef-d'œuvre gothique ; célèbre façade aux grandioses portails et aux superbes tours XIIe et XVe-XVIe (tour de Beurre, abritant un carillon réputé de cinquante-six cloches, concerts) ; portails du transept XIVe (de la Calande, S., des Libraires, N.) ; célèbre tour-lanterne avec sa flèche de 152 m (51 m à l'intérieur) ; l'intérieur est splendide, colonnes, sculptures, vitraux, escalier de la Librairie, verrières XIIIe et gisants des ducs de Normandie dans le déambulatoire, tombeaux XVIe des cardinaux d'Amboise et de Louis de Brézé, chefs-d'œuvre Renaissance ; belle crypte XIe.

Le S.I. en face organise des visites et des circuits (plans). Vers l'E., derrière Notre-Dame, l'archevêché XVe-XVIIIe à allure de forteresse. Splendide église Saint-Maclou pur gothique flamboyant fin XVe au célèbre porche à cinq gâbles (vantaux Renaissance des portes) ; par la rue Martainville aux maisons à pans de bois, gagner l'Aître Saint-Maclou, extraordinaire charnier XVIe dont les galeries de bois sculpté entouraient un cimetière ; de Saint-Maclou, belle rue Damiette au N. ; belle abbatiale Saint-Ouen XIVe-XVIe, l'un des monuments gothiques les plus achevés qui soient, chevet splendide à voir du jardin de l'Hôtel-de-Ville (XVIIIe), tour Couronnée de 82 m flamboyant, portail des Marmousets XIVe, vitraux XIVe et XVIe, excellentes orgues XIXe (concerts) ; au S.-O., superbe palais de justice, un des plus beaux édifices gothiques civils de France, début XVIe (restauré depuis 1944 ; façade sur cour) ; à l'O., place du Vieux-Marché aux splendides maisons anciennes, où fut brûlée vive Jeanne d'Arc en 1431 ; aménagée récemment avec l'église Sainte-Jeanne-d'Arc (vitraux XVe-XVIe), des halles et un mémorial ; petit musée ; à l'O., maison natale de Pierre Corneille (musée) ; au S.-E., hôtel de Bourgthéroulde début XVIe (belles sculptures dans la cour) ; on revient à l'E. au fameux Gros-Horloge, porte voûtée XVIe et beffroi XIVe, entouré dans la rue de superbes maisons à pans de bois gothiques et Renaissance.

Le musée des Beaux-Arts est l'un des plus importants de France avec de très grandes toiles des écoles flamande, hollandaise, italienne (Le Caravage, Véronèse), espagnole (Velasquez), et française XVIIᵉ-XVIIIᵉ et surtout XIXᵉ (Ingres, Géricault, Delacroix, impressionnistes) ; arts décoratifs et un ensemble exceptionnel de céramiques de Rouen (fermé mardi et mercredi matin). A côté, musée de ferronnerie Le Secq des Tournelles, unique au monde, dans l'ancienne église Saint-Laurent flamboyant (fermé mardi et mercredi matin). A côté, église Saint-Godard XVᵉ-XVIᵉ (vitraux, Arbre de Jessé exceptionnel) ; à l'O., église Saint-Patrice (vitraux) ; au N.-E., tour Jeanne-d'Arc, reste du château XIIIᵉ où elle fut enfermée ; au N.-E., musée départemental des Antiquités, très important (fermé jeudi et jours fériés), et musée d'Histoire naturelle, ethnographie et préhistoire (fermé lundi, mardi et jours fériés) également important.

Près des quais et de Notre-Dame, la Fierte Saint-Romain, jolie loggia Renaissance. Les quais et les ponts sont de bons endroits pour observer l'animation rouennaise. Rive gauche, grand centre administratif du quartier Saint-Sever, rénové après 1944, et beau Jardin des Plantes au S. Le port (4ᵉ de France) peut se visiter en vedette jusqu'à la Bouille* (s'adresser au port autonome).

➡ Au Petit-Quevilly, 3,5 km O., rive gauche, chapelle Saint-Julien XIIᵉ (peintures de l'époque). ➡ 8 km S.-O., Petit-Couronne, manoir Pierre-Corneille, musée (vis. tous les jours sauf jeudi). ➡ 6,5 km O. (rive droite), Croisset, pavillon Flaubert (vis. tous les jours sauf jeudi et vendredi matin). ● Admirables forêts des environs : de Roumare*, de la Londe, de bord* et Louviers*, de Lyons*, Verte ; Route des Abbayes normandes à l'O.

ROUMARE (Forêt de) – 76.
Un des grands « poumons » de Rouen, aux superbes futaies de feuillus ; domaniale, 4 000 ha, elle occupe presque tout le méandre à l'O. de la grande ville.

RUGLES – 27.   2 700 hab.
Petite métallurgie comme L'Aigle* ; église Saint-Germain XIIIᵉ et Renaissance (tour, chapelles, statues). Très ancienne église Notre-Dame-Outre-l'Eau (parties Xᵉ).

RY – 76.
Le village serait le cadre de *Madame Bovary* ; une galerie d'automates (vis. samedi, dimanche, lundi et jours fériés en saison) en tire une partie de ses personnages. Eglise XIIᵉ-XVIᵉ avec un porche Renaissance original (charpente).
➡ 2,5 km E., Maquiparc, parc d'attraction créé par des résistants qui connaissaient bien les lieux pour y avoir été arrêtés ès fonctions. ➡ 5 km N.-O., Blainville-Crevon, belle collégiale fin XVᵉ avec des œuvres d'art remarquables ; fouilles archéologiques médiévales.

SAÂNE (Vallée de la) – 76.
Vallée très bucolique au travers du pays de Caux ; superbe château XVᵉ à Imbleville (église ancienne). A l'E., Bacqueville-en-Caux, église XVIᵉ (œuvres d'art, autel moderne).

SAINT-ADRIEN (Roches de) – 76.
A pic au-dessus de la Seine, vue étonnante sur l'agglomération rouennaise.
➡ 9,5 km N.-E. puis E., sur la N. 14, Boos, splendide colombier XVIᵉ en brique et faïence.

SAINT-MARTIN-DE-BOSCHERVILLE – 76.   1 200 hab.
Admirable abbatiale Saint-Georges XIᵉ-XIIᵉ spécifique du roman normand avec une formidable tour-lanterne ; très belle salle capitulaire XIIᵉ ; cloître.
➡ 4,5 km S., Quevillon, beau château XVIIᵉ. Faire le tour du méandre et de la forêt de Roumare*.

SAINT-MARTIN-LE-GAILLARD – 76.
Remarquable église gothique avec décoration sculptée curieuse. Pittoresque vallée de l'Yères, et bois du Tot à proximité.

SAINT-SAËNS – 76.   2 400 hab.
Joli bourg sur la Varenne, à la lisière de la forêt d'Eawy*.. A l'église, beaux vitraux XVIᵉ.

SAINT-VALÉRY-EN-CAUX – 76.   3 300 hab.
Beau vieux port (plaisance) rompant les falaises ; plage ; quelques vieilles maisons (de « Henri IV ») ont survécu à 1940 sur les quais ; vue splendide de la Falaise d'Aval au N.-O.
➡ 8 km E. (1 h 30 par la falaise, G.R. 21), Veules-les-Roses*.

SAINT-WANDRILLE – 76.
La célèbre abbaye bénédictine XIIᵉ au XVᵉ possède un beau cloître avec un merveilleux lavabo gothique et Renaissance ; aux restes du transept, on devine admirable l'abbatiale XIIIᵉ-XIVᵉ dont seul le plan subsiste au sol ; la belle grange dîmière XIIIᵉ de Canteloup (Eure) a été déplacée ici en 1969 et sert de réfectoire (messes en grégorien tous les jours). Dans le parc, en longeant la clôture extérieure, aller voir l'archaïque chapelle Saint-Saturnin Xᵉ ; du chemin, vue superbe.

Saint-Wandrille : L'envolée du transept de l'abbatiale détruite engendre de gros regrets, que calme un peu la beauté du cloître (ci-dessus).

SEINE (Vallée de la) – 27-76.
C'est un ensemble considérable de sites naturels, « humains » et industriels qui accompagne le fleuve dans les nombreux méandres qu'il a tracés au travers des plateaux de la région, Vexin, campagne d'Evreux, Pays de Caux, Roumois. Il faut voir ou revoir Vernon* et les Andelys*, la Côte des Deux Amants*, les roches d'Orival, les superbes forêts de Bord*, Roumare*, Brotonne*, les abbayes normandes, Villequier*, Tancarville*, sans parler du Havre* et de Rouen*...

TANCARVILLE (Pont de) – 27-76.
Construit en 1959, il reste l'un des grands ponts suspendus d'Europe (1 410 m de long, 47 m au-dessus de la marée la plus haute) et permet le passage de tous bateaux pouvant remonter à Rouen (à péage) ; un parking au N. facilite la promenade (le G.R. 23 passe le pont). Sur le Nez de Tancarville, cap rocheux de 50 m au N.-E. du pont, le château de Tancarville XIIIᵉ au XVIᵉ (partie XVIIIᵉ rebâtie récemment) commande une vue splendide.
➡ 8,5 km O.-N.-O., Saint-Jean-d'Abbetot, église début XIᵉ avec crypte et plusieurs fresques XIIᵉ-XIIIᵉ et XVIᵉ.

TÔTES – 76.
C'est l'important relais de poste de *Boule de Suif*, de Maupassant, à un grand carrefour, qu'occupe l'hôtel du Cygne, XVIIᵉ, en brique (beau mobilier).

TRÉPORT (Le) – 76.   6 900 hab.
Station balnéaire et grande plage (galets) ; casino et grande digue-promenade ; en haut des falaises, calvaire des Terrasses, accessible par route, escalier ou télécabine, vue magnifique.
Le port, sur l'embouchure de la Bresle, sépare la ville de Mers-les-Bains* (région VII), la station jumelle, belle plage également : au-dessus du port, l'église Saint-Jacques XVIᵉ (portail Renaissance) ; à l'intérieur, belles clés de voûte et sculptures.

VALMONT – 76.
Dans la belle vallée du Valmont. Ruines remarquables de l'abbatiale bénédictine XIVᵉ-XVIᵉ (chœur) et admirable petite chapelle de la Vierge XVIᵉ (vitraux, sculptures, gisants) (vis. tous les jours, sauf mercredi et dimanche hors saison). Château des sires d'Estouteville XIᵉ (donjon) et XVᵉ-XVIᵉ (vis. l'après-midi samedi, dimanche et jours fériés en saison) et parc de loisirs.

VARENGEVILLE – 76.   1 000 hab.
Jolie plage et agréable villégiature disséminée dans la verdure ; le site de l'église, XIᵉ au XVIᵉ, vitrail de Braque, est charmant, vue magnifique sur la côte. Belle valleuse typique de Vastérival. Au S., célèbre manoir d'Ango, Renaissance, avec galerie et jolie décoration, colombier (vis. après-midi été et samedi, dimanche et lundi en saison).
➡ 4 km O., phare d'Ailly (vis.), vue immense. ➡ 4,5 km O., Sainte-Marguerite, église romane et XVIᵉ (autel XIIᵉ) ;

2,5 km O., Quiberville-Plage, longue plage dans un beau paysage à l'embouchure de la Saâne.

VASCŒUIL – 27.

Dans la vallée de l'Andelle*, château XIVe au XVIe restauré où travailla Michelet, centre culturel international et beau parc où des chaumières normandes sont reconstituées (vis. tous les jours en saison) ; expositions d'art moderne l'été.

VERNEUIL-SUR-AVRE – 27.   6 900 hab.

Ancienne place forte pittoresque sur l'Avre, et divisée par des fossés. L'église de la Madeleine XVIe possède une admirable tour flamboyant (vitraux, Mise au tombeau XVIe, nombreuses statues). Au S., l'église romane XIIe fort remaniée abrite une splendide statuaire du XIIIe au XVIIe. De la tour Grise, donjon rond XIIe de 35 m, belle vue. Belles maisons anciennes, autour de la Madeleine, rue du Canon, rue des Tanneries, etc. Dure défaite de Charles VII par les Anglais en 1424 (peu avant Jeanne d'Arc).

VERNON – 27.   24 000 hab.

Sur la Seine, dans un beau site entouré de forêts ; du pont, vue splendide sur la Seine et la ville ; en aval rive droite, ruines du vieux pont, moulin de Vernonnet et château des Tourelles XIIe.
La tour des Archives XIIe, proche de maisons anciennes, subsiste seule du château (vue). Collégiale Notre-Dame XIe au XVIe (belle façade XVe avec une rose, tribune d'orgues XVIe, vitraux, sculptures). Quelques belles maisons anciennes (une XVe à côté de Notre-Dame). Sortie E. près de la D. 313, Côte Saint-Michel, vue magnifique.
➡ 2 km S.-O. (D. 181), château de Bizy, XVIIIe et XIXe, très classique, avec des salons XVIIIe à la décoration et au mobilier magnifiques (boiseries XVIIIe) ; les dépendances XVIIIe sont somptueuses : écuries, communs, etc. ; parc splendide avec bassins, cascades, statues (vis. tous les jours en saison sauf mardi). La belle forêt de Bizy occupe toute la hauteur avoisinante (jolis sites). ➡ 4 km S.-E. (rive droite), Giverny, où l'on peut voir la maison de Monet (musée), où il peignit tous ses *Nymphéas*. ● Important centre nautique.

VEULES-LES-ROSES – 76.

Charmante station balnéaire, très appréciée, sur la Veules (fleuve d'un km). Eglise XIIIe-XVIe à trois nefs (chapiteaux, statues, peintures). A l'ancien cimetière Saint-Nicolas, ruines d'une église et calvaire à personnages XVIe.
➡ 3 km S., Blosseville, beau village, église XIIe-XVIe.

VEULETTES-SUR-MER – 76.

Jolie plage dans un vallon entre les falaises, près de l'embouchure de la Durdent. Eglise romane et XIIIe, tour.
➡ 4 km E., centrale nucléaire de Paluel en construction, sur et dans les falaises.

Verneuil-sur-Avre : Superbes maisons à colombages, tour moyenâgeuse, église digne d'être cathédrale et relais gastronomique renommé...

Varengeville : *Le site de la modeste église est remarquable, mais il faut absolument y pénétrer pour découvrir le très beau vitrail de Braque. L'artiste repose dans le cimetière.*

VILLEQUIER – 76.

C'est dans le beau site de ce village que se noyèrent Léopoldine Hugo et son mari Charles Vacquerie en 1843 ; ils sont enterrés ainsi que la « femme de Victor Hugo », Adèle, au pied de l'église ; dans la maison de la famille Vacquerie a été aménagé un musée Victor-Hugo (fermé mardi et en novembre). Sur la route de Caudebec, statue du poète face au lieu de l'accident.

YPORT – 76.   1 200 hab.

Charmante petite station balnéaire, jolie vue vers Fécamp*.
➡ O., belle route d'Etretat par Vaucottes et Vattetot.

YVETOT – 76.   10 900 hab.

Important marché agricole du pays de Caux, dévasté par la dernière guerre. Remarquable église moderne circulaire à grand clocher carré et admirables verrières de Max Ingrand.
➡ Très beaux environs au S., forêt du Trait-Maulévrier, Caudebec-en-Caux*, Saint-Wandrille*.

Paysage du Marais audemarois au nord de Saint-Omer.

Nord – Pas-de-Calais VI

12 377 km² – 3 932 939 habitants

Départements	Superficie en km²	Population
59 Nord	5 738	2 520 526
62 Pas-de-Calais	6 639	1 412 413

Guère plus grande que l'Ile-de-France, voilà une région bien particulière et qui pèse lourd dans le pays, tant ses activités agricoles et industrielles sont importantes, et tant sa personnalité humaine est riche et haute en couleur, ses traditions le démontrent assez : ne crée pas qui veut des familles, voire des dynasties de géants...

Les mines semblent maintenant avoir vécu mais auront du mal à disparaître du paysage, par ailleurs discrètement dominé par la grande culture, l'industrie se concentrant surtout de Lille à Maubeuge et dans le complexe formidable de Dunkerque.

Formée des vieilles provinces de la Flandre et de l'Artois, qui firent longtemps partie des Pays-Bas tour à tour espagnols, bourguignons, autrichiens et sous influence commerciale britannique, cette terre est aussi celle de bien des batailles, jusqu'en 1940.

L'étranger au pays réalise mal qu'il ait du charme, et pourtant il est grand, celui de la Sensée, de l'Avesnois, de l'Authie, de la Canche, de la Côte d'Opale...

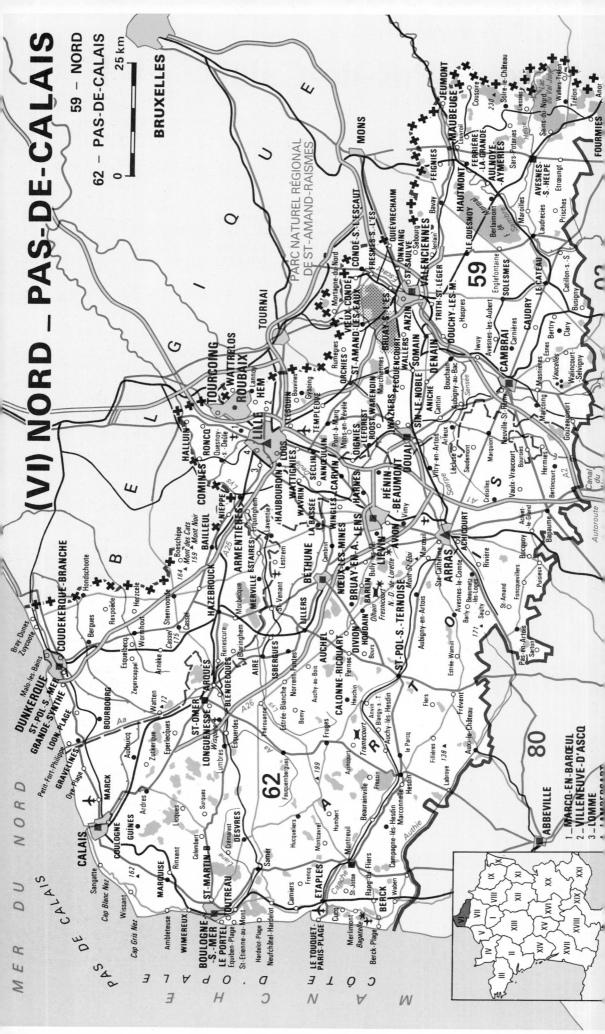

(VI) NORD – PAS-DE-CALAIS

59 – NORD
62 – PAS-DE-CALAIS

25 km

BRUXELLES

1 – MARCQ-EN-BARŒUL
2 – VILLENEUVE-D'ASCQ
3 – LOMME

Arras : *La patrie de Robespierre possède avec ses places et son beffroi, ainsi que la cathédrale Saint-Vaast, d'admirables décors anciens qui rappellent le rôle commercial et artistique important que joua la ville au Moyen Age et notamment sous la domination bourguignonne.*

Bavay : *Ce n'est pas la Rome du Nord, mais les restes de Bagacum, découverts à la faveur de la guerre en 1942, sont importants et ont alimenté un remarquable musée archéologique. (Page 130.)*

AA (Vallée de l') – 62.

Très joli parcours au travers des vertes campagnes de l'Artois (voir Fauquembergues*, Esquerdes*) ; après Saint-Omer*, on traverse le Marais audomarois puis le « défilé » de Watten* et les polders flamands avant et autour de Gravelines* et les belles plages de l'embouchure.

ABBÉ-VAL-JOLY (Forêt de l') – 59.

Dominant Liessies* au S. (vue superbe de la Croix Trélon), ses 2 000 ha de chênes jouxtant le domaine privé de la forêt de Trélon (4 000 ha) offrent des sentiers et routes agréables ; le sentier des Pêcheurs court le long du lac de Val-Joly*. Au S.-S.-O. de Liessies*, étang et château de la Motte XVIIIᵉ, beau site.

AIRE – 62. 9 700 hab.

Jadis cité fortifiée, c'est un grand centre agricole et une charmante vieille ville des XVIIᵉ et XVIIIᵉ avec de nombreuses maisons anciennes. Sur la Grand-Place, le Bailliage début XVIᵉ et l'hôtel de ville XVIIIᵉ et des maisons ; belle façade baroque de l'église Saint-Jacques, ancien collège des jésuites XVIIᵉ ; collégiale Saint-Pierre, flamboyant et Renaissance (tour, buffet d'orgues, pèlerinage à Notre-Dame-Panetière). Joli cadre de verdure et de voies d'eau.

➜ 4,5 km E., Isbergues, église XVᵉ flamboyant (tour), pèlerinage de sainte Isbergues, sœur de Charlemagne, fin mai.

AMBLETEUSE – 62. 1 700 hab.

Plage pittoresque à l'embouchure de la Slack, avec le fort Mahon de Vauban (vis.) qui surveille la côte et Boulogne (table d'orientation). Rochers à marée basse. Au N., Audresselles, belle plage ; curieuse église fortifiée XIIᵉ.

ANOR – 59. 3 400 hab.

Au cœur de la « Suisse thiérachienne » et à la pointe de l'Ardenne ; beaux étangs aux environs.

➜ 3 km E.-N.-E., étang de la Galoperie, dans un site magnifique, parc de loisirs et petit zoo. Région superbe de Fourmies, ville industrielle.

ARDRES – 62.   3 200 hab.

Ancienne place forte et petite villégiature par son entourage forestier et ses beaux lacs (pêche, voile). Eglise en partie XIe et maisons anciennes.

➡ 9 km S.-E., Tournehem-sur-la-Hem, église XIIe-XVIIIe au riche mobilier XVIIIe (panneaux peints flamands XVIe), jolie place et rares restes du château ; au S., jolie forêt de Tournehem ; à l'O., beau site panoramique des ruines de la chapelle Saint-Louis XVe (121 m).

ARMENTIÈRES – 59.   27 500 hab.

Ville spécialisée de toujours dans le textile, détruite de 1914 à 1918 et bien reconstruite (hôtel de ville et beffroi, église, halles). Base de plein air et de loisirs des Prés du Hem (baignade, voile, sentiers, etc.). En mai, fête de la Bière, avec le géant Gambrinus ; en septembre, fête des Nieulles (biscuits lancés de l'hôtel de ville).

ARQUES – 62.   10 000 hab.

Localité industrielle importante (cristalleries notamment) et port fluvial. Au S.-E., ascenseur à bateaux des Fontinettes, désaffecté (vis. tous les jours sauf mardi l'été ; dimanche et jours fériés après-midi hors saison).

ARRAS – 62.   50 400 hab.

La capitale de l'Artois est une remarquable vieille ville.
La Grand-Place, la Petite-Place (des Héros), la rue de la Taillerie qui les réunit et l'hôtel de ville flamboyant (reconstruit) forment un des plus beaux ensembles de l'urbanisme ancien du Nord avec leurs maisons XVIIe et XVIIIe à arcades ; célèbre beffroi XVIe reconstruit après 1918 (vue), carillon ; marché le samedi sur les places.
La cathédrale XIIe ayant disparu en 1799, l'abbatiale Saint-Vaast, XVIIIe, est devenue cathédrale (œuvres d'art ; triptyques de Bellegambe) ; l'abbaye dans son ensemble est l'une des plus belles et des plus grandes du XVIIIe ; entourée de jardins, elle abrite le musée (fermé mardi et jours fériés) : admirables petit cloître avec la cour du puits (sculptures et dalles funéraires médiévales) et grand cloître où sont souvent des tapisseries (gloire d'Arras) ; le réfectoire et les salons contiennent de riches collections de peintures et de sculptures, de tapisseries et de porcelaines (Arras, Tournai).
Maison de Robespierre. Place du Théâtre (fin XVIIIe), Ostel des Poissonniers (1710) aux sculptures baroques ; hôtel de Guines XVIIIe tout proche. Au S.-O., église moderne Notre-Dame-des-Ardents, puis la curieuse basse-ville au plan régulier XVIIIe, centrée autour de la place Victor-Hugo, octogonale ; belle promenade des Allées, et citadelle de Vauban ; derrière, mémorial britannique et Mur des fusillés de la Résistance. A l'église Saint-Nicolas-en-Cité XIXe, triptyque de Claeissens de Bruges (XVIe).

➡ 13 km N.-N.-O., Notre-Dame-de-Lorette*. ➡ 10 km N., Vimy*, mémorial canadien.

AUXI-LE-CHÂTEAU – 62.   3 200 hab.

Sur l'Authie. Ruines du château, au N. église XVIe gothique flamboyant, belles voûtes, clés sculptées. Maisons anciennes. A l'hôtel de ville début XVIe (restauré), petit musée folklorique. Promenades pédestres balisées (S.I.). O. : joli village de Lannoy.

AVESNES-LE-COMTE – 62.   1 500 hab.

Eglise XIIe-XVe aux voûtes magnifiques (clés de voûte sculptées) ; chapiteaux, mobilier.

AVESNES-SUR-HELPE – 59.   6 800 hab.

Jolie petite ville ancienne étagée sur la rive gauche de l'Helpe Majeure, dans des restes de remparts de Vauban. La pittoresque Grand-Place est entourée de maisons anciennes à toits d'ardoise ; hôtel de ville XVIIIe et remarquable église-halle Saint-Nicolas XIIIe-XVIe (superbe tour XVe, carillon réputé ; splendide décoration XVIIe-XVIIIe). Parcourir les « grimpettes » qui escaladent la ville haute. Pont XVe sur l'Helpe, et pont des Dames (vue). Musée (archéologie, faïences). Fromage : la « boulette » d'Avesnes.

➡ 12,5 km O., Maroilles, célèbre fromage ; vestiges d'une abbaye ; église XVIIIe (mobilier, orgue remarquable).

BAGATELLE (Parc d'attractions de) – 62.

Vaste parc de loisirs très fréquenté, avec restaurant et « self » géant et d'innombrables attractions : petits trains, manèges, jeux, toboggans gigantesques, promenades équestres et aériennes, zoo, etc.

BAILLEUL – 59.   14 500 hab.

Belle ville flamande reconstruite, depuis 1918, en briques jaunes ; beau beffroi (immense panorama), carillon ; hôtel de ville et église Saint-Vaast ; école dentellière ; musée Benoît-de-Puydt (vis. tous les jours en saison) ; collections flamandes de dentelles, céramiques, mobilier, peintures.

➡ 6 km N., Mont Noir*.

BAPAUME – 62.   4 200 hab.

Marché agricole. Hôtel de ville et beffroi style XVe reconstruits, ainsi que l'église (jolie Pietà XVe). Vestiges de remparts.

BARLY – 62.

Magnifique château fin XVIIIe. Eglise à façade classique.

➡ 1,5 km N.-E., Fosseux, château fin XVIIIe et remarquable grande ferme du château.

BAVAY – 59.   4 100 hab.

Capitale des Gaulois Nerviens, Bagacum devint une grande ville gallo-romaine où se retrouvaient huit voies ; il en reste un magnifique ensemble IIe – comprenant un forum entre une basilique et de vastes portiques (boutiques) surmontant des cryptoportiques – entouré de remparts IVe ; riche musée archéologique (vis. tous les jours sauf les matins mardi et dimanche). Sur la Grand-Place, statue de Brunehaut qui renforça sept des huit chaussées romaines ; beau beffroi ancien de l'hôtel de ville XVIIIe. Joli château de Rametz, XVe, remanié.

BERCK-PLAGE – 62.

Belle station balnéaire climatique et médicale (maladies des os) sur la plus grande plage de la Côte d'Opale, où se suivent au N. Merlimont-Plage, Stella-Plage et le Touquet-Paris-Plage*. Au S., face à la vaste baie d'Authie, asséchant (sauf le chenal de l'Authie) à marée basse, le phare (vis. tous les jours en saison) offre une vue immense.

BERGUES – 59.   4 800 hab.

Le vieux bourg flamand fortifié est très pittoresque,
entouré de fossés en eau autour des remarquables remparts
de Vauban ; il faut en faire le tour à pied ou en bateau et
remarquer les belles portes. La ville a été bien reconstruite
après de gros dommages en 1940 et 1945 ; sur la Grand-
Place, magnifique beffroi XVᵉ de 54 m, reconstruit, avec
carillon (concerts) ; le Mont-de-Piété XVIIᵉ renferme le
musée (fermé le vendredi), peintures flamandes et françaises XVᵉ-XVIIᵉ, histoire naturelle. Eglise Saint-Martin
reconstruite ; à l'E., ancienne abbaye Saint-Winoc fondée
au XIᵉ : porte monumentale XVIIIᵉ et deux tours, dont
l'élégante tour Pointue refaite au XIXᵉ ; maisons anciennes.
➡ E.-N.-E., D. 3, jolie route le long du canal de la Basse
Colme, vers Hondschoote* et les Moëres. ➡ 6 km E.-S.-
E., Quaëdypre, intéressante église-halle (boiseries de Saint-
Winoc de Bergues). ➡ 8,5 km S.-E., West-Cappel, église
XVIᵉ en briques de sable.

BÉTHUNE – 62.   28 300 hab.

Grand port fluvial, centre agricole, ville drapière, près des
mines, la ville a été presque détruite par la Grande Guerre ;
beffroi vraiment XIVᵉ (carillon) mais qui a perdu son
entourage de maisons, sur la belle Grand-Place reconstruite. Hôtel de Beaulaincourt XVIIIᵉ, seul rescapé, musée
des Arts et Traditions populaires (vis. après-midi). Vieilles
fermes et courées. Confrérie des Charitables.
➡ 4 km S.-O., Hesdigneul, église à clocher-porche et
superbe voûte du chœur XVᵉ ; 3 km S.-O., Labuissière,
extraordinaire donjon XIVᵉ du château en ruines.

BLANC-NEZ (Cap) – 62.
Altitude 134 m

Une petite route mène au cap lui-même, sur une haute
falaise inclinée. Monument à tous les marins morts pour le
détroit. Vue immense sur les côtes française et anglaise. Au
N.-E., monument Latham, qui échoua en même temps que
Blériot réussissait la traversée en avion.

BOMY – 62.

Remarquable château XVIIIᵉ au bord d'une pièce d'eau ;
parc. Eglise XIVᵉ avec d'intéressants objets d'art.

BOUCHAIN – 59.   4 800 hab.

Remarquable église moderne avec peintures et statues XVIᵉ
au XVIIIᵉ. La tour de l'Ostrevent XVᵉ abrite un musée
régional intéressant (métiers).
➡ 2,5 km N.-N.-O., Mastaing, belle église XVIᵉ-XVIIᵉ au
mobilier admirable.

BOULOGNE-SUR-MER – 62.   49 300 hab.

Premier port de pêche français et grand centre européen de
l'industrie du poisson, grand port de commerce et de
voyageurs (trafic avec l'Angleterre par bateaux et « hover-
crafts » ; les activités du port et de la gare maritime (terrasse
panoramique) sont spectaculaires. Plage au N.-O.
La Haute-Ville rectangulaire s'enferme toujours dans de
puissants remparts XIIIᵉ (en faire le tour) avec tours et
quatre portes ; château XIIIᵉ isolé au coin E. ; au centre, sur
la place Godefroy-de-Bouillon, bel hôtel de ville XVIIIᵉ et
beffroi médiéval et XVIIᵉ, hôtel Desandrouin XVIIIᵉ. La
basilique Notre-Dame XIXᵉ a un immense dôme et
conserve la belle crypte XIᵉ de la précédente cathédrale
(célèbre pèlerinage de Notre-Dame de Boulogne). Au

*Opaline-Plage, près de Boulogne : Paysage marin caractéristique
des grandes plages de la côte d'Opale, où le char à voiles a des
« fans ».*

*Ci-dessous, Boulogne-sur-Mer : Le port est tout un monde qu'il
est passionnant de pénétrer et où la pêche a toujours une part
prédominante.*

musée (fermé lundi et mardi), magnifiques antiquités (vases
grecs), souvenirs de Napoléon, belles céramiques, peintures. Casa San Martin, où mourut le libérateur argentin.
➡ 3 km N., colonne de la Grande-Armée, de 53 m
(1841) ; panorama splendide (fermé le mardi). ➡ 5 km S.,
Pont-de-Briques, château XVIIIᵉ où Napoléon séjourna à
l'époque du Camp de Boulogne (petit musée) ; au S.-O.,
Saint-Etienne-au-Mont, vue remarquable sur le site de
Boulogne et sa région. ➡ Au S.-O., le Portel, belle plage et
point de vue sur Boulogne.

BOULOGNE (Forêt de) – 62.

Toute en longueur, ses 2 000 ha de jeunes futaies offrent
des parcours balisés pour piétons et cavaliers, et elle est
agréablement variée. La belle vallée de la Liane la
contourne par l'E. et le S. avant de rallier Boulogne.

Baie de la Canche : *D'Etaples à la plage du Touquet, l'estuaire de la calme rivière, emprunté par les pêcheurs, sait parfois offrir des surprises esthétiques...*

BOULONNAIS (Collines du) – 62.

Entre Boulogne-sur-Mer*, Desvres* et Ardres*, c'est une contrée vallonnée et souvent verdoyante d'une grande variété de paysages, d'où l'on découvre parfois des horizons immenses, et dont certains villages s'étendent dans de jolies petites vallées encaissées (de la Slack, du Wimereux, de la Hem, de la Liane) ; points de vue à l'E. d'Hermelinghen, au N.-E. de Licques*, près de Colembert*, à l'E. de Marquise*. Voir aussi Surques* et Crémarest*.

BOURBOURG – 59.   7 300 hab.

Capitale de la chicorée. Eglise XIIIᵉ-XIVᵉ romane et chœur gothique, fortifiée. Processions folkloriques avec les deux géants, Gédéon et Arthurine.

BOURS – 62.

Puissant donjon médiéval cantonné et flanqué de tourelles, entouré de fossés, près de l'église XIIIᵉ, dans le village.

BOUVINES – 59.

Village du Mélantois* où se déroula la fameuse bataille que gagna Philippe-Auguste en 1214 contre l'empereur allemand Othon et le comte de Flandre Ferrand alliés aux Anglais ; un obélisque la rappelle, les vitraux de l'église aussi.

BRAY-DUNES – 59.   4 800 hab.

Grande plage jusqu'à De Panne, en Belgique. Chars à voile. Sur la longue digue, monument des combats de juin 1940.

BRUAY-SUR-L'ESCAUT – 59.   12 200 hab.

A l'église, voir la pierre funéraire XIIᵉ de sainte Pharaïlde, princesse du lieu.

CALAIS – 62.   79 400 hab.

Reconstruite après 1945, la ville comporte deux parties. Calais-Nord est la « vieille » ville maritime entourée par le port et son animation incessante. Jardin Richelieu ; musée (fermé mardi et jours fériés), histoire de Calais, dentelles, faïences, peinture et sculpture. Eglise Notre-Dame XIIIᵉ-XVIᵉ tenant beaucoup du gothique anglais. Tour de Guet XIIIᵉ sur la place d'Armes. Phare (vue) et quartier de Courgain (quartier des pêcheurs) ; gare maritime. A l'O., la citadelle, XVIᵉ et Vauban.
Calais-Sud, la ville industrielle ou Saint-Pierre, possède le nouvel hôtel de ville (1910-1922) et son beffroi de 75 m, style Renaissance flamande, devant lequel se dressent les *Bourgeois de Calais* par Rodin (1895), son chef-d'œuvre ; au parc Saint-Pierre un blockhaus abrite un musée de la guerre. Superbe plage au N.-O., d'où partit Blériot (monument). Hoverport (aéroglisseurs) au N.-E.
Jehan de Calais et son épouse Constance sont les géants tutélaires.
➜ 4 km O.-S.-O. (N. 1), Coquelles, au fameux moulin, reconstitué depuis le cyclone de 1978.

CAMBRAI – 59.   41 100 hab.

Sur l'Escaut, très ancienne cité, qui posséda une splendide cathédrale gothique disparue dont Fénelon fut titulaire,

marché agricole et centre industriel ; spécialités de batiste, de chicorée et des fameuses « bêtises ».
Des remparts restent surtout les portes de Paris fin XIVᵉ et Notre-Dame XVIIᵉ. A l'hôtel de ville fin XVIIIᵉ, un campanile porte les célèbres jacquemarts Martin et Martine XVIᵉ qui sont aussi deux géants. A l'O., l'église Saint-Géry début XVIIIᵉ (mobilier, jubé Renaissance en marbre sculpté noir, rouge et blanc avec statues d'albâtre ; *Mise au tombeau*, par Rubens) ; entrée du palais Fénelon ; au S., beau beffroi, ancien clocher, puis cathédrale Notre-Dame XVIIIᵉ avec monument de Fénelon par David d'Angers, et belles grisailles en trompe-l'œil ; évêché XVIIIᵉ ; maison « espagnole » XVIᵉ en bois ; chapelle du Grand-Séminaire (des jésuites) XVIIᵉ à l'admirable façade baroque (musée d'art sacré) ; dans un hôtel XVIIIᵉ, le musée municipal (fermé mardi) comprend de belles peintures flamandes (Rubens), hollandaises, italiennes, françaises (avec une belle section de contemporains) et des sculptures importantes. Nombreuses demeures anciennes malgré les guerres. A l'E., un merveilleux jardin public contourne la citadelle XVIᵉ-XVIIᵉ reprise par Vauban.

CANCHE (Vallée de la) – 62.

L'une des vallées les plus typiques de l'Artois, suivie par des routes charmantes (et le G.R. 121) ; elle permet de découvrir de beaux villages fleuris et sa pente très faible entretient autour de la rivière de nombreux marais. Promeneurs et pêcheurs sont à la fête.

CASSEL – 59.   2 500 hab.
Altitude 175 m

Haut lieu typiquement flamand, la ville est bâtie sur le point culminant de la Flandre. De la butte du château, qui porte un beau jardin public (statue équestre de Foch, monument des Trois Batailles, moulin XVIIIᵉ), immense panorama (tables d'orientation). Pittoresque Grand-Place aux beaux hôtels anciens XVIᵉ au XVIIIᵉ (de la Noble Cour, Renaissance, musée : histoire, folklore, mobilier, faïences, bureau de Foch en 1915). Remarquable collégiale Notre-Dame à trois nefs, de type halle fin XIIIᵉ. Belles vieilles rues. Riche folklore, carnavals avec les géants Reuze-papa et Reuze-maman.

CATEAU (Le) – 59.   8 900 hab.

Jolie ville active, célèbre jadis pour ses foires et connue par les traités de 1559 (récupération de Calais et fin des guerres d'Italie). Sur la Grand-Place, l'hôtel de ville Renaissance XVIIᵉ contient le musée Henri-Matisse, né au Cateau (vis. après-midi jeudi, samedi et dimanche). L'église Saint-Martin baroque XVIIᵉ est une ancienne abbatiale (belle façade). Ancien palais des évêques de Cambrai XVIIIᵉ, dit palais Fénelon, avec un beau jardin classique (public).

CATS (Monts des) – 59.
Altitude 164 m

Un des plus hauts monts de Flandre, portant une abbaye de trappistes. Superbe panorama. Mémorial canadien.

COLEMBERT – 62.

Imposant château XVIIIᵉ dans un cadre de verdure, entouré de douves ; la façade sur le parc possède un admirable escalier en pont sur les douves. Au N., le mont Dauphin (201 m) offre une vue très étendue sur le Boulonnais*.
➜ 3 km O., le Wast, beau village fleuri champêtre, avec une belle église romane XIIᵉ, aux chapiteaux remarquables (curieux portail).

COMINES – 59.   10 500 hab.

Ville franco-belge, à cheval sur la Lys formant frontière,
où séjourna le fameux chroniqueur Philippe de Commy-
nes ; rebâtie, elle a un beffroi style XVIᵉ. Curieuse fête des
Louches en octobre, avec géants.

CONDÉ-SUR-L'ESCAUT – 59.   14 000 hab.

Vieille et pittoresque place forte avec remparts médiévaux
et Vauban ; château de Bailleul XVᵉ (des princes de
Condé) ; église Saint-Wasnon XVIIIᵉ (superbes stalles),
hôtel de ville et Corps de garde XVIIIᵉ (beffroi moderne),
nombreuses et belles maisons anciennes.
➡ 4,5 km N., dans la forêt de Bonsecours, beau château
fin XVIIIᵉ de l'Ermitage, « aux deux cents fenêtres », dans
un beau cadre de verdure. Vastes étangs.

COURSE (Vallée de la) – 62.

C'est la course... de la rivière, jadis d'un moulin à l'autre,
succession de sites verdoyants avec des cressonnières et des
élevages de truites dans une riche campagne.

CRÉMAREST – 62.

Dans un beau site sur la Liane entre les forêts de Desvres*
et de Boulogne*. Eglise XVIᵉ à grande tour fortifiée ; la
structure du chœur mélange curieusement le bois et la
pierre. Belle ferme fortifiée XVIᵉ à la sortie N.-E.

CYSOING – 59.   3 500 hab.

Curieux obélisque XVIIIᵉ, très élégant, appelé pyramide de
Fontenoy, qui rappelle que Louis XV séjourna dans une
abbaye (disparue) avant d'assister à la bataille victorieuse de
Fontenoy (18 km E., en Belgique). Belle région du Pévèle*.

DENAIN – 59.   26 200 hab.

Victoire célèbre du maréchal de Villars (statue) en 1712,
qui amena la fin de la guerre de Succession d'Espagne.
Musée municipal (histoire et archéologie, armes). Sculptures intéressantes à l'église. Grosse industrie et mines.

DESVRES – 62.   5 900 hab.

Célèbre pour ses faïences, la ville a un musée de la Faïence
à l'hôtel de ville ; visites d'usines.
➡ N., agréable forêt de Desvres (1 100 ha).

DOMMARTIN – 62.   (Voir région XVIII.)

DOUAI – 59.   47 600 hab.

Importante cité industrielle et vieille ville universitaire, où
naquirent le peintre Jean Bellegambe, le sculpteur Jean de
Bologne, la poétesse Marceline Desbordes-Valmore.
La place d'Armes s'orne de la maison du Dauphin, XVIIIᵉ,
et de belles fontaines ; le magnifique beffroi voisin,
gothique début XVᵉ, au célèbre carillon (concerts), signale
l'hôtel de ville (salles intéressantes ; vis. tous les jours en
saison, dimanche l'hiver). Plusieurs beaux hôtels XVIIᵉ et
XVIIIᵉ aux abords S.-O. de l'hôtel de ville. A l'E., église
Notre-Dame XIIIᵉ au XVᵉ, curieuse porte de Valenciennes
XVᵉ sur le côté et XVIIᵉ de l'autre, beau parc Bertin. Eglise
Saint-Pierre XVIᵉ et XVIIIᵉ au chœur très long qui était
réservé aux chanoines et aux membres du Parlement ;
orgue et buffet XVIIIᵉ, remarquables. Très agréables quais
de la Scarpe, où se trouve le palais de justice XVIIIᵉ
(façades, salle d'audiences). Au N.-N.-O., rue des Chartreux, l'ancienne chartreuse XVIᵉ au XVIIIᵉ réunissant
plusieurs hôtels, dont celui d'Abancourt-Montmorency,
Renaissance ; important musée (fermé mardi) : archéologie
régionale, céramiques, peintures flamandes (Bellegambe,
polyptyque d'Anchin, beaux primitifs), italiennes (Véronèse, Carrache), françaises ; aménagements remarquables ;
beau cloître gothique XVIIᵉ et salle capitulaire. Début
juillet, fêtes de la famille Gayant (géants).

DUNKERQUE – 59.   83 800 hab.

La ville de Jean Bart, presque détruite en 1940-1945, est
avant tout un grand port (le 3ᵉ de France) et connaît un
développement industriel considérable.
Le centre a été reconstruit de façon très « aérée » ; près de
la place Jean-Bart, le beffroi XVᵉ (carillon, panorama) et la
belle église Saint-Eloi gothique fin XVᵉ à cinq nefs ; au N.,
l'hôtel de ville fin XIXᵉ style Renaissance puis, place du
Minck (marché au poisson), la tour du Leughenaer (le
menteur), vestige de l'enceinte début XVᵉ, dominant le
vieux port. Chapelle Notre-Dame-des-Dunes (pèlerinage
marin le 15 août). Musée (vis. tous les jours sauf mardi),
peintures flamandes, hollandaises, françaises, italiennes ;
panneaux de carreaux de Delft (le bombardement du port
en 1695) ; histoire, marine. Jardin de sculpture Jean Arp.
Le port peut se visiter en vedette (l'été, place du Minck), à
pied ou en voiture (très recommandé ; prudence ; voir
S.I.) ; panorama du phare (ouv. tous les jours), ainsi que de
la terrasse de la station météo, sur le port et les plages à l'E.
Visite d'usines. Carnaval célèbre. Important musée d'art
contemporain (œuvres depuis 1950).

ÉPERLECQUES – 62.   2 300 hab.

Au N.-E. du village, à l'entrée de la forêt, s'élève le
gigantesque blockhaus (100 m sur 80 m, 18 m de haut,
deux ans de travaux de déportés) qu'Hitler destinait à servir
de base de lancement aux fusées V 2 sur l'Angleterre.
Monument et cérémonies du Souvenir (vis. tous les jours
l'été, l'après-midi en saison).

*Le Beffroi de Douai avec ses clochetons n'évoque-t-il pas quelque
conte du Moyen Age ? ou le « diable dans le beffroi », (célèbre
conte d'Edgar Poë)?*

ESNES – 59.

Remarquable château féodal rustique XIVᵉ-XVIIᵉ à belle
entrée monumentale XVIᵉ entre deux tours rondes, basses ;
grosse tour crénelée et fine tourelle de l'Horloge.

ESQUELBECQ – 59.   1 600 hab.

Beau village très flamand, sur l'Yser. Grand château XVIᵉ
en brique avec douves et haute tour de guet, jardins de Le
Nôtre (vis. après-midi samedi et dimanche en saison).
Eglise-halle à trois nefs XVIᵉ.
➡ 2,5 km E., Wormhout, belle tour XVIIᵉ de l'église ; petit
musée flamand au presbytère ; moulin.

ESQUERDES – 62.   1 200 hab.

Eglise en partie XIᵉ ou XIIᵉ, beau clocher en pierre
cantonné de pyramides aiguës ; tombeau de Jeanne de la
Trémoille XVᵉ. Belle ferme fortifiée (tour XVᵉ du château).

ESTRÉE-BLANCHE – 62.   1 100 hab.

A la sortie E. (D. 186), ravissant château de Criminil XVᵉ et
XVIIIᵉ entouré de douves, dans un parc.

ESTRÉE-WAMIN – 62.

Jolie église XVIIIᵉ à clocher-mur. Vallée de la Canche*,
suivie par le G.R. 121 qui à l'E. va rejoindre celle de la
Scarpe.

ÉTAPLES – 62.   10 600 hab.

Très important site préhistorique, c'est un charmant port de
pêche au fond de l'estuaire de la Canche, dont les activités
et le quartier des Marins sont très pittoresques ; intéressante
église moderne (vitraux) ; riche musée archéologique
(fermé le mardi l'été, ouv. mardi et dimanche hors saison),
dans une maison ancienne.

FAUQUEMBERGUES – 62.

Belle église XIIIᵉ avec une tour fortifiée et un beau porche
XVIIIᵉ.
➡ 3 km S.-O., Renty, moulin dans un site charmant sur
l'Aa. ➡ 3 km N.-N.-E., Merck-Saint-Liévin, belle église
XVIᵉ-XVIIᵉ, puissante tour et belles voûtes du chœur ;
châsse de Saint-Liévin et curieux fonts baptismaux.

FLERS – 62.

Beau château fin XVIIIᵉ en brique et pierre (centre équestre)
à l'abri d'une grande entrée et des communs en hémicycle ;
chapelle seigneuriale XVᵉ avec remarquables sculptures.

FRESNICOURT – 62.

Célèbre dolmen (à l'E. du village) dans un beau site, au S.
d'un vaste bois.

FRESSIN – 62.
Remarquable église Saint-Martin XVe (cheminée, tombeau XVe). Maison où vécut Bernanos dans sa jeunesse. Au S.-O., vastes ruines du château des seigneurs de Créqui. *Sous le soleil de Satan,* de Bernanos, se souvient de Fressin et de la jolie vallée de la Planquette.

FRÉVENT – 62. 4 400 hab.
Agréable petite ville sur la Canche ; voir la grosse tour de l'église XVIe (peinture XVIe de la Sainte Famille ; chœur).
➡ 1 km S.-E., remarquable château XVIIIe de Cercamp, ultime reste d'une célèbre abbaye cistercienne fondée au XIIe.

GRAVELINES – 59. 9 100 hab.
Sur l'Aa, petit port protégé par les remparts XVIe au XVIIIe, ombragés, et l'arsenal (promenades) ; église Saint-Willibrod fin XVIe, flamboyant et portail Renaissance (beau mobilier XVIIe, tombeau par Girardon) ; citerne militaire début XVIIIe avec des dauphins pour robinets. De part et d'autre de Gravelines, nombreux polders mais les résidences gagnent le terrain et le port de Dunkerque s'approche.
➡ A l'E., beau moulin à vent.

GRIS-NEZ (Cap) – 62.
Altitude 50 m
Au point le plus étroit du pas de Calais, extraordinaire site marin d'où la vue de la circulation maritime dans le Pas est saisissante ; phare (vis.), nombreux restes de blockhaus ; vue sur les côtes anglaises, le cap Blanc-Nez*, Boulogne*. Musée du Mur de l'Atlantique.
➡ 3,5 km S.-E., Audinghen, très belle église moderne ; au S.-E., beau panorama.

GUÎNES – 62. 5 000 hab.
La tour de l'Horloge XVIIIe évoque seule la forteresse médiévale. Petit musée d'archéologie et d'histoire locale.
➡ S., forêt de Guînes, domaniale de 800 ha, sur un plateau dominant les polders côtiers ; la colonne Blanchard évoque l'arrivée du premier ballon qui passa la Manche en 1785 ; dans la plaine, au N.-E., l'emplacement du fameux camp du Drap d'Or où François Ier et Henri VIII firent assaut de luxe et ne s'entendirent pas cordialement. ➡ N.-E., curieux marais de Guînes.

HARDELOT-PLAGE – 62.
Son immense plage n'est qu'un des charmes de cette station très agréable et élégante adossée à des dunes couvertes d'une vaste forêt de feuillus dont une partie est domaniale. Chars à voile, centre de sports, golf très coté, équitation, etc. Au N.-E., près d'un bel étang, ruines restaurées d'un château XIIe.
➡ 10 km N., Equihen-Plage, station balnéaire dans un site plus sévère de falaises.

HAZEBROUCK – 59. 20 900 hab.
Carrefour et marché agricole qui conserve notamment l'ancien couvent des augustins Renaissance XVIe-XVIIe abritant le musée (peinture flamande et hollandaise, folklore). Belle église-halle fin XVe (boiseries, mobilier).

HEM – 59. 23 200 hab.
Non loin du parc Barbieux à Roubaix, belle chapelle Sainte-Thérèse par H. Baur, décoration par Manessier, une grande œuvre de l'art sacré moderne.

HESDIN – 62. 3 300 hab.
Dans un joli cadre au confluent de la Ternoise et de la Canche. Bel hôtel de ville XVIe avec une superbe « bretèche » (entrée et balcon à colonnettes) sculptée ; beffroi et musée (belles tapisseries). Collégiale Notre-Dame XVIe-XVIIe au beau portail Renaissance (mobilier). Maisons anciennes. Bords de la Canche.
➡ Au N.-O., la forêt d'Hesdin (1 000 ha), parcourue par des sentiers (dont le G.R. 121) et de petites routes, a de belles futaies de hêtres et de chênes. ➡ 11 km O., Gouy-Saint-André, très belle ferme, vestige d'une abbaye, avec un admirable portail XVIIIe. ➡ 5 km E.-N.-E., Auchy-les-Hesdin, abbatiale Saint-Georges XIIe-XIIIe remaniée (mobilier XVIIIe).

HEUCHIN – 62.
Eglise romane (voûte XVIIe) ; maison XVIIe à pignon.

HONDSCHOOTE – 59. 3 100 hab.
Ancienne grande ville textile ; hôtel de ville Renaissance et église-halle XVIe-XVIIe (mobilier) ; au N.-O., le Nordmeulen, moulin à vent XIIe, l'un des plus anciens d'Europe.
➡ 5 km N.-O., les Moëres, au centre des anciens marais des Moëres, devenus de riches polders, paysage typique de Flandre maritime.

HOUDAIN – 62. 8 500 hab.
Remarquable église en partie XIe-XIIe, près de son vieux cimetière, sur une butte (vue). De là part un « circuit patois » fléché.
➡ 2 km S.-E., Ranchicourt, intéressant château XIXe et village ravissant.

HUMBERT – 62.
A l'église, belles statues d'anges XIIIe.

LENS – 62. 40 300 hab.
Pour les paysages industriels extraordinaires qui entourent la ville, au milieu de la campagne, et pour l'ambiance du « pays noir ».

LICQUES – 62. 1 400 hab.
Remarquable abbatiale XVIIIe style Renaissance (mobilier) ; au cimetière, curieux calvaire XIIIe. Des bâtiments abbatiaux XVIIIe hébergent la mairie, l'école et le presbytère. Maisons anciennes.

LIESSIES – 59.
Dans un des plus jolis coins de l'Avesnois, sur l'Helpe Majeure. L'abbaye fondée au VIIIe a disparu. L'église Saint-Lambert XVIe possède une belle poutre de gloire, des tableaux et de nombreuses statues (trésor, provenant de l'abbaye).

Etaples : La pêche conserve ses droits et sa couleur dans ce charmant port sur l'estuaire de la Canche, qui fut un grand port militaire au Moyen Age.

LILLE – 59.   177 200 hab. (agglom. 1 000 000)

Ancienne capitale des Flandres, la métropole intellectuelle et économique du Nord de la France est aussi la patrie, entre autres, de Charles de Gaulle.

La Grand-Place (statue de la Déesse) reste le cœur de l'ancienne ville, très animée, avec la vieille Bourse XVIIᵉ, superbe spécimen de la Renaissance baroque flamande, en brique et pierre, dont la cour est admirablement décorée de colonnes et sculptures ; derrière, la place du Théâtre (Petite-Place) avec la Nouvelle Bourse et son beffroi, « le Rang du Beau Regard », série de belles maisons XVIIᵉ, et le théâtre moderne de style flamand. Sur la Grand-Place encore, la Grand-Garde début XVIIIᵉ, et « le Furet du Nord » (énorme librairie-discothèque).

Au S.-O., le palais Rihour, restes du palais XVᵉ de Philippe le Bon (salle des Gardes, chapelle et escalier de la Tourelle) ; au S., place de la République, le musée des Beaux-Arts (fermé mardi), un des principaux musées de France, aux exceptionnelles collections de peinture française XVIIᵉ au XXᵉ, espagnole (deux Greco, deux Goya : *les Jeunes, les Vieilles*), flamande, hollandaise, italienne : Rubens, Jordaens, le Tintoret, Titien, etc. ; archéologie régionale, célèbres sculptures, céramiques, dessins.

A l'E., Porte de Paris, bel arc de triomphe fin XVIIᵉ. L'hôtel de ville, outre le beffroi de 104 m (panorama), porte les géants Lydéric et Phinaert ; autour, le quartier rénové de Saint-Sauveur (universités), conserve un beau pavillon de l'hospice Saint-Sauveur XVIIIᵉ, la curieuse église Saint-Sauveur 1900, la Noble Tour XVᵉ, reste d'enceinte, et la jolie chapelle XVIIIᵉ du Réduit-Saint-Sauveur. Hospice Gantois XVIIᵉ. Au N., l'église-halle Saint-Maurice, gothique à cinq nefs (peintures).

Au N. de la Grand-Place, la curieuse cathédrale inachevée Notre-Dame-de-la-Treille, néo-gothique XIXᵉ-XXᵉ (objets d'art anciens, Vierge XIᵉ) ; grande crypte ; non loin de là, l'hospice Comtesse (beaux bâtiments XVᵉ au XVIIᵉ, superbe salle des Malades XVᵉ à voûte en carène) héberge le musée régional d'ethnographie et d'arts décoratifs (fermé mardi) ; maison XVIIᵉ de Gilles de la Boé ; moderne palais de justice ; au N., église Sainte-Marie-Madeleine XVIIᵉ, rotonde avec un dôme et un déambulatoire, puis l'hospice général XVIIIᵉ proche de belles maisons XVIIᵉ.

A l'O., église Saint-André XVIIIᵉ de style jésuite (belle chaire baroque et peintures) ; au S., rue Royale, quartier d'hôtels XVIIIᵉ (au nᵒ 68, le bel évêché) ; église Sainte-Catherine XVIᵉ-XVIIIᵉ, possédant le *Martyre de Sainte-Catherine* de Rubens ; au S., voir le Petit Quinquin, square Jussieu ; au N.-O., près du beau monument aux Fusillés (de 1915) et du jardin Vauban (style Second Empire), la Deule canalisée contourne l'admirable citadelle de Vauban (vis.) dont la porte Royale et les fossés sont très beaux (au bois de Boulogne, côté S., petit zoo).

Au N.-E., voir les portes subsistant de l'enceinte : portes de Gand et de Roubaix (très militaire) début XVIIᵉ ; près de cette dernière, maison des Vieux-Hommes XVIIᵉ et hôtel Bidé de Granville XVIIIᵉ (1, rue du Lombard) ; le centre du vieux Lille, autour de la rue Esquermoise, la plus commerçante, possède de nombreuses demeures anciennes, rues des Chats-Bossus, Saint-Jacques, de l'Hôpital-Militaire, de la Monnaie, etc. Célèbre braderie septembre.

➡ 7 km E., *Villeneuve-d'Ascq*, musée d'art moderne (donation Masurel), surtout cubistes.

LILLERS – 62.   9 500 hab.

La collégiale Saint-Omer XIIᵉ est, malgré des remaniements, le plus bel édifice roman et le seul complet du Nord ; façade simple et belle, remarquable nef à triforium ; étonnant « Christ du Saint-Sang du Miracle » roman XIIᵉ. Chapelle XVIIIᵉ Notre-Dame de Miséricorde ; en face, belle maison début XVIIIᵉ ; maison de l'Argentier XVIIᵉ.

➡ 3,5 km N.-O., Ham-en-Artois, ancienne abbaye Saint-Sauveur, abbatiale XIIᵉ-XVIIᵉ au clocher octogonal caractéristique (œuvres d'art) et logis de l'Abbé XVIᵉ ; 4 km N.-N.-E., Guarbecque, à l'église Xᵉ au XVIIᵉ, beau clocher XIIᵉ massif et élégant ; intérieur.

MALO-LES-BAINS – 59.

Quartier résidentiel de Dunkerque et station balnéaire très appréciée, à la belle plage ininterrompue jusqu'à Bray-Dunes* (12 km ; chars à voile).

MARCHIENNES – 59.   3 200 hab.

De l'abbaye célèbre disparue à la Révolution, une entrée XVIIIᵉ magnifique qui abrite la mairie et le musée de l'abbaye (vis. dimanche).

➡ 3 km N.-E., forêt de Marchiennes (800 ha), belle et variée mais très fréquentée en week-end ; arboretum.

MARQUISE – 62.   5 000 hab.

Sur la Slack, dans les collines du Boulonnais* ; en amont, carrières de marbre de la Vallée Heureuse. Eglise XIIᵉ-XVIIᵉ. Maisons anciennes.

➡ 2,5 km N.-E., Leulinghen, où l'église marqua un moment la frontière pendant la guerre de Cent Ans et

servait de territoire de discussions diplomatiques ; au N. près de Leubringhen, mont de Couple (163 m), panorama.

MAUBEUGE – 59.   35 500 hab.

Importante ville industrielle sur la Sambre, bien reconstruite en 1945 en conservant des vestiges des fortifications de Vauban, superbe porte de Mons (1685) au N. et remarquable parc zoologique sur les glacis à l'O. Belle église moderne Saint-Pierre (1958) avec une mosaïque en émaux de Murano, un carillon et les trois pièces magnifiques du trésor de l'abbaye de Sainte-Aldegonde. Ancienne chapelle des Jésuites XVIIIᵉ. Voir le très curieux béguinage des cantuaines (fondation pour femmes âgées) et les maisons XVIIᵉ des Chanoinesses (restaurées) ; musée (histoire locale, beaux arts).

➡ 6 km E., Recquignies, près de l'église, étonnant monolithe ancien évoquant quatre œufs.

MÉLANTOIS (Le) – 59.

Petite plaine crétacée limoneuse, au S. de Lille, très fertile, que l'urbanisation grignotait, mais classée maintenant en partie en « zone verte ». Elle connut la bataille de Bouvines*, aux confins du Pévèle*.

MONS-EN-PÉVÈLE – 59.   2 000 hab.

Avec 107 m, c'est en effet la seule montagne aux environs, sauf les terrils qui commencent au S.-O. et à l'O. Philippe le Bel y battit les Flamands en 1304. A l'O. (D. 954), vue superbe vers le bassin minier.

MONTCAVREL – 62.

Eglise flamboyant, sans nef (chapiteaux, vitraux). 1 km E., Alette, belle ferme du Ménage, gothique XVᵉ.

➡ 2,5 km O., Recques-sur-Course, ravissant village de la vallée de la Course*, aux monuments XVIIIᵉ : château, église (chœur XVᵉ), moulin.

MONTREUIL – 62.   3 200 hab.

Naguère « sur-Mer » mais celle-ci est loin depuis longtemps ; vieille cité fortifiée pittoresque au-dessus de la Canche*, dans de beaux remparts de brique (tour agréable) que renforce au N.-O. une superbe citadelle XVIᵉ remaniée XVIIᵉ (fermée lundi et hors saison dimanche) comportant d'importants restes du château royal médiéval. Abbatiale Saint-Saulve surtout XVIᵉ-XVIᵉ, une des belles églises de la région (sculptures, tableaux, porche XIᵉ) ; trésor. Bel hôtel de la Sous-Préfecture XVIIIᵉ et plusieurs autres hôtels de l'époque parmi de vieilles maisons. Chapelle de l'hôtel-Dieu XVᵉ restaurée, boiseries XVIIᵉ et portail.

MONT-SAINT-ÉLOI – 62.
Altitude 135 m

Sur le lieu de durs combats pendant les deux dernières guerres, ruines tragiques d'une abbaye XVIIIᵉ d'augustins, fondée au XIᵉ. Belle vue sur la vallée de la Scarpe.

MORMAL (Forêt de) – 59.

Immense et superbe massif domanial (9 200 ha) limité au S. par la jolie vallée de la Sambre. Plusieurs routes y sont réglementées. Très giboyeux, le promeneur silencieux y verra sûrement plusieurs espèces d'animaux. Aires aménagées, nombreux sentiers ; au S., arboretum et belles futaies de hêtres. Dans une clairière au centre, joli village de Locquignol (jadis, il y avait des artisans).

NOIR (Mont) – 59.
Altitude 159 m

Presque à la frontière, nid de verdure parmi les houblonnières, belles vues sur les autres monts de Flandre et le mont Kemmel, en Belgique, haut lieu de 1918.

NOTRE-DAME-DE-LORETTE – 62.

Le sommet (166 m) des collines de l'Artois a été chèrement disputé tout au long de la Grande Guerre. Table d'orientation de la zone des combats, vue immense sur le bassin minier et la plaine de Flandre. Impressionnant cimetière national de 18 000 tombes ; à l'ossuaire, les restes non identifiés de 16 000 soldats ; le culte du Souvenir dans la tour-lanterne ; diorama au carrefour de la D. 937. Nombreux cimetières et monuments aux environs (7 km S., la Targette, 40 000 tombes allemandes).

OLHAIN (Château d') – 62.

Splendide forteresse XVᵉ au milieu d'immenses douves d'eau vive, protégée par trois ponts-levis jadis, il en reste un entre la remarquable basse-cour, ouvrage avancé, et le château lui-même, dont les tours énormes et le donjon abritent de belles salles (des Gardes, du Diable) ; tour de guet (vue). (Vis. après-midi dimanche et jours fériés en saison).

➡ 4 km S.-O., Caucourt, ravissant paysage du moulin et de son gué. ➡ 3 km S.-E., Fresnicourt*.

PECQUENCOURT – 59.   8 100 hab.

A 1 km N., l'ancienne abbaye d'Anchin ne laisse que deux pavillons XVIIIᵉ ; son célèbre polyptyque est au musée de Douai et plusieurs beaux objets d'art (autel en fer forgé, tableaux) sont à l'église paroissiale XIIᵉ-XIVᵉ. G.R. 121, jolis bords de la Scarpe, à l'E. (à pied).

PETIT-FORT-PHILIPPE – 59.

Superbes site et plage sur l'embouchure de l'Aa, et port face à Grand-Fort-Philippe (bac piéton), bourg de pêcheurs important et pittoresque.

➡ N.-E., centrale nucléaire E.D.F. en construction, près de l'extension en cours du Port Ouest de Dunkerque, d'où partent maintenant les liaisons avec l'Angleterre.

PÉVÈLE (Le) – 59.

Région doucement vallonnée et verdoyante au S. du Mélantois* ; les terres riches et légères permettent des cultures délicates : chicorée, semences, etc.

PHALEMPIN (Bois de) – 59.

« Petit » bois de 650 ha (domanial); mais grand calme par endroits, en s'éloignant des « aménagements » : plan d'eau (pêche), coins de pique-nique, sentiers.

QUESNOY (Le) – 59.   5 300 hab.

La célèbre et magnifique place forte que compléta Vauban contient une charmante vieille ville ; bel hôtel de ville classique dont la tour abrite un carillon de quarante-huit cloches. Les remparts en briques à parements de pierre, très ombragés (tour fléché, 2 h), baignent dans de beaux étangs, du Fer à Cheval à l'O., du Pont Rouge au S.-E. et lac Vauban à l'E. (barques, pêche ; baignade au Pont Rouge).

➡ 2,5 km E., belle forteresse féodale de Potelle au milieu de larges douves, fin XIVᵉ ; chapelle XIIIᵉ avec une poutre de gloire. E., forêt de Mormal*.

RENESCURE – 59.   2 100 hab.

Beau château de Zuthove XVᵉ en brique, entouré de douves en eau. Eglise XVIᵉ.

➡ 4 km S.-E., Lynde, parmi de beaux paysages ; à l'église, remarquable jubé en bois début XVIᵉ et boiseries XVIIIᵉ.

RIHOULT-CLAIRMARAIS (Forêt de) – 62.

Ses 1 200 ha bordent à l'E. l'extraordinaire Marais audomarois et entourent le bel étang d'Harchelles (zone de silence) ; à l'entrée N.-O., ancienne ferme de l'abbaye cistercienne de Clairmarais.

ROUBAIX – 59.   110 000 hab.

Grand centre lainier et de vente par correspondance. Patrie de Maxence Van der Meersch. Au centre, sur la Grand-Place, église Saint-Martin XVᵉ-XIXᵉ (carillon), intéressant hôtel de ville moderne. Au S., grand et superbe parc de Barbieux.

SAINT-AMAND – 62.

Village aux fermes anciennes à colombages. Au cimetière, chapelle contenant de belles statues XIIIᵉ-XIVᵉ et notamment une Vierge à l'Enfant.

SAINT-AMAND-LES-EAUX – 59.   17 000 hab.

Ville industrielle aux faïences réputées. La célèbre abbaye fondée au VIIᵉ, reconstruite au XVIIᵉ, a été détruite à la Révolution, sauf deux parties : le beau pavillon de l'Echevinage, ancienne entrée, Renaissance flamande (salon décoré par Louis Watteau, 1782), et la façade de l'abbatiale, magnifique superposition des cinq ordres (toscan, dorique, ionique, corinthien, composite) et représentation de l'intérieur (!) en trompe-l'œil au 1ᵉʳ étage, surmontée de l'extraordinaire tour baroque de 82 m contenant un merveilleux carillon de quarante-quatre cloches (concerts tous les jours de 12 à 12 h 30 et les dimanches d'été de 19 à 20 h) et un musée du Carillon et de la Faïence. A l'église Saint-Martin fin XVIIIᵉ, du mobilier et des tableaux (Véronèse, Van Dyck, peut-être Rubens) de l'abbaye. Maisons anciennes et belles fermes.

➡ 4 km E., l'établissement thermal est en bordure de la vaste forêt domaniale de Saint-Amand-Raismes-Wallers (4 000 ha) qui constitue l'essentiel du Parc régional de Saint-Amand-Raismes*.

SAINT-AMAND-RAISMES (Parc naturel régional de) – 59.

Premier créé des parcs régionaux (1968) et bien le plus audacieux par la surface réduite et le mélange des paysages naturels et industriels, il est centré sur la grande forêt de Saint-Amand-Raismes-Wallers et ouvre à tous des activités de pleine nature : sentiers balisés de randonnée (G.R. 121), réserve d'oiseaux, parc de vision d'animaux sauvages (la « Vitrine »), réserves botaniques (vis. accompagnées), grand centre de plein air de l'étang d'Amaury (voile, tir à l'arc, cyclo, etc.), centre équestre, complexe omni-sports, etc. Centres d'accueil. Musées « de plein air » en projet (Mine, Batellerie, etc.).

SAINT-JOSSE – 62.

Sur une colline dominant les marais de l'ancien rivage, adossée à de grands bois à l'E. Grand pèlerinage à la châsse XVIIIᵉ du saint (après la Pentecôte), à l'église, en partie XVIᵉ, qui remplace une grande abbaye disparue.

Lille : *Célèbre place forte et grande cité commerçante et textile depuis les guerres médiévales, Lille reste une ville magnifique, trop ignorée, que symbolise sa Grand-Place et son décor XVIIᵉ qu'avoisinent l'ancienne Bourse et la place du Théâtre. Mais la capitale provisoire du duc de Bourgogne Philippe le Bon possède de nombreuses autres curiosités dont la moindre n'est pas la citadelle, création de Vauban.*

SAINT-OMER – 62.   18 000 hab.

Charmante vieille ville sur l'Aa*, qui possède avec la basilique (ancienne cathédrale) Notre-Dame, XIIIe au XVe, l'un des plus beaux monuments du Nord (tour, portail) ; admirables œuvres d'art, dont le « Grand Dieu de Thérouanne » XIIIe, plusieurs tombeaux dont celui d'Eustache de Croy XVIe, une horloge astronomique, des albâtres.

Il faut prendre le temps de fureter dans les vieilles rues bordées de nombreuses demeures XVIIe-XVIIIe restaurées. Ancienne chapelle des Jésuites XVIIe (façade). Eglise Saint-Denis XIIIe au XVIIIe, beau Christ d'albâtre. Hôtel Sandelin XVIIIe, musée (fermé mardi) : peintres flamands, hollandais et français XVe au XVIIIe, céramiques, trésor (orfèvrerie mosane XIIe : *Pied de croix de Saint-Bertin),* ivoires, antiquités, etc. Musée Henri-Dupuis (oiseaux, coquillages). Beau jardin public. A l'E., ruines de l'abbatiale Saint-Bertin XVe.

➜ A l'E. et au N., le Marais audomarois, immense jardin (3 400 ha) parcouru de centaines de kilomètres de watergangs (chemins d'eau), que l'on ne peut bien voir qu'en barque ou en vedette, location à Clairmarais, Saint-Omer, Salperwick ; pêche réputée (bel étang du Romelaëre) ; nombreux sentiers, observation d'oiseaux (zone du Romelaëre).

SAINT-POL-SUR-TERNOISE – 62.   6 500 hab.

Reconstruite après les dernières guerres ; quelques édifices XVIIIe dont la chapelle des Sœurs Noires avec un musée d'histoire et de folklore. Promenade des remparts. Jolie vallée de la Ternoise en aval, longée par le G.R. 121 A.

SAMER – 62.   2 800 hab.

Une des villes de la fraise. Eglise XVe avec curieuse cuve baptismale romane ; à la mairie, musée du peintre Cazin.

➜ 2 km N.-E., Wierre-au-Bois, beau village, église XVIe (statue équestre de Saint-Gendulphe et curieuse Descente de Croix XVe en bois), château XVe au XVIIe auquel s'attache le souvenir de Sainte-Beuve.

SARS-POTERIES – 59.   1 700 hab.

Joli village de l'Avesnois, où l'artisanat vit toujours : verriers, potiers. Musée du Verre (vis. l'après-midi, samedi, dimanche et jours fériés et tous les jours l'été), très riche en « bousillés », sujets uniques artisanaux.

SARTON – 62.

Etonnante église avec une tour massive XVIe sur une butte au-dessus de l'Authie ; restes d'une abbaye (ferme).

➜ N.-E., de Thièvres à Pas-en-Artois (église XVIIIe) et Warlincourt-les-Pas, beau parcours dans un petit vallon.

SAUDEMONT – 62.

Proche des étangs de la Sensée* (à l'E. et au N., Ecourt-Saint-Quentin, Lécluse). Beau clocher XIe à l'église (statues).

SEBOURG – 59.   1 500 hab.

Village agréable dans la jolie vallée de l'Aunelle. Eglise fin XIIe remaniée, beau mobilier, tombeaux avec gisants des seigneurs de Sebourg et châsse de saint Druon.

➜ 3 km S.-E., Bry, voir le mobilier de l'église et notamment le tabernacle XVIIIe.

Le Quesnoy : *Ville-forteresse de Vauban, très appréciée pour ses étangs et sa verdure.*

SECLIN – 59.   9 900 hab.

Banlieue industrielle de Lille. Collégiale Saint-Piat XVIe reconstruite après 1918 ; étonnants chapiteaux et curieux chœur transformé au XVIIIe ; crypte préromane (sarcophage du saint) ; magnifique carillon. Au S.-O., bel hospice de Seclin XVIe-XVIIe (fondé au XIIIe), avec une admirable cour à arcades, et pignon de la salle des malades (belle chapelle).

SENSÉE (Etangs de la) – 59.

De Lécluse (beau dolmen au N.-E.) à Etrun (ancien camp gaulois) et Bouchain*, c'est une succession de magnifiques étangs formés dans la vallée de ce joli petit affluent de l'Escaut, oasis de verdure, site très recherché des pêcheurs et promeneurs ; on pratique la voile à Brunémont, et Aubigny-Plage, à Aubigny-au-Bac, est un parc de loisirs (voile, canotage, baignade). Le G.R. 121 en suit la partie la plus sauvage et le canal de la Sensée la longe également.

SOLRE-LE-CHÂTEAU – 59.   2 100 hab.

Joli bourg dans un charmant paysage sur la Solre ; bel hôtel de ville fin XVIe avec maximes gravées dans les poutres ; maisons anciennes sur la place, dominée par le curieux clocher de l'église XVe-XVIe (mobilier, poutres sculptées).

➜ 11 km N.-E., Cousolre, par le beau vallon de la Thure ; marbres réputés.

STEENVOORDE – 59.   3 900 hab.

Superbe bourg flamand, avec une très haute flèche à l'église et une pittoresque Grand-Place aux maisons peintes. Moulins à vent à l'O. et au S. Grande laiterie. Géants Yan den Houtkapper et Gambrinus le buveur de bière.

SURQUES – 62.   1 400 hab.

Eglise-refuge, fortifiée, XVIe-XVIIe. Joli manoir XVe. Beau paysage vallonné des collines du Boulonnais.

THÉROUANNE – 62.

L'importante ville médiévale avec une superbe cathédrale gothique fut rasée par Charles Quint ; le célèbre « Grand Dieu » d'un des tympans est à Saint-Omer. Fouilles.

TOUQUET-PARIS-PLAGE (Le) – 62.   5 600 hab.

Dans un cadre magnifique sur l'embouchure de la Canche, la grande station balnéaire élégante de la Côte d'Opale, une des plus belles de la Manche, s'étend entre son immense plage et une forêt agréable et variée de 800 ha créée comme elle au XIXe. Remarquablement construite de belles villas et jouissant d'un équipement de premier ordre (casinos, hippodrome, port de plaisance, ensembles sportifs, Palais de l'Europe, polo, aéroport, etc.), elle est très fréquentée depuis toujours par les Anglais. Superbe digue-promenade ; de la pointe du Touquet au N., vue. Phare (vis. après-midi en saison).

TOURCOING – 59.   102 500 hab.

Vieille ville lainière comme Roubaix. Eglise Saint-Christophe de style gothique (trésor) ; le clocher (carillon de quarante-huit cloches, concerts) contient un musée folklorique ; panorama.

A la Chambre de commerce, extraordinaire Centre de documentation des fils et des tissus. Musée municipal de peintures et gravures, dans un hôtel où habita Albert Roussel.

TRAMECOURT – 62.

Grand château XVIIIe de brique et pierre, d'une illustre famille (dalles funéraires à l'église) ; monument aux Tramecourt morts en déportation.
➡ 2,5 km O., Azincourt, lieu de la sinistre bataille de 1415 (calvaire). ➡ 2 km E., Ambricourt, le village du *Journal d'un curé de campagne* de Bernanos, typiquement artésien ; 3 km N., Verchin, très belle église flamboyant du XVIIe au clocher hélicoïdal et gauchi (voûte en étoile et Mise au tombeau XVIIe inhabituelle). Grande ferme XVIIe et château classique à plusieurs bâtiments (beau parc).

VALENCIENNES – 59.   43 200 hab.

Dite « Athènes du Nord » pour son goût des arts et la pépinière d'artistes qu'elle a été, dont le chroniqueur Froissart, Watteau, Carpeaux.
Très riche musée des Beaux-Arts (fermé le mardi) en peintures flamandes et hollandaises (Rubens), françaises XVIIIe-XIXe (Watteau, Carpeaux), dessins de Carpeaux. Belle façade XIXe de l'hôtel de ville. A l'O., églises Saint-Géry XIIIe-XIXe et Saint-Nicolas XVIIe ancienne chapelle des Jésuites (belle tribune début XVIIe dont le collège voisin XVIIe abrite la superbe bibliothèque XVIIIe (boiseries, peintures). Au S., belle maison « espagnole » XVIe (S.I.) et basilique Notre-Dame-du-Saint-Cordon style XIIIe (pèlerinage en septembre). Parc de la Rhônelle.
➡ 2 km N.-E., à Saint-Saulve, ne pas manquer le couvent du Carmel dont la chapelle (par Szekely et Guislain) est une étonnante merveille d'architecture religieuse moderne (vis. tous les jours). ➡ Au N.-O., Anzin (15 000 hab.), sur la rive gauche de l'Escaut, musée des Charbonnages et de la Métallurgie (vis. samedi après-midi, dimanche matin et mercredi).

VAL-JOLY (Lac du) – 59.

Splendide retenue du barrage d'Eppe-Sauvage sur l'Helpe Majeure, longeant la forêt de l'Abbé* ; la branche S. du lac s'enfonce profondément dans la forêt. Centre nautique et équestre ; baignade. A l'E., joli village frontalier d'Eppe-Sauvage (église XVIe, peintures) ; de là, au S., haute vallée sauvage et marécageuse de l'Helpe Majeure, vers Wallers-Trélon*.

VAUCELLES (Abbaye de) – 59.

Ce fut une admirable abbaye cistercienne fondée au XIIe mais il n'en reste que le cellier et la salle capitulaire, qui valent la visite (dernier dimanche du mois en saison, l'après-midi), et de beaux bâtiments classiques.

VIMY – 62.   3 300 hab.

A l'O. du bourg, reconstruit, grandiose Mémorial canadien, commémorant les combats de 1917 et le sacrifice des Canadiens pour la France ; vestiges de tranchées. Vue immense et magnifique sur le soi-disant Pays Noir (bassin minier) et ses cultures.

Le Cateau : Les briques, sans être spécifiques du Nord, lui sont souvent assimilées tant elles en forment le traditionnel décor urbain, notamment les interminables rues de corons du bassin minier. Mais, un peu partout, la maison de brique, ornée de discrets parements, est l'habitat classique de l'homme du Nord. C'est ici l'une des rues pentues du Cateau, agréable gros bourg bien typique de sa région avec ses monuments Renaissance et baroques ; Henri Matisse y est né et a les honneurs d'un petit musée.

WALLERS-TRÉLON – 59.

Village déjà ardennais, au pied de la vaste forêt de Trélon et de l'Abbé-Val-Joly*. Bras-reliquaire à l'église. 1 km E., petite chapelle des Monts de Baives, dans une grotte, vue splendide sur la haute vallée de l'Helpe Majeure.

WATTEN – 59.   2 800 hab.

Sur l'Aa resserrée entre la forêt d'Eperlecques* et le mont de Watten ; sur celui-ci, les restes d'un moulin et d'une abbaye (tour XIVe) commandent une large vue sur la vallée de l'Aa et la Flandre. Très belle tour fin XVe à l'église.
➡ 6 km N.-E., chapelle Sainte-Mildrède (ou Mulders) XVIIIe, très ancien pèlerinage, par une jolie route ; 2 km N.-E., vue.

WIMEREUX – 62.   6 700 hab.

A l'embouchure du Wimereux, station balnéaire fréquentée, aux plages variées ; sur la digue-promenade, monument à Marconi et Branly, inventeurs de la T.S.F. (1re expérience) ; au N., la pointe aux Oies où débarqua Louis-Napoléon Bonaparte en 1840 (belle vue).
➡ E., délicieuse vallée du Wimereux, dans les collines du Boulonnais* ; jolis manoirs et châteaux ; près de celui de Souverain Moulin, tapisseries de Lurçat à la chapelle du hameau.

WISQUES – 62.

Abbaye bénédictine Saint-Paul, dans un château XVe-XVIIIe et moderne (le campanile isolé a recueilli la grosse cloche de l'abbatiale Saint-Bertin de Saint-Omer, 2 500 kg, XVe) ; chant grégorien aux offices ; atelier de céramique. Non loin, beau Petit Château XVIIIe.

WISSANT – 62.   1 100 hab.

Magnifique plage de sable, très sûre, entre les caps Gris-Nez* et Blanc-Nez*.

ZUYDCOOTE – 59.   1 500 hab.

Sur la grande plage de Malo-les-Bains* à Bray-Dunes*. Rendu célèbre par *Week-end à Zuydcoote*, de Robert Merle, sur les dramatiques combats et rembarquements de Dunkerque en 1940, où le sanatorium joua un grand rôle.

Château de Rambures *au sud-est d'Abbeville.*

Picardie

19 411 km² − 1 678 644 habitants

Départements	Superficie en km²	Population
02 Aisne	7 378	533 970
60 Oise	5 857	661 781
80 Somme	6 176	554 570

Un petit désert coincé entre la capitale et le Nord si dense aussi, mais si les grandes plaines riches et monotones peuvent évoquer cela, la verdure des vallées dément cette idée ! C'est par contre un éternel champ de bataille, Crécy, le Chemin des Dames, les églises de la Thiérache peuvent en témoigner.

C'est aussi une terre d'élection pour l'art gothique, qui y trouve, avec Amiens, Beauvais, Noyon, Senlis, Rue, Laon et bien d'autres, autant d'illustrations magnifiques.

L'ancienne province recoupe en grande partie l'actuelle région, qui a pris un bon morceau d'Ile-de-France, Beauvaisis et Valois surtout, mais qui a « perdu » le sud-ouest du Pas-de-Calais, jusqu'au Boulonnais. Malgré un certain retard, l'industrialisation a pris son essor, et la vallée de l'Oise notamment en a bénéficié.

Si l'amateur d'églises, mais aussi de châteaux, doit être heureux ici, celui de paysages insolites le sera aussi, avec la baie et la vallée de la Somme, les forêts du Valois, la verte Thiérache. Ce pays est celui d'origine de la langue, avec un délicieux patois pointu.

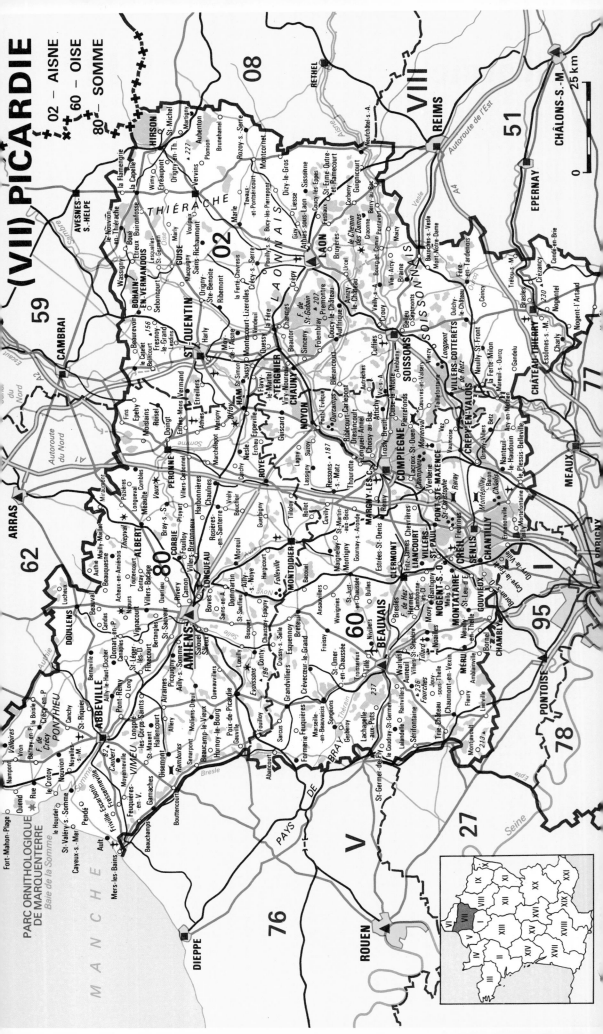

(VII) PICARDIE

02 - AISNE
60 - OISE
80 - SOMME

PARC ORNITHOLOGIQUE
DE MARQUENTERRE
Baie de la Somme

Amiens : Une des gloires du gothique, Notre-Dame d'Amiens veut être longuement admirée ; façade et stalles sont des morceaux d'anthologie. Il ne faut pas négliger pour autant les musées, ni les hortillonnages.

ABBEVILLE – 80.   26 600 hab.
La capitale du Ponthieu a perdu son admirable vieux quartier brûlé en 1940. L'église Saint-Vulfran XVe, ancienne collégiale, toujours en restauration, possède une magnifique façade de style flamboyant dont les portails sont étonnamment ouvragés (célèbres vantaux Renaissance du portail central). Église Saint-Gilles, flamboyant et moderne. Au centre, musée Boucher de Perthes, dans le beffroi XIIIe et l'Argenterie XVe : préhistoire surtout, et peintures, céramiques, etc. Au S.-E., superbe « folie » XVIIIe de Bagatelle aux merveilleux intérieurs et beau parc (vis. l'été sauf mardi).
➡ 10 km N.-E., Saint-Riquier*.

ACY-EN-MULTIEN – 60.
Dans le pittoresque vallon de la Gergogne ; église XIIe, remaniée, beau clocher roman (flèche restaurée).
➡ 6 km N., Betz, sur la Grivette, église XIIe-XVIe ; parc XVIIIe avec fabriques (pas de vis.).

AIRAINES – 80.   2 300 hab.
Remarquable église priorale romane avec une curieuse cuve baptismale sculptée ; le prieuré abrite un centre d'art et de culture. Restes du château des ducs de Luynes. L'église paroissiale Saint-Denis XVe-XVIe possède de belles œuvres d'art Renaissance (sculptures, vitraux).

AISNE (Vallée de l') – 02.
Sortie de l'Argonne et des confins ardennais et champenois, elle court au pied du Chemin* des Dames, dans d'aimables paysages hélas endeuillés par les guerres. Après la magnifique cité de Soissons*, elle devient très agréable en traversant le N. du Valois et ses collines, et va se confondre avec celle de l'Oise* en séparant par une sorte de défilé les forêts de Compiègne* et de Laigue*.

ALBERT – 80.   12 000 hab.
Détruite en 1914-1918. Pèlerinage très fréquenté (début septembre) à la basilique Notre-Dame-de-Brebières fin XIXe rebâtie, dont la Vierge dorée du clocher (70 m) resta toute la guerre inclinée, célèbre sous le nom de « Vierge penchée ». Beaux jardin public et hôtel de ville « flamand » à beffroi.
➡ Au N. et à l'E., « circuit du Souvenir » de la bataille de la Somme en 1916 ; innombrables monuments et cimetières.

AMIENS – 80.   136 000 hab.

Sur la Somme, la capitale de la Picardie est aussi son grand carrefour (gravement sinistrée en 1940 et 1944).

La cathédrale Notre-Dame XIIIe très homogène (finition des tours XVe) est l'une des « grandes » cathédrales gothiques, avec de prodigieuses sculptures sur la façade et notamment aux portails : le « Beau Dieu » au milieu, entouré des apôtres et des prophètes (Jugement dernier au tympan), vie de la « Mère de Dieu » au portail de droite, et Saint-Firmin à gauche ; admirable Vierge Dorée au portail du transept S. ; voir la belle flèche effilée ; la nef de 145 m monte à plus de 42 m ; splendide architecture intérieure, mise en valeur par l'absence de vitraux ; œuvres d'art, dont cent dix célèbres stalles XVIe aux milliers de personnages et la clôture de chœur XVe-XVIe ; superbe chevet.

Non loin au S., hôtel de Berny XVIIe (ou des Trésoriers de France), musée d'Art et d'Histoire régionale (vis. après-midi mercredi, samedi et dimanche). Au S., important musée de Picardie (fermé lundi) décoré par Puvis de Chavannes : préhistoire et archéologie, primitifs de la confrérie du Puy-Notre-Dame d'Amiens XVe-XVIe et importantes peintures des Pays-Bas et françaises XVIIe au XXe ; faïences, histoire naturelle.

Au N. de Notre-Dame, pittoresque quartier Saint-Leu entouré par des canaux et la Somme, avec de vieilles maisons autour de l'église XVe-XVIe. Au S., église Saint-Rémy partiellement rebâtie (mausolée des Lannoy XVIIe) ; ancienne abbaye des prémontrés Saint-Jean XVIIe-XVIIIe (cloître classique) : célèbre Maison de la Culture. Au centre, logis du Roi et maison du Sagittaire, Renaissance, vestiges du Beffroi et église Saint-Germain XVe à la tour penchée ; Bailliage flamboyant-Renaissance et curieuse façade fin XVIIIe de l'ancien théâtre. Tour Perret (104 m), qui bâtit aussi la gare. A l'O., remarquable parc zoologique de la Hotoie (fermé l'hiver).

A l'E., les célèbres hortillonnages, innombrables jardins maraîchers sur des îlots de la Somme et de l'Avre, que l'on ne peut bien voir qu'en barque (location) ; mais les fameux bateaux à « cornet » disparaissent et le marché n'est plus sur l'eau mais au bord. Au N.-O., cimetière de la Madeleine, beau parc ombragé aux nombreux monuments ; tombe de Jules Verne.

ATHIES – 80.

Fouilles d'une importante villa gallo-romaine (vis. l'été). Beau portail XIIIe à l'église.

AULT – 80.   2 200 hab.

Plage familiale au début des falaises calcaires du Pays de Caux ; vue remarquable vers le Tréport et curieuse église XIVe avec une grosse tour. D'Onival au N.-E., vue étonnante sur les marais du Hable d'Ault et Cayeux-sur-Mer.

AUTHIE (Vallée de l') – 80-62.

La limite départementale et régionale jongle avec la rivière, typiquement picarde, qui descend tranquillement entre Ponthieu et Ternois dans une jolie vallée par Doullens*, Auxi-le-Château* (région VI), le Boisle*, Dommartin*, la belle abbaye de Valloires*, et débouche dans la marécageuse baie d'Authie, très fréquentée par les oiseaux aquatiques et migrateurs.

BEAUVAIS – 60.   57 000 hab.

La ville a été presque détruite en 1940 et a perdu son riche quartier ancien mais a gardé par chance ses plus grands monuments.

La cathédrale inachevée Saint-Pierre XIIIe-XIVe possède le chœur gothique le plus audacieux du monde (haut de 48,20 m) que la tour et le transept (superbes façades XVIe des croisillons) relie directement à une ancienne nef carolingienne, la Basse-Œuvre fin X^e ; à l'intérieur, splendides vitraux surtout XVIe ; horloge astronomique et trésor (plusieurs visites tous les jours) ; cloître (deux galeries XVe) ; chevet extraordinaire ; à côté, Galerie nationale de Tapisserie (expos. perm., fermé lundi), comprenant des vestiges gallo-romains.

A l'opposé, l'ancien évêché fin XVe (porte fortifiée XIVe) abrite l'excellent musée départemental (archéologie, peintures italiennes, céramiques et objets d'art régionaux ; fermé mardi et jours fériés). Maisons anciennes (rues du Tournebroche, de l'Ecole-de-Chant, Racine, de la Banque). Au S., très belle église Saint-Etienne romane (nef et transept) et gothique, étonnant chœur XVIe flamboyant, aux admirables verrières Renaissance.

➡ Sortie E. (N. 31), belle église Notre-Dame à Marissel XIe-XIIe romane et gothique, réparée au XVIe. ➡ 4 km S.-E. (près de la N. 1), Allonne, curieuse église double (reconstruction inachevée). ➡ Sortie O., jolie forêt domaniale du Parc-Saint-Quentin et le pays de Bray, région verdoyante et boisée entre les vallées de l'Avelon et du Thérain et, plus loin, de l'Epte.

BELLICOURT – 02.

A 2 km N., mémorial américain du début de l'attaque décisive en 1918 ; vaste panorama. Au-dessous, passe le

souterrain de Riqueval construit début XIXe pour le canal de Saint-Quentin ; les péniches le traversent en trains tractés par touage ; voir au S. le pont de Riqueval et l'entrée du tunnel où ont lieu les opérations de traction.

BERNAY-EN-PONTHIEU – 80.

Auprès de la grande forêt de Crécy*, sur la petite vallée de la Maye ; vaste relais de poste en partie XVe (poutres sculptées).

➡ 3 km N.-E., Regnière-Ecluse, beau château fin gothique et début Renaissance. ➡ 2 km N.-O., Arry, remarquable château Louis XV entouré d'un superbe parc avec de grandes pièces d'eau formées par la Maye.

BERRY-AU-BAC – 02.

Sur l'Aisne et à la bifurcation des canaux des Ardennes et de l'Aisne à la Marne. Au S.-E., le bois du mont de Sapigneul porte la cote 108 (panorama), au sol encore bouleversé d'entonnoirs de la Grande Guerre. Au N.-O., carrefour du Choléra, où des chars d'assaut entrèrent en action pour la première fois (monument), en avril 1917.

BERTANGLES – 80.

Beau château classique XVIIIe de la famille Clermont-Tonnerre.

BLÉRANCOURT – 02.   1 100 hab.

Restes d'un beau château XVIIe par Salomon de Brosse pour le duc de Gesvres, abritant un musée national franco-américain (guerre d'Indépendance, interventions américaines dans les guerres mondiales) et un musée de l'archerie. (Vis. tous les jours). Au S.-E. (D. 6), beau panorama.

BOISLE (Le) – 80.

Un des jolis villages de la vallée de l'Authie, dont les vanniers sont connus. Beaux vitraux modernes à l'église.

BOVES – 80.   2 300 hab.

Dominant le confluent de l'Avre et de la Noye (routes pittoresques), deux formidables pans de murs sont les seuls restes d'un puissant château fort XIIe ; belle vue vers Amiens.

BRAINE – 02.   2 000 hab.

L'église Saint-Yved gothique XIIe qui a connu bien des malheurs reste un monument très important par son plan et ses sculptures. Maison de bois.

➡ 6 km S.-E., Mont-Notre-Dame ; la collégiale que les Allemands ont fait sauter durant l'été 1918 est remplacée par une église Arts Déco 1933 (pèlerinage à sainte Madeleine ; panorama).

BRAY-SUR-SOMME – 80.   1 300 hab.

Important centre de pêche et de chasse avec un beau chœur roman à l'église au gros clocher XVIIIe.

➡ Jolies routes en aval vers Corbie* sur les deux rives. ➡ 2,5 km S., Froissy, d'où un petit train touristique monte à Cappy et Dompierre, à 7 km (ouv. dimanche et jours fériés en saison, plus mercredi et samedi l'été) ; promenades pédestres sur le chemin de halage.

BRETEUIL – 60.   3 500 hab.

Petite ville reconstruite après 1944 ; remarquable église moderne ; bâtiments abbatiaux classiques ; petit cloître où se trouve un gisant.

➡ 2 km S., Vendeuil, vestiges gallo-romains ; au S.-E., de Bonvillers à Saint-Just-en-Chaussée, ancienne chaussée romaine.

CAMBRONNE-LES-CLERMONT – 60.

Intéressante église XIIe-XIIIe romane et gothique.

CAPELLE (La) – 02.   2 300 hab.

L'église a été commise par Garnier, l'architecte de l'Opéra, de retour d'Orient... Courses hippiques réputées.

➡ 2 km N.-E. (D. 285), la Pierre d'Haudroy commémore le passage de la mission plénipotentiaire allemande au travers des lignes le 7 novembre 1918. ➡ 3 km N., la Flamengrie, la chapelle de Roubais possède trois beaux retables flamands XVIe.

CAUBERT (Mont de) – 80.
Altitude 82 m

Modeste hauteur au S. d'Abbeville* d'où la vue est remarquable sur le Vimeu au S.-O., le Ponthieu au N.-E. et la vallée de la Somme* entre les deux. Ancien camp romain.

CAYEUX-SUR-MER – 80.   2 900 hab.

Plage très ventée, au climat tonique réputé. Belle campagne et bois de pins, avec son annexe de Brighton-les-Pins.

CHÂALIS (Abbaye de) – 60.

Ruines grandioses d'un transept arrondi de l'abbatiale XIIIe marquant le début du gothique chez les cisterciens, et chapelle de l'Abbé XIIIe aux voûtes peintes au XVIe, qui en sont les seuls restes médiévaux. Le site est superbe. Le château abbatial XVIIIe de Jean Aubert est un riche musée d'antiquités, de peintures et œuvres d'art Renaissance et XVIIIe et de souvenirs de Rousseau (vis. après-midi lundi, mercredi, samedi et dimanche en saison ; beau parc XVIIIe (fermé mardi). V. aussi Ermenonville*.

Abbaye de Châalis : L'abbaye cistercienne est un des points de mire de l'« ensemble » d'Ermenonville. Son premier abbé commendataire fut, au XVIᵉ siècle, le Cardinal d'Este, fils de Lucrèce Borgia.

CHAMBLY – 60.   6 200 hab.

Sur l'Esches ; église XIIIᵉ-XIVᵉ remarquable avec superbes panneaux peints flamands.

➡ 13 km N.-O., Méru, belle église XIIIᵉ.

CHAMPLIEU – 60.

En bordure S. de la forêt de Compiègne, sur une voie romaine, important ensemble de ruines gallo-romaines comprenant un théâtre, des thermes et un temple, du IIᵉ (vis. tous les jours l'été, l'après-midi l'hiver ; fermé mardi).

➡ 3 km S.-O., églises intéressantes à Béthisy-Saint-Pierre et Béthisy-Saint-Martin, villages voisins sur l'Automne.

CHANTILLY – 60.   10 700 hab.

Dans le cadre splendide de ses pièces d'eau, du jardin anglais, du parc et du fameux champ de courses, le château a connu une histoire agitée.

Du magnifique ensemble XVIᵉ ne reste que le Petit Château par Jean Bullant, que jouxte le Grand Château que fit bâtir le duc d'Aumale fin XIXᵉ dans le style Renaissance pour abriter ses collections richissimes, le musée Condé (fermé mardi), avec la galerie du Logis, la Rotonde, le cabinet des Clouet, le Santuario (miniatures de Fouquet, deux Raphaël, Piero di Cosimo, Filippino Lippi), le cabinet des Gemmes et la Tribune (peintures) ; le Petit Château contient le splendide appartement XVIIIᵉ du duc de Bourbon (salon des Singes, cabinet des Livres), et la chapelle fin XIXᵉ un autel de Goujon et Bullant.

Dans le parc, bordé au N. par le Grand Canal qu'emprunte la Nonette, parterres français, Hameau (devancier de celui du Trianon), jolie maison de Sylvie fin XVIIᵉ (musée), le jardin anglais, le Jeu de Paume (musée) et les admirables Grandes Écuries, un des grands chefs-d'œuvre XVIIIᵉ par Jean Aubert, musée du Cheval (vis. sauf courses samedi, dimanche et jours fériés en saison). En ville, quelques hôtels XVIIᵉ-XVIIIᵉ et l'église Notre-Dame fin XVIIᵉ par Mansart.

➡ Au S., belles forêts de Chantilly et Pontarmé (privées, 6 000 ha, routes réglementées ; G.R. 1, 11 et 12), site des étangs de Commelles et château de la Reine-Blanche XIXᵉ, jolie vallée de la Thève en amont.

CHÂTEAU-THIERRY – 02.   14 000 hab.

La charmante vieille ville sur la Marne est remplie du souvenir de La Fontaine dont la maison natale XVIᵉ abrite le musée municipal (vis. tous les jours sauf mardi ; samedi, dimanche, lundi l'hiver). De vastes remparts portent l'esplanade de l'ancien château (ruines) qui domine la ville et la vallée ; remarquables portes Saint-Jean XIVᵉ et Saint-Pierre et importants restes de remparts de ville ; tour Balhan, ancien beffroi XVᵉ-XVIᵉ. Maisons et hôtels XVIᵉ-XVIIᵉ surtout rue du Château. Église Saint-Crépin XVᵉ-XVIᵉ. Fin juin, grandes fêtes de La Fontaine.

➡ 2,5 km S.-O., Essômes, remarquable église XIIIᵉ-XIVᵉ (restaurée), œuvres d'art. ➡ 4,5 km O. par N. 3 et à gauche, Cote 204, qui marqua l'avancée extrême de l'offensive allemande de 1918 et la 2ᵉ bataille de la Marne

(monument américain). ➡ 11 km O.-N.-O., Bois Belleau, autre haut lieu de 1918, monument et cimetière américains, cimetière allemand. ➡ E., vallée de la Marne, belles routes par les deux rives, entre les collines entourant les méandres.

CHAUMONT-EN-VEXIN – 60.   2 000 hab.

Le bourg est bâti au pied de la butte-témoin du Vexin où s'élevait le château ; sur son flanc, belle église gothique flamboyant et tour Renaissance (intérieur et portail).

CHEMIN DES DAMES (Le) – 02.

Voie antique, qu'empruntèrent les filles de Louis XV ; crête entre l'Aisne et l'Ailette, dominant de beaux paysages vallonnés, tristement célèbre par les effroyables combats de la Grande Guerre surtout en 1917. Les monuments se succèdent du Moulin de Laffaux, à l'O. (sur N. 2), à Craonne* à l'E., par le fort de la Malmaison, Cerny-en-Laonnois, mémorial, cimetières et ossuaire, la Caverne du Dragon, vaste citadelle souterraine et musée du Chemin des Dames, la ferme d'Hurtebise (au N., ruines importantes de l'abbaye de Vauclair XIIᵉ-XIIIᵉ, dans une belle forêt reconstituée). Beau parcours du G.R. 12.

CLERMONT – 60.   8 700 hab.

Dans le haut de la ville, belles places avec superbe hôtel de ville XIVᵉ (restauré) et remarquable église Saint-Samson XIIIᵉ-XVᵉ avec des œuvres d'art intéressantes (Mise au tombeau XVIᵉ, tribune Renaissance). Promenade du Châtelier (panorama) près du donjon et de vestiges du château.

➡ 2 km O., Agnetz, superbe église XIIᵉ au XVIᵉ (statues et sculptures), dans un joli site en bordure de la forêt de Hez*.

COINCY – 02.

Sur l'Ordrimouille. Sévère église XIIᵉ au XVᵉ, restaurée (œuvres d'art). Belles fermes anciennes (colombier à la ferme du Coq).

COMPIÈGNE – 60.   40 700 hab.

Entre l'Oise et la vaste et belle forêt de Compiègne, c'est une ville résidentielle et industrielle.

L'immense palais (fermé mardi) rebâti par Gabriel au XVIIIᵉ, et qu'affectionnèrent Napoléon Iᵉʳ et Napoléon III, se compose d'appartements somptueusement meublés et décorés XVIIIᵉ et XIXᵉ et des musées du Second Empire et de la Voiture (et du Tourisme) ; magnifique parc (ouv. tous les jours) avec la splendide allée des Beaux-Monts de 5 km. Bel hôtel de ville flamboyant début XVIᵉ avec beffroi et jacquemarts appelés picantins ; musée de la Figurine historique. Église Saint-Jacques XIIIᵉ-XVᵉ. Cloître de Saint-Corneille XIVᵉ. La Vieille Cassine, maison à pans de bois XVᵉ, rue des Lombards, et le Grenier à Sel XVIIIᵉ de Ledoux. Église Saint-Antoine XIIIᵉ-XVIᵉ (parties Renaissance). Important musée Vivenel (fermé mardi et jours fériés), à l'hôtel de Songeons fin XVIIIᵉ, préhistoire, archéologie, belles collections diverses, important ensemble de vases grecs.

➡ 7 km E., près de l'Aisne, clairière de l'Armistice (de 1918), avec le Wagon de la signature (reconstitué), la statue de Foch et la dalle commémorative. ➡ N., belle région du ru de Matz (pêche) et des bois de Thiescourt (G.R. 123).

COMPIÈGNE (Forêt de) – 60.

Splendide massif forestier de près de 15 000 ha de hêtres et de chênes (accessoirement charmes et pins) que des ruisseaux et une ceinture intérieure de belles collines rendent très varié ; il contient plusieurs villages dont Saint-Jean-aux-Bois (superbe église XIIIe, salle capitulaire) et Vieux-Moulin, site magnifique sur le ru de Berne au pied des monts Saint-Marc et Saint-Pierre et près des étangs de Saint-Pierre ; au N., superbe région des Beaux-Monts. Nombreux itinéraires fléchés, sentiers balisés (dont les G.R. 12 et 12 A), pistes équestres. L'été, visites guidées de l'O.N.F. (se rens. à l'O.T. de Compiègne).

CONDÉ-EN-BRIE – 02.

Le remarquable château reconstruit au XVIe (vis. tous les jours sauf mardi l'été et samedi, dimanche et jours fériés) possède de superbes appartements meublés et décorés au XVIIIe, notamment par Oudry et Servandoni ; ateliers de Watteau et d'Oudry. Belles halles en bois sur colonnes doriques.
Charmante vallée du Surmelin ; 12,5 km S.-E., Orbais-l'Abbaye* (région VIII).
➡ 11 km N.-E., Dormans (région VIII).

CONTY – 80.   1 500 hab.

Dans la très remarquable vallée de la Selle (renommée pour la pêche), qui descend doucement jusqu'à Amiens* ; belle église XVe-XVIe flamboyant (statues).
➡ 7 km E., Essertaux, beau château XVIIIe.

CORBIE – 80.   5 600 hab.

De l'important monastère fondé au VIIe il ne reste que la nef de l'abbatiale Saint-Pierre XVIe-XVIIIe ; œuvres d'art et maquette de l'abbaye au XVIIIe. Sur la place, ancienne collégiale Saint-Etienne XIIIe, beau portail roman. Porte d'entrée de l'abbaye. Des falaises, vue magnifique sur la vallée de la Somme. Au N.-O., la Neuville possède à l'église début XVIe un superbe tympan sculpté (entrée de Jésus à Jérusalem).

COUCY-LE-CHÂTEAU-AUFFRIQUE – 02.   1 200 hab.

Les restes encore impressionnants du célèbre château (fermé mardi) des sires de Coucy, dont le donjon a sauté en 1917, couronnent le bout du promontoire qui domine l'Ailette et porte la ville, enfermée dans la même enceinte de vingt-huit tours. Portes de Laon (la plus belle), de Chauny et de Soissons (musée historique, fermé hiver). Eglise Saint-Sauveur XIIe-XIVe restaurée.
➡ N., forêts de Coucy et de Saint-Gobain*.

COUCY-LES-EPPES – 02.

Parc d'attractions « zoo insolite », animaux en liberté, réserve de singes.

CRAONNE – 02.

Village détruit au cours des nombreux et terribles combats du Chemin* des Dames, notamment en 1917. Au N., plateau de Californie, monument et table d'orientation. Un arboretum remplace l'ancien village.
➡ 4 km N.-E., Corbeny, musée vivant de l'Abeille (vis. tous les jours), miellerie et hydromellerie.

CRÉCY (Forêt de) – 80.

Vaste (4 300 ha), très giboyeuse et riche en arbres magnifiques, elle possède un « circuit des Vieux Chênes » (routes balisées) et des sentiers jalonnés (outre le G.R. 123 qui la traverse) ; nombreuses mares. Au mois de mai, fête du Muguet très fréquentée.

CRÉCY-EN-PONTHIEU – 80.   1 600 hab.

C'est le Crécy de la grande défaite de 1346 qui « inaugura » (sur terre) la guerre de Cent Ans ; à 1 km N.-E. (D. 111), « moulin » Edouard III, d'où le roi d'Angleterre suivit la bataille (table d'orientation) ; à 2 km S.-E. sur D. 56, la Croix de Bohême marque le lieu où se fit tuer Jean de Luxembourg, vieux roi aveugle de Bohême, parmi les chevaliers français. Remarquable église flamboyant (tableaux de l'école de Poussin et mobilier de l'abbaye de Dammartin). Lanterne des morts fin XIIe.

CRÉCY-SUR-SERRE – 02.   1 600 hab.

Beffroi Renaissance et ancien relais de poste.

CREIL – 60.   35 800 hab.

Grand centre industriel sur l'Oise et nœud ferroviaire. Dans l'île, musée Gallé-Juillet (vis. après-midi sauf mardi et jours fériés), sur les vestiges de l'ancien château, mobilier, faïences, dans un intérieur bourgeois du passé. Rive gauche, dans la vieille ville, curieuse église Saint-Médard XIIIe au XVe. Grand parc.
➡ 2 km N., Nogent-sur-Oise, église XIIe-XIIIe romane et gothique (cheminée dans la nef, beau chœur avec tombeau XVIIe) ; 2 km N.-E., Villers-Saint-Paul, belle église romane et gothique. ➡ 3 km O., Montataire, église XIIe au XVe, église moderne intéressante, château médiéval, importante usine de laminage Usinor et grande centrale thermique E.D.F.

CRÉPY-EN-VALOIS – 60.   11 000 hab.

L'ancienne capitale du Valois possède des restes du château de Valois XIe au XVe où se trouve un musée de l'Archerie et des Trésors du Valois (fermé mardi et hiver) aux riches collections. Au N., ruines de l'ancienne abbaye de Saint-Arnould XIIe au XIVe (et d'une église Xe) ; église Saint-Denis en partie romane et XVIe. Au centre, belle façade de l'église Saint-Thomas fin XIIe. Le vieux quartier, vers le château, compte des maisons anciennes.

CROTOY (Le) – 80.   2 400 hab.

Port de pêche et grande plage familiale sur la baie de Somme ; beau panorama et, à la baie de Somme, d'où la marée montante est curieuse à voir. Jeanne d'Arc fut enfermée au château (disparu). Chemin de fer touristique pour Saint-Valery-sur-Somme (samedi, dimanche et jours fériés).
➡ 8 km S.-E., Noyelles-sur-Mer, qui en est loin, derrière les « mollières » ; curieux cimetière chinois sur la route de Sailly (combattants dans les rangs anglais pendant la Grande Guerre).

Forêt de Compiègne : *Ses hêtraies sont profondes et somptueuses. Outre le fameux palais, elle « baigne » nombre d'illustres monuments : Pierrefonds, Morienval, Saint-Jean et Saint-Martin-aux-Bois, la clairière de l'armistice.*

DOMART-EN-PONTHIEU – 80. 1 300 hab.
Bourg jadis fortifié ; église XIIᵉ-XVIIᵉ avec un portail XVᵉ et une grosse tour ; maison gothique dite des Templiers.
➡ 5 km O.-S.-O., Vauchelles-les-Domart, remarquable château Louis XIII ; à mi-chemin, on croise une « chaussée Brunehaut », ancienne voie romaine de Boulogne à Amiens, suivie ici par la D. 108, où se situe au N.-O. Domqueur, qui conserve des « muches », vastes abris historiques (mucher veut dire ici « se cacher ») que l'on visite les samedi et dimanche après-midi.
➡ 5 km S.-E., Berteaucourt-les-Dames, belle abbatiale bénédictine XIIᵉ, mausolée Renaissance.

DOMMARTIN – 62. 1 100 hab.
Belles ruines d'une ancienne abbaye de prémontrés avec un remarquable portail d'entrée classique XVIIᵉ.

DOULLENS – 80. 8 500 hab.
La vieille cité picarde traditionnelle conserve au nouvel hôtel de ville la salle du Commandement Unique créé pour Foch en mars 1918 ; l'ancien possède un beffroi XVᵉ en brique avec un campanile d'ardoise. Ancienne église Saint-Pierre XIIIᵉ, nef curieuse avec galerie extérieure. Eglise Notre-Dame flamboyant, Mise au tombeau XVIᵉ. Dans un ancien couvent (beau jardin), musée Lombart, poterie, peintures, archéologie. Citadelle XVIᵉ-XVIIᵉ en brique, revue par Vauban (vis.).
➡ 7 km N.-E., Lucheux*.

ERMENONVILLE – 60.
En face du château XVIIIᵉ, son admirable parc Jean-Jacques-Rousseau contient, outre le fameux tombeau de l'Ile des Peupliers, des « fabriques » diverses : dolmen, temple de la Philosophie, autel de la Rêverie, cascade et grotte des Naïades, etc. (fermé mardi).
La vaste et belle forêt d'Ermenonville s'étend à l'O. et au N.-O. sur 3 000 ha surtout de pins et de chênes, très accidentée avec des rochers, nombreux animaux ; G.R. 1 et 11.
➡ 1 km N., parc zoologique Jean-Richard (vis. tous les jours en saison) ; à l'O., le Désert faisait partie du parc, c'est un site curieux de rochers, de bois et de landes, entre deux grands étangs ; au N., la Mer de Sable, véritable désert, en partie occupé par le parc d'attractions de Jean Richard (vis. tous les jours en saison sauf vendredi). Tout près au N.-E., l'abbaye de Châalis*.

ESCAUT (Source de l') – 02.
Ce grand fleuve par son rôle historique et commercial vient d'une source romantique, jadis vénérée, non loin de laquelle se situent les restes d'une abbaye de prémontrés à Mont-Saint-Martin.
➡ 6 km E., Beaurevoir, tour en ruines où Jeanne d'Arc fut prisonnière avant d'être remise aux Anglais.

ÉVOISSONS (Vallée des) – 80.
De Poix-de-Picardie*, gagner au S.-O. Saulchoy-sous-Poix et Souplicourt puis au S. Agnières (église en partie XIIᵉ-XIIIᵉ) ; de là au N.-E. Méreaucourt (vestiges d'un prieuré médiéval) et à l'E. Eramecourt où la rivière des Evoissons coule dans une charmante vallée (parcours pédestres, aires de pique-nique) avec de jolies églises de villages. A Famechon, prendre à droite vers Conty*.

Fère-en-Tardenois : Le pont-galerie Renaissance, préfiguration de Chenonceau, que fit construire Anne de Montmorency, pour franchir le fossé entourant l'énorme motte artificielle qui porte le château, est un des monuments les plus caractéristiques et curieux de cette période riche d'imagination.

FÈRE (La) – 02. 4 400 hab.
Célèbre ancienne place forte sur l'Oise, presque détruite en 1918. Eglise XIIᵉ-XVIᵉ. Casernes et vestiges du château XIIIᵉ-XVᵉ. Important musée Jeanne-d'Aboville (vis. l'après-midi sauf mardi, mercredi et dimanche l'hiver), peintures des Pays-Bas XVᵉ au XVIIᵉ et françaises XVIIᵉ-XVIIIᵉ, archéologie.
➡ S., forêt de Saint-Gobain*.

FÈRE-EN-TARDENOIS – 02. 3 000 hab.
Le bourg, sur l'Ourcq, a beaucoup souffert en 1918 (la bataille du Tardenois fut le cœur de la 2ᵉ bataille de la Marne). Belles halles en charpente de 1540. Eglise XVᵉ-XVIᵉ. Célèbre fête du Muguet.
➡ 3 km N.-N.-E. (D. 967), formidable ensemble ruiné (consolidations et restaurations en cours) du château de Fère, forteresse royale XIIIᵉ, sans donjon, de sept tours rondes sur une butte artificielle, remaniée et complétée au XVIᵉ pour le connétable Anne de Montmorency par un superbe pont Renaissance à deux galeries superposées (porte « Jean-Goujon »), qui mène vers le château neuf (hôtel).
➡ 4,5 km E., Nesles, beau et puissant château féodal XIIIᵉ (douves) ; 10 km E. puis S.-E., magnifique église XVᵉ dans le petit village de Villers-Agron. ➡ 5 km S.-O., Villeneuve-sur-Fère, où naquit Paul Claudel (musée).

FERTÉ-MILON (La) – 02. 1 900 hab.
Jolie cité ancienne sur l'Ourcq, la patrie de Racine est dominée par les ruines impressionnantes du château fin XIVᵉ inachevé de Louis d'Orléans (superbe Couronnement de la Vierge au-dessus de la porte). Eglise Notre-Dame XIIᵉ et XVIᵉ Renaissance (chœur, vitraux). Rive droite, église Saint-Nicolas XVᵉ-XVIᵉ (vitraux XVIᵉ de l'Apocalypse). Jolis bords de l'Ourcq et petit pont du jeune Eiffel.

FOLLEVILLE – 80.
Ruines d'un château XVᵉ de la famille de Lannoy, sur une colline d'où la vue est immense ; le chœur flamboyant de l'église est admirable ; nombreuses œuvres d'art Renaissance, tombeaux avec gisants de Raoul de Lannoy et Jeanne de Poix début XVIᵉ, et avec priants de François de Lannoy et Marie de Hangest milieu XVIᵉ, magnifiques. Saint Vincent de Paul prêcha dans la chaire en 1617.
➡ 10 km N. par la jolie vallée de la Noye (beaux villages de La Faloise, Epagny, Berny), Ailly-sur-Noye, superbe tombeau XVᵉ en schiste de Jean de Luxembourg et Jacqueline de la Trémouille dans l'église ; Ecce Homo polychrome XVIᵉ.

FORT-MAHON-PLAGE – 80. 1 000 hab.
Vaste plage de sable très agréable et familiale.
➡ 4 km N.-E., point de vue sur la baie d'Authie et ses environs marécageux. ➡ Au S., Quend-Plage-les-Pins, aux jolies pinèdes en retrait de la plage ; grandes dunes au S., en s'approchant du Domaine du Marquenterre*. ● Chars à voile.

Au nord-ouest d'Amiens, le beau village de **Picquigny** *(Somme) et les ruines du château.*

En bas, **La Ferté Milon** : *Un des restes médiévaux les plus étonnants par son mélange de puissance et d'élégance ; c'est solide et beau comme un vers racinien.*

FOURCHES (Mont des) – 60.
Altitude 236 m

Sur la route Beauvais-Gisors, point culminant du pays de Thelle, offrant un panorama immense sur le Beauvaisis.

GAMACHES – 80.   3 500 hab.

Dans la vallée de la Bresle, petite ville industrielle ; intéressante église XIIe au XVIe avec un beau clocher flamboyant, des stalles XVe et une remarquable statuaire.

GERBEROY – 60.

Ancienne place forte, c'est un délicieux village aux vieilles maisons à colombages, perché sur une colline dominée par les jardins du château à peu près disparu ; petite collégiale XVe.

GUIGNICOURT – 02.   1 900 hab.

Remarquable église romane et début gothique. Plage sur l'Aisne.

GUISE – 02.   6 800 hab.

Le puissant château XIe devint au XVIe une imposante citadelle de la famille de Guise ; puis Vauban s'en occupa aussi et elle resta place forte militaire ; en ruines en 1918, elle est en cours de restauration (vis. tous les jours) ; grandes galeries souterraines. Eglise XVe. Patrie de Camille Desmoulins (statue).

➜ 6 km N.-O., Vadencourt, au confluent du Noirieux (belle vallée en amont) et de l'Oise, église XIIe (chapiteaux) ; au S.-S.-O., Macquigny, église fortifiée, donjon de pierre, bretèche et mâchicoulis.

HALATTE (Forêt d') – 60.

4 300 ha de chênes et hêtres, surtout dans la partie N., très pittoresque avec le mont Pagnotte (221 m) au N.-E. Vastes zones de silence et circuits pédestres balisés. Dans la grande clairière de Fleurines et Saint-Christophe*, parc d'attractions de la Vallée des Peaux Rouges (ouv. en saison sauf mardi).

HAM – 80.   6 200 hab.

Il ne reste que quelques ruines du fameux château XVe où le futur Napoléon III fut prisonnier six ans et que firent sauter les Allemands en 1917. Belle église XIIe-XIIIe (chœur et transept surtout) avec décor intérieur XVIIe et crypte XIIIe remarquable (gisants) ; bâtiments abbatiaux XVIIe voisins.

Laon : *Où le roman devient gothique... Les fiers bœufs des tours rappellent celui qui vint par miracle suppléer les forces défaillantes de ses congénères.*

HEZ (Forêt de) – 60.
Sur la route de Clermont à Beauvais, grande hêtraie mêlée de chênes (2 800 ha) sur un plateau calcaire, peu fréquentée, accidentée, avec des étangs et, si l'on a de la chance, des animaux. Campagne très belle aux environs.

HIRSON – 02.   12 500 hab.
Grand carrefour entre Thiérache* et Avesnois, sur l'Oise qui naît au N.-E., en Belgique, au cœur d'une immense zone boisée. Musée régional (documents, plaques de cheminée ; vus. après-midi 1er et 3e dimanches du mois). Centre industriel.
➡ Au N.-N.-E., superbes étangs en forêt d'Hirson (privée).

HOURDEL (Le) – 80.
Avant-port de Saint-Valery-sur-Somme, c'est un ravissant petit bout du monde à l'entrée de la baie de Somme, qui découvre entièrement à marée basse. Tout autour, des « mollières », ces sables gorgés de vases qui deviennent prés-salés.

JOUY-SOUS-THELLE – 60.
Surprenante église Renaissance fin XVIe, au chœur et au transept arrondis, malheureusement inachevée ; remarquable intérieur.

LAIGUE (Forêt de) – 60.
Complément de la forêt de Compiègne* au N. de l'Aisne, c'est un massif pittoresque de près de 4 000 ha drainé par des ruisseaux et parcouru de nombreux chemins et sentiers (dont le G.R. 12 A). A l'E., ruines du prieuré de Sainte-Croix.

LALANDELLE – 60.
La forêt de Thelle proche occupe le plateau dont la D. 129 au N.-O. suit un moment le rebord, au-dessus du pays de Bray ; à 1 km N. (D. 22), vue immense sur cette région très verdoyante (table d'orientation).

LAON – 02.   30 200 hab.
Perchée sur un étroit plateau aux flancs boisés escarpés, Laon est une admirable vieille ville aux remparts couronnés de promenades panoramiques en partie ombragées ; vues immenses sur les plaines du Nord et les collines du Laonnois au S.
L'ancienne cathédrale Notre-Dame, fin XIIe début XIIIe, marque le passage du roman au gothique ; ses quatre grandes tours et la tour-lanterne centrale sont célèbres ainsi que les bœufs ornant celles de la façade en souvenir d'un

légendaire miracle ; admirable intérieur (110 m de long), vitraux du chœur, orgues XVIIIᵉ réputées, chevet plat, trésor ; salle capitulaire et beau cloître XIIIᵉ.

A l'ancien hôtel-Dieu XIIᵉ (vaste salle des malades à trois nefs, souterraine, dite « salle gothique » (accès libre). L'ancien palais épiscopal (palais de justice) se compose de beaux bâtiments XIIIᵉ et XVIIᵉ et d'une chapelle XIIᵉ à deux étages (vue sur l'abside de Notre-Dame) ; en face, Maison des Arts et Loisirs.

La Cité (quartier E.) comprend encore le musée (fermé mardi), archéologie (vases grecs), peintures XVIIᵉ-XVIIIᵉ, avec dans le jardin la belle chapelle des Templiers XIIᵉ. Vieilles rues aux maisons pittoresques. Porte d'Ardon XIIIᵉ. A l'O., le quartier du Bourg comporte l'église Saint-Martin, ancienne abbatiale XIIᵉ-XIIIᵉ restaurée (œuvres d'art), cloître, et la porte de Soissons XIIIᵉ proche de la Tour Penchée XIIIᵉ. Rue Thibesard, vue magnifique vers la cathédrale. A la bibliothèque, belle mosaïque antique d'Orphée charmant les animaux ; à côté, petite porte des Chenizelles XIIIᵉ. La ville basse possède notamment, au N.-E., l'église Saint-Jean-Baptiste-de-Vaux à nef préromane et chœur gothique. Saint Remi et les frères Le Nain sont parmi les enfants de Laon.

➜ 10 km N.-O., Crépy, mont Kennedy, monument aux frères Kennedy assassinés. ➜ 14 km S.-O., Monampteuil, lac sur l'Ailette, plage et voile. ➜ S., Chemin* des Dames.

LAONNOIS (Le) – 02.
La Montagne de Laon, belle campagne accidentée, contourne la ville au S. en portant, sur le flanc des collines qui précèdent le Chemin* des Dames, des villages-sanctuaires aux belles églises romanes ou gothiques, de Mons-en-Laonnois à Bruyères-et-Montbérault par Royaucourt, Nouvion-le-Vineux, Presles et Vorges. Beau point de vue des Creuttes (grottes), à l'O. de Mons.

LIANCOURT – 60. 5 700 hab.
Petite ville industrielle dans la vallée de la Brèche. Eglise XVᵉ au XVIIᵉ (tombeaux). Au N., belle vue sur Creil*.
➜ N.-E., montagne de Liancourt, belles collines dominant à l'E. Labruyère et les marais de Sacy-le-Grand (parc de loisirs en saison, petit train, animaux, attractions) ; 8 km N.-E., Catenoy, belle vue et église XIIᵉ.

LIESSE – 02. 1 600 hab.
Belle basilique Notre-Dame-de-Liesse XIIIᵉ-XVᵉ, célèbre pèlerinage (lundi de Pentecôte), beau jubé XVIᵉ en marbre blanc ; ex-voto et dioramas du pèlerinage.
➜ 3 km S., Marchais, superbe château XVIᵉ Renaissance, dans un grand parc avec des pièces d'eau et des canaux. Région très marécageuse, vaste marais Saint-Boétien au N.

LONG – 80.
Dominant les nombreux étangs de la Somme* (au milieu desquels le G.R. 123 sillonne un joli parcours à l'O. avant de remonter dans le Ponthieu), beau château Louis XV très classique, en brique rose et pierre blanche ; clocher de pierre XVIᵉ à l'église.
➜ 6,5 km O., Pont-Remy, château fort rebâti au XVᵉ, entouré par la Somme et repris au XIXᵉ dans le style troubadour ; 3,5 km S., Liercourt, au pied d'un « camp de César » (panorama), belle église flamboyant (portail). ➜ 4 km S., Longpré-les-Corps-Saints, église romane reconstruite depuis la guerre.

LONGPONT – 02.
Les ruines de l'abbaye cistercienne XIIᵉ-XIIIᵉ, dans un très beau site, sont parmi les plus belles qui soient (vis. samedi-dimanche en saison, tous les jours en août) ; splendide façade de l'abbatiale ; des bâtiments conventuels ont été transformés en château XVIIIᵉ. Intéressante église (partie de l'ancien cellier), œuvres d'art.

LUCHEUX – 80.
Joli bourg fleuri sur la Grouches, au milieu des bois ; l'église Saint-Léger XIIᵉ-XVIᵉ possède un chœur roman très curieux par ses voûtes et ses chapiteaux ; beffroi XIIᵉ-XVᵉ où passa Jeanne d'Arc prisonnière. Le château possède un important ensemble de vestiges XIIᵉ au XVIIᵉ dont la grande salle XIIIᵉ et le donjon carré XIIᵉ sont magnifiques (vis. tous les jours) ; belles portes du Bourg et du Haut-Bois. A l'O., jolie route de Bouquemaison (circuit du Sart Galant).

MAILLY-MAILLET – 80.
Intéressante église XVIᵉ avec magnifique portail. Région des terribles combats de 1916 : voir Thiepval* à 7 km E.-S.-E.

MARLE – 02. 2 900 hab.
Bourg jadis fortifié sur la Serre, proche de la Thiérache*. Belle église gothique XIIᵉ avec gisant XVᵉ, peintures et boiseries d'époque classique. En haut de la colline, vestiges d'un château féodal (vue).
➜ 10 km O., Bois-les-Pargny (après la forêt de Marle) ; à proximité, menhir « le Verziau de Gargantua ».

MARLY – 02.
Sur l'Oise, en Thiérache*, église à belle façade fortifiée de tourelles en encorbellement.
➜ 2 km N., Englancourt, une des plus belles églises

fortifiées de la région. D'autres encore à l'E., Saint-Algis (énorme donjon), Autreppes, et à l'O., Malzy et Beaurain.

MARQUENTERRE (Parc du) – 80.
Immense domaine conquis sur la mer, à l'entrée N. de la baie de Somme, et converti en partie en un extraordinaire parc ornithologique (et réserve), avec différents parcours, volières et miradors d'observation parmi les dunes boisées et les prés-salés mêlés de marais ; centre d'accueil et d'information (vis. tous les jours en saison ; location de jumelles). Accès par le Bout-des-Crocs, à 6,5 km O. de Rue*.

MELLO – 60.
Dans la vallée du Thérain. Château XVIIIᵉ et église XIIIᵉ-XVIᵉ.
➜ 2 km E., Saint-Vaast-lès-Mello, église XIIᵉ-XIIIᵉ. ➜ 1 km O., Cires-lès-Mello, sculptures intéressantes à l'église et grange aux dîmes. ➜ 5 km N.-N.-O., Bury, église romane et gothique.

MERS-LES-BAINS – 80. 4 600 hab.
Station jumelle du Tréport* (région V) de l'autre côté du port sur l'embouchure de la Bresle, grande plage et belle falaise ; de Notre-Dame-de-la-Falaise, vue superbe.
➜ 7 km N.-E., charmante petite station du Bois-de-Cise.

MONTCORNET – 02. 1 600 hab.
En Thiérache*. Célèbre pour l'une des rares attaques françaises en mai 1940, effectuée par les blindés du colonel de Gaulle. Belle église XIIIᵉ fortifiée XVIᵉ (porche Renaissance).
➜ 6 km N., Vigneux, église fortifiée avec poutre de gloire XVIᵉ et rare arbre de Jessé sculpté ; belles boiseries XVIIIᵉ. ➜ N.-O., églises fortifiées de la vallée de la Serre : Chaourse, Tavaux, Bosmont-sur-Serre.

MONTDIDIER – 80. 6 300 hab.
Ville détruite en 1918. Eglises restaurées, Saint-Pierre XVᵉ-XVIᵉ avec fonts XIIᵉ et gisant de Raoul de Crépy, Mise au tombeau polychrome, et église du Saint-Sépulcre XVIᵉ, tapisseries de Bruxelles XVIIIᵉ ; hôtel de ville style flamand, beffroi et jacquemart. Du site du Prieuré (table d'orientation), vue remarquable sur la vallée des Trois-Doms. Patrie de Parmentier (statue), l'« inventeur » de la pomme de terre.
➜ Joli circuit fléché des Trois-Doms, côté N.

MONTÉPILLOY – 60.
Château fort début XVᵉ en ruine (ferme).
➜ 3,5 km N.-E., Rully, église XIIᵉ-XIIIᵉ avec un remarquable clocher roman et des pierres tombales.

MONTJAVOULT – 60.
Village perché sur une colline isolée, vue splendide ; église Renaissance, beau portail.
➜ 5,5 km O.-S.-O. par la D. 509, Parnes, belle église romane et XVᵉ ; 2,5 km S.-E., château d'Alincourt, dans un joli cadre boisé, pittoresques bâtiments XVᵉ au XVIIᵉ. ➜ 5 km N.-O., Boury-en-Vexin, château fin XVIIᵉ de Mansart.

MOREUIL – 80. 4 100 hab.
Bourg reconstruit après 1918 et après 1944. Eglise moderne, beau clocher de béton. Restes d'un château féodal. A Castel au N.-O., centre de loisirs, canoë-kayak sur l'Avre, pêche, jeux, etc. Au N.-E., monument à l'endroit où les lignes allemandes furent enfoncées en 1918.

MORIENVAL – 60.
Dans une campagne tranquille, non loin de Pierrefonds* et de son château, admirable église romane Notre-Dame XIᵉ-XIIᵉ à trois clochers, qui possède dans son déambulatoire les voûtes d'ogives peut-être les plus anciennes qui existent (début XIIᵉ). Seul le parc subsiste de l'ancienne abbaye. Site remarquable.

MORTEFONTAINE – 60.
Au S., le château fin XIXᵉ néo-Renaissance, au N. le beau parc de Vallière fin XVIIIᵉ que l'on voit bien de la D. 607 au N. (jolie route de Thiers) ; il y plane le souvenir de Gérard de Nerval. Au N.-N.-E., chapelle Sainte-Marguerite, sur une butte, vue magnifique.
➜ 2 km S.-O., Plailly, superbe flèche XIIIᵉ à l'église ; 3 km S.-O. par Saint-Witz, ruines du château de Montmélian (202 m), vaste panorama.

NAMPONT – 80.
A l'O., sur la route de Villers-sur-Authie, voir à droite la maison-forte XVᵉ aux fossés d'eau vive et à porte fortifiée.

NANTEUIL-LE-HAUDOUIN – 60. 2 100 hab.
Eglise XIIIᵉ-XVIᵉ à portail fortifié.
➜ 7 km N.-O. Baron, belle église gothique (Vierge XIVᵉ et boiseries XVIIIᵉ).

NAOURS (Souterrains de) – 80.
Immenses grottes taillées dans la craie sur plus de 3 km et existant depuis les grandes invasions du début de notre ère, aménagées avec étables, écuries, greniers, habitations, chapelles, boulangeries, et utilisées à chaque guerre comme

refuges civils (par l'armée lors des derniers conflits...) (vis. tous les jours). Musée des métiers d'hier. Moulin à vent.

NOGENT-L'ARTAUD – 02.   1 300 hab.
Sur la Marne aux beaux méandres ; environs magnifiques dans la vallée et les vallons adjacents (du Dolloir, à l'E.). Eglise XIIe remaniée. G.R. 14 et 11 A.
➜ 6,5 km S.-S.-E., étangs de Vergis.

NOYON – 60.   14 000 hab.
Ville ancienne près de l'Oise et de la fourche des canaux du Nord et de Saint-Quentin*, presque détruite aux deux guerres. La belle cathédrale est l'une des premières gothiques (1145 au début XIIIe pour l'essentiel), avec les transepts arrondis ; une salle capitulaire, la Bibliothèque du Chapitre XVIe à pans et piliers de bois, au N., une galerie de cloître XIIIe au S., la complètent de façon rare.
Au S., le beau palais épiscopal Renaissance abrite le musée du Noyonnais (archéologie ; fermé mardi, l'après-midi et l'hiver). Au S., bel hôtel de ville Renaissance XVIe. A l'O., maison natale (reconstituée) de Calvin, et musée (fermé lundi et hiver). Cloître de l'Hôtel-Dieu.
➜ 7 km S., abbaye d'Ourscamps*.

OFFOY – 80.
Le Domaine des Iles est un vaste parc de loisirs (35 ha dont 16 de pièces d'eau, étangs, etc.) avec petit train, barques, animaux, jeux, pêche, etc. ; circuits pédestres balisés. (Fermé l'hiver.)

ORIGNY-EN-THIÉRACHE – 02.   1 700 hab.
Important centre de vannerie, exploitant les osiers de la Thiérache*. Puissante façade fortifiée XVIe de l'église, belle porte début gothique. Belle route vers Etréaupont à l'O., dans la vallée du Thon.

ORIGNY-SAINTE-BENOÎTE – 02.   2 200 hab.
Sur l'Oise et le canal de la Sambre à l'Oise ; belle vue sur la vallée depuis le carrefour au S.-E. Terminus du chemin de fer touristique du Vermandois (v. Saint-Quentin*).

OULCHY-LE-CHÂTEAU – 02.
Belle église romane XIe (nef) et XIIe ; chapiteaux primitifs et clocher remarquable.
➜ 7 km E., butte de Chalmont, monument *la France et des Fantômes*, par Landowski, rappelant la 2e bataille de la Marne.

OURSCAMPS (Abbaye d') – 60.
Non loin de l'Oise et en lisière de la forêt d'Ourscamps-Carlepont (1 500 ha), admirables ruines de l'abbaye cistercienne XIIe-XIIIe et XVIIIe (vis. libre tous les jours) ; l'abbaye existe toujours et sa chapelle occupe la salle des Morts XIIIe.

PÉRONNE – 80.   9 400 hab.
Entourée de vastes étangs au S., la ville fut presque détruite en 1917. Spécialité d'anguilles. Célèbre entrevue de Louis XI et Charles le Téméraire qui se montra le plus adroit.
Le fameux château XIIIe, restauré, est impressionnant au-dessus de l'étang du Cam (vis. dimanche après-midi) ; anciens remparts, parc de loisirs, promenades. Eglise Saint-Jean-Baptiste flamboyant (façade). Hôtel de ville Renaissance reconstruit ; musée Danicourt (bijoux mérovingiens, monnaies anciennes). A l'E., la belle porte de Bretagne début XVIIe est faite de deux pavillons de brique à pont-levis et fossés.

PICQUIGNY – 80.   1 300 hab.
Ce n'est qu'en 1475 que le traité de Picquigny mit fin officiellement à la guerre de Cent Ans.
Ruines considérables du château fort XIVe (vis. : voir le gardien) qui comprend, dans une superbe enceinte, la collégiale XIIIe au XVe (mobilier), un pavillon Sévigné XVIIe d'allure imposante (la marquise y séjourna) et des bâtiments dont une belle cuisine Renaissance ; fortes murailles, barbacane, etc. ; large panorama. Maisons anciennes.
➜ 4,5 km S.-E., Ailly-sur-Somme, remarquable église moderne et belle situation sur la Somme (étangs). ➜ 4 km N.-O., ancienne abbaye cistercienne du Gard, en ruines, partiellement restaurée ; beau bâtiment XVIIIe ; vis. tous les jours ; 3 km N.-O., Hangest-sur-Somme, au milieu d'étangs et de cressonnières ; église à clocher roman, le reste est flamboyant et Renaissance (mobilier XVIIIe de l'abbaye du Gard).

PIERREFONDS – 60.   1 700 hab.
Charmant village sur un petit lac formé par le ru de Berne, à la lisière de la forêt de Compiègne*.
Il est justement célèbre pour son formidable château début XVe de Louis d'Orléans, démantelé par Richelieu et refait consciencieusement par Viollet-le-Duc pour Napoléon III ; la restitution extérieure est excellente et constitue en soi un site remarquable plein de charme ; la décoration et les aménagements intérieurs semblent maintenant très marqués par l'imagination XIXe et l'esprit « troubadour » mais sont assez fidèles et ne manquent pas de brio.
➜ 8 km S.-O., Notre-Dame de Morienval*.

Abbaye d'Ourscamps : *Des ruines splendides dignes d'un roman de Walter Scott.*

Château de Pierrefonds : *Détracteurs et admirateurs s'empoignent toujours sur ce qu'a réalisé Viollet-le-Duc à partir de ses ruines héroïques dues à Richelieu, grand « égalisateur » de monuments.*

Saint-Germer-de-Fly : *L'une des plus belles abbatiales du XIIe siècle.*

PLOMION – 02.
Un des ensembles caractéristiques de la Thiérache*, ancienne halle et église fin XVIe avec donjon carré et deux tours rondes.
➡ A l'E. églises de Bancigny, Jeantes, très sévère (fresques modernes), grande forêt de la Haye d'Aubenton.

PONT-SAINTE-MAXENCE – 60.   9 400 hab.
Sur l'Oise. Eglise Sainte-Maxence XVe-XVIe ; au S.-E., ancien moulin de Calipet, superbe panorama. Sortie E., ancienne abbaye du Moncel début XIVe.
➡ 3 km E., Pontpoint, église XIIe-XIIIe (clocher roman).

POIX-DE-PICARDIE – 80.   2 200 hab.
Joli site verdoyant du bourg reconstruit après 1940. Superbe église Saint-Denis XVIe flamboyant (restaurée) aux voûtes magnifiques.
➡ 2 km S.-E., Blangy-sous-Poix, belle petite église romane rustique à clocher XIIe ; promenade pédestre balisée.

RAMBURES (Château de) – 80.
Formidable château XVe tout en courbes, adapté à l'usage (adverse) de l'artillerie mais qui a toujours des mâchicoulis et conserve une curieuse élégance dans ses grands fossés (vis. tous les jours sauf mardi en saison, après-midi dimanche et jours fériés l'hiver).

RARAY (Château de) – 60.
Presque en lisière de la forêt d'Halatte* et de l'autoroute A 1, beau château XVIIe-XVIIIe d'aspect romantique où Jean Cocteau tourna *La Belle et la Bête* (vis.).

RETZ (Forêt de) – 02.
Immense massif forestier (13 000 ha) en forme de fer à cheval autour de Villers-Cotterêts* et rejoignant presque la forêt de Compiègne* au N.-O. ; ses contours sont extraordinairement découpés surtout au S.-O. La partie N. est très accidentée et pittoresque, avec des circuits forestiers balisés, des sentiers et de beaux points de vue, près du monument du général Mangin, à 232 m, d'où il dirigea l'offensive décisive de l'été 1918, et autour de la route du Faîte. A l'E.-N.-E., sur la D. 2 vers Longpont*, monument Van Vollenhoven, ancien gouverneur de l'A.O.F., tué en 1918.

ROYE – 80.   6 400 hab.
Important marché agricole, reconstruit après 1918 ; l'église Saint-Pierre a cependant un beau chœur flamboyant ; hôtel de ville et beffroi également XVIe.
➡ 12 km N.-E., Nesle, belle église romane (crypte).

ROZOY-SUR-SERRE – 02.   1 200 hab.
Aux confins de la Thiérache*, remarquable église XIIe-XIIIe fortifiée fin XVIe.
➡ 5,5 km N.-E., Parfondeval, étonnant ensemble fortifié de maisons, d'un donjon et de l'église ; au N.-O., Dohis, du même genre, puis le joli village de Morgny-en-Thiérache, salle-refuge au-dessus du chœur de l'église ; Dagny, beau village aussi.

RUE – 80.   3 300 hab.
La tranquille petite ville, qui fut port de mer, est célèbre pour la chapelle du Saint-Esprit de style flamboyant dont s'orne son église Saint-Wulphy (belles stalles XVIe) ; cette importante chapelle possède des voûtes extraordinairement ciselées de pendentifs et une Trésorerie à deux étages et aux portes remarquables. Beau beffroi XVe (complété au XIXe) de l'hôtel de ville.

SAINS-EN-AMIÉNOIS – 80.
A l'église, curieux tombeau XIIIe commun aux trois saints Fuscien, Victorix et Gentien, portant les trois gisants.

SAINT-CHRISTOPHE – 60.
Au centre de la forêt d'Halatte*, curieux village possédant un prieuré en ruines avec une belle église XIIe-XIIIe.

SAINT-GERMER-DE-FLY – 60.   1 300 hab.
L'ancienne abbatiale début gothique XIIe est la plus grande et belle église du pays de Bray ; le transept S. et le chœur avec triforium et tribunes sont très remarquables ; la Sainte-Chapelle milieu XIIIe reliée au chœur forme un surprenant contraste par son style plus recherché (superbe rose, et verrières). Porte fortifiée XIVe.

SAINT-GOBAIN (Forêt de) – 02.
L'immense massif forestier de Saint-Gobain et des Haute et Basse forêts de Coucy couvre près de 9 000 ha entre l'Oise et l'Ailette ; fait de bois profonds et accidentés avec des ruisseaux, des étangs, de vastes clairières, il est particulièrement pittoresque et possède, notamment à l'E. de Saint-Gobain, des arbres magnifiques. Nombreux circuits pédestres balisés.
Au N.-E., le Tortoir, ancien prieuré, beaux étangs. Ancienne abbaye Saint-Nicolas-aux-Bois XIVe-XVe (beau site). Au S., ancienne abbaye de Prémontré, superbes bâtiments XVIIIe (hôpital psychiatrique, vis. ext.) ; 3,5 km N.-O., Septvaux, église romane (deux clochers).

SAINT-LEU-D'ESSERENT – 60.   4 500 hab.
C'est du pont qu'il faut d'abord voir l'admirable église Saint-Nicolas XIIe romane et gothique sur le bord de la falaise au-dessus de l'Oise ; sans transept mais avec une façade et un narthex romans et un grand déambulatoire autour du chœur gothique, c'est l'une des plus belles églises de la région et un témoin très pur de l'élaboration du gothique ; beaux vitraux modernes. Un prieuré voisin (porte fortifiée) contient un beau cloître de deux galeries, une terrasse avec vue superbe sur l'Oise et d'importants bâtiments dont des salles souterraines.

SAINT-MARTIN-AUX-BOIS – 60.
Un chœur XIIIe tout seul, splendide, parmi quelques maisons, c'est l'ancien prieuré et le reste de son abbatiale, au milieu de la campagne ; une porte fortifiée y donne accès ; verrières très hautes et magnifiques, stalles XVIe, mobilier et statuaire remarquables.
➡ 5 km N.-O., Maignelay-Montigny, églises flamboyant-Renaissance très ouvragées et halle ancienne.

SAINT-MAXENT – 80.
A la sortie N.-E., magnifique moulin à vent, en état de fonctionnement.

➡ 3 km N.-E., Huppy, château XVIIᵉ (vis. sur demande) et église XVIᵉ (vitraux) ; au N.-O., églises intéressantes à Toeuffles et Moyenneville.

SAINT-MICHEL – 02.   4 300 hab.
Presque entouré par la grande forêt de Saint-Michel, bourg industriel dans un joli site sur les méandres du Gland. Superbe abbatiale bénédictine rebâtie aux XVIᵉ et XVIIIᵉ, façade Renaissance et beau chevet début gothique ; cloître classique XVIIᵉ parmi les bâtiments conventuels XVIIIᵉ.
La vaste forêt domaniale (3 000 ha) de Saint-Michel, accidentée et traversée par de nombreuses routes, est parcourue de ruisseaux (parcours de pêche) ; zone de silence et parc de loisirs ; beaucoup d'animaux.

SAINT-QUENTIN – 02.   69 200 hab.
Important carrefour et centre industriel au-dessus de la Somme. En 1557, une victoire des Espagnols de Philippe II décida, conséquence d'un vœu, de la construction de l'Escorial.
La splendide collégiale-basilique Saint-Quentin fin XIIᵉ-XVᵉ (130 m de long), éprouvée par les guerres et restaurée, possède deux transepts et un déambulatoire remarquables (clôture, beaux vitraux, chevet). Superbe hôtel de ville flamboyant fin XVᵉ (carillon de trente-sept cloches). Le musée Antoine-Lécuyer (fermé lundi) possède l'admirable série de portraits au pastel de Quentin de La Tour et des peintures XVIIᵉ-XVIIIᵉ. Extraordinaire musée d'Entomologie, fabuleuses collections de papillons et d'insectes (vis. l'après-midi : fermé lundi en saison, ouv. jeudi et samedi en septembre, mercredi et jeudi l'hiver). Les Champs-Elysées sont une grande promenade avec possibilités de loisirs et de sports. Sur la Somme, vaste étang d'Isle, plage. Important trafic sur le canal de Saint-Quentin.
➡ S.-E., chemin de fer touristique du Vermandois, de Saint-Quentin à Origny-Sainte-Benoîte, soit environ 20 km d'un beau parcours, en partie dans la vallée de l'Oise, sur voie normale (se rens. au S.I.).

SAINT-RIQUIER – 80.   1 200 hab.
La splendide église, ancienne abbatiale bénédictine, garde des fragments XIIIᵉ mais a été rebâtie, après un incendie, au XVIᵉ ; la tour de la façade, très ouvragée, est fort belle (portail) ; l'intérieur est admirable pour ses proportions et son mobilier XVIIᵉ (stalles, clôtures, grilles) ; remarquables statues polychromes, dans les belles chapelles autour du déambulatoire ; voir la Trésorerie dans une grande salle voûtée XVIᵉ avec fresques du Dict des Trois Morts et des Trois Vifs et trésor. Bâtiments abbatiaux XVIIᵉ, centre culturel (vis. tous les jours). Musée d'archéologie et d'ethnographie. Beffroi XIIIᵉ-XVIᵉ. Circuit des anciens remparts. Hôtel-Dieu début XVIIIᵉ, œuvres d'art à la chapelle, sculptures de Pfaff.

SAINT-VALERY-SUR-SOMME – 80.   3 100 hab.
Petite capitale du Vimeu au fond de la baie de Somme dont les « mollières » (pâturages sur les vases) l'entourent ; petit port de pêche et villégiature appréciée ; belle digue-promenade ; vue depuis le calvaire des Marins ; la ville haute garde quelques remparts et les portes de Nevers XIVᵉ et Guillaume XIIᵉ ; église Saint-Martin XIVᵉ. De l'abbaye de Saint-Valery il ne reste guère que le château XVIIIᵉ ; plus loin, chapelle des Marins (tombeau du saint), belle vue. On traverse facilement la baie de Somme vers le Crotoy*. Chemin de fer de la baie de Somme, ligne touristique Saint-Valery-Noyelles-le Crotoy, à vapeur (samedi, dimanche et jours fériés).
➡ 3 km O., cap Hornu, vue magnifique sur la baie de Somme, site remarquable.

SELLE (Vallée de la) – 80.
Charmante vallée très picarde autour de Conty*.

SENLIS – 60.   14 400 hab.
Bien située sur la Nonette entre deux massifs forestiers, c'est l'une des vieilles villes les plus significatives de la France primitive et il faut parcourir longuement ses rues tranquilles.
Enceinte gallo-romaine (seize tours encore existantes) souvent enclavée dans les habitations. Les rois (Hugues Capet y fut élu en 987) ont favorisé l'admirable cathédrale Notre-Dame tout début gothique XIIᵉ (jusqu'à la Renaissance) à façade presque romane malgré ses portails gothiques (portail central fin XIIᵉ de la Vierge à merveilleuses statues-colonnes) et sa superbe flèche XIIIᵉ ; le flanc S. présente un croisillon XVIᵉ de Pierre Chambiges, presque Renaissance ; intérieur magnifique, tribunes, déambulatoire, sacristie, salle capitulaire, nombreuses œuvres d'art ; flanc N. très agréable.
Au S., ancien évêché XIIIᵉ-XVIᵉ, puis l'ancienne église Saint-Frambourg XIIᵉ-XIIIᵉ (Fondation Cziffra, concerts), vitraux de Miró. A l'O. de la place du Parvis, on accède au château royal, pittoresque ensemble de ruines du gallo-romain à la fin gothique (fermé mardi et mercredi matin) ; le logis du Prieur XVIIIᵉ abrite le musée de la Vénerie, unique en France. Hôtel du Vermandois (musée). Belles rues anciennes. Au S. de l'enceinte, hôtel de ville fin XVᵉ.

musée du Haubergier XVIᵉ (art et histoire régionale) ; à l'E., ancienne église Saint-Pierre XIᵉ au XVIᵉ ; au S.-E., ancienne abbaye classique Saint-Vincent, cloître XVIIᵉ, église en partie XIIᵉ (collège). A l'O., place Gérard-de-Nerval aux beaux hôtels classiques. Des boulevards et promenades suivent ou remplacent l'enceinte médiévale, longée au S. par la Nonette. Belles arènes gallo-romaines à l'O. (vis. tous les jours).
➡ 4 km N.-O., Aumont, en forêt d'Halatte, maison d'Henri Barbusse (musée, fermé mardi) ; à l'O., butte d'Aumont (123 m), panorama. ➡ 2,5 km S.-E., ruines de l'abbaye de la Victoire XVᵉ dans un site charmant (vis. tous les jours). ➡ N., forêt d'Halatte*. ➡ O., Chantilly*. ➡ S.-E., Ermenonville*.

SEPTMONTS – 02.
Jolie vallée de la Crise. Eglise XVᵉ (poutre de gloire). Etonnants vestiges du château fin XIVᵉ (donjon, vis.) et ruines Renaissance, ancienne résidence d'été des évêques de Soissons.

SOISSONS – 02.   32 100 hab.
Première capitale mérovingienne, la ville fut presque détruite en 1914-1918.
L'ancienne abbaye Saint-Jean-des-Vignes (fermé mardi) a perdu son abbatiale sauf l'extraordinaire façade XIIIᵉ-XVᵉ comme suspendue dans l'espace ; cloître, cellier, admirable réfectoire XIIIᵉ, logis abbatial XVIᵉ-XVIIᵉ (statuaire).
Splendide cathédrale Saint-Gervais-et-Saint-Protais surtout XIIIᵉ ; le transept S., arrondi et à déambulatoire, est une merveille du début du gothique (fin XIIᵉ) ; beau chœur (verrières XIIIᵉ) ; *Adoration des Mages* par Rubens.
Près de l'hôtel de ville XVIIIᵉ, ancienne église abbatiale Saint-Léger XIIIᵉ (fermé mardi), avec crypte XIᵉ au XIIIᵉ ; la salle capitulaire, le cloître XIIIᵉ et d'autres bâtiments abritent le beau musée municipal (archéologie, histoire, peintures).
Rive droite de l'Aisne, restes de l'ancienne abbaye Saint-Médard (crypte IXᵉ), où se trouvait le palais des rois francs (pas de vis.).
Complexe sportif, vol à voile.
➡ 4,5 km S., Courmelles, église romane XIIᵉ.

SOMME (Vallée de la) – 80.
Ce beau fleuve, si apprécié des pêcheurs, chasseurs, promeneurs et amoureux de la nature, draine une vallée large et verte, très cultivée et boisée mais où la tourbe fut fort exploitée ; il en reste d'innombrables étangs qui, mêlés à ses méandres et marais, surtout en aval de Péronne, composent des paysages d'une grande beauté. V. notamment Péronne*, le belvédère de Vaux*, Bray-sur-Somme*, les hortillonnages qui entourent Amiens*, l'extraordinaire

Eglise de la Thiérache : *Cette région verdoyante est piquetée d'églises de brique couvertes d'ardoises, fortifiées et servant de refuges lors des guerres qui la dévastèrent (ci-dessous).*

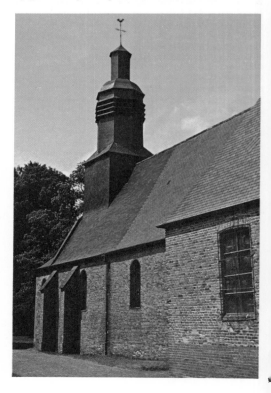

succession d'étangs en aval vers Abbeville* et la prenante baie de Somme très ensablée aux horizons incertains, livrée aux oiseaux aquatiques et aux moutons de prés-salés.

THIEPVAL – 80.
Impressionnant mémorial aux 73 367 disparus anglais de la bataille de la Somme en 1916.
➡ 3,5 km S.-E., Pozières, autres monuments, cimetières et souvenirs émouvants ; 6 km E., Longueval, où le bois Delville fut âprement disputé, mémorial sud-africain.
➡ 4 km O.-N.-O., Parc-mémorial de Beaumont-Hamel où le « camp terre-neuvien » est resté en l'état : tranchées, trous d'obus et de mines...

THIÉRACHE (La) – 02.
Cette petite région de bocage et d'élevage intensif où courent de nombreux ruisseaux est célèbre pour les églises fortifiées qui y subsistent en grand nombre – environ cinquante – depuis les guerres franco-espagnoles du milieu du XVIe et leurs effroyables exactions ; la plupart comportent des refuges aménagés dans les donjons ou au-dessus de parties des nefs, transepts ou chœurs, avec parfois cheminées, fours... Elles sont en général en brique. V. Vervins*, Marle*, Marly*, Montcornet*, Origny-en-Thiérache*, Plomion*, Rozoy-sur-Serre*, Wimy*, et aussi Rumigny* et Signy-l'Abbaye* (région VIII).

TILLARD – 60.
A 2 km O.-N.-O. de Noailles, statues XIVe de Philippe VI de Valois et sa femme dans une chapelle. Au S., par Silly (voir l'église), monter sur le rebord du pays de Thelle, belles vues de la D. 115 vers l'O. ; rejoindre au Bois-de-Molle la D. 927 vers le N., vue étendue.

TILLOLOY – 80.
Beau château classique XVIIe et curieuse église Renaissance, tous deux en brique.

TRIE-CHÂTEAU – 60. 1 100 hab.
Le château XIe (vestiges) fut rebâti au XVIIe ; Rousseau y termina ses *Confessions*. Porte de ville à l'O. Remarquable église XIIe au XVIe à façade romane. Fenêtres romanes à l'hôtel de ville, ancien auditoire de justice. Au N.-E., joli village de Trie-la-Ville. Au S. (par la D. 923 à l'E. et à droite), dolmen la Pierre-Trouée.

VALLOIRES (Ancienne abbaye de) – 80.
L'abbaye cistercienne du XIIe a été rebâtie au XVIIIe (préventorium actuellement). Les bâtiments conventuels, réception, salle capitulaire, logis abbatial, sacristie, et surtout la chapelle, ancienne abbatiale, ont été extraordinairement décorés en style baroque par le baron autrichien Pfaff, avec statues, grilles, boiseries magnifiques ; cloître, belle cour d'honneur, et colombier XVIe (vis. tous les jours).
➡ 2 km E., Argoules, ravissant village.

VAUX – 80.
Etonnant ensemble de sites sur deux méandres de la Somme, avec un moulin, des « anguillères » et un remarquable belvédère (sur la route de Maricourt, au N.), vue sur les étangs.

VENDEUIL (Zoo de) – 02.
Parc zoologique et de loisirs, petit train, attractions, dressage d'animaux (vis. tous les jours).

VERBERIE – 60. 2 500 hab.
Au confluent de l'Automne et de l'Oise, localité ancienne avec de belles maisons ; église XIIIe-XVe.
➡ 1 km S., Saint-Vaast-de-Longmont, remarquable église XIIe. ➡ 7 km S., Raray, curieux château XVIIe-XVIIIe de style Renaissance où Cocteau tourna *La Belle et la Bête* (vis. ext. l'après-midi) ; 3 km N.-O., Villeneuve-sur-Verberie, belle église XIe-XIIe. ➡ 3 km O., Rhuis, remarquable église romane XIe.

VERVINS – 02. 3 300 hab.
La capitale de la Thiérache* est une pittoresque ville ancienne au flanc d'un coteau.
Intéressante église Notre-Dame XIIIe-XVIe (peintures). Hôtel de ville XVIIe où une plaque rappelle le traité de Vervins qui mit fin en 1598 à la guerre avec l'Espagne. Restes de remparts.
➡ 2,5 km N.-O., Fontaine-les-Vervins, curieux clocher incliné sur un porche fortifié. ➡ 6 km N.-E., La Bouteille, église XVIe fortifiée de quatre tourelles. ➡ 6 km S., Burelles, église XVIe avec donjon accolé au transept (salle de refuge en haut) en brique, et chœur en pierre ; à l'O., Prisces, église XIIe avec puissant donjon carré de 25 m ; à l'E., Hary, romane et donjon XVIe.

VEZ – 60.
Le formidable donjon XIVe (restauré) domine la vallée de l'Automne et le château contient le musée du Valois (préhistoire, archéologie). Eglise XIIe-XIIIe.
➡ 2 km S.-O., Lieu-Restauré, belles ruines, sauvées récemment, de l'abbaye XIIe au XVIe (façade avec rose flamboyante). ➡ 3 km E., Largny-sur-Automne, église XIIe et maison ancienne ; au S.-E., moulin à vent.

VIC-SUR-AISNE – 02. 1 500 hab.
Château XVIIIe et donjon médiéval, dans la belle vallée de l'Aisne.

VIEL-ARCY – 02.
Dominant l'Aisne au S. et un vallon, vues splendides sur le Chemin* des Dames et la campagne entre Aisne et Vesle où presque toutes les églises de villages méritent un coup d'œil.

VILLERS-BOCAGE – 80. 1 100 hab.
Remarquable Mise au tombeau Renaissance à l'église XIIIe-XVIe.

VILLERS-BRETONNEUX – 80. 3 500 hab.
Au S., monument et cimetière international 1917-1918. Au N., grand Mémorial australien des combats de 1918 ; panorama vers Amiens.

VILLERS-COTTERÊTS – 02. 9 000 hab.
Presque encerclée par la splendide forêt de Retz*, la charmante petite ville résidentielle, à la source de l'Automne, possède un superbe château Renaissance en partie par Philibert Delorme ; la façade et les escaliers en sont renommés (vis. tous les jours) ; le parc est de Le Nôtre (public) avec l'Allée Royale qui s'enfonce en forêt jusqu'au relais hertzien. Eglise XIIIe-XVIe. Maison natale d'Alexandre Dumas. Musée des Trois Dumas (fermé mardi et le matin).
➡ 10 km N.-E., Montgobert, dans un beau vallon en lisière de la forêt, château fin XVIIIe, possédant le Musée européen du Bois et de l'Outil (et de la forêt de Retz) (vis. après-midi samedi, dimanche et jours fériés en saison) ; 6 km N., Cœuvres-et-Valsery, aux environs magnifiques sur le ru de Retz, château, église et maisons anciennes.

VILLERS-SAINT-SÉPULCRE – 60.
Dans la vallée du Thérain ; à l'église priorale XIIe au XVIe, Mise au Tombeau de sept grands personnages. 4 km N., au-dessus de Froidmont, mont César (137 m), butte visible de loin. Très belle campagne du pays de Thelle au S.-O., autour de Noailles.

WIMY – 02.
Une des plus curieuses églises fortifiées de la Thiérache*, dont le donjon aux grosses tours rondes recèle deux grandes cheminées de brique, un four, un puits... A l'E., jolie route d'Hirson par la vallée de l'Oise.

Vez. Abbaye de Lieu-Restauré : *Le dessin de sa rose est d'une rare beauté. En cours de restauration après un abandon total, c'est un ensemble abbatial de grande valeur.*

Moulin de Verzenay, *montagne de Reims, gloire de « Heidsieck Monopole »* − *110 ha de vignobles, 13 km de caves, 200 ans de succès.*

Champagne Ardennes

25 600 km² − 1 345 935 habitants

Départements	Superficie en km²	Population
08 Ardennes	5 219	302 338
10 Aube	6 002	289 300
51 Marne	8 163	543 627
52 Haute-Marne	6 216	210 670

Encore un vaste champ de bataille (comme tout le Nord-Est), dont même les massifs protecteurs, Ardennes, Argonne, côtes de Meuse, ont eu leur content de sang au cours de l'histoire.

C'est à peu de choses près la Champagne historique, dont la pleine mise en valeur agricole est récente avec l'amendement de ses grandes plaines crayeuses jadis presque stériles. Le champagne n'est pas si vieux lui non plus, qui a maintenant tant d'importance dans l'économie, et une place si particulière dans le paysage.

Si les guerres ont sévi durement, elles ont laissé néanmoins des trésors dans les villes, comme Reims, Châlons, Troyes, et la nature par endroits est fort riche malgré les apparences, que ce soit la Montagne de Reims, les Ardennes, l'Argonne, la Haute-Marne, le Der, l'Orient... qui sont pratiquement autant de superbes forêts.

(VII)CHAMPAGNE-ARDENNE

08 - ARDENNES
10 - AUBE
51 - MARNE
52 - HAUTE-MARNE

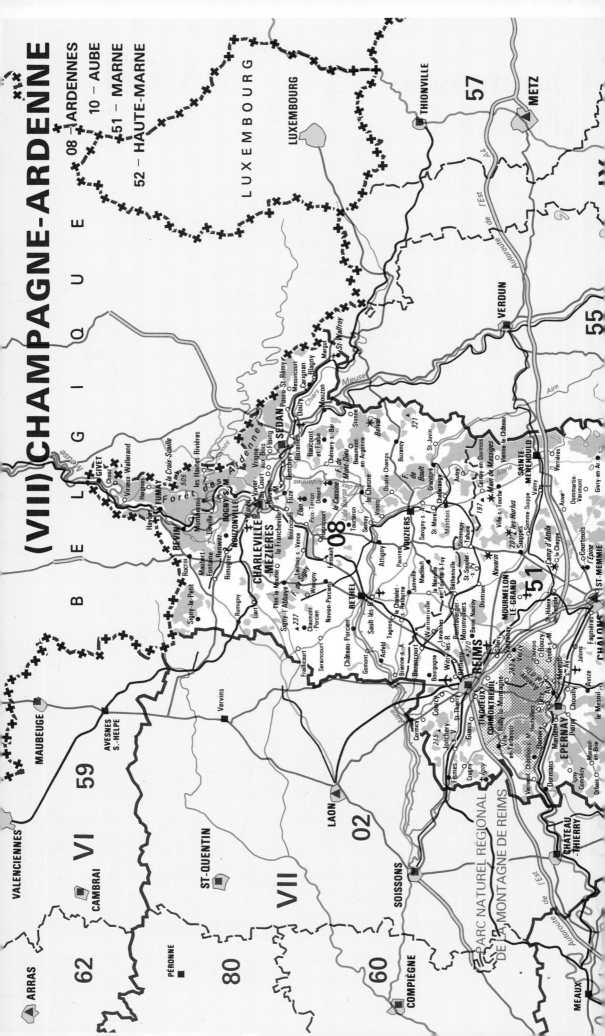

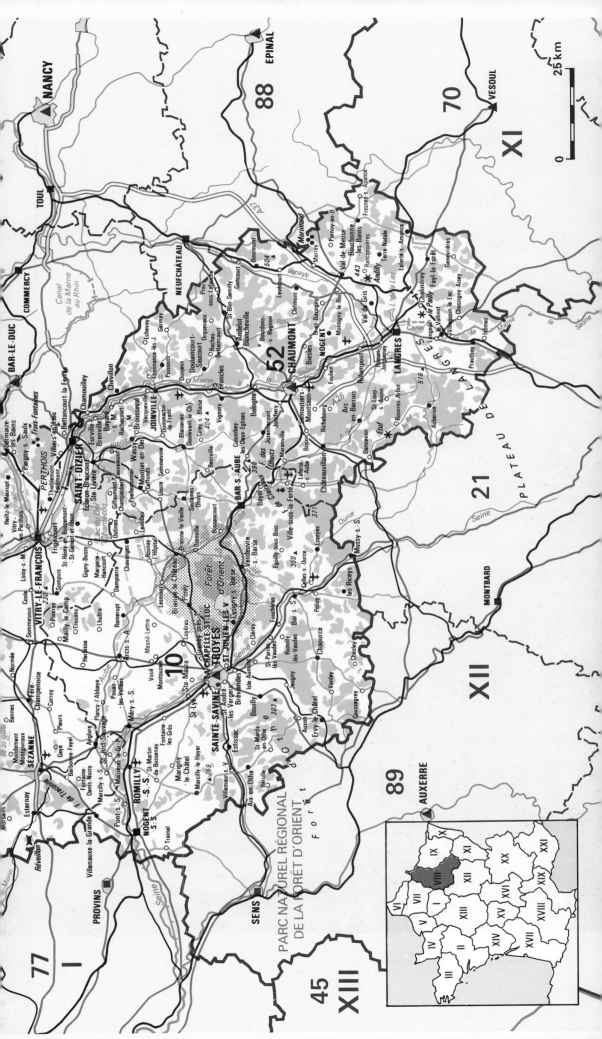

Vignes de Champagne : *Si le nom de la région est universellement connu, c'est dû au produit inimitable de son vignoble, puissamment aidé par la main experte du Champenois.*

AIMÉ (Mont) – 51.
Altitude 237 m
Butte-témoin en position avancée au-dessus de la Champagne, fortifiée depuis au moins les Gaulois ; restes de souterrains du château de la Reine Blanche (comtes de Champagne). Panorama (table d'orientation). On domine aussi, au S.-O., les marais de Saint-Gond*.

AIX-EN-OTHE – 10.   2 300 hab.
Sources exploitées à l'époque gallo-romaine. Chapelle Saint-Avit XVIᵉ et église en partie Renaissance. Ancien chef-lieu du Pays d'Othe (région XII), vaste plateau incliné montant doucement vers le S.-E. où il forme la partie S. de la « falaise » de Champagne ; il porte l'immense forêt d'Othe, qui va des abords de Troyes jusqu'à l'Yonne ; nombreuses sources (de la Vanne notamment, à Fontvannes) ; la région est parcourue par les G.R. 2 et 24.

ANDELOT – 52.   1 100 hab.
Des ruines de Montéclair (343 m), belle vue. Eglise XIIᵉ.
➜ 8,5 km N.-N.-E., Reynel, belle « porte à deux tours » ; beau site près d'un étang. Jolie vallée du Rognon*.

ANDILLY – 52.
Importantes fouilles gallo-romaines, au pied du mont Mercure (443 m), avec notamment des thermes, d'un hôtel-relais des premiers siècles. Musée. Nécropole mérovingienne.

ARC-EN-BARROIS – 52.   1 000 hab.
Agréable localité sur l'Aujon*. A l'église, grand Saint-Sépulcre XVIᵉ.

ARCIS-SUR-AUBE – 10.   3 400 hab.
La ville a été presque détruite en 1814 et 1940. Eglise fin gothique et château XVIIᵉ (hôtel de ville). Patrie de Danton (statue). Jolis mails ombragés.

ARDENNES (Forêt des) – 08.
Immense massif forestier recouvrant entièrement le plateau surtout schisteux de l'Ardenne française, à caractère presque montagnard (sommets atteignant 500 m). Il est divisé par les vallées contournées de la Meuse* et de la Semoy*, dont les parcours sont très pittoresques, et de nombreux sentiers permettent d'y faire des randonnées de toutes durées dans une nature sauvage où le promeneur discret verra à coup sûr des animaux.

ASFELD – 08.
Etonnante église baroque XVIIᵉ en brique, couverte d'ardoise, à rotondes, coupoles et colonnades.
➜ S. et S.-E., longue vallée de la Retourne, au travers du N. de la Champagne.

ATTIGNY – 08.   1 400 hab.
Sur l'Aisne et le canal des Ardennes ; posséda un palais des rois mérovingiens puis carolingiens. Eglise flamboyant (tour XIIᵉ).
➜ 3 km N., Charbogne, église XVᵉ-XVIIᵉ intéressante.
➜ 5 km S., Coulommes, village natal de Verlaine.

ATTILA (Camp d') – 51.
De la Cheppe (16 km N.-E. de Châlons-sur-Marne*), un chemin part à l'O. et mène à une enceinte préhistorique (époque de la Tène ?), ellipse de 25 ha entourée de levées et de fossés, visible de la R.D. 394 dont la sépare la Noblette ; les Gaulois, les Romains et les Huns ont pu s'en servir.

AUBE (Vallée de l') – 10-52.
Née dans un cadre forestier très beau, vers Auberive*, dans le plateau de Langres*, la rivière parcourt une vallée d'abord très sauvage et solitaire, permettant de voir la cascade d'Etuf* et le château de Montigny-sur-Aube (région XII). Après Clairvaux*, c'est une région plus ouverte où les méandres sont abondants : Bar-sur-Aube* et parc de la Forêt d'Orient* ; puis la Champagne ne lui laisse qu'un couloir où elle rejoint la Seine dans la « forêt mouillée » du Morvois*.

AUBERIVE – 52.
Dans le beau bassin supérieur de l'Aube, aux forêts profondes parcourues de nombreuses routes forestières ; parc animalier de l'O.N.F. (sangliers, cerfs, daims). Ancienne abbaye cistercienne XIIᵉ, dont il reste une salle capitulaire XIIᵉ, la grille de Jean Lamour XVIIIᵉ et un cloître XVIIIᵉ (vis. sur demande préalable).
➜ 10 km O., Colmier-le-Haut et le-Bas, dans la vallée de l'Ource (belle au S.), église et fouilles gallo-romaines (mosaïques). ➜ 4 km N., Bay-sur-Aube, village typique du plateau de Langres* ; église XIIᵉ avec narthex.

AUJON (Vallée de l') – 52.
Rivière née tout près du Haut du Sec (516 m), point culminant du plateau de Langres*, dans le beau cirque du Creux d'Aujon ; vallée très agréable au travers de la « Montagne », qu'elle quitte pour le Barrois (de Bar-sur-Aube) et ses grandes forêts de Châteauvillain et de Clairvaux.

AUMONT (Forêt d') – 10.
Avec les forêts de Cogny, de Rumilly et d'autres, c'est un immense massif qui entoure Chaource* au S. de ses beaux

arbres avec des étangs et des ruisseaux. Voir aussi l'Isle-Aumont*.

AUTRY – 08.
Sur la jolie vallée de l'Aisne louvoyant au pied de l'Argonne ; à l'E., étang et belle route rejoignant la vallée de l'Aire.

AUXON – 10.
Belle église XVIᵉ ; le portail S. (Renaissance italienne) est orné d'apôtres en haut-relief ; nombreuses statues anciennes, et vitraux.
➜ 7,5 km E., Saint-Phal, sur une colline face aux hauteurs de la forêt d'Othe ; église XVᵉ-XVIᵉ avec une belle statuaire. Passage du G.R. 24, qui s'enfonce au S.-E. dans les forêts de Cogny et d'Aumont*.

AVENAY-VAL-D'OR – 51.   1 100 hab.
Eglise XIIᵉ-XVᵉ à façade flamboyante (tableaux).

BAIRON (Lac de) – 08.
Long (3 km) bassin d'alimentation du canal des Ardennes, dans une belle campagne très calme ; tous sports nautiques sans moteur, pêche, baignade. Le Chesne, village voisin, a une église fortifiée, comme beaucoup dans le val de Bar, au S.-E.

BAR-SUR-AUBE – 10.   7 400 hab.
Dans un site agréable dominé au S. par la chapelle Sainte-Germaine (310 m), panorama (table d'orientation). Quelques vieilles maisons. Eglise Saint-Pierre XIIᵉ au XVIᵉ, curieuse avec ses « halloys » XIVᵉ (halles) ; belle statuaire champenoise. Eglise Saint-Maclou XIIᵉ-XIVᵉ, fermée, près des jolis bords de l'Aube. Au S.-E., la chapelle de l'hôpital a une belle sculpture de l'Education de la Vierge, XVIᵉ, polychrome.
Beaux environs, D. 73 et D. 384 au N.-E. ; région de Spoy-Dolancourt au N.-O. et à l'O., vallée du Landion, église XIIᵉ de Meurville et point de vue.

BAR-SUR-SEINE – 10.   3 400 hab.
Restes du château des comtes de Bar, deux tours ; belle vue. Remarquables maisons anciennes et porte XVIᵉ. Belle église XVIᵉ-XVIIᵉ flamboyant et Renaissance, possédant de magnifiques vitraux et grisailles, quelques belles statues, peintures et panneaux d'albâtre.

BAYE – 51.
Eglise XIIᵉ-XIIIᵉ. Joli château XVIIᵉ gardant des vieilles tours et une belle chapelle XIIIᵉ. Marion Delorme y naquit et y vécut. Le site est agréable. Vallon avec ancienne abbaye au N.-E.
➜ 3,5 km S., Talus-Saint-Prix, dans la champêtre vallée du Petit-Morin, beau dolmen à l'O., abbaye cistercienne XIIᵉ du Reclus, restaurée (vis. été). ➜ 3 km N., Champaubert, colonne de la victoire de Napoléon en 1814.

BAYEL – 10.   1 300 hab.
Petite église XIIᵉ avec une Vierge à l'enfant et une Pietà XVIᵉ, sans doute du « Maître de la Sainte-Marthe ». Cristallerie.

BAZANCOURT – 51.   1 800 hab.
Dans la vallée de la Suippe, verte au milieu de la plaine champenoise. Eglise en partie XIIᵉ (statues anciennes).

BAZEILLES – 08.   1 400 hab.
La maison des « Dernières Cartouches » (combats à la veille de la défaite de Sedan en 1870) est devenue un musée (vis. tous les jours sauf vendredi). Beau château de Bazeilles, XVIIIᵉ (vis. tous les jours l'été).

BEAUMONT-EN-ARGONNE – 08.
Eglise XVIIᵉ et maisons « espagnoles » à arcades, dans un vallon tout au N. de l'Argonne.

BELVAL (Parc de vision de) – 08.
Domaine de 1 100 ha d'une abbaye disparue, réserve nationale de chasse faisant partie de la forêt de Belval, devenu parc de vision avec circuit routier et petits parcours pédestres, où la faune des Ardennes de jadis est visible (sangliers, daims, cerfs, biches, chevreuils, mouflons, élans, bisons, ours ; oiseaux sur le Grand Etang. Vis. tous les jours en vacances scol. et mercredi, samedi, dimanche et jours fériés.

BELVAL (Forêt de) – 51.
Grande forêt privée, avec de nombreux et grands étangs et marais ; paysages de caractère.

BÉRULLE – 10.
Le fameux cardinal est né à Cérilly (5 km O.). Intéressante église Renaissance (grande tour, fonts et vitraux).
➜ 4 km N.-O., Rigny-le-Ferron, église XVIᵉ (sculptures et vitraux).

BLANCS (Côte des) – 51.
Elle domine la Champagne au S. de la Marne et produit les raisins blancs qui donnent les fameux Blancs de Blancs à Cramant, Avize, Oger, le Mesnil-sur-Oger (toutes églises intéressantes), les noirs reprenant à Vertus*. Beaux sites et points de vue magnifiques, et vieilles maisons de vignerons. Le plateau est couvert de bois avec des étangs.

Le Champagne : Du raisin à la fameuse bouteille, il y a la distance de la fleur au parfum, de l'éphémère à l'immortel... Mais que de travail pour transformer cette précieuse matière première !

BOUILLY – 10.   1 000 hab.
Sous le rebord E. de la forêt d'Othe, culminant à 303 m près de Sommeval (5 km S.-O.) parmi de beaux paysages avec des vues étendues (G.R. 24).
L'église Saint-Laurent XVIe possède des sculptures remarquables » : retable, Sainte-Marguerite, et une Vierge ancienne en bois polychrome. Belles maisons anciennes.

BOULT (Forêt de) – 08.
Partie du massif de l'Argonne ; agréables vallons, routes forestières et sentiers.

BOURBONNE-LES-BAINS – 52.   3 300 hab.
Station thermale réputée (rhumatismes, fractures). Sur une colline, environnée de belles vallées avec des forêts ; beaux parcs, de l'hôtel de ville avec des restes du château féodal, de la source Maynard, du casino où sont des ruines romaines (musée) ; promenades XVIIIe de Montmorency. Eglise romane. Au S., parc animalier de la Bannie. Au N.-E., lac de la Mézelle.
➡ 4 km N., Serqueux, panorama de la cote 452, au N., au début de la Côte des Noues, suivie par le G.R. 7. En amont au N. et N.-O., belles vallées de l'Apance et de ses affluents.
➡ 7,5 km S.-S.-O., Coiffy-le-Haut, beau village perché, vue immense.

BOURGOGNE – 51.
Au cœur de la plaine champenoise, belle église XIIe au XIVe.

BOURMONT – 52.
Altitude 500 m
Vieux bourg sur un site perché au-dessus de la Meuse (belles vues). Eglise Notre-Dame XVIIe (façade classique). Maisons et hôtels anciens. Remparts. Promenades du Cona (tilleuls de 1660).
➡ 7 km S.-O., Huilliécourt, restes de fortifications ; Mise au tombeau XVIe à l'église XVe. ➡ 6 km S.-E., au S.-O. de Graffigny, panorama de la cote 501. ➡ 14,5 km N.-E., sur une colline de 504 m, ancienne ville de la Motte, place forte médiévale lorraine, détruite au XVIIe après plusieurs sièges ; restes importants.

BRIENNE-LE-CHÂTEAU – 10.   4 100 hab.
Le comte Jean de Brienne fut roi de Jérusalem et empereur de Constantinople. Château fin XVIIIe remarquable. L'ancien couvent des Minimes et école militaire est devenu musée Napoléon (qui y fit ses études avant de revenir et battre Blücher en 1814) (vis. tous les jours). Eglise XIVe-XVIe (vitraux, grilles). Belles halles anciennes en bois.
➡ 2 km S., Brienne-la-Vieille, église XIIe-XVIe intéressante ; portail roman. ➡ S., forêt d'Orient*.

BUZANCY – 08.
Belle église XIIIe-XIVe, chapiteaux et sculptures (mobilier). Château classique de la Cour. A l'O., étangs et vastes marais.

CARIGNAN – 08.   3 700 hab.
Petite ville industrielle sur la Chiers, presque neuve depuis 1940. Collégiale XVe-XVIe restaurée et restes de remparts revus par Vauban.

CASSINE (La) – 08.
Vestiges d'une abbaye XVIe.

CERNAY-EN-DORMOIS – 51.
Village reconstruit après 1918 avec son église XIIIe-XVIe. Au S.-O., mont Têtu (197 m), partie de la Main de Massiges*, près de la région totalement sinistrée des Hurlus*.

CHÂLONS-SUR-MARNE – 51.   55 700 hab.
Grand carrefour, vieille ville administrative et important marché.
Belle cathédrale gothique Saint-Etienne fin XIIIe remaniée XVIIe (façade classique), gardant une tour romane XIIe ; admirable intérieur (important mobilier) avec un ensemble de vitraux remarquables du XIIe (au trésor) et XIIIe au XVIe. Joyau de la transition roman-gothique, Notre-Dame-en-Vaux, surtout XIIe, dont le Mau reflète les flèches, est l'une des grandes églises de Champagne ; magnifiques verrières XVIe et carillon de cinquante-six cloches. Le musée du cloître Notre-Dame-en-Vaux, gothique fin XIIe, reconstitue peu à peu ce monument unique des débuts de l'art ogival, détruit au XVIIIe (statues-colonnes, chapiteaux) (vis. tous les jours sauf mardi).
Entre les deux églises, la vieille ville : hôtel de ville XVIIIe, bel hôtel des Gouverneurs XVIIe (bibliothèque), musée municipal (archéologie, sculpture médiévale, collection de divinités hindoues, peinture de primitifs flamands) (vis. l'après-midi sauf mardi), église Saint-Alpin XIIe-XVIe (vitraux XVIe). Au S.-O., belles promenades du Jard. Préfecture, hôtel des Intendants de Champagne XVIIIe. Musée Garinet et Goethe-Schiller (intérieur bourgeois XIXe et deux salles sur les poètes), dans l'hôtel du Vidame. A l'E., église Saint-Jean en partie XIe, et, au N.-E., Saint-Loup XVe. Agréables promenades le long des canaux, du Mau, du Nau, de la Marne. Vieux pont. Porte Sainte-Croix. Brasseries et caves de champagne.
➡ 10 km N.-E., Notre-Dame de l'Epine*.

CHAOURCE – 10.   1 000 hab.
Entouré de grandes forêts (v. forêt d'Aumont*), Chaource est un beau village ancien avec des maisons sur piliers de bois et, dans l'église Saint-Jean-Baptiste XIIIe-XVIe, une admirable Mise au tombeau, de 1515, chef-d'œuvre de la sculpture troyenne (du « Maître de Chaource ») ; fresques, statues, peintures, etc. Fromage renommé.

CHARLEVILLE-MÉZIÈRES - 08.   63 400 hab.

Mézières est la vieille cité militaire et judiciaire serrée sur l'isthme d'un étroit méandre de la Meuse, facile à défendre ; elle a naturellement hérité de la préfecture (ancienne école royale du Génie, XVIIIe) et de la cité administrative dans la citadelle XVIe et « Vauban » ; restes de remparts XVIe au N.-O. ; belle basilique Notre-Dame d'Espérance, XVIe flamboyant, à clocher Renaissance (pèlerinage à une Vierge noire) ; beaux vitraux modernes. Mohon est son vaste faubourg industriel, au S. (église Saint-Lié XVIe). Le faubourg d'Arches, également rive gauche mais au N., est bâti sur plan régulier, à l'image de Charleville, la ville commerciale, qui occupe le reste d'un autre grand méandre de la Meuse autour de sa remarquable place Ducale XVIIe, faite de grands pavillons en brique et pierre avec des arcades ; au N., la rue du Moulin mène au Vieux-Moulin, ancien moulin ducal du même style Louis XIII, sur la Meuse, où sont les musées de l'Ardenne, régional, et Arthur-Rimbaud (vis. tous les jours sauf lundi), qui résida presque en face, au 7 du quai Rimbaud. Musée municipal. Au N., dans un petit méandre, parc du mont Olympe (205 m), vue magnifique.
➡ 8 km O.-N.-O., Tournes, église fortifiée XVe-XVIe, avec Christ en bois XIIe. ➡ 3 km O., Warcq, autre église gothique fortifiée. ➡ 9 km S.-O., ancienne abbaye XVIIIe de Sept-Fontaines, dans un joli site. ➡ 10 km S.-E., Nouvion-sur-Meuse, église fortifiée XVe (œuvres d'art). ➡ 7 km N.-E., parc animalier. ➡ Vallée de la Meuse*.

CHÂTEAUVILLAIN - 52.   1 600 hab.

Intéressants restes de fortifications et vieilles rues. Dans le parc de l'ancien château (douves), résurgence de l'Aujon. La grande forêt de Châteauvillain et d'Arc (13 000 ha) commence tout de suite à l'E. ; elle est limitée au S. par la très jolie vallée de l'Aujon*.

CHÂTILLON-SUR-MARNE - 51.

Dans une belle situation commandant la vallée, le lieu fut fortifié. Statue colossale du pape Urbain II, originaire du Tardenois, sur la motte féodale. Panorama.

CHAUMONT - 52.   29 300 hab.
Altitude 314 m

L'ancienne capitale du Bassigny occupe un promontoire entre la Suize et la Marne. Basilique Saint-Jean-Baptiste XIIIe-XVIe (nef et façade XIIIe ; joli portail S.) ; à l'intérieur, sculptures de J.-B. Bouchardon, fresques XVIe, remarquable Mise au tombeau de 1471. Des remparts entourent le vieux quartier et ses hôtels et maisons XVe et XVIe aux portes voûtées et tourelles d'escalier ; belles vues sur le faubourg des Tanneries dans un petit méandre encaissé de la Suize. Au palais de justice, « donjon carré » XIIe du château des Comtes de Champagne ou tour Hautefeuille (musée). Hôtel de ville XVIIIe. Chapelle du Lycée XVIIe (retables). A l'O., remarquable viaduc du chemin de fer (600 m, 52 m de haut), en pierre.
➡ Jolies vallées de la Marne et de la Suize. Beau pont de Condes à 5 km N.

CHAVANGES - 10.

Belle église XIIe-XVIe, portail roman et tour (vitraux XVIe) ; remarquables maisons à colombages.
➡ 6 km E., Bailly-le-Franc, église du Der comme à Lentilles*. ➡ 3 km S., Montmorency-Beaufort, vue étendue sur le Der.

CIREY-SUR-BLAISE - 52.

Les environs sont ravissants (vallées de la Blaise et du Blaiseron, forêt de Blinfey à l'O.). Château XVIIe-XVIIIe de la marquise du Châtelet, chez qui Voltaire séjourna plusieurs fois.

CLAIRVAUX (Forêt de) - 10.

Vaste massif de 4 250 ha de chênes, entourant la fontaine Saint-Bernard, où le saint aurait fondé la première abbaye (très beau site), et les restes de l'abbaye, fin XIIe pour le splendide cellier, et XVIIIe pour l'entrée et certains beaux bâtiments, qu'occupe hélas toujours la fameuse prison. Belles vallées de l'Aube* et de l'Aujon*, et promenades dans la forêt, qui s'étend aussi à l'E. de l'Aube.

CLEFMONT - 52.

Ancienne petite place forte avec restes de château ; église XIe au cimetière (portail, statues).
➡ 7 km E., Breuvannes, église ancienne (poutre de gloire en fer forgé).

COLOMBEY-LES-DEUX-ÉGLISES - 52.

Le souvenir du général de Gaulle y survit à « la Boisserie » (vis.) où il écrivit ses fameux *Mémoires de Guerre* ; tombe au cimetière, et grand Mémorial (croix de Lorraine) en granit rose, au sommet de la colline (397 m). La belle forêt des Dhuits* est toute proche au S.

CORROY - 51.

Eglise XIe-XIIIe-XVIe (portail roman XIIIe).

COUPÉVILLE - 51.

Curieuse petite église champenoise, porche à colonnades XIIIe, clocher roman, sculptures en bois polychrome XIIIe.

DAMERY - 51.   1 500 hab.
Beau village vigneron, ancien port sur la Marne ; belle église XIIe-XIIIe à nef romane et chœur gothique (chapiteaux, buffet d'orgues, grille XVIIIe). Passage du G.R. 14.

DAMPIERRE - 10.

Beau château XVIIe qui serait de Mansart, précédé d'un très joli châtelet d'une sévère Renaissance ; grille d'entrée XVIIIe ; l'église XVIe garde un chœur XIIIe et un beau tombeau XVIe avec gisant.

Châlons-sur-Marne : Notre-Dame-en-Vaux mériterait d'être mieux connue avec ses magnifiques verrières, son carillon et son cloître du XIIe siècle.

Etoges : Le château offre cette superbe apparence classique, et l'église abrite des gisants de la famille d'Anglure qui le possédait. Les environs ne sont pas chiches en intérêt.

DER-CHANTECOQ (Lac du) – 51-52.
Au cœur du bocage champenois, lac vaste de 4 800 ha (11 km sur 5), écrémant les crues de la Marne et alimentant Paris ; longue digue à l'O. portant une route ; châteaux d'eau panoramiques à Giffaumont-Champaubert au S. et à Sainte-Marie-du-Lac-Nuisement au N. (église XVIIᵉ à colombages, transférée) ; pêche dans la partie E. ; ski nautique au S.-O. ; quatre ports, deux bassins nautiques, écoles de voile, plongée, six plages, circuits en vedettes. Autour du lac, centre de loisirs (Moncetz-l'Abbaye, N.-O.) ; artisanat, expositions (apiculture, forge, architecture régionale), à Arrigny, Giffaumont, Sainte-Marie, Outines. Grande forêt du Der (chênes ; 12 000 ha) avec circuits balisés. De nombreux villages ont des fermes et des églises anciennes typiques du bocage champenois, à pans de bois et parfois torchis. V. Montier-en-Der*.

DHUITS (Forêt des) – 52.
Environ 2 000 ha de profonde forêt très accidentée ; elle fait corps à l'O. avec celle de Clairvaux*, et la belle vallée de la Renne la limite au S.

DORMANS – 51.   3 000 hab.
Bourg agréable en bord de Marne, au pied d'un château dont le parc entoure la chapelle de la Reconnaissance (pour les deux victoires de la Marne) avec crypte (accès libre) ; ossuaire ; vue étendue (table d'orientation). Eglise en partie XIIIᵉ (chœur et clocher).
➡ 3,5 km N.-E., Verneuil, église XIIᵉ-XIIIᵉ au joli portail. Sports nautiques.

DOULEVANT-LE-CHÂTEAU – 52.
Dans la très jolie vallée de la Blaise, propice aux pêcheurs. Eglise XIIIᵉ-XVIᵉ.

ECHENAY – 52.
Dans l'agréable vallon supérieur de la Saulx. Vieux château féodal.

ÉLAN – 08.
A la sortie d'un très beau vallon creusé dans la forêt d'Elan, une église XIVᵉ à façade XVIIᵉ et un beau petit château subsistent d'une ancienne abbaye cistercienne XIIᵉ ; au S., jolie chapelle Saint-Roger à la source de l'Elan.

EPERNAY – 51.   31 100 hab.
Comme Reims*, c'est le champagne. La vigne tapisse tous les coteaux d'alentour le long de la vallée de la Marne et des vallons adjacents, et sur les flancs des « montagnes », de Reims au N.-E. et de la côte des Blancs* au S.-E.
Agréable ville avec de beaux jardins, peu épargnée par l'histoire. Vitraux XVIᵉ de l'église néo-gothique Notre-Dame (remploi). Av. de Champagne, les maisons principales de champagne (XVIIIᵉ-XIXᵉ), Moët et Chandon, Heidsieck, Mercier, Perrier-Jouët, Krug, De Castellane, font visiter des parties de leurs installations et caves gigantesques creusées dans le calcaire. L'ancien château

Perrier début XIXᵉ contient le musée du Vin de Champagne et d'Archéologie (importantes collections préhistoriques) ; section Beaux-Arts (faïences) (vis. tous les jours sauf mardi et l'hiver). Au S., belle église moderne Saint-Vincent-des-Vignes-Blanches.
➡ 6 km N.-O., Hautvillers*. ➡ 3 km N.-E., Aÿ (4 900 hab.), au vignoble renommé ; maisons anciennes.
➡ S., Pierry ; Moussy, face à l'église XIIIᵉ de Chavot, sur une butte ; à l'O., beau vallon du Sourdon ; Saint-Martin-d'Ablois, avec au S.-O. le remarquable parc du Sourdon ; S.-E. par une belle route, château de Brugny XVIᵉ.

ÉPINE (L') – 51.
Presque solitaire dans la plaine champenoise, la basilique Notre-Dame-de-l'Epine XVᵉ-XVIᵉ est une magnifique église gothique flamboyant (de pèlerinage) à la belle façade très ouvragée (portails) avec grandes flèches à jour ; remarquer les extraordinaires gargouilles. Très bel intérieur avec grand jubé, clôture de chœur, déambulatoire et chapelles rayonnantes ; riche mobilier.
Le long village très champenois de Courtisols commence aussitôt à l'E. et possède deux églises intéressantes, Saint-Memmie et Saint-Martin.

ERVY-LE-CHÂTEL – 10.   1 200 hab.
Ancienne ville forte sur l'Armance. Vieilles maisons et porte de ville restant des remparts ; halle circulaire à galerie. Remarquable église XVᵉ-XVIᵉ, avec de très beaux vitraux (représentation des *Triomphes* de Pétrarque) ; statues et tableaux.
➡ 10 km E., Vanlay, joli manoir XVIᵉ-XVIIᵉ.

ESSOYES – 10.
Dans la très jolie vallée de l'Ource et à l'orée d'immenses forêts, c'est un des pays d'adoption d'Auguste Renoir qui y repose avec sa femme et son fils Pierre.
➡ 8 km N., Chacenay, remarquable entrée féodale fortifiée du parc du château. Belles promenades sur de nombreux sentiers (G.R. 24).

ÉTOGES – 51.
Beau château XVIIᵉ entouré de douves remplies d'eau, avec de vieilles tours ; entrée remarquable avec pont et grilles. Gisants de châtelains à l'église ancienne. Etangs au N.
➡ 5,5 km S., après Congy (château), menhirs.

ETUF (Cascade d') – 52.
Dans le parc du château d'Etuf, résurgence et cascade pétrifiante, faite de nombreux gours superposés ; très joli site (vis. tous les jours).

FAYL-LA-FORÊT – 52.   1 800 hab.
C'est le cœur du « pays de l'Amance » (vallées de l'Amance, de la Mance et de la Petite Amance et, au S.-O., du Salon et du Fayl ; au S.-E., le Vannon et la Rigotte se perdent et deviennent souterrains ; perte de la Rigotte à 13 km S.-E.), portant des vignes sur les belles collines au N. vers Varennes et Coiffy-le-Haut (v. Bourbonne-les-Bains*) et de remarquables forêts accidentées. Région de vannerie, Fayl-Billot a une Ecole nationale d'Osiériculture et de Vannerie, unique en France (exposition l'été). Eglise XVIᵉ. Vannerie également à Bussières-les-Belmont.

FISMES – 51.   4 400 hab.
Ville neuve depuis 1918. Eglise en partie XIIᵉ et XVIᵉ.
➡ S. puis S.-E., belle route d'Epernay.

FONTAINE-DENIS-NUISY – 51.
Peintures murales XIVᵉ à l'église.
➡ 3,5 km N., Barbonne-Fayel, église XVIᵉ-XVIIIᵉ.

FONTAINE-LES-GRÈS – 10.
L'église Sainte-Agnès (1956) est un très beau sanctuaire triangulaire (symbolique de la Trinité), évocation aussi d'une grange champenoise ; un « puits » de lumière éclaire curieusement le maître-autel et son beau Christ ancien. Haute flèche très fine.
➡ 3,5 km S.-E., Savières a une église romane (charpente refaite).

FORÊT D'ORIENT
(Lac et Parc naturel régional de la) – 10.
Partie (10 000 ha) de l'antique forêt du Der avec large prédominance du chêne, parcourue de nombreux ruisseaux qui y forment des étangs ; la création du réservoir « Seine » lui donne une vocation touristique dont les environs bénéficient sans en souffrir dans leurs activités économiques ou traditionnelles d'agriculture et de petite industrie ; le lac, de 2 300 ha, est consacré à la voile, à la pêche, possède trois plages, une grande réserve ornithologique au N.-E. jouxtant un parc de vision animalier (deux observatoires) où vivent cerfs, chevreuils et sangliers ; une route en fait le tour, tantôt sur digue (à l'O.), tantôt à peu de distance dans la forêt qui, par ailleurs, offre de nombreuses promenades (zones domaniales de Piney et du Temple, appartenant jadis aux Templiers, région de la Loge-aux-Chèvres et de l'étang du Parc aux Pourceaux) et possibilités sportives.
Le Parc vise à harmoniser les différents aspects de la région qu'il recouvre (65 000 ha), des abords de Troyes à la vallée de l'Aube sur près de 30 km autour de Brienne-le-Château. Mesnil-Saint-Père (maisons de brique) et Géraudot (maisons à colombages) sont les principales plages et bases sur le lac, et la Maison du Parc (expositions, conférences, animation) se situe près de la rive E., en forêt de Piney.

FROMENTIÈRES – 51.
L'église conserve un grand retable flamand fin XVᵉ en bois sculpté à volets peints, représentant des scènes de la vie du Christ, d'une belle facture.

FUMAY – 08.   6 100 hab.
Ville industrielle pittoresque, connue pour ses ardoisières et ses fonderies pour appareils ménagers ; au S., roche de l'Uf, presque entourée par la Meuse ; 2 km N., Haybes, par où on accède à la belle rive droite et aux longues promenades des forêts d'Hargnies-Laurier et de la Manise (G.R. Ardennes-Eifel), et aux routes de la forêt des Ardennes* qui comprend les précédentes et bien d'autres. Vaste panorama de la Croix-Gillet (492 m), 8 km S.-E. d'Haybes.

GAYE – 51.
Eglise bénédictine XIIIᵉ.

GIVET – 08.   8 200 hab.
« Coin » français enfoncé dans l'Ardenne belge, vieille place forte revue par Vauban qui s'occupa de ses forts (de Charlemont, XVIᵉ, O.) et bâtit l'église de Grand-Givet, rive gauche, au curieux clocher que railla plaisamment Victor Hugo. Du pont sur la Meuse, belle vue d'ensemble. Au Petit-Givet, église Notre-Dame XVIIIᵉ (boiseries).
➡ Au S.-E., à pied, tour Grégoire XIᵉ (belle vue) et crête fortifiée du mont d'Haurs. ➡ 3,5 km S.-E., grotte de Nichet, à concrétions (vis. tous les jours en saison). ➡ 8 km S., Chooz, petite centrale nucléaire franco-belge des Ardennes ; nouvelle grande centrale en projet. ➡ 8 km S.-O., Hierges, château fort en ruine ; 3 km S.-O., Molhain, église XVIIIᵉ (mobilier et décoration), curieuse Mise au tombeau XVᵉ et belles dalles funéraires sur une crypte romane.

GIVRY-EN-ARGONNE – 51.
Agréable petite villégiature au bord d'un étang sur l'Ante (plage), près de la forêt de Belval*.
➡ 13 km N.-E., Passavant-en-Argonne, ravissant village (église).

GRANDPRÉ – 08.
A l'issue d'un des défilés de l'Argonne, fait de larges prairies autour de l'Aire. Il ne reste que l'entrée Louis XIII du château des comtes de Joyeuse. Eglise XVᵉ-XVIᵉ, tombeau XVIIᵉ de Claude de Joyeuse.

HAGNICOURT – 08.
Un beau paysage encadre le village et son église XVᵉ. Au N., dans un parc, château XVIIIᵉ d'Harzillemont.

HAUTVILLERS – 51.
C'est dans son abbaye disparue que Dom Pérignon inventa la champagnisation. Le site est magnifique, couvert de vignes en pente rapide au-dessus de la Marne et d'Epernay, et le panorama est justement célèbre. L'église, ancienne abbatiale fondée au VIIᵉ siècle, remonte au XVIᵉ, remaniée depuis ; stalles XVIIᵉ et boiseries XVIIIᵉ, et œuvres d'art.
➡ 8 km N., Nanteuil-la-Forêt, village dans un site champêtre, sur un vallon qui rejoint la belle vallée de l'Ardre.

HERBISSE – 10.
L'église XIIᵉ-XVIᵉ est remarquable par ses vitraux XVIᵉ, restaurés ; statues.
➡ 1,5 km N., Villiers-Herbisse, église XIIᵉ-XVIᵉ ; 5 km N., Semoine, église XIIIᵉ-XVIᵉ. ➡ 4 km S., Allibaudières, église moderne intéressante avec remarquables statues XVᵉ-XVIIᵉ.

HURLUS (Les) – 51.
Le camp militaire de Suippes (routes interdites) englobe cette curieuse région aux villages anéantis pendant la Grande Guerre. On peut l'approcher à la Ferme de Navarin* à l'O. et à la Main de Massiges* à l'E. La voie romaine de Reims à Verdun la traverse.

Village de la Montagne de Reims : De vastes étendues sont vouées à la vigne mais le plateau porte une belle forêt.

Mouzon : *L'église Notre-Dame est l'une des plus belles du Nord-Est de la France, avec son portail surtout consacré à la vierge. Charles-Quint et les Espagnols ont marqué la ville.*

IGNY (Abbaye d') – 51.

Fondée au XIIᵉ et deux fois reconstruite (fin XVIIIᵉ et après 1918) ; Huysmans y fit retraite ; chapelle accessible.
➡ 4,5 km E., Lagery, halles XVIIᵉ ; le pape Urbain II y est né. ➡ 5 km N., Arcis-le-Ponsart, église et château.

ISLE-AUMONT – 10.

Eglise à deux nefs, romane et gothique ; sous le chœur roman, chœur carolingien ; nombreux sarcophages mérovingiens provenant d'une nécropole proche (entourée de riches vestiges préhistoriques et antiques).
➡ 3,5 km O., Moussey, église XIIᵉ. ➡ 5 km N.-E., près de la Seine, Verrières, église XVIᵉ (beau portail).

ISÔMES – 52.

Belle église romane XIIᵉ. C'est le « pays de la Vingeanne », vallée peu connue du S. du plateau de Langres, aux jolis sites à l'O. et au S. du réservoir de la Vingeanne ; curieux clocher de Piépape, pont XVᵉ de Choilley, églises de Montsaugeon, d'Aubigny, vallée du Badin, bourg de Chalancey plus à l'O., des « andouzoirs » (gouffres), etc.

JOINVILLE – 52.   5 100 hab.

Ville natale du célèbre chroniqueur médiéval, et berceau des Guise.
Belle vue des quelques ruines féodales à l'O. Au N., remarquable château du Grand-Jardin XVIᵉ (vis. ext. tous les jours sauf dimanche matin), Renaissance, nombreuses sculptures de Dominique Florentin. Belle petite chapelle. Eglise Notre-Dame style XIIIᵉ, portail Renaissance (Mise au tombeau XVIᵉ et « ceinture de saint Joseph » dans une châsse). Pharmacie ancienne à l'hôpital Sainte-Croix. La chapelle Sainte-Anne du cimetière a de beaux vitraux ; *Christ aux liens,* remarquable bois sculpté ; c'est la sépulture des ducs de Guise.
➡ N. et S., très jolie vallée de la Marne ; 17 km N., importantes ruines gallo-romaines près de Laneuville-à-Bayard, sur la rive droite ; 6 km S.-E., Saint-Urbain, église XIIIᵉ. ➡ 12 km S.-E., château de Donjeux. ➡ 10 km S.-O., Blécourt, église début gothique.

JÂLONS – 51.

Remarquable église en partie romane (porche, clocher, crypte).

JONCHERY-SUR-VESLE – 51.   1 300 hab.

« Parc aux daims », animaux et attractions, au bord de la Vesle à l'O. (vis. dimanche et jours fériés en saison).

LANGRES – 52.   12 500 hab.
Altitude 466 m

Belle cité ancienne, puissamment fortifiée de tout temps, sur un promontoire commandant un immense panorama, et important carrefour. Des remparts remarquables, restaurés au XIXᵉ, ceinturent entièrement la ville ; en suivre le chemin de ronde est une belle promenade.

Curieuse porte fortifiée des Moulins (classique XVIIᵉ), accès principal à la ville ; à l'E., tour Saint-Ferjeux, de 1471, puis porte Henri-IV XVᵉ dominant le faubourg fortifié de Sous-Murs, point de vue de la table d'orientation T.C.F., et tour Piquante ; au N , remarquable tour Saint-Jean XVIᵉ et tour du Petit-Saut (table d'orientation) ; à l'O., porte de l'Hôtel-de-Ville fin XVIᵉ, où il faut sortir pour voir la porte gallo-romaine, murée dans les remparts ; porte Boulière XVᵉ et tour de Navarre de 1517.
Intéressante cathédrale Saint-Mammès, XIIᵉ roman bourguignon et début gothique (façade XVIIIᵉ), avec influence antique ; beau chœur roman et superbe chapelle d'Amoncourt, Renaissance ; trésor. Restes d'un beau cloître XIIIᵉ. Belles maisons « canoniales » (des chanoines) et nombreuses demeures Renaissance et classiques, rues Longe-Porte, Abbés-Couturier, place Ziegler, rues Cardinal-Morlot (au nº 20, maison « de Diane de Poitiers »), Saint-Didier, etc. Musée du Breuil de Saint-Germain (hôtels XVIᵉ et XVIIIᵉ) (vis. tous les jours sauf mardi) : peinture, faïences, meubles, coutellerie, une salle Diderot (né à Langres). Musée Saint-Didier, dans une ancienne église : antiquités régionales, peintures, ivoires. Eglise Saint-Martin XIIIᵉ. Beaux environs : v. lac de la Liez*, plateau de Langres*, le Pailly*, Andilly*.
➡ 2 km N., mont des Fourches, panorama (436 m).
➡ 4 km S., Saint-Geosmes, église XIIᵉ, belle crypte et objets d'art. ➡ 6 km S.-S.-E., source de la Marne.

LANGRES (Plateau de) – 52.

Château d'eau aux curieux contrastes entre ses étendues calcaires désolées et les aimables pâtures de ses vallées, il joint la « Montagne » bourguignonne aux collines de Lorraine ; il culmine au Haut du Sec (516 m), à 16 km S.-O. de Langres*, vaste panorama. Outre le lac de la Liez*, on y trouve les réservoirs de Charmes (pêche), de la Mouche et, au S., de la Vingeanne.

LAVANNES – 51.

Belle église XIIᵉ (deux clochers).

LENTILLES – 10.

L'une des églises les plus spécifiques du Der, en pans de chêne et torchis, pignon et flèche recouverts d'essences de bois, et grand auvent-porche ; maisons de bois.

LESMONT – 10.

L'Aube y franchit la « falaise » de Champagne. Vieilles maisons à pans de bois et halle de bois ; église XVIᵉ.

LHUÎTRE – 10.

Très belle église XIIᵉ-XIVᵉ-XVIᵉ, pèlerinage à sainte Tanche ; tour romane ; retable XVIᵉ, vitraux, statues, et rares chapiteaux XVIᵉ.

LIEZ (Lac de la) – 52.

Vaste et beau réservoir au pied E. de Langres* ; plage, pêche, voile, motonautisme.

LOUVOIS – 51.

Le château bâti par Mansart pour Louvois a disparu. Le parc de Le Nôtre entoure son remplaçant. Eglise XIIᵉ.

LUYÈRES – 10.

Eglise XVᵉ-XVIᵉ avec statuaire intéressante et remarquable jubé.

MACHAULT – 08.
Dans la plaine champenoise ; patrie de Guillaume de Machault (XIVᵉ). Eglise XVᵉ restaurée.

MAILLY-LE-CAMP – 10.   2 600 hab.
« Porte » et point important d'un immense camp militaire, atteint par les Allemands en 1914. Eglises XIIᵉ restaurées.

MARCILLY-LE-HAYER – 10.
L'église recèle une belle Vierge polychrome XVᵉ.
➡ S.-E., belle route de Villemaur-sur-Vanne*. ➡ 10 km N.-N.-E., zone pétrolifère dans la vallée de l'Ardusson. Plusieurs dolmens au N.-O. et à l'O. Mégalithe « le Four Gaulois » près de Chavaudon au S. ➡ 9 km S.-O., Pouy-sur-Vannes, petit château XVIᵉ-XVIIᵉ.

MARCILLY-SUR-SEINE – 51.
Confluent de la Seine et de l'Aube. Sur le quai, maisons XVIIIᵉ.
➡ 2,5 km O., Conflans, église (chœur XIVᵉ).

MARGERIE-HANCOURT – 51.
Eglise à chœur XIIIᵉ remarquable (chapiteaux).

MASSIGES (Main de) – 51.
Petits éperons au N.-O. de Massiges, évoquant une main tendue vers le S.-O. entre la cote 191 et le mont Têtu (197 m), très disputés pendant la Grande Guerre.

MESNIL-LETTRE – 10.
Christ en bronze XIIᵉ à l'église (et clôture XVᵉ).

MEUSE (Vallée de la) – 08.
Ample et majestueuse en amont de Sedan, elle devient très pittoresque en aval de Charleville avec ses méandres encaissés dans le massif de roches primaires (schistes, granits, grès) portant l'immense forêt des Ardennes*, et notamment dans les parages de Monthermé* (où la rejoint la Semoy*), de Revin* et de Fumay*-Haybes.

MONDEMENT-MONTGIVROUX – 51.
Près du château, au-dessus des marais de Saint-Gond au N., monument de 32 m commémoratif de la bataille de la Marne, là où l'offensive allemande fut arrêtée en septembre 1914. Vue étendue.

MONTAGNE DE REIMS
(Parc naturel régional et forêt de la) – 51.
Bastion de la falaise de l'Ile-de-France s'enfonçant dans la plaine champenoise, dont les flancs N., E. et S. sont couverts du célèbre vignoble, et le plateau sommital calcaire, accidenté par endroits, d'une vaste forêt de chênes, hêtres et châtaigniers, avec de rares étangs et des clairières habitées ; sillonnée de routes et de sentiers en joignant les plus jolis endroits, la forêt permet des activités sportives que le Parc cherche à développer, désirant par ailleurs préserver le cadre naturel écologique et économique actuel de l'ensemble de la Montagne, particulièrement pittoresque et original, sans en empêcher l'essor souhaitable. V. Rilly-la-Montagne*, Verzy*, Louvois*, Avenay-Val-d'Or*, Hautvillers*, Ville-en-Tardenois*.

MONT-DIEU (Forêt du) – 08.
Belle forêt de hêtres et chênes, extrémité N. de l'Argonne, abritant l'ancienne chartreuse du Mont-Dieu dont il reste de sombres bâtiments classiques avec des douves.

MONTHERMÉ – 08.   3 400 hab.
Grand centre d'excursions de la vallée de la Meuse*, au confluent de la Semoy*, en plein cœur de la forêt des Ardennes* ; la ville contourne sur les deux rives la courbe d'un méandre très serré. Eglise XIIᵉ-XVᵉ (mobilier, cuve baptismale XIIᵉ, belles fresques XVIᵉ) et maisons anciennes. A Laval-Dieu au bord de la Semoy, église XIIᵉ (façade XVIIᵉ, mobilier), ancienne abbatiale.
➡ S. (D. 989), belle route de Charleville-Mézières, d'où un sentier à gauche à 3 km monte à la Roche aux Sept Villages, beau panorama (Rocher des Quatre Fils Aymon en face). ➡ 3,5 km S., Bogny-sur-Meuse, au pied du Rocher des Quatre Fils Aymon ; 4 km S.-E., intéressante église Saint-Vivent à Braux. ➡ N., par la route de Hargnies, Roche à Sept Heures et Longue Roche, vues ; ➡ E., roc de la Tour.

MONTIER-EN-DER – 52.   2 300 hab.
Le pays de Der est une plaine d'argile et de sable, ancien bassin lacustre qui fut une immense forêt (il en reste 12 000 ha de chênes qui viennent toucher le bourg XVIᵉ) ; l'absence de pierre y a fait construire églises et maisons en bois et torchis ; nombreux étangs. Importante église Notre-Dame, ancienne abbatiale Xᵉ au XIIIᵉ (façade XVIᵉ), reconstituée depuis 1940 : nef Xᵉ à belle charpente et remarquable chœur du premier gothique champenois, avec déambulatoire. Haras nationaux.
➡ 1 km S.-O., Ceffonds, maisons de bois et église XVIᵉ (beaux vitraux, clocher roman, œuvres d'art, sépulcre XVIᵉ).

MONTMIRAIL – 51.   3 400 hab.
Château Louis XIII en brique et pierre, achevé par Louvois ; le cardinal de Retz y était né ; jardins de Le

Nôtre. Eglise XIVᵉ-XVIᵉ. La ville domine le Petit-Morin au S., dont la vallée en amont est très plaisante. Victoire de Napoléon en 1814 : colonne sur la route de Châlons, à l'E., de Vauchamps.

MONTMORT-LUCY – 51.
Belle situation au-dessus du Surmelin naissant, face à la « montagne d'Epernay », grand plateau boisé, couvert d'étangs par endroits (forêts d'Enghien, de Brugny, d'Epernay, bois de Boursault, forêts de la Charmoye, de Vertus). Belle église romane et gothique (porche, vitraux, mobilier). Remarquable château Renaissance en brique, d'allure imposante (fossés).

Orbais : *Cette admirable église serait due à Jean d'Orbais, qui commença l'actuelle cathédrale de Reims ; c'est le reste d'une abbatiale bénédictine.*

MONTSUZAIN – 10.
Eglise XVIᵉ (vitraux, statues).
➡ 5 km S.-E., Charmont-sous-Barbuise, château XVIIIᵉ ; belles œuvres d'art à l'église.

MORIMOND (Abbaye de) – 52.
Restes d'une abbaye cistercienne remontant au XIIᵉ, en bordure de la forêt et des étangs de Morimond (pêche).
➡ 3 km S.-O., Fresnoy-en-Bassigny, église gothique XVIᵉ (œuvres d'art) ; moulin à vent ; 5 km N.-O., Colombey-les-Choiseul, calvaire XVIᵉ.

MORSAINS – 51.
Remarquable église XIIIᵉ.

MORVOIS (Le) – 10.
Curieuse petite région du confluent de la Seine et de l'Aube, entre Anglure, Méry-sur-Seine et Nogent-sur-Seine* : c'est la « forêt mouillée » de peupliers, avec de beaux paysages dans les marécages. Pont-sur-Seine* en fut le chef-lieu.

MOURMELON-LE-GRAND – 51.   6 100 hab.
Cimetières et grand camp militaires.
➡ 4 km N.-E., cimetière militaire russe de la Grande Guerre, avec chapelle orthodoxe (fresques). ➡ S., monument évoquant un exploit de l'aviateur Farman en 1908 ; à l'alignement au S.-E., voie romaine de Reims vers Bar-le-Duc, qui passe près du camp d'Attila*.

MOUZON – 08.   3 200 hab.
Petite ville entourée par la Meuse et le canal de l'Est, d'origine gauloise. L'église Notre-Dame, ancienne abbatiale bénédictine XIIIᵉ, est la plus belle des Ardennes avec un admirable portail dans une belle façade et un chœur remarquable à déambulatoire (mobilier, stalles, pierres funéraires). Maisons espagnoles anciennes et porte de Bourgogne XVᵉ.
➡ Belle route de Verdun au S.-E.

MUSSY-SUR-SEINE – 10.   1 700 hab.

Maisons anciennes et ponts, dont l'un porte une belle croix XVIᵉ. L'église Saint-Pierre-ès-Liens XIIIᵉ, remarquable ancienne collégiale gothique, contient une statuaire magnifique, avec notamment le tombeau XIIIᵉ de Guillaume de Mussy avec gisants, et une Pietà. Mairie dans l'ancien château XVᵉ-XVIIIᵉ des évêques de Langres. Musée de la Résistance (vis. samedi, dimanche et jours fériés en saison, l'après-midi).

NAVARIN (Monument de la ferme de) – 51.

Principal monument commémoratif des batailles de Champagne, au point culminant (192 m) de la route commandant Châlons au N. Ossuaire.

NOGENT-EN-BASSIGNY – 52.   5 300 hab.

C'est le Nogent des couteaux et des instruments chirurgicaux. Exposition. Belle vallée de la Traire. Donjon médiéval.
➔ 3,5 km S., beau dolmen.

NOGENT-SUR-SEINE – 10.   4 700 hab.

Dans un beau site champêtre où la Seine s'éparpille par endroits, jolie cité conservant quelques belles maisons anciennes et hôtels particuliers ; église Saint-Laurent XVᵉ au XVIIᵉ avec une grande tour (en haut, lanterne avec statue du saint muni de son gril) ; pierre tombale XVᵉ. Musée (sculpture, peinture, archéologie). « Pavillon » Henri IV, près du pont.
➔ 6 km S.-O., beau château XVIIIᵉ de la Motte-Tilly, dont la perspective dépasse la Seine.

NORMÉE – 51.

Vitraux XIIᵉ remarquables à l'église. Un peu en aval, la Somme abandonne la direction des marais de Saint-Gond* pour rejoindre la Marne au N.-E.

OMONT – 08.

Le minuscule village d'une quarantaine d'habitants, près des cimes de la forêt de Mazarin, fut une place forte et un tribunal et se trouve toujours à la tête d'un canton ; église classique et traces d'un château.

ORBAIS – 51.

Dans la très agréable vallée du Surmelin, église fin XIIᵉ renommée, ancienne abbatiale ; la nef a disparu mais le transept et le chœur, à déambulatoire et chapelles rayonnantes, sont magnifiques (vitraux XIIIᵉ, tour et flèche XIIIᵉ-XIVᵉ, carreaux vernissés anciens, stalles sculptées XVIᵉ).
➔ 3,5 km N.-E., Mareuil-en-Brie, retable ancien à l'église, et château XVIIᵉ près du Surmelin.

ORQUEVAUX – 52.

Sur la Manoise, qui naît au N.-E. au Cul du Cerf, cirque d'effondrement que l'on peut atteindre à pied le long de la rivière, ou voir par la route D. 148 d'au-dessus.
➔ 10 km E., Prez-sous-Lafauche : le Zoo du bois (vis. l'été l'après-midi) est une curieuse collection de branches à formes animales. Eglise XIᵉ-XIIᵉ (porche XVᵉ).

OUTINES – 51.

Villages du bocage champenois, Outines, Drosnay et Châtillon-sur-Broué ont des églises de bois et à colombages et des fermes alignées à pans de bois.

PAILLY (Le) – 52.

Magnifique château Renaissance XVIᵉ, avec douves et belle cour d'honneur, conservant un donjon remanié du XIᵉ.

PERTHOIS (Le) – 51.

Plaine de Perthes, entre Vitry-le-François, la Marne, Saint-Dizier*, la forêt de Trois-Fontaines* et l'Ornain, occupant un ancien lac, campagne verdoyante et fertile.

PINEY – 10.   1 000 hab.

Remarquables halles anciennes en bois, et vieilles maisons. Eglise XIIᵉ-XVIᵉ-XVIIᵉ.

PLEURS – 51.

La rivière des Auges et la Vaure y forment la Superbe ; vallées verdoyantes dans la Champagne. Eglise à nef romane (chapiteaux).

POISSONS – 52.

Intéressante église XVIᵉ (portail, statues). Vieux moulin. Beau vallon du Rongeant, et « Petite Suisse » au N. autour des « lacets de Mélaire » (vues magnifiques).

POIVRES – 10.

Eglise romane et XVᵉ-XVIᵉ, aux sculptures intéressantes ; vitraux XVIᵉ et mobilier.

PONT-SUR-SEINE – 10.   1 100 hab.

Ancienne seigneurie gardant de belles maisons anciennes, chef-lieu du Morvois* ; église Saint-Martin XIIᵉ-XVIᵉ, peintures murales et belle chapelle du Rosaire.
➔ 4,5 km N.-N.-E., la Villeneuve-au-Châtelot, curieuse église fortifiée XIIᵉ, avec plusieurs tourelles et une petite bretèche ; 1 km E., Périgny-la-Rose, église XVIᵉ (objets d'art).

POUAN-LES-VALLÉES – 10.

Dans la vallée de l'Aube, sur la Barbuise qui n'en rejoint un des bras (le Bachot) que 8 km plus loin. Eglise XIIᵉ au XVIᵉ (vitraux).

PUELLEMONTIER – 52.

Eglise romane et gothique (vitraux XVIᵉ).
➔ O., vaste étang de la Horre, dans les bois.

REIMS – 51.   185 000 hab.

Entre la « Montagne de Reims » et les plaines du Nord et de la Champagne, vieille cité historique et artistique, grande ville industrielle et commerçante, partageant avec Epernay* le renom du champagne, Reims a été considérablement endommagée par la Grande Guerre.

La cathédrale Notre-Dame, très atteinte, n'a été sauvée et restaurée qu'au prix de grandes difficultés et y a perdu la moitié de ses magnifiques verrières ; ce joyau gothique XIIIᵉ (tours XIVᵉ-XVᵉ) a peut-être la plus belle façade des grandes cathédrales, entre ses tours très ajourées qui ajoutent au caractère vertical de l'ensemble. Les portails sont célèbres et peuplés d'étonnantes statues (les originaux sont au palais du Tau), celui de la Vierge au centre (notamment la Visitation et la Présentation au temple), à gauche la Crucifixion et l'*Ange au sourire*, à droite les Prophètes et le Jugement dernier. Au-dessus, une rose magnifique et la galerie des Rois avec le baptême de Clovis ; beau transept avec remarquable portail N. (petite porte de droite romane avec merveilleuse « Vierge rémoise ») ; voir le chevet ; intérieur immense (long de 139 m, haut de 38 m) et lumineux ; voir l'extraordinaire revers de la façade avec sa statuaire XIIIᵉ étonnante, les admirables vitraux anciens existants ont presque tous été reconstitués ; en saison, tapisseries de la Vie de la Vierge XVIᵉ dans les bas-côtés (exposées l'hiver au palais du Tau) ; chœur et déambulatoire magnifiques ; dans l'ensemble, mobilier et chapiteaux ; restes d'une crypte Vᵉ.

A côté, le palais du Tau XVIIᵉ, avec chapelle Palatine XIIIᵉ à deux étages, abrite le précieux trésor de la cathédrale (pièces des sacres, talisman de Charlemagne, etc.), des statues monumentales venant de sa statuaire, et de belles tapisseries (vis. tous les jours sauf mardi). Musée des Beaux-Arts, ancienne abbaye Saint-Denis XVIIIᵉ, un des plus grands de France : précieuses toiles peintes XVᵉ, portraits des Cranach, peinture hollandaise XVIIᵉ et française XVIIᵉ-XXᵉ très importante (vis. tous les jours sauf mardi). Intéressante église Saint-Jacques XIIIᵉ au XVIᵉ.

Il faut voir ensuite la basilique Saint-Remi, ancienne abbatiale bénédictine à longue nef romane XIᵉ et vaste chœur gothique XIIᵉ, contraste d'un effet admirable ; clôture du chœur Renaissance et pourtour remarquable avec le déambulatoire et les chapelles rayonnantes ; statues XVIᵉ du tombeau de Saint-Remi XIXᵉ ; trésor ; l'extérieur est aussi beau (façade romane et chevet gothique), entouré au N. par les bâtiments abbatiaux remarquables devenus musée archéologique. Rue Gambetta, beau collège des Jésuites XVIIᵉ (cuisines XVIᵉ, bibliothèque XVIIᵉ, etc. ; vis.).

En revenant au centre, voir la belle place Royale XVIIIᵉ d'où part la rue Colbert, axe du Vieux Reims gardant notamment l'hôtel de la Salle, Renaissance, où naquit saint Jean-Baptiste de la Salle, l'hôtel Ponsardin fin XVIIIᵉ (Chambre de Commerce), et la maison XIIIᵉ « des comtes de Champagne », dans les rues de l'Arbalète, Cérès (où naquit Colbert) et du Tambour ; place du Forum, hôtel le Vergeur XVᵉ-XVIᵉ occupé par le musée du Vieux-Reims (salle gothique XIIIᵉ, galerie sur cour) (vis. tous les jours sauf lundi et jours fériés) ; restes romains du forum. Hôtel de ville XVIIᵉ. Grande Porte Mars, arc de triomphe gallo-romain fin IIᵉ, long de 33 m et haut de 13,50 m. Au N.-E., rue du Champ-de-Mars, chapelle Foujita (vis. tous les jours en saison sauf mercredi), décorée par le peintre. Rive gauche de la Vesle, Maison de la Culture André-Malraux. Intéressantes grandes caves de champagne (face à la chapelle Foujita et à l'E. de Saint-Remi), étonnantes cités souterraines.
➔ S., parc régional et forêt de la Montagne de Reims* et routes des vins de Champagne. ➔ 9 km S.-E., fort de la Pompelle et musée historique des combats qui s'y déroulèrent. ➔ 10 km N.-O., parc zoologique de Merfy (vis. mercredi, samedi et dimanche).

RENWEZ – 08.   1 200 hab.

Grande église gothique flamboyant aux fenêtres et voûtes très curieuses et très belles. Michelet y séjourna souvent chez une tante.
➔ 2 km E., Montcornet, château fort médiéval en ruines (vis. tous les jours l'été, samedi et dimanche en saison).
➔ 3,5 km N., lac des Vieilles-Forges, beau réservoir en forêt, longé au S. et à l'O. par le G.R. 12 ; baignade au N.-E.

RETHEL – 08.   9 200 hab.

Au-dessus de l'Aisne et du canal des Ardennes, ville presque neuve du fait des deux guerres. Motte féodale au-dessus de quelques ruines du château de Mazarin ; panorama sur la vallée de l'Aisne et le Porcien (table

d'orientation). Intéressante église gothique Saint-Nicolas à deux nefs différentes avec portail flamboyant magnifique et œuvres d'art (lavabos) ; tour XVIIᵉ. Musée du Rethelois et du Porcien (vis. mercredi, dimanche, après-midi).
➡ 10 km O., Château-Porcien, dans un site pittoresque sur l'Aisne (falaise) ; tour XVᵉ de l'église. Le Porcien est un petit pays au N.-O. (Chaumont-Porcien, église et chapelle de pèlerinage ; Novion-Porcien, près de Wasigny* et de la forêt de Signy*), tampon verdoyant entre la Champagne et les forêts ardennaises. Extraordinaire Musée des Trois Guerres. ➡ 7 km N.-E., Novy, remarquable église prieurale XVIIᵉ alliant le classique au gothique (orgues).
➡ 4,5 km S.-O., sur la route de Reims, vue immense.

RÉVEILLON – 51.
Grand château Louis XIII avec des douves, dont la cour évoque le premier Versailles.

REVIN – 08.   11 800 hab.
Importante localité industrielle enfermée dans deux méandres de la Meuse, celui du N.-O. occupé par la vieille ville (maison de bois XVIᵉ) ; à l'E., mont Malgré Tout (419 m), vues magnifiques ; monument aux fusillés du maquis des Manises (calvaire des Manises à 9 km E. plus 1 h aller et retour). S., vue sur la Meuse.
➡ S.-O., belle route de Rocroi* par la vallée de Misère.
➡ 9 km S.-E., Laifour, après un trajet magnifique entre les Roches de Laifour et les Dames de Meuse, et d'où on peut excursionner sur ces crêtes splendides (nombreux sentiers).
➡ 5 km S., bois Huet, entourant un lac, très beau paysage.

Reims : *Notre-Dame de Reims est-elle la plus belle ? Comment oser dire oui ? Mais comment oser dire non ! La cathédrale des sacres royaux aurait bien pu ne plus être du tout, en 1918...*

Ci-dessous, l'ange au sourire, une célébrité du portail.

Revin : Véritable « trouée héroïque » que la vallée de la Meuse au travers des Ardennes !... Mêmes industriels, les bourgs sont magnifiques par leur site et leurs environs.

RICEYS (Les) – 10.   1 500 hab.

Il y a trois Riceys : du S. au N., Ricey-Haut, Ricey-Rive, Ricey-Bas. Tous trois furent fortifiés, Champagne et Bourgogne se les disputant. Trois églises XVIᵉ, la plus riche étant celle de Ricey-Bas, Renaissance (retables, boiseries, vitraux). Vins très appréciés.

RILLY-LA-MONTAGNE – 51.   1 100 hab.

Sur les pentes de vignobles de la Montagne de Reims ; du mont Joli (274 m) au S., vue remarquable sur Reims et la plaine (1 h aller et retour). Eglise avec curieuses stalles XVIᵉ (sur la vigne).
➡ E., le long de la Montagne, Chigny-les-Roses, Ludes, Mailly-Champagne, crus connus et églises intéressantes.
➡ 11 km N.-O. par la D. 26 suivant le pied de la Montagne, Sacy, église XIIᵉ, puis Ville-Dommange, église, et au-dessus belle chapelle Saint-Lié sur une butte boisée, vue magnifique.

ROCROI – 08.   2 900 hab.

Place forte XVIᵉ et de Vauban, aux remparts intéressants (sentier partant de la « porte de France » au S.-O.), et de plan régulier. La fameuse bataille de 1643 s'est livrée au S.-O.
➡ 5 km S.-O., vastes bois domaniaux des Potées (beaux sapins et chênes), pointe à l'O. (en France) de la forêt des Ardennes*.

ROGNON (Vallée du) – 52.

Jolie rivière dont il est plaisant de descendre la vallée, qui joint le Bassigny et le Vallage (région de Joinville*) en recueillant la Manoise et le Sueurre aux vallées aussi agréables.

ROMILLY-SUR-SEINE – 10.   17 600 hab.

Ville industrielle (ateliers S.N.C.F. notamment), près du confluent Seine-Aube et en bordure du Morvois*.

RUMILLY-LES-VAUDES – 10.

La mairie est un très curieux et joli manoir XVIᵉ Renaissance, typiquement champenois. L'église Saint-Martin XVIᵉ flamboyant possède un remarquable retable en pierre polychrome, des vitraux et statues.
➡ 3 km E., Fouchères, église XIIᵉ (œuvres d'art) ; Vierge XIIIᵉ près du pont sur la Seine.

ROSNAY-L'HÔPITAL – 10.

Sur la poissonneuse Voire, sous la « falaise » de Champagne, joli village. Belle église XVIᵉ (fragments XIIᵉ) ; vitraux restaurés et crypte XIIᵉ-XVIᵉ remarquable.

RUMIGNY – 08.

Château XVIᵉ à douves.
➡ Au S., belle région boisée de l'abbaye de Bonnefontaine.
➡ 4 km E., Aouste, église fortifiée typique de la Thiérache : gros clocher-donjon, bretèche défendant le

portail et comble-refuge ; 3,5 km S.-E., Liart, autre église remarquable à donjon et chevet fortifié ; 7,5 km N.-E. par Logny-Bogny, puits d'Audry, curieuse source de l'Audry ; 3 km N.-E. d'Aouste, église de Prez.

SAINT-AMAND-SUR-FION – 51.

Curieuse et belle église XIIᵉ au XVᵉ en belle pierre ocrée, typiquement champenoise ; porche en bois et portail XIIᵉ. Nombreux bâtiments de fermes à pans de bois, ainsi qu'à la Chaussée-sur-Marne, 7,5 km au N.-O.

SAINT-DIZIER – 52.   39 800 hab.

La grande ville industrielle de la Haute-Marne. Monument de la Défense de 1544 (contre Charles Quint). Eglise Saint-Martin XIIIᵉ-XVIIᵉ. Eglise Notre-Dame XVIIIᵉ (façade XVᵉ), avec des œuvres d'art. Au N.-E., Saint-Dizier-le-Neuf, église moderne Sainte-Thérèse-au-Vert-Bois.
➡ 6 km S.-O., en bord de Marne, les Côtes Noires, curiosité géologique due à l'érosion, avec belle vue.
➡ 6 km N.-O., Villiers-en-Lieu, musée de l'Automobile française, belle collection de voitures anciennes (vis. l'après-midi).

SAINT-GOND (Marais de) – 51.

15 km d'O. en E. et 2 à 4 km de large, jonction naturelle entre la Champagne et la Brie par la vallée du Petit-Morin. Foch y remporta un succès décisif en septembre 1914 (v. Mondement*). Au N.-O., Villevenard, église romane XIIᵉ, remaniée (mobilier, restes de fresques XIVᵉ) ; petit musée de préhistoire.

SAINT-JUVIN – 08.

L'église XVIIᵉ est une véritable forteresse avec échauguettes et bretèche. Châsse et statue de Saint-Juvin.

SAINT-MOREL – 08.

Aux confins de la Champagne. Roland Garros y a été abattu en 1918. Eglise XVIᵉ restaurée (retable en bois doré peint et mobilier).

SAINT-SOUPLET-SUR-PY – 51.

Eglise XIIIᵉ restaurée.
➡ 12 km O., région des Monts de Champagne, âprement disputée pendant la guerre 1914-1918 (camp militaire de Moronvilliers).

SAINT-THIERRY – 51.

Belle église romane XIIᵉ. Château conservant des restes d'une abbaye. Massif de Saint-Thierry, à l'O., réplique au N. de la Vesle de la Montagne de Reims, avec de jolies vues. Eglises intéressantes à Pévy à l'O. (romane et gothique) et à Hermonville au N. (gothique XIIᵉ). Etang de Chenay (pêche).

SAINT-WALFROY (Ermitage) – 08.

Altitude 350 m
Sur une colline avec un panorama étendu, pèlerinage ancien à un lieu de culte du VIᵉ.
➡ 7 km N.-O. par Margut et la Ferté-sur-Chiers, fort de Villy-la-Ferté, haut lieu de la bataille de mai 1940. Près de Margut, belle église moderne de Moiry.

SAINTE-MAURE – 10. 1 400 hab.

Belle église en partie Renaissance, contenant le sarcophage IXe de Sainte-Maure.

SAINTE-MENEHOULD – 51. 6 100 hab.

L'Aisne et ses bras entourent la vieille ville construite autour d'un rocher portant la Ville-Haute ou « Château », curieux et charmant village champenois près de l'église Notre-Dame XIIIe-XVe (mobilier, dont une belle Dormition de la Vierge XVe) ; vue.

La ville basse, sauf quelques maisons sauvegardées de l'incendie de 1719, remonte au XVIIIe (maisons des places d'Austerlitz et du Général-Leclerc, reliées par la rue Chanzy). Patrie de Dom Pérignon (v. Hautvillers*). Louis XVI y fut reconnu par Drouet dans sa fuite. Le Château commandait le défilé des Islettes, un des passages de l'Argonne. Beaux circuits balisés dans la forêt de l'Argonne* (région IX), suivant notamment les vallées de la Biesme et de l'Aisne.

➨ 5 km N., Moiremont, église XIIe au XVe avec boiseries ; 3 km O., la Neuville-au-Pont, remarquable église XIVe-XVIe ; à l'O. sur la R.D. 382, belle vue.

SEDAN – 08. 25 500 hab.

Un certain nombre de maisons et hôtels classiques ont survécu aux destructions de 1940. Château-Bas, XVIIe, des princes de Sedan. Enorme château fort XIIIe-XVIIe sur un rocher, avec musée archéologique et militaire (vis. tous les jours en saison) ; Turenne y naquit. Jardin botanique et jolis bords de Meuse. Baignade.

➨ 7 km O., Donchery, église en partie XIIe. ➨ N. et N.-E., forêt de Sedan (nombreux sentiers et chemins), partie de la grande forêt des Ardennes*. ➨ 7 km S., Noyers, beau cimetière militaire allemand. ➨ S., forêt d'Argonne (v. région IX). ➨ 4 km S.-E., Bazeilles*.

SEMOY (Vallée de la) – 08.

Magnifique et sauvage rivière belge, la Semois aux innombrables méandres n'a que la fin de son cours en France ; c'est peut-être la plus belle partie de la forêt des Ardennes*. Des vallées sauvages remontent dans des bois

profonds de part et d'autre, et de beaux sentiers suivent des crêtes panoramiques ou accompagnent les rapides de la Semoy, appréciés des canoéistes.

SERMAIZE-LES-BAINS – 51. 2 600 hab.

Eglise XIIe restaurée après les guerres. Ancienne station hydrominérale ; la source des Sarrazins (mise en bouteilles) sert de cadre à une base de loisirs.

SÉZANNE – 51. 6 500 hab.

Sur une butte jadis fortifiée contournée par la rivière des Auges (vieille dérivation dans le bassin de l'Aube d'une partie du Grand-Morin, affluent de la Marne), entourée de la falaise de l'Ile-de-France, la ville est un grand carrefour et possède des industries (optique, adhésifs).

Grande église flamboyant XVe-XVIe à tour carrée, sans transept ni chœur ; vieux puits devant le portail O. ; beau portail S. sur la place ancienne (fontaine). Cloître et chapelle XVIIe de l'hôpital, ancien couvent des Récollets (tableaux de Frère Luc). Promenades des mails, remplaçant les remparts.

SIGNY (Forêt de) – 08.

Il s'agit en fait de deux vastes massifs séparés par la belle vallée de la Vaux, la Grande Forêt au N.-O. et la Petite au S.-E., soit plus de 3 500 ha de chênes, charmes, frênes, sapins, dont plusieurs arbres remarquables sont signalés ; sentiers.

SIGNY-L'ABBAYE – 08. 1 700 hab.

Beau site du village à l'orée des forêts de Signy*, sur la Vaux naissant dans le bourg du gouffre du Gibergeon, grosse résurgence ; de l'abbaye cistercienne du XIIe il ne subsiste que des bâtiments XVIIIe.

*Paysage champenois de la **Montagne de Reims** : dans cette charmante villette, une illustre compagnie produit depuis des lustres un des champagnes les plus renommés.*

Troyes : C'est à Troyes qu'Isabeau de Bavière, femme de Charles VI, le roi fou, signa le traité de 1420 qui livrait la France aux Anglais. La ville possède des trésors inestimables ; l'un d'eux est cette église Saint-Nizier, qui a pu conserver ses toits magnifiques qui évoquent la proche Bourgogne.

Troyes : La cathédrale Saint-Pierre-et-Saint-Paul, aux vitraux fameux, s'élève, ainsi que l'admirable église Saint-Urbain, au milieu de la vieille ville, où les maisons anciennes et les riches musées sont légion.

SIGNY-LE-PETIT – 08. 1 500 hab.

Eglise XVIIᵉ à tour fortifiée. A la lisière S.-O. d'une forêt de 6 000 ha dont la bordure N. est la frontière.

➥ 2 km N.-E., étang de la Motte et d'autres, sur le Gland.

SOULAINES-DHUYS – 10.

La Dhuys est une source de la Laine. Charmant village avec maisons recouvertes d'essences de bois. Eglise XXVᵉ-XVIᵉ à grosse tour (mobilier). Jolie chapelle XVᵉ.

STONNE – 08.

Au sommet N. de l'Argonne, le village avec une intéressante église moderne jouit d'un grand panorama (table d'orientation). On domine la forêt du Mont-Dieu à l'O. Ancien camp romain.

➥ 6 km E., la Besace, belle église moderne à chœur XIIᵉ.

SUIPPES – 51. 4 900 hab.

Petite ville industrielle. Eglise XIIᵉ restaurée après les guerres (Christ en bois XVᵉ). Musée d'antiquités à la mairie.

THIN-LE-MOUTIER – 08.

A la source du Thin, sur un site gallo-romain. Eglise XIIIᵉ avec curieux tabernacle sculpté XVᵉ.

TRACONNE (Forêt de la) – 51.

Forêt de chênes et de charmes de plus de 3 000 ha, couvrant le bord oriental de la Brie (falaise de l'Ile-de-France), atteignant 209 m au carrefour de l'Etoile (obélisque XVIIIᵉ) et cachant au N. la jolie « haute » vallée du Grand-Morin avec les villages rustiques du Meix-Saint-Epoing et de Bricot-la-Ville (étang). Au S.-O., Nesle-la-Reposte, maison abbatiale XVIᵉ (vis. l'été).

TROIS-FONTAINES – 51.
Son et Lumière

Au milieu d'une belle forêt de 5 000 ha (plusieurs routes interdites), ruines de l'abbatiale gothique fin XIIᵉ (portail roman) de Trois-Fontaines, une des quatre « filles » de Cîteaux. Bâtiments conventuels XVIIIᵉ. Passage du G.R. 14. Sources.

TROUANS – 10.

Sur la Lhuîtrelle ; rive droite, église XIIᵉ (parties XVIᵉ).

TROYES – 10. 75 500 hab.

Ancienne capitale de la Champagne et grande ville industrielle, c'est une riche ville d'art, dont églises, musées et maisons anciennes évoquent un passé prestigieux où les foires avaient une part importante.

La cathédrale Saint-Pierre-et-Saint-Paul XIIIᵉ au XVIIᵉ est célèbre pour son ensemble de verrières qui illustrent l'histoire du vitrail du XIIIᵉ au XVIIᵉ également (le *Pressoir mystique* est de 1625) ; la façade flamboyant a une seule tour et une grande rose ; le croisillon N. s'orne du « beau portail » ; nef et chœur splendides, remplis d'œuvres d'art (trésor très riche). A côté, dans l'ancien évêché, beau musée d'art moderne (donation Lévy), riche en « fauves » et notamment Derain.

La basilique Saint-Urbain est un des chefs-d'œuvre du gothique XIIIᵉ et l'une des plus belles églises de Champagne ; l'essentiel en était bâti en trente ans, et statuaire (Vierge au Raisin XVIᵉ) et vitraux XIIIᵉ en sont célèbres. L'église Sainte-Madeleine XIIe (très remaniée) a conservé son merveilleux jubé début XVIe ; face à lui, la célèbre statue de sainte Marthe, du fameux « Maître » inconnu du XVIe ; splendides vitraux de l'abside. Eglise Saint-Rémy XIVe avec des peintures, et des sculptures remarquables de Girardon. Immense église Saint-Jean XIVe et Renaissance. Saint-Pantaléon XVIe-XVIIe, plus encore église-musée que les autres pour les statues. Saint-Nicolas XVIe avec une curieuse chapelle du Calvaire à loggia où la statuaire est éloquente aussi. Saint-Nizier XVIe-XVIIe aux belles tuiles vernissées. Au N.-O., Saint-Martin-ès-Vignes, fin XVIe-XVIIe Renaissance et classique (superbes vitraux). Le centre conserve d'innombrables et magnifiques maisons anciennes en bois, à étages en encorbellement, et de grands hôtels Renaissance et XVIIe ; voir les rues des Chats, Champeaux, Gambey, des Quinze-Vingts... Hôtel de ville Louis XIII. Hôtel-Dieu XVIIIe avec une étonnante pharmacie et une très belle grille XVIIIe. Remarquable hôtel de Vauluisant XVIe aux élégantes tourelles, qui a une magnifique façade sur la cour ; il contient le musée historique de Troyes et de la Champagne (innombrables sculptures, dessins, peintures, faïences, enseignes, etc.) et le musée de la Bonneterie, unique en France (vis. tous les jours sauf mardi, couplée avec le musée des Beaux-Arts). Hôtel de Mauroy fin XVIe (cour extraordinaire en colonnade corinthienne sculptée de lierre et murs de bois et torchis ou à damiers champenois), abritant la Maison de l'Outil et de la Pensée ouvrière : riche collection d'outils anciens et de documents sur la vie ouvrière, bibliothèque spécialisée (vis. tous les jours sauf mardi). Musée des Beaux-Arts, près de la cathédrale, dans l'ancienne abbaye Saint-Loup : archéologie, peinture, émaux, meubles, histoire naturelle (vis. : v. hôtel de Vauluisant) ; richissime bibliothèque. Intéressante maison des Jeunes et de la Culture, près de la Seine. Boulevards, bords de Seine et des canaux. Au S.-E., village Copainville (jeunes travailleurs). ➡ 3 km O., église Sainte-Savine XVIe, peintures, œuvres d'art. ➡ 2,5 km S.-O., Saint-André-les-Vergers XVIe, portail Renaissance, retable et statues. ➡ 3,5 km N.-E., Pont-Sainte-Marie, église XVIe flamboyant et Renaissance, beaux portails, stalles, vitraux ; 9 km N., Feuges, beau Christ en bois XVIe à l'église. ➡ 10 km O., Montgueux, village dominant Troyes : belles vues. ➡ 20 km E., lac de la Forêt-d'Orient*.

VAL-DE-MEUSE – 52.
Altitude 405 m
2 200 hab.
L'ancien Montigny-le-Roi, sur une hauteur dominant le bassin supérieur de la Meuse, qui naît à environ 13 km E., près de Pouilly-en-Bassigny. Patrie de Flammarion.

VALMY – 51.
Modeste village aux confins de la Champagne, où fut remportée la fameuse première bataille de la Révolution ; moulin reconstitué où se trouvait Kellermann (tables d'orientation), dans un beau site boisé, et monuments à Kellermann et au général vénézuélien Miranda.
➡ 4,5 km E., Braux-Sainte-Cohière, château XVIIe, musée régional (vis. tous les jours l'été sauf mardi).

VENDEUVRE-SUR-BARSE – 10.
2 600 hab.
Fabrique de céramiques (carreaux de grès flammés), qu'on visite. Eglise XVIe reconstruite, flamboyant et Renaissance, très beau portail et objets d'art.

VERTUS – 51.
2 900 hab.
Vieux bourg vigneron avec de belles sources abondantes, finissant au S. la côte des Blancs* (ici les raisins sont noirs) ; maisons anciennes ; porte Baudet XIIIe-XIVe des anciens remparts ; église Saint-Martin romane XIIe avec voûtes d'ogives (tour, cryptes XIe), derrière, puits Saint-Martin, belle source.

VERZY – 51.
1 000 hab.
Un bon champagne. Une abbaye du VIIe disparut en 1792. L'église conserve une Vierge XIe. Vue très étendue de l'observatoire du mont Sinaï, au-dessus (283 m) ; plus loin au S.-E., les célèbres Faux de Verzy sont des hêtres « tortillards », curieusement tordus et tentaculaires, dans la partie E. de la forêt de la Montagne. En octobre, exposition et marché au miel.
➡ 2 km N.-O., Verzenay et son moulin à vent, dans les vignes d'un grand cru.

VIGNORY – 52.
Remarquable église romane Saint-Etienne XIe (clocher XIIe), nef à charpente apparente et chapiteaux, chœur à déambulatoire ; les chapelles XVe-XVIe sont riches d'une belle statuaire champenoise. Maisons anciennes et, au-dessus, château en ruine XIe-XVe.

VILLE-EN-TARDENOIS – 51.
Dans les beaux paysages du Tardenois bordant à l'O. la Montagne de Reims. Eglise romane.
➡ 8 km S.-O., Anthenay, village remarquable, église ancienne et château rustique.

VILLEMAUR-SUR-VANNE – 10.
L'église XIIIe-XVIe est flanquée d'un curieux clocher XVIe tout en bois à grands pans emboîtés (un autre existe à Honfleur) ; à l'intérieur, célèbre jubé en bois sculpté (1521) de scènes de la vie de la Vierge et de la Passion ; boiseries XVIIe et trésor.
➡ 3 km O., polissoir « la Pierre aux Dix doigts ».

VILLENAUXE-LA-GRANDE – 10.
1 800 hab.
Dans le beau vallon de la Noxe interrompant la falaise de l'Ile-de-France. Grande église XIIIe au XVIe avec remarquable chœur XIIIe, entouré d'un déambulatoire. Carrières de grès ; céramiques réputées (usine et artisans).

VITRY-LE-FRANÇOIS – 51.
20 100 hab.
Bastide régulière due à François Ier (pour remplacer la ville primitive de Vitry-en-Perthois, 3,5 km N.-E.), anéantie en 1940 et 1944 et rebâtie sur le même plan ; l'église Notre-Dame XVIIe-XVIIIe (mobilier) subsiste, sur la place d'Armes, et l'ancien couvent des Récollets XVIIe devenu hôtel de ville ; grandes halles modernes. Au S., église Charles-de-Foucauld.

VONCQ – 08.
Situation magnifique sur l'Aisne. Eglise XVe-XVIe au portail remarquable (mobilier).
➡ N. puis N.-E., très belle route du Chesne le long du canal des Ardennes.

VOUZIERS – 08.
5 500 hab.
Fut un grand centre de vannerie (Maison de la Vannerie). Patrie de Taine. Eglise Saint-Maurille XVIe au célèbre portail triple de la Renaissance, aux magnifiques sculptures ; à l'intérieur, belle Vierge XVe. Très jolie région de l'Argonne (région IX) et de la vallée de l'Aisne au S.-E. ; Falaise, à 4 km, possède une église XVe avec portail Renaissance.
➡ 5 km O., Bourcq, en bordure de la plaine de Champagne, joli panorama sur la vallée de l'Aisne et l'Argonne.

WASIGNY – 08.
Sur la Vaux (belle vallée en amont) ; château XVIIe ; ferme fortifiée, halle médiévale en bois, vieilles maisons.

WASSY – 52.
3 500 hab.
Un massacre de protestants par les gens du duc de Guise en 1562 provoqua l'extension des guerres de Religion ; plaque sur l'emplacement de la grange fatale. Clocher roman à l'église Notre-Dame (énorme porche). A l'hôtel de ville, horloge astronomique début XIXe. S., lac des Leschères (bains, pêche).

Valmy : *Le moulin, reconstitué d'après des documents de l'époque, est le symbole de la non moins symbolique victoire dont Goethe consentit à souligner l'importance historique.*

L'étang de Gondrexange, région des étangs à l'est de Sarrebourg.

Lorraine

23 540 km² — 2 319 905 habitants

Départements	Superficie en km²	Population
54 Meurthe-et-Moselle	5 235	716 846
55 Meuse	6 220	200 101
57 Moselle	6 214	1 007 189
88 Vosges	5 871	395 769

La guerre a souvent semé ici la désolation mais l'homme a toujours su tirer le meilleur d'une terre difficile et attachante ; c'est le pays du sel, celui des étangs, mais aussi celui du fer et de grandes étendues limitées par des « côtes », les Vosges, la Vôge, des monts Faucilles, et des frontières bien arbitrairement déterminées par l'histoire.

Il y a eu d'autres fantaisies de l'histoire, qui a installé ici un roi de Pologne (Stanislas, beau-père de Louis XV) avec un Versailles lorrain : Lunéville, et un ensemble monumental étonnant à Nancy. Metz possède aussi des splendeurs, et combien d'autres cités !

Mais il y a de grands problèmes humains : le chômage, la reconversion industrielle trop longtemps différée, le déséquilibre entre une campagne peu à peu désertée et la nébuleuse urbaine de la Moselle, le voisinage du dynamisme allemand avec sa monnaie forte...

Le touriste, lui, y verra des paysages souvent insolites parsemés d'admirables monuments parmi ceux auxquels l'histoire a fait grâce...

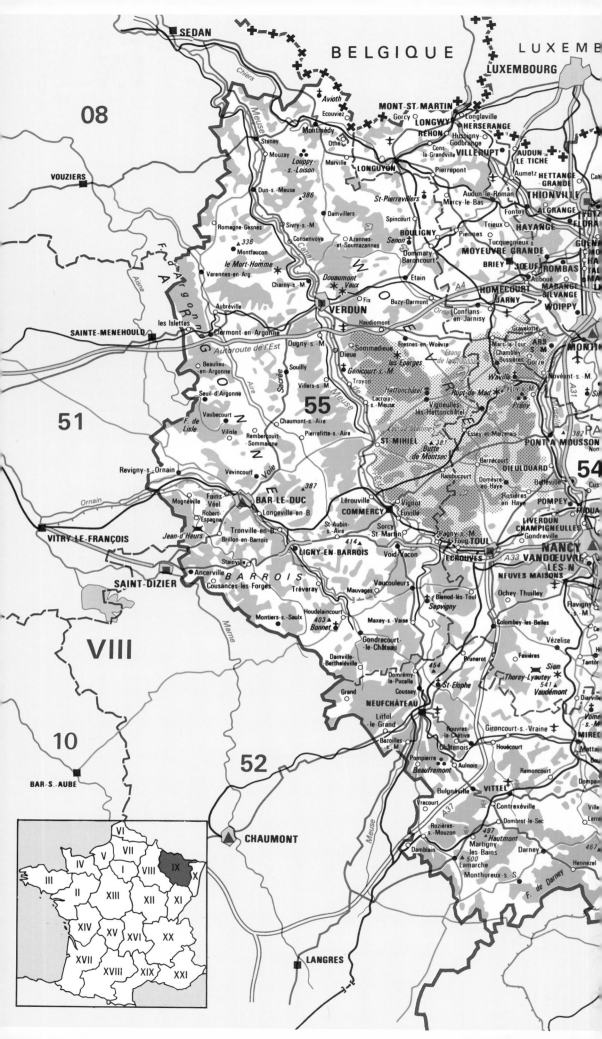

ABRESCHVILLER – 57.   1 400 hab.
Altitude 290 m

Parmi d'immenses forêts au pied du massif du Donon (région X), villégiature appréciée. Petit train touristique de 5 km jusqu'à Grand-Soldat (tous les jours l'été, samedi, dimanche et jours fériés en saison).
➡ 6 km S.-O., Saint-Quirin, église baroque XVIIIᵉ à clochers à bulbes, et chapelle de pèlerinage. ➡ 8 km E. puis 1 h aller et retour, Hohwalsch, beau panorama.
➡ S.-E. et S.-O., superbes hautes vallées des Sarres Rouge et Blanche. ● G.R. 5.

AMANCE – 54.

Village de crête (église XVᵉ), culminant presque au Grand Mont (407 m), sur le G.R. 5, qui domine le S. du Grand-Couronné, des forêts et la vallée de la Seille à l'E. ; au S.-O., devant Nancy, le Pain de Sucre ; au pied S., Laître-sous-Amance, belle église romane et XVᵉ (portail roman avec tympan).

ANCERVILLE – 55.   2 600 hab.

En lisière de la forêt domaniale de Valtièremont ; statues et mobilier remarquables à l'église.

ARGONNE (Forêt d') – 55.
Altitude 308 m

Vaste massif forestier pittoresque, presque montagneux, qui sépare la Champagne de la Lorraine avec des défilés célèbres par les combats qui y ont eu lieu tout au long de l'histoire ; il est sillonné de jolies routes et de sentiers.

AUTREY – 88.

Remarquable église en partie XVIᵉ (flamboyant et Renaissance) ; belle galerie romane. Promenades (forêt de Rambervillers).

AVIOTH – 55.

Magnifique basilique gothique XIIIᵉ au XVᵉ (portails, tours à flèche) ; à l'intérieur, déambulatoire, clôture XVᵉ, autel XIIIᵉ, chaire XVIᵉ aux armes de Charles Quint, statues, Vierge miraculeuse (pèlerinage le 16 juillet). Sur la place, la Recevresse, petit édifice unique en France, attenant à la porte de l'ancien cimetière.

BACCARAT – 54.   5 600 hab.

Capitale du cristal. Musée attenant à la cristallerie, fondée en 1764 (vis. tous les après-midi ; automne, dimanche seulement). Les vitraux de la très belle église moderne en béton et en bois (1957) sont en cristal. Tour des Voués XIVᵉ.

BADONVILLER – 54.   1 900 hab.

Eglise et mairie classiques (restaurées). Faïences. Promenades balisées.
➡ 6,5 km S.-O., Neufmaisons ; 1,5 km N., monument de la Résistance près de la ferme de Viombois en ruines ; belle route de Raon-l'Etape*. ➡ E. et S.-E., beaux sites du col de la Chapelotte (monument) et de Pierre Percée, village et ruines d'un château. ➡ N.-E., belle route de Cirey-sur-Vezouze par Angomont.

BAERENTHAL – 57.

Villégiature agréable sur la Zinsel du Nord (plusieurs étangs) au pied des rochers du Ramstein (vue ; 223 m). Remarquables paysages forestiers.

BAINS-LES-BAINS – 88.   1 800 hab.
Altitude 308 m

Charmante station thermale dans la Vôge, sur le Bagnerot ; « forêts-promenades » ; belle région de bois et étangs.
➡ 7 km O. par la D. 164 et route à gauche, Fontaines Chaudes. ➡ 7 km S.-O., Fontenoy-le-Château, jolie ville ancienne dans la vallée du Coney que suit le canal de l'Est. ➡ 6,5 km N.-E., la Chapelle-aux-Bois.

BAR-LE-DUC – 55.   20 500 hab.

Centre commercial important dans un beau site sur l'Ornain.

La pittoresque Ville-Haute est dominée par l'église Saint-Etienne, belle ancienne collégiale Saint-Pierre XIVᵉ, abritant le célèbre *Squelette,* par Ligier Richier, qui surmonte le mausolée du cœur de René de Chalon (XVIᵉ). Un peu en dessous, belvédère des Grangettes, vue sur la tour de l'Horloge et la ville. Au château des Ducs, Renaissance, excellent musée Barrois (vis. tous les après-midi l'été). Ancien collège Gilles-de-Trèves XVIᵉ, à superbes galeries Renaissance. Remarquables hôtels et maisons Renaissance et XVIIᵉ-XVIIIᵉ dans plusieurs rues (des Ducs-de-Bar, du Bourg, etc.) ; église Saint-Antoine XIVᵉ-XVᵉ (fresques), à cheval sur un canal ; monument des frères Michaux, qui les premiers ont pensé à mettre des pédales sur les vélocipèdes ; pont Saint-Jean.
Rive gauche, église Notre-Dame XIIIᵉ-XIVᵉ-XVIIIᵉ. Spécialité de confitures de groseilles. Patrie du célèbre duc de Guise et de Poincaré.
➡ N.-E., Voie* Sacrée, route de Verdun. ➡ 5,5 km S.-E., Longeville-en-Barrois, église XIVᵉ-XVᵉ.

BEAUFREMONT – 88.

Importants vestiges du château fort XIIIᵉ sur une haute colline (491 m) ; église XVIᵉ ; croix ancienne.
➡ 8 km E., Sandaucourt, château XVIIᵉ à tours d'angle, église XVIᵉ ; 6 km N.-O., Châtenois, qui fut capitale de la Lorraine.

BEAULIEU-EN-ARGONNE – 55.

Joli village perché dans le S. de la forêt d'Argonne*.
➡ 5 km N.-O., ermitage de Saint-Rouin, belle chapelle moderne près des bois dans les bois de Beaulieu (sources de la Biesme). ➡ 6 km S., Triaucourt-en-Argonne, église XVᵉ intéressante.

BITCHE – 57.   6 400 hab.

Ancienne place forte au pied des Vosges, sa citadelle refaite par Vauban est célèbre pour les sièges qu'elle a soutenus, ainsi que la ville (vis. tous les jours en saison). Porte du Parc naturel régional des Vosges* du Nord (région X), centre d'information porte de Strasbourg. Grand camp militaire.
➡ 2 km S.-E., bel étang de Hasselfurth. ➡ 5 km O., fort du Simserhof, important ouvrage de la Ligne Maginot.

➡ 15 km N.-E., Haspelschiedt, grand et bel étang.
➡ 10 km E., près de la Main du Prince (souvenir historique), belvédère (altitude 416 m), panorama ; 3 km E., Sturzelbronn, abbaye cistercienne XIIᵉ-XVIIIᵉ.

BLÂMONT – 54. 1 400 hab.
Bourg jadis fortifié (vestiges) ; ruines du château fort médiéval.
➡ 7,5 km E., Haute-Seille, ruines de l'abbaye cistercienne ; 1,5 km E., Cirey-sur-Vezouze, célèbre manufacture de glaces ; château ; E., belle vallée du Châtillon, monter (route puis sentier) au Grand-Rougimont (619 m), panorama.

BLÉNOD-LÈS-TOUL – 54.
L'un des villages du vignoble toulois ; curieux ensemble fortifié du château des évêques de Toul et de l'église pré-Renaissance début XVIᵉ, avec un étonnant tombeau d'évêque, gisant et statues.

BONNET – 55.
Eglise Saint-Florentin XIIIᵉ gothique fortifiée (trois nefs, fresques XVᵉ, tombeau du saint, avec gisant).
➡ 12,5 km O., Ribeaucourt, étonnante église fortifiée.

BOUZEMONT – 88.
Village perché sur le flanc S. d'une colline, vue superbe ; église romane.
➡ 12 km E., côte de Virine (469 m), panorama splendide : Vosges, et monts Faucilles au S.-O.

BOUZEY (Réservoir de) – 88.
En lisière de vastes forêts, grand bassin alimentant le canal de l'Est ; beau paysage, baignade, sports nautiques.

BOUZONVILLE – 57. 4 700 hab.
Dans une région boisée un peu sauvage, petite ville industrielle sur la Nied (pont de Vauban) ; abbatiale XIᵉ-XVᵉ.
➡ 19 km S.-O., forêt de Villers, abritant les ruines de l'abbaye de Villers-Bettnach.

BRESSE (La) – 88. 5 400 hab.
Altitude 636 m
Agréable station d'été et d'hiver (nombreuses remontées, notamment au Hohneck ; ski de fond), fort industrieuse (fromages, tissages) et toute neuve depuis 1944.
➡ Superbes vallées du Chajoux et de la Moselotte, dominées par des « collines » ; lacs de Blanchemer et des Corbeaux, dans de très beaux sites rocheux ; col de Bramont, passant sur la vallée de la Thur (région X) et montée sur la route des Crêtes (v. région X) près du Rainkopf (1 304 m) ; S.-E., col de la Vierge, forêt de Cornimont, montée possible au Grand Ventron* (1 202 m), panorama.

BRIEY – 54. 5 500 hab.
Centre historique des mines de fer de Lorraine, qui abondent dans la vallée de l'Orne* et sur le plateau du Pays-Haut ; plan d'eau de la Sangsue sur le Woigot. Ancien château féodal (vue), église XVᵉ (calvaire de Ligier Richier), pittoresques maisons anciennes, cité radieuse de Le Corbusier.

BRUYÈRES – 88. 4 000 hab.
Altitude 500 m
Dans un site très ouvert et curieux parsemé de hautes bosses, villégiature et ville ancienne (place Stanislas, tour féodale au N.) environnée de forêts. Patrie de Jean Lurçat.
➡ 40 km E., la tour du mont Avison (table d'orientation) donne un beau panorama. ➡ 2 km S., sur la Vologne*, Champ-le-Duc, belle église romane XIIᵉ dans un site superbe.

BUSSANG – 88. 2 100 hab.
Altitude 599 m
Dans la belle vallée glaciaire de la Moselle naissante, station été-hiver, avec un célèbre théâtre du Peuple dont la scène ouvre sur la nature, représentations l'été par des amateurs.
➡ 4,5 km S., Saint-Maurice-sur-Moselle, à l'issue de la Vallée des Charbonniers par où on monte au Rouge-Gazon et à la Tête des Perches (1 224 m), au pied de la route admirable du Ballon* d'Alsace (v. région X) par le Plain du Canon (vue et célèbre écho).

CHARMES – 88. 6 000 hab.
Jolie ville sur la Moselle, pays natal de Maurice Barrès. Eglise XVᵉ à sept chapelles, dont la chapelle Saint-Hubert, Renaissance. Belle maison aux Loups, Renaissance. Au-dessus de la ville au S.-O. (route, 3 km), monument de Lorraine (combats de 1914), panorama, table d'orientation (385 m).
➡ Au N.-E., vaste et belle forêt de Charmes (chênes, hêtres). ➡ 4,5 km N.-N.-O., Chamagne, maison natale du peintre Claude Gellée, Le Lorrain.

CHÂTEL-SUR-MOSELLE – 88. 1 600 hab.
Ancienne ville fortifiée ; château fort en cours de restauration ; église flamboyant. Joli site.

CLERMONT-EN-ARGONNE – 55. 1 800 hab.
Site pittoresque à la sortie E. du défilé des Islettes. Belle église Saint-Didier XVIᵉ. Au S., chapelle Sainte-Anne XVIᵉ (à l'intérieur, Mise au tombeau XVIᵉ), vue étendue sur l'Argonne* et la vallée de l'Aire (table d'orientation).
➡ 6 km O., les Islettes, au milieu du défilé ; belle vallée de la Biesme en amont et en aval, dans l'axe de l'Argonne* ; 7,5 km N.-O., Lachalade, ancienne abbatiale gothique champenois XIIIᵉ, restes de bâtiments XVIIᵉ.

COMMERCY – 55. 8 200 hab.
Superbe château début XVIIIᵉ (rebâti depuis 1944) avec beaux communs, sur la place du Fer-à-Cheval ; Stanislas l'avait fait bâtir. A l'hôtel de ville, musée d'ivoires et de céramiques. Du château, l'avenue Stanislas puis des Tilleuls mène en forêt de Commercy. Spécialité de madeleines.

CONS-LA-GRANDVILLE – 54.
Beau château XIIᵉ et Renaissance dans une boucle de la Chiers ; au village, ruines d'un ancien haut fourneau.

CONTREXÉVILLE – 88. 4 600 hab.
Altitude 337 m
Station thermale renommée, sur le Vair ; bon centre d'excursions.
➡ 1,5 km N.-O., charmant lac de la Folie, piscine, pêche, barques. ➡ 5 km S.-E., Dombrot-le-Sec, église (statues).

CUVEAUX (Tête des) – 88.
Altitude 783 m
5 km S.-E., puis N.-E. d'Éloyes, et 30 mn aller et retour, superbe point de vue sur toute la région, au-dessus de la forêt (table d'orientation). Des routes forestières rejoignent la région du Tholy*.

DABO – 57. 3 000 hab.
Altitude 450 m
Son curieux rocher tabulaire de grès (664 m) surmonté d'une chapelle (table d'orientation, vaste panorama) a rendu célèbre cette station estivale au cœur d'admirables forêts.
➡ S.-E., 4 km puis 1 h 30 aller et retour, Grand Rosskopf (811 m). ➡ 8 km E., col de Valsberg, vers Wangenbourg* (région X). ➡ N.-E., rocher du Nutzkopf, panorama, et gorges du Grossthal.

DAMVILLERS – 55.
Ancienne place forte dans un agréable paysage. Eglise XVᵉ.

DARNEY – 88. 2 000 hab.
Altitude 268 m
Sur la Saône naissante, au milieu des monts Faucilles, entouré de forêts, dont l'immense forêt de Darney* ; mairie XVIIIᵉ, monument de l'Indépendance tchécoslovaque, musée franco-tchécoslovaque (vis. tous les jours sauf dimanche et lundi) ; église XVIIIᵉ. S., calvaire XVIIIᵉ.
➡ 4,5 km N.-O., Relanges, belle église romane (et XVIᵉ) ; 7 km N.-O. (par le vallon de Chèvre Roche), Saint-Baslemont, ancien château médiéval (tours) ; 2 km N.-E., Thuillières, château de l'architecte Boffrand. ➡ 10 km S.-O., Monthureux-sur-Saône, beau site, église XVIᵉ (Mise au tombeau). Superbe D. 5 au S., vers Passavant-la-Rochère (v. Jonvelle, région XI).

Ci-dessous, sympathique habitant de la petite ville de Charmes.

Maison de Jeanne d'Arc à Domrémy : *Maison simple, certes, mais bien bâtie, et charmante avec les meneaux de ses fenêtres.*

Page de droite, **Ossuaire de Douaumont :** *Impressionnante lanterne des morts d'une apocalypse moderne.*

DARNEY (Forêt de) – 88.
Avec les bois qui l'entourent, immense massif de 25 km de long sur 5 à 10 de large, cœur des monts Faucilles ; très accidenté et souvent magnifique (chênes et hêtres) ; au S.-O., vallée de l'Ourche, avec l'ancienne abbaye cistercienne de Droiteval ; au N.-E., source de la Saône à Vioménil, au pied du Ménamont (467 m), et, sur le G.R. 7 qui zigzague depuis Darney vers Remiremont, il faut aller voir le Cuveau des Fées, sorte de cuve taillée dans le rocher, que l'on dit druidique.

DELME – 57.
A 3 km N.-O. par Puzieux puis route de Xocourt et sentier à gauche (40 mn aller et retour), Côte de Delme (403 m), immense panorama.

DOMRÉMY-LA-PUCELLE – 88.
Maison natale de Jeanne d'Arc et petit musée (fermé mardi l'hiver) ; l'église paroissiale, remaniée, garde les fonts du baptême de Jeanne. Paysages célèbres des peupliers bordant la Meuse.
➜ 2 km S., basilique du Bois-Chenu fin XIXe, là où elle entendait ses voix ; pèlerinages ; belle vue sur la vallée. En face, le mont Julien (restes gallo-romains). ➜ 4 km S., Coussey, église romane. Au S.-O., sur la colline, château de Bourlémont (panorama), par sentier. ➜ 5,5 km N., Goussaincourt, musée paysan ; 5 km N., Montbras, château fin XVIe.

DOUAUMONT (Fort de) – 55.
Enlevé par les Allemands au début de la bataille de Verdun, il en fut l'enjeu essentiel par son emplacement (vis. tous les jours sauf l'hiver). Monument remarquable de la Tranchée des Baïonnettes. Ravin de la Mort. Chapelle à la place du village anéanti. Au S.-O., Ossuaire de Douaumont, immense galerie-nécropole surmontée d'une lanterne des morts (musée, phare, tables d'orientation), et cimetière national de quinze mille croix. S., mémorial de Fleury, musée de la bataille. E. (par D. 913 et D. 913 A), fort de Vaux (vis. id.), qui tomba après un long siège. Monument des Fusillés de Tavannes (résistants de 1944).

DUGNY-SUR-MEUSE – 55.   1 200 hab.
Au N.-E., remarquable église romane XIIe, au clocher carré surmonté de hourds de bois ; nef voûtée en charpente.

DUN-SUR-MEUSE – 55.
Altitude 175 m
Villégiature agréable sur une butte de la rive droite (vue) ; église fortifiée XIVe. Paysage charmant, grand cirque champêtre entouré de côtes couvertes de forêts.
➜ 7 km N.-E., côte Saint-Germain (350 m), ancien camp romain, panorama. ➜ 1 km O., le lac Vert, baignade et sports nautiques.

ÉPARGES (Les) – 55.
Dans des paysages attachants de bois et d'étangs, des monuments et des traces (entonnoirs de mines) rappellent les impitoyables combats de la crête des Éparges (1915) et l'animation fébrile de la tranchée de Calonne, route stratégique de la crête des Côtes de Meuse, dans une belle forêt aujourd'hui. 2 km E. des Éparges, monument « Point X » (table d'orientation), panorama sur la Woëvre et toute la région sous-les-côtes, couverte de vergers.
➜ 9 km S.-E., Hannonville-sous-les-Côtes, maison des Arts et Traditions rurales (vis. sauf lundi et mardi, tous les jours l'été, et l'après-midi). ➜ 5 km N., Bonzée-en-Woëvre, Maison du Parc Régional de Lorraine, base de plein air (ouv. l'été).

Epinal : *« Pinau » s'annonce bien sûr par une image, saisissante ainsi dans la nature. La ville a bien des charmes, mais fureter parmi toutes les images du musée, c'est retrouver un plaisir d'enfant... à l'usage des grandes personnes.*

ÉPINAL – 88.   42 800 hab.
Altitude 340 m

La ville des images est agréablement située sur la Moselle
et entourée de vastes forêts. Le Musée départemental des
Vosges, dans l'île, présente bien sûr les fameuses images,
d'Epinal et de partout, un choix renouvelé parmi son
énorme collection d'images populaires depuis le XVIIᵉ ; il
possède aussi un Rembrandt, un La Tour et d'autres belles
peintures ; nombreux dessins ; riche section archéologique
(Donon), sculpture, ethnographie (fermé mardi).
En face, rive droite, promenade du Cours, beau parc.
Basilique Saint-Maurice XIᵉ au XIVᵉ, beau portail des
Bourgeois, Mise au tombeau. Place des Vosges, à arcades.
Vaste parc du Château, sur une étroite colline (ruines).
Belle église moderne Notre-Dame. Place Pinau, statue de
Pinau (*l'Enfant à l'épine*). Bibliothèque municipale (manus-
crits enluminés), et belle roseraie. Fête de Saint-Nicolas le
5 décembre.

ÉPINAL (Forêt d') – 88.

Splendide forêt de feuillus et de résineux, qui se prolonge
tout autour de la ville sous plusieurs noms et offre des
promenades infinies.

ÉTAIN – 55.   3 800 hab.

Au cœur de la Woëvre, ici grenier à blé (à la place des
étangs de jadis), ville reconstruite après 1918 ; église XIVᵉ-
XVᵉ (chœur admirable) restaurée, avec Pietà de Ligier
Richier. Sortie N., baignade.

FALKENSTEIN (Château de) – 57.
Altitude 350 m

D'un petit col à 3 km N. de Philippsbourg, on y monte à
l'O. (30 mn aller et retour). Ruines imposantes en partie
troglodytiques dans le grès. Vue superbe.
➡ Au N.-O. (5 km de Philippsbourg), joli étang de Hanau
(baignade) ; au N.-O., belles ruines du Waldeck.

FÉNÉTRANGE – 57.   1 200 hab.

Bourg ancien ; vestiges de remparts, Porte de France,
château médiéval et Renaissance (chapelle castrale et
musée d'arts et traditions populaires), maisons anciennes.
➡ 6,5 km O., Mittersheim, sur son Grand Etang
(baignade), longé par le canal des Houillères, au cœur de
l'immense forêt de Fénétrange aux superbes arbres (chênes
et hêtres) et nombreux étangs.

FORBACH – 57.   25 400 hab.

Le pays du charbon, à deux pas de la grande ville
allemande de Sarrebrück. Sur la colline, ruines du
Schlossberg (jardin public), panorama curieux.

GÉNICOURT-SUR-MEUSE – 55.

Eglise XVIᵉ flamboyant ; vitraux et fresques XVIᵉ, sculptures attribuées à Ligier Richier.
➡ 8 km N. puis N.-E., Sommedieue, étangs, base de plein
air.

GÉRARDMER – 88.   10 000 hab.
Altitude 665 m

La « perle des Vosges », sur leur plus grand lac (2,2 km sur
750 m), station d'été et d'hiver, dans un cadre forestier sans

limites (sapins), reconstruite après 1944. Casino, théâtre. Le
lac (piscine) permet pêche, voile, promenades en vedettes,
ski nautique. Nombreuses promenades, balisées bien sûr.
Equitation. Ski (piste et fond). 6 km N.-E., la Moineau-
dière, petit zoo et belle exposition de minéraux.
➡ Excursions magnifiques. E., col de la Schlucht (v.
région X) par la splendide cascade du Saut des Cuves sur la
Vologne*, les lacs de Longemer et de Retournemer (point
de vue de la Roche du Diable) ; Hohneck et route des
Crêtes (v. région X). ➡ N.-E., les vallées supérieures de la
Meurthe (le Valtin), cascade, col du Luschpach, et de la
Petite-Meurthe (défilé de Straiture) entourant la forêt de la
Haute-Meurthe. ➡ S.-E., admirable route forestière de
Xonrupt-Longemer aux Bas-Rupts et la vallée du Bouchot.
➡ S.-O., col de Sapois (Saut de la Bourrique) et Haut du
Phény (1 005 m), vue.

GONDRECOURT-LE-CHATEAU – 55.   1 500 hab.

Bourg pittoresque dans l'Ornois (pays du haut Ornain) ;
tour XVᵉ ; église XIIIᵉ-XVIᵉ (belle Mise au tombeau).

GORZE – 57.   1 200 hab.

Charmant site du vieux bourg dont l'ancienne abbatiale
romane est gothique fin XIIᵉ à l'intérieur : deux tympans
sculptés XIIIᵉ, sur l'un, Jugement dernier symbolique ;
boiseries XVIIIᵉ ; Christ attribué à Ligier Richier. Palais
abbatial baroque fin XVIIᵉ (cour magnifique). Nombreuses
promenades balisées.

GRAND – 88.

Vestiges importants de Granum, grande ville gallo-
romaine (vis. tous les jours en saison) : amphithéâtre de
vingt mille places, temple d'Apollon, basilique dont une
superbe mosaïque avec des animaux et personnages,
expositions d'objets. Eglise XVᵉ, châsse de sainte Libaire, et
chapelle au cimetière.

GRAND VENTRON (Le) – 88-68.
Altitude 1 202 m

De la route du col d'Oderen (885 m) entre Cornimont ou
Ventron et la vallée de la Thur (région X), une route monte
vers le chalet de la Chaume ; on gagne le sommet (45 mn
aller et retour), remarquable panorama.

GRANGES (Vallée de) – 88.

En amont de Granges-sur-Vologne, la rivière a creusé un
beau défilé rectiligne parmi des sapins admirables. Au N.
(2 km S.-E. de Barbey-Seroux), l'étonnant Champ de
Pierres d'origine morainique.

GRAVELOTTE – 57.

Le musée de la Guerre rappelle l'épouvantable bataille de
1870 dont le résultat indécis amena en fait l'enfermement
de Metz.
➡ 5,5 km E., Rozérieulles, église XVᵉ, remarquables
maisons anciennes, vestiges de remparts.

HAROUÉ – 54.

Dans un site merveilleux, splendide château classique
XVIIIᵉ des princes de Beauvau-Craon, entouré de douves et
flanqué de quatre tours rondes plus rustiques, ferronneries
de Jean Lamour, ameublement somptueux. Beaux jardins.
(Vis. tous les après-midi en saison.)

Hattonchâtel : Ce magnifique village regardant la Woëvre du haut des Côtes de Meuse a tout pour faire une étape agréable : le site, le château, reconstitué mais remarquable, l'ensemble de la collégiale, du cloître et de la chapelle avec son fameux retable, et de belles maisons anciennes. Non loin, le grand et beau lac de Madine.

Ci-dessous, **Parc régional de Lorraine :** Buxières-sous-les-Côtes : *Paysage typique de la Woëvre au pied des Côtes de Meuse.*

HATTONCHÂTEL – 55.

Sur l'éperon extrême des Côtes de Meuse vers l'E., dominant la Woëvre recouverte de bois et d'étangs, collégiale XIVᵉ avec cloître (deux galeries) ; une chapelle possède un très beau retable polychrome de 1523 attribué à Ligier Richier. Château moderne dans le style du XVᵉ. Curieuse maison-halle ancienne.
➡ 13 km E., grand étang de Lachaussée. ➡ 9 km N., Woël, église à clocher fortifié de hourds.

HAUTMONT (Côte de) – 88.

Altitude 497 m
Une des collines des monts Faucilles ; de la D. 429, 40 mn aller et retour ; panorama. Grands bois à l'O.

HAYANGE – 57.   20 600 hab.

Depuis l'installation de la famille de Wendel au début du XVIIIᵉ, c'est un centre important de forges ; en aval, extraordinaire vallée d'usines de la Fensch, contrastant avec les versants et plateaux boisés et champêtres.

HAYE (Forêt de) – 54.

Immense et belle forêt de hêtres et de chênes (12 000 ha dont 7 000 domaniaux) contournant Nancy* à l'O. et couvrant presque le plateau qu'entoure la grande boucle de la Moselle. Routes et nombreux sentiers balisés. Au Parc de Haye, musée de l'Automobile.

HENRIDORFF – 57.

Curieux village-rue, sur le plateau.
➡ 2,5 km S.-E., dans la jolie vallée de la Zorn, étonnant plan incliné de Saint-Louis-Arzviller, remplaçant dix-sept écluses (vis. avec utilisation, en saison) ; 3 km N.-E., superbes ruines de Lutzelbourg.

HOMBOURG-HAUT – 57.   10 400 hab.

Vieille ville perchée, ancien évêché fortifié ; collégiale XIIIᵉ remarquable.
➡ 5 km N.-E., Freyming-Merlebach, l'un des grands centres européens du charbon, de Carling à l'O. (route des Puits, le long de la vallée du Merle) à Forbach* au N.-E. ; hauts-fourneaux, complexes chimiques, cokeries, centrale thermique E.-Huchet à Carling (les cinq tours hyperboliques de refroidissement) composent un paysage stupéfiant, jour et nuit.

JEAN D'HEURS (Château) – 55.

Ancienne abbaye de prémontrés ; le maréchal Oudinot en restaura des bâtiments XVIIIᵉ ; la Saulx en traverse le parc.
➡ 3 km S., Ville-sur-Saulx, château XVIᵉ où séjourna Paul Claudel.

LAMARCHE – 88.   1 300 hab.

Ancienne ville forte, église XIIIᵉ-XVIIᵉ (mobilier) ; maisons anciennes. Dans l'O. des monts Faucilles, région pittoresque surtout au S.-E. ; Isches (église), forêt de Flabémont ; ancienne voie romaine à l'E., suivie par le G.R. 7 ; à l'O., forêt de Morimond (région VIII).
➡ 6 km N.-E., Martigny-les-Bains, charmante ancienne station thermale.

LEMBERG – 57.   1 600 hab.

Belle situation sur une crête annexe des Vosges du Nord, parmi de grandes forêts. Pays de cristalleries ; exposition-musée (tous les jours).
➡ 6 km S., à la limite de l'Alsace, Pierre des Douze Apôtres, près de la route.

LIGNY-EN-BARROIS – 55.   6 500 hab.

Sur l'Ornain. Tour Valeran de Luxembourg XIIᵉ-XIVᵉ (vis.), belle vue. Eglise Notre-Dame-des-Vertus XIIᵉ-XIVᵉ (mobilier, chapelle du Luxembourg). Porte Dauphine XVIIIᵉ. Maisons anciennes (hôtel des Fermes, 19, rue Leroux, cour Renaissance). Promenade du Parc.
➡ 5 km N.-O., Tronville-en-Barrois, église romane et gothique fortifiée. ➡ S.-E., jolie vallée de l'Ornain, vers Gondrecourt-le-Château* ; à Saint-Amand-sur-Ornain, ruines d'un temple gallo-romain.

LINDRE (Etang du) – 57.

Magnifique plan d'eau très découpé, « source » de la Seille, environné de forêts et de champs. Le G.R. 5 l'approche au S., près de Tarquimpol au curieux clocher, village bâti entre deux bras d'eau. Amis des oiseaux : silence et jumelles.

LISLE (Forêt de) – **55.**
Grande et belle forêt de chênes (2 700 ha), avec des étangs, traversée par l'Aisne naissante et longée à l'E. par le G.R. 14.

LIVERDUN – **54.** 5 100 hab.
Sur un promontoire entouré par un méandre de la Moselle et le canal de la Marne au Rhin (en partie en tunnel), vieille cité fortifiée (porte XVIᵉ, restes de remparts XIIIᵉ) avec maison du Gouverneur XVIᵉ et intéressante église cistercienne romano-gothique fin XIIᵉ (tombeau de saint Euchaire). Belles vues de la D. 90 B au N. Passage du G.R. 5 (forêt de Haye* en face au S.).

LONGUYON – **54.** 7 500 hab.
Eglise Sainte-Agathe XIIIᵉ. En amont et en aval, pittoresque vallée de la Chiers.
➡ 8,5 km N.-E., Fermont, ouvrage important de la Ligne Maginot (vis.).

LONGWY – **54.** 20 200 hab.
Longwy-Bas n'est qu'une immense usine et un multiple haut-fourneau ; du Belvédère, vue étonnante surtout de nuit sur la vallée de la Chiers. Longwy-Haut est une citadelle de Vauban (église et hôtel de ville XVIIᵉ-XVIIIᵉ).
➡ 3 km N., Mont-Saint-Martin, remarquable église romane et XVᵉ ; beau site et vue étendue. ● Faïences et émaux.

Lemberg : *Le travail du verre et du cristal est une spécialité des Vosges.*

Ci-dessous, **Grand mariage à la campagne :** *portrait de familles de Billy.*

LORRAINE (Parc naturel régional de) – **54-55-57.**
Très vaste (185 000 ha) et en deux parties, il veut à la fois protéger, faire connaître et aménager des sites en général fort méconnus, très typiques et remarquables, villages et forêts de la Woëvre (« sous-les-côtes » de Meuse) à l'O., Saulnois et Pays des Etangs à l'E.
Il s'agit en général de campagnes très tranquilles à proximité d'implantations industrielles énormes, et qui ont gardé des traditions anciennes agricoles et artisanales ou les font revivre. Traversé par le G.R. 5, il se prête particulièrement à la randonnée équestre et cycliste. Siège à Pont-à-Mousson, centres d'information à Ancy-sur-Moselle, Marsal, Saint-Mihiel, Vic-sur-Seille. Base de plein air à Bonzée-en-Woëvre.

LOUPPY-SUR-LOISON – **55.**
Dans un de ses pittoresques méandres, le Loison entoure un superbe château Renaissance. Ruines médiévales.
➡ 1 km N.-O., Hugne, ancienne maison-forte. N., suivre un moment le Loison pour gagner Montmédy*.

Lunéville : Le château et le parc des Bosquets, de Léopold et Stanislas, sont de superbes œuvres classiques imprégnées de l'esprit versaillais.

LUNÉVILLE – 54.   24 700 hab.
Son et Lumière

Le « Versailles lorrain » possède la grâce lorraine XVIIIe, des portiques ajourant ses superbes bâtiments précédés de beaux communs et suivis de superbes jardins à la française, la promenade des Bosquets (Son et Lumière « le Grand Carrousel » l'été). Dans la cour d'honneur, précédant le bâtiment central du château, statue équestre du général de Lasalle.

Au château, musée : histoire, faïences, apothicairerie, panorama photographique complet de l'œuvre de La Tour (vis. tous les jours sauf mardi) ; à la chapelle ducale, présentation historique et concerts.

La remarquable église baroque Saint-Jacques XVIIIe a une façade typiquement rococo (mobilier). Musée de la moto et du cycle (vis. tous les jours). Eglise moderne Saint-Léopold. Aux environs, grandes forêts, notamment la forêt de Parroy, nombreux ruisseaux, route du Haut de la Faîte.

➡ 13 km S.-S.-E., Gerbéviller, sur la Mortagne, joli château XVIIIe avec beau parc ; Christ de Donatello à la chapelle des Carmes ; 10 km S., Essey-la-Côte, dominé par sa Côte (420 m), panorama.

MADINE (Lac de) – 55.
V. Montsec* (butte de).

MARSAL – 57.
Au cœur du Saulnois (pays du sel, haute vallée de la Seille), petit bourg fortifié par Vauban ; musée du Sel dans la Porte de France (vis. tous les jours l'été sauf mardi, et l'après-midi le reste du temps), et Centre d'Information du Parc régional ; église XIIe roman rhénan (chœur gothique). G.R. 5.

MARS-LA-TOUR – 54.
Monument de la bataille de 1870 (qui s'est livrée à mi-chemin de Gravelotte) ; ossuaire et musée militaire.

MARVILLE – 55.
Ancienne ville fortifiée, avec de nombreuses maisons Renaissance « espagnoles » (belles sculptures) et une remarquable église XIIIe-XVIe. Au N.-O., célèbre cimetière de Saint-Hilaire : Christ aux liens XVIe, Pietà, ancienne chapelle Saint-Hilaire XIe, ossuaire XVe de quarante mille crânes et os longs.

METZ – 57.   118 000 hab. (aggl. : 225 000)
Son et Lumière (au lac des Cygnes)
La grande ville au riche passé a fait vigoureusement peau neuve au détriment de quartiers anciens intéressants. Mais il reste beaucoup à voir.

La cathédrale Saint-Etienne est l'une des plus célèbres pour son architecture gothique (XIIIe-XVIe) très légère et ses dimensions, 123 m de long, 42 m de haut ; malgré de grandes pertes, ses magnifiques vitraux échelonnés du XIIIe au XVIe et modernes (Villon, Bissière, Chagall) lui donnent une admirable lumière ; mobilier et trésor ; dans la crypte, Mise au tombeau XVIe.

Belle place d'Armes XVIIIe par Blondel. Très riche musée d'art et d'histoire, utilisant les restes des thermes romains, et le Grenier de Chèvremont, remarquable édifice XVe ; archéologie gallo-romaine, sculpture mérovingienne, chancel de Saint-Pierre-aux-Nonnains ; importantes peintures XVe au XXe et histoire de la vie quotidienne à Metz (fermé mardi). Curieux hôtel de Saint-Livier XIIe et Renaissance. Pittoresques places Sainte-Croix (hôtel XIVe) et Saint-Louis avec de vieilles maisons à arcades, certaines XIVe. Eglise Saint-Martin avec narthex, belle nef XIIIe et chœur XVIe. L'Esplanade regarde le mont Saint-Quentin et domine le lac des Cygnes et la Moselle ; l'église Saint-Pierre-aux-Nonnains, réduite à une nef, a des murs du IVe ; chapelle des Templiers fin XIIe, octogonale. Porte Serpenoise (S.I.), refaite. Tour Camoufle XVe. Eglises

Metz (page de droite) : Saint-Etienne est l'une des plus hautes cathédrales de France et son architecture est tout étirée par les immenses fenêtres et sa longue toiture. Ses verrières sont célèbres et diffusent à l'intérieur une admirable lumière ; ci-dessous, l'un des vitraux de Chagall.

Metz (page de droite) : la porte des Allemands ; ce bel ensemble fortifié qui date de six cents ans a été quelque peu restauré !

Saint-Maximin en partie XIIᵉ (vitraux de Cocteau) et Saint-Eucaire romane et gothique, remarquables. Bel ensemble fortifié XIIIᵉ-XVᵉ de la fameuse Porte des Allemands, sur la Seille ; le long de la rivière, restes d'enceinte et tour des Sorcières. Au N.-O. de la cathédrale, dans les îles, place de la Comédie, superbe ensemble XVIIIᵉ (théâtre, préfecture) ; église protestante néo-roman ; église Saint-Vincent XIIIᵉ à trois nefs (façade XVIIIᵉ), très champenoise ; église Saint-Clément, gothique rhénan XVIIᵉ, avec cloître. Pittoresques bords des bras de la Moselle : pont des Morts, Moyen-Pont, et belles promenades dans l'île du Saulcy (université) ; Metz-Plage, centre nautique. Vieilles maisons dans le centre, rue Tête-d'Or, En-Fournirue, etc. Au S., église Sainte-Thérèse-de-l'Enfant-Jésus, remarquable édifice moderne en béton. La Moselle en bateau (S.I.). Fête de Saint-Nicolas le 6 décembre.
➡ O., Mont Saint-Quentin (357 m), tour hertzienne, célèbre fort, panorama. ➡ 7,5 km O., Scy-Chazelles, vieux village, tombe de Robert Schuman († 1963) dans une chapelle fortifiée XIIIᵉ. ➡ 10 km S.-O., Jouy-aux-Arches, important aqueduc romain.

MEUSE (Vallée de la) – 55.

Pas de paysages spectaculaires avant le fameux défilé des Ardennes, mais de beaux horizons calmes autour de paresseux méandres souvent bordés de peupliers, une campagne magnifique que les frontières et les armées ont beaucoup fréquentée. (V. Neufchâteau*, Domrémy*, Saint-Mihiel*, Verdun*).

MIRECOURT – 88.   9 300 hab.

Capitale du Xaintois (bassin du Madon) et aussi de la dentelle et jadis de la lutherie (école nationale et musée). Halles remarquables de 1617. Eglise surtout XVᵉ (clocher-porche, tableaux).
➡ 2 km N., Poussay, village intéressant.

MOGNÉVILLE – 55.

Dans la vallée charmante de la Saulx ; église intéressante XIIIᵉ-XVᵉ (retable, mobilier).
➡ 2 km S.-E., Couvonges, pittoresque église romane.

MONT-DEVANT-SASSEY – 55.

Au-dessus de la vallée verdoyante de la Meuse, parmi les vergers, superbe église romane XIᵉ-XIIᵉ de style rhénan (portail XIIIᵉ, chevet, statues) avec une belle et grande crypte.

MONTFAUCON (Butte de) – 55.
Altitude 336 m

Le village perché occupait une position stratégique... Il fut détruit lors de sa reconquête en 1918 par les Américains ; mémorial impressionnant (vis. tous les jours sauf lundi et mardi). Panorama immense. Quelques ruines.

MONTMÉDY – 55.   2 700 hab.

Au-dessus de la Chiers et de Montmédy-Bas, Montmédy-Haut est une vaste ville-citadelle XVIᵉ, premier siège de Louis XIV, mené par Vauban. Magnifique tour des remparts. A l'église XVIIIᵉ (mobilier), Vierge XIVᵉ. Escalier pour la ville basse. Environs pittoresques.
➡ 5,5 km S.-E., Iré-le-Sec, lac, baignade, joli cadre.

MONTSEC (Butte de) – 55.
Altitude 375 m

Dominant la Woëvre face aux Côtes de Meuse, haute butte-témoin portant un mémorial américain de l'offensive de septembre 1918 qui délivra Saint-Mihiel. Le lac de Madine au N., très vaste, est réservé à la baignade et aux sports nautiques « calmes » (motonautisme interdit) ; grand centre de sports et de loisirs ; réserve ornithologique.

MORHANGE – 57.   5 800 hab.

Belle église XVᵉ (statues). Crête dominant le pays des étangs au N. et à l'E.
➡ 12 km S.-S.-E., longues forêts (crêtes) de Bride et de Koecking, faisant partie du Parc régional (beaux sentiers).

MORT-HOMME (Le) – 55.
Altitude 286 m

Avec la Cote 304 à l'O., positions-clés de la défense de Verdun, combats terribles de 1916-1917. Monuments, au milieu de grands bois.

Vallée de la Moselle : *Les vallées lorraines sont douces et propices à l'élevage qu'exploitent de gros villages groupés au pied des « côtes ».*

MOSELLE (Vallée de la) – 88-54-55.

Le petit torrent de Bussang descend dans une belle vallée glaciaire par le Thillot, Rupt-sur-Moselle, et devient une belle rivière calme arrosant de remarquables paysages (belle route sur chaque rive après Remiremont*) jusqu'à Epinal* où elle sort de la forêt et des reliefs proprement vosgiens. Après la traversée du Xaintois et du Pontois, au moment de rejoindre la Meuse près de Toul*, elle se ravise et achève de contourner la forêt de Haye*, encaissée dans le plateau calcaire où elle reste, grossie de la Meurthe au N. de Nancy*, jusqu'aux portes de Metz ; elle est canalisée et supporte un fort trafic de la région de Nancy à Metz*, Thionville* et en Allemagne, dans une zone industrielle d'une grande densité, mêlée de beaux paysages naturels et de riches témoignages architecturaux et historiques de ces villes et de Pont-à-Mousson* par exemple, ou des arches de Jouy, de Liverdun*, etc.

MOYENMOUTIER – 88.   3 900 hab.

Localité industrielle, possédant une abbatiale XVIIIe remarquable avec un très riche mobilier.

➨ 5 km S.-O., Etival-Clairefontaine, ancienne abbatiale cistercienne XIIe, rhénane (piles alternées) et à façade classique. ➨ S.-E., Ban-de-Sapt, col du Las qui passe vers l'Alsace sur Saales (v. Bruche, région X).

MUNSTER – 57.

Remarquable église gothique Saint-Nicolas XIIe-XIVe. N.-O., forêt d'Albestroff.

➨ 9 km O., Montdidier, belle vue sur la « haute » vallée de l'Albe et ses étangs. ➨ Au S., grands étangs Rouge et du Moulin.

NANCY – 54.   111 000 hab. (aggl. : 266 000)
Son et Lumière

Ancienne capitale du duché de Lorraine et importante ville d'art, la ville de Stanislas constitue l'un des plus beaux ensembles XVIIIe, bâti ou transformé par Héré et décoré par Jean Lamour (grilles) et Guibal (fontaines).

La place Stanislas, avec au son centre la statue du roi Stanislas de Pologne, est entourée de beaux pavillons classiques reliés en pans coupés par les célèbres grilles de fer forgé rehaussé d'or dont deux entourent des fontaines monumentales (Neptune et Amphitrite) ; l'hôtel de ville possède un admirable escalier (rampe de Lamour) ; le musée des Beaux-Arts (fermé mardi) est très riche de grandes peintures du XVIe au XXe (Italiens XVIe, Flamands XVIIe). L'arc de triomphe de Héré pour Louis XV donne accès à la longue place de la Carrière bordée d'hôtels XVIIIe avec fontaines et grilles, sur laquelle s'ouvre au fond la cour du palais du Gouvernement entourée d'une superbe colonnade ; au N.-E., grand parc XVIIIe de la Pépinière (zoo, jardin anglais, horloge florale, statue de Claude Le Lorrain par Rodin).

Au N.-O., le Vieux-Nancy. La Grande-Rue longe le sévère palais ducal XVIe orné d'une exubérante porterie flamboyant-Renaissance ; il abrite le Musée historique lorrain (fermé mardi), exceptionnel : archéologie, sculptures, galerie des Cerfs (souvenirs de la dynastie de Lorraine), tapisseries, salle Jacques Callot, peintures de La

Tour, histoire, pharmacie XVIIIe, céramique, art populaire et folklore. Eglise des Cordeliers XVe abritant les tombeaux des ducs ; gisant de Philippe de Gueldre, seconde femme du duc René II, par Ligier Richier ; chapelle ducale octogonale, à coupole à caissons. Vieilles demeures XVIe au XVIIIe parfois magnifiques autour de la Grande-Rue qui aboutit à la Porte de la Craffe, seul reste des remparts XIVe (fermé mardi).

A l'E. de la place Stanislas, place d'Alliance XVIIIe (fontaine). Au S., belle cathédrale XVIIIe (Hardouin-Mansart, grilles de Lamour ; trésor), et la Ville-Neuve fin XVIe-XVIIe, porte Saint-Georges XVIIe à l'E., place Henri-Mengin au S.-O. avec l'église Saint-Sébastien XVIIIe (mais le quartier n'a plus rien d'ancien). Musées de Géologie, de Zoologie (aquariums). Au S.-E., église Notre-Dame-de-Bonsecours XVIIIe, par Héré, avec les tombeaux de Stanislas et de son épouse ; Vierge miraculeuse début XVIe. Au S.-O., musée de l'Ecole de Nancy (unique au monde, meubles et décorations « art nouveau » 1900), mouvement créé par Emile Gallé (vis. tous les jours sauf mardi). Festivals de Théâtre et de Jazz. Fête de Saint-Nicolas le 6 décembre.

➨ 3,5 km S.-E., à Jarville, musée du Fer (vis. tous les après-midi sauf mardi), histoire et techniques. ➨ 7 km S.-E., rive droite, ancienne chartreuse de Bosserville XVIIe-XVIIIe (école technique), cloître, salle capitulaire, etc. 5 km plus loin, basilique de Saint-Nicolas-de-Port*. ➨ 12 et 14 km S.-O., Neuves-Maisons (sidérurgie) et Pont-Saint-Vincent, église XVe, porte de France, maisons anciennes ; baignade ; la Moselle y pénètre dans un défilé pittoresque que borde au N. la forêt de Haye*. ➨ N.-N.-O., Frouard et Pompey, tourisme industriel (de nuit !). ➨ 9 km S., château de Fléville, Renaissance et donjon XIIe (vis. après-midi samedi, dimanche et jours fériés en saison). ➨ N. et N.-E., le Grand-Couronné, ensemble de reliefs parfois vigoureux qui « couvre » Nancy (combats de 1914), v. Amance* et Pont-à-Mousson*.

NEUFCHÂTEAU – 88.   9 600 hab.
Altitude 298 m

Le château des ducs de Lorraine a disparu ; près du haut de la colline entourée par le Mouzon et la Meuse, l'église Saint-Nicolas gothique XIIIe possède un sépulcre allemand XVe de neuf personnages ; du fait de la pente, elle surmonte une église basse, romane (décoration XVIIIe comme en haut). Dans la ville basse, église Saint-Christophe XIIe-XVe (voir la voûte de la chapelle des Fonts), mobilier. Hôtel de ville XVIe.

➨ 6 km E., forêt de Neufeys. ➨ 10 km S., Pompierre*. ➨ S.-S.-E., vallée du Mouzon.

NOMÉNY – 54.

Belle église gothique rebâtie après 1918 (statues anciennes).

ORNE (Vallée de l') – 54-57.

Petite rivière calme descendue des Côtes de Meuse au travers des vergers de la Woëvre, et dont la vallée à l'E. de Briey* devient un couloir industriel impressionnant : mines de fer, hauts-fourneaux, laminoirs, etc.

PHALSBOURG – 57.   4 300 hab.

Ancienne place forte (sièges glorieux) de Vauban, conservant les portes de France et d'Allemagne (XVIIe) ; place d'Armes XVIIe, à l'hôtel de ville, musée Erckmann-Chatrian (armée, folklore).

PLAINE (Vallée de la) – 54-88.
Magnifique vallée vosgienne descendant du Donon (région X) à Raon-l'Etape*, parmi d'immenses forêts et de nombreux villages dans les prés où dévale la rivière. Promenades infinies.
Au N.-E., lac de la Maix (route).

PLOMBIÈRES-LES-BAINS – 88.   2 500 hab.
Altitude 456 m
Station thermale renommée, belle situation dans l'étroite vallée de l'Augronne ; les Romains y édifièrent des thermes (restes au Bain Romain, dont statues antiques) ; maisons et établissements thermaux XVIIIe et XIXe ; très beaux parcs ; casino. Musée Louis-Français, dans la maison du peintre. La Vierge de Plombières (XVe, à l'église). Pharmacie XVIIIe à l'hôpital thermal.
➡ 4 km, O. puis S.-O., fontaine Stanislas. ➡ 6 km O.-N.-O., belle vallée de la Semouse. ➡ A l'E., vallée des Roches, cascades, v. le Val-d'Ajol*.

POMPIERRE – 88.
Admirable portail roman XIIe à l'église. Vieux pont sur le Mouzon.
➡ S., Outremécourt et ancienne ville forte la Mothe (v. Bourmont, région XII).

PONT-A-MOUSSON – 54.   15 100 hab.
Vieille ville universitaire et industrielle. Place Duroc, triangulaire, aux maisons à arcades XVIe au XVIIIe, maison des Sept péchés capitaux XVIe (une cariatide par péché), hôtel de ville XVIIIe (vis.), Château d'Amour. Eglise Saint-Laurent XVe (Christ qui serait de Ligier Richier, retable flamand XVIe). Rive droite, église Saint-Martin XVe (ancien jubé devenu tribune d'orgues, gisants, Mise au tombeau XVe à treize personnages). Remarquable ancienne abbaye des Prémontrés XVIIIe, restaurée après incendie, centre culturel et siège du Parc naturel régional de Lorraine ; église, cloître, bâtiments, avec trois beaux escaliers, rond, ovale et carré, et splendide bibliothèque (vis. tous les jours).
➡ 7 km E., (ou 45 mn aller et retour), butte de Mousson (382 m) dominant la vallée de la Moselle et à l'E. la forêt de Facq ; ruines d'un château féodal ; panorama. ➡ 5,5 km N.-E., butte de Xon (358 m, vue). ➡ 10 km S.-E., Côte Sainte-Geneviève (381 m), durs combats en 1914 ; partie du Grand-Couronné. ➡ 2,5 km O. et sentier au N.-O. (G.R. 5), forêt de Bois-le-Prêtre, qui s'était durement disputée. ➡ 4 km S., Blénod, énorme centrale thermique E.D.F. ; 3 km S., Dieulouard, église XVe (statues). ➡ S. puis O., charmante vallée de l'Esch.

PRÉNY – 54.
Remarquables ruines d'un château médiéval et de sa tour Mandeguerre, un moment résidence des ducs de Lorraine.
➡ 5 km S.-O., restes de l'abbaye des prémontrés de Sainte-Marie-aux-Bois XIIe.

RAMBERVILLERS – 88.   7 400 hab.
Jolie ville sur la Mortagne. Remarquable hôtel de ville XVIe à arcades ; église XVe-XVIe ; monument des combats de 1870.

Nancy : *Les célèbres grilles de Jean Lamour, sur la magnifique place Stanislas, entourent de superbes fontaines, dues à Guibal. Ici celle d'Amphitrite.*

Pont-à-Mousson : *Vieille cité lorraine née autour d'un pont important, et connue notamment pour son abbaye des Prémontrés.*

Ci-dessous, **Le pays des Etangs** *(du Lindre, de Gondrexange – la photo p. 174 –, de Mittersheim et autres), est le paradis de la pêche et des oiseaux.*

RAON-L'ÉTAPE – 88.   7 800 hab.
Belle situation au confluent de la Plaine* et de la Meurthe.
Hôtel de ville XVIIIᵉ à arcades ; nombreuses fontaines.

REMBERCOURT-SOMMAISNE – 55.
Ancien bourg frontière ; un cardinal le dota d'une belle église Renaissance et flamboyant (façade, portails, stalles XVIIIᵉ).

REMIREMONT – 88.   11 500 hab.
Altitude 400 m
La ville des Chanoinesses a pour promenoir les arcades XVIIIᵉ de sa Grande-Rue (Général-de-Gaulle) ; ces nobles dames habitaient de belles maisons canoniales autour du

palais abbatial XVIIIᵉ (hôtel de ville) et de l'abbatiale Saint-Pierre XIVᵉ-XVIᵉ-XVIIIᵉ (belle crypte XIᵉ). Fontaines. Musée régional Charles-de-Bruyères (vis. tous les jours), et musée Charles-Friry (peintures, gravures ; un La Tour).
➡ S., promenade du Calvaire, belle vue sur la ville et la vallée. ➡ 2,5 km N.-E. puis 1 h aller et retour, Saint-Mont (667 m), chapelle, vue étendue ; magnifique forêt de Fossard, pierre Kerlinkin (menhir). ➡ S.-O., vallée des Roches vers le Val-d'Ajol*, et Plombières-les-Bains*.
➡ S., magnifique D. 57 vers le col des Croix et le ballon de Servance (région XI), « crête des Ballons », que suit aussi le G.R. 7. ➡ O., petit lac du Bois des Hauts de Raon.

REVIGNY-SUR-ORNAIN – 55.   4 000 hab.
Remarquable église XVᵉ flamboyant.

ROMAGNE-GESNES – 55.
A l'E., immense cimetière américain formant un beau parc.

RUPT DE MAD (Vallée du) – 54.
Elle descend de la belle zone d'étangs du S. de la Woëvre (lac de Madine* et butte de Montsec*) à la Moselle entre Pont-à-Mousson* et Metz* par Thiaucourt (cimetières militaires américain et allemand), le pittoresque château de Jaulny (vis. tous les après-midi en saison, XIIᵉ-XVᵉ, remarquablement décoré et meublé, grille de Jean Lamour, musée), et Waville*.

SAINT-AVOLD – 57.   19 000 hab.
Sur la Rosselle ; des forêts la séparent du bassin houiller. Eglise XVIIIᵉ (Mise au tombeau XVIᵉ). Hôtel de ville dans un château XVIIᵉ. Au N., immense cimetière américain (mémorial).

SAINT-DIÉ – 88.   26 500 hab.
Altitude 343 m
La « marraine de l'Amérique » est toute neuve depuis 1944 où tout a brûlé et sauté ; on a restauré, presque reconstruit, ses merveilleux monuments de grès rouge : la cathédrale, nef romane XIIᵉ de style rhénan (chapiteaux), et gothique XIVᵉ (façade XVIIIᵉ), l'admirable cloître inachevé XVᵉ-XVIᵉ (chaire extérieure), et, le tout communiquant, l'église Notre-Dame XIIᵉ roman rhénan (chevet). Beau centre-ville. Bibliothèque, avec la preuve du « baptême » de l'Amérique, et musée Jules-Ferry, originaire de Saint-Dié. Centre d'excursions et promenades magnifiques. N.-E., Roche du Sapin Sec (901 m, panorama) ; S.-O., côte Saint-Martin (730 m), S.-O. aussi, splendide massif des forêts de Mortagne, Rambervillers et Champ que traverse entre autres la route de Bruyères dans la vallée des Rouges-Eaux, etc.
➡ E., route d'Argent, menant à Sélestat par le tunnel ou le col de Sainte-Marie*. ➡ S. puis E., belle route par Fraize du col du Bonhomme (région X) où commence la splendide route des Crêtes (v. région X). ➡ N., camp celtique de la Bure (fouilles en cours).

Vendanges à Saint-Maurice-sous-les-Côtes : *Des vignobles en Lorraine ? Certes ce n'est pas le Languedoc, mais, gris ou blancs, les vins sont bons et délicats.*

SAINT-ÉLOPHE – 88.
Beau site au-dessus des méandres du Vair ; intéressante église XVIᵉ (mobilier, gisant du saint, XVIᵉ, tympan).
➡ S., Soulosse-sous-Saint-Elophe, fouilles antiques.

SAINT-MIHIEL – 55.   5 700 hab.
L'abbatiale bénédictine Saint-Michel XVIIᵉ (clocher et porche romans XIIᵉ) abrite la *Pâmoison de la Vierge* par Ligier Richier et l'*Enfant aux têtes de mort* par Jean Richier (stalles XVIIIᵉ) ; remarquable façade fin XVIIᵉ de l'abbaye attenante (riche bibliothèque). A l'église Saint-Etienne XVIᵉ, riche mobilier et surtout le *Saint-Sépulcre* par Ligier Richier, un chef-d'œuvre (milieu XVIᵉ). Intéressantes maisons anciennes.
A la sortie N., curieuses falaises, « les Roches », aménagées en jardin public, avec calvaire et Sépulcre sculpté ; escalier, vue. Centre d'Information du Parc naturel régional de Lorraine. Base de plein air et de loisirs.

SAINT-NICOLAS-DE-PORT – 54.   7 500 hab.
Haut lieu et vieux pèlerinage lorrain, la magnifique basilique XVᵉ-XVIᵉ possède une façade de trois portails et deux grandes tours, une superbe nef de 32 m de haut et 97 m de long ; voir les piliers de 28 m à la croisée ; Vierge XIIIᵉ, vitraux XVIᵉ, retable Renaissance dans la chapelle des Fonts (XVIᵉ).
➡ 1 km E., entre la Meurthe et le canal, modeste église-halle gothique de Varangéville aux voûtes magnifiques (statues). A l'E., Dombasle-sur-Meurthe, grand complexe chimique Solvay, alimenté en calcaire par un immense téléphérique qui vient de la forêt de Haye au N.-O. de Nancy*.

SAINT-PIERREVILLERS – 55.
Etonnante église-forteresse gothique.

SAINTE-MARIE (Col de) – 88-68.
Altitude 772 m
Un des grands passages des Vosges (doublé par le tunnel routier jadis S.N.C.F.). Monter au Roc du Haut de Faîte (884 m, 45 mn aller et retour), splendide panorama.

SARRE (Vallée de la) – 57.
Jolie rivière née du Donon (Sarre Blanche et Sarre Rouge) ; sortie des Vosges, elle limite à l'E. le pays des Etangs en arrosant entre autres Sarrebourg*, Sarre-Union (région X), Sarralbe, Sarreguemines* avant de rentrer dans la... Sarre.

SARREBOURG – 57.   15 000 hab.
A la chapelle des Cordeliers XIIIᵉ, vitrail géant de Chagall, *la Paix*, de 12 m sur 7,50 m. Musée archéologique (vis. tous les jours sauf mardi), et de céramiques locales. Vestiges de remparts XVIIᵉ. N.-O., cimetière national des Prisonniers (1914-1918).
➡ 4 km N.-O., Saint-Ulrich, fouilles d'une villa gallo-romaine importante (vis. tous les après-midi l'été, et des samedi et dimanche en saison). ➡ S.-O. et O., vastes et beaux étangs de Gondrexange et de Rhodes (pêche, voile).

SARREGUEMINES – 57.   26 300 hab.
Sur la Sarre, formant frontière dans la ville et en aval. Importante et ancienne industrie de céramique ; près de l'hôtel de ville, ancien four à faïence ; musée régional de la Faïencerie (vis. mercredi, et après-midi des lundi, samedi, dimanche).
➡ 7 km S.-E., Zetting, au bord de la Sarre (belle route), église gothique à clocher roman cylindrique séparé (mobilier, Mise au tombeau, vitraux).

SENON – 55.
Près du bel étang d'Amel ; église XVᵉ gothique et Renaissance à trois nefs égales et toit très aigu (chapiteaux Renaissance).

SENONES – 88.   4 000 hab.
Altitude 390 m
Capitale de la brève principauté de Salm au XVIIIᵉ. Ancienne abbaye XVIIIᵉ, musée d'histoire locale. Ancien château XVIIIᵉ. Tombeaux des princes de Salm à l'église. Train touristique de la vallée du Rabodeau, pour Etival (samedi, dimanche et jours fériés en saison). L'été, relève de la Garde des Princes de Salm ; le dimanche.
➡ N.-E., superbe route du Donon (région X), nombreuses promenades et excursions. ➡ E., col du Hantz (région X).

SEPVIGNY – 55.
Eglise fortifiée XIVᵉ (à l'intérieur, sculptures). Au N., chapelle de Vieux-Astre, romane (fresques).

SIERCK-LES-BAINS – 57.   1 600 hab.
Beau site préfigurant la suite de la vallée de la Moselle en Allemagne. Ruines imposantes du château XIᵉ des ducs de Lorraine (vis. tous les jours en saison), vue sur la gorge. La vieille ville est très pittoresque. Sur l'autre rive, le Stromberg (309 m), panorama.
➡ 10 km S.-E., forêt de Sierck, sentiers. ➡ 13 km O., Rodemack, la « petite Carcassonne lorraine ». ➡ 8 km N.-E., ruines de Mensberg.

SILLEGNY – 57.
Eglise gothique XIIIᵉ-XIVᵉ, remarquables fresques XVIᵉ.
➡ 5 km S., Cheminot, église gothique XIIIᵉ-XIVᵉ. Vallée de la Seille.

SION – 54.
Altitude 405 m
Haut lieu lorrain, la Colline inspirée de Maurice Barrès, au bout du village (table d'orientation, immense panorama) ; la basilique Notre-Dame-de-Sion XVIIIᵉ-XIXᵉ (chœur gothique XIVᵉ) est un ancien pèlerinage, toujours très suivi (8 septembre) ; musée. Au S., la route monte au Signal de Vaudémont (541 m), monument Barrès, magnifique panorama. Aller à Vaudémont, à l'O. (ruines du château des comtes).

STAINVILLE – 55.
Très joli site sur la Saulx. Château XVIᵉ, ancienne demeure du duc de Choiseul.
➡ N.-O., remarquable vallée de la Saulx ; 6 km, église de Bazincourt ; 2 km plus loin, vieux pont de Rupt-aux-Nonains.

Toul : *La cathédrale Saint-Etienne possède une très belle façade, dont les grandes tours octogonales sont très élégantes.*

STENAY – 55.   4 000 hab.
Ancienne place forte sur la Meuse ; maisons à porches classiques autour de ses places.
➡ 7 km N.-N.-O., Inor, église XVIIIe.

THIONVILLE – 57.   44 200 hab. (aggl. : 140 000 hab.)
Ancienne place forte et agglomération industrielle importante (métallurgie) sur la Moselle canalisée.
Maisons anciennes dans la cour du château, et arcades place du Marché. Beffroi XVIe. Tour aux Puces, massive construction polygonale XIIe (musée régional, vis. tous les jours l'été sauf lundi). A l'église Saint-Maximin XVIIIe, orgues Kern (unique) et autel baroque. Route de Longwy, centre thionvillois du Jardin. La Moselle en bateau (S.I.).
➡ 2 km N., château de la Grange XVIIIe, superbe ameublement (vis. après-midi samedi et dimanche) ; parc.
➡ N.-O., Guentrange (fort allemand), panorama.
● Ouvrages de la Ligne Maginot à Hettange-Grande (6 km N.), « Immerhof », et à Entrange (10 km N.-O.), le « Zeiterholz » (se rens. au S.I.).

THOLY (Le) – 88.   1 400 hab.
Altitude 570 m
Beau village sur la Cleurie dans un grand paysage vosgien de prés et de forêts. Au N.-O., col de Bonne Fontaine (676 m), et vallée de Tendon, avec les Grande et Petite Cascades de Tendon. Innombrables promenades possibles.

THOREY-LYAUTEY – 54.
Le maréchal Lyautey y passa la fin de sa vie dans son château, dans ses beaux meubles lorrains et ses souvenirs marocains et orientaux ; le mausolée de Rabat a été rapporté dans le parc.

TOUL – 54.   16 800 hab.
Vieille ville dans ses remparts XVIIe avec quatre portes, bordant la Moselle qui y change de direction.
Superbe cathédrale Saint-Etienne XIIIe-XVe, façade XVe à tours octogonales, admirable ; mobilier, décoration, vitraux, chapelles, pierres tombales, ensemble important ; magnifique cloître XIIIe-XIVe, très grand. Collégiale Saint-Gengoult XIIIe-XVe de style champenois ; son petit cloître XVIe est une merveille. A côté au S., restes de remparts gallo-romains. Belles maisons anciennes, surtout rue du Général-Gengoult. Hôtel de ville dans l'ancien évêché XVIIIe. Musée de Toul et du Toulois (préhistoire, archéologie ; vis. tous les jours l'été sauf mardi).
➡ 8 km E. puis S.-E., Villey-le-Sec, ancien village, fortifié fin XIXe, dominant abruptement la Moselle ; on en visite l'impressionnante citadelle (dimanche en saison à 15 h).
➡ S.-E., le défilé de la Moselle par les deux rives.

● Immenses forêts au S.-O., à l'O., au N.-O. (forêt de la Reine, dans la Woëvre, chênes et nombreux étangs). Vignoble.

VAGNEY – 88.   3 400 hab.
Au confluent de belles vallées vosgiennes, du Bouchot, du Rupt, de la Moselotte ; forêts immenses. Monter à l'E. au Rondfaing (1 060 m) et au Haut du Roc (1 013 m), panorama.

VAL-D'AJOL (Le) – 88.   5 600 hab.
Commune très étendue et dispersée, rurale et industrielle, jolie villégiature. En amont, la pittoresque vallée des Roches communique avec Remiremont*, par la cascade de Faymont et, pas très loin à l'E., celle du Géhard. Belle vue générale de la Feuillée Nouvelle, sur la D. 20.

VARENNES-EN-ARGONNE – 55.
Bourg ancien (reconstruit après 1918) resté célèbre par l'arrestation de Louis XVI, devant la tour de l'Horloge. Musée de l'Argonne, salle Louis XVI, salle des combats de la Grande Guerre, salle des arts et traditions populaires. Grand mémorial américain de Pennsylvanie (vue).
➡ 6 km S.-E., butte de Vauquois, haut lieu des combats de l'Argonne, monument, panorama. ➡ S.-O., dans la forêt de l'Argonne*, célèbre route de la Haute-Chevauchée, monument et traces des combats ; le G.R. 14 la double à distance ; beaux parcours.

VAUCOULEURS – 55.   2 600 hab.
Ses remparts subsistent en partie, et il y a toujours une porte de France comme pour Jeanne d'Arc. Ruines du château et belle crypte XIIIe de sa chapelle (Vierge XIIIe). Musée.
➡ 4 km N., ruines du château fort de Gombervaux XIVe (rare donjon-porte, avec des créneaux).

VECKRING – 57.
Un des ouvrages-clés de la Ligne Maginot, le Hackenberg avait une autonomie de plus de trois mois pour 1 200 hommes et une puissance de feu énorme (vis. après-midi samedi et dimanche ; voir S.I. de Thionville*). Une chapelle « à panorama » (2 km N.-O. du village, à 343 m) permet de saisir tout son intérêt.

VERDUN – 55.   27 000 hab.
Ancienne place forte d'importance stratégique, Verdun, qui n'avait pas été oubliée par l'Histoire, porte le témoignage d'une grande bataille et d'un effroyable carnage.
Quasiment rebâtie après 1918, elle conserve quelques beaux monuments bien restaurés. Cathédrale Notre-Dame XIe au XIVe, roman rhénan (deux chœurs et transepts opposés) et bourguignon remanié gothique et XVIIIe ; la guerre a fait retrouver des parties romanes magnifiques (sculptures, crypte, chapiteaux, portail du Lion) ; beau cloître XVIe ; évêché XVIIIe. Hôtel de la Princerie XVIe (galeries de cloître XIIIe), hébergeant l'intéressant musée de Verdun (vis. tous les jours en saison sauf mardi). Monument de la Victoire et crypte du Livre d'Or des combattants. Trois portes fortifiées : porte Chaussée XIVe, porte Châtel, près Chaussée XIVe, porte Châtel, près porte Saint-Paul, près la Défense de Verdun, par Rodin. Après la porte Châtel, esplanade de la Roche et citadelle de Vauban, remplaçant l'abbaye Saint-Vanne (tour XIIe) : musée de la Guerre et visite des souterrains (tous les jours sauf hiver). Rive droite, bel hôtel de ville XVIIe.
➡ Champs de bataille, v. Douaumont*, Mort-Homme*, les Éparges*.

VERDUN (Forêt de) – 55.
Immenses bois entre la Meuse et la Woëvre, théâtre des premiers combats de 1916 (bois des Caures, monument du colonel Driant et de ses hommes).

VÉZELISE – 54.   1 100 hab.
Ancienne capitale du comté de Vaudémont, qui conserve tout un ensemble à dominante XVIe : église XVe-XVIe (vitraux), halles, maisons anciennes remarquables, palais de justice, hôtel de ville XVIIIe.

VIC-SUR-SEILLE – 57.   1 500 hab.
Remarquable bourg ancien ; maison de la Monnaie XVe (superbe balcon de bois) et d'autres maisons anciennes ; vestiges du château XIIIe des évêques de Metz (belle porte fortifiée) ; église XVe-XVIe (mobilier). Patrie de Georges de La Tour. A la maison de la Monnaie, centre d'information du Parc régional.
➡ 6,5 km N.-O., Château-Salins ; 3,5 km N.-O., vues splendides sur le Saulnois et vers les Vosges, à la lisière de la forêt d'Amelécourt. ➡ N.-E., belle forêt de Bride.

VITTEL – 88.   6 800 hab.
Altitude 324 m.
Célèbre station thermale, avec casino, palais des Congrès, centres sportif et de loisirs, hippodrome, etc. Piscine olympique. Usine d'embouteillage (vis.). Parc immense. Beaux environs.
➡ N.-E., mont Saint-Jean (437 m), beau panorama.
➡ 8 km N.-N.-E., Domjulien, église XVIe (sculptures).

VOID-VACON – 55.   1 200 hab.
Tour XIVe et poterne restant du château des évêques de Toul. Monument Cugnot (1re voiture à vapeur en 1771). Halle et église XVIIIe.
La Meuse dessine de curieux festons en contournant la Côte Saint-Jean, et le canal de la Marne au Rhin rencontre le canal de l'Est (pont-canal sur la Meuse, à l'E.-N.-E.).

VOIE SACRÉE – 55.
C'est la route de Bar-le-Duc à Verdun ; n'étant pas sous le feu de l'ennemi, elle permit l'approvisionnement constant de la ville encerclée et de ses nombreux défenseurs. Musée à la mairie de Souilly.

VOLOGNE (Vallée de la) – 88.
Superbe vallée glaciaire en amont, descendant de la région du Hohneck (v. région X) par les beaux lacs de Retournemer et de Longemer, et dont la Vologne, après le Saut des Cuves, s'échappe par la gorge étroite de la vallée de Granges* ; elle va droit vers Bruyères*, tourne à gauche et va à nouveau tout droit rejoindre la Moselle, toujours entourée de forêts et de paysages typiquement vosgiens. V. Gérardmer*.

Vaucouleurs : Certaines lumières justifient pleinement le nom de cette jolie vallée de la Meuse auprès de la petite ville d'où Jeanne d'Arc partit après avoir convaincu le sire de Baudricourt, capitaine du lieu pour le compte du roi. Au fait, est-ce ici la Lorraine ou la Champagne ? Et à Domrémy, guère éloignée au sud ? De doctes historiens débattent toujours cette grave question !

VOMECOURT-SUR-MADON – 88.
Petite église romane XIIe avec de belles sculptures archaïques (tympan, chevet) et tour massive.

WAVILLE – 54.
Dans la jolie vallée du Rupt de Mad* ; remarquable église XIIIe, à trois nefs (portail XVIe, miracle de saint Hubert au tympan ; chapiteaux).

Strasbourg : *Magnifique portail central de l'illustre cathédrale.*

Alsace

X

8 310 km² − 1 566 048 habitants

Départements	Superficie en km²	Population
67 Bas-Rhin	4 787	915 676
68 Haut-Rhin	3 523	650 372

Il est juste que cette petite province, identique à l'actuelle région, possède une des capitales de l'Europe, car son histoire est exemplaire de ces nombreux pays ballotés entre les invasions et les mariages ou héritages princiers. Etrange pays au demeurant dont on connaît surtout deux routes, celle des Crêtes et celle du Vin, et deux villes, Strasbourg et Colmar, alors que le tour en est assez vite fait et permet d'y découvrir tant de beauté et d'insolite.

De la Krummelsass (Alsace bossue), le canton alsacien débordant au-delà des Vosges en Lorraine, au Sundgau, le Jura alsacien, et du Ried nostalgique au riche Kochersberg et aux vieilles maisons de partout avec de superbes oriels (ces sortes de vérandas débordant du premier étage) et même des vitres bombées (dans l'Outre-Forêt au-delà d'Haguenau), que de curiosités, que de fières ruines sur des nids d'aigles... à défaut des cigognes qui se raréfient.

Beaucoup d'activité, et d'humour − volontiers corrosif vis-à-vis de l'étranger, c'est-à-dire de celui qui n'est pas du pays... −, c'est aussi le legs de cette histoire agitée. Le climat, fort continental, ne l'est pas moins...

Colmar : *Le vieux Colmar est une des vitrines de l'Alsace, recelant des trésors et d'innombrables maisons riantes et fleuries. Les enseignes pittoresques et ouvragées y courent les rues. L'histoire de la ville est très riche, des séjours de Charlemagne aux tragiques démêlés avec les voisins d'outre-Rhin.*

ALTKIRCH – 68.   6 300 hab.
Capitale du Sundgau*, tassée sur une butte de la rive droite de l'Ill. Marché local important, industries. Musée sundgauvien (l'été, fermé lundi ; l'année, ouvert dimanche ; 15 à 17 h 30). Du jardin du Château (disparu), joli coup d'œil. Restes d'enceinte. L'église (roman XIXᵉ) contient des tableaux et statues intéressants.
➡ A 1 km E., Saint-Morand, église de pèlerinage avec sarcophage XIIᵉ.

ANDLAU – 67.   1 900 hab.
Petite ville née autour d'une des abbayes les plus anciennes et célèbres d'Alsace. Son église, en partie XIIᵉ, est remarquable par le magnifique portail roman sculpté (au tympan, le Christ donne une clef à saint Pierre et un livre à saint Paul) et une étonnante frise extérieure. Voir l'intérieur (stalles) et surtout la crypte. Maisons anciennes. Belles forêts aux alentours.
➡ Sur la route du Hohwald, belles gorges de l'Andlau. Il est agréable de monter à pied aux ruines des châteaux d'Andlau (fenêtres XVIᵉ) et de Spesbourg (à la tour carrée de granit rose) qui offrent de belles vues.

BALLON D'ALSACE – 68.
Altitude 1 247 m
Puissant massif granitique terminant au sud la chaîne des Vosges, le ballon d'Alsace, malgré son nom, est une montagne profondément découpée par les glaciers qui en descendaient et ont laissé plusieurs lacs dont celui de Sewen. On y monte facilement depuis le col du Ballon (1 178 m) en une petite heure aller et retour. Table d'orientation. Panorama immense : Forêt Noire, Jura, Alpes ; les vues proches sont très belles.
Les routes pour accéder au col du Ballon, de Saint-Maurice, de Giromagny ou de Masevaux, méritent d'être parcourues dans chaque sens et aux diverses heures du jour tant les paysages et les éclairages peuvent être beaux.
Quant aux sentiers, ils permettent des promenades et excursions à l'infini, qu'il s'agisse de suivre les crêtes ou de franchir des vallées.

BARR – 67.   4 300 hab.
Sur la Route des Vins, ville ancienne dominée par les châteaux de Landsberg, de Spesbourg et d'Andlau*. Belle place de l'Hôtel-de-Ville. Tanneries. Marché viticole (foire aux vins 12 au 14 juillet).
➡ Au-dessus, le château en ruines de Landsberg commande une vue très étendue sur l'Alsace. On peut y monter à pied ou l'approcher en voiture par en haut. Sainte-Odile est en face de lui au N.-O.

BENFELD – 67.   3 900 hab.
Bourg de la plaine, sur l'Ill. Hôtel de ville XVIᵉ avec horloge à jacquemart.

BERGHEIM – 68.   1 700 hab.
Village viticole encore presque entouré de son enceinte fortifiée XIVᵉ.
➡ A 3,5 km N., Saint-Hippolyte, au pied du Haut-Koenigsbourg*, a une église gothique XIVᵉ-XVᵉ, de vieilles maisons et de jolies fontaines.

BETSCHDORF – 67.   3 000 hab.
Sur la bordure N. de la forêt de Haguenau*, ancien village de potiers d'art très connus et appréciés (décors en bleu sur fond gris). Les maisons à colombages sont en majorité et richement ornées. Bel ensemble de fresques dans l'église.

BONHOMME (Col du) – 68-88.
Altitude 949 m
Sur la route de Colmar à Saint-Dié, il marqua la frontière de 1871 à 1918. Extrémité N. de la Route des Crêtes*. A l'opposé, la route de Sainte-Marie-aux-Mines suit d'abord les crêtes au N. sur 5 km avant de descendre au S.-E. sur le col des Bagenelles (belles vues), au pied O. du Brézouard*, puis au N.-E. dans la jolie haute vallée de la Liepvrette.

BRÉZOUARD (Le) – 68.
Altitude 1 228 m
Du col des Bagenelles (voir col du Bonhomme*), on monte en 1 h 30 par le G.R. 5 d'abord au N.-E. puis au S. (une route peut raccourcir le trajet à pied de 4 km). De ce sommet détaché de la crête principale, vue intéressante surtout côté S. (val d'Orbey*).

BRUCHE (Vallée de la) – 67.
Descendant des abords du col de Saales, la Bruche a une grande vallée S.-O.-N.-E. et va rejoindre l'Ill à Strasbourg*. Des industries la jalonnent mais les paysages sont beaux et elle fait le bonheur des citadins alsaciens, entre le Climont*, le Donon* et le Signal de Grendelbruch dans la région du Hohwald*. Le souvenir du pasteur Oberlin (1740-1826), bienfaiteur du vallon du Ban de la Roche à la suite des guerres, est entretenu par un musée à Waldersbach. Schirmeck*, Oberhaslach et Mutzig (voir Molsheim*) sont les principales localités touristiques.

CANAL D'ALSACE (Grand) – 67-68.
Continu de Kembs à Vogelgrün (Neuf-Brisach), en festons ensuite, cet ouvrage colossal, comparable à Suez ou à Panama, améliore grandement la navigation sur le fleuve tout en fournissant une énergie considérable par les usines qui utilisent ses biefs successifs. Le fleuve sauvage et divaguant de jadis est discipliné par les barrages mais il n'en reste pas moins très vigoureux par endroits.

CERNAY – 68.   10 200 hab.
Ville industrielle, très atteinte par les guerres récentes, elle garde la Porte de Thann (XIIIᵉ) qui contient un petit musée de la Guerre. L'ancienne ligne de chemin de fer de la vallée de la Doller (S.-O., vers Masevaux*) a été réanimée jusqu'à Sentheim (14 km) par un petit train touristique qui part de la N. 66 (2 km S.-O.). En juillet, fête des Cigognes.
➡ La Route des Crêtes* part de Cernay par Uffholtz au N. et monte tout de suite au Vieil Armand*.

CLIMONT (Le) – 67.
Altitude 966 m

Sur la route de Saint-Dié au Champ du Feu, un sentier partant de Climont escalade ce modeste sommet (compter 2 h aller et retour) d'où la vue est très intéressante au N. et à l'E. : vallée de la Bruche*, Donon*, Champ du Feu, Haut-Koenigsbourg*.

Colmar : *Amusante enseigne à Colmar ; la charcuterie, la bière et la choucroute y sont à l'honneur et la bonne chère est un apanage de cet heureux pays.*

COLMAR – 68.   67 500 hab.
Avec Strasbourg, c'est la ville d'art de l'Alsace : quantité de maisons anciennes à pans de bois, façades sculptées, rues fleuries, un musée important... C'est le musée d'Unterlinden, sur la jolie place du même nom ; il contient notamment le fameux *retable d'Issenheim* (début XVIe), de Mathias Grünewald, et deux autres retables un peu antérieurs de Martin Schongauer, parmi des collections extrêmement riches (ouvert tous les jours).
Dans la ville ancienne, l'église des Dominicains (gothique rhénan XIVe-XVe, vitraux et cloître) expose la *Vierge au Buisson de Roses* de Schongauer ; Saint-Martin (XIIIe-XIVe) a surtout des sculptures et des vitraux ; vitraux encore à Saint-Matthieu devenue temple ; les maisons Pfister XVIe, des Arcades, des Têtes XVIIe *(Kopfhaus)* sont parmi les plus belles, elles se trouvent dans de vieilles rues pittoresques, des Marchands et des Têtes entre autres. Par ailleurs, il faut voir l'Ancienne Douane dans le quartier des Tanneurs, récemment très bien restauré, dans le quartier Krutenau, « la Petite Venise » depuis le pont Saint-Pierre (la Lauch y entoure une île jadis fortifiée), et les illuminations. On peut s'y promener en toute tranquillité. Colmar a vu naître Schongauer, le sculpteur Bartholdi, le dessinateur Hansi. Vers le 15 août, foire aux Vins ; début septembre, journées de la choucroute.
➡ La plaine dans la région de Colmar est assez boisée : villages rares, prairies, vergers, occupent le Ried* là où il est drainé. Côté montagne, l'infinie variété du vignoble et des vallées vosgiennes.

CRÊTES (Route des) – 68-88.
Du col du Bonhomme* à Cernay*, c'est vraiment la route des panoramas ; due à la Grande Guerre où elle fut évidemment tracée sur le flanc S.-O. des crêtes, elle passe parfois sur l'autre versant dans sa partie sud, et partout elle permet l'accès presque immédiat au faîte des prairies, toujours très ventées. Constamment entre 900 et 1 400 m d'altitude jusqu'au col du Silberloch, ses 73 km passent aux cols du Luschpach et du Calvaire, à proximité du lac* Blanc et du rocher Belmont, au pied du Gazon du Faing, près du lac Vert, au col de la Schlucht* (ski), près du Hohneck* (route pour le sommet, panorama réputé) et du Rainkopf (après lequel elle offre une vue magnifique sur la vallée de la Thur*), au col du Herrenberg, au Markstein* (ski), au Grand* Ballon, alias ballon de Guebwiller (point culminant des Vosges au panorama unique), descend abruptement sur le col Amic puis remonte (ruines du château de Freundstein) au Vieil Armand* avant de rejoindre Cernay. C'est un splendide parcours.
D'innombrables sentiers la joignent aux vallées et autres sommets, tous parfaitement balisés et entretenus par le Club Vosgien.

DAMBACH-LA-VILLE – 67.   2 100 hab.
Pittoresque et tout fleuri, entouré de ses remparts médiévaux, c'est un bourg alsacien typique et agréable sur la Route des Vins. Belles maisons de bois et place de l'Hôtel-de-Ville. Voir la chapelle Saint-Sébastien, en partie XVe, dans les vignes au-dessus ; belle vue ; à l'intérieur, maître-autel et retable intéressants.

DANNEMARIE – 68.   2 000 hab.
Aux confins S.-O. de la province ; tous les villages des environs sont plaisants et possèdent de vieilles maisons : Gommersdorf au N.-E., Saint-Ulrich au S. dans la jolie vallée du Largue qu'on aimera remonter jusqu'à Seppois, Ballersdorf sur la route d'Altkirch*.

DONON (Le) – 67.
Altitude 1 009 m

Sommet d'un puissant massif de grès rouge formant presque toute la partie N. des Vosges proprement dites, c'est un très beau belvédère sur lui-même d'abord puis sur la Lorraine et sur le pays rhénan dans son ensemble. Du col du Donon (alt. 727 m, table d'orientation) on y monte aisément à pied (une petite route peut écourter le chemin) en deux petites heures aller et retour. Tables d'orientation au sommet, où se trouve un petit temple datant de 1869. D'importants restes antiques ont été dégagés ici.

EBERSMUNSTER – 67.
Modeste village de la plaine au N.-E. de Sélestat*, qui possède une surprenante église typique du baroque autrichien (début XVIIIe) à trois clochers-bulbes ; beau mobilier (maître-autel, stalles, orgue de Silbermann) et vastes peintures. Il ne reste rien de la célèbre abbaye primitive.

EGUISHEIM – 68.   1 500 hab.
Gros village viticole (vins réputés), tout en rond autour des vestiges de son château et dans ses remparts sur lesquels donnent de bien belles maisons anciennes. A l'église subsiste un ancien portail (tympan).
➡ A 3 km S.-O., les tours d'Eguisheim, hauts donjons carrés en grès rose, dominent la plaine. Par une belle petite route qui poursuit vers Turckheim*, on peut voir encore les ruines d'Hohlandsbourg et de Pflixbourg.

Route des Crêtes : *Elle commande (cela convient à une route stratégique) de superbes horizons sur une montagne au relief très varié, fourmillante de sentiers et couverte d'admirables forêts.*

ENSISHEIM – 68. 5 700 hab.

A la pointe N.-E. du bassin minier des potasses, ce fut le siège d'une importante Régence des Habsbourg. Bel hôtel de ville XVIᵉ et hôtel de la Couronne (Renaissance).

ERSTEIN – 67. 7 500 hab.

Belles maisons paysannes au pays du tabac.

FELDBACH – 68.

Il faut voir sa belle église romane (discrètement restaurée), reste d'un important prieuré du Sundgau.

FERRETTE – 68. 800 hab.

C'est l'ancienne capitale du Sundgau, bâtie au flanc du coteau que couronnent les ruines des châteaux. Le site est magnifique. Du haut de la colline, panorama très intéressant : Vosges, Forêt Noire, Jura.
➡ A 3 km E., beau village de Bouxwiller (église).

FESSENHEIM – 68.

Entre Ottmarsheim* et Vogelgrün*, c'est le troisième grand ouvrage hydro-électrique du Rhin français et le plus puissant. Ecluses colossales (15 m de dénivelée). Énorme centrale nucléaire.

FLECKENSTEIN (Château de) – 67.
Altitude 340 m

Ruines considérables d'un château XIIIᵉ juché sur un sommet. Salles taillées dans le rocher. Musée. D'en haut, vue très belle sur le Palatinat tout proche et les Vosges du Nord.
➡ A 40 mn N.-E. à pied, belles ruines de Hohenbourg (accessibles aussi par la route).

GRAND BALLON (Le) – 68.
Altitude 1 424 m

Dit aussi « Ballon de Guebwiller », le sommet des Vosges, proche de la Route des Crêtes* (30 mn aller et retour), un peu à l'écart de la chaîne principale, offre un panorama sans rival sur le versant alsacien des Vosges, tout le bassin du Rhin et la Forêt Noire, le Jura, les Alpes... Table d'orientation.

GRENDELBRUCH (Signal de) – 67.
Altitude 752 m

Le sentier part de la route du hameau de Muckenbach (30 mn aller et retour). Face au Donon*, la vue est belle sur la vallée de la Bruche* et celle du Magel.

GUEBWILLER – 68. 11 500 hab.

Ville industrielle au débouché de la plaine de la vallée de la Lauch*, Guebwiller était à l'origine une dépendance de l'abbaye de Murbach ; elle s'émancipa peu à peu et connut une histoire agitée. L'église Saint-Léger, déb. XIIIᵉ, à la façade magnifique, l'église Notre-Dame, XVIIIᵉ en grès rouge, avec des stalles et une belle décoration, sont à voir, ainsi que l'ancienne église des Dominicains, qui possède des fresques et un jubé et abrite le musée du Florival (ancien nom de la vallée), et l'hôtel de ville Renaissance (oriel). Des maisons, des fontaines...
➡ Belles promenades et excursions : Murbach*, Petit* Ballon, Grand* Ballon, Markstein*...

Haut-Kœnigsbourg : Cette formidable forteresse rouge toute neuve est une spectaculaire reconstitution historique, dont le site et le panorama sont de toute beauté. Guillaume II qui releva les extraordinaires ruines y inscrivit en 1918 : « Je n'ai pas voulu cela » ; pensait-il au château ou à la guerre ?

HAGUENAU – 67. 26 900 hab.

Sur la Moder et entourée côté N. par sa forêt*, c'est la ville de l'Alsace du Nord. Le Musée alsacien en témoigne, installé dans l'ancienne chancellerie (XVᵉ) (ouv. tous les jours sauf lundi). Le Musée historique présente les résultats de fouilles fructueuses et une salle d'histoire locale (Haguenau fut ville impériale). Eglise Saint-Georges, XIIᵉ et XIIIᵉ essentiellement, restaurée (beau retable). Eglise Saint-Nicolas, XIVᵉ-XVᵉ, très belles boiseries et groupes en pierre intéressants (*Christ au pressoir* XIVᵉ). Tour des Chevaliers, Porte des Pêcheurs.

HAGUENAU (Forêt d') – 67.

Immense (près de 14 000 ha et 30 km de long) et variée, elle couvre presque toute la partie N. de la plaine. Chênes, sapins, pins, hêtres sont les essences principales mais il y en a bien d'autres (sentier botanique au chêne - mort - de Saint-Arbogast, cœur de la forêt).
➡ En bordure N. (10 km N. d'Haguenau), Walbourg renferme une intéressante église XVᵉ. ➡ A l'E., Soufflenheim, centre potier comme Betschdorf*, produit des objets à décors noirs et rouges sur fonds jaunes ou noirs sur fonds verts.

HANTZ (Col du) – 67-88.
Altitude 636 m

Large seuil entre les vallées de la Meurthe et celle de la Bruche*, donne une vue typique sur les immenses forêts de la région.

HAUT-KOENIGSBOURG (Château du) – 67
Altitude 757 m

« La plus belle ruine d'Alsace » jadis, ce puissant château en grès rouge, d'origine XVᵉ, a été rebâti « par » Guillaume II. C'est un énorme nid d'aigle qui occupe une montagne aux glacis naturels, commandant un panorama extraordinaire dû à sa situation très élevée au bord de la plaine : Vosges, Rhin, Forêt Noire, ruines innombrables. La reconstitution, sans doute excessive, est néanmoins très intéressante. A 200 m à l'O., jolies ruines de l'Oedenbourg. Non loin, volerie de rapaces très spectaculaire (voir Sélestat*).

HOHATZENHEIM – 67.

Village du Kochersberg, collines fertiles au S.-E. de Saverne* ; petite église début XIIᵉ du roman primitif.

HOHNECK (Le) – 68.
Altitude 1 362 m

Deuxième sommet des Vosges, la vue sur toute la chaîne en est justement célèbre (table d'orientation) ; les pentes E. sont escarpées et contrastent violemment avec le versant lorrain. Au pied S.-E., vue plongeante sur le lac de Schiessrothried.

Hohwald : La « sombre » forêt vosgienne offre une étonnante alchimie lumineuse que certains éclairages révèlent au promeneur émerveillé ; c'est en cas de mer de nuages que l'invasion soudaine du soleil réserve les effets les plus réussis.

Paysage des Vosges : La succession infinie des crêtes séparant les vallées embrumées est un tableau dont émane un profond sentiment de paix.

HOHWALD (Le) — 67.
Altitude 575 m

Station climatique et de ski (au Champ du Feu), à la situation très abritée et entourée de forêts à l'infini.

➡ Deux belles excursions : circuit du Champ du Feu (alt. 1 100 m) et col du Kreuzweg ; au passage il faut monter (30 mn aller et retour) au Neuntelstein (971 m) dont le panorama est fort beau ; il est plus étendu depuis le Champ du Feu (tour) ; de la D. 57 au S., belles vues sur le val de Villé. Au S., à pied, la grande Belle-Vue (750 m, 1 h 30 aller et retour), et il est très indiqué de poursuivre (2 h de plus aller et retour) jusqu'à l'Ungersberg (901 m) proche de la plaine et offrant donc une vue très supérieure.

HUNSPACH — 67.

Village alsacien par excellence, comme son voisin Oberseebach. Quelques vitres bombées.

ILL (Vallée de l') — 67-68.

Il naît près de Ferrette*, dans le ravissant Jura alsacien bordant au S. le Sundgau*, qu'il traverse par une belle vallée avant de drainer toute la plaine d'Alsace à quelque distance du Rhin (dont le sépare le Ried*), en recueillant tous les torrents qui descendent des Vosges*. Il arrose Mulhouse*, les faubourgs de Colmar* et Strasbourg* avant de rejoindre le Rhin.

KAYSERSBERG — 68.   3 000 hab.

Sur la route de Colmar au Bonhomme, près de la Route des Vins*, c'est l'une de ces jolies cités médiévales du pied des Vosges, riche de ses maisons anciennes, d'un pont fortifié XVᵉ-XVIᵉ et de restes de remparts. L'hôtel de ville Renaissance et l'église Sainte-Croix, avec un beau tympan et un magnifique retable, la maison natale d'Albert Schweitzer, le Musée (archéologie, arts populaires, statues dont une Vierge ouvrante) sont tout aussi dignes de l'ancienne ville impériale puis membre de la Décapole. Les vieilles maisons aux balcons de bois au bord de la Weiss constituent un cadre particulièrement pittoresque. Très bons vins.

➡ Ammerschwihr, 3 km S.-E., détruit en 1944, a été bien reconstruit et garde encore quelques bâtiments anciens et restes de fortifications, dont la Porte Haute avec cadran solaire et nid de cigognes. ➡ Kientzheim, 2 km E., bourg ancien, avec des fortifications, la Porte-Basse où une tête sculptée nargue le passant, une église avec des fresques, de vieilles maisons. ➡ Sigolsheim, 3 km E., où les fils de Louis le Débonnaire auraient organisé avec l'aide du pape Grégoire IV la déchéance de leur père au « Champ du Mensonge » (en 833) ; le village a été reconstruit en 1945 sauf la belle église Saint-Pierre et Saint-Paul en grès rouge fin XIIᵉ ou début XIIIᵉ ; son portail est proche de celui d'Andlau*. Du cimetière militaire français, très belle vue.

LACS BLANC ET NOIR (Les) — 68.
Altitude 1 054 et 954 m

Les deux lacs semblent voisins mais sont séparés par le rocher-observatoire Belmont d'où on les voit ainsi que toute la contrée. Tous deux occupent des cirques glaciaires aux parois granitiques sévères et raides. Des sentiers les relient entre eux et à tous les environs. Une communication souterraine avec pompage aux heures creuses permet l'exploitation maximum de leur potentiel hydro-électrique.

LAUCH (Vallée de la) — 68.

On l'appelle aussi le Florival tant elle est avenante. C'est la vallée de Guebwiller* qui descend du Markstein* par le beau lac de la Lauch* et Lautenbach. Il faut voir les églises de Murbach* et de Lautenbach, ainsi que le lac du Ballon où mène une route (cascades en aval) ; du lac, on peut assez facilement grimper au Grand* Ballon.

LAUTERBOURG — 67.   2 500 hab.

Place forte Vauban avec ses remparts. Chœur XVᵉ de l'église.

➡ Au S., Mothern et Munchhausen sont des villages pittoresques près du Rhin.

LICHTENBERG (Château fort de) – 67.

Ses plus anciennes parties sont du XIIIe (ouv. tous les jours). Il servit encore en 1870 où il fut contraint de capituler. Le site est très évocateur du passé alsacien. Panorama magnifique (table d'orientation) sur les Basses-Vosges.
➡ 9 km O., à Wingen-sur-Moder, cristallerie d'art Lalique (vis.).

LUCELLE (Vallée de la) – 68.

Au pied S. du Glaserberg, la Lucelle forme la frontière sur 13 km dans un paysage jurassien qu'une route permet d'apprécier. Lucelle même a possédé une abbaye dont il subsiste quelques dépendances et jardins.

MARKSTEIN (Le) – 68.
Altitude 1 200 m

Carrefour important sur la Route des Crêtes*, station d'hiver et d'été dominant la Thur et la Lauch. Panorama superbe.

MARMOUTIER – 67.　　　　　　　　　　2 000 hab.

Son église XIIe, seul vestige de la célèbre abbaye bénédictine, est l'un des chefs-d'œuvre de la province. La façade massive et sobre avec ses rares motifs décoratifs semble une forteresse tutélaire (belle façade en grès rouge). L'intérieur de diverses époques vaut surtout par ses stalles et les orgues de Silbermann. Des concerts spirituels y sont donnés.

Kaysersberg : en haut ; au nord de Colmar ; la Weiss y coule entre de bien jolies maisons. En bas ; autour de l'église au célèbre retable de Jean Bongartz (1518), un centre de ville pittoresque et savoureux.

MASEVAUX – 68.　　　　　　　　　　3 600 hab.

Petit centre industriel, ce fut d'abord une abbaye puis une ville fortifiée. Belles maisons XVIIe et XVIIIe, vestiges des remparts. L'église rebâtie à la suite d'un récent incendie contient de belles orgues et une Pietà XVe.

MERKWILLER-PECHELBRONN – 67.

Le pétrole que recélaient ses sables bitumineux a rendu ce village célèbre, mais l'exploitation en est arrêtée ; elle remontait à deux siècles. Il demeure un musée du pétrole (mairie ; ouvertures rares). C'est aussi une petite station thermale (rhumatismes, arthroses, etc.).
➡ Surbourg, 5 km S.-E., a une église collégiale XIIe du style roman rhénan (piles fortes et faibles). ➡ Woerth, 8 km O., possède des restes antiques et un château gothique et Renaissance avec un musée de la guerre de 1870. Les environs gardent aussi par des monuments le souvenir de ses batailles (charge dite de Reichshoffen qui en réalité eut lieu à Morsbronn). ➡ Au N.-E., le Liebfrauenberg dominant Goersdorf jouit d'un beau panorama.

Molsheim : *Près de Strasbourg, sur la Bruche, cette ravissante ville possède cette magnifique Metzig (boucherie).*

MOLSHEIM – 67.   6 900 hab.

Vieille petite ville dans ses remparts, sur la Bruche* entrant dans la plaine. Belle porte de ville fortifiée. La Metzig (Grande Boucherie), si connue, est une très belle maison Renaissance alsacienne à balcon, pignons et double escalier ; horloge à jacquemart ; musée, S.I. et caveau tout ensemble. Eglise XVIIe. Plusieurs maisons anciennes.
➡ Avolsheim, 2 km N., a une chapelle Saint-Ulrich XIe. Isolée au S. du village, l'église de Dompeter est également du XIe pour la nef, consacrée par un pape alsacien, Léon IX. ➡ Mutzig, 3 km O. (3 900 hab.), dont le nom rime avec bière, a un musée municipal d'histoire locale. Porte de ville. ➡ Altorf, 4 km S.-E., possède une intéressante abbatiale romane et baroque autrichien ; orgues de Silbermann.

MULHOUSE – 68.   120 000 hab. (Agglomération : 225 000.)

Ville impériale puis libre dès le Moyen Age, c'est une petite république indépendante alliée aux cantons suisses jusqu'à la Révolution de 1789 à la suite de laquelle elle se réunit à la France, ce qui favorise son essor.
Les industries de la grande ville du Sud longtemps capitale textile se reconvertissent peu à peu dans les constructions mécaniques et dans d'autres secteurs, notamment chimiques. La potasse toute proche au N.-O. est aussi une des grandes ressources. Les musées sont le principal attrait touristique de Mulhouse. Musée français du Chemin de Fer (O., près gare de Dornach) qui expose, sur six voies d'environ 150 m, locomotives, voitures et engins variés (ouv. tous les jours de 10 h à 17 h). Musée de l'Impression sur étoffes, regroupant des millions d'échantillons (fermé vendredi matin) ; salle des machines avec démonstrations (se rens.), galerie des mouchoirs et collection de tissus exotiques. Musée Schlumpf de l'Automobile, collection unique au monde (nombreuses Bugatti). Musée des Pompiers, à côté de celui du Chemin de Fer. Musée des Beaux-Arts, dans un hôtel XVIIIe : peintures française, flamande, alsacienne, du XVIIe au XIXe.
Les places de la Réunion et de l'Europe (celle-ci piétonnière) sont à voir ainsi que le temple Saint-Etienne aux belles verrières XIVe (de la tour, panorama). Bel hôtel de ville Renaissance, avec une copie de la « Pierre des Bavards » (*Klapperstein,* qu'on pendait au cou des médisants - 13 kg - en leur faisant faire le tour de la ville, assis à l'envers sur un âne) ; l'original en est au Musée historique, dans l'hôtel de ville, parmi des collections intéressantes (fermé mardi). Chapelle Saint-Jean (musée lapidaire) avec des peintures murales. Tour du Bollwerk. Important Parc zoologique et botanique (sortie S., D. 21) avec de nombreux animaux et des milliers de plantes, très bien présentés (tous les jours). Le Belvédère tout proche peut offrir un panorama immense.
➡ A l'est, la grande forêt de la Harth (plus de 10 000 ha), sèche mais riche en animaux.

MUNSTER – 68.   5 000 hab.

La vallée de Munster est belle, le site de la ville ne l'est pas moins, au pied de la Schlucht* et du Petit* Ballon. Munster doit son origine et son nom (en français : Moûtiers) à un monastère autour duquel elle a grandi. Elle fit partie de la Décapole. C'est maintenant, outre le fromage (d'ailleurs souvent produit par des usines de la plaine) et l'industrie textile, un centre de cure. Voir l'hôtel de ville Renaissance, une aile de l'ancien palais abbatial et une belle fontaine sur la place du Marché.
➡ Les excursions y sont nombreuses : lacs, crêtes, forêts, monuments et souvenirs militaires, route du fromage (balisée). Il faut aller voir (S.-O.) les très beaux lacs de Fischboedle et de Schiessrothried au pied du Hohneck*, par Metzeral et Muhlbach, et le centre de ski de Gaschney. Hohrodberg au-dessus au N. jouit d'une belle situation ; plus haut, le Linge évoque de sinistres souvenirs de guerre. Au N.-O., le lac Vert*. A Gunsbach, 3 km E., maison d'Albert Schweitzer (tous les jours) et musée d'art africain (après-midi l'été).

Nideck : *Un site réputé sur une route splendide entre Wangenbourg et la vallée de la Bruche.*

Mulhouse : *La ville dont la rue du Singe était devenue la rue Adolf-Hitler a souvent donné des preuves de son indépendance d'esprit.*

MURBACH – 68.

Ce fut une puissante abbaye. Il ne reste qu'une partie de la magnifique église romane (chœur et transept). Deux tours, le chevet, le tympan du portail Sud, sont les plus belles parties de cet édifice de grès rose du XIIᵉ. L'intérieur vaut l'extérieur, avec ses sculptures et notamment le gisant polychrome du comte Eberhard d'Eguisheim.
➡ Au N., dans la vallée principale de la Lauch* (le Florival), Lautenbach possède aussi une église ancienne : très beau porche roman, stalles XVᵉ, chaire XVIIIᵉ et cloître gothique.

NEUF-BRISACH – 68.   2 600 hab.

Cette ville-citadelle pourrait s'appeler Ville-Vauban tant elle est caractéristique et insolite mais non sans charme. Les fortifications sont étonnantes et valent de s'y attarder un peu. Eglise militaire XVIIIᵉ. Le musée Vauban (porte de Belfort) présente notamment une maquette d'ensemble. Fête du muguet le 1ᵉʳ mai. ● Train touristique du Rhin, vers Marckolsheim (dimanche et fêtes l'été).

NEUWILLER-LES-SAVERNE – 67.   1 100 hab.

Au pied de la forêt de la Petite-Pierre*, ce bourg renferme l'église abbatiale Saint-Pierre-et-Saint-Paul, en partie XIIᵉ et XIIIᵉ, restaurée, très importante. Chapiteaux, tombeau de Saint-Adelphe, Vierge XVᵉ, Christ au tombeau, fonts baptismaux XIIᵉ. Chapelles superposées dans la crypte (vis.

dimanche après-midi) ; la basse est toute simple ; la haute a des chapiteaux et quatre tapisseries d'environ 1500 de la vie de saint Adelphe. Salle capitulaire. Par ailleurs, ancienne collégiale Saint-Adelphe.
➡ Bouxwiller, 7 km E. (2 800 hab.), a des maisons anciennes à colombages et de beaux oriels. Hôtel de ville Renaissance du XVIIᵉ (musée local).

NIDECK (Site du) – 67.

Sur la route de Wangenbourg à Oberhaslach (vallée de la Bruche*), ce sont les ruines importantes du double château de ce nom, dominant le profond ravin où se trouve une cascade de 25 m sautant une muraille de porphyre, le tout au cœur d'un vaste vallon sauvage en forêt. Le site est impressionnant. On accède aux ruines d'un peu au-dessous de la MF du Nideck, à 9 km d'Oberhaslach comme de Wangenbourg (1 h aller et retour avec la cascade). Un peu plus bas sur la route, belvédère sur le site.

NIEDERBRONN-LES-BAINS – 67.   4 500 hab.

Centre d'excursions et station thermale ; on peut en rayonner dans l'ensemble des Vosges du Nord, très boisés et riches d'histoire. Musée municipal.
➡ A pied, O., château en ruine de Wasenbourg, gothique ; belle vue. De là, monter au S. au Wasenberg (alt. 521 m). On peut revenir par Oberbronn, bourg pittoresque. ➡ Au N.-O. (route à sens unique), Signal du Grand-Wintersberg, table d'orientation, beau panorama. ➡ Au N.-E., vallée de Jaegerthal avec les châteaux (ruines), de Windstein notamment (panorama).

OBERNAI – 67.   8 500 hab.

Sainte Odile y serait née. Pittoresque petite ville encore un peu médiévale avec ses remparts et son charmant désordre, née de l'abbaye qu'y fonda sainte Odile, membre de la Décapole puis ruinée par la guerre de Trente Ans. Progression industrielle et démographique importante aujourd'hui (bière, tabac, chauffage).
La place du Marché est typique avec la halle aux blés XVIᵉ (nid de cigognes), l'hôtel de ville XVIᵉ (S.I.), le beffroi XIIIᵉ, ancien clocher (Kapellturm), et de nombreuses belles maisons à colombages. Les remparts sont encore importants par endroits.
➡ Ottrott, à 5 km O., est dominé par deux châteaux en ruine, le Lutzelbourg et le Rathsamhausen (le plus haut), ce dernier plus important.

OLTINGUE – 68.

Sur la haute vallée de l'Ill, ce village typiquement sundgauvien et très accueillant mérite qu'on s'y attarde. Les traditions y sont encore solides, illustrées par son musée paysan présenté de façon très vivante et sympathique (ouv. : se rens.).
➡ 12 km E., les ruines du château du Landskron, sur la frontière suisse, commandent une jolie vue sur l'Est du Sundgau*.

ORBEY – 68.   3 400 hab.

Le val d'Orbey est connu pour son habitat dispersé et ses paysages vallonnés très pastoraux. Du Grand Faudé (alt. 773 m), qui le domine au N., on a une vue magnifique et centrale. Le Linge, au S., et la route des Lacs* Blanc et Noir, à l'O., procurent des vues splendides.

OTTMARSHEIM – 68.

Son église octogonale, imitation réduite de la chapelle palatine de Charlemagne à Aix-la-Chapelle, est une rareté archéologique ; c'est une abbatiale bénédictine qui date de 1030 (intérieur magnifique). Ottmarsheim possède par ailleurs un des maillons les plus importants et les plus modernes du Grand Canal* d'Alsace ; les écluses comptent parmi les plus rapides du monde.
➡ A 18 km S., Kembs, premier ouvrage construit sur le Rhin et origine du Canal. Déjà un pont romain en pierre y avait franchi le Rhin.

PETIT BALLON (Le) – 68.
Altitude 1 267 m

Une des principales cimes des Vosges, isolé au bout d'un éperon entre Munster* et la Route des Crêtes*. Des routes s'en approchent très près à l'O., et à l'E. au col de Boenlesgrab (alt. 865 m). Ce n'est donc éventuellement qu'une belle promenade, avec un panorama étonnant.

PETIT DRUMONT – 68-88.
Altitude 1 200 m

Sommet avec table d'orientation entre les cols d'Oderen et de Bussang, une route y monte de Bussang.

Obernai : La patrie de sainte Odile a tout pour séduire, à l'intérieur d'agréables remparts. Ici, un vieux puits.

Ci-dessus, à droite, Orbey : Paysage ouvert et fermes clairsemées, le val d'Orbey présente un caractère très particulier parmi la montagne vosgienne ; et il est entouré de quelques-uns des plus célèbres sites.

PETITE-PIERRE (La) – 67.

Cœur du Parc naturel régional des Vosges* du Nord, ce village perdu au centre de son immense forêt fut une forteresse dont il reste de vieux remparts. La place forte qui héberge les services du Parc (Maison du Parc : centre d'exposition et d'information) comprend un ancien château, fier bâtiment à la proue d'un éperon. Eglise en partie XVᵉ avec des peintures murales.

PETITE-PIERRE (Forêt de la) – 67.

Beaux arbres, rochers pittoresques, points de vue, étangs, ruines : c'est la forêt vosgienne dans toute sa splendeur. Au S.-E. de la Petite-Pierre, site très agréable de l'étang d'Imsthal ; au N.-O., étang de la Fosse. Parc animalier du Schwarzbach (voir Vosges* du Nord).

PFAFFENHOFFEN – 67.   2 300 hab.

Gros village industriel de la plaine, avec un musée de l'Imagerie peinte et populaire (vis. mercredi, samedi, dimanche, sauf jours fériés, de 14 h à 17 h).

RHIN (Le) – 68-67.

A la fois lien et barrière, torrent à méandres à peine assagi et dompté par les grands travaux hydro-électriques et de la navigation, c'était un élément à la fois essentiel et étranger en Alsace, protecteur et dévastateur ; il produit maintenant près de 10 milliards de kWh par an et supporte un trafic international considérable, pas seulement en aval de Strasbourg, mais à partir de Bâle bien entendu aussi de Mulhouse et de Colmar. Des routes et des ponts qui le longent et le passent, il est intéressant de voir les mouvements des nombreux bateaux. Promenades et croisières sur le Rhin sont fort agréables (S.I. de Strasbourg).

RHINAU – 67.   2 200 hab.

Bourg typique du Ried*, relié à l'Allemagne par un des rares bacs qui subsistent sur le Rhin. Usine E.D.F. Rhinau-Sundhouse, un peu au S. ; on peut venir au balcon de la salle des machines (tous les jours sauf samedi, dimanche et jours fériés).
➡ Marckolsheim, à 25 km S., autre usine hydro-électrique semblable, et musée-mémorial de la Ligne Maginot dans une casemate à la sortie E. (vis. tous les jours en été et dimanche et jours fériés autrement).

RIBEAUVILLÉ – 68.   4 400 hab.

Ville pittoresque de la Route des Vins* dans une belle situation à la sortie d'une petite vallée vosgienne. Toute en longueur, elle garde de jolies maisons et fontaines, la maison de l'Ave Maria, dite le *Pfifferhaus* (avec oriel), une fontaine Renaissance ; la haute tour des Bouchers délimite un des quartiers en enjambant la Grande-Rue, de même que deux tours disparues délimitaient les autres. L'hôtel de ville conserve entre autres de très beaux hanaps anciens (vis.). Eglise (tympan et ferrures).

Le 1er septembre a lieu la fête du Pfiffertag, rappel de l'hommage des ménétriers d'Alsace aux seigneurs de Ribeaupierre, suzerains de la ville ; c'est une grande fête populaire traditionnelle où on déguste le vin.

➡ Château de Saint-Ulrich, au N.-O. (1 h 30 aller et retour), à 530 m d'altitude, ruines admirablement conservées et très intéressantes XIIe-XIIIe et XIVe qui dominent Ribeauvillé dans son axe ; depuis le donjon, panorama. Tout près, ruines de Girsberg, XIIIe, guère accessibles. On a intérêt à pousser jusqu'au château du Haut-Ribeaupierre un peu plus loin. ➡ Belles excursions à pied possibles dans le Taennchel (N.-O) ; randonnée jusqu'au Hochfelsen (alt. 949 m), panorama étendu, rejoindre le col du Haut de Ribeauvillé, en 5 h environ, à 11 km N.-O. de la ville. ➡ A l'O. (1 h aller et retour à pied), pèlerinage célèbre à Notre-Dame-de-Dusenbach, patronne des ménétriers ; Pietà XVe, beau site. ➡ Dans le haut de la vallée, Aubure est une agréable villégiature.

RIED (Le) – 67-68.

C'est la plaine de graviers marécageux (le mot signifie marais) – avec des bois épars et une écologie très particulière et fragile – qui occupe une grande part de la vallée du Rhin entre Colmar* et Strasbourg*. L'abaissement de la nappe phréatique, en réduisant les inondations, a permis une certaine exploitation agricole par endroits mais les villages restent rares. Le paysage est typique.

RIQUEWIHR – 68.   1 200 hab.

Pour certains, c'est « la perle de l'Alsace ». Petite ville viticole moyenâgeuse échappée à toutes destructions, et aujourd'hui à la voiture (parkings à l'extérieur), elle a conservé ses extraordinaires vieilles maisons (dont les maisons Liebrich, Preiss-Zimmer, Dissler, etc.), ses cours, ses rues, ses beffrois et remparts, tout son décor charmant. Le château renferme un musée postal, la tour des Voleurs une chambre de torture ; le Dolder est un beffroi du XIIIe avec aussi son petit musée ; nombreuses maisons bourgeoises datées, avec oriels, petits escaliers, balcons fleuris... Un sentier près de la tour des Voleurs part dans le vignoble et procure les vues les plus belles sur le village. Autre vue d'ensemble très belle mais plus lointaine, depuis le village de Zellenberg, à l'E. Est-il nécessaire de rappeler que Riquewihr rime avec Riesling ? et qu'on en revient ébloui – et avec quelques bouteilles.

➡ Hunawihr, à 2 km N. à vol d'oiseau (4 par la route), est aussi un joli village. L'église est isolée au milieu du vignoble. Du XVIe, un peu disparate, elle a un clocher massif qui servait de donjon. Une enceinte hexagonale l'entoure, fortifiée aux angles.

Ci-dessus, Ribeauvillé : *Cette typique petite ville du vignoble alsacien conserve de jolies places avec des fontaines, et de solides traditions : son Pfiffertag est un grand jour pour les amateurs de vin et de folklore. Les châteaux qui la dominent méritent amplement l'effort nécessaire pour les atteindre, et les environs sont magnifiques.*

Riquewihr : *L'admirable cité ancienne est un véritable musée du Moyen Age alsacien, et ses vignobles lui forment un écrin somptueux. On aimera flâner longuement dans ce bijou épargné par l'histoire, où le vin est une institution.*

ROSHEIM – 67.   3 500 hab.
Belle église Saint-Pierre-et-Saint-Paul, XIIe, en grès jaune, de l'école romane rhénane. Parmi les vieilles maisons (voir la place de l'Hôtel-de-Ville), celle des Païens (Heidehuss) serait la plus ancienne d'Alsace (XIIe). Puits à chaînes (six seaux). Portes de ville. Un train à vapeur touristique fait revivre une ligne à voie normale abandonnée, jusqu'à Ottrott à 8 km (l'été, dimanche et jours fériés après-midi).
➡ Boersch, à 3 km S.-O. (où passe le train ci-dessus) est un joli village ancien avec maisons et puits Renaissance sur la place. Trois belles portes.

ROSSBERG (Le) – 68.
Altitude 1 191 m.
Montagne des Vosges du Sud entre les vallées de la Thur et de la Doller. Du col du Hundsrück sur la route Joffre, créée pendant la Grande Guerre, on suivra au N.-O. le G.R. 5 qui passe un peu au N. du sommet (2 h aller et retour) avant de poursuivre vers le Ballon* d'Alsace à quelque 5 h plus loin... Vue générale, très belle sur le Sundgau.

ROUFFACH – 68.   5 100 hab.
Pittoresque petite ville au cœur des vignobles. Belle église Notre-Dame-de-l'Assomption (XIIe-XIIIe). Eglise des Franciscains XIVe-XVe. Tour des Sorcières XIIIe-XVe.
➡ N.-O., sur une colline entourée de vignobles, château d'Isenbourg.

SAINT-AMARIN – 68.   2 000 hab.
La vallée de la Thur* et surtout Saint-Amarin a la coutume des grands feux de la Saint-Jean. Le petit musée Serret (vis. l'été) parle de l'histoire et du folklore locaux.

SAINTE-MARIE-AUX-MINES – 68.   6 900 hab.
Ville industrielle (lainages légers) dans un beau site, au milieu de la jolie vallée de la Liepvrette. Important musée minéralogique (vis. en saison le samedi, l'été tous les jours sauf mardi) ; une exposition de minerais avec ventes et échanges a lieu le premier week-end de juillet. L'ancienne mine Saint-Barthélemy se visite.
➡ Belle route de Ribeauvillé*.

SAINTE-ODILE (Mont) – 67.
Altitude 761 m.
Pèlerinage et site célèbres, la vue embrasse l'Alsace (table d'orientation). L'abbaye primitive (fondée par sainte Odile) ayant brûlé au XVIe, une église a été reconstruite au XVIIe ; il reste plusieurs chapelles XIe et XIIe. Fête de sainte Odile (13 décembre). Au S., restes importants et presque continus du Mur Païen (10 km) qui délimitait un oppidum (environ 1000 av. J.-C.) ; le G.R. 5 vers le Landsberg permet de le suivre un peu.

SARRE-UNION – 67.   3 100 hab.
L'église XVe a de très belles orgues Delorme. Maisons XVIe et XVIIIe. Hôtel de ville XVIIe et fontaine Renaissance. C'est le centre de l'« Alsace bossue ».

SAVERNE – 67.   10 400 hab.
Au pied de son célèbre col, jolie ville très animée, qui vit la fin tragique de la révolte des Rustauds, massacrés après leur reddition (1525) ; résidence des évêques de Strasbourg ; l'un d'eux, le cardinal de Rohan, bâtit le château, le « Versailles alsacien » (fin XVIIIe) ; très belles façades ; parc à la française (Son et Lumière « le grès rose et la pourpre », samedi et veilles de fêtes, de juin à début septembre). Au château, musée archéologique et historique. Eglise principale XVe (clocher roman XIIe) avec mobilier et œuvres d'art, Christ au tombeau XVe. Eglise et cloître gothique des Récollets. Maisons anciennes. Roseraie (tous les jours en été). Nombreuses industries.
➡ Sur la route du col (N. 4), jardin botanique et Saut du Prince-Charles (rocher avec vue). 4,5 km S.-O., château du Haut-Barr, « l'œil de l'Alsace » (en ruines, XIIe-XVIe), sur la crête entre la Zorn et les collines du Kochersberg ; panorama. 4,5 km N., Saint-Jean-Saverne, église abbatiale XIIe (clocher XVIIIe), style rhénan ; voir décoration extérieure de l'abside ; tapisseries XVIe ; au N. (30 mn aller et retour), chapelle Saint-Michel (vue).

SCHIRMECK – 67.   2 800 hab.
Station estivale au centre de la vallée de la Bruche*, bien située entre la région du Hohwald* et le Donon*. Carrières, textiles.
➡ Non loin au S.-E. (11 km par route du Hohwald), ancien camp nazi du Struthof, de sinistre mémoire : plus de 10 000 morts, 1 évadé ; ici, « Nuit et brouillard » a encore un sens. Mémorial, cimetière et musée de la Déportation, chambre à gaz, four crématoire et quelques baraques.

SCHLUCHT (Col de la) – 68-88.
Altitude 1 139 m.
Célèbre passage et carrefour important, centre de ski. Du Montabey, au S. (45 mn aller et retour), vue plus étendue. Sentiers en tous sens.
➡ 2,5 km S., jardin montagnard : plantes du monde entier.

SÉLESTAT – 67.   15 800 hab.
Ville de la Décapole au grand rayonnement intellectuel, c'est une vieille cité pittoresque où Vauban est passé. Deux belles églises : Sainte-Foy (roman XIIe), tour et porche, et Saint-Georges (gothique), belles verrières et grande tour carrée. Tour de l'Horloge, XIVe. La bibliothèque humaniste, hébergée par la Halle au Blé, est aussi un beau musée (tous les jours en semaine). Hôtel de l'Abbaye d'Ebersmunster avec une porte Renaissance ; ancien arsenal Sainte-Barbe XIVe (façade et nid de cigognes).
➡ Scherwiller, à 4,5 km N.-O., sur la Route des Vins*, est dominé par les châteaux de Ramstein et d'Ortenbourg, celui-ci est une ruine extraordinaire du XIIIe (vue) ; au village, voir le Corps de Garde. Chatenois, également sur la Route des Vins (4,5 km N.-O.), possède un étonnant clocher roman à flèche en bois avec échauguettes, et une tour des Sorcières (nid de cigognes). Kintzheim, 4 km O., présente des parcs d'animaux, au pied du Haut-Koenigsbourg* ; le plus célèbre est la Volerie des Aigles, au château (vis. en saison tous les jours, démonstrations par beau temps) ; les autres sont le Centre de réintroduction des cigognes, route de Sélestat, et la Montagne des Singes (ouv. en saison tous les jours).

SELTZ – 67.   2 600 hab.
A la corne N.-E. de la forêt de Haguenau et près d'un bac sur le Rhin. Plage et base nautique. Eglise reconstruite depuis 1945, gardant chœur et chapelles XVe.

SESSENHEIM – 67.   1 500 hab.
Village marqué par le souvenir des amours étudiantes de Goethe, qui préféra la gloire à la fille du pasteur sincèrement éprise (Frédérique Brion). Mémorial Goethe.

STEINBACH (Vallée du) – 67.
Très jolie vallée boisée, avec étangs, rochers et ruines : Wasigenstein et Fleckenstein* notamment. Lembach, Niedersteinbach, et Obersteinbach sont de beaux villages (nombreuses promenades).

STRASBOURG – 67. 257 000 hab. (agglomération : 400 000)
Capitale européenne (Parlement et Conseil de l'Europe), métropole régionale, grand port, siège d'une vieille université, d'un évêché, ville d'art témoignant de toutes les époques et conservant un extraordinaire centre moyenâgeux, c'est un grand carrefour à la personnalité puissante, à l'histoire riche mais parfois bien troublée. Vite affranchie au Moyen Age, elle a été longtemps républicaine ; Gutenberg, Goethe, Rouget de l'Isle, le cuisinier Clause (pâté en croûte au foie gras), font partie de son histoire.
L'Ill entoure la vieille ville de ses deux bras (plusieurs canaux). On y trouve la cathédrale Notre-Dame, XIIIe-XIVe, en grès rouge, chef-d'œuvre gothique ; célèbre flèche de 142 m, panorama qu'il faut voir ; façade et tympans ; statuaire unique ; très bel intérieur (verrières XIIIe et XIVe, chaire, orgue Silbermann, horloge astronomique – visite à 12 h 30 – ; chœur à parties modernes – vitrail de Max Ingrand –) ; crypte et cloître. Place de la Cathédrale, la maison Kammerzell, XVe-XVIe, et la pharmacie du Cerf (égal.) ; au S., place du Château, château des Rohan et musée de l'Œuvre Notre-Dame ; dans de beaux bâtiments gothiques et Renaissance, il concerne surtout la cathédrale (originaux de statues, plans, dessins...) mais possède aussi de riches collections de peinture, sculpture, céramique, tapisseries, vitraux (la « Tête de Christ de Wissembourg », XIe)... Le beau château ou palais Rohan, XVIIIe, renferme les Appartements des cardinaux et trois musées importants, des Beaux-Arts, archéologique et des Arts décoratifs (céramiques, célèbre collection). Derrière, place du Marché-aux-Poissons (embarcadère sur l'Ill). La place du Marché-aux-Cochons-de-Lait aux vieilles maisons amène au Musée historique, dans l'ancienne Boucherie XVIe ; on y voit entre autres le plan-relief de Strasbourg (XVIIIe) et de nombreux témoignages de sa vie. A côté, dans l'Ancienne Douane reconstruite, musée d'Art moderne. En passant le pont du Corbeau, Musée alsacien, passionnant.
La vieille ville possède encore un bel hôtel de ville XVIIIe, d'innombrables maisons anciennes à colombage dans les vieilles rues, les églises Saint-Thomas, gothique XIIIe-XIVe, à cinq nefs (tombeau du maréchal de Saxe par Pigalle), Saint-Pierre-le-Vieux, double (nef XVe, protestante, avec jubé ; dans l'église catholique, panneaux de bois sculptés et peintures sur bois), Saint-Pierre-le-Jeune, XIIIe (cloître, jubé, orgues Silbermann), et le quartier merveilleux qu'est la « Petite France » (voir notamment la rue des Dentelles, la rue du Bain-aux-Plantes, les « ponts couverts », le barrage Vauban), où abondent les maisons à colombage donnant sur l'Ill et le quartier des Moulins ; les « ponts couverts » (qui ne le sont plus) et leurs trois grandes tours (une quatrième est plus au N.) protégeaient les moulins, et le barrage Vauban, sur l'Ill, procure une vue très belle sur la cité ancienne.
On peut voir aussi la place Broglie, le parc de Contades et la synagogue de la Paix (1955), les palais de l'Europe

Strasbourg : *La ville la plus riche d'Alsace, par son histoire, par ses prestigieux monuments et musées, est aussi une des plus belles par ses sites, notamment la fameuse « Petite France », et d'admirables maisons que reflètent souvent l'Ill et ses nombreux bras canalisés. Strasbourg a vu pour le première fois, en 842, le latin supplanté par le roman et le germanique, utilisés pour la rédaction des fameux Serments de Strasbourg de deux des fils de Charlemagne, Charles le Chauve et Louis le Germanique, contre le troisième, Lothaire. C'est aussi à Strasbourg que Gutenberg conçut et commença de réaliser ses inventions déterminantes : la presse à imprimer, les caractères mobiles métalliques, l'encre...*

(1977) et des Droits de l'Homme (1966), le beau parc de l'Orangerie, le palais de l'Université, la Maison de F.R.3.-Alsace (1961) avec fresque en céramique de Lurçat. Important Musée zoologique, 29, boulevard de la Victoire (E. du centre). Agréables zones de verdure au N.-E. et au S.

Pont de l'Europe (vers Kehl), vue sur le Rhin. On peut visiter Strasbourg sur l'eau (tous les jours l'été, et le soir de juin à septembre), ainsi que le port ; croisières sur le Rhin.
● Ouv. des musées : tous les jours avril-septembre, sauf mardi octobre-mars.

SUNDGAU (Le) – 68.

Pays du Sud, adossé au Jura, beau pays agricole aux falaises calcaires couvertes de forêts. Nombreux étangs (les carpes frites sont une spécialité). Les villages ont tous quelque intérêt : maisons, églises, arbres, fontaines... (la plupart des routes suivant des vallées, il est agréable de joindre Oltingue* à Mulhouse* par la D. 21 qui musarde dans les collines au N.-E.). Voir Altkirch*, Feldbach*, Ferrette*, Lucelle*, Oltingue*.

THANN – 68.   8 500 hab.

Au terme S. de la Route du Vin*, vieille cité sur la Thur* ; magnifique collégiale Saint-Thiébaut (gothique flamboyant) : portail O., vitraux du chœur et stalles XVᵉ. Le dicton régional lui attribue le plus beau clocher entre Vosges et Forêt Noire. Dans la halle aux blés XVIᵉ, musée des Amis de Thann.
➡ Belle vue depuis les ruines d'Engelbourg (N.-O.).

THUR (Vallée de la) – 68.

Belle vallée glaciaire descendant des cols de Bussang et de Bramont par Saint-Amarin*, Thann* et Cernay*, entre le Rossberg* au S. et la route des Crêtes* au N. Dans le haut, lac de Kruth au pied du Grand Ventron (région IX), cascade Saint-Nicolas dans une gorge sous le col d'Oderen.

Notre-Dame de Strasbourg est l'une des cathédrales gothiques les plus étonnantes. Sa flèche, son horloge astronomique et ses portails, notamment le central (ici représenté), sont universellement admirés, ainsi que ses verrières, dont beaucoup nous sont parvenues.

Turckheim : Belle cité alsacienne que Turenne illustra par sa victoire de 1675 sur les Impériaux à la suite d'une campagne-éclair menée en plein hiver et avec une armée réduite.

Sentier botanique à Ranspach, près de Saint-Amarin. Beau vallon d'Urbès.

TROIS-ÉPIS (Les) – 68.
Altitude 658 m
Dans un beau site, villégiature et ancien pèlerinage (statue miraculeuse). Eglise moderne en ciment armé. A 1 h aller et retour au N.-E., le Galz, éperon dominant la plaine à 730 m, également lieu de pèlerinage (Christ géant).

TURCKHEIM – 68. 3 600 hab.
Ancienne cité fortifiée, médiévale et Renaissance ; son site, ses remparts, son ambiance sont séduisants. Voir les portes, l'hôtel des Deux-Clefs, la Grande-Rue et ses vieilles maisons. La place Turenne et un obélisque rappellent le souvenir du grand homme de guerre.

VIEIL-ARMAND (Le) – 68.
Altitude 956 m
Haut lieu de la Grande Guerre où il fut âprement disputé (sans doute 60 000 morts de part et d'autre), c'est le Hartmannswillerkopf, dont le nom fut « adapté » librement par les poilus. Le monument national, vaste crypte dominée par l'Autel de la Patrie, et le cimetière militaire sont au col du Silberloch, sur la route des Crêtes*. On monte à pied au sommet ; panorama très étendu et vue complète du champ de bataille, où le terrain est resté bouleversé. Croix de 22 m (illuminée). Du col, on monte au S.-O. au Molkenrain (1 126 m, panorama).

VIN (Route du) – 67-68.
Bel itinéraire parcourant tout le vignoble d'Alsace, au pied des Vosges. De Thann* et Cernay* on gagne Guebwiller*, Rouffach*, Eguisheim*, Turckheim*, Colmar*, Kaysersberg*, Riquewihr*, Ribeauvillé*, Dambach-la-Ville*, Andlau*, Barr*, Obernai*, Rosheim*, Molsheim* et Marlenheim (près Wasselonne*). Un petit supplément aux abords de Wissembourg*. Les vignes les plus réputées sont celles de Riquewihr et environs – coteau du Sonnenglanz à Beblenheim – (produisant riesling, tokay, muscat, pinot...), Ribeauvillé (riesling, traminer) et Barr (gewurztraminer, sylvaner et riesling) ; rare vin rouge à Ottrott.

VOGELGRÜN – 68.
Pont-frontière à l'E. de Neuf-Brisach*, et usine hydro-électrique importante sur le Rhin. On peut accéder au

Route du Vin : *La période des vendanges est un événement pour le visiteur de l'Alsace ; il peut y voir des villages parmi les plus beaux de la région, au moment où ils sont le plus animés.*

balcon des salles des machines tous les jours sauf samedi, dimanche et jours fériés.

VOSGES DU NORD (Parc régional des) – 67-57.
Créé en 1976, il couvre 118 500 ha et jouxte le Parc allemand du Palatinat. Il veut « maintenir les activités humaines, préserver le cadre de vie, traduire la solidarité entre grandes et petites communes, entre ceux qui possèdent et ceux qui utilisent, faire une terre d'accueil » des amis de la nature, randonneurs, visiteurs. Il est riche d'immenses forêts, de ses rochers ruiniformes de grès rouge, de nombreuses ruines ; l'économie est surtout agricole et forestière mais l'industrie est spécifique : verreries, carrières, scieries, métallurgie. Il organise des expositions, randonnées, stages, etc. Son siège est à la Petite-Pierre*. Il a créé le parc animalier du Schwarzbach, en forêt, entre la Petite-Pierre et Neuwiller-les-Saverne, avec cerfs et chevreuils (postes d'observation).

WANGENBOURG – 67.
Altitude 452 m
Villégiature dans un beau site, cœur de la « Suisse alsacienne » ; belles ruines du château (vue).
➡ Au S.-O., le Schneeberg (2 h 45 aller et retour), à 960 m. Panorama remarquable (table d'orientation).

WASSELONNE – 67. 4 200 hab.
Jadis fortifiée, il reste une porte de ville, et une tour du château. Vieilles maisons. L'église protestante XVIIIe a un orgue Silbermann. La cathédrale de Strasbourg est en pierre de Wasselonne.

WEYERSHEIM – 67. 2 600 hab.
Belles maisons à colombages au crépi bleu. A 3 km S., Hoerdt, capitale de l'asperge.

WISSEMBOURG – 67. 6 900 hab.
« Porte de France » pleine de charme, dans ses remparts et traversée par la Lauter en plusieurs bras. Voir le quartier du Bruch, le quai Anselman et ses maisons XVIIIe, la promenade des remparts au N. Grande abbatiale Saint-Pierre-et-Saint-Paul XIIIe en grès rouge (tours romane et gothique) ; grande fresque XIVe ou XVe de saint Christophe (12 m) ; belle galerie de cloître. Musée Westercamp, dans une maison XVIe à pans de bois : mobilier, cuisine alsacienne, armes et uniformes. « Maison de l'Ami Fritz. » Maison du Sel. Grande fête du lundi de Pentecôte, et foire toute la semaine (le messti).
➡ 5 km S.-O., col du Pigeonnier (432 m), vers Lembach, vue, très supérieure depuis le belvédère de la Scherhol, à quelques minutes au N. (508 m) : Alsace du Nord, Palatinat, Forêt Noire.

Dole : *Tour de la superbe cathédrale, vieilles maisons de la place
aux Fleurs et sa célèbre fontaine à l'angelot.*

Franche-Comté

16 819 km² – 952 050 habitants

Départements	Superficie en km²	Population
25 Doubs	5 228	477 163
39 Jura	5 008	242 925
70 Haute-Saône	5 343	231 962
90 Territoire de Belfort	610	131 999

La région moderne recouvre à peu près la vieille province dont le nom fait référence au comté de Bourgogne, distinct du duché et dont l'histoire en a été longtemps fort différente ; devenue un moment bourguignonne, elle suivit le destin foudroyant d'un prince bourguignon : Charles Quint, et devint donc successivement autrichienne et espagnole, avant que Louis XIV ne la conquît laborieusement ; elle a bien mérité la paix qui a suivi.

Divers dans ses aspects, le pays reste assez méconnu, notamment ses parties basses, Haute-Saône et Bresse, qui ne sont pourtant pas sans charme ; la montagne jurassienne, pays rude aux températures extrêmes et à la neige tenace, attire par ses superbes forêts de sapins et d'épicéas (les « pesses ») et ses lacs et eaux courantes. Le vignoble réputé est aussi voisin des « reculées », ces bouts-du-monde très originaux entourés de falaises. Le Comtois, comme ses forêts, cache un grand cœur sous une écorce rugueuse et moqueuse... Besançon, Dole, Gray sont de bien belles villes.

FRANCHE-COMTÉ (XI)

25 – DOUBS
39 – JURA
70 – HAUTE-SAÔNE
90 – BELFORT

ABBAYE (Lac de l') − 39.

Altitude 887 m

Lac de val, parmi des pâturages et, à l'E., dominé de grandes forêts ; de l'abbaye, il reste une église XVᵉ.
➡ O., superbes forêts autour de Prénovel.

ACEY (Abbaye d') − 39.

Au bord de l'Ognon, sur un pointement granitique « égaré » dans les calcaires, abbaye cistercienne : bâtiments XVIIIᵉ et église XIIᵉ (vis.).

AIN (Source et perte de l') − 39.

C'est bien sûr une résurgence, dont le site est beau, au fond d'un cirque. En aval, cascade des Maillis. A Sirod, église priorale XIIᵉ-XIIIᵉ et XVᵉ et maison forte XVIᵉ. Près de Bourg-de-Sirod, dans un beau paysage accidenté, la perte de l'Ain est une fissure dans un chaos rocheux où la rivière gronde (30 mn aller et retour).

ARBOIS − 39.   4 200 hab.

Au pied du Jura. Vins renommés. Restes de remparts. Eglise Saint-Just XIIᵉ-XIIIᵉ romane, beau clocher XVIᵉ. Vieilles maisons sur la Cuisance et maison Pasteur, où il passa sa jeunesse (vis. tous les jours). Place de la Liberté : maisons XVIIIᵉ à arcades ; à côté, Hôtel de Ville, avec dans ses caves le musée de la Vigne et du Vin (vis. l'après-midi l'été sauf mardi) ; Grande-Rue, musée de Sarret de Grozon, intérieur bourgeois XVIIIᵉ (vis. idem).
➡ 3 km N.-E., Le Tourillon (table d'orientation).
➡ 2,5 km S.-E., chapelle de l'Ermitage (vue).

ARC-ET-SENANS − 25.   1 200 hab.

La Saline royale de Ledoux, fondée fin XVIIIᵉ pour exploiter les eaux de Salins à l'aide du bois de la forêt voisine de Chaux, devait être un vaste cercle entouré d'une ville ; un hémicycle seul a été construit, regroupant bâtiments des sels et des métiers autour du pavillon directorial et de l'entrée monumentale, ensemble exemplaire d'urbanisme industriel XVIIIᵉ. L'ensemble est assez étonnant. C'est un Centre de Réflexion sur le Futur. (Vis. tous les jours).

ARINTHOD − 39.   1 100 hab.

Belle situation près de la Valouse. Place à arcades, fontaine XVIIIᵉ. Eglise XIIᵉ (mobilier, Christ XVIIIᵉ de Rosset).
➡ 7 km N.-N.-O., Marigna-sur-Valouse, château XVᵉ-XVIᵉ. ➡ O., belle route D.3 vers Saint-Julien. ➡ 4 km S., Saint-Hymetière, remarquable église romane XIIᵉ de style méditerranéen ; 4 km S., Anchay, dominé par les ruines féodales (807 m) du mont Oliferne (panorama) ; 7 km S., Thoirette sur les gorges de l'Ain.

ARLAY − 39.

Village important, ancienne résidence des comtes de Chalon ; bel ensemble de maisons-fortes et vigneronnes XVIᵉ-XVIIᵉ-XVIIIᵉ. Château XVIIIᵉ (remarquable mobilier Restauration), dont le parc renferme une enceinte médiévale et des ruines couronnant la butte (vis. l'été).

AUDINCOURT − 25.   18 700 hab.

Cité industrielle de l'agglomération de Montbéliard, sur le Doubs ; deux églises modernes ; celle du Sacré-Cœur, au S., de Novarina en 1951, est l'une des plus remarquables des églises contemporaines ; mosaïque de façade de Bazaine, vitraux de Bazaine et de Fernand Léger, tapisserie de Léger ; crypte.

Arc-et-Senans : Quelque chose de grandiose, qui évoque l'antique, souffle dans cet « établissement industriel » conçu au siècle des Lumières, et qui dispose maintenant de toute la place pour penser au futur...

BALLONS (Chaîne des) − 70.

Elle sépare la haute vallée de la Moselle (Vosges) du bassin de la Saône et fournit de belles vues sur les deux versants ; au S.-O., les innombrables étangs du plateau glaciaire d'Esmoulières. La D. 57 la suit du col des Croix au col du Mont-de-Fourche et se prolonge ensuite jusqu'à Remiremont* (région IX). A l'E. du col des Croix, le Ballon de Servance*.

BAUME-LES-DAMES − 25.   6 100 hab.

Dans un beau site de la vallée du Doubs qui y forme un bassin. Ancienne abbatiale Notre-Dame XVIᵉ-XVIIIᵉ (vis. ext.). Maisons XVIIIᵉ, et une de la Renaissance. Eglise Saint-Martin XVIIᵉ (Pietà de 1549, statues, lutrin).
➡ 5 km S.-O., rive gauche, beau village d'Esnans, lavoir ; d'en face, sur la N. 83, vue splendide, au-dessus du Saut de Gamache. ➡ 17 km N., Cuse ; de là, 2,5 km E.-N.-E., Bournel, château XIXᵉ, étonnante interprétation néo-gothique du style XVᵉ.

Eglise d'Audincourt : Les vitraux de Bazaine (comme ceux de Fernand Léger) communiquent leur couleur et leur chaleur à la belle église du Sacré-Cœur que Novarina a construite naguère.

Cirque de Baume : *Les « Roches » de Baume, à la sortie desquelles se niche la fameuse abbaye, forment la plus belle des « reculées », paysage typique dans le Jura.*

Abbaye de Baume-les-Messieurs : *Une des plus vieilles abbayes qui fonda elle-même celle de Cluny. Le site est sublime, au creux des falaises face à plusieurs vallées.*

BAUME-LES-MESSIEURS (Cirque et abbaye de) – 39.

A 10 km E. de Lons-le-Saunier sur la D. 471 à gauche, le belvédère de Crançot offre une vue extraordinaire sur l'un des plus beaux paysages du Jura, les roches de Baume ; en arrière-plan, l'abbaye. Au fond du cirque de Baume, grottes de Baume (vis. tous les jours en saison) et, dans une autre petite reculée, source de la Seille. De la célèbre ancienne abbaye bâtie dans un site superbe à l'entrée du cirque, il reste plusieurs beaux bâtiments (musée d'artisanat) et l'église romane XIIe-XIIIe remaniée, avec des statues et tombeaux remarquables ainsi qu'un retable flamand XVIe magnifique, à volets.

BELFORT – 90.   57 300 hab.
Altitude 358 m

Capitale de la petite partie de l'Alsace parlant français depuis toujours. Ancienne place forte gardant la fameuse Trouée de Belfort entre Vosges et Jura, ne conservant des remparts de Vauban que le château qu'il y avait inclus et la belle porte de Brisach.

La vieille ville n'a pas changé autrement, dominée par le haut rocher portant le château (panorama), au pied duquel se dresse le célèbre Lion de Bartholdi en grès rouge, long de 22 m (vis. tous les jours), et dans lequel sont installés les musées des Beaux-Arts et d'Histoire (vis. tous les jours, sauf mardi en hiver) ; église Saint-Christophe XVIIIe (œuvres d'art) ; hôtel de ville également XVIIIe ; monuments de Bartholdi et de Mercié. Beaux jardins dans la ville moderne, à l'O. de la Savoureuse, et grandes entreprises industrielles de constructions mécaniques, électriques, électroniques, et de textiles. Au N.-E., tour de la Miotte, souvent reconstruite (panorama).

➡ 7 km N.-O., Bas-Evette, plage et stade nautique sur l'étang de Malsaucy, belles vues sur les Vosges. ➡ N., vallée de la Savoureuse et Ballon* d'Alsace (région X), excursion indispensable.

BELVOIR – 25.

Etonnant village sur un éperon, maisons XVIe, vieilles halles et remarquable château médiéval XIIIe-XVIe (armes, cuisines ; vis. tous les jours l'été, dimanche et jours fériés en saison) d'où le panorama est à l'image du nom.

BESANÇON – 25.   126 000 hab.

La capitale de la Franche-Comté, grande ville industrielle, occupe un site remarquable, enserrée dans un grand méandre presque fermé du Doubs, la Boucle, que commande sa citadelle bâtie sur l'isthme élevé de 118 m au-dessus de la rivière. De grands jardins, des ponts, des promenades bordant le Doubs ou remplaçant des remparts donnent une idée du site, qu'il faut voir de la citadelle, des forts Brégille et Chaudanne, et, plus haut au S.-E., de la statue Notre-Dame-de-la-Libération.

La Grande-Rue (en grande partie piétonnière) regroupe beaucoup de monuments de la ville, hôtel de ville XVIe sévère en pierre à bossages, palais de justice à belle façade Renaissance par Sambin (vis. de la salle du Parlement, boiseries XVIIIe), palais Granvelle, remarquable façade Renaissance et admirable cour à arcades (musée historique, vis. tous les jours sauf mardi : histoire régionale, tapisseries sur Charles Quint, souvenirs du chancelier et du cardinal de Granvelle), promenade Granvelle, bibliothèque (manuscrits XVe, incunables, dessins), maisons natales de Victor Hugo et des frères Lumière, et ici et là de nombreux hôtels XVIe-XVIIe-XVIIIe. A la suite, square archéologique Castan (ruines romaines), porte Noire romaine. Cathédrale Saint-Jean, à deux absides sans façade, XIIe à l'origine mais très composite et curieuse, contenant de magnifiques œuvres d'art dont la *Vierge aux Saints* (†1518) de Fra Bartolomeo (demander à voir l'horloge astronomique). Porte Rivotte XVIe. Citadelle de Vauban : chemins de ronde et musées, musée Populaire Comtois, musée de la Résistance et de la Déportation, musée d'Agriculture et musée d'Histoire Naturelle, parc zoologique.

A l'opposé au N.-O., près du pont Battant, le musée des Beaux-Arts, un des grands musées de France : archéologie, peinture : Cranach, Bronzino, Titien, français XVIIIe, (importante collection Fragonard et Hubert Robert), Courbet, modernes ; horlogerie. Dans la Boucle, il faut voir encore la Préfecture, beau palais des Intendants XVIIIe de Victor Louis, et la grille de l'hôpital Saint-Jacques (pharmacie XVIIIe). Entre le pont Battant et la gare, pittoresque quartier ancien des Battants, fortifié par Vauban (qui a construit aussi les immeubles du bord du Doubs) ; église Sainte-Madeleine XVIIIe ; promenade des Glacis. La ville moderne s'étend sur près de 10 km, de Saint-Ferjeux au S.O. à Palente au N.-E., où se trouvait Lip.

➡ Outre Notre-Dame-de-la-Libération et la chapelle des Buis, à 4,5 km S.-E., monter au belvédère de Montfaucon (10 km E. par Morre). ➡ 5 km S., Beure ; aller à pied à la cascade du Bout-du-Monde, beau cirque rocheux ; de là, gagner au S.-O. Arguel et les rochers d'Arguel (504 m), vue. ➡ 14 km N. puis N.-E. par une petite route forestière en cul-de-sac, fort de Chailluz, vue étendue sur les vallées du Doubs et de l'Ognon.

BIENNE (Gorges de la) – 39.

Cette rivière forme un beau canyon entre Morez* et Saint-Claude*, où toutes les routes sont belles (la D. 69 pour les abords des deux villes, les autres pour les gorges), parmi des bois de feuillus.

BOURGUIGNON-LES-CONFLANS – 70.

Au-dessus de la Lanterne, intéressant château féodal XIIIe-XVIe.

BOUROGNE – 90.

Eglise XVIIIe. Deux lavoirs début XIXe et fontaine néoclassique.

➡ 4 km E., Froidefontaine, belle église XIIe et XVIIe.

Besançon : La citadelle domine l'isthme de la presqu'île formée par le Doubs, et (en bas, à gauche) la porte Rivotte.

Ci-dessous, la Porte de la citadelle : Symbole de l'importance stratégique de la ville, la citadelle est une « coproduction » de Vauban et des Espagnols.

Champlitte : Plein de grâce et de grandeur classique, le château héberge un récent et précieux musée « folklorique », qui reflète admirablement la vie régionale.

BOUSSIÈRES – 25.
Eglise Saint-Etienne connue pour son superbe clocher du premier roman (époque Tournus) ; porche XVIe.
➡ 5 km N. par Thoraise puis à dr., vieille forteresse en ruines de Montferrand-le-Château (vue sur le Doubs).
➡ 2 km N.-E. sur G.R. 59, chapelle, vue remarquable.
➡ 4 km S.-O., Abbans-Dessus, château XVIIIe avec donjon XIIe, où fut mis au point le premier bateau à vapeur.

BUTHIERS – 70.
Château XVIIe.
➡ 7 km N., Sorans, ferme fortifiée XVIe (accès à la cour), près du château XVIIIe. ➡ 4,5 km N.-O., Boult, potiers ; 7 km S.-O., Etuz, lavoir monumental. ➡ 11,5 km N.-E., Cirey, dans un beau site sur l'Ognon , bâtiments abbatiaux.

Forêt de Chaux : ci-dessous, une des grandes sources d'énergie du passé : le bois. De l'avenir aussi, d'ailleurs ! La proximité de l'immense forêt de Chaux explique les industries (verre, sidérurgie) qui s'y nichaient.

CHALAIN (Lac de) – 39.
Altitude 492 m
L'un des plus beaux lacs du Jura ; encaissé à l'E. dans des falaises, s'ouvrant à l'O. sur un plateau vallonné, il a beaucoup de caractère. Important centre départemental de loisirs à l'E. (baignades, pêche, bateaux). Restes de la cité lacustre au musée de Lons-le-Saunier. La rive S. est à péage l'été.

CHAMPAGNOLE – 39.   10 700 hab.
Altitude 538 m
Centre d'excursions et localité industrielle, au pied du mont Rivel (805 m), dans une situation agréable sur l'Ain.
➡ 5 km S.-E., Forges de Syam et petit château début XIXe de style palladien avec beau décor intérieur Ier Empire (vis. après-midi des jeudi, samedi, dimanche l'été) ; 4 km S., belle cascade de la Billaude.

CHAMPLITTE – 70.   2 200 hab.
Dans la jolie vallée boisée du Salon descendant du plateau de Langres, beau château Renaissance et XVIIIe (vis. tous les jours sauf dimanche matin et mardi) ; remarquable façade. Il abrite un passionnant musée départemental des Arts et Traditions populaires regroupant ateliers, boutiques, bistrot, objets et documents multiples sur la vie de jadis dans la région ; salons XVIIIe. Maisons et église anciennes.

CHÂTEAU-CHALON – 39.
Superbe village jadis fortifié (ruines du château, porte) occupant le haut d'une colline rocheuse portant son célèbre vignoble ; de la plaine, le site a beaucoup d'allure. Eglise en partie Xe. Panorama.

CHAUVIREY-LE-CHÂTEL – 70.
Sur l'Ougeotte (beaux environs ; forêt de Cherlieu avec ruines de l'abbaye de Cherlieu à 7 km E.) ; château en ruine avec remarquable chapelle Saint-Hubert XVe, abritant un beau retable de Saint-Hubert. Eglise XVe-XVIIIe (retable XVIIe, statues et pierres tombales intéressantes).

CHAUX (Forêt de) – 39.
Immense forêt (20 000 ha) de hêtres et de chênes, traversée de longues routes forestières rectilignes (celle du Grand Contour, E.-O., dépasse 15 km). La Vieille-Loye, dans une grande clairière, travaillait le verre ; belles maisons paysannes.

CLAIRVAUX-LES-LACS – 39.   1 400 hab.
A l'église, tableaux XVIIe et stalles XVe. Grand Lac et Petit Lac, dans un paysage agréable ; plage aménagée sur le Grand Lac.
➡ 5 km O., Pont-de-Poitte, du pont sur l'Ain, belle vue, et Saut de la Saisse au S. ➡ 6 km E., la Frasnée, joli site champêtre sur le Drouvenant, cascade : c'est le Creux de la Frasnée.

CLERVAL – 25.   1 200 hab.
Petite ville-pont, dominée par les ruines du château de Montfort. Eglise XVIIIe (belles sculptures XVIe).
➡ N.-E., vallée du Doubs en amont, aux méandres prononcés parmi falaises et bassins.

CLOS DU DOUBS – 25.
C'est le beau plateau accidenté qu'enferme le Doubs en décrivant son crochet vers Saint-Ursanne en Suisse ; la France en possède une partie, parcourue par des routes pittoresques et par le G.R. 5.

Dôle : *Sur le Doubs, l'ancienne capitale comtoise, où naquit Pasteur, élève son superbe vieux quartier entourant Notre-Dame, belle collégiale flamboyante du XVIᵉ siècle, au clocher caractéristique.*

CONSOLATION (Cirque de) – 25.

Grande « reculée » rocheuse où naissent le Dessoubre et son minuscule tributaire le Lançot, avec grottes, cascades, rochers, etc., dans le magnifique parc de Notre-Dame-de-Consolation, vieil établissement religieux (accès libre à la chapelle et au parc) ; le site est dominé à pic par la Roche du Prêtre* (12 km S., vue grandiose).

➡ 3 km N.-E., Laval-le-Prieuré, église XIVᵉ et maisons.

COURBOUX – 70.

La Font de Courboux est une cheminée d'équilibre d'une rivière souterraine : grand puits débitant à flots en périodes de hautes eaux.

CRESSIA – 39.

Remarquable château XVᵉ.

➡ 10 km N., Saint-Laurent-la-Roche, curieux village, ancienne ville, dominée par deux grands rochers, l'un avec les ruines d'un château (vue) ; église XIIIᵉ-XIVᵉ ; à l'O., Grusse, village intéressant ainsi que Gevingey, 5 km N. (vignes). C'est le bord du Revermont*, suivi par le G.R. 59.

CROIX ROCHETTE (La) – 39.

Altitude 636 m

A 10 km S.-S.-E. de Lons-le-Saunier* près de la D. 52, butte à quelques pas d'un parking, avec panorama très étendu (mont Blanc) ; table d'orientation.

CUSANCIN (Vallée du) – 25.

Très pittoresque « reculée » née de la Source Bleue (v. Sancey-le-Grand*). Les environs de Pont-les-Moulins sont fort agréables (passage du G.R. 59), près du confluent de l'Audeux qui vient de la région de la grotte de la Glacière*.

DELLE – 90.   8 000 hab.

Ville-frontière. Au pont, croix de pierre XVIᵉ ; maison à tourelle XVIᵉ, maison à cariatides XVIᵉ, fontaines XVIIIᵉ, église XVIᵉ-XVIIIᵉ.

➡ 5 km S.-S.-O., Saint-Dizier-l'Evêque, église XVIᵉ à clocher roman ; crypte avec sarcophage VIIᵉ de Saint-Dizier ; 3 km S., Croix, puits à balancier.

DESSOUBRE (Vallée du) – 25.

Quelques rares maisons et scieries jalonnent 30 km de gorges solitaires mais souvent aimables, boisées de feuillus et de quelques sapins ou épicéas, où la route est un paradis pour cyclistes en mal de repos, entre le cirque de Consolation* et Saint-Hippolyte*.

➡ O., défilé des Epais Rochers, formé par la Réverotte (belles cascades).

DOLE – 39.   30 500 hab.

Capitale de la Franche-Comté du XIVᵉ au XVIIᵉ et belle vieille ville typique pleine de charme, tassée sur une terrasse au-dessus du Doubs, autour de sa belle église Notre-Dame, XVIᵉ flamboyant à gros clocher de 75 m (mobilier, statuaire). Rasée par Louis XI, ses vieux quartiers possèdent donc nombre de maisons et demeures XVIᵉ-XVIIᵉ de caractère, Grande-Rue, rue des Arènes, place aux Fleurs (vue), rue du Mont-Roland (hôtel de Froissard XVIᵉ-XVIIᵉ), rue du Collège-de-l'Arc (lycée, fin XVIᵉ, chapelle à porche Renaissance). Ancien Hôtel-Dieu XVIIᵉ (hôpital Pasteur), au cloître à balcon à galeries et balustres (vis.). Sous la collégiale, au bord du canal des Tanneurs, maison natale de Pasteur (musée ; vis.), non loin du pont du Pasquier sur le canal du Rhône au Rhin, et du cours Saint-Mauris, belle promenade (vues). Au S.-O., rue des Arènes, musée municipal (archéologie, peinture) au Pavillon des Officiers. 500 m plus loin à droite, remarquable église moderne Saint-Jean-l'Evangéliste. Pont sur le Doubs (vue). ➡ 9 km S.-O., Tavaux, énorme usine chimique Solvay. ➡ 14 km S., Rahon, église XVᵉ-XVIᵉ (tombeaux XVIᵉ Renaissance) ; belles maisons XVIIᵉ.

DOUBS (Vallée du) – 25-39-71.

La rivière de France au cours le plus fantasque décrit 430 km avant de rencontrer la Saône à 90 km de sa source ; né d'une résurgence à Mouthe*, il ne cesse de changer de vals (lac Saint-Point*) par des successions de cluses toujours très pittoresques (Pontarlier*) jusqu'au Saut* qu'il fait dans des gorges grandioses et très étroites, presque inhabitées (barrage du Chatelot, pont de Biaufond, Echelles* de la Mort, corniche de Goumois*, Clos* du Doubs), après quoi il quitte la direction du Rhin, qu'il reprendra après Saint-Hippolyte* jusqu'à Audincourt* où il décide d'aller vers le S.-O., sans se presser, dans une vallée qui reste accidentée jusqu'à Dole.

Dôle. L'Hôtel-Dieu, le cloître : *Œuvre magnifique d'un XVIIᵉ siècle ici très original, l'hôpital Pasteur possède ce beau cloître à la curieuse disposition.*

ECHELLES DE LA MORT – 25.

A la douane de la Cheminée (près de Fournet), demander le chemin aux douaniers ; 4,5 km d'une petite route en cul-de-sac amènent à un site boisé mais sauvage sur lequel on a une vue grandiose du belvédère (sentier fléché à gauche) accessible par de bonnes échelles de fer impressionnantes mais sans danger (30 mn aller et retour). Les gorges du Doubs sont ici entièrement suivies par le G.R. 5 entre Goumois et le Saut du Doubs ; ainsi peut-on venir aussi du pont de Biaufond à pied.

ENTREPORTES (Cluse d') – 39.

Sur la route Champagnole-Pontarlier, célèbre cluse sèche très étroite entre de hautes falaises, entourée de paysages de vals.

ENTRE-ROCHES (Défilé d') – 25.

Belle gorge sinueuse du Doubs entre des falaises aux strates peu inclinées ; grotte du Trésor (signalisée) ; chapelle Notre-Dame-de-Remonot, dans une grotte, pèlerinage. Défilé très boisé du Coin de la Roche, vers Morteau.

Cirque du Fer-à-Cheval : *Du rebord du cirque, moutonnement de roches et de verdure, la vue porte à Mesnay, faubourg d'Arbois.*

ÉTIVAL – 39.

Altitude 800 m

Grand et Petit, les lacs d'Etival composent un remarquable paysage au pied d'une corniche rocheuse cachant d'admirables forêts.

FAUCOGNEY-ET-LA-MER – 70.

Ancienne ville forte sur le Breuchin dans un beau site, en bordure du plateau glaciaire d'Esmoulières aux « mille » étangs, couvert aussi de prés et de bois ; au S., sur un gros rocher de grès, chapelle ancienne Saint-Martin, d'où la vue est étendue. Tour XIVᵉ. Eglise XVIIIᵉ.

➡ 8 km N.-E., Corravillers, au pied du col du Mont-de-Fourche (620 m). Au N., belle cascade.

FAVERNEY – 70.   1 100 hab.

Ancienne abbaye bénédictine célèbre par un miracle eucharistique en 1608 ; porche XIIIᵉ de l'abbatiale ; Mise au tombeau XVIᵉ en bois polychrome et Vierge ancienne. Maison Renaissance.

➡ 9 km N. et 2 km S., panoramas remarquables ; 9 km N., Saint-Rémy, remarquable château XVIIIᵉ (hôpital).

FER A CHEVAL (Cirque du) – 39.

Fond de la reculée des Planches, s'ouvrant sur Arbois et ses vignobles. Sources de la Cuisance, sortant des grottes des Planches (vis. tous les jours en saison) ; cascades. En haut des falaises, belvédère ; plus loin, vieux village de la Châtelaine avec (45 mn aller et retour) deux beaux points

de vue, l'un depuis des ruines féodales XIe. Le G.R. 59 permet de découvrir le tout en circuit depuis Arbois (6 h à 7 h).

FILAIN – 70.
Remarquable château XVe-XVIe, maison-forte et logis Renaissance avec galerie, magnifiquement meublé ; belles cheminées ; collection ornithologique (vis. après-midi tous les jours sauf jeudi l'été, et dimanche et jours fériés en saison).

FLUMEN (Gorges du) – 39.
Au S.-E. de Saint-Claude, c'est la route qui mène vers la Faucille et Genève, par une belle montée (cascades sur le Flumen) en lacets superposés sur la fin ; dans un virage, le célèbre Chapeau de Gendarme, plissement sectionné ; monter au S. (D. 25) au belvédère de la Cernaise, site très aérien et (mieux encore) à la Roche Blanche (1 139 m).

FONDREMAND – 70.
Dans un joli vallon, village remarquable avec un donjon roman XIIe, une église XIIe roman et gothique, une maison XVIe et des ateliers d'artisans.

FONTAINE – 90.
L'arbre de Turenne est un énorme tilleul qui aurait plus de 400 ans.

FRASNE-LE-CHÂTEAU – 70.
Important château XVIe du cardinal de Granvelle, avec une entrée de forteresse (vis.).

GIGNY – 39.
Près du Suran naissant. Eglise fin IXe construite par le futur fondateur de Cluny, remaniée et restaurée (clocher octogonal XVIIe) ; très belle nef romane archaïque ; sculptures et pierres tombales. Belles routes dans le Revermont aux environs.
➡ 13,5 km S., Montfleur, ancienne bastide, ruines féodales.

GLACIÈRE (Grotte de la) – 25.
Glacière naturelle au fond d'une grande grotte au milieu des bois, dans les gorges de l'Audeux, près de l'abbaye cistercienne de la Grâce-Dieu. Les concrétions de glace sont en général fort belles.

GLÈRE – 25.
Au retour du Doubs de sa petite incursion en Suisse ; la route de la vallée et celle de Porrentruy sont très belles. Au N.-O., monter (5 km plus 1 h aller et retour) à la Roche d'Or (927 m), de très peu en Suisse ; panorama.
➡ 7,5 km O., Vaufrey, ancien château (XVIIe, belle construction massive rustique), et beau village ; 2 km O., Montjoie-le-Château, donjon en ruines ; fontaine, lavoir, chapelle XVIIIe.

GOUMOIS (Corniche de) – 25.
Deux routes vont à Goumois, composant un petit circuit dont une partie magnifique domine les gorges du Doubs et le joli village franco-suisse au pied des Franches-Montagnes. Le G.R. 5 y passe entre le Lomont* et les Echelles* de la Mort (trajet splendide).

GRANDECOURT – 70.
Remarquable petite église romane Sainte-Madeleine XIIe (charpente XVIIIe) ; crypte avec chapiteaux.
➡ 6 km E., Rupt-sur-Saône, beau site et vieille tour.

GRAND TAUREAU – 25.
Altitude 1 323 m
Sommet dominant Pontarlier à l'E. (la route part de la sortie S. de la ville), presque à la frontière. Vaste panorama sur une grande part du Jura, l'Oberland bernois et le sommet du mont Blanc. Sur la route, ruines du fort XIXe du Larmont Supérieur.

GRAY – 70.   9 600 hab.
Ville-pont, ville forte, marché important ; son hôtel de ville XVIe, très Renaissance italienne, démontre son importance passée ; église Notre-Dame XVe-XVIe et hôtels anciens dans les vieilles rues à escaliers ; tour du Paradis, médiévale, et hôtel XVIIIe du Baron Martin avec le musée de ce nom (vis. tous les jours sauf mardi) : sculptures et peintures, céramiques antiques, faïences, etc., et surtout dessins de Prud'hon et gravures de Callot. Du pont XVIIIe, jolie vue.
➡ 10,5 km O.-N.-O., Autrey-les-Gray, église XIIe-XVe-XVIIIe (chœur roman, statues et boiseries). ➡ 5 km N.-E., Rigny, intéressant château XVIIIe (hôtel).

GY – 70.   1 100 hab.
Le château conserve une remarquable tour d'escalier flamboyant. Eglise Saint-Symphorien XVIIIe intéressante, avec le village groupé autour d'elle.
➡ 2 km S. plus 1 h aller et retour, panorama de Bellevue (367 m), sur les monts de Gy.

HÉRICOURT – 70.   8 600 hab.
Grosse Tour, partie du château des princes de Montbéliard, restauré au XVIe. Batailles en 1474 et 1871. Localité industrielle (agglomération de Montbéliard).

JONVELLE – 70.
Eglise de l'Assomption XIIe-XIIIe-XVIe, porche XVIIe. Village intéressant. A l'O., vestiges gallo-romains, thermes avec belles mosaïques (vis. l'après-midi en saison, et dimanche et jours fériés).
➡ 15 km E., Montdoré, beau point de vue ; église XVe-XVIe. ➡ 11 km N.-E., Passavant-la-Rochère, verrerie-cristallerie de la Rochère, la plus ancienne existant en France, ateliers et exposition-vente, en saison certains jours, tous les jours l'été.

JOUGNE – 25.
Altitude 1 010 m
Villégiature agréable et station d'hiver dans un site boisé face aux falaises du mont d'Or*, sur un col (route de Lausanne) à 4 km de la Suisse.

JOUX (Château de) – 25.
Sur un rocher isolé de la montagne du Larmont par la profonde et très courte cluse de la Cluse-et-Mijoux, et dominant le Doubs et le superbe paysage forestier de son val, célèbre château Xe-XIIe-XIIIe remanié par Vauban, constitué par un donjon dans cinq enceintes ; après avoir été prison (Mirabeau, Toussaint-Louverture y ont notamment été enfermés), il servit encore en 1871 avec son vis-à-vis XIXe du Larmont-Inférieur ; musée d'armes. Vis. tous les jours l'été, samedi, dimanche et jours fériés en saison. Il faut voir la cluse depuis la route de Pontarlier.

JOUX (Forêt de la) – 39.
Immense et admirable sapinière, formant avec ses semblables de Levier au N.-E. et de la Fresse au S.-O. un massif considérable de près de 7 000 ha séparant les deux premiers plateaux du Jura (les feuillus y sont assez nombreux dans les parties basses) et parcouru par la fameuse Route des Sapins, aménagée par l'O.N.F. de Levier à Champagnole (balisée). Voir le Sapin-Président, les sapins de la Glacière, l'arboretum de la Maison forestière du Chevreuil, le belvédère de Garde-Bois, le point de vue des Nans, etc.

JUSSEY – 70.   2 400 hab.
Sur la Mance, dans la vallée de la haute Saône, marché agricole (marché le mardi, foire le dernier mardi du mois). Jadis fortifié. Eglise Saint-Pierre (chœur flamboyant, objets d'art, buffet d'orgues). Prieuré Saint-Thiébaud, pittoresque ancien relais. Fontaines XVIIIe. Promenades balisées (collines, panoramas). Fouilles archéologiques.
➡ 6 km S.-O., château XVIe à Bougey.

LACS (Région des) – 39.
Ils se répartissent sur deux niveaux des plateaux du Jura ; plateau supérieur (étage de Nozeroy) de Bonlieu et du Frasnois, avec le grand lac d'Ilay avec sa Motte (île), où se déversent les nostalgiques Petit et Grand lacs de Maclu, le beau et profond lac de Narlay qui nourrit souterrainement celui de Chalain, les petits lacs du Vernois et de Fioget perdus dans les bois, au S. celui de Bonlieu, où s'était installée une chartreuse (c'est tout dire) ; le belvédère de la Dame-Blanche (près de Bonlieu) et les grandes cascades du Hérisson (le Grand Saut, l'Eventail et cinq autres site entre Ilay et le fond de la vallée du Val, 2 h à 2 h 30 aller et retour) dominent le plateau de Doucier où se trouvent les lacs du Val et de Chambly qu'alimente le Hérisson, plus le lac de Chalain*. Remarquable vue d'ensemble du Pic de l'Aigle (993 m), 9 km N.-O. de Saint-Laurent-en-Grandvaux* plus 1 h aller et retour.

LADOYE (Cirque de) – 39.
Au carrefour des D. 5 et 96, vue extraordinaire sur un petit cirque carré ; la Seille s'en échappe entre des falaises, accompagnée de la route.

LAMOURA – 39.
Altitude 1 156 m
Villégiature agréable et petite station hivernale, parmi des forêts magnifiques.
➡ 2 km E., lac et Combe du Lac, sur la belle route des Rousses, d'où se détachent plusieurs routes sillonnant la forêt du Massacre qui culmine au Crêt Pela* (1 495 m).
➡ Beau circuit : Saint-Claude* par le Haut-Crêt et le Crêt Pourri (table d'orientation), retour par les gorges du Flumen* et Septmoncel. ➡ S., Lajoux et Mijoux, beaux villages ; vallée de la Valserine* (région XX).

LISON (Sources du) – 25.
Ensemble de sites remarquables autour de la puissante résurgence dans un beau cirque boisé de feuillus : vaste grotte Sarrazine (90 m de haut), la source, dans la verdure, et, derrière, le Creux Billard, chaos mystérieux. 7 km en amont, entre Sainte-Anne et Crouzet-Migette, pont du Diable sur le Lison-d'en-Haut, né dans les belles forêts de Levier.

LOMONT (Montagnes du) – 25.
Trait caractéristique du nord du Jura, longue ondulation E.-O. franchie par le col de Ferrière et le Doubs (cluse), culminant à 840 m non loin de Belvoir* et portant à l'E. le fort du Lomont (833 m).

Montbenoît : Après avoir « dégusté » les stalles de l'abbatiale, le visiteur appréciera le charme désuet de ce cloître roman du XVᵉ siècle.

LONS-LE-SAUNIER – 39.   23 300 hab.
Préfecture et... station thermale, centre d'excursions. Vieille tour de l'Horloge, place de la Liberté, d'où part la rue du Commerce aux arcades remarquables (maison natale de Rouget de Lisle), qui mène à l'hôtel de ville (musée préhistorique : barque néolithique de 9 m du lac de Chalain ; archéologie, peinture ; vis. tous les jours sauf mardi) ; derrière, l'hôpital XVIIIᵉ possède une belle pharmacie. Église Saint-Désiré roman XIᵉ, nef et crypte intéressantes, Mise au tombeau XVᵉ ; sarcophage de saint Désiré Vᵉ. Eglise des Cordeliers XVᵉ-XVIIIᵉ.
➡ 4,5 km N., château fort du Pin XVᵉ, dans les vignes et la verdure. ➡ 5 km N.-N.-O., château de l'Etoile en ruines, vue magnifique ; vignoble réputé. ➡ S. et S.-E., Montaigu, Conliège, belles vues, belvédère des Tilleuls, Creux de Revigny (reculée).

LOUE (Gorges de la) – 25.
Les abîmes verts des gorges de Nouailles succèdent à la source majestueuse, puis le bassin ravissant de Mouthier*. La vallée, qui tout au long est des plus pittoresques, descend fort jusqu'à Ornans* par les beaux vieux villages (maisons anciennes, églises) de Lods et Vuillafans. Après Ornans, voir le Miroir de Scey, le château de Cléron XIVᵉ-XVIᵉ (restauré ; vis. l'après-midi l'été) et suivre la D. 103 (belvédères) ; vue sur le château perché de Châtillon-sur-Lison, confluent du Lison*, anciennes forges de Châtillon, ruines féodales et anciennes forges de Chenecey-Buillon, Quingey, Port-Lesney (village très apprécié), Arc-et-Senans*, Chissey (église XIIIᵉ), et la plaine au S. de la forêt de la Chaux*.

LOUE (Source de la) – 25.
La fameuse résurgence des eaux du Doubs et du plateau sort d'une grotte profonde dans un bout-du-monde de bois et de falaises. Accès à pied par un magnifique sentier à 3,5 km S.-E. (D. 67) de Mouthier-Haute-Pierre (1 h 30 aller et retour), ou en voiture (300 m à pied) par Ouhans. Passage du G.R. 595.

LURE – 70.   10 400 hab.
Sur l'Ognon, dans une région très boisée et accidentée au pied des Vosges. Patrie de Georges Colomb alias Christophe, botaniste, auteur du *Savant Cosinus* et de *la Famille Fenouillard*. Ancien palais abbatial XVIIIᵉ (sous-préfecture) et église Saint-Martin XVIIIᵉ, conservant un porche et un clocher XVᵉ. Lac de la Font-de-Lure.
➡ 10 km N.-E., Mélisey, église en partie XIᵉ-XIIᵉ ; 8 km E., Fresse, dans la vallée du Radon, belles sculptures sur bois à l'église (chaire).

LUXEUIL-LES-BAINS – 70.   10 700 hab.
Altitude 306 m
Station thermale renommée, au pied des Vosges, parmi des forêts immenses et de nombreux étangs. Belle maison XVᵉ et Renaissance du cardinal Jouffroy, à échauguette ; belles cheminées (vis.). En face, tour et hôtel des Echevins XVᵉ

(ou Maison Carrée), d'allure sévère ; musée : archéologie, histoire locale, peinture (vis. tous les jours sauf mardi). Maison François Iᵉʳ (un abbé de Luxeuil), Renaissance. Palais abbatial XVIᵉ-XVIIIᵉ (hôtel de ville). Belle basilique Saint-Pierre, ancienne abbatiale XIVᵉ, au mobilier superbe et cloître XIVᵉ-XVᵉ en grès rose. Maisons du Bailli et de la Baille. Remarquable établissement thermal XVIIIᵉ (parc).
➡ 14 km N.-N.-O., Aillevillers-et-Lyaumont, région pittoresque et musée hippomobile. ➡ 9 km N., Fougerolles, musée rural de plein air (ferme-musée), à Beaumont.

MAÎCHE – 25.   4 700 hab.
Altitude 775 m
Chef-lieu d'un grand plateau typiquement jurassien (prés-bois, cultures, quelques tourbières), bourg agréable, villégiature appréciée (ski de fond) ; horlogerie, scieries, lait et fromage. Grande église XVIIIᵉ. Joli château XVIᵉ-XVIIIᵉ (Montalembert y résida).
➡ 3 km N.-E., Cernay-l'Eglise, sculptures à l'église.
➡ 3 km N., les Bréseux, à l'église, vitraux modernes de Manessier. ➡ 10 km S.-E., belvédères de la Cendrée (sentiers fléchés), très beaux sites dominant les gorges du Doubs.

MALBUISSON – 25.
Altitude 900 m
Villégiature réputée au bord du lac de Saint-Point*, plage, voile, promenades multiples en forêt, dans un site remarquable.
➡ 2 km N.-E., belle Source Bleue. Tour du lac.

MANDEURE – 25.   6 600 hab.
De l'importante « Montbéliard » antique subsistent les restes d'un théâtre du Iᵉʳ s. (fouilles en cours).

MARNAY – 70.   1 100 hab.
Sur l'Ognon en trois bras, que dominent les ruines du château féodal. Eglise XIIIᵉ-XIVᵉ-XVIIᵉ (statues). Hôtel des Santans, Renaissance (gendarmerie). Demeures Renaissance, maisons vigneronnes et restes de fortifications.

MEMBREY – 70.
Restes gallo-romains, avec d'intéressantes mosaïques.

MÉTABIEF – 25.
Altitude 950-1 419 m
Importante station de sports d'hiver (télésiège, nombreux téléskis) sur le Morond et les flancs du mont d'Or* (1 463 m) ; pistes de toutes difficultés. Panoramas immenses des sommets (Alpes). Passage du G.R. 5 et promenades infinies.
➡ 2,5 km E., les Hôpitaux-Neufs, agréable village (été-hiver) ; ski de fond.

MOIRANS-EN-MONTAGNE – 39.   2 200 hab.
Altitude 623 m
Dans un site pittoresque entre de hautes buttes boisées. Eglise XVIᵉ.
➡ 2,5 km N.-O., superbe belvédère du Regardoir, au-dessus du lac de Vouglans*. ➡ 5 km S.-E., beau petit lac d'Antre dans la montagne ; vestiges antiques sur le chemin, près de Villards-d'Héria.

MONCLEY – 25.

Au-dessus de l'Ognon, magnifique château XVIIIᵉ en hémicycle, construit par Bertrand (élève de Ledoux) ; colonnades extérieure et intérieure ; mobilier, trophées, tableaux (vis. dimanche et jours fériés après-midi en saison, plus samedi l'été) ; communs remarquables.

MONTBÉLIARD – 25.   31 600 hab.
(Agglomération : plus de 130 000 hab.)

Le château des comtes de Montbéliard (princes de Wurtemberg) subsiste par deux tours, Bossue XVᵉ et Neuve XVIᵉ jointes par un gracieux fronton à volutes XVIᵉ ; il domine la ville sur un rocher commandant comme Belfort le seuil de Bourgogne ; il contient un musée (fermé le mardi et jours fériés) de peinture, d'histoire naturelle (Cuvier) et d'archéologie (fouilles gallo-romaines de Mandeure*), avec une section sur l'hélicoptère, invention du Montbéliardais Oehmichen. Sauf les grandes halles XVIᵉ, place Denfert-Rochereau, les monuments sont sur la place Saint-Martin : hôtel de ville XVIIIᵉ, statue de Cuvier, maison des Princes, Renaissance, temple Saint-Martin XVIIᵉ, hôtel Beurnier (musée historique du Vieux Montbéliard, fermé le matin et lundi).

MONTBENOÎT – 25.

Chef-lieu du Val du Saugeais, peuplé de descendants de Suisses. Célèbre ancienne abbaye : la belle église XIIᵉ-XVIᵉ possède dans le chœur un ensemble extraordinaire de stalles Renaissance pleines de verve, et de nombreuses œuvres d'art (vitraux, sculptures). Petit cloître XVᵉ délicieusement archaïque.

MONTMIREY-LE-CHÂTEAU – 39.

Importantes ruines d'un château féodal détruit au XVᵉ.
➡ 2 km S.-O., Montmirey-la-Ville, château XIXᵉ. ➡ 2 km S.-E., Offlanges, sur une petite crête entre la montagne de la Serre* et la plaine de la Saône : vue. ➡ 7 km N.-E., les restes du château de Balançon (galeries XVIᵉ à colonnes) sont inclus dans une ferme.

MOREZ – 39.   7 200 hab.
Altitude 702 m

Encaissée dans une cluse profonde taillée par la Bienne et dominée au N. par les viaducs du chemin de fer, villégiature (été-hiver) et localité industrielle (lunetterie, horlogerie, fromage de Morbier), au pied de la superbe montée des Rousses* : circuit recommandé avec retour par la Cure, Prémanon avec la vallée des Rennes (vis. tous les jours l'hiver), réserve de rennes et exposition lapone, descente par le Belvédère des Maquisards.
➡ 3 km N., Morbier (fromage ; lunetterie ; spécialité d'horloges comtoises) ; N.-E., belle vallée de l'Evalude, qui monte aux lacs des Mortes* et de Bellefontaine et à Chapelle-des-Bois.

MORTEAU – 25.   7 000 hab.

Au bord du Doubs, cité horlogère connue par ailleurs pour son « jésus », variété de saucisse. Eglise XIIIᵉ-XVIIᵉ, Hôtel de Ville XVIIᵉ (ancien prieuré) et belle maison Pertusier, Renaissance.
➡ 6 km E., Villers-le-Lac, d'où partent les vedettes du lac de Chaillexon, des Bassins et du Saut* du Doubs, excursion magnifique (sauf périodes de sécheresse).
➡ 5 km S.-O., Grand'Combe-Châteleu, église XVIIᵉ à beau décor baroque ; ensemble de vieilles fermes comtoises à « tué » (cheminée collective à vantaux orientables).

MORTES (Lac des) – 25.

Dans le long val solitaire de Chapelle-des-Bois (ski de fond), les lacs mélancoliques des Mortes et de Bellefontaine (Jura) s'étendent au pied des escarpements du mont Risoux* (Roche Champion, 1 325 m, G.R. 5).

MOUTHE – 25.
Altitude 935 m

« Pôle » du froid. Reconstruit après un incendie au XIXᵉ, dans un grand val où naît le Doubs à 2 km E., d'une résurgence au pied de bois abrupts. La mairie est dans un château rustique à tourelles. G.R. 5. Forêts immenses et très pittoresques.

MOUTHIER-HAUTE-PIERRE – 25.
Altitude 430 m

Beau site du village sur la Loue au sortir des gorges de Nouailles, entre les belvédères rocheux de Hautepierre et du Moine de la Vallée (belles vues), parmi les cerisiers (kirsch renommé). Maisons anciennes et église XVᵉ-XVIᵉ (mobilier).

NANS-SOUS-SAINTE-ANNE – 25.

Village dans un site ravissant, sur le Lison naissant. Manoir XVIᵉ (souvenir de Mirabeau). Anciennes taillanderies (faux, faucilles) et ancienne faïencerie. ➡ 7 km N.-N.-O., Alaise, où un oppidum gaulois a pu sembler être Alésia.

NEUBLANS-ABERGEMENT – 39.

Dans la Bresse, proche du Doubs, somptueux château XVIIIᵉ en brique (belles écuries).

NOZEROY – 39.
Altitude 796 m

Petit bourg fortifié dominant un vaste plateau accidenté où l'on voit au loin les profondes forêts de la Joux* au N.-O., du Prince et de la Haute-Joux au S.-E. Grande porte de l'Horloge, entrée de la ville ; la Grande-Rue possède quelques belles maisons anciennes ; ruines du château des Chalon (promenades) ; église XVᵉ et tour des remparts (porte de Nods).
➡ 1,5 km N., Mièges, église priorale XVIᵉ intéressante.

Une grande part de l'ambiance du Jura – pardon, de la montagne jurassienne – tient dans la beauté mélancolique, toujours simple, de ses lacs, aux rivages souvent marécageux. L'hiver renforce cette impression, aidé par l'armée sombre des sapins (ou des épicéas, leurs cousins).

Ornans : La ville, les maisons, ressemblent un peu à Courbet ; impression ou réalité ? Il les a tant peintes ! Au reste, rarement ville s'inscrit aussi bien dans la nature.

OR (Mont d') – 25.
Altitude 1 463 m
Point culminant du Doubs, panorama remarquable sur une grande partie du Jura suisse et français et les Alpes, du mont Blanc à l'Oberland. Falaises à pic à l'E. La route d'accès part des Longevilles-Mont-d'Or, un peu au N.-E. de l'entrée du grand tunnel ferroviaire du Mont-d'Or (6 km), sur la ligne Paris-Milan. Passage du G.R. 5.

ORGELET – 39. 1 800 hab.
Curieuse église XVIIᵉ, gothique et fortifiée ; grand clocher, tableaux, stalles. Sur le mont Ogier au N., panorama.
➡ 6 km N.-O., Présilly, ruines féodales et fort donjon rectangulaire du château de la Baume (vue). ➡ 4,5 km E., la Tour-du-Meix, dominée par une falaise portant des ruines féodales et le hameau de Saint-Christophe, dont la vieille église de pèlerinage XVᵉ contient de belles sculptures. 2 km S.-E., pont de la Pyle, sur la retenue de Vouglans*, et base de plein air de Surchauffant (autre base à Bellecin, 6 km S.).

ORNANS – 25. 4 400 hab.
Altitude 315 m
Le site est célèbre de ses maisons au-dessus de la Loue, vues de ses ponts. Courbet, enfant du pays, l'a peint admirablement ; musée dans la maison natale XVIIIᵉ (vis. tous les jours sauf mardi en saison, samedi, dimanche et jours fériés l'hiver) ; maisons et hôtels anciens. Belle église XVIᵉ, due à Granvelle, né à Ornans. Au N., château (vue).
➡ 9 km N. par le beau ravin du Puits-Noir (route de Besançon), grotte de Plaisir Fontaine.

OSSELLE (Grottes d') – 25.
Belles grottes à concrétions aux couleurs très vives et diverses, connues et fréquentées depuis le Moyen Age ; parcours de 1 800 m ; squelettes d'ours géants. (Vis. tous les jours en saison.)
➡ 5 km N., Roset-Fluans, joli petit château Louis XVI dominant le Doubs. ➡ 4 km O., Courtefontaine, en lisière N.-E. de la forêt de Chaux*, belle église romane XIIᵉ, ancienne priorale (clocher, portail).

PELA (Crêt) – 39.
Altitude 1 495 m
Au cœur de la splendide forêt du Massacre, parcourue par le G.R. 9, on gagne en quelques minutes ce modeste sommet (point culminant du département) d'où, « dans » le col de la Faucille, on découvre le mont Blanc.

PESMES – 70. 1 000 hab.
Jolie vieille bourgade moyenâgeuse sur une falaise dominant l'Ognon avec deux vieilles portes, un château, un dédale de vieilles rues aux nombreuses maisons Renaissance et une remarquable église XIIIᵉ-XIVᵉ (portail roman XIIᵉ et chapelles Renaissance), d'influence cistercienne, conservant deux beaux retables, une Vierge bourguignonne XVᵉ et un beau buffet d'orgues. Promenades en barque, pêche, grandes forêts.

PESSE (La) – 39.
Sur un haut plateau typiquement jurassien (prés-bois, tourbières, combes à jonquilles), centre de ski de fond, au pied du crêt au Merle (1 448 m) et du crêt de Chalame* (1 545 m ; région XX), faciles, panorama.

PLANCHES-EN-MONTAGNE (Les) – 39.
Dans un beau site sur la Saine entre les gorges de Malvaux en amont et celles de la Langouette en aval (abîme profond et très étroit sous un pont, sentier pour descendre).
➡ 4 km O., Chaux-des-Crotenay, église XVᵉ, ruines féodales dominant un vaste plateau où certains situent Alésia (rares restes d'une ville pré-romaine fortifiée).

POLIGNY – 39. 4 900 hab.
Vins et comté (gruyère) renommés. Joli site parmi les vignobles, à la sortie de la Culée de Vaux, une des reculées. Collégiale Saint-Hippolyte XVᵉ (poutre de gloire et statues bourguignonnes XVᵉ). Restes d'enceinte. Hôtels XVIIᵉ de la Grande-Rue. Cloître des Ursulines XVIIᵉ. Eglise romane de Mouthier-Vieillard (ouv. l'été). Hôtel-Dieu XVIIᵉ (cloître et pharmacie). L'église des Jacobins XIIIᵉ héberge la Coopérative vinicole. Centre d'Enseignement Laitier.
➡ 3 km S., croix du Dan, belle vue. ➡ 4,5 km S.-E. (N. 5), montée de la Culée de Vaux (vues), belle église clunisienne XIIIᵉ de Vaux-sur-Poligny. ➡ 10 km O.-S.-O., Toulouse-le-Château, joli village dans les vignes, dominé par une église XVIᵉ et les ruines d'un donjon.

PONTARLIER – 25. 18 800 hab.
Altitude 837 m
Sur une plaine, la Chaux d'Arlier, adossée à la montagne du Larmont à la sortie d'une cluse du Doubs ; la ville a flambé en 1736. Eglise Saint-Bénigne XVIIᵉ (sculptures). Beau portail Renaissance de la chapelle des Annonciades. Porte Saint-Pierre, arc de triomphe XVIIIᵉ. Musée municipal (à l'hôtel de ville).
➡ 5 km N.-E., défilé d'Entreportes, étroite cluse, site forestier et rocheux typique du Jura, au pied du Grand* Taureau.

PORT-SUR-SAÔNE – 70.   2 500 hab.
Beau pont XVIIIe. Plage.
➡ 5 km S., Chemilly, vieux château (donjon XIIIe) au bord
de la Saône. ➡ 7,5 km S.-O., Scey-sur-Saône, église XVIIIe
et vieilles maisons espagnoles.

POUDREY (Gouffre de) – 25.
Grande salle de près de 200 m de diamètre et 60 m de haut,
au fond d'un puits s'ouvrant à la surface ; belles
concrétions (vis. tous les jours l'été, sauf mardi en saison).

POUPET (Mont) – 39.
Altitude 850 m
Dominant Salins-les-Bains au N., le belvédère (803 m)
donne une vue immense sur l'O. du Jura, le mont Blanc, la
plaine (Bresse).

RAY-SUR-SAÔNE – 70.
Ce fut un oppidum puis une forteresse dont le remarquable
château XVIIe-XVIIIe conserve des tours et des murs
d'enceinte curieusement disposés ; parc ; on domine la
Saône (vue immense) ; l'intérieur (vis. l'après-midi des
dimanche et jours fériés en saison) contient quelques beaux
meubles, tableaux, et des boiseries et armes anciennes.
Eglise, ancienne collégiale XIVe, beau mobilier (Mise au
tombeau XVIe).

RÉCHÉSY – 90.
Village-frontière, avec de remarquables maisons à colombages. Au N.-O., c'est la « Petite Sologne » alsacienne aux
nombreux étangs.
➡ O., Courcelles et Florimont possèdent de vieilles
maisons à pans de bois et torchis, Suarce également.

RECULÉES (Les) – 39.
Trait caractéristique du relief et du paysage jurassiens, ce
sont les cirques qui échancrent profondément le rebord du
plateau O. (v. Fer à Cheval*, Poligny*, Ladoye*, Baume-
les-Messieurs*).

REVERMONT (Le) – 39-01.
C'est la bordure ouest des plateaux du Jura à partir de
Château-Chalon vers le S., formée de hauteurs accidentées
jalonnées de vieilles ruines, dominant un pittoresque
vignoble aux villages remarquables. Il est suivi par le très
beau G.R. 59.

RISOUX (Forêt du) – 39.
Splendide forêt à l'E. de Morez* (se poursuit en Suisse)
dans un terrain rocheux très accidenté. G.R. 5 et routes
forestières très pittoresques.

ROCHE DU PRÊTRE (La) – 25.
Splendide belvédère dominant de 350 m le cirque de
Consolation*, origine de la belle vallée du Dessoubre*.
(Accès par sentier prenant sur la D. 41, 15 mn aller et
retour.)
➡ 8 km O., Orchamps-Vennes, église XVIe. ➡ 6 km E.,
Le Bizot, beau village.

*Vallée du Doubs : Le Jura, pays d'eaux abondantes, est très
propice aux pêcheurs, qu'il s'agisse du sportif lancer ou de la
barque reposante...*

ROCHE-MOREY (Montagne de la) – 70.
Altitude 448 m
Ancien oppidum gaulois. Montée en 1 h aller et retour de
Saint-Julien ; domine à l'O. la vallée de la Rigotte qui va se
perdre (v. Fayl-Billot, région VIII) ; vue immense sur
Vosges, Jura (Alpes par temps clair). Au pied, le village de
Morey, belle architecture rurale ; cloître. Parc de loisirs.
➡ 4,5 km N., château début XVIIIe à La Rochelle.

RONCHAMP – 70.   3 000 hab.
Petite localité industrielle, dominée au N.-O. par la chapelle
Notre-Dame-du-Haut (1955) de Le Corbusier (vis. tous les
jours), étonnant et admirable petit vaisseau de béton, plein
de lumière un peu irréelle. Maison de la Mine.
➡ 4,5 km E., Champagney, base de plein air sur
d'anciennes ballastières ; Maison de la Négritude, musée et
centre de documentation sur le monde Noir ; au S.-E.,
vaste Bassin de Champagney (alimentation de l'ancien
canal de la Saône à Montbéliard ; voile). ➡ Au S., belle
région de Lomont et du bois de Granges, traversée par le
G.R. 59.

*Poligny : La rivale d'Arbois pour le vignoble et le vin a conservé
quelques restes antérieurs à l'effroyable guerre de Trente Ans et
surtout la collégiale Saint-Hippolyte (ci-dessous), à la superbe
statuaire bourguignonne. Après cette guerre, fleurirent de beaux
hôtels aux portes magnifiques (à gauche).*

Ronchamp : C'est Le Corbusier qui conçut cet admirable petit vaisseau de béton plein de lumière un peu irréelle ; c'est un des rares sanctuaires où l'art moderne a pu se manifester pleinement.

ROUGEMONT-LE-CHATEAU – 90. 1 400 hab.

Ruines du prieuré Saint-Nicolas XIIe.
➡ 5 km E., lac de la Seigneurie, baignade et pêche. ➡ N. et N.-O., montée au Sudel (914 m, 2 h 30 aller et retour) et au Baerenkopf (1 074 m) soit par la crête soit par la vallée de la Madeleine ; panorama.

ROULANS – 25.

Au S.-E., restes du château XIIIe de Roulans. Au S.-O. (1 h aller et retour), montagne Notre-Dame d'Aigremont (557 m), chapelle ancienne, vue immense (G.R. 59).
➡ 3,5 km S. par D. 30, Laissey, site agréable au bord du Doubs ; sur rive gauche, ruines du château de Vaîte (vue) ; 9 km S.-O., Vaire-le-Grand, château XVIIIe.

ROUSSES (Les) – 39. 2 200 hab.
Altitude 1 118 m

Dans un grand val entre le Risoux* et le Noirmont (en Suisse), grande station de sports d'hiver et villégiature estivale, dominée au S.-E. par la Dôle (1 677 m), sommet suisse au panorama de toute beauté, et au S.-O. par le mont Fier (1 282 m) dont elle est séparée par la haute vallée de la Bienne (v. Morez*). Grand lac des Rousses (baignade), formant source de l'Orbe.
➡ 18 km S., col de la Faucille* (région XX).

SAINT-AMOUR – 39. 2 900 hab.

Ancien hôtel de ville XVIIe et tour Guillaume XVIe. Au pied du Revermont, que parcourent de jolies routes et le G.R. 59.

SAINT-CLAUDE – 39. 14 100 hab.
Altitude 434 m

La capitale mondiale de la pipe jouit d'un site d'une variété rare, entouré de belvédères, falaises, cascades, où promenades et excursions sont infinies. Pour bien juger du site, il faut passer le viaduc au N., le pont Central, le pont du Faubourg et le Grand-Pont. La cathédrale Saint-Pierre gothique XIVe-XVIIIe (façade classique), en partie fortifiée, a un bel intérieur (trente-huit superbes stalles XVe dans le chœur, beau retable Renaissance et Vierge XVe). Musée de la Pipe et exposition de diamants. La seule vieille rue échappée aux incendies du passé est la rue de la Poyat. Voir aussi la place Louis XI. Nombreuses promenades balisées ; cascade de la Queue de Cheval, vue de la route de Morez, etc.

SAINT-HIPPOLYTE – 25. 1 200 hab.
Altitude 380 m

Bourg bien situé, au confluent Doubs-Dessoubre. Ancienne collégiale XIVe au XVIIIe et maisons anciennes. Toutes les routes y aboutissant sont magnifiques.
➡ 4 km E., Soulce (passage G.R. 5), rochers sur rive droite. ➡ 3 km O. par D. 137, sentier à gauche pour un calvaire dominant Saint-Hippolyte (panorama) ; 5 km O., Châtillon, ruines féodales ; 1,5 km N.-O., Terre-de-Chaux, église XIIe au XVIe (mobilier remarquable).

SAINT-LAURENT-EN-GRANDVAUX – 39. 1 800 hab.
Altitude 908 m

Sur un plateau aussi froid que le val de Mouthe, le Grandvaux, entouré de profondes forêts. Les Grandvalliers étaient traditionnellement « rouliers » (colporteurs). La ville, bon centre d'excursions, a été rebâtie après un incendie en 1867 et tous les murs exposés à la pluie sont protégés par des plaques métalliques.
➡ 6 km N.-E., petit lac à Lac-des-Rouges-Truites. ➡ N., belle vallée de la Lemme, le long de la N. 5.

SAINT-LUPICIN – 39. 1 700 hab.

Remarquable église priorale romane XIIe (façade préromane).

SAINT-POINT (Lac de) – 25.

Long de 7 km, dans un val très ouvert entre de vastes forêts et des prés, il est traversé par le Doubs entre les deux belles cluses du Fourperret et de Pontarlier. Dans son prolongement au S.-O., petit lac de Remoray, plus nostalgique. A l'O., tout petit lac de Malpas.

SAINT-ROMAIN-DE-ROCHE (Chapelle) – 39.

Très joli site au-dessus de la vallée de la Bienne, que la belle chapelle de pèlerinage XIIIe domine de près de 270 m. Sur la D. 470 au N., près du carrefour, vue magnifique sur la vallée.

SALINS-LES-BAINS – 39.   4 500 hab.
Tout en longueur le long de la Furieuse, c'est une vieille ville fortifiée autour de célèbres salines (vis. guidées tous les jours l'été, samedi, dimanche et jours fériés en saison). Etablissement thermal XIXe. Elégant hôtel de ville XVIIIe avec chapelle Notre-Dame-Libératrice, sur la belle place classique des Alliés avec fontaine. Eglise Saint-Anatole XIIIe à beau portail XIe (vantaux XVe). Hôpital fin XVIIe, dont la pharmacie possède une riche collection de faïences de Moustiers et d'étains. Eglise Saint-Maurice, Pietà XVIe et statue équestre de Saint-Maurice.
➡ O., fort Saint-André (à pied ou route), à 604 m, de Vauban (vue). ➡ E., fort Belin (à pied ou route par Clucy), vue. ➡ 10 km N., mont Poupet*.

SANCEY-LE-GRAND – 25.
Les eaux du val de Sancey, dominé par le village perché de Belvoir*, se perdent vers Chazot à l'O. pour reparaître à la Source Bleue, origine du Cusancin*. Maisons anciennes. Lieux de pèlerinage à sainte Jeanne-Antide Thouret ; église Saint-Martin XVIe.

SAUT DU DOUBS – 25.
Accessible à pied (G.R. 5), en voiture (plus 15 mn aller et retour), ou en bateau par le lac de Chaillexon (vedettes depuis Villers-le-Lac, excursion recommandée), aux méandres encastrés profondément dans des falaises verticales ; le Saut est une cascade remarquable (sauf sécheresse) de 27 m dans une gorge sauvage, où commence le lac de retenue du barrage du Châtelot, franco-suisse, accessible par le G.R. 5 ou par route (5 km), dans un fort beau site également.

SAVINE (Col de la) – 39.
Altitude 991 m
La N. 5 y traverse une superbe forêt ; le versant S. est un vrai col.

SERRA (Col de la) – 39.
Altitude 1 026 m
Face au haut plateau des Bouchoux dominé par le crêt de Chalame* (région XX), fait communiquer la Comté et le Bugey. Beaux environs.
➡ 7,5 km N. crêt de Surmontant (route à gauche sur la D. 124), 1 061 m, panorama.

SERRE (Montagne de la) – 39.
Inattendu dans ces parages, petit massif de roches anciennes très mélangées (gneiss, granit, grès), dont la partie N.-E. est couverte d'une grande forêt, et qui se poursuit jusqu'au N. de Dole avec le mont Roland (343 m), au panorama immense.

SERVANCE – 70.   1 300 hab.
Au cœur d'une région magnifique au pied du col des Croix et des ballons ; saut de l'Ognon ; à l'E., très belle forêt de Saint-Antoine et saut de la Truie, sur le Rahin, non loin de Plancher-les-Mines (petite station de ski de la Planche des Belles Filles).
➡ 1 km E. du col des Croix, Château-Lambert, église et village typiques, musée de la Montagne et de la Forêt.

➡ 7 km S.-E., Belfahy, autre petite station de ski. Le G.R. 7 suit la chaîne des Ballons* et le 59 traverse les forêts en descendant vers Ronchamp*.

SERVANCE (Ballon de) – 70.
Altitude 1 216 m
A 19 km N.-E. de Servance* par le col des Croix puis la D. 16 à droite près de Château-Lambert, plus 30 mn aller et retour. Vue splendide sur la haute Moselle, Bussang, le Ballon d'Alsace et les Vosges Saônoises. Le Ballon* d'Alsace (région X) est à 2 bonnes heures de marche.

SOCHAUX – 25.   6 300 hab.
Usines des automobiles Peugeot (vis. jours ouvrés à 8 h 30).

VAUDREY – 39.
Eglise en partie XIIIe avec mausolée de Maximilien de Vaudrey.

VERCEL-VILLEDIEU-LE-CAMP – 25.   1 300 hab.
Boiseries anciennes à l'église. C'est le pays de Louis Pergaud et de sa *Guerre des Boutons :* Vellerot et Landresse sont à une dizaine de km au N.-E.

VESOUL – 70.   20 100 hab.
Carrefour important, ville-marché, « ville à la campagne », il faut la voir de la Motte, au N. (beau panorama) ou du Sabot de Frotey, curieux rocher à l'E. L'église Saint-Georges XVIIIe contient des statues XVe et XVIe et des boiseries XVIIIe. Maisons anciennes place de l'Eglise et au S., et surtout place du Grand-Puits XVIIe-XVIIIe et rue Baron-Bouvier ; à l'O., hôtel Boisselet-Thomassin XVe, rue Salengro. Au N., anciens remparts XVIIIe. Jardin anglais.
➡ 4 km O. plus 1 h aller et retour, camps préhistorique et romain de Cita, entre Vaivre (lac) et Chariez, beau village, ainsi que Montigny-lès-Vesoul, à 3 km O. de Vaivre ; de là, 7 km S., Baignes, forges XVIIIe de Ledoux. ➡ 5 km S., grottes de la Baume et de Solborde (vues). ➡ 6 km S.-E., gouffre de Frais-Puits ; 8 km S.-E., citadelle XVe à Vallerois-le-Bois.

VILLERSEXEL – 70.   1 500 hab.
Château Louis XIII reconstruit après 1871. Pharmacie XVIIIe à l'hôpital.
➡ 5 km O., Marast, ancien prieuré XIIe au XIXe, devenu ferme. ➡ 7 km N.-O., Oricourt, importante forteresse XIIe, avec donjon et enceinte, et logis XVe (vis. ext. tous les jours l'été, et samedi dimanche).

VOUGLANS (Lac de) – 39.
L'important barrage hydro-électrique de Vouglans, qui régularise l'Ain, l'a transformé sur près de 30 km en un beau lac (qui a noyé les gorges et la chartreuse de Vaucluse) sur lequel de beaux points de vue existent, vers Cernon, Maisod, Moirans*, etc. Bases de loisirs et nautiques, baignades, à Surchauffant et Bellecin, rive droite et à la Mercantine, rive gauche.

Environs de Saint-Claude : Le buis et les éboulis disputent le terrain aux prés et aux épicéas, dans les vallées profondes qui rayonnent autour de Saint-Claude, où le Jura s'avère être la montagne.

Avallon : *Au cœur de la vieille ville, aux très belles maisons anciennes, l'église Saint-Lazare possède deux beaux portails romans juxtaposés.*

Bourgogne

31 592 km² — 1 596 054 habitants

Départements	Superficie en km²	Population
21 Côte-d'Or	8 765	473 548
58 Nièvre	6 387	239 635
71 Saône-et-Loire	8 565	571 852
89 Yonne	7 425	311 019

Le pays de Colas Breugnon *et d'un certain bonheur de vivre est victime de sa vocation de passage : on le traverse, on le connaît bien mal. Et pourtant quelle richesse, et quelle variété : du Morvan à la Côte, du Nivernais à l'Auxois !*

En agriculture, l'élevage reste important, et la vigne, si célèbre. L'industrie a profité de la décentralisation mais se trouve durement touchée par la crise, témoin le Creusot.

Les villes très actives, possèdent des splendeurs miraculeusement épargnées par l'histoire, qui a pourtant été agitée, faisant se succéder ici, dans le désordre, au moins trois royaumes et deux duchés, dont le dernier, « le grand », refusa son allégeance à son prince héritier, le grand Charles Quint, lui préférant le conquérant Louis XI...

Pour la France, c'est un peu la mère de l'histoire, avec le mont Beuvray, Alésia, Autun ; elle posséda ensuite avec Cluny, Tournus, Vézelay, un rayonnement culturel extraordinaire. Dijon, Auxerre, Nevers, Beaune, méritent aussi, non pas un, mais des voyages, et non le simple survol qu'on leur accorde trop souvent.

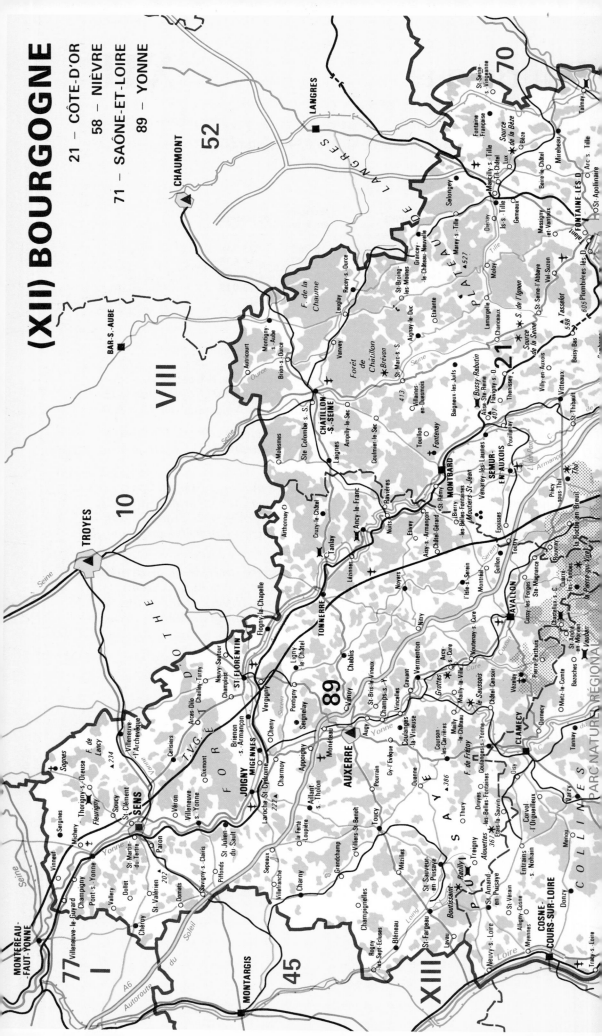

(XII) BOURGOGNE

21 – CÔTE-D'OR
58 – NIÈVRE
71 – SAÔNE-ET-LOIRE
89 – YONNE

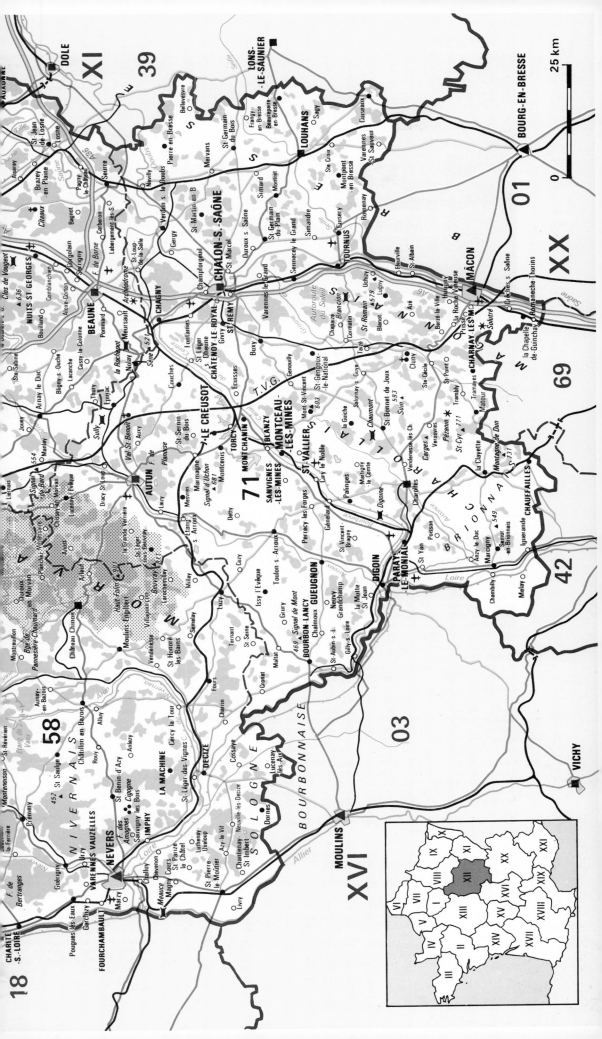

Autun : *Augustodunum, « sœur et émule de Rome » à la lisière du Morvan, conserve de précieux restes romains. La ville médiévale a suivi la fortune d'un de ses enfants, le fameux Nicolas Rolin, chancelier de Bourgogne, et de son fils, cardinal et évêque du lieu.*

Page de droite, Auxerre : La cathédrale Saint-Étienne émerge d'un admirable vieux quartier comme la maison la plus haute et la plus belle ; ses fresques et ses vitraux sont des plus extraordinaires.

AFRIQUE (Mont) – 21.
Altitude 600 m
Le plus célèbre des monts du Dijonnais ; son long plateau sommital porte un fort et des installations radio. On peut en faire le tour (1 h 30) : panorama.

AIGNAY-LE-DUC – 21.
Sur la courte Coquille, née à 5 km S.-E. à Etalante d'une belle source ; église XIII (chapiteaux, retable XVI) et restes de remparts.

ALISE-SAINTE-REINE – 21.
Le célèbre oppidum d'Alésia n'était peut-être pas sur le mont Auxois (407 m) où s'élève la grande statue de Vercingétorix ; les fouilles confirment en tout cas l'existence d'importants travaux de siège et celle d'une grande ville gallo-romaine postérieure avec sanctuaires païen et chrétien (vis. tous les jours en saison, couplée avec le musée, important). De la statue, panorama considérable (table d'orientation). Eglise Saint-Léger. Pèlerinage à Sainte-Reine : fontaine Sainte-Reine, hospice XI (pharmacie). Théâtre des Roches, « néo-romain ».

ALOUETTES (Montagne des) – 89.
Altitude 367 m
Une petite route y monte, suivant la voie romaine Nevers-Auxerre. Panorama sur la Puisaye*.

AMOGNES (Forêt des) – 58.
Vaste forêt (en partie domaniale), couvrant la partie O. du pays des Amognes aux aimables vallonnements, autour de Saint-Bénin-d'Azy (5 km S.-O., ruines du château de Cigogne) ; nombreux villages pittoresques à églises et petits monuments anciens.

ANCY-LE-FRANC – 89.   1 200 hab.
Château Renaissance réputé dû à l'architecte Serlio et décoré par le Primatice (vis. tous les jours sauf le mardi et l'hiver) ; très régulier et sobre, avec douves, il s'entoure de beaux jardins ; cour intérieure richement décorée ; appartements somptueux au merveilleux mobilier. Il appartint à Louvois.
➡ 17 km N.-N.-E., curieux château pentagonal de Maulnes, XVI (vis. en saison).

ANOST – 71.
Au cœur du Parc du Morvan*, promenades et randonnées, enclos à sangliers, panorama de Notre-Dame de l'Aillant (2,5 km N.-O.) ; église.
➡ 4 km S., Velée, chapelle, et curieux rochers de quartz.

ANZY-LE-DUC – 71.
Très belle église prieurale XI-XII, une des premières du Brionnais* ; clocher ; chapiteaux ; son plus beau portail est au musée de Paray-le-Monial* mais deux autres sont intéressants.
➡ 4 km N.-O., Montceaux-l'Etoile, tympan de l'église XII. ➡ 12 km E., Varenne-l'Arconce, église XII en grès ; clocher important, belle façade ; statues de bois.

APPOIGNY – 89.   2 000 hab.
Belle église XIII ; clocher XVI, jubé Renaissance.

ARCHÉODROME (L') – 21.
« Aire d'information archéologique » sur l'histoire et la préhistoire de la Bourgogne, qui connaît un franc succès en bordure de l'autoroute A 6 au S. de Beaune*. Du paléolithique aux huttes néolithiques, aux villages gaulois et à la conquête romaine, les pièces à conviction.

ARCY-SUR-CURE – 89.
Ses grottes font sa renommée ; dans un beau site sur un méandre de la rivière (recoupé par un tunnel de la N. 6), la Grande Grotte (vis. tous les jours sauf l'hiver) a de belles concrétions et un lac. On ne visite pas les autres, qui ont fourni de nombreux objets préhistoriques (musée d'Avallon*). Un sentier (G.R. 13) contournant le méandre en montant sur la falaise (vues) aboutit à Saint-Moré ; on peut revenir à Arcy par Nailly et la rive droite (G.R. 13 A). Manoir Renaissance de Chastenay, importante collection de peintures sur bois (vis. tous les jours l'été sauf lundi).

ARNAY-LE-DUC – 21.   2 500 hab.
Sur l'Arroux naissant (bel étang de Fouché, plage), plaisante ville ancienne à la silhouette pittoresque : grosse tour « Motte Forte » XV et église à coupole, environnées de vieilles maisons, sur une butte ; dans l'église, XV-XVI, plafond Renaissance à caissons peints.
➡ 7 km E., Antigny-le-Château, restes d'un château fort avec chapelle XIV. ➡ 8,5 km S.-E., Lacanche, deux grands étangs ; 6,5 km S.-E. de là, Jours-en-Vaux, château (théâtre de charmilles). ➡ 8 km S.-O., Maizières, source thermale romaine (établissement).

AUTUN – 71.   23 000 hab.
Face à Bibracte (mont Beuvray*) qu'elle a remplacée, Autun porte le nom de son fondateur, Auguste. Il ne reste guère de ce temps que « l'empreinte » du théâtre, les belles portes Saint-André et d'Arroux, le temple de Janus, peut-être la pierre de Couhard, et des pierres dans les musées. En partie enfermée dans des remparts (romains tout au S.), Autun conserve surtout sa magnifique cathédrale romane Saint-Lazare XII (parties gothiques XV) ; ses sculptures, de Gislebert, sont célèbres, notamment l'extraordinaire tympan du Jugement dernier, du portail central, et les nombreux chapiteaux (en place ou regroupés dans la salle capitulaire) ; dans la 3e chapelle N., *Martyre de Saint-Symphorien,* par Ingres (1834) ; dans la 4e, vitrail XVI l'arbre de Jessé ; la nef est remarquable dans son ensemble (triforium). Du clocher, belle vue.
Fontaine Renaissance Saint-Lazare, hôtel Rolin et hôtel d'Alligny devant la cathédrale. Dans l'hôtel Rolin, XV, musée Rolin (vis. tous les jours sauf mardi hors saison) : collections préhistoriques, antiques et médiévales, *l'Eve couchée* de Gislebert, les statues romanes du tombeau de Saint-Lazare, la belle Vierge d'Autun et ce chef-d'œuvre de la peinture du XV, la *Nativité* du Maître de Moulins, entre autres sculptures et peintures. Riche musée d'histoire naturelle. Le vieil Autun, enfin, est bien tranquille et pittoresque.
➡ Il faut aller le voir de la Croix de la Libération, au S., par la route de Mesvres (on longe le parc magnifique de Montjeu qu'on ne peut pas visiter) ; dans la montée déjà, belles vues. ➡ 4 km N. près de la D. 980, terrils des Télots, restes de l'extraction de schistes bitumineux.

AUXERRE − 89.   40 000 hab.

Belle ville possédant un remarquable ensemble de monuments anciens, c'est la capitale de la Basse-Bourgogne.
Cathédrale Saint-Etienne XIIIᵉ-XVIᵉ à la façade inachevée de style champenois ; portails très riches. L'intérieur, et surtout le chœur (déambulatoire), est splendide, par les vitraux notamment ; crypte XIᵉ (vis. tous les jours) avec deux fresques fameuses (le *Christ à cheval*) et trésor ; de la tour, panorama sur la ville.
Ancienne abbaye Saint-Germain (vis. tous les jours) XIIIᵉ-XIVᵉ ; clocher XIIᵉ séparé, haut de 51 m ; crypte IXᵉ, aux vastes dimensions et possédant des peintures murales carolingiennes parmi les plus anciennes de France. Tour de l'Horloge XVᵉ, à horloge XVIIᵉ dont le cadran est astronomique ; près de là, plaque à la mémoire de Cadet Roussel, le curieux huissier du XVIIIᵉ (et de la chanson). Nombreuses maisons anciennes dans tout le vieil Auxerre dans ses boulevards remplaçant les remparts, et notamment rue de Paris, rue de l'Horloge, rue Sous-Murs, place Charles-Surugue, etc. Musée Leblanc-Duvernoy (vis. tous les après-midi sauf mardi) : tapisseries, faïences, peintures. Musée lapidaire. Voir aussi les églises Saint-Eusèbe à tour XIIᵉ (étoffe byzantine IXᵉ or et soie, « Suaire de Saint-Germain ») et Saint-Pierre. Il faut s'arrêter sur les ponts, le pont Paul-Bert surtout (S.) pour jouir du paysage urbain ; longer l'Yonne est agréable.
➡ S.-E., Vermenton*. ➡ 10 km S., près N. 6, Escolives-Sainte-Camille (vestiges gallo-romains, cimetière mérovingien, église XIIᵉ). ➡ 9 km S. (N. 151), Gy-l'Evêque*.

AUXONNE − 21.   7 000 hab.

Ancienne ville forte et frontière de Bourgogne, sur la Saône (beau plan d'eau, voile). Important château fort XVᵉ ; remparts. Eglise Notre-Dame, gothique bourguignon, avec tour romane et porche XVIᵉ à belle décoration ; à l'intérieur, objets d'art, stalles XVIᵉ, statues, admirable Vierge attribuée à Sluter. Place d'Armes, bel hôtel de ville XVᵉ en brique ; devant, statue de Bonaparte qui, jeune lieutenant, séjourna ici en garnison ; musée Bonaparte (vis. l'après-midi en saison sauf jeudi). Halles XVIIᵉ (ancien arsenal).
➡ 10 km N.-O., forêt domaniale de Longchamp, partie d'un vaste massif forestier à l'O. de la Saône.

AVALLON − 89.   9 300 hab.
Altitude 254 m

Il y a la ville moderne, sur la N. 6 et le plateau, et la ville ancienne, pleine de charme, qui peut passer inaperçue, en coin au-dessus de deux ravins et de la profonde vallée du Cousin, très pittoresque dans ses remparts.
Eglise Saint-Lazare romane XIIᵉ, à deux beaux portails inégaux juxtaposés ; statues. Nombreuses maisons anciennes Renaissance, voire gothiques. Près de Saint-Lazare, musée de l'Avallonnais : riches collections gallo-romaines, fouilles préhistoriques d'Arcy-sur-Cure, géologie, art populaire, peinture (Rouault). Tour de l'Horloge, beffroi XVIᵉ (vestige de l'ancien château fort). Le tour des remparts est à faire, de même que le fond de la vallée du Cousin. Promenade des Petits-Terreaux.
➡ 8,5 km S.-E. (D. 10), château de Marrault, XVIIIᵉ.

AZÉ − 71.

Dans les charmants vallons du Mâconnais, grotte préhistorique vaste avec lac et rivière, où a été aussi aménagé un musée de la préhistoire et de l'antiquité régionale jusqu'au Moyen Age (vis. tous les jours en saison).

BAGNOT − 21.

Dans l'église ancienne, peintures murales XVᵉ des « diables de Bagnot ». Grand Etang, à la pointe S. de la forêt de Cîteaux*.
➡ 2,5 km N.-E., Auvillars-sur-Saône, peintures murales aussi, et deux gisants d'enfants (XVIIᵉ).

BARD (Signal de) − 21.
Altitude 554 m

Ancien camp romain sur une colline à l'E. de Bard-le-Régulier (1 km puis 1 h aller et retour) ; panorama sur tout l'Auxois et le Morvan. L'église de Bard, XIIᵉ, possède des stalles XIVᵉ (vis. tous les jours en saison l'après-midi).
➡ 3,5 km S.-E., Manlay, église XIVᵉ fortifiée.

BAZOCHES − 58.

Beau château féodal XIIᵉ, presque triangulaire, à tours rondes à mâchicoulis, acquis par Vauban, qui repose à l'église, XIIᵉ (il était né à Saint-Léger-Vauban près de Quarré-les-Tombes* et était seigneur de Vauban, château à 3 km S. de Bazoches).

BEAUNE − 21.   20 000 hab.

Beaune, c'est le vin, et c'est l'art, dans ses beaux remparts. Le centre est calme et charmant. L'Hôtel-Dieu (les fameux Hospices) XVᵉ de Nicolas Rolin (vis. tous les jours) est un merveilleux édifice gothique flamand ; la cour, avec son puits, ses galeries, ses toits polychromes, la grande salle des malades (72 m de long, 20 m de haut), la pharmacie XVIIIᵉ, le musée qui héberge surtout le polyptyque flamand XVᵉ du *Jugement dernier,* par Rogier Van der Weyden, et de riches tapisseries, en font un hôpital inhabitué mais qui fonctionnait toujours comme tel jusqu'en 1971 (maintenant séjours des personnes âgées).
Collégiale Notre-Dame XIIᵉ, style roman bourguignon, porche, chevet, clocher, nef, fresques XVᵉ, chapelle Renaissance, et, dans le chœur, les extraordinaires tapisseries XVᵉ sur la vie de la Vierge ; cloître roman et salle capitulaire. L'hôtel des Ducs de Bourgogne XIVᵉ-XVIᵉ, enfin, abrite le musée du Vin, avec en prime deux tapisseries d'Aubusson dont une de Lurçat. Nombre de maisons et d'hôtels XVᵉ, XVIᵉ, au hasard des petites rues. Statue de Monge (Beaunois) par Rude. Hôtel XVIᵉ de la Rochepot. Belle église Saint-Nicolas XIIIᵉ avec curieux porche gothique XVᵉ. D'autres musées à l'hôtel de ville XVIᵉ.
➡ 3 km N.-O., montagne de Beaune, table d'orientation, vue magnifique sur la ville et la Côte. ➡ 6 km N., Savigny-les-Beaune, église XIIᵉ-XVᵉ à déambulatoire, chevet, beau clocher en pierre ; château XVIIᵉ. ➡ 7 km N., beau village de Pernand-Vergelesses (souvenirs de Jacques Copeau). Vente du vin des Hospices (2ᵉ journée des « Trois glorieuses »), en novembre. ➡ 15 km S.-O., château de La Rochepot*.

Beaune : *Dus au chancelier Rolin, les hospices aux prodigieuses toitures contiennent des chefs-d'œuvre.*

BELLARY (Forêt de) – 58.

Belle forêt domaniale, ruisseaux et étangs, traversée par le G.R. 3 ; au centre, ancienne chartreuse de Bellary, église XIIIᵉ et ruines. A l'E., joli pays du Val de Bargis, collines agréablement boisées.

BERTRANGES (Forêt des) – 58.

Vaste et belle forêt domaniale (4 000 ha), parcourue par les G.R. 3 et 31 ; plusieurs chênes remarquables dans la partie O. Fontaines.

BERZÉ-LA-VILLE – 71.

Il faut voir les fresques XIIᵉ de la chapelle des Moines de l'ancien prieuré clunisien, elle-même bien belle (vis. en saison).
➡ 5 km N.-O. (par N. 79), Berzé-le-Châtel, surprenante forteresse, bien massive au milieu des vignes, gardant la route de Cluny (vis. l'extérieur tous les jours en saison).

BEUVRAY (Mont) – 71.

Altitude 821 m
Sur un petit circuit à sens unique qui prend sur la D. 3 à 5,5 km O. de Saint-Léger-sous-Beuvray. La ville gauloise de Bibracte occupait cet oppidum dont les foires attiraient des foules (et durèrent jusqu'à la Renaissance). Le lieu est splendide, le panorama aussi (table d'orientation). G.R. 13.

BÈZE – 21.

Belle source vauclusienne de la Bèze, résurgence d'eaux de la Venelle et de la Tille ; rivière souterraine, qu'on visite en barque (tous les jours l'été, samedi et dimanche en saison), il y fait très frais. Le monastère subsiste mais sa grande abbatiale a disparu. Eglise XIIIᵉ (transept). Maison gothique.
➡ O., grande forêt (privée) de Velours. ➡ 3 km S., bois domanial de la Tour et étang de Noiron-sur-Bèze.

BLANOT – 71.

Au pied du mont Saint-Romain*, vieux village délicieux autour d'un pittoresque prieuré clunisien XIᵉ-XIVᵉ et d'une église XIᵉ-XIIᵉ. A 1,5 km N.-E., grottes à concrétions (vis. tous les jours en saison).

BLÉNEAU – 89.   1 700 hab.

Turenne y sauva la cour, réfugiée à Gien, par une victoire sur Condé. Au bord du Loing, tour du Guet. Eglise XIIᵉ.

BLIGNY-SUR-OUCHE – 21.

Site charmant. Eglise à trois nefs et clocher romans. Sur une route qui « double » agréablement l'autoroute. Petit train touristique.

BORNE (Forêt de) – 21.

Oasis de calme, à l'E. de Beaune. Forêt domaniale, sillonnée de sentiers et de chemins et traversée par un ruisseau.

BOUILLAND – 21.

Près de la source du Rhoin, en pleine « Montagne » dijonnaise ; la belle vallée du Rhoin descend à Beaune, dominée au loin (S.) par l'autoroute ; le nom du village vient des résurgences des environs ; falaises (Roche Percée), cirques (Combe à la Vieille), sites remarquables.

BOURBON-LANCY – 71.   6 700 hab.

Station thermale renommée (rhumatismes) sur une colline dominant la Loire et la plaine du Bourbonnais, centre industriel (Fiat-France) et vieille cité pittoresque. Ancienne église Saint-Nazaire XIᵉ-XIIᵉ devenue musée, Tour de l'Horloge XVᵉ et maison de bois « Sévigné » XVIᵉ ; restes de remparts ; à l'hospice d'Aligre, dans la chapelle, chaire sculptée XVIIᵉ et statue en argent de la marquise d'Aligre.
➡ S., forêt de Germigny, traversée par le G.R. 3. 6 km S., château de Saint-Aubin-sur-Loire*.

BOUTISSAINT – 89.

Parc naturel animalier de 400 ha : sangliers, mouflons, cerfs, etc., y vivent libres ; il faut être bon marcheur, silencieux, patient (vis. tous les jours).

Chapaize : *Les bénédictins ont parsemé la Bourgogne de splendides églises aux clochers marqués par l'influence lombarde, comme celle-ci.*

BRANCION − 71.

Ancien bourg féodal situé sur une longue butte à 400 m d'altitude, « le passé retrouvé » : dans l'enceinte médiévale, l'église romane XIIᵉ à trois nefs, fresques et gisant du seigneur du lieu (XIIIᵉ), la halle en charpente, les maisons anciennes, le château, partiellement restauré (vis. tous les jours en saison), tout y est ! Plus la vue. Feux de la Saint-Jean.
➡ 1 km O., la Chapelle-sous-Brancion, église ; menhir sur la route de Chapaize. ➡ 4,5 km N., col des Chèvres, d'où on atteint à pied (30 mn) la Roche d'Aujoux (483 m), vue sur la vallée de la Grosne. ➡ 5 km S., Cruzille, musée de l'artisanat rural bourguignon (vis. tous les jours en saison) ; paysage agreste.

BREVON (Vallée du) − 21.

Belle vallée sauvage de ce petit affluent de la Seine, dans le massif forestier au S. de la forêt de Châtillon*.

BRIONNAIS (Le) − 71.

Pays d'élevage sur la rive droite de la Loire entre Charlieu et Charolles, appuyé au S.-E. sur les monts du Beaujolais, et où une école romane originale, apparentée à celle de Cluny, a bâti de nombreuses églises remarquables : voir Anzy-le-Duc*, la Clayette*, montagne de Dun*, Iguerande*, Marcigny*, Semur-en-Brionnais*.

BUSSIÈRE-SUR-OUCHE (La) − 21.

De l'abbaye cistercienne, restaurée, on peut visiter le cellier et le réfectoire XIIIᵉ. L'abbatiale XIIᵉ est riche de belle pierre et de peinture.

BUSSY-RABUTIN (Château de) − 21.

Très beau et célèbre château, logis XVIIᵉ entouré de quatre grosses tours rondes XVᵉ et deux ailes Renaissance (vis. tous les jours sauf mardi). Roger de Rabutin, libertin convaincu et impénitent, a lui-même organisé la surprenante décoration de son exil dépité : salle des Devises, salon des Grands Hommes de guerre, chambre du Comte de Bussy (dite de Mme de Sévigné qui n'y vint jamais mais dont le portrait figure parmi ceux de vingt-six femmes dont plusieurs maîtresses royales), tour Dorée, galerie-bibliothèque, chapelle ; nombreuses peintures. Superbes jardins de 34 ha en amphithéâtre.
A Bussy-le-Grand, église romane.

CADOUX – 58.

Une famille décidée a fait récemment de la grange XVᵉ de Cadoux un musée des Traditions paysannes (vis. tous les jours l'été, et dimanche après-midi ; fermé l'hiver).

CARGES (Mont des) – 71.

Dominant le Charollais non loin de la ligne de partage des eaux, monuments aux mouvements de résistance armée de la région.

CHABLIS – 89.   2 400 hab.

« Porte d'Or de la Bourgogne » sur le Serein ; fameux vignoble et pittoresques marchés. Collégiale Saint-Martin XIIIᵉ (tableaux, dont un Bassano) ; maisons anciennes, restes de remparts ; au cimetière (S.), restes de l'église XIIᵉ Saint-Pierre.
➡ 10,5 km S.-E., Poilly-sur-Serein, église Renaissance.

CHAGNY – 71.   6 000 hab.

Carrefour important et marché animé, au débouché de la Dheune et du canal du Centre dans la plaine de la Saône. Eglise XIIᵉ (clocher).
➡ 5 km S., Rully, château et vins. ➡ 11 km O., mont de Sène*, panorama.

CHAILLY-SUR-ARMANÇON – 21.

Elégant château Renaissance. Eglise XVᵉ-XVIᵉ (vitraux).

CHALON-SUR-SAÔNE – 71.   60 500 hab.

Vieille ville à nombreuses maisons anciennes (rue du Châtelet, rue Saint-Vincent) ; église gothique Saint-Vincent (ancienne cathédrale) composite mais intéressante (beau cloître), façade XIXᵉ ; important musée Niepce de la Photographie (vis. tous les jours sauf mardi et jours fériés), dans un hôtel XVIIIᵉ ; musée Denon (vis. tous les jours sauf mardi et jours fériés), peintures et archéologie. Dans une île de la Saône, tour du Doyenné et hôpital (vis. tous les jours) : chapelle et réfectoire sont très beaux. Foire aux « sauvagines » le 27 février. Carnaval célèbre.
➡ 12 km N., important massif forestier (étangs) entre Chagny et Gergy : forêts de Beauregard et de Gergy. ➡ 7 km S., Saint-Loup-de-Varenne, où Niepce « inventa » la photographie (monument sur la N. 6).

CHAMPALLEMENT – 58.

Eglise XIᵉ et XVIᵉ. Restes d'un château XVᵉ, vue. Près d'un étang, fouilles d'une cité gallo-romaine, avec musée.

CHAPAIZE – 71.

Belle église XIᵉ au grand clocher carré, entre Brancion* et Cormatin*. A l'E., forêt de Chapaize.

CHARITÉ-SUR-LOIRE (La) – 58.   6 500 hab.

L'abbaye bénédictine Sainte-Croix-Notre-Dame fut le noyau primitif de cette ancienne petite ville au vieux pont sur la Loire (plus belle qu'ailleurs s'il se peut).
Ce qui reste de cette « fille aînée de Cluny » est magnifique : transept et chœur romans XIᵉ-XIIᵉ, chapiteaux et tympan, beau clocher carré. Au dehors, logis du prieur XVIᵉ et salle capitulaire ; du square des Bénédictins, vue sur le chevet. Anciennes halles XVᵉ et maisons anciennes. Musée d'art régional (faïences, mobilier, souvenirs) (vis. tous les jours l'été, sauf mardi et vendredi). Remparts. Du pont de pierre à dix arches, belle vue.

CHAROLLES – 71.   4 300 hab.

La ville entoure les vestiges du château des comtes de Charollais, jardin public et mairie ; c'est la capitale de ce célèbre pays d'élevage pour la boucherie. Au N.-O., belle forêt domaniale de Charolles (chênes).

CHASTELLUX-SUR-CURE – 89.

On ne visite pas ce beau château féodal appartenant depuis mille ans à la même famille, restauré au XIXᵉ et qui a de l'allure, vu du pont de la D. 944, et de la D. 75 au N.-E., dans un océan de verdure.
➡ 3 km S.-E., barrage de Crescent sur la Cure et le Chalaux (baignade, voile) ; de la route contournant le lac par l'E., jolie vue.

CHÂTEAU-CHINON – 58.   2 900 hab.
Altitude 534 m

Joliment située sur une crête N.-S. entre l'Yonne et un sous-affluent de la Loire, au cœur du haut Morvan et du parc régional.
Du Calvaire (609 m), à quelques minutes à pied, splendide panorama sur le Morvan et le Nivernais ; c'est un ancien oppidum et il reste des traces d'un château ; table d'orientation. Musée du Folklore et du Costume (vis. mercredi, samedi, dimanche après-midi l'été).
➡ S.-E., magnifiques circuits possibles vers le mont Beuvray* et le Haut-Folin*, dans le bassin supérieur de l'Yonne, ainsi que ➡ N.-E., vers Anost*, Planchez, les Settons*, Pannesière*.

CHÂTEAUNEUF – 21.

Popularisé par sa situation dominant au loin l'autoroute, le château est un précieux témoin des fortifications du XVᵉ (vis. tous les jours sauf mardi), utilisant un donjon et des tours antérieurs ; Philippe Pot s'y fit construire en outre un

logis plus agréable ; vue splendide. Le village fortifié aux maisons fort anciennes qui le prolonge fait avec lui un ensemble remarquable.
➡ 7 km S., Chaudenay-le-Château, château XIIᵉ en ruine dans un site rocheux. ➡ 5 km S.-O., Sainte-Sabine, église XIIᵉ-XIIIᵉ au clocher-porche extraordinaire. ➡ 6 km O., Vandenesse-en-Auxois, église XIIIᵉ-XIVᵉ intéressante. La petite D. 18 qui suit le canal de Créancey à Pont-d'Ouche était un délice avant l'autoroute. Dans la région, trois réservoirs pour le canal ; celui de Panthier est aménagé (plage, voile).

CHÂTEL-CENSOIR – 89.

Au confluent de la jolie vallée du Chamoux (route de Vézelay) et de l'Yonne, bourg étagé sur le coteau, entourant sa collégiale Saint-Potentien XIᵉ et XVIᵉ (chœur roman, bas-reliefs, salle capitulaire XIIIᵉ) (fermée l'hiver).
➡ 5 km O., à Lucy-sur-Yonne, château de Faulin, XVᵉ, devenu ferme ; on peut visiter l'enceinte et ses tours.

CHÂTEL-GÉRARD (Forêt de) – 89.

Beau demi-cercle vert autour du village de ce nom (possédant un ancien château XIVᵉ) ; le T.G.V. la traverse ; à la limite de la forêt de Saint-Jean à l'E., prieuré de Vausse, église XIIIᵉ et joli cloître roman (vis. sur demande).

CHÂTILLON-EN-BAZOIS – 58.   1 200 hab.

Sur l'Aron, dont les méandres serrés sont pittoresques suivis par le canal du Nivernais au S. (une jolie route le bordant plus au N.) ; au S.-O., tour XIIIᵉ et château XVIᵉ-XVIIᵉ.
➡ 2,5 km S.-O., Alluy, église ; au-delà, forêt domaniale de Vincence.

CHÂTILLON (Forêt de) – 21.

Immense forêt domaniale (8 600 ha) avec des arbres remarquables (chênes, hêtres), parcourue par de belles routes. Monument d'un combat de la Résistance. Au fond d'un beau vallon, vestiges de l'abbaye cistercienne du Val des Choues (propriété privée).

CHÂTILLON-SUR-SEINE – 21.   8 000 hab.

Sa fortune touristique tient dans le « vase de Vix », cratère antique découvert à Vix (7 km N.-O.), au pied du mont Lassois, et déposé au musée (vis. tous les jours) ; cette pièce considérable (1,64 m, 208 kg) du VIᵉ siècle avant J.-C., en bronze, est la plus grande de son genre de l'Antiquité ; le reste du « trésor de Vix », qui garnissait une sépulture, est important également et complète les antiquités remarquables de ce musée installé dans la maison Philandrier, Renaissance.
Du pont central sur la Seine, jolie vue sur l'église Saint-Vorles, sur la hauteur ; fin Xᵉ et XIᵉ, remaniée, c'est un bel exemple du premier art roman bourguignon, dit lombard ; Mise au tombeau XVIᵉ. Eglise Saint-Pierre. Eglise Saint-Nicolas (vitraux XVIᵉ). Au pied N.-E. de Saint-Vorles et des vestiges de château, source vauclusienne magnifique de la Douix.
➡ 7 km N.-O., Vix et le mont Lassois (306 m), sur le flanc duquel s'élève l'église isolée Saint-Marcel (XIIᵉ ; Vierge à l'Enfant XIVᵉ) ; du mont, vue.

CHAUME (Forêt de la) – 21.

Une des longues forêts (10 km, 2 000 ha environ) qui couvrent le plateau de Langres, celle-ci entre l'Aubette et le Coupe-Charme, affluents de l'Aube.

CHAUMONT (Château de) – 71.

Beau château Renaissance avec une tour ronde, dans un décor boisé ; écuries monumentales du XVIIᵉ.

CHENUE (Forêt) – 58.

Longe les gorges de la Cure dans une de leurs plus belles parties, entre le pont de Gouloux* et la forêt Au Duc (voir Quarré-les-Tombes*) ; le G.R. 13 la traverse et passe, à proximité de la D. 6, au dolmen Chevresse ; dans la partie N. (du Breuil-Chenue), près d'une maison forestière, enclos à chevreuils entouré de miradors d'observation.
➡ N.-E., lac de barrage de Saint-Agnan (plage sur la rive E., voile) ; du barrage, belle vue.

CHÉROY – 89.   1 000 hab.

Sur le Lunain, dans le Gâtinais. Eglise ancienne. Grange dîmière XIIIᵉ.
➡ 12 km S.-E., Domats, dans la région des étangs de Courtenay* (région XIII).

CHEVENON – 58.

Beau château fort commandant la vallée de la Loire (XIVᵉ restauré ; vis. sur demande). La D. 13 qui passe à Chevenon côtoie souvent le canal latéral dans de beaux paysages entre Nevers et Decize.
➡ 11 km S.-E., château de Rozemont, XIIIᵉ, en ruine, dans un beau site. ➡ 4 km N.-E., Imphy, aux forges et aciéries bien connues, sur la rive droite de la Loire.

CHISSEY-EN-MORVAN – 71.

Joli site dans la vallée du Ternin, ainsi que Cussy-en-Morvan au S.-O. sur la belle route d'Anost.

Cluny : *L'abbaye a longtemps symbolisé la puissance temporelle et spirituelle de l'Eglise. Malgré le vandalisme, ce qui en reste est prestigieux.*

CÎTEAUX (Abbaye de) – 21.

Au milieu d'une vaste zone forestière humide (« cistel » signifie roseau), dont la forêt domaniale de Cîteaux couvre la moitié S. avec de nombreuses allées rectilignes et des étangs sur le pourtour, il subsiste peu de chose de l'abbaye et rien de son église XIIe de 130 m (le tombeau de Philippe Pot est au Louvre), détruite à la Révolution : un beau bâtiment XVe en tuiles vernissées, un reste de cloître et des bâtiments XVIIIe. Mais les cisterciens existent de nouveau, après une histoire troublée et une longue éclipse. (La chapelle seule est ouverte.)

CLAMECY – 58.   6 100 hab.

La ville de *Colas Breugnon* et de *Mon oncle Benjamin* (Claude Tillier aussi est né ici) a beaucoup de charme avec ses vieilles rues pittoresques aux maisons anciennes, du Tisserand, XVe, au coin de la rue Romain-Rolland où se trouve aussi la maison natale du grand écrivain, voisinant avec l'hôtel de Bellegarde où est le musée (vis. tous les jours en saison sauf mardi) (peinture, faïences, histoire du flottage des bois du Morvan), rues qui escaladent la colline autour de la belle église Saint-Martin XIIIe-XVe dont la façade et la tour flamboyantes sont remarquables. Clamecy fut évêché de Bethléem à la suite d'un legs à l'évêque de cette ville prise par les Turcs au cours des croisades, mais la cathédrale de cet évêché « in partibus » disparut avec lui à la Révolution ; le pont, le faubourg et la nouvelle église de Bethléem (1927) gardent le souvenir de ce curieux épisode. L'Yonne est fort belle aux environs (route de Corbigny).
➡ 16 km S.-O., Varzy*.

CLAYETTE (La) – 71.   3 000 hab.

Château XIVe restauré mais bien beau sur un petit lac (fresques dans une chapelle).
➡ 7 km N.-E., Bois-Sainte-Marie, remarquable église brionnaise XIe-XIIe (tympan, chapiteaux, déambulatoire bas). ➡ 4 km N., château XVIIe de Drée, à la très belle façade. ➡ 5 km O., Vareilles, église romane XIIe (chœur et clocher). ➡ 12 km O., Saint-Christophe-en-Brionnais, célèbres foires à bestiaux. ➡ 6 km S.-O., Saint-Laurent-en-Brionnais, église XIIe (clocher). ➡ 11 km S.-O., Châteauneuf, église romane XIIe sur une colline (clocher, absides, sculptures).

CLOS DE VOUGEOT – 21.

Célèbre vignoble de la Côte de Nuits. Le château appartient aux Chevaliers du Tastevin (vis. tous les jours) ; Renaissance, son cellier remonte au XIIe ; quatre pressoirs géants.
➡ 1 km N.-O., Chambolle-Musigny, église, peintures murales XVIe. Entre deux belles combes rocheuses, rochers du Grognot (camp préhistorique). Au N., Morey-Saint-Denis. ● Journée des Vins de Nuits, au château du Clos, 1re journée des « Trois glorieuses », en novembre.

CLUNY – 71.   4 700 hab.

La célèbre abbaye a été dépecée à l'explosif *après* la Révolution, comme une carrière ! Ce qui reste de l'immense abbatiale Saint-Pierre-et-Saint-Paul, fin XIe et XIIe, en représente environ le dixième : c'est le grand transept sud avec son propre clocher dit de l'Eau-Bénite (le grand transept comptait trois clochers, le petit un), la chapelle de Bourbon XVe, merveille gothique magnifiquement ouvragée, et des chapiteaux retrouvés ; (vis. tous les jours sauf mardi) ; mais une grande part de l'abbaye (Ecole d'Arts et Métiers) subsiste : façade gothique « du pape Gélase » XIIIe, le Farinier des moines XIIIe contenant un beau cellier, des maquettes et quelques chapiteaux du chœur et autres fragments de l'abbatiale, le palais abbatial XVe abritant le riche musée Ochier (vis. tous les jours sauf mardi) (bibliothèque, maquettes, collection lapidaire, tapisseries, etc.), plus d'immenses bâtiments monastiques fort beaux du XVIIIe (l'école) entourant des jardins.
La ville conserve nombre de maisons anciennes et de monuments : maison romane XIIe du Puits des Pénitents, une maison de bois, l'hôtel de ville XVIe, la tour des Fromages XIe (vue), le clocher de Saint-Marcel, XIIe, et Notre-Dame XIIe et XIIIe surtout gothique entourée de belles maisons gothiques et romanes. Plusieurs tours et restes de remparts. Haras national (vis.). De la promenade du Fouettin (S.-O.), vue sur la ville.
Riches environs : Château à l'O., Berzé-la-Ville* et Berzé-le-Châtel au S.-E., Blanot* et le mont Saint-Romain* au N.-E., Taizé* et Cormatin* au N., Brancion*, Tournus*...

Cluny : Le grand clocher octogonal et les bâtiments de l'ancienne abbaye devenus une célèbre école professionnelle.

*En bas, **Chastellux** : On ne visite pas ce précieux château fort qui appartient depuis mille ans à la même famille.*

COMMARIN (Château de) – 21.

Deux tours rondes anciennes sont englobées dans un très beau château classique avec des douves (mobilier, tapisseries) (vis. tous les jours en saison sauf mardi). Eglise : retable XVIe.

CORBIGNY – 58. 2 500 hab.

Patrie de Franc Nohain. Maison XIIe. Eglise Saint-Seine XVIe ; ancienne abbaye bénédictine (façade XVIIe). Foires.
➡ 2 km O., d'une colline (255 m), belle vue vers le Morvan. ➡ 5,5 km S., Marcilly, château XVe. ➡ 6 km N.-E., château de Villemolin. Croisières sur le canal.

CORMATIN – 71.

Château XVIIe du style Renaissance, à splendide décoration intérieure : boiseries, plafonds, mobilier, tableaux, tapisseries, objets d'art (vis. tous les jours en saison sauf mardi). A l'église, Vierge de pitié, peinture sur bois XVe.

COSNE-COURS-SUR-LOIRE – 58. 12 300 hab.

Ville active et industrielle au confluent de la jolie vallée du Nohain. Eglises Saint-Jacques XVe et Saint-Agnan, en partie romane. Près du pont, musée de la Loire, sa navigation, la fabrication des bateaux, la pêche (vis. l'été tous les jours sauf lundi et mardi, en saison samedi et dimanche). Point de vue des ponts.
➡ 3 km E., Saint-Père, belle église gothique XVIe.

COUCHES – 71. 1 600 hab.

Les mines ont fermé. Maison des Templiers XVIIe. 1 km S.-E., château XIe au XVe de Marguerite de Bourgogne, restauré (vis.). Curieuse église XVe-XVIe. Tous les vingt ans, promenade de la Vivre, monstre épouvantable (la prochaine en 1988).

COUSIN (Vallée du) – 89.

Elle traverse de petites gorges granitiques autour d'Avallon : Cousin-la-Roche, Cousin-le-Pont, moulin des Ruats. Pontaubert, église XIIe roman bourguignon, puis Vault-de-Lugny, église XVe, avec fresque de la Passion XVIe, longue de 70 m... 6 km plus bas, le Cousin se jette dans la Cure.

CREUSOT (Le) – 71. 33 500 hab.

Symbole industriel, né de la présence simultanée de la houille et du fer. Aujourd'hui, l'une devient de l'électricité et l'autre est importé, et la crise est là, mais le contraste demeure avec la belle région naturelle environnante. Marteau-pilon « en retraite » à l'entrée S. La promenade des Crêtes qui contourne l'agglomération par la N. procure des vues étonnantes, surtout de nuit.
Le Château de la Verrerie, XVIIe, ancienne résidence des Schneider, héberge l'Ecomusée de la Communauté Urbaine Le Creusot-Montceau-les-Mines, conservatoire des techniques métallurgiques et laboratoire de recherches sur leurs rapports avec l'homme et le milieu naturel, et le musée de l'Homme et de l'Industrie (vis. l'après-midi sauf lundi). Les usines alternent avec les champs et les étangs ou lacs de barrages ; l'étang de Torcy, au S., est aménagé.
➡ 7 km N., prieuré fortifié en ruine, lac (de barrage) et forêt de Saint-Sernin-du-Bois. ➡ 10 km S.-E., Ecuisses, sur le canal du Centre : escalier d'écluses.

CUISEAUX – 71. 1 800 hab.

Au pied du Revermont jurassien (mont Février, 607 m, sur le G.R. 59), vieux bourg gardant une porte et des restes de ses remparts, et des maisons à arcades ; belles stalles et Vierge XVe à l'église. Maison natale du peintre Vuillard. Chapelle du cimetière.
➡ E., joli circuit de 12 km pour la table d'orientation (586 m).

CUISERY – 71. 1 600 hab.

Eglise XVIe (tableaux flamands), chevet, et tour de l'ancien château. Vue sur la Bresse.

CURE (Vallée de la) – 58-89.

Rivière sauvage et rapide dans le Morvan (parcours canoë-kayak en aval du pont du Gouloux*) ; voir les Settons*, la forêt Chenue*, la forêt Au Duc, Quarré-les-Tombes*, Chastellux*, Pierre-Perthuis*. La vallée s'élargit sous Vézelay* puis s'encaisse entre des falaises ou des collines calcaires (Voutenay*, Arcy-sur-Cure*, Vermenton*) avant de rejoindre l'Yonne à Cravant.

CUSSY-LA-COLONNE – 21.

A moins de 2 km de la N. 6 aux beaux horizons, colonne romaine de près de 12 m, avec bas-reliefs.

Dijon : *Chaque siècle a enrichi la métropole bourguignonne : l'hôtel de Vogüé (ci-dessus) est un beau témoin du XVIIe, et Claus Sluter a laissé à la chartreuse de Champmol son fameux « Puits de Moïse » (à droite).*

DECIZE – 58.   7 700 hab.

Dans un beau site jadis île rocheuse de la Loire, scindant, avec les canaux et son affluent l'Aron, l'agglomération en plusieurs parties. Promenade des Halles, allée de beaux platanes menant au confluent, retenu par un barrage. Eglise Saint-Aré au chœur XIe ; crypte mérovingienne VIIe (sculptures XVIe). Ruines du château des comtes de Nevers. Au N.-E., table d'orientation de la côte de Vauzelles, panorama. Patrie de Saint-Just et de Maurice Genevoix.
➜ 3 km S., source minérale Saint-Aré. ➜ Au N., belle forêt des Minimes, traversée par le G.R. 3 et qui fait partie du petit pays des Glénons, autour du petit centre houiller de La Machine. ➜ 17 km N.-E., Cercy-la-Tour, sur l'Aron et le canal du Nivernais ; grosse tour restaurée, église romane XIIe et restes d'un prieuré ; 12 km S. de là, Montambert, village entouré de bois et de beaux étangs (parcours pittoresque du G.R. 3 à proximité).

DETTEY – 71.
Altitude 526 m
Non loin d'Uchon*, village perché dominant aussi la vallée de l'Arroux. Panorama.

DIGOIN – 71.   11 400 hab.
Centre commercial et industriel (céramique) à la jonction de l'Arroux, du canal du Centre et de Loire, avec un beau pont-canal sur la Loire. Centre de documentation de la céramique (vis. l'été sauf dimanche).

DIGOINE (Château de) – 71.
Joli château XVIIIe qu'on peut voir de l'extérieur.

DIJON – 21.   157 000 hab.
Capitale de la Bourgogne, important carrefour naturel et historique, et grande ville d'art.
Sous sa haute toiture bourguignonne, cathédrale gothique Saint-Bénigne XIIIe, homogène et élégante ; crypte circulaire XIe (chapiteaux). A côté, musée archéologique très riche, dans un bâtiment abbatial de Saint-Bénigne XIIIe-XIVe (caves XIe). Eglise Saint-Philibert XIIe (expositions, concerts).
La place de la Libération, au centre, bel hémicycle de J. Hardouin-Mansart, est devant le Palais des Ducs et des Etats de Bourgogne, ancienne résidence des ducs de Valois, vaste ensemble XIVe-XVe et classique : tour de Bar XIVe, tour Philippe le Bon XVe (vis. tous les jours en saison sauf mardi ; et mercredi, samedi après-midi) (panorama) ; le reste, de Mansart, contient l'hôtel de ville (qui comprend la salle des Etats, la belle chapelle XVIIIe des Elus et la cour de Flore) et le magnifique musée des Beaux-Arts, un des plus riches de France (vis. tous les jours sauf mardi) ; entourant la cour de Bar, il contient un musée de sculpture (Sluter,

Rude, Pompon, etc.), un de peinture (français XVIe au XXe, flamands et italiens, primitifs allemands, suisses et espagnols, et modernes : la très riche collection Granville) qui comprend aussi, dans la « salle des Gardes », gothique, les tombeaux sculptés de Jean-sans-Peur et de Philippe le Hardi XVe et les fameux retables flamands en bois sculpté et peints XIVe. Le proche musée Magnin (hôtel XVIIe) expose aussi de bonnes peintures XVIe au XIXe.
Le quartier central ancien est riche de nombreux hôtels et maisons chargés d'histoire : rue des Forges partant de la place Rude (fontaine Bareuzaï qu'affectionnent les Dijonnais), au 40, hôtel Aubriot XIIIe (porte XVIIe), au 38, maison Milsand XVIe, au 34, hôtel Chambellan XVe (S.I.), puis près de Notre-Dame (XIIIe, merveille du gothique bourguignon ; chouette et jacquemart), rue de la Préfecture, rue de la Chouette, hôtel de Vogüé XVIIe, et rue Verrerie maisons XVe et XVIe, rue Chaudronnerie, nos 1, 4, 5, 28 (maison des Cariatides), rue Vannerie, 39, 41, 66... Eglise Saint-Michel XVIe, l'une des plus belles façades Renaissance des églises françaises (porche). Au S. du Palais des Ducs, beau palais de Justice Renaissance (vis. tous les jours sauf dimanche) ; non loin, bibliothèque ; place des Cordeliers ; à l'O., 1, rue Sainte-Anne, musée bourguignon des Arts et Traditions populaires (vis. tous les jours sauf mardi) ; place Bossuet (église Saint-Jean XVe, très mutilée) aux vieux hôtels XVIIe-XVIIIe. Joli square Darcy (*Ours blanc* de Pompon). Au S. de la gare, muséum d'histoire naturelle et beau jardin de l'Arquebuse. Entre la gare et le lac Kir, célèbre ancienne chartreuse de Champmol (hôpital psychiatrique) : il ne reste que le portail extérieur XVe, celui de la chapelle XVe avec statues de Sluter, et dans une cour le célèbre *Puits de Moïse*, socle de calvaire avec six prophètes, par Sluter, début XVe.
Dans le S. de la ville, beau parc de la Colombière. A l'O., lac Kir (sports nautiques, plage). Les amoureux des trains fréquenteront la gare. 2 km N.-E. du centre, avenue Aristide-Briand, belle église moderne du Sacré-Cœur.
➜ 2 km N.-O., Talant, église XIIIe ; auprès, table d'orientation et large vue sur Dijon et ses abords montagneux. ➜ 10,5 km N., Messigny, église XIVe, maisons anciennes ; à l'entrée S., château de Vantoux-les-Dijon, XVIIIe, douves. ➜ Autres environs, voir Val-Suzon*, Nuits-Saint-Georges*, Gevrey-Chambertin*, mont Afrique*. ● Début septembre, fête de la Vigne ; novembre : foire gastronomique et fêtes folkloriques. Innombrables itinéraires pédestres aux abords de Dijon : « combes du Dijonnais », G.R. 7, etc.

DONZY – 58.   1 900 hab.
Les barons de Donzy conquièrent le comté de Nevers ; leur donjon subsiste (XIIIe), ainsi qu'une église XVIe et des maisons Renaissance.
➜ 1 km O., Donzy-le-Pré, ancienne église Saint-Martin-du-Pré, XIIe : beau tympan XIIe ; ruines d'un prieuré bénédictin. ➜ 7,5 km S.-O., Suilly-la-Tour : tour Renaissance de l'église. ➜ 6,5 km S.-E., entre la forêt de Donzy et celle, domaniale, de Bellary*, Sainte-Colombe, église XIIIe-XIVe. ➜ 3 km N.-N.-E., château de la Motte, XIVe remanié.

Dijon : *L'hôtel Aubriot, merveilleuse toiture de style bourguignon.*

En bas : *L'église Saint-Michel possède une surprenante façade Renaissance au porche magnifique.*

DRUYES-LES-BELLES-FONTAINES – 89.
Sources pittoresques, et grottes. Ruines du château fort XIIe, au-dessus du village gardant une église romane XIIe (portail). Porte fortifiée. Au S. et au S.-O., points de vue.

DUN (Montagne de) – 71.
Altitude 721 m
A 8,5 km N. de Chauffailles, petit centre industriel (4 600 hab., retables XVIIe à l'église), chapelle romane sur une haute butte, ancien oppidum au vaste panorama.

DUN-LES-PLACES – 58.
Altitude 530 m
Village martyr de 1944 (le maquis du Morvan fut très actif) ; d'un calvaire facilement accessible au N. (590 m), panorama remarquable.

ENTRAINS-SUR-NOHAIN – 58.   1 300 hab.
Vieille cité, d'origine gallo-romaine, où les fouilles ont été fructueuses ; un musée rassemble ce qui n'a pas été envoyé à Clamecy, Auxerre ou Saint-Germain-en-Laye (vis. après-midi l'été).

ÉPOISSES – 21.
Bon fromage, beau château, XVIe, dans une double enceinte fortifiée (vis. tous les jours en saison, extérieur seulement) ; les tours sont antérieures ; beaux salons XVIIe, souvenirs de Mme de Sévigné qui y vint plusieurs fois. Jardins, douves. Eglise XIIe, ex-chapelle castrale.
➡ 8 km S.-E., Bourbilly, au beau château XIIIe (restauré) qui appartint à sainte Jeanne de Chantal puis à Mme de Sévigné (née Rabutin-Chantal).

FERTÉ-LOUPIÈRE (La) – 89.

Sur le Vrin. Eglise XIIᵉ-XVᵉ avec peintures murales fin XVᵉ : Dict des trois morts et des trois vifs suivi de la Danse macabre de quarante-deux personnages ; escalier de bois.
➡ 8 km E., Villiers-sur-Tholon, église au très beau portail sud.

FLAVIGNY-SUR-OZERAIN – 21.

En face d'Alésia au S.-E., petite ville médiévale dans un site étonnant sur un promontoire ; ses remparts encore importants, avec deux portes XVIᵉ, renferment des maisons gothiques qu'on restaure, bordant des ruelles pittoresques. Eglise Saint-Genest XIIIᵉ-XVᵉ avec tribunes et jubé, stalles XVIᵉ, statues (ange de l'Annonciation). De l'ancienne abbaye (qui fabrique le fameux anis), subsistent les cryptes carolingiennes Sainte-Reine (vis. tous les jours).
Beaux environs : forêt de Flavigny au S.-E., et vallées de l'Ozerain et de l'Oze (château de Thenissey) remontée par la ligne Paris-Dijon.

FLEURIGNY – 89.

Village sur l'Oreuse, où passe le G.R. 2 entre la vallée de l'Yonne* et la forêt d'Othe*. Beau château Renaissance avec tours et douves de l'ancienne forteresse (vis. dimanche et jours fériés en saison, tous les jours en août) ; cheminée de la salle des gardes, voûte de la chapelle, galerie, belle cour intérieure, chapelle à plafond à caissons (clés pendantes sculptées).

FONTAINE-FRANÇAISE – 21.

Henri IV y vainquit la Ligue et les Espagnols. Beau château classique XVIIIᵉ. Maisons anciennes. Etangs.

FONTENAY (Ancienne abbaye de) – 21.

Dans un beau vallon l'une des plus belles abbayes cisterciennes, XIIᵉ, entièrement conservée (vis. tous les jours) ; porterie, hôtellerie, chapelle des étrangers, boulangerie des moines, pigeonnier (XVIIᵉ) ; l'église est purement cistercienne, nef sombre et chœur lumineux, accès direct au dortoir des moines, au-dessus de la belle salle capitulaire entourée de la salle d'étude, du chauffoir, etc. ; à côté, le célèbre cloître aux arcades doubles en plein cintre ; infirmerie, prison, forge, jardins, etc., tout ce qui permettait à une communauté de vivre sur elle-même. Immédiatement au N.-O., forêt de Fontenay touchant au massif domanial du Grand Jailly-l'Essart et Rochefort de près de 4 000 ha (sentiers et chemins).

FRÉTOY (Forêt de) – 89.

Grands bois de chênes et de charmes ; secteur domanial dans la partie E.

GEVREY-CHAMBERTIN – 21. 3 000 hab.

Chambertin et Gevrey-Chambertin sont des grands noms de la Côte de Nuits (voir Nuits-Saint-Georges*). Restes importants du château fort Xᵉ restauré XIIIᵉ (vis. tous les jours) ; église XIVᵉ (portail, fonts).
➡ O., belle combe de Lavaux, rochers appréciés des promeneurs et varappeurs. ➡ 2 km N., Fixin, parc Noisot, *Napoléon s'éveillant à l'immortalité,* bronze par Rude, dans un surprenant musée napoléonien. ➡ 7 km N., Chenôve, aux portes de Dijon, cuverie du Clos du Roi, deux énormes pressoirs (vis. tous les jours).

Fontaine-Française : *A proximité de la belle vallée de la Vingeanne, Henri IV s'y assura en 1595 une victoire décisive sur les Ligueurs et leurs alliés espagnols.*
Le château, très postérieur, résume un équilibre tout classique.

GIVRY – 71. 2 900 hab.

Petite ville typique du XVIIIᵉ : église à coupoles, fontaines, halle, mairie dans une porte de ville, au pied des collines du Chalonnais.
➡ Au N.-O., vallée viticole des Vaux, Saint-Jean-de-Vaux (église : chapiteaux), et Mercurey dans son vignoble.
➡ 10 km S.-O., Buxy, vieille cité pittoresque.

GOULOUX (Saut de) – 58.

En amont du pont de Gouloux sur la Cure, rive droite, un sentier permet d'aller voir en quelques minutes cette jolie cascade du Caillot avant son confluent.

GRANCEY-LE-CHÂTEAU-NEUVELLE – 21.

Près de la source d'une Tille (il y a cinq « branches » supérieures de la rivière) ; porte de ville ; restes d'un château médiéval (chapelle intéressante) ; château classique dans un beau site ; église XIIIᵉ au S., au cimetière (passage du G.R. 7). ➡ 15 km S.-O., Salives, donjon et remparts médiévaux.

GROSBOIS (Réservoir de) – 21.

Il alimente le canal de Bourgogne par une rigole ; il compose un beau site (la D. 905 le longe).

GUÉRIGNY – 58. 2 500 hab.

Entre les vastes forêts de Guérigny et des Amognes à l'E. de la Nièvre et celle des Bertranges au N.-O. et au confluent de la Nièvre de Beaumont. Forges nationales travaillant pour la marine (ancres et chaînes) ; château XVIIIᵉ.

GY-L'ÉVÊQUE – 89.

L'église en ruine compose un beau décor à la sortie N. du village (venir de Clamecy). Le *Christ aux orties* en bois du XIIIᵉ, un chef-d'œuvre de la sculpture gothique, est visible dans une chapelle provisoire (S.-O., route d'Avigneau).
➡ 5 km S.-E., Coulanges-la-Vineuse, église XVIIIᵉ à clocher XIVᵉ, belle *Annonciation* flamande au presbytère, maisons anciennes de vignerons ; à 3 km N.-E., Escolives-Sainte-Camille, belle église romane XIIᵉ et fouilles archéologiques.

HAUT-FOLIN – 71.

Altitude 901 m

Le point culminant du Morvan (on l'appelle aussi Bois du Roi), au centre de la belle forêt de Saint-Prix, est un petit centre de ski ; environs agréables ; passage du G.R. 13 entre la forêt d'Anost* et le mont Beuvray*.
➡ Au N.-E., 10 km, gorges de la Canche.

IGNON (Source de l') – 21.

A 4 km E. des sources de la Seine*, celle de l'Ignon est plus mouvementée, dans un petit cirque pittoresque.

IGUERANDE – 71. 1 000 hab.

Eglise romane XIᵉ-XIIᵉ à trois nefs (chapiteaux) sur une colline au bord de la Loire (vue).

Joigny : *Dans la vieille ville aux admirables maisons, ce petit chef-d'œuvre avec sculptures et marqueterie de céramiques.*

ISLE-SUR-SEREIN – 89.
Charmant village à maisons XVe et XVIe. Très jolie route de Noyers au N. (vallée du Serein).

IS-SUR-TILLE (Forêt d') – 21.
Loin de la localité, la forêt domaniale fait partie d'un vaste massif forestier pittoresque sillonné de nombreux sentiers (G.R. 7), chemins, routes (Moloy-Messigny, D. 996), entre la jolie vallée de l'Ignon et le Val Suzon*.

ISSY-L'ÉVÊQUE – 71.   1 300 hab.
Eglise romane fin XIe et XIIe, chapiteaux historiés et fresques.
➡ S.-E., belle route de Toulon-sur-Arroux par Uxeau, Dardon et Bessy.

JOIGNY – 89.   11 900 hab.
Belle ville ancienne dominant l'Yonne (vue remarquable du pont) ; vieux quartier très pittoresque avec nombreuses maisons à pans de bois autour des églises Saint-Thibault (gothique XVIe, peintures et sculptures : Vierge souriante XIVe en pierre peinte) et Saint-Jean (plafond Renaissance à caissons, sculptures). Etonnante chapelle funéraire Renaissance (squelettes sculptés) enclavée dans le tribunal. Des remparts, il reste la belle porte du Bois, XIIe, au N. De la Côte Saint-Jacques, montant au N. en forêt d'Othe, panorama général.
➡ 5 km E., Saint-Cydroine, belle église romane XIe-XIIe, clunisienne ; 4 km plus loin, Migennes (c'est le Laroche-Migennes bien connu, jadis étape obligatoire de tous les trains Paris-Dijon pour « faire de l'eau »), église XIIIe ; plage.

LANCY (Forêt de) – 89.
Belle forêt domaniale où se trouvent (partie N.) des dolmens et polissoirs ; chêne géant « le Sauvageon ». Le G.R. 2 parcourt sa partie sud.

LAROCHEMILLAY – 58.
A côté du village, comportant des maisons XVe-XVIe, sur le bord d'une falaise, grand château construit par Vauban début XVIIIe, pour le maréchal de Villars.

LIGNY-LE-CHÂTEL – 89.   1 000 hab.
Eglise à nef romane XIIe (chapiteaux, portail) et chœur Renaissance aux ornements splendides ; statues en bois polychrome et lavabos XVIe. Vestiges de remparts. Maisons anciennes.

LOIRE (Vallée de la) – 58.
Frontière du Nivernais et du Berry, le cours lumineux de la Loire est agréable à suivre et à voir des différents ponts qui la traversent. Voir Cosne-Cours-sur-Loire*, la Charité-sur-Loire*, Marzy*.

LORMES – 58.   1 600 hab.
Villégiature agréable à l'entrée O. du Morvan. Son église se repère de loin, et le panorama est beau de même que de « la Justice », à 1 km N.-O. Jolies gorges de Narvau, à la sortie S.-O. Etang du Goulot, S.
➡ 4 km E. (+ 15 mn), Signal de Montredon, belle vue sur le Morvan (624 m) ; plus loin, beau circuit possible autour du lac de barrage de Chaumeçon, retenue du Chalaux dans une splendide zone forestière (canoë sur le Chalaux en aval).

LOUHANS – 71.   11 000 hab.
Grand marché de Bresse. Pittoresque Grande-Rue aux maisons à arcades XVIIe-XVIIIe et maisons de bois. Eglise XVe, restaurée (« beauffroy », dispositif pour le veilleur de nuit, sur le clocher). La pharmacie XVIIIe de l'hôpital est célèbre pour ses collections de céramiques XVIe et de bocaux en verre soufflé ; belle Pietà ancienne.
➡ 10 km N.-E., Montcony, château féodal. ➡ 7,5 km S., Sainte-Croix, église XVe (vitraux) ; tombe XIVe gravée d'une scène d'école ; souvenirs des d'Artagnan.

LUZY – 58.   2 700 hab.
Au pied S. du Morvan. Tapisseries d'Aubusson XVIIe à l'hôtel de ville.
➡ 6,5 km N.-E. + 1 h 15 aller et retour, mont Dône (par N. 81 et G.R. 13 à droite à hauteur de la gare de Millay ; 501 m), oppidum avec pierres druidiques.

MÂCON – 71.   40 500 hab.
Grand carrefour, pont et port sur la Saône, cette préfecture très excentrée conserve peu de vestiges du passé, guerres et Révolution en sont fautives.
Le vieux Mâcon près du pont Saint-Laurent (belle vue sur la ville et la Saône) conserve de beaux hôtels XVIIIe, hôtel de ville qui fut l'hôtel Louis XVI de la Baume-Montrevel, hôtel Senecé, Régence, qui est le musée Lamartine (vis. tous les jours en saison sauf mardi), Hôtel-Dieu avec pharmacie Louis XV (faïences et mobilier) ; célèbre maison de bois XVe sur la place aux Herbes ; maison Lamartine, modeste ; Vieux-Saint-Vincent, restes de l'ancienne cathédrale ; musée des Ursulines, municipal, dans l'ancien couvent XVIIe, avec importante présentation de Solutré* et de son époque, et céramiques, peintures (vis. tous les jours sauf mardi).
● Circuit Lamartine, qui commence à Mâcon où il est né ; 14 km N.-O., Milly-Lamartine, où il séjourna enfant, joli petit château ; à mi-chemin, Monceau, son château de vigneron (vis. extérieur l'été) ; Saint-Point* ; et, près de Milly, Pierreclos et Bussières où vécurent les héros de *Jocelyn*. ➡ S.-O., Solutré*.

MAILLY-LE-CHÂTEAU – 89.
Domine un méandre de l'Yonne face aux rochers du Saussois (escalades difficiles) ; beau pont. Eglise XIIIe.

MARCIGNY – 71.   2 600 hab.
Tour du Moulin XVe, hébergeant un musée (sculptures et faïences anciennes) ; belle charpente. Maisons XVe à pans de bois. Eglise XIIe.

MARZY – 58.   2 700 hab.
Eglise romane XIIe.
➡ 3 km S.-O., jolie route (D. 504) longeant la Loire en face du Bec-d'Allier, village au confluent de l'Allier.

MATOUR – 71.   1 300 hab.
Bourg accueillant dans la belle haute vallée de la Grosne ; musée d'histoire naturelle ; les environs sont magnifiques : montagne de Saint-Cyr*, arboretum de Pézanin*.

MEAUCE – 58.
Forteresse XIIIe rustique presque ronde, au bord de l'Allier dont elle surveillait le trafic.

MENOU – 58.
Château XVIIe ; retable à l'église. Au N.-O., chapelle sur une butte : panorama.
➡ 4,5 km N.-E., château Renaissance de Corbelin, avec tours XIIIe et église romane XIIe.

MERVANS – 71.   1 600 hab.
Au milieu de la Bresse du nord aux innombrables étangs. Maison de bois XVIe et église XVe à flèche.

MESVES-SUR-LOIRE – 58.
Au débouché d'un vallon que remonte le G.R. 31 ; grange aux dîmes du XIIe.
➡ 6 km E., Narcy (passage du G.R. 31), église ; 2,5 km S., Passy-les-Tours, ruines du château. ➡ 5 km N.-O., le long de la Loire, Pouilly-sur-Loire, centre vinicole.

MIREBEAU – 21.   1 100 hab.
Restes de remparts. Eglise XIIIe (nef, statues XIVe).

MONT (Signal de) – 71.
Altitude 469 m
A 7 km N.-E., de Bourbon-Lancy*, un des derniers contreforts du Morvan (panorama). Le G.R. 3 y passe et le G.R. 13 s'en détache un peu au N. vers le Morvan.

Le canal de Bourgogne, non loin de Montbard : *Cette belle voie d'eau quelque peu abandonnée traverse de superbes paysages qu'elle anime souvent de ses rangées d'arbres ; elle suit les vallées de l'Armançon et de l'Ouche presque de bout en bout.*

MONTBARD – 21.   7 700 hab.

Centre industriel important. La ville se groupe, entre la Brenne et le canal, au pied de la forteresse en ruine aménagée en parc par Buffon (vis. tous les jours sauf jeudi) : il reste des remparts, la tour de l'Aubespin (du haut, belle vue), la tour Saint-Louis, et un pavillon cabinet de travail. En ville, hôtel de Buffon, église Sainte-Urse et petit musée.
➡ 5 km S., Montfort, château XIVᵉ en ruine, intéressant nid d'aigle. ➡ 6 km N.-O., Buffon et ses anciennes forges. 3 km N.-O., Rougemont, église XIIIᵉ. ➡ 2 km N.-E., abbaye de Fontenay*.

MONTCEAU-LES-MINES – 71.   28 200 hab.

Centre industriel important. Participe à l'Écomusée du Creusot* par une exposition « Cent ans d'école » (dernier dimanche chaque mois). Monument aux morts, par Bourdelle. Au N., Blanzy exploite encore sa mine et possède aussi des industries. Dans le cadre de l'Écomusée, « La mine et les hommes », près de l'ancien puits Saint-Claude. Château et lac du Plessis.

MONTCULOT (Château de) – 21.

Grand édifice Louis XVI, solitaire, « bâti par les étoiles », où Lamartine venait rêver chez son oncle (la course de côte de Pont-de-Pany à Urcy n'existait pas).

MONTENOISON (Butte de) – 58.
Altitude 417 m

Sur une des buttes les plus hautes du Nivernais, restes importants d'un château XIIIᵉ, au panorama étendu ; c'est le centre des Vaux de Montenoison, pays accidenté et très champêtre entre Yonne et Loire.

MONTIGNY-SUR-AUBE – 21.

Beau château en partie XVIᵉ, restauré ; dans le parc, magnifique chapelle Renaissance. (Vis. tous les jours, extérieur seulement).

MONTRÉAL – 89.

Petite ville médiévale fortifiée très pittoresque sur un « mont royal » isolé ; église XIIᵉ gothique restaurée par Viollet-le-Duc, très belle (nombreux objets d'art et en particulier ses fameuses stalles XVIᵉ aux scènes savoureuses ; retable anglais XVᵉ amputé par un vol). Beau panorama : Serein, Auxois, Morvan.
➡ 5 km N., Talcy, jolie église romane ; sur la route par Thizy, ferme fortifiée considérable. ➡ 8 km S.-E., Savigny-en-Terre-Plaine, église XIIᵉ.

MONT-SAINT-JEAN – 21.

Sur une des buttes entre Serein et Armançon, ancienne ville féodale fortifiée ; outre des maisons gothiques, il reste un fort donjon XIIᵉ et des tours, et l'église XIIᵉ-XVᵉ, ancienne chapelle du château (objets d'art).
➡ Au N., croix Saint-Thomas (vue). 9 km N., Charny, vestiges d'un château médiéval.

MONT-SAINT-VINCENT – 71.
Altitude 603 m

Haute colline, sur la ligne de partage des eaux (souvent suivie par le G.R. 7), jouissant d'un vaste panorama, table d'orientation sur la tour-belvédère. Village perché avec église romane XIᵉ-XIIᵉ (voûtée de berceaux transversaux).
➡ 4 km N.-O., Gourdon, autre village perché d'où la vue est belle ; église romane XIᵉ (chapiteaux, Pietà).

MORVAN (Parc régional du) – 21-58-71-89.

Bastion cristallin avancé du Massif Central parmi les plateaux sédimentaires, le Morvan, haute terre sévère et humide, est un témoin rural et naturel d'une vie devenue souvent impossible ailleurs. De là l'idée de faire de ce château d'eau couvert de forêts un parc naturel régional pour maintenir les occupations traditionnelles en sauvegardant le milieu d'origine et développer les activités de nature, d'information et d'accueil.
Il recouvre 173 000 ha et regroupe de nombreux sites remarquables et curiosités archéologiques. Ses plans d'eau, ses rivières, ses innombrables sentiers intéressent tous les amateurs de sport et de vie au grand air dans un décor simple et beau ; randonnées pédestres et équestres, baignades, sports nautiques peuvent être pratiqués en de nombreux points. C'est aussi le paradis des pêcheurs. Informations dans tous les S.I. et offices de tourisme de la région. Maison du Parc, à Saint-Brisson, 14 km O. de Saulieu*.

MOULINS-ENGILBERT – 58.   1 800 hab.

Joli bourg en lisière du Morvan, marché agricole important : foires de bestiaux. Eglise XVIᵉ. Enceinte du château XIIIᵉ-XVᵉ. Maisons anciennes.
➡ 12 km N., belle région de Saint-Péreuse. ➡ 2,5 km S.-O. (D. 37), à Commagny, église prieurale bénédictine (abside romane XIIᵉ) et bâtiment XVᵉ. ➡ N.-E., belle route de Château-Chinon par Saint-Léger-de-Fougeret.

MOUTIERS-SAINT-JEAN – 21.

L'abbatiale a disparu ; peu de restes de la plus vieille abbaye de Bourgogne ; dans les bâtiments XVIIᵉ-XVIIIᵉ, hôpital (pharmacie). Curieux jardins fin XVIIᵉ du président Cœur-de-Roy.

NEUVY-SAUTOUR – 89.

L'église XVᵉ-XVIᵉ Renaissance (troyenne et bourguignonne) domine le village ; portails ; « Belle-Croix » XVIᵉ remarquable à statues peintes ; crédence.

NEVERS – 58.   47 700 hab.

La capitale du Nivernais est célèbre par ses faïences dont le Musée est naturellement très riche (fermé mardi). Le beau pont sur la Loire fournit la plus jolie vue sur les vieux quartiers et la cathédrale.
Celle-ci, Saint-Cyr et Sainte-Julitte, XIᵉ-XVIᵉ a une abside romane à l'O. et une autre gothique à l'E. ; nef XIIIᵉ et chœur XIVᵉ, belle tour flamboyante ; fresque XIIᵉ dans le chœur roman ; crypte ; vestiges du VIᵉ découverts à la suite d'un bombardement en 1944.

Nevers : *Le palais ducal (palais de justice) est un magnifique témoin de la Renaissance, non loin de la cathédrale, qui comporte de façon rarissime deux absides opposées, romane et gothique.*

Beau palais ducal Renaissance ; la place de la République (où donne une maison XVe) domine au S. les petits jardins de la Montée des Princes et la Loire. A l'O. de la vieille ville, restes de remparts, dont la belle Porte du Croux fin XIVe abritant le Musée archéologique du Nivernais (vis. tous les jours l'après-midi). Eglise Saint-Pierre, XVIIe. Belle église romane XIe Saint-Etienne, très homogène, lumineuse, chevet remarquable. Le couvent Saint-Gildard, qui avait accueilli Bernadette Soubirous après les apparitions de Lourdes, a conservé sa châsse et un petit musée de ses souvenirs. Beffroi XVe. Le confluent de la Nièvre passe inaperçu, la fin de son cours étant souterraine. Parc central. Près de la sortie N., curieuse église moderne Sainte-Bernadette-du-Banlay (1966), lumineux blockhaus.
➡ 11 km S.-O. par D. 976, pont-canal du canal latéral de la Loire où il franchit l'Allier non loin du Bec-d'Allier.

NOLAY – 21.   1 700 hab.
La patrie de Lazare Carnot possède des halles XIVe en charpente couvertes de lauzes ; du clocher de l'église XVIIe (lutrin), jacquemart XVIe en bois.
➡ 3,5 km N., Vauchignon, dans le vallon de la Tournée, qui prend naissance dans le beau cirque du Bout du Monde (cascade) ; falaises de Cormot (rochers d'escalade) dominant la vallée à l'E. ➡ S.-O., monts de Rème (514 m) et de Rome (545 m), avec chacun un oppidum ; route pour le mont de Rome. ➡ 6 km S.-E., mont de Sène*.

NOYERS – 89.
Jolie cité médiévale dans un méandre du Serein ; les maisons anciennes sont légion ; c'est si petit qu'il serait dommage de ne pas tout voir et revoir, de la place de la Petite-Etape-aux-Vins à la place du Saut-Parabin... Eglise Notre-Dame XVe-XVIe. Seize tours et deux portes veillent encore sur Noyers, depuis qu'Henri IV a fait raser le château, dominant Risquetout au N.

NUITS-SAINT-GEORGES – 21.   5 100 hab.
Capitale de la Côte de Nuits (vins rouges puissants) et du Nuiton aux belles églises XIIIe. Eglise Saint-Symphorien XIIIe, romane ; tour de l'Horloge XVIIe ; musée archéologique des fouilles d'une première ville, aux Bolards (sortie S.).
➡ 8 km E., Villebichot, église, Vierge XVe. ➡ N., route des Grands Crus (N. 74 puis D. 122 à gauche à Vougeot) : Vosne-Romanée, Vougeot (château du Clos* de Vougeot), Chambolle-Musigny, Gevrey-Chambertin*, Brochon, Fixin (voir Gevrey*). ➡ 13 km E., Cîteaux*. ➡ O. puis N.-O., belle route (D. 25 puis D. 35) pour Pont-de-Pany (29 km) en traversant la « Montagne » par l'Etang-Vergy (au pied du mont Vergy, 524 m, avec des vestiges de l'abbaye de Saint-Vivant), Ternant (dolmen à 3 km O.) et le château de Montculot*. ➡ O., route de Pont-d'Ouche (voir Ouche*) (D. 25, 26 km), par Arcenant (cassis, framboises ; sculptures et voile de la Passion à l'église), la combe Pertuis, Bruant, les abords du sommet de la « Montagne » (641 m, dans les bois) et de Bouilland* (la « Montagne » est sillonnée de sentiers, entre autres les G.R. 7), par où on peut revenir sur Beaune. ➡ S.-O., Comblanchien, qui a donné son nom à sa belle pierre (carrières) ; et la route des Grands Crus continue dans la Côte de Beaune : Aloxe-Corton, Savigny, Beaune*, Pommard*, Volnay, Meursault, Puligny-Montrachet, Chassagne-Montrachet, Santenay.

OTHE (Forêt d') – 89 (10)
Vaste massif forestier, très morcelé, qui couvrait jadis le pays d'Othe, entre l'Yonne (de Joigny à Sens) et les abords de Troyes. Certaines parties sont domaniales. L'ancienne N. 5 (D. 905) et le T.G.V. la traversent parallèlement. Eglise de Dixmont (voir Villeneuve-sur-Yonne*). Le cours de la Vanne limite le pays au nord.

OUANNE – 89.
Belle église XVIe à tour ; voir la sculpture du « Décharné ».
➡ 6 km S., Taingy, à l'E. du village, point culminant de la région (386 m) : panorama.

OUCHE (Vallée de l') – 21.
Commence près de Bligny-sur-Ouche* et descend dans de beaux paysages très vallonnés par Pont-d'Ouche où la rejoint le canal de Bourgogne (viaduc de l'A 6 et pont-canal), la Bussière-sur-Ouche*, les fières ruines XVe-XVIe du château de Marigny, le vieux pont de Sainte-Marie-sur-Ouche, Pont-de-Pany, puis la chapelle de pèlerinage de Notre-Dame-d'Etang (passage du G.R. 7) sur une butte de 540 m par-devant le mont Afrique*, la ligne Paris-Dijon* rejoignant sur la rive gauche l'Ouche qui vient nourrir le lac Kir à l'entrée de la ville. Elle quitte alors la « montagne ».

Vignes vers Pommard : *Les vignobles qui produisent de telles bouteilles sont traités avec un respect infini...*

Page de gauche, en bas, Noyers : *La porte Peinte garde l'accès de la petite ville du côté du pont, avec sa pittoresque bretèche. Les vieilles rues sont ravissantes, les bords du Serein ne le sont pas moins.*

OURCE (Vallée de l') – 21.

Très boisée et charmante, depuis la région de Grancey-le-Château*, par Colmier-le-Bas (voir Auberive*, région-VIII), Recey-sur-Ource (église romane remaniée), la forêt et l'ancienne chartreuse de Lugny XIIe (chapelle XIIIe) et les abords N. de la forêt de Châtillon*.

PAGNY-LE-CHÂTEAU – 21.

Du château il ne reste que sa belle chapelle Renaissance (décoration curieuse) ; des éléments sont en Amérique.

PANNESIÈRE-CHAUMARD (Barrage de) – 58.

Grand ouvrage sur l'Yonne qu'il régularise en produisant de l'énergie ; son lac est magnifique et en faire le tour est une grande joie pour les amateurs de paysages (les éclairages tourmentés lui vont bien) ; du barrage, très belle vue. (Voile, canoë.)

PARAY-LE-MONIAL – 71.   12 100 hab.

Au bord de la Bourbince. Grand centre de pèlerinage, la basilique du Sacré-Cœur est l'ancienne abbatiale Notre-Dame, XIIe, pur témoin de l'art de Cluny ; façade, clocher, chevet sont très beaux ; à l'intérieur, chapiteaux romans et fresques XIVe dans l'abside. Derrière Notre-Dame, le parc des Chapelains, où ont lieu les pèlerinages, conserve la chambre des reliques de sainte Marguerite-Marie Alacoque (dont les visions sont à l'origine de la dévotion au Sacré-Cœur) et la chapelle de la Visitation où se trouve sa châsse ; abri des pèlerins et diorama. Hôtel de ville XVIe à la façade extraordinaire. Musée du Hiéron, eucharistique ; importante section peinture, et tympan magnifique d'Anzy-le-Duc* (vis. tous les jours en saison).

PERRECY-LES-FORGES – 71.   2 200 hab.

L'église XIe-XIIe de l'ancien prieuré roman possède un clocher-porche magnifiquement sculpté (chœur XVe) ; exposition « Le prieuré et le bourg » dans le cadre de l'Écomusée du Creusot*.

PÉZANIN (Arboretum de) – 71.

Il groupe de très nombreuses espèces, exotiques y compris, sur 18 ha autour d'un joli étang (vis. jours ouvrables).

PIERRE-DE-BRESSE – 71.   2 100 hab.

Entre les étangs de Bresse et les méandres du Doubs ; beau château XVIIe (écomusée de la Bresse), douves.
➡ 3 km O., Terrans, château XVIIIe (grille de la cour d'honneur). ➡ 12 km N., forêt de Pourlans, agréable, avec chênes et frênes remarquables.

PIERRE-PERTHUIS – 89.

Site célèbre du vieux pont sur la Cure et de la Pierre Percée plus bas au bord de la rivière ; le grand pont moderne donne une bonne vue sur l'endroit sans lui nuire, ainsi que sur la région.

PIERRE-QUI-VIRE (Abbaye de la) – 89.

Dans le sauvage vallon du Trinquelin (Cousin), monastère bénédictin XIXe dont on peut suivre les offices à l'église et visiter une salle d'exposition ; belle vue du V 7 à l'O. La pierre qui virait est visible mais scellée.

PLANOISE (Forêt de) – 71.

Grande et belle forêt de hêtres, chênes et charmes (2 500 ha), aux portes d'Autun sur la route du Creusot ; à l'entrée près d'Autun, cascade de Brisecou et pierre de Couhard (voir Autun*). Le massif forestier se poursuit jusqu'aux abords du Creusot, parcouru par le G.R. 137.

POMMARD – 21.

Des maisons magnifiques, comme les vins.
➡ 1 km S.-O., Volnay... (église). ➡ O., route D. 17 très belle pour La Rochepot* (dolmen à 3,5 km, à gauche, site de Saint-Romain, rochers d'Evelle).

PONT (Lac de) – 21.

Lac de barrage de 6 km sur l'Armançon, au S. de Semur-en-Auxois*. Un sentier en fait le tour dans un beau paysage. Plage, sports nautiques.

PONTAILLER-SUR-SAÔNE – 21.   1 300 hab.

La Saône y est belle, dans une campagne agréable. Le petit mont Ardou permet de voir loin néanmoins.

PONTIGNY – 89.

Village dont l'abbaye cistercienne au bord du Serein fait la célébrité. Des bâtiments abbatiaux, détruits sous la Révolution, il subsiste un ensemble de deux étages de salles voûtées. Immense église XIIe des débuts du gothique, chœur XIIIe ; le beau jubé XVIIe rompt l'effet de perspective, mais boiseries magnifiques (stalles).
➡ Au N., forêt de Pontigny. 10 km N., Saint-Florentin*.

PONT-SUR-YONNE – 89.   3 100 hab.

La N. 6 y franchit l'Yonne, en aval d'un reste du vieux pont. Belle église XIIIe (Vierge XIIIe au portail).
➡ 1,5 km N.-E., ancienne abbaye Cour Notre-Dame (ferme), au portail Renaissance ; à 2 km plus loin, Michery, église XIIe. ➡ 2,5 km S.-E., l'aqueduc de la Vanne franchit l'Yonne, et avec lui le G.R. 2, « sentier de la Seine », entre Fleurigny* et Montereau* (région I) par les coteaux dominant l'Yonne.

POUGUES-LES-EAUX – 58.   2 000 hab.

Un peu à l'écart de la Loire, au pied des coteaux du mont Givre, les sources de la station du diabète ne sont plus exploitées actuellement. De la terrasse de Bellevue au S.-E., vue sur la vallée de la Loire. Beaux parcs.

PRÉMERY – 58.   2 800 hab.

Petite ville entourée de collines, sur la Nièvre et à la lisière E. d'une immense région forestière qui va des confins de la Puisaye* aux abords de Nevers* et comprend notamment les forêts de Bellary*, de Prémery et des Bertranges*. Église XIIIe-XIVe avec abside à deux étages de fenêtres ; Pietà. Ancien château des évêques de Nevers XIVe au XVIIe (porte fortifiée XIVe). Importants restes de remparts.
➡ 2 km S.-O., gué sur la Nièvre.

PUISAYE (La) – 58-89-45.

Le bocage, les étangs, les bois, l'élevage caractérisent cette vaste région un peu imprécise entre Gâtinais et Nivernais, Yonne et Loire, dont la poterie est l'art symbolique et que Colette a célébrée. Voir Saint-Amand*, Saint-Fargeau*, Ratilly*.

QUARRÉ-LES-TOMBES – 89.   900 hab.
Altitude 460 m

Église XVe à trois nefs, entourée de plus de cent sarcophages d'origine imprécise ; de nombreux autres ont connu un sort utilitaire dans le village. A l'E., butte (488 m) avec panorama.

241

La Rochepot : Le château de la famille Pot, magnifiquement restauré, se visite et en vaut la peine.

En bas, Château de Posangès : Près de Vitteaux, il est situé dans une région superbe très riche en beaux souvenirs.

Page 243 : Cette maison forte près de Semur-en-Auxois est bien bourguignonne avec sa robuste élégance.

➡ S., forêt Au Duc, très belle, bordant la Cure au S.-O. (vue des rochers de la Pérouse) ; roche des Fées, amas rocheux. ➡ 5 km S.-O., les Isles-Ménéfrier, charmant hameau ancien dans les gorges de la Cure.

RATILLY (Château de) – 89.
Forteresse XIII° à six grosses tours avec des douves (vis. tous les jours sauf dimanche hors saison) ; ateliers de potiers.
➡ 2 km E., Treigny (1 200 hab.) dont on appelle l'église « la cathédrale de la Puisaye », XV°-XVI° (Christ lépreux en bois XVI°). Au S.-E., Perreuse, proche des sources du Loing, a des maisons Renaissance.

ROCHEPOT (La) – 21.
Silhouette familière aux amoureux de la N. 6, le château XV° aux tuiles vernissées, tombé en ruine, a été reconstruit fidèlement peu avant 1900 par la famille Carnot ; les aménagements (mobilier) valent le site ; chemin de ronde. Le grand sénéchal de Bourgogne Philippe Pot y naquit (son tombeau, d'abord à Cîteaux, est au Louvre). (Vis. tous les jours en saison sauf mardi.) Belle église XII°, chapiteaux, œuvres d'art. Dolmen « Pierre qui vire ».
➡ N.-N.-E., superbe route Evelle-Orches-Saint-Romain vers Pommard* et Beaune*. ➡ 5 km S.-E., Saint-Aubin, église, et Gamay.

ROGNY-LES-SEPT-ÉCLUSES – 89.
Joli site de ce village, avec un escalier de sept anciennes écluses du canal de Briare.

ROMANÈCHE-THORINS – 71.   1 800 hab.
Ce haut lieu du Beaujolais* (région XX) est voisin du parc zoologique René-Livet (vis. tous les jours), au carrefour de Maison-Blanche, qui héberge mammifères et oiseaux du monde entier. Musée du Compagnonnage (vis. dimanche et jours fériés en saison).

ROMENAY – 71.   1 700 hab.
Bourg jadis fortifié : deux portes XIV°, d'Orient et d'Occident, encadrent la Grand-Rue aux belles maisons de bois ; église ; musée bressan. Ferme de Champ-Bressan (cheminée sarrazine).

ROUVRES-EN-PLAINE – 21.
Dans la riche plaine alluviale à l'E. de la Côte. Belle église XIII° ; statues : Saint-Jean-Baptiste et un grand retable de la Vierge entre les deux saints Jean ; Croix-reliquaire au trésor.

SAINT-ALBAIN – 71.
Dans la vallée de la Saône, intéressante église de transition, XIII°, à beau clocher octogonal.

SAINT-AMAND-EN-PUISAYE – 58.   1 300 hab.
Centre de production, et de formation, de la poterie poyaudaine, dans la charmante vallée de la Vrille. Château Renaissance en pierre et brique.

SAINT-ANDRÉ-EN-MORVAN – 58.
Le site de ce village sur une colline dominant une profonde gorge de la Cure est très beau, sur place et vu de la rive opposée (routes ravissantes).

SAINT-AUBIN-SUR-LOIRE – 71.
Passage du G.R. 3 entre la « montagne » bourbonnaise et le Signal de Mont*. Beau château XVIIIe (vis. l'été l'après-midi sauf mardi et dimanche) ; décoration et mobilier remarquables (tapisseries, boiseries).

SAINT-BRIS-LE-VINEUX – 89.
Maisons de vignerons aux caves considérables (et bien remplies) ; église XIIIe à parties Renaissance (chaire, vitraux, fresque de l'arbre de Jessé).
➡ 4,5 km N.-E., Chitry, surprenante église fortifiée d'un gros donjon ; village du vignoble, ainsi qu'Irancy (le « noyau »), 6 km S. de Saint-Bris, beau village avec une église XIIe et XVIe ; vue étendue du haut des lacets à l'E.

SAINT-CYR (Montagne de) – 71.
Altitude 771 m
Dominant le Charollais, à proximité du G.R. 7, c'est le plus au N. des monts du Beaujolais ; table d'orientation ; vue considérable.

SAINT-FARGEAU – 89.   2 000 hab.
Spectacles Son et Lumière.
La Grande Mademoiselle, Anne de Montpensier, s'y exila après la Fronde et fit transformer la sévère forteresse Renaissance, en brique, par Le Vau, qui aménagea notamment la belle cour (vis. tous les jours sauf mardi) ; beau parc (lac). Tour de l'Horloge, XVe. Eglise XIIIe, agrandie au XVe, avec de belles œuvres d'art (Pietà, triptyque).
➡ 4 km S.-E., réservoir du Bourdon, de 220 ha, pêche et sports nautiques ; une route en fait le tour, passant près de Boutissaint*.

SAINT-FLORENTIN – 89.   7 200 hab.
Agréable séjour au-dessus du confluent de l'Armance et de l'Armançon que suit le canal de Bourgogne. Fromage apprécié. Eglise XIVe-XVIIe inachevée, beaux portails, vitraux, jubé et clôture du chœur remarquables. Tour de Brunehaut. Plage et pêche.
➡ Au N., Venizy et Turny ont des églises intéressantes.
➡ 9 km O., Brienon-sur-Armançon, collégiale Saint-Loup, chœur Renaissance ; plage.

SAINT-GENGOUX-LE-NATIONAL – 71.   1 100 hab.
Bourg conservant des remparts, des maisons anciennes, plusieurs belles fontaines, un beffroi, une église romane et XVe avec un cadran solaire parlant de l'heure de la mort.
➡ 2 km S.-E., Sercy et son curieux château féodal XIIe au XVe. ➡ 4 km S.-O., château de Burnand ; 2 km S., Curtil-sous-Burnand, grand cimetière mérovingien ; 7 km S.-O. par Sigy-le-Châtel (église), zoo à Corcelle sur la D. 980.
➡ 12 km N.-O., le Puley, église romane en ruine ; au-delà, à Saint-Micaud, menhir la Pierre aux Fées, de plus de 6 m.

SAINT-HONORÉ-LES-BAINS – 58.   1 000 hab.
La station thermale des voies respiratoires est très appréciée, de même que sa situation à la limite du Morvan. Beaux parcs et toutes distractions.
➡ 6 km O., Vandenesse, grand château XVe ; on peut revenir par le lac de Chèvre (privé). ➡ E., excursions très belles possibles dans le Morvan proche : Vieille-Montagne (556 m) et mont Genièvre (637 m) aux panoramas étendus,

avec de petites marches ; ou plus lointain : mont Préneley (855 m), proche de la source de l'Yonne, mont Beuvray* (821 m), Haut-Folin*, Larochemillay*, les routes qui les joignent étant toutes fort belles. ➡ 7 km S., Sémelay, église romane XIIe.

SAINT-JEAN-DE-LOSNE – 21.   1 600 hab.
Grande gare d'eau sur la Saône, à la jonction du canal de Bourgogne et près de celle du canal du Rhône au Rhin. L'histoire garde mémoire d'un évêché très diplomatique puis d'un fameux siège des Impériaux en 1636, qu'ils durent lever. Eglise XVe-XVIe : portail et chaire monolithe en marbre rouge XVIIe.

SAINT-JULIEN-DU-SAULT – 89.   2 100 hab.
Maisons gothiques et Renaissance. Eglise XIIIe remaniée XVIe aux très beaux vitraux d'origine (restaurés). Sur une belle butte au S., chapelle de Vauguillain XIIIe, vue.
➡ 12 km O., Piffonds, restes importants d'un château fort.

SAINT-MARCEL – 71.   4 300 hab.
Faubourg de Châlon-sur-Saône mais vieille cité autour d'une église clunisienne XIIe, très simple.

SAINT-PARIZE-LE-CHÂTEL – 58.   1 000 hab.
Sa source minérale gazeuse est connue de longue date (Fonts-Bouillants). Eglise romane à crypte XIIe remarquable (chapiteaux).
➡ 3 km N.-O., circuit automobile Jean Behra à Magny-Cours (ouvert au public sous conditions). ➡ 9 km S.-E., Azy-le-Vif, en bordure de la forêt du Perray, beau massif parsemé d'étangs.

SAINT-PIERRE-LE-MOÛTIER – 58.   2 200 hab.
Petite ville tranquille gardant quelques tours de ses remparts. Eglise Saint-Pierre XIIe-XIIIe (portail N. XIIIe). Statue de Jeanne d'Arc dont la prise de la ville fut la dernière victoire.
➡ 8 km N.-O., Mars-sur-Allier, église clunisienne XIIe.
➡ 7 km S.-O., pont du Veurdre (région XVI) sur l'Allier, belles vues.

SAINT-POINT – 71.
Dans la jolie vallée de Tramayes, sur la Valouze, avec un lac (sports nautiques), c'était le séjour favori de Lamartine ; le château (vis.) et l'église clunisienne voisine conservent des souvenirs du poète et de sa femme qui sont enterrés là. Tramayes au clocher roman est dominé à l'E. par le signal de la Mère Boitier (758 m), panorama (8 km S. de Saint-Point) ; les cols du Carcan et de Grand-Vent, au S. et au N., composent un beau circuit.

SAINT-RÉVÉRIEN – 58.
Eglise romane XIIe remarquable, à trois nefs sans transept, chapiteaux historiés, colonnes à fût tourné, pierres tombales gravées et fresques XVIe. Plusieurs étangs dans les bois au S.

SAINT-ROMAIN (Mont) – 71.
Altitude 579 m
Une ferme le couronne, flanquée d'une tour (table d'orientation) ; panorama immense. Belle forêt de Goulaine au S., traversée par le G.R. 76. Blanot* et ses grottes sont tout proches.

SAINT-SAULGE – 58.   1 000 hab.
Eglise gothique (crypte romane). A l'O., signal de Beauregard (402 m), panorama.
➡ 4 km O., Jailly, église romane (portail), dans un joli paysage.

SAINT-SAUVEUR-EN-PUISAYE – 89.   1 200 hab.
Sur la rive droite du Loing ; tour Sarrasine XIIe et église XIIe-XVIe. C'est surtout la patrie de Colette : maison natale rue des Vignes.
➡ 11 km E., à Fontenoy, obélisque rappelant la bataille de 841 entre les petits-fils de Charlemagne, où se disloqua l'empire romain d'Occident.

SAINT-SEINE-L'ABBAYE – 21.
Altitude 451 m
Belle abbatiale romane et surtout gothique XIIIe au XVe (stalles XVIIIe, clôture XVIe avec fresques) ; devant, fontaine de la Samaritaine.

SAINT-THIBAULT – 21.
Sur cette belle route Semur-Pouilly-Beaune, étape majeure pour son église très particulière dont le chœur admirable abrite les reliques de saint Thibault (châsse en bois XIVe) et de beaux objets d'art ; la nef reconstruite modestement au XVIIIe contient une belle Vierge à l'enfant XIVe ; chapelle Saint-Gilles fin XIIIe (fermée), et magnifique portail des Pèlerins, gothique XIIIe, avec tympan consacré à la Vierge, et cinq grandes statues ; trente panneaux retracent la vie de saint Thibault sur les vantaux en bois XVe.

SAINT-VÉRAIN – 58.
Vieux bourg conservant deux portes XIIIe et des ruines de l'important château fort XIIe-XIIIe. Eglise et maisons anciennes.

SAINTE-MAGNANCE – 89.
Eglise gothique XVIe (tombeau XIIe de sainte Magnance). Château Jacquot XVe, en haut, et château Gaillard, Renaissance.

SAÔNE (Vallée de la) – 21-71.
Un des paysages caractéristiques de la Bourgogne, par les abords de la rivière alternativement humides et forestiers et en prairies infinies ou zones maraîchères, souvent inondées l'hiver sur de grandes étendues. C'est une zone essentielle de passage et de commerce.

SAULIEU – 21.   3 200 hab.
Etape gastronomique réputée. Basilique Saint-Andoche XIIe roman bourguignon (nef, chapiteaux étonnants très expressifs, belles stalles XIVe, dôme XVIIIe). Musée remarquable, archéologie, antiquités, traditions populaires, salle du sculpteur animalier Pompon (dont le *Taureau* figure en ville, au bord de la N. 6). Au cimetière, condor sur sa tombe, statue par Pompon ; église Saint-Saturnin XVe.
➡ N., forêt de Saulieu, aménagée, autour des sources (étangs) de l'Argentalet à la belle vallée. ➡ 12 km N., la Roche-en-Brenil, église XIIIe (vitraux XVIe) ; à N., château XVIe féodal, douves ; beaux environs : rochers, cascades (sentiers). ➡ 8 km O., autour de Champeau, beaux étangs.

SEIGNELAY – 89.   1 500 hab.
Rien ne reste ou presque du château de Colbert ; quelques dépendances et la belle halle XVIIe ornent le bourg ; église XVe à clocher-tour, qui n'a qu'un bas-côté (piscine sculptée).

SEINE (Vallée de la) – 21.
En aval de ses sources*, la Seine reste encaissée dans le plateau (suivie par le G.R. 2), arrosant de jolis sites, château en ruine de Duesme (cascade), Brémur-et-Vaurois, au confluent du Brevon*, avant de paresser dans la dépression châtillonnaise.

SEINE (Source de la) – 21.
Un joli bassin qui sort d'une grotte au fond d'un vallon. Statue de nymphe. Fouilles antiques importantes.

SELONGEY – 21.   2 400 hab.
Patrie de beaucoup de cocottes-minute (SEB). Petite ville ancienne et pittoresque ; église XIIIe au XVIIIe. Au pied des hauteurs du plateau de Langres. A proximité au N.-E., curieuse chapelle de pèlerinage Sainte-Gertrude.

SEMUR-EN-AUXOIS – 21.   5 400 hab.
Sur son rocher granitique entouré par l'Armançon, la vue (en arrivant de Paris) de la vieille capitale de l'Auxois ne s'oublie pas : le pont Joly, les quatre tours du formidable château XIIIe disparu, les remparts, la vieille ville, l'église Notre-Dame.
Celle-ci, remaniée XIIIe-XIVe, restaurée par Viollet-le-Duc, est un beau témoin du style gothique bourguignon ; nombreuses œuvres d'art : vitraux, clef de voûte, Mise au tombeau fin XVe, etc. Derrière l'église, musée local de géologie et d'archéologie, sculpture et peinture (primitifs XVe, Corot). Porte fortifiée Sauvigny. Nombreuses maisons anciennes. L'énorme tour de l'Orle d'Or contient un autre bon musée régional (archéologie, ethnographie). Faire le tour des remparts, par le haut et par le bas.
➡ 5 km S.-O., Courcelles-les-Semur, église XIVe.

Semur-en-Auxois : *Avec ses gigantesques tours, la vieille ville offre une vision étonnante et caractéristique, qui donne envie d'en savoir plus.*

SEMUR-EN-BRIONNAIS – 71.
Son et Lumière (jeudi et samedi en été)
Petite capitale du Brionnais, bien située sur un éperon portant un joli groupe de bâtiments, château Saint-Hugues IXe en ruine (Son et Lumière), restes d'un prieuré et surtout une célèbre église romane XIIe de style clunisien (nef, portail et clocher octogonal).
➡ 5,5 km S.-E., Saint-Julien-de-Jonzy, église XIIe, portail et clocher. ➡ 6 km E. (D. 989), après Sainte-Foy, butte de 549 m par une petite route à droite, beau panorama sur le Brionnais*, région vallonnée d'élevage.

SÈNE (Mont de) – 21.
Altitude 521 m
Alias montagne des Trois-Croix ; routes délicates (6 km S. de la Rochepot* ou S.-E. de Nolay*). Splendide panorama. En descendant à pied par l'arête N. puis à droite (G.R. 76), on atteint la belle église Saint-Jean, XIIIe, au porche en bois, maintenant isolée dans un site sauvage ; une petite route y monte de Santenay.
➡ 7 km S.-E. par Dezize, Santenay, petite station thermale aux vins réputés ! Au S., Chassey-le-Camp est célèbre par son oppidum occupé du néolithique aux Romains.

SENNECEY-LE-GRAND – 71.   2 300 hab.
Les restes du château, entourés de fossés, composent un curieux ensemble avec la grande église classique XIXe. A la sortie S.-O., petite église Saint-Julien XIIe et, sur la colline à l'O., belle ancienne église Saint-Martin-de-Laives XIe (panorama).

SENS – 89.   27 900 hab.
Vieille ville épiscopale entourée de beaux boulevards ombragés.
Célèbre cathédrale Saint-Etienne, la première gothique en France (nef du milieu XIIe) ; belle façade avec colonnades et portails magnifiques, également ceux du transept flamboyant, « brasiers de pierre » ; admirables verrières (nef et transept, aux roses immenses) ; voir les grilles du chœur, le déambulatoire, une Vierge assise XIVe, dans la chapelle Notre-Dame ; dans la nef, l'autel des Salazar, XVIe. Très important trésor (vis. tous les jours sauf dimanche matin et mardi).
Le palais synodal, qui touche la cathédrale à droite, au toit bien bourguignon de tuiles vernissées, est du XIIIe, restauré par Viollet-le-Duc ; c'est un musée lapidaire (vis. tous les jours sauf mardi) : mausolée du cardinal Duprat et ses bas-reliefs, statues anciennes, tapisserie XVIe, fragments de mosaïque romaine, etc. Des jardins de l'archevêché, vue sur le transept sud. Tout près, 5, rue Rigault, musée d'archéologie et des beaux-arts (près d'une façade XIIIe déplacée), riche sur l'époque gallo-romaine.

Nombreuses maisons anciennes, rue de la République :
maison d'Abraham, dont le coin forme un Arbre de Jessé,
maison du Pilier à côté ; Grande Rue. Hôtel de ville
modern'style. Halles métalliques XIXᵉ (marché animé le
lundi). A l'ancien hôpital, très beau chœur de l'ancienne
église abbatiale Saint-Jean, XIIIᵉ (style champenois-bour-
guignon). Eglise Saint-Savinien, XIᵉ. Jolis bords de
l'Yonne, et église Saint-Maurice XIIᵉ-XVIᵉ.
➡ 7 km N. puis N.-E., Soucy, église XIVᵉ au clocher
fortifié à échauguettes (XVᵉ) ; au N., forêt de Soucy, à
l'entrée de laquelle on jouit d'un beau panorama sur Sens
et sa région. ➡ 8 km S., Etigny, église (fresque XIIIᵉ et
retable XVIᵉ).

SETTONS (Les) – 58.
Altitude 580 m
Le G.R. 13 longe la rive O. de ce beau lac de barrage, un
des plus anciens de cette importance (vers 1860), dont une
route agréable contourne les autres rives, entourées de
pins, sapins, mélèzes. Plage, voile, motonautisme.
➡ 10 km E., belle région de Alligny-en-Morvan, pleine
d'ambiance montagnarde avec de grands bois de sapins.

SEURRE – 21.   2 900 hab.
Au bord de la Saône majestueuse (plage) ; église XIVᵉ
(portail) ; maisons XVᵉ en bois, et XVIᵉ en brique (galerie
d'art).

SOGNES – 89.
Village dont l'église cache une crypte romane aux
chapiteaux curieux. Restes de fresques postérieures.

SOLUTRÉ – 71.
Roche calcaire, au profil superbe, au-dessus du village au
nom célèbre ; des fouilles successives ont découvert un
charnier préhistorique de 100 000 chevaux, puis des
squelettes d'Aurignaciens et de Néolithiques avec des
outils. Musée (mais celui des Ursulines à Mâcon est plus
explicite). De la Roche (495 m), panorama.

SOMBERNON – 21.
Fameux « col » de l'ancienne N. 5 (D. 905). Quelques
vestiges d'un puissant château. Eglise XIVᵉ (crypte
gothique). Larges vues.
➡ 4 km E., Mesmont, où naquit saint Seine ; d'une
chapelle isolée, panorama étendu. ➡ 7 km N.-E. par D. 16,
le Puits XV (587 m), profond de 197 m, a servi à extraire
les matériaux du tunnel de Blaisy-Bas (4,100 km), de la
ligne Paris-Dijon ; avec onze autres, il sert toujours à son
aération ; près de là, rochers d'escalade sur la falaise de
Baulme-la-Roche et vue magnifique. ➡ 4 km S.-O.,
Echannay, église romane : retable.

SUIN (Butte de) – 71.
Altitude 593 m
Une des buttes, avec villages perchés, qui limitent à l'E. le
Charollais, dominant un panorama étendu (table d'orienta-
tion). Passage du G.R. 7 (beau parcours au S. jusqu'au col
des Vaux, environ 2 h). Entre Charolles et Cluny, belle
route D. 17 (ancienne « grande » route) passant au pied de
Suin au S.

SULLY – 71.
Château magnifique, typique de la Renaissance bourguignonne ; douves, escalier extérieur monumental, parc,
communs (vis. extérieure en saison).

TAIZÉ – 71.
Village célèbre pour sa communauté protestante œcumé-
nique qui a fondé l'église de la Réconciliation (1962),
catholique, protestante et orthodoxe (vitraux) ; église
paroissiale romane XIIᵉ.
➡ 1 km N., Ameugny, église XIIᵉ.

TALMAY – 21.
Beau château XVIIIᵉ qu'arrose la Vingeanne, conservant un
solide donjon carré XIIIᵉ aménagé Renaissance et XVIIᵉ,
d'où la vue est belle (vis. tous les jours l'été, dimanche et
jours fériés en saison).

TANLAY – 89.   1 200 hab.
Magnifique château XVIIᵉ de style Renaissance avec
douves, dans la verdure (portail monumental, cour
d'honneur, petit Château et grand Château) ; beau parc et
canal de 530 m. Ameublements et fresques remarquables
(vis. tous les jours en saison sauf mardi). C'est sans doute
l'un des plus beaux châteaux Renaissance de Bourgogne.
➡ 3 km N.-E., ruines de l'ancienne abbaye de Quincy.

TANNAY – 58.
Pittoresque vieux bourg sur une colline de la rive gauche
de l'Yonne (vin blanc réputé) ; collégiale Saint-Léger XIIIᵉ
au XVᵉ ; maison des Chanoines XVᵉ. Restes importants de
l'enceinte, panorama.
➡ 5,5 km N.-E., Metz-le-Comte, église romane XIIᵉ au
XVᵉ, panorama.

*Tanlay : La Renaissance est ici attardée et d'esprit bien classique
et bien français ; ce château est une réussite parfaite d'architecture
et de décoration, non loin d'Ancy-le-Franc, lui aussi magnifique
(mais parfaitement Renaissance).*

*Tournus : **La célèbre abbatiale Saint-Philibert s'annonce de loin par ses magnifiques tours roses.***

TERNANT – 58.
Village célèbre pour les deux triptyques flamands XVᵉ donnés à son église par le baron Philippe de Ternant, chambellan du duc de Bourgogne Philippe le Bon. Le grand représente la Passion et le petit les scènes principales de la vie de la Vierge. Très inattendus ici, ils sont d'une rare perfection. Tous deux représentent le généreux donateur (et sa femme).

THIL – 21.
Entre le Serein et l'Armançon, la montagne de Thil (vue immense) est couronnée des belles ruines d'un château fort (IXᵉ, XIIᵉ, XIVᵉ) en cours de restauration, et d'une collégiale XIVᵉ qui n'a plus guère de toits. Une petite route y monte de Précy-sous-Thil.

THOISY-LA-BERCHÈRE – 21.
Beau château XVᵉ (vis. tous les jours en saison sauf mardi) ; belles tapisseries, fresques, mobilier, plafonds ; église XVIᵉ, peintures murales.

THOISY-LE-DÉSERT – 21.
Près du réservoir de Cercey, sur l'Armançon naissant ; église XIVᵉ (flèche).
➡ 3,5 km N.-E., Pouilly-en-Auxois, à la sortie d'un tunnel du canal de Bourgogne ; au cimetière, S., chapelle Notre-Dame Trouvée, XIVᵉ, avec Mise au tombeau XVIᵉ et chaire extérieure.

TIL-CHÂTEL – 21.
L'Ignon s'y jette dans la Tille. L'église XIIᵉ est fort belle : clocher, portails, chœur, chapiteaux historiés. Maisons anciennes.
➡ 5 km O., Is-sur-Tille, qui est en fait sur l'Ignon ; église XIVᵉ et deux maisons XVIᵉ. Au débouché de la belle vallée de l'Ignon. ➡ 3,5 km S.-E., Lux, château XVIᵉ et, au N., perte de la Venelle, non loin du confluent possible (réapparaît à Bèze).

TONNERRE – 89.   6 500 hab.
Ville ancienne et pittoresque étagée sur la rive gauche de l'Armançon et dominée par l'immense toiture du « Vieil hôpital » XIIIᵉ, abritant la salle des Malades encore longue de 80 m, lambrissée et avec charpente en chêne ; dans les chapelles, tombeaux de Marguerite de Bourgogne, de Louvois par Girardon, et Mise au tombeau XVᵉ (représentant sept statues de pierre grandeur nature), chef-d'œuvre de la sculpture bourguignonne.
Collégiale Saint-Pierre XVIᵉ sauf chœur et tour antérieurs (portail). Bel hôtel d'Uzès Renaissance (Caisse d'épargne), où naquit le chevalier d'Eon. « Fosse Dionne », belle source vauclusienne dans un pittoresque lavoir.
➡ 1,5 km S.-E., ancienne abbaye Saint-Michel (vestiges XIᵉ et XIIᵉ) dans un cadre de verdure (hôtel).

TOUCY – 89.   2 800 hab.
L'église, XVIᵉ pour une part, s'appuie sur des tours XIIᵉ de l'ancienne enceinte. Marché à bestiaux animé le samedi. Patrie de Pierre Larousse, le linguiste et esprit encyclopédique bien connu (1817-1875). Jolie route de Saint-Sauveur, au S.-O.

TOULON-SUR-ARROUX – 71.   2 100 hab.
Ancienne église romane. Pont XVIᵉ.

TOURNUS – 71.   7 800 hab.
Port ancien sur la Saône, au climat presque méridional (voir les toits de la région), c'est un haut lieu de la France romane par son abbatiale Saint-Philibert Xᵉ au XIIᵉ, aux tours visibles de loin et à la façade quasi militaire ; narthex massif et sombre avec fresques, belle chapelle supérieure ; nef rose splendide aux fameux piliers ronds et aux voûtes en berceaux transversaux (belles orgues) ; transept et chœur en pierre blanche, chapiteaux à la croisée ; crypte Xᵉ

avec fresques XIIe. Galerie de cloître et bâtiments monastiques : cellier et réfectoire XIIe, salle capitulaire XIIIe, logis abbatial XVe. Le logis du Trésorier XVIIe, contenant un musée bourguignon, et quatre tours de l'enceinte abbatiale complètent cet ensemble (à quelques pas de la N. 6 et de l'A 6).

Musée Greuze (vis. tous les jours en saison sauf mardi). Nombreuses maisons anciennes, notamment vers l'église de la Madeleine XVe (portail XIIe). Pharmacie XVIIe de l'Hôtel-Dieu. Belles vues sur Tournus de la rive gauche de la Saône et de Lacrost à l'E., et de la route de Brancion* à l'O.

➡ 4 km S., le Villars, village bien situé sur la Saône, église XIe-XIIe à deux nefs, l'une est annexe d'une ferme.

TRACY-SUR-LOIRE (Château de) – 58.
Château XVe près d'un étang (beau donjon haut de 30 m).

UCHIZY – 71.
Eglise romane XIe à trois nefs et grand clocher carré.
➡ 2 km N.-E., Farges-lès-Mâcon, petite église XIe archaïque, parente de Tournus.

UCHON (Signal d') – 71.
Altitude 681 m
Haut lieu étrange, énormes rochers et boules de granit entourant et dominant le village d'Uchon et le bocage environnant. Panorama étendu vers le Morvan et l'Auvergne.
➡ Au S.-O., par la Tagnière, on peut gagner Dettey*.

VALLERY – 89.
Le château des princes de Condé, XVIe, au N.-E., domine le village (le XIXe en a fait disparaître une partie) ; à l'église, mausolée de Henri II de Condé, le père du Grand Condé. Jolie vallée de l'Orvanne.

VAL-SAINT-BENOÎT – 71.
Dans la belle forêt des Battées (suivre la petite route forestière qui domine par endroits la vallée de la Drée), le prieuré de Val-Saint-Benoît, devenu ferme, possède une bien belle chapelle gothique XVe.

VAL SUZON – 21.
De Val Suzon (et même plus en amont) jusqu'à Messigny, belles gorges rocheuses et boisées du Suzon à travers la forêt de Val Suzon (visites guidées O.N.F.), courue de nombreux sentiers. Site ombragé de la Fontaine de Jouvence. Sur le plateau S., centre de vol à voile à Darois et, non loin, autodrome.

VARZY – 58.   1 600 hab.
Belle église gothique XIIIe-XIVe (triforium) ; triptyque de Sainte-Eugénie ; trésor. Maisons anciennes (hôtel des Echevins XVIe, maison Guiton XVe). Lavoir. Musée (vis. tous les jours en saison sauf mardi) : Christ de Varzy en bois XIIIe, faïences, verreries, mobilier, sculptures, objets gallo-romains. Boulevards (anciens remparts).
➡ Sortie E., mont Châtelet (359 m), vue panoramique étendue.

VAUX (Etang de) – 58.
Une simple chaussée le sépare de l'étang de Baye ; ils régularisent le canal du Nivernais et, dans la verdure, sont appréciés des pêcheurs (sports nautiques à l'étang de Baye).

VERDUN-SUR-LE-DOUBS – 71.   1 200 hab.
Dans une belle et calme campagne, près de la rencontre du Doubs et de la Saône, la ville de la pauchouse, donc le paradis des pêcheurs. Maisons anciennes. Eglise XVIe. Maison du Blé et du Pain.
➡ 3 km S.-E., Ciel, église à abside romane.

VERMENTON – 89.   1 300 hab.
Eglise XIIe au XIVe à trois nefs, beau portail mutilé et tour. Village vallonné au bord de la Cure, vieilles maisons.
➡ 5 km N.-O., Cravant possède des restes de remparts, un beffroi XIVe et un beau chœur Renaissance à l'église. L'Yonne que vient de grossir la Cure est bien jolie ainsi que le canal (du Nivernais). ➡ 3 km O., sur la rive gauche de la Cure, Accolay, qui fut célèbre naguère pour sa poterie, artisanat devenu industrie ; église XIIe.

VÉZELAY – 89.
Les 2e et 3e croisades y furent prêchées et c'est un point essentiel des chemins de Saint-Jacques. Ce fut une ville, à l'histoire d'ailleurs agitée ; cela reste un haut lieu par son site et par sa merveilleuse basilique romane XIIe-XIIIe Sainte-Madeleine, restaurée admirablement par Viollet-le-Duc ; façade et tours XIIIe (panorama), narthex et portails intérieurs magnifiques, celui du centre est célèbre ; la nef au fameux décor polychrome présente des chapiteaux extraordinaires (à vos jumelles !) ; beau chœur gothique XIIIe à déambulatoire, crypte, salle capitulaire, et une galerie de cloître roman relevée par Viollet-le-Duc. En faisant le tour, voir le chevet de la terrasse et le panorama très étendu sur le Morvan et les plateaux de l'Avallonnais. Maisons anciennes nombreuses dans le bourg entouré de la promenade des Fossés qui jalonnent tours et portes. Illuminations l'été. Pèlerinage le 22 juillet.

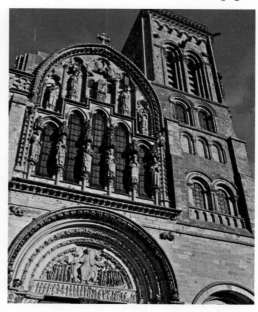

La façade de la basilique Sainte-Madeleine de Vézelay a été restituée par Viollet-le-Duc, qui a sauvé l'ensemble du monument, dont les portraits intérieurs et les chapiteaux sont les morceaux de bravoure.

VILLAINES-EN-DUESMOIS – 21.
Quatre tours rondes et quelques remparts subsistent d'un château médiéval des ducs de Bourgogne. Eglise XIIIe. Un peu en aval, perte de la Laigne qui ne reparaîtra que 18 km plus loin, à Laignes (N.-O.).

VILLENEUVE-L'ARCHEVÊQUE – 89.   1 300 hab.
Eglise XIIIe au remarquable portail et surtout une Mise au tombeau XVIe provenant de l'abbaye cistercienne de Vauluisant (à 6 km N.-O., dont il reste quelques vestiges).

VILLENEUVE-SUR-YONNE – 89.   4 800 hab.
Bastide royale XIIe fortifiée (portes de Sens et de Joigny, tours, restes de remparts), beau pont. Eglise XIIIe au XVIe très belle (façade Renaissance, chapiteaux de la nef gothique, Mise au tombeau Renaissance dont le Christ en bois est antérieur, vitraux).
➡ 10 km E., Dixmont, dont l'église conserve un beau portail roman (Annonciation) et un bas-relief XIe ; la forêt d'Othe* entoure le village.

VILLIERS-SAINT-BENOÎT – 89.
Musée d'art régional dans une maison XVIIe (vis. tous les jours sauf mardi) : faïences régionales, grès de la Puisaye, art populaire, mobilier, et belles sculptures bourguignonnes. A l'église XIIIe, peintures murales XVe.
➡ 5 km N.-O., Grandchamp, château XVIe, dans la jolie vallée de l'Ouanne.

VITTEAUX – 21.   1 100 hab.
Eglise XIIe remaniée, avec beau chœur Renaissance et nombreuses œuvres d'art (tribune d'orgue XVe, voûte peinte d'une chapelle du chœur). Belles halles médiévales. Maisons anciennes XVe et même XIIIe. Restes intéressants du château fort.
➡ 3 km N., château féodal XVe de Posanges. ➡ 9 km N., Brain, chapelle XVe. ➡ 13,5 km N.-O., Marigny-le-Cahouët, au bord du canal, église XVe (fresques et autel Renaissance) et château médiéval avec fossés.

VOUTENAY-SUR-CURE – 89.
Pittoresque village, église XIIe sur un éperon rocheux ; à l'E., vue sur la vallée de la Cure (table d'orientation) ; au N.-E., jolie route (D. 9) remontant le Vau de Bouche, jolie route aussi de Nitry par Joux-la-Ville (église).
➡ O. par la route de Mailly, ruines gallo-romaines du camp de Cora, dans les bois de Saint-Moré, défendant une voie romaine. ➡ 3,5 km S. (+ 2 km E.), à Sermizelles, Notre-Dame-d'Orient, belle chapelle moderne avec panorama (vers Vézelay notamment), au bord du plateau.

YONNE (Vallée de l') – 58-89.
Le beau torrent morvandiau devient, après Pannesière*, une rivière large et claire aux crues redoutables (la Cure et surtout l'Armançon l'y aident), coulant dans des paysages typiques de la Basse-Bourgogne. Clamecy*, les rochers du Saussois (voir Mailly-le-Château*), Auxerre*, Joigny*, Sens* en sont les principales étapes.

Sully-sur-Loire : *Admirable château de celui qui fut le compagnon d'Henri IV et son célèbre ministre.*

Centre

39 062 km² − 2 264 164 habitants

Départements	Superficie en km²	Population
18 Cher	7 228	320 174
28 Eure-et-Loir	5 876	362 813
36 Indre	6 778	243 191
37 Indre-et-Loire	6 124	506 097
41 Loir-et-Cher	6 314	296 220
45 Loiret	6 742	535 669

Etonnant mélange de plaines parfois rudes et de vallées charmantes où s'égrènent les châteaux comme grains sur la grappe, ce conglomérat de vieilles provinces, Berry, comtés de Blois, de Touraine, du Perche, a connu jadis une histoire aussi agitée que la vie y est calme depuis ; il suffit d'évoquer les remuants Foulques princes d'Anjou, la guerre de Cent Ans, Charles VII et Jeanne d'Arc, les horreurs des guerres de religion !

La Loire est le grand trait d'union de la région, la gratifiant de sa lumière magnifique et contribuant à son climat assez favorable dans l'ensemble.

L'agriculture reste solide et a su se moderniser, mais l'industrie, très diversifiée, a progressé partout avec un grand dynamisme, concrétisé par les universités jumelles de Tours et d'Orléans, villes superbes comme, par ailleurs, Chartres, Bourges, Vendôme, Chinon, qui connaissent toutes un succès touristique très grand, dans la foulée des célèbres et innombrables châteaux de tous styles et de toutes époques qu'on regroupe hâtivement sous le nom de châteaux de la Loire !

Amboise : D'origine très ancienne, devenu royal avec Charles VII, le château, beau témoin de la première Renaissance française, n'a guère été utilisé que jusqu'à la fameuse conjuration d'Amboise (1560) qui vit des protestants bretons essayer de plaider leur cause et de faire éliminer le clan des Guise. Plus tard, Choiseul lui préféra son voisin Chanteloup, dont ne subsiste que la grande pagode, élégante au bord de son étang (ci-dessus, à droite).

AIGUEVIVE (Ancienne abbaye d') – 41.
Belle église XIIᵉ en ruine (on ne visite pas).

AIGURANDE – 36. 2 300 hab.
Altitude 425 m
Eglise XIIIᵉ.
➡ 2 km N.-O., la Chapelle, chapelle à la source de la Bouzanne*, pèlerinage. ➡ 9 km N.-O., Montchevrier, dolmens à l'O. et au S.-O. ; 6 km S., Lourdoueix-Saint-Michel, étonnante église fortifiée XIᵉ-XVᵉ

AINAY-LE-VIEIL – 18.
« Petite Carcassonne » du Berry, la vaste enceinte médiévale XIVᵉ, octogonale, dominée par neuf tours dont un massif châtelet, et entourée de douves d'eau vive, abrite un beau logis début Renaissance (vis. tous les jours en saison) ; chemin de ronde panoramique.
➡ 4 km N.-O., Drevant (ruines romaines).

AIX-D'ANGILLON (Les) – 18. 2 000 hab.
Au bord du Colin. Porte fortifiée et maisons anciennes. Eglise avec beau clocher XIIᵉ.

ALLOGNY (Forêt d') – 18.
2 200 ha de beaux arbres. Restes de l'ancien prieuré de Bléron XIIIᵉ-XVᵉ.

ALLUYES – 28.
Donjon rond XIIᵉ et porte ; belle vue. Eglise XVᵉ, belles peintures murales et Vierge ouvrante XVIᵉ. Mégalithes.

AMBOISE – 37. 11 100 hab.
Son et Lumière
Le superbe château XVᵉ-XVIᵉ que nous connaissons fut quatre fois plus grand (vis. tous les jours) ; l'immense enceinte dominant la Loire au N. et la ville au S. comprenait trois cours et une collégiale ; vaste terrasse, magnifique logis du Roi fin XVᵉ (flanqué de l'énorme tour des Minimes dont les cavaliers pouvaient gravir la fameuse rampe en hélice) avec salle des Gardes et salle des Etats ; merveilleuse chapelle Saint-Hubert, flamboyant (œuvres d'art). Musée de l'Hôtel de Ville (vis. tous les jours sauf samedi, dimanche et jours fériés). Rue de la Concorde (pied N. du château), maisons XVIᵉ et « greniers de César » (souterrains de couvent XVIᵉ). Eglises Saint-Florentin XVᵉ et Saint-Denis roman angevin XIIᵉ (chapiteaux, statues). Fontaine d'Amboise, de Max Ernst (1968). Musée de la Poste dans un hôtel XVIᵉ (fermé le mardi). Porte et beffroi de l'Horloge.
A l'E., rue Victor-Hugo, beau manoir du Clos-Lucé XVᵉ où Léonard de Vinci vécut trois ans puis mourut (vis.) ; meubles, et exposition des maquettes faites par IBM selon ses célèbres dessins.

➡ 3 km S.-O., à l'orée de la grande forêt d'Amboise (privée, 5 000 ha), Pagode de Chanteloup, « chinoiserie » XVIIIᵉ, seul reste des dépendances du château du ministre Choiseul ; du haut de ses sept étages, magnifique panorama (vis. tous les jours sauf lundi). ➡ 2 km O., rive droite, Négron, église XIᵉ-XVᵉ, et grange ancienne remarquable.

ANET – 28. 2 200 hab.
Dans la si jolie vallée de l'Eure (en suivre la rive au N.-E.), le beau château de Diane de Poitiers est à l'état de restes ; dû à Philibert Delorme, on peut voir la façade et le grand portail (*Diane couchée,* de Cellini, original au Louvre), la chapelle (bas-reliefs de Jean Goujon) et une aile (œuvres d'art, tapisseries) (vis. tous les jours en saison sauf mardi, dimanche et jours fériés l'hiver). Tombeau dans la chapelle funéraire de Diane de Poitiers. Eglise XIIIᵉ et XVIᵉ. Beau parc.
➡ 8,5 km E. par la jolie vallée de la Vesgre, Berchères-sur-Vesgre, château de Herces, XVIIIᵉ, œuvre remarquable d'Antoine.

APREMONT-SUR-ALLIER – 18.
Au bord de l'Allier, joli village et jardin botanique. Au S., imposante forteresse dominant l'Allier et la région, face au curieux château presque rond de Meauce, sur la rive bourguignonne (région XII).

ARGENTON-SUR-CREUSE – 36. 6 800 hab.
Jolie ville aux vieilles maisons à galeries sur la Creuse : site du Vieux Pont ; ancien collège Renaissance, belle chapelle Saint-Benoît XVᵉ-XVIᵉ et panorama de l'esplanade de la Bonne-Dame (pèlerinage).
➡ 2 km N., Saint-Marcel, sur la ville gallo-romaine d'Argentomagus (fouilles importantes : zone cultuelle, fontaine sacrée, théâtre, cimetière), musée (tous les jours l'été) à l'ancien prieuré ; bourg médiéval, église XIIᵉ-XIVᵉ, stalles XVIᵉ, fresques, crypte XIᵉ, trésor, clocher fortifié XIVᵉ.

ARGENT-SUR-SAULDRE – 18. 2 700 hab.
Centre de poterie de grès ; église XVᵉ à clocher-porche (groupe Renaissance de la Trinité) ; château XVᵉ à tours rondes.
➡ 7 km O.-N.-O., grand et bel étang du Puits, apprécié des pêcheurs, baignade et sports nautiques. ➡ 8 km S.-E., château de Blancafort*.

ARGY – 36.
Imposant château féodal XVᵉ-XVIᵉ à donjon carré et galeries Renaissance (vis.).

ARTENAY – 45. 1 600 hab.
Moulin à vent (vis.)
➡ S., doublant la ligne Paris-Orléans à quelque distance à l'E. sur 19 km, rail de béton surélevé de l'aérotrain expérimental, abandonné.

AUBIGNY-SUR-NÈRE – 18. 5 500 hab.
Ville ancienne Renaissance renfermant de nombreuses maisons à pans de bois XVIᵉ (une du XVᵉ rue du Pont-aux-Foulons, rescapée de l'incendie de 1512), dans des vestiges de remparts XIVᵉ ; église Saint-Martin XIIᵉ-XIIIᵉ-XVᵉ (stalles XVIᵉ et statues, vitrail de Saint-Martin) ; l'hôtel de ville est

le château des Stuarts XVᵉ-XVIᵉ dont le parc, les Grands Jardins, style Le Nôtre, est public. Parc omni-sports.

AUNEAU – 28.　　　　　　　　　　　　3 300 hab.

Marché agricole. Eglise XIIᵉ et gros château féodal XVᵉ ; donjon rond XIᵉ, séparé.

AVOINE-CHINON – 37.

Puissante centrale nucléaire E.D.F. sur la rive gauche de la Loire, conçue pour la production d'électricité. Curieuse sphère de Chinon 1 (désaffectée). Belvédère explicatif.

AVORD – 18.

Portail roman à l'église (et peintures). Grande base militaire. ➡ 8 km S.-E., Bengy-sur-Craon, église romane. ➡ 9 km N.-E., Baugy, église gothique XIIIᵉ-XIVᵉ ; foires réputées.

AVRE (Vallée de l') – 28.

(Voir région V.)

AZAY-LE-FERRON – 36.　　　　　　　　1 300 hab.

Remarquable château, XVᵉ au XVIIIᵉ, entouré de jardins à la française et d'un beau parc ; mobilier, tapisseries, etc., de grande valeur (vis. tous les jours sauf mardi en saison). ➡ 6 km E., Paulnay, église XIIᵉ-XIIIᵉ, façade romane et belles fresques.

AZAY-LE-RIDEAU – 37.　　　　　　　　2 800 hab.

Son et Lumière

Dans un parc ravissant « meublé » par l'Indre, somptueux château purement Renaissance sous une fine enveloppe gothique ; très homogène, début XVIᵉ, il abrite un musée de la Renaissance (peintures, mobilier, tapisseries) dans ses beaux appartements (escaliers) (vis. tous les jours). Eglise médiévale à remarquable façade pré-romane ornée de statuettes archaïques. ➡ 2,5 km N.-O., château de l'Islette, XVIᵉ. ➡ 7 km E., château de Saché*. ➡ 6,5 km S.-E., Villaines-les-Rochers, centre artisanal de vannerie, exposition permanente et visites d'ateliers.

BANNEGON – 18.

Château XVᵉ avec douves, au bord d'un étang. ➡ 6 km E., Neuilly-en-Dun, église romane.

BARRES (Arboretum des) – 45.

Collections importantes de l'Ecole forestière (vis. réservée aux spécialistes).

BAUDRY (Château de) – 37.

Edifice XVIIᵉ, avec parc remarquable plein de charme (bassins, cascades ; vis. ext. tous les jours).

BAZOCHE-GOUËT (La) – 28.　　　　　　1 600 hab.

Eglise XIIᵉ-XVᵉ (verrières XVIᵉ, chaire, portail) ; maisons anciennes.

BEAUGENCY – 45.　　　　　　　　　　6 800 hab.

Son et Lumière

Belle ville ancienne en bord de Loire. Tour de César, donjon rectangulaire XIᵉ, de 36 m, relié au château (vis. tous les jours sauf mardi l'hiver), joli logis XVᵉ de Dunois (musée régional). Eglise Notre-Dame XIIᵉ qui a abrité deux conciles. Hôtel de ville Renaissance (broderies). Place du Martroi, petite église Saint-Etienne XIᵉ, maison de bois XVᵉ.

Azay-le-Rideau : Bijou purement Renaissance enserré dans deux bras de l'Indre comme dans un écrin.

En bas, Beaugency : Beaucoup de vieilles et illustres maisons... ici le château-Dunois construit par le compagnon de Jeanne d'Arc.

Beau pont de vingt-deux arches, certaines du XVIᵉ. Tour Saint-Firmin XVIᵉ. Maisons anciennes. Portes de Tavers et de l'Horloge. Terrasse du Petit-Mail, sur la Loire. ➡ 3 km S.-O., Tavers, beau dolmen près de l'A. 10. Passage du G.R. 3 sur la levée de la Loire.

BEAUNE-LA-ROLANDE – 45.　　　　　　2 000 hab.

Jadis place forte sur le « chemin de César » (voie romaine Orléans-Sens) ; marché agricole à belle église XVᵉ (tour XIIᵉ) à trois nefs et ornementation Renaissance ; mobilier intéressant, et peinture de Bazille.

BEAUREGARD (Manoir de) – 41.

Elégant manoir XVᵉ à tourelle et échauguettes. ➡ 5 km N.-E., Chémery, château fort XVᵉ avec des douves et des portes Renaissance.

BEAUREGARD (Château de) – 41.

Du XVIᵉ, remanié XVIIᵉ, étonnant par sa galerie de trois cent soixante-trois portraits (début XVIIᵉ) avec boiseries et carrelage en faïence de Delft ; beau cabinet des Grelots XVIᵉ (boiseries et peintures) ; mobilier et tapisseries (vis. tous les jours).

253

Blois : *La ville, belle et agréable sur la Loire, entoure le fameux château Renaissance et Mansart, témoin de nombreux événements historiques et notamment de l'assassinat du duc de Guise.*

BELLEGARDE – **45.**   1 500 hab.
Parmi des roseraies et une riche plaine ; église romane à belle façade sur la place du Marché (excellentes peintures). Au S., le château, massif donjon carré XIVᵉ à grandes fenêtres et échauguettes, entouré de grandes douves, et pavillons en brique XVIIᵉ et XVIIIᵉ, dont l'un sert d'hôtel de ville (salon Régence).

BERTHENOUX (La) – **36.**
Belle église romane XIIᵉ, chapiteaux. Foire célèbre le 9 septembre.

BLANC (Le) – **36.**   8 400 hab.
La ville basse s'étale sur la rive droite de la Creuse, avec le clocher roman de Saint-Génitour XIIᵉ-XVᵉ (vitraux). En face, la ville haute ; maisons XVᵉ, château Naillac XIIᵉ, église Saint-Cyran XIIᵉ ; belle vue de la terrasse du château.
➡ 8 km S.-O., château de Forges, XVᵉ, sur l'Anglin, d'allure très féodale. De là, descendre la ravissante vallée de l'Anglin, par Ingrandes (ruines féodales), Plain-Coureaud (manoir XVᵉ et chapelle romane), Mérigny (rive gauche, château de la Roche-Bellusson, site magnifique sur la falaise), D. 50 rive droite, rochers, belle route, aller à Angles-sur-l'Anglin* (région XIV) ou Fontgombault*. A l'E. et au N.-E., la Brenne*.

BLANCAFORT – **18.**
Sur la Grande-Sauldre ; joli château XVᵉ-XVIᵉ en brique rose, conservant mobilier et tapisseries (vis. tous les jours en saison sauf mardi) ; parc à la française ; église XVᵉ avec clocher-porche en charpente.

BLÉRÉ – **37.**   4 100 hab.
Eglise XIIᵉ-XVᵉ (Pietà). Vieilles maisons. Côté E., ancien cimetière, avec curieuse chapelle funéraire Renaissance à dôme, d'un trésorier de l'artillerie du roi.

BLOIS – **41.**   52 000 hab.
Son et Lumière
Bien située sur le flanc du plateau, dominant la Loire et la plaine de la rive gauche où s'étalent la forêt de Chambord* et derrière elle la Sologne* ; bien reconstruite après les gros dégâts de juin 1940. Important marché agricole (notamment asperges, fraises) ; chocolats.
Le célèbre château, XIIIᵉ au XVIIᵉ, domine la ville et la Loire (vis. tous les jours) ; sa cour d'honneur est entourée de l'aile Louis XII en brique et pierre, par où l'on rentre (style flamboyant, belle galerie avec chapiteaux), et que suit la salle des Etats, XIIIᵉ (deux nefs, tapisseries d'après cartons de Rubens), de l'aile François Iᵉʳ à droite, admirable dans son style Renaissance avec son escalier célèbre dans une tour octogonale ajourée et sculptée, en

saillie, et ses façades (au 1ᵉʳ étage, appartements de la Reine, où séjourna Catherine de Médicis ; au 2ᵉ, appartements d'Henri III où le duc de Guise fut assassiné), puis en face l'aile Gaston d'Orléans, classique, d'après des plans de Mansart, avec un bel escalier moderne dans la grande cage XVIIᵉ ; l'aile Louis XII est reliée à la chapelle Saint-Calais (chœur flamboyant) par un reste de la galerie Charles d'Orléans ; la cour s'ouvre, entre la chapelle et l'aile classique, sur la terrasse et la tour du Foix (belle vue sur la ville). Dans l'aile Louis XII, musée d'art religieux et musée des Beaux-Arts. En face du château, musée sur l'illusionniste Robert Houdin (vis. tous les jours en saison). Ville haute, vieux hôtels et maisons XVIᵉ, notamment l'hôtel d'Alluye, Renaissance (cour avec galerie double) ; cathédrale Saint-Louis XVIIᵉ, gothique (crypte Saint-Solenne Xᵉ-XIᵉ) ; hôtel de ville XVIIIᵉ (ancien évêché) avec jardins en terrasses (vue) ; en descendant vers le beau pont XVIIIᵉ, vieux quartiers pittoresques autour de la place de l'Ave Maria, maisons XVᵉ et XVIᵉ (maison XVᵉ de Denis Papin, né à Blois) ; beau Rond-Point de la Résistance, au bout du pont ; vers le S.-O., fontaine Louis XII puis église Saint-Nicolas, ancienne abbatiale, beau style de transition roman-gothique (chapiteaux). Au N.-E., basilique moderne Notre-Dame-de-la-Trinité, œuvres d'art, carillon de quarante-huit cloches (concerts). Rive gauche, faubourg de Vienne, église Saint-Saturnin XIVᵉ-XVIIᵉ (pèlerinage à Notre-Dame-des-Anges, lundi de Pentecôte) et ancien cimetière, musée lapidaire.
➡ N.-E., vaste centre nautique, sur la Loire retenue par un barrage. ➡ 4 km N.-E., la Chaussée-Saint-Victor, musée Adrien-Thibault (céramiste). ➡ 13 km N.-O., la Chapelle-Vendômoise ; S.-O. puis S.-E., à 1,5 km, dolmen de la Pierre-Levée. ➡ Voir châteaux de Beauregard*, Chambord*, Cheverny*, Ménars*, Talcy*, Chaumont*, entre autres.

BLOIS (Forêt de) – **41.**
Vaste et agréable, avec de beaux chênes ; entre la Cisse et la Loire.

BOIS-AUBRY (Ancienne abbaye de) – **37.**
Remarquables restes XIIᵉ, église (à clocher carré et flèche XVᵉ), salle capitulaire (hôtellerie XVᵉ) (vis.).

BOISCOMMUN – **45.**
Vestiges de remparts (promenades). Très belle église gothique XIIIᵉ (façade XVᵉ à portail roman XIIᵉ, vitrail XIIᵉ et tribune d'orgue XVIᵉ peinte de huit personnages).

BOMMIERS (Forêt de) – **36.**
A l'E. de la Théols, grand massif de 5 000 ha de chênes et houx avec étangs et ruisseaux, comprenant la forêt de Chœurs ; à l'O. et au S. de la rivière, grands bois épars en arc de cercle, traversés par la Levée de César, voie romaine. Bommiers, église romane très restaurée, mais beaux chapiteaux (stalles XVIᵉ).

BONNEVAL – **28.**   4 900 hab.
Ancienne ville fortifiée dont le Loir remplit les fossés ; restes d'enceinte. Belle église Notre-Dame XIIIᵉ et ancienne abbaye Saint-Florentin (entrée fin XVᵉ). Maisons gothiques et pont XIIIᵉ.
➡ 5 km S.-S.-E., Saint-Maur, dolmen. Beaux méandres du Loir.

BONNY-SUR-LOIRE – **45.**   1 800 hab.
Eglise XVIᵉ, parties XIIIᵉ, portail Renaissance.
➡ 3 km S.-O., rive gauche, Beaulieu, au-dessus du canal latéral, église romane XIᵉ et gothique, retable XVIIIᵉ.

BOUCARD (Château de) – **18.**
Château féodal remanié au XVIᵉ et douves ; intérieur XVIIᵉ (vis. tous les jours).
➡ 5 km N., Jars, jolie église Renaissance rose et blanche, et petit château. ➡ 4 km S.-E., Sens-Beaujeu, petite église XIIIᵉ et château. Collines du Sancerrois.

BOUCHET (Château du) – **36.**
Dans un site magnifique parmi les étangs de la Brenne*, imposant château fort XIIIᵉ-XVᵉ-XVIIᵉ (vis. tous les jours sauf mardi et janvier).
➡ 5 km N., étang de la Gabrière, aménagé (plage, voile).

BOUGES-LE-CHÂTEAU – **36.**
Le château XVIIIᵉ, « Petit Trianon berrichon », avec parc et jardins à la française, possède un beau mobilier XVIIᵉ-XVIIIᵉ ; écuries, sellerie et voitures à chevaux. (Vis. tous les jours en saison sauf mardi.)

BOULOGNE (Forêt de) – **41.**
Ses 4 000 ha tout en longueur bordent au S. le parc de Chambord* de leurs grandes futaies de chênes et de charmes. Côté Blois, c'est le début de la Sologne.

BOURGES – **18.**   80 400 hab.
L'ancienne Avaric puis Avaricum fut une des capitales de l'Aquitaine romaine et joua un grand rôle dans l'histoire médiévale ; sa richesse artistique déjà grande serait peut-être immense sans l'incendie de 1487 qui la dévasta.
La cathédrale Saint-Etienne XIIIᵉ est l'une des plus belles, notamment par les cinq portails de sa façade et leurs

Bourges : *Le duc Jean de Berry, puis le financier Jacques Cœur, et son temps, ont fait la fortune de cette magnifique vieille ville, qui fut universitaire. Sa cathédrale Saint-Etienne est célèbre avant tout pour ses cinq portails.*

sculptures exceptionnelles ; ses dimensions et dispositions ainsi que les vitraux XIIIe admirables donnent à l'intérieur une majesté et une amplitude rares (jumelles utiles pour les vitraux) ; les portails romans N. et S. remontent à l'édifice antérieur et sont XIIe avec statues-colonnes ; grande et belle crypte fin XIIe, très claire (fermée dimanche matin et mardi), avec gisant en marbre du duc de Berry, fragments du jubé XIIIe (détruit au XVIIe), vitraux XIVe, Mise au tombeau XVIe, et vestiges carolingiens ; les jardins, de Le Nôtre, permettent de bien voir l'ensemble et le chevet.
Le palais Jacques-Cœur XVe est un témoignage accompli de l'architecture civile gothique et possède d'étonnants raffinements de décoration et de confort (vis. tous les jours sauf mardi). L'hôtel Cujas, Renaissance début XVIe, contient l'important musée du Berry (vis. tous les jours sauf mardi). L'hôtel Lallemant XVe-XVIe (magnifique façade Renaissance) a des collections de mobilier, tapisseries, faïences, etc. (vis. tous les jours sauf mercredi). La place Gordaine, au centre du vieux Bourges, présente un bel ensemble de maisons de bois (sculptures XVe). Hôtel des Echevins, Renaissance (tourelle octogonale en saillie pour l'escalier) et classique. Maisons XVe-XVIe de la rue Mirebeau, hôtel XVe et rue Pelvoysin, rue Gambon avec maison de la Reine Blanche XVIe et hôtel-Dieu de 1528, église Notre-Dame XVe-XVIe, église Saint-Pierre-le-Guillard XIIIe-XVe, maison dite « de Jacques Cœur » ; près de là, avenue du 95e de Ligne, porte romane Saint-Ursin. Jardin des Prés-Fichaux, au N. Eglise Saint-Bonnet, chœur XVIe (vitraux XVe-XVIe). Au S., Maison de la Culture ; Muséum d'histoire naturelle (14 000 oiseaux, ouvert l'après-midi). Parc des Expositions.
● Route Jacques-Cœur. Bourges en est le pivot. Ses points principaux : circuit au S. : Châteauneuf-sur-Cher*, Culan*, Ainay-le-Vieil*, Noirlac*, Meillant*, Jussy-Champagne*. Vers Paris : Menetou-Salon et Maupas (voir Morogues*), Boucard*, la Verrerie*, Blancafort*, Gien*, la Bussière*.

BOURGUEIL – 37.   3 600 hab.
Belle église restaurée (nef) au chœur angevin XIIe magnifique. Restes importants de la célèbre abbaye (vis. l'après-midi). Vins renommés.

BOURNAN – 37.
Eglise romane, portail Renaissance.
➡ 2 km S.-S.-O., château fort de Bagneux, XVe.

BOUZANNE (Vallée de la) – 36.
Née vers Aigurande*, elle arrose Cluis* et Neuvy-Saint-Sépulchre* dans des sites pittoresques ; allant ensuite vers l'O., elle s'encaisse dans le plateau calcaire et, en approchant d'Argenton-sur-Creuse, y décrit de beaux méandres dominés par des châteaux, dont les fières ruines de Mazières et de Prunget (donjon XIVe).

BRACIEUX – 41.   1 000 hab.
Bourg tranquille sur le Beuvron. Halles XVIe.
➡ 3 km E., château d'Herbault, Renaissance. ➡ 2 km O., château de Villesavin, Renaissance (vis. tous les jours). Nombreux étangs et bois vers le S.-E. (Sologne). ➡ 5 km S., Fontaines-en-Sologne, église XIIe.

BRENNE (La) – 36.
Vaste région d'étangs, de landes et de bois, entre la Creuse et l'Indre au S.-E. du plateau de Sainte-Maure, le « pays des mille étangs » a beaucoup de charme et attire pêcheurs et chasseurs. Quelques belles églises romanes dans les villages, le château du Bouchet*, plages sur des étangs : Bellebouche, la Gabrière ; Mer-Rouge ; des mégalithes.

BRIARE – 45.   5 700 hab.
Remarquable pont-canal métallique fin XIXe par lequel le canal latéral franchit la Loire pour rejoindre le canal de Briare et le Loing.
➡ 2 km S.-E., musée d'Automobiles (vis. l'après-midi tous les jours sauf mardi).

BRINAY – 18.
Belles fresques XIIe dans le chœur roman de l'église.

BROSSE (Château de) – 36.
Ruines formidables, sur un bout du monde au-dessus d'un ruisseau.

La Brenne : *Un des « mille étangs » de cette contrée fort romantique qui occupe un vaste plateau.*

BROU – 28. 3 600 hab.
Marché agricole sur l'Ozanne (base de plein air à l'O.) ; maisons anciennes XVᵉ et XVIᵉ, église XIIᵉ-XVIᵉ.
➡ 1,5 km E., Yèvres, église XVᵉ-XVIᵉ, portail Renaissance, mobilier et boiseries magnifiques. ➡ 6 km O.-S.-O., Unverre, curieuse église (mobilier).

BUEIL-EN-TOURAINE – 37.
Deux églises accolées ; dans la collégiale fin XIVᵉ, beau baptistère début XVIᵉ et tombeaux avec gisants (famille de Bueil).

BUSSIÈRE (La) – 45.
Château-musée des Pêcheurs, surprenant ensemble XVᵉ-XVIᵉ en pierre et brique entouré de douves ouvrant sur un grand étang, avec de beaux et vastes communs ; le musée comporte illustrations, faïences, etc., dans de précieux appartements XVIIIᵉ, avec lingerie et cuisine anciennes, et des aquariums dans les caves voûtées (vis. tous les jours en saison sauf mardi).

CANDES-SAINT-MARTIN – 37.
Au confluent Loire-Vienne (site), curieuse et belle église angevine XIIIᵉ (porche) et fortifiée XVᵉ (riche sculpture à l'intérieur).
➡ 2,5 km S.-O., Saint-Germain-sur-Vienne, église romane angevine XIIᵉ-XIIIᵉ (voûtes) avec remplois carolingiens au portail.

CHABRIS – 36. 2 500 hab.
Église Saint-Phalier XIᵉ-XVᵉ avec vestiges carolingiens et crypte (sarcophage de saint Phalier).

CHAMBORD (Château de) – 41.
Son et Lumière
Un des symboles de la Renaissance et le plus grand des châteaux de la Loire au milieu de son immense parc (5 500 ha) clos d'un mur de 32 km, réserve nationale de chasse, dont une petite partie est ouverte au public, avec aires de vision.
Construit pour François Iᵉʳ, début XVIᵉ, sa facture est déjà presque classique (Louis XIV l'a apprécié...). Vis. tous les jours sauf mardi hors saison. Fossés d'eau vive. Vaste enceinte avec quatre tours aux angles renfermant une cour d'honneur avec un donjon central accolé à un grand côté de l'enceinte ; au centre, célèbre grand escalier à double rampe en spirales. D'immenses salles à plafonds à caissons, des escaliers par dizaines, une terrasse étonnante présentant un ensemble unique de flèches, pignons, cheminées (trois cent soixante-cinq !), chapiteaux, lucarnes, etc., la grande lanterne culminant à 32 m. Au 1ᵉʳ étage, appartements de Louis XIV, tapisseries, boiseries, peintures ; souvenirs du comte de Chambord ; appartements de François Iᵉʳ. Nombreuses œuvres d'art, tapisseries, peintures, collections de chasse.
➡ 6 km N.-N.-O., Saint-Dyé-sur-Loire, beaux quais, restes de remparts, maisons anciennes.

CHAMPIGNY-SUR-VEUDE – 37.
Le pape arrêta le bras démolisseur de Richelieu pour sauver la magnifique Sainte-Chapelle Renaissance du beau château mis à mort ; tombeaux et splendides verrières Renaissance.
➡ 5 km N., remarquable château du Rivau XIIIᵉ-XVᵉ (vis. tous les jours en saison) ; 5 km O., Ligré, beau dolmen.

CHAPELLE-D'ANGILLON (La) – 18.
Patrie d'Alain-Fournier (on retrouve dans les environs l'atmosphère du *Grand Meaulnes*). Beau château de Béthune XVᵉ-XVIᵉ avec de vastes douves ; Sully a remanié le donjon carré du XIᵉ ; terrasse ; mobilier et belles peintures XVIIᵉ. Église XVᵉ.
➡ 6 km S., entrée de la forêt de Saint-Palais (près de 2 000 ha) peuplée de beaux arbres, hêtres et chênes ; 1 km O., à l'orée, ancienne abbaye cistercienne de Loroy, église en ruine XIIIᵉ et cloître XVIIᵉ.

CHARLY – 18.
Remarquable église romane (avec fresque).
➡ 6 km S.-O., Chalivoy-Milon, église romane, peintures et sculptures.

CHÂROST – 18. 1 200 hab.
Château XVIᵉ (donjon ruiné XIIᵉ ; vis.). « Eglise rouge » (de la couleur de la pierre) romane, portail intéressant
➡ 4 km N.-E., beau château de Castelnau XVIᵉ (donjon médiéval) avec douves et parc.

CHARTRES – 28. 41 300 hab.
La ville et la Beauce sont dominées par l'immense cathédrale XIIᵉ-XIIIᵉ, d'abord objet de pèlerinage, et que l'histoire a bien voulu respecter depuis le Moyen Age : architecture, statuaire et vitraux composent un ensemble exceptionnel au monde.
La façade est en grande partie romane : admirable « portail Royal » avec ses statues-colonnes aux beaux visages, grandes baies, Clocher Vieux, tour du Clocher Neuf (flèche XVIᵉ), remontent vers 1150. Les grands portails N. (Ancien Testament) et S. (Nouveau Testament) sont XIIIᵉ comme presque tout le monument. Nef immense. Prodigieuses verrières XIIᵉ-XIIIᵉ, garnissant toutes les fenêtres (roses). Labyrinthe. Belles orgues restaurées. Clôture du chœur XVIᵉ en pierre, représentant des scènes de la vie de la Vierge et du Christ. Vaste crypte XIᵉ (110 m) comprenant une petite crypte IXᵉ. Riche trésor dans la chapelle Saint-Piat XIVᵉ. Vierge du Pilier, très vénérée. Des jardins, vue du chevet et sur les bas quartiers.
Au N., l'ancien palais épiscopal XVIIᵉ-XVIIIᵉ contient le Musée de Chartres, tapisseries, peintures, statues, grands émaux... (vis. tous les jours sauf mardi). Au N.-O., cellier de Loëns, à trois nefs XIIIᵉ, abritant le Centre international du Vitrail. Rues Cardinal-Pie, Chantault, Tertre-Saint-Nicolas et, au S., rues des Echanges et des Grenets, des

Ecuyers et Saint-Pierre, bordées de nombreuses maisons médiévales ou Renaissance. Belles églises Saint-Pierre (bénédictine XIIᵉ-XIIIᵉ aux vitraux XIIIᵉ-XIVᵉ-XVIᵉ complémentaires de la cathédrale) et Saint-Aignan (XVIᵉ, voûte peinte en bois). Hôtel Montescot XVIIᵉ (hôtel de ville). Ancienne église Saint-Martin-au-Val romane avec crypte mérovingienne et sarcophages.

Quartiers des bords de l'Eure avec vieux lavoirs, ponts bossus (pont Bouju) et vues sur la ville haute. Eglise Saint-André, belle ancienne collégiale en ruine, XVIᵉ-XVIIᵉ. « Tour de ville » des boulevards. Panorama du jardin public, près de la route de Paris. Près du cimetière Saint-Chéron, maison insolite de Raymond Isidore alias « Picassiette ». Au N. de la grande place des Epars, monument Jean-Moulin, à côté de Sainte-Foy XVIᵉ (Galerie de Chartres). Au N.-O., église moderne Saint-Jean-Baptiste (1961).

➡ 3,5 km N., Lèves, abbaye de Josaphat XIVᵉ (asile d'Aligre), avec cloître-musée lapidaire et ruines de l'église. Au N., au S. et à l'O., belle vallée de l'Eure.

CHASSIGNOLLES – 36.
Eglise XIIIᵉ-XVᵉ (portail Renaissance).

CHÂTEAUDUN – 28.   16 100 hab.
Sur un éperon rocheux portant aussi la vieille ville, le formidable château XIIᵉ au XVIᵉ domine le Loir de 40 m ; énorme donjon XIIᵉ, Sainte-Chapelle XVᵉ avec bel ensemble de statues des ateliers de la Loire fin XVᵉ, et remarquable logis XVᵉ-XVIᵉ (vis. tous les jours sauf mardi). Quelques maisons anciennes (presque toute la ville brûla en 1723), églises de la Madeleine romane XIIᵉ, Saint-Valérien XIIᵉ-XIIIᵉ (clocher XVᵉ), belle façade flamboyante de Notre-Dame-du-Champdé, Saint-Jean-de-la-Chaîne XIᵉ-XVᵉ. Musée (oiseaux et divers ; tous les jours sauf lundi). Belle vallée du Loir aux environs (G.R. 35).

➡ 7 km S.-S.-E., Lutz-en-Dunois, église romane (peintures murales).

CHÂTEAU-GUILLAUME – 36.
Charmant village sur l'Allemette, veillé par une étonnante forteresse médiévale restaurée XIXᵉ qui a grande allure.

CHÂTEAU-LA-VALLIÈRE – 37.   1 600 hab.
Agréable villégiature entourée d'une vaste forêt (3 000 ha), au bord du grand étang du Val Joyeux (plage, sports nautiques).

➡ 3,5 km S.-S.-E., ruines du château de Vaujours. ➡ 7 km O., Marcilly-sur-Maulne, petit « musée vivant du chemin de fer » (dimanche l'été).

CHÂTEAUMEILLANT – 18.   2 400 hab.
Grand marché gallo-romain (musée et oppidum). Remarquable église romane Saint-Genès XIIᵉ (chapiteaux et chœur très curieux).

➡ 5,5 km N.-E., Saint-Jeanvrin, église romane, tombeau XVIᵉ avec « pleurants ». ➡ 18 km S., sur la D. 203 entre Saint-Priest-la-Marche et Saint-Marien, mont Saint-Marien (504 m), culmen du département du Cher et de la région Centre, près de la source de l'Indre.

Chartres : *La ville ancienne, splendide, s'étage des bords de l'Eure à la cathédrale Notre-Dame, qui éclipse tout. Ici détail du portail royal.*

Chambord : *Avec autant de cheminées que de jours dans l'année (la terrasse offre vraiment un spectacle étonnant !), Chambord, bien que grandiose, n'est pas un monstre froid.*

Chenonceau : Diane et Catherine s'y sont succédé, elles ont ajouté le pont puis la galerie et d'admirables jardins à l'édifice original.

En bas, **Chinon :** *Site étonnant que cette énorme forteresse pleine de souvenirs et notamment de celui de Jeanne d'Arc qui y rencontra le dauphin au début de sa fulgurante carrière.*

CHÂTEAUNEUF-SUR-CHER – 18. 1 700 hab.
Le « château neuf » est fin XVIᵉ avec de belles terrasses sur la vallée du Cher ; mobilier XVIIIᵉ, tapisseries (vis. tous les jours). Très jolis parcours dans la vallée du Cher en amont et en aval sur les deux rives. G.R. 41.

CHÂTEAUNEUF-SUR-LOIRE – 45. 5 700 hab.
Eglise Saint-Martial XVᵉ, contenant le beau tombeau XVIIᵉ de Phélypeaux de la Vrillière ; quelques bâtiments subsistent de son château, et le beau parc (rhododendrons). A la mairie, musée de la Marine de Loire (vis. tous les jours en saison, et samedi, dimanche et jours fériés sauf mardi). Baignade.
➡ 8 km O., Jargeau, sur la rive gauche ; victoire de Jeanne d'Arc (statue). L'église a une nef romane et un chœur XVIᵉ ; chaire en fer forgé. Les 18 et 19 octobre, « foire aux châts » (châtaignes).

CHÂTEAURENARD – 45. 2 200 hab.
Dans la jolie vallée de l'Ouanne ; ruines d'un château fort Xᵉ-XIIIᵉ englobant l'église XIᵉ-XIIᵉ, accessible par une porte fortifiée. Maison XVᵉ et chapelle romane moderne. Au bord de l'Ouanne au S., beau château de la Motte, XVIIᵉ.

CHÂTEAU-RENAULT – 37. 6 000 hab.
Sur une colline dans un petit confluent, donjon cylindrique XIIᵉ dans une enceinte avec porte XIVᵉ ; terrasses. Travail du cuir.

CHÂTEAUROUX – 36. 55 600 hab.
Le château Raoul XVᵉ, sur l'Indre, a remplacé celui des princes de Déols, la puissante abbaye voisine, et la ville en a pris le nom. Face à l'église Sainte-Martial XIIIᵉ-XVIᵉ, hôtel et musée Bertrand, général d'Empire et maréchal du

Palais : souvenirs napoléoniens, histoire régionale, George Sand, archéologie (vis, tous les jours l'été, sauf lundi ; l'hiver, après-midi). Ancienne église des Cordeliers XVIIIᵉ.

CHÂTEAUROUX (Forêt de) – 36.
Plus de 5 000 ha de beaux chênes ; promenades balisées.

CHÂTELET (Le) – 18.
Eglise de Puy-Ferrand, romane et XIIIᵉ, d'une ancienne abbaye.

CHÂTILLON-COLIGNY – 45. 1 800 hab.
Du grand château féodal XIIᵉ dominant la ville et le Loing, il ne reste que le puissant donjon, avec la tombe de l'amiral de Coligny ; de même le château XVIᵉ n'a laissé que trois grandes terrasses avec une orangerie et un puits Renaissance qui serait de Jean Goujon (vis. l'après-midi tous les jours en saison). Eglise XVIᵉ (peintures XVIIᵉ). Porte et tour de l'Horloge.
➡ 6 km N., après Montbouy (église), ruines gallo-romaines d'un vaste amphithéâtre et de thermes.

CHÂTILLON-SUR-INDRE – 36. 3 700 hab.
Pittoresque petite ville ancienne ; église Notre-Dame XIᵉ-XIIᵉ (chapiteaux au portail et à l'intérieur) ; donjon rond XIIIᵉ. Marchés animés.

CHÂTRE (La) – 36. 5 200 hab.
Les bords de l'Indre y sont très pittoresques avec leurs tanneries et vieilles maisons. Sur le coteau que domine le château, la ville a quelques maisons XVᵉ et XVIᵉ. Le donjon XVᵉ contient le musée George Sand et de la Vallée Noire (vis. tous les jours en saison sauf jeudi, dimanche et jours fériés) ; collection d'oiseaux ; panorama.

CHAUMONT-SUR-LOIRE – 41.
Château dominant le village et la rive gauche dans une situation splendide, dans un magnifique parc de cèdres ; XVᵉ-XVIᵉ, d'allure féodale puis déjà Renaissance (vis. tous les jours sauf mardi). Appartements avec « chambres » de Catherine de Médicis et de Diane de Poitiers (à qui il échut en échange de Chenonceau !). Un châtelain quelque peu vandale détruisit l'aile N., ouvrant la cour à la vue sur la Loire. Beau mobilier. Importantes écuries.

Culan : *Près de Saint-Amand-Montrond, il domine l'Arnon de toute sa prestance puissante et rustique.*

CHAZELET – 36.
Beau château XVe (tombe d'un seigneur à l'église).

CHENONCEAU (Château de) – 37.
Son et Lumière
Dans un cadre magnifique, merveille Renaissance à cheval sur le Cher (la galerie-pont est de Philibert Delorme), construit pour le financier Bohier.
Somptueux salons et appartements Renaissance (mobilier, plafonds, carrelages, peintures...) (vis. tous les jours). Sur le coin de l'esplanade entourée de douves, beau donjon rond XVe, reste de l'ancien château ; en amont, jardin magnifique de Diane de Poitiers, en aval, celui de Catherine de Médicis. Musée de cires. Grand parc. Train électrique. Promenades sur le Cher en été.

CHER (Vallée du) – 18-41-37.
Belle rivière environnée de paysages presque toujours amples et calmes, particulièrement beaux de Saint-Amand-Montrond* à Saint-Florent-sur-Cher* puis au S. de la Sologne* et en Touraine où de nombreux châteaux s'y reflètent jusqu'à Villandry* où il rejoint la Loire.

CHEVERNY – 41.
Beau château XVIIe (très) classique, à la décoration et au mobilier particulièrement splendides (tapisseries, peintures, plafonds etc. ; il est habité) qui en font l'un des plus beaux châteaux de la Loire (vis. tous les jours). Les communs abritent une immense collection de trophées ; chenil important. Jardins à la française et parc. Eglise.

CHEZAL-BENOÎT – 18.   1 500 hab.
Eglise romane d'une abbaye bénédictine (chapiteaux, stalles XVe).

CHINON – 37.   8 300 hab.
Le profil fortifié du site vu du S. est inoubliable ; le château (vis. tous les jours, sauf mercredi l'hiver) occupe un long promontoire escarpé au-dessus de la ville et de la Vienne, et commandant toute la plaine du confluent avec la Loire.
Le château se compose en fait de trois parties séparées par de profonds fossés avec jadis des ponts-levis, d'E. en O., le fort Saint-Georges (ruines XIIIe) protégeant la place côté plateau, le château du Milieu, long de 180 m, commandé par la tour de l'Horloge (musée Jeanne-d'Arc) XIIIe-XIVe, avec les restes des Logis royaux XIIe-XVe (belles salles) et, dans la position la plus stratégique, le château du Coudray, dominé par le donjon du Coudray, rond, XIIIe, entre autres tours considérables (maquette du château au 1/15 dans l'une). Illuminations en saison et spectacles nocturnes l'été. Echo signalé au pied du château au N.
La vue de la ville est remarquable du pont et le Vieux Chinon est à explorer attentivement en furetant autour de la vieille rue Voltaire et surtout du Grand Carroi, où abondent les maisons de bois, de briques, à pignons, à tourelles, médiévales et Renaissance, les églises, les musées : Maison des Etats Généraux XVe (fermée le mardi et en janvier) avec le musée du Vieux-Chinon, Maison Rouge XVe, musée du Vin et de la Tonnellerie, églises Saint-Maurice XIIe angevin, Saint-Etienne XVe, Saint-Mexme Xe-XIe (désaffectée) et chapelle troglodyte Sainte-Radegonde VIe-Xe-XIIe (peintures murales). Statues de Rabelais et de Jeanne d'Arc.
Plan d'eau sur la Vienne, plages. G.R. 3. ➡ 7,5 km S.-O., manoir natal de Rabelais, La Devinière (musée ; vis. tous les jours, sauf mercredi hors saison, et l'hiver) ; 2 km S.,

près de Seuilly (cœur du pays de Rabelais et de ses héros), château du Coudray-Montpensier, XVe ; 4 km O., château de Chavigny, restes XVIIe. ➡ S.-E., églises de Rivière, Anché, Sazilly. ● Chemin de fer touristique (voie normale) pour Richelieu* (samedi, dimanche et jours fériés).

CHINON (Forêt de) – 37.
Grande forêt de chênes et hêtres, avec quelques clairières, des marais (landes du Ruchard au S.) et des vallons descendant vers l'Indre au N. et la Vienne au S. Traversée par le G.R. 3.

CINQ-MARS-LA-PILE – 37.   2 100 hab.
La pile (à 1 km N.-E.) est une sorte de tour carrée sans doute romaine de 30 m. Du château XIIe, « décapité » après son propriétaire, il reste de grandes douves et deux tours rondes avec de belles salles (vis. tous les jours en saison sauf lundi). Eglise romane Xe-XIIe.

CIRON – 36.
Sur la Creuse, au cœur de la Brenne*. Belle lanterne des morts XIIe.
➡ 1 km S.-O., rive gauche, impressionnant château de Romefort XIVe (donjon XIIe), bardé de défenses. ➡ 4 km N., dolmen et cromlech de Seneveau, sur une butte dominant la Brenne.

CLÉRY-SAINT-ANDRÉ – 45.   2 000 hab.
Belle basilique Notre-Dame XVe (tour carrée XIVe) à trois nefs, reconstruite par Charles VII, Dunois et Louis XI (voir son tombeau reconstitué avec statue agenouillée, et caveau royal avec une litre) ; magnifique chapelle Saint-Jacques, Renaissance, avec œuvres d'art ; tombe de Dunois ; statue XVIe de Notre-Dame-de-Cléry (pèlerinage le 8 septembre).
➡ S. et S.-E., belles routes en Sologne.

CLOYES-SUR-LE-LOIR – 28.   2 600 hab.
Vieille cité au joli site avec maisons et église anciennes, sur un chemin de Saint-Jacques.
➡ 1 km S.-O., église XIIe du prieuré d'Yron (peintures murales). ➡ 2 km N., Montigny-le-Gannelon, ancienne ville close (porte) ; château fin XVe, parc.

CLUIS – 36.   1 600 hab.
Mairie dans les restes du château de Gaucourt XIIIe, avec des tapisseries d'Aubusson. Eglise médiévale avec belle Vierge à l'Enfant XIVe. Au bord de la Bouzanne, château XIIe en ruine de Cluis-Dessous.

CORMERY – 37.   1 100 hab.
Joli bourg sur l'Indre ; l'ancienne abbaye Saint-Paul ne laisse que le clocher ou tour Saint-Paul XIe, de beaux bâtiments XIIIe-XVe (réfectoire, cloître, etc.), et la tour Saint-Jean XVe ; belle église Notre-Dame-du-Fougeray XIIe.
➡ 4 km S.-E., Courçay, rochers, joli site. ➡ 5 km N., ancien prieuré de Saint-Jean-du-Grais XIIe.

COURTALAIN – 28.
Au-dessus de l'Yerre, château XVe-XIXe. Polissoir et mégalithes aux environs.
➡ 3 km N.-O., Arrou, château fort en ruine de Bois Ruffin.

COURTENAY – 45.   2 600 hab.
Petit marché agricole du Gâtinais, sur le Cléry ou Clairis. Eglise XVIe et château XVIIIe. Passage du G.R. 132. Jolie région d'étangs au N., très boisée. Ensembles de week-ends aux environs.

COURVILLE-SUR-EURE – 28.   2 100 hab.
Eglise XVIe (voûte carénée en bois) ; ruines du château.
➜ 7 km N.-O., Pontgouin, château de la Rivière XVIe, église romane et gothique, et tours en ruine.

CRAVANT-LES-COTEAUX – 37.
1 km N., Vieux-Bourg, ancienne église Xe-XIe-XIIe-XVe remarquable, avec piliers mérovingiens, nef carolingienne et musée lapidaire.

CREUSE (Vallée de la) – 36.
Elle quitte le département de la Creuse (région XV) entre les sites magnifiques de Fresselines et de Crozant* où elle se trouve retenue par le barrage d'Eguzon* en formant le lac de Chambon ; la vallée reste très pittoresque dans les terrains granitiques jusqu'à Argenton-sur-Creuse* par Gargilesse-Dampierre* ; puis c'est dans les soubassements calcaires qu'elle poursuit vers l'O. au travers de la Brenne*, baignant Saint-Gaultier*, Ciron* et le château de Rome-fort, le Blanc*, Fontgombault* ; grossie de la Gartempe, elle rejoint la Vienne dans de beaux paysages vers la Guerche* et Descartes*.

CROZANT – 23.
Sur un long promontoire rocheux entre la Creuse (retenue d'Eguzon*) et la Sédelle, ruines considérables d'une grande forteresse des comtes de la Marche (vis. en saison) ; le site est magnifique et le village charmant. A l'E., dolmen et vue. Promenades en bateau sur le lac (l'été ; former des groupes).

CUFFY – 18.
Ruines du château des comtes de Nevers (donjon XIVe), veillant sur le proche confluent de la Loire et de l'Allier. Eglise romane.
➜ 2 km E., le Bec-d'Allier, village sur le beau site du confluent ; 1 km S., pont-canal du Guétin. O., grands bois avec étangs entre les vallées de l'Aubois et de l'Allier.

CULAN – 18.   1 300 hab.
Dans un cadre verdoyant, silhouette féodale puissante et rustique avec ses trois tours rondes nanties de hourds, château XIIIe-XVe dominant l'Arnon, habité, meublé (XVe-XVIIIe) ; belles tapisseries) ; vue superbe. (Vis. tous les jours sauf mercredi et février.) Eglise XIIe-XVe (crypte). Maisons anciennes.

DANGEAU – 28.
Belle église romane XIIe (porte latérale, sculptures, mobilier) ; vieilles maisons.

DENONVILLE – 28.
Château XVIIe (vis. tous les après-midi l'été sauf mardi) avec un grand parc.
➜ 4 km N.-E., moulin à vent ; 2 km plus loin, Sainville, église.

DÉOLS – 36.   10 700 hab.
Châteauroux s'est formé autour de sa célèbre abbaye, dont il ne subsiste qu'un superbe clocher roman XIIe ; à l'église XIIe-XVIe, deux cryptes mérovingiennes (sarcophage Ve).

DESCARTES – 37.   4 500 hab.
Patrie du philosophe (voir Châtellerault..., région XIV), dans la belle vallée de la Creuse (suivre sa rive gauche).
➜ 2 km N.-O., remarquable église romane de Balesmes (restes de fresques ; verrières de Max Ingrand).

DIORS – 36.
Les communs du château (XVe-XVIe, détruit en 1944) contiennent le musée des Trois Guerres (vis. tous les jours en saison, et dimanche et jours fériés), de 1870, 1914, 1939, et d'Indochine, de Suez et d'Algérie ; nombreux témoignages, documents, armes, etc. Parc d'animaux.

DREUX – 28.   34 000 hab.
Sur la Blaise, à l'écart de l'Eure, important marché que domine son grand beffroi XVIe (vis. en général mercredi, samedi et dimanche), au cœur de la vieille ville (maisons anciennes) ; église Saint-Pierre XIIIe-XVe-XVIIe (vitraux XVe-XVIe, mobilier, buffet d'orgues) ; musée d'art et d'histoire (vis. mercredi et dimanche).
Au N.-O. sur une colline, dans un parc, chapelle royale Saint-Louis néo-gothique XIXe, sépultures de la famille d'Orléans (vitraux de Sèvres d'après des cartons d'Ingres) (vis. tous les jours).

DREUX (Forêt de) – 28.
Elle occupe sur 3 300 ha un grand plateau caillouteux par endroits, avec de beaux arbres, surtout chênes et charmes ; elle tombe à l'O. sur la vallée de l'Eure (du G.R. 22, quelques vues). « Pavillon » XVIIIe à un carrefour.

DROUÉ – 41.   1 300 hab.
Sur l'Egvonne naissante ; château fin XVIe. Polissoir la Pierre-Cochée.

DUN-SUR-AURON – 18.   4 200 hab.
La grande tour de l'Horloge XVIe rappelle à peu près seule le passé féodal. Belle église romane XIIe-XIIIe remaniée XVe ; vitraux XIVe ; sépulcre XVIe ; beau chevet. Belles maisons anciennes et vieilles tours des remparts.

ÉGUZON (Barrage d') – 36.
Réalisé en 1926 pour électrifier la ligne Paris-Toulouse, cet ancêtre de 60 m de haut retient la Creuse sur 15 km jusqu'à Crozant* ; sur ce beau lac de Chambon, plage de Chambon (5 km E. d'Eguzon). Au N., château de Châteaubrun XIIIe-XVIIe.

ÉPERNON – 28.   4 200 hab.
Sur la jolie Drouette au pied d'une colline (d'en haut, vue étendue) ; église fin gothique à voûte lambrissée peinte ; place du Change, maison XVIe en bois (statues) ; les Pressoirs, grande salle ogivale XIIe de trois nefs, ancien cellier de prieuré.

ERCEVILLE – 45.
Au N.-O. près de la D. 139, en pleine Beauce, un beau dolmen, la Pierre Clouée.

ESCLIMONT – 28.
Dans la belle vallée du Perray, qui l'entoure, joli château XIVe au XIXe (vis. du parc l'après-midi en saison).

EURE (Vallée de l') – 28.
Née du Perche, elle semble se continuer par le Loir, mais non, elle préfère traverser Chartres*, elle le fait si bien... Elle collectionne ensuite des noms prestigieux, Mainte-non*, Anet*, dans des paysages qu'apprécient beaucoup les Parisiens !

FAYE-LA-VINEUSE – 37.
Belle église XIIe très restaurée (crypte).

FERRIÈRE-LARÇON – 37.
Belle église XIIe et (chœur) XIVe (chapiteaux et voûtes remarquables) ; bourg pittoresque.
➜ 7 km N.-O., le Châtellier, château-ferme, mi-médiéval mi-Renaissance, avec un grand donjon rond. ➜ 5,5 km S., la Celle-Guenand, belle église romane (portail). ➜ 4 km E., Betz-le-Château, château fort XIVe ; église XIIe. ➜ 5,5 km N.-N.-E., Esves-le-Moutier, simple église prieurale Xe, fortifiée plus tard, dans une enceinte. Paysages du plateau de Sainte-Maure*.

FERRIÈRES – 45.   1 900 hab.
Plaisant bourg du Gâtinais formé autour d'une abbaye bénédictine, dont il reste surtout l'église Saint-Pierre-et-Saint-Paul gothique XIIe-XIIIe à la croisée du transept en rotonde ; mobilier, fresques, verrières sont très intéressants ; tombeau XVIe de Louis de Blanchefort ; devant l'église, chapelle Notre-Dame-de-Bethléem XIIe-XVe (Vierge noire ancienne) ; anciens bâtiments conventuels. Belles vallées du Loing et du Cléry, passage des G.R. 13 et 132.

FERTÉ-REUILLY (Château de la) – 36.
Beau château XVIIe, tours et douves, par Mansart.

FERTÉ-SAINT-AUBIN (La) – 45.   5 500 hab.
Bourg en longueur sur la N. 20 ; au S., sur la hauteur, église XIIe-XVIe ; au N., près du Cosson, château de la Ferté XVIIe avec douves d'eau vive, maisons solognotes proches.
➜ 15 km S.-E., Lamotte-Beuvron, au centre d'une grande région de chasse, au cœur de la Sologne.

FERTÉ-VIDAME (La) – 28.
Le château de Saint-Simon, où il écrivit ses *Mémoires*, a totalement disparu ; ruines importantes de son remplaçant du XVIIIe. Voir la place. Etangs et grandes forêts.

FERTÉ-VILLENEUIL (La) – 28.
Eglise romane fortifiée au bord de l'Aigre.
➜ 5 km O., Romilly-sur-Aigre, petit château du Jonchet, XVIe, avec des douves.

FONTGOMBAULT (Abbaye de) – 36.
Célèbre abbaye bénédictine romane ; l'abbatiale fin XIe-XIIe est splendide (nef restaurée), notamment le chœur ; chapiteaux, coupole. Chant grégorien tous les jours. Restes XVe de l'abbaye. Beau site au bord de la Creuse ; rochers, grottes.

FONT-MOREAU (Château de) – 18.
Entre Chârost et Quincy, dans les bois de Font-Moreau, belles ruines XVe.

FOUGÈRES-SUR-BIÈVRE – 41.
Château féodal gothique, fin XVe (vis. tous les jours sauf mardi), très militaire, conservant un donjon carré XIe ; modifié au XVIe : fort belle cour intérieure avec galerie. Eglise en partie romane.

FRAZÉ – 28.
Remarquable château fin XVe (vis. ext. dimanche après-midi en saison) ; église XVe-XVIe à portail Renaissance (mobilier).

FRÉTEVAL – 41.   900 hab.
Pont sur le Loir entre le village et le donjon rond XVe. Maisons anciennes. Richard-Cœur-de-Lion y battit Philippe-Auguste en 1194.
➜ N.-O., grande forêt (privée, 4 000 ha) de Fréteval, avec les ruines d'un château ; G.R. 35.

GALLARDON – 28.   2 100 hab.

L'Epaule de Gallardon est un reste de donjon XIIᵉ. Joli bourg où l'Ocre rejoint la Voise ; remarquables maisons anciennes (XVIᵉ, rue Porte-Mouton), près de la très belle église Saint-Pierre XIIᵉ au XVIᵉ (charpente sculptée et peinte, magnifique chœur XIIIᵉ).

GARGILESSE-DAMPIERRE – 36.

« Le Barbizon du Berry » a séduit George Sand et bien des artistes ; maison de George Sand (musée). Belle église XIIᵉ (dans un château), chapiteaux et crypte avec fresques XIᵉ-XVᵉ ; Vierge XIIᵉ en bois (vis. tous les jours en saison, et dimanche et jours fériés). Potiers. ➡ N.-O., le Pin, beaux sites.

GENILLÉ – 37.   1 400 hab.

Agréable vallée de l'Indrois. Un château, une jolie église XIIᵉ et début Renaissance (mobilier).

Les tournesols sont très répandus dans la région de Gien, ils apportent au paysage leur sourire éclatant.

Germigny-des-Prés : Mosaïque de l'abside orientale ; à gauche : porte fleurie d'un village du Val de Loire.

GERMIGNY-DES-PRÉS – 45.

Belle église carolingienne IXᵉ, carrée, fortement restaurée. L'abside orientale contient sur sa voûte une mosaïque de l'école de Ravenne, IXᵉ, de style byzantin, retrouvée et restaurée au XIXᵉ, représentant l'Arche d'alliance (130 000 petits cubes de cinq couleurs), œuvre unique en France.
➡ 8 km O., Jargeau (voir Châteauneuf-sur-Loire).

GIEN – 45.   15 300 hab.

Jolie ville en bord de Loire, bien reconstruite en style traditionnel de la région après les destructions importantes de 1940 et 1944. De la rive gauche, belles vues sur le pont XVᵉ, le fleuve, la ville et son château XVᵉ en briques, d'Anne de Beaujeu, qui possède le Musée international de la Chasse (vis. tous les jours) ; dans sa grande salle, collection de peintures de Desportes, fin XVIIᵉ, et charpente en bois remarquable. Eglise Sainte-Jeanne-d'Arc de 1954 (tour XVᵉ). Faïencerie aux productions réputées.
➡ 6 km S.-E., Saint-Brisson-sur-Loire, château XIIIᵉ-XVᵉ.

GIZEUX – 37.

Eglise XIIᵉ et Renaissance (beaux tombeaux XVIIᵉ). Château XVIᵉ.
➡ 8 km N.-N.-E., Rillé, église XVᵉ-XVIᵉ et porte ancienne ; N.-O., grand lac de retenue des Mousseaux.

GRAÇAY – 18.   2 000 hab.

Bourg fortifié avec une motte féodale et de vieilles maisons. A l'O., la belle église romane Saint-Outrille XIᵉ a une flèche en vrille.

➜ 6,5 km N.-N.-E., Genouilly, église ancienne romane (chapiteaux) et gothique (belles voûtes angevines) ; 3 km N.-E., château de Maison-Fort, près d'étangs.

GRAND-PRESSIGNY (Le) – 37. 1 400 hab.
Commandant la vallée de la Claise au confluent de l'Aigronne, formidable donjon carré XIIᵉ de 35 m dans une enceinte XIVᵉ ; au logis seigneurial Renaissance, très important musée de Préhistoire (vis. tous les jours en saison).

GRANGE (Château de la) – 18.
Beau château un peu sévère, en pierre et en brique, édifié sous le règne d'Henri IV ; parc remarquable et jolie région.

GRILLEMONT (Château de) – 37.
6 km N.-O. de Ligueil, grand château XVᵉ et Renaissance (remanié XVIIIᵉ), site champêtre.

GUÉ-DU-LOIR (Le) – 41.
Joli site du manoir Renaissance de la Bonaventure au confluent du Boulon. Au S., baignade.
➜ 3 km E., Villiers-sur-Loir, église XVᵉ-XVIᵉ (peintures murales XVIᵉ, le *Dict des 3 morts et des 3 vifs*, et œuvres d'art ; 1,5 km S.-O., château de Rochambeau, XVIᵉ-XVIIIᵉ, grand parc, rive gauche. ➜ 4 km O., Lunay, fresques dans l'église XVᵉ, et maisons anciennes.

GUÉ-PÉAN (Château du) – 41.
Dans un « petit bout du monde », l'un des plus jolis châteaux de la Loire (habité), XVIᵉ-XVIIᵉ, quadrilatère avec quatre tours et une cour ouverte, bâtiments très variés et appartements remarquables et vivants par la décoration et le mobilier (vis. tous les jours ; chambres d'hôte). Centre hippique.
➜ A Monthou-sur-Cher, jolie église romane.

GUERCHE (La) – 37.
Site magnifique sur la Creuse de la face militaire du château XVᵉ dont les immenses sous-sols sont des greniers et des casemates (vis. tous les jours en saison).

HENRICHEMONT – 18. 1 900 hab.
Véritable bastide XVIIᵉ de Sully, qui lui a donné le nom du roi ; grande place carrée avec fontaine, d'où partent huit rues, mais l'ensemble est resté inachevé.
➜ 4 km S.-E., la Borne, où sont des ateliers de poterie.

ILE-BOUCHARD (L') – 37. 1 800 hab.
Appartint à Richelieu qui démolit le château fort. Eglises Saint-Gilles XIᵉ-XIIᵉ-XVᵉ (rive droite) et Saint-Maurice XIVᵉ-XVᵉ (rive gauche) ; au S., ruines du prieuré Saint-Léonard XIᵉ, beaux chapiteaux historiés.
➜ 3 km N.-O. (rive gauche), Tavant, jolie église XIᵉ aux fresques XIIᵉ exceptionnelles (chœur et crypte). ➜ 5 km N., Avon-les-Roches (église). ➜ 4,5 km S.-E., Parçay-sur-Vienne, église XVᵉ (portail, chapiteaux). ➜ S., vallée de la Bourouze, vers Bois-Aubry*. Dolmen, à Saint-Gilles.

ILE-SAVARY (Château de l') – 36.
Beau château XVᵉ, dans une île de l'Indre.

ILLIERS-COMBRAY – 28. 3 600 hab.
Marché sur le Loir supérieur, entre Perche et Beauce. Eglise XIVᵉ (voûte en bois peint), cœur du Combray de Marcel Proust ; on visite (l'après-midi sauf mardi) la maison de « Tante Léonie » (musée) et le Pré Catelan.

INDRE (Vallée de l') – 36-37.
Née près du mont Saint-Marien, sommet de la région (voir Châteaumeillant*), elle forme la « Vallée Noire » de George Sand vers la Châtre* et Nohant* puis évite vers Châteauroux les pièges de la Champagne berrichonne à droite et de la Brenne* à gauche et se fait sa petite vallée royale et littéraire par Loches*, Montbazon*, Saché*, Azay-le-Rideau*, Ussé* où elle va rejoindre la Loire.

ISSOUDUN – 36. 16 700 hab.
Sur la Théols, traversant la grande plaine de la Champagne berrichonne.
Restes de fortifications : tour Blanche, haut donjon XIIᵉ (panorama) ; beffroi. Eglise Saint-Cyr, belle verrière XVᵉ. Au S.-E. sur la Théols, musée de l'hospice Saint-Roch (ancien Hôtel-Dieu), véritable musée pharmaceutique (fermé le mardi) dans des bâtiments XVIᵉ-XVIIIᵉ ; apothicairerie XVIIᵉ en faïence de Nevers, pharmacie XVIIᵉ-XIXᵉ ; archéologie, histoire dans la salle des malades et la chapelle (deux arbres de Jessé sculptés fin XVᵉ). Pèlerinage à la basilique Notre-Dame-du-Sacré-Cœur, XIXᵉ.
➜ 10 km E., vestiges du prieuré de Saint-Ambroix.

JOUY – 28. 1 300 hab.
Joli bourg sur l'Eure. Eglise XVᵉ avec portail XIIIᵉ.
➜ 3 km S.-O., Saint-Prest, église.

JUSSY-CHAMPAGNE – 18.
Eglise romane. Remarquable château début XVIIᵉ en pierre et brique (douves) dans un état étonnant de conservation.

LANGEAIS – 37. 3 900 hab.
En ville, rude forteresse XVᵉ à grosses tours et chemin de ronde, cachant un intérieur sévère mais beau et confortable, cadre typique de la vie seigneuriale au XVᵉ ; beau mobilier d'époque, tapisseries, cheminées ; tout est très homogène, bâti en quelques années ; le mariage de Charles VIII et d'Anne de Bretagne y fut célébré. (Fermé le lundi.) Beau jardin ; au fond, ruines du donjon XIᵉ.
➜ 5 km E., Cinq-Mars-la-Pile*.

LASSAY-SUR-CROISNE – 41.
Eglise XVᵉ avec tombeau de Philippe du Moulin et fresque XVIᵉ de Saint-Christophe.

En haut, Gué Péan : *Site superbe dans un « bout du monde » ce château habité est resté très vivant.*

En bas, Langeais : *Très austère, ce château forteresse est admirablement meublé.*

➡ 1,5 km O., beau château du Moulin XVᵉ-XVIᵉ en briques rouges et noires entouré de douves.

LAVARDIN – 41.

Perchées dans un beau site au-dessus du village et du Loir (vieux pont), ruines extraordinaires du château XIᵉ-XIIᵉ des comtes de Vendôme (vis. tous les jours en été) : porte XIVᵉ, trois enceintes, bel escalier dans les restes d'un bâtiment XVᵉ, fort donjon rectangulaire de 26 m avec vestiges des aménagements. Dans le village, belle église Saint-Genest XIᵉ et début XIIᵉ avec de remarquables sculptures romanes et d'importantes peintures murales allant du XIIᵉ au XVIᵉ. A proximité, maisons anciennes. Les routes de Montoire par les deux rives sont bien jolies.

LÉRÉ – 18.

Eglise gothique XVᵉ à abside romane XIᵉ (et crypte du IXᵉ conservant des peintures XIIIᵉ). Château de Villatte XVᵉ.
➡ 7 km S., joli petit château de Buranlure XVᵉ, avec douves d'eaux vives (vis.).

LEVROUX – 36.   3 200 hab.

Collégiale Saint-Sylvain XIIIᵉ sur des bases romaines ; sculptures ; stalles XVᵉ. Hostellerie Saint-Jacques XVᵉ en bois. Porte de Champagne XVᵉ au N., ruines gothiques et champ de la Tibie (restes de la cité antique). Fromages.

LIGET (Ancienne chartreuse du) – 37.

Entourées d'une enceinte avec une belle entrée XVIIIᵉ, ruines XIIᵉ et bâtiments XVIIᵉ-XVIIIᵉ, cloître (vis. possible) ; à l'O., isolée, chapelle du Liget, toute ronde, fresques XIIᵉ ; au N.-E., maison forte la Corroirie XVᵉ avec bâtiments médiévaux (fresques), près d'un étang.

LIGNIÈRES – 18.   1 900 hab.

Remarquable château XVIIᵉ bâti par François Le Vau (vis. ext.) ; douves et parc. Eglise XIIᵉ-XVIᵉ, beau portail roman, stalles XVᵉ.

LIGUEIL – 37.   2 400 hab.

Eglise XIIᵉ-XIVᵉ ; maisons anciennes.

LIMERAY – 37.

Village sur la Cisse (vieux pont) ; église : statues XVIᵉ (Sainte-Madeleine).

LOCHES – 37.   6 800 hab.

Dans un site fort agréable sur l'Indre, une grande cité médiévale fortifiée occupe un éperon (à voir du jardin public).
Porte Royale XIIIᵉ-XVᵉ, avec musée du Terroir ; puis musée Lansyer (peintre XIXᵉ, et art oriental). Eglise Saint-Ours XIIᵉ très curieuse avec les pyramides (voûtes angevines) couvrant la nef, et un portail roman admirable. Le château (vis. tous les jours en saison), à l'extrémité N., comporte la tour XIIIᵉ de la Belle-Agnès (Sorel) et les Logis Royaux, XIVᵉ-XVᵉ, aux belles salles où l'on voit le gisant

Jussy-Champagne : *Tout près de Bourges, ce magnifique château Louis XIII, en brique et pierres blanches, propose un musée du costume dans un cadre plein d'élégance.*

En bas : Le formidable donjon de Loches dans un cadre médiéval unique.

d'Agnès Sorel, un triptyque de l'école de Jean Fouquet, l'oratoire d'Anne de Bretagne, des tapisseries. A la pointe S., le formidable ensemble fortifié du Donjon, avec le donjon roman XIᵉ, la Tour Ronde et le Martelet XVᵉ, où se situent les célèbres cachots (vis. tous les jours en saison). Tour extérieur des remparts (illuminations). En ville, hôtel de ville et porte Picoys XVᵉ, porte des Cordeliers XVᵉ, tour Saint-Antoine XVIᵉ, maisons Renaissance (rue du Château).
➡ E., passé l'Indre, Beaulieu-lès-Loches, grande abbatiale romane XIᵉ-XVᵉ en partie en ruine, beau clocher XIIᵉ, restes, mobilier, ensemble d'œuvres, tout est remarquable. Maisons anciennes. Ancienne église Saint-Laurent XIIᵉ.

263

*La Loire : « Le soleil s'est noyé dans son sang qui se fige »
(Baudelaire). Un effet de lumière tel qu'en procure cette diablesse
de Loire, ici, près de Chaumont.*

LOCHES (Forêt de) – 37.
Grand massif (3 500 ha.) de chênes et hêtres avec des
résineux entre Indre et Indrois ; belles routes aux
carrefours marqués de pyramides.

LOIGNY-LA-BATAILLE – 28.
La bataille est celle du 2 décembre 1870 grâce à laquelle
l'armée de la Loire put décrocher provisoirement ; chapelle
funéraire et musée. (V. Patay*.)

LOIR (Vallée du) – 28-41.
La carte énumère très éloquemment les sites prestigieux ou
charmants (et souvent les deux) que traverse ce petit
paresseux qui s'attarde avec raison dans les pays proustiens
et ronsardiens.

LOIRE (Vallée de la) – 18-45-41-37.
Le plus grand fleuve français, dolent l'été, fougueux le
reste de l'année, est souvent un « no man's land »
climatique, une immense zone de turbulence (ou de non-
turbulence...) où l'air se fait doux et léger et la lumière
souvent très belle.
Suivre la Loire près des deux rives est à la fois facile et
merveilleux, en allant de châteaux en abbayes et d'églises
en villes d'art, au travers de forêts, de landes ou le long des
belles levées qui l'encadrent très utilement, dans le grand
jardin de la France.

LORRIS – 45.   2 300 hab.
Vieille ville, patrie de Guillaume de Lorris (le *Roman de la
Rose*) ; église XIIe-XIIIe (belles nefs, portail roman, stalles,
objets d'art) et remarquable Hôtel de Ville Renaissance ;
halles en charpente XVIe et vieilles maisons.
➡ 6 km S.-O., à Vieilles-Maisons, étang des Bois
(baignade), joliment situé en forêt d'Orléans* ; passage du
G.R. 3 et nombreuses promenades ; l'étang d'Orléans le
suit au S. ; au N., vers Grignon et Coudroy, ancien canal
d'Orléans et nombreux étangs.

LUYNES – 37.   4 000 hab.
Sévère château fort XIIIe-XVe dominant le vallon. Maisons
anciennes. Halles XVe en bois.
➡ 1,5 km N.-E., aqueduc gallo-romain en ruine. ➡ 3 km
O., Vieux-Bourg, église XVIe.

MAILLEBOIS – 28.   1 100 hab.
Charmant château XVIe de François d'O, belle décoration
architecturale extérieure, et tapisseries (vis. tous les jours en
saison). Eglise XVe-XVIe. Vieilles halles.
➡ S.-E., forêt de Châteauneuf.

MAINTENON – 28.   3 300 hab.
Charmante localité, sur l'Eure et la Voise ; dans un site
paisible, fort beau château XVIe (une tour carrée XIIe) au
riche intérieur, appartements de Mme de Maintenon,
boiseries, tapisseries, peintures (vis. tous les jours sauf
mardi, l'après-midi en semaine ; hiver : après-midi samedi,
dimanche et jours fériés) ; le parc (de Le Nôtre) comme le
château est baigné par l'Eure et traversé par les ruines de
l'aqueduc qui devait amener ses eaux à Versailles. Au S.,
dolmens.
➡ 8 km N., Nogent-le-Roi*.

MALESHERBES – 45.   3 900 hab.
Dans le Gâtinais et la belle vallée de l'Essonne, parmi de
grands bois, charmante ville ancienne, avec un château
XVe-XVIIIe (vis. tous les jours sauf mardi) dont la chapelle
conserve le mausolée de François d'Entraygues et sa
femme infidèle qui se tournent le dos ; dans le domaine,
grange aux dîmes, vaste pigeonnier, et « maison de
Chateaubriand » qui, parent de Malesherbes, y séjourna.
Eglise XIIIe avec pierre tombale XIIIe et Mise au tombeau
fin XVe.
➡ 2 km S.-E., rochers de Buthiers, base d'escalade.
➡ 2 km N., château de Rouville XVe gothique restauré,
dans un beau site dominant l'Essonne (vis. du parc et de la
chapelle).

MARBOUÉ – 28.
Le Loir y est très beau (baignade) ; église à grand clocher
XVe. G.R. 35.

MASSAY – 18.   1 300 hab.
Eglise XIVe remarquable, de l'ancienne abbaye Saint-
Martin, avec gros clocher XVe, salle
capitulaire, et très belle chapelle Saint-Loup XIIe.

MAUBRANCHES (Château de) – 18.
Beau château XVe-XVIIe avec un gros donjon et un parc
classique (vis. ext.).

MEHUN-SUR-YÈVRE – 18.   6 900 hab.
Séjour aimable, la ville de la porcelaine de table garde
quelques maisons anciennes, une porte, des ruines du
château XIVe de Jean de Berry (musée) et la collégiale
romane Notre-Dame XIe-XIIe.
➡ 2 km N., Pierre de Lu, et l'émetteur d'Allouis (pylône
de 308 m).

MEILLANT – 18.
Village dans une vaste clairière au cœur des immenses bois
de Meillant. Célèbre château féodal XIVe côté O., et surtout
flamboyant et Renaissance sur la cour où la tour du Lion
est étonnamment ouvragée ; l'ameublement vaut l'extérieur (vis. tous les jours). Dans la cour, puits, et chapelle
(vitraux XVIe, retable rhénan XVe).

MÉNARS – 41.

Remarquable château classique XVIIe-XVIIIe en pierre et brique (tapisseries, mobilier) (vis. samedi, dimanche et jours fériés en saison) ; av. des Tilleuls au-dessus de la Loire et très beaux jardins.

➡ 1 km N.-E., Cour-sur-Loire, vue magnifique ; église flamboyante (vitraux Renaissance) et clocher roman.

➡ 5 km N.-E., Suèvres, église Saint-Lubin XIe-XIIe ; église Saint-Christophe XIIe-XVIe (pignon O. Xe) ; maisons médiévales.

MENNETOU-SUR-CHER – 41.   1 000 hab.

Ancienne cité moyenâgeuse typique dont l'enceinte fortifiée garde plusieurs tours et portes XIIIe, une remarquable église XIIIe avec beau chœur et œuvres d'art, une grange aux dîmes et de vieilles maisons et hôtels XIIIe au XVIe.

➡ 3,5 km S.-O., rive gauche, Saint-Loup (église XIIe-XIIIe, peintures murales) ; jolies routes de la vallée du Cher sur les deux rives.

MESLAND – 41.

Remarquable église XIe avec mobilier ancien (Vierge en bois XIIIe).

MEUNG-SUR-LOIRE – 45.   4 600 hab.

Patrie de Jean de Meung (auteur de la plus grande partie du *Roman de la Rose*). Eglise Saint-Liphard XIIIe aux croisillons arrondis, clocher XIe. Château, XIIIe à l'origine (vis. tous les jours en saison). Porte ancienne. Quai de Loire ombragé. Pont suspendu.

MEUSNES – 41.

Eglise XIe (œuvres d'art). Musée de la Pierre à Fusil (vis. en semaine).

MÉZIÈRES-EN-BRENNE – 36.   1 200 hab.

Au cœur de la Brenne* ; église XIVe (portail mutilé), voûte en bois, poutres peintes, chapelles XVe et Renaissance et beaux vitraux.

MEZ-LE-MARÉCHAL (Château de) – 45.

Ruines XIIIe considérables, barrant le « chemin de César » au bord du Betz ; une enceinte complète avec six tours enferme un fort donjon carré, près de Dordives. Mégalithes aux environs.

MILLANÇAY – 41.

Camp romain. Motte féodale avec ruines. Maison XVIe.

MONDOUBLEAU – 41.   1 800 hab.

Au-dessus de la Grenne, vastes enceintes en ruine du château dont il reste une partie de donjon XIe. Maisons anciennes. ➡ 2 km S., Cormenon, vieux village intéressant ; église XVIe, portail et vitraux. ➡ 5 km S.O., Baillou, dans la jolie vallée de la Braye, église XVe-XVIe, portail, vitraux ; retable XVIIe.

MONTARGIS – 45.   19 900 hab.

Capitale et « Venise » du Gâtinais, parcourue par le canal et plusieurs bras du Loing qui forme un lac à ses portes, pays des pralines et du miel et belle ville ancienne avec ses « rues sur l'eau » aux vieilles maisons.

Eglise Sainte-Madeleine XIIe (nefs) et XVIe, beau chœur Renaissance avec nombreuses œuvres d'art. A l'O., vestiges importants du château XIIe-XVe (vue). L'hôtel de Ville, entouré de jardins (statue du Chien de Montargis terrassant l'assassin de son maître), contient le musée Girodet (histoire locale et œuvres de Girodet).

➡ 13 km S., Cortrat, sur le Vernisson, vieille église avec un tympan étonnant.

MONTARGIS (Forêt de) – 45.

Vaste (4 400 ha) et belle forêt de chênes, charmes, pins et hêtres, parcourue par une quantité de sentiers permettant des circuits à volonté. Au centre, Paucourt et sa clairière, au N., Ferrières*, au S.-O. Montargis*.

MONTBAZON – 37.   2 500 hab.

Bourg agréable sur l'Indre, dominé par un gros donjon XIIe rectangulaire de 28 m, portant une Vierge en cuivre de 9 m (vis. tous les jours sauf jeudi).

MONTEVRAN (Parc zoologique de) – 41.

Dans le parc d'un château, plus de deux cents animaux (fauves et ours notamment) (vis. tous les jours).

➡ 3 km S., Chaumont-sur-Tharonne, ancien village fortifié, église XVe-XVIe.

MONTILS (Les) – 41.

Le village fut fortifié ; il reste une belle porte et un donjon rond. Maisons anciennes.

MONTLANDON – 28.

Tour en ruine sur les cimes du Perche.

➡ 1,5 km N., Montireau, église XVIe (retable et vitraux XVIe). ➡ 5 km S.-O., Frétigny, église, retable XVIIe et belles fresques XIIe.

MONTOIRE-SUR-LE-LOIR – 41.   4 200 hab.

Lieu d'une célèbre entrevue Hitler-Pétain. Maisons Renaissance sur la place et auprès. La rivière est bien jolie. Près du pont, rive gauche, maison Renaissance et chapelle Saint-Gilles XIe à peintures murales extraordinaires XIe au XIIIe (différentes scènes des Ecritures, notamment la Pentecôte). Château en ruine, donjon XIIe et enceinte.

➡ 4 km S.-O., Saint-Martin-des-Bois, église XIe-XIIIe, et ancienne abbaye Saint-Georges-des-Bois, chapelle en ruine XIe et belle église XIIe-XIIIe. ➡ 2 km S.-E., Lavardin*.

MONTPOUPON (Château de) – 37.

Isolé dans un beau paysage, bel ensemble de bâtiments fortifiés XVe et XVIe ; musée de la vie quotidienne en Touraine (vis. tous les jours l'été, samedi, dimanche et jours fériés en saison l'après-midi).

MONTRÉSOR – 37.

Sur l'Indrois, joli site du village et du château début XVIe entouré de ruines médiévales (vis. tous les jours en saison) ; beau mobilier, peintures ; souvenirs polonais. Eglise XVIe à portail Renaissance (œuvres d'art, tombeau des Bastarnay XVIe). Halle en charpente.

MONTRICHARD – 41.   3 900 hab.

Plaisante vieille ville au-dessus du Cher (vieux pont avec vue), dominée par le château XIe-XIIIe dont il reste un énorme donjon carré XIIe avec des restes d'enceintes (vis. tous les jours l'été, samedi, dimanche et jours fériés en saison). Eglise Sainte-Croix en partie XIIe. Belles maisons anciennes (XVe-XVIe ; « Le Prêche », romane). A l'O., faubourg de Nanteuil, église de Nanteuil, XIIe-XIIIe-XVe, pèlerinage à la Vierge le lundi de Pentecôte. Caves de champagnisation.

➡ O., Chisseaux, Chissay-en-Touraine, Saint-Georges-sur-Cher, églises intéressantes.

MORÉE – 41.   1 000 hab.

Eglise XIe restaurée. Restes de remparts et grange aux dîmes XVe. Mairie dans une maison à tourelles XVe.

MOROGUES – 18.

Dans le joli vallon du Colin qui naît dans les proches collines du Sancerrois. Belle église XIVe, possédant un dais de bois sculpté XVe (provenant de la Sainte-Chapelle de Bourges) et des statues. Maisons anciennes en pierre. O., château de Maupas, XIVe-XVIIIe (tapisseries, faïences) (vis.).

➡ 9,5 km O., Menetou-Salon, château XIXe style Renaissance ; jolies routes alentour. ➡ 6 km N.-E., Motte d'Humbligny, point culminant des collines du Sancerrois (431 m), belle vue ; tumulus. ● Passage du G.R. 31 entre la Sologne et Sancerre.

MOTTE-FEUILLY (La) – 36.

Curieux château XIVe-XVe aux superstructures de bois, de Charlotte d'Albret épouse de César Borgia. Son tombeau est à l'église.

Mézières-en-Brenne : A la lisière de la région étrange de la Brenne aux nombreux étangs, la remarquable église de ce village possède de beaux vitraux anciens.

Noirlac : *Le cloître rayonnant est l'image la plus connue de cet ensemble abbatial cistercien qui, bien que discret, est un des plus beaux et des plus complets.*

MOTTE-SONZAY (Château de la) – 37.
Château XIIIᵉ-XVIᵉ, douves formées par la Fare naissante.

NANÇAY – 18.
En pleine nature solognote au N. du village (4,5 km), Centre de recherches radioastronomiques, avec un des plus grands radio-télescopes du monde (portée de 10 milliards d'années-lumière) ; terrasse-exposition.

NEUILLÉ-PONT-PIERRE – 37.   1 400 hab.
Eglise XIIIᵉ-XVIᵉ (façade Renaissance), belle Vierge à l'Enfant XIVᵉ.

NEUVY-SAINT-SÉPULCHRE – 36.   1 800 hab.
Curieuse église XIᵉ-XIIᵉ en rotonde, imitée du Saint-Sépulcre de Jérusalem (chapiteaux). Pèlerinages.
➡ 5,5 km N., Lys-Saint-Georges, beau château médiéval et XVᵉ, avec douves.

NOGENT-LE-ROTROU – 28.   13 600 hab.
Capitale du Perche, vieux marché agricole et ville industrielle, dominée par son formidable château Saint-Jean sur un coteau, donjon rectangulaire XIᵉ et beau logis XIIIᵉ occupé par le musée du Perche (vis. tous les jours). Le châtelet d'entrée est particulièrement beau. Eglise Notre-Dame XIIIᵉ-XIVᵉ ; derrière, à l'Hôtel-Dieu XVIIᵉ, tombeau de Sully et de sa femme. Eglise Saint-Hilaire XIIᵉ-XVᵉ-XVIᵉ (beau chœur) au bord de l'Huisne ; église Saint-Laurent flamboyant et Renaissance (Mise au tombeau XVᵉ) ; maisons anciennes dont la belle maison du Bailli XVIᵉ, par où on accède (vac. scol., voir S.I.) au chœur XIIᵉ-XIIIᵉ de l'ancienne abbatiale.
➡ N.-E., jolie vallée de la Cloche. ➡ 11,5 km S., les Etilleux, relais hertzien, panorama.

NOGENT-LE-ROI – 28.   3 200 hab.
Bourg pittoresque près de l'Eure ; église Saint-Sulpice inachevée mais très belle, fin XVᵉ et Renaissance (mobilier), entourée de maisons anciennes, certaines en bois.
➡ 1 km N.-E., Coulombs, restes (portail XIIᵉ) d'une abbaye bénédictine. ➡ 6,5 km N.-O., Villemeux, église (tympan XVIᵉ, Vierge XIIᵉ).

NOHANT-VIC – 36.
Modeste château XVIIIᵉ de George Sand (musée, vis. tous les jours sauf mardi), donnant sur le ravissante place de l'église rurale avec porche-galerie.

NOIRLAC (Ancienne abbaye de) – 18.
La simplicité cistercienne, avec tous ses bâtiments conventuels, XIIᵉ-XIVᵉ pour l'essentiel ; belle église romane XIIᵉ et cloître gothique XIIIᵉ-XIVᵉ, salle capitulaire XIIᵉ, réfectoire, cellier, cellules et logements divers (vis. tous les jours sauf mardi).

NOUANS-LES-FONTAINES – 37.
Eglise XIIIᵉ (voûtes) avec une célèbre *Descente de Croix*, peinture sur bois XVᵉ de l'école de Jean Fouquet.

NOUÂTRE – 37.   1 000 hab.
Ruines féodales ; église XVᵉ (albâtres, et peintures murales XVIᵉ).
➡ 6 km S.-S.-E., jolis sites vers le confluent Creuse-Vienne ; plus loin, église romane d'Antogny.

NOURRAY – 41.
Sur le plateau ; belle abside de l'église XIᵉ-XIIIᵉ.
➡ 8 km O., château du Plessis-Saint-Amand, Louis XIII, jardins à la française.

OLIVET – 45.   14 800 hab.
Au bord du Loiret, restaurants, guinguettes, pêche, promenade des Moulins, à pied ou en bateau, moulins anciens dans des sites charmants.
➡ 4 km S.-E., parc floral de la Source (vis. tous les jours, l'après-midi hors saison ; restaurants, petit train, etc.) comprenant les sources du Loiret, le « Bouillon » et l'« Abîme », résurgences de la Loire, et le château de la Source. Ville nouvelle de La Source et université (lac).

ORCHAISE – 41.
Près de l'église, grange XIIIᵉ. Grotte et fontaine d'Orchaise, se jetant aussitôt dans la Cisse (moulin).

ORLÉANS – 45.   110 000 hab.
Position-clé sur la Loire, prise notamment par César et Clovis et défendue par Jeanne d'Arc dans un siège épique, la ville a beaucoup souffert de la dernière guerre. Patrie de Robert le Pieux, d'Etienne Dolet, et de Charles Péguy. Fêtes de Jeanne d'Arc les 7 et 8 mai.
Au centre, la place du Martroi et la statue de Jeanne ; beaux pavillons classiques restaurés. Place de l'Etape, hôtel de ville Renaissance, remarquable (peintures, mobilier ; vis. tous les jours) ; jardin public avec remplois XVᵉ. Cathédrale Sainte-Croix reconstruite XVIIᵉ-XVIIIᵉ en style gothique ; belle façade XVIIIᵉ d'après Gabriel, flèche XIXᵉ, belles tours ; intérieur remarquable : buffet d'orgues, boiseries début XVIIIᵉ du chœur ; crypte, fouilles des édifices antérieurs, chœur de basilique romane Xᵉ à déambulatoire et église gallo-romaine IVᵉ ; trésor et peintures à la sacristie. Derrière, jardin de l'ancien évêché (vue). Grand Cimetière, trois galeries gothiques XVIᵉ, portail Renaissance et chapelle.
Hôtel des Créneaux début Renaissance, avec beffroi XVᵉ (vue) : musée des Beaux-Arts, peinture (surtout école française XVIIᵉ-XVIIIᵉ, portraits et bustes remarquables, et Max Jacob ; vis. tous les jours sauf mardi) ; Hôtel Cabu, XVIᵉ : très riche musée historique et archéologique, trésor gallo-romain de Neuvy-en-Sullias notamment avec ses statues de bronze. Maison de « Jeanne-d'Arc », Renaissance (fermée lundi, et l'hiver sauf dimanche et jours fériés après-midi), et maison de la Porte-Renard. Belles rues Royale (de la place du Martroi au pont George V XVIIIᵉ sur la Loire) et du Tabour avec leurs arcades classiques, reconstruites ; maison d'Euverte Hatte, centre-musée Charles-Péguy (vis. tous les jours l'après-midi sauf dimanche et lundi). Dans les quartiers S., anciens, belles vieilles maisons Renaissance, hôtel Toutin XVIᵉ, maisons de la Coquille, de Ducerceau.
Eglises à voir, Notre-Dame-de-Recouvrance XVIᵉ gothique, Saint-Pierre-le-Puellier romane, Saint-Aignan chœur et transept XVᵉ, crypte XIᵉ, Sainte-Euverte XIIᵉ au XVIIᵉ, chapelle Notre-Dame-des-Miracles où Jeanne d'Arc vint prier après le départ des Anglais. Tour Blanche, des remparts de l'époque. Près de la préfecture (tapisseries), belle Salle des Thèses, XVᵉ.
➡ 5 km S.-O., rive droite, la Chapelle-Saint-Mesmin, église XIᵉ au bord de la Loire, avec crypte mérovingienne de Saint-Mesmin.

ORLÉANS (Forêt d') – 45.
La plus grande forêt domaniale (près de 35 000 ha, plus 15 000 privés) de France, en plusieurs parties, s'étendant sur 60 km de long, et parfois 15 de large, entre la N. 20 et la région de Gien, sur un sol tertiaire de sables et d'argiles ; chênes, pins, charmes, laricios corses, y prospèrent parmi de nombreux étangs et des landes. Villages épars dans certaines parties. Nombreux animaux, cerfs et biches, chevreuils, sangliers. Partie N. : en lisière N., château de Chamerolle XIVᵉ, galerie Renaissance ; les G.R. 3 et 32 la sillonnent ; abbaye cistercienne en ruine XIIᵉ de la Cour-Dieu, belle église XIIᵉ-XIIIᵉ ; Sully-la-Chapelle, château de Claireau XVIIᵉ, douves ; Fay-aux-Loges, église médiévale à clocher central en pierre XIIIᵉ. La partie S.-E. entre Lorris*, Gien* et Sully* est immense et très belle aussi ; parcourue par le G.R. 3 et d'innombrables routes et chemins ; les beaux arbres y pullulent, chênes notamment et, au carrefour de la Résistance, séquoias ; étangs parfois très longs (2 à 3 km). ● A 6 km N. de Combreux, observatoire des Caillettes, érigé au point culminant (170 m). V. étang de la Vallée*. ● Excellent dépliant sur la forêt.

Orléans : *Cathédrale Sainte-Croix, rebâtie à l'époque classique.
La situation de la ville lui a toujours conféré une grande
importance stratégique, amplement soulignée par les destructions
de la dernière guerre et par le célèbre siège que Jeanne d'Arc fit
lever aux Anglais. La Loire y est bien entendu très belle, vue du
quai du Fort-des-Tourelles notamment. Il faut aussi, entre bien
d'autres curiosités, et avant de s'évader vers la source du Loiret ou
l'immense forêt voisine, admirer les sculptures gallo-romaines du
musée archéologique.*

267

OUARVILLE – 28.
Eglise gothique XVIe.
➡ 1 km O., moulin à vent (exposition).

PALLUAU-SUR-INDRE – 36.   1 000 hab.
Joli bourg dominé par un gros château XIe-XVe (restauré et habité) avec donjon féodal, enceintes, chapelle avec fresques Renaissance et beaux logis gothiques meublés Renaissance, tour Philippe-Auguste (vis. l'après-midi en saison). Ancienne église Saint-Laurent, peintures murales romanes célèbres. Ancienne collégiale, statues polychromes.
➡ 3 km S.-E., Saint-Genou, église ancienne abbatiale XIIe-XIIIe, admirable chœur roman berrichon ; au S., lanterne funéraire XIIe.

PATAY – 45.   2 000 hab.
Marché beauceron et champ de bataille où en 1429 Jeanne-d'Arc paracheva contre les Anglais sa victoire d'Orléans ; Chanzy en 1870 ne parvint pas à y changer le cours des choses et perdit Orléans.

PELLEVOISIN – 36.   1 000 hab.
Pèlerinage (début septembre). A l'église, chœur roman. Tombe de Bernanos.
➡ 3,5 km O., château du Mée, féodal.

PITHIVIERS – 45.   10 400 hab.
Pour les gourmands, gâteaux aux amandes, pains d'épices, pâtés d'alouettes... Arrosée par l'Œuf, la ville est un important marché agricole. L'église Saint-Salo est un curieux mélange de roman (abside et transept) et de Renaissance (flèche XIXe très aiguë) ; restes de la collégiale Saint-Georges XIIe-XIIIe ; musée (histoire, archéologie, dessins) (vis. tous les jours sauf mardi et jours fériés). A la gare, musée des Transports (vis. dimanche et jours fériés en saison), parcours de 4 km en train à vapeur à voie de 60 cm.

PLAIMPIED-GIVAUDINS – 18.   1 100 hab.
Remarquable église romane XIe-XIIe de l'ancienne abbaye (chevet, chapiteaux, crypte).

PONTLEVOY – 41.   1 600 hab.
Ancienne abbaye ; l'église ne comporte qu'un chœur XIIIe-XVe avec stalles et retables XVIIe ; beaux bâtiments XVIIe. (Vis. tous les après-midi en saison sauf lundi ; vac. scol., tous les jours.)

POSSONNIÈRE (Manoir de la) – 41.
Renaissance, fort joli (vis. sur demande écrite). Ronsard y naquit (1524).
➡ 0,5 km N., Couture-sur-Loir, église avec chœur XIIIe, gisants des parents de Ronsard et boiseries XVIIe. Les bûcherons ont mis à mal la forêt de Gastine ; il en reste un bois avec un étang à 7 km S.-E., près du prieuré Sainte-Madeleine en ruine. 1 km E., château du Pin et l'« Isle Verte » de Ronsard, sur le Loir. ➡ 4 km S.-O., Villedieu-le-Château, dans un joli vallon ; restes de remparts et ruines d'un prieuré.

PREUILLY-SUR-CLAISE – 37.   1 600 hab.
Le bourg fut une ville et conserve des maisons et hôtels anciens ; église romane ancienne abbatiale (arcatures ; chapiteaux), avec bâtiments XVe ; ruines du château et d'une collégiale XIIe.
➡ 4 km S.-O., Boussay, château composite, parc (vis.) ; église XVe-XVIe (tombeaux).

PUISEAUX – 45.   2 400 hab.
Gros marché agricole du Gâtinais ici très riche ; église XIIIe (et XVe) à clocher octogonal et flèche hélicoïdale ; Mise au tombeau XVIe. Halles XVIe.
➡ 7 km S.-S.-O., Boësse, très curieux porche XIIe de l'église.

RESTIGNÉ – 37.   1 200 hab.
Belle église XIe-XIIe (sculptures).

REUGNY – 37.   1 100 hab.
Charmante vallée de la Brenne ; porte XVe et église romane XIe.
➡ 1 km S., la Côte, joli château Renaissance.

RHODON – 41.
Jolie église XIIe-XIIIe avec peintures murales XIVe-XVe remarquables.
➡ 1,5 km E., Conan, église : peinture murale XVIe et tombeaux. ➡ 6 km O., Selommes, église XIe.

RICHELIEU – 37.   2 500 hab.
Ville créée par Richelieu sur plan régulier, très intéressant spécimen d'urbanisme XVIIe, avec douves et remparts, Grande-Rue à l'architecture homogène, collège de l'Académie, église Notre-Dame « jésuite », halles de bois et d'ardoise. Musée historique à l'hôtel de ville. Portes. Au S., beau parc du château disparu (sauf l'orangerie). Train touristique Richelieu-Chinon (20 km ; dimanche en saison).

ROCHES-L'ÉVÊQUE (Les) – 41.
Très curieux village troglodytique, au pied d'une falaise dominant une courbe du Loir.

ROMORANTIN-LANTHENAY – 41.   17 000 hab.
La Sauldre dessine des îles dans la vieille ville ; beaux jardins publics près des ponts (vues) ; belles vieilles maisons XVe, XVIe, surtout rue de la Résistance ; vestiges du château royal XVe-XVIe (sous-préfecture). Remarquable musée de Sologne (vis. tous les jours sauf mardi). Curieuse église XIIe au XVIIe ; au S. de l'île, « rue de Venise ». Musée municipal de la course automobile (vis. tous les jours sauf mardi).

SACHÉ – 37.
Château XVIe (vis. tous les jours) où séjourna et travailla Balzac ; musée.
➡ 3,5 km N.-N.-E., manoir de Vonne, ferme joliment transformée fin XVIe.

SAGONNE – 18.
Beau village et ruines d'un château transformé par Hardouin-Mansart ; église XIIe-XVe (chapiteaux).

SAINT-AGIL – 41.
Château XIIIe au XIXe, élégant pavillon d'entrée XVIe en briques bicolores vernissées.
➡ 2 km S., joli manoir d'Alleray XVe-XVIe. ➡ 4 km S.-E., Boursay, église XIe (peintures murales). ➡ 3 km N.-E., Arville, belle ancienne commanderie de Templiers XIIe-XVe.

SAINT-AIGNAN – 41.   3 700 hab.
Son et Lumière
Château Renaissance (tour XIIe) ; accès à la cour d'honneur, vue. Belle collégiale romane XIIe-XIIIe à magnifiques chapiteaux (chœur et déambulatoire) ; crypte XIe avec fresques XIIe et d'autres XIVe. Maisons anciennes en bois. Hôtel-Dieu XVIIe.

SAINT-AMAND-MONTROND – 18.   12 800 hab.
Sur la rive droite du Cher dans une belle campagne très boisée. Eglise romane Saint-Amand XIIe-XIIIe (mobilier). Hôtel Saint-Vitte XVe-XVIe, musée. Butte de Montrond avec parc, à la place de l'ancien château.
➡ 4 km N.-E., tour Malakoff, panorama. ➡ 4,5 km S., Drevant, ruines romaines (notamment théâtre). ➡ 4,5 km N.-O., abbaye de Noirlac* ; 4 km N.-O., Bruère-Allichamps, borne milliaire romaine, faussement accusée de marquer le centre de la France ; 1 km E., la Celle, belle église romane. ➡ 8 km N., Meillant* et son château.

SAINT-AVIT – 41.
Vues magnifiques du cimetière et de la route du Plessis-Dorin ; c'est le flanc S. du Perche. ➡ 5,5 km E., le Gault-Perche, église.

SAINT-BENOÎT-DU-SAULT – 36.
Ancienne cité pittoresque, au-dessus de la vallée du Portefeuille. Remparts Xe au XVe, chemin de ronde. Maison de l'Argentier XVe. Beffroi. Porte de ville « le Fort ». Maison du Sénéchal. Eglise romane de l'ancien prieuré ; de la place, vue sur le site du bourg. Dolmens à l'E. et au S.-O. Région accidentée.

SAINT-BENOÎT-SUR-LOIRE – 45.   1 800 hab.
Célèbre église abbatiale bénédictine. Devant, extraordinaire clocher-porche massif à deux étages, seize piliers considérables aux magnifiques chapiteaux à feuillages ou historiés (salle au-dessus). Eglise : chœur et transept XIe, nef XIIe-XIIIe, portail N. XIIIe ; intérieur restauré, belles stalles XVe et tombeau de Philippe Ier, Vierge en albâtre XIVe, chœur magnifique à deux niveaux, mosaïque IVe ou Ve d'Italie, déambulatoire, chapiteaux. Trésor. Remarquable crypte XIe (châsse moderne des reliques de Saint-Benoît), et petite chapelle Xe.
Dans le village, maison XIIIe et vieux quartier pittoresque. La Loire est superbe dans ses grands méandres, contenus dans de hautes levées.

SAINT-EPAIN – 37.   1 300 hab.
Eglise XIIe au XVIe (stalles, grosse tour carrée XIIIe) ; porte de ville de la Prévôté.
➡ O., Grissay-sur-Manse, vieux village et ruines XVe, Avon-les-Roches, église romane XIIe (porche), et collégiale des Roches-Tranchelion en ruine (façade Renaissance).

SAINT-FLORENT-SUR-CHER – 18.   6 400 hab.
Château XVe-XVIe remanié entouré d'un jardin public. Ruines du pont romain où passait la « Levée de César » de Bourges à Argenton, qui subsiste en maints endroits et notamment aux alentours.

SAINT-GAULTIER – 36.   2 300 hab.
Agréable petite ville sur la Creuse qui entre dans la Brenne*. Eglise prieurale XIe-XIIe.

SAINT-LAURENT-NOUAN – 41.
Eglise XIe.
➡ 3 km O., dans une île artificielle, centrales nucléaires Saint-Laurent 1 et 2, salle d'exposition et belvédère sur les installations et la Loire.

Saint-Benoît-sur-Loire : *Le monastère bénédictin est un des plus anciens. L'ensemble et le clocher-porche sont splendides, tandis que les chapiteaux de ce dernier sont d'une vigueur frappante (ci-dessus, à droite).*

SAINT-LÉONARD-EN-BEAUCE – **41.**
Dans l'église romane, tombeau de saint Léonard de Dunois (pèlerinage).
➡ 1,5 km S.-E., ruines du donjon avec enceinte à Marchenoir. Au N.-E., vaste forêt de Marchenoir (5 400 ha, privée).

SAINT-PATERNE-RACAN – **37.** 1 700 hab.
Dans la jolie vallée de l'Escotais avec ses saules pleureurs. Eglise, groupe XVIᵉ en terre cuite avec Vierge à l'Enfant, et autres sculptures provenant de l'ancienne abbaye cistercienne de la Clarté-Dieu, dont une ferme conserve des vestiges dans un charmant vallon à 3 km O.
➡ 2 km S.-E., château de la Roche-Racan, XVIIᵉ, construit par Racan le poète, au pied d'un coteau dans un joli cadre.
➡ 2,5 km N., Saint-Christophe-sur-le-Nais, chapelle et église XIVᵉ-XVIᵉ, pèlerinage à Saint-Christophe (avant-dernier dimanche de juillet). ➡ 9 km E., Neuvy-le-Roi, église XIIᵉ-XVIᵉ (œuvres d'art).

SAINT-PIAT – **28.**
Belle église XVIᵉ (sculptures sur bois, sarcophage, portail).

SAINT-VIÂTRE – **41.** 1 200 hab.
En pleine Sologne, entouré de très nombreux et beaux étangs. L'église XIIᵉ-XVᵉ a un beau portail XIVᵉ, des peintures sur bois XVᵉ et un mobilier intéressant ; crypte XIᵉ. Près du cimetière au N., reposoir Saint-Viâtre.
➡ 7 km O.-N.-O., la Ferté-Beauharnais, maisons anciennes à pans de bois et église avec un porche de bois XVIᵉ et des stalles.

SAINTE-CATHERINE-DE-FIERBOIS – **37.**
Eglise XVᵉ flamboyant avec de belles sculptures, clocher de 41 m et des œuvres d'art. Maison du Dauphin XVᵉ.
➡ 2 km S., parc de loisirs de Fierbois (lac, plage). ➡ 1 km S.-E., château de Comacre, XIXᵉ, pastiche du gothique.

SAINTE-MAURE (Plateau de) – **37.**
Plateau crayeux recouvert d'argile et parsemé de falunières (dépôts marins de coquilles) ; vallons pittoresques ; il s'étend entre l'Indre, la Vienne et la Creuse dans la région Sainte-Maure-Ligueil.

SAINTE-MAURE-DE-TOURAINE – **37.** 4 000 hab.
Eglise XIIᵉ mal restaurée (œuvres d'art) et crypte Xᵉ, dans l'enceinte de l'ancien château (ruines). Belles halles XVIIᵉ et maisons anciennes.

SAINTE-SÉVÈRE-SUR-INDRE – **36.** 1 100 hab.
Charmant village avec porte XVᵉ et halle de bois sur la belle place ; ruines du donjon XIIIᵉ. A fourni discrètement le décor de *Jour de Fête* de Jacques Tati.

SALBRIS – **41.** 6 200 hab.
Au bord de la belle Sauldre. Eglise solognote XVᵉ-XVIᵉ en pierre et brique ; Pietà.

SANCERGUES – **18.**
Eglise XIIIᵉ, chœur roman.

SANCERRE – **18.** 2 500 hab.
Vieille ville perchée sur une butte dominant la Loire et entourée des collines du Sancerrois où la vigne produit un vin célèbre (et les chèvres le crottin de Chavignol). Des boulevards ou de la tour des Fiefs, donjon rond XVᵉ avec table d'orientation, belles vues. L'église conserve la tour Saint-Jean, un beffroi XVᵉ. Dans les petites rues, maisons anciennes intéressantes. Parc.
➡ 4 km N.-E., Saint-Satur, l'ancienne abbatiale possède un superbe chœur XIVᵉ ; belle vallée de la Loire.

SANCOINS – **18.** 3 600 hab.
Localité pittoresque, remparts, maisons anciennes ; centre artistique Jean-Baffier (sculpteur). Grand marché à bestiaux des « Grivelles » (mercredi).
➡ 4 km O., ruines de Jouy (donjon XIVᵉ) au bord du grand étang de Javoulet. ➡ 7 km N.-O., Vereaux, église XIIᵉ (statues).

SANTEUIL – **28.**
Eglise romane et abside XIIIᵉ.

SARGÉ-SUR-BRAYE – **41.** 1 100 hab.
Deux églises médiévales XIIᵉ-XVᵉ avec lambris, Saint-Martin possède des peintures murales. Maisons anciennes XVᵉ et XVIᵉ.
➡ 6 km S.-O., Savigny-sur-Braye, église XIIᵉ au XVIᵉ, façade XVIIᵉ, avec retables. La vallée de la Braye est très agréable surtout en amont de Sargé.

SARZAY – **36.**
Sévère château fort, citadelle des sires de Barbançois, XIIIᵉ, quatre hautes tours rondes à mâchicoulis (vis. l'été sauf mardi).
➡ 3,5 km N., le Moulin d'Angibault.

SAULZAIS-LE-POTIER – **18.**
D'après les géographes, le canton recèle le centre de la France.

SELLES-SUR-CHER – **41.** 4 700 hab.
Dans un beau méandre du Cher que le château XIIIᵉ et fin XVIᵉ entouré de douves domine en aval (rive gauche) de sa partie médiévale ; salle des Intendants, Pavillons Dorés, salle des Gardes ; belles cheminées, mobilier (vis. tous les jours l'été, l'après-midi samedi, dimanche en saison). Eglise XIIᵉ (façade romane) et XVᵉ, restaurée ; tombeau VIᵉ de Saint-Eusice ; belle abside. Cloître XVIIᵉ avec musée d'histoire et de traditions locales.

SEMBLANÇAY – **37.**
Ruines du château, donjon rectangulaire roman et restes d'enceinte. Verrières XVIᵉ à l'église.

SENONCHES (Forêt de) – **28.**
4 300 ha en deux parties, celle du N.-O. avec plusieurs étangs ; chênes, charmes, hêtres, arbres remarquables : le Chêne-Fauteuil, les Huit Chênes, les Trois Frères. Au centre, Senonches, avec un château XVᵉ-XVIIᵉ (donjon XIIᵉ) et une église XVIᵉ ; bourg agréable. Baignade sur l'Eure à 6,5 km S. Sentiers (G.R. 35 et 351).

La Loire à Sully : *Envahie − l'été ! − de vastes bancs de sable, la Loire est toujours une petite mer dans la grande plaine où de longues « levées » la retiennent.*

SIDIAILLES – 18.
Un lac de retenue sur l'Arnon fait de ce village une petite station nautique et balnéaire (baignade autorisée samedi, dimanche et jours fériés). Près du barrage, ancien camp romain. Au S.-E., ruines du château de la Roche-Guillebault. Au S.-O., ancienne abbaye des Pierres.

SOLOGNE (La) – 41-45.
Contrée de bois et d'étangs, de landes et maintenant de cultures, dont le charme reste prenant dans les parties demeurées sauvages, où la chasse et la pêche sont reines ; elle s'étend entre la Loire, le Cher et les collines du Sancerrois à l'E. ; nombreux châteaux et chasses privés. Maurice Genevoix en a rendu toute l'ambiance dans *Raboliot*.

SOUESMES – 41. 1 100 hab.
Près de la Petite Sauldre et sur le passage du G.R. 31, au milieu de grands bois solognots, ce village a une église romane (nef), un château XVIII⁰ en pierre et brique (tours à mâchicoulis XVI⁰) et de vieilles maisons à pans de bois.

SULLY-SUR-LOIRE – 45. 5 900 hab.
Presque au bord de la Loire, imposant château XIV⁰ et XVI⁰ avec de belles douves entourées de grands arbres ; dans la partie féodale, donjon XV⁰ flanqué de quatre tours d'angle, vaste salle des Gardes à cheminées monumentales et salle supérieure à magnifique charpente d'époque en parfait état ; dans le petit château remanié par Sully, son cabinet de travail et son salon (vis. tous les jours sauf l'hiver). Eglise Saint-Ythier XVI⁰ avec deux beaux vitraux et une Pietà XV⁰. Clocher XVII⁰ de l'église Saint-Germain (détruite en 1940). Maison Renaissance.
➡ 15 km S., Cerdon, église XV⁰ (peintures).

TALCY – 41.
Dans un village beauceron, château XVI⁰ gothique du banquier florentin Salviati ; donjon carré, belle cour avec galerie et deux puits dont un à dôme ; mobilier, tapisseries ; pigeonnier XVI⁰ à mille cinq cents alvéoles et pressoir ancien (vis. tous les jours sauf mardi).

TERRIER RANDOIN (Le) – 36.
Altitude 459 m
Alias montagne de Fragne, point culminant de l'Indre. Panorama.

THAUMIERS – 18.
Eglise romane avec chapelle XV⁰ (retable XVI⁰).

THÉSÉE – 41. 1 100 hab.
Ruines gallo-romaines d'un établissement commercial du II⁰ s. Fouilles. Musée à la mairie (vis. l'après-midi l'été sauf mardi).

THIRON – 28. 1 100 hab.
Grande nef romane de l'église abbatiale (clocher XII⁰, stalles, boiseries XIV⁰ et XVIII⁰, pierre tombale gravée XIII⁰, bâtiments conventuels). Passage du G.R. 35.
➡ 6 km E., Combres, église, retable XVII⁰.

TOURS – 37. 145 400 hab. (Agglomération : 250 000).
Le centre de la belle capitale de la Touraine va, sur la rive gauche, de la cathédrale au Vieux Tours, tous les quartiers anciens se tassant le long de la Loire.
La cathédrale Saint-Gatien XII⁰-XVI⁰ a le chœur orné de belles verrières XIII⁰ (roses XIV⁰) ; voir le chevet XIII⁰ et la façade composite flamboyant et Renaissance ; cloître de la Psalette, Renaissance. Dans le palais voisin, ancien archevêché XVII⁰-XVIII⁰, riche musée des Beaux-Arts dans de beaux salons meublés (vis. tous les jours sauf mardi l'hiver) ; peintures de Mantegna, Fouquet, Rembrandt, Rubens ; céramiques antiques.
Restes de l'enceinte gallo-romaine. Tour de Guise XII⁰-XV⁰ subsistant du château. Rue Colbert avec des maisons anciennes ; place Foire-le-Roi, maisons XV⁰ et Renaissance (hôtel Babou de la Bourdaisière), passage du Cœur-Navré ; église abbatiale gothique Saint-Julien XIII⁰ (clocher-porche très antérieur) ; le musée des Vins de Touraine occupe les celliers XII⁰ de l'abbaye, et l'étonnant musée du Compagnonnage (fermé le mardi) d'autres bâtiments XI⁰ et XVI⁰. Tout près, rue Jules-Favre, Palais du Commerce XVIII⁰ et, en face, charmante fontaine de Beaune, Renaissance, et restes de l'hôtel de Semblançay. Continuant la rue Colbert, la rue du Commerce mène au décor médiéval de la place Plumereau aux maisons XV⁰, au cœur du Vieux Tours où abondent les logis anciens : hôtel Gouin XV⁰-XVI⁰ (rue du Commerce ; Musée archéologique), hôtels Robin-Quantin fin XVI⁰ et des Binet XV⁰-XVI⁰ (rue P.-L. Courier), maison de Tristan ou hôtel de Pierre du Puy fin XV⁰ (Centre d'Etudes de Langues Vivantes) et ancienne église Saint-Pierre-le-Puellier (rue Briçonnet), hôtel Etienne-Raimbault début XIX⁰ (musée du Gemmail, rue du Mûrier), rue du Change, rue des Halles, tours Charlemagne et de l'Horloge et cloître Saint-Martin XVI⁰, restes de la grande basilique Saint-Martin disparue qu'une nouvelle a remplacée (style romano-byzantin), rue et place de Châteauneuf. Bel hôtel Mame XVIII⁰ (vis.), 19, rue Emile-Zola. Au centre de la ville, place Jean-Jaurès, sur les anciens remparts croisés par l'axe N.-S. du XVIII⁰ ; à côté, Maison de la Touraine (exposition-vente de produits tourangeaux). Beaux jardins. Remarquable quartier moderne des Rives du Cher au S., avec un beau lac.
➡ 3 km O., prieuré de Saint-Cosme XI⁰-XV⁰ avec ruines de l'église et tombe de Ronsard († 1585) ; musée (vis. tous les jours sauf l'hiver). ➡ 3 km S.-O., aile restant du château de Plessis-lès-Tours fin XV⁰, musée Louis XI (vis. tous les jours sauf mardi et l'hiver). ➡ 4 km N.-E., rive droite, abbaye de Marmoutier, célèbre monastère de Saint-Martin (vis. l'après-midi), vestiges XII⁰ et XIII⁰ (beau portail de la

Crosse) et chapelles troglodytes (pèlerinage). Maisons troglodytiques à Rochecorbon, à côté, et « lanterne » XVe sur une falaise ; musée du Vin, dans une « folie » XVIIIe (vis. tous les jours sauf mardi). ➡ 10 km N.-E., ferme de Meslay, XIIIe, comprenant la fameuse grange aux dîmes (charpente XVe) abritant les fêtes musicales de Touraine ; fresques romanes à l'église XIIe de Parçay-Meslay, 3 km S. ➡ 10 km N.-N.-O., après Mettray, dolmen la Grotte aux Fées. ➡ 4 km N.-O., Saint-Cyr-sur-Loire, propriété La Béchellerie, souvenirs d'Anatole France († 1924).

TOURY – 28.   2 500 hab.
Eglise XIIe-XIIIe avec un beau porche. Importante sucrerie. Monument du premier voyage aérien aller et retour, par Blériot en 1908.

Tours : *La cathédrale Saint-Gatien s'élève du gothique à la Renaissance et d'admirables verrières du XIIIe siècle orne son très beau chœur. La ville présente bien d'autres splendeurs et notamment ses vieux quartiers admirablement sauvegardés.*

TRÔO – 41.
Curieux village sur le flanc de la « Butte » dans un beau site ; enceinte XIe et XIIIe, nette à l'O. Eglise Saint-Martin XIe au XIVe (chapiteaux et œuvres d'art). De la « Butte » (tombelle ?), vue et table d'orientation ; « Grand Puits » ou « Puits qui parle » (écho très sensible). Habitations troglodytiques et « caforts » (caves fortes). Au S., rive gauche, Saint-Jacques-des-Guérets, église XIIe avec peintures murales XIIe remarquables, d'inspiration byzantine.

Ussé : *Les délicates sculptures de la chapelle du château d'Ussé, à l'écart dans le parc, sont parmi les œuvres les plus touchantes de la Renaissance.*

Valençay : *la vieille tour d'angle est très caractéristique avec son vaste dôme ; l'ensemble du château, dont Talleyrand fut possesseur, est remarquable, et son ameublement magnifique.*

USSÉ (Château d') – 37.

Château de rêve (qui a peut-être inspiré Perrault pour *la Belle au Bois dormant*) émergeant au bord de l'Indre de la forêt de Chinon, entre le Moyen Age et la Renaissance, avec des terrasses magnifiques (jardins) ; il est XVe-XVIIe avec de beaux aménagements ; remarquable chapelle Renaissance dans le parc. (Vis. tous les jours en saison.)

VALENÇAY – 36.   3 200 hab.
Son et Lumière

Vaste et beau château XVIe-XVIIe fort varié : énorme donjon Renaissance, Vieille Tour d'angle à dôme et grand pavillon classique aboutissant à la Tour Neuve XVIIIe à dôme ; beaux appartements, mobilier XVIIIe et Empire. Dans les communs, musée Talleyrand et musée de l'Automobile (tous les jours). Parc zoologique. (Vis. tous les jours en saison.)

➡ 8,5 km N.-O., après la grande forêt de Gâtine, Villentrois, château en ruine, porte fortifiée.

VALLÉE (Etang de la) – 45.

Près de Combreux, grand plan d'eau pour pêche et baignade, en forêt d'Orléans*. A 5 km N.-N.-E., lieu-dit les Caillettes, observatoire (170 m).

VATAN – 36.   2 300 hab.

Eglise Saint-Laurian avec chœur XVIe (vitrail ; peintures XVIIIe). Maisons anciennes. Musée de l'automobile (vis. tous les jours). ➡ 6 km S.-O. et 9,5 km E., dolmens.

VENDÔME – 41.   18 500 hab.

Dans une grande courbe du Loir qui partage la vieille ville en plusieurs îles. Le château en ruine domine le site au S. (vis. tous les jours sauf mardi) ; XIIe au XVe, il reste une enceinte, des tours, dans le jardin de la Montagne (table d'orientation) ; traces de la collégiale Saint-Georges où reposaient les parents d'Henri IV. Tour Saint-Martin XVe-XVIe. Eglise de la Trinité, ancienne abbatiale XIe au XVIe à magnifique façade flamboyante et beau clocher féodal XIIe, isolé, de 80 m ; à l'intérieur, quelques chapiteaux XIe, vitrail XIIe de la Vierge à l'Enfant, vitraux XIVe, stalles ; galerie de cloître, salle capitulaire XIVe. Intéressant musée du Vendômois, dans un bâtiment de l'abbaye (fermé le mardi). Près du jardin public (vue), Arche des Grands-Prés, porte d'eau XVe sur le Loir. Porte Saint-Georges XIVe, restaurée. Hôtel du Saillant XVe. Eglise de la Madeleine XVe. Lycée Ronsard, ancien collège des Oratoriens XVIIe-XVIIIe avec chapelle XVIe. Passage du G.R. 35 suivant la vallée.

➡ 3 km E., Areines, rive gauche, église XIIe, belles peintures murales anciennes ; restes d'un grand théâtre gallo-romain. ➡ O., la magnifique vallée du Loir (v. Gué-du-Loir*, les Roches-l'Evêque*, Lavardin*, Montoire-sur-le-Loir*, Troo*, la Possonnière*, Poncé-sur-le-Loir dans région II).

VERNEUIL-SUR-INDRE – 37.

Château XVe reconstruit, et ses douves dans un charmant paysage.

➡ 6 km S.-E., Bridoré, important château XIVe-XVe (vis. l'après-midi en été). Eglise Saint-Roch XVe.

VERNOU-SUR-BRENNE – 37.   2 100 hab.

Beau village ancien, église romane XIIe remarquable.

VÉRETZ – 37.   2 100 hab.

Eglise Renaissance avec chapelle seigneuriale du château situé auprès (belles peintures murales). Souvenir de Paul-Louis Courier (monument), assassiné en 1825.

VERRERIE (Château de la) – 18.

A l'orée de la forêt d'Ivoy (2 800 ha), beau château XVe-XVIe des Stuarts au bord d'un étang, galerie Renaissance ; sa chapelle contient des fresques XVIe et des pleurants en albâtre ; mobilier et tapisseries (vis. tous les jours l'été).

VIC – 36.

L'église XIe conserve d'importantes fresques XIe-XIIe sur la Rédemption. ➡ 4 km N.-O., panorama sur la « Vallée Noire » de George Sand.

VIERZON – 18.   36 500 hab.

Agglomération industrielle (mécanique, porcelaine, verrerie) sur le Cher et le canal du Berry, au confluent de l'Yèvre, à un grand carrefour routier et ferroviaire. Hôtel de ville dans des bâtiments de l'ancienne abbaye Saint-Pierre XVIIe-XVIIIe avec de beaux jardins au bord de l'Yèvre ; maisons XVIe à pans de bois ; l'église Notre-Dame XIIIe-XVe a un porche roman XIIe et un vitrail XVe (peintures) ; beffroi du XIIe.

VIERZON (Forêt de) – 18.

Très vaste (7 500 ha avec celle de Vouzeron qui la suit à l'E.) et longue de 20 km, traversée de nombreux sentiers (O.N.F. et G.R. 13, 31, 41) et routes. Parcours Santé. Dans le S., près de Saint-Laurent, beau chêne Saint-Louis ; circuit balisé de 9 km.

VILLANDRY – 37.

Remarquable château Renaissance (donjon XIVe) (vis. tous les jours en saison, jardins tous les jours) entouré de profondes douves et d'extraordinaires jardins français XVIe patiemment reconstitués sur trois terrasses superposées, potager, jardin d'ornement et jardin d'eau avec grand « miroir ». Au château, mobilier et art ancien (peintures). Beau village (église romane).

➡ 2,5 km N.-E., Savonnières, église (portail roman). « Caves » ou grottes pétrifiantes (vis. tous les jours en saison).

VILLEBON – 28.
Château XVᵉ-XVIIᵉ d'allure féodale, en brique ; douves ; beau parc.

VILLEFRANCHE-SUR-CHER – 41.   1 800 hab.
Eglise XIIᵉ (chapiteaux). Maison à façade gothique.

VILLEGONGIS – 36.
Magnifique château Renaissance, logis entre deux grosses tours rondes, dans des douves, qui serait d'un des architectes de Chambord (vis. ext. tous les jours).

Villandry : *Le château est certes intéressant mais ses extraordinaires jardins du XVIᵉ siècle, refaits avec amour par le Dʳ Carvallo, sont un « monument » unique en France.*

YÈVRE-LE-CHÂTEL – 45.
Puissant château féodal XIIIᵉ à belles salles gothiques et chapelle XIIᵉ-XIIIᵉ devenue l'église (vis. tous les jours) ; panorama sur le Gâtinais et la Beauce. Au cimetière, grande église Saint-Lubin XIIIᵉ inachevée, ruine magnifique.

YZEURES-SUR-CREUSE – 37.   1 700 hab.
L'église remplace un temple de Minerve ; traces d'églises intermédiaires et musée archéologique.

Saint-Pierre d'Aulnay, *près de Saint-Jean-d'Angély : Célèbre
étape pour Saint-Jacques, magnifique clocher roman, superbes
sculptures.*

Poitou – Charentes XIV

25 789 km² – 1 568 230 habitants

Départements	Superficie en km²	Population
16 Charente	5 952	340 770
17 Charente-Maritime	6 848	513 220
79 Deux-Sèvres	6 004	342 812
86 Vienne	6 985	371 428

*E*ncore un petit air breton dans les Collines vendéennes, déjà les Landes avec la Double, saintongeaise ou pas, terres froides appartenant en fait au voisin oriental, le Limousin, une cohésion continentale alors que le climat – qui peut être sévère – est bien celui du proche Océan, qui y entoure tout un archipel, voilà un ensemble mollement ondulé aux rivières et aux marais magnifiques, Marais Poitevin, Marais de la Seudre, Creuse, Gartempe, Vienne, Clain, Dive, Thouet, Sèvre Niortaise, Boutonne, Tardoire et surtout Charente, qui arrosent de très agréables vallées où l'art roman abonde comme les châteaux autour de la Loire.

L'élevage prédomine dans l'agriculture – le fameux beurre – si l'on excepte le phénomène cognac, objet d'un juste orgueil, exporté pour 80 %. L'industrie se développe doucement, autour de Poitiers, Châtellerault, d'Angoulême et de la Charente, et à La Rochelle ; Niort est un cas particulier avec les sièges de plusieurs grandes mutuelles.

Historiquement, les comtés de Poitou et d'Angoulême ont servi de champs de bataille aux luttes d'influence entre les rois de France et tantôt les Wisigoths, tantôt les « Sarrazins », ou les Anglais ; c'est loin, la paix est vieille dans ce pays (sauf en Vendée !).

POITOU-CHARENTES (XIV)

16 – CHARENTE
17 – CHARENTE-MARITIME
79 – DEUX-SÈVRES
86 – VIENNE

PARC NATUREL RÉGIONAL
DU MARAIS POITEVIN
VAL-DE-SÈVRE ET VENDÉE

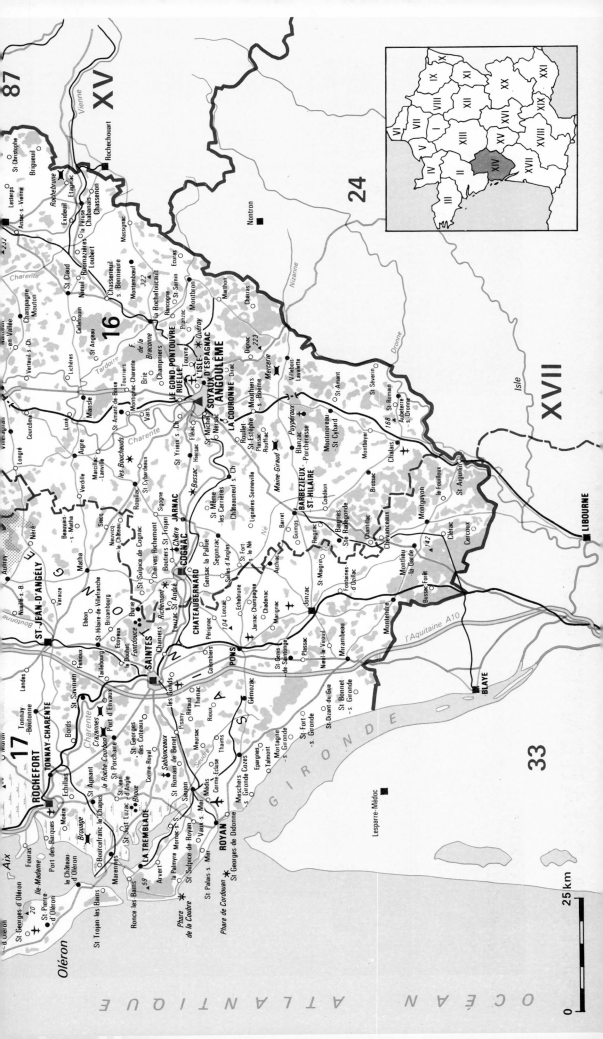

Angoulême : *Son nom évoque la célèbre cathédrale (chevet ci-dessus), les remparts panoramiques et sa duchesse, sœur de François Ier, auteur de l'*Heptaméron.

Angles-sur-l'Anglin : *Les... Anglais, c'est le nom des habitants, ont bien de la chance de vivre en un pareil endroit, déjà apprécié par l'homme préhistorique. Le château devait être impressionnant.*

AIRVAULT – 79.   4 000 hab.
Joli bourg ancien sur le Thouet, important marché avec des halles XVIIIe et des ruelles et vieilles maisons pittoresques, le Vieux-Château XIVe et plusieurs portes et tours. Son abbatiale romane Saint-Pierre, XIIe-XIIIe, possède une belle façade, un remarquable clocher XIIIe ; à l'intérieur, narthex, chapiteaux, voûtes angevines et sculptures intéressantes ; salle capitulaire romane et restes de cloître XVe ; d'autres bâtiments conventuels contiennent un musée poitevin (vis. l'après-midi l'été, et dimanche et jours fériés). 1 km S. (D. 121), remarquable pont de Vernay roman XIIe, de onze arches sur le Thouet, joli site. G.R. 36.
➡ 5 km S.-O., pittoresque bourg de Saint-Loup-Lamairé*.

AIX (Ile d') – 17.
Des vedettes viennent de Fouras* en 20 mn ; l'île,

charmant ensemble de bois, falaises et plages, est un petit croissant long de 3 km avec plusieurs forts ; le petit bourg fortifié par Vauban est célèbre grâce à la maison de l'Empereur où Napoléon passa ses derniers jours avant de partir à Sainte-Hélène, musée napoléonien (vis. tous les jours sauf mardi en saison, et dimanche et jours fériés) ; en face, musée africain (vis. idem ; fermé le mercredi) de zoologie et d'ethnographie.

ALLOUE – 16.
Sur la Charente. Eglise romane, remaniée Renaissance (curieux portail, beau chevet).
➡ 6 km O.-N.-O., Benest, église en partie romane ; 5 km N., Chatain, beaux sites sur la Charente, église et pont romans.

ANGLES-SUR-L'ANGLIN – 86.
Son et Lumière
Site superbe du village et des belles ruines de son château féodal XIIe au XVe (vis.) dominant l'Anglin ; en haut du village, église romane ; en bas, rive gauche, près du pont, église abbatiale Sainte-Croix au portail XIIIe.
➡ 1 km N., vue superbe sur le confluent de l'Anglin et de la Gartempe et sur des rochers ; 2,5 km N., Vicq-sur-Gartempe, joli site, église romane, ruines féodales.
➡ 10 km E., Fontgombault* (région XIII).

ANGOULÊME – 16.   50 500 hab. (105 000 agglom.)
La ville est perchée sur un plateau calcaire entouré par la Charente et l'Anguienne, et que d'anciens remparts limitent, d'où la vue est splendide sur le site (à l'O. surtout : promenade et place de Beaulieu).
Côté S.-O., la cathédrale Saint-Pierre début XIIe (et très restaurée par Abadie au XIXe) dresse au-dessus du rempart son extraordinaire façade de style poitevin aux soixante-quinze grandes sculptures savamment réparties ; vaste nef à coupoles de style périgourdin, superbe chevet et tour carrée admirable (croisillon N.). A côté, l'ancien évêché XIIe-XVe abrite le musée municipal (fermé mardi et jours fériés), trésor, archéologie, ethnographie africaine et océanienne, faïences, préhistoire, peintures. L'hôtel de ville néo-Renaissance dû à Abadie, au centre, a bien voulu conserver deux tours du château des comtes, la tour Polygone (ou Lusignan) XIIIe (panorama, tous les jours l'été sauf dimanche et jours fériés) et la tour de Valois fin XVe. A l'E., église Saint-Martial XIXe (d'Abadie) ; non loin au S.-E., musée de la Société archéologique (fermé mardi et en octobre) : préhistoire, antiquités, mosaïques.
Maisons et hôtels anciens dans de vieilles rues, du Soleil, François Ier, de la Cloche-Verte (hôtel Saint-Simon, Renaissance). En juillet, festival folklorique.
➡ 7 km S.-O., la Couronne, superbes restes d'une abbaye cistercienne, ruines de l'abbatiale XIIe-XIIIe, cellier XIIIe et beau bâtiment XVIIIe ; intéressante église paroissiale XIIe proche ; 1,5 km N., château de l'Oisellerie, Renaissance (belle cour) ; 2,5 km N., Saint-Michel, étonnante église octogonale XIIe à coupole entourée d'absidioles, refuge sur le chemin de Saint-Jacques (belles sculptures). ➡ 6 km S.-S.-E., Puymoyen, église XIIIe ; au S., promenade (15 mn aller et retour) dans le vallon des Eaux Claires (grottes préhistoriques dans les falaises) au fameux Moulin du Verger où l'on fabrique le papier à la main (exposition et vis. tous les jours après-midi).

ARGENTON-CHÂTEAU – 79.   1 200 hab.

Beau site sur l'Argenton. Ruines du château de Philippe de Commines. Porte Gaudin XIVᵉ. Superbe portail XIIᵉ saintongeais de l'église Saint-Gilles.

➡ 3,5 km N.-E., beau château XVᵉ d'Ebaupinaye, ruiné, avec des grosses tours, mâchicoulis et douves. ➡ 5,5 km E., pont de Grifferus, très beau site des gorges de l'Argenton (sentiers, pêche, rochers d'escalade). ● Grands étangs au N.-O.

AUBETERRE-SUR-DRONNE – 16.

Vieux bourg très pittoresque dans une échancrure des falaises de craie dominant la rive droite de la Dronne à la vallée verdoyante ; au bord de la falaise, château XIVᵉ-XVᵉ en partie en ruines, situé au-dessus de la fameuse église monolithe Saint-Jean, romane, creusée dans la craie (vis. tous les jours), avec monument monolithe, ancien reliquaire, dans l'abside ; chapelle primitive (VIᵉ ?) devenue nécropole. En haut, de l'autre côté du buste de Ludovic Trarieux, fondateur de la Ligue des Droits de l'Homme, église Saint-Jacques à belle façade romane. Logis du Chapitre fortifié XVIᵉ, et autres vieux logis remarquables.

➡ 4,5 km S., Bonnes, église XIIᵉ au XVᵉ au bord de la Dronne, château Renaissance ; 5 km S., Saint-Aulaye* (région XVII).

AULNAY – 17.   1 600 hab.

Une des plus célèbres églises du style roman poitevin, Saint-Pierre (XIIᵉ) était une étape importante des chemins de Saint-Jacques à l'entrée de la Saintonge. Les façades et portails méritent une longue attention et l'ensemble, et notamment le chevet, dégage au milieu de son vieux cimetière une rare harmonie. Le superbe intérieur possède des chapiteaux qu'il faut absolument détailler (jumelles). Dans le cimetière, croix hosannière XVᵉ.

➡ E., vastes forêts d'Aulnay et de Chef-Boutonne (G.R. 36).

BARBEZIEUX-SAINT-HILAIRE – 16.   5 500 hab.

Capitale de la Petite Champagne, important marché régional et gastronomie réputée, sur un site élevé jadis fortifié, c'est une petite ville tranquille avec quelques vieux édifices dans ses ruelles aux noms d'antan ; église Saint-Mathias en partie XIᵉ (façade classique) ; restes du château médiéval, porte et tours, écuries hébergeant le musée local.

Aulnay : Saint-Pierre d'Aulnay est l'une de ces « modestes » merveilles où site et architecture s'unissent dans la beauté pure.

BASSAC (Abbaye de) – 16.

A l'intérieur d'une enceinte, l'église en partie XIIIᵉ, fortifiée XVᵉ, possède une belle façade romane saintongeaise et une superbe tour-clocher XIIᵉ ; nef à voûtes angevines et beau mobilier XVIIᵉ dans le chœur des moines (jubé, clôture, stalles, etc.). Bâtiments abbatiaux classiques.

BEAU-CHÊNE (Ancienne abbaye de) – 79.

Une remarquable église romane (restaurée) y possède une Vierge miraculeuse (pèlerinage le 8 septembre). Vitraux Renaissance.

➡ 4 km O.-S.-O., ruines du château de Saint-Mesmin. ➡ S., jolie route de la Forêt-sur-Sèvre.

BEAUMONT – 86.   1 400 hab.

Sur la colline dominant la vallée du Clain (vues). Vignes. Eglise romane. A l'E., la vieille forteresse abandonnée s'écroule lentement.

BLANZAC-PORCHERESSE – 16.   1 000 hab.

Dans la gracieuse vallée du Né. Belle église Saint-Arthémy romane (chœur notamment) et gothique, avec une remarquable façade, et une curieuse croisée de transept à coupole. Ruines XIIᵉ du château fort des La Rochefoucauld.

➡ 2 km S.-S.-O., chapelle des Templiers XIIᵉ, sur une butte en plein champ, possédant de belles fresques (vis. tous les jours). ➡ 6 km S.-O. (par D. 5 puis à gauche), petite église priorale isolée de Conzac, dont la tour-lanterne et le chœur sont très beaux. ➡ 9 km E., abbaye de Puypéroux*.

BONNEUIL-MATOURS – 86.   1 200 hab.

Sur la Vienne ; remarquable église en partie XIIᵉ (chapiteaux).

➡ S.-O., vaste forêt domaniale de Moulière (3 400 ha), de chênes, pins et hêtres, aux belles routes régulières, sur un plateau.

BOUCHAUDS (Les) – 16.

Près du charmant vieux village de Saint-Cybardeaux, remarquables vestiges d'un grand théâtre gallo-romain du Iᵉʳ siècle d'où la vue est immense ; fouilles de la ville antique.

Brouage : Marie Mancini vint y pleurer son royal amoureux, qui s'y désola lui-même peu après.

BOURCEFRANC-LE-CHAPUS – 17.
3 000 hab.

Important centre ostréicole, d'où l'on passait jadis à Oléron ; musée de l'Huître ; au fort XVIIᵉ du Chapus (accès à pied à marée basse, et en bateau), musée de la Mer (vis. l'été sauf lundi). Belles vues.

BOURG-ARCHAMBAULT – 86.

Beau château fin XVᵉ début XVIᵉ à grosses tours rondes entourées de douves en eau.
➡ 7,5 km E., Brigueil-le-Chantre, site plaisant dans des boucles de l'Asse.

BOURNAND – 86.

Intéressante église romane (façade).
➡ 4 km N., grande allée couverte de Pierre-Folle.

BRACONNE (Forêt de la) – 16.

Belle forêt de hêtres et de feuillus (plus de 4 000 ha) en partie interdite (champs de tir), sur un plateau calcaire sec parsemé de dolines et d'avens, les « fosses » (Limousine, Mobile et Grande Fosse), vastes entonnoirs en liaison avec des réseaux d'eaux souterraines. Nombreux chemins et routes pittoresques.

BRESSUIRE – 79.
18 100 hab.

Important marché agricole (foires à bestiaux le mardi) et industries diverses. Eglise Notre-Dame, nef romane XIIᵉ à voûtes angevines et chœur XVIᵉ, beau clocher Renaissance de 56 m. Une double enceinte de près de cinquante tours, en partie ruinée, des XIᵉ et XIIIᵉ, entoure les ruines du château roman et du logis XVᵉ (vis. libre) ; petit château néo-gothique XIXᵉ ; vue étendue.
➡ N., belle vallée du Dolo (devenant le Ton).

BRIGUEUIL – 16.
1 000 hab.

Perché dans les collines granitiques qui font pressentir les monts de Blond* (région XV) au N.-E., vieux village fortifié pittoresque, conservant deux portes et quelques tours de ses remparts XIIᵉ ; maisons anciennes, église romane et XVᵉ, restes d'un château ; lanterne des morts au cimetière.

BROUAGE – 17.
Son et Lumière

La formidable citadelle reconstruite par Richelieu pour protéger son port de haute mer dort maintenant dans la verdure au milieu d'anciens marais, devenus polders ; ce n'est plus qu'un village où planent le souvenir de Champlain, qui fonda Québec, et celui de Marie Mancini, qu'aimait Louis XIV.
La splendide enceinte régulière de sept bastions, carré de 400 m de côté (vis. libre), abrite d'intéressantes installations militaires, magasins, ports souterrains (vis. tous les jours l'été, et dimanche et jours fériés).

BROUE – 17.

Beau donjon médiéval carré en ruines sur un ancien cap marin au milieu du marais, offrant une vue étendue.

CELLEFROUIN – 16.

Sur le Son avec lequel conflue en aval la Sonnette, donnant la Sonsonnette. Etonnante église XIᵉ, ancienne abbatiale, avec une belle façade poitevine et une coupole. Au S., en haut du cimetière, belle lanterne des morts XIIᵉ à colonnes, haute de 12 m.

CELLES-SUR-BELLE – 79.
2 900 hab.

Remarquable et grande abbatiale gothique à trois nefs rebâtie au XVIIᵉ, avec un célèbre portail roman (intérieur) à voussures polylobées ; derrière, beau bâtiment abbatial XVIIᵉ classique (vis. sur demande) avec ruines de l'église Saint-Hilaire. Base de loisirs et plan d'eau du Lambon. Circuits pédestres balisés.
➡ N.-E., menhir, dans les bois. ➡ 1,5 km S.-O., zoo de la Mouline ; 2,5 km S., Verrines-sous-Celles, église romane fortifiée.

CHADENAC – 17.

La façade saintongeaise de l'église romane XIIᵉ est une des plus peuplées et décorées mais non surchargée pour autant ; sa richesse laisse rêveur.

CHALAIS – 16.
2 500 hab.

Dominant la ville basse sur la Tude, aux marchés fréquentés, le coteau porte l'église Saint-Martial XIIᵉ à la façade sculptée (portail) et à boiseries peintes au plafond de la nef, et le château XIVᵉ au XVIIIᵉ des Talleyrand-Périgord (vis.).

CHAMBONNEAU (Château de) – 86.

Bel édifice XIVᵉ-XVIIᵉ (vis. ext. l'été mardi au vendredi).

CHAMPAGNE-MOUTON – 16.
1 000 hab.

Sur l'Argent en amont du confluent avec l'Or d'où il résulte l'Argentor à la jolie vallée (Nanteuil-en-Vallée et Pougné, à l'O.). A l'église romane, remarquable portail de l'Agneau mystique.

CHAMPDENIERS-SAINT-DENIS – 79.
1 600 hab.

Situation pittoresque sur une petite crête. Jadis connu pour ses foires aux mules. Remarquable église XIIᵉ et XVᵉ roman poitevin, beaux chapiteaux et crypte XIᵉ-XVᵉ.
➡ 4,5 km N.-N.-E., Saint-Marc-la-Lande, à l'église, superbe façade début XVIᵉ, flamboyant et Renaissance.
➡ 6 km S.-O. par la très belle D. 12, Sainte-Ouenne, belle église romane (chapiteaux) ; 3,5 km S., beau manoir de Gazeau, après une jolie vue vers l'Egray. ● G.R. 36.

CHANIERS – 17.
2 800 hab.

Beau site, au bord de la Charente, d'une jolie église romane fortifiée de plan tréflé (coupole).

CHARRAS – 16.

Au cœur d'une vaste région boisée et pittoresque, église romane fortifiée et, au N.-O., dans un vallon, abbaye cistercienne en ruines de Grosbot.

CHARROUX – 86.
1 600 hab.

L'ancienne abbaye bénédictine Saint-Sauveur, fondée sous Charlemagne et dont le rôle fut éminent au Moyen Age, ne laisse que quelques beaux vestiges (fermé mardi l'hiver, et en octobre), notamment l'admirable tour-lanterne XIᵉ, un cloître XVᵉ et une salle capitulaire gothique abritant de

splendides sculptures XIIIe des portails de l'abbatiale ; le
trésor est à Poitiers. Halles anciennes en bois et maisons
XVe à pans de bois.
➡ 11 km O., église Saint-Nicolas de Civray*.

CHASSENEUIL-SUR-BONNIEURE – 16. 3 100 hab.
Château XVIIe avec de belles allées ; église romane et XVe.
A l'O., beau mémorial de la Résistance de 21 m entouré
d'un cimetière national de plus de deux mille tombes.

CHASSENON – 16. 1 000 hab.
Au S.-E., vestiges importants de la ville gallo-romaine de
Cassinomagus, étape sur la voie d'Agrippa, de Lyon à
Saintes : thermes, temple, théâtre (vis. tous les jours l'été, et
dimanche et jours fériés après-midi en saison).

CHÂTEAU-LARCHER – 86.
Village pittoresque sur la Clouère, église XIIe (portail),
vieilles maisons, ancien château, lanterne des morts XIIIe
au cimetière. Dolmen au N.-O.
➡ Jolies routes de Marnay par les deux rives, au S.-E.
➡ 5 km O., Vivonne, église surtout gothique où une
vision aurait confirmé Ravaillac dans ses intentions ; ruines
d'un château ; site agréable au confluent du Palais, de la
Vonne et du Clain ; baignade (ainsi qu'à Celle-Lévescault,
8 km O.).

CHÂTEAUNEUF-SUR-CHARENTE – 16. 3 500 hab.
Le château a disparu mais l'église (au S.-O.) romane XIIe
(parties gothiques XVe) est l'une des plus intéressantes de
l'Angoumois par sa façade très sobre, avec une statue de
Constantin à cheval, et par les chapiteaux de la nef.

CHÂTELAILLON-PLAGE – 17. 5 400 hab.
La station balnéaire familiale moderne, avec une plage de
sable de 4 km, succède à une ville forte engloutie au large
(rochers de la pointe de Châtelaillon, découverts à marée
basse), ancienne capitale de l'Aunis ; parcs à huîtres et,
dans la baie d'Yves, S., mytiliculture.

CHÂTELLERAULT – 86. 38 300 hab.
La vieille ville se tasse entre le boulevard de Blossac XVIIIe
et la Vienne. Au N. de la belle rue Bourbon aux
nombreuses maisons anciennes, maison de Descartes XVIe
(au 162), musée. Un bâtiment de l'ancien château renferme
le musée Chéron de la Martinière (fermé dimanche et jours
fériés et le matin), collections diverses. Superbe pont
Henri IV sur la Vienne début XVIIe, avec deux belles tours
sur la rive gauche (musée archéologique). Rue Sully, hôtel
de Sully fin XVIe puis église Saint-Jacques XIIe très
restaurée (chœur et transept XIIe-XIIIe, voûtes angevines,
chapiteaux et statue polychrome XVIIe). Maison des
Sybilles. Rive gauche, musée de l'Automobile (fermé
mardi l'hiver).
➡ S.-O., forêt domaniale de Châtellerault (1 500 ha) ; la
D. 21, magnifique, continue vers Vendeuvre-du-Poitou*
par Colombiers (église romane).

CHÂTRE – 16.
Dans un vallon tranquille (accès à pied du château de
Garde-Epée XVe-XVIIe où est la clé), admirable petite
abbatiale romane saintongeaise fin XIe, avec une remarquable façade et des coupoles.

*Chauvigny : Une étape obligatoire en Poitou ! Ci-dessus, l'église
Saint-Pierre et le donjon du château. Ci-dessous, chapiteau de
l'église Saint-Pierre.*

CHAUVIGNY – 86. 6 800 hab.
Ce gros marché (jeudi et samedi ; foires 2e mardi du mois)
sur la Vienne est l'un des sites les plus étonnants du Poitou
avec sa ville haute médiévale, comme perchée sur un
éperon.
Cinq châteaux forts en ruines dont le château baronnial XIe
au XVe au S., le château d'Harcourt XIIIe-XVe et le donjon
XIe-XIIe de Gouzon encadrant l'église Saint-Pierre roman

poitevin XIIe, magnifique collégiale (chevet) aux extraordinaires chapiteaux historiés d'un style naïf et puissant.
Musée archéologique et ethnographique (vis. tous les jours
l'été, et dimanche après-midi). Dans la ville basse, église
Notre-Dame romane (chapiteaux, belle fresque XVe).
➡ 2 km S., Saint-Pierre-les-Eglises, petite église pré-
romane (fresques X^e) entourée d'un cimetière mérovingien
au bord de la Vienne, site admirable.

CHEF-BOUTONNE – 79. 2 700 hab.
Sur la Boutonne naissante. Grande Maison XVIe et Vieux
Logis XVIIe. A l'O., quartier de Javarzay, superbe château
XVIe et intéressante église XIIe-XVIe.

CHIZÉ (Forêt de) – 79.
S'étendant sur près de 5 000 ha, beau massif de chênes et
hêtres dont la moitié Sud est une réserve biologique et de
chasse, d'accès interdit. Clairières et beaux sentiers
(G.R. 36). Au centre, à Virollet, le Zoorama européen
(fermé mardi) comprend un grand parc animalier en
plusieurs sections (mammifères, oiseaux, reptiles et batra-
ciens) et un parc à grands mammifères isolés par espèces
dans de vastes enclos ; miradors et fosses de vision.

Ci-dessus, **Cognac** : *Maison de la lieutenance.*

A droite, **Civray** : *Détail du portail de l'église romane de Saint-Nicolas dont la façade est entièrement sculptée.*

CIVAUX – 86.
Célèbre site archéologique : l'église romane a des éléments gallo-romains et mérovingiens, près d'une étonnante nécropole mérovingienne. En face, rive droite de la Vienne, tour aux Cognons XIᵉ, carrée, gardant un gué. Superbes routes des rives.
➡ 3 km S.-S.-E. (D. 114), dolmen. ➡ 6 km N.-O., Morthemer, château XIIᵉ au XVᵉ (restauré), « la plus ancienne baronnie du Haut Poitou », et église XIIᵉ romane et gothique, sur la Dive (lac).

CIVRAY – 86.   3 500 hab.
Sur la Charente. Patrie des fameux chabichous (fromages de chèvre).
Très belle église romane Saint-Nicolas XIIᵉ, à la magnifique façade poitevine entièrement sculptée (tympan XIXᵉ) et beau chevet ; grande tour-lanterne octogonale. Hôtel de la Prévôté, Renaissance. Musée de la Préhistoire. Jolis bords du fleuve.
➡ 5 km E. puis 15 mn aller et retour, site des grottes du Chaffaud (préhistoriques), près de la Charente. ➡ 6 km O., dolmen de Panessac.

COGNAC – 16.   22 600 hab.
Son et Lumière
La capitale du cognac est noircie du fait des vapeurs d'alcool. Le cœur de la vieille ville est entre la place François-Iᵉʳ et la Charente que dominent la belle porte Saint-Jacques début XVIᵉ, commandant la très pittoresque Grande-Rue médiévale, et l'ancien château des Valois XIIIᵉ au XVIᵉ (et XIXᵉ), où naquit François Iᵉʳ (vis. tous les jours sauf samedi, dimanche et jours fériés hors saison, chais Otard).
Le vieux quartier, autour de la Grande-Rue, des rues Saulnier, Duplessis, de l'Isle-d'Or, Aristide-Briand, possède de magnifiques maisons à pans de bois et hôtels XVᵉ au XVIIIᵉ. Eglise Saint-Léger à belle façade romane (avec rose flamboyante) et parties gothiques et classiques. Beau jardin public de l'hôtel de ville et musée (fermé mardi l'été, mardi, vendredi et le matin autrement), préhistoire, céramiques, cognac, peintures. Au N.-E., dans la boucle de la Charente, superbe parc François-Iᵉʳ. Visites de chais en général tous les jours sauf samedi, dimanche et jours fériés.

COLOMBIERS – 17.
Belle église romane aux chapiteaux étonnants.

CONDÉON – 16.
Eglise XIIᵉ romane au portail magnifique. Au S., vaste région de pinèdes vallonnées très pittoresque (Double saintongeaise).
➡ 13,5 km S.-E., Brossac ; à l'E., ruines romaines (villa) ; vue étendue sur les bois.

CONFOLENS – 16.   3 200 hab.
Beau site sur la Vienne au confluent du Goire ; jolie vue du Pont Neuf sur la ville et le Pont Vieux XVᵉ, jadis fortifié avec pont-levis. Rive gauche, église Saint-Barthélemy romane XIᵉ. Rive droite, dans le confluent, le vieux quartier groupe autour de l'église Saint-Maxime des maisons et hôtels à pans de bois XVᵉ au XVIIᵉ ; fontaine de la Fontorse, Renaissance ; voir les rues du Soleil et des Francs-Maçons ; le donjon XIᵉ est pris dans les maisons. Porte de ville (rue des Buttes). Célèbre festival international de folklore autour du 15 août.
➡ S., vallée de la Vienne, les deux rives sont pittoresques jusqu'à Exideuil*. ➡ E. et S.-E., environs de la vallée du Goire. ➡ 4,5 km N., Saint-Germain-de-Confolens*.

CORDOUAN (Phare de) – 17.
Sur un récif en pleine mer à 8 km au large de Saint-Palais et de la pointe de Grave (vedettes de Royan*, vis. organisées en saison), la formidable tour de 66 m, Renaissance en bas, XVIIIᵉ en haut, abritant l'appartement du Roi et une chapelle, indique l'entrée de la Gironde. Du sommet (trois cents marches), étonnant panorama.

CORME-ÉCLUSE – 17.
Remarquable petite église typiquement saintongeaise (sculpture), au clocher carré.

CORME-ROYAL – 17.
Ancienne abbatiale, l'église romane fortifiée XVᵉ, restaurée, possède une façade célèbre portant notamment les Vierges folles et les Vierges sages ; c'est sans doute une des plus belles de la région.

COUBRE (Forêt de la) – 17.
Couronnant les dunes littorales de la presqu'île d'Arvert, ses 8 000 ha de pins maritimes donnent une idée des Landes proches, de Ronce-les-Bains* au N. à la Palmyre* au S. Dans la partie N., tour du Gardour (panorama), près d'une route qui accède à la Côte Sauvage, aux vagues de sable et de fureur océanique. Au S.-O., près de la longue flèche sableuse de la pointe de la Coubre, abritant la jolie Bonne Anse, s'élève le phare de la Coubre, amer noir et blanc de 58 m, au panorama splendide.

COUDRAY-SALBART (Château de) – 79.
Impressionnante forteresse féodale XIIIᵉ (fermée le mardi) qui possède de belles salles dans les formidables tours ; certains détails tactiques sont surprenants. Belle vue sur les méandres de la Sèvre Niortaise.

COUHÉ – 86.   2 100 hab.
Grandes halles XVIᵉ en charpente sur piliers de pierre. Vestiges du château médiéval et XVIIIᵉ (collège).
➡ 9,5 km S.-E., Epanvilliers, château XVIIᵉ (vis. tous les jours l'été sauf jeudi). Vieux ponts et églises romanes à Romagne, Vaux-en-Couhé, Brux, etc.

COULON-SANSAIS – 79.   2 000 hab.
Porte du Marais Poitevin* et plus précisément du marais mouillé ou « Venise verte », extraordinaire paysage de « conches » et de « rigoles », canaux ombragés desservent les champs, innombrables îles dans le marais autour de la Sèvre. Promenades en barques organisées, ainsi qu'à la

Ci-dessus, Courcôme : *Un classique village charentais ; beau clocher à colonnes.*

Ci-dessous, Confolens : *Le festival international de folklore y est très fréquenté.*

Garette (3 km S.), Arçais (11 km O.-S.-O.) et Saint-Hilaire-la-Palud (4 km plus loin O.-S.-O.). Les routes, parfois très étroites, sont agréables mais ne procurent pas le même dépaysement. Spécialités gastronomiques réputées.

COULONGES-SUR-L'AUTIZE – 79. 2 000 hab.
Marché agricole, belles halles. L'hôtel de ville est un intéressant château Renaissance (extérieur et intérieur).

COURCÔME – 16.
Beau village typiquement charentais ; église romane fortifiée (clocher, chevet, chapiteaux).

COUSSAY – 86.
Remarquable château XVIᵉ Renaissance qui appartint à Richelieu. Beau pavillon de la Fontaine, Renaissance, près de l'église (vis. : se rens.).

COUSSAY-LES-BOIS – 86.
L'église comporte une nef romane à coupoles (portail) et une Pietà polychrome.
➨ 1 km S.-E., château de la Vervolière XVᵉ.

CRAZANNES (Château de) – 17.
Gothique fin XVᵉ et puissamment fortifié, il est célèbre par les sculptures très détaillées de sa façade flamboyante et montre notamment une porte magnifique (vis. ext. l'été, et dimanche après-midi).
➨ 1,5 km S.-E., château de Panloy, intéressant édifice XVIIIᵉ avec boiseries et tapisseries (vis. l'après-midi : tous les jours l'été, et dimanche) ; beau pigeonnier XVIIᵉ.

DAMPIERRE-SUR-BOUTONNE – 17.
Dans une île de la Boutonne, un charmant et remarquable château Renaissance avec deux grosses tours à mâchicoulis et, sur la cour, deux galeries superposées séparées par une admirable frise ; le plafond de la galerie supérieure est célèbre ; beau mobilier des appartements (fermé jeudi l'hiver).
➨ 7,5 km S.-E., Aulnay*.

DIRAC – 16.
Près de l'Anguienne, église romane à remarquable façade sculptée. Vaste zone boisée.

DISSAY – 86. 2 000 hab.
Près du Clain, remarquable château fin XVᵉ avec des douves (vis. après-midi l'été sauf mercredi) ; superbe chapelle avec peintures murales et vitraux.

DOUHET (Le) – 17.
Belle église romane. Remarquable château XVIIᵉ qui serait de J. Hardouin-Mansart (vis. tous les après-midi l'été sauf lundi) ; salle ogivale souterraine XIᵉ, salons, colombier Renaissance, bois de buis millénaire, miroirs d'eau alimentés par l'aqueduc gallo-romain de Saintes.

DURBELIÈRE (Château de la) – 79.
A 1,5 km N.-N.-E. de Saint-Aubin-de-Baubigné (où sont enterrés, à l'église, Lescure et Henri de La Rochejaquelein), par une petite route ou un sentier, ruines du château XVᵉ-XVIIᵉ (ferme) brûlé en 1793, où La Rochejaquelein naquit ; il y prit la tête d'une armée de paysans vendéens après une harangue célèbre.

ÉBÉON – 17.
Pile romaine de 16 m, qu'on appelle le « fanal » d'Ebéon.

ÉCHEBRUNE – 17.
L'église romane, à clocher octogonal, possède une admirable façade, simple mais néanmoins passionnante à détailler.

ÉCHILLAIS – 17. 2 300 hab.
A l'église, superbe façade romane saintongeaise et beau chevet.

ÉCOYEUX – 17.
Belle église XIIᵉ à coupole, décoration sculptée, fortifiée au XVᵉ.

ESNANDES – 17.
Au fond de l'anse de l'Aiguillon (belle vue de la pointe Saint-Clément, à 2 km O.), bourg marin, centre de mytiliculture, jadis au bord de la mer ; église puissamment fortifiée aux XIVᵉ-XVᵉ mais gardant une belle façade saintongeaise ; chemin de ronde (panorama).

EXIDEUIL – 16.   1 200 hab.

Joli site sur la Vienne. Eglise Saint-André fin XIIe
intéressante ; cadran solaire. Au S., sur la hauteur, château
de la Chétardie XVIe.
➡ 5 km S.-E., Chabanais, pont XVIe sur la Vienne, vieilles
maisons malgré les malheurs de 1944 ; 5 km S.-E.,
Chassenon*, fouilles gallo-romaines.

FENIOUX – 79.

Belle petite église romane à chapiteaux, coupole et clocher
octogonal, près d'un ruisseau.
➡ 6,5 km O.-S.-O., cote 153, au N.-O. de Puy-Hardy,
vaste panorama sur la Gâtine.

FENIOUX – 17.

L'une des plus jolies églises saintongeaises possédant une
façade magnifique et un clocher ajouré, avec des parties
carolingiennes. La lanterne des morts XIIe à onze colonnes
(escalier intérieur) est fameuse.
➡ 2,5 km S.-O., Chez Guérin, musée saintongeais à la
Tour de Biracq (vis. tous les jours). ➡ 3,5 km N.-E.,
Mazeray, château de Beaufief, « folie » XVIIIe (vis. tous les
après-midi l'été et dimanche).

FONTAINE-LE-COMTE – 86.   1 900 hab.

Grande église abbatiale XIIe qui mérite la visite.

FONTAINES-D'OZILLAC – 17.

Vaste église romane à façade sculptée remarquable (portail)
et fonts romans ; collatéral XVIe et porte Renaissance.
Passage du G.R. 360 à proximité.

FONTDOUCE (Abbaye de) – 17.

Ancienne abbaye bénédictine XIIe-XIIIe en ruines dans un
beau site boisé solitaire (vis.), dont il ne reste plus guère, du
XIIe, qu'une belle salle capitulaire, deux chapelles romanes
superposées, un cellier, et des traces de l'abbatiale.

FOURAS – 17.   3 600 hab.

Agréable station balnéaire avec quatre belles plages et une
belle végétation. Le château fort XVe aux trois enceintes de
Vauban gardait l'entrée de la Charente ; musée régional et
vue splendide (vis. après-midi l'été, et dimanche et jours
fériés). De la pointe de la Fumée (3 km N.-O.), promontoire très étroit, accès à marée basse au fort d'Enet ; en
bateau, l'île d'Aix*.

FRONTENAY-ROHAN-ROHAN – 79.   2 100 hab.

Ancienne cité fortifiée de la famille de Rohan. Curieuse
église gothique (clocher roman XIe).

GÉMOZAC – 17.   2 400 hab.

Remarquable église en partie romane et XIIIe.

GENÇAY – 86.   1 400 hab.

Dans un joli site sur la Clouère, ruines imposantes du
château fort XIIIe où le Prince Noir aurait gardé Jean le
Bon prisonnier après la fameuse bataille de Poitiers (musée,
vis. en saison) ; vieux bourg pittoresque, important marché
agricole.
➡ 1 km E., Saint-Maurice-la-Clouère, remarquable église
roman poitevin (portail) de plan tréflé avec des peintures
murales. ➡ 1 km S., château de la Roche-Gençay XVe au
XVIIe ; dans les communs, musée de la Chevalerie et de
l'Ordre de Malte (vis. tous les jours l'été, et dimanche et
jours fériés après-midi).

*Marais poitevin : C'est au départ de Coulon que se font les plus
belles excursions dans ce monde à part du Marais où les barques
glissent sans bruit dans les tunnels de verdure.*

INGRANDES – 86.   1 500 hab.

Eglise carolingienne (X^e) et romane, entourée de sarcophages, et située presque sur la Vienne.

JARNAC – 16.   5 100 hab.

Sur la Charente. Patrie de Gui Chabot et de François
Mitterrand. Gui Chabot est l'auteur du célèbre coup,
imprévu mais non moins régulier malgré la réputation
qu'on lui a faite, et dont La Châtaigneraie s'est laissé
mourir de fureur après le duel. Patrie aussi du pineau,
peut-être... Et grand centre du cognac.
Le château des comtes a disparu. La fameuse bataille de
1569 entre protestants et catholiques, où le prince de
Condé, chef des premiers, fut tué, eut lieu en fait à Triac
(5 km E., pyramide commémorative). Eglise priorale
restaurée, façade romane et crypte XIIIe. Jardin public de
l'Ile-Madame.
➡ 5 km O. (rive gauche), Bourg-Charente, très joli site sur
la Charente, beau village et remarquable église romane
(façade, coupoles) ; joli château Renaissance sur la rive
droite ; 4 km S.-O., Gensac-la-Pallue, église XIIe (façade,
coupoles).

JARNE (La) – 17.   1 200 hab.

Eglise à façade romane. A l'O., château de Buzay XVIIIe
par Gabriel (vis. après-midi l'été).

JAUNAY-CLAN – 86.   4 600 hab.

Joli village au-dessus du Clain ; église romane à coupole et
arcs mozarabes, chœur gothique et vitraux de Max
Ingrand.
➡ 4 km S.-E., beau château de Vayres XVe-XVIe, rive
droite du Clain (vis. après-midi l'été sauf mardi) ;
pigeonnier de deux mille six cent vingt cases.

JOUHET – 86.

Beau village bordant la Gartempe ; église en partie
romane ; une chapelle funéraire en face possède d'étonnantes peintures XVIe sur sa voûte.

JONZAC – 17.   4 600 hab.

Vieille ville jadis fortifiée, marché agricole important
(pineau, cognac, beurre), entourant les restes imposants de
son château XIVe au XVIe (superbe porte fortifiée XVe) avec
donjon, pittoresque poudrière, etc. ; chemin de ronde,
porte de ville. Eglise Saint-Gervais rebâtie (belle façade
saintongeaise). Rive gauche, couvent des Carmes (palais de
justice, centre culturel). Du pont central sur la Seugne, jolie
vue d'ensemble. Poteries et faïences réputées.

LANDES – 17.

Peintures murales XIVe de l'église romane.

LENCLOÎTRE – 86.   1 900 hab.

Foires (1er lundi du mois) et marchés (samedi) renommés.
Cultures maraîchères. Eglise romane fortifiée (chapiteaux,
peintures XVe et XVIe).

LESTERPS – 16.
L'église Saint-Pierre XIIᵉ, ancienne abbatiale fondée au XIᵉ, possède un formidable clocher-porche de 43 m ouvert sur trois côtés ; voir les chapiteaux du narthex et de la nef. Porte fortifiée XVᵉ.

LICHÈRES – 16.
Belle église romane de style poitevin, isolée dans la campagne près de la Charente (façade, portail à tympan, nef remarquable, chevet).

LIGUGÉ – 86.   2 200 hab.
Près du Clain. L'abbaye Saint-Martin, que le saint fonda au IVᵉ, avant Marmoutier, serait le plus ancien monastère gallo-romain ; l'église Saint-Martin XVIᵉ (façade Renaissance) est édifiée sur les restes de plusieurs sanctuaires du IVᵉ au VIIᵉ (fouilles clairement présentées) ; de l'abbaye XIXᵉ, seule l'église moderne est visible (offices en grégorien) ; production de célèbres émaux, exposition-vente, et musée du monachisme.

LONZAC – 17.
Remarquable église Renaissance XVIᵉ construite par Galiot de Genouillac pour sa femme, fille du baron de Lonzac ; belles sculptures (portail, clés de voûtes, voûte de la chapelle funéraire).

LOUDUN – 86.   8 400 hab.
L'ancienne place forte et importante cité protestante a perdu son château (agréable promenade à la place) ; au centre, la tour carrée XIᵉ de la forteresse de Foulques Nerra (vis. tous les jours en saison) offre un superbe panorama. La vieille ville dans ses boulevards revêt un charme discret ; ses rues pittoresques sont bordées de maisons anciennes, comme la maison natale de Théophraste Renaudot XVIᵉ, et d'hôtels classiques. Eglise Saint-Pierre-du-Marché XIIIᵉ-XVᵉ, portail Renaissance. Ancienne église Sainte-Croix (marché), chœur XIᵉ à beaux chapiteaux. A l'O., quartier du Martray ; musée Charbonneau-Lassay (dans un hôtel XVIIᵉ), archéologie, armes (vis. après-midi l'été, et dimanche et jours fériés) ; église Saint-Hilaire XIVᵉ-XVIᵉ avec une belle chapelle XVᵉ et un panneau peint flamand XVᵉ ; belle salle capitulaire gothique du couvent des Carmes ; porte du Martray.
➜ Aux environs, belle région très boisée, quelques mégalithes. ➜ O., la Côte loudunaise, au-dessus de la vallée de la Dive (D. 19 et D. 55), va entre vergers et vignes de Glénouze à Ternay par Ranton et Curçay-sur-Dive en rencontrant châteaux, donjons et églises romanes.
➜ 10 km S.-O., château d'Oiron*.

LUSIGNAN – 86.   2 800 hab.
Bourg charmant au-dessus d'un méandre de la Vonne. Une belle promenade, un grand escalier et quelques bâtiments remplacent le splendide château de la fée Mélusine dont descendaient les Lusignan ; superbe paysage. Belle église romane XIᵉ-XIIᵉ (porche flamboyant), et maisons anciennes. Halles en charpente.
➜ 6 km N.-O., Jazeneuil, remarquable église romane, joli site.

En haut, Marennes : Le tri des huîtres dans cette capitale de la coquille.

En bas, Lichères : Basse, ramassée, équilibrée... Ce miracle roman permanent de la Charente.

MADAME (Ile) – 17.
De Port-des-Barques, à l'embouchure de la Charente, gagner à l'O. la Passe aux Bœufs, franchissable à marée basse (de préférence à pied) ; 1 km de long, 600 m de large, l'île est pittoresque et offre de belles vues ; plages ; autour, parcs à huîtres et prés-salés ; tombe commune de nombreux prêtres réfractaires déportés.

MAINE-GIRAUD (Manoir de) – 16.
Ce pittoresque manoir fin XVᵉ appartint à Alfred de Vigny qui y séjourna parfois longuement ; d'importants souvenirs y sont rassemblés (vis. tous les jours).

MARAIS POITEVIN (Parc naturel régional) – 17-79-85.
(Voir même article région II, et Coulon*).

MARANS – 17.   4 100 hab.
Petite capitale du Marais desséché (voir Marais* poitevin), petit port commerçant et de plaisance sur la Sèvre et des canaux ; au S., ruines d'une ancienne église ; à l'hôtel de ville, petit musée de faïences régionales.

MARCILLAC-LANVILLE – 16.
Près d'un grand méandre de la Charente qui forme souvent plusieurs bras, superbes fermes anciennes, dont une conserve un cloître XVᵉ d'un prieuré en ruines. A Lanville, au N., église romane fortifiée.

MARENNES – 17.   4 200 hab.
Sur l'ancienne presqu'île entre le golfe de Brouage et l'estuaire de la Seudre, la capitale de l'huître verte, entourée de ses immenses claires où le mollusque s'engraisse et s'affine, fait face à la Tremblade et à Ronce-les-Bains*. Immense panorama du haut clocher XVᵉ de l'église Saint-Pierre, ancien amer (deux cent quatre-vingt-dix marches).
➜ 2 km N., château de la Gataudière XVIIIᵉ. ➜ S.-O., grand pont de la Seudre (vue), et Marennes-Plage.

Matha : *Détails de sculpture romane à la façade saintongeaise de l'église.*

A droite, Montmorillon : *Il faut surtout voir les fresques et cette chapelle en octogone qui empêcha plus d'un archéologue de dormir.*

MARIGNAC – 17.
Beau village sur le penchant de la vallée du Trèfle, la petite église prioriale XIIᵉ est de plan tréflé et son abside est étonnamment sculptée, ainsi que les chapiteaux de la nef ; l'art hispano-mauresque n'est pas loin.

MARMANDE (Château de) – 86.
Ruines XIVᵉ ; un donjon de 40 m ; une vue immense.

MARTHON – 16.
Sur le Bandiat, vieux village, ruines imposantes d'un château féodal et église fortifiée en ruines. L'été, festival de chanson « folk ».

MATHA – 17. 2 300 hab.
Sur l'Antenne. Gros bourg viticole ; au S., intéressante église romane Saint-Hérie (façade saintongeaise, statue équestre) et gothique (chœur) ; porte fortifiée subsistant du château ; on peut visiter distillerie et laiterie.
➡ 1 km N., Marestay, superbes restes de l'ancienne abbatiale romane.

MAULÉON – 79. 8 200 hab.
Ancienne abbaye de la Trinité et église XVIIIᵉ. Promenade du Vieux Château XIIIᵉ, enceinte (porte XVᵉ). Vue remarquable sur le bocage.
➡ N.-O., exploitations d'uranium.

MAUZÉ-SUR-LE-MIGNON – 79. 2 500 hab.
Patrie de René Caillié, le découvreur de Tombouctou. Intéressante église romane. Château Renaissance.

MELLE – 79. 4 700 hab.
On y trouve pas moins de trois églises romanes. Au-dessus de la Béronne au N., Saint-Pierre milieu XIIᵉ à trois nefs possède un beau clocher (chapiteaux, sculptures, absides). Saint-Hilaire XIIᵉ a de remarquables sculptures dont le célèbre « Cavalier » du portail N. (chapiteaux, trois nefs, portail intérieur). Saint-Savinien début XIIᵉ, désaffectée, a un portail avec un fameux linteau en bâtière ; les concerts du festival de Melle y ont lieu. Bel hôtel de Ménoc XVᵉ et Renaissance. Mines d'argent des Rois Francs (vis. tous les jours l'été sauf lundi).

MÉNIGOUTE – 79.
Près d'étangs sur la Vonne. Croix hosannière et superbe chapelle flamboyante de l'Aumônerie.
➡ 9 km O., ancienne abbaye des Châteliers, ruines XIIᵉ-XIIIᵉ près d'un grand étang (voile).

MERCERIE (Château de la) – 16.
Versailles en Charente, le luxueux château moderne, tout blanc, est inachevé (vis. l'après-midi) ; il est entouré d'un vaste et beau parc comprenant un arboretum.

MESCHERS-SUR-GIRONDE – 17. 1 500 hab.
Sur des falaises au-dessus de l'estuaire ; l'homme y a creusé les grottes troglodytiques ou trous de Meschers, occupés par des restaurants ou à l'abandon (prudence), accessibles par le sentier du bord de la falaise. Au N.-O., conche des Nonnes, jolie plage.

MIRAMBEAU – 17. 1 500 hab.
Château médiéval remanié ; vue immense ; maisons anciennes.
➡ 1,5 km S., Petit-Niort, église à façade romane et crypte.
➡ 3,5 km N., Saint-Dizant-du-Bois, église romane (tympan au portail).

MIREBEAU – 86. 4 900 hab.
Marché important (mercredi) et foires réputées. Restes de remparts XIᵉ et d'un château. Eglises Notre-Dame XIIᵉ-XVIᵉ et Saint-André XIᵉ-XVIᵉ. Quelques maisons anciennes. Vue étendue.

MOËZE – 17.
La fameuse croix hosannière Renaissance ou « temple de Moëze » s'élève au cimetière ; une grande procession s'y déroulait aux Rameaux. Le clocher gothique de l'église servait jadis d'amer.

MONCONTOUR – 86. 1 100 hab.
Dominant les marais de la vallée de la Dive, le vieux village sur une éminence entoure l'énorme donjon carré XIIᵉ (haut de 24 m), principal vestige d'une puissante forteresse disparue. Le duc d'Anjou, futur Henri III, y battit les protestants de Coligny en 1569 dans des combats très meurtriers.

MONTBRON – 16. 2 500 hab.
Bourg jadis fortifié, restes de remparts. Château médiéval. Eglise romane XIIᵉ (au N.-E.), statuaire intéressante (un Saint-Maurice à cheval polychrome).
➡ E. et N.-E., jolie région, gorges de la Tardoire au Chambon, et panorama de l'Arbre (345 m).

MONTENDRE – 17. 3 600 hab.
Au N. de la vaste zone de pinèdes et de landes de Tout-y-Faut, superbes vues du parc du château (donjon XIIᵉ restauré et anciens remparts). Lac avec centre sportif (au S.). Passage du G.R. 360 au trajet très champêtre.
➡ 7,5 km N.-N.-O., Rouffignac, église romane fortifiée.

MONTGUYON – 17. 1 600 hab.
Dans le bourg, puissant donjon rond au milieu des ruines médiévales du château des La Rochefoucauld. Grand festival international de folklore (en juillet).
➡ 2 km N.-N.-E. (près D. 158), sur une hauteur, allée couverte de Pierre-Folle, impressionnante ; belle vue.

MONTMOREAU-SAINT-CYBARD – 16. 1 200 hab.
Sur une butte au bord de la Tude qui a formé un bassin dans les collines, château XVᵉ (avec chapelle romane, beaux chapiteaux) et joli vieux village dont l'église romane (restaurée) est remarquable.
➡ 7 km E., par la belle D. 24, on croise la D. 19 qui révèle de belles vues générales sur la région et, à l'E., les vallées marécageuses de la Lizonne et de la Tude, Périgord Blanc ; la D. 78 qui la continue au S. amène à Aubeterre-sur-Dronne*. ➡ 8 km N.-O., château de la Léotardie XIIIᵉ-XVᵉ à jolie galerie de deux étages.

MONTMORILLON – 86.   7 400 hab.
Vieille ville pittoresque sur la Gartempe. Au-dessus du
Vieux-Pont gothique, église Notre-Dame XIᵉ au XIVᵉ avec
remarquables peintures fin XIIᵉ dans la crypte ; terrasse
(vue). Au S., la Maison-Dieu regroupe un ensemble de
curiosités : la chapelle Saint-Laurent (façade XIIᵉ avec une
frise magnifique, pierre tombale de La Hire), une tour
médiévale, un musée archéologique (vis. après-midi sauf
mardi et jeudi), un rare chauffoir XVIIᵉ et un célèbre
Octogone XIIᵉ, ancienne chapelle sépulcrale.
➡ 3 km S.-E., Moussac, lanterne des morts. ➡ S., circuit
dans la vallée de la Gartempe : Saulgé par D. 5, D. 116 à
gauche puis à droite, tours de Lenest XIᵉ, Lathus (église
romane), D. 10 à droite, Portes d'Enfer*, D. 12 à droite,
Plaisance*, revenir le long de la rivière par le Banchereau
et Saulgé.

MONTREUIL-BONNIN – 86.
Sur la Boivre, le village (église romane) est dominé par les
ruines composites d'un beau château de Richard Cœur de
Lion (belle vue).

MORNAC-SUR-SEUDRE – 17.
Agréable vieux village au fond de l'estuaire de la Seudre,
entourant sa petite église fortifiée en partie romane
(chapiteaux, restes d'un cimetière mérovingien) ; ateliers
d'art et petit port.

MORTAGNE-SUR-GIRONDE – 17.   1 100 hab.
Le « Bourg », sur sa falaise de 60 m, domine la « Rive »,
qui fut un des grands ports de la Gironde, en forme de
canal ; on pêche encore un peu l'esturgeon, pour le caviar.
Au S., ermitage Saint-Martial, petit monastère monolithe
dans la falaise, qui daterait du IIᵉ ; chapelle XVIIᵉ (vis. tous
les jours en saison).
➡ N.-O., belle route côtière vers Talmont*.

MOTHE-SAINT-HÉRAY (La) – 79.   1 900 hab.
Dans la ravissante vallée de la Sèvre. Importante laiterie.
Superbe orangerie XVIIᵉ avec deux pavillons. Eglise XVᵉ.
➡ O. et S.-O., belles forêts du Fouilloux et de l'Hermitain,
promenades agréables. ➡ S.-E., en amont, villages
d'Exoudun et de Bagnault. ● Célèbre fête des Rosières
début septembre.

NEUVICQ-LE-CHÂTEAU – 17.
Beau château XVᵉ-XVIIᵉ avec une grosse tour et de belles
lucarnes, au-dessus de la source du Tourtrat (vis. après-
midi).
➡ 4,5 km O., Macqueville, belle église romane saintongeaise, bourg viticole important.

NEUVILLE-DE-POITOU – 86.   3 400 hab.
Grand marché agricole. 1,5 km E., au N. de la D. 62,
dolmen de Bellefois.

NIORT – 79.   64 000 hab.
Patrie de Mme de Maintenon et de... l'angélique, c'est aussi
la ville de l'assurance et un centre industriel réputé jadis
pour ses mégisseries, sur la Sèvre aux abords pittoresques
(Vieux Ponts).
Le vaste Donjon XIIᵉ qui la domine est le seul reste d'un
grand château disparu ; important musée d'Ethnographie
régionale (armes, costumes, coiffes ; fermé mardi). Le

*Niort : Capitale de l'assurance, c'est une charmante ville ancienne.
Son énorme donjon veille sur les musées, la Sèvre et les nobles
demeures.*

*Ci-dessous, Melle : Un des hauts lieux de l'art roman souligné
aujourd'hui par un remarquable festival de musique ; ici, Saint-
Hilaire.*

curieux Pilori est l'ancien hôtel de ville fortifié Renaissance ; musée du Pilori (fermé mardi), collections préhistoriques, lapidaires, numismatiques. Eglise Notre-Dame fin
XVᵉ (flèche, portail). Musée des Beaux-Arts (fermé mardi),
tapisseries, émaux, ivoires, peintures, etc., dans l'ancien
couvent de l'Oratoire. Pittoresques vieilles rues et maisons
anciennes XVᵉ au XVIIIᵉ, notamment rues Saint-Jean, du
Petit-Saint-Jean, du Pont, de la Juiverie*. Beau jardin des
Plantes XVIIIᵉ. Au centre de la ville, immense place de la
Brèche XVIIIᵉ (créée dans les remparts).
➡ 12 km N.-N.-E., château de Coudray-Salbart*. ➡ O.,
très pittoresque Marais* poitevin, voir aussi Coulon*, à
11 km O., d'où partent des promenades organisées en
bateau dans la Venise Verte.

Oleron : La côte est de la grande île partage avec Marennes la richesse ostréicole charentaise.

NOUAILLÉ-MAUPERTUIS – 86. 1 000 hab.
Dans le vallon du Miosson, au N. duquel se livra la célèbre bataille de Poitiers, importants restes d'une superbe abbaye bénédictine fortifiée XIe au XVIIe (enceinte XIIIe avec tours et douves) ; l'église fin XIe-XIIe possède des fortifications et des sculptures étonnantes (mobilier XVIIe) ; cryptes et vestiges pré-romans.

NUAILLÉ-SUR-BOUTONNE – 17.
Eglise romane au superbe portail.

OIRON – 79. 1 300 hab.
Le château des Gouffiers XVIe-XVIIe (fermé mardi), superbe construction classique, possède une admirable aile Renaissance à un étage sur une galerie à arcades délicatement sculptée. A l'intérieur, magnifiques escaliers et splendide salle des Gardes, galerie de 55 m décorée de fresques (l'*Enéide*), d'un plafond à petits caissons peints et d'un sol carrelé de très rare poterie locale ; dans les parties XVIIe, salons superbement décorés (peintures, boiseries, plafonds). L'église XVIe, ancienne chapelle castrale, flamboyant et Renaissance, abrite les beaux tombeaux de la famille Gouffier.

OLBREUSE (Château d') – 79.
Intéressant château XIVe au XVIIIe (vis. après-midi l'été sauf mardi et jeudi).

OLERON (Ile d') – 17. 16 700 hab.
30 km de long sur 11 km de large au maximum, la plus grande île de France, après la Corse, est l'île des huîtres et du pineau ; la douceur du climat permet au mimosa et au laurier-rose, entre autres, d'y prospérer.
Du Chapus, le viaduc de 3 027 m (45 piles, 23 m au-dessus de la marée haute) passe à la pointe d'Ors. Au N., le Château-d'Oleron (3 300 hab.), important port ostréicole, est une ancienne place forte (citadelle XVIIe en ruines depuis 1945), promenades sur les remparts. Au N.-O., « route des huîtres », au travers des anciens marais salants devenus prés-salés, et au bord des immenses parcs à huîtres. Au N., gagner Boyardville, petit port de pêche et militaire, phare (panorama), passages à l'île d'Aix et Fouras l'été ; fort Boyard en mer ; au N.-O., vaste forêt des Saumonards (dunes) et immenses plages de la Gautrelle et de Plaisance. Par Sauzelle, Saint-Georges-d'Oleron (2 700 hab.), église romane au joli portail ; au N., Plaisance (plage), la Brée-les-Bains (belle plage à l'abri des dunes), Saint-Denis-d'Oleron (plages) ; à la pointe de l'île, sur de petites falaises calcaires, phare de Chassiron, de 46 m (vis. ; fermé le matin l'hiver ; panorama remarquable). A l'O., la Côte Sauvage, où l'Océan est puissant, est une immense plage bordée de dunes atteignant parfois 30 m ; des pointes, vues splendides ; la « route des dunes » suit le rivage à distance variable ; belles plages notamment à Domino (les Sables-Vigniers) et Vert-Bois (à l'O. du Château-d'Oleron) ; ravissant port de pêche (à la crevette) de la Cotinière (criée le soir).
Au cœur de l'île, son chef-lieu, Saint-Pierre-d'Oleron (4 600 hab.), lanterne des morts XIIIe de 20 m, « la Flèche », sur l'ancien cimetière ; église au clocher panoramique (vis. en saison sauf dimanche et jours fériés) servant d'amer ; 13, rue Pierre-Loti, « maison des Aïeules » où l'écrivain enfant venait en vacances ; sa tombe est au jardin ; au n° 25, musée Aliénor d'Aquitaine (vis. l'été sauf dimanche matin). Au N.-E., vastes claires. Au S.-E. de l'île, Saint-Trojan-les-Bains (1 800 hab.), station climatique

et balnéaire réputée, jaune de mimosas ; de la pointe de Manson, belle vue générale sur les pertuis et ponts ; le fameux petit train touristique (tous les jours à Pâques et l'été, et dimanche en saison) relie la station à la pointe de Maumusson (à 1 km du continent) et à la partie S. de la splendide Grande Plage (accessible par la route au N., 3 km O.) qui est à l'O. de la belle forêt de Saint-Trojan.

OYRÉ – 86.
Remarquable église romane à détails curieux et peintures murales XVe-XVIe. De grands bois s'étendent à l'E., forêts de la Guerche et de la Groie, jusqu'à la vallée de la Creuse suivie par des routes agréables sur les deux rives. Voir la Roche-Posay* et (région XIII) la Guerche* et Descartes*.

PALLICE (La) – 17.
C'est l'important port de commerce de La Rochelle*, créé fin XIXe et reconstruit après 1945 ; industries. Embarquement pour l'île de Ré*.

PALMYRE (La) – 17.
Belle plage, abritée par la pointe de la Coubre ; station nouvelle aux nombreux loisirs. Important et agréable zoo (tous les jours).

PAMPROUX – 79. 1 700 hab.
Joli ensemble : halles anciennes, église romane et XVIIIe, prieuré, château de la Roche-Ruffin, source vauclusienne.
➡ 4 km S., Bougon, tumulus ; fromages réputés.

PARTHENAY – 79. 13 000 hab.
Ancienne place forte sur un promontoire contourné par le Thouet, la capitale de la Gâtine est une vieille ville pittoresque dans des remparts encore importants et un grand marché agricole (le mercredi).
Superbes pont et porte Saint-Jacques XIIIe avec deux tours à mâchicoulis ; par la rue moyenâgeuse de la Vaux-Saint-Jacques, quartier de la Citadelle que garde la porte de l'Horloge XIIIe ; Eglise Sainte-Croix XIIe (gisants) et beau portail XIIe de Notre-Dame-de-la-Couldre ; place du Château dont il reste trois tours, vue magnifique. On aura plaisir à flâner dans les petites rues, les remparts, les points de vue, les bords du Thouet. Au S., église Saint-Laurent XIIe-XVe avec sculpture IXe sur la façade.
➡ 2 km S.-O., Parthenay-le-Vieux, superbe église Saint-Pierre XIe-XIIe, façade poitevine remarquable, bel intérieur, chapiteaux. ➡ 7 km N.-O., le Theil, château XVIe dans un joli site entre des étangs.

PÉRIGNAC – 17.
Eglise romane et gothique (chœur), façade très intéressante ornée de belles sculptures logées dans des niches.

PLAISANCE – 86.
Eglise en partie romane (portail, restes de fresques). Au cimetière, curieux caveau pré-roman avec croix.

PLASSAC – 17.
Beau château fin XVIIIe par Victor Louis (vis. ext.). Eglise romane XIIe (façade).
➡ 3,5 km S., ancienne abbaye bénédictine de la Tenaille, belle abbatiale romane à façade saintongeaise (sans sculpture), dont on restaure les coupoles, et château XVIIIe remarquable.

PLASSAC-ROUFFIAC – 16.
Remarquable petite église romane sur une hauteur au milieu des vignes ; la sculpture en est très belle et la vue à l'est n'est pas moins.
➡ 6,5 km N.-E., Mouthiers-sur-Boëme, dans une jolie région, belle église romane ; au N.-O., château de la Rochandry.

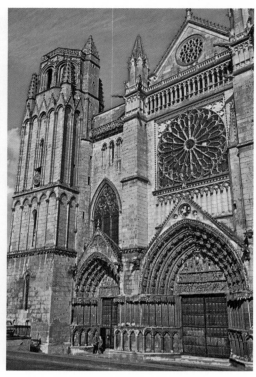

POITIERS – 86.   85 500 hab.

Vieille citadelle et ancienne métropole religieuse, voie de passage de la Loire à la Garonne, Poitiers fut un centre important au Moyen Age. La vieille ville, d'une immense richesse artistique et archéologique, est pittoresquement enfermée sur une colline qu'entourent le Clain et la Boivre qui confluent au N. et ne sont séparés au S.-O. que par l'isthme de la Tranchée, encore barré par les remparts médiévaux qui subsistent là.

Du pont Joubert sur le Clain, monter à l'E. par l'escalier des Dunes au belvédère des Dunes (table d'orientation) pour avoir une idée d'ensemble de la ville. Au S. de ce pont, l'église Sainte-Radegonde XIᵉ au XVᵉ (clocher-porche, voûtes angevines sur une belle nef unique, beau chœur roman à déambulatoire, tombeau de la sainte dans la crypte).

La cathédrale Saint-Pierre est un monument immense fin XIIᵉ-XIIIᵉ surtout gothique angevin avec des influences du roman poitevin ; magnifiques portails XIIᵉ sous la grande rose de la façade, et trois superbes nefs à voûtes angevines ; célèbres stalles XIIIᵉ du chœur et verrières début XIIIᵉ ; chevet splendide. Tout près au S., le baptistère Saint-Jean IVᵉ, surhaussé puis transformé en église, est l'un des monuments chrétiens les plus anciens de France ; à l'intérieur (fermé mercredi), peintures murales XIIᵉ-XIIIᵉ et musée archéologique mérovingien. En face, le musée Sainte-Croix (fermé mardi) possède de belles collections de Beaux-Arts (émaux limousins, peintures, tapisseries) et d'archéologie (Minerve « de Poitiers »).

En plein centre, Notre-Dame-la-Grande (XIIᵉ) est l'une des merveilles romanes de la France avec sa magnifique façade presque entièrement sculptée à la fois simple et très riche et ses clochers à écailles. Autour de l'Université en face, voir les hôtels Fumé, Renaissance fin XVᵉ, et Berthelot début XVIᵉ (Centre d'études supérieures de civilisation médiévale) ; au N., église Saint-Jean-de-Montierneuf, ancienne abbatiale en partie XIᵉ.

Revenant au centre, on peut admirer le palais de justice (fermé dimanche et jours fériés après-midi) qui abrite la splendide Grande Salle du parlement, fin XIVᵉ début XVᵉ, à cheminées monumentales et mur-pignon ajouré ; tour Maubergeon XIVᵉ. Vers le S., hôtel de l'Echevinage XVᵉ puis église Saint-Porchaire XVIᵉ à beau clocher-porche fin XIᵉ (vitraux) ; bel hôtel Jehan Beaussé XVIᵉ ; ancien collège des Jésuites (lycée) avec chapelle classique début XVIIᵉ (mobilier). Au S.-O., la célèbre église Saint-Hilaire-le-Grand XIᵉ-XIIᵉ est unique par son plan à coupoles et trois collatéraux de chaque côté de la nef ; très beau chœur à déambulatoire et chevet ; au S., le doyenné Saint-Hilaire, Renaissance, et plus loin le beau parc de Blossac, XVIIIᵉ (animaux), sur les remparts. Nombreuses maisons anciennes, notamment rue de la Chaîne et Grande-Rue.

Dans le faubourg Saint-Saturnin à l'E., outre le beau point de vue de Notre-Dame-des-Dunes, voir l'hypogée-martyrium (fermé jeudi), chapelle souterraine VIIIᵉ dans un

Poitiers : Une visite approfondie de cette ville est un devoir impératif pour l'amateur d'art et d'histoire, et le site séduira (à gauche : Notre-Dame-la-Grande ; ci-dessus : cathédrale Saint-Pierre).

ancien cimetière, et le dolmen la Pierre-Levée dont Rabelais a parlé.

➜ 5 km S., Saint-Benoît, sur la belle vallée du Clain, église romane, ancienne abbatiale bénédictine (mobilier XVIIIᵉ), et salle capitulaire ; 5 km S., Ligugé*. ➜ 4 km O., sur la Boivre, grottes de la Norée (fermé mardi l'hiver) ; au-delà, vallée de la Boivre, Béruges, la forêt de Saint-Hilaire, les ruines de l'abbaye du Pin (abbatiale cistercienne XIIᵉ et bâtiments XVIᵉ), et Montreuil-Bonnin*.

PONS – 17.   5 420 hab.

La vieille ville entoure son énorme donjon rectangulaire fin XIIᵉ (vis. l'été, panorama) sur la colline dominant la rive gauche de la Seugne ; l'hôtel de ville XVᵉ au XVIIᵉ, un parc avec remparts (vue) et la chapelle Saint-Gilles (façade Renaissance et porte romane) sont les restes du château.

Au S., église Saint-Vivien à façade romane saintongeaise et, plus loin, enjambant la route de Bordeaux, grande porte voûtée XIIᵉ qui reliait l'hospice des pèlerins à l'ancienne église Saint-Martin disparue (portail).

➜ 1,5 km S., château d'Usson, bel édifice Renaissance saintongeaise, transporté et sauvé fin XIXᵉ (vis. ext. l'été)
➜ 5 km S., Fléac-sur-Seugne, église Renaissance.
➜ 4,5 km S.-E., Avy, église en partie romane. ➜ 3 km N.-E., Bougneau, église romane ; 8 km N.-E., Pérignac*.
● Nombreuses autres églises romanes saintongeaises aux environs.

PONT-L'ABBÉ-D'ARNOULT – 17.   1 600 hab.

Joli bourg, anciennement fortifié, gardant une église priorale romane XIIᵉ-XIIIᵉ à splendide façade. Artisanat de tapis saintongeais à l'ancien prieuré. Au cimetière, tombe de René Caillié.

PORTES D'ENFER – 86.

Rapides de la Gartempe dans de beaux sites rocheux à Chez Ragon, en aval du pont de la D. 10 (sentier sur rive droite, 1 h aller et retour) ; la rivière y quitte les terrains primaires du Limousin. Site réputé de canoë-kayak.
➜ 5 km S., cascade du Saut de la Brame* (région XV).

PRAHECQ – 79.   1 400 hab.

Curieuse église gothique, avec des éléments romans et une coupole conique.
➜ 6 km N.-O., Aiffres, lanterne des morts.

PRANZAC – 16.

Eglise romane et XVIᵉ aux clés de voûte pendantes ; ruines d'un château. A l'O., lanterne des morts. Passage du G.R. 4 entre Rancogne* et les grottes du Quéroy* ; le G.R. 36 parcourt le S. de la forêt de Braconne* tout près au N.-O.

La Roche-Courbon : *Pierre Loti permit que fût sauvée cette merveille de bon goût, entourée d'un écrin somptueux de jardins et de forêt.*

PUYPÉROUX (Abbaye de) – 16.
Dans un site magnifique de forêts ondulées presque périgourdines, c'est un très ancien monastère bénédictin relevé au XIXᵉ ; l'abbatiale XIᵉ à coupole et chœur à sept absidioles, fortifiée, est curieuse par son plan et sa décoration sculptée ; la façade a été refaite au XIXᵉ.

QUÉROY (Grottes du) – 16.
A 8,5 km E.-S.-E. de Touvre* par le Quéroy (2 h par le G.R. 4). Jolies cavernes à concrétions dans les calcaires de la forêt de Bois Blanc (vis. tous les jours).

RANCOGNE – 16.
Beau site sur la Tardoire, avec un vieux pont et un château Renaissance ; près de la rivière en aval, dans les falaises, grottes préhistoriques.

RÉ (Ile de) – 17.   10 400 hab.
Passage par bacs de La Pallice à la pointe de Sablanceaux (en 15 mn, 2,5 km). L'île mesure 25 km de long sur 5 de large dans la partie S.-E., 2 grands golfes, la Fosse de Loix et le Fier d'Ars, et des isthmes étroits lui donnant sa forme très particulière évoquant un hippocampe. Le Pertuis Breton au N. a 10 km de large et celui d'Antioche au S. 12,5 km ; les profondeurs y sont faibles. L'absence de pont (projet) donne à l'île une certaine tranquillité. Le climat y est très doux et ensoleillé et procure une végétation de type méditerranéen.
Au fond de la première anse au N., Rivedoux-Plage ; puis, un peu à l'écart, fort de la Prée, typique du début XVIIᵉ, en forme d'étoile ; ruines de l'abbatiale cistercienne des Châteliers XIIᵉ au XIVᵉ qui fut flanquée d'un cloître. La Flotte, joli petit port de pêche. Saint-Martin-de-Ré (2 200 hab.), chef-lieu de l'île, place fortifiée par Vauban avec citadelle (prison) ; les portes Toiras (S.-E.) et des Campani (S.-O.) XVIIᵉ traversent les remparts ; pittoresque vieux quartier, avec des maisons et hôtels XVIᵉ-XVIIᵉ, autour de l'église Saint-Martin XVᵉ (traces de fortifications, oriflammes anglaises XVIIᵉ), et charmant port de pêche et de plaisance (école de voile), entourant le petit quartier marin ; sur le port, l'hôtel de Clerjotte (ancien arsenal), flamboyant et Renaissance (deux belles galeries dans la cour), contient le musée naval et Ernest-Cognacq (faïences, folklore) ; beau parc de la Barbette, entre la citadelle et le port. La Couarde-sur-Mer, joli bourg doté au S. d'une plage magnifique. De la Passe, aller voir Loix au N., petit nid tranquille au-delà des marais salants, centre ostréicole ; pointe du Grouin (fort Vauban et crevettes roses).
Après la Passe à l'O., isthme du Martray avec fort XVIIᵉ ; au N., le Fier d'Ars est entouré de marais salants. Ars-en-Ré, jolie cité ancienne aux ruelles minuscules et vieilles maisons autour de sa curieuse église double XIIᵉ romane (portail, coupole) et XVᵉ gothique, avec fameux clocher à crochets XVᵉ blanc et noir servant d'amer ; maison du Sénéchal, Renaissance ; port au N. (voile), plage au S., bois à l'O. Saint-Clément-des-Baleines et, à la pointe de l'île, phare des Baleines, de 57 m (vis. ; panorama splendide :

toute l'île et la côte vendéenne) ; superbes plages O. et surtout N. : Conche des Baleines. La D. 101 retourne à l'E. aux Portes d'où l'on gagne au S.-E. le bois de Trousse-Chemise et la pointe du Fier, en face de Loix. De la Couarde à Sablanceaux, la côte S.-E. est bordée de plages magnifiques : le Bois-Plage-en-Ré, la Noue, Sainte-Marie-de-Ré.

RÉAU (Ancienne abbaye de la) – 86.
Sur le bord du Clain, dans un site magnifique de bocage, superbes ruines de l'austère abbatiale XIIᵉ, fortifiée ; les bâtiments conventuels remaniés et devenus château conservent une belle salle capitulaire romane (fermé mardi).
➡ 3 km N., Saint-Martin-l'Ars, beau château XVIᵉ-XVIIIᵉ au bord du Clain ; église romane.

RÉTAUD – 17.
Superbe église saintongeaise Saint-Trojan XIIᵉ (voir Rioux*), dont la façade, le clocher et surtout le chevet sont d'une grande beauté ; les motifs géométriques y prennent une place considérable.

RICHEMONT – 16.
Site charmant au-dessus de l'Antenne, groupant une jolie église romane (crypte Xᵉ), un cimetière, et deux châteaux, l'un médiéval en ruines, l'autre classique.

RIOUX – 17.
L'une des importantes églises saintongeaises XIIᵉ (semblable à celle de Rétaud*), où façade (belle Vierge à l'Enfant) et chevet offrent un décor étonnant d'invention ; à l'intérieur, litres et groupe en bois polychrome XVIᵉ du « Mariage mystique de sainte Catherine ».

ROCHEBRUNE (Château de) – 16.
Bel édifice XVᵉ et Renaissance à quatre grosses tours rondes, entouré de douves, qui appartint à Blaise de Montluc, de triste mémoire ; beaux appartements Renaissance meublés Empire, souvenirs napoléoniens du général Dupont (vis. tous les jours en saison).

ROCHE-COURBON (Château de la) – 17.
Son et Lumière
Château de rêve, que Pierre Loti, qui l'appela « le château de la Belle au Bois dormant », sauva de la ruine par un cri d'alarme dans la presse ; XVᵉ remanié XVIIᵉ et XVIIIᵉ dans le cadre admirable de grands jardins à la française, de vastes bassins et d'une profonde forêt, sa décoration et son mobilier en font, aussi, un merveilleux ensemble classique (vis. tous les jours sauf mercredi hors saison) ; en outre, grottes et musée préhistoriques, enceinte, communs, théâtre, etc.

ROCHE-DU-MAINE (Château de la) – 86.
Superbe château Renaissance, en danger de ruine.
➡ 4 km S.-O., Monts-sur-Guesnes, près de la grande forêt (privée) de Scevolles ; château médiéval.

ROCHEFORT – 17.   33 000 hab.
Patrie de Pierre Loti, station thermale, port important sur la Charente, la ville XVIIᵉ au plan régulier était née autour de son énorme arsenal, détruit en 1944.

Sur la place Colbert, au centre, grande fontaine XVIIIᵉ. Eglise Saint-Louis (XIXᵉ, clocher XVIIIᵉ). Au S., musée municipal des Beaux-Arts (vis. après-midi sauf lundi), puis, 141, rue Pierre-Loti, sa maison, extraordinaire musée de ses collections (fermé les matins des dimanche et lundi, et mardi hors saison).

A l'E., l'hôtel de Cheusses XVIIᵉ abrite le musée naval (fermé mardi) et jouxte la belle porte du Soleil, jadis entrée de l'arsenal et du port civil. Le jardin de la Marine, XVIIIᵉ, conduit à la Corderie XVIIᵉ, restaurée (Chambre de commerce et Conservatoire du littoral), splendide bâtiment industriel de l'arsenal, de 386 m sur 90 m (vis. tous les jours). A l'O., cours Roy-Bry, vaste jardin sur les anciens remparts (dont il reste un bastion) ; dans la « Vieille Paroisse », ancienne église XIIᵉ, musée archéologique.

➜ 2,5 km S., ponts du Martrou, à l'O., pont nouveau à travée levante, à l'E., ancien pont transbordeur (à nacelles), fermé au trafic.

ROCHEFOUCAULD (La) – 16.   3 800 hab.
Son et Lumière

Sur la Tardoire (vieux pont), que domine le grand et beau château XIIᵉ au XVIᵉ menacé par le terrain instable (vis. suspendue) ; son donjon roman s'est à demi écroulé ; cour splendide... (Renaissance).

A l'hôpital XVIIᵉ, riche pharmacie et peintures (voir S.I.). Très beau cloître XVᵉ au couvent des Carmes (projet de musée de Préhistoire). Eglise Notre-Dame-de-l'Assomption gothique XIIIᵉ intéressante.

ROCHELLE (La) – 17.   82 000 hab.

La ville du fameux siège et des Quatre Sergents, où naquit Eugène Fromentin, a conservé de beaux témoins de son histoire mouvementée, où la mer et l'aventure lointaine ont joué de grands rôles.

Au levant, la puissante tour Saint-Nicolas XIVᵉ (fermé mardi, et le matin hors saison) garde le Vieux-Port avec, en face, la tour de la Chaîne XIVᵉ (tous les jours l'été sauf mardi, et dimanche après-midi en saison), que la « rue » Sur-les-Murs, escalier et passage panoramique sur le rempart médiéval, joint à la tour de la Lanterne XVᵉ (fermé mardi, et le matin hors saison), avec curieuse flèche flamboyante ; la visite des trois tours est très recommandée.

Le rempart O., fin XVIIᵉ à la Vauban, domine le beau parc Charruyer que la promenade du Mail, très appréciée, poursuit au S.-O. le long de la plage.

Au fond du pittoresque Vieux-Port, la porte médiévale de la Grosse-Horloge remaniée au XVIIIᵉ garde la grande artère, rue du Palais (hôtel de la Bourse XVIIIᵉ, belle cour, et palais de justice) puis rue Chaudrier, entourées du quartier XVIᵉ au XVIIIᵉ, aristocratique à l'O. (rue de l'Escale), commerçant à l'E. avec les vieilles rues, à arcades et maisons anciennes, du Minage et des Merciers notamment ; dans cette dernière, voir les maisons de bois et les nᵒ 8, maison Lechène, et 3, maison de Jean Guiton. La rue des Merciers mène au S. à l'hôtel de ville XVᵉ et fin XVIᵉ, magnifique édifice à enceinte gothique et superbe

cour comportant une façade Renaissance saintongeaise à galerie et colonnade et un pavillon Renaissance ; bel intérieur (vis.). Au S.-O., quartier piétonnier à maisons de bois, proche du port. Cathédrale Saint-Louis XVIIIᵉ (clocher XVᵉ). Non loin au S.-E., rue des Augustins, au nᵒ 11 : superbe hôtel Renaissance dit maison de Diane de Poitiers. Au N., rue Gargoulleau, dans l'ancien évêché XVIIIᵉ (bibliothèque), musée des Beaux-Arts (peinture française ; fermé dimanche matin et mardi). Plus au N., rue Albert-Iᵉʳ, Muséum Lafaille (vis. tous les jours), superbes collections d'histoire naturelle (demander à voir le cabinet Lafaille). A l'O., près des remparts, musée d'Orbigny (fermé dimanche matin et mardi), céramiques, pharmacie et histoire régionale. Il faudrait encore voir le temple, début XVIIIᵉ, avec musée protestant, le clocher XVᵉ de Saint-Sauveur, la criée du port (le matin), la gare style Renaissance régionale et, près du port de plaisance, l'étonnant aquarium R.-Coutant (vis. tous les jours). Visites du port en bateau, et croisières inter-îles.

➜ 6 km O., grand port de La Pallice*, d'où part le bac de l'île de Ré*. ➜ 7 et 9 km S.-S.-E., plages d'Aytré et d'Angoulins..

ROCHE-POSAY (La) – 86.   1 400 hab.
Site superbe sur la Creuse, peu en aval du confluent de la Gartempe ; vue célèbre du pont sur la ville que dominent le donjon carré XIIᵉ et XVᵉ fortifié. Restes de remparts (porte à mâchicoulis) et d'un pont romain. Hippodrome. Au S.-O., établissement thermal (dermatologie).

➜ Magnifiques vallées de la Creuse et de la Gartempe.

RONCE-LES-BAINS – 17.
Jolie plage regardant Saint-Trojan et adossée à la forêt de la Tremblade, partie de celle de la Coubre*.

ROYAN – 17.   18 700 hab.

La grande station moderne, rebâtie après 1945 dans un style hardi et remarquable, possède des plages magnifiques à l'embouchure de la Gironde, au climat réputé.

Le spectaculaire Front de Mer (beau casino au bout) contourne sur 600 m l'extrémité de la Grande Conche, près de la superbe église Notre-Dame en béton armé (verrières, orgues renommées, concerts), en forme de proue de vaisseau. Temple remarquable. Près du port (bac pour la pointe de Grave, vedettes pour Cordouan*, criée), important Centre culturel, ancien Palais des Congrès, sur la Conche de Foncillon. Beau marché couvert en forme de parapluie. Musée (préhistoire).

A l'O., splendide Conche de Pontaillac, qui borde la « vieille » station verdoyante. Voir aussi, au N.-O., la côte et la belle forêt de la Coubre*.

➜ 6 km S.-E., Talmont*.

La Rochelle : Le vieux port de pêche est le cœur de la célèbre cité que Richelieu réduisit par un siège féroce.

Saint-Savin : la Gartempe reflète joliment l'un des chefs-d'œuvre romans, dont les peintures immenses sont justement célèbres.

RUFFEC – **16.**   4 700 hab.
Important marché agricole, à proximité de la Charente. Eglise à trois nefs gothiques et belle façade romane sculptée. Château XVᵉ qui appartint à Saint-Simon.

SABLONCEAUX (Ancienne abbaye de) – **17.**
Du XIIᵉ mais très modifiée et mutilée, en partie englobée dans une ferme isolée, elle garde une partie de la nef romane à coupoles de son abbatiale, au chœur et au grand clocher gothiques ; porte, salle capitulaire XIIᵉ et beaux bâtiments XVIIIᵉ. En cours de restauration.
➡ 4 km S.-E., Saint-Romain-de-Benet, église XIIᵉ (chapiteaux) ; au S., pile romaine de Pirelongue, tour carrée au sommet pyramidal, de 24 m, près d'une chaussée (à 3 km O., sur la N. 150, camp romain). ➡ 6,5 km S.-O., Saujon, station thermale, beaux chapiteaux romans à l'église Saint-Jean.

SAINT-AMANT-DE-BOIXE – **16.**
Importante abbatiale romane XIIᵉ (chœur gothique XVᵉ), superbes façade et mur O. du transept N. ; nef remarquable (chapiteaux, coupole), peintures murales XIVᵉ ; clocher fortifié. Restes intéressants du cloître.
➡ 1,5 km S.-O., Montignac-Charente, beau village sur la rivière, dominé par les ruines considérables d'un château XIᵉ.

SAINT-DIZANT-DU-GUA – **17.**
Le manoir XVIᵉ de Beaulon permet que l'on visite son joli parc (promenade balisée) abritant les curieuses Fontaines Bleues, belles et profondes résurgences (fermé le dimanche en hiver).
➡ 6,5 km S., Saint-Thomas-de-Conac, moulins à vent, jolis environs (vues), grands polders bordant la Gironde.

SAINT-ÉTIENNE-LA-CIGOGNE – **79.**
Remarquable église romane (chevet ; clocher XVIIᵉ). Charnier au cimetière.
➡ 3 km S., château de Villeneuve-la-Comtesse, en partie XIVᵉ (vis. après-midi l'été sauf mercredi).

SAINT-FORT-SUR-GIRONDE – **17.**   1 000 hab.
La façade saintongeaise de l'église, qui fut romane, est tout à fait curieuse et réclame un détour, mérité aussi par le charme des alentours, riches en points de vue sur la Gironde et le Médoc (route de Port-Maubert au S.-O.).

SAINT-FORT-SUR-LE-NÉ – **16.**
Au S.-E., au milieu du vignoble de Grande Champagne, célèbre dolmen dont la table a plus d'1 m d'épaisseur.

SAINT-GÉNÉROUX – **79.**
Sur le Thouet, toujours suivi par le G.R. 36 ; remarquable pont XIIIᵉ. L'église IXᵉ est la plus vieille du Poitou, mais elle est hélas très restaurée.

SAINT-GEORGES-DE-DIDONNE – **17.**   4 000 hab.
Grande station balnéaire familiale, maintenant soudée à Royan* ; belle vue de la pointe de Vallières, au bout de la Grande Conche de Royan ; superbe plage, bordée au S. par la forêt de Suzac (pins et chênes, promenades) et suivie par les pointe et plage de Suzac.

SAINT-GERMAIN-DE-CONFOLENS – **16.**
Le vieux village sur la Vienne est dans un site ravissant au confluent de l'Issoire, avec donjon médiéval en ruines et église romane. Dans une île de la Vienne, dolmen christianisé.
➡ S., vallée de la Vienne vers Confolens* par les deux rives. ➡ N., belle vallée de la Vienne, suivie par le G.R. 48 à partir d'Availles-Limouzine, et ici et là par de jolies routes ; base de loisirs du lac de barrage de Chardes à l'Isle-Jourdain.

SAINT-GERVAIS-LES-TROIS-CLOCHERS – **86.**   1 300 hab.
Sur la Veude, dans une jolie campagne avec des points de vue (panorama à 2 km E. sur la D. 22). A l'église, Crucifixion de l'école de Breughel.

SAINT-JEAN-D'ANGÉLY – **17.**   10 300 hab.
Ancienne ville forte, ancien port sur la Boutonne, étape vers Compostelle, la capitale de la Basse-Saintonge possède de vieilles ruelles pittoresques bordées de maisons de bois et d'hôtels classiques, groupées autour des restes de l'abbaye Saint-Jean et des « Tours », grande façade classique XVIIIᵉ d'une nouvelle abbatiale inachevée, que l'église Saint-Jean raccorde aux vestiges du chevet gothique ; bâtiments conventuels (lycée). Jolie fontaine du Pilori, Renaissance. Tour de l'Horloge XIIIᵉ-XIVᵉ, beffroi. Façade de l'Echevinage. Musée archéologique et des missions Citroën (Croisières Jaune et Noire) de 1924 à 1932 (vis. après-midi : fermé l'été, ouv. mercredi, jeudi et dimanche en saison). Près de la mairie, les arcades de la Salle municipale sont celles du cloître XVIIᵉ de l'abbaye.
➡ 10 km S.-O., Fenioux*. ➡ 9 km N.-O., Landes*.

SAINT-JEAN-D'ANGLE – **17.**
Eglise composite intéressante. Remarquable château fort XVᵉ avec douves.

SAINT-JOUIN-DE-MARNES – **79.**
L'église est une splendide abbatiale XIᵉ-XIIᵉ de roman poitevin (72 m de long), avec des voûtes Plantagenêt XIIIᵉ, puis fortifiée ; la façade est extraordinairement sculptée et flanquée de deux tourelles ; œuvres d'art et stalles XVIIᵉ.

SAINT-LOUP-LAMAIRÉ – **79.**   1 200 hab.
Très beau château début XVIIᵉ, déjà tout classique, au bord du Thouet, avec des douves (vis. ext.). Remarquables maisons anciennes XVᵉ-XVIᵉ ; l'une d'elles vit naître les Arouet, parents de Voltaire. Importante laiterie et fromages de chèvre renommés.
➡ 3 km N., Louin, vieux village pittoresque, croix

hosannière XIIe au cimetière ; restes gallo-romains et pré-romans. ➡ 7 km S., Gourgé, beau pont sur le Thouet, église romane fortifiée.

SAINT-MAIXENT-L'ÉCOLE – 79.   9 600 hab.

L'église Saint-Maixent, ancienne abbatiale et cathédrale, ruinée par les guerres de Religion, fut rebâtie dans le style flamboyant au XVIIe (éléments romans et XIIIe, tour XVe, beaux chapiteaux) ; mobilier intéressant ; crypte XIe avec tombeaux. A l'église voisine Saint-Léger, crypte VIIe. L'abbaye XVIIe abrite la fameuse école militaire. Hôtel de ville XVIe-XVIIe, hôtel de Balizy et vieilles maisons notamment rue Anatole-France (apothicairerie). Porte Chalon XVIIIe. Bords de la Sèvre. Marché le samedi et grande foire aux fromages de chèvre fin juillet.
Jolis environs boisés du Val de Sèvre.

SAINT-PALAIS-SUR-MER – 17.   2 200 hab.

Grande station balnéaire familiale de quatre belles plages entourées de chênes verts et de pins et séparées par des corniches rocheuses remarquables que longe le sentier des pierrières. A l'O., très beau site de la Grande Côte où la mer aime se déchaîner.

SAINT-SAVIN – 86.   1 300 hab.

Sur la rive gauche de la Gartempe que traverse le beau Pont-Vieux médiéval.
Dans un cadre tranquille et plein de charme, la magnifique abbatiale fin XIe début XIIe est un haut lieu de l'art roman et de la peinture murale ; le berceau de la nef notamment est couvert sur 412 m² de peintures très douces et claires de couleurs chaudes (la Bible de la Genèse à l'Exode) ; celles de la crypte sont fraîches et vigoureuses (Christ en majesté, martyre des saints Savin et Cyprien) ; splendides chapiteaux.
➡ 3 km S., Antigny, église romane XIIe avec des sarcophages mérovingiens ; dans une chapelle, peintures murales ; lanterne des morts. ➡ 18 km N.-E., Le Blanc* (région XIII), aux portes de la Brenne* et près de Fontgombault*.

SAINT-SAVINIEN – 17.   2 500 hab.

Au-dessus d'une boucle de la Charente, le vieux bourg, ancien port important, a longtemps fourni une pierre très appréciée et ses carrières souterraines immenses sont spectaculaires (guides). Les quais, leurs vieilles maisons et l'église XIIIe-XIVe (statues) ne manquent pas d'intérêt.

SAINTES – 17.   28 400 hab.

Ville-pont sur la Charente et grande étape vers Compostelle, c'est une ville d'art discrète qui retient. Patrie de Bernard Palissy et du docteur Guillotin.
Rive gauche, la vieille ville compte de remarquables hôtels XVIe au XVIIIe autour de l'église Saint-Pierre, ancienne cathédrale XVe-XVIe (croisillons romans XIIe) à belle tour-lanterne sur une façade XVe (portail) ; remarquable intérieur (excellentes orgues). Au S.-O., au bout du beau quai de Verdun, musée Dupuy-Mestreau, dans l'hôtel Monconseil XVIIIe, collections régionales (vis. guidées l'après-midi en saison sauf lundi). A l'O., signalée par un grand clocher flamboyant, l'église saint Eutrope, qui a perdu sa nef, est un admirable ensemble roman d'allure insolite avec un nouveau chœur gothique à la suite du précédent roman et une crypte romane splendide abritant le sarcophage IVe de saint Eutrope. Au N.-O., les arènes, ruines d'un amphithéâtre important du Ier siècle (spectacles l'été ; vis. libre). Au centre, l'hôtel du Présidial XVIIe contient le musée des Beaux-Arts (fermé mardi), céramiques, peintures, complété par le musée de l'Echevinage (XVIIIe, avec beffroi XVIe). Au N., thermes romains de Saint-Saloine.
Rive droite, il faut admirer l'arc de Germanicus, de l'an 19, le riche musée archéologique (fermé mardi), l'église Saint-Pallais XIIe-XIIIe et la magnifique abbaye aux Dames dont l'église XIe-XIIe possède une façade saintongeaise et un clocher (toit conique à écailles) remarquables (intérieur également). Musée éducatif de Préhistoire (tous les jours). Haras national (l'après-midi de juillet à février). Croisières sur la Charente avec le « Goulebenèze » et le « Bernard-Palissy ». Riches environs (châteaux, églises).

SANXAY – 86.

Beaux sites sur la Vonne ; pont et maisons anciennes.
1,5 km O., importantes ruines gallo-romaines (vis. tous les jours), avec théâtre, thermes et temple, du IIe.
➡ 3 km N., remarquable château XVe-XVIe de Marconnay (ferme).

SCORBÉ-CLAIRVAUX – 86.   1 600 hab.

Château de Scorbé fin XVe, avec des douves et de beaux communs XVIIe, orangerie et colombier. Halles en charpente.
➡ 2 km N., ruines XIIIe. ➡ 4,5 km N.-E., Thuré, beau village ancien, église romane ; au N., remarquable manoir de la Massardière XIVe-XVe ; belles routes au N.-E. vers Antran et Usseau.

Portes d'Enfer : *Sur la Gartempe entre Bellac et Montmorillon, ces rapides ravissent les amateurs de canoë-kayak qui peuvent les négocier sans « virer ».*

Saintes : *L'arc de Germanicus laisse entrevoir une ville ancienne mais plus de deux mille ans d'histoire ont laissé ici leur témoignage de pierres splendides dans cette ville de merveilles.*

Au sud d'Angoulême, ce petit miracle roman à trois étages offre ses pierres blanches comme un témoignage de foi. Quoi de plus émouvant que cet élan de l'âme dans ce paysage si paisible ?

La Charente : Tranquille rivière aux innombrables contours et méandres, elle anime le paysage très doux sous une lumière magnifique.

SECONDIGNY – 79.   2 000 hab.
Connu pour sa laiterie.
Curieuse église XIIᵉ-XIIIᵉ à tour octogonale XIᵉ (chapiteaux). Au S.-E., complexe touristique d'Effres, avec plan d'eau sur le Thouet. Passage du G.R. 36.
➡ S.-S.-O., forêt domaniale de Secondigny, que traverse le G.R. 364. ➡ 8,5 km O.-N.-O., Vernoux-en-Gâtine ; 2,5 km N., rochers pittoresques, non loin de la Sèvre Nantaise naissante.

SEGONZAC – 16.   2 300 hab.
Haut lieu du cognac, au cœur de la Grande Champagne. Eglise en partie romane (clocher, crypte).

SIGOGNE – 16.
Eglise romane intéressante (clocher, chapiteaux).

SURGÈRES – 17.   6 500 hab.
Grande laiterie coopérative (vis. poss. le matin).
La ville conserve une vaste enceinte médiévale de vingt tours, gardant en partie ses douves, une belle porte Renaissance, un donjon et son pont-levis, et contenant un beau jardin public où la mairie occupe le logis seigneurial XVIIᵉ ; en face, belle église Notre-Dame XIIᵉ à façade remarquable ainsi que le grand clocher octogonal (crypte funéraire).

TAILLEBOURG – 17.
Saint Louis y battit Henri III Plantagenêt en 1242. Charlemagne y avait déjà vaincu les Arabes (808). Sur son rocher dominant la Charente, le château féodal ne laisse que quelques ruines XVᵉ dans un beau parc public (vue), avec des bâtiments XVIIᵉ dans l'enceinte. Curieuse chaussée de Saint-James, gallo-romaine, au S.-O.

TALMONT – 17.
Le village est beau et s'achève abruptement sur la falaise (consolidée) par sa célèbre église Sainte-Radegonde XIIᵉ, restaurée et entourée d'un cimetière et... de la Gironde ; avec de remarquables sculptures, c'est une des gloires de la Saintonge (le site y suffirait). Musée d'histoire régionale (vis. l'été).
➡ 3 km E., le moulin du Fâ est un important lieu de fouilles gallo-romaines (vues). ➡ S.-E., belle route côtière vers Mortagne-sur-Gironde*.

TENNESUS (Château de) – 79.
Sur la D. 127, bel ensemble féodal XIVᵉ et Renaissance, avec des douves.

TERRIER DE SAINT-MARTIN – 79.
Altitude 272 m
Point haut de la région, vue étendue et pittoresque. Nombreux étangs aux alentours.

THAIMS – 17.
L'église en partie romane et pré-romane a utilisé des éléments d'une villa gallo-romaine (dont la piscine) ; les amateurs de vieilles pierres ne peuvent pas être déçus, et il y a matière à discussion.

THOUARS – 79.   12 600 hab.

A la limite de l'Anjou, de la Touraine et du Poitou, dans un beau site contourné par le Thouet (vue superbe des ponts au S.), c'est la vieille ville forte des La Trémoille ; sévère château XVIIe (lycée, accès à l'esplanade sur demande), vue ; jolie Sainte-Chapelle flamboyant et Renaissance et terrasse panoramique ; vieilles rues étonnantes, du Château, de Saint-Médard, aux maisons et hôtels XVe-XVIe ; église Saint-Médard XIIe-XVe (portail et façade), ancienne église Saint-Laon également XIIe-XVe (sculptures, beau clocher) ; porte au Prévôt, tour du Prince de Galles, hôtel Tyndo XVe ; beaux jardins avec d'autres restes des remparts. Musée (fermé mardi), histoire régionale, céramiques.

➡ S.-E., N.-O., très jolie vallée du Thouet en amont et en aval (suivie par le G.R. 36), cirque de Missé à 4 km S.-E., à l'O., 2 km + 1 h aller et retour, cascade de Pommiers, sur le Coulonges. ➡ 4,5 km E.-N.-E., dolmen (ainsi que 8 km E.-S.-E.). ➡ 13 km E. puis S.-E., Oiron*.

TONNAY-BOUTONNE – 17.   1 100 hab.

Ancien port et place forte sur la Boutonne ; il en reste des fossés et une grande porte fortifiée XIVe.

➡ 6 km S.-E., les Nouillers, église romane à coupoles.

TONNAY-CHARENTE – 17.   6 500 hab.

Important port de commerce aux nombreuses maisons XVIIIe, dominé par le grand pont suspendu (piétons et cyclistes seuls) fin XIXe (vues).

TOUFFOU (Château de) – 86.

Dans une situation magnifique au bord de la Vienne, très bel édifice composite XIIe au XVIe (vis. l'été sauf lundi ; en saison, après-midi mardi, jeudi, samedi et dimanche) ; superbes terrasses ; à l'intérieur, salle des Quatre-Saisons, avec des fresques XVIIe.

➡ 1 km S., Bonnes, deux églises romanes ; beau site.

TOUVRE – 16.

Site magnifique du village jadis fortifié (église romane), au-dessus des sources de la Touvre, la Font de Lussac et le Gouffre, ensemble de résurgences d'où sort une grosse rivière.

➡ 1,5 km O., Magnac-sur-Touvre, petite église romane Saint-Cybard, au bord de la rivière ; 2,5 km N., Ruelle, ancienne Fonderie nationale (des canons de la Marine), fabriquant maintenant surtout des missiles. ● G.R. 36 et G.R. 4 (forêt de Bois Blanc, à l'E., vers les grottes du Quéroy*).

USSON-DU-POITOU – 86.   1 500 hab.

Intéressante église romane (et XVIe) ; sculptures à la façade.

VARAIZE – 17.

Belle église romane au portail intéressant.

VAUX-SUR-MER – 17.   2 200 hab.

En retrait de la côte, le bourg garde une jolie église romane XIe, ancienne abbatiale (chevet, chapiteaux), dans un vieux cimetière.

VENDEUVRE-DU-POITOU – 86.   2 200 hab.

Eglise romane et gothique (chapiteaux). Musée archéologique et géologique (fermé jeudi).

➡ 1,5 km O., les Tours Mirandes, important site gallo-romain, substructions d'un temple, d'une basilique et d'un forum. ➡ S., château des Roches, de 1519 (entrée fortifiée).

VERTEUIL-SUR-CHARENTE – 16.

Site magnifique sur le petit fleuve qui forme des îles. Remarquable château XVe-XVIe avec donjon rectangulaire XIe, depuis le XIIe propriété de la famille de La Rochefoucauld. A l'église, intéressante Mise au tombeau XVIe en terre cuite polychrome à huit personnages.

VIERGE (Rocher de la) – 79.

A l'E. de la D. 748, rocher énorme sur une hauteur ; beaux étangs Olivette et des Mottes, non loin au S.-E. Joli circuit possible aux environs par Petit-Faix et Clessé.

VIEUX-POITIERS (Le) – 86.

Emplacement de la ville gallo-romaine, capitale des Pictons, longtemps utilisée comme carrière, il en reste peu de choses (vis. sur demande samedi et dimanche). Menhir gravé. La célèbre bataille de Poitiers où Charles Martel battit les Arabes en 732 aurait eu lieu à Moussais-la-Bataille (3 km S.-O.).

VILLEBOIS-LAVALETTE – 16.

Le vieux village perché et fortifié au Moyen Age offre un magnifique panorama sur les confins du Périgord et de l'Angoumois ; le château rebâti au XVIIe conserve des tours médiévales et la chapelle primitive. Eglise romane et halles XVIIe.

➡ 5,5 km N.-E., Gardes-le-Pontaroux, église romane (clocher). ● Nombreux sites préhistoriques dans toute la région, très agréable et traversée par le G.R. 36.

VILLEDIEU-DU-CLAIN (La) – 86.

A l'église, remarquer le portail roman.

➡ 4 km O., à Laverré, dolmen, dans la vallée du Clain ; 2 km N.-O., château d'Aignes.

VILLESALEM – 86.

Ancien prieuré de Fontevraud, fondé au XIe (fermé mardi) ; église romane XIIe à sculptures magnifiques de la façade, du portail N. et à l'intérieur (chapiteaux).

➡ 6,5 km S.-O., Journet ; sur la place, une des plus remarquables lanternes des morts de la région (XIIe).

VOUILLÉ – 86.   2 500 hab.

Sur l'Auxances. Ruines médiévales. Lieu probable de la victoire de Clovis sur les Wisigoths en 507, où Alaric II fut tué.

Verteuil-sur-Charente : Site magnifique sur le petit fleuve, l'ancienne forteresse féodale s'est faite château de plaisance, bénéficiant d'un site privilégié.

Argentat *et la Dordogne.*

Limousin

16 931 km² − 737 153 habitants

Départements	Superficie en km²	Population
19 Corrèze	5 860	241 448
23 Creuse	5 559	139 968
87 Haute-Vienne	5 512	355 737

*P*etite région, recouvrant exactement l'ancienne province ; jadis il s'agissait en fait de seigneuries qui dépendaient de l'Aquitaine, puis avec celle-ci des Anglais, avant de rallier le giron capétien et de connaître un bienfaiteur avec Turgot qui introduisit la pomme de terre et des industries.

Le climat est rude dans la Montagne, encore sévère sur tous les glacis et plateaux qui l'entourent, du fait des précipitations régulières et du ruissellement dû au sol cristallin ; il s'égaye dans la vallée de la Dordogne en aval des grands barrages et surtout dans le bassin de Brive, « porte du Midi ».

L'industrie est ancienne en ce qui concerne la tapisserie (Felletin, Aubusson), la faïence et la porcelaine (Limoges) mais se développe et se diversifie à Limoges et à Brive. Ces villes sont fort intéressantes ainsi que Tulle, Uzerche, Aubazines, Aubusson...

La nature est riche, et les hauts plateaux sont magnifiques avec un peu de soleil, ce qui peut fort bien arriver !

Ci-dessous, **Beaulieu-sur-Dordogne** : *La splendide église abbatiale s'est installée dans un lieu privilégié de contact entre régions naturelles et historiques.*
En bas à gauche, le jour du marché.

La Corrèze recèle quelques raretés campagnardes pleines de saveur ; ci-dessus : cette chaumière était encore debout à Charreneuve il y a deux ans (1983).
Ci-dessous : Tête sculptée au village de Ventadour près d'Egletons.

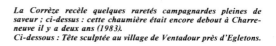

Ci-dessous, **Ussel** : *Marché important à la limite de la « montagne » limousine, possède de belles demeures anciennes.*

Argentat : Les vieilles maisons aux curieux toits fort pentus bordent la ravissante Dordogne dans la verdure. La petite ville est un excellent centre d'excursions.

AIXE-SUR-VIENNE – 87.   6 000 hab.
Eglise romane fortifiée au XVe. « Ostensions » célèbres (en 1988). – G.R.4.

AJUSTANTS (Route des) – 19.
Entre Neuvic* et Mauriac (région XVI), un détour par l'E. permet de suivre, à partir du belvédère de Gratte-Bruyère, face au débouché de la Sumène, les gorges de la Dordogne par cette belle route longeant la rive jusqu'au pont suspendu de Saint-Projet.

ALLASSAC – 19.   3 600 hab.
Charmante cité ancienne sur un large bassin au sortir des gorges de la Vézère*. Eglise gothique XIIe en schiste noir et grès rouge avec un gros clocher-porche fortifié. Tour de César, reste des remparts (IXe-XIIe).

AMBAZAC – 87.   3 900 hab.
Altitude 380 m
Dans un joli bassin au S.-E. des monts d'Ambazac* (belle vue d'une chapelle au S.-O.) ; l'église XIIe-XVe garde un magnifique trésor : grande châsse-reliquaire (74 cm de long) de saint Etienne de Muret, église miniaturisée, chef-d'œuvre d'orfèvrerie, et dalmatique de soie mozarabe XIe ou XIIe.

AMBAZAC (Monts d') – 87.
Altitude 701 m
Beau massif granitique couvert de châtaigniers et parsemé d'étangs ou de retenues, très pittoresque avec ses grandes prairies coupant les forêts, et dominé de « puys », sommets ronds d'où la vue est immense : signal de Sauvagnac (701 m, aller et retour 1 h) de Sauvagnac près de la Jonchère-Saint-Maurice (maison des Têtes), signal d'Angelard (589 m, 4 km S.-E. de Compreignac* puis 1 h aller et retour).

ANZÊME – 23.
Beau village (pont XVe) qui a donné son nom aux pittoresques gorges de la Creuse en aval.

ARGENTAT – 19.   3 700 hab.
Jolie ville ancienne pittoresquement installée de part et d'autre d'un pont sur la Dordogne au sortir de ses longues gorges devenues lacs ; maisons parfois à tourelles du quartier de l'Escondamine rive droite, jolis balcons et murs dans l'eau en face.
➡ 5 km N.-E. (D. 18), château du Gibanel, au bord du lac de retenue d'Argentat. ➡ 10 km N.-E. (D. 129), barrage du Chastang* par le bord de la Dordogne ; chapelle de Glény, à clocher à peigne. ➡ 8 km S.-E., en Xaintrie, barrage d'Hautefage, retenant la Maronne jusque vers les tours de Merle*. ➡ 6 km N.-O., Saint-Chamant, portail roman à l'église, et clocher à hourds XVe. ➡ S.-O., Puy du Tour (408 m), belle vue (oppidum celtique). ➡ 25 km S.-O., Beaulieu-sur-Dordogne*.

ARNAC-LA-POSTE – 87.   1 200 hab.
Eglise fortifiée (trésor) ; mégalithes.

ARNAC-POMPADOUR – 19.   1 400 hab.
Altitude 421 m
Important château XVe-XVIIIe en partie disparu à la Révolution mais dont la façade, avec deux grosses tours d'angle à mâchicoulis et un châtelet à deux tours, reste très imposante ; vastes terrasses (vis.) dans une enceinte de dix tours, bordant l'hippodrome. Haras national (vis. tous les jours, l'après-midi en semaine ; fermé de mars à juillet sauf la jumenterie).
➡ 2 km N.-O., Arnac, église XIIe romane (portail, statues, chapiteaux).

AUBAZINES – 19.
Altitude 345 m.
Remarquable abbatiale cistercienne XIIe, beau tombeau XIIIe de Saint Etienne, armoire XIIe, un des meubles les plus anciens de France, vitraux en grisailles XIIe, stalles XVIIIe, Pietà XVe, trésor ; bâtiments conventuels : salle capitulaire (vis.). Le site du village est magnifique, sur un promontoire entre la Corrèze et les gorges du Coiroux.
➡ 2,5 km N-E., cromlech du Puy de Pauliac (520 m, route), panorama (table d'orientation). ➡ 5 km E., centre touristique de la vallée du Coiroux (plage, nautisme, pêche, golf, jeux, équitation, sentiers, etc.).

AUBUSSON – 23.   6 800 hab.
Altitude 430 m
Célèbre pour ses tapisseries, c'est une vieille ville très pittoresque sur la Creuse parmi de belles collines. Centre culturel Jean-Lurçat, Musée de la Tapisserie (ouvert en 1981). Expositions à l'hôtel de ville et à la belle maison du Vieux-Tapissier XVe (ateliers anciens reconstitués, documents) (vis. tous les jours l'été). Nombreuses maisons anciennes, maison des Vallenet XVIe, site du château, tour de l'Horloge XVIe, vieux pont. Eglise XIIIe (tapisserie XVIIIe).

AUDOUZE (Signal d') – 19.
Altitude 953 m
Ce n'est pas le sommet du plateau de Millevaches mais, du fait des reboisements, son plus beau panorama circulaire, une des grandes vues du Massif Central (30 mn aller et retour depuis la route D. 36). La Vienne naît près au S.-O. Les points culminants sont le puy Pendu et le mont Bessou (977 m tous deux), à 12 et 15 km au S. (près de Meymac*), région pittoresque.

AUZANCES – 23.   1 700 hab.
Altitude 552 m
Marché local au cœur de la Combraille. Eglise romane et gothique. Musée lapidaire.
➡ 3 km N., Rougnat, église XIIe-XIIIe-XVe intéressante (chapiteaux, peintures XVIIIe). ➡ 10 km S.-O., Sermur, dans un beau site perché du bocage de Combraille, grande tour XIVe en ruine.

BEAULIEU-SUR-DORDOGNE – 19.
Altitude 144 m   1 700 hab.
Très joliment situé sur la rive droite de la rivière, le bourg cache au centre de ses vieilles maisons une célèbre abbatiale bénédictine XIIe au magnifique portail S.

(Jugement dernier, au tympan) ; tour de l'église ; bel intérieur, coupole, stalles, important trésor. Au bord de la Dordogne (plan d'eau des Aubarèdes, plage), ancienne chapelle des Pénitents XIIᵉ-XVᵉ, clocher-mur.
➡ 9 km N.-O., Puy d'Arnac, d'une chapelle sur une butte, remarquable panorama.

BELLAC – 87.   5 800 hab.
Patrie de Giraudoux (maison natale, centre culturel), festival début juillet. Vieille ville, maisons et hôtels XVᵉ-XVIᵉ, pont de la Pierre XIIIᵉ, église à deux nefs, romane et gothique (châsse en émail XIIᵉ).

BELLEGARDE-EN-MARCHE – 23.
Altitude 643 m
Il reste deux tours d'enceinte et des vestiges du château ; maisons anciennes.
➡ 5 km E., Lupersat, belle église XIIᵉ-XIVᵉ en partie romane (chapiteaux, tour).

BÉNÉVENT-L'ABBAYE – 23.   1 100 hab.
Belle abbatiale romane XIIᵉ à deux clochers sur coupoles (superbe portail et chœur avec chapiteaux).
➡ S.-E., puy de Goth (541 m), vaste panorama vers le Massif Central.

BESSINES-SUR-GARTEMPE – 87.   3 000 hab.
Vastes installations d'extraction d'uranium. Eglise XIᵉ. Maison natale de Suzanne Valadon.
➡ S.-O., étang de Sagnat (baignade). ➡ 8 km S.-E., par Magnelles, Bersac-sur-Rivalier, église XVᵉ-XVIᵉ (ancien portail XIIIᵉ) ; 5 km E., Laurière, lac de l'Ardour (baignade) à 2 km N.

BLOND (Monts de) – 87.
Altitude 515 m
Joli petit massif granitique, couvert de châtaigniers, de bouleaux, de landes sauvages, de beaux rochers et de mégalithes. Vastes panoramas. Rochers de Puychaud. Etangs de Cieux et de Fromental au S. Chapelle « panoramique » de Vaulry, à l'E. (504 m). Menhir de Cinturat, au S.-O.

BORT-LES-ORGUES – 19.   5 600 hab.
Altitude 430 m
Ville industrielle sur la Dordogne, dominée par ses « orgues », larges colonnes de phonolithe de 80 à 100 m de haut (5 km O. : belvédères, table d'orientation à 769 m, magnifique panorama sur la vallée et les monts d'Auvergne). Eglise romane et XVᵉ.
➡ 1,5 km N. (D. 979), énorme barrage de Bort (poids-voûte, 120 m de haut), retenant un lac de 18 km sur la Dordogne ; belle vue en enfilade ; vedettes d'excursion en été (château de Val*, région XVI) ; nombreux points de vue sur ses rives.

BOURGANEUF – 23.   4 000 hab.
Altitude 446 m
Du vaste château, prieuré des Hospitaliers, subsistent la chapelle, église Saint-Jean XIIᵉ-XVᵉ, la tour Lastic XVᵉ, la tour de l'Escalier et l'hôtel de ville (tapisseries ; ouv. tous les jours sauf samedi, dimanche et jours fériés), et la tour de Zizim (un prince turc y aurait été emprisonné) fin XVᵉ, belle charpente (vis. l'après-midi l'été).
➡ 6,5 km S., roches de Mazuras (627 m, 1 h aller et retour), panorama.

Arnac-Pompadour : *Le haras et l'hippodrome sont fort connus des amateurs et l'ensemble fortifié du château est en appareil sévère, contrastant avec la célèbre marquise qui en fut dotée par Louis XV.*

Aubusson : *Art difficile et longue patience, la tapisserie vaut enfin à son principal sanctuaire le musée qu'il méritait depuis longtemps et qui laissera travailler en paix les artisans dont les ateliers en tenaient lieu.*

BOUSSAC – 23.   2 000 hab.
Altitude 334 m
A l'O., le vaste château XIIᵉ-XIIIᵉ-XVᵉ domine le confluent de la Petite-Creuse et du Béroux ; dans la belle salle des Gardes, tapisseries de la Dame à la Licorne XVᵉ ; mobilier (vis. tous les jours). Vieux pont (vue). Restes de remparts. Maisons anciennes.
➡ 6 km S.-E., Lavaufranche, commanderie de Templiers XIIᵉ-XVᵉ, chapelle XIIᵉ, fresques. ➡ 6 km S., les Pierres Jaumâtres (595 m), amas d'énormes blocs de granit dominant une vaste lande de fougères et de bruyères ; panorama (30 mn aller et retour).

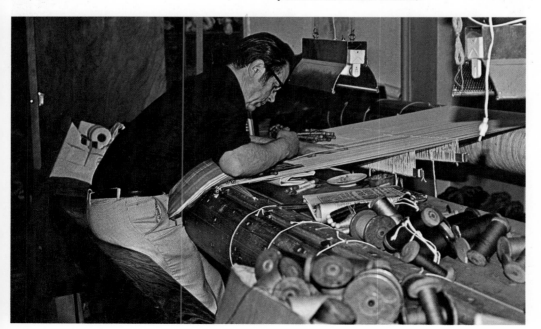

Bort : Quel organiste a jamais pu jouer de cet instrument fabuleux, d'où l'œil découvre l'Auvergne et ses reliefs, éteints peut-être mais encore vigoureux ? Curieusement, ces orgues sont de phonolithe (« pierre sonore »)...

BRIVE-LA-GAILLARDE – 19   55 000 hab.
Altitude 142 m.

Vieille ville-pont sur la Corrèze, c'est la Porte du Midi, dans un large et fertile bassin ; dans les boulevards, rues concentriques du vieux quartier autour de la collégiale romane Saint-Martin (nef XIVe ; belles sculptures romanes ; trésor). Musée Ernest-Rupin (hôtel Louis XIII ; fermé dimanche et jours fériés), préhistoire (l'Homme de la Chapelle-aux-Saints), archéologie, histoire, peintures. Tour des Echevins et maison Treilhard, Renaissance. Tours Saint-Martin XVe-XVIe. Collège des Doctrinaires (hôtel de ville), XVIIe. Superbe hôtel de Labenche, Renaissance. Musée Edmond-Michelet (Résistance et déportation). Secteur piéton. Marchés, les mardi, jeudi et samedi. Promenades balisées.

➡ 1,5 km S., grottes de Saint-Antoine, où le saint venait prier ; calvaire (vue).

CARS (Les) – 19.
4,5 km S.-O. de Saint-Merd-les-Oussines, vestiges gallo-romains (thermes et basilique), notamment un grand bac de granit.

CELLE-DUNOISE (La) – 23.
Joli site sur la Creuse (pont XVe). Belle église en partie XIIe.

CHABRIÈRES (Forêt de) – 23.
Au S. de Guéret*, traversée par la D. 940 et plusieurs belles petites routes, ce sont 1 000 ha de chênes, hêtres, sapins, avec des circuits balisés, des mégalithes ; elle occupe une partie des longues collines où naît la Gartempe.

CHALARD (Le) – 87
A l'écart du village, remarquable petite église romane à clocher carré et beau chevet octogonal ; trésor. A côté, prieuré-forteresse XIIe ; cimetière médiéval. De sa colline dominant l'Isle, vue splendide.

➡ 4 km N., Ladignac-le-Long, prieurale romane XIIe, objets d'art.

Châlus : *La formidable forteresse de Châlus-Chabrol, où Richard Cœur de Lion reçut le trait fatal en l'assiégeant.*

CHÂLUS – 87.   2 500 hab.
Altitude 378 m
Foires aux chevaux renommées (premier vendredi du mois). Sur la Tardoire naissante, parmi les monts de Châlus ; puissants restes du château de Châlus-Chabrol, au N., XIe-XIIIe-XVIIe, où fut blessé à mort Richard Cœur de Lion (vis. tous les jours l'été). Exposition archéologique. Circuits des Monts de Châlus, des églises rurales de Bandiat-Tardoire, et Route arédienne.
➡ 8,5 km E., les Cars, donjon XIIe-XVe ; 6 km E., dolmen ; 4 km S., Lastours, ruines féodales.

CHALUSSET (Châteaux de) – 87.
Importantes ruines féodales XIIe-XIIIe de deux châteaux sur un rocher peu accessible ; l'ensemble est impressionnant.
➡ 7 km S.-E., Pierre-Buffière, vieux pont, vieilles maisons ; la porte XIXe de l'église est ornée de porcelaines (notamment les douze apôtres).

CHAMBON-SUR-VOUEIZE – 23.   1 300 hab.
Joli bourg dans un beau site. Remarquable église XIe au XIIIe roman limousin, en granit (chœur, boiseries classiques). Jolis environs ; gorges de la Voueize, à 2 km N., avec ruines féodales.

CHASTANG (Barrage du) – 19.
Grand ouvrage poids-voûte sur la Dordogne (haut de 85 m), dernière marche de l'escalier d'eau. Belvédère en aval rive gauche, sur la D. 29.
➡ 5 km S.-E., Servières-le-Château, au-dessus des gorges de la Glane ; environs magnifiques ; N., barrage de la Glane ; belle vue des terrasses du château (autor.).

CHATEAUPONSAC – 87.   2 900 hab.
Au-dessus de la Gartempe (belle vue). Pont « romain » (inscription), gothique et XVIIe. Quartier « Sous-le-Moustier » aux maisons XVe. Eglise Saint-Thyrse XIIe-XVe (chœur et trésor). Porte fortifiée. Musée.
➡ 3 km N., camp antique de Chégurat.

CHÂTELUS-LE-MARCHEIX – 23.
Eglise romane. Belles gorges du Taurion* (pêche réputée).
➡ 6,5 km N.-N.-O., Saint-Goussaud (par où le G.R. 4 suivant le Taurion fait un détour), beau village perché (686 m) près du signal du Montjouër (697 m, petit théâtre romain, panorama) ; église XIIe-XIIIe, lanterne des morts ; petit musée ; 5,5 km O.-S.-O., Jabreilles-les-Bordes, stèle gallo-romaine de la déesse gauloise Epona.

CHAVANON (Gorges du) – 19.
Né près de Crocq* sous le nom de Ramade, il traverse l'étang de ce nom et, plus bas, forme limite entre la Corrèze et le Puy-de-Dôme en s'enfonçant peu à travers les granits ; on peut suivre ses gorges ici et là dans la région S.-E. et S. d'Eygurande. Il rejoint la Dordogne au début du lac de Bort.

CHÉNÉRAILLES – 23.
Altitude 558 m
Eglise XIIIe, conservant un tombeau sculpté XIVe remarquable.
➡ 3 km O., château XVe de Villemonteix. Etangs et bois très pittoresques aux environs. ➡ 2 km S.-E., château d'Etangsannes, en partie XIIe. ➡ 7 km E.-S.-E., Peyrat-la-Nonière, lion sculpté ; 5 km E., ancienne abbaye de Bonlieu.

COLLONGES-LA-ROUGE – 19.
Magnifique bourg de grès rouge peuplé de castels et de maisons XVe au XVIIe avec tourelles, balcons, fortifications, dont le caractère a été bien préservé ; église romane XIe-XIIe fortifiée (clocher limousin et tympan).
➡ 2 km E., Meyssac, village rouge aussi (église XIIe) ; 2 km N., Puy Rouge (420 m), vue.

COMPREIGNAC – 87.   1 100 hab.
Au milieu d'une belle région d'étangs à l'O. des monts d'Ambazac*, vieux bourg au site escarpé, avec une remarquable église fortifiée XIIe-XVe.
➡ 5,5 km O., Thouron, nombreux étangs aux environs.
➡ 5 km N., vaste réservoir de Saint-Pardoux ; baignades au N.-O. et au S.-E.

CORNIL – 19.   1 500 hab.
Dans une boucle de la Corrèze, église XIIe (belle vue) et ruines XVe.

CORRÈZE – 19.   1 700 hab.
Curieux vieux bourg sur la Corrèze ; porte Margot et restes de remparts, maisons anciennes, pont XIIIe. Chapelle avec Vierge XIIe (pèlerinage fréquenté le 8 septembre), Notre-Dame-du-Salut, à l'E.
➡ Au N., étangs, vallées de la Corrèze et de la Vimbelle, massif des Monédières* (15 km).

COURTINE-LE-TRUCQ (La) – 23.   1 400 hab.
Altitude 790 m
Sur le versant S. du plateau de Millevaches* mais non loin du col du Massombre où naît la Creuse, c'est une contrée froide, humide et déserte (sauf de grands reboisements de résineux) où s'est implanté un vaste camp militaire (exercice et tir), au N. de la Courtine.

COUSSAC-BONNEVAL – 87.   1 700 hab.
Puissant château XIVe-XVIIIe de la célèbre famille de Bonneval, avec de grandes tours à mâchicoulis ; décoration, tapisseries et mobilier remarquables, chambre du Roi, chambre du Pacha (vis. l'après-midi sauf lundi, mardi et vendredi). Eglise XIIe-XVe. Lanterne des morts octogonale.

CROCQ – 23.
Altitude 768 m
Petit chef-lieu de canton perché sur une colline, que dominent deux grosses tours XIIe, restes du château ; le panorama en est très étendu. Dans l'église, retable Saint-Eloi de 1440. Voie romaine. Passage du G.R. 4, très plaisant.

CROISILLE-SUR-BRIANCE (La) – 87.   1 000 hab.
Musée de la Vie paysanne (et archéologique). A l'église, chœur XIe.
➡ 6 km N.-O., à Saint-Méard, tour XIIe d'Echizadour.

CUREMONTE – 19.
Remarquable ensemble féodal, en partie en ruine, sur une croupe au-dessus de la vallée de la Sourdoire ; au S.-O., la Chapelle-aux-Saints, haut lieu préhistorique.

DONZENAC – 19.   2 000 hab.
Dans une belle situation à flanc de coteau, le joli vieux bourg à maisons à tourelles se tasse autour d'une église XVIIIe au beau clocher XIVe. Large vue.

DORAT (Le) – 87.   2 600 hab.
Vieille ville fortifiée, restes de fortifications XVe, Porte Bergère. La superbe collégiale Saint-Pierre XIIe est l'un des plus beaux monuments romans du Limousin ; beau clocher octogonal de 60 m ; chœur à déambulatoire, chapiteaux, crypte XIe (vis. tous les jours), trésor. « Ostensions » célèbres (prochaines en 1988). Maisons anciennes.
➡ 5 km N.-O., Oradour-Saint-Genest, lanterne des morts (penchée).

ÉVAUX-LES-BAINS – 23.   1 900 hab.
Altitude 469 m
Station thermale (romaine), dans la Combraille, bien située entre la Tardes et le Cher, au-dessus de petites gorges pittoresques (O., sentier). Grande église d'origine romane XIe-XIIe rebâtie (beau clocher-porche) ; la voir du square. Plan d'eau ; promenades balisées.
➡ 9 km N.-N.-E., chapelle Saint-Marien, site superbe au confluent (lac de barrage) de la Tardes et du Cher. ➡ 10,5 km S.-E., Château-sur-Cher, très jolie vallée suivie par le G.R. 41. ➡ N.-O., viaduc de la Tardes (92 m de haut), par Eiffel.

Collonges-la-Rouge : *C'est à la puissance de la vicomté de Turenne (dont le château en ruine s'élève non loin), que ce bourg doit sa magnificence.*

EYMOUTIERS – 87.
2 900 hab.

Altitude 417 m

Vieille cité jadis fortifiée aux maisons anciennes, bien groupée autour de sa collégiale XIe-XIIe, fortifiée au XIVe (chœur XVe, belles verrières, stalles) ; trésor. Le site est beau, contourné par la Vienne.

FAGE (Gouffre de la) – 19.

A 11,5 km S. de Brive sur la N. 20, puis 1 km E., c'est un complexe de trois avens riches en concrétions et en restes préhistoriques (vis. tous les jours en saison). G.R. 46.

FAYAT (Forêt de) – 87.

Grande forêt accidentée, hêtres et chênes, culminant à la chapelle du Puy-de-Barre (533 m, panorama), à 2 km S.

plus 1 h aller et retour de Château-Chervix (grand donjon de 30 m) ; 6 km N.-E., Vicq-sur-Breuilh, à l'église, crèche sculptée de dix-huit personnages limousins (XVIIIe).

FELLETIN – 23.
3 400 hab.

Vieille ville en granit, bien située ; centre de tapisserie et de diamants ; église du Moutier XIIe-XVe avec grand clocher XVe ; ancienne église Notre-Dame-du-Château XVe (expositions de tapisseries, tous les jours l'été). Tailleries de diamants (vis.). Ecole des Métiers du Bâtiment. Lanterne des morts XIIIe.

➜ 3 km E., dolmen. Belle vallée de la Creuse, en amont et en aval (retenue des Combes).

FRESSELINES – 23.
1 000 hab.

Beau village, où vécut le poète Maurice Rollinat. 30 mn N.-O., superbe site du confluent des deux Creuses.

➜ 8 km O. par une belle route, Crozant (v. région XIII) et ses ruines magnifiques, au bout du lac de Chambon.

Limoges : *La cathédrale Saint-Etienne se dresse fièrement au-dessus de la Vienne avec son clocher de 62 m.*

GARGAN (Mont) – 87.
Altitude 731 m
Panorama remarquable sur le haut Limousin. Chapelle en ruine.

GIMEL-LES-CASCADES – 19.
Bel ensemble de sites naturels, rochers et cascades dans les pittoresques gorges de la Montane, sous un château XVIe en ruine ; le parc Vuillier (vis. tous les jours en saison) permet seul de voir les trois grandes cascades, dont la Queue de Cheval, en bas, de 60 m, qui se précipite dans l'Inferno. Trésor à l'église (châsse de Saint Étienne, émail XIIe).
➡ N.-E., beaux étangs de Ruffaud (baignade) et de Brach.
➡ 11 km N.-E., Eyrein, petite église ancienne ; au N.-E., autour de la N. 89, magnifiques paysages typiques du haut Limousin.

GOUZON – 23.   1 600 hab.
Altitude 378 m
Eglise XIIIe avec deux beaux portails. Région de pêche (rivières, étangs).

GRAND-BOURG (Le) – 23.
Eglise XIIIe (chaire extérieure, trésor, chapiteaux).
➡ 2 km N.-O., ruines féodales de Salagnac, au bord de la Gartempe.

GUÉRET – 23.   16 100 hab.
Altitude 436 m
L'hôtel des Moneyroux, dit château des comtes de la Marche, XVe-XVIe, est le plus beau monument, parmi les vieux quartiers ; au jardin public, le musée, hôtel des Récollets XVIIIe, présente de magnifiques collections d'émaux limousins, de céramiques et de tapisseries, et d'intéressantes sections d'archéologie, peinture, sculpture, armes, folklore, poupées (vis. tous les jours sauf mardi). L'été, expositions de tapisseries.
➡ 3 km S.-E., puy de Gaudy (651 m), oppidum celtique, panorama. ➡ S.-O., plan d'eau, puis (4 km et 1 h aller et retour) Maupuy (685 m), relais TV, immense panorama.
➡ E. et S.-E., belle vallée de la Creuse, suivie par de jolies petites routes ; voir le Moutier-d'Ahun*.

JOUILLAT – 23.
Château XIVe, église XIIe-XVe (lion « de justice » à la porte). Belles collines.
➡ 6 km S.-O., Glénic, dans un beau site au-dessus de la Creuse ; église fortifiée.

JUILLAC – 19.   1 400 hab.
Vieilles rues, vieilles maisons, vestiges d'un château Renaissance ; au S.-E. (D. 39), table d'orientation, panorama.
➡ 2 km S.-E. (D. 901), Chabrignac, château XVe ; 3,5 km S.-E., Saint-Bonnet-la-Rivière, curieuse église romane.

LIMOGES – 87.   147 500 hab.
La capitale des émaux et de la porcelaine, importante ville antique et médiévale, comprend la « Cité » des évêques et le « Château » ou « Ville » des abbés de Saint-Martial, des vicomtes et des consuls. La cathédrale Saint-Etienne, gothique XIIIe-XVIe, avec un clocher-porche de 62 m, un portail Saint-Jean flamboyant et un jubé Renaissance, domine la Cité ; le musée municipal (vis. tous les jours sauf mardi d'octobre à juin), ancien évéché XVIIIe, est consacré aux émaux limousins (puis égyptologie, archéologie, peintures, etc.) ; ses jardins étagés au-dessus de la Vienne contrastent avec les vieux quartiers qui descendent au pont médiéval en dos d'âne Saint-Etienne.
Des boulevards ceinturent le « Château » ; place de la République, crypte de Saint-Martial IVe-IXe (vis. l'été), avec sarcophages, et mosaïque polychrome IXe ; église Saint-Michel-des-Lions XIVe au XVIe avec de beaux vitraux XVe et une boule de cuivre sur la flèche ; autour, beaux hôtels XVIIIe et maisons anciennes ; église Saint-Pierre-du-Queyroix XIIe au XVIe (beau clocher XIIIe-XIVe, œuvres d'art) ; chapelle Saint-Aurélien XVe dans le pittoresque quartier de la Boucherie avec ses maisons à colombages et quelques étals non disparus dans la rue de la Boucherie. A l'O., le musée national de la porcelaine Adrien-Dubouché (porcelaine française et étrangère, céramiques antiques et régionales, faïences) présente 10 000 pièces. Grandes halles en fonte XIXe et marché place des Bancs. Vieux pont Saint-Martial sur la Vienne, au pied du « Château ». Ostensions.

LUBERSAC – 19.   2 500 hab.
Altitude 355 m
Eglise romane XIIe, beaux chapiteaux, gisant. Maison Renaissance, à arcades.

MAGNAC-LAVAL – 87.   2 700 hab.
Eglise XIIe, célèbre pour sa procession de Saint-Maximin (lundi de Pentecôte), « des Neuf lieues », près de 50 km en tout terrain et revenant le soir. Voir la chapelle de l'hôpital et son parc. Musée lapidaire.
➡ 11 km N.-E., Saint-Léger-Magnazeix, église XIIIe (statues). ➡ 8 km E., Dompierre-les-Eglises, bourg pittoresque.

MALVAL – 23.
Ruines d'un château féodal, site superbe. Eglise prioriale XIIe remarquable.
➡ 6 km S.-E., Bonnat, église XIIIe (fortifiée XIVe). Belle région de la Petite-Creuse. ➡ 10 km O., Chéniers, église XIIIe, moulins des Apprentis.

MARÈGES (Barrage de) – 19.
Deuxième « marche » de l'escalier d'eau de la Dordogne ; accès unique par la rive droite ; le site est superbe. C'est un barrage-voûte (les plus légers).

MASSERET – 23.
Altitude 513 m
La N. 20 est superbe dans les parages du bourg où une tour d'orientation permet une vue panoramique sans entraves.

MERLE (Tours de) – 19.
Son et Lumière
Du gouffre vert des gorges de la Maronne surgissent les ruines de plusieurs châteaux XIIe au XVe groupés dans un site inexpugnable sur un piton rocheux, centre de la ville disparue de Merle. Expositions. Promenades balisées. Beaux environs.

Limoges : *Le pont Saint-Martial sur la Vienne aux belles arches et aux piles massives a plus de quatre siècles et il se porte bien !*

➡ 4 km N.-E., Saint-Cirgues-la-Loutre, église XVᵉ à curieux clocher-peigne.

MEUZAC – 87. 1 000 hab.
Un bel étang, et un autre plus loin au S.-O. Beaux paysages. Eglise romane.

MEYMAC – 19. 2 700 hab.
Altitude 700 m
Belles maisons anciennes coiffées d'ardoises ; remarquable abbatiale bénédictine XIᵉ au XIIIᵉ (portails, chapiteaux archaïques) ; vieille halle ; croix ornée ; tour de l'Horloge XVᵉ ; musée.
➡ 4 km S.-E., belle route (D. 979), panorama. Foires à bestiaux (moutons).

MILLEVACHES (Plateau de) – 23-19.
C'est un grand château d'eau granitique, désertique, où alternent la lande et la forêt de résineux, paysage semé de groupes de rochers ; la Creuse, la Vienne, la Vézère, la Corrèze, la Triouzoune, la Diège y prennent source (Millevaches signifie mille sources) ; genêts, fougères, bruyères l'égayent à leur saison.

MONÉDIÈRES (Massif des) – 19.
Altitude 919 m
Curieux petit massif granitique, fait de puys évoquant les Dômes, où le reboisement est intense, mais conservant encore de belles landes de bruyères ; il culmine au puy de Monédière, en forêt ; panorama splendide au Suc-au-May (908 m, table d'orientation), à 2 km au S. du Bos, ainsi qu'au puy Messou (907 m), à 2,5 km S. de Lestards. De jolies routes le sillonnent.

MONTBRUN (Château de) – 87.
Son et Lumière
Superbe forteresse XIIᵉ-XVᵉ avec des douves, au bord d'un étang ; donjon XIIᵉ (restauré). Vis. tous les jours.
➡ 2 km S.-E. Dournazac, église roman limousin, chapiteaux ; 5 km S.-O., beau château de la Lembertie, Renaissance. ➡ N.-O., belle route de Cussac ; à 3 km, le Puyconnieux* (496 m), oppidum et panorama ; 3 km N., château de Brie, maison-forte fin XVᵉ (vis. dimanche et jours fériés, après-midi en saison), mobilier Louis XVI.

MORTEMART – 87.
Curieux vieux village, avec des maisons anciennes, halles XVIIIᵉ en bois, vestiges du château, église XIIᵉ-XVIᵉ (retable, stalles XVᵉ, beau lutrin).
➡ 1,5 km S., Montrol-Sénard, vieux village. ➡ 6,5 km N.-O. ; château du Fraisse, Renaissance. ➡ 9 km O., rochers de Frochet (338 m), panorama. ➡ S.-E., massif des monts de Blond*. ➡ 5 km E., Blond, église romane.

MOUTIER-D'AHUN (Le) – 23.
Au milieu du ravissant bocage environnant la haute vallée de la Creuse, que traverse un vieux pont, l'église bénédictine romane et gothique possède des boiseries et stalles parmi les plus belles qui soient, sculptées fin XVIIᵉ ;

à la sacristie, objets rescapés des destructions du monastère, Christ en buis XVIIᵉ, statues polychromes XIIᵉ, reliquaires.
➡ 2 km S.-O., Ahun, beau chœur roman à l'église, boiseries XVIIᵉ et Pietà polychrome XVᵉ. ➡ 5 km N.-O., Busseau, grand viaduc métallique dû à Eiffel. ➡ 12 km N., Jarnages, musée archéologique ; mégalithes (à Menardeix, 5 km S.-O.).

MUREL (Cascades de) – 19.
Dans un site agréable de verdure, la Valeine franchit plusieurs passages rocheux avec fracas.

NAVES – 19. 2 300 hab.
A l'église, immense retable XVIIᵉ à nombreux personnages.
➡ 1 km S.-E., de la N. 120, vue splendide sur la vallée haute de la Corrèze et les plateaux du haut Limousin (au fond, les Monédières*). ➡ 3 km N.-O., ruines romaines de Tintignac ; 7 km N.-O., Seilhac, étang de Bournazel (baignade) ; 9 km N., Chamboulive, petit étang (baignade).

NEUVIC – 19. 2 300 hab.
Altitude 610 m
Agréable bourg de plateau (vues) et bon centre d'excursions.
➡ 2 km N.-E., Neuvic-Plage, sur le lac de barrage de la Triouzoune (baignade, motonautisme, voile). ➡ 9,5 km E. puis N., Puy de Manzagol (698 m, table d'orientation), immense panorama.

NOAILLES – 19.
Dans un beau paysage, château de la famille de Noailles et église XIIᵉ-XIIIᵉ (objets d'art).
➡ 2 km N., grottes de Lamouroux, troglodytiques. ➡ 6 km O., lac du Causse Corrézien, au pied du causse (baignade, sports nautiques).

ORADOUR-SUR-GLANE – 87. 1 800 hab.
Les ruines de la petite cité martyre témoignent toujours, « sans haine et sans oubli », de l'horreur de 1944 et des 642 victimes ; Maison du Souvenir, martyrium au cimetière (vis. tous les jours). Nouveau bourg au N.-O., église moderne, foyer de la Jeunesse.

PEYRAT-LE-CHATEAU – 87. 1 500 hab.
Altitude 428 m
Au-dessus de la Maulde (à 7 km N.-N.-E., cascade des Jarreaux), et au bord d'un étang, où se dresse un donjon carré XIIᵉ. Promenades nombreuses.
➡ 7 km E., lac de Vassivière*. ➡ O., vallée de la Maulde, avec sept lacs de barrages superposés, dans des paysages très vallonnés (G.R. 44) ; plage à Bujaleuf.

PEYRELEVADE – 19. 1 400 hab.
Superbe paysage sur la Vienne naissante, parmi les reboisements du plateau de Millevaches. Belle Croix du Mouton XIIIᵉ. Passage du G.R. 44.
➡ 6 km N.-N.-O., rochers et chapelle du Rat, beau site, panorama. ➡ 5 km O., petit lac de barrage de Servières. ➡ 6 km N.-O., grand lac de barrage de Chammet.

PONTARION – 23.
« Pont sur le Taurion » ; beau château XVᵉ au-dessus du pont.
➡ 2,5 km S., Pierre-aux-Neuf-Gradins (574 m), vue sur la vallée (30 mn aller et retour).

Merle : *Avant l'artillerie, les châteaux (les « tours ») de Merle firent longtemps la loi. Leur apparition, au détour de routes fantasques, ressemble à une image de rêve, échappée au crayon de quelque Victor Hugo...*

Ci-dessous, **Meymac :** *La vieille cité est bien agréable et ses foires sont renommées.*

QUEYSSAC-LES-VIGNES – 19.
Altitude 320 m
Près du village, vieille tour, table d'orientation pour un panorama complet, vue remarquable sur la proche vallée de la Dordogne.

RAMADE (Etang de la) – 23.
Grand et bel étang, rassemblant les eaux du Chavanon* naissant, aux confins de la Combraille et du plateau de Millevaches. Nombreux étangs à l'O. et au S.-O.

RANCON – 87.
Joliment situé sur la Gartempe ; l'église XIIIᵉ, fortifiée au XIVᵉ, a un clocher carré surmonté d'un bulbe ; statues, Christ en bois. Lanterne des morts XIIᵉ, et vieux pont XIIᵉ. Restes gallo-romains (petit musée à la mairie).

RAZÈS – 87.
Dans une jolie région (que l'uranium n'arrange pas), entre la Couze et le Ritord, sur le flanc N. des monts d'Ambazac*. Au vieux bourg, en haut, église XIIᵉ-XVᵉ, vitraux modernes ; vues étendues. O., vaste réservoir de Saint-Pardoux (baignades).

REYGADE – 19.
Une magnifique Mise au tombeau polychrome XVᵉ se cache dans une chapelle au cimetière.

ROCHE-CANILLAC (La) – 19.
Altitude 460 m
Charmant vieux village perché au-dessus de la Doustre.
➡ 11 km N.-E., barrage et lac de la Valette (baignade, voile), près de Marcillac-la-Croisille ; belle région d'étangs à l'O., remarquable château de Sédières Renaissance XVᵉ à 2,5 km N.-O. de Clergoux (église).

ROCHECHOUART – 87.   4 200 hab.
Sur un rocher au S.-O., dominant un beau site, le superbe et vaste château XIIIᵉ et surtout XVᵉ abrite la sous-préfecture, la mairie, le tribunal et le musée (vis. tous les jours l'été) ; collections préhistoriques et archéologiques ; belles fresques début XVIᵉ de la salle des Chasses ; cour à arcades, colonnes torsadées. Promenade des Allées, au-dessus de la vallée. Maison des Consuls XVᵉ. A l'église, clocher XVIᵉ à flèche hélicoïdale.
➡ 12 km E., Pierre levée (dolmen). ➡ 2 km E., Biennac, église XIIᵉ-XIIIᵉ, voûtes angevines, Vierge polychrome XVIᵉ. ➡ 5 km N.-O., Chassenon* (v. région XIV). Ostensions.

ROCHEFORT (Château de) – 19.
Ruines féodales et bâtiment XVIIᵉ, sur un piton près de la Diège ; chapelle romane avec des pierres tombales médiévales.

ROYÈRE-DE-VASSIVIÈRE – 23.
Altitude 650 m
Au cœur d'une région sauvage et marécageuse, entre le lac de la Vaud-Gelade sur le Taurion et celui de Vassivière* sur la Maulde.
➡ 4 km N.-O. puis 45 mn aller et retour, signal du Pic (831 m), panorama. ➡ N.E., près D. 3 puis D. 7, la Rigole du Diable.

SAILLANT (Le) – 19.
Site superbe à la sortie des gorges de la Vézère*. Pont gothique à becs. Sur la rive droite, manoir du Saillant XIIIᵉ-XVᵉ avec des douves. A la chapelle, vitraux de Chagall.

SAINT-ANGEL – 19
Village sur la Triouzoune, possédant un ancien prieuré ; son église fortifiée XIIᵉ-XIVᵉ en granit est belle et haute ; salle capitulaire XIVᵉ, et tour ronde du prieuré.

SAINT-BARBANT – 87.
Lanterne des morts.

SAINT-GEORGES-NIGREMONT – 23.
Village perché dans une jolie contrée, vue remarquable.

SAINT-GERMAIN-LES-BELLES – 87.   1 500 hab.
Grande et belle église fortifiée XIVᵉ, à mâchicoulis, créneaux, meurtrières, commandant un vaste paysage. Un escalier à vis monte au chemin de ronde.
➡ 5 km N.-E., sévère château de Cursac, XVᵉ.

Saint-Angel, *près de Meymac, belle église fortifiée flanquée d'une tour féodale.*

SAINT-JUNIEN – 87.   11 700 hab.

La cité du gant, rive droite de la Vienne, possède une magnifique collégiale en granit XIe-XIIe roman limousin contenant le tombeau sculpté XIIe de Saint-Junien, beau spécimen de sculpture romane ; statues. Chapelle Notre-Dame-du-Pont XVe, flamboyant, près du beau pont XIIIe. Vieux pont Sainte-Elisabeth sur la Glane ; en amont, rive gauche, site Corot, dont les rochers bordant la rivière ont inspiré d'autres peintres à sa suite. Ostensions.
➡ 10 km E., Saint-Victurnien, église à deux nefs, XIIe et XIVe.

SAINT-LÉONARD-DE-NOBLAT – 87.   5 500 hab.

Pittoresque vieille ville au-dessus de la Vienne, avec de remarquables maisons XIIIe-XVe-XVIe et une collégiale romane XIe-XIIe au magnifique clocher limousin ; curieuse chapelle du Sépulcre XIe à coupole, portail limousin ; à l'intérieur, coupoles, stalles XVe, chœur à déambulatoire, statues anciennes, chaîne relique dite « le verrou de saint Léonard » (patron des prisonniers). Patrie de Gay-Lussac (monument et musée).
➡ 5 km S.-E., prieuré de l'Artige, ruines XIIIe, joli site du confluent de la Maulde et de la Vienne. Vallée de la Vienne. Passage du G.R. 44. Ostensions.

SAINT-MATHIEU – 87.   1 500 hab.

Eglise XIe-XIIe (maisons accolées). Beau plan d'eau au N.-E. (baignade).
➡ 7,5 km N.-O., les Salles-Lavauguyon, église romane remarquable ; au S.-E., ruines féodales. ➡ 7 km N., Chéronnac, aux sources de la Charente ; d'une butte (319 m, église intéressante), immense panorama.

SAINT-NAZAIRE (Site de) – 19.

A 2 km O. de Saint-Julien, superbe point de vue dominant le confluent de la Diège et de la Dordogne (30 mn aller et retour) retenues par le barrage de Marèges (invisible d'ici).

SAINT-PRIVAT – 19.   1 100 hab.

Cœur de la Xaintrie, beau pays de bois, étangs et landes entre les gorges de la Cère au S., la Dordogne et le Cantal. A l'église XVe, grosse tour carrée ; Cène en bois XVIIe.
➡ 7,5 km N.-E., puy d'Aubassin (707 m), panorama.
➡ 10 km N., Bassignac-le-Haut, superbe route à l'E. traversant la Dordogne au pont du Chambon.

SAINT-SULPICE-LES-FEUILLES – 87.   1 400 hab.

Au milieu d'un ravissant bocage ; à l'église, curieux reliquaires.

A gauche, **Saint-Junien** *: Robuste collégiale romane, elle abrite le tombeau du saint (XIIe siècle).*

A droite, **Saint-Léonard-de-Noblat,** *vieille ville, haut lieu du style roman limousin.*

SAINT-SYLVESTRE – 87.
Beau village dans les monts d'Ambazac. Eglise XIIIᵉ-XVᵉ, trésor remarquable. Cimetière « montagnard ».
➡ 2 km N.-E., ruines rasées de la célèbre abbaye de Grandmont.

SAINT-VAURY – 23.   2 600 hab.
A l'église, bas-relief de la Passion, XVᵉ. Bel étang.
➡ 3 km N., puy des Trois Cornes (636 m), vaste panorama (de la D. 22, 30 mn aller et retour) ; de Roche, à l'E., belle vue aussi.

SAINT-YRIEIX-LA-PERCHE – 87.
Altitude 369 m   7 800 hab.
Sur la Loue naissante, au pays du kaolin, parmi de belles maisons médiévales, la collégiale, « le Moustier », XIIᵉ début gothique est précédée d'un clocher-porche roman fortifié ; trésor ; dans le chœur, chef-reliquaire de Saint-Yrieix en argent repoussé. Tour du Plô XIIIᵉ.
➡ 2,5 km N., étang d'Arfeuille. ➡ 4,5 km E., carrières de kaolin. ● Foires réputées. Ostensions.

SAINTE-FORTUNADE – 19.   1 500 hab.
A l'église XIIᵉ, très beau chef-reliquaire fin XVᵉ de Sainte-Fortunade. Château XVᵉ.

SAUT DE LA BRAME – 87.
A 16 km N.-O. du Dorat*, belle cascade sur un petit affluent (rive droite) de la Gartempe.

SÉGUR-LE-CHATEAU – 19.
Les ruines importantes du château fort (vis.) sont entourées d'un superbe méandre de l'Auvézère et dominent de vieilles maisons.

SOLIGNAC – 87.   1 100 hab.
Le fameux saint Eloi, qui était aussi émailleur et orfèvre, y fonda une abbaye célèbre. Remarquable abbatiale XIIᵉ imprégnée de style périgourdin avec de magnifiques coupoles ; chevet, chapiteaux historiés dans le chœur, stalles, crypte. Pont XIIᵉ, maisons anciennes.
➡ 1 km E., le Vigen, église XIIᵉ (portail, coupoles).

SOUTERRAINE (La) – 23.   5 600 hab.
Altitude 366 m
Cité médiévale au cœur de la Marche, qui conserve des portes, des remparts, des maisons anciennes, l'imposante tour féodale de Bridiers (2 km E.), une lanterne des morts XIIIᵉ-XVIᵉ et une remarquable église XIIᵉ-XIIIᵉ romane et gothique (chapiteaux, coupole) ; grande crypte avec vestiges gallo-romains. Promenades balisées.
➡ 6 km N.-N.-E., lanterne des morts   ➡ 6 km S.-E., dolmen.

TARNAC – 19.
Altitude 700 m
Au-dessus de la Vienne, sur une colline. Château. Eglise romane et gothique. Chêne « de Sully ».

TAURION (Vallée du) – 23-87.
Descendant du plateau de Millevaches*, la rivière forme le lac de retenue de la Vaux-Gelade près de Royère-de-Vassivière*, se fraie un chemin par la Rigole du Diable et gagne Pontarion* et Bourganeuf* parmi de belles collines où le G.R.4 flirte avec elle ; de très longs lacs de barrage la retiennent en aval, formant de très pittoresques paysages, vers Châtelus-le-Marcheix*, le pont du Dognon à l'E. d'Ambazac*, jusqu'à la Vienne.

TOULX-SAINTE-CROIX – 23.
Altitude 655 m
Village perché sur une colline granitique, ancien oppidum commandant une immense étendue (tour hertzienne accessible) ; église romane XIIᵉ très curieuse avec clocher-porche isolé (sarcophages) et sculptures peu courantes.

TREIGNAC – 19.   1 900 hab.
Altitude 482 m
Très joli bourg ancien, bâti sur un versant dans une courbe de la Vézère, dont la vallée est fort belle. Pont XVᵉ et vue remarquable de la D. 16 au N. Musée.
➡ En aval, rive gauche, promenade au Rocher des Folles ; Belle route de Chamberet au N. puis N.-O. (D. 16) ; 9 km N., Noux, vues superbes. ➡ 5 km N.-N.-E. (D. 940), lac de Vaud ou de Treignac, sur la Vézère retenue par le barrage de Treignac ; plage ; 7 km N., joli étang de Saint-Hilaire-les-Courbes ; 7 km E., barrage de Monceaux-la-Virole, sur la Vézère, vue magnifique. ➡ 4 km S.-E., Allogne, O., 40 mn aller et retour, Pierre des Druides.

TULLE – 19.   21 600 hab.
Altitude 212 m
La ville se serre pittoresquement le long des courbes de la Corrèze sur plus de 3 km. Le quartier ancien de l'Enclos est dans le confluent de la Solane, nombreuses maisons anciennes dans des ruelles tortueuses coupées d'escaliers ; en dessous, la cathédrale XIIᵉ-XIIIᵉ romane et gothique, réduite à une nef et un beau clocher à flèche octogonale, remarquables cloître et salle capitulaire XIIIᵉ (musée ; vis. tous les jours) ; en face, maison de Loyac XVIᵉ (belle façade sculptée). Monuments des Martyrs de juin 1944.

Vieux calvaire à **Bonnesagne** *près de Meymac.*

TURENNE – 19.
Les deux tours XIIIᵉ et XIVᵉ du formidable château en ruine, berceau de l'illustre famille de vicomtes, dominent une vue immense, par-delà les maisons XVᵉ-XVIᵉ du village et son église fin XVIᵉ, qui s'étirent sur un éperon.

USSEL – 19.   11 400 hab.
Altitude 631 m
L'ancienne ville est pittoresque avec ses vieilles rues aux maisons à tourelles, dont la maison Ducale ou hôtel de Ventadour XVIᵉ ; musée ; église XIIᵉ-XIIIᵉ ; au S.-O., place Voltaire, grande aigle romaine en granit. Au S., rue Pasteur, chapelle des Pénitents Blancs XIVᵉ (retable XVIIᵉ et Pietà XVIᵉ) ; plus loin, chapelle Notre-Dame-de-la-Chabanne XVIIᵉ, sur l'oppidum primitif, beau panorama. – Foires à bestiaux.

UZERCHE – 19.   3 200 hab.
Altitude 333 m
Vieille ville perchée très pittoresque entourée par la Vézère, qu'il faut approcher par la rive droite, et monter au N.-E. par la D. 3 pour apprécier le site magnifique parmi les collines boisées. Dans la montée en ville, curieux château Ponthier aux multiples tourelles. Porte Bécharie XIVᵉ, seule conservée de l'enceinte. Par de vieilles rues et places avec des maisons anciennes, certaines à tourelles, on accède à la remarquable église Saint-Pierre romane XIIᵉ à clocher limousin, tour fortifiée XIVᵉ, chapiteaux, crypte XIᵉ ; maison Eyssartier XVᵉ, à tourelle. Esplanade de la Lunade, vue sur la vallée à l'E. De la N. 20 au S.-E., vue sur la vieille ville. – Promenade et plage, en amont rive gauche. – En aval, seul le chemin de fer suit les belles gorges de la Vézère*. – Foires à bestiaux.

VASSIVIÈRE (Lac de) – 87.
Altitude 650 m
Vaste retenue (1 000 ha) très découpée sur la Maulde, par le premier et le plus important des huit barrages qui en ont fait un escalier d'eau parmi une belle montagne bocagère. Tour du lac parmi bois et landes, vues superbes de la rive O. On accède à l'île de Vassivière (pont). Baignades, base nautique, régates. – G.R. 44 et 46 à proximité.

VENTADOUR (Château de) – 19.
Formidables ruines perchées sur un rocher escarpé au-dessus de la Luzège ; le site est magnifique vu de la D. 991 mais une petite route permet de l'approcher beaucoup mieux.
➡ 8 km N.-O., Égletons (5 900 hab.), centre scolaire ; au N.-E., étang, baignade ; au N., puy Foissac (678 m), panorama. Foires à bestiaux.

VÉZÈRE (Gorges de la) – 19.
Leur partie la plus étroite n'est suivie que par le chemin de fer (Paris-Toulouse) entre Uzerche et Allassac ; parcours magnifique (v. Vigeois* et le Saillant*), rochers, rapides, verdure (et tunnels). Le G.R. 46 les suit aussi.

VIC (Roche de) – 19.
Altitude 636 m
Un des grands points de vue de la Corrèze (table d'orientation) parmi de beaux rochers à quelques minutes de la route.

VIGEOIS – 19.   1 300 hab.
Dans un bassin des gorges de la Vézère* ; abbatiale roman limousin XIᵉ-XIIᵉ (chapiteaux, trésor).
➡ 6,5 km S.-O., le Glandier, ancienne chartreuse ; 7,5 km S. (D. 9 E), curieux château de Comborn en partie ruiné, dans des méandres de la Vézère.

YSSANDON (Puy d') – 19.
Altitude 355 m
Haute colline dominant une belle campagne vallonnée et un panorama étendu ; deux tables d'orientation, ruines d'un château médiéval et restes gallo-romains.
➡ 7 km N.-O., table d'orientation d'Ayen ; 2,5 km S., Perpezac-le-Blanc, beau vieux village, église romane, château XVIIᵉ. 5 km O. d'Ayen, Saint-Robert, vieux village, église en partie XIIᵉ, fortifiée (chapiteaux).

Maison fortifiée *dans le Cantal*, près de Mauriac.

Auvergne

25 988 km² − 1 332 678 habitants

Départements	Superficie en km²	Population
03 Allier	7 327	369 580
15 Cantal	5 741	162 838
43 Haute-Loire	4 965	205 895
63 Puy-de-Dôme	7 955	594 365

La région d'aujourd'hui, relativement grande, est faite de l'ancien comté d'Auvergne, qui connut des avatars avec le Dauphiné d'Auvergne et la Terre d'Auvergne notamment, et du Bourbonnais, qui devint duché pour le premier des Bourbons avant d'être le modeste département de l'Allier.

L'Auvergne était le territoire des Arvernes, que dirigea Vercingétorix avant de rallier tous les Gaulois − ou presque − contre l'envahisseur...

Il n'est pas impossible que ces braves gens aient connu les dernières des manifestations volcaniques qui donnent à la contrée ses paysages les plus caractéristiques : il faut connaître la chaîne des Dômes, le Sancy ou la vallée de Chaudefour, le puy Mary, la région du Puy ou les « sucs » du Meygal, qui sont « uniques » en France et bien rares en Europe. Les autres paysages, pour être moins extraordinaires, sont très typés et variés.

Montluçon et surtout Clermont-Ferrand sont les têtes de file d'une industrie en difficulté, mais active. Certaines villes recèlent de grandes beautés, Clermont-Ferrand, Riom, le Puy, par exemple, et l'art, roman surtout, a ici beaucoup de ressources.

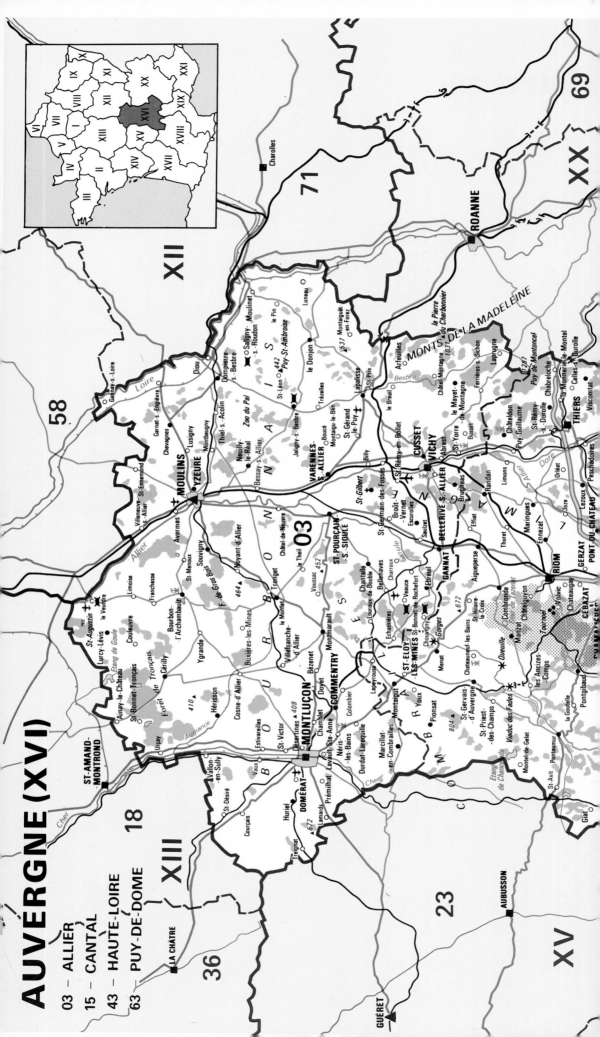

AUVERGNE (XVI)

03 – ALLIER
15 – CANTAL
43 – HAUTE-LOIRE
63 – PUY-DE-DOME

AIGLE (Barrage de l') – 15-19.

Sur la Dordogne, bel ouvrage de 90 m de hauteur qui forme un lac de 25 km dans les anciennes gorges que la route des Ajustants (région XV) permet d'admirer en partie. Ses évacuateurs « en saut de ski » sont célèbres.

AIGUEPERSE – 63.   2 700 hab.

Capitale du comté puis duché de Montpensier, dont la Grande Mademoiselle fut héritière. Sainte-Chapelle XVe. Eglise Notre-Dame en partie XIIIe (objets d'art).
➡ 3 km O., château de la Roche (qui appartint à Michel de l'Hospital, le chancelier), XIIe et XVIe, appartements XVIIe, mobilier, souvenirs (vis. tous les jours sauf mardi). ➡ 6 km S.-O., Artonne, église romane X^e-XIIe. ➡ 6 km N.-E., Effiat, beau château de Cinq-Mars, XVIIe ; mobilier, souvenirs (vis. tous les jours saison) ; jardins. ➡ 8 km S.-E., Thuret, donjon XIIIe et église roman auvergnat XIe-XIIe (tympan et chapiteaux historiés).

ALAGNON (L') – 15-43.

Affluent de l'Allier, né près du Lioran* ; haute vallée montagnarde boisée et pittoresque ; larges bassins de Murat* et de Neussargues-Moissac* puis beau parcours (chapelle de Vauclair) jusqu'à Massiac* ; gorges sauvages (orgues de Blesle*, château de Léotoing) avant Lempdes* et la Limagne de Brioude.

ALLANCHE – 15.   1 500 hab.
Altitude 985 m

Station d'altitude, large vallée. Eglise XIe, fortifiée XIVe (stalles).

➡ 2 km E., Puy de Mathonière (1 294 m), panorama (2 h aller et retour). ➡ 5 km N.-O., cascade des Veyrines.

ALLÈGRE – 43.   1 600 hab.
Altitude 1 021 m

Bourg avec restes de remparts et étrange ruine du château, sur un piton au N. (1 093 m), table d'orientation.
➡ Au S.-E., mont Bar (1 175 m, 1 h aller et retour), ancien volcan en forêt. G.R. 40 (Tour du Velay). ➡ 6 km N., lac de Malaguet (1 012 m).

ALLEUZE (Château d') – 15.

Ruines (XIIIe) inexpugnables dans un site sauvage et grandiose, recoin de l'immense retenue du barrage de Grandval sur la Truyère (v. belvédère de Mallet*).

ALLIER (Gorges de l') – 43.

C'est la ligne S.N.C.F. (le « Cévenol ») qui permet le mieux de les voir ; elle les suit de Langogne à Langeac ; profondes, boisées, très rocheuses (basaltes, granit, gneiss), elles sont sauvages et fort belles (v. Chapeauroux, Monistrol-d'Allier*, Prades*, Langeac*, Lavoûte-Chilhac*, Brioude*).

AMBERT – 63.   8 100 hab.
Altitude 537 m

Patrie de Chabrier et de Pourrat. Eglise Saint-Jean (autour de 1500), flamboyante (portail). Maisons anciennes. Hôtel de ville en rotonde que Jules Romains a rendu célèbre.
➡ 10 km N.-E., Valcivières, village dans un beau cirque pastoral (sommet de Pierre-sur-Haute au N., 5 h aller et retour) sur la route du col des Supeyres*. ➡ 5 km E., fameux moulin Richard-de-Bas (musée), où l'on fabrique le papier à l'ancienne, à la main (vis. tous les jours). ➡ 9 km S., Marsac-en-Livradois, église XVe ; musée des Pénitents Blancs du Livradois (vis. tous les jours l'été,

samedi, dimanche et jours fériés autrement). ➡ 12 km S.-
O. (D. 56), pèlerinage de Notre-Dame-de-Mons (Vierge
ancienne), sur le G.R. 412 ; au N.-O., signal de Notre-
Dame-de-Mons (1 218 m, 1 h15 aller et retour), panorama
général. Près Champétières, parc zoologique du Bouy (vis.
l'après-midi : tous les jours l'été, et samedi, dimanche et
jours fériés).

ANJONY (Château d') – **15.**
Sur un éperon à flanc de la vallée de Tournemire, noble et
sévère forteresse XVᵉ avec fresques XVIᵉ et tapisseries.
➡ 1 km E., église de Tournemire (œuvres d'art). ➡ 7 km
O., Saint-Cernin, église romane XIIᵉ (boiseries XVᵉ
provenant d'une collégiale disparue à Saint-Chamant).

ARDES – **63.**
Altitude 601 m
Petit bourg avec église XVᵉ, à la sortie aval de la vallée de
Rentières, aux sites magnifiques de rochers basaltiques
dans la verdure et qui s'enfonce dans le nord des plateaux
du Cézallier*.

ARLANC – **63.**   2 500 hab.
Altitude 615 m
Marché, dans le sud du bassin d'Ambert. « Le Bourg », au
N., avec une belle église roman auvergnat ; « la Ville », au
S., renferme surtout le Musée de la Dentelle à la main (vis.
tous les jours l'été).
➡ S.-O., gorges de la Dolore et de la Dore, celles-ci
dominées par les ruines de Clavelier (XIIIᵉ) : belle vue.

ARLEMPDES – **43.**
Altitude 840 m
Un site magnifique composé d'un vaste château en ruine
occupant un rocher au-dessus de la Loire, et d'un village
fortifié. Les gorges de la Loire aux environs sont belles :
voir Goudet, au N., et les ruines du château de Beaufort ;
cascade de la Baume au Brignon, et belles vues vers
Solignac (église XIIᵉ).

ARTENSE (Plateau de l') – **15-63.**
Vaste plateau granitique au S.-O. des monts Dore, raboté
par leurs glaciers ; ils y ont laissé bosses et creux, lacs et
bocage à l'écart des courants. Le lac de la Crégut et celui
(barrage) de Lastioulles (voile) sont à voir, outre de
nombreuses routes solitaires.

AURILLAC – **15.**   33 400 hab.
Altitude 631 m
Le chef-lieu du Cantal est installé au débouché de la
Jordanne sur une plaine, près du confluent avec la Cère.
Foires de bétail et commerce de fromages. Métallurgie du
cuivre et fabriques de parapluies. Patrie de Gerbert, né
là en 940, premier pape français (999-1003) sous le nom
de Sylvestre II ; et de Paul Doumer.
Le centre en est la place du Square où se trouve le palais de
Justice (tapisseries flamandes) ; S.I. Eglise Notre-Dame-
des-Neiges, gothique méridional, avec une Vierge Noire
très connue. Sur la promenade du Gravier, près de la
Jordanne, statue de Gerbert par David d'Angers. Eglise
Saint-Géraud, très ancienne abbatiale restaurée. Les vieilles
rues du quartier Saint-Géraud ont beaucoup de charme.
Maison des Consuls (Caisse d'Epargne et musée du vieil
Aurillac). Maisons à colombages. Musée J.-B. Rames :

minéralogie, géologie, préhistoire ; musée cantalien Hippo-
lyte-de-Parieu, peinture XVIIᵉ au XXᵉ, tous deux à
l'ancienne caserne Delzons dans le sud de la ville. Maison
des Volcans au château Saint-Etienne (XIᵉ-XVIᵉ) ; belle vue
sur la ville et les environs) ; film documentaire et
exposition (vis. tous les jours sauf : été, dimanche matin,
hors-saison, samedi après-midi, dimanche et lundi matin).
➡ N.-E., D. 17 (vallées de la Jordanne et de Mandailles*).

AUZERS – **15.**
Château trapu, rustique, XIVᵉ-XVIᵉ (vis. tous les jours en
saison, l'après-midi) ; beau parc. Pietà à l'église.
➡ 7 km O., Méallet, église romane à clocher à peigne,
calvaire ancien. ➡ 8 km S., Moussages, église ancienne ;
au hameau de Jalliac (3 km S.-O.), chapelle Notre-Dame-
de-Claviers, Vierge XIIᵉ en bois polychrome.

AUZON – **43.**   1 200 hab.
Dans un beau site à la sortie des gorges de l'Auzon ; restes
de remparts (porte). Eglise romane fortifiée sur un socle
rocheux (porche ; peintures XIVᵉ).

AVÈZE (Gorges d') – **63.**
La Dordogne se les a creusées dans le granit, entre la
Bourboule et le lac de Bort ; grands rochers épars dans une
belle forêt, que parcourt la très sinueuse D. 987 entre
Tauves et Bourg-Lastic.

AYDAT (Lac d') – **63.**
Altitude 825 m
Beau lac formé par la cheire (coulée de lave) d'Aydat,
venant du Puy de la Vache à 5 km. Plage, sports nautiques.
➡ 8 km S.-E., gorges de la Monne.

BÉAL (Col du) – **63-42.**
Altitude 1 390 m
Route franchissant les monts du Forez et leurs grands
pâturages aux vues immenses à l'O. et à l'E. (Alpes...). De
là, on monte à Pierre-sur-Haute*.

BEAUZAC – **43.**   1 600 hab.
Entre la Loire et l'Ance ; petite église romane et gothique à
clocher-mur à arcades ; crypte romane. Restes de remparts.

BESBRE (Vallée de la) – **03.**
Entre Lapalisse* et Dompierre-sur-Besbre, la large vallée
jouxte la Sologne bourbonnaise. On y trouve de nombreux
châteaux : Chavroches, XIIIᵉ et XVᵉ, Vieux-Chambord,
XIIIᵉ, Jaligny*, Beauvoir, XIIIᵉ et XVᵉ (on visite les jardins),
Toury, XVᵉ, très joli. Au N., zoo du Pal*.

BESSAY-SUR-ALLIER – **03.**   1 200 hab.
Eglise romane.

BESSE-ET-SAINT-ANASTAISE – **63.**
Altitude 1 050 m   1 900 hab.
Vieille ville pittoresque typiquement auvergnate. Ancienne
collégiale Saint-André (nef XIIᵉ, chapiteaux, stalles) ;
maisons anciennes et beffroi XVᵉ ; rue de la Boucherie.
Fromages.
➡ 5 km O., beau lac Pavin (altitude 1 197 m), circulaire ;
un sentier (complété par une route) en fait le tour ; le Puy
de Montchal le domine au S. ➡ 7 km O., Super-Besse,
station de sports d'hiver (lac-patinoire) dans de vastes
alpages ; en haut, le Puy Ferrand est proche du Sancy.
➡ S.-O., lacs Chauvet et de Montcineyre. ➡ 10 km N.-E.,
curieuses grottes de Jonas.

BILLOM – 63. 4 100 hab.

Ancienne cité universitaire, maintenant petit centre industriel. Eglise Saint-Cerneuf gothique (chœur en partie roman : déambulatoire, grille) ; fresques XIVe. Quartier médiéval aux nombreuses maisons anciennes : rue des Boucheries entre autres ; façade de l'ancienne université XVe (maison du Chapitre). Pont (mesures à grain dans le parapet).
➡ 9 km E., Mauzun, ruines d'un château médiéval énorme (il reste quatorze tours) au panorama immense (altitude 659 m). ➡ 5 km S.-E., Montmorin, église et château en ruine restauré : musée (armes, objets usuels, mobilier) (vis. tous les jours l'été, et dimanche et jours fériés hors saison). ➡ 6 km N.-O., Chauriat, village viticole, église romane auvergnate à belles mosaïques polychromes à l'extérieur ; chapiteaux. ➡ 6 km N.-E., Glaine-Montaigut, église romane XIe, chœur et chapiteaux XIIe ; au S.-O., ruines du château : vue.

BILLY – 03.

Château XIIIe en ruine, encore impressionnant ; le village est groupé autour.

BLESLE – 43.

Petite cité ancienne pittoresque avec remparts, donjon et ancienne abbatiale romane (chapiteaux et trésor). A proximité, orgues du Babory et gorges de l'Alagnon*. G.R. 41 entre Brioude* et le Cézallier*.

BOUCHET (Lac du) – 43.
Altitude 1 205 m

Beau lac de cratère entouré de forêts dans les monts du Devès ; un sentier en fait le tour. Au S., Croix de la Chèvre, à 1 301 m, vue.

BOURBON-L'ARCHAMBAULT – 03. 2 600 hab.

Célèbre station thermale (rhumatismes) et joli bourg, avec les ruines imposantes de l'énorme château des Bourbons, au-dessus d'un étang (vis. tous les jours sauf lundi) ; trois tours subsistent sur vingt-quatre ; tour Quinquengrogne, séparée, avec un beffroi moderne. Eglise Saint-Georges en partie XIIe. Moulin fortifié à l'étang. Musée du Logis du Roi (régional).
➡ 10 km S.-O., Ygrande, église XIIe (clocher octogonal). ➡ 6 km N., Franchesse, église.

BOURBOULE (La) – 63. 2 400 hab.
Altitude 852 m

Station thermale renommée, sur la Dordogne, entre le plateau de Charlannes (S.) et la Banne d'Ordanche (N.). Eglise moderne. Parc Fenestre. Rocher des Fées, au N.-O. (vue sur le site). Plateau de Charlannes, accès par télécabine été-hiver.
➡ 4 km S.-E., Roche Vendeix (1 130 m), proche de la route, panorama. Cascades.

BOURG-LASTIC – 63. 1 300 hab.
Altitude 750 m

Eglise XIe.

Blesle : Voisin des gorges de l'Alagnon, le bourg fortifié, né d'une très ancienne abbaye, possède un cachet certain.

➡ 3 km E., puy de Préchonnet (935 m), en 30 mn aller et retour ; panorama. Au S.-E., les gorges d'Avèze*.

BRÉZONS (Vallée du) – 15.

Belle vallée glaciaire qui descend au S. du Plomb du Cantal et va confluer avec la Truyère* à Laussac* (région XVIII) après un beau parcours : cascade de la Vidalenche, château de la Boual XIVe, église de Brézons.

BRIOUDE – 43. 8 400 hab.

Marché agricole et centre industriel, sur la plus haute limagne de l'Allier. Remarquable basilique Saint-Julien, XIIe roman auvergnat polychrome, la plus grande église romane d'Auvergne ; beau chevet ; la nef est splendide : narthex, chapiteaux, fresques, et pavage très ancien ; Vierge parturiente et Christ lépreux XVe. Fontaines et maisons anciennes. De la terrasse de l'hôtel de ville, vue sur la plaine et le Livradois.
➡ 4 km S.-E., Vieille-Brioude, beau site à la sortie des gorges de l'Allier. ➡ 9 km S.-E., Lavaudieu*.

BUSSÉOL – 63.

Ruines relevées (chefs-d'œuvre en péril) d'un château XIIe considérable coiffant une butte volcanique (vis. tous les jours en été, et dimanche et jours fériés) ; mobilier. Panorama.
➡ 1 h 40 S.-O., Puy Saint-Romain (779 m), dominant l'Allier et un très beau panorama.

BUSSET – 03.

Beau château des comtes de Bourbon-Busset (tour XIVe), au-dessus du village.

BUXIÈRES-LES-MINES – 03. 1 400 hab.

Il y reste une mine (au N.). Eglise XIIe-XIIIe.
➡ A l'O., jolie forêt de Dreuille.

CARLAT – 15.

Célèbre rocher qui porta un puissant château très disputé ; c'est une table de basalte d'où la vue s'étend du Cantal à l'Aubrac et à la Châtaigneraie. Le Carladès fut une vicomté et comprenait la vallée de la Cère.

CÈRE (Vallée de la) – 15.

Belle vallée glaciaire descendant du Lioran* vers la plaine d'Aurillac ; la Cère franchit le Pas de Compaing avant Thiézac* puis le Pas de Cère, beau défilé avec belvédère non loin de la route (cascades), traverse le bassin de Vic-sur-Cère* ; après Polminhac dominé par le château de Pesteils*, la vallée s'élargit puis traverse la plaine d'Aurillac* ; le barrage de Saint-Etienne-Cantalès* la retient avant Laroquebrou* et de nouvelles gorges.

CÉZALLIER (Le) – 15-63.
Altitude 1 551 m au Luguet

Vaste plateau d'épanchement basaltique aux pâturages infinis (Maison de l'Herbe, vis. l'été sauf mardi, entre Compains et Saint-Alyre), ébréché notamment par la vallée de Rentières* au N.-E. et les gorges de la Sianne* au S.-E. Le sommet en est le Luguet (2 h aller et retour au S.-O. du village le Luguet, à 17 km au S.-O. d'Ardes), panorama immense. Cascade à Apcher (3 km S. d'Anzat-le-Luguet). Eglise de Saint-Alyre-ès-Montagne.
➡ Le G.R. 41 traverse le massif entre Compains* et Blesle*.

CHAISE-DIEU (La) – 43.   1 000 hab.
Altitude 1 082 m

« Maison de Dieu » *(casa Dei)* dans un vert paradis,
l'abbatiale Saint-Robert est un vaste monument gothique
méridional XIVᵉ un peu fortifié et protégé par la puissante
tour Clémentine. Façade sobre et sévère sur une jolie place
(fontaine XVIIᵉ). Trois nefs égales (orgues XVIIIᵉ) aux belles
voûtes, rompues par un jubé flamboyant. Chœur magnifique (vis. tous les jours sauf mardi, guidée l'été), aux stalles
(XVᵉ) et aux tapisseries (XVIᵉ) célèbres ; peinture murale
XVᵉ de *la Danse macabre* ; tombeau de Clément VI.
Musée du trésor à la sacristie. Cloître gothique (deux
galeries). A l'hospice voisin, fameuse salle de l'Echo, où
l'on s'entend en parlant bas dans deux angles opposés.
Historial de cire (fermé l'hiver).
➡ 0,5 km S.-E., panorama du signal de Saint-Claude
(1 112 m). ➡ 5,5 km N.-E., vue, de la Croix du Bancillon,
au-dessus de la jolie vallée de la Dorette. Festival de
musique fin août-début septembre.

CHALENCON – 43.

Curieux village abandonné et actuellement relevé par des
équipes de volontaires, c'est un « bout du monde » dans les
gorges de l'Ance (accès par Saint-André-de-Chalencon) ;
château médiéval en ruine, chapelle ancienne et belles
maisons, dans un site superbe. Pont « du Diable ». Les
voitures sont tenues à distance.
➡ Sur la D. 24 (rive opposée), entre Tiranges et Retournac,
belle vue sur le site.

CHAMALIÈRES-SUR-LOIRE – 43.

Une des belles églises romanes du Velay (XIIᵉ) avec sa vaste
abside et son bénitier roman monolithe sculpté de
prophètes ; vestiges du cloître sur la Loire.
➡ 7 km N.-O. (D. 35), Roche-en-Régnier ; de la tour
dominant le village, vue panoramique importante ; on peut
redescendre au S.-O. sur Vorey et remonter l'Arzon vers la
Chaise-Dieu*.

CHAMBON (Lac) – 63.
Altitude 877 m

Entre le Tartaret, ancien volcan, dont une coulée de lave l'a
formé, et la Dent du Marais, belle nappe d'eau (plage) où se
reflètent les monts Dore. Petite église de Chambon-sur-
Lac.
➡ 7 km S.-O., Chambon-des-Neiges, près de Monaux,
centre de ski ; liaison en cours avec le Sancy (Mont-Dore et
Super-Besse).

CHAMBON-SUR-LIGNON (Le) – 43.   3 100 hab.
Altitude 960 m

Un des principaux noyaux protestants des Cévennes :
célèbre Collège Cévenol, et station d'été dans un beau
paysage. Musée des Arts et Métiers agricoles (après-midi
l'été). Plage en amont.

CHAMPEIX – 63.   1 100 hab.

Sur la Couze de Chambon, bourg viticole sous de vieilles
ruines.
➡ 7 km S.-O., Saint-Floret, fresques XIVᵉ sur les murs du
vieux château. Plus haut dans la vallée de la Couze de
Pavin, Saurier, village fortifié (pont médiéval avec
chapelle). A 11 km O. de Saint-Floret, grottes de Jonas (vis.
tous les jours l'été, dimanche et jours fériés hors saison),
habitations troglodytiques fortifiées ; fresques.

CHANCELADE (Etang de) – 63.

Un des plus grands et beaux étangs du plateau de
Combraille, à la limite de la Creuse.

CHANTELLE – 03.   1 100 hab.

Les restes du château et l'ancien bâtiment de l'abbaye
dominent la Bouble (terrasse). Eglise.
➡ Au N., belle forêt de Giverzat, et églises de Taxat et de
Fleuriel. ➡ 5 km S.-E., Ussel-d'Allier et son château de la
Croisette.

CHARLUS (Château de) – 15.

Près de la « vieille » route (détournée pour éviter ses quatre
passages à niveau), 1 h aller et retour, petite « grimpette »
récompensée par une vue magnifique depuis les quelques
ruines.

CHARROUX – 03.

Très curieux village fortifié où l'église participait à la
défense ; belle porte ; ruelles et maisons anciennes.

CHASPUZAC – 43.

Sur le plateau entre le Devès et le Puy ; église romane. A
2 km E. sur la route du Puy, belle vue sur la vallée de la
Borne et le château de Saint-Vidal.
➡ 3 km S., église de Saint-Remy. ➡ 11 km S.-O., sommet
de la Durande (1 299 m), dans le Devès ; vue.

CHÂTEAUGAY – 63.   2 200 hab.
Altitude 510 m

Perché sur le bord d'un plateau basaltique, bourg vinicole
dominé par le beau donjon carré de son château XIVᵉ en
ruine (vis. tous les jours l'été). Le vin est bon.

La Chaise-Dieu : *Parmi d'admirables paysages pastoraux, La
Chaise-Dieu offre un ensemble d'architecture et de décoration
justement célèbre, cadre idéal de son festival de musique.*

CHÂTEAUNEUF-LES-BAINS – 63.

Jolie station thermale dans un beau site des gorges de la
Sioule*, avec le méandre de la presqu'île de Saint-Cyr.
➡ Un sentier remonte la Sioule au barrage de Queuille, au
belvédère du méandre de Queuille* et jusqu'au viaduc des
Fades* (3 à 7 h aller et retour). ➡ Belle vue depuis le
château et, plus haut, du grand virage de la route de
Manzat.

CHÂTEL-DE-NEUVRE – 03.

Le site de l'église, romane, est magnifique ; vue immense
sur la vallée de l'Allier et les premiers reliefs.
➡ 9 km N.-O., Besson (église romane) entouré de plusieurs
châteaux : Ristz, Bostz, Fourchaud surtout, très pittoresque.

CHÂTELDON – 63.   1 000 hab.

Bourg ancien aux vieilles maisons pittoresques ; église
XVᵉ ; château XIVᵉ, restauré.
➡ La route de Ris (église) au N. est pleine de charme.
➡ N.-E., vallée du Vauziron ; de Lachaux, sommet de
Rez de Sol (947 m) à 5 km S.-E., panorama ; du col de la
Plantade (870 m), non loin, revenir par la belle vallée de la
Credogne, plusieurs cascades dont le Creux-Saillant.

CHÂTELGUYON – 63.   3 700 hab.
Altitude 400 m

Station thermale réputée ; quartier thermal au S., hôtels,
casino, thermes, parc, et vieille ville au N. (église moderne)
dominée par un calvaire, panorama.
➡ N.-O., vallée des Prades. ➡ S.-O., vallée de Sans-Souci ;
beau château féodal de Chazeron, repris au XVIIᵉ (vis. tous
les jours en saison), sur la route de Loubeyrat. ➡ S., jolies
gorges d'Enval.

CHÂTEL-MONTAGNE – 03.
Altitude 526 m

Sur le flanc O. des monts de la Madeleine et dominant la
vallée de la Besbre ; grande église roman auvergnat XIIᵉ
avec porche. Maisons anciennes.
➡ S. (40 mn aller et retour), puy du Roc (644 m), large
panorama. ➡ 8 km E., ruines du château de Montmorillon.

CHAUDES-AIGUES – 15.   1 400 hab.
Altitude 750 m

Vieille station thermale sinuant au fond d'un vallon,
fortifiée jadis, et célèbre par ses sources très chaudes,
dépassant 80 ºC et desservant toute la localité. Eglise XVᵉ et
statues de saints dans les rues (niches).
➡ Sortie S., château rustique de Couffour, restauré, à gros
donjon rond, avec panorama. ➡ 4 km N.-O., château de
Montvalat, XVIᵉ-XVIIᵉ.

Châteldon : *Entre Vichy et Thiers, c'est une charmante étape qui a conservé d'anciens monuments. Belle vue sur la chaîne des Puys. Ici, le château, XIVᵉ.*

CHAVANIAC-LAFAYETTE – 43.

Vaste bâtisse début XVIIIᵉ avec de beaux jardins, où naquit le fameux marquis et général ; une association américaine y entretient son souvenir et celui de la guerre 1914-1918 (vis. tous les jours sauf le mercredi hors saison).
➡ 4 km S.-O., à Rougeac, dolmen.

CHEYLADE – 15.

Belle vallée de la Rhue de Cheylade, descendant du Puy Mary*. Deux cascades en amont (2,5 km S.) : du Sartre et de la Roche. Joli village ; le plafond de l'église XVIᵉ est décoré d'innombrables petits panneaux peints. Petit lac.
➡ S., la route du Puy Mary est magnifique ; à 6 km, le Claux, centre de ski (alpin et fond). ➡ 5,5 km O., dans un vallon voisin, Font-Sainte, à 1 250 m, chapelle de pèlerinage (suivi l'été). Très belle vue de la Croix de Rochemonteix à l'O.

CHOUVIGNY – 03.

Château XIIIᵉ bien restauré (vis. tous les jours en saison), dans une très belle situation au-dessus de la Sioule dans ses gorges. Près de la route, le roc Armand permet aussi une vue intéressante sur le site, hérissé de rochers et d'aiguilles.

CLERMONT-FERRAND – 63.   161 000 hab.
Altitude 401 m   (agglomération : 300 000)

Patrie de Grégoire de Tours, Pascal, Chamfort, et... d'Edouard Michelin. Au pied des Dômes, la capitale de l'Auvergne grandit autour de sa vieille ville, bâtie sur une butte entre Notre-Dame-du-Port et la place de Jaude, cœur de l'animation.
Nombreuses maisons anciennes et beaux hôtels, rue des Gras (Maison des Architectes XVIᵉ hébergeant le musée du Ranquet, art médiéval, histoire locale, objets d'art), rue des Chaussetiers (hôtel Savaron, belle maison XVIᵉ), rue Pascal, rue du Port ; célèbre fontaine d'Amboise, Renaissance, sur la place de la Poterne. Notre-Dame-du-Port est une belle basilique romane XIᵉ-XIIᵉ typiquement auvergnate, en pierre claire ; chevet et chœur sont remarquables ; chapiteaux historiés, crypte avec Vierge noire (pèlerinage fréquenté, en mai). Splendide et sombre cathédrale Notre-Dame, gothique XIIIᵉ-XIVᵉ, en lave de Volvic (façade et flèches de Viollet-le-Duc), avec très beaux vitraux et fresques de l'époque ; crypte Xᵉ conservant un sarcophage IVᵉ en marbre blanc. Musée Bargoin (archéologie ancienne), face au jardin Lecoq, sur lequel donne le musée Lecoq (sciences naturelles). Fontaines pétrifiantes de Saint-Alyre, au N. de la vieille ville.
➡ A l'O., Chamalières, commune, mais quartier résidentiel de Clermont, possède une vieille église carolingienne remaniée. ➡ Montferrand, 2 km N.-E. du centre, est la cité comtale ancienne, bastide médiévale rivale de la ville épiscopale ; remarquable ensemble de demeures gothiques et Renaissance avec notamment les maisons du Notaire, de Lucrèce et des Centaures, rue Jules-Guesde ; église Notre-Dame XIIIᵉ-XIVᵉ, boiseries XVIIᵉ. ● Vue d'ensemble de l'avenue thermale (route Royat-Durtol), à l'O., ainsi que de la D. 941 A montant au Puy de Dôme*.

COLOMBIER – 03.

Eglise prieurale XIIᵉ (portail, chapiteaux).

COMPAINS – 63.

Sur la Couze de Valbeleix, aux abords N. du Cézallier*. Eglise romano-gothique. Passage du G.R. 41 entre le lac de Montcineyre (2 h aller et retour, N.-O.) et le cœur du Cézallier.
➡ 10,5 km S., la Godivelle (1 203 m), vieux village typique sur un plateau marécageux entre deux petits lacs.
➡ 12 km S.-O., Egliseneuve-d'Entraigues, sur la Rhue (truites et cascades), village de colporteurs ; église romane ; nombreux lacs. ● G.R. 4 entre les monts Dore et le massif du Cantal.

Clermont-Ferrand : *La grande ville du centre vit le pape Urbain II prêcher la première croisade et Pascal comparer la pesanteur de l'air à celle qui règne au sommet du Puy de Dôme qui la domine.*

Page 319, Le Puy de Dôme : Du haut de cette cime sacrée, la vue est saisissante sur la chaîne des Puys.

CONDAT – 15.   1 600 hab.
Altitude 703 m
Agréable villégiature aux confluents du Bonjon et de la
Santoire avec la Rhue*. Bourg de colporteurs (tissus,
toiles). Sur la route de Montboudif au N., belvédère.
Passage du G.R. 4 entre l'Artense* et le Puy Mary*. Roche
Pointue (au S.), roc de basalte de 130 m.
➡ 3 km S.-E., ruines de l'abbaye de Féniers. ➡ 7 km O.
(D. 678), Saint-Amandin, église romane ; belles vues sur
les gorges de la Rhue.

COURGOUL (Gorges de) – 63.
Formées par la Couze de Valbeleix en aval de ce village.

COURPIÈRE – 63.   4 600 hab.
A la sortie des gorges de la Dore, vieille ville, à l'église
romane auvergnate (chapiteaux, statues) ; maisons anciennes.
➡ 2 km N., rive droite, plaisant château de la Barge.
➡ 5,5 km N.-O., château d'Aulteribe (vis. tous les jours
sauf mardi), importantes collections : mobilier, peintures,
tapisseries. ➡ 6,5 km S., Sauviat, site et église. ➡ 7 km
N.-E., Vollore-Ville, vieux village : maisons, église,
château ; vues.

CRAPONNE-SUR-ARZON – 43.   3 300 hab.
Altitude 900 m
Sur le plateau N. du Velay. Eglise XVIe ; fontaines et
maisons anciennes.
➡ 7 km N.-O., accès possible par Marhus au Suc de
Medeyrolles (1 190 m, v. Dore-l'Eglise*). ➡ 4 km S. par
D. 1, cote 991 à droite, panorama. ➡ 12 km S. + 1 h aller
et retour, par Chomelix et Sereys, château en ruine
d'Arzon, beau site.

CRÊTES (Route des) – 15.
Elle part d'Aurillac au N. et monte entre les vallées de
l'Authre à gauche et de la Jordanne à droite avec des vues
constantes et fort belles. Près d'un carrefour, à 959 m, table
d'orientation. On peut rejoindre la vallée de Mandailles* (la
Jordanne), ou les régions d'Anjony* et de Salers* au N.-O.

CUSSET – 03.   14 500 hab.
Station thermale ancienne comme Vichy sa voisine, petite
ville devenue industrielle mais gardant quelques vieilles
maisons, notamment place Victor-Hugo.

DEVÈS (Monts du) – 43.
Altitude 1 421 m
Chaîne volcanique entre Loire et Allier, très boisée, suivie
par le G.R. 40 ; une petite route forestière monte à son
sommet. Un des cratères les plus évidents est occupé par le
lac du Bouchet*.

DÔME (Puy de) – 63.
Altitude 1 465 m
Accessible par une route à péage (monter régulièrement :
pente constante de 12 %) ou à pied (2 h aller et retour
depuis le col de Ceyssat au S. par le G.R. 4, qui le traverse
en passant ensuite au Petit Puy de Dôme puis près des Puys
de Côme et de Chopine avant d'aller rejoindre les gorges de
la Sioule) ; au sommet, tour de télévision avec balcon
formant table d'orientation, observatoire météo et ruines
d'un temple romain de Mercure.

Le panorama est extraordinaire sur la chaîne des dômes
(sans cratère) et des puys (à cratère), de loin les plus
nombreux – plus de soixante-dix ! –, qui s'étendent sur
40 km du N. au S., et sur tout le centre du pays, bassins de
l'Allier, Forez, Sancy, Cantal, haut Limousin... « Au pied »
à l'E., Clermont*. – Pascal y démontra l'existence de la
pesanteur de l'air.
➡ Sur la route d'accès, zoo des Dômes (vis. tous les jours).

DOMEYRAT – 43.
Ruines d'un château XVe, enceinte enfermant quatre tours
de grande allure.

DONJON (Le) – 03.   1 400 hab.
Sur la Loddes, au pied des premiers reliefs du Bourbonnais.
Belles routes au S.-O. et à l'O.
➡ 8 km E., Neuilly-en-Donjon, dans la plaine de la Loire,
église XIIe.

DORE (Gorges de la) – 63.
La belle route d'Ambert* à Courpière* les suit, passant par
Olliergues*, en longeant souvent la rivière de près.
Contraste entre la vallée en V, un peu encaissée, et les
plateaux cultivés qui l'encadrent entre le Forez* et le
Livradois*.

DORE-L'ÉGLISE – 63.
Village à l'entrée de la plaine d'Ambert, sur la Dore,
entouré des plateaux basaltiques du Velay. Eglise romane
massive (porche, chapiteaux).
➡ 9 km E. par les D. 202 et D. 111, Medeyrolles, au pied
du Suc de Medeyrolles (1 190 m ; 1 h aller et retour, au S.,
panorama remarquable).

DOYET – 03.   1 300 hab.
A l'église, surprenante collection de drapeaux.
➡ 3 km E., donjon ruiné de la Souche.

DUNIÈRES – 43.   3 100 hab.
Localité industrielle, d'où partait jadis le « petit train »
régulier du Vivarais qui ralliait Tournon via Saint-Agrève,
le Cheylard et Lamastre et qui ne fonctionne plus qu'en
saison et « touristiquement » jusqu'à Saint-Agrève (le
tronçon Lamastre-Tournon* est exploité de même, voir
région XX), sous le surnom de « la galoche du plateau ».
Eglise romane et ruines d'un château.
➡ 7,5 km N.-E., Riotord, dans la belle haute vallée de la
Dunière ; église romane XIe. Au N.-E., Tracol, à l'E., col
de la Charousse (G.R. 7), de ces deux points on peut
monter (2 h aller et retour) au Pyfara* (dans la Loire,
région XX), beau panorama sur le Pilat, le Vivarais, le
Velay (sur le G.R. 7). ➡ 7 km S.-O., Montfaucon-en-
Velay, important carrefour, et station du petit train ;
chapelle avec Vierge ancienne et douze tableaux flamands
de Grimmer (1592).

ÉBREUIL – 03.   1 300 hab.
L'une des belles églises du Bourbonnais, Saint-Léger, XIe et
XIIe, possède une nef et un clocher-porche romans et un
chœur gothique ; fresques XIIe dans la tribune ; châsse de
Saint-Léger en bois et cuivre argenté ; pharmacie ancienne
à l'hospice. Ebreuil est en aval de la sortie des gorges de la
Sioule*.
➡ 4,5 km N.-E., Rochefort a un château XIIIe et XVe
dominant la Sioule.

FADES (Viaduc des) – 63.

Le plus haut des viaducs de France (132 m), métallique sur deux grands piliers de maçonnerie, enjambe la Sioule* en aval du récent barrage de Besserve qui retient un lac très long, assez sauvage et pittoresque (tous sports nautiques, pêche ; base de Miremont).

FAGEOLE (Col de la) – 15.
Altitude 1 104 m
N'existe que l'hiver ; il y a pourtant quelques virages sur le versant N. ; beaux grands paysages.

FALGOUX (Vallée du) – 15.

C'est une des superbes vallées qui descendent du Cantal ; cirque du Falgoux au pied du Puy Mary et du Puy Chavaroche ; le Mars arrose en aval des paysages ravissants : cascades, prairies, forêts, maisons, rochers de basalte, châteaux enfin (Chanterelle) ; gorges de Saint-Vincent ; Maison de la Forêt (sur D. 680 au S.-E. du col de Néronne ; ouvert tous les jours l'été sauf mardi).

FAY-SUR-LIGNON – 43.
Altitude 1 180 m
Ancien marché à bestiaux aux maisons sévères, sur un dyke de phonolithe contourné par le Lignon né près du Mézenc* tout proche (S., 5 h aller et retour par le G.R. 7 mais il emprunte beaucoup de petites routes).

FERRIÈRES-SUR-SICHON – 03.
Altitude 560 m
Nombreux sites de la vallée du Sichon aux environs : en amont, Rocher Saint-Vincent (sur le G.R. 3), table d'orientation, vaste panorama, et Pierre Encize, près d'une cascade ; en aval, grotte des Fées et pittoresque route de Cusset.
➡ N.-O., ruines du château de Montgilbert. ➡ 5 km N.-O., Glozel, fouilles et musée archéologique.

FOREZ (Monts du) – 63-42.
Chaîne granitique S.-E.-N.-O. entre les gorges de la Dore et la Loire (plaine du Forez) et joignant les plateaux basaltiques du Velay aux montagnes du Bourbonnais : Bois Noirs et monts de la Madeleine. Pays très boisé et sauvage, dominé par des chaumes immenses. V. Béal*, Pierre-sur-Haute*, Saint-Anthème*.

GANNAT – 03.   6 600 hab.
Eglise Sainte-Croix XIIIe-XVe, haute tour, chapiteaux de la Nativité. Au château XIIe, musée des Trésors des Portes Occitanes, très bel évangéliaire manuscrit enluminé IXe richement relié, archives, grilles (vis. samedi et dimanche après-midi). Eglise Saint-Etienne XIe-XIIe. Maisons anciennes.
➡ O., belle route d'Ebreuil (manoir de la Fauconnière).
➡ 7,5 km N., Jenzat, église XIe, peintures murales XVe dites « fresques des maîtres de Jenzat » ; joli site sur la Sioule. ➡ 5 km N.-E., Saulzet, panorama du château.
➡ 9 km E., Cognat, église XIIe isolée d'où la vue est belle sur la Limagne et les Dômes.

Issoire : Bien que son bariolage XIXe soit très indiscret, Saint-Austremoine possède des chapiteaux extraordinaires et son abside mérite la contemplation.

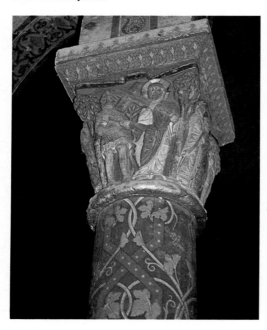

GARABIT (Viaduc de) – 15.
Altitude 835 m
La ligne Paris-Béziers par Neussargues* dominait la Truyère de 122 m lors de la construction due à Eiffel en 1884 ; les 95 m actuels ne nuisent pas à son audacieuse esthétique ; pour les amateurs, c'est une joie d'y voir passer un convoi. De l'hôtel, excursions en vedettes sur le lac (en saison) et au château d'Alleuze* (l'été).

GERGOVIE (Plateau de) – 63.
Altitude 744 m
Plateau basaltique. Officiellement, c'est là que Vercingétorix aurait infligé un revers à César (peu avant Alésia) ; un monument moderne l'affirme. La vue panoramique est importante (table d'orientation).
➡ 4 km S.-O., Opme conserve un château XIIIe en lave noire, complété au XVIIe (beaux jardins) ; 2 km S., Chanonat, château de la Batisse XVe-XVIIIe (vis.) avec jardins.

GOULE (Etang de) – 03.
Vaste et très découpé, proche de la forêt de Tronçais ; la D. 564 au N. de Valigny le traverse.

GROS-BOIS (Forêt de) – 03.
Domaniale, très longue et étroite, avec de belles futaies et des ruines. Près de 2 000 ha.

HÉRISSON – 03.   1 000 hab.
Vieille cité pittoresque au bord de l'Aumance, dominée par un formidable château en ruine XIVe (vis. tous les jours), le site est magnifique ; des portes de ville, des maisons anciennes XVe-XVIe, un clocher-porche. En amont, le Saut du Loup ; en aval, église de Chasteloy, châteaux de la Roche et du Creux jalonnent la belle vallée de l'Aumance.
➡ 14 km N.-O., église romane de Vallon-en-Sully*. ➡ N. forêt de Tronçais*.

HERMENT – 63.
Grande collégiale romane XIIe. Belle vue vers l'O. (plateau de Millevaches).
➡ 9 km N.-E., chapelle de Puy-Saint-Gulmier, vue vers les monts d'Auvergne. ➡ 15 km N.-O., étangs de Gasserot et de Tyx, sur le plateau de Combraille.

HURIEL – 03. 2 100 hab.
Collégiale Notre-Dame, romane XIIᵉ (narthex, clocher octogonal). Ancien château, donjon XIIᵉ et tours XVᵉ, d'où l'on a une belle vue.

ISSOIRE – 63. 15 700 hab.
Au bord de la Couze de Pavin avant son confluent avec l'Allier, dans une riche Limagne, important centre industriel.
Célèbre et remarquable église Saint-Austremoine, XIIᵉ, le plus grand sanctuaire roman d'Auvergne après Brioude ; admirable chevet, bien dégagé, avec décor de mosaïques et multiples arcades et sculptures ; l'intérieur (repeint au XIXᵉ) contient de magnifiques chapiteaux et, dans le narthex, une peinture murale du Jugement dernier (XVᵉ) ; crypte. La vieille ville, tassée autour, possède quelques maisons anciennes.
➜ 4 km E., à Parentignat, beau château XVIIIᵉ avec cour d'honneur (vis. l'été tous les jours après-midi) ; mobilier et peintures importants. ➜ 10 km S.-O., Puy d'Isson (856 m ; route puis brève montée à pied), cheminée volcanique isolée, panorama. ➜ 4 km O., Perrier, rochers et « montagne paléontologique » qui a fourni des ossements fossiles ; grottes troglodytiques. ➜ 13 km N.-O. par la belle N. 9 qui longe l'Allier, Montpeyroux et son beau donjon cylindrique XIIIᵉ puis, 4 km plus loin, vieux village fortifié de la Sauvetat (église). ➜ 8 km E., Usson*.

JALIGNY-SUR-BESBRE – 03.
Gros marchés de volailles. Grand château Renaissance (jardins). Eglise romane.
➜ 5,5 km N., près Thionne, parc des Gouttes : base de loisirs et de sports et parc animalier (ouv. tous les jours en saison).

JOB – 63. 1 200 hab.
Altitude 630 m
Villégiature agréable au-dessus de la Dore. Eglise XVᵉ. Au S.-E., beau rocher de la Volpie : vue sur le bassin d'Ambert et le Livradois.

LANGEAC – 43. 5 000 hab.
Altitude 507 m
Dans un joli bassin des gorges de l'Allier. Collégiale gothique XVᵉ conservant des objets d'art remarquables (mise au tombeau XVᵉ).

➜ 6 km S.-E., Chanteuges et Saint-Arcons-d'Allier sont de vieux villages pittoresques ; belles églises ; site de Chanteuges.

LAPALISSE – 03. 3 800 hab.
Son et Lumière
La tradition a sûrement déformé la chanson, le seigneur de la Palice, mort à Pavie, était un brave. Château XVᵉ-XVIᵉ (vis. tous les jours en saison, Son et Lumière l'été) ; meubles, plafonds Renaissance, tapisseries XVᵉ magnifiques.
➜ Au N., vallée de la Besbre*.

LAROQUEBROU – 15. 1 100 hab.
Altitude 455 m
Dans les basses gorges de la Cère, que seul le chemin de fer suit en aval (ligne Aurillac-Brive), agréable bourg ancien où plusieurs monuments sont d'époque gothique (dont l'église), et dominé par les ruines d'un château (vue). Vieux pont.

LAVAUDIEU – 43.
Dans un site retiré au bord de la Senouire, église abbatiale bénédictine romane ; clocher octogonal amputé à la Révolution ; belles fresques XIVᵉ ; cloître roman remarquable à galerie supérieure en bois et salle capitulaire (fresque XIIᵉ) (vis. tous les jours) ; petit musée d'art et traditions populaires.

LAVOÛTE-CHILHAC – 43.
Beau site dans un étroit méandre de l'Allier ; pont ancien reliant les deux parties du village ; église gothique antérieure aux bâtiments de l'abbaye bénédictine, ensemble fortifié intéressant. Trésor (vis. tous les jours). Au village voisin de Saint-Cirgues : église avec fresques XVᵉ.
➜ 10,5 km O., Ally, sur le plateau terminant la Margeride au N., moulins à vent. ➜ 7 km E., Peyrusse, fresques XIIIᵉ dans la chapelle. ➜ 9,5 km N., face à Villeneuve-d'Allier, Saint-Ilpize est un vieux village avec ruines d'un château ; en chemin, monter voir l'église de Blassac (fresques XIVᵉ).

321

Lavoûte-sur-Loire : *Le château de Lavoûte-Polignac a grande allure sur son piton dominant la Loire, dans la verdure.*

LAVOÛTE-SUR-LOIRE – 43.
Son et Lumière au château
Christ XIIIᵉ dans l'église romane.
➡ 1 km O., château de Lavoûte-Polignac, forteresse par la situation mais beau et vaste manoir rebâti au XIXᵉ (tapisseries, tableaux, meubles) (vis. tous les jours en saison, dimanche et jours fériés).

LEMPDES – 43.   1 500 hab.
Sur l'Alagnon au débouché de ses gorges, et dans la Limagne de Brioude, carrefour routier important ; curieuses halles en demi-cercle ; église romane. Outre la proximité de Brioude* et du Cézallier*, petit circuit : gorges de l'Alagnon*, visite de Blesle*, Grenier-Montgon, retour par le plateau (D. 653) et le château de Léotoing à gauche, qui domine les gorges (panorama).

LEZOUX – 63.   4 700 hab.
Centre antique de poterie, avec un important musée de la Céramique (s'adresser à la mairie). Beffroi XVᵉ.
➡ 6,5 km N.-O., Culhat, église romane et lanterne des Morts.

LIORAN (Le) – 15.
Altitude 1 153 m
A la fois village, tunnels routier (du XIXᵉ) et ferroviaire (ligne Clermont-Aurillac-Toulouse ; station avec téléski sur le quai), station de ski Super-Lioran, col (de Cère) joignant les belles vallées de l'Alagnon* et de la Cère*, au cœur du massif du Cantal. Téléférique du Plomb du Cantal (été-hiver). Randonnées innombrables : Puy Mary* (G.R. 4), Puy Griou et Elancèze (aller et retour 3 h 30 et 6 h), Plomb du Cantal (4 h aller et retour, G.R. 4) et promenades également : forêt et gorges du Lioran, Font d'Alagnon, buron aménagé de Belles-Aigues (vis. été, sauf mardi) – fabrication du fromage de Cantal –, col de Cère.

LIVRADOIS (Monts du) – 63.
Massif entre l'Allier et la Dore, successions de cultures et de sauvages prés-bois. Le pic de la Garde (v. Saint-Dier*) et le signal de Notre-Dame-de-Mons (v. Ambert*) donnent les vues générales, et les régions de Fournols et Saint-Germain-l'Herm sont des plus typiques. Au départ du carrefour d'Alleyras, route « Gaspard des Montagnes ».

LOGE DES GARDES (La) – 03.
Altitude 1077 m
Centre de ski, au pied de la Pierre du Jour, sommet des monts de la Madeleine (1165 m), ascension en 25 minutes. Pittoresque train touristique de 2,5 km pour le Gué de la Chaux (tous les jours l'été, dimanches et fêtes en saison).

LOIRE (Gorges de la) – 43.
Née en Ardèche au pied du Gerbier de Jonc* (région XX), la Loire passe en contrebas du lac d'Issarlès et s'enfonce dans le plateau basaltique du Velay où elle se heurte à des coulées ou des surrections volcaniques (Arlempdes*) qui sont de beaux sites mais son cours est sauvage ; le typique et magnifique bassin du Puy précède de nouvelles gorges que la route suit maintenant de plus près : gorges de Peyradeyre, Lavoûte*, Chamalières-sur-Loire*, Retournac* ; après le bassin plus large du Basset, surveillé par

Roche-Baron*, de nouveaux défilés enserrent les méandres du lac de barrage de Grangent* (région XX), après le vieux bourg d'Aurec-sur-Loire (châteaux).

LOUBARCET – 15.
Altitude 1 000 m
Hameau perché sur une butte. Panorama.

MALLET (Belvédère de) – 15.
Le plus beau point de vue sur le lac de barrage de Grandval sur la Truyère* (non loin du débouché de son affluent le Bès qui descend de l'Aubrac par de jolies gorges peu accessibles), entre Chaudes-Aigues* et le viaduc de Garabit* par une route de toute beauté.
➡ 7 km O., barrage de Grandval, retenant la Truyère sur 27 km ; de là, 8 km N., ruines superbes d'Alleuze*.

MANDAILLES (Vallée de) – 15.
Descend du cœur du massif du Cantal (Puy Mary* et Puy Griou) dans un très beau cirque de hauts pâturages puis de bocage avec torrents et cascades (de Liadouze, 2 km N.-E. de Mandailles) ; on peut suivre la Jordanne ou gagner Aurillac par la route des Crêtes*. Eglise romane à clocher à peigne de Lascelle.

MANGLIEU – 63.
Sur une des belles routes qui traversent le Livradois*, abbatiale composite à parties romanes très anciennes mais parfois bien défigurées ; beau narthex.

MANZAT – 63.   1 400 hab.
Boiseries de l'église.

MARCOLÈS – 15.
En plein cœur de la Châtaigneraie, très beau village (église XVᵉ, château, maisons anciennes, restes de remparts). Région pittoresque, nombreuses landes.

MARGERIDE (Monts de la) – 15-43-48.
Longue croupe granitique entre le Gévaudan et les plateaux volcaniques du Velay, culminant à 1 551 m au Signal de Randon (Lozère, région XIX), loin au S.-E. (40 km) du mont Mouchet* qui est un de ses sommets nord ; lande et forêt, celle-ci prédominante dans la partie Auvergne ; paysages immenses d'une beauté sévère.

MARINGUES – 63.   2 400 hab.
Bourg de la Limagne (importantes tanneries jadis). Eglise XIIᵉ et gothique avec chapiteaux. Vue vers les Dômes.
➡ 4 km N.-E., butte de Montgacon (412 m), panorama.

MARONNE (Gorges de la) – 15.
Se voient le mieux du chemin de fer (Aurillac-Mauriac). Cette belle rivière qui vient de Salers baigne des ruines, des chapelles, de beaux villages, entourés de verdure, avant de former les méandres infinis du lac de barrage d'Enchanet. Petite église romane de Saint-Martin-Cantalès ; belles boiseries à celle de Saint-Illide (venant de Saint-Chamant).

MARY (Puy) – 15.
Altitude 1 787 m
Du Pas de Peyrol (1 582 m), le plus haut col du Massif Central, carrefour des routes de Cheylade à Mandailles et Aurillac, et de Salers à Murat, il suffit d'une bonne demi-heure de montée (raide et pierreuse) pour accéder à ce beau sommet, d'où la vue est extraordinaire (table d'orientation) sur les quatre vallées qui en rayonnent et sur l'ensemble du massif du Cantal, dont la traversée à pied est une randonnée (G.R. 4) de premier ordre (une journée aller et retour depuis ou jusqu'au Lioran).

MASSIAC – 15.   2 100 hab.
Carrefour important dans la vallée de l'Alagnon. A l'église, Vierge ouvrante.
➡ 2 km N., chapelle Sainte-Madeleine, dominant la vallée (lieu druidique).

MAURIAC – 15.   4 600 hab.
Altitude 722 m
Gros marché agricole. Sa basilique Notre-Dame-des-Miracles, roman XIIᵉ, simple et sobre, est l'une des beautés du Cantal et un lieu de pèlerinage (Vierge noire) ; très beau portail principal ; portes et chapiteaux. Sous-préfecture dans une maison XVIᵉ. Du Puy Saint-Mary, sortie N.-O., panorama très étendu. La D. 922 est magnifique entre Charlus* et Aurillac*.
➡ 16,5 km S.-O. par Ally (mais à 3 km à vol d'oiseau), Brageac, admirablement situé face à Mauriac, église bénédictine XIIᵉ, toute simple dans le village. ➡ 7 km S.-E., cascade près de Salins. ➡ 8,5 km E., Anglards-de-Salers, belle église prieurale XIᵉ-XIIᵉ à trois nefs et trois absides ; château de la Trémolière XVᵉ avec tapisseries d'Aubusson XVIᵉ.

MAURS – 15.   2 800 hab.
Altitude 280 m
A travers la Châtaigneraie (qui s'éclaircit au profit de la lande), si l'on vient d'Aurillac (belle route), on sent venir le Quercy ; la basse altitude favorise les cultures plus délicates

La Loire : *La Loire supérieure, torrent cévenol au caractère fantasque, est rarement suivie par la route jusqu'au Puy, et les rencontres avec elle, ponts et points de vue divers, sont autant de surprises pittoresques.*

Puy Mary : *La brève ascension de ce sommet caractéristique procure une vue d'ensemble splendide sur les restes colossaux du volcan cantalien et les vallées profondes qui se le sont partagé.*

et même la vigne. Maurs est tout en rond avec l'église au milieu ; abbatiale XIVᵉ, elle conserve le buste-reliquaire de Saint-Cézaire, XIIIᵉ, en bois recouvert d'argent doré.
➡ Routes pittoresques de Marcolès* (au N.-E.) et de Calvinet (E. ; près d'une chapelle « à panorama »).
➡ 12 km S., village perché de Montmurat, dominant la vallée du Lot, vue panoramique.

MENAT – 63.
Ancienne abbatiale bénédictine romane restaurée au XIXᵉ : chapiteaux, galerie de cloître, salle capitulaire XIVᵉ.
➡ S.-E., gorges de la Sioule*, au Pont de Menat (ancien pont).

MESSILHAC (Château de) – 15.
Entre Vic-sur-Cère et Mur-de-Barrez, à l'écart de la route à droite, beau château XIVᵉ, à façade Renaissance, isolé au-dessus du Goul (descendant du massif du Cantal et formant à partir de là frontière avec l'Aveyron) (vis. l'été).
➡ 7 km N., après Raulhac (église), château de Cropières, également près du Goul, transformé en ferme mais gardant un magnifique escalier et des sculptures ; la fameuse duchesse de Fontanges, Marie-Angélique de Scorailles, y est née en 1661 ; elle allait mourir en couches, délaissée à vingt ans par son royal amant.

Moulins : *La capitale du Bourbonnais, née autour des moulins installés sur l'Allier, a suivi la fortune de la célèbre famille ducale, dont la branche cadette devait régner plus de deux siècles sur la France.*

MEYGAL (Montagne du) – 43.
Altitude 1 436 m
Le centre en est le Grand Testavoyre (1 436 m), large croupe recouverte d'une belle forêt de pins et de sapins ; des gros blocs de phonolithes du sommet, panorama (accès par route + 30 mn aller et retour) ; passage du G.R. 40. Le pic du Lizieux (1 388 m), plus à l'E., est plus spectaculaire pour la montée et pour la vue des sucs environnants (4 km O. puis N.-O. de Mazet-Saint-Voy + 1 h aller et retour). Site de Queyrières, 9 km S.-S.-O. d'Yssingeaux*, vues surprenantes.

MÉZENC (Mont) – 43-07.
Altitude 1 753 m
Côté Velay (O.), ce puissant massif volcanique n'est guère qu'un grand plateau qui se relève, en proie au vent. Néanmoins, « ça monte » et la flore y est bien monta-gnarde. Des Estables, au pied O. (petite station de ski, et paradis du ski de fond), deux routes d'accès : la Croix de Peccata (1 564 m) au N.-E. puis 1 h 15 aller et retour dans les bois et les prés ou la Croix des Boutières (1 508 m) à l'E. plus 1 h 40 aller et retour par la crête au N. (G.R. 7). Contraste saisissant avec le versant E. où les innombrables ravins des Boutières dévalent vers le Rhône ; le panorama est très beau : une grande partie du Massif Central, et les Alpes, du Nord au Ventoux. Au S., paraissant tout près, le suc du Gerbier de Jonc.

MONASTIER-SUR-GAZEILLE (Le) – 43.   2 400 hab.
Son nom indique un vieux monastère ; ce fut en effet une puissante abbaye dont il reste l'église Saint-Jean, XIe et XVe, à la façade polychrome typique du Velay ; intérieur composite mais beau (chœur XVe à déambulatoire) ; précieux buste reliquaire à la sacristie. Château XIVe. Stevenson, l'auteur de *l'Ile au trésor*, est parti du Monastier en 1878 pour accomplir son *Voyage avec un âne dans les Cévennes,* une stèle le rappelle sur la place.
➡ 7 km S.-E., château médiéval à Vachères, sur une belle route menant à Issarlès* et à son lac (région XX).

MONISTROL-D'ALLIER – 43.
Site magnifique au cœur des gorges de l'Allier ; toutes les routes qui en partent sont à parcourir attentivement ; un beau circuit : Saint-Privat-d'Allier, Alleyras, Saint-Haon, Chapeauroux* (région XIX) (site superbe) et retour par Saint-Préjet-d'Allier (65 km).

MONISTROL-SUR-LOIRE – 43.   5 000 hab.
Agréable petite ville (industries). Ancien château XVe et XVIIe à tours rondes, devenu hospice, beaux jardins avec terrasse (vue). Eglise romane remaniée, dans un vieux quartier pittoresque.
➡ 6 km O., non loin de Bas-en-Basset, château de Roche-Baron*.

MONTAIGUËT-EN-FOREZ – 03.
Château et porte de ville.
➡ 4 km O., cote 537 près des Plans, panorama. Près de là, passage du G.R. 3 entre le puy Saint-Ambroise et la montagne bourbonnaise.

MONTAIGU-LE-BLIN – 03.
Ruines d'une puissante forteresse XIIIe, qui tint tête aux Anglais.

MONTAIGUT – 63.   1 600 hab.
Altitude 629 m
Beaux chapiteaux dans l'église XIIe. Maisons anciennes. Lanterne des morts.
➡ S.-O., Signal de la Brosse (712 m), vue. ➡ 10 km S.-O., belles ruines de l'abbaye de Bellaigue XIIe.

MONT-DORE (Le) – 63.   2 300 hab.
Altitude 1 050 m
Célèbre station thermale et de sports d'hiver, près de la source de la Dordogne au Puy de Sancy*.
Le col de Guéry (9 km N.-E.) et la Banne d'Ordanche (v. Tuilière*) donnent les plus belles vues sur le site. Au S.-O., le Salon du Capucin (route ou funiculaire) est une belle clairière dans les forêts ; du pic du Capucin (au S., 1 h aller et retour), au-dessus, vue très étendue. Sur la route de Murol à l'E., col de la Croix Morand (1 401 m), site sauvage entre deux puys. Au S.-E., route de Besse par le col de la Croix-Saint-Robert (1 426 m), large seuil, et la vallée de Chaudefour, très sauvage (du rocher de l'Aigle, vue). Très nombreuses promenades et randonnées pédes-tres (G.R. 4, 30, 41...).

MONTET (Le) – 03.
Fort beaux restes de l'église XIIe Saint-Gervais-et-Saint-Protais, fortifiée plus tard (chapiteaux).

MONTLUÇON – 03.   58 800 hab.
La vieille ville se groupe autour de l'esplanade, ceinte de beaux remparts (vue), qui porte le château XVe-XVIe (musée folklorique et de la vielle ; faïences) ; église Notre-Dame XVe avec belles œuvres d'art ; église Saint-Pierre XIIe et XVe (Sainte-Madeleine XVe en pierre) au milieu de maisons anciennes.

L'agglomération industrielle est importante : pneumatiques, métallurgie, mécanique, chimie, chauffage... Patrie de Messager.
➡ Au S., petites gorges du Cher. ➡ A l'O., étang du Sault, aménagé.

MONTONCEL (Puy de) – 03-42-63.
Altitude 1 287 m
Point culminant des Bois Noirs, vue magnifique et carrefour de sentiers. Accès aisé par le S.-E. (col de la Charme, 1 120 m) en 2 h aller et retour environ.

MONTSALVY – 15. 1 300 hab.
Altitude 800 m
Dans le sud-est de la Châtaigneraie, agréable village avec plusieurs portes fortifiées et des vieilles maisons ; l'abbatiale Notre-Dame est la seule église romane de la Châtaigneraie (remaniée et restaurée) ; salle capitulaire.
➡ Au N.-E., du Puy de l'Arbre (825 m), panorama considérable. ➡ 10 km O., Sénezergues, château féodal XVe.

MOUCHET (Mont) – 43.
Altitude 1 465 m
Au bout de la route forestière montant de l'O. (Cantal) vers le mont, maison forestière (musée) et Monument national des Maquis de France, représentant deux combattants, sur le lieu d'un important combat de juin 1944, le village de Clavières venant d'être incendié par l'occupant. Le musée évoque la Résistance en Auvergne et en général. C'est la Margeride*, boisée ici mais sauvage.

MOULINS – 03. 26 900 hab.
C'est un gros marché agricole et un centre d'industries « importées ». C'est aussi une ville plaisante au pittoresque vieux quartier, autour de la cathédrale.
Beau pont Règemortes sur l'Allier. Cathédrale Notre-Dame au beau chœur XVe (magnifiques vitraux) ; dans la sacristie, le fameux *Triptyque du Maître de Moulins,* fin XVe, et autres belles peintures. Dans la chapelle du lycée Banville, mausolée du duc Henry de Montmorency (XVIIe). Superbe beffroi XVe couronné d'un « jacquemart » XVIIe. Donjon « la Mal-Coiffée ». Pavillon Renaissance d'Anne de Beaujeu, entrée du musée (archéologie, faïences, peintures, armes). Le vieux quartier renferme de nombreuses et belles maisons anciennes, notamment rue des Orfèvres, rue de l'Ancien-Palais. Musée du folklore.
➡ Quartier E., Yzeure, église XIIe-XVe (chapiteaux et crypte). Musée historique du Bourbonnais (fermé samedi et hiver). ➡ 12 km S.-O., Souvigny*.

MURAT – 15. 3 000 hab.
Sur un bassin de la vallée de l'Alagnon, bel ensemble de toits d'ardoise et de maisons anciennes ; église XVe. Du rocher de Bonnevie dominant le bourg au N.-O., très belle vue générale ; 2,5 km N.-O., rocher de Chastel avec église romane.

Murat : ***Sur l'Alagnon sortant du massif du Cantal, la charmante ville ancienne est un excellent centre d'excursions, permettant de rayonner sur une grande partie de la haute Auvergne.***

➡ 10 km N.-O., Dienne, dans la belle vallée de la Santoire puis de l'Impradine qui monte au Puy Mary*, église romane XIIe, Christ en bois XIIIe et chapiteaux ; 4 km en aval, et sur la hauteur à droite, lac de Sauvages.
➡ O., sur la route du Lioran, château XVe d'Anterroches.
➡ 2 km S., église bénédictine XIe de Brédons (boiseries, portail) au site magnifique. ➡ 5,5 km S.-E., panorama de Laveissenet vers le Cantal, du bord de la planèze. ➡ 10 km S.-O., Prat de Bouc (1 400 m ; ski de fond et alpin) au pied du Plomb du Cantal (3 h aller et retour, G.R. 4), site de prairies après les forêts de Murat et d'Albepierre.

MUROL – 63.
Altitude 833 m
Petit bourg serré, face à son gros château médiéval avec des parties Renaissance, couronnant une colline basaltique comme un formidable rocher. Il commande une vue splendide.
➡ 2,5 km S. + 1 h aller et retour, puy de Bessoles (1 045 m), panorama.

NÉRIS-LES-BAINS – 03. 2 900 hab.
Altitude 354 m
Station thermale réputée ; le vieux Néris, sur le plateau, possède une sobre église romane au curieux clocher ; à côté, nécropole mérovingienne, sarcophages. Ruines romaines : arènes, piscines ; musée à l'établissement thermal.
➡ 2 km S., chapelle Saint-Joseph, panorama. ➡ 6,5 km E., Commentry (10 200 hab.), ville industrielle importante (chimie, mécanique).

NEUSSARGUES-MOISSAC – 15. 1 200 hab.
Nœud ferroviaire, d'où part vers Saint-Flour, Garabit, Mende, Millau, Béziers, une ligne magnifique qu'emprunte maintenant l'« Aubrac » (autre « Cévenol ») ; ce fut une des premières lignes électrifiées en raison de son profil. Joli bassin sur l'Alagnon au confluent de l'Allanche ; en amont près de cette rivière, rocher basaltique de Laval et, plus haut, roc de Cuze, près de cascades.

NONETTE – 63.
Sur une grosse butte contournée par l'Allier, ruines d'un gros château (accès escarpé) commandant un large panorama. Eglise bénédictine romano-gothique (portail).
➡ 6 km E., Mailhat, église XIIe, sculptures curieuses.

OLLIERGUES – 63. 1 400 hab.
Au milieu des gorges de la Dore, vieux bourg agréablement situé avec des maisons XVe et XVIe ; vieux pont ; quelques ruines du château. Une ancienne église gothique près du cimetière au N.-O. (D. 87) ; belle route d'Augerolles (église) au N. (D. 37). Belles régions du Brugeron (ski) et de la Renaudie au N.-E.

ORCIVAL – 63.
Altitude 860 m
Dans le vallon du Sioulet, une admirable église romane XIIe au superbe clocher à deux étages octogonaux ajourés (chœur, chapiteaux surtout à feuillages, et très belle statue assise de la Vierge d'Orcival, XIIe) ; l'équilibre de son ensemble est remarquable ; crypte.
➡ 2 km S.-O. plus 30 mn aller et retour, Roche Branlante.
➡ S., par le G.R. 41, lac Servière à pied (2 h 30 aller et retour). ➡ 2 km N., château de Cordès XVe-XVIIe (vis. tous les jours) avec jardins de Le Nôtre.

Orcival : *Inattendue dans son vallon, une des plus belles églises d'Auvergne ; la lumière de son chœur est justement célèbre.*

PAL (Zoo du) – 03.
Zoo, parc animalier et d'attractions (pour enfants), joliment aménagé au cœur de la Sologne bourbonnaise.

PESTEILS (Château de) – 15.
Vaste et bel édifice sur un rocher, avec un puissant donjon féodal XIVᵉ (fresques XVᵉ) ; mobilier, plafonds peints XVIIᵉ (vis. tous les jours en saison). A Polminhac, qu'il domine, voir l'église XIIᵉ, à clocher à peigne.

PIERRE DU CHARBONNIER (La) – 03.
Altitude 1 031 m
De Trapière, à 12,5 km à l'E. de Châtel-Montagne, montée (2 h aller et retour par G.R.) à ce modeste sommet, panorama magnifique. ➡ Au N.-O. de Trapière, cascade de la Pisserotte.

PIERRE SUR HAUTE – 63-42.
Altitude 1 634 m
Point culminant des longues croupes granitiques des monts du Forez*, d'où la vue paraît sans limite au-delà des pâturages parsemés de « jasseries » (fermes d'été) dont certaines produisent encore la fourme (v. Saint-Anthème*). Le G.R. 3 en suit la crête, du col du Béal* à la région de Saint-Anthème ; l'accès par le col du Béal est aisé (2 h 15 aller et retour), on peut préférer la télécabine de Chalmazel (région XX).

PLEAUX – 15.   2 700 hab.
Altitude 642 m
Marché local. Belles maisons anciennes.

➡ 4 km N.-E., Puy de Bouvals (table d'orientation), vue vers le Cantal et ses planèzes O.

PLOMB DU CANTAL – 15.
Altitude 1 855 m
Deuxième sommet du Massif Central, arrivée du téléférique du Lioran* et de plusieurs téléskis, passage du G.R. 4 (entre Prat-de-Bouc, v. Murat*, et le Lioran*), panorama splendide (table d'orientation) sur tout le cratère de l'ancien volcan — son centre étant le Puy Griou — et toute la montagne auvergnate et au-delà (Alpes par temps très clair et de très bonne heure).

POLIGNAC – 43.   1 700 hab.
Célèbre site du rocher basaltique fortifié (imposant donjon restauré) entouré de son village et commandant le bassin du Puy (vis. tous les jours ; hors saison, se rens.) ; panorama intéressant (mais la vue depuis la N. 102 est plus saisissante). Eglise romane, fresques XIIᵉ et XIVᵉ.
➡ 6 km O., sur la Borne, château de Saint-Vidal, forteresse XVIᵉ (vis. l'été, l'après-midi) dans un beau paysage de pinèdes.

PONT-DU-CHÂTEAU – 63.   6 300 hab.
Ville-pont qui fut fortifiée (vestiges) ; maisons anciennes ; église romane à chœur gothique (chapiteaux dans le narthex) ; château classique (mairie) avec belle vue sur l'Allier et la région.

PONTGIBAUD – 63.   1 000 hab.
Altitude 672 m
Sur la Sioule. Beau château féodal XIIᵉ-XVᵉ, restauré. Porte de ville. Eglise (mobilier). Passage du G.R. 41 entre Orcival* et les gorges de la Sioule*.

Pesteils : L'ensemble féodal de ce château est remarquable et sa décoration intérieure est très belle, comme la vue sur la vallée de la Cère.

PRADELLES – 43.
Beau village jadis fortifié (portes) avec des maisons anciennes à arcades ; voir la place de la Halle. Au S., croix d'Ardenne, vue.
➜ 11 km N.-O., Landos (église romane) au milieu du beau plateau du Velay entre Allier et Loire dans leurs gorges.

Polignac : Le site extraordinaire est occupé dès l'Antiquité, mais la famille de Polignac, plus connue pour le cardinal-diplomate Melchior, la célèbre duchesse amie de Marie-Antoinette et l'intransigeant ministre de Charles X, que pour son château imprenable, en tira pourtant les origines de sa fortune.

PRADES – 43.
Au terme de la route du fond des gorges de l'Allier* (en amont seul le chemin de fer continue à le border toujours entre deux tunnels), village au site rocheux remarquable ; attachante petite église.
➜ 3 km N., face à Saint-Julien-des-Chazes, solitaire chapelle de Sainte-Marie-des-Chazes (clocher-porche curieux).

PUY (Le) – 43.   29 000 hab.
Altitude 630 m
Ville extraordinaire dans un site extraordinaire : le bassin du Puy (et la ville même) est parsemé de rochers volcaniques de toutes formes s'élevant au-dessus de reliefs travaillés. La ville est dominée par le rocher Corneille, surmonté de la statue de Notre-Dame-de-France (de 16 m), d'où l'on a un panorama unique (table d'orientation).

Le Puy : La vision du rocher volcanique d'Aiguilhe, à pic sur la Borne et portant la très belle chapelle Saint-Michel, est toujours aussi étonnante.

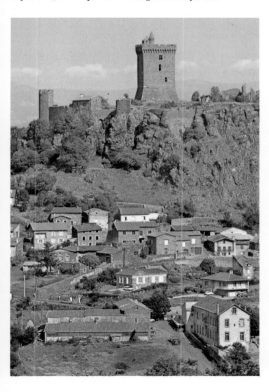

Le Puy est un des ensembles français urbains et naturels les plus surprenants. Le site et les pèlerinages ont donné aux évêques leur puissance, et la dentelle aux fuseaux a fait le reste de la renommée de cette cité.

Page 329, Notre-Dame, d'aspect colossal, et sa façade en damiers.

La cathédrale-basilique Notre-Dame, XIIᵉ, mais soigneusement restaurée au XIXᵉ, est romane, à coupoles, mais ses dispositions la rendent très originale : l'escalier monumental (qui continue la rue des Tables) montant sous le grand porche et pénétrant dans le milieu de la nef, la haute façade au décor polychrome, le clocher séparé ; voir les portes à vantaux sculptés XIIᵉ dans l'escalier, des fresques XIIᵉ et XIIIᵉ, et la fameuse fresque des Arts libéraux XVᵉ dans la chapelle des reliques, la célèbre Vierge Noire sur le maître-autel XVIIIᵉ, la sacristie et ses œuvres d'art. Beau porche du For XIIᵉ (chapiteaux) donnant sur la place du For aux bâtiments XVᵉ et XVIᵉ (dont l'évêché). Porche Saint-Jean roman et baptistère, XIᵉ. Magnifique cloître polychrome XIIᵉ (vis. tous les jours sauf mardi) et chapelle des morts (Crucifixion XIIIᵉ) ; au-dessus, bâtiment des Mâchicoulis XIIᵉ. Chapelle des Pénitents, plafond peint XVIIᵉ. Hôtel-Dieu : le porche gothique surmonte deux portails romans. Le vieux quartier se situe entre l'hôtel de ville, la tour Pannessac, vestige de l'enceinte, et la place des Tables (d'où la rue des Tables monte à Notre-Dame) ; les rues Pannessac, du Chamarlenc, Raphaël, et la place des Tables possèdent les vieilles maisons les plus intéressantes ; fontaines place du Plot (XVᵉ) et place des Tables. Eglise Saint-Laurent, gothique XIVᵉ-XVᵉ ; près d'elle, du pont de la route de Brioude, vue sur le Puy ; pont médiéval plus haut. Sur la place du Breuil, au centre de la ville, la préfecture cache le jardin Vinay au fond duquel se trouve le musée Crozatier (vis. tous les jours sauf mardi et en février), très riche : archéologie (collections lapidaires antiques et médiévales), faïences, dentelles, peintures anciennes, tapisseries.
Aiguilhe, commune distincte, est célèbre pour son rocher, cheminée volcanique portant la remarquable chapelle Saint-Michel-d'Aiguilhe (à 80 m d'altitude relative), XIᵉ et XIIᵉ (vis. tous les jours).
➡ Outre Polignac*, voir, 2 km O., les orgues d'Espaly (rochers et panorama). ➡ 12 km S.-E. (route du Monastier), château médiéval de Bouzols, vue. ➡ 4,5 km S. (N. 88), pépinière O.N.F. de Taulhac, au-dessus d'un méandre de la Loire, vue magnifique.

QUEUILLE (Méandre de) – 63.
Vu du belvédère ménagé au N. du village, l'un des plus jolis sites des gorges de la Sioule*, qu'un petit barrage a empli au niveau idéal pour le coup d'œil.

RAVEL – 63.
Beau château féodal XIIIᵉ et classique (terrasse de Le Nôtre), avec appartements et magnifiques collections (vis. tous les jours en saison) ; panorama. Dans le village au-dessous, jolie petite église gothique ancienne.
➡ 4 km O. ; Moissat-Bas, église romane.

RETOURNAC – 43.   2 600 hab.
Altitude 509 m
Dans les gorges de la Loire ; église romane en grès jaune.

RHUE (Gorges de la) – 15.
Entre Condat* et la Dordogne, c'est un océan de verdure (belle forêt de Maubert) où des barrages composent d'agréables paysages champêtres. Le plateau de l'Artense* les borde au N. avec ses nombreux lacs et son paysage de bocage. Un « coin » pour les pêcheurs.

RIOM – 63.   18 000 hab.
Belle ville ancienne, sur une butte au bord de la Limagne, au pied des Dômes.
L'église Notre-Dame-du-Marthuret, XIVᵉ-XVᵉ, héberge l'admirable *Vierge à l'Oiseau*, sculpture XIVᵉ, dont une réplique est au portail. Eglise Saint-Amable romano-gothique XIIᵉ-XIIIᵉ, restaurée (belles boiseries XVIIᵉ). Le Palais de Justice garde une Sainte-Chapelle XIVᵉ avec des vitraux XVᵉ et de belles tapisseries XVIIᵉ. Innombrables maisons anciennes, rue de l'Horloge (beffroi), rue de l'Hôtel-de-Ville (maison des Consuls). Musée d'Auvergne (arts et traditions populaires), très vivant (vis. tous les jours sauf lundi et mardi). Musée Mandet (peinture et poterie) (mêmes vis.). De beaux boulevards entourent la vieille ville à la place des remparts.
➡ 1,5 km O., Mozac (2 100 hab.) : abbatiale Saint-Pierre XIIᵉ, magnifiques chapiteaux et, dans le trésor, châsse de Saint-Calmin XIIᵉ, couverte d'émaux limousins (sacristie). ➡ 7 km N., Davayat, joli château Louis XIII (vis. tous les jours) et menhir. ➡ 9 km E., Ennezat, au cœur de la riche Limagne, possède une des plus vieilles églises auvergnates (nef et transept ; le chœur est gothique) ; chapiteaux romans et peintures murales XVᵉ. ➡ 3 km S.-O., belle Vierge noire XIIᵉ, en bois peint, dans l'église romane de Marsat.

RIOM-ÈS-MONTAGNES – 15.   3 900 hab.
Altitude 842 m
Grandes foires de bestiaux (fin septembre) et centre fromager important (fourme, bleu). Production de gentiane. Eglise Saint-Georges XIᵉ-XIIᵉ (chapiteaux).
➡ 2 km N.-O., château de Saint-Angeau, beau parc. ➡ 7 km N.-O., Menet, joli village, petit lac, maisons anciennes, église XIIᵉ. ➡ 13 km O. (D. 678), Trizac, église romane XIIIᵉ-XVᵉ à trois nefs et clocher-porche ; foires à bestiaux. A Valette, à mi-chemin, orgues basaltiques de Peyregrosse. ➡ 6 km S.-E., Apchon, beau village, avec sur un piton volcanique (20 mn aller et retour) les ruines imposantes d'un château qui fut baronnie ; panorama sur toute la contrée.

ROCHE-BARON (Château de) – 43.
A 1 h aller et retour N.-O. de Bas-en-Basset, belles ruines consolidées d'un grand château fort XVᵉ à trois enceintes ; vue sur la Loire, le Vivarais, l'est du Velay (table d'orientation).

ROYAT – 63.   4 500 hab.
Altitude 456 m
Station thermale réputée et vieille ville étirée dans un vallon, aux portes de Clermont. Eglise romane, fortifiée au XIIIᵉ (roses gothiques), crypte. Ancien prieuré. Parc thermal. Taillerie de pierres fines (tous les jours l'été, sauf dimanche). Grotte du Chien (gaz carbonique).
Nombreuses promenades et randonnées : Puy de Charade (panorama, 904 m) au milieu du circuit automobile d'Auvergne, la Pépinière (de l'Etat), le chemin des Crêtes, la voie romaine au-dessus de Chamalières*, ne sont que les plus rapprochées (2 à 3 h).

SAIGNES – 15.
Altitude 500 m
Petite station d'été dans un beau site, dominant la Sumène. Eglise XIIᵉ.
➡ 2 km O., Ydes, église romane au magnifique portail. Joli site sur la Sumène. ➡ 4 km N.-E., site de Vebret. ➡ 7 km N., Madic, lac, dernier reste d'un lit ancien de la Dordogne ; château en ruine avec vue sur la grande rivière et la région de Bort. ➡ 3 km S.-E., rocher de Chastel-Marlhac.

SAINT-AMBROISE (Puy) – 03.
Altitude 442 m
Pointement volcanique dans les collines dominant la Sologne bourbonnaise et la Loire. Table d'orientation, vue immense. Le G.R. 3 y passe (sentier « de la Loire »).

SAINT-ANTHÊME – 63.   1 200 hab.
Altitude 940 m. Ski
Sur la belle route d'Ambert à Montbrison, station d'été et d'hiver agréable avec de beaux environs.
➡ 11 km N.-O. (D. 106), près du col des Supeyres*, jasseries du Grand Genévrier ; parmi elles, « le Coq Noir » est devenue Musée de la Fourme (vis. et dégustation l'été).
➡ 6 km N.-E., col de la Croix de l'Homme Mort* (région XX). ➡ 8 km S., la Chaulme, cascades.

SAINT-DÉSIRÉ – 03.
Belle église romane XIᵉ-XIIᵉ. Le G.R. 41 parcourt à l'E. une charmante campagne.

SAINT-DIER-D'AUVERGNE – 63.
Dans le Livradois, sur le Miodet. Eglise prieurale XIᵉ-XIIᵉ à sculptures romanes.
➡ 5 km S., château des Martinanches XIᵉ, XVᵉ et XIXᵉ, objets d'art et décoration intéressants (vis. tous les jours en saison, dimanche et jours fériés). Pas très loin au N.-E., à pied, G.R. 33, ou par la route, ruines du château de Ceilloux, vue. ➡ 12 km S.-O. + 30 mn aller et retour, pic de la Garde (780 m, table d'orientation), important panorama.

SAINT-ÉTIENNE- CANTALÈS (Barrage de) – 15.
Ouvrage du type poids-voûte qui retient la Cère sur 12 km en un lac très ramifié particulièrement beau. Plage et base nautique côté E., au S.-O. de Lacapelle-Viescamp.

SAINT-FLOUR – 15. 8 800 hab.
Altitude 881 m

Vieille cité épiscopale, marchande, judiciaire, perchée sur le bord de sa planèze basaltique dans ses remparts détruits ; orgues et falaises sur le pourtour de la vieille ville.
Sa cathédrale Saint-Pierre, gothique méridional XVᵉ, aux deux puissantes tours (peintures murales, beau Christ noir en bois XIIIᵉ) est imposante ; à côté, l'hôtel de ville, ancien palais épiscopal, contenant le Musée de la Haute-Auvergne (vis. tous les jours, sauf samedi et dimanche l'hiver) ; maison consulaire Renaissance avec tourelle d'escalier, où se trouve le musée A.-Douet aux importantes collections ; collégiale Notre-Dame XIVᵉ-XVᵉ ; hôtels et maisons anciens, façades Renaissance, rue Marchande, rue des Thuiles (pittoresque, descendant à la ville basse, avec une porte) ; restes de remparts. Le site d'ensemble est extraordinaire : la ville basse en offre une belle vue, mais la meilleure est celle du calvaire du plateau de la Chaumette (3 km S. par D. 40 et à gauche + quelques mn à pied).
➡ 8 km N.-O., au Sailhant, château très restauré, et cascade du Babory, tombant dans un petit lac entouré de falaises basaltiques ; non loin de là au S., Roffiac, belle église romane à clocher-mur. ● Etape sur le G.R. 4 (entre le massif du Cantal et la haute Truyère).

SAINT-FRONT (Lac de) – 43.
Joli lac presque rond, parmi des plateaux vallonnés qui ont beaucoup de caractère, non loin du Mézenc*.

SAINT-GILBERT (Ancienne abbaye de) – 03.
Beaux restes XIIᵉ ; salle capitulaire. Exposition et artisanat. (Vis. tous les jours en saison.)
➡ E. et S.-E., forêt de Marcenat.

SAINT-HILAIRE-LA-CROIX – 63.
Eglise prieurale XIIᵉ.
➡ Au S., jolie vallée de la Morge.

SAINT-JULIEN-CHAPTEUIL – 43. 1 700 hab.
Altitude 821 m

Eglise romane, dans un beau village sur la Sumène ; paysage très vert hérissé de sucs phonolithiques, dominé à l'E. par le massif du Meygal*. Patrie de Jules Romains.

SAINT-MAMET-LA-SALVETAT – 15. 1 400 hab.
Altitude 743 m

Petit bourg avec une vieille église gothique ; sur une butte au N., chapelle Saint-Laurent, table d'orientation, panorama sur le lac de Saint-Etienne-Cantalès, la plaine d'Aurillac, les planèzes O. du Cantal.

SAINT-MARTIN-VALMEROUX – 15. 1 100 hab.
Joli bourg à maisons anciennes et halle ; église.
➡ 8 km S., Saint-Chamant, où se trouvait jadis une importante collégiale ; des boiseries en restent à l'église, ainsi qu'à Saint-Cernin et à Saint-Illide.

SAINT-NECTAIRE – 63.
Altitude 760 m

En bas, station thermale, en haut, un haut lieu du roman auvergnat : l'église Saint-Nectaire, milieu XIIᵉ, est l'une des merveilles de l'architecture romane d'Auvergne ; extérieur sobre et majestueux ; l'intérieur, d'une grande unité, renferme de remarquables chapiteaux (cent trois ; voir surtout les six du chœur) ; important trésor.
A Saint-Nectaire-le-Bas, casino, petit zoo, dolmen, thermes, fontaine pétrifiante.
➡ Au-dessus à l'E. (route), Puy de Mazeyres, table d'orientation, vue sur l'église, le château de Murol, les monts Dore. Plusieurs monuments mégalithiques dans la région, à Saillant, Sapchat, Freydefont. Au S.-O., cascade des Granges. Et bien sûr... le fromage.

SAINT-PAL-DE-CHALENCON – 43. 1 000 hab.
Entre Forez et Velay, beau village gardant des restes de remparts (portes) et un ancien château XVᵉ ; église XVᵉ.

SAINT-PAULIEN – 43. 1 600 hab.
Belle église romano-gothique auvergnate remaniée ; musée.
➡ 5 km N., col de la Croix de l'Arbre (1 004 m) ; à proximité (40 mn aller et retour), le Peyramont 1 109 m, panorama. ➡ 3 km S.-O., château de la Rochelambert, en lave, XVᵉ-XVIᵉ, bâti dans la verdure contre un rocher de basalte ; riche collection d'œuvres d'art (Christ ancien) (vis. tous les jours).

SAINT-POURÇAIN-SUR-SIOULE – 03. 5 600 hab.
Centre commercial et carrefour important, connu pour ses vins, c'est une ancienne cité avec une église abbatiale romano-gothique souvent reprise. Beffroi et vieilles maisons de bois.
➡ 3 km N.-O., Saulcet, église romane (peintures murales).
➡ 5 km N.-O., Verneuil-en-Bourbonnais, beau village moyenâgeux (château, fortifications, église XIIᵉ avec beau clocher). Ces deux villages sont sur la ligne des coteaux du vignoble.

Fontanges (voir Salers) : *Une des simples églises cantaliennes en lave orne ce village.*

SAINT-RÉMY-SUR-DUROLLE – 63. 2 000 hab.
Altitude 650 m
Petit lac propice aux sports nautiques ; belvédère du Calvaire ; falaises de quartz.

SAINT-ROMAIN (Château) – 43.
Altitude 1 041 m
Ruines XIVᵉ considérables (fresques) dominant Siaugues-Sainte-Marie sur la belle D. 590 Langeac-le Puy et sur le G.R. 40 (en 3 h aller et retour, agréable balade à la Durande 1 299 m, sommet N. du Devès* que ce sentier parcourt en entier en faisant le tour du Velay).
➡ 5 km O., ruines et église de Vissac.

SAINT-SATURNIN – 63.
Son et Lumière
Très belle église romane XIIᵉ de style auvergnat (clocher d'origine, restauré). Restes de fortifications. Château XIVᵉ-XVᵉ (Son et Lumière l'été). Fontaine Renaissance.
➡ Au N., montagne de la Serre, plateau basaltique, ancien fond de vallée ; à son extrémité E., village du Crest (église XIIIᵉ) et tour en ruine : panorama.

SAINT-URCIZE – 15.
Altitude 1 200 m
Une des foires de l'Aubrac (octobre). L'église romane auvergnate, à clocher-mur à arcades, se distingue en Haute-Auvergne par son déambulatoire ; Christ au tombeau peint XVᵉ et fresque ; belles maisons anciennes. Sur les pentes volcaniques nord de l'Aubrac.

SALERS – 15. 500 hab.
Altitude 951 m
Belle cité médiévale bâtie en basalte sombre dans un site de toute beauté au bord de sa planèze, sur deux mamelons. Dans la ville basse, l'église, XVᵉ, porche XIIᵉ refait ; mise au tombeau en pierre peinte XVᵉ, lutrin Louis XIII, tableaux, tapisseries. Passé la porte de l'Horloge, c'est la ville haute, avec sa magnifique Grande-Place, décor XVᵉ, bordée de célèbres maisons anciennes : de Bargues (vis. en saison), de la Ronade, du Bailliage. Celle des Templiers présente des expositions régionales. De la promenade de Barouze, beau panorama sur la haute vallée de la Maronne (massif du Cantal). Restes d'enceinte.
➡ 6 km E. par D. 37, cascade de la Maronne. ➡ E., la route du Puy Mary est de premier ordre. ➡ S., en dessous mais à 5 km, château de Palemont, XVᵉ, puissant donjon, dans un beau site. Dans la vallée de l'Aspre qui remonte en face au S.-E., village de Fontanges, belle région sauvage : cascades, forêts, grottes peuplent le fond de la vallée, dominé par le Puy Chavaroche, proche du Puy Mary.

SALIGNY-SUR-ROUDON – 03. 1 000 hab.
Château XVᵉ (gros donjon) et Renaissance, avec des douves.

SANCY (Puy de) – 63.
Altitude 1 885 m. Ski
Toit de la « France hercynienne » (tout le pays sauf Alpes, Jura et Pyrénées). Domine au N. la source de la Dordogne et le Mont-Dore* (téléfériques, tous les jours) ; un sentier permet d'accéder au sommet (40 mn aller et retour). Panorama immense, vues intéressantes sur le Cantal et les Dômes. Par temps très clair, les Alpes. Table d'orientation. Certains de ses abords sont très découpés, très « montagne ». Dense réseau de sentiers.

Salers : *Un coin de l'admirable Grande-Place.*

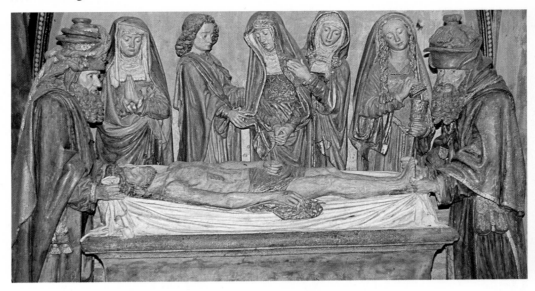

Salers : De vieux remparts ont précédé les splendides demeures anciennes en lave sombre, érigées par les titulaires des tribunaux royaux. La Mise au tombeau de l'église, aux personnages polychromes grandeur nature, est des plus pittoresques.

SAUGUES – 43. 2 600 hab.
Altitude 960 m
Marché important et station d'été agréable, sur le plateau E. de la Margeride*, pays froid comme le Velay. Tour des Anglais. Eglise gothique à clocher octogonal ancien. Etonnante procession des Pénitents le soir du Jeudi saint.
➡ Passage du G.R. 65 entre le Puy et le Gévaudan.
➡ Belles routes : du Malzieu au S.-O., de Saint-Préjet et d'Alleyras au S.-E. ➡ 5 km N.-E., cascade de Luchadoux.

SIANNE (Gorges de la) – 15.
De Vèze à Auriac-l'Eglise (église), belle descente dans un paysage boisé parsemé de rochers basaltiques ; d'Auriac-l'Eglise, gagner Massiac* par les D. 55 et 21.

SIOULE (Gorges de la) – 63-03.
Elle naît près du col de Guéry, passe entre les roches Tuilière* et Sanadoire, à Pontgibaud* et s'enfonce dans des gorges sauvages que la route ne suit qu'à partir de Châteauneuf-les-Bains* ; entre-temps, on trouve le Moulin et la cascade de Montfermy (site), puis un sentier (G.R. 41) descend en coupant les méandres au pont de la chartreuse

L'artisanat et les traditions sont toujours vivaces à Salers et les foires aux bestiaux de printemps et d'automne offrent un spectacle étonnamment coloré.

de Port-Sainte-Marie (le G.R. 41 s'en va à l'O. vers Miremont, église) où commence le lac du barrage de Besserve où le Sioulet rejoint la Sioule. Après Besserve, viaduc des Fades* puis (sentier de nouveau) méandre de Queuille* et Châteauneuf-les-Bains (route maintenant jusqu'à la plaine). Belles ruines XIIIe de Château-Rocher avant Pont-de-Menat*, puis ce sont les gorges de Chouvigny* avant de passer devant la belle église d'Ebreuil*.

SOUVIGNY – 03. 2 100 hab.
Nécropole des ducs de Bourbon, la célèbre église Saint-Pierre XIIe et XVe, ancien prieuré, abrite des merveilles : tombeaux des ducs de Bourbon, chapelle Vieille, chapiteaux, chapelle Neuve, salle capitulaire XIIe et musée lapidaire sous la sacristie, avec un « calendrier » XIIe, extraordinaire colonne sculptée. Ancienne église Saint-Marc, XIIe.
➡ 6 km, N., Saint-Menoux, église (XIe-XVe), ancienne abbatiale bénédictine avec narthex et très beau chœur.
➡ Autres églises anciennes à Meillers (9 km S.-O.) et Gipcy (12 km S.-O.), ainsi qu'à Autry-Issards (5 km N.-O.) ; au S.-O. de ce village, château du Plessis. – Entre Meillers et le Montet, les « Côtes Matras », belle route de crête.

SUPEYRES (Col des) – 63.
Altitude 1 366 m.
Sur la route de Valcivières à Saint-Anthème ou à Montbrison. Site pastoral sauvage.

TAZENAT (Gour de) – 63.
Beau lac de cratère (volcan le plus septentrional), presque rond. Plage.

TENCE – 43. 2 800 hab.
Altitude 840 m
Agréable villégiature au cœur de beaux plateaux verdoyants avec des bois, groupée autour de son église XVIIe (stalles) au chœur XVe. Belles routes pour le Chambon.

TERNES (Les) – 15.
Village de la planèze basaltique de Saint-Flour ; église à sculptures romanes, et château.
➡ 4 km S.-E., Sériers, beau menhir. Dolmen et menhir aussi au S., près de la route de Pierrefort. Alleuze n'est pas loin au S.-E. mais par des chemins très détournés.
➡ 11 km O. + 30 mn aller et retour, passé une zone marécageuse, le puy de Mercou (1 255 m), près de Paulhac, fournit une belle vue vers l'Aubrac.

THIERS – 63. 17 800 hab.
Site urbain très pittoresque et contourné autour du ravin de la Durolle, capitale de la coutellerie et de la quincaillerie, cité bourgeoise et ouvrière ancienne.
Belle place du Pirou, maison du Pirou XVe, rue du Pirou, bref c'est le quartier ancien du Pirou ; rue de la Coutellerie (maison de l'Homme des Bois XVe) ; église Saint-Genès, romane mais très reprise, fresques, coupole, et décor polychrome au S. ; église Saint-Jean XVe et cimetière dominant la Durolle ; église du Moutier. La terrasse du Rempart offre une très belle vue (table d'orientation). Suivre la rive gauche, du pont Saint-Roch à la place du Navire, pour voir les chutes de la rivière actionnant les usines. Musée de la Coutellerie et d'Art local.
➡ E. et S.-E., rochers des Margerides, Vernières, rocher de Borbes ; panorama très étendu. Un réseau touffu de routes « perdues » occupe au S.-E. les avant-monts de la longue croupe du Forez : pays vert mais rude.

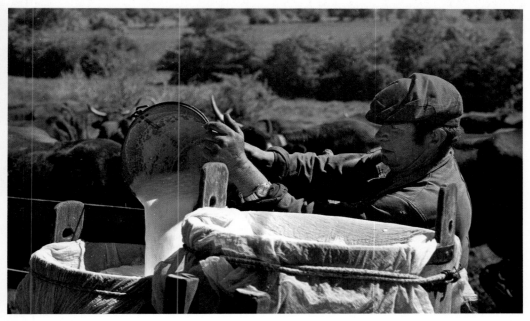

THIÉZAC – 15.
Altitude 805 m

Agréable village bien situé sur la Cère. Eglise gothique ancienne. Etablissement de pisciculture près de la Cère (vis. l'après-midi sauf dimanche). Sur une butte au-dessus au N., chapelle Notre-Dame-de-Consolation XVIᵉ, ressemblant à un buron, plafond peint XVIIᵉ ; ancien pèlerinage (troisième dimanche d'août).
➡ 5 km O., cascade de Faillitoux. ➡ 3 km E., chaos de Casteltinet.

TOUR-D'AUVERGNE (La) – 63.   1 000 hab.
Altitude 990 m

Joli bourg sur un plateau basaltique, petite station d'été ; belle vue de Notre-Dame-de-Natzy, au N. (1 100 m ; pèlerinage début août).
➡ 6 km S.-E., Chastreix, petit village, Vierge XIᵉ dans l'église ; de là, 6 km N.-E., centre de ski Chastreix-Sancy, au-delà du roc Courlande. ➡ 3 km S.-O., cascade du Pont de Pierre. Au S. et au S.-O., plateau caractéristique de l'Artense*.

TOURNOËL (Château de) – 63.
Altitude 600 m

Formidable ruine XIIᵉ, XIIIᵉ et XVIᵉ dominant la Limagne (vis. tous les jours, sauf mardi, en saison).
➡ 2 km S., Volvic (3 500 hab.) ; sources d'eau minérale très pure ; carrières de lave, très anciennes ; chœur XIIᵉ de l'église, avec chapiteaux. Maison de la Pierre, et du volcanisme (vis. tous les jours sauf mardi en saison ; se couvrir). Maison du Miel. Statue monumentale de la Vierge, sur un piton (vue). De Volvic, 4 km S.-O., le Cratère, d'où (1 h 15 aller et retour) montée au puy de la Nugère (994 m), très curieux volcan.

Les magnifiques troupeaux qui font retentir leurs sonnailles sur les pentes verdoyantes des puys alimentent une industrie fromagère renommée.

TRÉBOUL (Pont de) – 15.
Long de 160 m, il remplace le vieux pont gothique submergé. Sur la Truyère*, en fait la retenue du barrage de Sarrans, c'est le « clou », avec les rochers de Turlande et le belvédère du Vezou qui suivent en aval, du trajet superbe de Chaudes-Aigues à Pierrefort ; si l'on descend sur le soir de Sainte-Marie qui le domine à l'E., cela peut être admirable.

TRONÇAIS (Forêt de) – 03.
Magnifique forêt domaniale de plus de 10 000 ha, dont les chênes sont célèbres (elle compte aussi des pins et des hêtres). Très aménagée (parking, pique-nique, aires de jeux ; sur les étangs : baignade, pêche, voile), avec parcours pédestres, visites guidées l'été à Saint-Bonnet où se trouve la futaie Colbert aux chênes de plus de trois cents ans. Très beaux étangs : de Saint-Bonnet, de Pirot, de Tronçais, de Saloup. Beaucoup d'animaux.

TRUYÈRE (Gorges de la) – 15.
Escalier d'eau dans des paysages grandioses : Garabit*, château d'Alleuze*, belvédère de Mallet* et barrage de Grandval, beau site du pont de Lanau sur la D. 921 (Saint-Flour – Chaudes-Aigues – Rodez), pont de Tréboul*, admirable route de Pierrefort au barrage de Sarrans (région XVIII) par Laussac*, et ainsi de suite jusqu'au confluent avec le Lot (région XVIII). Aucune route ne les suit vraiment et les rencontres sont toujours captivantes.

TUILIÈRE ET SANADOIRE (Roches) – **63.**
Altitude 1 296 et 1 288 m
C'est de la D. 983 un peu au N.-E. du col de Guéry que l'on voit le mieux ces deux étonnants reliefs volcaniques encadrant le haut de la vallée de Rochefort.
➡ Au S., col de Guéry (1 264 m), vue admirable sur le lac de Guéry et le massif du Sancy*, centre des monts Dore.
➡ 6 km N.-E., lac Servière, lac de cratère tout rond presque entièrement entouré de belles forêts (par le G.R. 41 en 3 h aller et retour environ). ➡ Du col de Guéry, 3,5 km S.-O. plus 1 h aller et retour, la Banne d'Ordanche (ancien volcan), table d'orientation, procure un panorama splendide sur la région et les monts Dore.

USSON – **63.**
Beau vieux village, église XIIᵉ et XVᵉ (mobilier) et restes du château juché sur la butte basaltique (632 m) ; vue étonnante. Musée de la photographie.
➡ 6,5 km S.-E., Bansat a une église romane fortifiée.

VAL (Château de) – **15.**
C'est déjà la Corrèze et le Limousin voisins. Dans le site célèbre d'une presqu'île du lac de Bort, forteresse XVᵉ à cinq grandes tours rondes (vis. tous les jours sauf mardi hors saison). L'été, promenades en bateau.
➡ 3 km E., Lanobre a une belle église romane XIIᵉ (chapiteaux).

VALLON-EN-SULLY – **03.**   1 700 hab.
Eglise romane en grès gris, jaune et rouge, avec clocher-porche, dans la jolie vallée du Cher.

VEAUCE – **03.**
Son et Lumière
Commune minuscule dans les collines du Bourbonnais, mais l'église XIᵉ et aussi le château XIVᵉ, modifié plus tard et restauré (vis. tous les jours en saison ; Son et Lumière samedi et dimanche l'été), valent le détour.
➡ Au N.-O., vaste forêt domaniale des Colettes (2 000 ha), accidentée ; carrières de kaolin. ➡ 6 km N.-E., Bellenaves, église romane.

VEURDRE (Le) – **03.**
Eglise XIIᵉ et château de la Baume.
➡ 6 km N.-O., château XVIIIᵉ de Saint-Augustin et parc animalier, surtout oiseaux aquatiques, daims, lions (vis. l'après-midi, tous les jours en été, vendredi, samedi, dimanche et jours fériés hors saison) ; trophées de chasse. Environs : c'est le bocage bourbonnais.

VICHEL – **63.**
Tour de Montcelet (738 m), sur une butte volcanique : vue (1 h 15 aller et retour).
➡ 7,5 km S.-O. par N. 9 et D. 35, Saint-Gervazy, église avec belle Vierge en bois XIIᵉ.

VICHY – **03.**   32 300 hab.
Station thermale renommée. Au centre, parc des Sources, sur lequel donnent les Etablissements thermaux, le casino, le pavillon des Sources et de grands hôtels. Vaste parc de l'Allier, au bord de la rivière formant le lac d'Allier (sports nautiques). Au S. du parc des Sources, le vieux Vichy, où subsistent encore quelques maisons anciennes, du Bailliage, XVIᵉ (musée), de Mme de Sévigné. Centre culturel Valéry Larbaud.
➡ 4,5 km S.-E., site des Hurlevents (433 m), belle vue sur la vallée de l'Allier et la forêt Boucharde en face, devant les monts d'Auvergne. ● Festival (fin juillet-début août).

VIC-LE-COMTE – **63.**   3 200 hab.
Ancienne capitale du comté d'Auvergne et au cœur de la Comté, région de pitons volcaniques « à châteaux ». Complétée par l'église XIXᵉ, Sainte-Chapelle, début XVIᵉ, magnifique (sculptures extérieures, vitraux, retable). Eglise Saint-Jean-Baptiste romane, avec fresques XIVᵉ.
➡ 4 km S., château de Buron, perché sur une butte de basalte.

VIC-SUR-CÈRE – **15.**   2 000 hab.
Altitude 681 m
Station climatique et jadis thermale (buvette appréciée) dans un beau bassin de la vallée de la Cère*. La vieille ville s'orne de plusieurs maisons anciennes dont la maison Laparra et la maison des princes de Monaco, XVᵉ, à qui Louis XIII avait donné le Carladès. Eglise romane remaniée. Cascade du Trou de la Conche, par un chemin prenant derrière l'église.
➡ 6 km N.-E., Thiézac*. ➡ 6,5 km S.-E., col de Curebourse (997 m) et, à droite (20 mn aller et retour), rocher des Pendus (1 069 m), à pic sur la vallée, vue magnifique.

VIEILLEVIE – **15.**
C'est là où l'Auvergne se baigne dans le Lot, par une délicieuse départementale et sur une douzaine de kilomètres, au pied de la Châtaigneraie et tout près de Conques* (région XVIII). Ruines et petits manoirs. Les routes qui y descendent sont panoramiques.

VILLENEUVE-SUR-ALLIER – 03.
Grange du Riau (2 km E.) : bel ensemble rustique avec un château et ses douves.
➡ 4 km N., arboretum de Balaine (vis. samedi, dimanche et lundi en saison), bel échantillonnage du monde entier.

VIVEROLS – 63.
Altitude 870 m
Village ancien. Ruines d'un château médiéval.

VOLCANS D'AUVERGNE
(et Parc naturel régional des) – 15-63.
Les zones volcaniques du Massif Central les plus évidentes sont toutes en Auvergne ou l'avoisinent, et sont une de ses caractéristiques : monts Dômes (ou chaîne des Puys), monts Dore (ou massif du Sancy), plateau du Cézallier, massif du Cantal et ses planèzes, massif de l'Aubrac (débordant sur la Lozère et l'Aveyron), chaîne du Devès (ou du Velay), massifs du Meygal et du Mézenc ; seul ce dernier, énorme et complexe avec ses prolongements du Coiron et du Tanargue, échappe en majeure partie à la région (voir région XX). Le Parc englobe toute la chaîne O., soit des Dômes au Cantal. Les monts Dômes (voir Puy de Dôme*), les plus récents vont du Gour (lac) de Tazenat au lac d'Aydat* ; la plupart sont à cratère, les plus typiques étant le puy de la Vache (près de la D. 5 à 10 km N.-O. d'Aydat, 1 h aller et retour) et le puy de Pariou (N. du Puy de Dôme, 1 h 15 aller et retour de la D. 941 B ; accès réglementé, champ de tir) ; quelques-uns seulement sont de vrais dômes. Les monts Dore sont les restes très pittoresques d'un volcan multiple culminant au puy de Sancy* et s'élevant aussi autour du lac de Guéry. Le Cézallier* est une nappe d'épanchement basaltique. Le Cantal devait faire songer à l'Etna ; la nature telle que l'homme l'a remodelée jusqu'ici en fait un ensemble de grande beauté (voir notamment Plomb du Cantal*, Puy Mary*, Lioran*).
Le Parc, qui couvre 315 000 ha (le plus grand de France), est destiné à maintenir la possibilité d'une vie rurale normale dans le respect du milieu naturel par l'information et le contrôle de l'ouverture au tourisme ; il a permis la création d'un réseau de sentiers pédestres et auto-pédestres, et favorise des activités variées, et des stages d'artisanat pour groupes. Il a créé en outre trois « maisons » : de la Pierre et du Miel à Volvic (voir Tournoël*), et de la Gentiane à Riom-ès-Montagnes*.

YSSINGEAUX – 43.   6 500 hab.
Altitude 860 m
Carrefour et centre industriel, dans une belle région de plateaux volcaniques semée de « sucs ». Hôtel de ville XVe.
➡ 11 km E., barrage de Lavalette ou de la Chazotte, retenant le Lignon sur 10 km (voile), jolis sites peu accessibles ; beau site du barrage de la Chapelette, plus bas (sur la D. 105). 6 km N. de Lavalette, Lapte, village dont le clocher est un bel observatoire sur la région. ➡ N., la route de Monistrol domine à droite les basses gorges du Lignon ; au N.-O., route de Retournac (aller par Beaux et revenir par Glavenas). ➡ 8 km O. ; Glavenas, au pied de son puy (1 045 m, 30 mn aller et retour), curieux et vaste plateau dominant les environs ; passage du G.R. 40 Tour du Velay entre le Meygal* et les gorges de la Loire ; 4 km S., col du Pertuis : du suc du Pertuis au S., belle vue sur le massif du Meygal.

Château de Val : *Un des châteaux de la famille d'Estaing, dans un cadre mis en vedette par la retenue du barrage de Bort, exemple rare de création harmonieuse de site par une transformation industrielle.*

La **Roche Tuilière** *(à gauche) et la* **Roche Sanadoire** *(à droite), près de la Bourboule, sont des restes volcaniques monolithiques célèbres qui donnent au paysage un accent romantique inoubliable.*

VILLEFRANCHE-D'ALLIER – 03.   1 300 hab.
Eglise XIe.
➡ 5 km E., Murat, château en ruine au-dessus d'un ravin, beau site.

VILLENEUVE (Château de) – 63.
Renaissance mais de silhouette médiévale ; carré, énormes tours d'angles rondes, larges douves ; belles boiseries et peintures satiriques fort drôles ; plafonds (vis. tous les jours sauf mardi).
➡ 8 km S., près de Boudes, vallée des Saints, grandes sculptures naturelles de latérites rouges et blanches d'un effet surprenant.

Sarlat: L'hôtel de Plamont.

Aquitaine XVII

41 408 km² − 2 656 518 habitants

Départements	Superficie en km²	Population
24 Dordogne	9 184	377 356
33 Gironde	10 000	1 127 546
40 Landes	9 237	297 424
47 Lot-et-Garonne	5 358	298 522
64 Pyrénées Atlantiques	7 629	555 670

Au troisième rang des régions pour l'étendue, le « pays des eaux » s'est vu fuir par ses habitants « actifs » au siècle dernier, l'industrie boudant ce paradis agricole qui réussissait aussi dans le commerce ; il ne s'en est jamais relevé vraiment, malgré les brillants résultats agricoles, la renommée des vins, le pétrole, le gaz, le soufre et surtout le tourisme ; il est vrai que la forêt landaise, qui fut une grande richesse après sa plantation, subit aussi une inquiétante désaffection de ses travailleurs et des industriels.

Ce fut pourtant une contrée plutôt heureuse dans son histoire, depuis la bataille de Castillon tout au moins, qui mit fin à la guerre de Cent Ans ; elle ne tint pas rigueur aux Anglais qui ont toujours conservé des positions commerciales fortes.

Ce regroupement de la Guyenne, de la Gascogne, du Pays Basque, du Béarn et de l'ancien comté du Périgord est une bénédiction pour le tourisme : que l'on songe au Sarladais, à l'Entre-Deux-Mers, à la Chalosse, au Béarn ! Plus la mer, plus les Pyrénées ! Bordeaux, Périgueux, Sarlat, Bayonne, entre autres, contiennent des trésors...

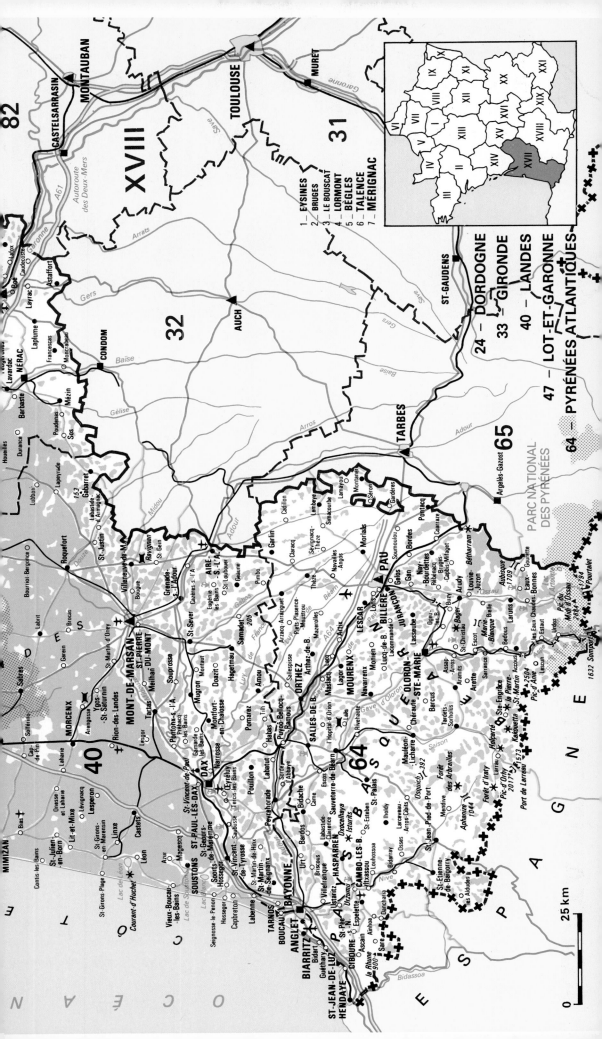

Arcachon : *La célèbre station éclipse le très ancien port de La Teste qui l'a vu naître il n'y a guère plus de cent ans.*

AGEN – 47.   37 500 hab.
Ville judiciaire et de services, c'est aussi, au centre d'un des grands jardins de la France, la capitale du pruneau et de bien d'autres fruits et primeurs. La Garonne et son canal l'entourent presque ; au-delà, les collines du pays des Serres et les premiers reliefs gascons, qui portent une riche polyculture dans un décor toujours avenant. Vue générale du coteau de l'Ermitage, au N. (la ville primitive). Musée et cathédrale, au cœur des vieux quartiers pittoresques (rue des Cornières, hôtel de ville). Aménagé dans quatre beaux hôtels Renaissance, le musée héberge surtout la *Vénus du Mas* (d'Agenais), marbre grec antique, et des Goya. La cathédrale Saint-Caprais vaut par son superbe chevet et sa belle abside XIIᵉ ; salle capitulaire voisine. Voir le pont-canal, au N.-O.
➡ 9 km S.-O., belle église romane d'Aubiac. ➡ 9 km S., église romane de Moirax.

AGONAC – 24.
Hors du village, église romane.

AIGUILLON – 47.   4 100 hab.
Confluent du Lot et de la Garonne, à voir depuis le Pech de Berre, calvaire au N.
➡ 11 km N., Tonneins (10 000 hab.), manufacture de tabac (10 milliards de cigarettes par an). ➡ 6 km O., Damazan, bastide avec place à couverts et halle.

AÏNHOA – 64.
Maisons basques et église célèbres. Site (G.R. 10).

AIRE-SUR-L'ADOUR – 40.   7 000 hab.
Grand centre des oies et canards (marchés des gras l'hiver). Ancienne cathédrale XVᵉ-XVIIIᵉ (mobilier XVIIIᵉ). Eglise Sainte-Quitterie-du-Mas, en brique (clocher toulousain), XIIᵉ au XVIIIᵉ, portail, chapiteaux, et surtout crypte très ancienne avec sarcophage paléo-chrétien de Sainte-Quitterie. Arènes : courses landaises.

ALDUDES (Les) – 64.
Altitude 358 m
Beau village basque sur la Nive des Aldudes. Au S.-O., passé la frontière, Pays Quint, dont les habitants sont néanmoins français.

AMOU – 40.   1 500 hab.
Château XVIIᵉ.
➡ 5 km N., château de Gaujacq, XVIIᵉ, avec cloître (vis. tous les jours l'été) ; vue des Pyrénées. ➡ 8 km S.-E., Sault-de-Navailles (64), ruines du château.

ANDERNOS-LES-BAINS – 33.   5 200 hab.
Plage appréciée et belles vues sur le bassin d'Arcachon. Parcs à huîtres. Restes gallo-romains.

ANGLET – 64.   26 000 hab.
Ancien village basque « colonisé » par Bayonne et Biarritz ; quartier de Chiberta : forêt, lac, golf.

APHANIZE (Col d') – 64.
Entre Saint-Jean-Pied-de-Port* et Mauléon-Licharre* par Mendive et Aussurucq. Belle route de corniches. Permet d'accéder à la forêt des Arbailles*.

ARBAILLES (Forêt des) – 64.
Hêtraie sur un plateau calcaire irrégulier, très sauvage, bordé de falaises. La route du col d'Aphanize* et d'Ahusquy (auberge dans un beau site) la traverse. Nombreux sentiers.

ARCACHON – 33.   14 300 hab.
Ville climatique l'hiver, important port de pêche, et de plaisance, un des grands centres ostréicoles, et grosse station balnéaire à la « belle » saison, Arcachon jouit d'un climat très doux et d'un air sain au milieu de l'océan des pins. Longues plages très fréquentées (nombreux Bordelais). Vues magnifiques des jetées et du boulevard de la Mer à l'O., face au Cap Ferret*. A côté du casino, Aquarium (vis. tous les jours en saison) et Musée zoologique régional.
➡ Au S., la forêt d'Arcachon (où s'enfonce le G.R. 8 qui passe près de la dune du Pilat*, bretelle) est pleine d'agrément. ➡ 5 km S.-E., la Teste (11 500 hab.) est le pittoresque vieux port du bassin et fut la « tête » du pays de Buch.

ARCACHON (Bassin d') – 33.
L'Eyre et quelques autres « courants » l'ont empêché de devenir le plus grand lac de cette côte par leur apport constant. C'est l'accident caractéristique de cette grande Côte* d'Argent ; c'est la mer, non l'Océan, d'où son succès ; mais la basse mer se retire loin sauf vers Arcachon et le Cap. Très propice à la voile et à la pêche. Immenses parcs à huîtres, surtout autour de l'Ile aux Oiseaux, au centre. Réservoirs à poissons au S.-E. Au S., le Teich a un parc ornithologique (vis. tous les jours en saison, samedi, dimanche et jours fériés l'hiver), et Gujan-Mestras est un important port ostréicole ; zoo à la Hume. Facture a une usine à papier de la Cellulose du Pin. Parc d'attractions à Lanton. Voir Andernos*, Arcachon*, Arès*, Cap-Ferret*.

ARENGOSSE – 40.
Château de Castillon, XVIIᵉ.
➡ 5,5 km O., Arjuzanx, église XIIᵉ, fortifiée. Calvaire. Importante centrale thermique au lignite. ➡ 15 km S.-O., Rion-des-Landes, église romane au portail remarquable.

ARÈS – 33.
Station climatique, joli port de pêche et plage, à la pointe N. du bassin d'Arcachon.
➡ 10 km N.-O., plage de Grand-Crohot-Océan, après une belle route dans les dunes de la forêt.

ARETTE – 64.
Village sinistré par un séisme en 1967 et reconstruit. Vallée du Vert formant le Barétous, joli pays entre Béarn et Soule. La route de la célèbre Pierre-Saint-Martin* part de là ; c'est la station de ski la plus à l'ouest.
➡ 5 km N.-O., Lanne, église.

ARTOUSTE (Lac d') – 64.
Altitude 1 989 m. Ski.
Le téléférique (été-hiver) du pic de la Sagette (2 031 m, 1 h aller et retour, table d'orientation, panorama, face au pic du Midi d'Ossau) est suivi du petit train (été) qui domine la sauvage vallée du Soussouéou et amène à ce beau lac de haute montagne dans un cirque glaciaire.

ARUDY – 64.
Eglise XVᵉ. Maison d'Ossau (dans une maison XVIIᵉ), porte d'accueil du Parc national et musée des Pyrénées Occidentales (vis. tous les jours l'été). Petites industries. Au N.-O., dolmen.
➡ 8 km N.-E. + 1 h 15 aller et retour, pic de Rébénacq (519 m, panorama).

ASCAIN – **64.**   1 900 hab.
Joli village basque (église), où Pierre Loti a écrit *Ramuntcho*. La Rhune* le domine au S.
➡ 8 km N.-E., Saint-Pée-sur-Nivelle, église basque et château en ruine.

ASPE (Vallée d') – **64.**
Sévère succession de défilés dans le calcaire, mais très boisée ; le fond est dans le Parc national ; la belle route du Somport* la remonte, par Sarrance*, le curieux bassin de Bedous, Etsaut, village ancien (à la gare S.N.C.F., porte d'accueil du Parc), le fort du Portalet (prison politique de personnalités pendant la guerre) ; Lescun* est dans une vallée adjacente.

AUBISQUE (Col d') – **64.**
Altitude 1 709 m
Col difficile mais surtout immense corniche autour d'une grande avancée des Pyrénées vers le N. Vues grandioses, pic de Soum de Grum (1 h aller et retour, N.), panorama.

AUREILHAN (Etang d') – **40.**
Bel étang, au N. de Mimizan*, que le courant de Sainte-Eulalie joint à l'étang de Parentis* (site du pont de l'Oustaline).

AUVÉZÈRE (Vallée de l') – **24.**
Née dans le Limousin, la rivière va gonfler l'Isle à l'E. de Périgueux*. Gorges profondes entre Payzac et la D. 704 ; joli site du Moulin de Pervendoux ; plus en aval, la vallée est large (méandres) mais reste agréable. Elle est suivie par le G.R. 646.

BAGER (Bois du) – **64.**
Belle forêt en balcon au-dessus du gave d'Ossau (route d'Arette à Arudy).

BARBASTE – **47.**
Sur la Gélise. Considérable moulin fortifié « de Henri IV » (il y séjournait), XVe.
➡ 7 km N., Xaintrailles, château XIIe (donjon XVe), panorama. ➡ 5 km N.-E., Vianne, bastide anglaise dans ses remparts ; église XIIe, fortifiée, et ancien cimetière ; circuits d'art.

BARSAC – **33.**   2 000 hab.
Vins célèbres. Eglise gothique XVIe-XVIIe (mobilier XVIIIe).

BAYONNE – **64.**   44 700 hab.
Grand carrefour, grand port, ville industrielle, commerciale et touristique importante, encore presque toute contenue dans ses remparts Vauban ; ses quais, ses ponts, ses vieilles rues ont beaucoup de charme. « Grandes fêtes » fin juillet.
La rue piétonne du Pont-Neuf mène à la cathédrale, digne de ses sœurs gothiques du Nord (XIIIe au XVIe) ; vitraux, cloître XIIIe. Remparts et vieux quartiers. Pont Saint-Esprit (panorama) sur l'Adour. Musée basque, passionnant (fermé dimanche et jours fériés). Musée Bonnat, riches collections du peintre bayonnais (fermé mardi et jours fériés).
➡ On peut aller jusqu'à la Barre de l'Adour par les deux rives, très industrielles, en longeant le port ; des jetées protègent l'embouchure ont réduit le phénomène de la barre. ➡ 6 km S.-E., Croix de Mouguerre (batailles de 1813), table d'orientation, panorama.

BAZAS – **33.**   5 200 hab.
Sur une colline (vue). Ancienne cathédrale XIIIe-XIVe, façade (portails XIIIe), sur une belle place aux maisons anciennes. Jardin de l'évêché. Remparts.
➡ 10 km N.-O., château de Roquetaillade*. ➡ 10 km O., église gothique d'Uzeste.

BEAUMONT – **24.**   1 300 hab.
Bastide anglaise ; restes de remparts (porte) ; église fortifiée XIIIe, restaurée.
➡ 4 km N.-O., joli château de Bannes, XVe. ➡ 4 km S.-O., à Blanc, beau dolmen.

BEAUVILLE – **47.**
Petite bastide typique (vues).
➡ 9 km N.-O., Frespech (église XIe), site.

BEC-D'AMBÈS – **33.**
« Bec » du confluent Dordogne-Garonne en aval duquel c'est la Gironde. Port pétrolier et centre industriel important : deux raffineries et une centrale thermique E.D.F.

Beaumont : *L'ancienne bastide anglaise et néanmoins périgourdine vaut le coup d'œil surtout pour son église Saint-Front fortifiée, aux étonnantes tours que relie un chemin de ronde.*

Bayonne : *La belle ville fortifiée qui commande le Pays basque s'orne d'une des plus remarquables cathédrales du Midi, Sainte-Marie.*

Beynac : *Un des sites les plus réputés de la vallée de la Dordogne, qui en comporte tant.*

Bazas : *Les beaux portails de la remarquable cathédrale gothique Saint-Jean.*

BELVÈS – **24.** 1 700 hab.
Pittoresque village élevé (« belle vue »), dominant la vallée de la Nauze. Halles XVᵉ et beffroi sur la place d'Armes ; maisons anciennes, château XIIᵉ et église.
➡ 2 km N.-E., Sagelat, au pied de la colline, église.

BERGERAC – **24.** 28 600 hab.
Entre la région du Landais* et les coteaux de Monbazillac* (suivis par le G.R. 6), sur la rive droite de la Dordogne, ville moderne active (tabac, fruits, vignes, industries diverses, poudrerie, services) avec un quartier ancien où l'on trouve de nombreuses maisons de bois. Dans la cathédrale Notre-Dame, deux bons tableaux italiens. Musée du Tabac à l'hôtel de ville (vis. tous les jours sauf dimanche, lundi matin). Cloître des Récollets, XIIᵉ et XVIIᵉ (maison des Vins).
➡ 10 km O., la Force, château en ruine, belle vue. ➡ 6 km S., château de Monbazillac*.

BERSON – **33.**
Eglise en partie romane.

BESSE – **24.**
Village dans une immense contrée boisée. Belle église romane avec sculptures.

BÉTHARRAM (Grottes de) – **64-65.**
Leurs concrétions sont célèbres ; deux niveaux, rivière souterraine (vis. tous les jours en saison).
➡ 3,5 km N.-O., Lestelle-Bétharram, église de pèlerinage de Notre-Dame-de-Bétharram, XVIIᵉ, belle décoration baroque. Vieux pont.

BEYNAC-ET-CAZENAC – **24.**
Un château formidable (XIIIᵉ-XIVᵉ) sur son rocher protège le village (vis. tous les jours mars-octobre). Panorama splendide. Il faut aussi le voir d'en face (Castelnaud*).

BIARRITZ – **64.** 27 700 hab.
Son et Lumière
Longer les plages et les rochers fait le charme de ce haut lieu : la côte des Basques, la Perspective, le Port Vieux, le Rocher de la Vierge, l'Atalaye, le port des Pêcheurs, le Basta, la Grande Plage, la pointe Saint-Martin, la Chambre d'Amour. Musée de la Mer (vis. tous les jours). Phare (vis. tous les jours en saison). Le vieux Biarritz se groupe autour de l'église Saint-Martin (XVIᵉ). Lacs Marion, de Brindos, de Mouriscot.
➡ 7 et 9 km S.-O., Bidart et Guéthary sont de belles localités basques, avec plusieurs plages et des rochers au pied de falaises. Panorama de Sainte-Madeleine (chapelle) à Bidart. ➡ 7 km S.-E., Arcangues, tombes basques et intérieur typique de l'église ; au cimetière, tombe de Luis Mariano.

Biscarrosse-Plage : *Les plages de la Côte d'Argent sont sportives mais fort belles, face aux longs et formidables rouleaux de l'Océan.*

BIDACHE – 64.
Sur une butte dans un méandre de la Bidouze, belles ruines du château de Gramont (XVIIᵉ, donjon XIVᵉ), qui a brûlé pendant la Révolution.
➡ 7 km O., butte de Miremont, panorama.

BIDARRAY – 64.
Beau pont XIVᵉ sur la Nive ; l'église fut romane ; beau site (le G.R. 10 y passe). Procession de la Fête-Dieu.

BIELLE – 64.
Ancien chef-lieu de l'Ossau. Vieilles maisons. Eglise XVᵉ-XVIᵉ.

BIRON – 24.
Sur un piton, château considérable (XIIIᵉ au XVIIIᵉ) dominant toute la région ; la visite (tous les jours en saison) est passionnante. Le village est en symbiose avec le château, dont la chapelle est à deux étages : en bas église paroissiale, en haut chapelle du château, avec un tombeau Renaissance.

BISCARROSSE – 40.   8 800 hab.
Près du très joli petit étang de Biscarrosse relié au grand au S. et au N. à l'étang de Cazaux-Sanguinet*. Eglise XVᵉ et orme célèbre. Château XVIᵉ.
➡ 10 km N.-O., Biscarrosse-Plage, sur la route d'Arcachon par le Pilat.

BISCARROSSE-PARENTIS (Et. de) – 40.
Grand et beau. Voile et tous sports nautiques. Puits de pétrole. Entre l'Océan et lui, vaste zone militaire interdite du Centre d'essais spatiaux des Landes (missiles).

BLANQUEFORT – 33.   5 700 hab.
Aux portes de Bordeaux, ruines du Château-Duras XIVᵉ, au bord de la Jalle.

BLASIMON – 33.
Eglise abbatiale Saint-Nicolas XIIᵉ-XIIIᵉ (façade, clocher-mur, portail). Restes de cloître.
➡ 1 km N.-E., moulin fortifié de Labarthe, XIVᵉ. ➡ 8 km N.-E., Pujols : église romane XIIᵉ et panorama sur la Dordogne. ➡ 5 km N.-O., Rauzan, château en ruine des Duras (donjon rond haut de 30 m) et église XIIIᵉ. L'ensemble est très pittoresque. ➡ 7 km S., Sauveterre-de-Guyenne est une bastide (place à couverts et portes fortifiées) ; à 6,5 km S.-O. près de la route de Cadillac, l'église de Castelviel a une belle porte romane sainton-geaise.

BLAYE – 33.   5 000 hab.
Port sur la Gironde et ancienne citadelle revue par Vauban (illuminée l'été) ; ville dans la ville (et bâtie à la place de la vieille ville), elle comporte notamment la maison du commandant d'Armes ou Maison de la Duchesse (où fut détenue la duchesse de Berry) devenue Musée d'histoire et d'art du pays blaysais, et le château fort des Rudel avec table d'orientation : vue magnifique sur la Gironde et les ouvrages complémentaires de Vauban : Fort-Pâté et Fort-Médoc*.

➡ 10 km S.-E., Bayon, église romane. ➡ 20 km N., dans le Marais, centrale nucléaire du Blayais en construction, à Braud-et-Saint-Louis, au bord de la Gironde.

BONAGUIL (Château de) – 47.
Entre Quercy, Agenais et Périgord, le dernier des vrais châteaux forts était adapté à l'usage de l'artillerie. Fini début XVIᵉ, c'est un étonnant baroud d'honneur du Moyen Age qui force l'admiration. (Vis. tous les jours sauf décembre-janvier ; illuminations l'été.)
➡ N.-O., belle vallée de la Lémance, avec châteaux, cirques, églises (Saint-Front, XIᵉ, fortifiée)...

BORDEAUX – 33.   226 000 hab.
(617 000 pour l'agglomération.)
Capitale de l'Aquitaine et des vins de Bordeaux, chef-d'œuvre du XVIIIᵉ en Europe, grande ville anglaise pendant trois siècles du Moyen Age, sixième port de France, capitale de guerre (1871, 1914, 1940). Patrie d'Ausone, de Marquet, de Colonne et de Lamoureux, Gobineau, Mauriac, Anouilh...
Au cœur de la ville, magnifique Grand Théâtre, XVIIIᵉ, de Victor Louis (vis. le samedi après-midi), sur la place de la Comédie, où aboutissent les Allées de Tourny et la

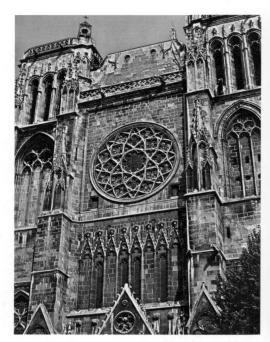

Bonaguil : Tout un cours d'architecture militaire médiévale à l'orée de la Renaissance.

commerçante rue Sainte-Catherine (en partie piétonnière) ; l'esplanade des Quinconces (monument des Girondins), ainsi que le superbe ensemble de la Bourse, de Gabriel, donnent sur le port « de la Lune » (à cause de sa forme) ; superbe Pont de Pierre (vue).

Le vieux Bordeaux est un quartier d'hôtels XVIIIᵉ autour de la place du Parlement ; porte Cailhau, reste d'un palais médiéval. Eglise Saint-Michel XIVᵉ-XVᵉ et sa tour de 114 m (la plus haute du Midi), séparée. Eglise Sainte-Croix XIIᵉ-XIIIᵉ (façade). Célèbre « Grosse Cloche » (pour les occasions importantes), porte fortifiée. Cathédrale Saint-André, composite (du XIᵉ au XVᵉ) mais fort belle (portails N., chevet et chœur), et tour Pey-Berland séparée, XVᵉ. Maisons XVIIIᵉ de la place Gambetta. Bel hôtel de ville XVIIIᵉ, contenant l'important musée des Beaux-Arts (fermé mardi et jours fériés) et le Musée d'Aquitaine. Centre Jean-Moulin, sur la Résistance. Eglise Saint-Seurin, XIIᵉ-XIIIᵉ-XIVᵉ (portails, crypte XIᵉ avec sarcophage du VIᵉ, chapiteaux). Palais Galien, restes d'un amphithéâtre romain du IIIᵉ. Jardin public de Tourny (XVIIIᵉ). A l'entrepôt Lainé, musée d'Art contemporain, ex-Centre d'arts plastiques contemporains. Parc Bordelais et Pont d'Aquitaine, contemporains.

➡ Etablissement monétaire de Pessac où l'on frappe les monnaies (vis. lundi et mercredi après-midi sauf août). ➡ N.-O., circuit du Médoc, sur la rive gauche de la Gironde (voir Margaux*, Pauillac*, etc.).

BORIES (Château des) – 24.

Petit château XVᵉ-XVIᵉ, un peu rude, bien situé au bord de l'Isle (vis. tous les jours été).

BOUGLON – 47.

Deux églises anciennes ; belles vues.
➡ 1 km S., Argenton, église romane. Campagne charmante.

Bordeaux : La vénérable capitale de l'Aquitaine s'orne de splendides monuments anciens et modernes : la vaste et très belle cathédrale Saint-André (p. 344), la légendaire Grosse Cloche (ci-dessous), l'immense palais des Congrès – dans un beau cadre naturel – (ci-dessous, à droite) ne sont que quelques-uns d'entre eux.

BOURDEILLES – 24.

Imposant château avec un haut donjon XIIIe et XVIe ; la partie Renaissance est remarquablement belle et renferme un superbe mobilier (vis. tous les jours sauf hiver et mardi hors saison). Vieux pont sur la Dronne.
➡ 2 km N. sur la rive droite de la Dronne, rocher de la Forge du Diable. ➡ 10 km N.-O., beaux rochers près du D. 93. ● Le G.R. 36 parcourt les environs.

BOURG – 33.

A cheval sur une falaise (les « côtes de Bourg »), au bord de la Dordogne. La ville haute fut fortifiée (quelques restes de remparts) et commandait le port, alors sur la Gironde ; terrasse du District, table d'orientation, panorama sur l'ensemble du Bec d'Ambès et des deux fleuves qui s'y rejoignent. Château de la Citadelle, XVIIe (vis.). La rue Cahoreau descend raide au port en passant sous la porte Batailleyre.
➡ 6 km E., grottes de Pair-non-Pair*.

BRANTÔME – 24.   2 100 hab.
Son et Lumière

C'est le nom d'un curieux abbé resté célèbre en littérature après avoir guerroyé. Site remarquable de l'ancienne abbaye bénédictine au bord de la Dronne ; clocher XIe à gâbles ; bâtiments conventuels. (Vis. tous les jours en saison.) Musée Fernand-Desmoulins (préhistoire).
➡ 7 km N.-O., château de Richemont, XVIe, construit par Brantôme (vis. l'été), sobre et rustique. ➡ 12 km N.-E., grottes de Villars. ➡ 1 km E., dolmen de la Pierre-Levée.

BUDOS – 33.

Cinq tours en ruine commandent encore la vue sur le Sauternais.

BUGUE (Le) – 24.   2 800 hab.

Sur la Vézère (et le G.R. 6), situation agréable.
➡ O., grotte préhistorique de Bara-Bahau, à gravures aurignaciennes (vis. tous les jours en saison). ➡ 3,5 km S., gouffre de Proumeyssac, aven aux concrétions actives, « gouffre de cristal » (vis. id.).

BUSSIÈRE-BADIL – 24.

Belle église romane à trois nefs et sculptures ; restes de fortifications ; chapiteaux.
➡ O., jolie vallée de la Tardoire, points de vue sur les routes qui la franchissent. G.R. 4.

CADILLAC – 33.   3 300 hab.

Bastide XIIIe, garde de beaux remparts (porte de la Mer). Eglise XVe et chapelle des ducs d'Epernon. Important château des mêmes ducs, XVIIe, aux cheminées remarquables (vis. tous les jours sauf mardi).
➡ 6 km N.-E., château en ruine de Benauge.

CADOUIN – 24.

Dans un petit village, église cistercienne très importante (amusant clocher en bois) ; c'était jadis un pèlerinage célèbre à un faux saint-suaire ; trois nefs, décoration sobre, magnifique cloître XVIe flamboyant. Halle ancienne. Patrie de Louis Delluc.
➡ 6 km S.-O., Saint-Avit-Sénieur*.

Bourdeilles-Brantôme : La Dronne reflète le superbe château de Bourdeilles (à gauche), où naquit le célèbre abbé de Brantôme, dont l'abbaye (à droite) s'élève un peu en amont, dans un site remarquable sur la rivière.

CAMBO-LES-BAINS – 64.   5 100 hab.

Le vieux Bas-Cambo (au N.) surtout est joli et très basque. Climat doux et agréable.
➡ 2 km N.-O., vaste villa Arnaga, d'Edmond Rostand (musée et jardins). ➡ 4 km S., Itxassou, village basque ; église XVIIe (boiseries) ; excursions au Pas de Roland, sur la Nive, et au sommet (route) de l'Artzamendi (926 m), panorama magnifique. ➡ 8,5 km S.-E., Louhossoa, église.

CAPBRETON – 40.   4 600 hab.

Immense plage (prudence, lames violentes). Jetée (vue). Port sur le Bourret. Fut un port important sur une embouchure de l'Adour, dont le lit divaguait au cours des siècles.
➡ 10 km S., lac d'Irieu ; au milieu des pins et des chênes-lièges.

CAP FERRET – 33.

Relié à Arcachon par un service public de vedettes (traversées en 20 mn) ou par la route (passages pittoresques). Villégiature agréable dans les pins. Un petit train joint les deux plages (été). Phare important à Bélisaire ; panorama. Du bout du cap, vue grandiose sur la dune du Pilat*.

CASTELJALOUX – 47.   5 400 hab.

Centre industriel à la limite des Landes. Nombreuses maisons de bois.
➡ S.-O., lac de Clarens (baignade). ➡ 5 km S.-E., château du Sendat. ➡ 10 km E., chapelle Saint-Sabin, romane, en ruine.

CASTELNAUD – 24.

Ruines formidables à côté du village, face à Beynac* dont les sépare la Dordogne. Panorama. G.R. 64.
➡ 2 km N., château de Fayrac, XVe, restauré.
➡ 6 km O., château des Milandes, que Joséphine Baker a rendu célèbre (vis. tous les jours).

CASTELNAU-DE-MÉDOC – 33.   2 600 hab.

Les églises de Castelnau (XVe), Avensan (3 km E., en partie XIIe) et Moulis, 5 km N.-E. (romane XIIe), valent de s'y arrêter.

CASTILLONNÈS – 47.   1 400 hab.

Bastide dominant un vaste paysage. Place à couverts, restes de remparts, maisons anciennes.

CAZAUX-SANGUINET (Etang de) – 33-40.

Presque aussi grand qu'Hourtin. Pêche, baignade, tous les sports nautiques. Cazaux (33) et Sanguinet (40) sont agréables.

CERCLES – 24.

Au N.-O. de la belle vallée de la Dronne, église romane (chapiteaux). A l'O., ruines du château de la Tour-Blanche.

CHALARD (Saut du) – 24.

Belle cascade de la Dronne, accessible de Champs-Romain (6 km N. de Saint-Pardoux-la-Rivière).

CHERVAL – 24.

Eglise fortifiée XIIᵉ.

CONTIS-LES-BAINS – 40.

Au débouché du courant de Contis (excursion en barque au départ de Saint-Julien-en-Born).

CÔTE D'ARGENT – 33-40-64.

De la pointe de Grave à la Bidassoa, en deux parties : l'une rectiligne, plate et sableuse, plage infinie de 230 km, jusqu'à Biarritz, et l'autre toute différente, courte (25 km), rocheuse et découpée mais avec aussi des plages célèbres, la côte basque. Sur la première, Soulac* et Lacanau* sont les deux principales stations jusqu'au Cap* Ferret et au bassin d'Arcachon*, puis on trouve Biscarrosse*, Mimizan*, Vieux-Boucau*, Hossegor* et Capbreton*, avant l'Adour. Biarritz*, Saint-Jean-de-Luz* et Hendaye* sont les têtes d'affiche de la côte et du pays basques. Deux caractéristiques essentielles : la longue série d'étangs séparés de la mer par les dunes et reliés entre eux et parfois à la mer par des « courants » (les pêcheurs et amateurs de sports nautiques apprécient ces nappes et cours d'eau), et l'absence – bienheureuse – de routes côtières, assurant une certaine préservation à cette portion de littoral.

COUTRAS – 33.   6 100 hab.

Au confluent de l'Isle et de la Dronne. Le futur Henri IV y vainquit les troupes d'Henri III. Eglise XVᵉ (clocher) et puits Renaissance.

DAX – 40.   20 300 hab.

Station thermale et climatique renommée (toute l'année) : la Fontaine-Chaude (2 400 000 l par jour à 64°) jaillit sous un grand portique toscan fermant un bassin. Restes de remparts gallo-romains, non loin des bords de l'Adour. Cathédrale XVIIᵉ conservant un portail XIIIᵉ. Dans l'église Saint-Vincent-de-Xaintes, mosaïque gallo-romaine. Musée de Borda, dans un hôtel XVIIᵉ (archéologie, folklore, courses landaises). Arènes (courses).

Rive N. : église romane de Saint-Paul-les-Dax (tour XVᵉ, abside XIIᵉ avec étonnante frise extérieure XIᵉ).
➡ N., forêt des Landes*. ➡ 5 km S.-O., Œyreluy (portail XIᵉ de l'église). ➡ 8 km S., moulin en ruine de Bénesse : panorama.

DOMME – 24.   900 hab.

Occupant un promontoire à pic sur la Dordogne, magnifique bastide XIIIᵉ entièrement classée. Le belvédère de la Barre et la promenade des Falaises procurent des vues étonnantes sur la vallée. Nombreuses vieilles maisons ; hôtel de ville XIVᵉ ; remparts ; belle halle abritant l'entrée des grottes (à concrétions ; vis. tous les jours en saison) ; hôtel du Gouverneur : musée Paul-Reclus, paysan et préhistorique (vis. tous les jours en saison).
➡ Le G.R. 64 mène à l'O. à Castelnaud*. ➡ 10 km N., Sarlat*.

Cazaux (Etang de) : *Un des plus vastes étangs des Landes, encadré par d'immenses forêts de pins.*

Ci-dessous, Cadouin : *A deux pas de la Dordogne, l'abbatiale et son admirable cloître se blotissent dans un vallon tranquille.*

DORDOGNE (Vallée de la) – 24-33.

Charme et majesté. Ce véritable fleuve, calme et beau, arrose les sites les plus extraordinaires du Périgord dit Noir : Fénelon*, Domme*, la Roque-Gageac*, Beynac*, Trémolat* ; et c'est encore elle, aux pieds de Monbazillac* et de Saint-Michel-de-Montaigne*, puis de Saint-Emilion*, Fronsac*, Vayres*, Bourg*, avant le festival pétrolier du Bec-d'Ambès*...

DOUBLE (Forêt de la) – 24.

Entre la Dronne et l'Isle, vaste espace forestier (chêne et châtaignier), avec de nombreux étangs. En plein centre, trappe de Bonne-Espérance, dans une clairière : panorama. Au N.-E. de la trappe, étang de la Jemaye, dans une partie domaniale de la forêt.

Le point de vue de Domme sur la vallée de la Dordogne est un des plus beaux ; la mosaïque des cultures et des pâtures, rompue par les courbes de la rivière, est un spectacle plein d'harmonie.

Page 349, Domme est aussi une superbe bastide fortifiée aux édifices bien conservés. La halle rustique sert d'accès à de remarquables grottes.

DOUZE (La) − 24.
Eglise gothique XIVe-XVe, gros clocher-porche et autel.

DURANCE − 47.
Petite bastide, avec restes de remparts (château Henri IV).
Au N., chapelle Lagrange, ancien prieuré, avec peintures.
➡ N., forêt de Campet : promenades.

DURAS − 47.   1 200 hab.
Bastide avec un beau château en ruine, qu'on restaure (vis.
tous les jours). Place à couverts.
➡ 7 km N.-E., lac aménagé de Castel-Gaillard.
➡ 11 km S.-E., Monteton (église), belle vue sur la vallée
du Dropt.

EAUX-BONNES − 64.   1 300 hab.
Altitude 750 m
Station thermale encaissée mais protégée, aux promenades
agréables. Gourette* est son prolongement sportif.

EAUX-CHAUDES (Les) − 64.   1 200 hab.
Altitude 656 m
Station thermale dans un site sauvage (cascade), au S. de la
gorge profonde et boisée du Hourat. Au S., centrale hydro-
électrique de Miégebat.

ESPELETTE − 64.   1 200 hab.
Village basque pittoresque : maisons, église (galeries,
retable). Tombes basques anciennes.

EXCIDEUIL − 24.   1 900 hab.
Sur une colline au-dessus de la Loue, la patrie du maréchal
Bugeaud a un château XIVe (en ruine) et Renaissance (vis.
tous les jours l'été). Eglise et maisons anciennes.

EYMET − 24.   3 100 hab.
Ancienne bastide qui a gardé sa belle place à couverts
(place des Arcades) ; maisons anciennes.

EYZIES-DE-TAYAC (Les) − 24.   800 hab.
Beau village, centre mondialement connu de la préhistoire ; la Beune y rejoint les méandres de la Vézère dans le
célèbre paysage de falaises calcaires où se nichent les
nombreuses grottes à gravures, à peintures et autres
gisements.
Musée national de Préhistoire au château Xe-XIe (vis. tous
les jours). Rive gauche, vallée de la Beune : grottes des
Combarelles et de Font-de-Gaume (vis. tous les jours sauf
mardi), à peintures ; au S., grotte de la Mouthe, gravures.
Rive droite, belle grotte du Grand-Roc, à concrétions (vis.
tous les jours, fermé l'hiver) ; gisements de Laugerie (vis.).
Au N.-E., par Tursac (église romane au gros clocher
fortifié), gisement de la Madeleine (d'où « magdalénien »),
très riche avant les musées. Réserve
zoologique des gorges d'Enfer ; grotte de Carpe-Diem ;
église fortifiée XIe-XIIe de Tayac ; musée de la Spéléologie.
➡ 8 km E., dans la vallée de la Beune, châteaux de
Commarque (belles ruines) et de Laussel (XVIe).

FÉNELON (Château de) − 24.
Grand château XVe d'allure médiévale à double enceinte
extérieure : panorama, façade XVIIe avec perron en fer à
cheval. (Vis. tous les jours.) Automobiles anciennes.

FONTIROU (Grottes de) − 47.
A concrétions, très colorées (vis. tous les jours).

FORT-MÉDOC − 33.
Face à Blaye, citadelle de Vauban, au bord de la Gironde ;
avec celle de Fort-Pâté, sur une île, aidait celle de Blaye à
contrôler la Gironde.

GARONNE (Vallée de la) − 47-33.
En aval d'Agen*, et surtout d'Aiguillon, elle s'élargit, entre
les Landes et les coteaux de la « verte Guyenne » ; autour
de Tonneins, Marmande*, la Réole*, grande culture riche
et variée, mais aussi longues lignes de peupliers le long des
rivières et canaux, composant une campagne pleine de
charme. Puis elle se heurte aux coteaux calcaires de
l'Entre-Deux-Mers et le vignoble envahit tout, jusqu'à
Bordeaux et son grand port où elle va se dissoudre dans la
Gironde*.

GAVAUDUN − 47.
Dans les belles petites gorges de la Lède (G.R. 636), donjon
formidable XIIe-XIVe sur un rocher étroit. Village ancien.
➡ 1,5 km N.E., Laurenque, église Saint-Sardos XIIe. ➡
5 km N., Saint-Avit, où serait né Bernard Palissy, chapelle
XIIe.

GIRONDE (Estuaire de la) − 33.
Réunion de la Garonne et de la Dordogne, qui s'élargit peu
à peu à 10 km jusqu'au rétrécissement final de la pointe de
Grave, ses 70 km sont bordés de nombreux marais, de
polders, de vignobles célèbres, de « côtes » calcaires ; on y
pêche surtout l'esturgeon. Abondant trafic maritime.

GONTAUD-DE-NOGARET − 47.   1 500 hab.
Eglise romane, maisons anciennes, halle.

GOURETTE − 64.
Altitude 1 400 m
Belle station été-hiver dans un cirque mouvementé de
falaises calcaires. G.R. 10 et randonnées à l'infini (sommets
difficiles).

GRAND-BRASSAC − 24.
Eglise XIIIe fortifiée à trois coupoles.

GRAND-PUCH (Château du) − 33.
Beau château fort XIVe, entouré de vignes.

GRAVE (Pointe de) − 33.
Elle ferme à moitié l'estuaire de la Gironde, face à Royan ;
une dune domine l'embarcadère du gros bac (quatre
services l'hiver, huit hors saison, fréquents l'été ; passage
30 mn) et donne une vue immense sur l'estuaire et le large
(phare de Cordouan, qui se visite au départ de Royan,
région XIV).

GRENADE-SUR-L'ADOUR − 40.   2 000 hab.
Bastide ; place à arcades ; chevet gothique de l'église. A
Larrivière, rive gauche, chapelle Notre-Dame-du-Rugby.
➡ 5 km N., Bascons, église fortifiée XVe. ➡ 8 km N.,
Bostens, église Notre-Dame-de-la-Course-landaise.

GRIGNOLS − 33.   1 200 hab.
Château XVe, restauré.

Grand-Brassac : *Une curieuse église fortifiée dans un calme paysage.*

GUÎTRES – 33. 1 400 hab.
Borde l'Isle au N. Abbatiale bénédictine XIIᵉ remaniée, fortifiée (chœur et portails).
➡ 6 km S.-O., toujours sur l'Isle, Saint-Denis-de-Pile : un tableau de Le Nain dans l'église en partie XIᵉ. ● Train touristique Guîtres-Marcenais (13 km) à voie normale et musée ferroviaire à la gare de Guîtres.

HAGETMAU – 40. 4 300 hab.
A l'O., crypte romane de Saint-Girons (chapiteaux).
➡ 5 km N., Dumes, dolmen.

HASPARREN – 64. 5 400 hab.
Vieille cité basque. Industrie de la chaussure. Maison de Francis Jammes (sortie N.), jardins (vis.).
➡ O., belle route impériale des Cimes, vers Bayonne.

HAUTEFORT (Château d') – 24. 1 100 hab.
Célèbre château XIVᵉ-XVIIᵉ restauré depuis l'incendie de 1968 (vis. tous les jours en saison, sauf mardi l'hiver). Le fief appartint au troubadour Bertrand de Born. Vue immense. Grande église à dôme d'ardoise. Sur la place du château, bel ancien hôpital.
➡ 9 km O., Tourtoirac, abbatiale romane ; restes importants de l'abbaye. ➡ 6 km S.-E., Badefols-d'Ans, château fort XVᵉ, restauré après un incendie.

HENDAYE – 64. 10 100 hab.
Plage célèbre face au cap du Figuier (Espagne) et ville-frontière sur la Bidassoa, qui forme la baie de Chingoudy. Site d'Hendaye-Ville sur une butte ; église (crucifix XIIᵉ et retable).
➡ 2 km S., Béhobie ; près des ponts-frontières de la Bidassoa, île des Faisans, où fut signée en 1659 la paix des Pyrénées.

Hendaye : *Les fameux Deux-Jumeaux sont les témoins du recul de la falaise, sur la terrible Corniche basque.*

HOLÇARTÉ (Crevasses d') – 64.
A 3 km E. de Larrau, le G.R. 10 part au S. et franchit bientôt une passerelle impressionnante dans ce site fantastique (2 h aller et retour).

HÔPITAL-D'ORION (L') – 64.
Eglise XIIIᵉ sur un chemin de Saint-Jacques, parmi de belles collines.

HOSSEGOR – 40.
Vaste station entourant le lac marin (marées), un des emprunts passés de l'Adour.
➡ 7 km N., station moderne de Seignosse-le-Penon, beaucoup de béton, une belle plage. Près de Seignosse-village, beaux étangs : Blanc, Noir, Hardy. A Tosse, église romane. ➡ 11 km E., Saint-Vincent-de-Tyrosse : zoo.

HOSTENS – 33.
Domaine départemental (dans le Parc des Landes), base de plein air et de loisirs et plage ; c'est « la reconquête par la nature d'une ancienne exploitation de lignite » : vastes étangs.
➡ 12 km S., lagune de la Grande Teychoueyre.

HOUEILLÈS – 47.
Eglise-forteresse XIIIᵉ (fortifiée au XIVᵉ).

HOURTIN (Lac d') – 33.
Grand et beau : 18 sur 4 km ; hautes dunes à l'O. (nombreuses pistes cyclables), sables et marais à l'E. Le G.R. 8 en suit la rive O. La plaisance l'adopte.

HUCHET (Courant d') – 40.
Entre le lac de Léon et la mer (12 km), il coule au milieu d'une végétation étonnante (excursion en barque de l'étang à l'Océan : une expérience !). Les canoéistes se « régalent ».

IHOLDY – 64.
Pittoresque village basque. Remarquable église XVIIᵉ.

IRATY (Forêt d') – 64.
Altitude 1 000 à 1 300 m env.
Naguère encore très isolée, trois routes y mènent. Vaste plateau perché, occupé par une hêtraie, comme les Arbailles*. Des cols et cimes (pic des Escaliers au N.-E., 2 h aller et retour du col Bagargui ; sommet d'Occabe à l'O.), panoramas. Le G.R. 10 la traverse.

ISSIGEAC – 24.
Petit bourg pittoresque, maisons à pans de bois, église XVᵉ ou XVIᵉ et curieux château avec des tourelles en encorbellement.

JUMILHAC-LE-GRAND – 24. 1 600 hab.
Sur un éperon au-dessus des gorges de l'Isle, le site est beau de ce bourg au gros château aux toits un peu fous (du XIIIᵉ au XVIIᵉ) (vis. tous les jours l'été, dimanche et jours fériés hors saison, fermé l'hiver).

KAKOUETTA (Gorges de) – 64.
Site spectaculaire. Canyon très étroit et profond : le Grand Etroit est large de quelques mètres et haut de plus de 200 m (vis. payante l'été). Non-sportifs et mal chaussés s'abstenir.

LAAS (Château de) – 64.
L'extérieur quelconque cache un riche musée de mobilier et d'objets d'art anciens de Flandre et du Hainaut (vis. tous les jours l'été, mercredi, samedi, dimanche de mars à juin) ; jardins et parc (bambous géants), bordant le gave d'Oloron.

LABASTIDE-CLAIRENCE – 64.
Eglise (intérieur basque) ; place à arcades et maisons anciennes. Au N., deux abbayes bénédictines (hommes et femmes) modernes, églises intéressantes.

Labrède : *Le château fort médiéval d'allure sévère et rustique,*
qu'aima tant son enfant Montesquieu, s'élève au milieu de vastes
douves et d'un beau parc.

La jolie petite église Saint-Léger, dans les Landes, près de
Villandraut.

LABASTIDE-D'ARMAGNAC – 40.　　　　800 hab.
Bastide anglaise avec place à couverts, aux arcades variées,
et église XVᵉ.
➡ 3 km S.-E., Notre-Dame-des-Cyclistes, ancienne église
XIᵉ entourée de fouilles antiques.

LABRÈDE – 33.　　　　　　　　　　2 300 hab.
Bourg célèbre par son château où naquit et vécut
Montesquieu : dans un beau cadre champêtre, c'est une
sévère forteresse XIIᵉ-XVᵉ (donjon rectangulaire XIIIᵉ, tour
ronde à mâchicoulis XVᵉ) entourée de larges douves ;
salon, bibliothèque, chambre de Montesquieu (vis. tous les
jours sauf mercredi en été ; fermé 15-12/15-2). Très beau
parc anglais.
➡ 6 km S.-O., parc ornithologique à Saucats.

LACANAU (Etang de) – 33.
Plus « joli » qu'Hourtin*, il est aussi plus accessible et
fréquenté. Le G.R. 8 le rejoint au S. Beaux points de vue à
l'O. Apprécié des pêcheurs et des sportifs.

LACANAU-OCÉAN – 33.
Une station qui grandit et devient internationale. L'Océan
est violent mais la plage immense et la forêt belle.

LACOMMANDE – 64.
Eglise romane sur un chemin de Saint-Jacques. Belle route
possible de Monein à Arudy.

LACQ – 64.
C'est le gaz et le soufre. Vaste complexe industriel (chimie,
aluminium). Pavillon d'exposition, à l'O., sur N. 117 (tous
les jours l'été, sauf fériés samedi, dimanche et jours fériés hors
saison). A Mourenx-Ville-Nouvelle (10 000 hab.), table
d'orientation et belvédère ; vues étonnantes sur Lacq d'un
côté et les Pyrénées de l'autre.

LALINDE – 24.　　　　　　　　　　3 100 hab.
Bastide anglaise (sur le G.R. 6) ; jolies vues sur la
Dordogne.
➡ 5 km E., rive gauche, Badefols-sur-Dordogne, beau
village avec château en ruine, vue sur la Dordogne. ➡
6 km N.-O., château de Baneuil.

LANDAIS (Forêt du) – 24.
Plus aérée et « chaude » que la Double ; le pin maritime y
abonde ; c'est déjà le Périgord Noir.

LANDES (Les forêts des) – 33-40.
Deux lignes droites : Soulac-Nérac et Nérac-Capbreton, et
230 km de côte rectiligne délimitent la forêt landaise, que
planta Brémontier ; elle n'est plus aussi compacte mais le
fameux pin qui sauva et enrichit le pays depuis le siècle
dernier est toujours là ; on l'a éclaircie par de vastes
cultures depuis les incendies de 1947 et 1949 ; et d'ailleurs
ce n'est pas partout l'uniformité immense des troncs
écorchés que l'on traverse par le train ou la N. 10 : dunes
côtières, petits reliefs, vraies landes marécageuses, nombreux feuillus, airials (clairières de culture d'antan), grandes
cultures, l'agrémentent, et la maison traditionnelle landaise
est bien jolie.
➡ A Pierroton (19 km S.-O. de Bordeaux sur la N. 250),
monument à Chambrelent, l'ingénieur de l'assainissement
des Landes au XIXᵉ. ➡ Au Puch (22 km S.-O. de Bordeaux
sur la N. 10), monument aux 82 victimes des grands
incendies de 1949, sauveteurs cernés par les flammes du
fait de sautes de vent. ➡ A la Teste, monument à
Brémontier, l'ingénieur qui fixa les dunes par les pins.

LANDES DE GASCOGNE (Parc régional des) – 33-40.
Créé en 1970, il couvre plus de 200 000 ha à cheval sur les
deux départements, couvrant le bassin hydrographique de
la Grande et de la Petite Leyres devenant l'Eyre qui
alimente le bassin d'Arcachon ; il vise à conserver une
campagne vivante et très particulière au sein de la forêt
landaise. Siège : préfecture des Landes à Mont-de-Marsan.
Les « points-parc » les plus importants sont : l'Ecomusée
de Marquèze à Sabres*, l'Ecomusée des produits résineux
à Luxey*, le parc ornithologique et le centre d'initiation à
l'environnement du Teich (voir Arcachon*), le domaine
départemental d'Hostens*. Il existe des bases randonnée,
canoë, cyclo, hippisme, artisanat, poterie, tissage... Les
Leyres se prêtent particulièrement bien à la pratique du
canoë dans le cadre magnifique et insolite des forêts-
galeries courant le long des cours d'eau.

La forêt des Landes : *Il est difficile au nouveau venu de soupçonner
la variété de la forêt landaise, qui demande au promeneur un bon
sens de l'orientation.*

LANGOIRAN – 33.   2 000 hab.
A 2 km S., fière ruine XIII° du château ; vue (vis. tous les jours l'été, dimanche et jours fériés hors saison).
➡ 2 km N.-E., parc fleuri et zoo de la Peyruche. Plus loin au N.-E., Haux et Saint-Genis-de-Lombaud ont de belles églises anciennes. ➡ 7 km S.-E., Rions, restes importants de remparts.

LANGON – 33.   6 100 hab.
Carrefour et marché importants. Eglise en partie XIII°.
➡ 5 km O. ; beau château de Malle, XVII° (mobilier) ; vue sur les vignobles.

LANQUAIS – 24.
Château fort XV° et Renaissance : une transformation inachevée au résultat curieux mais intéressant.

LAPARADE – 47.
Remparts, fossés, vieille porte : bastide médiévale avec panoramas sur les dernières courbes du Lot.
➡ 6 km S.-O., Clairac, dont l'abbaye introduisit la prune d'ente et le tabac. Musée du Vieux Clairac dans une maison de bois XV°.

LAPLUME – 47.   1 100 hab.
Grande église XVI°.
➡ 4 km N.-E., Aubiac, belle église romane XII°. ➡ 6 km N.-E., Estillac, château XIII°-XV°, tombeau de Blaise de Montluc (vis. l'après-midi dimanche et jours fériés en saison). ➡ 11 km N., église de Mourrens XII° ; panorama.

LAROQUE-TIMBAUT – 47.   1 100 hab.
Beau village (halle, église XV°, cimetière).
➡ 5,5 km N.-E., Hautefage-la-Tour, tour Renaissance.

LARRAU (Port de) – 64.
Altitude 1 573 m
Passage en Espagne au pied du premier « 2000 » des Pyrénées à l'O., le pic d'Orhy (2 017 m), qui domine la forêt d'Iraty de l'autre côté.

LARUNS – 64.   1 600 hab.
Altitude 531 m
Centre et carrefour de la vallée d'Ossau*.
➡ 2 km N.-E., village de Béost (fête locale le premier dimanche d'août) ; église romano-gothique. ● Belles ascensions mais longues (journée).

LASCAUX (voir Montignac) – 24.
Lascaux était fermé, « Lascaux II » est ouvert ; c'est magnifique.

LAUZUN – 47.
Château XV° et Renaissance. Eglise gothique.
➡ 9 km S.-O., Miramont-de-Guyenne, bastide régulière et marché important de la prune.

LAYRAC – 47.   2 600 hab.
Eglise XII°. Place à couverts. Vue.
➡ 5 km O., Moirax, belle église romane XI° (chapiteaux ; boiseries XVII°). ➡ 7 km E., Caudecoste, bastide XIII°.

LÉON (Lac de) – 40.
Petit mais fort beau. Le courant d'Huchet* le joint à l'Océan.
➡ 10 km S.-O., Moliets-Plage, où débouche ce courant ; panorama. ➡ 14 km N.-O., Saint-Girons-Plage.

LESCAR – 64.   6 100 hab.
Aux portes de Pau, antique capitale du Béarn (Beneharnum). Célèbre ancienne cathédrale XII° (restaurée), chapiteaux et mosaïques. Château XIV° en ruine. Annexe du Musée Béarnais de Pau. Zoo.

LESCUN – 64.
Altitude 900 m
Village montagnard de la vallée d'Aspe*, site magnifique ; point de vue (au N.-E., 30 mn aller et retour) sur l'ensemble du massif du pic d'Anie et les aiguilles d'Ansabère. Cascade.

LESGOR – 40.
Eglise XII°, remarquablement fortifiée au XIV°.

LESPARRE-MÉDOC – 33.   3 900 hab.
Ville commerçante, nœud vital du Médoc (vins, courant touristique). Tour de l'Honneur (donjon XIV°).

LESTOURNELLES (Grottes de) – 47.
A concrétions, toujours actives (vis. tous les jours en saison).

LÉVIGNACQ – 40.
Eglise fortifiée XIV°. Maisons landaises anciennes.

LIBOURNE – 33.   23 000 hab.
Vaste bastide, ce fut une ville-pont et un port important sur la Dordogne au confluent de l'Isle ; elle reste un carrefour touristique et un centre d'échanges des grands vins. Jolie Grande-Place, à couverts, avec hôtel de ville XV° très restauré. Sur l'Isle, porte de ville et vieille tour.
➡ A Condat, 2 km S., jolie chapelle XII°. ➡ 4 km O., Fronsac, vue. Vins.

LIMEUIL – 24.
Beau vieux village dans un site remarquable au confluent Dordogne-Vézère. Ancienne chapelle Saint-Martin au N.-E.
➡ 2,5 km O., belvédère de Sors, vues magnifiques sur la vallée de la Dordogne.

LIT-ET-MIXE – 40.   1 300 hab.
Eglise (en partie XV°). Plage du Cap de l'Homy, 7 km O.
➡ 4 km E., Uza, site (château et église).

LUCQ-DE-BÉARN – 64.   1 000 hab.
Sur une belle route entre Navarrenx et Oloron, église romane et Renaissance (sarcophage paléo-chrétien).

LUXEY – 40.   700 hab.
Ce village landais possède un écomusée des produits résineux qui explique les techniques artisanales liées à l'exploitation de la résine : récolte, distillation, etc. Belle maison landaise ancienne.

MALFOURAT (Moulin de) – 24.
A 7 km S.-O. de Bergerac, vue magnifique sur tout le vignoble de Monbazillac et la plaine ; table d'orientation. G.R. 6.
➡ 5 km S., château de Bridoire, XV°.

MAREUIL – 24.   1 200 hab.
Beau château XV° (vis. tous les jours sauf mercredi), château fort et de plaisance, rustique et raffiné, en partie en ruine ; mobilier.
➡ 5 km S.-E., Vieux-Mareuil a une belle église romane XIII°, fortifiée. ➡ 2 km S., église de Saint-Pardoux-de-Mareuil. ➡ 9 km N.-O., La Rochebeaucourt, sobre église en granit (XIII°).

MARGAUX (Château) – 33.
Classique (1802), il est comme les grands bordeaux : réservé. Son célèbre vignoble l'entoure (vis. des chais tous les jours en semaine).

MARIE-BLANQUE (Col de) – 64.
Altitude 1 035 m
Route sauvage et très verte reliant les vallées d'Aspe* et d'Ossau*. Beau plateau de Bénou sur le versant Ossau (maisons, cromlechs, troupeaux, vues).

MARMANDE – 47.   17 700 hab.
La capitale de la tomate s'occupe aussi de tabac, de melon, de tous les produits maraîchers, et de conserves, c'est le grand jardin de la Garonne. Ancienne cathédrale XIII°-XIV° ; Mise au tombeau en bois XVII°. Cloître Renaissance.
➡ 13 km O., rive gauche, Meilhan-sur-Garonne, sur un tertre : belle vue.

MAS-D'AGENAIS (Le) – 47.   1 200 hab.
Eglise romane XII° avec *Crucifixion* de Rembrandt (1631). La fameuse *Vénus* du musée d'Agen a été trouvée ici, entre autres objets.

MAUBUISSON – 33.
Belle plage sur la rive sud du lac d'Hourtin.
➡ 4 km N., importante base de plein air et de loisirs de Bombannes. ➡ 5 km O., Carcans-Plage, sur l'Océan. Au S., réserve naturelle de l'étang de Cousseau, zone protégée.

MAULÉON-LICHARRE – 64.   4 500 hab.
Capitale de la province basque de la Soule et centre industriel (chaussures, espadrilles, etc.). Beau château fort XV°, en ruine (jardin, vue). Château d'Andurrain, Renaissance (vis.).
➡ 13 km N.-E., l'Hôpital-Saint-Blaise, charmant village, église XII° de pèlerinage (l'hiver). ➡ 3,5 km S., Gotein, église à clocher trinitaire typique.

MERLANDE (Ancien prieuré de) – 24.
Perdu au fond de la forêt de Feytaud au N.-O. de Périgueux. Belle chapelle fortifiée (chapiteaux).

MÉZIN – 47.   1 800 hab.
Ville ancienne, gardant des remparts. Eglise romane et gothique.

MIMIZAN-LES-BAINS – 40.
Plage nord et plage sud (vue, du pont les joignant).
➡ 6 km E., Mimizan (7 700 hab.), papeterie ; abbaye en ruine.

MONBAZILLAC – 24.
Au milieu de ses célèbres vignes, beau château XVI° assez sévère ; musée éclectique (vin et meubles surtout) (vis. tous les jours). Le G.R. 6 le contourne et mène à l'O. au moulin de Malfourat*.

MONCRABEAU – 47.   1 100 hab.
C'est le « mont des Chèvres » ; mais est-ce vrai ? Il y a une Académie des Menteurs, qui a son siège, unique, en pierre (de touche). Du fort, panorama sur le Néracois.

MONEIN – 64.   3 900 hab.
Eglise gothique fortifiée.

Mareuil : *Le très pittoresque ensemble fortifié périgourdin, récemment sauvé, possède un magnifique mobilier et ses aménagements sont des plus curieux.*

MONFLANQUIN – 47.   2 400 hab.
Bastide XIIIᵉ aux vieilles rues, sur une colline (vues) ; belle place à couverts. Ensemble touristique et sportif animé, lac.
➡ 13 km O., Cancon, vieux bourg dominé par des ruines du XIIIᵉ. Au S., belles routes de Villeneuve et de Saint-Pastour.

MONPAZIER – 24.
Belle bastide anglaise typique du Périgord, ayant gardé une grande partie de son enceinte fortifiée et ses maisons séparées (protection contre l'incendie) ; belle place à couverts avec halle en charpente (mesures à grains) ; église XIVᵉ-XVIᵉ ; maison du chapitre, XVIᵉ.

MONSÉGUR – 33.   1 600 hab.
Bastide XIIIᵉ au-dessus de la rive gauche du Dropt. Eglise XIIᵉ restaurée, place à couverts et vestiges de remparts.
➡ 6 km N., Saint-Ferme, église bénédictine, romane, à sculptures remarquables (chapiteaux historiés).

Ci-dessous, Monpazier : *Une des plus belles bastides du Sud-Ouest avec ses « couverts » et sa halle.*

MONSEMPRON-LIBOS – 47.   3 100 hab.
Le vieux village jadis fortifié domine au loin Fumel (7 000 hab.), agglomération industrielle (métallurgie) et sa banlieue Libos, à ses pieds. Eglise romane XIIᵉ, fortifiée (chapiteaux), et restes de remparts.

MONTAGRIER – 24.
Eglise XIIIᵉ. Table d'orientation, panorama sur la vallée de la Dronne et le Périgord Blanc.
➡ 4 km N., église fortifiée ancienne de Grand-Brassac*.

MONTALIVET-LES-BAINS – 33.
Plage familiale (mer toujours forte) et immense centre naturiste sont adossés à la forêt.

MONTANER (Château de) – 64.
En ruine. De brique, avec une formidable tour carrée, il domine l'Adour et la Bigorre. A l'O., deux enclaves des Hautes-Pyrénées dans les Pyrénées-Atlantiques.

MONT-DE-MARSAN – 40.   30 200 hab.
La Douze y rencontre le Midou et c'est la Midouze qui repart vers l'Adour. Gros marché agricole (volailles et foies gras surtout) et de bois (scieries), le Centre d'Expériences Aériennes Militaires a participé à son essor. Les courses landaises y connaissent un grand succès. Musée des Beaux-Arts (sculpteurs montois Despiau et Wlérick), dans le donjon Lacataye (panorama), et musée Dubalen d'histoire naturelle, dans une maison XIIᵉ). Rue des Arceaux (maisons XVIIIᵉ). Jolies vues des ponts. Parc Jean-Rameau.
➡ 2 km S.-O., Saint-Pierre-du-Mont, église au chevet roman, décoration intérieure en stuc XVIIIᵉ. ➡ 6 km N.-O., Uchacq, église romane (portail).

MONTFORT – 24.
Au-dessus du cingle (méandre avec falaises) de Montfort, un des plus beaux sites de la vallée, le château, restauré, a eu l'histoire mouvementée qu'explique son emplacement : aussi ce qui en reste ne remonte-t-il qu'au XVIᵉ. En face à l'E., Carsac est ravissant (église).

MONTFORT-EN-CHALOSSE – 40.   1 000 hab.
Bastide XIVᵉ ; vue sur la Chalosse ; église romane et XVᵉ.
➡ 6 km N.-E., Poyanne, château XVIIᵉ ; non loin, Laurède, église (mobilier XVIIIᵉ).

MONTIGNAC (LASCAUX) – 24.   3 200 hab.
Rendu célèbre par la grotte de Lascaux sa voisine, restituée artificiellement et admirablement, tout près ; les spécialistes s'y trompent ; c'est « Lascaux II ». – Montignac a une belle tour. C'est un carrefour de G.R. (36 et 461).
➡ 8 km O., Fanlac est le beau village où Jacquou le Croquant trouva refuge chez le bon curé Bonal. ➡ 6 km O., château de Losse, ravissante forteresse du XVIᵉ au bord de la Vézère. Tout près, centre d'art préhistorique du Thot (vis. tous les jours en saison, dimanche et jours fériés l'hiver). ➡ 5 km S.-E., beau château de la Filolie.

MONTPON-MÉNESTÉROL – 24.   5 900 hab.
Sur le G.R. 646.
➡ 4 km N.-E., ancienne chartreuse de Vauclaire XIVᵉ avec église gothique (hôpital psychiatrique). ➡ 5 km S.

panorama de Puy Chalud. ➡ 12 km S.-O., ruines du château de Gurson, étang, baignade aménagée.

MORLAAS – 64. 2 000 hab.
Capitale du Béarn au début du Moyen Age ; église Sainte-Foy en partie romane, célèbre portail, restauré.

MORLANNE – 64.
Dans les collines dominant le Luy-de-Béarn, château XIVᵉ restauré récemment (objets d'art, mobilier) (vis. l'après-midi).

MOUTON-ROTHSCHILD (Château) – 33.
Autre grand nom des vins du Médoc (vis. des chais en semaine, sauf août). Musée (se renseigner).

MUGRON – 40. 1 500 hab.
Sur une colline ; vue sur la vallée de l'Adour.
➡ 1 km E., Nerbis, église romane XIᵉ.

NAVARRENX – 64. 1 200 hab.
Bastide fortifiée au XVIᵉ et revue par Vauban. Fiers remparts (porte Saint-Antoine et pont XVᵉ). Championnats de pêche au saumon.
➡ 5 km S., rive gauche, Gurs, connu pour son camp d'Israélites en 1940, qu'on livra aux Nazis en 1942.

NAY-BOURDETTES – 64. 3 700 hab.
Place à couverts, église XVᵉ, maison Renaissance dite de Jeanne-d'Albret. On y fait des bérets « basques ».
➡ Au S., oppidum. ➡ 7 km S., après Asson, curieux jardin exotique avec zoo (oiseaux).

NÉRAC – 47. 7 600 hab.
Il reste une aile XVᵉ du château, belle galerie à colonnes torses et chapiteaux historiés ; musée (vis. tous les jours sauf lundi) ; pont gothique. Le Petit-Nérac, rive droite de la Baïse, est très pittoresque : maisons Renaissance. En amont, belle promenade de la Garenne.

NEUVIC – 24. 2 900 hab.
Château XVᵉ. Fabrique de chaussures (Bata).

NIVE (Vallée de la) – 64.
La Nive se partage entre deux « provinces » basques : née dans la Basse-Navarre, elle se jette dans l'Adour à Bayonne après avoir traversé le Labourd dans la région de Cambo. Descendue des confins de la forêt d'Iraty*, de Roncevaux (Espagne) et des Aldudes*, elle court à travers les beaux paysages verdoyants de Saint-Jean-Pied-de-Port* et de Saint-Étienne-de-Baïgorry*, dévale des gorges (Bidarray, Pas de Roland) entre de beaux belvédères (Artzamendi, voir Cambo*), avant de s'épanouir vers Ustaritz. Le G.R. 10 parcourt longuement la vallée.

NONTRON – 24. 4 100 hab.
Gros bourg (marché) sur un promontoire entouré par le Bandiat, beau site. Château XVIIIᵉ.
➡ 5 km N., roc Poperdu, beau rocher. ➡ 10 km N., à Saint-Estèphe, roc Branlant et bel étang de Saint-Estèphe (aménagé, 30 ha).

NOTRE-DAME-DE-PIÉTAT – 65.
Pèlerinage (chapelle XVIIᵉ) ; vue des Pyrénées et de la région. Zoo.

OLORON-SAINTE-MARIE – 64. 13 100 hab.
Vieille ville commerçante très variée, au confluent des gaves d'Aspe et d'Ossau, qui forment le gave d'Oloron. Ancienne cathédrale Sainte-Marie XIIᵉ-XIIIᵉ au portail roman magnifique (trésor). Eglise Sainte-Croix XIᵉ-XIIᵉ restaurée (curieuse coupole). Nombreuses vieilles maisons. Fabrications diverses : textiles, chocolat.

ORTHEZ – 64. 11 500 hab.
Une des capitales du Béarn ; marché important. Eglise XVᵉ, chœur XIIᵉ. Pont-Vieux, fortifié, XIIIᵉ. Maisons anciennes et grosse tour médiévale Moncade, pentagonale. Jolie maison de Jeanne-d'Albret. Francis Jammes y a longtemps vécu.

OSQUICH (Col d') – 64.
Altitude 392 m
A l'E., la route monte en fait à 500 m en donnant de très belles vues ; à l'écart au S., chapelle Saint-Antoine (705 m) : panorama.

OSSAU (Vallée d') – 64.
D'Arudy* (maison-musée du Parc national) au col du Pourtalet*, c'est une montagne très humaine puis, après Laruns*, sauvage et déserte où seuls courent les isards et les touristes vers Artouste* et autour du formidable culot volcanique du pic du Midi d'Ossau (ascensions difficiles ; 2 884 m), qui est beau vu de partout mais surtout du pic de la Sagette (voir Artouste*), du lac de Bious-Artigues à son pied et des lacs d'Ayous à l'O. (G.R. 10). Gabas, nœud de la haute vallée, est une « porte » du parc proprement dit. Nombreux sentiers.

OXOCELHAYA et ISTURITS (Grottes d') – 64.
La première à concrétions, l'autre préhistorique, toutes deux renommées (vis. tous les jours de mars à nov.) ; musée.
➡ 10 km S., Iholdy*, beau village basque (maisons, église, tombes) ; procession de la Fête-Dieu.

PAIR-NON-PAIR (Grottes de) – 33.
Cavernes gravées à l'époque aurignacienne (vis. tous les jours sauf mardi), entre Bourg et Cubzac (jolie route).

PARENTIS-EN-BORN – 40. 4 300 hab.
Eglise XVᵉ. Gisement de pétrole, de loin le plus gros de France ; une partie des puits est dans l'étang de Biscarrosse-Parentis*, les couches calcaires pétrolifères (à plus de 2 000 m de profondeur) coïncidant par hasard avec sa verticale ; exposition-musée route du lac (vis. en saison, tous les jours sauf mardi).

Ci-dessous, Orthez : *La pittoresque vieille capitale béarnaise s'agrémente d'un marché bien fourni et très achalandé.*

En haut, **Pau** : *Le château d'Henri IV, d'où part le fameux boulevard des Pyrénées à la vue splendide, abrite de belles collections.*

PAU – 64.   85 900 hab.
Capitale du Béarn, patrie d'Henri IV et de Bernadotte, grande ville commerçante et industrielle bénéficiant du voisinage de Lacq. Climat réputé. Situation magnifique en balcon sur son Gave (bd des Pyrénées, table d'orientation). Château célèbre XIIIᵉ-XIVᵉ et Renaissance (restauré) sur un éperon dominant le Gave : tapisseries anciennes, souvenirs d'Henri IV (qui y serait né), musée régional Béarnais (vis. tous les jours).
Musée Bernadotte, dans sa maison natale. Important musée des Beaux-Arts (vis. tous les jours sauf mardi), consacré surtout à la peinture (Gréco, peintres français XIXᵉ et XXᵉ). Beaux parcs. Grand prix automobile à la Pentecôte (circuit tracé dans les rues de Pau).
➡ Jurançon, sortie S.-O., produit des vins blancs doux et secs réputés. ➡ 7 km N.-O., Lescar*.

PAUILLAC – 33.   6 400 hab.
Un des avant-ports de Bordeaux (raffinerie de pétrole), au centre des grands crus du Médoc, Saint-Estèphe, Mouton-Rothschild* et Château-Lafite au N., Château-Latour et Saint-Julien au S. ainsi que Beychevelle dont le « château » est une agréable « chartreuse » XVIIIᵉ.

PENNE-D'AGENAIS – 47.   2 200 hab.
Ancienne place forte dominant le confluent du Boudouyssou et du Lot (panorama). Portes, maisons anciennes, restes du château. Au sommet, basilique romano-byzantine Notre-Dame-de-Peyragude, pèlerinage.

PÉRIGUEUX – 24.   37 700 hab.
Son et Lumière
Un oppidum gaulois voisin laissa la place à la Vésone romaine (bâtie dans une boucle de l'Isle) dont la ville conserve des restes importants : tour de Vésone, arènes, villas du Iᵉʳ siècle.
Du Moyen Age, le château Barrière est une importante maison forte bâtie sur l'enceinte romaine ; église Saint-Etienne-de-la-Cité, ancienne cathédrale, style roman péri-

gourdin, du XIIᵉ (il lui reste deux coupoles), très belle. La fameuse cathédrale Saint-Front, trop radicalement restaurée au XIXᵉ par Abadie, est du XIIᵉ... pour le plan en croix grecque et à coupoles imitant Saint-Marc de Venise ; seuls le clocher et le cloître XIIᵉ sont d'époque ; néanmoins étonnante et intéressante, elle est le centre des vieux quartiers médiévaux à maisons anciennes (et rigoles centrales) qu'on voit le mieux du pont des Barris sur l'Isle ; voir l'hôtel de Saint-Astier et la maison Tenant, et surtout le logis Saint-Front, XVIᵉ ; sur la place Francheville, puissante tour Mataguerre. Important musée du Périgord, préhistoire et archéologie gallo-romaine, ethnographie, peintures, faïences. Près de Saint-Etienne, chapelle Saint-Jean, XVIᵉ. Au-delà des allées de Tourny et des cours Montaigne et Fénelon, c'est la ville moderne et commerçante active.
➡ 6 km N.-O., ancienne abbaye de Chancelade, belle église XIIᵉ (réparée) ; fresques XIVᵉ et *Christ aux outrages* qui serait de Georges de La Tour ; on y donne des concerts. Musée d'art sacré (vis. l'après-midi en été). Son et lumière (l'été).

PETIT-PALAIS-ET-CORNEMPS – 33.
La Saintonge n'est pas loin : l'église romane XIIᵉ présente une façade magnifiquement décorée et pourtant simple et pleine d'équilibre ; la pierre contribue à sa beauté.

PEYREHORADE – 40.   3 100 hab.
Les gaves s'y réunissent ; près du gave, manoir XVIᵉ et, sur la colline, ruines du château d'Aspremont.
➡ 7,5 km N.-E., Cagnotte, église (abside romane). ➡ 3 km S.-O., abbaye d'Arthous, romane ; musée départemental d'archéologie. ➡ 4 km S.-O., Hastingues, charmante bastide XIVᵉ (anglaise bien sûr).

PIÉGUT-PLUVIERS – 24.   1 500 hab.
Beau donjon XIIᵉ en ruine.
➡ Au S.-E., près d'Abjat, cascade sur le Bandiat. G.R. 4.

PIERRE-SAINT-MARTIN (La) – 64.
Le haut lieu... spéléo s'ouvre en Espagne (en fait l'entrée est scellée), à 1 760 m d'altitude, sous le col du même nom ; puits vertical de 346 m où Marcel Loubens se tua en 1952 ;

la dénivellation du réseau dépasse 1 300 m ; la salle de la Verna contiendrait Notre-Dame de Paris. La route internationale traverse un grand plateau sauvage de lapiaz en vue du massif d'Anie ; une station de sports d'hiver (panoramique) s'y développe (Arette-Pierre-Saint-Martin).

PILAT (Dune de) – **33.**
La plus haute (environ 108 m) dune d'Europe et la seule non fixée des Landes. Dans un beau cadre de pins. Accès par le N. ou l'E. (escalier). Panorama (de préférence au couchant) ; vue étonnante sur les « passes » du bassin d'Arcachon.

PIMBO – **40**
Village perché au-dessus du Gabas, avec abbatiale XIIᵉ (portail).
➡ 9 km N., Geaune, bastide XIVᵉ, capitale du Tursan (pays, et vin apprécié) ; église XVᵉ et tour en ruine.

PORT-SAINTE-MARIE – **47.**   1 900 hab.
Région de raisin et de riche polyculture. Maisons anciennes. Les collines portent de beaux villages : Clermont-Dessous (église, vieilles maisons, panorama), Saint-Médard, Puy-Masson, Gaujac (église XIᵉ), Prayssas (tout rond, gros marché de raisin).

POUILLON – **40.**   2 400 hab.
Eglise : abside romane. Dans la Chalosse.

Périgueux : *La cathédrale Saint-Front, bien qu'un peu neuve, est une des plus curieuses de France.*
Un jour de marché à Périgueux est une fête du commerce et de la couleur.

POURTALET (Col du) – **64.**
Altitude 1 794 m
Dans un beau paysage désertique, col-frontière dominé au N. par les lignes verticales du pic du Midi d'Ossau.

PREIGNAC – **33.**   2 100 hab.
Beau château de Malle (XVIIᵉ) au milieu des vignes.

PUYCHAGUT (Château de) – **47.**
Ruines considérables. Beau panorama sur toute cette région entre Périgord et Entre-Deux-Mers.

PUYGUILHEM (Château de) – **24.**
Du XVIᵉ, c'est un des bijoux de la Renaissance en Périgord (vis. tous les jours, sauf mardi et en septembre), au milieu des bois.
➡ A l'O. de Villars, Boschaud, ruines d'une abbaye cistercienne XIIᵉ.

PUYMIROL – **47.**
Bastide française XIIIᵉ, perchée. Maisons anciennes. Foires importantes jadis.
➡ 10 km E., Saint-Maurin, beau village, tours, halles, restes d'une abbaye.

La dune du Pilat : *La montagne de sable est un des reliefs les plus originaux de France, perdu entre les immensités marine et forestière.*

RASTIGNAC (Château de) − 24.
Beau château XVIIIe à l'écart de tout, ressemblant fort à la Maison-Blanche.

RAVIGNAN (Château de) − 40.
XVIIe. Dessins sur Henri IV, et costumes anciens (vis. dimanche l'été).
➡ 4 km N.-O., Villeneuve-de-Marsan, église XIIe (fresques XVIe).

RÉOLE (La) − 33.   5 100 hab.
Jolie ville dominant la rive droite de la Garonne, avec de nombreuses maisons anciennes. Abbatiale Saint-Pierre XIIIe-XIVe, et mairie dans les bâtiments conventuels (belle vue). Ancien hôtel de ville XIIe roman, fortifié et formant halle. Belles ruines du château.
➡ 3 km E., Signal du Mirail (alt. 132 m), panorama immense. ➡ 6 km N., Bagas, moulin fortifié XVe et église.

La Roque-Gageac : *« Le plus beau village de France », dit un panneau auquel on est tenté de donner raison lorsqu'on a vu le corps du délit.*

RHUNE (La) − 64.
Altitude 900 m
Beau sommet dominant la côte et le pays basque français et espagnol ; table d'orientation et panorama immense. Accès : chemin de fer à crémaillère du col de Saint-Ignace (tous les jours à Pâques, Pentecôte, été) ; à pied, compter 5 h aller et retour d'Ascain ou de Sare, et il fait chaud.

RIBÉRAC − 24.   4 400 hab.
Deux églises : romane XIIIe et néo-byzantine XIXe ; la Dronne y est toujours aussi belle. Panorama à 7 km N.-O.
➡ 6 km S., Siorac-de-Ribérac, église romane fortifiée. ➡ 5 km N.-E., château de la Rigale.

ROQUEFORT − 40.   2 100 hab.
Beau site sur le confluent de l'Estampon et de la Douze ; restes de remparts et église romane et gothique fortifiée.
➡ 2 km S.-E., Sarbazan, église, XIIe au XVIIe.
➡ 9,5 km N. + 30 mn, ancienne église de Lugaut, isolée au bord de l'Estampon : belles peintures XIIIe.

ROQUE-GAGEAC (La) − 24.
Entre Domme et Castelnaud, un des plus beaux villages de la vallée de la Dordogne, dominé par une falaise à qui il est arrivé de s'oublier. Un château à chaque bout, de vieilles maisons pittoresques, une vue superbe, et la Dordogne.

Maison landaise à Marquèze (Sabres) : *La vie traditionnelle dans les Landes revit à l'écomusée de Marquèze.*

Ci-dessous, ferme du Périgord, entre le château de Lanquais et le village de Beaumont (Dordogne).

ROQUETAILLADE – 33.
Sur une butte, formidable château XIVe, révision Viollet-le-Duc (vis. tous les jours l'été, fermé l'hiver). Beau mobilier.

ROUFFIGNAC (Grotte de) – 24.
Très importante grotte préhistorique, que l'on visite avec un petit train en raison de son étendue (vis. tous les jours en saison, dimanche l'hiver) ; peintures et gravures magdaléniennes avec de très nombreux mammouths. Le village a été brûlé par les Nazis en 1944 ; seule rescapée, l'église est Renaissance.
➡ 6 km N., château de l'Herm (vis. tous les jours l'été sauf vendredi), la « ruine maudite » de Jacquou le Croquant, au milieu de la forêt Barade ; le G.R. 36 y passe.

SABRES – 40.   1 100 hab.
Eglise XVIe ; atelier de tissage.
➡ Musée de plein air de Marquèze : de la gare de Sabres (O.), le train qui assurait jadis la ligne régulière Labouheyre-Sabres la parcourt toujours (dimanche et jours fériés

l'été, de Labouheyre ; de Sabres : tous les jours l'été, et samedi, dimanche et jours fériés en saison) pour desservir, accès exclusif, l'Ecomusée de la Grande-Lande à Marquèze, reconstitution de la vie quotidienne et de son environnement dans la lande au XIXe (réalisation du Parc régional des Landes*). Passionnant.
➡ 10 km N.-O., Commensacq, église XVe ; base de « Mexico » du Parc régional : canoë, cyclo, etc.

SAINT-AMAND-DE-COLY – 24.
Beau village (déserté mais non abandonné) autour d'une extraordinaire église abbatiale fortifiée XIIe. On y donne des concerts.
➡ 9 km S.-E., beau village de la Cassagne.

SAINT-ANDRÉ-DE-CUBZAC – 33.   5 000 hab.
Eglise en partie romane. Au N., colline de Montalon, table d'orientation avec belle vue sur le Blayais.
➡ 2 km N., château du Bouilh, XVIIIe, construit par Victor Louis ; la duchesse du Berry s'y cacha (vis. jeudi, samedi et dimanche en saison, l'après-midi). ➡ 6 km S.-E., la Lande-de-Fronsac, église XIIe. ➡ 4 km S.-O., les ponts de Cubzac-les-Ponts sur la Dordogne sont assez spectaculaires depuis la route du Bec d'Ambès ; ils sont trois depuis la construction de l'autoroute (A 10, N. 10, ligne S.N.C.F. Bordeaux-La Rochelle) ; la Dordogne y est toujours belle.

Saint-Emilion : *La petite ville, au nom évocateur de vins fameux, est un des hauts lieux du tourisme aquitain.*

Vigne à Saint-Emilion : *Le raisin, matière première des somptueux bordeaux, est l'objet de soins constants et plus qu'attentifs.*

SAINT-ASTIER – 24.   4 500 hab.
Petite ville industrielle et commerçante : volailles et truffes. Grosse église fortifiée au clocher considérable, avec crypte. Maisons anciennes.
➡ 7 km N.-O., Saint-Aquilin, église. ➡ 12 km N.-O., Segonzac, château de la Martinie, Renaissance.

SAINT-AULAYE – 24.   1 400 hab.
Au bord de la Dronne, bastide et église XIIe.
➡ 7 km N.-E., Saint-Privat a une très belle église romane fortifiée (chapiteaux).

SAINT-AVIT-SÉNIEUR – 24.
Dans la jolie vallée de la Couze. Eglise bénédictine XIe, fortifiée ; l'ensemble qu'elle compose avec le village est remarquable.
➡ A quelques kilomètres au sud (multiples routes), église romane de Sainte-Croix. ➡ S.-E., Montferrand-du-Périgord, village ravissant, halle et maisons anciennes.

SAINT-CYPRIEN – 24.   1 800 hab.
Village ancien (église XIIe et XIVe).
➡ 3 km N., château de Fages, Renaissance (restauration en cours). Vues.

SAINT-ÉMILION – 33.   3 400 hab. (1 000 à la ville.)
Nom célèbre par ses vins et ville extraordinaire par son site en fer à cheval autour d'un vallon et dominant de loin la Dordogne, et par ses monuments très curieux. Sur la place du Marché, centre de la ville, église monolithe (XIe-XIIe) unique en France par ses dimensions, creusée dans le roc ; seul un beau clocher XIIe et XVIIe dépasse ; chapelle de la Trinité. Le château du Roi est un fort donjon XIIIe avec vue magnifique sur la ville et les environs. Eglise collégiale XIIe et beau cloître XIVe. Remparts importants du XIIIe. Couvent des Cordeliers, ensemble gothique très intéressant d'un cloître et d'une église XIVe-XVe, qui appartient à une maison de vins. Nombreuses ruelles et vieilles maisons. (Le S.I. vend un billet combiné unique pour tout visiter.) A 600 m O., vieille église Saint-Martin-de-Mazerat XIe-XIIe.
➡ 4 km N.-E., Saint-Georges et Montagne ont chacun une belle vieille église romane. Vignobles très beaux partout aux environs. ➡ O., à Saint-Martial, au bord de la Dordogne, un grand menhir.

SAINT-ETIENNE-DE-BAÏGORRY – 64.   1 800 hab.
Dans la belle vallée de la Nive des Aldudes ; château d'Echaux ; église typique. Passage du G.R. 10. Vignoble d'Irouléguy.
➡ 8 km O., col d'Ispéguy, vue.

SAINT-JEAN-DE-CÔLE – 24.
Non loin des grottes de Villars*, beau village ancien ; église XIe, halles, château de la Marthonie en face XVe-XVIIe (vis. l'été), vieilles maisons et musée d'arts et traditions populaires. Pont.

SAINT-JEAN-DE-LUZ – 64.   12 100 hab.
Plage réputée au fond d'une baie presque fermée (grandes digues) où débouche la Nivelle ; sur celle-ci, port de pêche pittoresque et très important (jadis baleine et morue, maintenant thon, anchois, sardine), bordé par la célèbre Maison de l'Infante et la Maison de Louis XIV (vis. l'été), dont le mariage fut prononcé en 1660 à l'église Saint-Jean-Baptiste, typiquement basque (galeries et grand retable). Sur la rive gauche de la Nivelle, en face, Ciboure a des maisons anciennes ; maison natale de Maurice Ravel sur le port. Tour de Bordagain, panorama. Pointes de Socoa (fort XVIIe, et fameux rochers aux strates inclinées) et de Sainte-Barbe ; de grandes digues s'appuient sur chacune ; digue centrale de l'Artha ; il y a un phare sur chaque pointe. A l'O., Corniche basque, après Socoa (falaises).
➡ 4 km S.-O., Urrugne, église fortifiée XVIe avec cadran solaire, et chapelle Notre-Dame-de-Socorri, pèlerinage et panorama. ➡ 12 km S., col d'Ibardino sur l'Espagne, jolie route. ● Saint-Jean-de-Luz est le point d'arrivée du rallye des Cimes, début septembre (jeeps et engins similaires). Fêtes folkloriques.

SAINT-JEAN-PIED-DE-PORT – 64.   1 900 hab.
Son et Lumière
Ancienne capitale de la basse Navarre (province basque), ville forte (Vauban), dans un joli bassin. Il faut flâner un moment dans la ville haute : église fortifiée, vieux pont, maisons anciennes, prison des Evêques, point de vue sur la citadelle (Son et Lumière l'été). Fêtes traditionnelles basques. G.R. 10. ➡ Au N., pic d'Arradoy (660 m), panorama ; une route y monte. ➡ 4 km E., Saint-Jean-le-Vieux, église basque.

SAINT-JUSTIN – **40.**   1 000 hab.
Bastide au-dessus de la Douze. Trois tours XVIe. Maisons anciennes sur la place à couverts.

SAINT-LAURENT-ET-BENON – **33.**   2 500 hab.
Eglise : façade gothique, abside romane.

SAINT-LÉON-SUR-VÉZÈRE – **24.**
Beau site pour un vieux village charmant. Eglise romane XIIe. Château de Clérans XVIe. Sur le G.R. 36 entre le Thot (voir Montignac*) et les Eyzies*.
➡ 8 km N.-O., Plazac, église romane (clocher), vieilles maisons. ➡ 6 km S.-E., Sergeac, rive gauche, beau village à église romane fortifiée (Saint-Léon à 2 km par le G.R. 36). ➡ 5 km S.-O., la Roque-Saint-Christophe, anciennes habitations troglodytiques (vis. tous les jours en saison).

SAINT-LOUBOUER – **40.**
Village avec restes de remparts.
➡ 3 km O., Vielle-Tursan, au milieu du pays très accidenté de Tursan. ➡ 6 km N.-E., Eugénie-les-Bains, minuscule station thermale.

SAINT-MACAIRE – **33.**   1 700 hab.
Presque en face de Langon, bourg médiéval remarquablement conservé : remparts (trois portes), belle église romane XIIe, place à couverts XVe, beaucoup de maisons anciennes. ➡ 2 km N., table d'orientation, vue générale sur la vallée.

SAINT-MÉDARD-EN-JALLES – **33.**   16 300 hab.
Eglise XIIIe. Poudrerie nationale.

SAINT-MICHEL-DE-MONTAIGNE – **24.**
La tour de la « librairie » fameuse du grand écrivain a seule échappé à l'incendie ; le reste du château, où il naquit et vécut, a été rebâti (vis. tous les jours sauf lundi, mardi et en hiver). Les vignobles de Montravel l'entourent.
➡ 4 km S.-E., Montcaret, église romane et fouilles gallo-romaines en cours : plusieurs mosaïques et petit musée. Fontaine des Fées.

SAINT-PALAIS – **64.**   2 300 hab.
Petite ville de traditions basques (festival de la Force basque, 1er dimanche après le 15 août). Point de convergence de plusieurs chemins de Saint-Jacques (stèle du Mont-Saint-Sauveur, 3 km S.). ➡ 9 km S., Harambels, remarquable chapelle Saint-Nicolas, XIIe.

SAINT-PARDOUX-LA-RIVIÈRE – **24.**   1 300 hab.
Joli site sur la Dronne non loin de sa chute du Saut du Chalard*.

SAINT-PHILIPPE-D'AIGUILLE – **33.**
Camp de La Hire (le compagnon de Jeanne d'Arc) ; table d'orientation, panorama immense entre l'Isle et la Dordogne.

SAINT-SEVER – **40.**   4 800 hab.
Au N., panorama à ne pas manquer sur l'Adour et les Landes. Belle église bénédictine XIIe Saint-Sever (restaurée plusieurs fois). Hôtels anciens. Oies et canards.
➡ 5 km S.-O., Audignon, belle église romane (abside) et gothique. ➡ 5 km S.-O., Aules, église. ➡ 8 km O., Montaut, arènes et vue sur les Landes.

SAINT-VINCENT-DE-PAUL (Berceau de) – **40.**
Maison (presque) natale de saint Vincent, et église de pèlerinage XIXe.
➡ 5 km N., pèlerinage de Notre-Dame-de-Buglose, chapelle (réaménagée en bergerie landaise) où il célébra la messe ; l'église, récente, abrite une Vierge en pierre XVe. Musée d'art sacré.

SAINTE-CROIX-DU-MONT – **33.**
Face à Barsac et au Sauternais, c'est l'Entre-Deux-Mers, au-dessus de la Garonne. Belle vue (table d'orientation) de la falaise d'huîtres fossiles (où des grottes ont été creusées), sur laquelle est bâtie l'église.
➡ 4 km E., Verdelais, pèlerinage important à la basilique Notre-Dame (XVIIe) ; tombe de Toulouse-Lautrec ; un chemin de croix mène à un calvaire (panorama), près de Malagar, la propriété de François Mauriac.

SAINTE-ENGRÂCE – **64.**
La vallée de la Haute-Soule se redresse, beau cirque dominé par les plateaux mouvementés de la Pierre-Saint-Martin* ; canyon d'Ujarre au S. Petite abbatiale romane XIe (chapiteaux).

SAINTE-FOY-LA-GRANDE – **33.**   3 600 hab.
Bastide XIIIe avec place à couverts. Marché vinicole (blancs) et agricole (fruits, tabac). Nombreuses maisons anciennes dont une en bois du XVe. Bords de Dordogne (la rive droite est en Dordogne). Patrie du chirurgien Broca et du géographe Elysée Reclus.

SALIES-DE-BÉARN – **64.**   5 600 hab.
Petite ville ancienne (maisons en encorbellement sur la rivière, vieux pont, église XVe) et station thermale importante. Plusieurs vues étendues aux environs, et promenades pédestres signalées.
➡ 7 km N., Bellocq, vieux village (église XIIIe, château en ruine).

SALIGNAC-EYVIGNES – **24.**
Tranquille village autour d'un gros château XIIe au XVIIe à la silhouette déjà quercynoise.

Le joli port basque de Ciboure sur la Nivelle, face à Saint-Jean-de-Luz et à ses fameuses Maisons de l'Infante et de Louis XIV.

*Ci-dessus, la tour de **Saint-Michel-de-Montaigne** qui seule a échappé à l'incendie. Le reste du château a été rebâti.*

*Page 363, en haut, **ferme du Béarn (Sauveterre)** : En Aquitaine, l'élevage, la culture, la gastronomie, l'art de vivre sont solidaires et s'harmonisent étroitement aux paysages.*

*Au milieu, la **vallée de la Dordogne** et ses fameuses oies.*

*Au dessous, **Sare** : La montagne basque commence dès la côte avec la Rhûne qui domine ensuite le joli bassin de Sare.*

Sarlat : *Le « Présidial ». Peu de villes anciennes sont aussi homogènes dans la beauté.*

Page 365, **Villeréal :** *Le Moyen Age, créateur des bastides, a inventé là un nouvel urbanisme.*

SAMADET – 40.   1 000 hab.
Faïences célèbres (XVIIIᵉ) ; musée de la Faïencerie (vis. tous les jours), avec section régionale.
➡ 4 km S., moulin de Mant, panorama.

SARE – 64.   1 900 hab.
Beau village du Labourd, au pied E. de la Rhune ; église XVIIᵉ à galeries et retable.
➡ 5,5 km S., grottes de Sare (vis. tous les jours). Au fond de la vallée de la Sare, col de Lizarrieta, très couru pour la chasse à la palombe.

SARLAT-LA-CANÉDA – 24.   10 900 hab.
Charmante vieille ville, capitale des truffes et des foies gras. Patrie du célèbre ami de Montaigne, Etienne de la Boétie. On aimera flâner dans son cadre presque purement Renaissance, au cœur du Périgord Noir. Festival (théâtre, concerts) fin juillet-août. La « Traverse », nord-sud, a coupé la vieille ville en deux au XIXᵉ. A l'E., sur la place du Peyrou, maison de la Boétie (où il est né), Renaissance, église Saint-Sacerdos qui fut cathédrale (XVIᵉ-XVIIᵉ) et garde une belle façade romane ; ancien cimetière ; chapelle des Pénitents Bleus ; curieuse lanterne des morts XIIᵉ ; plus au N., hôtel de Maleville XVIᵉ, place de la Liberté (cadre du festival), beau Présidial XVIᵉ, hôtel de ville XVIIᵉ, place des Oies (marché le samedi) et rue des Consuls avec leurs beaux hôtels de Gisson et de Plamon. Le quartier O. est plus « caché » (Tour des Bourreaux, et chapelle des Pénitents Blancs XVIIᵉ).
➡ 4 km N., à Temniac, chapelle Notre-Dame XIIᵉ, pèlerinage, et vieille tour du château des évêques. Vue. ➡ 8 km N.-O., château Renaissance de Puymartin, tapisseries (vis. l'été).

SARRANCE – 64.
Dans la vallée d'Aspe. Eglise XVIIᵉ à clocher-porche (panneaux de bois XVᵉ) ; pèlerinage à une Vierge XIᵉ ; joli cloître.

SAUTERNES – 33.
Haut lieu de la vigne et du vin...

SAUVE (La) – 33.
Ancienne abbaye romane Saint-Gérard, XIIᵉ-XIIIᵉ, en ruine, en partie restaurée ; c'était un ensemble très important dont il reste une magnifique abside, de nombreux chapiteaux dont certains historiés, et un énorme clocher gothique XIIIᵉ. En face, belle église paroissiale Saint-Pierre, XIIᵉ, fresques XVIIIᵉ.
➡ 3 km O., Créon, bastide avec place à couverts et maisons anciennes. ➡ 6 km S.-E., Targon, église romane fortifiée. ➡ 7 km N.-E., château de Pressac.

SAUVETERRE-DE-BÉARN – 64.   1 700 hab.
Beau site au N. du gave d'Oloron : vue sur le gave et les Pyrénées. Sur le gave, vieux pont dont il reste une arche et une porte fortifiée au milieu ; de là, très belle vue. Donjon, église romane XIIᵉ, restes de remparts.
➡ 8 km N.-O. + 40 mn aller et retour, Pène de Mu, petit sommet, panorama.

SÉVIGNACQ-THÈZE – 64.
Eglise XIIᵉ, portail.

SOLFÉRINO – 40.
Musée Napoléon III (qui a « lancé » les Landes), avec salle régionale.

SOMPORT (Col du) – 64.
Altitude 1 632 m
Sur la route Pau-Sarragosse, au fond de la vallée d'Aspe*, col-frontière et passage facile au milieu d'un paysage sauvage et coloré.

SORDE-L'ABBAYE – 40.
Vieille bastide (restes de remparts XIIIᵉ), autour d'une ancienne abbaye bénédictine romane puis gothique, restaurée ; portail ; chapiteaux ; mosaïques gallo-romaines ; bâtiments conventuels. Le tout est plein de charme.

SORE – 40.
Sur une hauteur au milieu des Landes ; porte XVᵉ, église romane à trois absides.
➡ 7,5 km N.-O., Argelouse, église XIIᵉ-XVᵉ. ➡ 11,5 km N.-O., Belhade, église romane (clocher-mur et portail, chapiteaux historiés).

SOULAC-SUR-MER – 33.   2 400 hab.
Une grande plage assez sûre, des dunes, des pins, Cordouan et la Coubre en face, et le large. Belle basilique romane Notre-Dame-de-la-Fin-des-Terres, XIIᵉ, dégagée au XIXᵉ des sables qui l'avaient recouverte.

TARDETS-SORHOLUS – 64.
Dans la belle vallée du Saison (Soule) ; place à arcades. Foire au fromage de montagne (août).
➡ 6 km N.-E., par le col de Sustary, chapelle de la Madeleine sur un sommet de 795 m (sentier à la fin) ; beau panorama ; pèlerinage le 22 juillet.

TERRASSON-LA-VILLEDIEU – 24.   6 200 hab.
Sur la Vézère, grand centre de la noix. Pont XIIᵉ. Vieux quartier, entourant l'église XVᵉ, restaurée. Château XIVᵉ.

TEYJAT – 24.
Grotte de la Mairie, gravures préhistoriques (vis. tous les jours en saison).
➡ 6 km O., Varaignes, petit musée populaire au château.
➡ S.-O., beau village de Javerlhac, et église à la Chapelle-Saint-Robert.

THIVIERS – 24.   4 400 hab.
L'hiver, marchés célèbres (foies gras, truffes, confits). Eglise romane et château de Vaucocour, Renaissance, restauré.
➡ 8 km E., Nanthiat et ses beaux calvaires anciens. ➡ 11 km N.-E., à Saint-Paul-la-Roche, un cristal de quartz pur haut de 4 mètres pèse 20 tonnes.

TOURNON-D'AGENAIS – 47.   1 000 hab.
Sur une butte, ancienne bastide française toute ronde. Vue étendue depuis la tour des remparts.

TOURTRÈS – 47.
Village perché sur une butte : panorama.

TRÉMOLAT (Cingle de) – 24.
Ce cingle (méandre dans son cadre de falaises) est typique. La vue la plus belle est celle du château d'eau au N.-O. de Trémolat. Le G.R. 6 contourne tout le site.

URZUMU (Mont) – 64.
L'altitude est faible : 213 m, mais le panorama est étonnant (table d'orientation). Accès : au S.-O. de Cambo, au terrain de vol à voile.

VAYRES (Château de) – 33.
Sévère forteresse médiévale « adoucie » au XVIᵉ, au bord de la Dordogne. Jardins récents de style classique.

VERDON-SUR-MER (Le) – 33.   1 600 hab.
Le premier avant-port de Bordeaux a repris déjà une grande importance : terminal à conteneurs et port pétrolier dispensent les navires de remonter la Gironde. Port de plaisance. Bac pour Royan à la pointe de Grave*.

VERGT – 24.   1 400 hab.
Au cœur du récent royaume de la fraise, qui envahit peu à peu le département. Petit lac-baignade, au S.-O.
➡ 13 km S.-O., château de la Gaubertie.

VERTHEUIL – 33.
Entre les vignes, la forêt et les plages, grande et belle abbatiale romane XIᵉ-XIIᵉ à trois nefs et déambulatoire (chapiteaux, voûtes, portail). Restes imposants du château.

VÉZÈRE (Vallée de la) – 24.
Elle rentre en Dordogne peu en aval de Brive, dans de grands paysages calmes où abondent le noyer et le peuplier. Après Terrasson*, la direction d'ensemble est vers le S.-O., mais nombreux et beaux sont les méandres dans les gorges calcaires très boisées où la rivière est soulignée de peupliers. Montignac*, Saint-Léon*, l'extraordinaire ensemble préhistorique et spéléologique des Eyzies* et du Bugue*, jalonnent son parcours avant le beau confluent avec la Dordogne à Limeuil*. Les G.R. 461, 36 et 6 la suivent de près ou de loin.

VIEUX-BOUCAU-LES-BAINS – 40.   1 100 hab.
Ce fut Port-d'Albret, une des embouchures successives de l'Adour. Il en reste le beau courant de Vieux-Boucau, qui vient de l'étang de Soustons, lui-même plein d'ambiance (sports nautiques).

VILLAMBLARD – 24.
Ruines du château Barrière, XVᵉ.
➡ 10 km O., château de Mont-Réal.

VILLANDRAUT – 33.
A l'orée des Landes, superbes ruines d'un château fort XIVᵉ, construit par le premier pape d'Avignon, Clément V, enfant du pays. Musée local (archéologie et folklore).
➡ 5 km S.-E., Uzeste, église gothique magnifique que Clément V se destinait comme dernière demeure. ➡ En amont de Villandraut (au S.), le Ciron parcourt de jolies gorges ; voir le château en ruine de Cazeneuve et le moulin fortifié de Cossarieu.

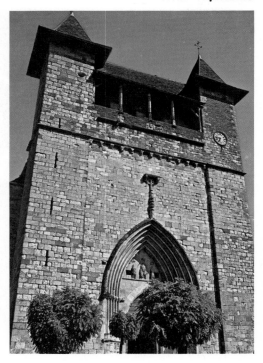

VILLARS (Grottes de) – 24.
Belles grottes à concrétions, elles contiennent aussi des peintures préhistoriques (vis. tous les jours l'été, dimanche et jours fériés en saison).

VILLEFRANCHE-DU-PÉRIGORD – 24.
Bastide avec place à couverts (incomplète), et halles.

VILLENEUVE-SUR-LOT – 47.   23 000 hab.
Ancienne bastide française au cœur d'un immense et riche verger. Portes de Paris et de Pujols. Eglise romano-byzantine moderne avec vitraux anciens.
Du Pont-Neuf, belle vue sur le Pont-Vieux et les bords du Lot.
➡ 4 km S.-O., Pujols, village perché délicieux (et piéton) aux maisons anciennes. (Le G.R. 652 y passe, entre Bonaguil* et Agen*.) ➡ 6 km S.-E., tour de Saint-Germain, panorama. ➡ 10 km N.-O., Casseneuil, village ancien très fleuri au bord du Lot et de la Lède.

VILLERÉAL – 47.   1 400 hab.
Bastide française. Place avec belles halles XIVᵉ à piliers de bois ; haute église fortifiée.

YQUEM – 33.
Vaste mais beau château pour le meilleur des Sauternes. Vue.

A l'orée des Landes et à une cinquantaine de kilomètres au sud de Bordeaux, les belles ruines du château de Villandraut.

Jour de marché à Villefranche-de-Rouergue.

Midi – Pyrénées XVIII

45 382 km² – 2 375 319 habitants

Départements	Superficie en km²	Population
09 Ariège	4 890	135 725
12 Aveyron	8 735	278 654
31 Haute-Garonne	6 301	824 501
32 Gers	6 254	174 154
46 Lot	5 228	154 533
65 Hautes-Pyrénées	4 507	277 922
81 Tarn	5 751	339 345
82 Tarn-et-Garonne	3 716	190 485

La plus vaste région est aussi fort décousue dans sa composition, malgré l'existence ancienne du comté de Toulouse qui fut toujours très grand ; il était entouré, selon les époques, des comtés d'Armagnac, de Comminges, de Bigorre, de Foix, de Rodez, de fractions de la Guyenne et de la Gascogne, et du Languedoc qui un temps en fit partie ; elle compte une grande part du bassin de la Garonne et de ses grands affluents de droite, et donc des Pyrénées et du sud-ouest du Massif Central avec une surface importante en causses et donc des vallées fort pittoresques.

Malgré des réussites spectaculaires (Toulouse, Albi, les Pyrénées), l'économie stagne un peu en reposant largement sur une agriculture qui fut toujours florissante. Mais l'étendue du pays fait ressortir sa faible densité humaine ; il est calme et beau et possède quelques-uns des hauts lieux touristiques français avec Lourdes et Gavarnie, Toulouse, Albi, Moissac, Rocamadour, Padirac, Cahors et combien d'autres qui mériteraient la même célébrité...

MIDI-PYRÉNÉES (XVIII)

09 – ARIÈGE
12 – AVEYRON
31 – HAUTE-GARONNE
32 – GERS
46 – LOT
65 – HAUTES-PYRÉNÉES
81 – TARN
82 – TARN-ET-GARONNE

PARC NATIONAL
DES PYRÉNÉES

0   25 km

E   S   P   A   G   N   E

Albi : *La ville rouge baignée par le Tarn bleu, ou vert, selon les jours : cliché peut-être, réalité sûrement.*

Le cloître de l'église Saint-Salvi *(en bas) est incomplet mais fort curieux par son mélange de styles.*

Col d'Aspin : *Le pic du Midi de Bigorre « règne » sur le versant ouest de ce col où alternent pâturages et forêts.*

AGOUT (Vallée de l') – 81.

Ce violent et fantasque affluent du Tarn a été assagi par les barrages du Laouzas* et de la Raviège* qui le régularisent dans les monts de Lacaune* et de l'Espinouse* (région XIX). Après avoir contourné le Sidobre*, il arrose Castres* et s'enfonce dans le Ségala albigeois avant de rejoindre le Tarn après Lavaur*.

AGUDES (Les) – 31.
Altitude 1 500 m

Station de sports d'hiver, reliée à celle de Peyresourde*-Balestas sur le versant O. ; on domine toute la vallée de Larboust (Oô, Saint-Aventin*) à l'E.

ALBI – 81.   49 500 hab.

Belle ville d'art bâtie sur la berge escarpée du Tarn. Renommée par ses monuments en brique rouge laissés par les évêques qui ont su les reprendre en main sur les « hérétiques » cathares. La cathédrale Sainte-Cécile gothique méridional fin XIIIᵉ-début XIVᵉ fut leur forteresse, ainsi que le palais de la Berbie voisin ; le formidable donjon (panorama) de Sainte-Cécile domine la « ville rouge » et le Tarn au cœur d'une belle campagne ; le vaisseau fortifié, impressionnant à l'extérieur par sa sévérité, s'ouvre par le « Baldaquin », grand porche flamboyant début XVIᵉ, dentelle de pierre blanche ; l'intérieur est extraordinairement décoré, coupé par un admirable jubé en pierre (le plus grand de France) et une immense clôture de chœur, aux riches sculptures ; une immense peinture murale du *Jugement dernier* fin XVᵉ couvre le revers de la façade, et les voûtes et parois sont revêtues de peintures magnifiques dues à des Bolognais. La Berbie, citadelle des évêques, XIIIᵉ au XVᵉ, abrite surtout l'important musée Toulouse-Lautrec (vis. tous les jours, sauf mardi l'hiver), contenant une très grande partie de l'œuvre du peintre (né à l'hôtel du Bosc à Albi ; vis.), toiles, dessins, affiches, etc. ; intéressantes collections contemporaines ; beaux jardins en terrasses sur le Tarn. La collégiale Saint-Salvi romane et gothique XIIᵉ à des chapiteaux romans, une statuaire intéressante et des restes d'un cloître XIIIᵉ. Bel hôtel Reynès (Chambre de commerce) et hôtel de ville, tous deux Renaissance ; maison Enjalbert XVIᵉ. Place Lapérouse, statue du navigateur. Du pont du 22-Août (Pont-Neuf), vue admirable sur la ville et le Pont-Vieux.

➡ 5 km N.-E., Lescure, église Saint-Michel, XIᵉ-XIIᵉ, au cimetière (beau portail, chapiteaux ; clé à Lescure) ; 4 km E., à Saint-Juéry, cascade du Saut de Sabô, sur le Tarn ; au-delà, routes de la vallée du Tarn* et d'Ambialet*.

ALVIGNAC – 46.

Petite station thermale appréciée, source Salmière au N.
➡ 2,5 km O., gouffre du Réveillon. ➡ 9 km N.-E., gouffre de Padirac*.

ALRIC (Mont) – 81.
Altitude 813 m

Panorama immense de ce sommet O. de la Montagne* Noire ; table d'orientation à 788 m près de la route à l'O. (D. 12) : le Lauragais, les coteaux du Tarn, parfois les Pyrénées.

AMBIALET – 81.

Site extraordinaire d'un méandre presque recoupé par le Tarn, entourant une haute colline qui porte un prieuré roman XIᵉ (musée) et, sur l'isthme étroit et rocheux, le village très pittoresque ; église romane, ruines féodales ; vues superbes de la D. 74 au N. et au S.
➡ 2,5 km E., Courris, dans un site un peu symétrique. Le G.R. 36 joint les deux sites par une boucle presque fermée.

ARAGNOUET – 65.
Altitude 1 270 m

La plus haute commune de la vallée d'Aure, près du tunnel de Bielsa, possède une belle chapelle ancienne à clocher-mur en ruine. Randonnées possibles au cirque de Barroude, S.-O., et à la Hourquette de Héas par la vallée de Badet à l'O. Station de ski à Piau-Engaly, O. (site sauvage).

ARBAS – 31.
Altitude 385 m

Sur l'Arbas, rivière naissant du massif de Paloumère (pic de 1 608 m au S.-O.) où se trouve le gouffre de la Henne-Morte, entre bien d'autres composant le réseau Trombe, important ensemble spéléologique.

ARGELÈS-GAZOST – 65.   3 700 hab.

Le chef-lieu des vallées du Lavedan est une villégiature agréable et une station thermale bien située dans sa large vallée de montagne. Jolie vieille ville. Vieux châteaux.
➡ « Tour de la vallée », par Saint-Savin, église bénédictine XIIᵉ fortifiée XIVᵉ (portail, musée dans la salle capitulaire, panorama), Pierrefitte-Nestalas, Soulom (église), Beaucens, petite station thermale, ruines féodales avec le « donjon des aigles », réserve de rapaces (vis. tous les jours). ➡ E. puis S.-E., superbe route du Hautacam (col de Tramassel, 1 516 m).

ARIÈGE (Vallée de l') – 09.

Le couloir sauvage de haute montagne d'avant Ax-les-Thermes devient une grande vallée profonde, le val d'Ariège, où des bassins succèdent à des défilés, entre la vaste montagne déserte de l'Aston au S. et le beau versant N. cultivé portant la route des Corniches* au pied de la montagne de Tabe. Après le carrefour industriel et préhistorique de Tarascon-sur-Ariège* (Niaux*, Bédeilhac, Lombrive), l'Ariège franchit encore les chaînes de l'Arize et du Plantaurel par des défilés avant et après Foix* avant de trouver la plaine avant Pamiers*.

ARIZE (Vallée de l') – 09.

Née du massif de l'Arize, parcouru par la Route Verte*, elle descend en dents de scie à travers les chaînons prépyrénéens du Plantaurel, contourne à angle droit les ruines féodales de Saint-Barthélémy, perce l'étonnant tunnel du Mas-d'Azil*, tourne à nouveau brutalement près de la chapelle de Sabarat et descend alors au N.-O. vers la Garonne en arrosant Daumazan-sur-Arize (belle église XIIᵉ-XVIᵉ), Montesquieu-Volvestre* et Rieux*.

ARREAU – 65.
Altitude 704 m

Chef-lieu de la vallée d'Aure, et bourg ancien à vieilles maisons pittoresques à pans de bois (maison des Lys, XVIᵉ). Eglises Notre-Dame XVᵉ-XVIᵉ (sculptures, trésor) et Saint-Exupère, romane et XVIᵉ.
➡ 2 km E., Jézeau, église XIIᵉ-XVIᵉ, œuvres d'art. ➡ 5,5 km S., Gouaux, église romane XIIᵉ remarquable. ➡ Beau circuit à l'O. par Ancizan (5 km S.-O.), beau village ancien, et au N.-O. ; la Hourquette d'Arreau (1 538 m), Payolle, retour par le col d'Aspin*. ➡ 7 km N., Sarrancolin, remarquable bourg ancien, église romane (œuvres d'art), vieilles maisons ; marbres célèbres.

ARRENS-MARSOUS – 65.
Altitude 878 m

Joli village de montagne au pied de la route des cols du Soulor* et d'Aubisque* (région XVIII) ; au S., chapelle de Pouey-Laün (dorée), à belle décoration XVIIIᵉ.
➡ 9,5 km S.-O., haute vallée d'Arrens, à Aste, « porte » du Parc national des Pyrénées occidentales (exposition, information), au pied du massif du Balaïtous (3 146 m). Alpinisme. ➡ 6,5 km S.-E., Estaing, sur le gave de Labat de Bun ; 4 km S.-O., lac d'Estaing, G.R. 10 au S. vers le col d'Ilhéou et Cauterets* (6 h). ➡ 3 km N.-E., Aucun, belle église romane XIᵉ. ➡ N. sur N. 618, belle vue sur le Balaïtous et le glacier de Las Néous.

ASPET – 31.   1 200 hab.
Altitude 470 m

Vieux village (maisons XVᵉ) dans la vallée du Ger. A l'église, fresques XVᵉ et célèbre carillon. Dans la haute vallée du Ger, villages remarquables.

ASPIN (Col d') – 65.
Altitude 1 489 m

Entre Adour et Neste, parmi d'admirables sapinières et de beaux points de vue ; table d'orientation S.-O., 1 h 45 aller et retour, Pla del Naou (1 754 m), superbe panorama.

ASSIER – 46.

Du somptueux château de Galiot de Genouillac, grand artilleur de François Iᵉʳ, vendu et démoli au XVIIIᵉ, il ne reste qu'une aile superbement décorée (vis. tous les jours sauf mardi) ; non loin, l'église à sa gloire, fort militaire, est tout aussi grandiose – et belle.

AUBIN – 12.   6 500 hab.

Longue agglomération industrielle, englobant Cransac et son établissement thermal (qui utilise les gaz de la « Montagne qui brûle » voisine). Musée du Rouergue, traitant ici de la mine. Eglise XIIᵉ-XVᵉ remarquable (mobilier). Ruines d'un donjon féodal. Jolie chapelle du Pouget (vue).

AUBRAC – 12.
Altitude 1 300 m

Petite station d'été et d'hiver sur son immense plateau (Aubrac*, région X), royaume de ski de fond ; belle église romane, tour et bâtiment XVIᵉ, restes de la dômerie des Hospitaliers. Belle forêt d'Aubrac au S. (panorama au S., cote 1388, près de la D. 219, au-dessus de Brameloup, petit centre de ski), et bois de Rigambal au N.-O. (les Trucs, panorama).

AUCH – 32.   25 100 hab.

Des bords du Gers (rive droite), la vue est superbe sur la vieille ville au bord du plateau, surmontée par la grande cathédrale et la tour dite d'Armagnac XIVᵉ ; un escalier monumental encadrant la statue de d'Artagnan monte à la place Salinis et à la cathédrale Sainte-Marie fin XVᵉ au XVIIᵉ, façade Renaissance ; dans le chœur, admirable ensemble de stalles, clôture en pierre et marbre, sculptures dont une Mise au tombeau XVIᵉ, magnifiques vitraux XVIᵉ, orgues XVIIᵉ, trésor. Préfecture, ancien archevêché XVIIIᵉ. A la chapelle des Jacobins, musée d'Art et d'Archéologie, avec d'importantes poteries amérindiennes ; musée gascon. Pittoresques « pousterles » bordées de vieilles maisons dans le vieux quartier escarpé sous la cathédrale.

Assier : Que pesez-vous, madame, avec votre belle balance romaine ? Votre panier vide ? Des « fritons » ?

AULUS-LES-BAINS – 09.
Altitude 762 m
Station thermale et de sports d'hiver (ski à Guzet-Neige, voir Ustou*), dans le très beau cadre boisé, proche de la haute montagne, de la vallée du Garbet ; le col de la Trape à l'O. fait passer dans la vallée d'Ustou, celui d'Agnes puis le port de Lers (1 517 m) à l'E. conduisent dans le Vicdessos*. Paysages magnifiques.
➡ N., pic de Cayzardet (1 412 m) en 3 h 30 aller et retour, superbe panorama. ➡ S.-E., cascade d'Arse, 110 m en trois chutes, à 2 h 30 aller et retour (sur le G.R. 10). ➡ S., cascade du Fouillet. ● Nombreuses excursions en montagne (lacs d'altitude).

AURE (Vallée d') – 65.
Grande vallée des Nestes, descendues de la haute chaîne frontière (pic Schrader, 3 174 m) et du massif de Néouvielle*, dans de beaux paysages pastoraux avec de nombreux villages typiques. C'est une voie d'accès pratique dans les Pyrénées espagnoles par le tunnel de Bielsa, de 3 km. Le G.R. 10 en procure un aperçu complet.

AURIGNAC – 31.   1 100 hab.
Altitude 430 m
Ce haut lieu de la préhistoire s'est doté d'un petit musée municipal. L'ancienne place forte, dominée par des ruines du château (panorama pyrénéen), a une église dont le clocher sert de porte de ville (XIVᵉ) ; beau portail.
➡ 5,5 km E.-N.-E., Alan, bastide XIIIᵉ avec château des évêques de Comminges XIVᵉ (vis.), surprenant portail de la Vache ; halles anciennes ; environs pittoresques.

AUSSEING (Tour d') – 31.
Altitude 631 m
Sommet N.-O. des Petites Pyrénées, dominant la cluse de Boussens, la plaine de la Garonne et le Comminges (30 mn aller et retour), vue splendide. Au S., près de Belbèze, table d'orientation (15 mn aller et retour à 459 m).

AUTOIRE (Cirque d') – 46.
Un bout-du-monde, une sorte de reculée d'où tombe une cascade (sentier), d'où la vue est très belle sur le vallon et le village, remarquablement quercynois.
➡ 5 km N.-O., autre très beau village de Loubressac, fortifié et perché, avec un château XVᵉ à vue imprenable et mobilier et souvenirs de la Révolution. Par la Poujade (vue), on peut monter vers Padirac*.

AUVILLAR – 82.   1 000 hab.
Etonnante petite ville ancienne perchée en terrasse au-dessus de la Garonne (vue superbe, table d'orientation). Halle circulaire à colonnes sur une jolie place à couverts. Eglise intéressante romane et gothique (retables). Tour de l'Horloge. Maison des Consuls XVIᵉ, maisons anciennes. Musée régional.
➡ 6 km N.-O., Golfech, chantier nucléaire. ● Faïences anciennes d'Auvillar.

AVEYRON (Vallée de l') – 12-81-82.
Elle est d'une variété étonnante. D'abord dans une belle dépression de Sévérac-le-Château* à Rodez* entre le massif des Palanges et le causse, il s'enfonce dans le Ségala avec des sites pittoresques (Belcastel*) ; il oblique à Villefranche-de-Rouergue* en se heurtant aux causses du Quercy et parcourt de superbes gorges que le train seul suit entre Monteils et Laguépie* par Najac*. Nouveau virage abrupt à Laguépie où le Viaur le grossit, et aimable parcours (Varen*) puis gorges calcaires magnifiques de Saint-Antonin-Noble-Val* à Bruniquel* par le cirque de Bône (préférer la petite route qui double la D.115 à deux reprises), Cazals et le site étonnant de Penne*.

AX-LES-THERMES – 09.   1 600 hab.
Altitude 720 m
Station thermale et de sports d'hiver, bon centre d'excursions dans les montagnes de la Haute-Ariège qui lui font des environs magnifiques. Place du Breilh, bassin des Ladres datant de Saint Louis (eau thermale sulfureuse). Parc du Teich.
➡ 4,5 km S. (N.20), dans les belles gorges de Mérens, téléphérique pour le plateau du Saquet (2 030 m), partie haute de la station de ski (1 h 45 aller et retour au S., Tute de l'Ours, 2 255 m, beau panorama). ➡ 8 km S.-O., plateau de Bonascre (alias Ax-1400), d'où une télécabine monte au Saquet ; vues magnifiques. ➡ 8 km S., Mérens-les-Vals, dans la superbe haute vallée de l'Ariège ; le G.R.10 part au S.-E. dans le massif du Carlit* (région XIX), et à l'O. dans la chaîne-frontière ; belles promenades ; 9,5 km S., après les cascades des Bésines, l'Hospitalet (1 436 m), au pied du col de Puymorens* (région XIX) et à l'entrée du tunnel ferroviaire ; route de l'Andorre* et de la Cerdagne* (région XIX). ➡ S.-E., belle vallée d'Orlu, ancienne forge, randonnées au lac de Naguilles (barrage, site splendide), et à l'étang de Beys (1 950 m), par le G.R.7.
➡ E., port de Pailhères*, vers le Donezan. ➡ E.-N.-E., col du Pradel*, vers le pays de Sault* (région XIX). ➡ N., cols de Chioula et de Marmare, vers la Route des Corniches*, les gorges de la Frau*, Quillan* (région XIX).

AYNAC – 46.
Beau château à mâchicoulis et dômes autour du donjon. Chapiteaux remarquables à l'église romane au clocher octogonal.

BAGNÈRES-DE-BIGORRE – 65.   10 600 hab.
Altitude 556 m
Station thermale renommée, ville industrielle et bon centre d'excursions, dans un beau cadre de moyenne montagne. Le vieux quartier conserve de belles maisons XVe au XVIIe dans des ruelles pittoresques ; restes d'un cloître XIIe, maison de « Jeanne d'Albret », tour des Jacobins XVe. Eglise Saint-Vincent XVe-XVIe. Parmi les thermes et leur parc, musée Salies (vis. tous les jours l'été, sauf mardi, mercredi et dimanche), peinture, céramique. Riche bibliothèque pyrénéiste aux grands Thermes. Casino. Importante activité folklorique.
➡ 1,5 km S., parc thermal de Salut. ➡ S.-O., mont Bédat (881 m, 1 h 45 aller et retour), belle vue (table d'orientation). ➡ O., on peut aller à Lourdes* par Labassère (ruines,

Beaulieu-en-Rouergue : A l'abandon et presque ignorée naguère l'abbaye cistercienne de Beaulieu s'élève dans un paisible vallon ; ci-dessous, la salle capitulaire.

vue), la fontaine sulfureuse de Labassère, la vallée de l'Oussouet, Neuilh et Castelloubon et revenir par Loucrup.
➡ 2 km S. grottes de Médous*.

BALLONGUE (La) – 09.
C'est la « vallée longue », très verte et aux villages curieusement fréquents (jolis clochers). Elle joint le Couserans au col de Portet-d'Aspet* (1 069 m), rude sans être haut.

BARBAZAN – 31.
Ruines d'un château ; station thermale (parc, casino), baignade.
➡ 4 km N.-N.-O., table d'orientation, près D.26 E, vue étendue.

BARBOTAN-LES-THERMES – 32.   1 700 hab.
Station thermale réputée, aux confins des Landes, au cœur
du pays de l'armagnac. Eglise XIIᵉ-XVIᵉ à porche fortifié,
ancienne porte XVIᵉ ; beau parc thermal.
➡ 1,5 km S.-O., barrage et lac de l'Uby, baignade, sports
nautiques. ➡ 11 km S.-O., Estang, belle église romane.

BARÈGES – 65.
Altitude 1 219 m
Station thermale et de sports d'hiver, au pied du massif de
Néouvielle* sur la route du Tourmalet*. Le funiculaire de
l'Ayré monte au S. à 2 002 m, rapprochant du refuge de la
Glère et du Néouvielle. Du pont de la Gaubie, 4,5 km E.,
G.R.10 au S. vers les lacs du Néouvielle (une journée).

BARRAN – 32.
Petite bastide au bord du Rhône, petit affluent de la Baïse ;
porte fortifiée, place à couverts et halle, église XVᵉ à flèche
hélicoïdale (stalles).
➡ 5 km S.-O., l'Isle-de-Noé, sur la Baïse, joli site.

BASSOUES – 32.
Le formidable donjon carré XIVᵉ du château des
archevêques d'Auch se voit de loin et protège la minuscule
bastide où la route passe sous la halle ; maisons anciennes ;
église XIVᵉ (mobilier) ; au cimetière, basilique Saint-Fris
XIXᵉ mais aux origines anciennes : la crypte conserve le
sarcophage du saint, neveu de Charles Martel. On visite le
donjon, qui possède de belles salles voûtées ; de la plate-
forme, vue splendide (Pyrénées).

BEAULIEU-EN-ROUERGUE (Ancienne abbaye de) – 82.
Bel ensemble cistercien (cloître disparu) devenu centre d'art
contemporain (expositions l'été) ; magnifique église XIIIᵉ et
salle capitulaire (vis. en saison sauf mardi).
➡ 3 km N., château de Cornusson, grande forteresse XVIᵉ
sur une colline, avec fossés et puissantes tours ; 4 km N.
Parisot, vestiges antiques et médiévaux ; plan d'eau et
centre de loisirs.

BEAUMONT-DE-LOMAGNE – 82.   4 100 hab.
Dans la belle vallée de la Gimone. Superbes halles en
charpente au centre de l'ancienne bastide, sur la place à
couverts avec des maisons anciennes. Importante église
fortifiée XIVᵉ, beau clocher toulousain. Lac en aval. Jolis
coteaux au N.-O. et au S.-E.
➡ Belle route de Toulouse par Escazeaux, la D.44 au S.-O.
puis la D.1 au S.-E. par Cox. ➡ 11 km N.-O., Lavit ; 3 km
S.-O., lac collinaire, canotage.

BEAUREGARD – 46.
Village dans des collines dominant le causse de Limogne ;
vieille halle.

BÉLAYE – 46.
Ruines d'un château des évêques de Cahors ; vue sur l'un
des grands méandres du Lot.

BELCASTEL – 12.
Dans des gorges de l'Aveyron, beau village ancien (pont
XVᵉ) dominé par les ruines puissantes de son château.
Superbes statues à l'église.
➡ 5 km O., sur D.597 n, vue magnifique sur les gorges.
➡ 7 km N.-N.-E., chapelle Notre-Dame-de-Buenne
(736 m), panorama.

BELMONT-SUR-RANCE – 12.
Vieux village ; église XVIᵉ avec un immense clocher. Belle
route de Lacaune au S.-O., et remarquables gorges de la
Rance, dans le Rougier, en amont (route de Camarès*).

BETHMALE (Vallée de) – 09.
Belle vallée aux remarquables villages, notamment Ayet
(jolies boiseries XVIIIᵉ à l'église perchée) et Arrien. Superbe
forêt entourant le lac de Bethmale et d'autres étangs. Au
fond de la vallée, col de la Core (1 395 m), voir Seix* ;
passage du G.R. 10.

BIRAN – 32.
Remarquable vieux bourg fortifié au-dessus d'un ravin,
donjon, portes, église avec sculptures anciennes.
➡ 3 km N., pile romaine et église romane du Mas.

BORDES (Vallée de) – 09.
C'est la vallée du Riberot, torrent né des étangs Long et
Rond proches du refuge des Estagnous (2 400 m), dernier
relais pour le peu commode mont Valier (2 838 m) au
splendide panorama (10 h aller et retour minimum du bout
de la route). Cascades.

BOSC (Château du) – 12.
Toulouse-Lautrec y vint souvent dans son enfance.
Nombreux souvenirs et dessins, beau mobilier (vis. tous les
jours en saison).

BOUCONNE (Forêt de) – 31.
2 000 ha de feuillus, « poumon » de Toulouse ; deux
ruisseaux (petits étangs), sentiers ; piscine.

Bozouls : *C'est assurément un site des plus curieux que ce « Trou »
dont les bords sont colonisés par le village. Il est constitué de
calcaires affouillés par le Dourdou.*

BOUILLAC – 82.
Eglise XVIIᵉ à clocher-mur ; extraordinaire trésor ; châsses
gothiques XIIIᵉ et reliquaire provenant de l'ancienne
abbaye voisine de Grandselve.

BOURNAZEL (Château de) – 12.
Dans le N. du Ségala, superbe construction Renaissance
(aile N. de la première Renaissance, aile E. de la seconde),
mais déjà très classique, conservant néanmoins trois tours
XVᵉ (vis. ext. tous les jours).

BOUSSAC – 46.
Début des gorges du Célé, canyon calcaire dans le causse
de Gramat, suivi par la D. 41 tout au long, et le G.R. 651.
➡ 3 km N.-O., Corn, vieux village, beau site ; grottes,
châteaux, résurgence.

BOZOULS – 12.   1 800 hab.
Altitude 610 m
Sur le causse du Comtal, le Dourdou s'enfonce brusque-
ment en formant le Trou de Bozouls, entre le nouveau
bourg et le pittoresque vieux village ; vieilles maisons,
grottes, cascade, vue sur le canyon en aval, église Sainte-
Fauste, romane.

BRASSAC – 81.   1 600 hab.
Pont XIIIᵉ sur l'Agout ; deux châteaux de part et d'autre,
l'un du XVIIᵉ (rive droite) ; joli site. Ruines sarrasines de
Sarrazis au-dessus.
➡ 7 km N.-O., Ferrières, beau site dominant l'Agout,
puissant château XIIᵉ-XVIᵉ avec belle façade Renaissance,
musée du Protestantisme en Haut-Languedoc ; Maison du
Luthier, centre d'animation et d'artisanat du Parc du Haut-
Languedoc ; 8 km N.-N.-O., Vabre, cité médiévale,
beffroi, pont ancien sur le Gijou. ● Porte du Sidobre*.

BRASSAC – 82.
Intéressant château XIIIᵉ-XVᵉ entouré de douves (vis.).

BRETENOUX – 46.   1 100 hab.
Sur la Cère, ancienne bastide avec des maisons à tourelles
et une place à couverts.
➡ N.-E., belle vallée de la Cère, suivie de gorges que seule
la ligne S.N.C.F. Bordeaux-Aurillac remonte.

BROUSSE-LE-CHATEAU – 12.
Altitude 232 m
Dans le confluent de l'Alrance et du Tarn, site remarquable d'un vieux village, dominé par son château féodal ; pont médiéval. Magnifique vallée du Tarn*, en amont et en aval.

BRUNIQUEL – 82.
Au vieux château XIIᵉ (salle des Chevaliers, chapelle) remanié à la Renaissance, s'est adjoint un logis avec une superbe galerie Renaissance, d'où la vue est magnifique sur les gorges de l'Aveyron* ; le site est remarquable sur la falaise au confluent de la Vère. Le bourg ancien escalade la pente opposée de ses ruelles pittoresques (portes, beffroi, vieilles maisons).
➡ 5 km N.-E., magnifique site de Penne*. E., forêt de la Grésigne*.

BRUSQUE – 12.
Village pittoresque sur le haut Dourdou (superbe vallée en amont de Camarès), dominé par des ruines médiévales.

➡ O., route puis 3 h 30 aller et retour, le Merdellou* (1 110 m), panorama remarquable.

BURLATS – 81.   1 200 hab.
Collégiale bénédictine en ruine (deux portails et pavillon roman Adélaïde) ; porte fortifiée de la Vistoure ; château des évêques de Castres médiéval et XVIIᵉ ; vieux village médiéval sur l'Agout.
➡ 7 km N., Roquecourbe, petite cité médiévale dans un beau site de méandres de l'Agout ; ruines d'un énorme château fort ; place à couverts. Superbes gorges de l'Agout en amont.

Cabrerets : *A deux pas de la célèbre grotte de Pech-Merle, haut lieu préhistorique et spéléologique, le château de Gontaut-Biron élève sa silhouette médiévale au-dessus du village et du Célé.*

CABRERETS – 46.

Beau village dans un site superbe sur le Célé, au pied de l'énorme falaise où s'accroche le château du Diable en ruine. Le château de Gontaut-Biron XIVᵉ-XVᵉ veille de l'autre côté.

➡ 2,5 km N.-E., site ravissant de la Fontaine de la Pescalerie, une résurgence ; 6,5 km E., Sauliac-sur-Célé.
➡ 3 km O., grotte du Pech-Merle*. G.R. 651.

CAHORS – 46.   21 900 hab.

Altitude 128 m

La vieille capitale du Quercy est bâtie dans un méandre du Lot qui compose avec les hauteurs qui l'entourent un site magnifique ; les plus belles vues sont celles du mont Saint-Cyr (relais TV, 264 m ; au S.-E., route ou sentier) et du V. 10 (ancienne route de Paris) à 4 km N.-N.-E.

Le Lot défendait bien la ville, avec la Barbacane XVᵉ et la Tour Saint-Jean, beaux restes des remparts XIVᵉ barrant l'isthme, et le pont Valentré, formidable ouvrage fortifié XIVᵉ avec ses arches gothiques et ses trois grandes tours à mâchicoulis. Le vieux quartier se serre à l'E. entre le boulevard Gambetta (enfant de la ville) et le Lot. La cathédrale Saint-Etienne, fin XIᵉ au XIVᵉ, fortifiée est une magnifique église romane à coupoles sur nef unique avec des additions gothiques (façade XIVᵉ, chapelles) ; le portail N. avec son tympan de l'Ascension du XIIᵉ est un chef-d'œuvre du roman languedocien ; fresques sur la première coupole et dans le chœur ; cloître XVIᵉ, salle capitulaire peinte (trésor), et cour de l'ancien archidiaconé Saint-Jean (façade Renaissance). Pittoresque place du Marché (mercredi et samedi). Au S., quartier médiéval des Badernes, avec de vieilles maisons XIVᵉ au XVIIᵉ (de Roaldès, Issala) dans d'étonnantes petites rues ; église Saint-Urcisse XIIᵉ-XIIIᵉ (chapiteaux). Au N., quartier des Soubirous, tout aussi curieux, dont dépassent les tours du Château du Roi et de Jean XXII (de Cahors), XIVᵉ ; à côté de celle-ci, église Saint-Barthélemy XVIᵉ et jolie vue sur le Lot. Vue, du bout du pont Neuf, sur les quais. Arc romain de Diane. Musée municipal (vis. l'après-midi en saison, tous les jours l'été), archéologie, faïences, histoire régionale (Gambetta, Clément Marot).

➡ 11 km N., ruines considérables du grand château fort de Roussillon, avec un musée (vis. l'après-midi l'été).
● G.R. 36 et 65.

CAJARC – 46.   1 200 hab.

Bourg ancien dans un joli bassin cerné de falaises, au bord du Lot.

➡ 8 km N.-E., Gréalou, dolmens à proximité au S.-O.
➡ 1,5 km S.-O. ; chapelle ancienne en ruine (vue).
➡ 4 km S., gouffre de Lantouy. ➡ 7 km E. (rive gauche), belle route par Saujac pour le Saut de la Mounine sur une falaise au-dessus d'un méandre du Lot, face à Montbrun*.
● G.R. 65.

CAMARÈS – 12.   1 200 hab.

Bourg pittoresque sur le Dourdou, au cœur du Rougier (en crue, la rivière rend le Tarn tout rouge) très verdoyant. Vieux-Pont gothique.

Cahors : *Ce monstre gothique est le fameux pont Valentré pour la construction duquel le Diable donna, dit-on, une aide précieuse. Il sert bien souvent de symbole à la jolie cité des Cadurciens.*

CAMPAN – 65.   1 600 hab.

Altitude 660 m

Dans la ravissante vallée de l'Adour, beau village ancien, église (boiseries XVIIIᵉ) et halles XVIᵉ, fontaine XVIIIᵉ.

➡ 1,5 km N.-O., Beaudéan, curieuse église XVIᵉ.
➡ 14,5 km S.-E., beau plateau de Payolle (ski de fond) sur la route du col d'Aspin*. Auprès, à Espiadet, célèbres carrières de marbre de Campan.

CANTOBRE – 12.

Village fortifié extraordinairement perché sur un énorme rocher débordant au-dessus du confluent de la Dourbie et du Trévezel (région XIX).

CAP-DE-LONG (Lac de) – 65.

Altitude 2 161 m

Vaste retenue du grand barrage (haut de 100 m) dans un site fort sauvage du massif du Néouvielle, dominant le lac d'Orédon comme au fond d'un gouffre.

La vallée du Lot à Cajarc : *La partie... lotoise de la vallée est une tranquille succession de méandres, au travers d'une admirable campagne entrecoupée de falaises.*

CAPDENAC – 46.   1 100 hab.
Ancienne ville forte (puissants remparts, belles portes, donjon, vieilles maisons à colombages), perchée sur un promontoire gardant un point stratégique au-dessus d'un méandre du Lot. Vues superbes.

CAPVERN-LES-BAINS – 65.
Altitude 450 m
Station thermale d'origine antique, dans un petit vallon ; à l'O., belle vue (table d'orientation).
➡ 4,5 km S.-O., Mauvezin, château fort XIIIe-XIVe de Gaston Fébus, sur un promontoire dans les Baronnies (vue splendide, table d'orientation sur le chemin de ronde), musée de l'« Escolo Fébus » (vis. tous les jours en saison).

CARBONNE – 31.   3 200 hab.
Dans une boucle de la Garonne, bastide XIIIe ; église XIVe ; restes de remparts et jardins.

CARDAILLAC – 46.
A l'entrée du Ségala, le Fort est un vieux quartier protestant fortifié avec des tours XIIe (panorama).

CARENNAC – 46.
Un des beaux villages des bords de la Dordogne, dont les vieilles maisons au cadre préservé entourent un ancien prieuré bénédictin où Fénelon aurait écrit son *Télémaque*. La belle église romane XIIe s'orne d'un célèbre portail (tympan), de chapiteaux et d'une Mise au tombeau XVIe. Cloître roman et gothique.
➡ S.-E., belle route de Saint-Céré*.

CARMAUX – 81.   13 400 hab.
Centre industriel et minier sur le Cérou. Sa houille alimente une centrale thermique E.D.F. Monument à Jean Jaurès.
➡ 13 km E.-S.-E., puy Saint-Georges (507 m), ruines, panorama. ➡ 5,5 km N., barrage et lac de la Roucarié, voile.

CASTELNAU (Château de) – 46.
C'est une énorme forteresse rouge, triangulaire, occupant une éminence fortifiée au-dessus du confluent de la Bave, de la Cère et de la Dordogne et formant un des plus beaux ensembles fortifiés du Moyen Age (vis. tous les jours sauf mardi hors saison), XIe-XVe-XVIIe ; plusieurs salles magnifiques (tapisseries, étains, mobilier) ; oratoire remarquable. Panorama. Voir l'église de Prudhomat.

CASTELNAU-DE-MONTMIRAL – 81.   1 000 hab.
Bastide médiévale dans ses remparts, perchée au-dessus de la Vère face à la forêt de la Grésigne*. Croix-reliquaire XIIIe à l'église. Maisons anciennes. G.R. 46 (beau parcours).

CASTELNAU-MONTRATIER – 46.   2 000 hab.
Bourg perché, fortifié jadis, avec une place à couverts triangulaire. Au N., moulins à vent, d'où la vue est remarquable.

Le village de **Carennac** *(Lot) aux jolis toits de tuiles rousses, au bord de la Dordogne.*

CASTELNAU-PÉGAYROLS – 12.
Beau village fortifié sur le flanc S.-E. du Lévézou*, au-dessus des gorges de la Muze (que suit une belle route au fond, du Tarn à Saint-Beauzély) ; deux églises romanes (Saint-Michel est fortifiée, Notre-Dame a une coupole) et un château.
➡ 7,5 km S.-O., Montjaux, remarquable village, sur le bord du plateau du Lévézou (vue), jolie église XIIe ; 6 km N.-O., cote 1100 proche (panorama).

CASTELNAU-RIVIÈRE-BASSE – 65.
Petit bourg perché fortifié, ruines féodales et église gothique. Vue superbe.
➡ 2 km E., près de l'Adour, Mazères, belle église romane XIIe-XVe fortifiée (chapiteaux). ➡ 5 km S.-O., Madiran (vins réputés), beaux restes romans à l'ancienne abbatiale bénédictine.

CASTELSAGRAT – 82.
Petite bastide XIIIe, place à couverts (puits ancien), remarquable église XIVe ; vieilles maisons.

CASTELSARRASIN – 82.   12 200 hab.
Ancienne bastide ; église Saint-Sauveur gothique méridional XIIIe (remarquable mobilier classique) ; belle maison XIVe sur la place (halle).

CASTILLON-EN-COUSERANS – 09.
Altitude 530 m
Au cœur du riant bassin du Lez. Chapelle romane fortifiée (portail) sur une butte couverte de sapins, à l'E., où était jadis le château féodal.
➡ 1 km N.-O., Audressein, remarquable église Notre-Dame-de-Tramezaygues gothique à triple porche, clocher-mur à arcades, fresques et sculptures. ➡ 2 km S., aux Bordes, belle église romane d'Ourjout. ➡ S., vallée de Bethmale*.

CASTRES – 81.   47 500 hab.
Ville industrielle sur l'Agout, patrie de Jean Jaurès, Castres est aussi une vieille ville avec des maisons pittoresques sur la rivière et de beaux hôtels XVIIe, de Nayrac, de Viviers, etc. ; belle vue du Pont Neuf. L'ancien évêché, de Mansart (mairie), abrite le musée Goya (vis. tous les jours sauf lundi) qui possède trois portraits dont un autoportrait du peintre et l'immense et féroce *Junte des Philippines,* ainsi que les extraordinaires séries de gravures des *Désastres de la Guerre* et des *Caprices* ; importantes autres peintures espagnoles ; musée Jaurès, très riche ; dans la cour, belle tour romane de Saint-Benoît ; beaux jardins de Le Nôtre. Intéressante cathédrale XVIIe inachevée, baroque.
➡ 16 km N.-E., le Sidobre*. ➡ 8 km S.-O., ancienne chartreuse de Saix.

CATUS – 46.
Le prieuré de ce petit bourg fortifié jadis a laissé une église flamboyant à gros clocher et une salle capitulaire XIIe à beaux chapiteaux romans.

CAUMONT (Château de) – 32.
Bel édifice Renaissance de pierre et brique à quatre tours d'angle en losange, au-dessus de la vallée de la Save ; belle cour d'honneur (vis. ext.).

Castres : *Les beaux jardins de l'Hôtel-de-Ville, dus à Le Nôtre, s'étendent de façon inattendue au cœur de cette vieille ville.*

CAUSSADE – 82.   5 900 hab.

Ancienne place forte protestante et ville du chapeau, sur la Lère. Beau clocher XVe de l'église et vieilles maisons intéressantes XIIIe-XIVe (la Taverne).
➡ 7,5 km S.-O., Réalville, belle place à couverts ; 5 km N.-O., jolie chapelle Notre-Dame-des-Misères XIIe (vue sur la vallée de l'Aveyron).

Caylus : *Le joli bourg ancien, posé sur son éperon dans un cadre de collines harmonieuses, est connu pour sa marquise, mémorialiste de la fin du Grand Siècle et de sa cour.*

CAUTERETS – 65.   1 100 hab.
Altitude 932 m

Station thermale, climatique, touristique de premier ordre, sports d'hiver, montagne, à la situation superbe en bordure du Parc national des Pyrénées* et du massif du Vignemale. Importants établissements thermaux et casino ; beaux parcs. Autre quartier thermal à la Raillère, 2 km S. ; en face, cascade de Lutour. « Porte » du Parc national.
➡ 6 km S., la Fruitière et la vallée de Lutour (lacs d'Estom, à 2 et 3 h). ➡ 8 km S.-O., pont d'Espagne* (1 496 m) par les cascades du val de Jéret ; de la cascade du Cerisey, monter au N. au pic de Péguère (2 316 m), 6 h 30 aller et retour, vue admirable. ➡ O., téléférique du Lys (ski), télésiège du Soum de Grum (2 657 m) et 1 h pour le Monné (2 724 m), panorama merveilleux, ou 2 h pour le lac d'Ilhéou (et descente par le G.R. 10).

CAYLUS – 82.   1 500 hab.

Remarquable bourg ancien dans un joli site au-dessus de la Bonnette (vue splendide de la route de Caussade, au S.-O.), dominé par des ruines XIVᵉ ; église fortifiée XIVᵉ (grand Christ en bois par Zadkine, 1954) ; belles maisons anciennes sur la Grande-Rue et halles XIVᵉ. Petit lac artificiel (baignade). Grandes fêtes à la Pentecôte. Vallée de la Bonnette. G.R. 46.
➡ 7 km S.-E., abbaye de Beaulieu*.

CAZALS – 46.

C'est un superbe village dans un beau site. Belle vue d'en haut à l'O.
➡ 3 km S.-O., Montcléra, curieux château XVᵉ et Renaissance, avec des défenses féodales. ➡ 6 km S., les Arques, remarquable église XIIᵉ (beaux chapiteaux), et, à l'O., chapelle Saint-André, romane, possédant de surprenantes fresques XVᵉ. ➡ 3,5 km N.-O., Marminiac.

CEIGNAC – 12.

Eglise de pèlerinage jadis très fréquentée (mobilier).
➡ 5 km N.-E., Planèzes, château médiéval XVᵉ.

CÉLÉ (Vallée du) – 46.

Le Célé a creusé dans le causse de Gramat, entre Figeac* et Conduché près de Saint-Cirq-Lapopie*, une entaille profonde où se succèdent gorges étroites et bassins épanouis accueillant châteaux, prieurés, grottes, résurgences. Un circuit « obligatoire » avec la vallée parallèle du Lot.

CÉNEVIÈRES – 46.

Rive gauche du Lot, château XIIIᵉ-XVIᵉ sur une falaise en surplomb sur la rivière (vue) ; logis Renaissance avec ravissante galerie (ameublement, plafond peint du salon). Vieilles maisons au village, près du Lot.

CHIOULA (Signal de) – 09.
Altitude 1 507 m

Du col de Chioula (1 431 m), à 10 km N. d'Ax-les-Thermes*, 30 mn aller et retour au S.-O. par le G.R. amènent à ce point de vue splendide sur le massif du Carlit et la chaîne-frontière, ainsi que sur la profonde vallée de l'Ariège à l'O. entre cette chaîne et celle du Saint-Barthélemy au N.

CINTEGABELLE – 31.   1 900 hab.

Sur l'Ariège (vieux pont), au pied des jolis coteaux du Lauragais. Eglise XIIIᵉ à clocher toulousain.
➡ 2 km S.-E., abbaye de Boulbonne, en brique, XVIIᵉ-XVIIIᵉ.

Ci-dessus, Conques : *Sainte-Foy de Conques est un de ces « miracles » romans favorisés par un site tranquille et verdoyant.*

Ci-dessous, chapiteau du cloître.

COLOGNE – 32.

Bastide XIIIᵉ petite mais typique, place à couverts avec halle XIVᵉ et maisons anciennes à colombages. Trésor à l'église (Pietà XVᵉ).
➡ 4 km S.-E., lac de Thoux-Saint-Cricq, ensemble touristique (plage, voile, équitation, pêche).

CONDOM – 32.   8 100 hab.

Charmante vieille ville sur la Baïse. La cathédrale Saint-Pierre gothique méridional XVIᵉ restaurée pcssède un remarquable portail flamboyant et de beaux vitraux XIXᵉ et modernes. Beau cloître XVIᵉ restauré. Musée de l'Armagnac (folklore régional et armagnac). Beaux hôtels XVIIᵉ-XVIIIᵉ.
➡ Route d'Agen, au N.-E. ➡ 4 km O., village fortifié de Larressingle*. ➡ 8 km S., abbaye de Flaran*. ➡ 12 km S.-E., belles ruines du château Monluc à Saint-Puy.

Cordes : *Cordes-sur-Ciel est un lieu médiéval magnifique et typique, bastide créée par Raymond VII de Toulouse pour lutter contre les « Nordistes » de Simon de Montfort.*

CONQUES – 12.
Altitude 250 m

Une des grandes étapes des chemins de Compostelle, le village médiéval étagé sur le flanc N. de la petite vallée de l'Ouche fait un bel écrin à l'admirable église romane Sainte-Foy XIe-XIIe aux trois superbes clochers ; son tympan du portail O. est une des grandes œuvres de la sculpture romane (Jugement dernier) ; intérieur magnifique (transept, déambulatoire) ; galerie de cloître avec musée lapidaire ; très beau chevet ; le trésor est exceptionnel, véritable histoire d'orfèvrerie du IXe au XVe : *Majesté de sainte Foy,* statue reliquaire fin IXe (tête Ve), nombreux reliquaires, statues, tapisseries. Le village comprend de nombreuses maisons anciennes, des portes fortifiées, le château d'Humières XVIe.
➡ 3 km S., site du Bancarel, vue superbe sur Conques ; 10 km S.-E., pic de Kaymard (707 m), panorama. ➡ N.-O., Grand-Vabre et belle vallée du Lot*.

COPEYRE (Belvédère de) – 46.
Une des plus jolies vues de la vallée, face au cirque de Montvalent dont les falaises contournent la Dordogne. Immédiatement à l'O., beau village de Gluges, au pied d'autres falaises ; au S.-O., vue.

CORDES – 81.   1 100 hab.
Célèbre bastide médiévale perchée, couvrant une haute butte au-dessus du Cérou, qui conserve un exceptionnel ensemble de maisons gothiques dans ses multiples enceintes et portes fortifiées. L'escalier du Pater Noster et la tour de l'Horloge, la Barbacane, la porte du Planol, le Portail Peint, font accéder à la Grand'Rue ; musée Charles-Portal, régional ; maison du Grand Fauconnier (façade), S.I., mairie, musée Yves-Brayer ; place de la Bride, panorama ; la halle et le puits (113 m) ; maison du Grand Veneur ; église Saint-Michel XIIIe-XVe ; maison du Grand-Ecuyer animée de superbes sculptures, portes des Ormeaux et de la Jane. Tour des remparts au S. Nombreux artistes et artisans. Festival de musique ancienne.
➡ 13 km S.-O. (au N.-E. d'Andillac), château du Cayla, souvenirs de Maurice et Eugénie de Guérin (vis. tous les jours sauf vendredi). ● Jolies routes pour Carmaux*, Laguépie*, Varen*, Saint-Antonin-Noble-Val*, Penne*, Bruniquel*.

CORNICHES (Route des) – 09.
Elle domine au N. la profonde vallée de l'Ariège, sur le flanc du massif de Tabe (pics Saint-Barthélemy, 2 348 m, et de Soularac 2 368 m), face à la puissante chaîne de la frontière andorrane ; son parcours accidenté va de la vallée de l'Arnave (N.-E. de Tarascon-sur-Ariège*) au col de Marmare (1 361 m), au N. d'Ax-les-Thermes*, par de petits cols et de beaux villages, tels Axiat et Lordat*.

COUGNAC (Grottes de) – 46.
A 3 km N. de Gourdon*, deux grottes distinctes, l'une à concrétions, et l'autre ajoutant à sa salle des Colonnes de remarquables peintures préhistoriques.

COUVERTOIRADE (La) – 12.
Ce village fortifié presque abandonné, au cœur du Larzac*, cause une impression profonde ; d'abord commanderie de Templiers, les Hospitaliers l'ont entouré de remparts (XVe). Vestiges du château, église forteresse, vieilles maisons qu'on relève ; faire le tour des remparts ; belle lavogne pavée (mare) à l'extérieur (S.).
➡ Au S., signal de la Couvertoirade (870 m), panorama.
● G.R. 71.

CREYSSE – 46.
Un de ces villages étonnants de la vallée de la Dordogne, avec vieux château, église « antique », ruelles, platanes, rochers, dans un méandre bien sûr.

Decazeville : *Le paysage que constitue « la Découverte », cette mine à l'air libre, est tout à fait exceptionnel.*

Espalion : *Vieilles maisons au-dessus du Lot.*

DECAZEVILLE – **12.**   10 500 hab.

Ville industrielle et minière fondée en 1830 autour des
forges et des puits, et qui connaît bien des difficultés. Seule
« la Découverte » (mine à ciel ouvert) reste exploitée, à
Lassalle, au S. de la ville, extraordinaire site industriel
(belvédère).
➡ Au N.-O., beaux méandres du Lot (baignade à 4 km,
rive droite), suivis par des routes agréables.

DOURBIE (Gorges de la) – **12.**

De ses hautes gorges dans le massif de l'Aigoual
(région XIX), la Dourbie débouche dans un bassin plus
ouvert entre Saint-Jean-du-Bruel et Nant* au pied du
Larzac* qu'elle longe alors vers le N. et qu'elle sépare du
causse Noir* par de profondes gorges calcaires de toute
beauté, encombrées de rochers dolomitiques, jusqu'à
Millau*. Voir Cantobre*, Saint-Véran*, la Roque-Sainte-
Marguerite*.

DOURDOU (Vallée du) – **12.**

A partir du Trou de Bozouls*, il forme de belles gorges
entre de petits causses au S. (voir Muret-le-Château*) et
une agréable campagne très vallonnée au N., dans laquelle
il s'enfonce après Villecomtal* pour rejoindre (très beau
parcours) Conques* et le Lot*.

DOURGNE – **81.**   1 300 hab.

Eglise XVIe et vieilles maisons à arcades. N.-E., En Calcat,
abbayes bénédictines contemporaines Sainte-Scholastique
et Saint-Benoît (chant grégorien).
➡ 10 km S., mont Alric* ; redescendre à l'O. sur Sorèze*.

EAUZE – **32.**   4 500 hab.

La ville antique est devenue un haut lieu de l'armagnac
(vis. de chais sauf samedi et dimanche). Sur la place
d'Armagnac (couverts), cathédrale Saint-Luperc début
XVIe, gothique méridional à clocher octogonal ; maison de
Jeanne d'Albret XVe (poutres sculptées), hôtels XVIIIe.
Musée archéologique. G.R. 65.

ENTRAYGUES-SUR-TRUYÈRE – **12.**   1 600 hab.
Altitude 230 m

Beau site dans le confluent de la Truyère et du Lot, tous
deux passés par des ponts XIIIe. Vieux quartier très
pittoresque, maisons anciennes en encorbellement surtout
rue Basse ; quai du Lot et ruines féodales au confluent.
➡ Toutes les routes desservant Entraygues sont belles,
celles du Lot* en amont et en aval particulièrement.
Gorges de la Truyère* en amont. Conques* au S.-O.
Panorama du Puy de l'Arbre à Montsalvy (région XVI) au
N.-O. (route magnifique). ➡ 12 km E. puis 15 mn aller et
retour, puy de Montabès (772 m), panorama. ● Baignade à
Banhars (5 km N.).

ESCALADIEU (Ancienne abbaye de l') – **65.**

Cistercienne XIIe ; vestiges de l'église XIIe et belle salle
capitulaire, dépendances d'un hôtel qui utilise la partie
XVIIe.

ESPAGNAC-SAINTE-EULALIE – **46.**

L'ancien prieuré Notre-Dame XIIe fut déplacé au XIIIe ;
restes pittoresques, surtout l'église XIIIe avec son petit
clocher de bois et de brique à flèche octogonale courte ;
retable XVIIe et tombeaux remarquables.

ESPALION – **12.**   4 800 hab.
Altitude 343 m

Petite ville charmante sur le Lot (beau pont XIIIe), entre
Auvergne et Rouergue, au pied des ruines du château de
Calmont XIIe-XIVe, sur une haute colline face à l'Aubrac*.
Bel ensemble de maisons anciennes à galeries de bois et
château Renaissance au bord de la rivière. Ancienne église
XVe (musée Joseph-Vaylet, arts et traditions populaires, et
musée du Rouergue).
➡ 1 km S.-E., église de Perse XIe-XIIe (qui dépendait de
Conques*), en grès rose, beau portail et clocher à peigne.
➡ 3 km O., Saint-Pierre-de-Bessuéjouls, remarquable ensemble roman à l'église, isolée sur un sentier (G.R. 6).
➡ S.-E., le Clapas, coulée de lave. ➡ Au N., énorme tour
de Masse XVe.

ESTAING – **12.**

Bourg médiéval dans un site superbe sur le Lot (pont XVe,
vue) ; château XVe (vis.), église XVe, maisons remarquables.
Pittoresque fête de Saint-Fleuret début juillet.

Estaing : *Le château XVe d'une célèbre famille qui s'éteignit avec
Charles-Hector, un fameux amiral qui eut l'honneur de la
guillotine.*

Foix : *Juché sur un verrou glaciaire, le château barre la vallée de l'Ariège comme au temps des comtes.*

FERRIÈRES (Vallée de) – 65.

L'Ouzom descend du pic de Gabizos dans le cirque du Litor (route des cols d'Aubisque et de Soulor) et la vallée de Ferrières où la superbe route qui part du Soulor* passe par Arbéost et Ferrières (jolies gorges en forêt, en aval).

FIGEAC – 46.   10 900 hab.
Altitude 214 m

Sur le Célé, au pied du Ségala, la patrie de Champollion est une charmante et pittoresque ville ancienne. A l'hôtel de la Monnaie, gothique, le musée (Vieux Figeac et Champollion, vis. tous les jours l'été sauf dimanche). Dans ses boulevards, le vieux Figeac garde un ensemble merveilleux de vieux logis, notamment autour des églises ; Saint-Sauveur, romane et gothique (belle nef, salle capitulaire avec de belles boiseries peintes XVIIe) ; Notre-Dame-du-Puy, romane, remaniée XIVe-XVIIe, beau retable XVIIe et chevet roman. Curieuses « aiguilles » de Figeac, obélisques XIIe, l'une au S., l'autre au N.-O.
➡ 4 km O., Ceint-d'Eau, château Renaissance XVe (tours à mâchicoulis).

FLARAN (Ancienne abbaye de) – 32.

Ensemble cistercien XIIe (vis. tous les jours sauf mardi), église à trois nefs, cloître et salle capitulaire magnifique.
➡ 1 km S.-E., Valence-sur-Baïse, bastide XIIIe, place à couverts, église XIVe ; 2 km N.-E., ruines du château bien gascon de Tauzia ; au S.-O., ruines toujours des châteaux gascons de Mansencôme, Lagardère, Pardeilhan ; 4 km S., tour du Gardès.

FLEURANCE – 32.   5 800 hab.

Bastide caractéristique inscrite dans un triangle ; halles et hôtel de ville XVIIe sur la place à arcades ; l'église gothique conserve de belles verrières XVIe. Haut lieu de l'alimentation « biologique ».

FOIX – 09.   10 200 hab.
Altitude 380 m

Un haut rocher dans la ville porte le château XIIe-XVe des comtes et ses trois grandes tours, point de repère dans la région, dominant le confluent de l'Arget et de l'Ariège dans un paysage mouvementé ; la tour Ronde (panorama) contient le musée de l'Ariège, préhistoire, archéologie, arts et traditions populaires (vis. tous les jours). Début septembre, embrasement du château. Remarquable vieux quartier, entre la grande avenue Gabriel-Fauré et l'église Saint-Volusien, gothique XIVe (porte romane) ; maisons anciennes, rue de la Faurie, rue des Marchands, place du Mercadal.
➡ S.O., D. 421, tour (panorama). ➡ 4,5 km S., Montgaillard et son Pain de Sucre (627 m). ➡ 5,5 km N., Saint-Jean-de-Verges, jolie église romane, dans un beau site.

FONTESTORBES (Fontaine de) – 09.

Célèbre source intermittente (en basses eaux), résurgence des eaux du plateau calcaire de Sault* (région XIX). Au-dessus, superbe forêt de Bélesta, sur les pentes escaladant le plateau.
➡ 2 km N., Bélesta ; au N., Notre-Dame-du-Val-d'Amour, pèlerinage. Curieux tracé de la vallée de l'Hers*.

FRAU (Gorges de la) – 09.

Entre le massif de Tabe et le plateau de Sault, l'Hers a entaillé profondément les calcaires et créé un défilé impressionnant que seul suit un sentier, dans sa partie la plus étroite (1 h 30 aller et retour du N. ou du S.).

GAILLAC – 81.   10 900 hab.

Sur le Tarn. Près du pont Saint-Michel (vue), église Saint-Michel bénédictine XIIe (superbe Vierge à l'Enfant XIIIe ; orgues). Au centre, l'église Saint-Pierre, gothique méridional XIIe-XIVe ; à l'hôtel Pierre-de-Brens, Renaissance, Musée folklorique et compagnonnique (vis. tous les jours l'été, et jeudi-dimanche) ; place Thiers, à arcades, maisons anciennes, fontaine du Griffoul XVe. Beau parc de Foucaud, au S., de Le Nôtre ; au château d'Huteau, musée de peinture et d'histoire locale. Vins renommés.
➡ 9 km E., rive droite, Aiguelèze, plan d'eau sur le Tarn, voile.

GALAN – 65.

Eglise fortifiée XIVe.
➡ 6 km O., ruines du château de Montastruc (vue remarquable sur le Magnoac).

GARGAS (Grottes de) – 65.

A 5 km N.-O. de Saint-Bertrand-de-Comminges*, cavernes préhistoriques (empreintes de mains mutilées) et à concrétions. (Vis. tous les jours l'été, et dimanche après-midi).

GAUBE (Lac de) – 65.

Voir Pont d'Espagne*.

Gavarnie : *Le Casque et la Tour dominent la partie ouest de l'admirable cirque.*

GAVARNIE – 65.
Altitude 1 357 m
Beau village montagnard sur fond du célèbre cirque de Gavarnie, vaste hémicycle de falaises en trois gradins, dégringolés par treize cascades dont la Grande Cascade de 422 m, source du Gave de Pau, et dominé par les glaciers du Marboré (3 248 m) ; compter 2 h 30 au minimum, à pied ou à cheval.
➜ Belles excursions : 13 km S.-O. ; port de Gavarnie et pic de Tantes (2 322 m), panorama, vallée d'Ossoue ; ascension, facile mais longue (8 h aller et retour), du Piméné, très recommandée, panorama admirable (2 801 m). Ski. Eglise XIVᵉ (mobilier).

GÈDRE – 65.   1 000 hab.
Altitude 1 011 m
Belle situation au confluent des gaves de Héas et de Pau qui descendent des cirques de Troumouse* et de Gavarnie*. Cascades. Promenade (G.R. 10 suivant la rive gauche). Sur la route de Gavarnie, étonnant chaos de Coumély.
➜ 8 km S.-E., Héas, au pied de la route à péage de Troumouse. Par le barrage des Gloriettes, monter à pied au cirque d'Estaubé (minimum 5 h aller et retour).

GOUJOUNAC – 46.
Une église romane un peu brute, et un tympan rapporté sur le côté.
➜ 2,5 km O., Frayssinet-le-Gélat, église.

GIMONT – 32.   2 900 hab.
Pittoresque bastide XIVᵉ étirée sur une crête, la rue passant sous la halle ancienne ; église XVIIᵉ à clocher toulousain (mobilier remarquable, orgues XVIIIᵉ).
➜ 1 km O., Cahuzac, belle chapelle XVIᵉ de pèlerinage (Pietà XIVᵉ et objets d'art) ; ➜ 1 km S., vestiges de l'abbaye cistercienne de Gimont XIIᵉ-XVIIᵉ.

GOURDON – 46.   5 100 hab.
Capitale de la Bouriane, un joli pays entre Quercy et Périgord. Des boulevards font le « tour de ville » ; la porte du Majou et la superbe rue Majou (maisons anciennes) mènent à l'hôtel de ville XIIIᵉ-XVIIᵉ sur couverts et à l'église fortifiée Saint-Pierre XIVᵉ (bois dorés XVIIᵉ, vitraux XIVᵉ) ; au centre, butte du château (disparu), immense panorama, table d'orientation. Au S., église des Cordeliers XIIIᵉ.
➜ 1 km S.-E., chapelle Notre-Dame-des-Neiges XIVᵉ-XVIIᵉ, retable de 1798 et Vierge XIIIᵉ. ➜ 5 km E., le Vigan, église abbatiale XIVᵉ intéressante.

GOUTS – 82.
Jolie église romane, sur la colline, parmi quelques maisons.
➜ 2,5 km S., Montaigu-de-Quercy, beau village ancien sur la Petite Séoune ; 7 km S.-O., Férussac, village perché, belle vue générale.

GRAMAT – 46.   3 500 hab.
Quelques restes anciens, la tour de l'Horloge, marquent la capitale du causse de Gramat. Foires importantes. Musée au S.I. Chenil de la Gendarmerie (vis. jeudi après-midi l'été).
G.R. 6. ➜ 2 km E., tumulus. ➜ 4 km N., Lavergne, curieux pigeonnier, église romane.

GRAMAT (Causse de) – 46.
Le plus grand causse du Quercy, où les eaux disparaissent mais où les vallons, parfois de vrais canyons, restent verts, quand la surface est un désert de pierrailles à maigre végétation et quelques creux cultivés. Des maisons à clochetons, des églises fortifiées. Beaucoup d'ambiance. Les parties O. et N. sont les plus variées. Nombreux mégalithes.

GRAMONT – 82.
Près des bords de l'Arrats, joli château XIIIᵉ et Renaissance (vis. tous les jours en saison sauf mardi).

GRAULHET – 81.   14 100 hab.
Ville de tanneurs de longue date, spécialisée dans la mégisserie pour chaussures ; vieux quartier et pont ancien sur le Dadou.
➜ 2 km S., petit lac de Miquelou (voile). Jolis coteaux au N.-O.

GRENADE – 31.   4 500 hab.
Bastide XIIIᵉ ; superbe église fin XIVᵉ à trois nefs et haut clocher toulousain. Proche confluent de la Save (jolie vallée) et de la Garonne.

GRÉSIGNE (Forêt de la) – 81.
Presque une montagne : vaste (3 000 ha domaniaux) et très vallonnée, traversée par de multiples petites routes forestières avec de beaux points de vue, et notamment par la belle D. 87 et le G.R. 46. La bordent à l'O. et au N.-O. : Puycelci*, Bruniquel*, Penne*.

HERS (Vallée de l') – 09.
La rivière, née de la fontaine du Drazet près du col de Chioula, est contrainte, par le jeu du relief et de la structure calcaires, à quitter très vite les vals qu'elle rencontre pour creuser des cluses en travers des plis (gorges de la Frau*, curieux défilés de Lesparrou), ayant ainsi un parcours en créneaux jusqu'à Chalabre ; après Mirepoix*, elle n'arrive

pas à rejoindre l'Ariège avant d'avoir contourné par l'E. toute la curieuse plaine de l'Aganaguès.

HOSPICE DE FRANCE – 31.
Altitude 1 385 m
Site magnifique dans la haute vallée de la Pique ; hôtellerie ; forêt et cascades.
➜ 2 h 30 S.-S.-O., port de Vénasque (2 448 m) ; un peu en contrebas au S., panorama sur les monts Maudits (pic d'Aneto, Maladetta).

ISLE-EN-DODON (L') – 31.   2 000 hab.
Bastide sur la Save. Belle église à abside fortifiée XIVᵉ (vitraux), clocher octogonal à flèche.

ISLE-JOURDAIN (L') – 32.   4 200 hab.
Sur la Save (pont « tourné ») ; collégiale XVIIIᵉ, avec une tour XVᵉ pour clocher ; deux places (halle sur l'une, couverts autour de l'autre).

ISSOLUD (Puy d') – 46.
Altitude 311 m
Cette extrémité de plateau dominant Vayrac et la Dordogne aurait été l'oppidum gaulois d'Uxellodunum (ce que contestent Capdenac et Luzech), l'ultime et difficile victoire des Romains après Alésia (voir le musée de Martel*).

LABASTIDE-MURAT – 46.
La bastide est du XIIIᵉ et domine à l'O. la Bouriane et à l'E. le causse de Gramat* et d'abord sa partie la plus sauvage, la Braunhie. Vaste Murat dans l'auberge natale (vis. l'été sauf mardi). Château Empire construit pour le frère de Murat. Marché aux moutons le lundi.
G.R. 46. ➜ 5 km N.-O., Vaillac, château fort féodal nanti de cinq tours ; belles maisons.

LABOUICHE (Rivière souterraine de) – 09.
A 6 km N.-O. de Foix par la D. 1, une curiosité spéléologique ; 2,5 km en barque parmi des concrétions très variées (vis. tous les jours en saison).

LACAPELLE-LIVRON – 82.
Ancienne commanderie de Templiers, dont il reste de beaux bâtiments fortifiés XVᵉ, de petites halles XIVᵉ, des vieilles maisons et une belle église romane fortifiée, dominant la Bonnette.
G.R. 46. ➜ S.-O., Notre-Dame-des-Grâces, jolie chapelle ancienne de pèlerinage. ➜ N.-E., belle route de Puylagarde.

LACAPELLE-MARIVAL – 46.   1 400 hab.
Grand château XVᵉ avec des grosses tours (donjon XIIIᵉ). Une porte fortifiée subsiste des remparts et donne sur les belles halles XVᵉ, près de l'église.
G.R. 6. ➜ N., route de Saint-Céré* dans le Ségala*. ➜ 3 km S.-O. ; le Bourg, église romane (chapiteaux) ; 2,5 km N.-O., Rudelle, étonnante église-forteresse, pièce maîtresse de la petite bastide XIIIᵉ (on accède à la terrasse et au chemin de ronde). ● La région est riche de brusques changements de paysages, entre le Ségala et le causse de Gramat*.

LACAUNE – 81.   3 500 hab.
Altitude 800 m
Station climatique dans la haute vallée du Gijou, et source thermale. Château Calmels XVIᵉ. Fontaine des Pissayres XIVᵉ, vantant les eaux diurétiques du lieu.
➜ 3 km E., menhir de 6 m. ➜ N., par le col de Sié (995 m, ardoisières), belles routes vers la vallée de la Rance. ➜ O., jolie vallée du Gijou, village de Gijounet, Viane*. ➜ S.-E., lac du Laouzas* après le roc de Montalet*. ➜ S., lac de la Raviège*.

LACAUNE (Monts de) – 81.
Altitude 1 267 m
Bel ensemble de moyenne montagne très pastorale et boisée, grande région d'élevage de brebis pour le roquefort. Culmine au Montgrand (pas de vue) et au roc de Montalet*.

LACAVE (Grottes de) – 46.
Vastes grottes à concrétions (vis. tous les jours en saison) où un train électrique et un ascenseur amènent à pied d'œuvre, galeries menant à la salle du Lac et la salle des Merveilles où la « lumière noire » crée de beaux effets. Dominant le confluent de l'Ouysse sur une falaise, château de Belcastel (XIVᵉ et XIXᵉ), belle vue.

LAGUÉPIE – 82.
Village agréable dans une situation encaissée, dans le confluent du Viaur et de l'Aveyron. A l'E. et à l'O., jolies routes rive gauche.

LAGUIOLE – 12.   1 300 hab.
Altitude 1 004 m
Bourg de marché typique d'Aubrac (foires aux bestiaux réputées) et station d'hiver ; son piton basaltique porte l'église XVIᵉ, sur la plate-forme du Fort au panorama superbe (Cantal, Rouergue, Aubrac). Musée du Haut-Rouergue.
➜ 7 km E., ski au Puy du Roussillon (1 407 m), piste et fond.

Laguépie : *Les rivières sont l'un des charmes de la petite ville et font le bonheur des sportifs.*

LAMOTHE-FÉNELON – 46.
Dans un joli vallon, église romane et gothique fortifiée au XIVᵉ ; clocher-mur.

LANNEMEZAN – 65.   8 500 hab.
Altitude 585 m
Sur son célèbre plateau, près des sources du Gers et des autres affluents principaux de la rive gauche de la Garonne. Eglise en partie romane (portail XIIIᵉ, chapiteaux). Institut d'études atmosphériques. Grande industrie.

LAOUZAS (Lac de barrage du) – 81.
Altitude 775 m
Superbe plan d'eau sur la Vèbre, dans les monts de Lacaune*. Baignade et sports nautiques.

Laramière : *Un dolmen, fort discret.*

LARAMIÈRE – 46.
Eglise priorale et bâtiments de l'ancien prieuré médiéval (salle capitulaire). Moulin à vent.
➡ 2,5 km O., dolmen. G.R. 36.

LARRESSINGLE – 32.
Village fortifié XIIIᵉ resté presque dans l'état dans ses murailles et ses douves avec porte et tours ; ruines du château fort, dont l'église utilise le premier donjon.

LARROQUE-TOIRAC – 46.
Dominant un remarquable village sur le Lot, le curieux château XVᵉ adossé à la falaise conserve une tour XIIᵉ où un escalier à vis dessert de belles salles (salle des Gardes) ; mobilier classique intéressant (vis. 15-7/15-9).
➡ 2 km N.-E., Saint-Pierre-Toirac, église romane XIᵉ devenue forteresse au XIVᵉ (jolie abside ; chapiteaux).

LARZAC (Causse du) – 12.
L'« affaire du Larzac » a révélé sa fertilité, et, à beaucoup sa beauté. Son immensité (plus de 100 000 ha) cache sa variété au touriste pressé, mais les vallées du Cernon, de la Sorgues, la route de Nant* au Caylar (région XIX) par la Couvertoirade*, celle de Roquefort-sur-Soulzon* à l'Hospitalet-du-Larzac, et bien d'autres, montreront des bois, des champs, des fermes, des paysages magnifiques, outre les grandioses falaises qui l'entourent. (Voir aussi Larzac, région XIX.)

LATRONQUIÈRE – 46.
Altitude 650 m
Au cœur du Ségala*, un désert vert presque auvergnat, où les promenades peuvent se faire infinies ; les pêcheurs y sont heureux. Sentiers balisés.
➡ 7 km N.-E., Labastide-du-Haut-Mont, relais TV ; vues.

LAUSSAC – 12.
La retenue de Sarrans a créé le site remarquable de ce village en presqu'île dans un vaste méandre de la Truyère (vues superbes de la route de Thérondels) ; chapelle. Baignade.

LAUTREC – 81.   1 400 hab.
Ancienne place forte sur une crête de collines ; restes de remparts, porte de la Caussade XIIᵉ ; vieilles ruelles pittoresques, halles XIIIᵉ, place à couverts, collégiale Saint-Rémy XVᵉ et classique (œuvres d'art), musée (dimanche après-midi) ; du calvaire de la Salette, panorama étendu.

LAUZERTE – 82.   1 800 hab.
Remarquable bastide ancienne perchée d'où la vue est très étendue sur une campagne très cultivée et vallonnée. Place à couverts, belles maisons anciennes XIIIᵉ au XVIᵉ, Sénéchaussée (salle voûtée) ; église Saint-Barthélemy XIIIᵉ-XVIᵉ (peintures, retable), église des Carmes XIVᵉ-XVIIᵉ (retable baroque).
Passage du G.R. 65. ➡ 7 km N.-N.-O., Bouloc, petite cité ancienne.

LAVAL-ROQUECÉZIÈRE – 12.
Près de la belle route de crête D. 607, village à 14 km S. de Saint-Sernin-sur-Rance*, avec une table d'orientation d'où le panorama peut être extraordinaire.

Ci-dessus, le Larzac. *Au fond, à gauche, les tours de la Couvertoirade.*

LAVARDENS – 32.
Village perché groupé autour d'un puissant château refait au XVIIᵉ (vis.) et d'une église dont le clocher est l'ancien donjon.
➡ 10,5 km N.-O., Castera-Verduzan, petite station thermale. ➡ 8 km S.-S.-O., près Saint-Lary, tour gallo-romaine. ➡ 14 km N.-O., Vic-Fezensac (4 100 hab.), église en partie romane ; corridas. ➡ 3,5 km S., moulin à vent.

LAVAUR – 81.   8 300 hab.
Ancienne cité sainte des Cathares, prise et brûlée par Simon de Montfort après un siège de deux mois (400 cathares brûlés). La cathédrale Saint-Alain reconstruite en gothique méridional XIIIᵉ-XIVᵉ est un bel édifice fortifié (polyptyque italien XVIᵉ, orgues, porche flamboyant, autel roman, jacquemart XVIᵉ). Jardin de l'Evêché et statue de Las Cases. Pont Saint-Roch et viaduc Séjourné sur l'Agout. Vieilles maisons. Eglise Saint-François-des-Cordeliers XIIIᵉ-XIVᵉ. Musée du Pays vaurais, à la chapelle des Doctrinaires. Belle vue générale de l'esplanade du Plô.
➡ 11 km N.-O., Saint-Lieux-lès-Lavaur, chemin de fer touristique de 5 km.

LECTOURE – 32.   4 400 hab.
La vieille capitale de la Lomagne couronne un promontoire au-dessus de la vallée du Gers, offrant une vue superbe (coteaux gascons, toutes les Pyrénées) depuis ses remparts et la promenade du Bastion (statue du maréchal Lannes). Cathédrale Saint-Gervais-et-Saint-Protais XIIIᵉ-XIVᵉ gothique (du Midi et du Nord). A l'hôtel de ville XVIIIᵉ (ancien évêché), musée lapidaire, superbe collection d'autels tauroboliques et autres riches antiquités locales ; salle des Illustres (généraux gascons). Jolie fontaine de Diane XIIIᵉ. Tour du Bourreau XVᵉ.
➡ 8,5 km O. puis S.-O., Terraube, village fortifié, château XVᵉ-XVIᵉ. ➡ 4 km S.-E., lac des Trois-Vallées, baignade, voile, centre de loisirs, parc animalier.

LESPONNE (Vallée de) – 65.
Superbe route de Chiroulet (1 062 m) par la cascade de Magenta, d'où on monte en 5 h aller et retour au lac Bleu (1 944 m), dans un beau cirque. On peut monter aussi au col d'Ouscouaou (1 872 m), à l'O., dominant le lac d'Isaby.

LÉVÉZOU (Plateau du) – 12.
Altitude 1 155 m au Puech del Pal
Immense haut plateau de roches anciennes, mêlant pâturages, landes et grande culture dans un beau paysage vallonné, qui fut longtemps très pauvre ; climat rude ; pays de grands horizons. Plusieurs lacs (voile). G.R. 62.

LIMOGNE-EN-QUERCY – 46.
Au cœur du causse de Limogne, connu pour ses truffes. G.R. 65. ➡ 2 km N.-O., dolmen. ➡ 11,5 km O., Concots, village typique du causse quercynois ; tour de l'Horloge. G.R. 36.

LISLE-SUR-TARN – 81.   3 400 hab.
Bastide avec une superbe place à couverts et de belles maisons anciennes (ainsi que sur le Tarn, voir du pont) ; église XIVᵉ à clocher toulousain. Petit musée.

LOMBEZ – 32.   1 300 hab.
Dans l'aimable vallée de la Save, la vieille ville possède une cathédrale XIVᵉ à deux nefs inégales, gothique méridional, avec un très beau clocher toulousain ; œuvres d'art : Christ gisant XVᵉ, buffet d'orgue et stalles XVIIᵉ, vitraux, trésor. Maisons anciennes.
➡ Jolie route de Saramon, au N.-O. ➡ 15 km O., église fortifiée de Simorre*.

LORDAT (Château de) – 09.
La célèbre forteresse médiévale XIIIᵉ-XVᵉ qui contrôlait la vallée de l'Ariège laisse d'importantes ruines sur un « verrou » glaciaire (30 mn aller et retour) ; panorama splendide. Du village part la route, réglementée, des carrières de talc de Trimouns (à 12 km N.-E., 1 800 m, sous le pic de Soularac, panorama, 2 368 m), les plus importantes du monde (vis.) ; un téléférique industriel les joint à l'usine de talc de Luzenac (où une route en lacets descend).

LOT (Vallée du) – 46.
Déjà très belle en contournant l'Aubrac (de Saint-Geniez-d'Olt* à Entraygues*) ; puis, de Capdenac* (ou Figeac*) à Fumel par Saint-Cirq-Lapopie* et Cahors*, le Lot et ses méandres ont tracé à travers le Quercy et ses causses une voie magnifique qu'il faut savourer doucement par l'une et l'autre rives (quelques ruptures sur la rive gauche). Ligne S.N.C.F. splendide. Circuit avec le Célé*.

LOUDENVIELLE – 65.
Altitude 960 m
Dans la très pastorale vallée de la Neste de Louron, que remonte (en s'en échappant à l'E.) la route du col de Peyresourde*, et parsemée de nombreux hameaux (Vieille-Louron, église romane, Génos, ruine XIVᵉ, petit lac, vue admirable). Belle haute vallée, route jusqu'au pont du Prat (cascade en aval), monter au lac de Caillauas (5 h aller et retour).

LOURDES – 65.   18 100 hab.
Altitude 410 m
Le pèlerinage le plus fréquenté du monde catholique est aussi un grand carrefour touristique au pied des Pyrénées. Le Gave de Pau sépare la cité religieuse de la ville, presque entièrement sur la rive droite et au pied même des premiers monts des Pyrénées, Béout et pic du Jer. Au cœur de la ville, le puissant château fort (XIVᵉ, remanié), sur un rocher isolé de 80 m (escaliers et ascenseur), abrite le passionnant musée Pyrénéen, un des meilleurs musées régionaux ; céramiques importantes ; panorama (table d'orientation). La cité religieuse comporte la vaste esplanade des Processions, recouvrant l'immense basilique souterraine Saint-Pie-X (1958), l'esplanade du Rosaire, entourée des rampes courbes de la basilique supérieure néo-gothique (1876), au-dessus de la basilique du Rosaire néo-byzantin et de la crypte ; derrière, près du Gave, la grotte de Massabielle, où Bernadette Soubirous vit la Vierge en 1858. Au pavillon Notre-Dame, musée Bernadette et Notre-Dame-de-Lourdes. Rue de la Grotte, musée du Gemmail d'art sacré et musée de Cire. Maison natale de Bernadette, le Cachot, près de la place Peyramale. Près de la basilique, départ du chemin du Calvaire ; au sommet, vue magnifique.

➡ 3 km O.-N.-O., lac de Lourdes, morainique, beau site ; barques, pédalos, pêche, etc. ➡ 1,5 km S., funiculaire du pic du Jer (tous les jours) ; de la gare sup., chemin facile pour le sommet (948 m), table d'orientation, panorama. ➡ 1 km S., téléférique du Béout (tous les jours en saison), panorama admirable du sommet, facile (791 m) ; gouffre, accessible (tous les jours en saison). ➡ 13 km O., grottes de Bétharram (région XVII).

LUCHON (BAGNÈRES-DE) – 31.   3 600 hab.
Altitude 630 m

Grande station thermale et estivale, centre d'excursions et de montagne. Les allées d'Etigny, longues de 600 m, mènent à l'Etablissement thermal et au parc des Quinconces ; musée du Pays de Luchon (fermé samedi après-midi et dimanche) et S.I. au n° 18 (hôtel XVIIIe). Autour de l'église, le vieux quartier est resté un vieux village montagnard. Casino (parc).
➡ 1,5 km E., Montauban, église XIIIe (crypte romane) ; cascades. ➡ 3 km S., tour en ruine de Castelviel (vue).

LUZECH – 46.   1 800 hab.
Le bourg étroit, en longueur dans l'isthme du méandre du Lot, au pied de son donjon XIIIe et d'un oppidum gaulois, possède des maisons pittoresques avec de vieilles portes, entre une chapelle XIIe et l'église gothique. Au S., isolée, chapelle XVIe, Notre-Dame-de-l'Ile, au bout du promontoire de la Pistole.

Luzech : Cette localité passa pour Uxellodunum. Ici, vue sur le Lot, que détaille une table d'orientation plaisamment décorée (ci-dessous). Beau donjon.

LUZENAC – 09.
Eglise romane (et gothique) à remarquable clocher rond et portail XIIe. Au N.-E., avant Moulis, pile romaine.

LUZ-SAINT-SAUVEUR – 65.   1 000 hab.
Altitude 711 m

Chef-lieu du Pays Toy, dans un riant bassin sur le Gave de Pau, en aval de la station thermale de Saint-Sauveur. Luz, charmant bourg pyrénéen, possède une célèbre église XIIe-XIIIe fortifiée au XIVe, avec enceinte fortifiée (beau portail roman) ; une chapelle XVIIe contient un intéressant petit musée. Beaux villages environnants.
➡ 12 km O., station de sports d'hiver de Luz-Ardiden ; vues superbes vers le Néouvielle* et le Tourmalet* depuis le col de Riou (1 949 m, table d'orientation) à 1 h 30 aller et retour au N.-O. ➡ Gorge de Luz, au N.-O. ➡ S., gorge de Saint-Sauveur et grande centrale E.D.F. de Pragnères (vis.) ; à la sortie de Saint-Sauveur, beau pont Napoléon (1861) à 65 m au-dessus du Gave de Pau.

Martel : La vieille ville hérissée de ses « sept tours » se dresse sur le causse, dominée par sa grande église gothique fortifiée de Saint-Maur.

LYS (Vallée du) – 31.
Superbe vallée glaciaire dont le cirque supérieur est entouré de nombreux « 3000 » avec de beaux lacs (Vert, Bleu, etc.) en haute altitude. La route s'achève à 1 149 m près des cascades d'Enfer et du Cœur ; monter au Gouffre et au Ru d'Enfer.

MARCIAC – 32.   1 100 hab.
Belle bastide royale avec une superbe place à couverts et une grande église gothique méridional à clocher-porche (toulousain) ; autre clocher XVe de la chapelle des Augustins. Petit musée. Au N., lac (plage, sports nautiques).

MARCILHAC-SUR-CÉLÉ – 46
Au pied de la falaise, superbe vieux village autour de l'ancienne abbaye, partie romane en ruines magnifiques et belle église gothique (mobilier, fresques). Salle capitulaire XIIe (chapiteaux).
➡ 1,5 km N.-O. ; grotte de Bellevue, trois salles de belles concrétions. ➡ S.-E., sur le causse, plusieurs dolmens et belles vues.

MARCILLAC-VALLON – 12.   1 700 hab.
Le vallon, creusé dans le grès rouge, est couvert de vignoble, et le vin est bon. Bourg tout rouge.

Marcilhac-sur-Célé : *Les restes magnifiques de l'abbaye occupent un site qui n'est pas moins beau. Ses abbés disputèrent longuement Rocamadour, qu'ils possédaient primitivement, à ceux de Tulle.*
Mas-d'Azil : *La célèbre grotte, transperçant la montagne, livre passage à la fois à la rivière, qui l'a empruntée, et à la route entre Saint-Girons et Pamiers.*

➡ 1 km N., Notre-Dame-de-Fontcourrieu, pèlerinage vigneron (Vierge XIVe) ; 5 km au-delà, Saint-Jean-le-Froid (566 m), village perché (panorama).

MARSAN – 32.
Remarquable château XVIIIe encadré par deux tours. E., petit lac, piscine, loisirs.

MARTEL – 46.   1 600 hab.
Sur le causse de Martel, « la ville aux sept tours » a gardé son parfum médiéval avec de vieux hôtels XIIIe au XVIIe, des restes de remparts, une église XVe fortifiée (portail XIIe, tympan) ; l'hôtel de la Raymondie XIVe (musée) possède une belle cour et de grandes cheminées en bois sculpté ; cloître de Mirepoises XIIe au XVIe ; halles XVIIIe sur la belle place des Consuls.
➡ 14 km N.-E., le puy d'Issolud*.

Pic du Midi de Bigorre : *Une route assez vertigineuse, qu'un téléphérique ne complète qu'au fort de l'été, approche du sommet, caractéristique avec ses bâtiments. La vue est prodigieuse.*

MARTRES-TOLOSANE – 31.   1 900 hab.
A l'entrée de la plaine toulousaine et au pied de la tour d'Ausseing*. Faïences célèbres. Six villas gallo-romaines dont celle de Chiragan, IIᵉ, y ont été découvertes avec une riche statuaire (musée Saint-Raymond à Toulouse, moulages à la mairie). Eglise XIVᵉ, sarcophages paléo-chrétiens d'une nécropole.
➡ 5 km E., Palaminy, beau village ancien, porte fortifiée, château Renaissance ; 1,5 km E., Cazères, sur un plan d'eau de la Garonne (voile, sports nautiques) ; église XVᵉ abritant autour de ses fonts un remarquable trésor.

MAS-D'AZIL (Grotte du) – 09.
Extraordinaire tunnel naturel foré par l'Arize à travers un pli calcaire du Plantaurel, que la route emprunte également ; long de 400 m, il s'ouvre au S. par une arcade de 60 m de haut sur 45 de large ; la sortie N. est surbaissée dans une haute falaise. A l'intérieur s'ouvrent d'importantes galeries préhistoriques sur quatre étages (vis. tous les jours en saison) ; nombreux dessins, gravures, ossements d'ours et de mammouths ; musée. Chapelle IIIᵉ, et refuge cathare et protestant. A la mairie du Mas-d'Azil, autre musée ; à l'O., dolmen.

MASSAT – 09.
Altitude 650 m
Ancienne capitale du Couserans, dans un grand bassin verdoyant au pied du massif des Trois Seigneurs (2 199 m), dont un G.R. fait le tour. Jolie église XVIᵉ.
➡ N.-E., Route Verte*, vers Foix*, et sommet de Portel* au N. ➡ E., col de Port*. ➡ 15 km S.-S.-E., col de Lers, vers le Vicdessos*.

MASSEUBE – 32.   1 900 hab.
Ancienne bastide près du Gers avec de pittoresques maisons à colombages et une halle sur la place.
➡ 7 km S.-E., grand lac de barrage de l'Astarac, sur l'Arrats (irrigation).

MAULÉON-BAROUSSE – 65.
Altitude 475 m
Au confluent des deux hautes vallées de l'Ourse, chef-lieu de la Barousse, vaste « montagne » très boisée aux nombreux hameaux. Au S.-O., gouffre de Saoule. Superbe forêt de Barousse, à 7 km S.-O.

MAURY (Barrage de) – 12.
Il retient sur le plateau de la Viadène (partie N.-O. de l'Aubrac, région XVI) les eaux de la Selves et du Selvet ; tour du lac, beaux paysages.

MAUVEZIN – 32.   1 800 hab.
Bastide près de l'Arrats, place à couverts avec halle ; clocher XIIIᵉ à l'église (stalles XVᵉ).
➡ 9 km N.-O., Monfort ; au N.-O., remarquable château d'Esclignac.

MAZAMET – 81.   14 900 hab.
Porte principale de la Montagne* Noire et centre mondial du délainage des peaux de moutons. Musée d'histoire locale, exposition cathare permanente. Au N.-O., intéressante église moderne du Sacré-Cœur.
➡ 3 km S., belvédère du Plô de la Bise, vue sur Hautpoul (la première Mazamet, ruines des châteaux), et sur Mazamet. ➡ 19 km S.-E., pic de Nore (région XIX), vaste panorama sur le Languedoc et les Pyrénées, point culminant de la Montagne* Noire. ➡ E.-N.-E., belles gorges de l'Arn, lac des Saint-Peyres (voile).

MÉDOUS (Grotte de) – 65.
Vaste cavité très variée avec d'admirables concrétions et un parcours en barque sur l'Adour souterrain (vis. tous les jours en saison). Dans le parc d'un château.

MENTÉ (Col de) – 31.
Altitude 1 349 m
Belle route en forêt, joignant les vallées de la Garonne et du Ger, et permettant d'accéder à la station de sports d'hiver du Mourtis.

MERCUÈS – 46.
Un fameux château (vue imprenable) XIVᵉ-XVᵉ, restauré, qui fut palais des comtes-évêques de Cahors.

MIDI DE BIGORRE (Pic du) – 65.
Altitude 2 865 m
Au côté du grand observatoire et de l'Institut de physique du globe (vis.), l'émetteur de TV a fait araser le sommet. Accès par route à péage du col du Tourmalet* (l'été) jusqu'aux Laquets (2 650 m, parcours impressionnant) puis 2 h aller et retour. Panorama extraordinaire.

MIÉLAN – 32.   1 400 hab.
Sur la longue crête de la Ténarèze (ligne de partage des eaux Garonne-Adour), ancienne bastide ; à la sortie S., panorama sur les Pyrénées.
➡ 2 km N.-E., lac (plage, sports nautiques). ➡ N., pittoresque D. 156 suivant la crête.

MILHAC – 46.
Beau village perché, dans des remparts, avec église fortifiée et château, dans la Bouriane.

MILLAU – 12.   22 500 hab.
Altitude 379 m
La capitale du gant, grand carrefour et bon centre d'excursions, est dominée par un beffroi de 48 m (XIIᵉ-XVIIᵉ) au panorama remarquable sur le site de la ville, cerné par les causses (vis. tous les jours l'été) ; la rue Droite traverse le Vieux Millau et aboutit à la place du Maréchal-Foch, en partie à couverts (fontaine Empire) ; église Notre-Dame XIIᵉ rebâtie au XVIIᵉ ; musée archéologique (hôtel XVIIIᵉ) (vis. tous les jours l'été) des poteries de la Graufesenque ; lavoir « romain » XVIIIᵉ ; château de Sambercy XVIIᵉ ; près du pont Lerouge, au S.-O., restes d'un pont XIIᵉ et d'un vieux moulin.
➡ N.-E., D. 110 extraordinaire vers Montpellier-le-Vieux*. ➡ S.-E., N. 9 pour le Larzac* (vues).

MIRANDE – 32.   4 200 hab.

Typique bastide XIIIe sur la Grande-Baïse, place à couverts,
ancienne cathédrale XVe à clocher fortifié formant porte
sur une rue. Intéressant musée « des petits maîtres », des
primitifs au XIXe, et de céramiques.

MIREPOIX – 09.   3 900 hab.

Bastide XIIIe avec une magnifique place à couverts et
maisons XIIIe-XIVe à pans de bois. La cathédrale Saint-
Maurice XVe au clocher octogonal avec une belle flèche en
pierre a une très large nef gothique méridional.
➡ 8 km S.-E., ruines du château féodal de Lagarde ; 8 km
S., Léran, bastide ; rive gauche du Touyre, château des
Lévis-Mirepoix XIVe-XVe. ➡ 11 km O., Vals* (église
Notre-Dame).

MOISSAC – 82.   12 100 hab.

L'ancienne abbaye romane Saint-Pierre fut une des plus
importantes du Midi et laisse, avec son admirable cloître et
le portail célèbre de son église, un des plus beaux
ensembles romans. L'église bénédictine a un clocher-
porche fortifié peut-être XIe (vue) et fut terminée au XVe
(statuaire, beau Christ roman XIIe, clôture, stalles XVIIe,
décoration polychrome restaurée) ; son portail, une des
premières œuvres de la sculpture languedocienne (début
XIIe), montre, au tympan, la Vision de l'Apocalypse du
Christ-Juge entouré des évangélistes et des vingt-quatre
vieillards ; il faut détailler le trumeau monolithe et le
linteau, aux sculptures d'une étonnante souplesse, les
piédroits, portant des scènes de la vie de la Vierge et du
Christ et des évocations infernales. Le cloître fin XIe (vis.
tous les jours), entier, est admirable avec ses arcades
(refaites XIIIe) reposant sur des colonnes simples et doubles
alternées en marbres polychromes ; magnifiques chapi-
teaux fin XIe ; les piliers portent des reliefs sculptés
d'apôtres. Important musée claustral dans quatre chapelles
XIIIe. Au palais abbatial, Musée moissagais des arts et
traditions populaires (fermé mardi). Maisons anciennes et
agréables bords du Tarn. Pont-canal. Ensemble sportif
(voile, sports nautiques sur le vaste plan d'eau du Tarn).
➡ 7 km O. (dans les collines), Boudou, au-dessus de la
N. 113 et de la Garonne, vue admirable sur la vallée et le
confluent. G.R. 65.

MONCLAR-DE-QUERCY – 82.

Centre de loisirs avec trois lacs ; baignade, pêche,
équitation.

MONESTIÉS-SUR-CÉROU – 81.   1 200 hab.

Bourg ancien dans un joli site sur le Cérou ; des
promenades ont remplacé ses remparts ; château de
Condèze (logis ancien) ; la chapelle Saint-Jacques XIIe
possède de remarquables sculptures : Mise au tombeau
bourguignonne XVe, Pietà XVe, notamment.
➡ 3 km S., ruines du château de Combefa.

MONGIE (La) – 65.

Altitude 1 800 m

Station de sports d'hiver, dans le sauvage décor de la haute
Adour, au pied du pic du Midi de Bigorre*. Téléphérique du
Taoulet (2 341 m), panorama. En aval, belle cascade du
Garet, d'où le G.R. remonte le Garet au S.

*Ci-dessous, Moissac : L'abbaye, qui fut puissante, possède entre
autres ce cloître, merveilleux par ses arcades, ses chapiteaux et son
cèdre.*

*Millau : Le Tarn, qu'un pont XIIe franchit jadis, va à Millau...
comme un gant ; c'est de la route de Lodève qu'on en juge le mieux.*

MONTAL (Château de) – 46.

Superbe château Renaissance XVIe, restauré et remeublé
par un mécène ; la forteresse, d'apparence extérieure
féodale, cache une cour à la décoration somptueuse (frise,
lucarnes, bustes) ; à l'intérieur, très bel escalier d'honneur
et appartements remarquables (vis. tous les jours en
saison).

MONTALET (Roc de) – 81.

Altitude 1 259 m

A quelques minutes à pied de la route, c'est un des
sommets des monts de Lacaune*, succession de croupes
boisées. Vue étendue sur la mer, les Pyrénées.

MONTAGNE NOIRE – 81.

Le massif, très boisé (d'où son nom), le plus méridional du
Massif Central, plus abrupt au N. (vallée du Thoré) qu'au
S. (bassin de l'Aude) ; les eaux de sa partie O. alimentent le
canal du Midi par la prise d'eau d'Alzeau (beau site dans la
forêt de Ramondens), qui remplit les bassins du Lampy,
des Cammazes et de Saint-Ferréol ; superbe trajet du
G.R. 7. Jolie vallée de l'Arnette au S. de Mazamet.
Superbes trajets forestiers à l'O. : D. 56, D. 60, D. 14, entre
Labruguière, Laprade, Arfons, Sorèze* et Dourgne*.

Montpellier-le-Vieux : *Le plus célèbre des ensembles de rochers ruiniformes de France.*

MONTAUBAN – 82.   50 400 hab.
Importante ville-marché sur le Tarn. Le Pont-Vieux XIVᵉ découvre une belle vue sur le palais épiscopal (musée Ingres) et le clocher toulousain de Saint-Jacques, superbe ensemble de brique accompagné de nombreux hôtels anciens. Le musée Ingres (fermé lundi, et dimanche matin l'hiver), un des grands musées de France, conserve de nombreuses toiles du maître montalbanais et 4 000 dessins, visibles par roulement ; importantes salles de peinture, ancienne et contemporaine ; archéologie antique et médiévale, histoire, faïences ; superbe salle Bourdelle, de Montauban aussi (nombreuses sculptures en ville). En face, dans un palais XVIIᵉ, musée d'Histoire naturelle et de Préhistoire (vis. id.) et musée du Terroir. Magnifique place Nationale XVIIᵉ à double galerie de couverts en brique (marché le matin), au centre de la vieille bastide que fut d'abord la ville. Vaste cathédrale classique Notre-Dame XVIIᵉ-XVIIIᵉ en pierre, possédant le *Vœu de Louis XIII* par Ingres (1824). Jolis quais sur le Tarn, promenades ; Jardin des Plantes, traversé par le Tescou. Agréables vallées du Tarn et du Tescou en amont.
➡ 7 km N., Ardus, sur l'Aveyron (baignade) au pied de jolis coteaux, à suivre rive droite vers Lafrançaise, panorama (table d'orientation) et Moissac*.

MONTBRUN – 46.
Sous les ruines du château, étonnant village grimpant sur la falaise au-dessus du Lot. En face au S.-E., Saut de la Mounine, rive gauche (voir Cajarc*).

MONTBRUN-BOCAGE – 31.
Remarquables peintures murales XVIᵉ à l'église (vis. l'après-midi sauf fin de semaine).

MONTCUQ – 46.   1 200 hab.
Les ruines d'un château (grande tour) couronnent le vieux village fortifié dominant la jolie vallée de la Barguelonnette. Au S.-E., le G.R. 65 zigzague dans les coteaux couverts de vergers.

MONTECH – 82.   2 600 hab.
Maison XVᵉ à pans de bois ; à l'église XVᵉ, Christ « allemand » remarquable. Pente d'eau sur le canal latéral, remplaçant plusieurs écluses ; une masse d'eau est poussée par un écran étanche mobile le long d'un plan incliné.
➡ S.-E., forêt de Montech, domaniale (1 300 ha).

MONTESQUIEU-VOLVESTRE – 31.   2 000 hab.
Ville XVIᵉ sur plan de bastide, place à couverts et vieille halle ; la superbe église à façade fortifiée date du XIVᵉ (portail Renaissance, et grand clocher polygonal à seize côtés, œuvres d'art).

MONTESQUIOU – 32.
Vieux bourg fortifié perché ; ruines du château des Montesquiou d'Artagnan où naquit le maréchal fils du fameux mousquetaire ; porte XIIIᵉ. Célèbre foire de la Madeleine (21 juillet).

MONTGEARD – 31.
Bastide dans les coteaux du Lauragais, étonnante église fortifiée XVIᵉ avec donjon d'apparat (pavage de galets, albâtres anglais).
➡ Au N., lac collinaire de Nailloux ; belle région accidentée.

MONTMAURIN – 31.
Au S. (1,5 km), importants vestiges d'une villa gallo-romaine IVᵉ, sur 18 ha (vis. tous les jours sauf mardi) ; musée au village et autres fouilles à l'entrée des jolies gorges de la Save (abris préhistoriques) ; en aval, site des ruines féodales de Lespugue. Au N. de Montmaurin, table d'orientation, panorama sur les Pyrénées. Au S. de Lespugue, autre vue remarquable de la cote 416.
➡ 8 km S.-O., Saint-Plancard, chapelle Saint-Jean au cimetière, romane XIᵉ, importantes peintures murales XIᵉ.
➡ 11 km E.-S.-E., Saint-Marcet, pittoresque village connu pour son gaz naturel (presque épuisé). Belle région accidentée.

Montpezat-de-Quercy : *Les tapisseries de la vie de Saint-Martin ornent magnifiquement la collégiale quercynoise.*

MONTPELLIER-LE-VIEUX (Chaos de) – 12.
Sur le bord du causse Noir* dominant la Dourbie, c'est un immense et impressionnant chaos dolomitique ruiniforme composé de quatre cirques aux curiosités naturelles innombrables ; circuit principal balisé (1 h 30 à 2 h) et nombreux sentiers annexes (vis. tous les jours).

MONTPEZAT-DE-QUERCY – 82.   1 400 hab.
Altitude 265 m
Ville ancienne perchée au-dessus de beaux paysages vallonnés. Place à couverts avec de vieilles maisons à colombages. Restes de remparts (porte XIIIe). Remarquable collégiale Saint-Martin XIVe, contenant d'admirables tapisseries flamandes XVIe réalisées pour elle (vie de saint Martin), de très beaux gisants XIVe et un riche trésor dont des albâtres anglais XIVe. Belles vues de l'esplanade et du petit sommet au N. (304 m).
➡ N.-E. puis N.-O., 4 km, Saux, ancienne église isolée dans un bois de fond de vallon, à coupoles, possédant des peintures murales XIVe.

MONTRÉAL – 32.   1 500 hab.
Bastide XIIIe avec restes de remparts, place à couverts et église début XIVe ; à l'intérieur, fragment de mosaïque gallo-romaine IIIe ; ruines d'une église romane.
➡ 2 km S.-O., Séviac, fouilles d'une villa gallo-romaine IIIe, belles mosaïques. ➡ 5,5 km N.-E., Fourcès, charmante petite bastide toute ronde, au bord de l'Auzoue, avec un petit château rustique.

MONTREDON (Château de) – 81.
Altitude 567 m
Puissantes ruines en partie XIIe, dominant le Ségala tarnais (panorama).

MONTRÉJEAU – 31.   3 700 hab.
Altitude 468 m
Bastide XIIIe qui commande une vue superbe sur les Pyrénées, en dominant le confluent de la Neste et de la Garonne. Marché important (le lundi).
➡ 4 km S.-O., grottes de Gargas. ➡ 8 km S., beau village de Saint-Bertrand-de-Comminges*.

MONTRICOUX – 82.
Village ancien dans ses remparts, dominé par un donjon carré, sur les dernières pentes du causse tombant sur l'Aveyron ; église à clocher octogonal.

MONTROZIER – 12.   1 200 hab.
Beau village sur l'Aveyron, au bord du causse, avec un château XVe-XVIe restauré.
➡ En face au S., forêt des Palanges, 5 000 ha de chênes sur un pointement granitique. ➡ 12 km S.-E., Puech de Saint-Félix (923 m), panorama.

Ci-dessous, **Montségur** *: Le fameux « pog » couronné par son énigmatique château.*

A droite, **Najac** *: Disputé entre Anglais et Français représentés par les comtes de Toulouse, Najac se fit cathare et le paya cher.*

MONTSÉGUR (Château de) – 09.
Altitude 1 216 m
Haut lieu cathare, les ruines impressionnantes d'un étrange château, peut-être ancien temple solaire, font face au pic de Saint-Barthélemy dans un site grandiose (accès par sentier escarpé, 1 h aller et retour). Au pied du « pog », la stèle commémorant le bûcher du « prat dels cremats » qui mit fin au siège de 1244. Au-dessous, le village avec ses curieuses rues qui se rejoignent ; musée des trouvailles (préhistoriques) faites sur le « pog ».

MOUNINE (Saut de la) – 12.
Voir Cajarc*.

MUR-DE-BARREZ – 12.   1 500 hab.
Altitude 780 m
Bourg ancien sur une crête entre le Goul et la Bromme (vue immense à l'E. vers la Truyère). Maisons anciennes, tour de l'Horloge et portes, église XIIe-XIVe-XVIIe (chapiteaux, retable, clés de voûte), au N. ruines du château (vue). G.R. 416 (très beau au S. dans les gorges de la Truyère).

MURET – 31.   15 400 hab.
Ancienne capitale du Comminges, vieille ville dans le confluent de la Louge et de la Garonne. Monument et jardin Clément-Ader. Eglise Saint-Jacques (clocher toulousain XIIIe, crypte). Belles maisons anciennes (une du XIIIe) en brique et bois. 1 km N., stèle commémorant la bataille décisive de 1213 où fut tué Pierre II d'Aragon.

MURET-LE-CHÂTEAU – 12.
Altitude 500 m
Site superbe dans une reculée du causse de Lanhac, au-dessus du Dourdou*. Château XVe.
➡ 7 km E., Rodelle, vieux village dans un site également magnifique, perché sur le Dourdou ; église romane et gothique, Piéta XVIe.

NAJAC – 12.
Altitude 350 m
Dans un méandre de l'Aveyron, au milieu de belles gorges, un promontoire porte les ruines formidables d'un château XIIe-XIIIe (vis. tous les jours) à trois enceintes et grand donjon rond, au milieu d'un cirque de collines ; une grande rue suit la crête depuis la place aux Arcades XIIIe ; fontaine monolithe ; belle église XIIIe (gothique du Nord).

NANT – 12.   1 000 hab.
Altitude 500 m
« Oasis » dans les causses et carrefour touristique dans les gorges de la Dourbie*, entre les beaux points de vue du roc Nantais au N.-E. (808 m) et de la chapelle Saint-Alban au S. (802 m, 2 h aller et retour chacun). Bourg pittoresque autour de sa remarquable abbatiale romane Saint-Pierre fortifiée (narthex, chapiteaux). Place à couverts avec halle ancienne. Vieux pont.
➡ 6 km S.-O., source du Durzon (sentier, 30 mn aller et retour) ; en chemin, chapelle romane de Saint-Martin-du-Vican. ➡ 7 km E., Saint-Jean-du-Bruel, vieux pont, site charmant ; 3 km S. puis à droite, site magnifique des ruines d'Algues. En amont, voir Dourbie (région XIX).

NÈGREPELISSE – 82.   2 600 hab.

Au bord de l'Aveyron, moulin et site du barrage. Clocher XVe. Place à arcades.

➡ 2 km N.-E., pont de Bioule et jolie route au bord de la rivière à l'E.

NÉOUVIELLE (Massif de) – 65.
Altitude 3 192 m au pic Long

Vaste massif glaciaire et lacustre d'une nature sauvage en partie compris dans le parc national auquel y est annexée une réserve naturelle comprenant les paysages remarquables des lacs d'Aubert (2 142 m) et Aumar, que traverse le G.R. 10 au pied du col de Madamète qu'il passe pour gagner Barèges* ; on peut revenir par le col d'Aubert, 7 à 8 h de marche.

NIAUX (Grotte de) – 09.

Une des plus importantes grottes préhistoriques (vis. tous les jours l'été), s'ouvrant par un énorme porche dominant le Vicdessos en enfilade. De grandes précautions doivent lui éviter le sort de Lascaux. A 800 m de l'entrée, un parcours mouvementé amène au Salon Noir aux parois recouvertes d'extraordinaires peintures magdaléniennes datant de 14 000 ans, en noir et rouge, de bisons et de chevaux notamment.

NOGARO – 32.   2 400 hab.

Eglise romane (portail), restes de cloître. Autodrome et centre de vol à voile.

NOIR (Causse) – 12.

Noir de forêts jadis, et fort sauvage. De Peyreleau*, 12 km S.-E. pour l'église Saint-Jean-de-Balme ; de là, au N.-O., rocher du Champignon et corniches du causse Noir à l'E., randonnée ad libitum. G.R. 62. Voir aussi Montpellier-le-Vieux* et Roquesaltes*.

NOTRE-DAME-DE-GARAISON – 65.

Pèlerinage fréquent ; un collège en partie XVIIe abrite la belle chapelle XVIe décorée au XVIIe par un remarquable mobilier (boiseries et statues) ; peintures murales XVIe ; fontaine de la Bergère.

➡ 6 km N., Monléon-Magnoac, à l'église, une partie du mobilier de Garaison.

OLMES (Monts d') – 09.
Altitude 1 500 m

Centre de ski sur le flanc N. de la montagne de Tabe, vers les sources du Touyre ; vues immenses sur la région de Montségur* et le Plantaurel.

OÔ (Lac d') – 31.
Altitude 1 504 m

On y monte facilement (2 h 30 aller et retour) des granges d'Astau, bout de la route. Cascade au bout du lac. Au-dessus (3 h aller et retour en plus), lac d'Espingo, dans un beau cirque glaciaire. Près d'Astau, cascade de la Madeleine. G.R. 10.

ORÉDON (Lac d') – 65.
Altitude 1 874 m

La route qui monte au cœur du massif du Néouvielle* escalade les gorges sauvages, en forêt, de la Neste de Couplan ; dans un beau paysage de haute montagne, boisée de pins en bas, le lac est dominé par le barrage énorme de Cap-de-Long* où monte la route au S.-O. ; une autre au N. monte aux lacs d'Aubert et Aumar, dans la réserve naturelle du Néouvielle*. Ascensions possibles. Le G.R. 10 passe sur Barèges* en venant du lac de l'Oule à l'E. Chalet-hôtel.

OUEIL (Vallée d') – 31.

Belle vallée de la Neste d'Oueil au N.-O. de Luchon, montant au port de Balès (1 755 m) et au port de Pierrefitte (1 855 m), à 1 h 45 aller et retour du Mont Né (2 147 m) à l'admirable panorama. Beaux villages. En chemin, kiosque de Mayrègne, vue splendide sur la chaîne frontière et les monts Maudits.

PADIRAC (Gouffre de) – 46.

Une des grandes merveilles souterraines. L'aven effondré (35 m de diamètre en haut, 75 m de profondeur) donne accès à des galeries immenses et à une rivière souterraine abondante (la Rivière Plane, parcourue en bateau) ; la salle du Grand-Dôme (91 m de haut) est la dernière équipée ; les gours, pendeloques, etc., sont spectaculaires. (Vis. tous les jours en saison.)

PAILHÈRES (Port de) – 09.
Altitude 2 001 m

Le Donézan, petit morceau d'Ariège « exilé » dans les gorges de l'Aude par la suite des crêtes du massif du Carlit, y communique avec la vallée d'Ax-les-Thermes*. C'est un centre de ski. En 2 h 15 aller et retour, au S.-O., monter au pic de Tarbezou (2 364 m), splendide panorama sur toutes les Pyrénées de l'Est.

PAILHÈS – 09.

Dans les derniers contreforts N. des Pyrénées, un château perché en ruine, XIIIe-XVIe, surveille un défilé de la Lèze au-dessus du village.

PAMIERS – 09.   15 200 hab.
Altitude 278 m

L'Ariège contourne à l'O. la ville, qui s'étend dans la plaine de l'Aganaguès. La cathédrale Saint-Antonin XVIIe (boiseries XVIIe), fortifiée, conserve un beau clocher toulousain XIVe. Promenade du Castella, sur une butte, vue sur les Pyrénées ; buste de Gabriel Fauré, né à Pamiers. Vieilles maisons. Notre-Dame-du-Camp XVIIe garde également des fortifications XIVe ; beau clocher des Cordeliers XIVe.

PAMPELONNE – 81.

Vieille bastide du Ségala, près des gorges du Viaur.

➡ 1 km N.-E., ruines du château de Thuriès XIIe, sur le promontoire d'un méandre du Viaur (vue). ➡ A 5 km S.-E. (D. 53), une petite route à gauche (puis 30 mn aller) mène à la sévère église romane de Las Planques (hameau) sur un piton contourné par le Viaur ; peintures murales ; on peut rejoindre le pont de Tanus, sentier.

PARELOUP (Lac de) – 12.
Altitude 804 m

Vaste plan d'eau retenu sur le Vioulou, au centre des plateaux du Lévézou* ; très découpé, c'est le paradis de la voile ; baignades ; tour du lac très pittoresque ; depuis le barrage au N.-O., vue splendide.

PAUSE (Col de) – 09.
Altitude 1 527 m

A l'O. de la haute vallée du Salat, une route de montagne en cul-de-sac amène, partant de Couflens, à ce col d'où la vue est remarquable vers le mont Valier (2 838 m) à l'O. Pour les casse-cou (en voiture), monter au port d'Aula.

PECH-MERLE (Grotte du) – 46.

Rare alliance de magnifiques concrétions, disques, excentriques, draperies, perles des cavernes, et d'un temple préhistorique de premier ordre, orné de peintures, gravures et dessins d'animaux et d'hommes, chargés de significations symboliques, avec des mains négatives et des traces de pas conservées. (Vis. tous les jours en saison.) Un des hauts lieux de la Préhistoire.

➡ 3 km, Cabrerets*.

PENNE – 81.

Le site des ruines du château est extraordinaire, perchées sur un rocher qui semble gicler du milieu de la vallée, en surplomb sur l'Aveyron ; le vieux village se serre au pied (église et maisons pittoresques).

PEYRELEAU – 12.
Dominant le Rozier (région XIX) et le confluent de la Jonte et du Tarn à la sortie de leurs gorges, village superbe avec ses belles maisons anciennes et sa tour. Château de Triadou XVᵉ-XVIIᵉ. (Voir aussi Causse Noir*.)

PEYRESOURDE (Col de) – 65.
Altitude 1 569 m
Le premier des « quatre grands cols » si l'on vient de Luchon*, entre les vallées de Louron et de Larboust, paysages typiquement pyrénéens.
➡ 2 km S.-O., centre de ski de Peyresourde-Balestas, communiquant avec les Agudes* sur le versant E.

PEYRILLES – 46.
Beau village déserté, avec château, église, vallon pittoresque.

PEYRUSSE-LE-ROC – 12.
Ancienne importante ville forte (elle possédait des mines d'argent...), qui s'étendait au pied du village actuel, le long de l'Audiernes ; monter au roc del Talur (restes du château inférieur) ; église Notre-Dame-de-Laval (environ 1200) en ruine ; tombeau « du Roi ». Remise en état toujours en cours.

PIBRAC – 31.   2 800 hab.
Superbe château en brique, typique de la Renaissance toulousaine ; arc de triomphe en brique fin XVIᵉ. A l'église paroissiale, fortifiée XIVᵉ-XVIᵉ, tombeau de sainte Germaine (pèlerinage le 15 juin). Basilique romano-byzantine. Maison à colombages XVIᵉ.

PONT-DE-SALARS (Lac de) – 12.
Belle retenue, tout en longueur et en méandres, sur le Viaur ; baignade, voile.

PONT D'ESPAGNE – 65.
Altitude 1 496 m
Beau site montagnard, grande cascade, impressionnant confluent de gaves ; au S., par télésiège ou sentier (1 h 30 aller et retour), lac de Gaube (1 728 m), en vue du Vignemale (3 298 m). Passage, en 2 jours, sur Gavarnie* par les refuges des Oulettes et Baysselance, au pied du Vignemale, et la Hourquette d'Ossoue (2 734 m), descente par la belle vallée d'Ossoue (G.R. 10). Au S.-O. du Pont d'Espagne, vallée du Marcadau (excursions, refuge à 2 h).

Le lac de Gaube, près du Pont d'Espagne : Au cœur du parc national, dominé au fond par le massif du Vignemale aux escalades renommées, ce beau petit lac est un enfant chéri des foules qui fréquentent Lourdes, Cauterets, Gavarnie.

PORT (Col de) – 09.
Altitude 1 249 m
Pittoresque passage du bassin du Salat dans celui de l'Ariège, entre les massifs de l'Arize au N. et des Trois Seigneurs au S. (2 199 m) ; la vue est très belle au S.-O., vers le mont Valier notamment. Au S., pic d'Estibat (1 663 m), à 2 h 15 aller et retour, beau panorama.

PORTEL (Sommet de) – 09.
Altitude 1 485 m
A 3,5 km O.-N.-O. du col de Péguère sur la Route Verte*, puis 20 mn aller et retour au N., remarquable panorama sur les montagnes du Couserans et du haut Salat, et sur le massif de l'Arize où l'on se trouve.

PORTET-D'ASPET (Col de) – 31.
Altitude 1 069 m
Entre les vallées du Ger et de la Bouigane (la Ballongue*) ; beau panorama sur le Couserans, la chaîne-frontière, les monts Maudits, le mont Valier.

PORTILLON (Col du) – 31.
Altitude 1 293 m
Passage en Espagne (Val d'Aran) par la superbe forêt du vallon de Burbe, petit affluent de la Pique.

PRADEL (Col du) – 09-11.
Altitude 1 680 m
Site magnifique entre Ax-les-Thermes* et les gorges du Rebenty (région XIX), sur la ligne de partage des eaux Océan-Méditerranée ; larges vues sur le plateau de Sault et les montagnes de la haute Ariège. Panorama très supérieur du pic de Serembarre (1 851 m) à 1 h aller et retour au N.-O., où passe le G.R. 7. La route est difficile.

PRESQUE (Grotte de) – 46.
De dimensions modestes, avec une foule de concrétions variées, cascades figées, draperies, colonnes... (Vis. tous les jours en saison.)

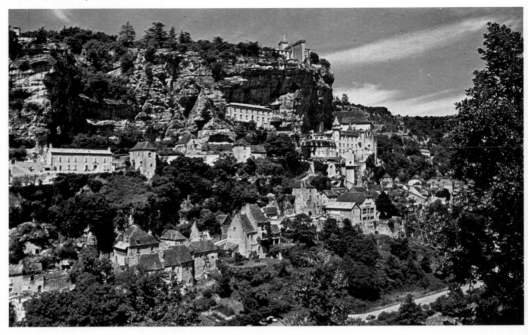

Rocamadour : Cascade de fortifications et de sanctuaires plaqués au rocher, c'est un des sites les plus populaires de France.

PUNTOUS DE LAGUIAN – 32.
Altitude 320 m
Admirable panorama sur les Pyrénées, d'une haute colline isolée ; par temps clair, 200 km de crêtes (table d'orientation au S. de la N. 21).

PUYCELCI – 81.
Village ancien fortifié occupant un vaste rocher dominant la vallée de la Vère en bordure de la forêt de la Grésigne* ; beaux logis gothiques et Renaissance à l'intérieur des remparts XIIIᵉ-XVᵉ avec des tours (vues superbes)
➡ Belle vallée de la Vère de Cahuzac-sur-Vère à Bruniquel* ; gisements préhistoriques. G.R. 46.

PUYLAROQUE – 82.
Ancienne bastide XIIIᵉ fièrement perchée sur une colline détachée du causse de Limogne, entre le Candé et la Lère ; église et maisons médiévales pittoresques, et superbes points de vue.

PUYLAURENS – 81.   2 800 hab.
Altitude 350 m
Eglise en partie romane et vieille halle. Des promenades et de belles vues lointaines.

PUY-L'ÉVÊQUE – 46.   2 500 hab.
Petite ville pittoresque, à voir de la rive gauche. Mais il faut aussi se promener dans ses ruelles anciennes. Donjon XIIIᵉ, église XIVᵉ-XVᵉ avec un gros clocher-porche (sculptures).
➡ 4 km N., Martignac, jolie église rustique avec des peintures murales XVᵉ. ➡ 6 km O., Duravel, église priorale XIᵉ remarquable, chapiteaux historiés, reliques de « trois corps saints » rapportés d'Orient ; crypte ; 5,5 km N., Montcabrier, dans la jolie vallée de la Thèze ; beau portail flamboyant à l'église ; 8 km O., château de Bonaguil (région XVII).

PYRÉNÉES (Parc national des) – 65-64.
48 000 ha de sites magnifiques de haute montagne, allant du massif d'Anie à celui de Néouvielle* par les pics du Midi d'Ossau, Balaïtous, du Vignemale et les cirques de Gavarnie* et de Troumouse. « Portes » d'accueil, pour les Hautes-Pyrénées, à Arrens*, Cauterets* et Saint-Lary*. Nombreux refuges de montagne. Flore et faune protégées, très riches ; derniers ours de France, gypaètes barbus, vautours fauves ; isards et hermines fréquents. Pêche autorisée dans les conditions habituelles. Les chiens et les transistors sont exclus, la chasse est interdite ainsi que la cueillette des fleurs. Randonnées organisées par le Parc.

QUÉRIGUT – 09.
Altitude 1 205 m
Capitale du Donézan qui, rattaché de façon inconséquente à l'Ariège dont la montagne le séparait, a revendiqué son indépendance ; il fallut la force armée pour mettre le pays (mais non l'administration) à la raison... Ruines du château féodal du Donézan.

➡ 8 km N., dominant le confluent de la Bruyante et de l'Aude, superbes ruines du château d'Usson-les-Bains.
➡ O., vaste forêt des Hares (belles routes) surmontée du massif du Roc Blanc (2 542 m) et du pic de Tarbezou (voir Port de Pailhères*), extrémité N. du massif du Carlit (région XIX), nombreux lacs.

RABASTENS – 81.   4 200 hab.
Près du pont (vue), église fortifiée Notre-Dame-du-Bourg, gothique méridional XIIIᵉ-XIVᵉ (chapiteaux romans, peintures murales). Hôtels XVIIᵉ-XVIIIᵉ.

RASSISSE (Lac et barrage de) – 81.
Dans la pittoresque vallée du Dadou creusée dans le Ségala albigeois ; centre nautique ; ruines du château de Grandval, incendié en 1944. Loin en aval, à Arifat, belle cascade.

RAVIÈGE (Lac de la) – 81.
Important lac de barrage sur l'Agout (sports nautiques et baignade au S.-O.) dans un beau paysage entre les monts de Lacaune* et ceux de l'Espinouse (région XIX) ; une route en fait le tour.
➡ 20 km S. par de très belles routes, Labastide-Rouairoux, sur le Thoré naissant ; au N.-E. près de la D. 64, superbe dolmen.

RÉALMONT – 81.   2 600 hab.
Agréable bastide ancienne avec une place à couverts ; beau retable baroque à l'église XVIIᵉ.

REVEL – 31.   7 300 hab.
Altitude 210 m
Remarquable bastide XIVᵉ, place à couverts, halles en charpente avec beffroi.
➡ 3 km S.-E., lac de Saint-Ferréol*. ➡ E., la Montagne* Noire.

RIEUX – 31.   1 200 hab.
Charmante ville ancienne entourée par l'Arize avec de belles maisons de bois et brique ; remarquable cathédrale Sainte-Marie en brique XIIIᵉ-XIVᵉ à superbe clocher toulousain, belle chapelle des évêques (stalles et autel XVIIᵉ), trésor (buste-reliquaire de saint Cizi XVIIᵉ). Ancien palais épiscopal. Pont XVIIᵉ sur l'Arize.

RIEUPEYROUX – 12.   2 900 hab.
Altitude 718 m
Intéressant vieux bourg, à l'écart de la D. 111 n.
➡ 1,5 km N.-O., chapelle de Rieupeyroux (806 m), panorama remarquable (table d'orientation).

ROCAMADOUR – 46.
Village vertical accroché à sa falaise en haut de laquelle le château prend pied, à pic au-dessus des grands sanctuaires et du canyon de l'Alzou, coulée de verdure entre les rochers ; la vue est spectaculaire depuis l'Hospitalet mais aussi de la route de Couzou au S.-O. (site illuminé l'été). La rue unique traversant le village passe sous plusieurs portes parmi des maisons anciennes ; il en part des rues en escaliers desservant le « Fort » et les sept sanctuaires, dont la basilique Saint-Sauveur XIᵉ-XIIIᵉ avec la crypte de Saint-Amadour XIIᵉ, la chapelle miraculeuse contenant la Vierge noire XIIᵉ en bois, la chapelle romane Saint-Michel avec des peintures murales. Musée d'art sacré. Calvaire et

château par sentier (ou route par le plateau) ; des remparts, vue impressionnante. A l'hôtel de ville, tapisseries de Lurçat.
➡ O., sources de l'Ouysse (3 h aller et retour), par une variante du G.R. 6 (qui descend jusqu'à Lacave* en 4 h).
➡ E., moulin du Saut, par le G.R. 6. ➡ O., belle route de Payrac (21 km) passant près du moulin de Cougnaguet, fortifié XIVᵉ (vis.). ● A l'Hospitalet, grotte préhistorique des Merveilles (vis. tous les jours en saison).

RODEZ – 12.   28 200 hab.
Altitude 632 m
L'ancienne capitale des Ruthènes et du Rouergue domine tout son paysage du haut des 87 m de son extraordinaire clocher flamboyant ; cathédrale Notre-Dame XIIIᵉ au XVIᵉ, fortifiée, magnifique par sa simplicité et ses sculptures (jubé XVᵉ, clôture et Mise au tombeau de la chapelle du Saint-Sépulcre XVIᵉ, stalles XVᵉ). Jardins de l'Evêché. Le tour de ville offre un panorama total de ses trois grands points de vue (tables d'orientation) ; à l'intérieur, le vieux Rodez, divisé en Bourg (les comtes) et Cité (les évêques), est riche en maisons et hôtels XVᵉ au XVIIᵉ comme la maison Benoît XVᵉ et la maison d'Armagnac XVIᵉ ; belle préfecture début XVIIIᵉ ; église Saint-Amans romane et XVIIIᵉ (rebâtie au XVIIIᵉ ; chapiteaux) ; riche musée Fenaille (vis. l'après-midi l'été sauf dimanche), archéologie (statues-menhirs, poteries de la Graufesenque), art régional ; musée des Beaux-Arts. Pittoresques méandres de l'Aveyron aux abords de la ville.
➡ N., causse de Comtal, qui fut curieusement riche et fertile ; 11 km (près de la D. 604 n), gouffre du Tindoul de la Vayssière. ➡ 1 km S.-E., le Monastère, ancienne abbaye (maisons, église gothique) ; 4 km S.-E., Sainte-Radegonde, maisons anciennes, église XIIIᵉ fortifiée, énorme clocher-donjon. ● G.R. 62.

La Romieu : Le cardinal d'Aux, parent du pape Clément V qui le premier vint à Avignon, édifia ici un ensemble étonnant.

ROMIEU (La) – 32.
Vieux bourg fortifié conservant une belle collégiale début XIVᵉ (tombeaux) flanquée de deux énormes tours (sacristie avec fresques XIVᵉ).
➡ N.-E., jolie route d'Astaffort.

ROQUEFIXADE (Château de) – 09.
Les ruines du château sont perchées sur une haute crête des montagnes du Plantaurel (roc Marot, 1 001 m), dominant le pittoresque village face aux monts d'Olmes*, et au pic des Trois Seigneurs au S.-O. Superbe D. 9 entre Foix* et Lavelanet.

ROQUEFORT-SUR-SOULZON – 12.
Altitude 630 m
Village célèbre bâti sur les éboulis des rochers du Combalou où sont creusées les caves d'affinage (vis. tous les jours ; il fait frais). Du rocher Saint-Pierre (20 mn aller et retour), vue étendue sur la reculée de Tournemire et le Larzac (table d'orientation). Musée de préhistoire et de Roquefort (vis. tous les jours).

ROQUE-SAINTE-MARGUERITE (La) – 12.
Beau village des gorges de la Dourbie* (et région XIX) au confluent du Riou Sec ; château XVIIᵉ ; le chaos de Montpellier-le-Vieux* commence là ; un beau sentier y monte (N.-O.) en 2 h (par la route, 10 km).
➡ 2,5 km S.-E., moulin de Corps (site).

Les pittoresques maisons du vieux village de La Roque-Sainte-Marguerite (Aveyron) au bord de la Dourbie (près de Millau).

*L'hôtel de ville de **Saint-Antonin-Noble-Val**, sur l'Aveyron.*

ROQUESALTES (Rochers de) – 12.

En face (à l'E.) de Montpellier-le-Vieux* de l'autre côté du Riou Sec, c'est le même genre de chaos en plus petit (de Saint-André-de-Vézines, 3 km S.-O., puis sentier).

SAINT-AFFRIQUE – 12.   9 200 hab.

Marché important et bon centre d'excursions, sur la Sorgues dont la vallée en amont est bien jolie. Beau Pont Vieux XIVe.
➡ N., rocher de Caylus, ruiniforme (table d'orientation proche, panorama). Dolmens au N. : Boussac, Crassous, Tiergues. ➡ 4 km O., Vabres-l'Abbaye, ancien évêché ; palais, maisons anciennes, cathédrale gothique rebâtie au XVIIIe.

Saint-Bertrand-de-Comminges : *Capitale gallo-romaine puis médiévale du Comminges, l'agglomération se déplaça de la vallée – Valcabrère et sa cathédrale primitive (premier plan) – au sommet de la colline, dans une position forte.*

SAINT-ANTONIN-NOBLE-VAL – 82.   1 800 hab.

Dans les gorges de l'Aveyron*, au confluent de la Bonnette, dominé par les rochers d'Anglars, vieux bourg agréable ; superbe hôtel de ville roman XIIe (une rareté, restauré par Viollet-le-Duc), abritant un musée de préhistoire et de folklore (vis. tous les jours l'été sauf lundi) ; belles maisons anciennes, halle.
➡ 4 km N.-E., grotte du Bosc (vis. tous les jours en saison), musée. ➡ 10,5 km S.-E., à un carrefour, beau dolmen.

SAINT-AVENTIN – 31.
Altitude 830 m

Belle église romane fin XIe (chapiteaux, Vierge à l'Enfant, grille de chœur), dans la superbe vallée de Larboust aux villages typiquement pyrénéens, Cazeaux (église XIIe avec peintures murales), Oô ; chapelle Saint-Pé.

SAINT-BÉAT – 31.

Etroite « Clef de France » sur la Garonne (pont de marbre) ; église romane (sculptures) ; maisons anciennes ; ruines féodales (vue superbe). Marbre renommé, carrières à l'O.
➡ 11 km S.-E., Pont du Roi, sur la Garonne, frontière du Val d'Aran (Espagne).

SAINT-BERTRAND-DE-COMMINGES – 31.
Altitude 446 m

Ce fut au Ier siècle une ville importante qui reprit vie au Moyen Age avec l'érection de la cathédrale Notre-Dame ; le bourg actuel, presque désert et très accidenté, groupe auprès d'elle ses vieilles maisons dans ses remparts (de la barbacane, belle vue) ; on entre par le cloître, roman, ouvrant sur la nature (chapiteaux, pilier des Quatre Evangélistes) ; l'intérieur de l'église, romane et gothique, comporte un vaste chœur aux boiseries XVIe Renaissance admirables, jubé, clôture, stalles, maître-autel, et le grand mausolée de pierre de saint Bertrand XVe ; beau mobilier dans la courte nef ; tombeaux d'évêques ; trésor ; sous le puissant clocher carré à hourds de bois, portail roman XIIe. Galerie du Trophée (antiquités du forum romain) et musée du Comminges, regroupant le produit des fouilles gallo-romaines. Portes Cabirole, Majou et Lyrisson. Au pied de la colline, importantes fouilles de Lugdunum Convenarum (théâtre, temple et thermes du forum, basiliques civile et chrétienne, thermes du Nord), voir le gardien pour visiter. E., Saint-Just-de-Valcabrère, première cathédrale du Comminges, belle église romane fin XIIe dans un cimetière, site charmant avec vue sur Saint-Bertrand ; portail latéral, abside étonnante.
➡ 6 km N.-O., grottes de Gargas.

SAINT-CÉRÉ – 46.   4 400 hab.
Altitude 152 m

Au pied des tours de Saint-Laurent (panorama) où travailla Jean Lurçat de 1945 à sa mort en 1966, belle petite ville ancienne aux nombreux hôtels et maisons XVe au XVIIe entre la Bave (quai des Récollets), la place du Mercadial (maisons à colombages) et l'hôtel Miramon XVIIe. Au casino, exposition permanente de tapisseries de Lurçat.

➡ Nombreuses excursions : Padirac*, Rocamadour*, Castelnau*, vallée de la Dordogne, château de Montal*, etc. ➡ 16 km E., Sousceyrac, au cœur du pittoresque Ségala. ➡ 9,5 km E., jolies gorges du Tolerme, dans le Ségala et promenade à Notre-Dame-de-Verdale (pèlerinage).

SAINT-CHÉLY-D'AUBRAC – 12.
Altitude 800 m
Bourg ancien au cœur des vastes flancs O. de l'Aubrac (régions XVI et XIX) aux superbes et profonds ravins, de plus en plus désertés.
➡ 6 km S.-E., Bonnefon ; 10 km S., Prades-d'Aubrac, vue splendide ; de Bonnefon, 9 km E.-N.-E., Brameloup, centre de ski. ● G.R. et promenades infinies.

SAINT-CIRQ-LAPOPIE – 46.
Village musée (abandonné et restauré), mais village magique, bâti en escalier sur le flanc d'une falaise tombant à pic sur le Lot, et dominant un vaste paysage harmonieux ; admirables vieilles maisons s'étageant sur la pente, sauvées et habitées par des artistes et artisans ; église romane et Renaissance, bien quercynoise avec un gros clocher-tour. Château de la Gardette, musée chinois et africain, meubles anciens (vis. tous les jours en saison). Des ruines en haut et des rochers du Bancourel (O.), panoramas splendides.
➡ 5,5 km N.-O., Bouziès, site du village et falaises.

SAINT-CÔME-D'OLT – 12.   1 100 hab.
Remarquable bourg fortifié, maisons anciennes dans des rues et ruelles médiévales ; église XVIe (mobilier, clocher en vrille), chapelle romane de la Bouysse, ancien château. Belles routes d'Aubrac* et de Lassouts (village fortifié).
➡ 6 km S., Roquelaure, sur le flanc E. du mont de Roquelaure (804 m, dyke dominant la vallée) ; beau village, château restauré, vue immense. ➡ 8 km E., le Cambon (église priorale romane) ; S., barrage de Castelnau-Lassouts.

SAINT-FÉLIX-LAURAGAIS – 31.   1 100 hab.
Altitude 300 m
Dans les coteaux de Saint-Félix, vues superbes. Patrie du compositeur Déodat de Séverac (monument). Petite bastide XIIIe. Château et église XIVe (clocher toulousain) ; Vierge ancienne ; chapelle cathare Saint-Roch.

SAINT-FERRÉOL (Bassin de) – 31.
Vaste réservoir creusé fin XVIIe par Riquet pour le canal du Midi, superbe cadre de forêts, plage, sports nautiques ; route circulaire ; centre de vol à voile au S.-O. Beau parc, cascades, gerbe, sentiers etc.
➡ E., la Montagne Noire*.

SAINT-GAUDENS – 31.   13 000 hab.
Altitude 405 m
En terrasse au-dessus de la Garonne, vue splendide sur les Pyrénées : table d'orientation, boulevard Jean-Bepmale, monument des trois maréchaux pyrénéens, Foch, Gallieni, Joffre. Remarquable collégiale romane Saint-Pierre-et-Saint-Gaudens à trois nefs et absides (chapiteaux, stalles, tapisseries, salle capitulaire). Musée (vis. tous les jours sauf dimanche et jours fériés). Au jardin public, reconstitution d'une galerie de cloître XIVe.

Saint-Cirq-Lapopie : *Un des villages les plus étonnants de France, sur sa falaise à pic au-dessus du Lot.*

SAINT-GENIEZ-D'OLT – 12.   2 200 hab.
Joli site sur le Lot, au pied de l'Aubrac ; maisons anciennes sur la pittoresque rive droite ; monument Talabot (vue) ; église paroissiale XVIIIe (tombeau de Mgr de Frayssinous avec bas-relief de David-d'Angers). Rive gauche, chapelle XIVe des Pénitents (triptyque de l'Adoration des Mages XVIe). Culture intensive de la fraise.
➡ 3,5 km O., Sainte-Eulalie-d'Olt, beau village ancien.

SAINT-GÉRY (Château de) – 81.
Remarquable château XIVe au XVIIIe dominant une courbe du Tarn ; peintures murales ; mobilier et décoration magnifiques (curieuse salle à manger). (Vis. tous les après-midi l'été, dimanche et jours fériés en saison).

Ci-dessous, Saint-Côme-d'Olt : La coulée de lave du Clapas, près d'Espalion, est l'un des nombreux témoins volcaniques du Massif Central.

Seix : *Dans une vallée voisine, le Couserans, une admirable petite église romane, bien pyrénéenne, aux Bordes, près d'un vieux pont sur le Lez.*

SAINT-GIRONS – 09.   8 800 hab.
Altitude 391 m
Le Lez et le Baup s'y jettent dans le Salat. Eglise Saint-Valier romane et gothique à clocher-mur crénelé. Pont-Vieux, XVIe, sur le Salat, près de l'église Saint-Girons.
➡ 2 km N., Saint-Lizier*. ➡ 2,5 km N.-E., Montjoie, étonnant village fortifié XIVe à enceinte rectangulaire et église à façade fortifiée et beau clocher-mur ; 6 km N.-E., Montesquieu-Avantès, grottes préhistoriques du Tuc d'Audoubert et des Trois-Frères (réservées aux spécialistes). ➡ S.-E., après Lacourt, gorges du Ribaouto. ➡ 5 km N.-O., centre de vol à voile.

SAINT-IZAIRE – 12.
Sur le Dourdou, village tout rouge ; château des évêques de Vabres. La vallée voisine du Gos à l'O. est pittoresque aussi.

SAINT-LARY-SOULAN – 65.
Altitude 817 m
Station de sports d'hiver et centre d'excursions en haute vallée d'Aure, sur une route d'Espagne par le tunnel de Bielsa (3 km de long). On skie à l'O. au Pla d'Adet (1 680 m), par route ou téléférique, et à Espiaube, 10 km N.-O.
➡ 2 km N., Vieille-Aure, vieux village, église romane et XVIe ; 1,5 km E., Bourisp, église gothique, curieuses peintures murales. ➡ 12 km S.-O. puis S., vallée du Rioumajou, belles forêts, cascades. ➡ S.-O., haute vallée d'Aure, Aragnouet*, lacs d'Orédon* et de Cap-de-Long*, dans le massif du Néouvielle*.

SAINT-LIZIER – 09.   1 800 hab.
Le bourg, ancienne capitale religieuse du Couserans, domine le Salat et la vue en est admirable sur les Pyrénées. L'ancienne cathédrale romane fin XIe, au beau clocher toulousain XIVe et à parties gothiques, recèle des fresques romanes intéressantes et un remarquable cloître à deux étages roman et XVIe (beaux chapiteaux) ; riche trésor et beau mobilier. Ancien évêché XVIIe (hôpital psychiatrique) avec chapelle épiscopale XIVe à superbes boiseries XVIIe. Enceinte gallo-romaine renforcée au Moyen Age (donjon). Maisons anciennes.

SAINT-MARTIN-DE-VERS – 46.
Vieux village quercynois. Voir l'église, ancienne prioriale, au clocher fortifié (fresques, retable).
➡ 3 km N., Saint-Sauveur-la-Vallée (église). Remarquable vallée du Vers, alternant gorges et bassins. G.R. 46.

SAINT-MARTORY – 31.   1 100 hab.
Petite ville serrée sur la Garonne dans la cluse de Boussens ; pont XVIIIe à portes ; château XVe-XVIe. Ruines du château de Montpezat au N.-E. ; après Mancioux, menhirs ; en face de Boussens, ruines du château de Roquefort.

SAINT-NICOLAS-DE-LA-GRAVE – 82.   1 700 hab.
Eglise XIIIe-XVIe ; château de Richard Cœur de Lion et des abbés de Moissac (grandes tours anciennes en brique) très remanié. Maison natale de Lamothe-Cadillac, fondateur de Detroit (U.S.A.), musée (vis. tous les jours sauf fin de semaine). Près du confluent du Tarn et de la Garonne, vaste retenue d'un barrage E.D.F. à Malause (voile).

SAINT-PÉ-D'ARDET – 31.
Village dans un site charmant, entourant son église XIe fortifiée au XVe (fresques, mobilier).
➡ 3 km S., Bastion des Frontignes, à Antichan, superbe panorama (table d'orientation), sur la route du col des Ares (797 m).

SAINT-PÉ-DE-BIGORRE – 65.   2 000 hab.
Beau village au bord du Gave de Pau, gardant quelques restes d'une belle abbaye bénédictine.
➡ 2 km S., Peyras, au pied de la grande forêt de Saint-Pé.

SAINT-SERNIN-SUR-RANCE – 12.
Beau site dans la superbe vallée de la Rance ; remarquable village ancien qui fut fortifié ; église XVe.

SAINT-SEVER-DE-RUSTAN – 65.
Abbatiale romane avec de beaux chapiteaux et des boiseries XVIIIe (vis. fin de semaine) ; bâtiments conventuels en partie ruinés ; le cloître est au jardin Massey à Tarbes*.

SAINT-SULPICE – 81.   3 900 hab.
Ancienne bastide ; église XIIIe à trois clochers, façade fortifiée.

SAINT-SULPICE-SUR-LÈZE – 31.   1 200 hab.
Bastide XIIIe, jolie place et remarquable clocher toulousain de l'église XVe. Château de Séverac XVIe.
➡ 7 km S., Lézat-sur-Lèze, intéressant vieux bourg (fresques XVe-XVIe à l'église, clocher toulousain). ➡ N.-O., coteaux dominant la Garonne.

SAINT-VÉRAN – 12.
Village perché dans un site étrange entre les gorges de la Dourbie* et le sauvage ravin de Saint-Véran, au flanc du Causse Noir*. Ruines du château de Montcalm.

SAINTE-EULALIE-DE-CERNON – 12.
Dans la profonde coupure du Cernon naissant, au cœur du causse du Larzac*, son ancienne capitale, la commanderie de Templiers, fortifiée au XVe, dans tous ses remparts, ses passages, sa place, église, château, maisons XVIIe. Au S., près de la D. 23, pic de Cougouille (912 m), panorama.

SAINTE-GENEVIÈVE-SUR-ARGENCE – 12.   1 100 hab.
Altitude 800 m
Petite villégiature ; cascades sur l'Argence.
➡ 2,5 km N., Orlhaguet, église fortifiée, calvaires.
➡ 7 km S.-O., Bénaven, vue sur les gorges de la Truyère.

SAINTE-MÈRE – 32.
Sur une crête, vieux village fortifié avec château gascon XIIIe.

➡ Belle route d'Agen, au N. ➡ 5 km S.-O., Saint-Avit-Frandat, château de Lacassagne XVIIᵉ, où est reproduite la salle du Grand Conseil des Chevaliers de Saint-Jean-de-Jérusalem à Malte, disparue (vis.).

SALIES-DU-SALAT – 31.   2 300 hab.
Altitude 300 m
Charmante station climatique et thermale sur le Salat.
➡ 1 h aller et retour N., ruines des comtes de Comminges, panorama. ➡ 3 km E., grotte préhistorique de Marsoulas. ➡ 2,5 km N.-O., Montsaunes, remarquable église romane XIIᵉ ; 3,5 km O., Lestelle, le Refuge des Aigles.

SALLES-CURAN – 12.   1 500 hab.
Altitude 833 m
Bourg pittoresque près du grand lac de Pareloup*, sur le plateau du Lévézou* ; ancien château XVᵉ (hôtel) ; église XVᵉ (stalles, trésor) ; grenier aux dîmes XVᵉ et vieilles maisons.

SALLES-LA-SOURCE – 12.   1 200 hab.
Vieux bourg fait de trois villages accrochés à la falaise du causse, sur des résurgences pétrifiantes ; compléter sa visite par le musée du Rouergue, sur les techniques (vis. tous les jours l'été).

SALVIAC – 46.   1 000 hab.
Eglise XIVᵉ (vitraux). Fontaine et maisons anciennes.
➡ 5 km E. puis S.-E., Dégagnac, belles maisons anciennes quercynoises.

SARRANS (Barrage de) – 12.
Dans le genre, le monstre d'avant-guerre (1934) ; 105 m de haut, 70 m d'épaisseur à la base, formant un lac de 30 km sur la Truyère*, avec des sites magnifiques, Laussac*, pont de Tréboul (région XVI). Belvédère au S.-E. (D. 98). Usine à la base. En aval, barrage de la Barthe, dont les eaux sont travaillées par les usines souterraines de Brommat.

SAUVETERRE-DE-ROUERGUE – 12.
Altitude 460 m
En plein cœur du Ségala, bastide XIIIᵉ typique ; superbe place à couverts, maisons anciennes, tour de ville avec restes de remparts, église XIVᵉ. Oustal rouergat (musée). Artisans (poterie, céramique, tissage ; stages).
➡ 7 km S.-E., Naucelle (2 700 hab.), vieilles maisons, église XVᵉ ; lieu de naissance du camping à la ferme.

SÉGALA (Le) – 12-81.
Tout l'O. du Rouergue, terre du seigle jadis, amendée et riche aujourd'hui. Paysages vallonnés souvent très beaux, aux vastes horizons. Des itinéraires comme Saint-Affrique-Albi ou Saint-Sernin-sur-Rance-Rodez en donnent des aperçus typiques (voir aussi Viaur*).

SEIX – 09.   1 000 hab.
Altitude 510 m
Pittoresque vieux bourg sur le Salat, église XVIIᵉ et maisons anciennes à galeries de bois. Château de Vernon.
➡ 13 km O., col de la Core (1 395 m), vers la belle vallée de Bethmale* ; 2 h 30 N.-N.-E., Cap de Bouirex (1 873 m), un des plus beaux panoramas de la région. ➡ S.-O., belle forêt de Seix. ➡ 14,5 km S., Salau (856 m ; voir l'église),

dans la sauvage haute vallée du Salat ; le G.R. 10 la traverse à Couflens (à l'O., route du col de Pause*) ; au S.-O., à 7 h aller et retour, port de Salau (2 087 m), frontière, vue magnifique sur la haute vallée du Noguera Pallaresa et l'E. du parc national espagnol d'Aigües Tortes. ➡ 2,5 km N.-E., Oust, beau site ; 1,5 km N., Vic, église en partie romane avec curieux plafond peint XVIᵉ.

SÉNIERGUES – 46.
Etonnant vieux village du causse. Eglise XIVᵉ. Moulin à vent.
➡ 2 km S.-E., Montfaucon, ancienne bastide ; église XIIᵉ. Dolmens.

SENTEIN – 09.
Altitude 732 m
Dans la vallée de Biros, haute vallée du Lez. Deux tours subsistent de l'enceinte qui protégeait la petite église, qui conserve un beau clocher octogonal à flèche. Excellent centre d'excursions. Au S.-O., étang d'Araing (1 880 m), 8 à 9 h aller et retour. Forêts de Sentein et de Bonac (vallée d'Orle). Boucle du G.R. au N. par les pics de Sérau et de Moussau. Région du pic de Maubermé (2 880 m) au S., etc.

SÉVÉRAC-LE-CHÂTEAU – 12.   3 000 hab.
Altitude 750 m
Des ruines médiévales et XVIIᵉ considérables juchées sur une haute butte dominent le vaste bassin où naît l'Aveyron et le vieux bourg fortifié avec de remarquables maisons anciennes. Du château, vue immense.
➡ Vues superbes du col de Lagarde au N.-O. et de la N. 9 au N.-E., sur le bord du causse de Sévérac. ➡ Au S.-O., le Lévézou*.

SIDOBRE (Le) – 81.
Ce petit plateau granitique aux nombreux rochers pittoresques isolés, en chaos ou en « rivières » est tantôt très boisé tantôt couvert de lande de fougères et bruyères. Il dégage une atmosphère très particulière (il est hélas très apprécié des carriers). Au N., près de la D. 58, roc de l'Oie, les Trois Fromages, le Chapeau du Curé ; près de Lacrouzette, énorme Peyro-Clabado ; beau lac du Merle ; étonnant chaos Saint-Dominique, cachant longuement une rivière ; rochers branlants ; cascade du Saut de la Truite. Nombreux sentiers balisés.

SIMORRE – 32.
L'église bénédictine fortifiée XIVᵉ-XVᵉ est la plus étonnante de Gascogne (restauration par Viollet-le-Duc contestée mais intéressante) ; belles stalles XVIᵉ, vitraux, statues, trésor.

SORÈZE – 81.   1 900 hab.
Au pied de la Montagne* Noire. Vieux bourg avec des maisons pittoresques et un étonnant clocher fortifié sur une abside XVᵉ, seul reste de l'abbatiale ; le célèbre collège de Lacordaire était une abbaye bénédictine XVIIᵉ-XVIIIᵉ (beaux bâtiments) ; tombe et statue de Lacordaire. « Maison » du Parc naturel régional du Haut-Languedoc. Beaux circuits dans la Montagne Noire.

Souillac : *L'étagement du chevet de Sainte-Marie de Souillac est un classique de l'architecture romane.*

SOUILLAC – 46.   4 400 hab.

Dans un très beau bassin fertile de la vallée de la Dordogne ; son ancienne abbatiale Sainte-Marie fin XIIᵉ à coupoles est remarquable et célèbre surtout pour un ancien portail, refait au revers de celui du XVIIᵉ, montrant notamment le prophète Isaïe, la légende du moine Théophile et un trumeau devenu pilastre, étonnante mêlée de monstres ; magnifique chevet ; crypte.

➡ Passage du G.R. 6. ➡ 4,5 km S. (N. 20), belvédère de Lanzac, belle vue sur la vallée en amont.

SOULOMÈS – 46.

Des maisons anciennes autour d'une église gothique, à fresques.

➡ 4,5 km S.-E., Caniac-du-Causse, belle crypte XIIᵉ à l'église.

SOULOR (Col du) – 65.
Altitude 1 474 m

Site sauvage face au cirque du Litor (sur la route de l'Aubisque) et au-dessus de la vallée de Ferrières* qui descend au N. vers Nay (région XVII). Belle vue sur la haute montagne au S.-E. Le G.R. 10 passe au S.

SUPERBAGNÈRES – 31.
Altitude 1 804 m

Grande station de sports d'hiver au-dessus de Luchon* (à 19 km S.-O. par les vallées de la Pique et du Lys). Panorama superbe (table d'orientation), notamment sur les monts Maudits. Télébenne du Céciré (été-hiver), plus 1 h pour le sommet (2 403 m), panorama merveilleux. Randonnée aux lacs d'Oô* et d'Espingo (par le Céciré, aller et retour possible dans la journée avec le télébenne), G.R. 10.

SYLVANÈS (Ancienne abbaye de) – 12.

Dans le site tranquille qui convient, admirable église cistercienne XIIᵉ en cours de restauration, cloître (une galerie), et quelques bâtiments conventuels.

➡ 1 km S., anciens Bains de Sylvanès.

TARASCON-SUR-ARIÈGE – 09.   4 300 hab.
Altitude 474 m

Dans un beau site de montagnes au confluent du Vicdessos, son vieux quartier est pittoresque, escaladant le rocher dominé par la tour du Castella XIIIᵉ. Au S., église Notre-Dame-de-Sabart romane fortifiée (pèlerinage).

➡ N.-O., Bédailhac, puissants rochers du Soudour (1 070 m), grottes préhistoriques (vis.). ➡ 4,5 km N.-E., Mercus, église XIIᵉ. ➡ 3,5 km S.-E., Ussat-les-Bains, petite station thermale entourée de grandes parois rocheuses. Grotte de Lombrive (vis. tous les jours l'été, se renseigner), très belles concrétions et nombreuses traces humaines ; cinq cents cathares y périrent emmurés en 1228. ➡ 5 km S., grotte de Niaux*.

TARBES – 65.   58 000 hab.
Altitude 304 m

Ancien marché agricole, centre industriel et commercial sur l'Adour, au pied des Pyrénées (belles vues). Le jardin Massey est un des fleurons de la ville ; on y trouve aussi un lac, le cloître XVᵉ reconstitué de Saint-Sever-de-Rustan et le musée Massey (fermé lundi, mardi et jours fériés), qui abrite des collections de peinture, le musée de la Bigorre et le Musée international des Hussards ; en haut de la tour, table d'orientation, immense panorama. Maison natale XVIIIᵉ du maréchal Foch (vis. tous les jours sauf mardi). Cathédrale Notre-Dame-de-la-Sède, roman bénédictin XIIᵉ, remaniée. Haras national, grandes et belles écuries (vis. tous les jours de juillet à février sauf mercredi).

➡ 5,5 km O., Ibos, remarquable collégiale XIVᵉ fortifiée, en brique et galet ; 3 km O., après le grand virage de la N. 117, table d'orientation, vaste panorama. ➡ 7 km S.-E., chapelle de Piétat (pèlerinages), vue immense.

TARN (Vallée du) – 81.

En aval des célèbres gorges (région XIX), la vallée reste très belle, toujours dans les calcaires jusqu'après Millau* puis enfoncée dans le massif cristallin du Lévézou* où les routes parfois difficiles et compliquées ménagent des vues superbes sur de pittoresques méandres ; ruines d'Auriac, le Truel, Brousse-le-Château*, Courris et Ambialet* en sont les points les plus remarquables.

TAURIAC – 46.

Presque au bord d'un bras de la Dordogne, qui entoure ici la grande île des Escouanes, église gothique avec de belles fresques.

THÉMINES – 46.

Belle halle XVIIᵉ couverte en lauzes, vieilles maisons autour. La rivière se perd dans le causse, accident fréquent dans la région proche.

TILLAC – 32.

Près du Bouès, pittoresque village médiéval aux maisons à poteaux de bois et portes fortifiées.

TOULOUSE – 31.   383 000 hab.

Grand centre industriel et commercial, la capitale du Languedoc, la « ville rose », est l'une des grandes villes

d'art de France. La basilique Saint-Sernin fin XIᵉ-XIIᵉ est la merveille de la France romane ; cinq nefs, en brique soulignée de pierre, un admirable clocher toulousain (prototype), un grand transept, un vaste chœur à déambulatoire (fresques et bas-reliefs XIᵉ) et chapelles répondant à un chevet admirable ; sculptures magnifiques de la porte Miégeville et de la porte des Comtes ; ensemble de chapiteaux ; magnifique trésor dans la crypte surtout XIIIᵉ. En face, le musée Saint-Raymond (ancien collège XVIᵉ) réunit de riches sculptures romaines et de superbes antiquités trouvées dans la région (vis. tous les jours sauf mardi). Le Capitole est le monument symbole de Toulouse, avec sa belle façade XVIIIᵉ sur la grande place aux maisons de brique (marché) et son donjon XVᵉ sur les jardins ; cour Henri IV ; au 1ᵉʳ étage, grande salle des Illustres au décor typiquement fin XIXᵉ (vis. tous les jours sauf samedi, dimanche et jours fériés) ; théâtre (partie S.). Non loin à l'E., place Wilson, centre de l'animation toulousaine.

L'église des Jacobins XIIIᵉ-XIVᵉ, chef-d'œuvre du gothique méridional, à deux nefs, décoration magnifique et voûtes célèbres (voir le « palmier » au-dessus du chœur) s'accompagne d'un beau cloître avec salle capitulaire et chapelle Saint-Antonin XIVᵉ peinte. Hôtel de Bernuy (lycée) XVIᵉ, voir la cour. Port de la Daurade, sur la Garonne, vue magnifique sur le pont Neuf et le faubourg Saint-Cyprien ; basilique de la Daurade XVIIIᵉ, quais, pont Neuf, rue de Metz ; hôtel d'Assézat, Renaissance, le plus beau de Toulouse, siège des sociétés savantes, belle vue de la tour (vis. tous les jours). Rues de la Bourse et du May, musée du Vieux-Toulouse (vis. tous les après-midi sauf mardi) ; rues piétonnières Saint-Rome et des Changes, vieux hôtels ; place Esquirol, au cœur du vieux quartier où abondent hôtels et maisons du XIIIᵉ au XVIIIᵉ. Musée des Augustins (vis. tous les jours sauf mardi), dans le couvent des Augustins, grand cloître XIVᵉ et petit cloître Renaissance, un des grands musées de province, aux collections inestimables de sculpture romane, et importantes peintures (Rubens, Murillo, Corot, Delacroix, Toulouse-Lautrec ; Toulousains classiques).

La cathédrale Saint-Etienne XIIᵉ-XVᵉ a une nef romane raccordée curieusement à un immense chœur gothique d'axe parallèle par le fameux pilier « d'Orléans » ; curieuse façade, rose et grande tour, tapisseries, vitraux, stalles, etc. Belle fontaine XVIᵉ. Le quartier au S.-O. de Saint-Etienne est d'une richesse étonnante en vieux hôtels pour lesquels un plan détaillé ou une visite guidée s'imposent ; citons l'ensemble de la rue Mage, celui de la rue de la Dalbade avec l'hôtel « de pierre » ou de Clary, Renaissance, rue du Languedoc (36), l'hôtel du Vieux Raisin, Renaissance italienne, à riche décoration ; musée Paul-Dupuy (vis. tous les jours sauf mardi), riches collections d'arts appliqués et d'ethnographie ; belle église de la Dalbade XVIᵉ restaurée. Muséum d'Histoire naturelle, importante section préhistorique pyrénéenne (vis. tous les après-midi sauf mardi), dans le Jardin des Plantes, voisin du Jardin Royal et du fameux Grand-Rond, qui est ovale. Monument de la Résistance (vis.). Musée Georges-Labit, arts orientaux. Du pont Saint-Michel, vue magnifique sur la ville et parfois les Pyrénées ; Parc Toulousain (Parc des Sports, Cité universitaire, Parc des expositions, Palais des Congrès), dans l'île de la Garonne. Agréable rive gauche de la Garonne ; Galerie photographique du Château-d'Eaux (vis. l'après-midi sauf lundi, mardi) ; église Saint-Nicolas XVᵉ. Au N.-O., Ponts-Jumeaux, curieux carrefour de canaux ; le canal du Midi traverse le N. et l'E. de la ville.

➡ Au S.-O., importante ville nouvelle de Toulouse-le-Mirail. ➡ 18 km O.-S.-O., les Bordettes, zoo. ➡ S., rive droite de la Garonne au pied des coteaux de Pechbusque et de Vieille-Toulouse.

TOURMALET (Col du) – 65.
Altitude 2 115 m

Le plus haut des Pyrénées françaises, entre Barèges* et la Mongie* ; atteint par les remontées des deux stations. Site sauvage. Au N., route du pic du Midi* de Bigorre.

TREYNE (Château de la) – 46.

Sur un rocher au-dessus du pont de Pinsac (vue), à pic sur la rivière. XVIIᵉ, beau mobilier Louis XIII, tour XIVᵉ. Superbe parc, où une chapelle abrite un gisant XVᵉ et une Mise au tombeau XVIᵉ. (Vis. tous les jours.)

TRIE-SUR-BAÏSE – 65.   1 100 hab.

Bastide XIIIᵉ ; maisons XVᵉ et deux églises XVᵉ ; tour carrée en brique.

TROUMOUSE (Cirque de) – 65.
Altitude 2 138 m

Enorme et majestueux hémicycle aux nombreux ruisseaux en cascades et petits lacs, dominé par le pic de la Munia (3 133 m) ; promenades ad libitum. De la statue de la Vierge, magnifique vue d'ensemble.

Toulouse : Saint-Sernin, insigne fleuron du style roman ainsi que de la « ville rose », et le cloître de l'église des Jacobins, à Toulouse.

TRUYÈRE (Gorges de la) – 12.

En aval des barrages de Sarrans* et de la Barthe, ces gorges toujours sauvages ne sont suivies, plus bas, que par le G.R. 416, et traversées par la D. 97 au pont de Phalip sous le beau site de Vallon, rive droite ; points de vue aussi à Bars, Rouens et Saint-Hippolyte, proche du barrage de Couesque formant encore un beau lac côtoyé par la D. 604 n.

UNAC – 09.

Une superbe église romane à grand clocher domine le village et la rive droite de l'Ariège, au pied d'une belle route rejoignant la route des Corniches*.
➡ 10 km N.-O., Verdun, près des Cabannes, belle église romane.

USTOU – 09.
Altitude 688 m

La vallée d'Ustou, très étroite en bas, s'épanouit en haut dans de vastes prairies coupées de bois, près des remontées de la station de ski de Guzet-Neige à l'E., 1 400-2 100 m (accès par le col de la Trape à l'E.) ; de Saint-Lizier, 5,5 km S.-E. puis 1 h aller et retour, beau cirque de Cagateille.

VALS – 09.

Etonnante église peut-être VIIIe avec une crypte rupestre et des fresques romanes dans l'abside.
➡ 4 km O., les Pujols, église fortifiée.

VAREN – 82.   1 000 hab.

Sur l'Aveyron, curieux bourg médiéval fortifié aux maisons en torchis et en bois à encorbellement, la belle église XIe-XIIe à trois nefs (chapiteaux) participant aux défenses à côté du château du Doyenné XIVe-XVe.
➡ 12 km N.-E., Najac* par une jolie route.

VERDUN-SUR-GARONNE – 82.   2 400 hab.

Eglise XVIe-XVIIIe (mobilier). Tour de l'Horloge. Maisons anciennes.
➡ 6 km S.-E., rive droite, Grisolles, portail XIIIe remarquable à l'église.

VERTE (Route) – 09.

Entre Foix* et Massat*, beau parcours dans de grandes forêts de hêtres avec parfois de très belles échappées (col des Marrous, 990 m) et la vue magnifique du col de Péguère (1 375 m), plus belle encore du pic de Fontfrède (1 617 m) à 1 h 30 aller et retour à l'E., ou du sommet de Portel*, à 3,5 km O.-N.-O. (D. 72) ; au N., le cirque de Caplong où naît l'Arize.

VIANE-PIERRE-SÉGADE – 81.

Sur le Gijou, site pittoresque ; ruines féodales de Pierre-Ségade.
➡ 8 km O., Lacaze, belle fontaine et vestiges importants du château XIIe-XVIIe.

VIAUR (Vallée du) – 12.

Elle traverse le Lévézou* et le Ségala*, paysages principaux du Rouergue avec le causse. Après le lac de Pont-de-Salars*, la rivière s'enfonce dans les profonds ravins du Ségala, difficilement franchissables du fait des dénivelés et de ses méandres. Mais les paysages sont beaux. Le viaduc fameux qui la traverse près de Tanus (long de 460 m, haut de 120 m, arc de 220 m de flèche), de 1902, a permis l'évolution agricole du Ségala.

VICDESSOS (Vallée du) – 09.

Profonde vallée glaciaire au pied du Montcalm (3 078 m) et au cœur de son puissant massif ; nombreux lacs et étangs d'altitude, vieux villages intéressants, ruines (châteaux de Miglos XIVe, de Montréal à Vicdessos), barrage dans les hautes vallées, usines à Auzat. Les vallées de Suc et Sentenac (route du Port de Lers et d'Aulus-les-Bains*), de l'Artigue (ascension du Montcalm et de la Pique d'Estats 3 145 m, 2 jours), de Pradières, de Siguer, parcourues par le G.R. 10, permettent des excursions sportives dans une montagne sauvage.

VIC-EN-BIGORRE – 65.   5 000 hab.
Sur l'Echez, dans la vallée de l'Adour. Eglise gothique XIVe-XVIe (chapiteaux au portail).
➡ 9 km N., Maubourguet, au confluent de l'Echez et de l'Adour ; église romane (belles sculptures, clocher octogonal important). ➡ 2 km N.-E., Artagnan, avec un château de la famille. ➡ 7,5 km S.-O., Montaner* (région XVII), ruines importantes d'un château béarnais.

VILLECOMTAL – 12.
Altitude 300 m

Ancienne bastide en grès rouge sur un coude du Dourdou*. Belle route possible de Conques* à Estaing*.

VILLEFRANCHE-DE-LAURAGAIS – 31.   3 000 hab.
Bastide XIIIe dont l'église XIVe gothique méridional conserve une superbe façade gothique XIIIe à clocher-mur fortifié. Halle.
➡ 7 km S.-E., Avignonet-Lauragais, bastide XIIIe, église à clocher toulousain (flèche de pierre) ; restes de remparts.

VILLEFRANCHE-DE-PANAT – 12.
Altitude 700 m

Marché agricole (région d'élevage) et, par son lac de barrage de 5 km, centre touristique (voile, baignade, hippisme) ; tour du lac.
➡ 8 km N., tour XIIIe de Peyrebrune (913 m), devenue chapelle, panorama remarquable sur le Lévézou*.

VILLEFRANCHE-DE-ROUERGUE – 12.   13 700 hab.

Au pied du Ségala, entre deux séries de gorges de l'Aveyron, c'est un gros marché et une bastide typique, datant du XIIIe. Place Notre-Dame, à couverts (marché le jeudi), une des plus intéressantes du genre avec de belles maisons et l'énorme clocher-porche XVe de l'église Notre-Dame, gothique méridional (stalles XVe). Au N., église des Pénitents Noirs XVIIe (retable, stalles XVe ; vis. tous les jours). Fontaine XIVe, devant le musée Urbain-Cabrol,

traitant de la ville (vis. été). Vieilles maisons.
➡ 1 km S., ancienne chartreuse Saint-Sauveur, une
splendeur gothique XVᵉ, comprenant surtout grand et petit
cloîtres, réfectoire, salle capitulaire, chapelle ; c'est la seule
chartreuse complète visible en France. ➡ 1 km E.,
chapelle de Treize-Pierres, XVIᵉ (fresques de 1952) ; jolie
route remontant quelque temps l'Aveyron. ➡ Sortie S.-E.,
route de Millau, vue sur la ville. ➡ 9,5 km O., château du
Loc-Dieu, ancienne abbaye (vis. l'été sauf lundi).

VILLENEUVE – 12.   1 500 hab.
Bastide ancienne née autour d'un monastère du Saint-
Sépulcre ; l'église circulaire du XIIᵉ a été transformée au
XIVᵉ ; portes fortifiées et belle place à couverts.
➡ 9 km N.-N.-O., sur le causse, grottes de Foissac, belles
concrétions et important abri préhistorique (vis. tous les
jours l'été).

Villefranche-de-Rouergue : *Ci-dessus, l'important marché du
jeudi couvre la belle place Notre-Dame (page de gauche) que
dominent de remarquables maisons anciennes et le colossal
clocher-porche. Le pittoresque et la qualité des produits sont au
rendez-vous !*

Route du Tourmalet : *Le franchissement du col procure de très
vastes panoramas (que complète et surclasse celui du pic du Midi).
Au-delà de la verte mais sauvage vallée de Barèges s'élève la longue
crête du pic d'Ardiden qui domine Luz et Cauterets et laisse
dépasser le lointain massif glaciaire du Balaïtous.*

L'abbaye de Fontfroide (Aude)

Languedoc-Roussillon

27 448 km² — 1 926 514 habitants

Départements	Superficie en km²	Population
11 Aude	6 232	280 686
30 Gard	5 848	530 478
34 Hérault	6 114	706 499
48 Lozère	5 168	74 294
66 Pyrénées-Orientales	4 086	334 557

L'Occitanie médiévale débordait largement la région d'aujourd'hui et fut longtemps possession du comte de Toulouse, suzerain des autres comtes et seigneurs du pays, entre l'Aquitaine, la Provence, l'Auvergne et l'Aragon ; la région actuelle est ainsi amputée du sud-ouest du Massif Central et du Toulousain, mais le Gévaudan en dépend logiquement, et elle regroupe la Catalogne française ou Roussillon par la vertu du traité des Pyrénées.

La violence est le fond de son histoire, avec un intermède heureux du temps de l'« hérésie » cathare, dont l'austérité tempérée d'une grande tolérance accompagna un développement intellectuel et économique remarquable. Mais ensuite sévirent les Croisés de Simon de Montfort, les Grandes Compagnies, les guerres de religion, les dragons contre les camisards et, depuis, la vigne...

Malgré l'apparente prédominance double de la vigne et du calcaire le pays est d'une grande variété, les parcs des Cévennes et du Haut-Languedoc ou les abords des Pyrénées en convaincront tous leurs visiteurs.

Les villes sont passionnantes, Montpellier, Nîmes, Uzès, Pézenas, Béziers, Perpignan ; on trouve aussi la fameuse cité de Carcassonne, les gorges du Tarn et de la Jonte, des monuments romans en quantité et pas seulement catalans, des plages immenses... Le tourisme compense d'ailleurs un peu une industrie assez déficiente.

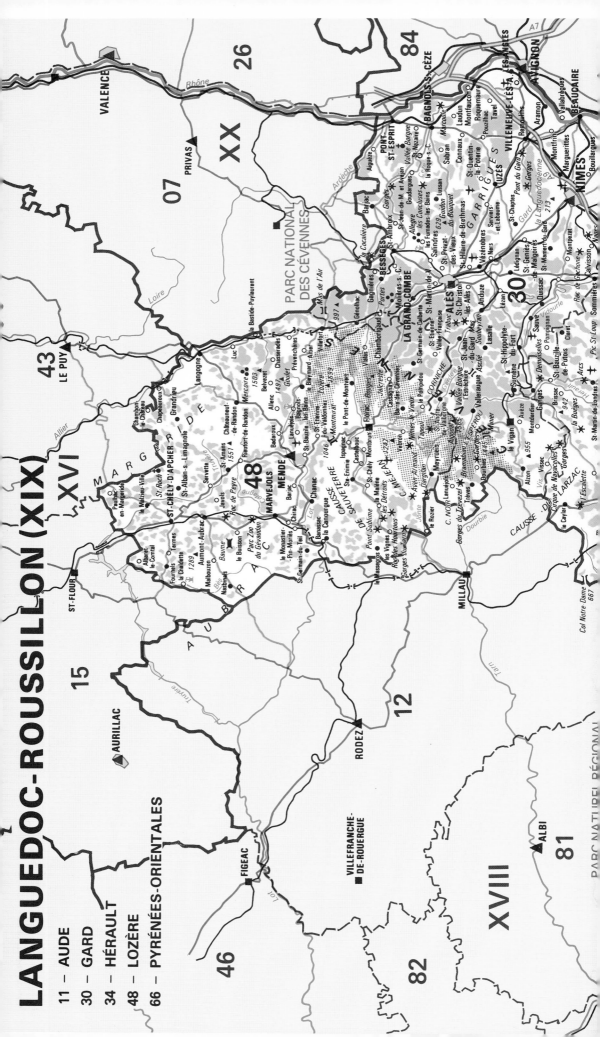

LANGUEDOC-ROUSSILLON (XIX)

11 – AUDE
30 – GARD
34 – HÉRAULT
48 – LOZÈRE
66 – PYRÉNÉES-ORIENTALES

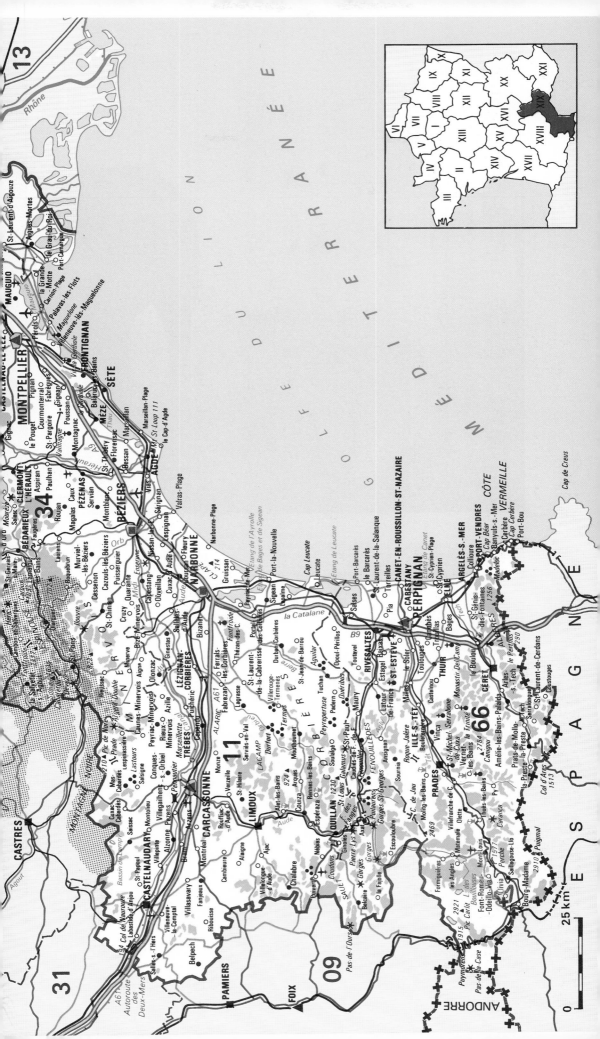

AGDE − 34.   12 900 hab.

Ville d'origine grecque, sur l'Hérault (du pont, belle vue). Sur le quai, remarquable cathédrale Saint-Etienne romane XIIᵉ fortifiée, en basalte, véritable château fort ; hôtel de ville XVIIᵉ aussi en lave, et vieux quartier ; intéressant musée Agathois (marine, archéologie, folklore). Place de la Marine, statue d'Amphitrite, déesse de la mer. Restes de remparts.
➡ 4 km S.-O., embouchure de l'Hérault : bois de la Tamarissière (rive droite), le Grau-d'Agde (rive gauche), plages d'Agde, sans pont. ● Joutes agathoises (début août).

AGUILAR (Château d') − 11.

Ruines, perchées sur une butte, d'un château XIIᵉ qui gardait le passage de la vallée du Verdouble et de la route de Narbonne (belle vallée du Berre au N.-N.-E., après le col d'Extrême), près de la frontière de l'Aragon. Tuchan et Paziols, sur le Petit-Verdouble et le Verdouble, au pied de la montagne de Tauch, ont des vins estimés.

AIGOUAL (Mont) − 30-48.
Altitude 1 567 m

Puissant château d'eau naturel (d'où son nom), l'Aigoual commande à la Cévenne dont il est la figure de proue, à 1 100 m au-dessus de Valleraugue* sur l'Hérault né de ses flancs. Le panorama est immense ; au lever du soleil et avec de la chance : Alpes, Pyrénées, Auvergne... (table d'orientation). Observatoire météorologique. Célèbre arboretum sur le flanc S., l'Hort-de-Dieu (vis.). Haut lieu camisard et maquisard. Flore très riche. Carrefour de sentiers, promenades et excursions nombreuses ; immenses forêts.

AIGUES-MORTES − 30.   4 500 hab.

Puissante bastide fortifiée créée par Saint Louis pour ses croisades et bâtie par son fils Philippe le Hardi, ses remparts surgissent au-dessus d'un site lagunaire étonnant des confins O. de la Camargue, dominés par la tour de Constance, énorme donjon (vis. avec les remparts tous les jours) contenant les salles des Gardes et des Chevaliers. Faire le tour des remparts par le haut et par l'extérieur. Maisons anciennes, et églises et couvents XVIIᵉ.
➡ 3,5 km N.-E. sur la D. 46, tour Carbonnière XIIIᵉ, qui barrait la route d'accès. ➡ S., vastes Salins du Midi (vis. certains jours d'été, voir les O.T.). ➡ 31 km E. puis S.-E., Saintes-Maries-de-la-Mer (région XXI), au cœur de la Camargue.

AIGUÈZE − 30.

A la sortie des gorges de l'Ardèche* (région XX), ancien village fortifié sur la falaise à pic au-dessus de la rivière. Du pont de Saint-Martin-d'Ardèche, site magnifique.

ALARIC (Montagne d') − 11.
Altitude 600 m

Chaînon septentrional des Corbières*, caractéristique du paysage du « couloir » de l'Aude entre Carcassonne et Lézignan, traversé de routes et de sentiers pittoresques, G.R. 77 notamment entre Moux et Lagrasse*, passant par le point culminant : immense panorama.

ALBÈRES (Les) − 66.
Altitude 1 256 m

Partie orientale de la chaîne pyrénéenne entre le haut Vallespir* et la Côte Vermeille, couverte d'une belle forêt (vignoble de Banyuls à l'E.) et tombant abruptement sur les plaines du Roussillon au N. et de l'Ampurdan au S. (Espagne). Après le site agréable du col de l'Ouillat (en montant du Perthus), la route mène au pic Néulos (1 210 m), panorama, ou à une table d'orientation ; monter au pic des Trois Termes (vue plus belle). Le G.R. 10 les traverse d'Arles au Perthus et à Banyuls (trajet splendide).

ALÈS − 30.   45 800 hab.

Dans une dépression à l'E. des Cévennes, c'est la grande ville industrielle de cette région frappée par la crise des Houillères et qui se reconvertit avec difficulté. Une opération d'urbanisme a détruit les vieux quartiers entourant l'ancienne cathédrale Saint-Jean XVIIIᵉ (façade romane et gothique), possédant des tableaux et de belles orgues. Ancien évêché XVIIIᵉ. Monument Pasteur (qui sauva le ver à soie). Fort Vauban parmi de beaux jardins. Au N., musée du Colombier (vis. tous les jours sauf mardi et jours fériés), peintures, archéologie, histoire locale.
➡ S.-O., tour de l'Ermitage (panorama) sur la belle route d'Anduze* par Générargues. ➡ 9 km N.-E. par D. 904, château de Rousson XVIIᵉ (dallages, mobilier), vues splendides (vis. tous les jours en saison) ; 2 km N.-E., dominant le village de Rousson, le Castelas (397 m), panorama. ● Artisanat cévenol, festivals du Jeune Théâtre et du Film Etouffé.

ALET-LES-BAINS − 11.

Au S. de l'Etroit d'Alet, petite gorge de l'Aude. Magnifiques ruines de la cathédrale XIIᵉ, détruite par les guerres de Religion. Eglise Saint-André XIVᵉ gothique

ANDUZE – 30.   2 700 hab.
La place forte verrouillait la Porte des Cévennes, cluse du Gardon d'Anduze dans la garrigue calcaire. Tour de l'Horloge XIVᵉ, seule reste des remparts. Vieilles rues étroites et tortueuses, halles anciennes, amusante fontaine. Pagode XVIIᵉ, grand temple, parc des Cordeliers (bambous, arbres exotiques).
➡ 3 km N.-O. (D. 50), parc-bambouseraie de Prafrance, arbres exotiques, lotus, séquoias, curiosité unique en Europe (vis. tous les jours en saison). ➡ 3,5 km S.-E., grandes ruines féodales de Tornac, à la Madeleine.

ANGLES (Les) – 66.
Altitude 1 600 m
Station de sports d'hiver du Capcir*, dominant le lac de Matemale ; pistes tracées dans de grandes forêts de pins.
➡ 8 km S.-E., col de la Quillane, centre réputé de vol à voile. ➡ 5 km N.-E., Formiguères, église romane à clocher-mur.

ARCS (Ravin des) – 34.
A Mascla (2,5 km N. de Saint-Martin-de-Londres*), un sentier va au N.-O. au Grand Arc, la plus grande des arches que le Lamalou a dégagées dans un canyon dont le G.R. 60 permet de prendre un bel aperçu.

ARES (Col d') – 66.
Altitude 1 513 m
« L'itinéraire bis » du Perthus, clé de la route des deux Catalognes (signalisation « Roussillon roman »), donnant accès à Ripoll et Olot notamment. Superbe montée au-dessus du Vallespir* et face au massif du Canigou*. Accès par sentier à la tour ruinée de Mir (1 540 m), au N. (3 h aller et retour).

ARGELÈS-PLAGE – 66.   5 100 hab. (plus de 100 000 l'été)
Magnifique plage, incurvée au S. (Racou-Plage) avec les premiers rochers de la Côte Vermeille, et dominée par le massif des Albères. Très nombreux terrains de camping et villages de vacances.
➡ 2,5 km O., Argelès-sur-Mer, le centre ; église gothique XIVᵉ.

Aigues-Mortes : Le port royal, artificiel et situé dès sa fondation à quelque distance de la mer, s'accompagne d'une extraordinaire place forte qui domine l'immensité plate de la Camargue. Il faut imaginer le départ de l'armada de Saint Louis vers la Terre Sainte ! Les remparts furent aussi une sévère prison, notamment pour les Camisards.

Arles-sur-Tech : Dans un des pays d'élection du style roman, le petit cloître gothique, au milieu des montagnes, surprend par son classicisme.

méridional. Pittoresque place de la République et nombreuses maisons anciennes XIIIᵉ au XVIᵉ. Restes des remparts XIIᵉ (porte de la Cadène). Etablissement thermal.
➡ 3 h aller et retour, N.-O., sommet de Roquetaillade (655 m), panorama.

ALLÈGRE – 30.
Sur l'Auzon, au pied des garrigues de Lussan et de Méjannes ; les routes qui escaladent le plateau sont magnifiques (D. 37, ruines féodales d'Allègre ; D. 187, D. 979). Au S.-E., défilé d'Argensol par un chemin montant au gouffre des Aiguières et vers Bouquet (voir Guidon* du Bouquet).
➡ 15 km N.-E., Méjannes-le-Clap, complexe touristique et sportif important.

AMÉLIE-LES-BAINS-PALALDA – 66.   4 000 hab.
Altitude 230 m
Célèbre station thermale et climatique (végétation exotique).
➡ S., gorges (à pied) et vallée du Mondony, Montalba-d'Amélie (G.R. 10, on peut monter au Roc de France, 1 450 m, 5 h aller et retour), Mas Pagris et superbe vallon du Terme en amont. ➡ 2 km N.-E., joli village catalan de Palalda. ➡ 6 km N.-O., Montbolo (vue), sur une route possible vers Serrabone*.

ANDORRE (L'), Principauté (Valls d'Andorra)
Petit pays (465 km²) de langue officielle catalane, sous la suzeraineté du président de la République et de l'évêque d'Urgel. Andorre-la-Vieille, la capitale (1 029 m, 10 800 hab.), agglomération trépidante l'été, possède la Maison des Vallées (Casa de la Vall) XVIᵉ, siège du Conseil des Vallées (vis.).
➡ N., Vallées du Valira del Nord et du Riu d'Arinsal, au-delà des gorges de Sant Antoni, superbes paysages montagnards, clochers romans et vieilles maisons, à la Massana, Ordino, la Cortinada, etc. ; excursions en montagne au départ d'Arinsal et d'El Serrat. ➡ S.-O., sur le Gran Valira, Santa Coloma, belle église Xᵉ-XIᵉ, et Sant Julia de Loria (église). ➡ E., lac d'Engolasters, beau site (route d'Andorre ou télécabine d'Encamp). ➡ N.-E., vallée du Valira del Orient, après Encamp, chapelle Notre-Dame-de-Meritxell, restaurée ; Canillo, grand clocher, maisons montagnardes ; chapelle San Joan de Caselles XIᵉ, remarquable (site, œuvres d'art) ; cascade ; Soldeu (1 826 m), centre de ski et d'excursion, val d'Inclès au N., cirque des Pessons au S. avec de nombreux lacs, jolie chapelle de Sant Bartomeu au village.

Gorges de l'Aude : D'énormes escarpements calcaires encadrent le cours supérieur de l'Aude. Le Trou du Curé, premier tunnel de la route au sud de Quillan, rappelle le titulaire de la paroisse qui le fit creuser (plaque).

ARGENT-DOUBLE (Gorges de l') – 11.

Entre le roc de Peyremaux (1 008 m), sur la crête panoramique de la Montagne* Noire suivie par le G.R. 7, et le Minervois* calcaire (et viticole au S.), c'est une vallée sombre de châtaigniers et de ruines féodales gardant le passage (Carcassonne-Saint-Pons).

ARLES-SUR-TECH – 66.   2 900 hab.
Altitude 270 m

L'abbatiale romane Sainte-Marie remonte au XIe (portail en partie IXe) ; à gauche du porche, sarcophage paléo-chrétien dit « la Sainte Tombe » d'où suinte une eau pure ; la nef très dépouillée abrite un extraordinaire retable baroque ; trésor. Beau cloître gothique XIIIe, tout simple. Semaine Sainte : procession nocturne des Pénitents Noirs.

ARMAND (Aven) – 48.

Célèbre cavité des Causses (vis. tous les jours en saison) ; une seule immense salle remplie des trésors stalagmitiques de la « Forêt vierge », entre lesquels un chemin circule. Accès par funiculaire électrique en tunnel.

ARQUES – 11.

En aval du village, grande enceinte entourant un beau donjon carré à tourelles, fin XIIIe début XIVe, restauré ; belles salles (vis. l'été).
➡ 6 km N., Valmigère, pour la vue vers le S. sur les Corbières et le Canigou. ➡ 7 km E., col (622 m) et étang du Paradis, dans une belle forêt ; E., on peut enchaîner sur les gorges de l'Orbieu*.

ASCLIER (Col de l') – 30.

Une superbe route de montagne y joint la Vallée Borgne* et celle de l'Hérault*, au cœur de la Cévenne (vaste panorama) ; elle y croise la draille de la Margeride (pont), suivie par le G.R. 6 (d'autres sentiers y passent).
➡ 7 km S., col de la Tribale, dominant le site de Saint-Martial au S.-E.

ASSAS – 34.

Remarquable château XVIIIe, couronnant le village sur une butte.

AUBRAC (Monts d') – 48.
Altitude 1 469 m

Vaste plateau basaltique bombé, entre la Truyère, le Gévaudan et le Lot, couvert de pâturages et, sur le versant O. surtout, de forêts ; l'O. et le S. tombant sur le Lot en ravins profonds sont sillonnés de routes lentes mais superbes. Le G.R. 6 en suit la crête (signal de Mailhebiau, 1 469 m, sommet à peine marqué, panorama immense, à 6 h aller et retour d'Aubrac, région XVIII) et d'autres parcourent.

AUDE (Gorges de l') – 11.

Entre le Capcir* et les gorges de Saint-Georges*, c'est une descente rapide dans les granites de la forêt du Carcanet puis un beau défilé calcaire sous l'immense forêt de Gesse. Bains d'Escouloubre, de Carcanières, ruines du château d'Usson. A l'E., col de Garavel, beau site sur une des routes du col de Jau*, en traversant le S.-E. du pays de Sault*.

AUMONT-AUBRAC – 48.   1 000 hab.
Altitude 1 043 m

Petite station (été, et ski de fond) sur la ligne Paris-Béziers par Neussargues (région XVI).
➡ 6 km S.-E., Javols, vestiges gallo-romains de l'ancienne capitale des Gabales.

AVÈNE (Lac de barrage d') – 34.

Grand réservoir sur l'Orb, formant de beaux paysages (D. 8, rive gauche), en amont des gorges de l'Orb*.

BAGES (Etang de) – 11.

Ancien golfe marin dont les paysages lagunaires, entre la Clape* et les Corbières*, sont d'une grande beauté (vues saisissantes du chemin de fer Narbonne-Perpignan) ; oiseaux aquatiques, joncs. Immenses salins près du littoral.

BAGNOLS-LES-BAINS – 48.
Altitude 913 m

Village de schiste noir au pied du mont Lozère*, sur le Lot ; station thermale (depuis les Romains) et climatique.
➡ 4 km E., ruines féodales du Tournel.

BAGNOLS-SUR-CÈZE – 30.   17 800 hab.
Marcoule* a fait grandir le joli bourg ancien qui garde une
place à couverts et quelques vieilles maisons (rue
Crémieux). Petit mais important musée d'art moderne (à
l'hôtel de ville, XVIIᵉ ; vis. tous les jours en saison, mardi,
vendredi et dimanche l'hiver), hélas victime d'un grave vol
en 1972 ; Renoir, Signac, Marquet, peintres lyonnais XIXᵉ,
faïences provençales ; salle Rivarol. Au S., grand ensemble
résidentiel moderne.
➡ 11 km O.-S.-O., Sabran, belles ruines féodales (vue).

BALARUC-LES-BAINS – 34.   4 100 hab.
Sur une presqu'île du N.-E. du bassin de Thau*, station
thermale et site pittoresque. Plage.
➡ 6 km N., Poussan, village fortifié ; 5 km N.-N.-E.,
Montbazin, autre village fortifié (fresques romanes à
l'église).

BANYULS-SUR-MER – 66.   4 300 hab.
Plages ravissantes et petit port de pêche au pied de la tour
Madeloc* (652 m). Aquarium réputé (faune méditer-
ranéenne ; vis. tous les jours) du laboratoire Arago ;
Monument aux morts de Maillol proche, à « l'Ile Grosse ».
➡ 4 km S.-O., mas Maillol, où il est enterré (né à
Banyuls) ; sa *Pensée* orne le lieu.
➡ S.-E., vers Cerbère*, superbes vues des caps l'Abeille et
Rederis sur la Côte Vermeille. Vignoble renommé sur
toutes les pentes de la côte. Promenades en mer et parties
de pêche.

BARJAC – 48.
Agréable village, dans la vallée du Lot, dominée au S. par
le causse de Sauveterre*.

BARRE-DES-CÉVENNES – 48.
Altitude 915 m
Bourg pittoresque sur la grande crête cévenole ; ses foires
étaient célèbres ; église romane, château, vieilles maisons,
ruines féodales.
➡ S.-E. par D. 62, belle route de Saint-Germain-de-
Calberte. ➡ S.-E. par D. 983, vallée Française ou Valfran-
cesque, pays de schiste noir et de châtaigniers, avec Sainte-
Croix-Vallée-Française et Saint-Etienne-Vallée-Française,

*Béziers : **Cette très ancienne cité, patrie de l'ingénieur Riquet,
constructeur du canal du Midi, règne sur la vigne et le vin.***

region magnifique où abondent maisons, églises, châteaux
anciens, et les... chèvres.

BASTIDE-PUYLAURENT (La) – 48.
Altitude 1 018 m
Sur l'Allier naissant (voir Chasseradès*), dans un environ-
nement magnifique : routes de Saint-Laurent-les-Bains
(région XX) à l'E., de la vallée de la Borne au S.-E., de
Villefort et Alès au S. Petite station été-hiver. Bois de pins.

BAUME (Château de la) – 48.
Château XVIIᵉ-XVIIIᵉ, « Versailles du Gévaudan », en
granit, fortifié ; bel intérieur et parc. (Vis. tous les jours,
l'après-midi hors saison).

BAUMES (Cirque des) – 48.
Immense hémicycle de rochers fantastiques et multi-
colores, qui succède aux Détroits* du Tarn, au pied du
Point Sublime* (un sentier y monte).

BEAUCAIRE – 30.   13 000 hab.
Place forte médiévale au bord du Rhône, face à Tarascon
(région XXI), le formidable château XIIIᵉ-XIVᵉ démantelé
par Richelieu domine le fleuve et un beau panorama (vis.
tous les jours) ; la célèbre foire se tenait à son pied N.
Circuit du S.I. Nombreux hôtels anciens. Musée du Vieux
Beaucaire (la foire, la vie provençale de jadis) (vis. : se
rens.). Bel hôtel de ville XVIIᵉ. Eglise Saint-Paul XVᵉ
(cloître). Eglise Notre-Dame-des-Pommiers XVIIIᵉ, remplois romans à l'extérieur, frise de la Passion. Musée
lapidaire.
➡ 5 km N.-O., abbaye de Saint-Roman-de-l'Aiguille (vis.
dimanche après-midi en saison), médiévale, en partie
creusée dans le roc, devenue château, lui-même abattu ; les
ruines sont en travaux de consolidation ; site splendide
(panorama). ➡ 1,5 km S.-O. (D. 15), croix couverte.
➡ Au N., barrage et usine hydro-électriques de Vallabrè-
gues (centrale de Beaucaire), pièce capitale de l'aménagement du Rhône.

Carcassonne : *Commandant le passage essentiel du Midi, la fameuse cité doit surtout sa renommée à son rôle dans la soi-disant croisade des Albigeois, en réalité conquête du riche Midi par les rudes guerriers du Nord. Et pourtant, malgré l'héroïque Trencavel, que Simon de Montfort laissa mourir dans ses murs, la ville ne sauva que son nom.*

BELPECH – **11.**   1 100 hab.
Près de l'Hers, aux confins E. de la plaine de l'Aganaguès. Eglise XIVe (statuaire, Mise au tombeau) ; portail roman.

BESSÈGES – **30.**   5 300 hab.
Houillères, industrie ; sur la Cèze. Belle route de Villefort au N.-O. – Au N.-E., la grotte de la Cocalière* et le bois de Païolive (région XX) ne sont pas loin. Et les gorges de l'Ardèche.

BÉZIERS – **34.**   85 700 hab.
Site urbain dès avant les Romains, sur une butte d'où sa cathédrale fortifiée Saint-Nazaire, dominant l'Orb, offre un vaste panorama (table d'orientation) ; romane à l'origine et presque détruite par le fameux sac de Béziers où les croisés de Simon de Montfort et de Philippe Auguste exterminèrent la population (1209), c'est un bel édifice XIIIe-XIVe (chapiteaux XIIe, fresques XIVe, buffet d'orgues et tribune XVIIe, chœur XIIIe à belle décoration XVIIIe, sacristie XVe, cloître XIVe remarquable avec musée lapidaire, crypte romane).
Sur l'Orb, pont Vieux, pont Neuf, pont-canal (non loin du bel escalier des Neuf écluses de Fonséranes). Près de Saint-Nazaire, musée des Beaux-Arts (peinture et vases grecs), et musée du Vieux-Biterrois (et du Vin), très riche. Eglise Saint-Jacques (superbe abside romane). Anciennes arènes romaines ; vieux hôtels aux portes remarquables ; hôtel de ville XVIIIe. Eglises de la Madeleine en partie XIe, Saint-Aphrodise (éléments VIIIe, objets d'art, crypte). Les allées Paul-Riquet et leurs platanes sont le cœur animé de la ville, menant du théâtre (Restauration) au Plateau des Poètes, beau jardin anglais (fontaine du Titan et monument Jean-Moulin). Nouvelles arènes (courses), stade nautique. Au bord de l'Orb à l'O., jardin de la Plantade et anciens moulins de Bagnols.
➡ O. 13 km, oppidum d'Enserune*.

BLEYMARD (Le) – **48.**
Altitude 1 069 m
Village cévenol sévère sur le Lot, modeste ruisseau, entre la montagne du Goulet* et le mont Lozère*. Passage des G.R. 7 et 68 qui se croisent. Ski au chalet du Mont Lozère (6 km S.).

BOUGÈS (Montagne du) – **48.**
Altitude 1 421 m
Longue montagne schisteuse, boisée au N., landes sur le flanc S. ; le G.R. 68 en suit la crête (vues) et, à l'E., la D. 35. Elle abrita les Camisards.

BOUILLOUSES (Lac des) – **66.**
Altitude 2 017 m
Grande retenue sur la Têt au cœur du massif du Carlit, dans un beau paysage ; nombreux lacs aux environs. La route qui y monte de Mont-Louis* est superbe. Point de départ pour le Carlit (2 921 m) et le Péric (2 810 m), 6 h aller et retour chacun.

BOULETERNÈRE – **66.**
A la sortie des gorges du Boulès (route de Serrabone* et du Vallespir*), curieux village fortifié avec une église XVIIe flanquée d'un donjon.
➡ 4 km O., Rodès, village perché sur le flanc d'un piton portant des ruines XIIe.

BOULOU (Le) – **66.**   3 700 hab.
Station thermale très ombragée ; casino. Au bourg, beau portail roman de l'église Sainte-Marie. Pont sur le Tech.

BOURG-MADAME – **66.**   1 200 hab.
Altitude 1 130 m
Passage-frontière depuis la partition de la Cerdagne* par le traité des Pyrénées.
➡ 1 km E., Hix, église romane (œuvres d'art). ➡ 4 km S.-E., Osséja, 7,5 km E., Err, points de départ de superbes routes forestières en altitude, en circuit ; la deuxième dessert le « stade de neige » du Puigmal* et la table d'orientation de Sainte-Léocadie, beau belvédère sur la Cerdagne*. ➡ 9 km E., Saillagouse, sur le Sègre ; 2 km en amont, Llo, bourg dominé par une tour ; église romane (portail) ; belle route des gorges du Sègre, naissant ; 5 km N.-E., Eyne, village dans un beau site.

BRAM – 11.   2 700 hab.
Vieux bourg tout en rond au milieu des vignes ; château XVIIe (sculptures et peintures), église XIVe.

BRAMABIAU (Abîme du) – 30.
Le Bœuf qui brame est le bruit que fait le Bonheur en hautes eaux dans son étonnant parcours souterrain (700 m) sous le petit causse de Camprieu, avant de réapparaître au pied de l'Alcôve, sauvage falaise, d'où part la visite (en saison, sauf crues).

BRISSAC – 34.
Vieux village gardant des restes de remparts et un château XIIe-XVIe. Église romane.
➡ 3 km N. plus 1 h aller et retour, abîme de Rabanel.
➡ 4,5 km S., beau pont XVe de Saint-Etienne-d'Issensac et chapelle romane.

BUÈGES (Gorges de la) – 34.
Vallée perdue qui sépare la montagne de la Séranne du causse de la Selle ; les villages y sont accordés aux sites très sauvages avec des oasis de verdure (grosse source de la Buèges), des châteaux en ruines et des églises romanes (Saint-Jean-de-Buèges, Pégairolles-de-Buèges).

CABARETOU (Col de) – 34.
On y franchit la crête du Somail* : au N., la douceur des plateaux atlantiques, au S., la clarté des ravins méditerranéens.
➡ O. (1 h 30 aller et retour), Signal de Saint-Pons (1 035 m), panorama. ➡ 5,5 km N.-E., lac et site de l'ancien Saut de Vésole.

CANET-PLAGE – 66.   6 500 hab.
Au S. de l'embouchure de la Têt, la grande plage de Perpignan (casino, nombreuses distractions, port de plaisance). Au S., la route littorale court vers Saint-Cyprien-Plage* entre l'étang de Saint-Nazaire et la mer.

CANIGOU (Pic du) – 66.
Altitude 2 784 m
Belle montagne et massif complexe s'enlevant au-dessus du Roussillon, admirable belvédère. Le chalet des Cortalets (2 175 m), au N., peut s'atteindre (services de jeeps depuis Prades et Vernet) par de mauvais chemins, éprouvants pour les conducteurs et les voitures, superbes dans les paysages, remontant les gorges du Llech (au N.-E., par le Ras del Prat Cabrera) ou, pire, les gorges du Taurinya (au N.-O., par l'Escala de l'Ours).
Le sommet (sentier assez facile, 3 h 30 aller et retour) est une montagne aride dominant des flancs boisés dont la flore et les étagements de végétation sont célèbres. Table d'orientation. Le G.R. 10 contourne le sommet par le N. (chalet), entre la vallée du Cady (Vernet) et le Vallespir (trajet magnifique). De nombreux sentiers escaladent les diverses faces de la montagne (excellente carte schématique du S.I. de Vernet).

CANOURGUE (La) – 48.   1 900 hab.
Altitude 563 m
Vieux village intéressant, maisons anciennes (hôtel de Meillan XVIe sur la place au Blé), jolie église XIIe-XIVe. Poteries et céramiques de Banassac (1 km O.). Nombreux dolmens et menhirs proches.
➡ 4 km S.-E. sur D. 46, Sabot de Malapeyre, curieux rocher.

CAPCIR (Le) – 66.
L'Aude naît dans les contreforts du massif du Carlit* et son bassin supérieur, très froid, assez sec et entouré d'immenses forêts de pins, constitue ce petit pays très particulier, vert et lumineux. Deux grands lacs de barrage : Puyvalador au N., et Matemale au S. (plage, voile, équitation). Plusieurs petits lacs de montagne. Ski aux Angles* et à Formiguères, ski de fond.

CAP-D'AGDE (Le) – 34.
La station moderne assez réussie, avec deux grands ports de plaisance, respecte le site ancien du promontoire volcanique prolongé par le môle Richelieu (le cardinal voulait y construire un port militaire englobant le port de l'île Brescou). Voile, équitation, zoo marin, vastes plages ; grand ensemble naturiste.

CAPESTANG – 34.   2 600 hab.
Sur le canal du Midi. Belle collégiale gothique fin XIIIe-XIVe qui serait de l'architecte de la cathédrale de Narbonne (chœur, clocher). Pont romain. Au S., ancien étang de Capestang.

CARANÇA (Gorges de la) – 66.
Elles s'ouvrent sur le haut Conflent à Thuès-entre-Valls (en aval, beau défilé des Graüs) et sont profondes et sauvages mais le ruisseau a été capté en amont ; le sentier monte en 5 h à l'étang de Carança (2 265 m), croisant le G.R. 10 en chemin. Rudes journées.

CARCASSONNE – 11.   44 600 hab.
Embrasement de la Cité (14 juillet)
Dans un beau site entre les Corbières et la Montagne Noire, sur l'Aude et le canal du Midi, c'est une grande bastide XIIIe dominée par la célèbre Cité, l'extraordinaire ville fortifiée médiévale, dont les immenses remparts doubles sont gallo-romains, wisigoths et XIIIe. C'est l'un des plus beaux ensembles fortifiés qui soient. Deux portes dont la superbe porte Narbonnaise, l'énorme château Comtal XIIe (musée archéologique) avec ses propres fossés et une barbacane (vis. tous les jours du château et de la partie S.-O. de l'enceinte intérieure, le reste des remparts étant libre), la magnifique basilique Saint-Nazaire XIe et XIIIe-XIVe, romane (nef) et gothique (transept et chœur), aux splendides vitraux et statues, tombeaux d'évêques, « pierre du siège » (sculpture XIIIe) et pierre tombale de Simon de Montfort, le grand théâtre de plein air, la tour Saint-Nazaire (table d'orientation pour le panorama), tels sont les « clous » de cette ville dans la ville, encore habitée ; Mérimée et Viollet-le-Duc ont sauvé l'ensemble, illuminé tous les soirs et « embrasé » le 14 juillet au soir dans un spectacle saisissant. La vieille ville basse possède la belle église gothique XIVe Saint-Vincent, de style méridional (statue de Saint Louis) et la cathédrale Saint-Michel fin XIIIe (objets d'art, salle capitulaire et trésor, l'été) ; place Carnot, fontaine XVIIIe, marché le samedi ; square Gambetta, musée des Beaux-Arts, peintres flamands, hollandais, français XVIIe-XVIIIe (Chardin) et modernes (vis. tous les jours sauf dimanche).
➡ 16 km N., ruines des châteaux de Lastours*. ➡ N.-O., Montolieu (église gothique) sur une route qui mène à Saissac* et au circuit de la Montagne* Noire.

CARLIT (Pic) – 66.
Altitude 2 921 m
Point culminant des Pyrénées-Orientales, sommet d'un vaste massif granitique lacustre d'où la vue est admirable. Accessible par sentier jalonné de cairns depuis les Bouillouses* à l'E. (brouillard dangereux) en 6 h aller et retour (traversée possible sur Porté-Puymorens).

CARNON-PLAGE – 34.
Grande plage d'une station balnéaire ancienne qui grandit avec vigueur autour du Grau de l'étang de Mauguio.

CAROUX (Mont) – 34.
Altitude 1 091 m
Plateau granitique séparé des monts de l'Espinouse* par les profondes gorges d'Héric*, traversé par le G.R. 7, qui passe à proximité de la table d'orientation (S.-O., à 1 040 m) dominant les parois Sud sur l'Orb : magnifique panorama. Massif apprécié des randonneurs et alpinistes (300 « voies »). Au N.-E., forêt des Anciens Combattants. Accès habituel au Caroux par Douch.

CASTELBOUC – 48.
Hameau tassé au pied des ruines de son château féodal sur un rocher à pic ; site réputé au bord d'un « planiol » du Tarn. Forte résurgence.

CASTELNAUDARY – 11.   10 800 hab.
La ville du cassoulet et de la céramique jouit d'un magnifique bassin, ancien port sur le canal du Midi. Collégiale Saint-Michel XIVe, gothique méridional (portail, grand clocher) ; du jardin voisin, vue des Pyrénées. Eglise Saint-Jean XIIIe. Au N., moulin à vent de Cugarel XVIIe, restauré.

CASTELNOU – 66.
Sur les pentes des Aspres, splendide village médiéval fortifié dominé par un puissant château Xe-XIe des vicomtes du Roussillon.
➡ 9 km N.-O. par la route (2,5 km par sentier), Camélas, église avec fresques XIVe et retables XIVe-XVe ; au S. (1 h aller et retour), ermitage Saint-Martin, belle vue (522 m).
➡ 5 km S.-O., église de Fontcouverte.

CASTRIES – 34.   2 900 hab.
Superbe et important château XVIe-XVIIe (vis. tous les jours sauf lundi en saison, dimanche et jours fériés) avec des terrasses et des jardins Le Nôtre, jardins en eau par un aqueduc de Riquet (7 km) ; bel intérieur, meubles, décoration, peintures ; salle des Etats du Languedoc (32 m).

CAUNES-MINERVOIS – 11.   1 500 hab.
Marbres renommés. Belle église (romane ; nef gothique méridional XVe) avec des marbres XVIIIe ; bâtiments abbatiaux XVIIIe et remarquables maisons anciennes (hôtel d'Alibert XVIe). A la « jointure » de la Montagne* Noire et des vignes du Minervois*.

CAYLAR (Le) – 34.
Altitude 732 m
Bourg fortifié du Larzac*, qui de loin semble au milieu des rochers ruiniformes qui lui font un étrange décor. Maisons anciennes, tour de l'Horloge, retable XVe à l'église, panorama depuis le plus haut rocher.
➡ 6,5 km N., la Couvertoirade (région XVIII). ➡ O., vaste plateau de Guilhaumard, dédale de rochers dolomitiques (G.R. 71, dangereux par brouillard).

CERBÈRE – 66.   1 900 hab.
Dernière (petite) plage de la Côte Vermeille, de plus en plus montagneuse. Belles vues en montant sur le cap Cerbère, vers la frontière au col des Balîtres (170 m).

Cévennes : *L'infini moutonnement des serres cévenols se renouvelle sous un ciel souvent implacablement bleu que crèvent parfois de redoutables orages.*

Ci-dessous, le travail des champs près de Mende.

CERDAGNE (La) — 66.
Bassin supérieur du Sègre, dominé par Font-Romeu*, entre les massifs du Carlit et du Puigmal, au climat si chaud, malgré l'altitude élevée, que les céréales y abondent. Grande enclave espagnole de Llivia (église fortifiée XVIᵉ, beau Christ XIIIᵉ), « ville » non comprise dans les « villages » cédés à la France par le traité des Pyrénées.

CÉRET — 66.   6 200 hab.
Capitale du Vallespir au climat privilégié, et jolie vieille cité aux maisons enchevêtrées, dans des restes de remparts (porte de France) et des cours ombragés d'énormes platanes. Monument aux morts de Maillol et monument à Déodat de Séverac, de Manolo. Le musée d'Art moderne (vis. tous les jours en saison et mercredi, samedi, dimanche, fermé en décembre) est le reflet de la « Mecque du cubisme » que fut Céret : Picasso (surtout des céramiques), Juan Gris, Braque, Matisse, etc. Pont du Diable, XIVᵉ, une arche audacieuse sur le Tech. Les cerisiers de Céret et du Vallespir sont célèbres.
➡ 12 km S., pic de Fontfrède (1 093 m), vaste panorama, sur le G.R. 10 ; 12 km S.-E., Las Illas ; redescendre sur Maureillas. ➡ 4 km N., ermitage de Saint-Ferréol, vue.
● Festival de Sardanes, au mois d'août.

CÉVENNES (Corniche des) — 48-30.
La route stratégique des trop fameux dragons suit une longue serre particulièrement panoramique et est devenue un haut lieu touristique, de Florac* à Saint-Jean-du-Gard* (D. 983 puis D. 9) par le panorama de toute beauté du col des Faïsses sur le Can (causse) de l'Hospitalet, le Pompidou (belle chapelle XIIᵉ à 2 km N.) et, Valfrancesque à gauche et Vallée Borgne à droite (immenses châtaigneraies), longue crête française, Saint-Roman-de-Tousque, col de l'Exil, col de Saint-Pierre, descente finale dans les pins.

CÉVENNES (Parc national des) — 48.
84 000 ha de terrain difficile, magnifique et habité, où 500 hab. environ conservent des activités traditionnelles, avec l'aide du Parc, pour éviter la désertification totale et maintenir ainsi un complexe écologique où pourraient à nouveau s'épanouir homme et nature. Entouré d'une zone périphérique de 230 000 ha pour l'accueil et une protection partielle de toute la région, il couvre les importants massifs granitiques du mont Lozère* et de la montagne du Lingas*, la vaste zone schisteuse de l'Aigoual* et du Bougès* et une partie du causse Méjean*.
Un réseau dense de sentiers en permet une connaissance profonde par la randonnée pédestre ; la randonnée équestre, le ski de randonnée et le cyclisme (courage !) y sont exaltants aussi ; le camping « sauvage » y est interdit, ainsi que la chasse (sauf aux habitants). Centres d'information : permanent à Florac (siège du Parc), saisonniers à Génolhac, Meyrueis, Pont-de-Montvert (écomusée), Saint-Jean-du-Gard (musée des Vallées cévenoles), Le Vigan (musée cévenol), Villefort. 3 grandes drailles (chemins de transhumance) le traversent : celles du Languedoc, de la Margeride et du Gévaudan.

CÈZE (Gorges de la) — 30.
D'abord cévenoles ; la vallée est celle de Génolhac, une immense châtaigneraie parsemée de châteaux ; Bessèges* et Saint-Ambroix* ; après la dépression d'Alès, la Cèze longe puis traverse la garrigue de Méjannes-le-Clap par de grands méandres où elle s'enfonce parfois profondément dans le calcaire : Montclus, Goudargues*, la Roque-sur-Cèze*, Bagnols-sur-Cèze* où elle débouche dans la vallée du Rhône.

CHALABRE — 11.   1 600 hab.
Altitude 372 m
Le Blau et le Chalabreil y confluent avec l'Hers ; ils arrosent tous le Kercorb, « région privilégiée », malgré ses malheurs avec les Croisés. Eglise Saint-Pierre XVIᵉ, château de Mauléon. Vieilles maisons sur le Blau.
➡ 5 km N.-E., col de Saint-Benoît (614 m), panorama sur les Pyrénées (table d'orientation) ; 4 km S.-E., chapelle de Piquolordi (772 m), en ruine, vaste panorama.

CHALDETTE (La) — 48.
Altitude 997 m
Petite station thermale sur le Bès, à la limite N.-O. d'un grand plateau granitique de l'Aubrac ; à l'O. et au N., beaux paysages austères.

CHANAC — 48.   1 000 hab.
Altitude 650 m
Pittoresque bourg ancien au-dessus du Lot ; vieilles maisons, église XIIIᵉ, ruines féodales.
➡ Au S., sur le causse de Sauveterre, dolmens de l'Aumède, et de la Rouvière où passe le G.R. 60 suivant la draille de l'Aubrac. ➡ Très belle vallée du Lot en aval.

CHAPEAUROUX — 48.
Altitude 745 m
Beau site sur l'Allier — région XVI —, environné de ses gorges, suivies par le chemin de fer seul (le *Cévenol*).

➡ 3 km S. par D. 988 et à gauche, ruines perchées de Condres. ➡ S.-O. et S., magnifiques vallées du Grandrieu et du Chapeauroux.

CHASSERADÈS — 48.
Altitude 1 174 m
Au-dessus du Chassezac naissant. Eglise romane, fortifiée.

Collioure : Place forte et port très ancien, son site des plus célèbres est aussi un des plus beaux et pleins de charme. Ici commence la très courte mais splendide Côte Vermeille, qui compte Port-Vendres, Banyuls et Cerbère, avant de se poursuivre en Espagne par Cadaquès, seconde patrie de Dali.

➡ 3 h aller et retour N.-N.-O., le Moure de la Gardille (1 503 m, panorama ; G.R. 7) par les sources de l'Allier ; on peut redescendre au N. sur l'abbaye de Mercoire*.
➡ Au S.-O., montagne du Goulet* (1 497 m), avec la source du Lot ; G.R. 7 et 7 A.

CHÂTEAUNEUF-DE-RANDON – 48.
Altitude 1 280 m
Bourg perché sur un rocher de la Margeride. Tour ruinée des Anglais, reste du château fort. Foires (le lundi). Au N., pierre Branlante. Monuments à Du Guesclin qui y mourut de maladie, au cours d'un siège.
➡ 8 km N.-E., Chaudeyrac, belle église XIIIe.

CLAMOUSE (Grotte de) – 34.
Dans le site minéral grandiose des gorges de l'Hérault* s'ouvre, rive droite, une des plus belles grottes à concrétions (vis. tous les jours) ; excentriques buissonnants, draperies, disque de la Méduse. Puissante rivière souterraine qui apparaît près de l'entrée. S.-E., Pont du Diable, XIe à l'origine.

CLAPE (Montagne de la) – 11.
Petit massif calcaire entre Narbonne* et la mer, très pittoresque avec ses falaises, sa garrigue et ses vignes, culminant au Coffre de Pech Redon (214 m, route), panorama. Superbes routes et sentiers. Près de Gruissan*, cimetière marin, allée de cénotaphes de marins perdus en mer, montant parmi les pins parasols à la chapelle Notre-Dame-des-Auzils (ex-voto), vue splendide.

CLERMONT-L'HÉRAULT – 34.   5 600 hab.
Gros bourg viticole (raisin de table) ; ancienne cathédrale XIIIe-XIVe fortifiée ; ruines du château au-dessus de pittoresques vieux quartiers. Autour, l'océan des vignes.
➡ 3,5 km S.-O., Villeneuvette, curieux village XVIIe ; 4 km O., Mourèze*. ➡ 5 km O. puis N.-O., vue sur le lac de Salagou*.

COCALIÈRE (Grotte de la) – 30.
Grotte à concrétions remarquable par ses nombreux disques — semblant défier les lois de la pesanteur — et ses perles des cavernes ; c'est une petite partie (1,4 km) d'un réseau actuellement reconnu de 36 km. Un petit train

ramène à l'entrée en rencontrant une grotte préhistorique, des avens, des tumulus, un dolmen, des capitelles (antiques cabanes de bergers), dans un étrange paysage calcaire. (Vis. tous les jours en saison.)
➡ 5 km O., chapelle Saint-Sébastien, panorama.

COLLIOURE – 66.   2 700 hab.
Port de pêche et plage réputée sur une baie admirable au pied des Albères* ; le lieu a été « découvert » par Matisse, Derain, Picasso au début du siècle et attire toujours des peintres. Le château Royal divise la ville et la plage en deux. Au N., le quartier du Moure, vieux bourg fortifié, sous le fort Miradou ; église Notre-Dame-des-Anges XVIIe avec célèbre clocher au toit rose (ancien phare), la base dans la mer ; superbes retables catalans (trésor). Du phare, vue admirable. Château Royal visible à l'occasion d'expositions ; XIIe-XIVe-XVIIe, sur un rocher, il a grande allure et comporte de belles salles. Au S., sur la plage de Port d'Avall, barques de pêche avec lamparos et parfois de grands filets qui sèchent.
➡ 5 km S.-O., ermitage Notre-Dame-de-Consolation, beau site ombragé, vue remarquable ; sentier pour l'abbaye en ruine de Valbonne et la tour de la Massane (812 m, 3 h 30 aller et retour) ; par route : balcon de Madeloc*, admirable panorama. Au cimetière de Collioure, tombe du poète espagnol Antonio Machado. Semaine sainte : procession nocturne des Pénitents Noirs.

CONCLUSES (Les) – 30.
A 7 km N.-E. de Lussan, c'est la courte gorge, spectaculaire, que l'Aiguillon a creusée dans une partie de la garrigue de Lussan (environ 1 h aller et retour). Attention aux orages.
➡ 5,5 km N. puis N.-E. de Lussan, menhir de la Pierre Plantée.

Corbières : La muraille calcaire de cette chaîne barre l'horizon nord du Roussillon. Anciennement frontière de l'Aragon, elle est gardée par quelques puissantes forteresses aux origines cathares, dont le nid d'aigle de Quéribus (visible vers la droite), dernier à se rendre aux troupes de Saint Louis en 1255.

CONFLENT (Le) – 66.

Bassin moyen de la Têt, il comporte une partie montagneuse (en aval de Mont-Louis), que le train jaune avec ses hardis viaducs Gisclard et Séjourné permet de bien apprécier, les vallées adjacentes étant par ailleurs sauvages et magnifiques (Cabrils, Carança*, Mantet, Rotja, Cady, v. Villefranche-de-Conflent* et Vernet-les-Bains*), puis le riche bassin de Prades* et de Vinça* remarquablement irrigué par des méthodes ancestrales.

CONQUES-SUR-ORBIEL – 11.   1 700 hab.

Remparts intéressants avec portes et donjon. Remarquable église gothique avec gros clocher-porche ; retable XVIe.

CORBIÈRES (Les) – 11-66.

Entre l'Aude, le couloir du Fenouillèdes et la mer, c'est un vaste massif calcaire compliqué et tourmenté, couvert au mieux de garrigues (sauf certaines zones reboisées de résineux), avec au centre le curieux bombement de sédiments anciens de Mouthoumet ; la partie E. est par endroits un vaste causse et le repli S. est comme une grande vague figée face aux Pyrénées ; la désertification est en bon chemin malgré l'extension justifiée du domaine viticole dans les vallées. Les châteaux « cathares » (ils ne le sont pas tous) foisonnent, leurs paysages lumineux sont leurs armes secrètes. Les Corbières culminent au pic de Bugarach (1 230 m, v. Rennes-les-Bains*).

COUDONS (Col de) – 11.
Altitude 883 m

Au bord du plateau de Sault*, à la fin d'une montée admirable depuis le col du Portel ou Quillan*.

COUIZA – 11.   1 300 hab.

Grand château sévère des ducs de Joyeuse, cour Renaissance. Pont XVIe.
➡ 3,5 km S.-E., Rennes-le-Château, beau vieux village perché, panorama admirable (435 m).

COURNONTERRAL – 34.   2 500 hab.

Gros village viticole avec des vestiges médiévaux et des portes Renaissance, connu surtout pour sa fête des Pailhasses (mercredi des Cendres), sauvage carnaval à base de lie de vin.

COUSTEL (Col de) – 34-12.
Altitude 940 m

Il sépare le haut Languedoc du bassin du Dourdou (affluent du Tarn) ; la vue est admirable, au S. les monts de l'Espinouse* et le Caroux*. A l'E., montagne de Marcou (1 094 m). G.R. 71.

COUSTOUGES – 66.
Altitude 826 m

Un petit bout du monde, avec une remarquable église romane à magnifique portail intérieur (clocher fortifié) ; belles ferrures.
➡ 2,5 km S.-E., Can Damon, chapelle moderne Notre-Dame-du-Pardon et artisanat, vue sur la vallée sauvage de l'Ampurdan (Espagne). ➡ 4 km N.-O., sur la route d'accès, Saint-Laurent-de-Cerdans (1 800 hab., sandales et espadrilles).

DARGILAN (Grotte de) – 48.

A 3 km à vol d'oiseau de l'aven Armand, l'autre grande curiosité souterraine des grands Causses (vis. tous les jours en saison), avec un lac, des gours et de très belles concrétions. Route d'accès pittoresque.

DEMOISELLES (Grotte des) – 34.

L'accès au-dessus de la vallée de l'Hérault est fort beau : décor de causses et de falaises. Un grand aven et une gigantesque salle, la « cathédrale », contiennent de remarquables concrétions (vis. tous les jours). Beau défilé - parc de Thaurac.

DÉTROITS (Les) – 48.

Le défilé le plus étroit et le plus beau des gorges du Tarn, qui s'y dédoublent en hauteur ; un belvédère permet de le voir mais rien ne vaut la descente en barque (les canoéistes y sont heureux), organisée au départ de la Malène (tous les jours en saison), qui traverse aussi une partie du cirque des Baumes*.

DEVÈZE (Grotte de la) – 34.

Sous la gare de Courniou, « le palais de la Fileuse de verre » est une petite merveille, pour les amateurs de concrétions (vis. tous les jours en saison).
➡ S.-O., haute vallée du Thoré et partie E. de la Montagne Noire*, boisée et pittoresque, touchant au S. au Minervois*.

DOURBIE (Gorges de la) – 30.

Née à l'E. du col du Minier*, elle s'enfonce dans le massif ancien où elle creuse peu à peu, surtout après Dourbies, une vallée profonde et sauvage remplie de rochers mauves et de châtaigniers ; les routes, difficiles, sont superbes ; en aval, v. Dourbie (région XVIII).

DURFORT (Château de) – 11.

Belles ruines féodales XIIe-XIIIe dans une boucle de l'Orbieu.
➡ 4 km N.-E., près de l'Orbieu, qui dessine ses gorges pittoresques, Saint-Martin-des-Puits, petite église romane XIe-XIIe.

ELNE – 66.   6 000 hab.
Son et Lumière

Des restes de remparts entourent la ville haute (vues sur les montagnes, table d'orientation, et la mer), dominant la plaine cultivée comme un jardin. La cathédrale romane XIe, un peu remaniée et fortifiée (façade), est d'une grande sobriété (objets d'art) ; son cloître est célèbre par son ordonnance générale romane mais sa construction s'étend du XIIe (magnifique galerie S. à chapiteaux d'animaux fantastiques, typiques de la meilleure sculpture romane catalane) aux XIIIe et XIVe (O., N. et E.) ; cloître avec sculptures, et musée (céramiques antiques). Au chevet, monument aux morts de Maillol.

ENSERUNE (Oppidum d') – 34.
Altitude 120 m

Vaste et célèbre site archéologique pré-romain, occupant un éperon rocheux ombragé de pins, au panorama splendide par son isolement dans la plaine viticole (tables d'orientation) : au S. le canal du Midi, au N.-E. l'étang de Montady drainé sous Saint Louis par des fossés au dessin géométrique, les montagnes fermant les horizons N., O., S.-O., et la mer. Les fouilles (visibles de l'extérieur) ont révélé une importante cité gauloise (succédant à une occupation antérieure) avec des restes de maisons et de leurs revêtements et de nombreux objets, céramiques, bijoux (nombreux vases grecs), etc., recueillis par le Musée national (vis. tous les jours sauf mardi) qui éclaire une période capitale de notre antiquité.

➡ 3 km S., Nissan-lez-Enserune, église gothique XIVᵉ (Vierge XVIᵉ polychrome, œuvres d'art) et musée antique.

ESCALETTE (Pas de l') – 34.
Chute brutale du causse du Larzac sur le canyon de la Lergue (Lodève*), là où des chemins entrecoupés d'escaliers permettaient jadis le passage ; la N. 9 y est spectaculaire.

ESCANDORGUE (Plateau de l') – 34.
Longue crête d'épanchements basaltiques (N.-S.) à l'O. de Lodève, qui protègent de l'érosion les calcaires non déblayés et forment un curieux paysage tabulaire et de falaises. Suivre la D. 142 du Caylar* et des Rives au N. au col de la Baraque de Bral au S.

ESPEROU (L') – 30.
Altitude 1 230 m
C'est le carrefour des routes comme l'Aigoual* celui des sentiers. Station été-hiver (ski) dans une situation magnifique, col sur la grande crête cévenole au milieu de forêts et de prairies. Centre remarquable d'excursions : l'Aigoual et Bramabiau* à 9 km, le col du Minier*, le Trévezel*, la Dourbie*, Meyrueis* tout proches.

ESPINOUSE (Sommet de l') – 34.
Altitude 1 124 m
Il s'agit d'un vaste plateau couvert d'une lande admirable, compartimentée par les reboisements ; il est entaillé à l'E. et au S. par les profonds ravins de type cévenol de la Mare et de l'Héric. Vue illimitée. – G.R. 71.
➡ 4,5 km S.-E., col de l'Ourtigas (vue) ; camp romain proche (N.). ➡ Belles routes de Lamalou-les-Bains* par le Caroux* (D. 180), ou par la D. 922. – Les monts de l'Espinouse comprennent ce qui domine au N. la dépression de Saint-Pons à Bédarieux.

FANGES (Forêt des) – 11.
Admirable massif (1 200 ha domaniaux) de sapins de l'Aude ; belles routes forestières et circuits pédestres (bonne carte nécessaire, terrain difficile). Les routes qui l'entourent sont superbes (v. col de Saint-Louis*).

FANJEAUX – 11.
Au cœur du Razès et des « terres dominicaines », sur la ligne de partage des eaux (panorama remarquable sur le Carcassès et le Lauragais). Maison de saint Dominique et église XIIIᵉ gothique méridional avec un beau trésor. Saint Dominique fonda à 2 km N.-E. le premier monastère de dominicaines à Prouille, sur le lieu de ses visions (église romano-byzantine).
➡ 11,5 km N.-O., puy de Faucher (415 m), vaste panorama.

FENOUILLÈDES (Le) – 66.
C'est le bassin de l'Agly, entre le Conflent* et les Corbières*. Le « couloir » du Fenouillèdes, au N., de Caudiès à Estagel, possède de belles vignes, qui s'étendent peu à peu au S. dans le pauvre maquis sur des sols souvent cristallins, au relief assez confus, mais les paysages sont grandioses. Nombreux châteaux ou ruines et églises ; aqueduc roman XIIᵉ à Ansignan ; belle vallée de la Désix (Sournia : église, château). Le G.R. 36 en fait le tour.

FENOUILLET – 66.
Ruines du château des vicomtes de Fenouillèdes. Eglise romane Saint-Martin.
➡ 2 km N., ermitage Notre-Dame-de-Laval XVᵉ (retable).

FLORAC – 48.   2 100 hab.
Altitude 545 m
Site remarquable au pied des falaises du causse Méjean*, à l'entrée des Cévennes* et des gorges du Tarn*, sur le Tarnon (jolie vallée au S.), grand carrefour touristique. Château féodal puis XVIIᵉ, siège du Parc des Cévennes, centre permanent d'information (tous les jours). Portail XVIᵉ du couvent de la Présentation, ancienne commanderie de Templiers. Grosse source du Pêcher, très belle en hautes eaux.

FONTFROIDE (Ancienne abbaye de) – 11.
Dans un vallon du sauvage petit massif de Fontfroide, site admirable, l'abbaye XIIᵉ-XIIIᵉ cistercienne est une des plus belles qui soient ; église romane XIIᵉ (vitraux modernes), cloître et salle capitulaire gothiques XIIIᵉ, cellier XIIIᵉ et dortoir ; superbes cours et jardins. (Vis. tous les jours).

FONTFROIDE (Col de) – 34.
Altitude 971 m
Un des passages entre le haut Agout et, vu d'ici, le gouffre de la vallée du Jaur sur laquelle la descente est saisissante parmi les blocs de granit, contraste absolu avec les paysages pastoraux du versant N. – G.R. 7.

Elne : *Dominant le grand jardin du Roussillon, la vieille ville entoure sa cathédrale et son précieux cloître catalan.*

FONT-ROMEU-ODEILLO-VIA – 66.
Altitude 1 800 m   3 000 hab.
La grande station de sports d'hiver, très ensoleillée, domine toute la Cerdagne*, face au massif du Puigmal* et, en Espagne, aux falaises de la Sierra del Cadi. Nombreux établissements climatiques et spectaculaire Grand-Hôtel, origine de la station. Ermitage XVIIe-XVIIIe en forêt avec beau retable XVIIIe et curieux « camaril », sorte de reposoir très catalan (Vierge miraculeuse, pèlerinages) ; panorama du calvaire proche.
➡ 4 km N., col del Pam (2 005 m, table d'orientation), large vue sur le massif du Carlit* et la belle vallée de la Têt.
➡ 3 km S.-O., Odeillo, four solaire industriel du C.N.R.S.
➡ 4 km O., Targassonne, chaos granitique spectaculaire au-delà, et centrale solaire en construction ; 6,5 km S.-O., Angoustrine, église Saint-André XIe-XIIe, retables, fresques et beau Christ habillé XIIe.

FORÇA-RÉAL (Ermitage de) – 66.
Altitude 507 m
A l'E. du col de la Bataille, vieille chapelle (et station radio) commandant un panorama unique sur le Roussillon et son décor montagneux et maritime. Tramontane vigoureuse à l'occasion.

FOU (Clue de la) – 66.
L'Agly, au S. de Saint-Paul-de-Fenouillet (musée d'artisanat local) où il vient de franchir les gorges de Galamus*, coupe un chaînon d'une minceur extrême ; vu de la D. 7 au S.-E., c'est un site remarquable.

FOU (Gorges de la) – 66.
1 500 m de passerelles permettent de remonter un canyon de parfois 1 à 2 m de large pour 100 à 200 m de haut où le torrent bouillonne ou se tait dans l'ombre entre deux cascades (vis. tous les jours en saison).

FOURNELS – 48.
Bourg de l'Aubrac, sur la Bédaule, proche des gorges du Bès, qui rejoint la Truyère (région XVI) au belvédère de Mallet. Eglise XIIe et château XVIe.
➡ 2 h aller et retour, tour en ruine de Montaleyrac (1 263 m), vue. ➡ 6 km E., Termes, vues. ➡ 7 km N. puis N.-O., Arzenc-d'Apcher, château en ruine, beau site au-dessus du Bès. ➡ 4 km O., Saint-Juéry, croix ancienne sur le pont du Bès.

FRONTIGNAN – 34.   12 200 hab.
Immense plage, salins, raffineries, muscat, industries sétoises, ciments, entre l'austère montagne de la Gardiole* et Sète* la maritime. Musée municipal et belle église fortifiée.

GACHONE (Roc de) – 30.
Altitude 167 m.
Au-dessus de Calvisson à l'E. de Sommières*, vaste panorama de la campagne nîmoise (table d'orientation). C'est la colline des Moulins à vent.

GALAMUS (Gorges de) – 11-66.
Cluse profonde de l'Agly dans le puissant chaînon S. des Corbières*, où la route est impressionnante, s'élevant en corniche au fur et à mesure qu'elle s'enfonce dans le rocher aveuglant de blancheur (vents violents aux virages). De la sortie S. des gorges, au-dessus de l'ermitage de Saint-Antoine de Galamus (sentier), vue sur le Canigou. L'Agly naît en amont au pied N. du pic du Bugarach.

GANGES – 34.   3 900 hab.
Porte S. des Cévennes et ville industrielle, ce fut la capitale du bas de soie puis de nylon ; grand carrefour touristique dans des causses qui sont presque des garrigues, avec un vieux quartier méridional. Pont XIIe.

GARDIOLE (Montagne de la) – 34.
Longue chaîne calcaire dominant les étangs littoraux entre Sète et Montpellier, culminant au roc d'Anduze au S.-O. (234 m), près des ruines de l'abbaye cistercienne de Saint-Félix-du-Monceau (185 m), N.-E. Belle vue de la chapelle Saint-Bauzille (185 m), N.-E.

GARDON (Gorges du) – 30.
De Dions au Pont du Gard*, aucune route ne suit le Gard, ou Gardon. Le marcheur est ici privilégié car il peut suivre ces belles gorges tout au long par le haut de la rive gauche (G.R. 6). Elles entaillent profondément la garrigue nîmoise et leurs falaises sont percées de grottes préhistoriques et d'accidents naturels, avens, résurgences. A Dions, gouffre des Espélugues, immense aven ; en aval du pont de Russan, le point de vue du Castelas ; sur la D. 979, pont Saint-Nicolas XIIIe et prieuré de Campagnac XIIe, site magnifique ; route extraordinaire (rive droite) de Poulx à la grotte de la Baume, et sentier remontant en face ; grottes autour de Collias et du Pont du Gard. Une magnifique randonnée !

GÉNOLHAC – 30.
Altitude 470 m.
Bourg cévenol bien situé au pied S.-E. du mont Lozère*. Eglise romane. Centre d'information du Parc national des Cévennes*. Région de châteaux (Montjoie, XVIe ; ruines de Brésis, XIIe, à 10 km N.-E. ; le Chaylar, XIe au XVIe, vis. à 12 km E. ; Portes*, 16 km S.-E.). Prisons et écuries XVIIe des Dragons de Villars.
➡ 11 km N.-O. sur la route du Mas-de-la-Barque (joli site ; ski, piste et fond), belvédère des Bouzèdes (1 235 m, table d'orientation), vue sur le bassin de la Cèze. ➡ 7 km N., Concoules, joli village (église romane). ➡ 7 km N., Chamborigaud et Pont-de-Rastel.

GÉVAUDAN (Parc zoologique du) – 48.
Dans un remarquable cadre boisé des gorges de la Crueize, isolé de la N. 9, parc animalier de vision (avec fauverie : loups, lynx). Vis. tous les jours en saison.

GIGNAC – 34.   2 800 hab.
Vieux bourg viticole, église XVIIe, portes Renaissance, restes de fortifications. Fête de l'Ane (Ascension). Très beau pont XVIIIe sur l'Hérault (O.).

GOUDARGUES – 30.
Beau village sur la Cèze*, avec de grands platanes et une belle église romane, ancienne abbatiale. Sources (résurgences).

Fontfroide : *Une des merveilles cisterciennes du Midi, ensemble réputé mais par bonheur à l'écart des grandes routes. On y savoure une paix profonde dans un site superbe dont le dépouillement est à l'unisson.*

La Grande-Motte : *Ses pyramides sont un peu le symbole de ce que les créateurs de la « Floride française » ont voulu réaliser, pour « meubler » une côte au charme austère, quasi disparu ; il n'en reste que le soleil.*

GOULET (Montagne du) – 48.
Altitude 1 497 m

Avec le Moure de la Gardille au N., c'est le grand château d'eau : à l'Allier et au Chassezac s'ajoutent des tributaires de celui-ci et le Lot. Grands espaces solitaires de landes et de bois, sentiers infinis, comme les vues.

GRAND-COMBE (La) – 30.   10 500 hab.
Ville industrielle : les houillères, qui disparaissent peu à peu.
➡ 8 km N.-O., lac de barrage de Cambous, sur le Gardon.
➡ O., col de la Baraque, joli panorama ; la D. 32 suit un moment une crête.

GRANDE-MOTTE (La) – 34.   3 300 hab.
La principale station du littoral Languedoc-Roussillon est une ville de loisirs moderne caractérisée par un style en pyramides alvéolées, autour d'un grand port de plaisance. L'étang du Ponant (à l'O.... pour Aigues-Mortes) est réservé aux sports nautiques. Plages loin de la circulation. Vaste étang de Mauguio (pêche), rendez-vous d'oiseaux.

GRAU-DU-ROI (Le) – 30.   4 100 hab.
Promu station balnéaire, le petit port de pêche reste typique et charmant, dans le chenal qui remonte à Aigues-Mortes. Grandes plages et station moderne de Port-Camargue.
➡ 7 km S., phare de l'Espiguette, un bout du monde.

GRUISSAN – 11.   1 300 hab.
Vieux village groupé autour de sa belle tour Barberousse en ruine, semblant au milieu de son étang. A l'E., station nouvelle du littoral Languedoc-Roussillon, avec port sur l'étang du Grazel, débouchant en mer. Au S.-E., Gruissan-Plage, ancienne agglomération insolite de cabanes sur pilotis.
➡ 3 km N., cimetière marin des Auzils (voir montagne de la Clape*).

GUIDON DU BOUQUET (Le) – 30.
Altitude 629 m

Sommet, escarpé à l'E., du mont Bouquet, accessible par une petite route et dominant la garrigue de Lussan et un vaste panorama. Au N., château en ruine du Bouquet puis église ruinée du Bouquet, par un sentier suivant la crête (2 h 30 aller et retour).

HAUT-LANGUEDOC (Parc naturel régional du) – 34-81.
Créé en 1973, il couvre 145 000 ha occupés par 36 000 habitants dans des terres montagneuses très contrastées par le relief, le climat, la végétation, comprenant les monts de l'Espinouse*, du Somail* et du Caroux*, le Sidobre* et des parties des monts de Lacaune* et de la Montagne* Noire (région XVIII), autour de l'Agout et du Thoré qui en descendent. Il veut animer les formes traditionnelles de son exploitation en les développant, et protéger son patrimoine naturel et historique tout en le

mettant en valeur. Il organise de nombreuses activités et possède plusieurs « maisons », à Saint-Pons*, Mons*, la Salvetat-sur-Agout*, Saint-Gervais-sur-Mare* et, dans la région XVIII, à Ferrières et à Brassac, ainsi qu'à Sorèze ; plusieurs sont de véritables musées (lutherie, art roman, traditions populaires, artisanat, religions, etc.) en même temps que des centres d'information.

HÉRIC (Gorges d') – 34.
Profonde coupure entre l'Espinouse* et le Caroux*, dominée par les énormes falaises et clochers granitiques que l'érosion y a dégagés. Laisser la voiture dès avant l'entrée ; on peut monter par Héric jusqu'au col de l'Ourtigas, ou au Caroux par Douch (G.R. 7) (prévoir une grande journée). Voir l'ensemble du site, du pont de Tarassac sur l'Orb.

HOURTOUS (Roc des) – 48.
Altitude 921 m

Sur le rebord du causse Méjean* entre les routes en escalier des Vignes et de la Malène, superbe point de vue sur les gorges du Tarn* au-dessus des Détroits*.

ILLE-SUR-TÊT – 66.   5 300 hab.
Grande église XVIIᵉ. Restes de fortifications.
➡ N., près de la Têt, site extraordinaire de cheminées de fées et de ravinements. Belles routes, D. 2 vers Montalba-le-Château et D. 21 vers Bélesta (puis D. 38 à droite, château de Caladroi). ● A Pâques, procession du Ressuscité.

ILOUVRE (Défilé de l') – 34.
Au cœur du pittoresque mais austère Pardailhan, désert de schiste entre le col de Rodomouls et l'océan des vignes languedociennes, c'est une longue gorge boisée et rocheuse (suivie par la N. 112) ; pont de Poussarou. Le Pardailhan est parcouru par le G.R. 77 et de nombreuses petites routes ; au lieu-dit Cauduro (aval de Pardailhan), grotte et source du Vernazobre.

ISPAGNAC – 48.
Dans un charmant bassin, le « Jardin de la Lozère », à la sortie duquel commencent les gorges du Tarn*. Eglise romane bénédictine XIIᵉ entourée d'un prieuré jadis fortifié ; jolies maisons gothiques.
➡ 1,5 km O., beau pont XIVᵉ (rebâti depuis) de Quézac, vieux village à grande église XIVᵉ de pèlerinage, dans une boucle du Tarn ; en aval, Molines (château XVᵉ de Rocheblave). ● Base de plein air et de loisirs.

JALCRESTE (Col de) – 48.
Altitude 833 m

Sur la crête des Cévennes entre le Bougès* et le massif de l'Aigoual*, suivie par le G.R. 7. Innombrables hameaux pittoresques et souvenirs camisards.
➡ 15,5 km S., Saint-Germain-de-Calberte, dans une superbe vallée typique.

JAU (Col de) – 66.
Altitude 1 513 m

Traversant au N.-E. le massif du Madrès (2 469 m, 6 h 30 aller et retour, belles vues, forêts splendides), il joint Prades et le bassin de l'Aude par un trajet qui est un bain de nature.

419

JONTE (Gorges de la) – **48.**
La rivière, d'abord cévenole (née au N.-O. de l'Aigoual*), se heurte au causse Méjean* avant Meyrueis* à partir duquel elle le sépare du causse Noir* par des gorges souvent à doubles falaises dont les sites sont magnifiques : roc Saint-Gervais, au-dessus des Douzes, belvédère des Terrasses du Truel, rochers des corniches des causses.

LACAMP (Plateau de) – **11.**
Altitude 739 m
Au cœur des Corbières*, route panoramique appréciée, mauvaise et en cul-de-sac, partant du col de la Louviéro (sur D. 40 à 8,5 km O.-N.-O. de Vignevieille dans les gorges de l'Orbieu*) ; on voit les Corbières, la Montagne Noire, une partie des Pyrénées.

LAGRASSE – **11.**
Dans un site austère au confluent de l'Alsou et de l'Orbieu, c'est un vieux village fortifié avec une place à couverts (halle XIVᵉ) et des maisons anciennes. Le Pont Vieux XIIᵉ relie le bourg à sa célèbre abbaye (rive gauche) fondée par Charlemagne, partagée entre la maison de l'Enfance des Médaillés militaires (vis. tous les jours), comportant le logis abbatial, un cloître XIᵉ-XIIIᵉ, le beau réfectoire, le dortoir, la chapelle de l'Abbé (fresques et carrelage), et un asile de vieillards (vis. l'après-midi) occupant les bâtiments XVIIIᵉ, le grand cloître, les églises XIVᵉ et Xᵉ (celle-ci ruinée) et le grand clocher-donjon XVIᵉ.
➙ O., pittoresque gorge de l'Alsou. ● G.R. 77.

LAMALOU-LES-BAINS – **34.** 2 800 hab.
Station thermale sur le Bitoulet, dans les contreforts accidentés du Caroux*, près de la vallée de l'Orb.
➙ 1,5 km S.-O., sur la D. 908, remarquable église priorale Saint-Pierre-de-Rèdes début XIIᵉ (portails, abside).
➙ 1 h 30 aller et retour E., Notre-Dame-de-Capimont, vaste panorama ; route par le N. ➙ S.-S.-E., 4 km plus 2 h aller et retour, ruines du château Saint-Michel (468 m), belle vue ; pousser au pic de la Coquillade (696 m), immense panorama sur le Languedoc. ➙ 7 km N.-E., sur la Mare, Villemagne, bourg ancien, abbatiale Saint-Majan gothique XIIIᵉ-XIVᵉ, et portail roman de Saint-Grégoire XIIᵉ ; maison romane XIIᵉ ; remparts XIIIᵉ ; pont du Diable, gothique ; 4 km O., orgues de Taussac ; N., 3 h aller et retour (G.R. 7), château et village de Boussagues.

LAMPY (Bassin de) – **11.**
Retenue d'alimentation du canal du Midi, nourrie par la prise d'eau d'Alzeau à l'E. dans la belle forêt de Ramondens ; la « rigole de la Montagne » mène à l'O. au bassin de Saint-Ferréol (région XVIII) par de beaux sites forestiers ou ombragés ; piétons et cyclistes peuvent la suivre.

LANGOGNE – **48.** 4 300 hab.
Altitude 912 m
Ancienne ville fortifiée, petite station d'été et d'hiver (ski de fond), sur l'Allier, aux confins des Cévennes et du Gévaudan. Remparts, maisons anciennes. Belle église romane à façade gothique flamboyant (chapiteaux). Halle XVIIIᵉ. G.R. 4. Superbe vallée de l'Allier, au N.-O. et au S.

LANUÉJOLS – **48.**
Dans le vallon verdoyant de la Nize, beau village, église XIIᵉ ; tombeau romain IIIᵉ. A l'E., forêt de la Loubière.

LARZAC (Causse du) – **34-12.**
Du col Notre-Dame* à la montagne de la Séranne en passant par le Caylar*, tout le S. de ce grand causse appartient à la région XIX (voir Larzac, région XVIII). Les petites routes, et surtout les sentiers, peuvent seuls donner idée de la réalité et de la beauté vivante de ces soi-disant déserts où les cultures regagnent d'ailleurs beaucoup de terrain sur l'admirable lande rocheuse (G.R. 7 et 74).

LASALLE – **30.** 1 000 hab.
Sur la Salindrenque, qui a donné son nom à la vallée. Bourg en longueur et très cévenol : hautes maisons austères, presque forteresses. Nombreuses promenades possibles, sentiers et G.R., mont Brion au N. (815 m, panorama), mont Liron et col de l'Asclier* à l'O., entre autres.

LASTOURS – **11.**
Ses fameux quatre châteaux couronnent des pitons rocheux escarpés, site étonnant.
➙ 6 km E. (détour par le S.), Limousis, dont les grottes, 2 km N.-E., possèdent un spectaculaire ensemble de cristaux d'aragonite blanche (vis. tous les jours l'été). G.R. 36 à proximité.

LATOUR-DE-FRANCE – **66.** 1 000 hab.
La frontière de l'Aragon la séparait d'Estagel, en face à 4 km, dans un joli bassin de l'Agly commun aux deux localités.
➙ 12 km E., ermitage de Notre-Dame-de-Pène, dans un beau site sauvage près de grands méandres de l'Agly à Cases-de-Pène. ● Vins et apéritifs naturels réputés.

Langogne : L'Allier d'abord cévenol s'enfonce dans les hauts plateaux des confins auvergnats, dans la région de Langogne.

LAUDUN – 30.   3 900 hab.
Au milieu des vignes et au pied du plateau du Camp de César ; église gothique XIVᵉ et ancienne église à porche roman. Bons vins.
➡ 6 km S., Saint-Victor-la-Coste, ruines du Castella, panorama.

LEUCATE (Cap) – 11.
Altitude 61 m
Ses falaises blanches sont le seul accident de la côte languedocienne entre Narbonne-Plage* et Argelès-sur-Mer*. Phare (vis.). Par la jolie plage de La Franqui au N.-O., on accède (sentier, 1 h 30 aller et retour) au sémaphore, large vue sur la mer, les étangs, la Clape*. Au pied du phare, Leucate-Plage.
➡ 7 km S., Port-Leucate que suit Port-Barcarès*, vastes stations nouvelles (aménagement du littoral), complexes touristiques et nautiques entre l'étang de Leucate (ou de Salses) et la mer.

LÉZIGNAN-CORBIÈRES – 11.   7 400 hab.
Eglise XIIIᵉ-XVᵉ gothique méridional à clocher-donjon, et maisons anciennes. Musée de la vigne et du vin des Corbières.
➡ 8 km E., Ornaisons, pont remarquable sur l'Orbieu.
➡ 7 km N.-O., près d'Escales, tour (panorama) sur le plateau de Saint-Jaume.

LIMOUX – 11.   11 700 hab.
La ville de la blanquette de Limoux, vin mousseux réputé, garde la haute vallée de l'Aude. Eglise Saint-Martin XIIᵉ au XVIᵉ (portail roman, chevet XIVᵉ, à voir du beau pont Neuf XIVᵉ). Place à arcades, maisons anciennes. Musée Petiet, de la Belle Epoque, peintures 1900.
➡ 1,5 km N.-E., Notre-Dame-de-Marceille, église XIVᵉ de pèlerinage (le 8 septembre) à mobilier XVIIIᵉ, parmi vignes et cyprès ; Vierge noire, et fontaine miraculeuse dans un beau cadre. ➡ 8 km E.-S.-E., Saint-Polycarpe, belle abbatiale romane fortifiée et remarquable trésor. ➡ 8 km S., Alet-les-Bains*.

LINGAS (Montagne du) – 30.
Altitude 1 445 m
Au S.-O. du col du Minier*, petit massif granitique entre la Vis* et la Dourbie*, couvert de forêts et parcouru par les G.R. 66 et 71. Panorama du Saint-Guiral (1 366 m), signal près d'une route forestière.

LODÈVE – 34.   9 100 hab.
Parmi des collines au pied du Larzac*, vieille ville épiscopale et d'industrie textile (draps d'uniformes). L'ancienne cathédrale Saint-Fulcran XIIIᵉ-XIVᵉ est fortifiée (façade et donjon) ; boiseries XVIIIᵉ, tribune d'orgues ; cloître XVᵉ-XVIIᵉ (musée lapidaire). Ancien évêché XVIIIᵉ (mairie), salon Louis XV. Au S., pont gothique de Montifort, sur la Soulondres. Rive gauche (N. 9), musée d'histoire naturelle et de préhistoire Jacques-Audibert. Monument aux morts de Paul Dardé (musée à l'hôtel de Fleury).
➡ 8 km E., ancien prieuré de Grandmont XIIᵉ-XIIIᵉ, église gothique XIIIᵉ et cloître roman. ➡ 6 km S., près du Puech, source pétrifiante chaude. ➡ 10 km N., Pégairolles-de-l'Escalette, château XVIIᵉ. ➡ 7,5 km N.-E., Saint-Etienne-de-Gourgas ; cirque du Bout du Monde au N. ; 7,5 km N.-E., Saint-Pierre-de-la-Fage, 3 km E., la Vacquerie, D. 9 au S. pour le col du Vent et Arboras, non loin de Saint-Guilhem-le-Désert*, trajet magnifique en balcon sur le Languedoc. ● G.R. 7 et 74.

LOZÈRE (Mont) – 48.
Altitude 1 699 m
Immense et grandiose croupe granitique dont naît le Tarn ; royaume de la randonnée été-hiver dans de grands espaces parsemés de rochers, aux flancs boisés par endroits. Traversée N.-S. par la D. 20 et le G.R. 7 ; vues immenses. Le G.R. 68 en fait le tour.

LUNEL – 34.   13 600 hab.
Cité méridionale avec quelques vieux hôtels ; parc de Le Nôtre et roseraie ; riche bibliothèque. Arènes, courses de taureaux. Orgue réputé à l'église XVIIᵉ.
➡ 6 km N., pont romain en ruine sur le Vidourle ; fouilles d'Ambrussum.

LUSSAN – 30.
Remarquable village perché fortifié, avec vues panoramiques sur la vaste garrigue de Lussan.
➡ E. (D. 143), superbe route de Goudargues*.

MADELOC (Tour) – 66.
Altitude 652 m
Tour de guet XIVᵉ, dominant toute la Côte Vermeille. Le G.R. 10 arrive, de Saint-Jean-de-Luz (région XVII), un peu en contrebas au S. (il s'achève à Banyuls). La route du balcon de Madeloc est saisissante (étroite et pentes très fortes) parmi les vignes, les chênes-lièges et les rochers ; elle prend avant Collioure* et à Banyuls*.

MAGUELONE – 34.
Cathédrale insolite sur un ancien îlot de la longue plage du Languedoc, cachée dans les pins au milieu des vignes, des marais, des étangs. Ce magnifique édifice fortifié XIᵉ-XIIIᵉ (portail avec tympan et linteau, vaste tribune XVIᵉ, chapiteaux, nombreuses pierres tombales) est tout ce que Richelieu laissa des restes d'une grande cité médiévale avec port, à l'histoire riche et tourmentée. Accès par Palavas-les-Flots.

MALZIEU-VILLE (Le) – 48.
Altitude 860 m
Joli bourg avec vestiges de remparts, porte et tours, au bord de la Truyère, en Gévaudan, au pied de la Margeride*.
➡ 8,5 km N., sentier à droite sur la D. 989 pour (1 h 45 aller et retour) le Montgrand (1 417 m), panorama sur la Margeride et le Gévaudan. ➡ E., belle route D. 14 pour Saint-Roch*. ● G.R. 4.

MARCEVOL (Prieuré de) – 66.
Dans un hameau sur une terrasse face au Canigou, modeste prieuré de schiste avec fenêtre et portail romans en marbre (ferrures).

MARCOULE (Centre atomique de) – 30.
Au pied de la Dent de Marcoule (221 m), un belvédère-exposition offre un panorama sur la région (Orange, zone industrielle de l'Ardoise, barrage de Caderousse) et sur la centrale nucléaire où fonctionne le prototype de surrégénérateur Phénix, et, dans deux salles, les explications permettant au profane de comprendre la théorie et l'essentiel des techniques de l'industrie atomique. Jolie route au N. le long du Rhône.

MARGERIDE (Monts de la) – 48-43.
Longue croupe granitique (60 km environ), portant une immense forêt discontinue vers le S. où règne souvent la lande aux horizons illimités. Au N., le mont Mouchet (région XVI) ; vers le S., roc de Fenestre (1 488 m), panorama, près de belles forêts autour de la Croix de Bor (1 450 m) sur la D. 59, et signal de Randon (voir Saint-Amans*), point culminant. La région, sauvage entre toutes, est parcourue par les G.R. 4, 43, 65.

MARSEILLAN-PLAGE – 34.
Au bout S.-O. de l'isthme des Onglous qui sépare le bassin de Thau* de la mer, vastes plages de part et d'autre du petit port de plaisance autour du Grau des Onglous. Marais salants.
➡ 6 km N.-O., Marseillan (vue).

Les vendanges : *Le raisin, ici, c'est le vin et son lourd passé : phylloxéra et révoltes, dont l'esprit subsiste.*

MARSEILLETTE (Etang asséché de) – 11.

L'assèchement de ce très vaste étang au XIXᵉ a permis de récupérer des terres (au profit des vignes). Il avait fallu drainer aussi en aval, dans la région de Lézignan-Corbières*.

MARVEJOLS – 48.   5 900 hab.
Altitude 651 m

Sur la Colagne au pied de l'Aubrac*. Trois portes relevées début XVIIᵉ et des restes de remparts entourent la vieille ville rebâtie par Henri IV après un saccage criminel ; belles maisons classiques ; statues du roi et de la Bête du Gévaudan, par Auricoste.
➡ N., vallée de la Colagne et gorges et viaduc de la Crueize. Promenades pédestres. ➡ 8 km S.-E., Grèzes, site étonnant du village.

MAS-CABARDÈS – 11.

Beau village de la Montagne Noire* ; petite église XVᵉ-XVIᵉ pittoresque.
➡ 1 km O., ruines de l'église de Saint-Pierre-de-Vals XIIIᵉ et belle route de Mazamet.

MAS DE L'AIR (Col du) – 30.
Altitude 846 m

Sites remarquables au-dessus du Chassezac et de la Cèze. Belle forêt.

Minerve : *En sillonnant les vignes du Minervois, « tomber » sur ce site est une des émotions du touriste. Ne pas manquer les tunnels naturels.*

MAS SOUBEYRAN – 30.

Haut lieu protestant et camisard, où se tiennent les « assemblées du Désert », le musée du Désert évoque, par la maison de Roland et le Mémorial voisin, l'histoire tragique des Camisards et de la féroce répression, qui a imprégné tout le protestantisme français (vis. tous les jours sauf hiver).

MATELLES (Les) – 34.

Pittoresque village fortifié, dans la garrigue. Musée de préhistoire. Source et cascade du Lez, dans un beau site rocheux.

MÉJEAN (Causse) – 48.

« Causse du milieu », dit son nom ; le plus haut, le plus sauvage, le plus désert ; vraiment le désert à l'E., boisé et accidenté à l'O., il recèle de nombreux mégalithes ; sa partie S.-O. très pittoresque est parcourue de sentiers (G.R. 6) suivant les corniches du causse Méjean (la journée) avec le rocher de Capluc, le Vase de Sèvres, etc., et visitant les Arcs de Saint-Pierre.

MENDE – 48.   12 000 hab.
Altitude 731 m

Remarquable vieille ville épiscopale sur le Lot (beau pont Notre-Dame, XIVᵉ). Les charmantes ruelles médiévales aux maisons de granit XVᵉ au XVIIᵉ avec de beaux toits entourent la belle cathédrale Saint-Pierre XIVᵉ (reconstruite au XVIIᵉ après les guerres de Religion) ; belle vue de la tour N. ; huit tapisseries d'Aubusson XVIIIᵉ et boiseries XVIIᵉ, stalles également. Musée Ignon-Fabre (préhistoire, archéologie, collections régionales ; trésor de l'âge de bronze ; vis. tous les jours sauf mardi, dimanche et jours fériés). Tour des Pénitents XIIᵉ.
➡ 2 km S., mont Mimat (1 067 m, table d'orientation), belvédère sur le Gévaudan et la Margeride du bord du causse de Mende, couvert à l'O. d'une belle forêt au-dessus du Lot (villages en ruine) ; ermitage Saint-Privat.

MERCOIRE (Ancienne abbaye de) – 48.

Au cœur de la belle forêt de Mercoire et sur la superbe D. 71 qui suit la Mercoire, vestiges XIIIᵉ et bâtiments XVIIIᵉ d'une abbaye cistercienne.

MEYRUEIS – 48.   1 100 hab.
Altitude 706 m

Centre de tourisme entre l'Aigoual* et les gorges du Tarn* et de la Jonte*. Ancien bourg charmant avec de vieilles maisons et la tour de l'Horloge, sur le Bétuzon et la Jonte.
➜ 2 km S., beau château de Roquedols XVᵉ-XVIᵉ (expositions du Parc des Cévennes, vis. tous les jours l'été).

MÈZE – 34.   5 500 hab.

L'ancien port viticole ne s'occupe plus guère que d'huîtres et de coquillages (Bouzigues est à 5 km N.-E., joli port de pêche, moules), et le paysage, face à Sète et au mont Saint-Clair, en est très insolite. Eglise intéressante (gothique XVIIᵉ).
➜ 3 km N.-N.-E., Loupian, vieille bourgade fortifiée, avec des maisons anciennes, une église romane devenue partie du château et une église gothique à large nef ; fouilles d'une villa gallo-romaine (mosaïques).

MINERVE – 34.

Site étonnant. Haut lieu occitan et cathare, cité fortifiée entourée d'un canyon calcaire creusé par la Cesse et le Rieussec (ou Brian), le village martyr victime de Simon de Montfort est une des merveilles du Midi. Eglise XIᵉ-XIIᵉ (autel roman de 456), fortifications, maison des Templiers, musée préhistorique et antique, puits Sainte-Rustique. Faire le tour par le canyon, souvent à sec. Etonnants ponts naturels de la Cesse (on peut les traverser, attention aux orages) qui a scié le causse du Minervois couvert de témoins mégalithiques, de tumulus et de camps fortifiés. Le long de la Cesse, grottes préhistoriques. Environs S. splendides, bois de pins et terres rouges. G.R. 77.

MINERVOIS (Le) – 34.

C'est l'ensemble du causse de Minerve* et des vallées de la Cesse et du Rieussec, notamment, pays aride et grandiose d'où les vues sont immenses sur la plaine, la mer, les Corbières et les Pyrénées. Un beau circuit : Minerve, Rieussec, Sainte-Colombe, D. 147 à l'O. puis D. 920 au S., col de Serrières, D. 12 et vallée de la Cesse. Le G.R. 77 le traverse N.-S.

MINIER (Col du) – 30.
Altitude 1 264 m

C'est le col des *Hommes de la Route* d'André Chamson. Belles vues, du col et du superbe versant S., dans les pins et les chaos de granit. A l'E., cascades d'Orgon.

MOLITG-LES-BAINS – 66.

Dans une étroite gorge de la Castellane, grand établissement thermal entouré d'un beau parc accidenté (plage aménagée, sports, sentiers, etc.). La rivière descend du Madrès (2 469 m) au S.-O. du col de Jau* (1 513 m), par Mosset, beau village jadis fortifié.

MONASTIR DEL CAMP – 66.

Ce beau prieuré parmi les pins et les vignes aurait été fondé par Charlemagne ; église XIᵉ (portail O. XIIᵉ en marbre blanc), ravissant cloître début XIVᵉ (vis.).
➜ 6 km S.-E., Banyuls-dels-Aspres, village fortifié.

MONTAGNE NOIRE – 11-81.
Altitude 1 210 m

Voir région XVIII. La partie S. de ce vaste massif, le plus méridional du Massif Central, descend en pente douce sur la dépression audoise au travers d'une sorte de maquis raviné (châtaigniers dans les vallons) en donnant souvent des vues immenses sur les Pyrénées. Le Cabardès, Saissac, la vallée de la Dure, suivie un moment par la D. 118 Mazamet-Carcassonne, sont très attachants. Sommet : pic de Nore*.

MONTBEL (Causse de) – 48.

Petit causse encastré dans le S. de la Margeride*, parsemé de crozes, sorte de gouffres bouchés.

MONTDARDIER – 30.
Altitude 615 m

Beau château. Sur le bord E. du causse de Blandas (nombreux mégalithes), dominant les vallées cévenoles.
➜ 1 h S.-E., superbes rochers de la Tude (895 m), panorama. G.R. 7.

MONTFRIN – 30.   2 100 hab.

Village agréablement situé au bord du Gard ; église romane remaniée, château classique XVIIᵉ. G.R. 6 et 42.
➜ 7 km E.-N.-E., Aramon, bourg magnifique au bord du Rhône. 3 km en aval, cheminée de 230 m de la centrale thermique E.D.F.

MONTJARDIN (Col de) – 30.
Altitude 1 005 m

Le causse Noir (région XVIII), ici tout nu, y côtoie les schistes de l'Aigoual, vaste forêt. Vue remarquable.

MONT-LOUIS – 66.
Altitude 1 600 m

Petite ville forte bâtie par Vauban et carrefour touristique important, admirablement située à l'entrée du Capcir*, de la Cerdagne* et des gorges de la Têt, près de Font-Romeu* et des Bouillouses*. Les remparts et la citadelle sont typiques de l'art de Vauban et fournissent des vues étendues sur les montagnes environnantes ; dans la citadelle, le premier spécimen de four solaire de 1953 (vis.). Eglise XVIIIᵉ ; porte de France. Point de passage du train jaune Cerdagne-Conflent, en amont des fameux ponts Gisclard (suspendu rigide) et Séjourné (en pierre).
➜ 4 km N., la Llagonne, à l'église, beau Christ XIIᵉ.
➜ 6,5 km S.-E., Planès, étonnante petite église romane ronde et triangulaire à la fois, évoquant un marabout ; sur la route, Saint-Pierre-dels-Forcats, centre de ski (pistes sur les flancs du Cambras d'Azé, 2 747 m) ; vues magnifiques sur le massif du Carlit.

MONTMIRAT (Col de) – 48.
Altitude 1 046 m

A la jointure du mont Lozère* et du causse de Sauveterre* ; la route qui le franchit entre le Lot et le Tarn est très belle ; ruines de Montialoux, causse escarpé du Truc de Balduc et ravin du Valdonnez au N., et superbe descente vers le Tarn au S.

MONTOLIEU – 11.

Restes de remparts ; abbatiale gothique ; château du Petit-Versailles.
➜ 4,5 km O., vestiges de l'abbaye XIIᵉ de Villelongue.

Le petit village de Montolieu, près de Carcassonne.

MONTPELLIER – 34. 196 000 hab.

La capitale du Languedoc-Roussillon est située sur une étroiture de la plaine littorale, position-clé qui lui a réussi pour le commerce et le contrôle de la région. La promenade du Peyrou est la juste fierté de la ville (avec ses hôtels anciens et son musée Fabre) ; ce sont deux niveaux de vastes terrasses dominant la ville, où l'aqueduc Saint-Clément amène les eaux du Lez à un beau château d'eau XVIIIe ; immense panorama : les Cévennes, la plaine, la mer, parfois les Pyrénées ; en bas, dans l'axe, la porte du Peyrou, arc de triomphe à la gloire de Louis XIV (1691). En face de l'Esplanade, XVIIIe, le musée Fabre est un des grands musées de France (ouv. tous les jours sauf lundi et jours fériés) : peintures italiennes et espagnoles, les peintres flamands et hollandais XVIIe, peinture française XVIIIe-XIXe, Greuze, Delacroix, Courbet, Bazille ; dessins ; sculptures de Houdon ; faïences ; l'annexe (hôtel voisin de Cabrières-Sabatier d'Espeyran) contient un précieux mobilier XVIIIe-XIXe (visites guidées les mercredi et samedi après-midi). A côté, ancien collège des Jésuites XVIIIe. Préfecture, hôtel de Ganges XVIIe, et fontaine de Cybèle XVIIIe. Place de la Canourgue et fontaine des Licornes XVIIIe ; Maison de « La Coquille », hôtel de Sarret XVIIe-XVIIIe (cour intérieure 6, rue du Palais). Cathédrale Saint-Pierre XIVe gothique méridional, fortifiée ; et faculté de médecine ancienne abbaye Saint-Benoît XIVe (cour intérieure et musée Atger : très riche collection de dessins XVIIIe, vis. tous les jours sauf samedi, dimanche et jours fériés et août). Tour des Pins XIIe-XIIIe, reste de l'enceinte médiévale, boulevard Henri IV.

Merveilleux Jardin des Plantes de 1593, le plus ancien de France (fermé samedi après-midi et dimanche). Pittoresques rues Bras-de-Fer et de l'Ancien-Courrier ; hôtel de Montcalm XVIe-XVIIIe ; rue des Trésoriers-de-la-Bourse, hôtel de Rodez-Bénavent XVIIIe au nº 4 ; hôtel Saint-Côme XVIIIe (chambre de commerce), 32, Grand'Rue-Jean-Moulin ; tour de la Babote XIIe-XIIIe. Théâtre, sur « l'Œuf », la place de la Comédie, avec la fontaine des Trois Grâces XVIIIe, grand carrefour de la ville. Tout près, quartier Jacques-Cœur : hôtel des Trésoriers-de-France XVIIe, Musée archéologique (le samedi après-midi) ; hôtel de Manse XVIIe, hôtel Nicolas XIVe-XVIIIe (musée du Vieux Montpellier, vis. après-midi sauf dimanche et lundi) ; et quartier du Cannau : rue du Cannau, hôtels Deydé, nº 8, de Beaulac, nº 6, d'Avèze, nº 3 ; rue Fournarié, hôtel Solas XVIIe, nº 1 ; place Aristide-Briand, hôtel de Mirman XVe-XVIIe, nº 7.

Au N.-E., église moderne Sainte-Thérèse-de-l'Enfant-Jésus (vitraux). Le Triangle et le Polygone sont l'important centre commercial et administratif moderne, que va compléter Antigone, « quartier occitan ». N., campus universitaire (musée de l'Institut d'Archéologie, vis. vendredi après-midi hors vacances), remarquable parc zoologique et parc de loisirs. N.-O., château d'O ; O., châteaux de la Mosson (à Celleneuve, église fortifiée typique), de la Piscine, de l'Engarran, tous « folies » montpelliéraines XVIIIe. E., château de la Mogère, également XVIIIe (vis. après-midi en saison).

MONTRÉAL – 11. 1 600 hab.
Altitude 415 m
Village perché du Razès, dans les « terres dominicaines » (voir Fanjeaux*). Belle collégiale XIVe du meilleur style gothique méridional, stalles XVIIe et peintures de Despax (XVIIIe) sur la vie de saint Vincent. Superbes vues.

MONZE – 11.
Vieille église et restes de remparts dans un vallon pierreux au S.-O. de la montagne d'Alaric* qu'une petite route traverse à l'E.-N.-E. en passant (4 km) aux ruines de Miramont (vue) ; le sommet (600 m) est au N. de Lagrasse*, sur le G.R. 77. Ce chaînon des Corbières* marque le paysage de la contrée.

MOURÈZE (Cirque de) – 34.
Altitude 200 m
Etrange chaos dolomitique aux formes les plus diverses, dominé par la montagne de Liausson (523 m, 2 h aller et retour) dont le panorama ordonne un peu ce paysage fantastique en donnant aussi une vue magnifique sur le lac de Salagou* au N. et les montagnes. Le très beau vieux village semble faire partie du chaos.

MURVIEL-LES-BÉZIERS – 34. 1 900 hab.
Village perché pittoresque.
➜ 3 km O., Réals, beau site rocheux sur l'Orb.

NAGES – 30.
Altitude 181 m
Important oppidum préhistorique et celtique (panorama). 1 h aller et retour.

NARBONNE – 11. 40 500 hab.
La capitale de la Narbonnaise romaine était port de mer jusqu'au XIVe par le golfe de Sigean devenu étang ; le canal de la Robine la relie au canal du Midi et à Port-la-Nouvelle*.
Aucun monument romain ne subsiste sauf l'Horreum, entrepôt souterrain, au N. de Saint-Just ; mais il existe des vestiges d'un pont, sur le canal, et de l'enceinte, et une nécropole à la crypte de Saint-Paul, et d'innombrables produits de fouilles dans les musées et églises. (Billet unique pour les musées, fermés le lundi hors saison.)

Montpellier : *Le château d'eau du Peyrou et ses jardins suspendus sont le haut lieu de la capitale régionale, aux célèbres hôtels.*

La cathédrale Saint-Just se réduit à un chœur splendide XIIIᵉ-XIVᵉ de 40 m de haut ; vitraux XVᵉ-XVIᵉ, remarquables œuvres d'art, tombeaux de cardinaux, statues, tapisseries, tableaux, stalles XVIIᵉ, salle capitulaire XVᵉ, riche trésor (voir le sacristain). Cloître XIVᵉ. Le palais des Archevêques jouxte Saint-Just ; c'est une forteresse XIIᵉ-XIVᵉ avec une addition de Viollet-le-Duc (l'hôtel de ville) entre l'énorme donjon Gilles Aycelin et la tour Saint-Martial, formant le palais neuf XIVᵉ séparé du palais vieux XIIᵉ-XIIIᵉ, tour de la Madeleine, par le passage de l'Ancre ; ce palais vieux abrite le riche musée archéologique ; au palais Neuf, musée d'Art et d'Histoire (peintures, céramiques, mosaïques romaines), dans les appartements des archevêques. Dans l'ancienne église Notre-Dame-de-Lamourguier XIIᵉ-XIIIᵉ (S.), important musée lapidaire.
Vers l'O., maison des Trois-Nourrices XVIᵉ puis la basilique Saint-Paul XIIIᵉ (chœur) et XVᵉ (le bénitier héberge une grenouille), bâtie sur une nécropole dont sa crypte paléo-chrétienne contient de beaux sarcophages. Maisons anciennes. Au N.-E., église Saint-Sébastien XVᵉ (Ecce Homo sculpté, retables). Marché le jeudi.
➡ S.-O., abbaye de Fontfroide*. ➡ E., montagne de la Clape* et les plages. ➡ 17 km N.-O., Ginestas, beau retable XVIIᵉ à l'église.

Narbonne : *Grand port d'antan, capitale de la* **Provincia Romana** *puis de la* **Narbonnaise.**

NARBONNE-PLAGE – 11.
Ancienne station, qui se développe en unité touristique jusqu'à l'embouchure de l'Aude. Port de Brossolette, d'où le résistant s'embarqua en 1942 pour la Grande-Bretagne. Au N., gouffre de l'Œil Doux.

NASBINALS – 48.   700 hab.
Altitude 1 180 m
Une des célèbres foires de l'Aubrac (notamment le 17 août). Eglise priorale roman auvergnat (chapiteaux et œuvres d'art), étape de Compostelle. Vieilles maisons. Monument à Pierrounet Brioude, fameux « rebouteux » du siècle dernier.
➡ 2 km N.-O. plus 40 mn aller et retour, piton de Notre-Dame de la Sentinelle (1271), pèlerinage, panorama.
➡ 3 km S.-E. sur D. 52, chemin à gauche pour les grotte et cascade de Déroc (30 m de haut ; 20 mn aller et retour) ; au-delà sur la D. 52, région de beaux lacs des hauts plateaux de l'Aubrac*, lac des Salhiens, et route superbe de la vallée du Lot par le col de Bonnecombe (vues). Passages de G.R. Ski.

Nîmes : *« Galamment de l'arène à la tour Magne à Nîmes »
(célèbre distique de Victor Hugo à double écriture), le visiteur voit
défiler quelques-uns des plus fameux vestiges romains de France.*

NAUROUZE (Col de) – 11.
Altitude 194 m

De peu d'apparence mais efficace : c'est la frontière
climatique entre l'O. et l'E. méridionaux. Obélisque de
Riquet, créateur du canal du Midi, alimenté ici par la
rigole, qui vient du bassin de Saint-Ferréol (région XVIII)
et de la Montagne Noire.
➡ 1,5 km N.-N.-O., Montferrand, village perché (oppidum romain), panorama. ➡ 6 km N.-N.-E., Montmaur,
beau château féodal XIVᵉ. ➡ 6 km S., grand lac du barrage
de l'Estrade, remontant dans deux vallons (6 et 3 km) ;
irrigation.

NAUSSAC (Lac de) – 48.
Vaste lac de barrage, très contesté (il a noyé des bonnes
terres, rares dans la région, et se vide l'été). A voir en début
de saison.

NAVACELLES (Cirque de) – 30.
La Vis* y a recoupé un méandre au fond d'un profond
canyon ; le site est extraordinaire de ces cultures en boucle
entourant une butte calcaire, dominé par 400 m de falaises
blanches. On peut traverser le site par la route, le sens N.-S.
est préférable ; belvédères. G.R. 7. Dolmen au S.

NÎMES – 30.   134 000 hab.
Importante étape sur la voie Domitienne, la « Rome
française » est célèbre pour ses monuments antiques (vis.
tous les jours, billet unique).
Vestiges imposants de la Gaule romaine : les vastes arènes
(plus de 20 000 places) pour les jeux du cirque, bien
conservées, en deux étages ; courses de taureaux ; elles
servirent de forteresse puis d'habitation. La Maison Carrée
est un temple de style grec, rectangulaire, dédié aux petits-
fils d'Auguste ; musée des Antiques. Admirable jardin de
la Fontaine XVIIIᵉ (sur les flancs du mont Cavalier, grand
parc), ouvert jusqu'à 23 h l'été, avec la source Nemausus et
les restes du temple de Diane qui devait faire partie des
thermes disparus (un théâtre reste à dégager) ; par le parc

Cavalier, on monte à la tour Magne, « grande » tour de
l'enceinte romaine, panorama immense. Sur le côté O. de
la citadelle de Vauban (prison), Castellum divisiorum,
château d'eau répartissant les eaux venant par le pont du
Gard. Porte d'Auguste.
Cathédrale Saint-Castor XIᵉ au XIXᵉ, au cœur du vieux
Nîmes ; musée du Vieux Nîmes à l'ancien évêché XVIIᵉ
(ouv. tous les jours sauf dimanche matin) ; hôtel de ville
XVIᵉ-XVIIIᵉ (ancien hôtel de la Trésorerie), parmi quantité
de vieilles maisons souvent pittoresques par leur décoration
(nombreux remplois) ; maison romane XIIᵉ. Musée archéologique (ancien collège des Jésuites XVIIᵉ, vis. *idem*) : le
guerrier gaulois, la mosaïque de Bellérophon, etc. Musée
des Beaux-Arts (vis. tous les jours sauf mardi). Sur
l'Esplanade Charles-de-Gaulle, centre de Nîmes, fontaine
de Nîmes, de Pradier. Feria de la Pentecôte.

NÎMES-LE-VIEUX (Chaos de) – 48.
Grand site naturel de rochers dolomitiques près du rebord
S.-E. du causse Méjean*, autour des villages de Veygalier
et de l'Hom ; accès (libre) par le col de Perjuret, frontière
naturelle entre l'Aigoual et les causses.

NORE (Pic de) – 11.
Altitude 1 210 m

Sommet de la Montagne Noire*, à quelque distance au S.
de la forêt de Nore (hêtres, résineux en haut), dans la
lande ; relais TV et table d'orientation, panorama remarquable sur tout le Haut-Languedoc, le Carcassonnais, les
Corbières, les Pyrénées.

NOTRE-DAME (Col) – 34-12.
Sur la grande crête retrouvée au S.O. du Larzac*, entre le
Dourdou* de Camarès et le bassin de l'Orb. G.R. 71
suivant la crête.

OLARGUES – 34.
Altitude 183 m

Beau village presque entouré par le Jaur, au pied des monts
de l'Espinouse*. Pont XIIIᵉ à l'O. et, au sommet de la butte,
clocher XIᵉ-XVᵉ d'où vue superbe.
➡ 6 km E., entrée des gorges d'Héric*, à Mons (bases de
canoë-kayak et d'escalade) ; 5 km E., Colombières-sur-
Orb, musée romain, cascade et gorges remarquables sur le
flanc E. du Caroux* qui domine superbement cette région
de la vallée de l'Orb.

OLETTE – 66.
Altitude 627 m

Petit bourg tout en longueur au-dessus de la Têt, bien exposé, au débouché des belles vallées de l'Evol et du Cabrils.

➡ 3 km N.-N.-O., Evol, ruines féodales XIIIᵉ, église XIᵉ possédant un beau retable XVᵉ de Saint-Jean-Baptiste et un retable XVIᵉ ; une route mène au N. vers les étangs de Nohèdes (au pied du Madrès), 11 km plus 4 h aller et retour. ➡ O.-N.-O., Oreilla (église), Ayguatébia, Sansa, Railleu, Caudiès, col de la Lloze, bassin superbe du Cabrils.

ORB (Gorges de l') – 34.
Granitiques et boisées en aval du lac d'Avène* ; la vallée s'élargit en cultures et en vignes vers Bédarieux et Lamalou-les-Bains* puis se renferme à nouveau, au pied du mont Caroux*, dans des gorges calcaires (méandres) où se trouve Roquebrun*.

ORBIEU (Gorges de l') – 11.
Un des plus beaux chemins de traversée des Corbières ; presque chaque village a son château en ruine et/ou sa petite église romane, dans un décor sauvage : Auriac (saisissante route du col de Redoulade), pont d'Orbieu, gorge de Montjoi, Vignevieille, Durfort*, Lagrasse*, Fabrezan.

PADERN – 11.
Au confluent du Torgan (belles gorges au N.) et du Verdouble, né près de Peyrepertuse*, ruines d'un château XIᵉ : un beau tas de pierres.

PALAVAS-LES-FLOTS – 34.   4 200 hab.
La plage populaire de Montpellier, au charme un peu désuet, s'agrandit et se modernise, avec notamment un vaste port de plaisance. Elle reste pittoresque.

PAS DE LA CASE – 66.
Altitude 2 091 m

Pont sur l'Ariège, naissant du cirque de Font Nègre au S., marquant la frontière andorrane, au pied du plus haut col pyrénéen, le port d'Envalira (2 407 m), en Andorre.

PAS-DE-L'OURS (Belvédère du) – 11.
Superbe site de la route du Sapin de l'Aude, dans la forêt de Comus (partie O. du pays de Sault*), d'où la vue embrasse le massif du Saint-Barthélemy, Montségur et, au-dessous, les gorges de la Frau (région XVIII).

PENNAUTIER – 11.
Château XVIᵉ intéressant (vis.) ; parc à la française.

PERPIGNAN – 66.   108 000 hab.
Capitale de la Catalogne française, et, au Moyen Age, du bref royaume de Majorque. Ville-pont sur la Têt, au cœur du Roussillon, centre important du commerce agricole du Roussillon. Le Castillet, symbole de la ville, est une porte-forteresse XIVᵉ de brique rouge rescapée de l'enceinte, abritant la Casa Pairal, musée catalan des Arts et Traditions populaires.

Au cœur de la vieille ville, place de la Loge (sardanes l'été), avec la *Vénus*, de Maillol, devant la Loge de Mer (façade 1388), bourse et tribunal maritimes. Hôtel de ville XIIIᵉ-XVIᵉ-XVIIᵉ ; dans le patio, *la Méditerranée*, de Maillol. Palais de la Députation XVᵉ. La cathédrale Saint-Jean XIVᵉ-XVᵉ possède une vaste et belle nef unique typique du gothique méridional et de splendides retables XVᵉ-XVIIᵉ (nombreux objets d'art) ; sous le buffet d'orgue début XVIᵉ, on accède à la chapelle de Notre-Dame-dels-Correchs XIᵉ en galet de rivière, partie de l'ancienne église Saint-Jean-le-Vieux ; gisant du roi Sanche et deux beaux portails romans. A l'extérieur au S., chapelle du Christ, contenant le Dévôt Christ, grand crucifix rhénan début XIVᵉ en bois sculpté, d'expression pathétique.

Campo Santo ou cloître Saint-Jean XIIIᵉ-XVᵉ. Dans le vieux quartier encore (traversé par la Basse), voir aussi le patio de la maison Julia XIVᵉ, la maison de la Main de Fer, les maisons anciennes de la rue du Théâtre, l'église Saint-Jacques XIVᵉ sur les remparts (belles œuvres d'art, croix aux Outrages, retable de Notre-Dame-de-l'Espérance XVᵉ, chapelle de la confrérie de la Sanch, d'où part la célèbre procession de pénitents le vendredi Saint). Musée Hyacinthe Rigaud (vis. tous les jours sauf mardi), primitifs catalans, Rigaud, céramiques catalanes.

Pierre-Lys : Luxuriante nature baignée par l'Aude sortant à peine de son carcan de sauvages calcaires du défilé de Pierre-Lys.

Dans l'immense citadelle XVIᵉ, le Palais des Rois de Majorque XIIIᵉ-XIVᵉ (vis. tous les jours sauf mardi et jours fériés) émerge peu à peu des constructions parasites ; une superbe cour d'honneur, de vastes galeries, deux chapelles superposées, la grande salle de Majorque (32 m sur 13), c'est un magnifique édifice offrant aussi un beau panorama. Route de Prades, cabinet numismatique Joseph-Puig. S.-E., Sant Vicens, centre d'artisanat d'art (vis. tous les jours), céramiques et tapisseries de Lurçat, exposition-vente. Promenade des Platanes, square Bir-Hakeim, jardin de la Miranda.
➡ 5 km S.-E., Cabestany, à l'église, magnifique tympan roman du « maître de Cabestany ». ➡ 6 km S.-O., Toulouges, belle croix aux Outrages, et portail de l'église Sainte-Marie (roman).

PERTHUS (Le) – 66.
Altitude 290 m
Célèbre passage de la frontière espagnole ; village à cheval sur la frontière, au pied du fort de Bellegarde bâti par Vauban.

PEYRE (Roc de) – 48.
Altitude 1 179 m
Piton volcanique jadis fortifié ; immense panorama (table d'orientation). 30 mn aller et retour.

PEYREPERTUSE (Château de) – 11.
Altitude 797 m
Crête calcaire presque inaccessible, fortifiée de deux châteaux superposés, le vieux château, « en bas », dont le site et les défenses sont très évocateurs, et le château Saint-Jordy XIIIᵉ qui domine le premier de 60 m et offre une vue admirable sur les Corbières (les Pyrénées sont masquées). Accès de Duilhac (beau village), route plus 1 h aller et retour ; du col de Grès au N., 2 h aller et retour, sentier difficile mais magnifique. C'est de Rouffiac et de Soulatgé qu'on le voit le mieux.

PEYRIAC-DE-MER – 11.
Joli village médiéval (église fortifiée) avec quelques salins au bord de l'étang de Bages*, site lagunaire. Musée archéologique.
➡ 5 km N.-E., Bages, village remarquable en presqu'île sur l'étang de Bages ; belle route longeant l'étang, avec la montagne de la Clape* en face.

PÉZENAS – 34.   8 100 hab.
Passionnante vieille ville pleine de vie et de souvenirs historiques au travers d'un cadre architectural XIVᵉ au XVIIIᵉ illustré par les foires, les Etats du Languedoc, le prince de Conti, Molière. Prendre au S.I. l'itinéraire balisé qui permet de voir à son rythme cet ensemble extraordinaire où il faut toujours avoir le nez en l'air et vouloir rentrer dans les cours.
Square Molière (statue) le long de la Peyne, place du 14-Juillet, hôtel de Lacoste XVᵉ (galeries voûtées, escalier, cour) ; place Gambetta, S.I. dans la maison du barbier Gély, l'ami de Molière ; en face, maison des Consuls,

Renaissance et XVIIIᵉ ; l'itinéraire commence là. Musée de Vulliod-Saint-Germain (vis. tous les jours sauf samedi et dimanche), dans un hôtel XVIᵉ-XVIIIᵉ (mobilier XVIIIᵉ, céramiques, tapisseries, histoire). Rues Montmorency, du Château, Sabatier (hôtel de Flottes-de-Sébasan, XVᵉ-XVIIIᵉ), Triperie-Vieille, de la Foire, Emile-Zola (nᵒ 7, hôtel Jacques-Cœur), le Ghetto, porte Faugères, cours Jean-Jaurès ; au nᵒ 20, hôtel de Grasset (escalier). Eglise Saint-Jean XVIIIᵉ (mobilier) et maison des Commandeurs. Rue Conti : nᵒ 34, hôtel de Conti, nᵒ 36, hôtel d'Alfonce (deux cours, loggias, escalier à vis à noyau évidé), où Molière a joué ; rue Denfert-Rochereau, nᵒ 45, hôtel Malibran XVIIᵉ-XVIIIᵉ. La Mirondela dels arts (juillet à septembre) est un ensemble de manifestations artistiques, culturelles, folkloriques, artisanales : échoppes anciennes, concerts, théâtre, etc.

PIERRE-LYS (Défilé de) – 11.
Superbes gorges creusées par l'Aude dans la forêt des Fanges* ; magnifiques escarpements calcaires. Le Trou du Curé est le premier tunnel au N. (voir Quillan*).

PIGNAN – 34.   2 700 hab.
Village viticole fortifié.
➡ 3,5 km N.-O., Murviel-les-Montpellier, ruines gallo-romaines au N. ➡ 2 km N.-E., belle ancienne abbatiale de Vignogoul, XIIIᵉ, gothique d'Ile-de-France.

POINT SUBLIME (Le) – 48.
Altitude 861 m
A 12,5 km N. des Vignes* (rive droite), point de vue grandiose sur le cirque des Baumes*, un des grands tournants des gorges du Tarn*.

PONT-DE-MONTVERT (Le) – 48.
Altitude 875 m
La révolte des Camisards partit de là en 1702. Beau vieux village cévenol sur le Tarn naissant, au cœur du Parc national des Cévennes* ; écomusée et centre d'information. Cascades au N. et au N.-O.
➡ S., montagne du Bougès*.

PONT DU GARD – 30.
A 3 km en amont de Remoulins. Les Romains le construisirent vers 19 avant J.-C. pour amener à Nîmes les eaux de la fontaine d'Eure à Uzès* (près de 50 km). 275 m de long, 49 de haut, 3 étages. Napoléon III le fit restaurer. Sur les deux rives, des sentiers courent la garrigue d'un point de vue à un autre. Beau château Saint-Privat en amont rive droite (vue sur le pont).

PONT-SAINT-ESPRIT – 30.   6 800 hab.
Le pont sur le Rhône, XIIIᵉ-XIVᵉ, modifié, restauré, est encore très beau (vue sur la ville). Terrasse sur le Rhône (vue) ; autour, trois églises : Saint-Saturnin, Saint-Pierre XVIIᵉ, chapelle des Pénitents, baroque. Place de l'Hôtel-de-Ville, hôtel de Roch XIIᵉ. Rue Saint-Jacques, plusieurs maisons anciennes. Près du pont, maison du Roy XVᵉ, et portail XVᵉ d'une collégiale dans les ruines de la citadelle.

PORT-BARCARÈS – 66.
Importante station nouvelle (voir Leucate*), célèbre par son casino original : le paquebot Lydia ensablé (belvédère, restaurant, etc.).

PORTES (Château de) – 30.

Perché sur une serre cévenole, spectaculaire nid d'aigle des ruines (récemment sauvées) d'un château XIVe au XVIIe très original. Vaste panorama.

PORT-LA-NOUVELLE – 11.   4 600 hab.

Au débouché de l'étang de Bages* (ou de Sigean), et du canal de la Robine, le port de commerce de Narbonne est devenu un port pétrolier important, paysage industriel inattendu. Phare. Vaste plage au S.
➡ 5 km S.-O., au pied du cap Romarin (122 m) et de ses carrières de marbre, salin de Lapalme et étang de Lapalme ouvrant sur la mer par le grau de la Franqui.

PORT-VENDRES – 66.   5 800 hab.

Admirable port naturel, fortifié par Vauban (fort Saint-Elme à l'O. et fort Béar sur le cap Béar à l'E.), place de l'Obélisque (XVIIIe). Port de pêche actif.
➡ 4 km E., cap Béar (phare).

PRADE (Col de la) – 11.

Sur la ligne de partage des eaux au S. du pic de Nore*, il sépare les magnifiques gorges de la Clamoux de celles de l'Arnette qui redescend au N.-O. sur Mazamet (région XVIII).

PRADES – 66.   6 900 hab.
Altitude 357 m

Au pied N. du Canigou*, petite capitale du Conflent*, célèbre pour ses festivals (musique, à Saint-Michel-de-Cuxa*, et cinéma). L'église Saint-Pierre (clocher roman restauré) possède un grand retable XVIIe de Sunyer et un beau Christ en bois XVIe parmi d'autres œuvres d'art ; elle a longtemps hébergé le festival Pablo Casals. Marbre local courant dans la vieille ville, pleine de charme.
➡ 5 km N.-E., Eus, superbe village perché à l'autre bout de la petite plaine centrale du Conflent, riche de cultures fruitières.

PRATS-DE-MOLLO – 66.   1 200 hab.
Altitude 745 m

La petite capitale du Haut Vallespir, dans ses remparts, est très pittoresque avec ses ruelles en escaliers, son église fortifiée XVIIe (clocher XIIIe et retable), ses portes et ponts fortifiés également, et sa ville haute. De la rive droite du Tech et du fort Lagarde, belles vues.
➡ 4 h 30 aller et retour O.-S.-O., tour de Mir (1 540 m), panorama. ➡ S., du col de la Guille (route du col d'Ares), 1 h 30 aller et retour, ermitage Notre-Dame-du-Coral XVIIe, pèlerinage, statues anciennes. ➡ 8 km O., La Preste, station thermale (1 130 m), au pied du pic de Costabonne (2 465 m, 7 h 30 aller et retour, panorama immense, source du Tech un peu au-delà) ; très mauvaise route forestière pour Vernet-les-Bains. ● Traditions catalanes vivaces.

PUIGMAL – 66.
Altitude 2 910 m

Point culminant du massif enfermant la Cerdagne* au S.-E., face au Carlit*. Facilement accessible par la crête depuis le Pla de Salinas à l'O.-S.-O. (routes forestières d'Osséja au S.-E. de Bourg-Madame*). Le « stade de neige » est sur la route forestière montant d'Err. Au pied

E., en Espagne, célèbre pèlerinage de Nuria, où l'on passe par les cols de Llo ou de Nuria.

PUILAURENS (Château de) – 11.

Cathare puis royal face à l'Aragon et aux Espagnols, son histoire fut mouvementée. Ruines formidables sur un roc escarpé d'où la vue est belle, à l'entrée de la haute vallée de la Boulzane (belle route de Sournia par le col d'Aussières).

PUIVERT – 11.
Altitude 483 m

Le grand château des cours d'amour, des Jeux Floraux et des fêtes nautiques sur le lac a été pris en 1210 par Simon de Montfort ; le lac s'est vidé en 1279, causant une catastrophe. Vastes ruines XIIe-XIVe sur la colline : enceinte et beau donjon avec la salle des Musiciens (sculptures). Le vieux village est pittoresque et le paysage au S. est remarquable.

PUYMORENS (Col de) – 66.
Altitude 1 915 m

Communication importante entre la haute Ariège et la Cerdagne*, et centre de ski (Porté-Puymorens, 1 625 m) ; ses tempêtes de neige sont redoutées ; du grand virage au-dessus de Porté, vue magnifique sur la vallée du Lanoux et le Carlit*. En aval, défilé de la Faou, puis tours XIIIe de Carol, avant la gare internationale de Latour-de-Carol, d'où le petit train jaune part pour Villefranche-de-Conflent* par la Cerdagne et les gorges de la Têt.

QUARANTE – 34.   1 500 hab.

Village perché au milieu des vignes, possédant une remarquable église romane Xe-XIe à coupole et de caractéristiques primitives ; pierres d'autels romanes ; trésor (sarcophages antiques, reliquaire XVe).
➡ 2 km N.-O., Cruzy, dans les premiers reliefs du Minervois ; église XIVe fortifiée, gothique méridional à voûte en berceau.

QUÉRIBUS (Château de) – 11.
Altitude 688 m

Invraisemblable nid d'aigle sur une crête aiguë dominant la profonde dépression du Fenouillèdes* au S. ; XIe-XIIe, ce château cathare tombé onze ans après Montségur possède une belle salle gothique à pilier central (vis. en saison ; 1 h aller et retour). Le panorama (toutes les Pyrénées-Orientales) est aussi saisissant que le vent.
Du Grau de Maury, le col en dessous (555 m), vues superbes. 2 km N., Cucugnan, beau village vigneron.

QUILLAN – 11.   5 100 hab.
Altitude 291 m

Eglise XIVe, ruines d'un château fort XIIIe, mairie dans un hôtel XVIIIe, monument à l'abbé Armand, qui fora le Trou du Curé dans les gorges voisines de Pierre-Lys*. Dans un joli bassin sur l'Aude, le bourg est un grand centre d'excursions.
➡ E.-S.-E., en 2 h 30 aller et retour, pic de Bitrague (647 m), belle vue. ➡ S., route de la haute vallée de l'Aude (très belle). Voir défilé de Pierre-Lys*.

Pont du Gard : *Oublier les routes, et redécouvrir « le » pont.*

REBENTY (Gorges du) – 11.

Coupant le grand plateau de Sault* depuis le col du Pradel (sur Ax-les-Thermes, région XVIII ; vue magnifique) et la Fajolle, centre de ski, elles comprennent notamment les défilés d'Adouxes, de Niort, d'Able et de Joucou (ruines d'une abbaye) avant de rejoindre l'Aude près d'Axat.

RENNES-LES-BAINS – 11.
Altitude 310 m

Petite station thermale (rhumatismes) sur la Sals, qui naît d'une fontaine Salée (en amont de Sougraigne au S.-E.), fontaine des Amours sur la route. Panorama des ruines de Blanchefort, N.-O. (2 h aller et retour).
➡ 9,5 km S.-E., Bugarach, au pied du pic de Bugarach (1 230 m, 4 h aller et retour), point culminant des Corbières* ; panorama immense ; grands à-pics, à l'O. surtout.

RIEUX-MINERVOIS – 11.   1 900 hab.

Etonnante église XIIe circulaire centrée sur un chœur heptagonal à coupole et tour ; chapiteau remarquable et Mise au tombeau bourguignonne.
➡ 8 km N.-E., Siran ; 2 km N., chapelle XIIIe de Centeilles, à coupole, dans un beau site, mosaïque gallo-romaine de Siran et fresques médiévales.

ROQUEBRUN – 34.

Beau village des gorges de l'Orb*, jouissant d'un micro-climat qui lui assure une végétation privilégiée (mimosas, agrumes, etc.) ; ruines féodales.
➡ 9,5 km N.-O., Vieussan, beau site sur l'Orb (vue sur le Caroux*).

ROQUE-JALÈRE (Col de) – 66.
Altitude 976 m

Sur la D. 619 Prades-Sournia-Saint-Paul-de-Fenouillet, traversant le Fenouillèdes* quasi désertique, panorama immense et admirable sur l'ensemble du Roussillon et notamment le Conflent* et le Canigou. Nombreuses « boules » de granit (roc Cornu).

ROQUE-SUR-CÈZE (La) – 30.

Son nom le dit, c'est un village-rocher, un site magnifique. Au S. par la rive gauche, curieuse cascade du Sautadet, décomposée avec de multiples marmites.

ROQUEMAURE – 30.   3 600 hab.

Au bord du Rhône, restes de château répondant à celui de l'Hers à Châteauneuf-du-Pape ; église gothique XIIIe (bel orgue XVIIe) ; maison gothique (façade XVIIIe).
➡ S.-O., belle route D. 976 vers le Pont du Gard*.

ROUJAN – 34.   1 400 hab.

Eglise gothique (haute tour carrée). Château.
➡ 3 km O., Gabian, village fortifié, église ancienne ; fontaine XVIe. Naguère connu pour son pétrole. ➡ S.-E., prieuré roman de Saint-Nazaire (porche). ➡ 5,5 km S.-E., Alignan-du-Vent, église XIe. ➡ 2 km S., Margon, château fort.

ROZIER (Le) – 48.

Au confluent de la Jonte* et du Tarn*, au pied des escarpements des causses Méjean* et Noir (région XVIII) et du vieux bourg de Peyreleau (région XVIII), remarquable centre touristique. Le Tarn sorti de ses gorges est encore très beau en aval.

Saint-Guilhem-le-Désert : *Ce splendide village est né autour de la célèbre abbaye fondée par Guilhem d'Orange, cousin et ami de Charlemagne, lequel lui fit don d'une relique de la Vraie Croix, toujours vénérée. La nature à l'entour est aride mais somptueuse.*

Ci-dessous, Cucugnan : *Du fier piton de Quéribus, vigie des Corbières, la vue s'étend sur tout le Roussillon ; au nord, se trouve Cucugnan, pittoresque village dont le nom inspira Alphonse Daudet.*

SAINT-AMANS – 48.
Altitude 1 143 m
Au cœur du Gévaudan ; beau point de vue proche à l'O.
➡ 4 km S.-E., Rieutort-de-Randon, sur la Colagne ; vues.
➡ 6,5 km E., sentier à droite G.R. 43 pour (1 h 45 aller et retour) le signal de Randon (1 551 m), point culminant de la Margeride*, dans les bruyères et le vent ; au S.-E., lac de Charpal (barrage) parmi les marais.

SAINT-AMBROIX – 30.   3 800 hab.
Au sortir de la Cèze des Cévennes. Ruines féodales sur un rocher et grand pont ancien restauré.

SAINT-CHÉLY-D'APCHER – 48.   5 300 hab.
Altitude 1 000 m
Maisons XVe et vieilles tours de l'ancienne place forte du Gévaudan. Foires réputées. Ski de fond.
➡ E., route de Saint-Alban-sur-Limagnole par D. 75 et D. 687.

SAINT-CHÉLY-DU-TARN – 48.
Son et Lumière
Au fond d'un cirque énorme de falaises, très beau petit village ancien relié à la rive droite par un grand pont élégant ; modeste église romane et maisons anciennes.
➡ 2 km N.-O., cirque de Pougnadoires, rouge ou violacé, aux rochers colossaux. Beau sentier rive gauche. Les routes D. 998 et D. 986 au départ de Sainte-Enimie donnent des vues magnifiques sur les deux cirques.

SAINT-CYPRIEN-PLAGE – 66.   3 000 hab.
La Baigneuse, de Maillol, préside à la vieille plage qui a engendré un grand port de plaisance entouré de grands immeubles.

SAINT-GÉNIS-DES-FONTAINES – 66.   1 100 hab.
L'église est célèbre par son remarquable linteau daté de 1020, début de la sculpture romane catalane.
➡ 4,5 km E., Saint-André, dont l'église XIIe possède un linteau semblable ; 7 km S., Lavall, beau site dans les gorges de Lavall, encaissées dans les Albères* au pied de la tour de la Massane (812 m).

SAINT-GEORGES (Gorges de) – 11.
En amont d'Axat, court et sombre défilé où la route a dû être taillée dans le roc le long de l'Aude.

SAINT-GERVAIS-SUR-MARE – 34.
Bourg pittoresque, typiquement cévenol, dominé par les monts de l'Espinouse. Musée géologique.
➡ 8 km O., Castanet-le-Haut, sous le sommet de l'Espinouse. ➡ 13 km N.-O., col de Coustel*. ➡ 8,5 km N.-E., Graissessac, anciennes mines ; 6,5 km S.-E., Boussagues, château en ruines, maisons anciennes ; on peut découvrir ce beau village à pied en venant (G.R. 7) de Villemagne (voir Lamalou*).

SAINT-GILLES – 30.   9 800 hab.
L'église Saint-Gilles, ancienne abbatiale XIIe à l'origine, très malmenée par l'histoire, possède une admirable façade romane avec ses trois portails réunis par une colonnade ; la sculpture en a fait école dans toute la région, et représente surtout la vie du Christ, les apôtres et les archanges ; vaste crypte à voûtes suivant l'évolution des techniques ; l'escalier de la tour N. ou « vis de Saint-Gilles » est un célèbre exemple de la taille des pierres, maintes fois reproduit dans les « chefs-d'œuvre » de compagnons. Maison romane (XIIe, restaurée), abritant un musée, notamment lapidaire. Belle vue depuis l'hôtel de ville : la Camargue. Terme du G.R. 42 qui suit la rive droite du Rhône.
➡ 5 km N. (D. 38), station de pompage de Pichegu, l'une des plus fortes d'Europe, assurant l'irrigation de la partie orientale de la plaine par les eaux du Rhône.

SAINT-GUILHEM-LE-DÉSERT – 34.
Village-merveille hélas à la mode : dans la combe sauvage du Verdus, les restes de l'abbaye médiévale comprennent une superbe abbatiale XIe avec une admirable abside ; cloître partiel, salle capitulaire (en cours de restauration), narthex, belle nef sobre (orgue de Cavaillé) ; sarcophages antiques et remarquables restes lapidaires. Village étonnant, à voir du château en ruine ; G.R. 74 magnifique au N. (montagne de Saint-Guilhem). A l'O., extraordinaire cirque de l'Infernet et vallée du Bout du Monde. O.-S.-O. (G.R. 74), montée au point de vue Max Nègre.

SAINT-HILAIRE – 11.
Eglise abbatiale fin XIIe-XIIIe romane (voûtes gothiques), avec le beau sarcophage XIe de saint Hilaire, illustré de scènes de la vie et du martyre de saint Sernin ; beau cloître gothique XIVe. Route de Limoux sinueuse mais belle.

Saint-Martin-du-Canigou : *L'abbaye est blottie au cœur du massif du Canigou ; seule la tour est visible de la vallée.*

SAINT-HIPPOLYTE-DU-FORT – 30.   3 500 hab.
Venant du N. et de la châtaigneraie, c'est soudainement la garrigue calcaire, aux falaises aveuglantes, le Midi, mais le pays est rude. Fort « Vauban », anti-camisard. Vieilles rues, vestiges de remparts. Passage de la draille de la Margeride montant à l'Asclier*.

SAINT-JEAN-DU-GARD – 30.   2 600 hab.
Beau site de la vallée du Gardon de Saint-Jean (Vallée Borgne* en amont), en plein pays camisard. Pont XVIIᵉ rebâti après la crue de 1958. Tour de l'Horloge, romane. Musée des Vallées cévenoles (vis. tous les jours sauf dimanche matin et lundi l'été ; dimanche après-midi hors saison).
➡ N.-O., Corniche des Cévennes*. ➡ S.-O., mont Brion (815 m), près du G.R. 61, beau panorama sur la Cévenne.

SAINT-LOUIS (Col de) – 11.
Altitude 687 m
Entre la vallée du Saint-Bertrand et le Fenouillèdes*, bordant la forêt des Fanges*, belle route de montagne.

SAINT-LOUP (Mont) – 34.
Altitude 111 m
Remarquable piton de basalte (environné de pouzzolane ; carrières), d'où le panorama est immense – comme les échangeurs à ses pieds – sur les vignes, les étangs, la mer.

SAINT-LOUP (Pic) – 34.
Altitude 658 m
Point de repère de toute la région de Montpellier, c'est une belle pointe calcaire dont la paroi N. est très appréciée des alpinistes. Un bon sentier y monte de Cazevieille au S.-O. (2 h 30 aller et retour, il fait chaud). Le panorama peut être immense. A l'E., château en ruine de Montferrand (409 m), par Saint-Mathieu-de-Tréviers ou Mortiès.

SAINT-MARTIN-DE-FENOLLAR – 66.
Ancienne église XIᵉ-XIIᵉ possédant des peintures murales sans doute XIIᵉ, les plus belles du Roussillon (vis. tous les après-midi en saison, et vendredi après-midi).

SAINT-MARTIN-DE-LONDRES – 34.
Au cœur du bourg se trouve un ancien enclos prioral fortifié entourant une très belle église romane de style très pur, à éléments lombards, de plan tréflé. Vieilles maisons, tour de l'Horloge.
➡ 3 km N.-O., ravin des Arcs*.

SAINT-MARTIN-DU-CANIGOU – 66.
Altitude 1 094 m
Perchée sur un petit col au-dessus de Casteil et d'un ravin du Canigou, l'abbaye XIᵉ trop restaurée possède surtout une crypte Xᵉ et une église haute XIᵉ archaïques magnifiques à trois nefs ; belle tour carrée ; le cloître a été refait avec des chapiteaux XIᵉ. Le reste est moderne. (Vis. tous les jours ; accès de Casteil en 1 h 30 aller et retour.) Le site est magnifique.

SAINT-MICHEL-DE-CUXA – 66.
Son et Lumière
Célèbre abbaye bénédictine restaurée (vis. tous les jours) ; la grande abbatiale surtout Xᵉ possède des arcs mozarabes (outrepassés) pré-romans ; restes d'une tribune (voir Serrabone*) à la salle capitulaire ; grand clocher carré lombard ; belle crypte circulaire ; l'admirable cloître (à peu près deux galeries) a été retrouvé pierre après pierre (après que l'autre moitié, rassemblée de même par un Américain, a été remontée à New York) ; sculptures catalanes typiques, animaux souvent fantastiques, motifs végétaux, figures grimaçantes.
➡ 3 km N., Prades*.

SAINT-PAPOUL – 11.
Remarquable ancienne abbatiale puis cathédrale, à grande nef gothique méridional et belle abside romane (mausolée en marbre de l'évêque de Donnadieu XVIIᵉ) ; cloître XIVᵉ avec des chapiteaux historiés. Pittoresques maisons anciennes.
➡ 3,5 km E., château de Ferrals XVIIᵉ et ruines féodales.

SAINT-PONS – 34.   3 400 hab.
Altitude 301 m
Dans la haute vallée du Jaur, centre et siège du Parc naturel régional du Haut-Languedoc* ; le site est beau. L'ex-cathédrale Saint-Pons, ancienne abbatiale XIIᵉ fortifiée, a été très modifiée au XVIIIᵉ où une façade classique a

remplacé le chœur ; beaux portails romans avec tympans sur l'ancienne façade O. ; porte N. ; remarquable mobilier classique ; sacristie romane. Musée d'art roman (Parc) à la chapelle des Pénitents. Le vieux quartier est serré autour de Saint-Pons ; tour de la Gascagne. Promenades du Foirail et des Tilleuls. « Source » du Jaur, rive droite.
➡ 10 km N., col de Cabaretou*, vues superbes. ➡ Belles routes de Minerve* au S. et de Béziers au S.-E. (défilé de l'Ilouvre*). ➡ 5 km S.-O., grotte de la Devèze*.

SAINT-ROCH – 48.
Altitude 1 350 m
Jolie chapelle à un col de la Margeride (vue sur l'Aubrac).
➡ 5 km N.-O., Lajo, ski de fond. ➡ 11 km S.-O., Saint-Alban-sur-Limagnole, important hôpital au château ; église ancienne ; G.R. 65.

SAINT-THIBÉRY – 34.   1 300 hab.
Curieux site volcanique sur l'Hérault ; pont romain et église abbatiale XVᵉ-XVIᵉ.
➡ 5 km O., Montblanc, église XIIIᵉ fortifiée au milieu du village vigneron.

SAINTE-ÉNIMIE – 48.
Altitude 470 m
Son et Lumière
Nœud essentiel des gorges du Tarn*, dans un beau site, joli village ancien en étages avec de vieilles maisons ; petite église romane ; musée folklorique « le vieux logis » (vis. tous les jours en saison) ; ancien prieuré. Beau pont. Point de vue de l'Ermitage (O.). Base de plein air et de loisirs.

SAISSAC – 11.
Altitude 476 m
Site pittoresque sur la Vernassonne ; sur un éperon au S., ruines féodales XIVᵉ. Au N., table d'orientation sur une vieille tour d'enceinte (petit musée), superbe panorama (Pyrénées, Montagne Noire).

SALAGOU (Lac de) – 34.
Lac artificiel récent (pour l'irrigation) dans un beau décor naturel (voir Mourèze*) ; vues superbes de l'E. et de l'O. Artisanat à Octon et à Salasc sur la belle route qui le contourne à l'O. Voile.

SALSES (Fort de) – 66.
Cette magnifique forteresse espagnole fin XVᵉ de grès et de brique était déjà adaptée à l'usage de l'artillerie. C'est un vaste rectangle (belle place d'armes) à demi enterré avec un puissant donjon et quatre grosses tours d'angle aux murs et voûtes énormes, avec des défenses et des dispositions étonnantes pour l'époque, et peu retouchées par Vauban. L'aspect général est très surprenant. (Vis. tous les jours sauf mardi, accès direct piétons de l'autoroute B 9.)

SALVETAT-SUR-AGOUT (La) – 34.
Altitude 663 m   1 100 hab.
Bourg ancien dans la belle vallée haute de l'Agout, à proximité des grandes retenues de barrage de la Raviège et du Laouzas (région XVIII ; base de plein air du Parc), qui en font un important centre de tourisme entre les monts de Lacaune au N. et de l'Espinouse au S.-E. et à l'E.
➡ 10 km E., Fraïsse-sur-Agout, fermes traditionnelles à toits de genêts ; S., Prat-Alaric, ferme maison du Parc.

SAULT (Pays de) – 11.
Entre l'Hers, les crêtes des vallées de l'Ariège au S.-O., de la Têt et de l'Agly au S.-E. et à l'E., les Corbières et le Kercorb, c'est un haut plateau calcaire couvert en grande partie d'admirables forêts de sapins (Comus, Bélesta, les Fanges*) et découpé par les profondes gorges du Rebenty*, de l'Aude* et de l'Aiguette. Route « du Sapin de l'Aude », balisée entre le col de Coudons* et Camurac (22,5 km S.-O. sur D. 613), centre de ski.

SAUVE – 30.   1 300 hab.
Ville médiévale importante qui battit monnaie, ses hautes maisons lui donnent encore grande allure vue des ponts dans son site superbe de pins et de rochers. Ruelles, couverts, portes fortifiées, tours, fontaines, l'Aven, la Mer des Rochers au-dessus, une visite s'impose. Pont XIIᵉ sur le Vidourle. Fabrique de fourches de micocoulier, arbre provençal au bois à la fois dur, souple et très léger. Résurgence du Vidourle.
➡ 7 km E., château de Florian (le fabuliste est né à Sauve), près du lac du petit barrage de la Rouvière sur le Crieulon.
➡ 13 km S., Corconne, joli village ; beau sentier au N. pour Sauve, et le pont du Hasard (arche naturelle), au N.-E.

SAUVETERRE (Causse de) – 48.
Entre Lot et Tarn, le plus humain des grands Causses, assez boisé vers le S.-O. ; voir notamment les villages typiques de Sauveterre et de Champerboux (3 km O.), au N. de Sainte-Enimie.

SÉRIGNAN – 34.   3 900 hab.
Eglise XIIIᵉ.
➡ 5 km E., puis S.-E., Sérignan-Plage, longue et belle plage (campings, naturisme, village de vacances).

SERRABONE (Prieuré de) – 66.
Il s'élève seul dans un désert de maquis rocailleux, chef-d'œuvre roman catalan XIᵉ-XIIᵉ dans une rude gangue de schiste ; la nef XIᵉ est coupée par une tribune (pronaos) de marbre rose à chapiteaux et sculptures en méplat au riche bestiaire fantastique, pièce célèbre et que l'on a crue unique (récemment on en a découvert trois autres en Europe), rapportée, voire fausse ! Galerie S., petit promenoir ouvrant sur la vallée et orné de quelques beaux chapiteaux. Grande tour au toit en bâtière. Panorama de la galerie méridionale. (Vis. tous les jours.)

SERRALONGUE – 66.
Sur une terrasse du haut Vallespir, église romane (portail, verrou signé).
➡ 7 km S.-O., Lamanère, commune le plus au S. en France continentale. Tours médiévales de Cabrens (1 326 m) au N.-E.

Saint-Michel-de-Cuxa : Une des merveilles catalanes, malgré la dispersion de son cloître, remonté en partie seulement. Elle abrite le célèbre festival de Prades, fondé par Pablo Casals.

Sainte-Enimie : *Trépidante plaque tournante des gorges du Tarn l'été, Sainte-Enimie fut fondée par la sœur du célèbre roi Dagobert.*

SERVIAN – 34. 2 800 hab.
Eglise XIIIᵉ.
➡ 4,5 km S.-O., Bassan, village fortifié remarquable avec église romane. ➡ 7,5 km N.-O., Puissalicon, tour romane au cimetière (O.) ; 2 km N.-O., Magalas, église XIIIᵉ (portail) ; 3 km E., château de Cazillac.

SÈTE – 34. 40 200 hab.
C'est du mont Saint-Clair (175 m, chapelle Notre-Dame-de-la-Salette, tour et table d'orientation) qu'il faut d'abord découvrir la ville dans son site marin extraordinaire avec ses canaux, ses ponts tournants ou levants, le bassin de Thau, les salins, les étangs, les plages, la mer et le grand port en création devant l'ancien. Le Cimetière marin abrite la tombe de Valéry, ainsi que celle de Vilar qui domine le Théâtre de la Mer, au fort Saint-Pierre (Brassens, lui, repose au bord de l'étang de Thau). Juste au-dessus du fameux cimetière, remarquable musée Paul-Valéry (vis. tous les jours sauf mardi) : importants souvenirs, peinture, et histoire locale. C'est ensuite du môle Saint-Louis qu'il faut voir la ville et le mont ; puis déambuler sur les quais, à l'affût des joutes nautiques (le dimanche l'été), d'un restaurant ou du spectacle quotidien : le port (les ports) est fascinant (commerce, industrie, trafic passagers avec le Maroc, grand port de pêche). Importante zone industrielle s'étendant sur Balaruc et Frontignan*.

SIGEAN – 11. 3 100 hab.
Eglise et place à arcades XVIIᵉ ; musée archéologique et ornithologique ; remparts ; oppidum pré-romain de Pech-Maho.
➡ 7 km N.-O., réserve africaine de Sigean, dans le paysage adéquat ; réserves de lions, ours du Tibet, rhinocéros, ferme d'alligators, guépards, oiseaux aquatiques (à pied et en voiture). ➡ S.-O., superbe D. 205 vers les Corbières par le col de Souil.

SOMAIL (Mont du) – 34.
Altitude 1 035 m
Partie S.-O. des monts de l'Espinouse*, entre la Salvetat-sur-Agout* et Saint-Pons*. Panorama immense depuis le Signal de Saint-Pons (1 035 m), à 1 h 30 aller et retour à l'O. du col de Cabaretou*. Belles forêts parcourues de routes et sentiers.

SOMMIÈRES – 30. 3 200 hab.
Pittoresque cité ancienne fortifiée, avec de nombreux vieux hôtels, sur le Vidourle (crues redoutables) que franchit un grand pont romain restauré, qui se prolongeait dans le vieux quartier rive gauche, au-delà de la tour de l'Horloge, en dominant le marché-bas à couverts et aboutissant à la place Jean-Jaurès ou marché-haut (arcades également). Lacis de ruelles voûtées, dominé par les ruines du château féodal (taillé dans le roc), site très méridional avec ses pins, ses cyprès, son panorama.
➡ 1 km N.-E., Villevieille, château Renaissance à tours médiévales (vis. tous les après-midi l'été), mobilier Louis XIII. ➡ 4 km N.-O., Salinelles, au cimetière, au S., belle chapelle romane Saint-Julien-de-Salinelles.

SOURCE PERRIER – 30.
Elle surgit aux Bouillens (3 km S.-E. de Vergèze) ; on visite les importantes installations d'embouteillage et de regazéification, etc. (tous les jours sauf samedi, dimanche et jours fériés).

TAPOUL (Gorges du) – 48.
Formées par le Trépalous, descendant de l'Aigoual au N. vers le Tarnon ; la D. 119 qui les suit est spectaculaire. En aval, belle vallée du Tarnon.

TARN (Gorges du) – 48.
Son et Lumière à Castelbouc, Sainte-Enimie, Saint-Chély.
L'une des splendeurs naturelles de la région. Gigantesque succession de failles empruntées par le Tarn pour traverser les grands Causses, laissant à droite et à gauche les immenses causses de Sauveterre* et Méjean*.
En aval de Quézac, beaux villages de Montbrun et de Blajoux, et château XVIᵉ de Charbonnières ; Castelbouc* ; Sainte-Enimie, Saint-Chély-du-Tarn*, son cirque et celui de Pougnadoires ; beau château-hôtel XVᵉ de la Caze ; la Malène (église XIᵉ) d'où on monte au roc des Hourtous* et fait la descente en barque (très belle) ; les Détroits* ; le cirque des Baumes* et l'immense couloir suivant les Vignes* jusqu'au Rozier où la Jonte* est la première rivière à rejoindre le Tarn depuis Quézac. Descente en canoë-kayak. D'innombrables sentiers sillonnent les gorges et leurs abords sur les causses, suivant fréquemment tant la rivière elle-même que les corniches ; le G.R. 60, de l'Aigoual à l'Aubrac par Sainte-Enimie, suit la grande draille du Languedoc.

Serrabone : *La tribune de Serrabone est la perle rose du roman catalan et le bestiaire de ce prieuré perdu est d'une extraordinaire richesse d'invention. Ici, un des chapiteaux du promenoir.*

TAUTAVEL – 66.

Beau village, dominé par une vieille tour sur le Serre d'el Clot (506 m), dans des gorges du Verdouble ; « l'Homme de Tautavel », avec ses 400 000 ans, a fait pâlir son jeune cousin de Néanderthal ; les trouvailles des grottes de la Caune Arago (musée de l'Homme de Tautavel, au village, ouvert tous les jours, sauf mardi) datent de 1971 et sont capitales pour les origines de l'humanité.

➡ 5 km N.-E., Vingrau, au pied de belles falaises calcaires franchies par la D. 12 au Pas de l'Escale (vue sur le Roussillon).

TERMES (Château de) – 11.

Vastes ruines d'un château cathare XIIᵉ pris par Simon de Montfort, perchées au-dessus des gorges du Terminet, dans un site à voir du D. 40 à l'E. Termes commandait le pays de Termenès. G.R. 36.

THAU (Bassin de) – 34.

20 km sur 4, immense lagune que Sète* et l'isthme des Onglous protègent de la mer ; entouré de marais salants et de parcs à huîtres et à coquillages, et aussi hélas par l'explosion industrielle de Frontignan*, son avenir est compromis. Le N.-E. (Balaruc*, Bouzigues) est fort beau.

THUIR – 66.   6 000 hab.

Capitale de « l'Aspre » (les Aspres sont les terrasses rocailleuses de la plaine du Roussillon) ; on visite ses célèbres chais de Byrrh (tous les jours en saison). Cellier de l'Aspre : musée de la Vigne et du Vin.

TRABUC-MIALET (Grotte de) – 30.

Des concrétions très rares d'aragonite noire (formant les « 100 000 soldats »), un lac variable et des excentriques sont ses principaux attraits. Ses galeries (plus de 10 km sont actuellement reconnus) ont souvent servi d'habitation ou de cachette.

TRÉVEZEL (Gorges du) – 30.

Descendant de l'Espérou*, il forme un impressionnant et étroit canyon aux falaises rouges ; à 3 km N. de Trèves, Pas de l'Ase (âne), point le plus resserré. Une très belle petite route le suit jusqu'à la Dourbie*.

TRINITÉ (Chapelle de la) – 66.

Jouissant d'une large vue sur le bas Vallespir*, cette grande chapelle romane abrite un Christ XIIᵉ en bois, habillé, « Santa Majestat », et un retable de la Trinité. Au-dessus, ruines féodales de Belpuig XIIIᵉ (30 mn aller et retour), panorama immense.

➡ S.-O., route de la Bastide, col Paloumère, Valmanya, redescendant sur Vinça* par les gorges du Lentilla ; Valmanya est au pied E. du Canigou, site superbe et vastes promenades (forêt de Valmanya que traverse en altitude le G.R. 10).

UZÈS – 30.   7 400 hab.

Ancienne ville forte, premier duché de France, marquée par la Réforme. Au milieu des garrigues, elle domine à l'E. le ravin de l'Alzon. La cathédrale Saint-Théodorit XVIIᵉ (belles orgues XVIIIᵉ) est flanquée de la très belle tour ronde Fenestrelle, romane XIIᵉ, de six étages (42 m) à fenêtres géminées, c'est un édifice étonnant et unique en France. Les promenades Jean-Racine et des Marronniers ouvrent un joli panorama (« pavillon Racine », qui séjourna à Uzès), dominant le parc du Duché (parc des sports). Au cœur de la ville, parmi de nombreux logis et hôtels XVᵉ au XVIIIᵉ, voir la tour de l'Horloge XIIᵉ et le grand château des ducs d'Uzès ou Duché (vis. tous les jours), avec la tour de la Vicomté XIVᵉ, la tour Bermonde, gros donjon carré XIᵉ, et un superbe logis Renaissance contenant de beaux appartements. Sur la place, hôtel de ville XVIIIᵉ et crypte paléo-chrétienne (vis. tous les jours sauf hiver). Belle place aux Herbes, à couverts et platanes (marché le samedi). Curieuse église Saint-Étienne XVIIIᵉ ; devant, maison de la famille Gide. Au S., Museon di Rodo, le musée de la Roue : vieilles automobiles, cycles, motocycles, chemins de fer en modèles réduits, documents (vis. tous les jours sauf mardi en saison, et dimanche et jours fériés). A l'E., ravin de l'Alzon avec la fontaine d'Eure, qui fournissait Nîmes.

➡ 1,5 km N., chapelle romane Saint-Geniès, en ruine, sous les pins. ➡ 4 km N.-O., solide château de Montaren rebâti au XVIᵉ ; musée d'artisanat. ➡ 8,5 km S.-E., château de Castille, remanié XVIIIᵉ. ● Superbe campagne aux environs et notamment au N.-E.

VALBONNE (Ancienne chartreuse de) – 30.

Site tranquille au fond des bois ; XIIIᵉ, rebâtie au XVIIᵉ et devenue aujourd'hui sanatorium ; toits de tuiles vernissées et église baroque remarquable (vis. tous les jours, dimanche et jours fériés l'après-midi). Beaux sites en forêt alentour. G.R. 42 A.

VALLÉE BORGNE – 30.

Sauvage vallée de châtaigniers dans les schistes autour du violent Gardon de Saint-Jean (voir les ponts) ; les grandes maisons anciennes des rares villages évoquent la richesse passée de la soie.

Les gorges du Tarn : *Un des « planiols » que peuvent savourer les canoéistes et autres usagers de cette rivière aux eaux toujours merveilleuses, souvent bordées de vergers et de jardins, au pied d'énormes falaises.*

VALLERAUGUE – 30. 1 000 hab. (400 groupés)
Altitude 438 m
1 100 m au-dessous de l'Aigoual* (le sentier des 4 000 marches représente une rude journée, dans de splendides forêts), dans les pommiers, au fond d'un grand cirque raviné et reboisé où naît l'Hérault*. Eglise romane et petites ruelles typiques.
➡ 10 km N., col du Pas (vue), qui passe dans la Vallée Borgne*.

VALLESPIR (Le) – 66.
C'est la vallée du Tech, qui commence au détachement du « chaînon » du Canigou* de la chaîne pyrénéenne ; large et pastorale mais austère, elle domine la châtaigneraie et la gorge profonde que le Tech ravage parfois de ses inondations (défilé de la Baillanouse, le Tech) ; de belles routes en corniche montent vers le massif du Canigou (mine de fer de Batère, col de la Régine, etc.) en cul-de-sac ou non revêtues ; route panoramique le Tech-Montferrer-Corsavy-Arles. En aval, le climat particulièrement favorable entraîne une végétation quasi exotique et des cultures fruitières intensives (cerisiers) : un grand verger au pied des Albères*.

VALMAGNE (Ancienne abbaye de) – 34.
Dans un joli site rocheux boisé de pins, remarquable ensemble monastique XIIIe-XIVe (peu) cistercien, avec notamment un joli cloître et une superbe église (vis. après-midi tous les jours sauf mardi l'été, dimanche et jours fériés en saison).

VALRAS-PLAGE – 34. 2 500 hab.
Plage magnifique entre l'Aude et l'Orb (port sur l'embouchure). Le pays est si plat que le panorama est réputé.
➡ 8 km O., Vendres, restes d'un temple à Vénus.

VERNET-LES-BAINS – 66. 1 300 hab.
Le Canigou* fournit un décor connu à cette jolie station thermale et au vieux village perché, très fréquenté l'été pour sa situation, proche en outre de Saint-Martin-du-Canigou* (de Casteil, à 2,5 km S., 1 h 30 aller et retour). Après Casteil, route de montagne quasi impraticable pour la Preste (Vallespir) mais bonne jusqu'au col de Jou (2 km), dominé par la tour ruinée de Goa (1 268 m, table d'orientation), superbe panorama.
➡ Belle route de Prades* par le col de Millères et Saint-Michel-de-Cuxa*. ➡ 2,5 km N., Corneilla-de-Conflent, belle église romane XIIe (portail à chapiteaux et tympan, abside, Vierges assises, en bois, beau retable en marbre sculpté). ➡ 1 h 30 S.-E. sur un des sentiers du Canigou, cascade des Anglais dans la gorge de Saint-Vincent.

VÉZENOBRES – 30. 1 100 hab.
Vieux village magnifique (maisons romanes) avec restes de remparts. Château XVIIIe.
➡ S.-E., de beaux villages se succèdent le long du Gard (formé par la réunion des Gardons à hauteur de Vézenobres), suivi par le G.R. 6.

VIAS – 34. 2 600 hab.
Belle église XIVe en basalte (boiseries, Vierge miraculeuse ancienne en bois).
➡ 8 km S.-O., la Redoute-Plage, paysages lagunaires du Libron et de la Grande-Maïre.

VIC-LA-GARDIOLE – 34.
Remarquable église fortifiée dominant l'étang de Vic.
➡ 4 km S.-E., site du bois des Aresquiers (où commence l'immense plage de Frontignan).

Villeneuve-les-Avignon : *La masse imposante du fort Saint-André veille sur les vieux hôtels des cardinaux, du temps qu'Avignon était Rome. Ce noble faubourg recèle, comme sa grande voisine, d'innombrables splendeurs.*

VIGAN (Le) – 30.   4 400 hab.
Petite ville industrielle très cévenole, non loin de petits
causses (au S.-O.). Superbe pont XIIᵉ sur l'Arre. Statues du
chevalier d'Assas et du sergent Triaire. Belles promenades
des Châtaigniers. Hôtels anciens. Remarquable musée
Cévenol installé dans une ancienne filature (vis. en saison
sauf mardi), arts et traditions populaires, soie, André-
Chamson.
➡ Vallée du Coudoulous au N. (route du col du Minier*).
➡ Vallée de l'Arre en aval et en amont, où elle sépare le
causse de Blandas du massif du Lingas*. ➡ 4 km N.-O.,
Aulas.

VIGNES (Les) – 48.
Village au bord du Tarn, dans un petit bassin allongé entre
les hauts versants couronnés de falaises ; des routes
spectaculaires les escaladent ; celle de l'O. permet d'aller au
Point Sublime*, celle de l'E. au Roc des Hourtous*.
➡ 4 km N., le cirque des Baumes* ; en chemin, le chaos
rocheux du Pas de Souci.

VILLEFORT – 48.
Sur le Palhère et proche d'un lac de barrage sur l'Altier,
ancienne place forte avec maisons anciennes (une du
XIVᵉ) ; station été-hiver (ski au S.-O., à Chantegrive et au
Mas-de-la-Barque). Région admirable sur la Voie Régor-
dane (voie antique Languedoc-Auvergne), au pied E. du
mont Lozère* et proche des vallées de la Cèze et du
Chassezac (site de Pied-de-Borne, 9 km N.-E.).
➡ 4 km N.-O., château de Castanet, s'avançant dans le lac
(plage, voile). ➡ 8 km N., la Garde-Guérin, beau vieux
village cévenol, église romane à clocher-peigne et chapiteaux, donjon médiéval, site extraordinaire ; 1 km N.,
belvédère du Chassezac ; 8 km N., Prévenchères, près du
lac du Rachas (voile), belle église romane.

VILLEFRANCHE-DE-CONFLENT – 66.
Place forte médiévale remaniée par Vauban, très belle et
aux remarquables maisons catalanes romanes et gothiques.
On peut suivre une partie des remparts (en saison). Grandes
portes de France et d'Espagne remaniées XVIIIᵉ. Eglise
XIIᵉ-XIIIᵉ (portail, nombreux objets d'art : stalles XVᵉ,
Christ gisant XIVᵉ, etc.). Pont fortifié sur la Têt.
➡ 1 km S., grotte des Canalettes, belles concrétions (vis.
tous les jours en saison). ➡ 2,5 km S.-O., Fuilla, église XIᵉ
de Veïnat, à trois nefs, du premier roman ; superbe vallée
remontant au S. à Sahorre (ancienne église romane), à Py
et, par une route de montagne extraordinaire et le col de
Mantet (1 761 m), Mantet, village presque abandonné, en
cours de restauration, dans un site grandiose. ➡ 5,5 km S.-
O., Serdinya, église XIIᵉ-XVIIIᵉ intéressante. ● Le fameux
train jaune, prenant le relais d'une ligne à voie normale,
part de là pour la Cerdagne par Mont-Louis* ; trajet très
pittoresque.

VILLENEUVE-LÈS-AVIGNON – 30.   10 200 hab.
Fondée par Philippe le Bel comme la grande tour XIVᵉ de
son nom qui commandait le pont Saint-Bénézet (vis.) : vue
splendide sur le Rhône, Avignon* (région XXI), la région.
A l'hospice, le musée municipal (vis. tous les jours sauf
mardi) possède notamment le *Couronnement de la Vierge*
(1453), par Enguerrand Charonton, et du mobilier ancien.
Eglise Notre-Dame XIVᵉ, ancienne collégiale ; nombreuses
œuvres d'art (maître-autel, tableaux) ; à la sacristie (vis.
tous les jours), plusieurs œuvres remarquables dont une
magnifique Vierge XIVᵉ en ivoire polychrome ; cloître
gothique. La rue de la République était le beau quartier de
la ville du temps des papes ; voir les nᵒˢ 3, hôtel de Saint-
Pierre-de-Luxembourg, 45, hôtel de Conti, 53, hôtel de
Thurry. Au nᵒ 60, chartreuse du Val de Bénédiction, en
partie habitée (vis. libre ; tous les jours sauf mardi pour la
partie non habitée), église XIVᵉ avec mausolée d'Inno-
cent VI (gisant en marbre blanc), beaux bâtiments
monastiques dont deux cloîtres et un lavabo (coupole
XVIIᵉ), chapelle pontificale (fresques XIVᵉ) ; grand cloître
Saint-Jean remanié XVIIᵉ et fontaine XVIIIᵉ, et les
nombreux bâtiments des services communs. Montée du
Fort, palais du cardinal de Giffone ; en haut, le fort Saint-
André (vis. tous les jours sauf mardi), superbe citadelle
XIVᵉ (entrée formidable), commande une vue admirable ;
elle entoure les restes de l'abbaye bénédictine Saint-André
(vis. tous les jours sauf mardi, rebâtie au XVIIᵉ, très beaux
jardins italiens et vue), et ceux de la chapelle romane XIIᵉ
de Belvézet, admirable, dans les ruines du village.

VILLEROUGE-TERMENÈS – 11.
Ruines d'un château fort (environ 1000), avec des tours
d'angle.

VINÇA – 66.   1 600 hab.
Bourg fortifié aux ruelles pittoresques, serré autour de son
église XVIIIᵉ au riche mobilier (superbe retable). Grand lac
des Escoumes (anti-crues et irrigation), plage, base
nautique.
➡ 3,5 km O., Marquixanes, clocher typique, restes de
remparts.

VIS (Gorges de la) – 30.
La Vis, née dans le Lingas*, sépare après Alzon les causses
de Campestre et de Blandas, puis celui-ci du Larzac* par
des gorges extraordinaires à partir de Vissec (ruines d'un
château) ; sentier les suivant jusqu'à Navacelles* par la
puissante source de Lafoux ; en aval de Navacelles, elles
sont rejointes plus bas par la D. 25 qui descend en lacets de
Saint-Maurice-Navacelles (vues) et les accompagne (beau
parcours boisé) jusqu'à Ganges*.

Lyon : *Le quartier Saint-Jean au pied de la colline de Fourvière et la cathédrale Saint-Jean.*

Rhône – Alpes XX

43 694 km² – 5 015 947 habitants

Départements	Superficie en km²	Population
01 Ain	5 756	418 516
07 Ardèche	5 523	267 984
26 Drôme	6 525	389 781
38 Isère	7 474	936 771
42 Loire	4 774	739 521
69 Rhône	3 215	1 445 208
73 Savoie	6 036	323 675
74 Haute-Savoie	4 391	494 505

La montagne est le trait d'union de cette région plutôt disparate que seul son intérêt économique justifie vraiment.

Au deuxième rang pour la surface comme pour la population, avec une densité supérieure à la moyenne malgré les espaces déserts que contiennent forcément des reliefs accusés, c'est un ensemble étonnant et très riche qui associe la Savoie, une partie du Dauphiné et de la Bourgogne, le Vivarais, le Forez, le Lyonnais...

L'histoire en est évidemment fort diverse et complexe, longtemps marquée par la frontière de l'Empire, le Saint Empire romain germanique, qui suivait la Saône et le Rhône, puis par celle de la Savoie, terre étrangère jusqu'à il n'y a guère plus d'un siècle...

Economiquement, l'agriculture, dominée par les fruits et l'élevage, vient loin derrière une industrie favorisée par l'abondance de production d'énergie (barrages et centrales nucléaires) et basée sur l'électrométallurgie et l'électrochimie ; les activités commerciales et de services sont très dynamiques et en font un des points forts de l'Europe.

Les beautés naturelles avantagent évidemment un fort mouvement touristique (le parc de la Vanoise connaît un succès qui le met même en péril), mais des villes comme Lyon, Vienne, Valence, Grenoble, Chambéry, Annecy et des contrées comme le Beaujolais, la Dombes, le Diois contribuent à attirer l'amateur de charme et d'insolite.

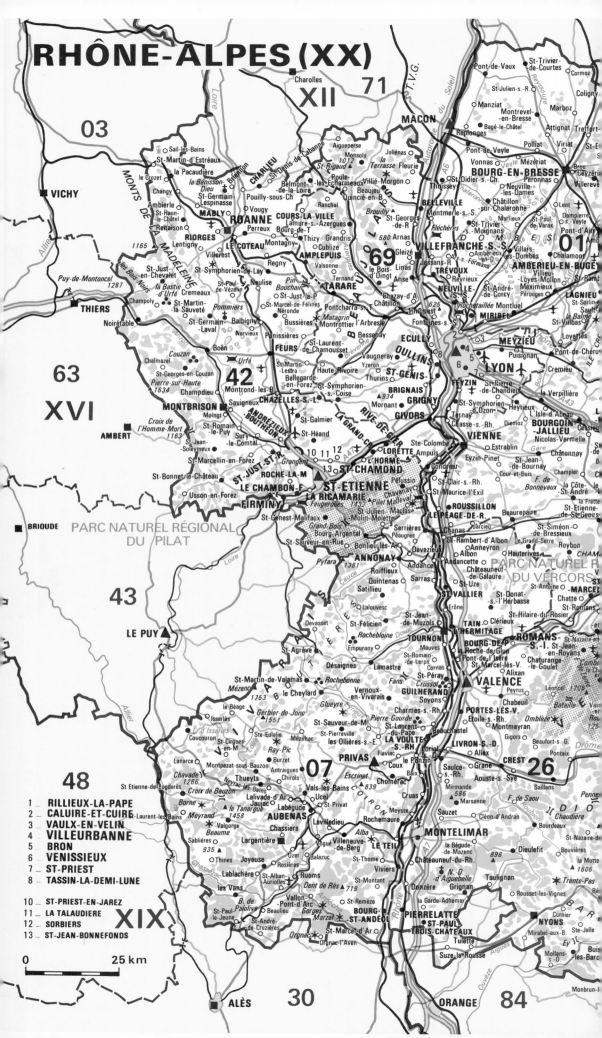

RHÔNE-ALPES (XX)

03

XII

71

VICHY

THIERS

63
XVI

BRIOUDE

43

LE PUY

48

1 — RILLIEUX-LA-PAPE
2 — CALUIRE-ET-CUIRE
3 — VAULX-EN-VELIN
4 — **VILLEURBANNE**
5 — BRON
6 — VENISSIEUX
7 — ST-PRIEST
8 — TASSIN-LA-DEMI-LUNE

10 — ST-PRIEST-EN-JAREZ
11 — LA TALAUDIÈRE
12 — SORBIERS
13 — ST-JEAN-BONNEFONDS

XIX

ALÈS

30

ORANGE

84

0   25 km

MÂCON

BOURG-EN-BRESSE

01

LYON

69

ROANNE

42

MONTBRISON

ST-ÉTIENNE

FIRMINY

PARC NATUREL RÉGIONAL
DU PILAT

ANNONAY

07

PRIVAS

AUBENAS

VALENCE

26

ROMANS

PARC NATUREL RÉGIONAL
DU VERCORS

MONTÉLIMAR

NYONS

Abondance : Fresques du cloître, une crèche inattendue au fond d'une superbe vallée préalpine.

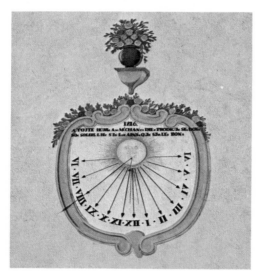

ABÎME (Pont de l') – 74.
Venant du bassin de l'Albanais (entre Aix-les-Bains et Annecy), le site impressionnant de ce pont suspendu marque la limite du massif préalpin des Bauges.

ABONDANCE – 74.   1 300 hab.
Altitude 930 m
Agréable station d'été et d'hiver sur la Dranse. Grande église gothique en partie XIIIe, ancienne abbatiale (siège abbatial XVe), avec cloître XIVe mutilé possédant de belles fresques XVe (restaurées) et entouré de bâtiments XVIIe (musée d'art religieux).
➡ S.-E., belle vallée sauvage des Plagnes-de-Charmy.

AIGUEBELETTE (Lac d') – 73.
Long de 4 km, en triangle au pied de la montagne de l'Epine, à la fois riant et sauvage, il est très fréquenté par les amateurs de calme et les pêcheurs ; une route en fait le tour (17 km), joignant les villégiatures : Aiguebelette-le-Lac,

Aime : Au cœur de la Tarentaise, une importante étape archéologique.
Un des pittoresques cadrans solaires de la basilique.

Lépin-le-Lac, Saint-Alban, Novalaise-Lac ; sur la rive E. plus abrupte, la Combe ; plusieurs baignades.
➡ N.-O., col de Crusille (573 m), belle vue des ruines de Montbel au S. (30 mn aller et retour), qui dominent Rochefort où fut pris Mandrin.
➡ E., montagne de l'Epine, prolongeant au S. le mont du Chat ; crêtes suivies par le G.R. 9 du col de l'Epine (987 m), au N., au mont Grelle (1 425 m) au S., vaste panorama ; on domine Chambéry à l'E.

AIGUILLE (Mont) – 38.
Altitude 2 086 m
Enorme rocher détaché du Vercors, point de mire de toute la dépression alpine au S. de Grenoble, il est réservé aux grimpeurs confirmés, mais un bon marcheur en fait le tour en une petite journée (excursion recommandée). Le roi Charles VIII en commanda la première ascension, effectuée en 1492.

AIME – 73.   2 500 hab.
Altitude 690 m
Bourg très ancien conservant un monument capital de l'art roman en Savoie, l'ancienne basilique Saint-Martin, XIᵉ, qui abrite des vestiges gallo-romains et mérovingiens avec une crypte primitive digne d'intérêt (musée lapidaire) ; restes de fresques XIIIᵉ. Petit musée archéologique. A l'église paroissiale, mobilier savoyard XVIIIᵉ. Ruines et restes féodaux.
➡ 20 km S. par Mâcot, la Plagne*, et le panorama du mont Jovet.

AIN (Gorges de l') – 01.
Le cours inférieur de la belle rivière verte se déroule dans une vallée profonde et calme, apparemment rectiligne mais en fait variée et pittoresque, notamment le méandre de Cize-Bolozon (voir le site depuis Racouse, à l'O.) avec les falaises et le grand viaduc, et le pont moderne de Serrières-sur-Ain dans un site superbe ; panorama du signal de Hautecourt (551 m), au S.-O. Après Poncin, il entre dans la plaine où il suit la côte de la Dombes.

AIX-LES-BAINS – 73.   22 300 hab.
Altitude 260 m
Grande station thermale, climatique, touristique, bien abritée sur la rive E. du lac du Bourget, avec plages, grand et petit ports, casino, palais des Fleurs, grand parc, thermes nationaux. Ceux-ci, XIXᵉ-XXᵉ, conservent des restes des thermes romains et des grottes (vis. tous les jours sauf dimanche et jours fériés).
Ancien château XVIᵉ (hôtel de ville), bel escalier Renaissance. Arc de Campanus, monument funéraire romain. Temple de Diane et musée lapidaire (S.I.). Musée du Docteur-Faure (vis. tous les jours sauf mardi l'été, mercredi l'hiver), importantes peintures impressionnistes et sculptures.
➡ 2 km S., Tresserve, belle situation au-dessus du lac.
➡ 3 km N.-N.-E., gorges du Sierroz (vis. tous les jours en saison), joli parcours à pied ; 4 km N., la Biolle, 8 km N.-O., restaurant de la Chambotte, splendide point de vue sur le lac. ➡ 20 km E., mont Revard*.

ALBA – 07.
Alba-la-Romaine possédait bien sûr forum, théâtre, thermes (dont il reste quelques traces), que dominent le village et son gros château médiéval remanié (expositions culturelles tous les jours l'été). Au S.-E., vieux village de la Roche. ➡ S.-S.-O., route solitaire très belle vers le plateau des Gras, l'aven de Marzal* et les gorges de l'Ardèche*.

ALBARINE (Gorges et cluse de l') – 01.
En aval d'Hauteville-Lompnes*, la rivière dévale des gorges mouvementées (cascade de 150 m) puis, à Tenay, emprunte la profonde cluse, suite de celle des Hôpitaux*, qui débouche sur la plaine de l'Ain à Amberieu après de grandes courbes.

ALBERTVILLE – 73.   17 500 hab.
Altitude 345 m
Important carrefour au confluent de l'Arly et de l'Isère, la ville basse remonte surtout au XIXᵉ.
La vieille ville, Conflans, est perchée sur la Grande Roche, dans le confluent ; c'est une ancienne place forte très pittoresque conservant deux portes de ses remparts XIVᵉ, la porte de Savoie au N. et la porte Tarine au S., aux extrémités de la vieille Grande-Rue (rue Gabriel-Pérouse) où l'on trouve, parmi de nombreuses maisons et boutiques anciennes, la tour Ramus XVᵉ, l'église XVIIIᵉ (boiseries) et, sur la Grande-Place, la Maison-Rouge fin XIVᵉ en brique, de style italien, musée savoyard (vis. tous les jours en saison) ; fontaine XVIIIᵉ. Belle vue panoramique de la Grande Roche.
➡ 11 km E.-N.-E., fort du Mont (1 120 m), panorama.
➡ 12 km S.-O., Cléry, église romane XIIᵉ. ➡ 13,5 km O., col de Tamié*.

ALBON – 26.
La « tour », donjon carré médiéval, est le seul reste du château des comtes d'Albon qui devinrent les fameux

Dauphins du Dauphiné ; elle commande un panorama considérable.
➡ 4 km E., ruines féodales de Mantaille.

ALLEVARD – 38.   2 600 hab.
Altitude 475 m
Agréable station thermale sur le Bréda, dans un beau site de montagne au pied de la chaîne de Belledonne* ; établissements thermaux, casino, beau parc. Château XVIIIᵉ.
➡ 10 km E., belle route du Collet d'Allevard (1 450 m), station de sports d'hiver dans un site panoramique face à la Chartreuse ; elle culmine à 2 100 m ; télésiège du Grand Collet (1 920 m), vue immense. ➡ 11,5 km O., belle route de Brame-Farine, petit massif isolé, vues magnifiques.
➡ 17 km S., le Fond-de-France*, au pied du massif des Sept Laux.

ALLINGES (Châteaux des) – 74.
Dans une vaste enceinte, ruines XIᵉ-XIVᵉ, jadis rivales, de deux châteaux ; dans l'enceinte du Château-Neuf, chapelle romane XIᵉ décorée de fresques de l'époque ; tour des ruines, beau panorama.

ALPE-DE-GRAND-SERRE (L') – 38.
Altitude 1 360 m
Nom de la station été-hiver de la Morte, dans une belle vallée tranquille entre le Taillefer (2 857 m) et le Grand Serre (2 141 m).
➡ S.-E., cascade de Vaunoire (route et bref sentier).
➡ 9 km N.-E., chalets et lac du Poursollet (1 649 m), beau site ; de là, sommet du Taillefer (7 h aller et retour), fameux panorama.

ALPE-D'HUEZ (L') – 38.
Altitude 1 860 m
Séjour d'été et importante station de sports d'hiver de renommée internationale, dans un site grandiose en balcon au-dessus des profondes vallées d'Oisans et au pied du massif glaciaire des Grandes* Rousses (ski d'été, ascensions), face au massif des Ecrins*-Pelvoux. Belle église moderne Notre-Dame-des-Neiges. Equipement sportif maximum. Par un téléférique en trois tronçons, pic du Lac Blanc (3 327 m), ski d'été, panorama sur la majeure partie des Alpes ; de la 2ᵉ station, lac Blanc, et à 30 mn N., dôme des Petites Rousses, vue superbe.
➡ 5,5 km N. par le col de Poutran, lac Besson, entouré d'autres beaux lacs plus petits. ➡ 9 km E. (conseillé à pied, G.R. 54), col de Sarenne (2 009 m), vues splendides ; au-delà, belle route de Clavans et de Besse rejoignant le barrage du Chambon*.

AMBIERLE – 42.   1 400 hab.
Joli bourg de la Côte roannaise ; ancien prieuré bénédictin, bâtiments XVIIᵉ et belle église XVᵉ possédant un admirable triptyque de style flamand sculpté et peint ainsi que des stalles et des vitraux XVᵉ. Remarquable musée forézien (vie régionale).

AMBRONAY – 01.   1 300 hab.
Célèbre ancienne abbaye bénédictine fondée début IXᵉ, dont il reste une belle abbatiale XIIIᵉ-XVᵉ (portails mutilés) ; splendide tombeau XVᵉ avec gisant de l'abbé Jacques de Mauvoisin, verrières ; très beau cloître de style rayonnant à élégantes galeries supérieures XVIIᵉ, et magnifique salle capitulaire gothique.

ANNECY – 74.   55 000 hab.
Altitude 448 m
Dans un site admirable à l'extrémité N.-O. d'un des plus beaux lacs des Alpes, l'important centre industriel et touristique conserve un pittoresque vieux quartier au pied de son gros château XIIᵉ au XVIᵉ avec tours et beaux logis (musée savoyard et archéologique, expositions).
Autour du ravissant canal du Thiou, nombreuses rues à arcades (Sainte-Claire, du Pâquier, etc.) souvent reliées par des passages voûtés et bordées de maisons anciennes et d'hôtels XVIᵉ au XVIIIᵉ ; entouré par le canal, palais de l'Isle XIIᵉ au XVIᵉ, qui fut prison entre autres. Cathédrale Saint-Pierre XVIᵉ dont François de Sales fut titulaire, églises Notre-Dame-de-Liesse XIXᵉ (clocher XVIᵉ), Saint-Maurice XVᵉ (fresques, peintures), Saint-François XVIIᵉ.
Autour de l'entrée du canal du Thiou, où se trouve le port (service du lac en saison), magnifique jardin public formant des terrasses sur le lac de part et d'autre du canal ombragé du Vassé que traverse le pont des Amours ; île des Cygnes ; table d'orientation ; au fond du lac, la Tournette (2 351 m).
A l'E. par l'avenue d'Albigny, belle plage. Dominant la ville au S., grande basilique moderne de la Visitation (1930), pèlerinages, châsses de saint François de Sales et de sainte Jeanne de Chantal ; musée ; panorama. Au N., avenue de Genève, église moderne Saint-Joseph-des-Fins, et, à l'E., avenue d'Albigny, remarquable église Sainte-Bernadette, par Novarina.
➡ Lac d'Annecy* (tour en bateau). ➡ 11 km O., gorges du Fier* et château de Montrottier. ➡ 17 km N.-E., par Villaz, route d'accès à la Tête du Parmelan (1 832 m, 1 h 30 aller et retour, vaste panorama) aux impressionnantes falaises, rebord S.-O. du « plateau » des Glières.

ANNECY (Lac d') – 74.
Le lac et ses abords montagneux composent un des paysages les plus beaux des Alpes. Dominé à l'E. par le mont Veyrier (1 291 m, téléférique montant au mont Baron à 1 252 m, panorama), le château de Menthon-Saint-Bernard (v. Talloires*), les dents de Lanfon, la Tournette et le col de la Forclaz*, au S. par le massif des Bauges et la caractéristique montagne du Charbon, et à l'O. par la longue croupe du Semnoz* (Crêt de Châtillon, 1 699 m, table d'orientation) empruntée par une superbe route, il est entouré de baignades et de charmantes villégiatures (v. Talloires* et Duingt*). Un superbe sentier en fait le tour en altitude (plusieurs étapes). Tour en bateau.

ANNONAY – 07.   21 500 hab.
Vieille ville industrielle (notamment mégisserie, papeterie, carrosserie), au confluent de la Deûme et de la Cance. Les hautes maisons sombres, les vieilles rues montueuses, les passages (voûtes Soubise), le quartier du château et ses vieilles portes sont très pittoresques ainsi que le défilé des Fouines et les rochers avoisinants sur la Deûme bordée par des usines textiles ; pont Valgelas XIVᵉ. Musée vivarois César-Filhol (vis. après-midi : mercredi, samedi et dimanche), collections régionales, poteries, souvenirs de Seguin et des Montgolfier.
➡ 4 km N., Boulieu, traces de remparts ; 6,5 km N.-O., barrage et lac du Ternay, joli site. ➡ 6 km N.-E., Safari-parc du Haut-Vivarais à Peaugres*. ➡ 13 km E., Andance, curieuse croix marinière à l'église. ➡ S.-E. (D. 270), belles gorges de la Cance. ➡ 7 km S., Quintenas, église romane fortifiée.

ARAVIS (Chaîne des) – 73-74.
Barrière de plus de 30 km de long au-dessus du Val d'Arly et de Megève entre Ugine et Sallanches, fermant à l'E. le massif préalpin des Bornes entre Annecy et l'Arve. Outre la superbe route du col des Aravis* qui la traverse, les plus beaux points de vue sur la chaîne sont du mont d'Arbois* à Megève, et de Crest-Voland ou du col des Saisies* au S.-E. Elle culmine à Pointe Percée au N. (2 752 m).

ARAVIS (Col des) – 73-74.
Altitude 1 498 m
Passage de la Clusaz* au val d'Arly (Flumet*) à travers la chaîne des Aravis. Site très pittoresque d'où la vue est splendide vers le massif du Mont-Blanc (plus belle de la Croix de Fer, 1 h aller et retour au S.). Les deux versants sont très beaux.

ARBOIS (Mont d') – 74.
Altitude 1 833 m
Accessible en téléférique de Megève* et de Saint-Gervais-les-Bains* (le Bettex), gares à 10 mn de distance à pied. Panorama grandiose : Aravis, Faucigny, mont Blanc (table d'orientation au sommet S.-E.). A 5 h 30 aller et retour au

Annecy : La « Venise des Alpes » est dominée par la masse de son château, à la fois musée et important centre d'expositions.

S.-E. par les crêtes, le mont Joly (2 525 m) donne un panorama exceptionnel.

ARBRESLE (L') – 69.   4 200 hab.
Agréablement située au confluent de la Turdine et de la Brévenne. Restes d'un château des abbés de Savigny. Eglise gothique (verrières, mobilier).
➡ 2,5 km S., couvent Sainte-Marie-de-la-Tourette à Eveux, remarquable ensemble dû à Le Corbusier (1959).

ARCHIANE (Cirque d') – 26.
Altitude 764 m
Le site du hameau d'Archiane est entouré de falaises élevées et discontinues, boisées et colorées ; des sentiers spectaculaires montent au N.-O. et au S.-O. vers le plateau du Vercors* et le tour du Glandasse (2 041 m, à l'O.) ; au N., le Jardin du Roi, impressionnante face triangulaire. Superbes vallées d'accès.

ARCS (Les) – 73.
Altitude 1 600 à 2 000 m
Importante station moderne de sports d'hiver en balcon au-dessus de Bourg-Saint-Maurice (téléférique de liaison et route) dans un site magnifique, se composant de trois ensembles : Arc-1600 (Pierre-Blanche), Arc-1800 (Chantel) et Arc-2000, au S.-E. dans le vallon de l'Arc ; remontées innombrables jusqu'à plus de 3 000 m, 150 km de pistes ; architecture de gigantesques chalets.

ARDÈCHE (Vallée et gorges de l') – 07.
Du col de la Chavade* au Rhône, c'est une course folle d'une rivière volontiers violente à travers de splendides paysages d'abord cévenols puis de la garrigue ; les traces de volcanisme sont fréquentes (Thueyts*) jusqu'aux environs d'Aubenas*, ensuite se succèdent des défilés calcaires, Vogüé*, Balazuc*, Ruoms*, Sampzon*, et les célèbres gorges en aval de Vallon-Pont-d'Arc* ; s'adresser au S.I. pour la descente en barque (qui dure une journée : 30 km, meilleure façon de les voir).
La route, en majeure partie en corniche, offre des points de vue saisissants ; suivant d'abord le fond, elle contourne le célèbre Pont d'Arc par le méandre abandonné (belvédères ; l'arche a 34 m de haut et 59 de large) puis s'élève sur le rebord du plateau par la côte de Chames ; sur plus de 20 km, de superbes belvédères dominent le canyon coloré et tout en méandres, profond de 200 à 300 m, où les canoës défilent tout petits entre les parois rocheuses verticales ; de rares routes ou chemins descendent vers le fond (grotte de la Madeleine, vis. tous les jours en saison). A Sauze, la route rejoint la rivière dans le riant bassin de Saint-Martin-d'Ardèche qui s'ouvre sur la vallée du Rhône, au pied des ruines d'Aiguèze* (région XIX). Nombreux mégalithes et avens sur le plateau, aven de Marzal* au N.-E., aven d'Orgnac* au S.-O. (rive droite). Merveilleuse descente en canoë (la location peut tenter le néophyte, mais les rapides réclament une certaine expérience).

Le Pont d'Arc : *Le « clou » des gorges de l'Ardèche. L'ancien méandre lui donne toute son ampleur.*

ARÊCHES – 73.
Altitude 1 055 m
Dans un site ravissant du massif de Beaufort au confluent du Pontcellamont et de l'Argentine, station d'hiver et d'été. A l'E., beau vieux village de Boudin, sur la route du col du Pré et du barrage de Roselend*.
➡ 6 km S., site du barrage de Saint-Guérin.

ARGENTIÈRE – 74.
Altitude 1 253 m
Excellent centre d'excursions et station d'hiver dans la haute vallée de Chamonix* ; il faut s'élever sur les versants N. ou O. pour bien voir l'immense glacier d'Argentière, ou monter (excursion très recommandée) à l'aiguille des Grands Montets (3 297 m, téléfériques, ski d'été), au panorama exceptionnel (on peut redescendre à pied de Lognan, station intermédiaire à 1972 m).
➡ 3 km N.-N.-E., le Tour, au pied du grand glacier de plateau du Tour ; de là en 2 h 30 ou télécabines plus 15 mn, col de Balme (2 204 m), à la frontière, vues splendides.

ARLY (Gorges de l') – 73.
Entre les Aravis* (mont Charvin, v. Thônes*) et le col des Saisies*, l'Arly descend de la région de Megève par Flumet et parcourt de sauvages gorges boisées où la route est souvent coupée par des éboulements ; elle est doublée par la D. 109 passant par le balcon d'Héry (recommandé) d'où part, vers le mont Charvin, la route un peu acrobatique du col de l'Arpettaz (1 581 m), ménageant des vues admirables.

ARS-SUR-FORMANS – 01.
Son curé a rendu le village célèbre. La petite église existe encore à côté de la basilique de pèlerinage (surtout le 4 août), crypte moderne ; on visite le presbytère (tous les jours).
➡ 8 km E., Ambérieux-en-Dombes ; des ruines du château féodal, panorama étendu. ➡ 8 km N.-O., château de Fléchères*.

ARTEMARE – 01.
Altitude 258 m
Bourg agréable au pied du Valromey, large vallée du Haut-Bugey descendant du plateau de Retord* et limitée à l'E. par le puissant chaînon du Grand* Colombier, excursion

magnifique. 2 km O., cascade de Cerveyrieu où le Séran tombe de 50 m.
➡ 4,5 km N., Vieu, vestiges gallo-romains.

ARVAN (Vallées de l') – 73.
Magnifiques ensembles d'alpages et de paysages souvent pastoraux alternant avec de raides forêts et des gorges impressionnantes aux ravinements vertigineux ; les routes, étroites et fort sinueuses, réclament la plus grande attention ; beaux bassins de Saint-Sorlin et Saint-Jean-d'Arves, au pied du col de la Croix* de Fer.
Stations modernes de sports d'hiver de la Toussuire (1 690 m) et du Corbier (1 560 m), au-dessus du vieux village de Fontcouverte. Les aiguilles d'Arves* dominent l'ensemble du paysage.

ARVES (Aiguilles d') – 73.
Altitude 3 510 m
Leur silhouette est un des grands points de repère alpins. On les approche par l'E., aux chalets du Commandraut, à 1 h 30 de la Rivine (3,5 km S. de Valloire sur la D. 902).

ASSY (Plateau d') – 74.
Altitude 1 000-1 500 m
Station climatique renommée (nombreux centres de cure), dans un site magnifique face au mont Blanc et au seuil de Megève. Son église Notre-Dame-de-Toute-Grâce (1950), construite par Novarina, est un des chefs-d'œuvre de l'art religieux contemporain ; y ont participé Fernand Léger (mosaïque de la façade), Bazaine, Chagall, Lurçat, Matisse, Germaine Richier, Rouault, entre autres ; crypte.
A l'E.-N.-E., Plaine-Joux en haut et le beau lac Vert en bas sont d'admirables points de vue.

AUBENAS – 07.   13 700 hab.
Altitude 300 m
Vieille ville d'industrie textile (soie), perchée dans une large boucle de l'Ardèche. Des restes de remparts et des boulevards entourent le quartier ancien qui conserve des maisons XVᵉ au XVIIᵉ et des vieilles rues et places bien tranquilles. Le château (mairie) féodal très remanié, avec des tours rondes, un donjon carré et des tuiles vernissées, possède une cour à beau décor Renaissance (galeries) et de remarquables salons XVIIIᵉ (vis. tous les jours en saison). De la place de l'Airette (table d'orientation), beau panorama.
Au N.-O., chapelle Saint-Benoît, « dôme » hexagonal XVIIIᵉ, abritant le mausolée XVIIᵉ du maréchal d'Ornano et de sa femme.
➡ N.-O. Vals-les-Bains*, vallée de l'Ardèche*.

Autrans : Le Vercors, pays rêvé pour le ski de fond fabrique aussi d'excellents fromages.

AUP (Montagne de l') – 26.
Altitude 1 757 m

Des routes forestières escaladent ses reboisements et le panorama du sommet du Duffre est saisissant sur les déserts verts ou rocailleux de la région. Un bon randonneur en fait le tour dans la journée, excursion remarquable (balisée).

AUSSOIS – 73.
Altitude 1 489 m

Beau vieux village superbement situé en balcon au pied du Rateau d'Aussois (3 117 m) et de la Dent Parrachée (3 684 m) ; petite station d'hiver exposée au S. Eglise XVIIe (poutre de gloire).
➡ S., beaux forts de l'Esseillon XIXe, au-dessus de la profonde gorge de l'Arc ; au S.-O., souffleries de Modane-Avrieux, parmi les plus puissantes du monde. ➡ 4 km N.-E., monolithe de Sardières, de 83 m de haut, à 1 630 m.

AUTRANS – 38.
Altitude 1 050 m   1 600 hab.

Célèbre centre de ski nordique (fond, saut), station d'été et d'hiver au centre des grands plateaux ondulés du N. du Vercors* aux forêts magnifiques, sur la route qui joint ces plateaux à la pointe N. du massif par le tunnel du Mortier (1 400 m) ; au-dessus de celui-ci, la Buffe, sommet de 1 623 m (1 h 15 aller et retour de l'entrée S.), panorama. Nombreuses promenades. G.R. 9 proche.
➡ 5,5 km S., Méaudre, station sœur. ➡ 5,5 km S.-E., col de la Croix-Perrin, route forestière au N. rejoignant le tunnel du Mortier.

AVORIAZ – 74.
Altitude 1 800 m

Grande station de sports d'hiver reliée à Morzine par téléphérique et par route, à l'architecture curieuse, dans un beau paysage de haute montagne pastorale ; lac ; nombreuses remontées, liaisons avec plusieurs stations des environs dont Champéry en Suisse. Chapelle par Novarina, site magnifique.

AZERGUES (Vallée de l') – 69.
La vallée centrale des monts du Beaujolais est une succession de sites et de villages pittoresques, encadrés par des montagnes qui sans être hautes sont déjà agréables, fraîches, boisées d'immenses forêts et parcourues de nombreuses et magnifiques routes où les cyclotouristes courageux et gastronomes sont largement récompensés d'authentiques efforts. Les G.R. 7 et 76 suivent respectivement les crêtes O. et E. pour le plaisir des amateurs de panoramas.

BÂGÉ-LE-CHÂTEL – 01.
Restes de remparts, avec des tours. Au S.-O., église de Saint-André-de-Bâgé, XIIe, au splendide clocher octogonal à flèche de pierre, dans un cimetière ; voir les chapiteaux du chœur et l'abside.

➡ 15 km N., Pont-de-Vaux, petit musée (peintures, histoire naturelle) ; plage sur la Saône (5 km O.). Cheminées « sarrasines » sur des fermes des environs, notamment à Saint-Etienne-sur-Reyssouze (6 km E.-S.-E.), et à Grandval et Molardoury (avant Saint-Trivier-de-Courtes, 11 km E.-N.-E.).

BALAZUC – 07.
Village jadis fortifié dans le cadre superbe d'un défilé calcaire de l'Ardèche, à voir du pont et de la route qui remonte en face ; ruelles tortueuses et vieux passages couverts, église fortifiée.

BALME (Grottes de la) – 38.
Un porche de 40 m abritant une chapelle donne accès à de remarquables salles à concrétions distribuées autour de la grande salle de la Coupole (vis. tous les jours en saison) ; rivière souterraine. On dit qu'elles servirent de refuge à Mandrin.

BARONNIES (Les) – 26.
Historiquement rattachées au Dauphiné, ce sont des Préalpes calcaires au relief compliqué et souvent abrupt, extrêmement pittoresque mais sauvages et presque désertiques, malgré un climat vif mais sain avec de nombreux petits bassins bien abrités et fertiles, royaume de l'olivier, du tilleul, de la lavande, etc. Un pays dur mais ensorcelant.

BASTIE-D'URFÉ (Château de la) – 42.
Le château où le roman de *l'Astrée* fut écrit est un chef-d'œuvre de la Renaissance dans la région (vis. tous les jours). La double galerie de la cour forme un très bel ensemble avec la rampe qui donne accès aux superbes appartements (plafonds peints, mobilier, etc.). Le corps de logis principal abrite une grotte de rocaille extraordinairement décorée ; la chapelle voisine n'est pas moins étonnante avec son plafond à caissons, ses tableaux italiens et son autel en marbre blanc.
➡ 8,5 km O. par N. 89 et Trelins au S., château de Goutelas fin XVIe, remarquable ensemble restauré et animé ; belle vue sur la plaine.

BATAILLE (Col de la) – 26.
Altitude 1 313 m

Entre deux montagnes, étonnant passage aérien dominant les profondes vallées de la Lyonne au N. (Bouvante) et de la Gervanne au S. (gorges d'Omblèze*), vues magnifiques. Passage du G.R. 93 qui contourne au S.-E. le roc de Toulau (1 581 m, panorama).

BEAUFORT – 73.
Altitude 743 m   1 900 hab.

Beau village savoyard ancien au confluent de l'Argentine et du Doron, chef-lieu de la vallée (le Beaufortain), centre de production du beaufort, fromage réputé. Voir mobilier de l'église.
➡ N., belle vallée d'Hauteluce, vues sur le mont Blanc, routes du col des Saisies* et du col du Joly, liaison par remontées mécaniques avec les Contamines-Montjoie* ; beau lac de barrage de la Girotte (2 h 30 aller et retour depuis l'usine E.D.F.). Sur le premier épaulement au-dessus de Beaufort, ruines des châteaux féodaux de Beaufort. ➡ E., route de Roselend*.

BEAUFORTAIN (Le) – 73.
Ensemble des vallées du Doron de Beaufort et des montagnes qui les entourent, culminant aux 2 999 m du Roignais (au-dessus de Bourg-Saint-Maurice) et reliées au massif du Mont-Blanc par le col de la Croix* du Bonhomme, ce petit pays bien individualisé est fait de vastes forêts et de superbes alpages aux horizons magnifiques. Excellentes villégiatures : outre Beaufort*, Hauteluce, col des Saisies*, Arêches* ; excursions nombreuses : col du Joly, signal de Bisanne, Cormet de Roselend*, Croix* du Bonhomme (4 h 30 aller et retour sur G.R. 5 depuis le Plan de la Lai sur la D. 217), Cormet d'Arêches, etc.

BEAUJEU – 69.   2 400 hab.
Ancienne capitale du Beaujolais, parmi le vignoble, dans la vallée de l'Ardières. Eglise XIIᵉ remaniée (beau clocher) ; maisons anciennes. Musée de Traditions populaires Marius-Audin (poupées, artisanat, habitat ; vis. après-midi en saison sauf mardi). Monument à Gnafron.

BEAUJOLAIS (Le) – 69.
La célèbre région viticole ne recouvre que le pied E. des monts du Beaujolais, vaste et joli massif culminant au mont Saint-Rigaud* (1 012 m) et entourant essentiellement la vallée de l'Azergues* (v. Ranchal*, les Echarmeaux*, Lamure-sur-Azergues*, Ternand*, la Terrasse*, le Signal de Saint-Bonnet*).
La région des grands crus du beaujolais est agréable à parcourir, du mont Brouilly* à Morgon, Chiroubles, Fleurie, Chénas, Juliénas ; on peut revenir par la Terrasse, Avenas, Beaujeu. Plus au S., monter voir à Vaux-en-Beaujolais le cadre du *Clochemerle* de Gabriel Chevallier.

BEAUME (Gorges de la) – 07.
Très pittoresques dans le Tanargue* où la rivière naît près du col de Meyrand* ; elle creuse un beau canyon calcaire en amont de son confluent avec l'Ardèche, autour de l'étonnant village de Labeaume (O. de Ruoms*). Au pied de la montagne, vieux bourg intéressant de Joyeuse.

BÉGUDE-DE-MAZENC (La) – 26.
Dominé par le vieux village de Châteauneuf-de-Mazenc, immédiatement au N., en cours de restauration, restes de remparts ; artisanat d'art et superbe panorama.
➡ N.-E., aller voir Eyzahut.

BELLEDONNE (Chaîne de) – 38.
Altitude 2 978 m au Grand Pic
De Chamrousse* au massif d'Allevard, la longue chaîne sépare le Grésivaudan* des Grandes*-Rousses et de l'Arvan*. Parcourue de Chamrousse au Rivier (vallée de l'Eau d'Olle) par le G.R. 549 et de nombreux autres itinéraires non balisés, c'est un microcosme de la haute montagne avec de nombreux lacs, cirques, rochers sauvages, vastes alpages et forêts sur les versants ; rares refuges.

BELLEDONNE (Corniche de) – 38.
D'Allevard* à Uriage* par le pied de la chaîne de Belledonne, souvent en corniche au-dessus du Grésivaudan*, parcours magnifique mais très sinueux de 65 km. Vues magnifiques du col du Barioz (1 041 m) ; beau site de Theys (615 m), circuit du Merdaret au N.-E. ; col des Ayes (944 m), au pied de la route de la station de Prapoutel-les-Sept-Laux (50 km de pistes) ; croix de Revollat*, après des vues remarquables sur les sommets de Belledonne ; superbes forêts aux environs de Revel.

BELLEGARDE-SUR-VALSERINE – 01.   12 400 hab.
Altitude 350 m
Ville industrielle au confluent de la Valserine et du Rhône. 2 km N., curieuse perte de la Valserine, parmi les « oulles », marmites de géants qu'elle a affouillées dans le calcaire.
➡ N.-E., par Confort et le plateau de Menthière plus environ 2 h 30 aller et retour, Crêt de la Goutte (1 621 m), sommet du Grand Crêt d'Eau, extrémité S. de la chaîne des monts Jura*, admirable panorama sur les Alpes.

BELLEVILLE – 69.   6 600 hab.
Grand marché du Beaujolais. Belle église XIIᵉ-XIIIᵉ romane et gothique (chapiteaux). Bel hôtel-Dieu XVIIIᵉ avec pharmacie (fermé dimanche).
➡ 6,5 km N.-N.-O., château de Corcelles-en-Beaujolais, XVᵉ-XVIᵉ, féodal et Renaissance (vis. après-midi en saison).

BELLEY – 01.   8 200 hab.
Tranquille capitale du Bugey, et patrie de Brillat-Savarin. Beau chœur XVᵉ à la cathédrale Saint-Jean reconstruite au XIXᵉ, et portail N. XIVᵉ ; châsse de saint Anthelme. Palais épiscopal par Soufflot (XVIIIᵉ). Rue du Chapitre, au centre, maison Renaissance.
➡ O., belles promenades dans le Bas-Bugey ; par les lacs d'Armaille, d'Armorias et d'Ambléon (vue dans la montée), on peut gagner Innimond ; de là, 2 h aller et retour à l'E. puis au N., montagne du Molard Dedon (1 217 m), beau panorama. ➡ 4,5 km E., lac de Bart, baignade.

BÉNISSON-DIEU (La) – 42.
L'église de l'abbaye cistercienne fondée au XIIᵉ est romane et gothique, avec une superbe toiture de tuiles vernissées et une belle tour XVᵉ à flèche (œuvres d'art).

BÉRARDE (La) – 38.
Altitude 1 738 m
Au cœur du massif et du Parc des Ecrins*-Pelvoux, à l'extrémité de la route difficile (réglementée en été) qui remonte le Vénéon, c'est un haut lieu de la montagne et de l'alpinisme, à un admirable carrefour de hautes vallées glaciaires ; au N., grandiose face S. de la Meije (3 983 m) ; à l'E., invisible, la Barre des Ecrins (4 102 m), point culminant du massif.
➡ 2 h aller et retour au S.-E., chalet-hôtel du Plan du Carrelet (1 918 m), belle vue. ➡ 4 h aller et retour au N.-N.-O., Tête de la Maye (2 519 m, sentier difficile et parfois vertigineux), panorama merveilleux. ➡ 7 km O., cascade de la Lavey ; 4 km N.-N.-O., Saint-Christophe-en-Oisans, beau village montagnard, également grand centre d'alpinisme et d'excursions « corsées », célèbre cimetière alpin ; en aval, chaos dit Clapier de Saint-Christophe ; 7 km N.-O., le Bourg-d'Arud, 6 km O., la Danchère, nombreuses excursions : lacs de la Muzelle et Lauvitel, G.R 54, etc.

BERNEX – 74.
Altitude 945 m
Agréable villégiature dans la vallée de l'Ugine, centre de ski, beau site montagnard dominé par la Dent d'Oche (2 222 m, sentier facile, petit passage rocheux sur la fin, 6 h 30 aller et retour).

La Beaume : Les plateaux calcaires du pied des Cévennes sont entaillés de vigoureuses coupures qui s'expliquent bien lors des crues énormes que connaissent les rivières.

*Bessans : Entre deux boucles de ski de fond, il faut aller apprécier
la fraîcheur et la vigueur de ces fresques.*

Ci-dessous, détail.

BERTHIAND (Col du) – 01.
Altitude 780 m
Vraie route de montagne en dépit de l'altitude faible ; sur
les deux versants, vues étendues sur la Bresse à l'O. et le
Bugey à l'E. (lac de Nantua).

BESSANS – 73.
Altitude 1 720 m
Grand centre d'excursions, et de ski de fond, dans un
splendide bassin cerné de hautes montagnes, au débouché
des gorges impressionnantes de l'Arc (vers Bonneval-sur-
Arc* au N.-E.), de la belle vallée d'Avérole aux vieux
villages, et de la sauvage vallée de Ribon. Eglise XVIIᵉ à
beau mobilier ; au-dessus, chapelle Saint-Antoine (remarquables fresques XVᵉ-XVIᵉ) ; sculpture locale (les fameux
diables de Bessans). A l'E., le refuge d'Avérole (2 250 m)
occupe un beau site entre trois des plus hauts sommets de
la Vanoise. Passage du G.R. 5 (« balcon de la Maurienne »).

BIÈVRE (Plaine de) – 38.
Trait marquant du paysage du Bas-Dauphiné, c'est un large
couloir alluvial séparant les Terres Froides au N. et les
collines de Chambaran au S.

BLANC (Mont) – 74.
Altitude 4 807 m
Le sommet de l'Europe occidentale, sans grande difficulté
technique, nécessite absolument un guide et expose toute
personne inhabituée aux troubles importants en altitude ; c'est une longue course de glace et de neige (deux
jours). Le panorama, illimité, déçoit souvent : tout est plus
bas... Voir Chamonix*.

BOIS NOIRS (Les) – 03-42-63.
Altitude 1 287 m
Petit massif culminant au Puy de Montoncel* (région XVI), couvert d'une admirable forêt touffue et
sauvage de sapins et feuillus. Le G.R. 3 A et la D. 51 les
traversent. Cascade près de Bout, sur le versant E. Belle
vue du col de Saint-Thomas sur la D. 1 au S.-E.

BONNEVAL-SUR-ARC – 73.
Altitude 1 835 m
Le plus haut bourg de la Maurienne, station d'hiver et
d'été, vieux village alpin magnifique (voir l'église et le
chalet communal : exposition-vente d'artisanat local, fro-
magerie), au pied du col de l'Iseran* et de l'admirable
haute vallée des sources de l'Arc (village de l'Ecot,
2 040 m, précieux cirque glaciaire des Evettes, 3 h 30 aller
et retour pour le refuge des Evettes depuis l'Ecot).
Nombreuses excursions. Remontées jusqu'à 3 000 m. Ski
d'été à l'Iseran. G.R. 5.

BONNEVAUX (Forêt de) – 38.
Dans les Terres Froides, massif de bois privés de 15 km de
long sur 4 à 5 de large, parsemé de nombreux étangs, où
naît la Gère (qui se jette dans le Rhône à Vienne). Plusieurs
routes les traversent.

BONNEVILLE – 74.
Altitude 450 m
8 100 hab.
Ancienne capitale du Faucigny au confluent du Borne et de
l'Arve, vieux bourg savoyard, bon centre d'excursions.
➡ 11 km S.-E., Mont-Saxonnex (997 m), situation et
panorama (au N.) exceptionnels, en balcon au-dessus de la
vallée de l'Arve ; à l'O., Brizon et Solaison (vues). ➡ 7 km
N.-O., Faucigny, ruines du château médiéval ; 2 km N.-E.,
Peillonnex, remarquable église XIIᵉ ; au S.-E., Bovère, au
pied du Môle (1 869 m, 5 h aller et retour), montagne
isolée, panorama splendide.

BORNE (Gorges de la) – 07.
La rivière, descendant du col de la Croix* de Bauzon,
draine en partie l'O. du massif du Tanargue. Les sentiers,
G.R. 72 par les villages, G.R. 7 par les crêtes, permettent le
mieux de voir les gorges, où les routes sont difficiles et
souvent en cul-de-sac (villages des Chazalettes et de Borne,
magnifiques). En aval, voir, sur la splendide D. 4, la trappe
de Notre-Dame-des-Neiges et Saint-Laurent-les-Bains
(840 m), station thermale dans un site étonnant (belles
promenades) ; belle route au S.-E. revenant par Loubaresse
au col de Meyrand* et la région de la Croix* de Bauzon.
(En aval de Saint-Laurent, la Borne, par des gorges où
elle est retenue par des barrages en escalier, routes
pittoresques, rejoint le Chassézac à Pied-de-Borne, v.
Villefort*, région XIX.)

BOULOGNE (Château de) – 07.
Ruines féodales et XVIᵉ remarquables perchées entre deux
ravins, avec un superbe portail Renaissance, seul reste
intact d'un ensemble détruit au XIXᵉ, dans un beau
paysage.

BOURDEAUX – 26.
Altitude 407 m
Sur le Roubion (belle vallée en amont, au S.-E., vers
Bouvières), au pied O. de la montagne de Couspeau
(1 544 m) et du col de la Chaudière* (superbe route au N.-
E. pour Saillans*). Beau site, vieilles ruelles pittoresques et
ruines féodales du Chatelas. Grande fête folklorique le
15 août avec défilé historique. Le Pays de Bourdeaux
produit un picodon renommé.

BOURG-ARGENTAL – **42.**   3 300 hab.
Altitude 534 m
Bourg industriel sur la Déôme. Beau portail roman à l'église néo-romane.
➡ 3,5 km N.-O., ruines du château d'Argental, sur la route du col du Grand-Bois* (alias de la République). ● Porte du Parc régional du mont Pilat*.

BOURG-D'OISANS (Le) – **38.**   3 000 hab.
Altitude 719 m
Chef-lieu de l'Oisans, centre d'excursions renommé, « porte » du Parc des Ecrins*-Pelvoux, marché important, dans une plaine entourée d'escarpements formidables que des routes acrobatiques traversent ou contournent pour relier des villages inaccessibles, ménageant d'étranges vues aériennes (la plus grande prudence est nécessaire).
➡ 13 km N.-E., l'Alpe-d'Huez*. ➡ 5 km S.-E., début des gorges de l'Infernet creusées par la Romanche*, dominées par la Rampe des Commères (N. 91, route du Lautaret et des Grands Cols). ➡ 31 km S.-E., la Bérarde*, au cœur du massif (et du Parc) des Ecrins-Pelvoux, par la vallée du

Le mont Blanc : Point culminant de l'Europe (4 807 m) ; ce sommet prestigieux qui ne fut conquis qu'à la fin du XVIIIᵉ siècle est devenu une course très « courue ». Vue prise du mont d'Arbois (Megève).

Vénéon*. ➡ 14 km S.-O., col d'Ornon*. ➡ 34 km N., cols du Glandon* et de la Croix* de Fer (route des Grands Cols) par la vallée de l'Eau* d'Olle.

BOURG-EN-BRESSE – **01.**   45 000 hab.
La vieille ville possède quelques maisons anciennes (maison des Gorrevod, rue du Palais, maison également XVᵉ à l'angle des rues Gambetta et Victor-Basch), près de l'église Notre-Dame XVIᵉ, ancienne cathédrale (chœur, stalles, œuvres d'art). Grand marché de Bresse.

Bonneval : Un site verdoyant mais austère et cerné de parois impressionnantes. Au fond, le glacier des Sources de l'Arc.

Le Bourg-d'Oisans : Un exemple des terrains souvent verticaux qui entourent la petite plaine de l'Oisans. La voie romaine, qui montait au Lautaret par Bons, suivait, elle aussi, un tracé vertigineux au-dessus des gorges de l'Infernet.

Brou (Bourg-en-Bresse) : *Le triomphe du flamboyant allié à la grâce de la Renaissance, pour d'illustres princes.*

A 1 km S.-E. du centre, Brou : son église est l'une des œuvres majeures du XVIᵉ, réunissant la perfection de la Renaissance au foisonnement du flamboyant ; façade extraordinairement sculptée ; splendide nef très claire, séparée par un jubé étonnant du chœur, qui est prodigieux, avec ses soixante-quatorze stalles, ses vitraux, les tombeaux magnifiques de Philibert le Beau, duc de Savoie, de sa mère Marguerite de Bourbon et de sa femme Marguerite d'Autriche (qui fit bâtir Brou) ; dans la chapelle de Marguerite d'Autriche, splendide retable flamand des *Sept Joies de la Vierge* (vitrail d'après Dürer et Titien). Le monastère, bâti autour de trois cloîtres, contient le musée de l'Ain, archéologie, mobilier, peintures, folklore, « maison bressane ». (Vis. de l'ensemble tous les jours.)

BOURGET (Lac du) – 73.
C'est « le lac » de Lamartine, plus régulier mais plus sauvage que le lac d'Annecy ; 18 km de long, 145 m de profondeur, poissonneux, relié au Rhône par le canal de Savières et les vastes marais de Chautagne, tous les sports nautiques s'y pratiquent ; son ambiance est toujours particulière. En faire le tour procure des changements de paysages surprenants (59 km avec Hautecombe*) : Aix-les-Bains*, le Bourget-du-Lac, la chapelle de l'Etoile (vue), l'abbaye de Hautecombe*.
Le Bourget-du-Lac (2 300 hab., plage, port) ; église XIIIᵉ-XVᵉ avec crypte ancienne ; autour du chœur, superbe frise XIIIᵉ ; au château-prieuré voisin, reste de cloître XVᵉ à deux étages et beau parc (vis. après-midi l'été).

BOURGOIN-JALLIEU – 38.   22 900 hab.
Altitude 254 m
Agglomération industrielle et important carrefour. J.-J. Rousseau y séjourna. Musée Victor-Charreton, peintures et dessins XIXᵉ-XXᵉ, impression des tissus (vis. samedi et, l'après-midi, lundi et mercredi).
➡ Au N. et au N.-O., vaste marais de Bourgoin, drainé par des canaux. ➡ 2 km E., Ruy, église romane.

BOURG-SAINT-ANDÉOL – 07.   7 100 hab.
La ville est bien belle, vue du grand pont sur le Rhône. Superbe église romane Saint-Andéol avec belle abside et sarcophage en marbre blanc du IIIᵉ ; à côté, chapelle romane Saint-Polycarpe. Le quartier environnant a souffert en 1944 ; jolie loggia Renaissance et tour de l'hôtel de Nicolaÿ et quelques autres beaux hôtels XVIᵉ-XVIIᵉ (palais des évêques de Viviers, hôtel de ville). Au S.-O. de la grande place centrale du Champ de Mars, fameux bas-relief IIᵉ de Mithra immolant le taureau, entre les sources vauclusiennes de Tourne (nom du quartier).
➡ 6 km N.-O., sur la route de Vallon-Pont-d'Arc* (très belle en approchant de cette ville), belvédère du bois du Laoul (bois qui s'étend tout autour vers l'O.), vue générale sur la vallée du Rhône et les Préalpes.

BOURG-SAINT-MAURICE – 73.   5 700 hab.
Altitude 840 m
Grand carrefour touristique au pied du col du Petit-Saint-Bernard*, et porte de la Haute-Tarentaise, séjour d'été et d'hiver animé dans un joli bassin au débouché de la sévère vallée des Chapieux au N. Gare terminus de la vallée et téléférique des Arcs* (doublé par une route). En juillet, grande fête des Edelweiss (folklores savoyard et valdotain).
➡ 23 km E.-N.-E. par la magnifique route du Petit Saint-Bernard*, la Rosière (1 820 m), station de sports d'hiver discrète avec un vieux village, vaste panorama sur la Haute-Tarentaise (en face, le mont Pourri, 3 779 m).
➡ 12 km E.-S.-E., Sainte-Foy-Tarentaise, vieux village (mobilier de l'église), nombreuses promenades.

BOURNE (Gorges de la) – 38.
Grandiose succession de cluses taillées en travers des plis de la partie O. du Vercors, entre Villard-de-Lans* et Pont-en-Royans* ; sites du pont de la Goule Noire, des rochers du Rang, du cirque et de la grotte du Bournillon (sentier), et des rochers de Presles, dominant l'entrée de la grotte de Choranche (bref sentier, vis. tous les jours, belles concrétions). Au N. par le col de Romeyère (1 074 m),

route des Ecouges et étonnantes gorges de Saint-Gervais (vues immenses sur le Bas-Dauphiné et l'Isère).

BOUTIÈRES (Les) – 07.
Belle région naturelle du haut pays ardéchois, aux sévères forêts de sapins et aux vastes pâturages rompus par de profondes vallées quasi abandonnées (comme la haute vallée du Doux), qui s'étend sur la ligne de partage des eaux de la haute vallée de la Loire aux abords du mont Pilat*, par le mont Gerbier de Jonc*, le Mézenc*, Saint-Agrève*, etc. Les routes et les sentiers (G.R. 7 et 73 notamment) y sont souvent splendides.

BRANGUES – 38.
Pour le souvenir de Paul Claudel, enterré dans le parc de son château (au N.-O.).
➡ 6 km O., Morestel (2 400 hab.), « cité des peintres », bourg agréable dominé par un vieux donjon et une église gothique.

BRÉVENNE (Vallée de la) – 69.
C'est le grand sillon central des monts du Lyonnais, largement ouvert et très rural et calme, entre les deux grands groupes de hauteurs culminant à la tour Matagrin* (999 m) au N.-O. et (pour la vue) au signal de Saint-André (934 m) au S.-E. Après l'Arbresle*, elle rejoint l'Azergues* qui se jette dans la Saône à Anse.

BRÉVENT (Le) – 74.
Altitude 2 526 m
Téléfériques (tous les jours) au départ de Chamonix*. Parcours impressionnant du deuxième tronçon, après Planpraz. Splendide belvédère sur le mont Blanc* et son massif, et sur les autres grands massifs proches, Aravis, rochers des Fiz, Buet. Au pied, à l'E., le gouffre vert de la vallée de Chamonix.

BRIDES-LES-BAINS – 73.
Altitude 572 m
Station thermale complétée par Salins-les-Thermes (v. Moûtiers*), au bas des Trois Vallées. Superbes promenades en forêt.
➡ 12,5 km E., Champagny-en-Vanoise (superbe retable à l'église), à l'issue de belles gorges et de l'admirable vallée du Doron de Champagny (route sur 8 km), descendant du col du Palet (2 653 m, passage sur Tignes) entre les énormes massifs de Bellecôte (3 416 m) au N. et de la Grande Casse (3 852 m) au S. ; excursions dans le Parc de la Vanoise*.

BROUILLY (Mont) – 69.
Altitude 483 m
La chapelle de son sommet est bien sûr un pèlerinage vigneron, et la vue est splendide sur le vignoble et le Beaujolais*. Le fameux côte de Brouilly se produit sur son flanc sud.

BUIS-LES-BARONNIES – 26.   1 800 hab.
Altitude 370 m
Charmante vieille ville dans un bassin bien protégé de l'Ouvèze (cultures délicates, grand marché du tilleul début juillet et des herbes de Provence), dominé par le rocher Saint-Julien (767 m).
Curieuse place du Marché, triangulaire à arcades XVe. Eglise XVIIe ; derrière, beau portail XVIIe de la chapelle des Ursulines ; couvent des Dominicains (mairie), cloître XVIe. Restes de remparts XIIe et belles maisons anciennes.
➡ 8,5 km O., Propiac-les-Bains, beau site. ➡ N.-E. et S.-O., superbe vallée de l'Ouvèze (magnifiques gorges d'Ubrieux à la sortie N.). ➡ 7 km N., col d'Ey* (718 m), belles routes, route de Nyons*. ➡ 22 km O.-S.-O., Vaison-la-Romaine* (région XXI).

BURZET – 07.
Vieux village remarquable dans les belles gorges de la Bourges (cascade spectaculaire du Ray-Pic* en amont), paysage volcanique. Le Vendredi saint, célèbre procession de la Passion, très fréquentée, qui monte le curieux calvaire au N. Splendides environs.

CABRE (Col de) – 26-05.
Altitude 1 180 m
Il sépare le bassin de la Drôme de celui du Buëch, plus sec, dans une montagne au caractère prenant, sur la « route Hannibal » ; grands lacets sur le versant O.
➡ 9,5 km E., Beaurières ; puis N.-E., le val Maravel, très pittoresque ; 6 km N., Lesches-en-Diois, fête de la Lavande en septembre.

CAILLE (Ponts de la) – 74.
Au-dessus de la profonde gorge du torrent des Usses, ensemble remarquable du pont suspendu Charles-Albert (1838), désaffecté (ouvert aux piétons), et du grand pont en béton de 1928. Au fond de la gorge, Bains de la Caille (œuvre privée), beau site encaissé.

CANCE (Vallée de la) – 07.
En amont d'Annonay*, large et belle vallée dans les Boutières*, vieux passage historique avec des vestiges antiques, un des meilleurs accès du Rhône au Velay.

CERDON – 01.
Beau village sur une butte au centre d'une grandiose reculée du Veyron ; la célèbre montée de Cerdon passe au pont de l'Enfer, où se dresse le monument des Maquis de l'Ain dans un beau site solitaire. En haut, grotte du Cerdon (vis. tous les jours l'été, et dimanche et jours fériés en saison), concrétions intéressantes. Vignobles.
➡ 2,5 km S., Préau, petite cluse caractéristique, beau paysage.

CHABEUIL – 26.   3 900 hab.
Bourg pittoresque à vieilles ruelles et porte médiévale à mâchicoulis.
➡ 4 km N., Montélier ; au N.-O., curieux château de Monteynard fin XVe en rond avec des fossés. ➡ E., Peyrus, et superbe route de Léoncel* par les lacets du col des Limouches (1 086 m).

CHALAM (Crêt de) – 01.
Altitude 1 545 m
De la Pesse* (région XI), 4 km S.-E. pour la Borne au Lion ; de là, un sentier fléché part au S.-S.-O. (1 h 30 aller et retour), bien raide sur la fin. Immense panorama, très beau sur les gorges de la Valserine* et les monts Jura* derrière lesquels se montre le mont Blanc.

CHALAMONT – 01.   1 300 hab.
Pittoresques vieilles maisons dans la rue des Halles. Panorama du Signal.

CHALMAZEL – 42.
Altitude 867 m
Station de sports d'hiver du Forez (télécabine, téléskis), montant à Pierre-sur-Haute* (région XVI), le point culminant de cette chaîne (1 634 m) parcourue par le G.R. 3, avec 500 m de dénivelée du pied des remontées, au bout de la D. 63. Château XIIIe.
➡ 8 km S., Sauvain, vieux village pittoresque, beaux environs sauvages.

CHAMBÉRY – 73.   56 700 hab.
Altitude 272 m
La vieille capitale de la Savoie occupe un important carrefour dans la grande cluse qui sépare les Bauges de la Chartreuse et mène du Grésivaudan (bassin de l'Isère) au lac du Bourget et au Rhône.
Au cœur de la ville, carrefour de Boigne - boulevards, l'étonnante fontaine des Eléphants milieu XIXe commémore les bienfaits du comte de Boigne à son retour des Indes. Le vieux quartier qui s'étend de là jusqu'au château est d'un pittoresque discret mais intense avec de nombreux passages (trajes) entre rues, ruelles, cours, vieux hôtels, où il est amusant, voire inquiétant, de s'égarer ; place Saint-Léger, curieuse rue Basse-du-Château. Le château des ducs (préfecture ; vis. tous les jours l'été, et samedi à 14 h 30), XIVe-XVe et XVIIIe, réunit la tour Demi-Ronde XIIIe, la tour Trésorerie XIVe, la tour des Archives XVe, et une belle Sainte-Chapelle XVe (verrières XVIe, façade jésuite XVIIe) au carillon de vingt-sept cloches (concerts). Cathédrale Saint-François-de-Sales XVe-XVIe (objets d'art, trésor). Musée Savoisien (fermé mardi et jours fériés), dans l'ancien archevêché (archéologie, primitifs savoyards, art régional). Remarquables hôtels rue de la Croix-d'Or. Par la rue Saint-Réal et la place Octogone (voir les « portiques » de la rue de Boigne), puis la rue Favre, musée des Beaux-Arts (fermé mardi et jours fériés), surtout primitifs savoyards et peintures italiennes Renaissance. Eglise Notre-Dame classique. Au N., montant par le parc de Lémenc, monument J.-J.-Rousseau, vue, puis église de Lémenc à droite, XVe, gardant une crypte pré-romane dont la rotonde mérovingienne renferme des colonnes très primitives.
➡ 2 km S., les Charmettes, maison de campagne XVIIe où J.-J. Rousseau vécut chez Mme de Warens (musée, fermé mardi). ➡ S.-E., route des Vins de Savoie. ➡ 15,5 km S., col du Granier*, route de la Chartreuse*. ➡ 6 km E.-S.-E., Challes-les-Eaux, station thermale ; à l'E., mont Saint-Michel (895 m), 3 h aller et retour ou route par Montmerlet puis 45 mn aller et retour, vaste panorama.

CHAMBON (Lac du) – 38.
Altitude 1 040 m
Long de 3 km, il est formé par la Romanche retenue par un barrage-poids (1935) de 90 m de haut et 290 m de long, dans un site sévère et admirable que prolonge, vue du barrage, la sauvage et profonde combe de Malaval. Ecole de voile. Du barrage, part au S. la route des Deux-Alpes* (11 km).
➡ 1,5 m N., Mizoën, village perché (vue sur le lac) ; 5,5 km N.-E., Besse, superbe vieux village de montagne, vues magnifiques sur les Grandes-Rousses ; route (délicate) pour l'Alpe-d'Huez* ; belles excursions, dont (G.R. 54) le plateau d'En-Paris (la journée) à l'E., traversée possible sur la Grave* (région XXI), vues magnifiques sur le massif de la Meije.

Chamonix : *Le village des cristalliers, de Jacques Balmat et du Dr Paccard, a bien changé, et il faut s'élever autour pour comprendre tout son intérêt.*

CHAMONIX-MONT-BLANC – 74.   9 000 hab.
Altitude 1 037 m

La « Mecque de l'alpinisme » est aussi une grande station d'hiver ; sur l'Arve, à l'entrée du tunnel routier international du Mont-Blanc*, elle jouit d'une situation magnifique au pied du mont Blanc et de son énorme massif d'aiguilles et de glaciers. ➡ V. Brévent*. ➡ V. Aiguille du Midi*. ➡ V. mont Blanc*. ➡ V. Mer* de Glace.
➡ Des Praz, 3 km N., téléférique de la Flégère (1 894 m), vue admirable sur le massif (table d'orientation) ; par télécabine, on monte à l'Index (2 385 m), au pied des Aiguilles Rouges ; de là, on gagne en 1 h 30 le lac Blanc, site merveilleux ; un sentier en balcon passe à la Flégère, entre Argentière* et Planpraz (station intermédiaire du téléférique du Brévent), facile et de toute beauté, environ 5 h de trajet. ➡ Des Bossons, 3,5 km S.-O., télésiège du Mont pour le chalet des Bossons, au bord du glacier des Bossons à 1 400 m, superbe site ; grotte de glace. ➡ Des Houches, 8 km S.-O., téléférique de Bellevue rejoignant le TMB (tramway du mont Blanc) montant au Nid* d'Aigle (2 386 m), et télécabine du Prarion (1 860 m) d'où il faut monter au sommet du Prarion (1 967 m), au N., panorama splendide.

A Chamonix, monuments à de Saussure, Paccard, Balmat, les découvreurs du mont Blanc ; musée alpin ; lacs et école d'escalade des Gaillands ; lac et bois du Bouchet. Le train (voie étroite) de la vallée de Chamonix, du Fayet-Saint-Gervais à Martigny (Suisse) est un moyen très commode de rejoindre les multiples centres d'intérêt.
Tour du Mont-Blanc : c'est un admirable itinéraire pédestre, en dix à douze jours, qui emprunte des sentiers tout au long, extrêmement fréquenté maintenant (problèmes d'hébergements), par les grandes vallées qui entourent le massif. En France, il se confond avec le G.R. 5 du Brévent au col du Bonhomme.

CHAMPDIEU – 42.   1 200 hab.
Important prieuré bénédictin fortifié au XIVᵉ comprenant une église XIIᵉ roman auvergnat aux puissantes défenses et à l'intérieur remarquable (crypte) ; Cène XVᵉ au réfectoire du prieuré.
➡ 4,5 km N.-E., Chalain-d'Uzore, château XIVᵉ-XVIᵉ, belle salle Renaissance (vis. tous les jours en saison) ; 3 km N., mont d'Uzore, butte volcanique de 534 m, vue remarquable ; 2 km N., Mont-Verdun, au pied d'un « pic » volcanique où se dressent les restes d'un prieuré fortifié et son église XIIᵉ-XVᵉ (objets d'art) ; panorama.

Lac du Chambon : *Ce barrage de la « première génération » a créé un splendide plan d'eau qui baigne les énormes ravinements des schistes ardoisiers.*

CHAMROUSSE – 38.
Altitude 1 650-1 750 m
Grande station de sports d'hiver (Jeux Olympiques 1968) au-dessus de Grenoble* et d'Uriage-les-Bains*, culminant à la Croix de Chamrousse (2 257 m, téléférique, panorama splendide), extrémité S.-O. de la chaîne de Belledonne* (que parcourt en partie le G.R. 549).
Deux centres : le Recoin (1 650 m), où se trouve la grande piste de Casserousse descendant à 1 400 m, et Roche-Béranger (1 750 m), station plus récente. A la limite des forêts et des prés-bois aux bouquets de pins épars dans un relief tourmenté, le site est superbe. Ski de fond (au S.-O.). Très belle route d'accès en circuit (D. 111), au S.-O. par l'ancienne chartreuse de Prémol et le lac Luitel, au N.-O. par les Seiglières et Saint-Martin-d'Uriage.

CHAPELLE-EN-VERCORS (La) – 26.
Altitude 945 m
Village bien situé au cœur du Vercors*, martyr en 1944 et reconstruit depuis, excellent centre d'excursions. Centre d'accueil du Parc Régional et Maison de la Spéléologie.
➡ N., Saint-Martin et Saint-Julien-en-Vercors, gorges de la Bourne*, les Barraques-en-Vercors et les Grands* Goulets. ➡ E., l'immense « plateau » du Vercors, sorte de vaste causse incliné au relief karstique, sans rivières, percé de nombreux gouffres et avens, où carte et boussole sont indispensables ; il est à demi recouvert par la forêt du Vercors (parcours admirables, circulation réglementée sur les routes forestières). Au S.-E., grotte de la Luire*. ➡ S.-O., Vassieux-en-Vercors* et forêt de Lente*.

CHARLIEU – 42. 5 100 hab.
Marché agricole important à la limite du Brionnais* (région XII) aux belles églises romanes.
L'ancienne abbaye bénédictine est à l'état de restes, l'abbatiale ayant été abattue à la Révolution, mais le narthex XIIᵉ reste l'une des splendeurs de l'art roman bourguignon avec ses célèbres portails et ses chapiteaux (belle salle au 1ᵉʳ étage à carrelage d'époque) ; les bâtiments subsistant comprennent un cloître XVᵉ et une belle salle capitulaire, une chapelle et un logis abbatial XVIᵉ, et la grande tour de Philippe Auguste XIIᵉ (vis. tous les jours l'été, fermé mardi hors saison). Le centre possède de nombreuses maisons XIIIᵉ au XVIᵉ, notamment autour de l'église Saint-Philibert XIIIᵉ (belles œuvres d'art). A l'O., ancien couvent des Cordeliers (vis. comme l'abbaye), beau cloître XIVᵉ-XVᵉ (chapiteaux) et église XVᵉ.

CHARMANT SOM – 38.
Altitude 1 867 m
Accessible par le col de Porte (4,5 km puis 1 h aller et retour, sentier). Splendide panorama (table d'orientation), dépassant la Chartreuse (vue plongeante sur le couvent). Bon sentier pour le col de la Charmette* à l'O.

CHARMETTE (Col de la) – 38.
Altitude 1 277 m
Sommet d'une admirable route reliant Saint-Egrève (banlieue N.-O. de Grenoble) et Saint-Laurent-du-Pont (versant N. délicat) ; carrefour de sentiers ; à l'E., Charmant* Som, 3 h aller et retour ; à l'O., la Sûre (1 920 m), 4 h aller et retour.

CHARTREUSE (Massif de la) – 38-73.
Massif préalpin très boisé et rocheux, entre Chambéry* et Grenoble*, tirant son nom du couvent de la Grande-Chartreuse*.

CHASSEZAC (Vallée du) – 07.
Cet affluent de l'Ardèche a tracé au S. du Tanargue* un sillon bref mais profond, une merveille cévenole ; une belle route suit l'escalier de barrages qui l'équipe. Dans la région des Vans*, ses méandres et les gorges qu'il traverse dans le bois de Païolive* sont un régal pour le canoë.

CHAT (Mont du) – 73.
Altitude 1 504 m
Chaînon dominant au S.-O. le lac du Bourget* face au mont Revard*, traversé par une route magnifique (D. 42). Au N. (1 h aller et retour), le Molard Noir (1 452 m, table d'orientation), splendide panorama, au-dessus de la célèbre dent du Chat. Le G.R. 9 parcourt toute la crête.

CHÂTEL – 74.
Altitude 1 235 m
Station de sports d'hiver et belle villégiature dans une situation superbe au fond de la vallée d'Abondance, au pied de Super-Châtel (télécabine, puis télésiège du pic de Morclan, 1 970 m, large panorama) et du Pas de Morgins, 1 369 m, frontière suisse, d'où la route redescend à Morgins (« les Portes du Soleil »).
➡ 12 km S.-O., col de Bassachaux (1 783 m), site magnifique en face d'Avoriaz ; G.R. 5. ➡ 5,5 km N.-O., la Chapelle-d'Abondance (1 020 m), agréable station ; au N., les Cornettes de Bise (2 438 m), long mais facile (7 h aller et retour), panorama.

CHÂTELARD (Le) – 73.
Altitude 757 m
Vieux bourg féodal, petite station d'été bien située au cœur du massif des Bauges, sur le Chéran, parmi des paysages superbes de falaises dominant pâturages et forêts.
➡ 12 km E.-S.-E., vallon de Bellevaux, site sauvage entre les plus hauts sommets du massif, l'Arcalod (2 217 m) et le Pécloz (2 197 m), réserve de chasse des Bauges et forêts sur des pentes très raides ; au-dessus au S., pèlerinage de Notre-Dame-de-Bellevaux. ➡ 6 h 30 aller et retour au S., Grand Colombier (2 043 m), superbe excursion, vaste panorama. ➡ S.-O., vallée de l'Aillon, Aillon-le-Vieux puis Aillon-le-Jeune, centre de ski.

CHÂTILLON – 69. 1 400 hab.
De puissantes ruines féodales y barraient la vallée de l'Azergues*. Remarquable chapelle romane à côté.

CHÂTILLON-SUR-CHALARONNE – 01. 3 400 hab.
Joli bourg de la Dombes. Porte de Villars XIVᵉ, reste de l'enceinte. Beau triptyque XVIᵉ à l'hôtel de ville. Halles XVIIᵉ en charpente. Eglise Saint-André XVᵉ flamboyant. Ruines du château.

Le Vercors : Des rochers colossaux en forme d'étraves ne sont pas un phénomène si rare dans ce massif où abondent forêts et falaises, gorges profondes et plateaux infinis.

CHAUDIÈRE (Col de la) – 26.
Altitude 1 047 m
Site superbe du Diois, dominé au N. par le grand surplomb du Veyou (1 589 m), un des Trois Becs, extrémité E. de la forêt de Saou*, parcours splendide entre Saillans* et Bourdeaux*.

CHAUMONT – 74.
A l'extrémité S.-E. de la montagne de Vuache, culminant à 1 101 m au signal de Chaumont (1 h 30 aller et retour au N.-O. par le « balcon du Léman » ; panorama), des ruines féodales commandent aussi un important panorama ; cascade en contrebas de la D. 992.

CHAVADE (Col de la) – 07.
Altitude 1 266 m
Large seuil sur la ligne de partage des eaux, entre les vastes forêts de Bauzon (superbe route au S. vers le Tanargue*) et de Mazan où naît l'Ardèche. Tout de suite au S.-E. s'ouvre la grande déchirure très cévenole de la vallée de l'Ardèche* en contraste violent avec les étendues pastorales du versant O. Passage du G.R. 7.

CHEYLARD (Le) – 07.   4 600 hab.
Altitude 430 m
Vieux bourg agréable sur l'Eyrieux* au confluent de la Dorne (belle vallée montant à Mézilhac*). Des restes du château de la Chèze (E.), belle vue.

CLAPS (Site du) – 26.
En amont de Luc-en-Diois (fête de la Lavande le 19 septembre), le pic de Luc (1 084 m) s'est en partie écroulé au XVe sur la Drôme, créant deux barrages par des chaos impressionnants que la rivière franchit par des cascades successives dont le Saut de la Drôme.

CLERMONT – 74.
Remarquable château fin XVIe Renaissance italienne (vis. tous les jours en saison sauf mardi) ; vue magnifique.

CLUSAZ (La) – 74.   1 700 hab.
Altitude 1 040 m
La grande station de sports d'hiver des Aravis, village encaissé mais agréable au pied du col et de la chaîne des Aravis*. Téléfériques de Beauregard (1 647 m) au S.-O., de l'Etale (1 960 m) au S., partant des Etages sur la route du col de la Croix-Fry et de la vallée de Manigod.
➡ E., belle vallée des Confins (petit lac). ➡ N.-N.-O., magnifique route de Bonneville* par les gorges du Borne et le Petit-Bornand-les-Glières.

CLUSES – 74.   15 300 hab.
Altitude 485 m
A l'issue de la formidable cluse de l'Arve, ville industrielle (Ecole nationale d'horlogerie). Eglise XVIe, remarquable bénitier XVIe.
➡ 9,5 km S. par une route impressionnante, Romme, vue splendide sur la vallée du Reposoir.

COIRON (Plateau du) – 07.
Planèze au bord du Rhône, le haut plateau calcaire du Coiron est recouvert d'un puissant épanchement de basalte qui forme une falaise noire dominant toutes les vallées qui l'ébrèchent. Au N.-O. d'Alba*, monter par la D. 263 à Sceautres (énorme rocher) ; au N.-O., col de Fontenelle ; redescendre à l'E. la vallée du Lavézon ; vieux village de Meysse avant de gagner Rochemaure* et le pic de Chenavari. Au S.-O., Mirabel (v. Villeneuve-de-Berg*).

COLIGNY – 01.   1 100 hab.
Marché de volailles de Bresse. Eglise XVe-XVIe. Au pied du Revermont, dont le rebord est suivi par le G.R. 59.
➡ 9 km S.-E., Pressiat, au S.-O. du mont Myon (662 m, 2 h aller et retour), près du G.R 59, vaste panorama.

COLOMBIÈRE (Col de la) – 74.
Altitude 1 613 m
L'un des sites les plus « haute montagne » des Préalpes, entre le Grand-Bornand* et Cluses*, dominé à l'O. par le pic de Jallouvre (2 408 m).
➡ 7,5 km N.-E., le Reposoir, dans un site magnifique, au pied N. de Pointe Percée (2 752 m), le point culminant des Aravis ; au S., belle chartreuse du Reposoir ; on peut gagner Cluses par Romme, route remarquable.

COMBE LAVAL – 26.
Entre Saint-Jean-en-Royans* et le col de la Machine (1 011 m), à l'entrée de la forêt de Lente*, corniche splendide et audacieuse au-dessus des gorges (une « recu- lée ») du Cholet, un des accès les plus spectaculaires du Vercors ; au col de la Machine, aller voir (tout près à l'E.) le belvédère du cirque. En aval du col Gaudissart, vues superbes sur le Royans.

COMBLOUX – 74.   1 200 hab.
Altitude 986 m
Station climatique et de sports d'hiver, célèbre pour sa situation face au mont Blanc. Au Haut-Combloux (O.-S.- O.), table d'orientation, vue admirable ; télésièges vers la Croix-des-Salles.

CONDRIEU – 69.   3 200 hab.
Vieille ville de mariniers sur le Rhône (curieux quartier du port, où Frédéric Mistral commença le *Poème du Rhône*) avec des maisons anciennes (maison de la Gabelle). Au N., sur la D. 28, d'un calvaire, belle vue sur la vallée.

CONFLANS – 73.
V. Albertville*.

CONTAMINES-MONTJOIE (Les) – 74.
Altitude 1 164 m
Station d'été et d'hiver au pied S.-O. du massif du Mont- Blanc* (dômes de Miage, aiguille de Bionnassay). La route du fond du Val Montjoie s'achève à Notre-Dame-de-la- Gorge, remarquable chapelle baroque (1 210 m), pèleri- nage fréquenté (15 août, 8 septembre), beau site au départ de la longue montée du col du Bonhomme (4 h) sur le tour du Mont-Blanc.

CORDON – 01.
Les rives du château de Cordon, sur le mont de Cordon (399 m), commandaient le confluent du Guiers et du Rhône, à la pointe extrême de la grande boucle du Rhône autour du Bugey, recoupée par le canal en construction d'un complexe E.D.F. A 4,5 km N., cascade de Glandieu.

CORPS – 38.
Altitude 937 m
Vieux village pittoresque jadis fortifié, sur la route Napoléon (il y passa une nuit au retour de l'île d'Elbe).
➡ 1 km S., Croix-Sainte-Marguerite, vue splendide sur le lac du Sautet* et le pic de l'Obiou (2 790 m). ➡ 4 km N.- E., par route de la Salette puis à droite, Boustigue, petite station de ski dominant Corps (vue). ➡ 14,5 km N.-E. puis N., Notre-Dame-de-la-Salette*. ➡ Tour du lac du Sautet.

CÔTE-SAINT-ANDRÉ (La) – 38.   4 400 hab.
Altitude 374 m
Bien située au-dessus de la grande plaine de Bièvre* ; musée Hector-Berlioz, dans sa maison natale (fermé lundi) ; superbes halles XVIe, très vastes ; église XIIe ; château XVIIe (vue immense).
➡ 8 km S., Bressieux, remarquables restes et ruines d'un château médiéval dominant la plaine de Bièvre, vue splendide ; 7 km E., Saint-Etienne-de-Saint-Geoirs, patrie de Mandrin ; 6 km S.-O. de Bressieux, Marnans, église romane.

COU (Col de) – 74.
Altitude 1 116 m
Entre la charmante Vallée Verte et le versant dominant le Léman, la vue sur le lac et le Jura est belle, plus vaste en s'élevant au S. Le petit col des Moises au N.-E. est fort beau aussi.

COUCOURON – 07.
Altitude 1 140 m
Gros marché agricole du plateau. Eglise en partie romane (portail). 1,5 km N., ruines féodales de Montlaur.
➡ 7 km S., auberge de Peyre-Beille, sur la N. 102, Le Puy- Aubenas, où les époux Martin, au XIXe, tuaient les clients « intéressants » pour les dévaliser, c'est du moins ce que l'on dit et qui leur coûta la vie, chez eux.

COURCHEVEL – 73.
Altitude 1 300-1 850 m
La plus importante des stations des Trois-Vallées, compo- sée de : Le Praz (1 300 m), Courchevel-1550, Courchevel- 1650-Moriond et Courchevel-1850, principal centre. Les télécabine et téléférique de la Saulire (2 693 m, panorama immense) sont le premier maillon des liaisons avec Méribel* et les Menuires (v. Saint-Martin-de-Belleville*) ; l'ensemble totalise plus de 300 km de pistes.

COUZAN (Château de) – 42.
Perchées entre deux ravins au-dessus de Sail-sous-Couzan, ses ruines impressionnantes commandent une vue im- mense sur la plaine et les monts du Forez*.
➡ 5 km N.-N.-O., l'Hôpital-sous-Rochefort, dans un pays magnifique, ancien bourg fortifié, église XIIe (Vierge à l'Enfant XVe) ; 8 km N., Saint-Martin-la-Sauveté, au S.-E., la Croix de Sauveté (bref trajet à pied), panorama (table d'orientation).

La Drôme est riche de sites surprenants. Le Claps, entre Die et le col de Cabre, est le résultat d'un fantastique écroulement du pic de Luc au XVe siècle.

Die : L'ancienne Dea Augusta, petite cité méridionale et porte des Préalpes du Sud, et cernée de vignobles (pour sa clairette) et de champs de lavande. C'est un agréable séjour dans un très beau site.

Aux alentours du col de Cabre, qui joint la vallée de la Drôme à la région de Serres et de Gap, de vastes alpages conviennent bien au mouton.

CRÉMIEU – 38.   2 500 hab.
Altitude 212 m

Vieille cité fortifiée, une des places fortes du Dauphiné, dans un beau site adossé à l'Ile* Crémieu.
Restes importants de remparts, porte de la Loi XIVᵉ ; l'église des Augustins XVᵉ (mobilier) est flanquée du cloître XVIIᵉ du prieuré dont subsiste l'actuel hôtel de ville ; superbes halles anciennes en bois et pignons de pierre ; curieux ensemble de la tour de l'Horloge, sur une falaise ; au N.-E., deux vieilles portes XIVᵉ et XVIᵉ, on monte de là à l'O. au château delphinal (vue) par le Vieux Crémieu, quartier de maisons anciennes.
➡ Au S.-O., châteaux de Montiracle, Bienassis, Poizieu, Mallin, ruines de Ville. ➡ E., étang de Ry (baignade) et château de Saint-Julien, restauré. ➡ S.-E., gorges de la Fusa et site du château de Dizimieu.

CREST – 26.   8 000 hab.

Sur la Drôme sortant des Préalpes. Le pittoresque quartier du Vieux Crest aux ruelles escarpées et passages voûtés (beffroi XVᵉ à jacquemart, maisons anciennes) escalade la colline que domine l'énorme donjon XIIᵉ de 51 m (vis. tous les jours, après-midi hors saison) ; panorama immense.
➡ S.-E., par Aouste et D. 70 au S., forêt de Saou*.

CROIX DE BAUZON (Col de la) – 07.
Altitude 1 308 m

Entre les vallées de la Borne et du Lignon, site superbe (station de ski au S.) au pied du Signal de la Croix de Bauzon (1 538 m) au N., 1 h 30 aller et retour, beau panorama. Versant E. magnifique vers Jaujac.

CROIX DE FER (Col de la) – 73.
Altitude 2 068 m

Entre le col du Glandon* et les vallées de l'Arvan*, le panorama qu'il ouvre sur les célèbres aiguilles d'Arves* et la Meije est magnifique (bref sentier au S.) ; au S.-S.-O., extrémité N. du massif des Grandes* Rousses.

CROIX DU BONHOMME (Col de la) – 73.
Altitude 2 443 m

Loin de toute route, c'est un grand carrefour touristique (table d'orientation, vue au S.), sur le « tour du Mont-Blanc » dont se détachent au S.-O. le G.R. 5 vers le massif de Beaufort et la Vanoise et au N.-E. la « variante » du tour par la Tête Nord des Fours (2 756 m, 2 h aller et retour, table d'orientation, panorama général et rapproché sur le massif du Mont-Blanc), rejoignant le col de la Seigne en évitant les Chapieux (v. Roselend*). Le col est à 5 h S. des Contamines*, 3 h N. des Chapieux.

CROIX-HAUTE (Col de la) – 26-38.
Altitude 1 179 m

La limite climatique, du fait du caractère très alpin du vallon de Lus*, n'y est pas aussi nette qu'au col du Rousset ou au col Bayard. Belles forêts de sapins, côté N. surtout.

Vue de la station des Deux-Alpes, à 75 km de Grenoble, au flanc des sommets de la Meije et des Ecrins, les plus hauts du massif de l'Oisans.

CROIX DE L'HOMME MORT (Col de la) – 42.
Altitude 1 163 m

Sur la route d'Ambert à Montbrison. Panorama remarquable. On peut gagner Chalmazel* au N., Saint-Bonnet-le-Château* au S. par des routes très solitaires. Passage du G.R. 3 non loin, suivant à peu près la crête du Forez* (région XVI).

CROZET (Le) – 42.

Vieux bourg remarquable jadis fortifié, avec des maisons XVᵉ et XVIᵉ ; petit musée et donjon médiéval (vue étendue, monts de la Madeleine).
➡ 8,5 km N.-O., Saint-Martin-d'Estréaux, au N., château XVIᵉ-XVIIIᵉ de Châteaumorand ; 7 km N.-E., Sail-les-Bains, petite station thermale, église romane à porche pittoresque en bois. A la Pacaudière, relais de poste XVIᵉ le Petit-Louvre, sur la route Royale.

CRUAS – 07.   2 100 hab.

Dominé par de hautes collines calcaires exploitées par de grandes cimenteries (par temps sec, poussière blanche générale). Magnifique église romane fin XIᵉ-XIIᵉ, ancienne abbatiale bénédictine, tour-lanterne, chapiteaux, mosaïque de 1098, cryptes XIᵉ, abside. Etonnant vieux bourg médiéval fortifié avec chapelle-refuge romane à l'origine.
➡ 4 km S., énorme centrale nucléaire au bord du grand plan d'eau du Rhône retenu à Rochemaure*.

CRUSSOL (Château de) – 07.

Dominant Saint-Péray et l'agglomération de Valence* de 200 m de haut, extraordinaire nid d'aigle en ruine du château XIIᵉ et d'un village-refuge (brève route puis sentier 1 h aller et retour au moins).

CUCHERON (Col du) – 38.
Altitude 1 139 m

Séparant les vallées des Guiers Mort et Vif, au cœur du massif de la Chartreuse*, c'est le maillon central de sa route des cols, entouré de forêts ; les versants sont typiques de la région ; vues splendides.

DEUX-ALPES (Les) – 38.
Altitude 1 650 m

Sur un superbe seuil d'alpages entre les « gouffres » de la Romanche et du Vénéon, l'Alpe-de-Mont-de-Lans et l'Alpe-de-Venosc ont formé cette grande station de sports d'hiver qui culmine (l'été) au dôme de la Lauze (3 512 m) ; accès l'été au Jandri (3 288 m) sur le glacier du Mont de Lans, par quatre remontées ouvertes aux piétons, immense panorama. A l'O., belvédère des Cimes (2 180 m) par télésiège, panorama remarquable. Au S., belvédère de la Croix, vue plongeante sur la vallée du Vénéon.

DIE – 26.   4 200 hab.
Altitude 410 m

Surtout connue pour sa « clairette », excellent mousseux très fruité, Die est une jolie vieille ville dans un superbe site de moyenne montagne.
Importants vestiges de remparts surtout au N.-E. sur la colline, et porte Saint-Marcel, ancien arc romain à l'E. Ancienne cathédrale romane (beau portail) refaite au XVIIᵉ, sur une place de platanes avec vue superbe sur le

La Dombes : Pays d'étangs, d'oiseaux, de pêche et de culture, ce fut plus de deux siècles une principauté, avec son parlement à Trévoux.

Glandasse (2 041 m). Maisons anciennes, dans les vieilles ruelles. A l'ancien évêché (mairie), remarquable mosaïque XIIᵉ dans la chapelle. Musée lapidaire (vis. l'été, mardi, jeudi et samedi après-midi).

➡ 6 km E., restes de l'abbaye cistercienne de Valcroissant, site superbe ; accès possible (long) au Glandasse et à son chemin de ceinture (1 h de montée) au pied des falaises.
➡ 8 km S.-E., ruines féodales d'Aix-en-Diois, joli site.
➡ 14 km S.-E., Châtillon-en-Diois, vieux bourg pittoresque (porte de ville) au pied du Glandasse (9 h aller et retour au N.) ; carrefour de sentiers ; 10,5 km N.-E., cirque d'Archiane*. ➡ N., le Vercors* par le col de Rousset*.

DIEULEFIT – 26.   2 900 hab.
Joli bourg surtout protestant, centre climatique réputé, important centre de poterie et de céramique d'art. Tour de l'Horloge. Nombreuses promenades pédestres.

➡ N., 3 h aller et retour, chapelle Saint-Maurice (939 m), superbe panorama. ➡ 9 km S. (D. 538), ancien village et ruines de Béconne, gorges du Lez, belle route de Nyons*.
➡ 5 km O., le Poët-Laval, vieux village dominé par le donjon d'une commanderie de Malte, beau site ; dans l'ancien temple, musée du Protestantisme dauphinois (fermé matin des dimanches et jours fériés) ; artisanat d'art.

DIVONNE-LES-BAINS – 01.   4 200 hab.
Station thermale et climatique réputée, avec casino, hippodrome, vaste lac artificiel (voile), parc de loisirs, à la frontière suisse et au pied de la grande chaîne du Jura.

DOMBES (La) – 01.
Le plateau entre la Saône, la Bresse, l'Ain et le Rhône est très imperméable et porte plus de mille étangs qui couvrent 1 100 ha et sont très fréquentés par les oiseaux, migrateurs entre autres (parc ornithologique important à Villars-les-Dombes*) ; ils sont couramment vidés et remis en culture par rotation ; le charme de ce pays boisé et champêtre est très prenant et mérite qu'on s'y attarde, entre Brou et Lyon, ou Paris et les Alpes...

DONZÈRE – 26.   3 400 hab.
A l'O., vieux village médiéval fortifié avec une intéressante église romane, dominé par des ruines féodales. Au N.-O., aller voir le défilé (ou « robinet ») de Donzère, que le Rhône a creusé dans le calcaire.

➡ O. grands barrages sur le Rhône et le canal de dérivation de Donzère. ➡ 4,5 km N., Châteauneuf-du-Rhône, vieux village au pied de ruines XIIIᵉ (panorama) ; une route au N.-O. permet de voir de près le barrage et l'usine Henri-Poincaré sur le canal de Montélimar ; 3 km E., Malataverne ; 2 km S., chapelle Notre-Dame-de-Montchamp XIᵉ (330 m), superbe panorama.

DOUX (Gorges du) – 07.
De Lamastre* à Tournon*, le Doux a une superbe vallée, d'abord remplie de vergers ; après Boucieu-le-Roi, vieux village très pittoresque, elle s'enfonce peu à peu dans un splendide défilé granitique que deux routes et surtout le chemin de fer (v. Tournon*) permettent de bien voir. Au S. du pont de Duzon, en suivant le Duzon rive gauche, voir les « cuves du Duzon » (route puis sentier).

Les amateurs d'oiseaux n'auront garde d'oublier leurs jumelles ou téléobjectifs lors de la visite du parc de Villars-les-Dombes !

DRAC (Corniche du) – 38.
La rive droite du Drac, du pont de Champ (13 km S. de Grenoble sur la N. 85) à la Mure* par les D. 529 puis 116, offre un magnifique parcours d'ensemble (plus spectaculaire encore par le chemin de fer touristique de la Mure, qui le double jusqu'au château de la Motte-les-Bains) ; vues splendides du belvédère de Notre-Dame-de-Commiers (barrage) et de celui du barrage de Monteynard (135 m de haut) ; le D. 116 est encore plus étonnant jusqu'à Mayres-Savel (d'où, à 3 km N.-O., une route forestière au N. rapproche du Génépi, 1 769 m, 4 h 30 aller et retour, panorama, accessible aussi du village, plus long).

DUINGT – 74.
Sur un promontoire qui sépare le Grand Lac du Petit Lac d'Annecy*, le vieux village et son château restauré, face aux dents de Lanfon et à la Tournette, forment un ensemble charmant.

➡ 3,5 km O., Saint-Jorioz (baignade), agréable villégiature ainsi que (4 km N.-O.) Sévrier (baignade également).
➡ 4,5 km S., Bout-du-Lac (baignade), au pied des Bauges et de leurs vastes forêts, superbe combe d'Ire au S. de Doussard ; 9 km S.-E., Faverges (5 300 hab.), bon centre d'excursions dans un beau bassin au pied N. du col de Tamié*.

Gorges de l'Eyrieux : *Le printemps en fait la vallée rose — par endroits, car landes, rochers et bois y prennent une grande place. Le chemin de fer du Haut-Vivarais l'empruntait entre Saint-Agrève et Le Cheylard, mais n'a pas été rétabli sur ce tronçon pourtant magnifique.*

EAU D'OLLE (Vallée de l') – 38.
Belle mais très sauvage vallée d'Oisans, séparant les massifs des Sept Laux et de Belledonne* de celui des Grandes* Rousses ; impressionnant défilé de Maupas (cascade des Sept Laux, près du sentier qui monte dans le massif, v. Fond-de-France*) ; parcours suivi par le circuit des Grands Cols entre le Bourg-d'Oisans* et les cols du Glandon* et de la Croix* de Fer. Beaux villages anciens, cascades, points de vue, etc. Grand barrage en construction.

ÉCHARMEAUX (Les) – 69.
Altitude 720 m   1 000 hab.
Important carrefour du Beaujolais, dans un col qui est une charmante petite villégiature sur la grande crête Océan-Méditerranée (passage du G.R. 7), au-dessus de l'Azergues* naissante. Au N.-E., mont Saint-Rigaud* (1 012 m), à 4 h aller et retour.

ÉCHELLES (Les) – 73.
Altitude 720 m   1 200 hab.
Dans un beau site sur le Guiers* débouchant de la Chartreuse*.
➡ 5 km N.-E., à la sortie E. du tunnel des Echelles sur la N. 6, pittoresques grottes des Echelles (vis. tous les jours en saison), ancien passage de la route, où Mandrin aurait longtemps trouvé refuge.

ÉCLUSE (Défilé de l') – 01-74.
Profonde cluse creusée par le Rhône entre le Grand Crêt d'Eau (1 621 m) et la montagne de Vuache (1 101 m) au S., c'est le premier heurt du fleuve avec la barrière jurassienne. Passage de l'importante route Lyon-Genève, déjà fortifié par César, il l'est toujours resté. Le D. 908 A sur la rive gauche est tranquille et pittoresque.

ÉCRINS (Massif et Parc national des) – 38-05.
Ce massif, assez couramment appelé de l'Oisans (nom du pays du Bourg-d'Oisans), est l'un des plus impressionnants des Alpes par le nombre de ses sommets et son relief abrupt que la moindre excursion révèle aussitôt ; le passage du col du Galibier par exemple. La Bérarde* (région XX), la Grave*, le Monêtier-les-Bains*, Vallouise*, la Chapelle-en-Valgaudemar* (région XXI) en sont les hauts lieux touristiques. Le parc couvre 91 800 hectares de zones inhabitées (camping, cueillettes, pêche, chasse, interdits) et compte de nombreux refuges. Les sentiers y sont raides et aucun ne le traverse ; le G.R. 54, « tour de l'Oisans », le contourne.

ESCRINET (Col de l') – 07.
Altitude 787 m
La route Privas-Aubenas y franchit la crête joignant le haut plateau au plateau du Coiron* ; vues superbes.
➡ 8,5 km S.-O., château de Boulogne*.

ÉVIAN-LES-BAINS – 74.
Altitude 374 m   6 200 hab.
Grande station thermale et climatique en balcon sur le Léman*, site renommé, port, plage et grand centre nautique, casino, superbes bords du lac avec jardins. Palais des Congrès (1956), par Novarina. Jardin anglais. Buvette Cachat également par Novarina (réservée aux curistes). Usines d'embouteillage (vis.). Excursions sur le lac (v. Léman*).
➡ 3,5 km O., Amphion-les-Bains, monument de la poétesse Anna de Noailles, dans son jardin près du lac.
➡ 4 km E., château de Blonay XVIᵉ, restauré ; E., Meillerie, belles falaises au-delà.

EY (Col d') – 26.
Altitude 718 m
Entre Sainte-Jalle* et Buis-les-Baronnies*, l'un des plus beaux points de vues sur les Baronnies et le Ventoux.

EYGUES (Vallée de l') – 26.
Dans les Baronnies, en amont de Nyons*, le long de la route Nyons-Serres* (région XXI), c'est, avec force virages, une succession étonnante de gorges, de petits bassins et de vieux villages superbes : Aubres, Sahune, Saint-May, Verclause, sont les plus marquants.

EYRIEUX (Vallée de l') – 07.
Son parcours admirable, de Saint-Agrève* à la Voulte-sur-Rhône*, est typique des Boutières* et du Vivarais ; montagnarde en haut, vers Saint-Julien-Boutières et sous le château de Rochebonne*, elle devient vers le Cheylard* et jusqu'au Rhône un immense verger de pêchers, à voir au printemps, entourée de serres granitiques où alternent châtaigniers, lopins de culture et bois de pins et bruyères.

FANS (Col des) – 07.
Altitude 754 m
De Lamastre* à Valence*, on a la surprise de son beau panorama sur les Alpes.

FAUCILLE (Col de la) – 01.
Altitude 1 323 m
Célèbre passage de la route Paris-Genève au travers de la haute chaîne du Jura ; vue splendide sur le mont Blanc* au-dessus du lac Léman*. Station de sports d'hiver, télécabine du Mont-Rond (1 534 m), panorama extraordinaire sur le Jura, le Léman et les Alpes (table d'orientation).

FER À CHEVAL (Cirque du) – 74.
Altitude 950 m
Impressionnante ceinture irrégulière d'immenses falaises autour de la haute vallée du Giffre ; il en dévale au printemps des dizaines de cascades, d'énormes chutes de pierres (sur le pic de Tenneverge surtout, au centre,

2 987 m) l'été, et d'immenses pendeloques de glace l'hiver. 2 h aller et retour au N., belle promenade au Fond de la Combe.

FEUGEROLLES (Château de) – 42.
Près de la D. 22 au S. de Chambon-Feugerolles, forteresse médiévale XIe au XVIIe, restaurée.

FEURS – 42.   8 100 hab.
Dans la plaine du Forez (à qui elle a donné son nom), grand carrefour, centre commercial et industriel, près de la Loire. Musée gallo-romain du couvent des Minimes. Beau parc public et hippodrome. Eglise XVe (boiseries XVIIIe). Nombreux étangs au S.-E.
➜ 6 km E., Donzy, château médiéval en ruines et village fortifié perchés sur un rocher ; au N.-E., accessible à pied ou en voiture (par Salvizinet), jolie chapelle de la Valette, romane (mobilier). ➜ 6 km N., Pouilly-les-Feurs, vieux bourg dans des restes de remparts, église romane XIIe.

FIER (Gorges du) – 74.
Etroit et profond canyon très verdoyant dont la visite (tous les jours en saison) se complète de beaux points de vue. Tout près, le château de Montrottier est un superbe ensemble féodal XIIIe au XVe avec un grand donjon et de remarquables collections variées (bas-reliefs en bronze réputés) ; panorama du chemin de ronde (vis. tous les jours l'été ; sauf mardi en saison).

FLAINE – 74.
Altitude 1 600 m
Grande station moderne de sports d'hiver construite par Marcel Breuer (grande sculpture de Vasarely) dans un splendide paysage comportant un petit lac naturel ; elle est reliée aux Carroz-d'Arâches, à Morillon et à Samoëns* par le plateau des Saix.
Le téléférique des Grandes-Platières (2 480 m) amène au bord des falaises dominant le désert de Platé et un panorama admirable vers le massif du Mont-Blanc* notamment ; le désert de Platé est une étendue immense de « lapiaz », plateau très accidenté, fissuré d'innombrables crevasses qui y rendent la marche et le repérage difficiles. Très belle route d'accès.

FLÉCHÈRES (Château de) – 01.
A 6 km N. de Jassans-Riottier sur la D. 933. Superbe château début XVIIe, de dimensions imposantes, entouré de douves. L'ameublement et la décoration sont non moins magnifiques (vis. samedi, dimanche et jours fériés l'été). Parc.

FLUMET – 73.
Altitude 917 m
Au carrefour très animé du Val d'Arly et des routes des cols des Aravis* et des Saisies*. Centre important de sports d'hiver, entouré des stations modestes mais charmantes de Notre-Dame-de-Bellecombe, Crest-Voland, Flumet-Val-d'Arly-Saint-Nicolas et au S.-E. les Saisies. Le vieux bourg est pittoresque au-dessus de la profonde gorge de l'Arly (voir l'église).
➜ 10 km N.-E., Megève*. ➜ 6 km N. par route de Megève et à gauche, Sciozier, table d'orientation (1 604 m) au-dessus de Flumet, panorama remarquable.

FOND-DE-FRANCE (Le) – 38.
Altitude 1 100 m
Terme jadis de la route de la vallée du Bréda, au cœur du massif des Sept-Laux (lau signifie lac), partie de la chaîne de Belledonne* (la route monte maintenant au Pleynet au S.-O., centre de ski relié à la station de Prapoutel-les-Sept-Laux, versant O.). Centre d'alpinisme ; une excursion magnifique : la traversée du massif des Sept-Laux, sur le Rivier (journée ; en aller et retour, s'arrêter au col, 2 184 m, environné de neuf lacs dans un paysage grandiose).

FORCLAZ (Col de la) – 74.
Altitude 1 157 m
Au pied de la Tournette (v. Thônes*), et séparant le beau vallon alpestre de Montmin du lac d'Annecy*, c'est le plus beau point de vue sur le lac ; les deux versants, très différents, sont splendides.

FOREZ (Plaine du) – 42.
Comme les Limagnes auvergnates, c'est un bassin d'effondrement qu'a emprunté et remblayé la Loire ; fertile et parsemé de pointements volcaniques tels que le mont d'Uzore ou le pic de Montverdun (v. Champdieu*), il possède également d'innombrables étangs et bosquets qui lui donnent un aspect très attrayant, entre l'énorme croupe du Forez* à l'O. (v. région XVII) et les monts du Lyonnais à l'E.

FRÊNE (Col du) – 73.
Altitude 950 m
Principal passage entre le massif des Bauges et la Combe de Savoie, vue admirable ; téléskis.

GALIBIER (Col du) – 73.
Altitude 2 640 m
L'un des plus beaux parcours de montagne. Monter à la table d'orientation (bref sentier), d'où le panorama est exceptionnel : massif des Ecrins au S., aiguilles d'Arves, Vanoise, mont Thabor au N. Le fameux tunnel est désaffecté.

GAS (Gorges du) – 26.
Véritable petit canyon calcaire très coloré et boisé (au milieu, s'arrêter au pont du Rio-Sourd), suivi en amont par le défilé mouvementé du Charan ; en montant au col de Grimone*, Glandage, les Combes et Grimone (en ruines) ont une ambiance très montagnarde.

GÉNISSIAT (Barrage de) – 01-74.
Barrage-poids de 103 m de haut et 140 m de large, il retient le Rhône sur 23 km (depuis la frontière suisse), noyant la jadis célèbre perte du fleuve à Bellegarde ; une route l'emprunte (belles vues de la rive gauche et circuit balisé pour une visite du site). C'est le plus puissant de France après Donzère-Mondragon.

Col du Galibier : *Le passage du col fait traverser des paysages d'une grande sauvagerie, tels ces entonnoirs de gypse, et offre d'admirables vues lointaines.*

Mont Gerbier de Jonc : *« Borne » soulignant les multiples « authentiques » sources de la Loire.*

GERBIER-DE-JONC (Mont) – 07.
Altitude 1 551 m
Dominant au N. les sources de la Loire, cône (« suc ») de phonolithe, la roche qui sonne (nombreux spécimens de ce type de relief dans les environs). Du sommet (sentier côté S.-O., 40 mn aller et retour), immense panorama (Alpes), très intéressant sur le Mézenc* et les Boutières*.
Superbe circuit au N. par la chartreuse de Bonnefoy (ruines), le pied du Mézenc, Borée et Saint-Martial.

GETS (Les) – 74.   1 000 hab.
Altitude 1 163 m
Dans un beau col, station de sports d'hiver très ensoleillée, reliée à Morzine* et dominée au N.-O. par le splendide belvédère du mont Chéry (1 827 m, télésiège ou route, puis sentiers faciles).

La Grande-Chartreuse : *Petite ville de silence et de recueillement dans un site d'une qualité rare, le fameux couvent fait grande impression.*

GEX – 01.   4 500 hab.
Au pied des lacets du col de la Faucille*, on y jouit d'une belle vue sur le lac Léman, le pays de Gex, Genève, les Alpes. Petit morceau de « plaine suisse » égaré en France, le pays de Gex doit à Voltaire sa fameuse zone franche (qui ne concerne que ses habitants).
➡ 10 km S.-E., Ferney-Voltaire (5 700 hab.), château où l'écrivain vécut de 1760 à 1778 (vis. samedi après-midi l'été). ➡ O., Creux-de-l'Envers, belle promenade (recommandé à pied, 2 h aller et retour) dans l'impressionnante gorge du Journan, au pied du Colomby de Gex. ➡ 8 km N.-E., Divonne-les-Bains*.

GIGORS – 26.
Beau site féodal et église romane au pied d'énormes rochers du Vercors ; vue immense.

GIRON – 01.
A la lisière de la forêt magnifique de Champfromier, entre les gorges de la Valserine* et celles de la Semine, qui forme au N.-E. les cirques sauvages de la Combe d'Orvaz et de la Fauconnière, c'est une petite station d'été agréable et un centre de ski de fond, sur le G.R. 9.

GIVORS – 69.   22 000 hab.
Au confluent du Gier et du Rhône, grosse localité industrielle au débouché de la vallée du Gier, fortement industrialisée en amont, de Rive-de-Gier à Saint-Etienne par Saint-Chamond. Beaux contreforts du massif du Pilat au S.

GLANDON (Col du) – 73.
Altitude 1 924 m
Sur la route de la Maurienne à Bourg-d'Oisans ; la chaîne de Belledonne à l'O. et la vue du mont Blanc derrière le col de la Madeleine au N.-E. sont les points de mire ; la combe des Villards (descente du versant N.) est superbe.

GLUEYRE (Vallée de la) – 07.
Entre Mézilhac* et les gorges de l'Eyrieux*, l'un des accès pittoresques de la vallée du Rhône au haut plateau ardéchois.

GRAND-BORNAND (Le) – 74.   1 600 hab.
Altitude 950 m
Belle station d'hiver et d'été (centre de ski de fond, nombreuses remontées surtout au Chinaillon sur la route du col de la Colombière*), dans un des plus remarquables sites des Aravis. Joli village, grand fabricant de reblochon. Superbe cascade la Mystérieuse (45 mn N.-E.).
➡ E., belle haute vallée du Borne, vers Pointe Percée (2 752 m), point culminant des Aravis* (escalade, longue course) et le col des Annes (1 722 m).

GRAND BOIS (Col du) – 42.
Altitude 1 161 m
Ou col de la République. Beau site dans les forêts du Pilat*. Monument à Paul de Vivie, cyclotouriste. Dans la descente sur Bourg-Argental*, vue des Alpes. Passage du G.R. 7.

GRAND COLOMBIER (Le) – 01.
Altitude 1 531 m
Le plus haut sommet du Bugey domine le Rhône, la Chautagne, le lac du Bourget, de près de 1 300 m. Si la

route n'est pas « donnée », le paysage et la vue remboursent... Monter par l'O. (Virieu-le-Petit) pour redescendre sur Culoz au S. Forêts splendides. Deux sommets, 1 525 m au N., 1 531 m au S. du col, à 15-20 mn chacun (sentiers faciles). Belvédère de premier ordre sur toutes les Alpes du Nord. Passage du G.R. 9. Au S., beau point de vue du Grand Fenestré (bref sentier). Au N., sauvage forêt d'Arvières.

GRANDE CASSE (Pointe de la) – 73.
Altitude 3 852 m
Le plus haut sommet de la Vanoise (réservé aux bons alpinistes) est splendide vu de la Chollière à Pralognan*, du col de la Vanoise ou de la haute vallée de Champagny.

GRANDE-CHARTREUSE (Couvent de la) – 38.
Altitude 977 m
Le célèbre monastère (route interdite, accès à pied en 20 mn, visite interdite), fondé en 1084 par saint Bruno et rebâti au XVIIe, est dans un site solitaire et splendide au cœur du massif où forêts et rochers s'entremêlent étroitement. Près de l'extraordinaire route de la vallée (D. 520 B), le musée de la Correrie (vis. tous les jours en saison) explique tout sur l'ordre des chartreux et leur vie quotidienne.
De Saint-Pierre-de-Chartreuse* à Saint-Laurent-du-Pont*, les gorges du Guiers-Mort, ou « route du Désert », traversant la forêt domaniale de la Grande-Chartreuse, forment un des trajets les plus pittoresques et sauvages des Préalpes.

GRANDE MOUCHEROLLE (La) – 38.
Altitude 2 284 m
Un des grands sommets du Vercors*, à l'admirable panorama. Du sommet du télécabine (1 720 m) par la Cote 2000, 4 h aller et retour au S. (crêtes assez faciles, marques jaunes).

GRANDES ROUSSES (Massif des) – 38.
Entre l'Oisans* et l'Arvan*, dominant l'Alpe-d'Huez*, le beau massif glaciaire offre le panorama splendide du pic du Lac Blanc et, aux alpinistes, de belles courses de glace (pic de l'Etendard, 3 468 m ; glaciers de Saint-Sorlin, des Quirlies, des Rousses).

GRANDS GOULETS (Les) – 26.
Une route hardie joint, de Sainte-Eulalie-en-Royans aux Barraques-en-Vercors, les Petits et les Grands Goulets, le long des extraordinaires gorges de la Vernaison, encadrant le ravissant petit bassin d'Echevis dominé de grands rochers. Des Barraques, il faut suivre un moment à pied le sombre défilé que la rivière creuse tout à coup en cascades et qui s'ouvre vertigineusement en tous sens sous d'immenses falaises.

GRAND VEYMONT (Le) – 38.
Altitude 2 341 m
Point culminant du Vercors*, dominant l'immense plateau désertique du Vercors (v. la Chapelle-en-Vercors* ; très dangereux par brouillard ; carte et boussole indispensables) ; panorama immense et magnifique ; accès de la grotte de la Luire* ou du Gresse-en-Vercors* par le Pas de la Ville (G.R.) puis la crête au S. (une petite journée).

GRANGENT (Lac de barrage de) – 42.
La longue retenue du barrage (20 km) a créé un ensemble de sites magnifiques : les ruines du château médiéval de Grangent sur une île, château d'Essalois en ruines (vue splendide), site merveilleux du village de Chambles et de son donjon, site semblable sur la rive en face (E.) de Saint-Victor-sur-Loire (église romane avec retable XVIIe, château, manifestations culturelles), plateau de la Danse au S. de Saint-Victor, (vue). Au S., le Pertuiset*. Sur la rive E. court le G.R. 41.

GRANIER (Col du) – 73.
Altitude 1 164 m
Marquant l'extrémité N. de la Chartreuse*, au pied des hautes falaises du mont Granier (1 933 m), il domine au S. la vallée des Entremonts, au N. la cluse de Chambéry, à l'E. le Grésivaudan et la Combe de Savoie.

GRENOBLE – 38.   170 000 hab.
Altitude 214 m
Au confluent du Drac et de l'Isère, entourée de belles montagnes, la capitale des Alpes, ancienne capitale du Dauphiné, est la ville la plus plate de France (la Bastille exceptée). Son expansion naturelle remarquable s'est accélérée du fait des Jeux Olympiques de 1968 qui l'ont décidée à faire peau neuve. Nombreuses sculptures modernes éparses dans la ville, fait quasi unique en France. D'abord, monter au fort de la Bastille (téléphérique ; tables d'orientation, restaurant panoramique, musée automobile) pour admirer le site d'ensemble (télésiège au-dessus) ; descente à pied par le parc Guy-Pape (glacis du fort) et le jardin des Dauphins.
La vieille ville se concentre autour de la place Grenette (piétonne), communiquant avec le Jardin de Ville (reste de rempart romain), près du musée Stendhal (à l'hôtel Lesdiguières fin XVIe ; fermé mardi) ; église Saint-André

Grenoble : *Sa vieille ville fascine par son climat intellectuel et son dynamisme. Sa situation montagnarde n'est pas moins séduisante. Ici, façade de l'hôtel de ville.*

XIIIe en brique (portail, fresques, mausolée de Bayard XVIIe) ; remarquable palais de justice, l'ancien Parlement, flamboyant et Renaissance, restauré (chapelle début XVIe), belles décorations intérieures (vis. tous les jours sauf samedi, dimanche et jours fériés) ; au S., Grande-Rue (no 20, belle maison XVIe du Dr Gagnon, grand-père de Stendhal, cours avec loggias, treille visible du Jardin de Ville), rue Jean-Jacques-Rousseau (no 14, maison natale de Stendhal, qui héberge le musée de la Résistance et de la Déportation, vis. après-midi lundi, mercredi et samedi ; no 17, hôtel Renaissance), rue Barnave (no 22, maison gothique), etc. ; cathédrale Notre-Dame XIIe-XIIIe, très remaniée, avec un étonnant ciborium flamboyant. Les quais de l'Isère révèlent de très belles vues. Rive droite, voir la pittoresque rue Saint-Laurent aux maisons anciennes réhabilitées ; l'église Saint-Laurent (abside romane) conserve une chapelle souterraine mérovingienne VIe-VIIIe très précieuse ; porte Saint-Laurent, par Vauban ; presque sous le téléphérique, dans l'ancien couvent de Sainte-Marie-d'En-Haut XVIIe (chapelle XVIIe à décoration baroque), musée Dauphinois (fermé mardi), arts et traditions populaires, archéologie, faïences.

Au centre, place de Verdun, musée des Beaux-Arts (vis. après-midi sauf mardi et jours fériés), un des plus remarquables de France surtout pour l'art moderne dont il représente toutes les tendances (de Rouault à Soulages, en passant par Bonnard, Matisse, Picasso, Braque, Miro, Dubuffet...), belles collections aussi de peintures XVIe au XIXe (Véronèse, Zurbaran, Ph. de Champaigne, G. de La Tour, Canaletto, Guardi, etc.) ; riche collection de dessins. Muséum d'Histoire naturelle, riches collections alpines (minéralogie ; fermé lundi, mardi et jours fériés) ; Jardin des Plantes. En face, dans le parc Paul-Mistral, hôtel de ville remarquable par Novarina (1967), œuvres d'art ; tour d'orientation Perret (1925 ; fermée), de 87 m ; sculptures modernes ; jardin alpin ; stade de glace devenu palais des sports, voûte étonnante (12 000 places), anneau de patinage de vitesse en plein air orné par Vasarely ; monument des Déportés, par Gilioli ; place Paul-Mistral, en face, bibliothèque municipale (fermée lundi, dimanche et jours fériés et août), une des plus riches de France en manuscrits (Chartreuse, Stendhal), incunables, originales, etc.
Vers le N.-E., les curieuses Trois-Tours du parc de l'Ile-Verte. Au S., Maison de la Culture par Wogenscky, aux dispositions scéniques extraordinaires, belles décorations (tapisseries de Le Corbusier). Village Olympique, par Novarina. Au centre-ouest, remarquable gare moderne ; sur la place, grand stabile de Calder.
➡ Massifs de la Chartreuse*, du Vercors*, de Belledonne*, etc. Voir aussi Uriage*, Chamrousse*, Vizille*.

GRÉSIVAUDAN (Le) – 38.

Le vaste couloir glaciaire de la vallée de l'Isère entre la cluse de Chambéry et Grenoble, séparant les massifs de la Chartreuse* et de Belledonne*, est la riche plaine agricole des Alpes.
Son attrait essentiel lui vient de ces massifs et des corniches qui en suivent les versants, celle de Belledonne*, à l'E., et le plateau des Petites Roches en face, qui se poursuit au N. jusqu'à Chapareillan en courant au pied des escarpements de la Chartreuse et notamment le grand fronton de la Dent de Crolles (2 062 m ; ascension assez facile en 2 h, descente 1 h 30, depuis le col du Coq, panorama splendide) ; le plateau est connu pour ses établissements de cure, ses panoramas (Bec du Margain, les Gaudes, tables d'orientation), sur Belledonne entre autres, ses routes d'accès en lacets serrés et son funiculaire extrêmement relevé (ouv. tous les jours en saison, départ de Montfort, à 19 km de Grenoble sur la N. 90).

GRESSE-EN-VERCORS – 38.
Altitude 1 205 m
Petite station d'été et d'hiver dans un site splendide des contreforts E. du Vercors, sur la Gresse.
➜ 7 h aller et retour au S.-O. par le Pas de la Ville, le Grand* Veymont (2 341 m). ➜ 5 km S., la Bâtie, d'où l'on peut faire le tour du mont Aiguille* (2 086 m). ➜ 2 h 30 à l'E., Pas du Serpaton (tour ; 1 586 m), panorama ; on peut descendre sur Monestier-de-Clermont*.

GRIGNAN – 26.   1 100 hab.
Joli bourg provençal entourant le rocher qui porte le magnifique château Renaissance (restauré) où séjourna souvent et mourut la marquise de Sévigné ; superbe façade S. face au Ventoux et belle façade O., vaste panorama de la terrasse (toit de l'église) ; chambre de Mme de Sévigné et beau mobilier XVIIe (fermé mardi). Eglise XVIe (concerts d'orgue XVIIe l'été), tombe de la marquise. Musée municipal Faure-Cabrol (maison XVIIe) : souvenirs des familles de Sévigné et de Grignan, et objets d'art régional, faïences, mobilier, tapisseries. Beffroi et maisons anciennes. ➜ 1 km S., grotte de Rochecourbière, qu'appréciait la marquise.
➜ 4 km S.-O., Chamaret, beau donjon féodal devenu beffroi, panorama. ➜ 7 km N.-E., Taulignan, vieux village fortifié.

GRIMONE (Col de) – 26.
Altitude 1 318 m
Entre le Diois et la région de la Croix-Haute, belle route avec des vues immenses à l'O. et, un peu plus bas à l'E., sur le Dévoluy* (région XXI) et la Crête des Aiguilles.

GROS FOUG (Montagne du) – 74.
Altitude 1 057 m
Appelée mont Clergeon dans la partie S. Barrière régulière entre Rumilly* et le Rhône, portant une route qui offre quelques vues étendues sur le Bugey et les Alpes. Au pied O., les vastes marais de Lavours et de Chautagne.

Hautecombe : Site romantique au bord du lac du Bourget, que hantèrent Elvire et Lamartine – « O Temps, suspends ton vol... », – c'est la nécropole de la Maison de Savoie.

GUIERS VIF (Gorges du) – 38-73.

Descendant du cirque de Saint Même, la rivière, après Saint-Pierre-d'Entremont (superbe vallée des Entremonts au N., petite station hiver-été), mi-savoyard, mi-dauphinois, parcourt une cluse aux escarpements impressionnants : Pas du Frou, où la route passe en encorbellement à 150 m au-dessus du fond.

HAUTECOMBE (Abbaye de) – 73.

Site magnifique et solitaire sur la rive O. du lac du Bourget*. L'église, à l'origine XIIe, mais très restaurée au XIXe dans le style « troubadour », abrite les tombes des princes de Savoie, entourées d'une décoration surabondante, sculptée et peinte, très spectaculaire (vis. tous les jours ; offices en grégorien tous les jours). Voir sur le port une grange batelière XIIe. Accès possible en bateau d'Aix-les-Bains (l'été).

HAUTERIVES – 26.   1 100 hab.
Le bourg, dominé par des ruines féodales, est surtout connu pour le surprenant Palais Idéal du facteur Ferdinand Cheval (1836-1924), bâti en plus de trente ans, produit d'une imagination fantasque et fantastique, chef-d'œuvre du bizarre et du naïf, dont la visite (tous les jours) peut fasciner. Voir au cimetière le tombeau qu'il s'est fait ensuite.
➜ 6,5 km E., le Grand-Serre, bourg fortifié, église XIIIe, halles médiévales. ➜ 6,5 km N.-O., Moras-en-Valloire, vieux village, vue sur les Alpes ; 2 km N.-E., Manthes, église romane.

HAUTEVILLE-LOMPNÈS – 01.   4 900 hab.
Altitude 815 m
Sur un beau plateau du Haut-Bugey, en amont des gorges de l'Albarine*, station climatique réputée et centre de ski de fond, au pied de l'immense forêt que traversent à l'E. et au S.-E. les routes superbes des cols de la Rochette (1 112 m) et de la Lèbe (914 m).

HELBRONNER (Pointe) – 74.
Altitude 3 462 m
Elle marque la frontière franco-italienne sur la traversée du massif du Mont-Blanc en téléfériques, après l'extraordinaire parcours au-dessus de la Vallée Blanche et du glacier du Géant depuis l'aiguille du Midi* ; la perspective sur le massif et son sommet est totalement différente et aussi spectaculaire. On peut descendre sur Courmayeur en Italie (Val d'Aoste) par le téléférique du col du Géant (et revenir éventuellement en France par le tunnel, cars).

HÔPITAUX (Cluse des) – 01.
Plate au fond, occupée en partie par deux petits lacs, elle est encadrée de hautes falaises formant un paysage austère ; les routes s'élevant sur les flancs sont impressionnantes.

ILE CRÉMIEU – 38.
Curieux petit massif calcaire, dans un triangle entre le Rhône et son ancien lit (anciens marais des régions de Morestel et Bourgoin) ; très pittoresque, outre Crémieu* et les grottes de la Balme*, il faut apprécier ses petites gorges (d'Amby, de la Fusa), ses nombreux étangs, ses modestes falaises, ses vues parfois immenses.

ISERAN (Col de l') – 73.
Altitude 2 770 m

Traversant le Parc de la Vanoise*, le col routier le plus
élevé des Alpes fait communiquer la Haute-Tarentaise et la
Haute-Maurienne dans un paysage désolé d'où émergent
quelques hautes calottes glaciaires. A environ 4 km au N.
(bref sentier depuis la D. 902) et au S., belvédères de la
Tarentaise (table d'orientation) et de la Maurienne,
superbes panoramas partiels. Passage du G.R. 5.

ISSARLÈS (Lac d') – 07.
Altitude 1 000 m

Beau lac de cratère entouré de plateaux volcaniques
parsemés de sucs et très boisés par endroits. Plage. Niveau
variable (réserve E.D.F.). Le tour du lac est facile (routes au
S., sentier au N.) et recommandé.
➡ 8 km N.-E., le Béage, village montagnard austère dans
d'immenses pâturages.

IZERNORE – 01.

Ancienne ville romaine, ruines du temple, musée.
➡ 6 km N., Charmine, barrage sur l'Oignin ; en aval
(sentier, 1 h aller et retour), sauts de Charmine, belles
cascades échelonnées sur la rivière.

JURA (Monts) – 01.

La haute chaîne jurassienne va du col de la Faucille* au
Grand Crêt d'Eau par les belvédères splendides du Mont
Rond et du Colomby de Gex et la promenade plus sportive
du Crêt de la Neige*, le point culminant. Le G.R. « balcon
du Léman » la suit.

LAFFREY – 38.
Altitude 910 m

En haut de la célèbre « côte de Laffrey » sur la N. 85, et sur
le rebord N. du plateau de la Matésine, portant des
cultures, des marais, et les lacs de Laffrey. Station d'été sur
le Grand Lac ; baignade, voile, équitation, ski de fond.
Prairie historique où Napoléon (statue équestre) rencontra
le bataillon chargé de l'arrêter sur son retour de l'île d'Elbe
(7 mars 1815).

LALOUVESC – 07.
Altitude 1 050 m

Agréable station d'été, sur un col entouré de forêts, et
pèlerinage célèbre à saint François Régis ; basilique XIXᵉ
par Bossan, diorama Saint-Régis. Splendide panorama sur
les Alpes (table d'orientation). Nombreux sentiers balisés,
région de belles forêts et de profondes vallées. Toutes les
routes qui en partent sont magnifiques, notamment vers
Tournon* et Lamastre*.
➡ 11 km N.-E., Satillieu, vieux bourg pittoresque ; 4,5 km
N.-E. Saint-Romain-d'Ay, ruines médiévales et chapelle
Notre-Dame-d'Ay (pèlerinage) ; de Satillieu, belle route de
Saint-Félicien (jolie région de vergers) et, 7 km O.,
Veyrine, église romane. ➡ 12 km S., col du Buisson
(917 m), belles vues ; 3 km S., château de Rochebloine*.

LAMASTRE – 07.   3 100 hab.
Altitude 373 m

Agréable séjour d'été sur le Doux* et des ravins ; vieux
quartier de Macheville, jolie église romane (chœur XIIIᵉ),
vue et vieux château XIIIᵉ en ruines. Chemin de fer
touristique pour Tournon*.
➡ 1,5 km N.-O., ruines du château féodal de Retourtour.
➡ 7 km O., Désaignes, remarquable vieux bourg jadis
fortifié (vestiges, maisons anciennes), orgue réputé au
temple ; N.-O., superbe haute vallée du Doux.

LAMURE-SUR-AZERGUES – 69.   1 100 hab.
Altitude 385 m

Villégiature agréable dans la jolie vallée centrale des monts
du Beaujolais. Nombreuses promenades pédestres balisées.
➡ 5 km E., col de Croix-Montmain (737 m), d'où on peut
monter (1 h aller et retour) au S. au mont de la Pyramide
(888 m), beau panorama. ➡ 5,5 km N., Claveisolles, beau
village près de sapinières de remarquables sapins Douglas.

LANSLEVILLARD (Val-Cenis) – 73.
Altitude 1 479 m

Station de sports d'hiver et séjour d'été, Val-Cenis groupe
Lanslebourg-Mont-Cenis, bourg sinistré par la guerre
(ancienne église, clocher roman), au pied du col du Mont-
Cenis*, et Lanslevillard, vieux village d'où les pistes
atteignent 2 800 m au col de la Met ; télésièges de l'Arcelin
(2 290 m, panorama) ; voir l'église (retable) et surtout les
peintures murales XVᵉ de la chapelle Saint-Sébastien, fort
belles et d'un grand réalisme populaire ; artisanat local.
➡ 6 km O., Termignon, vieux village au confluent du
Doron et de l'Arc ; retables baroques à l'église ; voir le
monument aux morts ; 12 km N., Bellecombe, un des
principaux accès au Parc de la Vanoise*, sur le G.R. 5 qui
descend au N. au chalet-hôtel d'Entre-Deux-Eaux (4 h
aller et retour), sites magnifiques.

LARGENTIÈRE – 07.   3 000 hab.
Altitude 224 m

Sur la Ligne (belles gorges), vieille ville fortifiée très
pittoresque, aux nombreuses maisons anciennes, restes de
remparts, église gothique XIIIᵉ-XVᵉ, hôtel de ville et
château XVᵉ, palais de justice monumental.

Hauterives : *C'est un obscur facteur, nommé Cheval, qui a
« commis » ce petit « Angkor » surréaliste.*

➡ N.-E. (par D. 103 puis au N.), Chassiers, église fortifiée.
Superbes vieux villages environnants, notamment Montréal (2 km S.), au grand château fort.

LÉMAN (Lac) – 74.
Altitude 372 m

Petite mer intérieure de 72 km de long et 13 de large au
maximum, entre les plateaux suisses, le Jura et les Préalpes
suisses et du Chablais, le Léman jouit d'un climat assez
doux et souvent d'une belle lumière ; les panoramas de ses
bords sont magnifiques. Fréquentes traversées quotidiennes Evian-Ouchy et nombreux services touristiques en
saison, petit tour et grand tour du lac et croisières
nocturnes.

Lanslevillard : *Centre de la Haute-Maurienne, au pied du Mont-
Cenis, fresques, cadran solaire, fromageries, ski, montagne.*

LENTE (Forêt de) – 26.

Splendide forêt où dominent les hêtres et au-dessus les sapins, contrée désertique et accidentée où, ici et là (col de la Portette, route de Malatra vers le col de la Bataille*, col de la Chau au-dessus de Vassieux*), l'on découvre des vues admirables et impressionnantes de solitude. Superbe clairière de Lente ; grotte du Brudour (petite exploration possible avec lampes personnelles).

LÉONCEL – 26.
Altitude 913 m

Sur le col d'un grand sillon N.-S. de l'O. du Vercors* (beau site), superbe église romane, ancienne abbatiale cistercienne.
➡ Routes magnifiques rayonnantes : forêt de Lente* à l'E. ; route de Barbières au N.-O., du col de Tourniol, Pierre Chauve (1 h aller et retour), vaste panorama.

LHUIS – 01.

Petit bourg du Bas-Bugey, dans une petite région très pittoresque. Église en partie romane (chœur) et XIVe. Au N.-O., petit lac de Millieu.
➡ 7 km N.-O., ruines du château de Saint-André (vue) ; en face, sur la rive gauche du Rhône, centrale nucléaire en construction de Creys-Malville.

LIVRON-SUR-DRÔME – 26.   5 600 hab.

Vieux bourg perché, restes de remparts et château XVIe restauré, beffroi, belvédère de la Vierge. Au S., pont sur la Drôme, belle vue vers l'E. (Diois, forêt de Saou).

LOIRE (Gorges de la) – 42.

En amont de Roanne, beau parcours par le vieux bourg remarquable de Villerest, le saut du Perron, le site magnifique de Saint-Maurice-sur-Loire (église en partie romane, peintures murales) et de ses ruines XIIe ; étroite et délicate jusqu'à Pinay, la route remonte la Loire par des gorges pittoresques et désertes, marquées par le château de la Roche, le saut et la « digue » (ancien pont romain) de Pinay. A Balbigny, on trouve la plaine du Forez*. – Tous ces sites sont en cours de transformation ou de disparition par la mise en eau du grand barrage de Villerest.

LUIRE (Grotte de la) – 26.

Près de la D. 518 et de la Vernaison qui traverse une partie du Vercors* du col de Rousset* aux Grands* et aux Petits Goulets, s'ouvre un vaste porche qui servit d'hôpital aux combattants du Vercors dont les nazis massacrèrent les blessés ; la salle Decombaz, de 80 m de haut (vis. tous les jours en saison), communique par un gouffre proche avec la Vernaison souterraine, à – 370 m.

LUISANDRE (Mont) – 01.
Altitude 805 m

De Brédevent (6 km E. d'Ambérieu-en-Bugey, 10 000 hab., grand carrefour, industries), on monte au N. au sommet en 1 h aller et retour (G.R. 59) ; panorama splendide sur la Dombes et le Bugey. Au S., château fort des Allymes XIVe, restauré, à 30 mn aller et retour (vis. après-midi l'été et dimanche et jours fériés en saison).

LULLIN – 74.
Altitude 860 m

Petite station d'été.
➡ 3,5 km N.-O., col du Feu ; au N.-N.-E., le Feu, d'où on monte au mont d'Hermone (1 412 m) en 1 h 30 aller et retour au N.-E., splendide panorama. ➡ 8 km N.-E. puis S., Bellevaux, dans la très belle vallée du Brevon, remontant à (9,5 km S.) l'admirable vallon de la Chèvrerie (lac et ancienne chartreuse de Vallon, XIIe-XVIIe, en ruines).

LUS-LA-CROIX-HAUTE – 26.
Altitude 1 030 m

Agréable station été-hiver sur le flanc O. du Dévoluy* (région XXI) et de la Crête des Aiguilles. Bon centre d'excursions et promenades.
➡ N., la Jarjatte, dans un magnifique vallon dominé par les Aiguilles, impressionnant massif dolomitique à la roche très blanche ; centre de ski ; monter à l'E. au col des Aiguilles (5 h aller et retour), promenade magnifique ; au N.-E., Granges des Forêts, très beau site. ➡ S.-E., vallon du Rioufroid et forêt de Durbon.

LYON – 69.   463 000 hab. (agglom. 1 150 000)

Grand carrefour et ville-ponts dans un site d'une variété étonnante au confluent de la Saône et du Rhône, ses deux mille ans d'histoire font de Lyon un ensemble fascinant, qui réclame de longues visites.
Entre le Vieux-Lyon dominé par Fourvière et le site antique, et les quartiers modernes dans la plaine à l'E. du Rhône, le centre s'étire dans la presqu'île que forment les fleuves ; on y trouve les célèbres places Bellecour, des Terreaux et Carnot (gare de Perrache) ; la première, de 310 m sur 200, est majestueuse entre ses grandes façades fin XVIIIe (statue équestre de Louis XIV) ; la seconde, au N., s'orne d'une belle fontaine de Bartholdi ; l'hôtel de ville la borde, ainsi que le musée des Beaux-Arts (palais Saint-Pierre, ancienne abbaye bénédictine XVIIe, vis. tous les jours), ensembles importants de sculpture et peinture ; entre les deux places, églises Saint-Nizier flamboyant et Saint-Bonaventure franciscaine XIVe-XVe, musée de l'Im-

primerie et de la Banque et musée des Hospices civils, à l'hôtel-Dieu (belle pharmacie XVIIe). Au S. de Bellecour, le vieux quartier d'Ainay, autour de la belle basilique romane Saint-Martin-d'Ainay (clocher, chapiteaux), possède le musée lyonnais des Arts décoratifs et le musée historique des Tissus (voisins, dans des hôtels XVIIIe, fermés lundi et jours fériés) d'une richesse unique.
Les quais du Rhône sont beaux et parfois majestueux, ceux de la Saône sont bordés de hautes et belles maisons anciennes qui, autour du pont du Maréchal-Juin, donnent directement sur la rivière.

Le Vieux-Lyon longe la Saône à l'O., de Saint-Paul au N. à Saint-Jean au S. Autour de la rue Saint-Jean, ce n'est qu'un immense et précieux ensemble de maisons, de cours, de « traboules », XVe et XVIe surtout ; il faut détailler les rues Juiverie (n° 4, hôtel Paterin, Renaissance, une merveille ; n° 8, hôtel Bullioud, splendide galerie par Philibert Delorme), Lainerie, Saint-Jean (nos 7, 11, 29, 37, entre autres), de Gadagne (hôtel de Gadagne au n° 8, Renaissance, musées historique de Lyon et international de la Marionnette, fermés mardi et jours fériés), du Bœuf (n° 16, belle maison du Crible), place des Trois-Marie, etc. Saint-Paul XIIe-XIIIe et XVe a une superbe tour-lanterne octogonale. La cathédrale-primatiale Saint-Jean, romane (abside fin XIIe) et gothique XIIIe au XVe, possède une façade aux extraordinaires petits bas-reliefs sculptés ; chœur et vitraux XIIIe magnifiques ; splendide chapelle des Bourbons fin XVe (monuments funéraires) ; horloge astronomique, trésor. A côté, la manécanterie XIIe. Au S.-O., gare Saint-Jean (d'où la « ficelle » monte à Fourvière), puis place de la Trinité et son quartier pittoresque (rue Saint-Georges, montée du Gourguillon).
Fourvière, sur sa colline (on y arrive par la « ficelle » ou les « montées » aux panoramas étendus), c'est le Lyon antique et XIXe, celui de la basilique Notre-Dame-de-Fourvière, important pèlerinage, monument disparate mais intéressant par Bossan, étonnamment décoré (mosaïques) ; panorama splendide de l'observatoire de la tour N.-E. (trois cent seize marches ; table d'orientation) ; au N., tour métallique de 85 m (télévision) ; au S., on monte au musée gallo-romain (fermé lundi, mardi et jours fériés), chef-d'œuvre contemporain et muséographique construit par Bernard Zehrfuss, 17, rue Cléberg, puis dans le parc Magneval (vis. tous les jours sauf : matins des dimanche et jours fériés et samedi, dimanche l'hiver) aux monuments romains : le Grand Théâtre (108 m de diamètre) et l'Odéon, un quartier artisanal et des restes d'un temple de Cybèle.
Croix-Rousse : c'est un autre et étonnant Vieux-Lyon, au N. de la place des Terreaux, avec le circuit des « traboules » de la place Tolozan à la place Colbert, alternant avec les « montées » au travers du vieux quartier des « canuts », aux vues curieuses sur la ville ; voir le Gros Caillou, bloc morainique abandonné par les glaciers. Des Terreaux, d'autres traboules montent à l'amphithéâtre romain des Trois-Gaules occupé par le Jardin des Plantes ; musée des Canuts, 10-12, rue d'Ivry (fermé dimanche) ; à l'O., église

Saint-Bruno XVIIᵉ-XVIIIᵉ typiquement baroque. Sous la colline, grand tunnel routier de la Croix-Rousse (1952).

Il faut voir aussi : Guignol, au palais du Conservatoire, à côté de Saint-Paul (mercredi, dimanche et jours fériés ; fermé l'été) ; le musée Guimet (28, bd des Belges ; fermé matin, et lundi et mardi), Extrême-Orient et histoire naturelle ; le musée des Moulages, à côté de l'Université (E. de Perrache) ; le musée de la Résistance et de la Déportation (5, rue Boileau, à l'E. du pont de Lattre de Tassigny) ; le magnifique parc de la Tête d'Or, à côté, beaux jardins botaniques, zoo, superbe roseraie, lac.

Entre le Rhône et la gare des Brotteaux, extraordinaire « centre de décision » de la Part-Dieu (grand centre commercial et culturel, énorme bibliothèque et superbe auditorium Maurice-Ravel). A Perrache, vaste centre d'échanges et fantastique échangeur à la sortie du tunnel autoroutier de Fourvière. Le métro. Le port (vues superbes de l'A 7 entre Pierre-Bénite et Perrache, au S.). Le parc de Parilly au S.-E.

Le quartier Saint-Jean : *Les quais de la Saône sont une des splendeurs de la ville, en lisière du fameux quartier Saint-Jean et de la cathédrale, dominés par la colline de Fourvière, où se côtoient des ruines antiques et le XIXᵉ siècle de l'étonnante basilique.*

Lyon : *Le Vieux-Lyon, multiple et à facettes fort diverses, est d'une richesse stupéfiante et donne à la ville sa personnalité si marquée.*

Ci-dessous, à gauche, la belle maison du Crible, rue du Bœuf.

Page de gauche, Gnafron, pantin truculent et insolent.

➡ Au N.-O., les bords de Saône (D. 433) sont une agréable promenade (île Barbe, Lyon-Plage, etc., restaurants). ➡ 10 km O. (N. 7), Charbonnières-les-Bains, beau parc de l'établissement thermal, casino, hippodrome ; rallye automobile réputé. ➡ 10 km S.-O., aqueducs romains de Beaunant et de Chaponost.

465

Au sommet de l'aiguille du Midi : *Un des spectacles les plus extraordinaires que le non-montagnard puisse contempler, grâce à un des plus audacieux téléfériques jamais construits.*

MADELEINE (Col de la) – 73.
Altitude 1 984 m

Hormis l'Iseran*, le seul passage routier entre Tarentaise* et Maurienne*. Belle route de montagne, vastes alpages, vues sur le mont Blanc* et les Grandes* Rousses. Sur le versant S., station de sports d'hiver Saint-François-Longchamp (1 450 m) dont les remontées atteignent 2 305 m au-dessus du col et rejoignent Valmorel au N.-E. Ascension possible (5 h aller et retour) du Cheval Noir, à l'E. (2 832 m). Au N., la vallée de l'Eau Rousse est très sauvage et les vieux villages magnifiques (Celliers, Bonneval), au-dessus du couloir industriel de la Tarentaise.

MADELEINE (Monts de la) – 42.

Dominant à l'O. la côte du vignoble roannais, le beau et sombre petit massif culminant à la Pierre du Jour (v. la Loge-des-Gardes*, région XVI) à 1 165 m possède de remarquables points de vue, au rocher de Rochefort et près de l'arboretum des Grands Murcins notamment, proches d'Arcon, et le sillon intérieur de la Tache et du Rouchin qui forment des retenues en dessous des Noës. Beaux paysages sur la D. 41 et la D. 9 qui monte au N. à la Croix du Sud d'où on peut gagner Saint-Haon-le-Châtel*, Ambierle* ou le Crozet* par les routes magnifiques.

MALLEVAL (Gorge de) – 42.

Sombre défilé avec rochers et cascade, s'étendant de part et d'autre du vieux village pittoresque de Malleval (maisons anciennes, ruines du château). A l'E., vieux village de Saint-Pierre-de-Bœuf, sur le Rhône, plan d'eau et zone de loisirs.

MARSANNE – 26.

Au S.-E. de la forêt de Marsanne ; au-dessus du bourg, pittoresques ruines du village féodal fortifié, église priorale XIIᵉ, vue magnifique sur les montagnes du bassin du Roubion.
➡ N.-E., superbe corniche des cols de Tartaiguille et du Devès (395 m) vers Grane, Crest* ou Roynac, jolies routes.

MARZAL (Aven de) – 07.

S'ouvrant sur le plateau des Gras près des gorges de l'Ardèche, il possède d'admirables concrétions multicolores (salle des Diamants) (vis. tous les jours sauf hiver).

MATAGRIN (Tour) – 42.
Altitude 999 m

Elevée sur le Signal de Boussuivre, point culminant des monts du Lyonnais, dominant Tarare et une vue splendide (Alpes) ; accessible par une petite route ; passage du G.R. 7.

MAURIENNE (La) – 73.

Nom de la vallée de l'Arc, superbe « val » glaciaire des sources (Bonneval*) à Modane* (Haute-Maurienne), puis impressionnante succession de cluses profondes et de petits bassins qui est une longue vallée d'usines entre les énormes montagnes de la Vanoise*, des Aiguilles d'Arves* et de la chaîne de Belledonne*. (V. Tarentaise*.)

MEGÈVE – 74.   5 300 hab.
Altitude 1 113 m

Grande station climatique et de sports d'hiver, très renommée, sur un large seuil au pied de la chaîne des Aravis. Eglise intéressante en partie gothique et XVIIᵉ, entourée de maisons anciennes. Casino, patinoires. Au N., pittoresque calvaire.
➡ E., téléférique du mont d'Arbois* (1 827 m) ; S., celui de Rochebrune (1 754 m) ; au N.-O., télécabine du Jaillet (1 570 m) puis 45 mn aller et retour pour la Croix des Salles (1 705 m), panoramas remarquables. ➡ 4,5 km S.-O., Praz-sur-Arly, station familiale d'hiver et d'été.

MENÉE (Col de) – 26.
Altitude 1 402 m

Un tunnel y sépare le versant du Trièves* au N., aux vastes forêts (plus bas, vues vers le mont Aiguille*), et celui du Diois, dominé par les grandioses falaises S. du Vercors* (superbe rocher de Combeau au-dessus des Nonières, et Glandasse).

MENS – 38.   1 200 hab.
Altitude 755 m

Ancienne capitale du Trièves, vieux bourg pittoresque, halles en charpente et fontaines.
➡ 12 km S., Tréminis, dans un superbe cirque dominé par le Grand Ferrand (2 759 m).

MER DE GLACE − 74.
Altitude 1 913 m au Montenvers

Accessible de Chamonix* par le chemin de fer à crémaillère du Montenvers (tous les jours en saison), d'où le spectacle du vaste glacier, fermé au fond par les Grandes Jorasses et encadré par l'aiguille du Dru à l'E. et le groupe des aiguilles de Chamonix au S., est justement célèbre. Grotte de glace (artificielle) par petit téléférique. Zoo. Un sentier permet (2 h 30) de rejoindre, au S.-S.-O., le Plan de l'Aiguille, station intermédiaire du téléférique de l'Aiguille du Midi*.

MÉRIBEL-LES-ALLUES − 73.
Altitude 1 600 m

Deuxième station des « Trois Vallées », nombreuses remontées et pistes. Télécabine de la Saulire (2 693 m, panorama), vers Courchevel*. Excursions ; au S.-E., tour de l'aiguille du Fruit (la journée), refuge de Péclet-Polset. Parc des Rennes.

MEYRAND (Col de) − 07.
Altitude 1 371 m

Entre la Chavade* et Largentière* ou les Vans*, c'est un des hauts lieux du Tanargue* par son panorama (table d'orientation) et son contraste entre les versants. Le G.R. 4 franchit un autre col un peu à l'O.

MÉZENC (Mont) − 43-07.
Altitude 1 753 m

(V. même article région XVI.) Son versant E. est très mouvementé dans les hautes vallées des Boutières* ; petit centre de ski sur la D. 410. Panoramas du sommet et de la Croix de Boutières au S. Au S.-E., beau circuit « volcanique » par le Gerbier de Jonc* (v. cet article). G.R. 7 et 73.

MÉZILHAC (Col de) − 07.
Altitude 1 130 m

Important carrefour à la pointe E. du haut plateau ardéchois, au panorama immense (voir aussi du calvaire à l'E. du village !). Toutes routes magnifiques.
➜ 5 km O., Lachamp-Raphaël ; 1 km S.-E., Suc de Montivernoux (1 441 m), vaste panorama sur la région aux nombreux sommets volcaniques.

Château de Miolans : *Position stratégique redoutable, cet illustre château fort, longtemps prison de l'Etat savoyard, occupe un site remarquable au pied des falaises des Bauges.*

MONESTIER-DE-CLERMONT – 38.
Altitude 832 m

Belle situation sur la route du col de la Croix-Haute*, longeant le pied E. du Vercors*, immense falaise calcaire. Centre d'excursion dans le Trièves* et le Vercors*.
➡ 10 km S.-E., site remarquable du pont de Brion, sur l'Ebron. ➡ 9 km N.-E., Avignonet, beau site au-dessus du Drac.

MONT-BLANC (Tunnel du) – 74.

Ouvrage international de 11,6 km, ouvert en 1965 entre Courmayeur et Chamonix*, au trafic intense (à péage). Les douanes sont à l'entrée italienne. Des cars permettent de l'utiliser pour faire un circuit avec les téléfériques de l'aiguille du Midi*.

Lac du Mont-Cenis : *Un grand lac de barrage a ennoyé la vaste cuvette du fameux col et, avec elle, nombre de ses fleurs. Le tunnel du Fréjus allège un peu ce très bel itinéraire.*

MONTBRISON – 42.   13 300 hab.

Au pied du Forez* et autour d'une butte volcanique où s'élevait le château comtal. Collégiale Notre-Dame-d'Espérance XIIIe au XVe, à façade massive et aux beaux portails ; nef remarquable. Face au chevet, salle gothique de la Diana fin XIIIe, voûte à caissons décorés (fermé mardi) et musée lapidaire. Quais du Vizézy. Musée d'Allard, musée de la poupée, minéralogie et ornithologie (vis. après-midi, tous les jours l'été, et mercredi, samedi, dimanche). Beau jardin d'Allard. Autour de l'église Saint-Pierre, beaux hôtels et vieilles maisons, rue Martin-Bernard surtout. Grand marché le samedi. Fête de la Fourme début octobre.
➡ 2 km S., Moingt, vestiges antiques, maisons anciennes, tour XIIIe, église à beau clocher roman. ➡ 8 km O., Essertines, groupe de villages très pittoresques ; région splendide aux innombrables petites routes et hameaux « perdus ». ➡ O., traversée du massif du Forez* (région XVI), vers Ambert*. ➡ 5 km N.-O., Champdieu.

MONTBRUN-LES-BAINS – 26.
Altitude 608 m

Beau site sur le Toulourenc ; au-dessus du bourg, le vieux village charmant avec sa tour fortifiée de l'Horloge XIVe, dominé par les ruines d'un château Renaissance ; à l'église, tableau de Parrocel dans un retable. Vue sur le Ventoux.

➡ S., Sault* (région XXI) par le défilé dit Gour des Oules et Aurel ou par Ferrassières, très belles routes. ➡ O., Brantes*, le pied N. du Ventoux* (région XXI). ➡ 6,5 km N., Aulan, splendide haute vallée du Toulourenc, château fort restauré (vis. l'été sauf mardi ; expositions). ➡ 8 km E.-N.-E., beau village de Barret-de-Lioure, vers Séderon*.

MONT-CENIS (Col et lac du) – 73.
Altitude 2 083 m

Très ancien passage, jadis célèbre par la descente en ramasse (traîneaux qui suivaient le thalweg vers Lansle-bourg), et site splendide entre la Maurienne* et la grande vallée italienne de la Doire Ripaire (Susa). Le vaste et beau lac qui occupe le large bassin (flore réputée) est rehaussé par un énorme barrage. Excursions vers le col du Petit Mont Cenis au S.-O. (2 182 m) et Termignon par le Replat des Canons au N.-O. (route forestière, vues splendides sur la Dent Parrachée et les Glaciers de la Vanoise, immense plateau glaciaire allant au N. jusqu'au-dessus de Pralognan).

MONT D'OR (Le) – 69.
Altitude 625 m

Dominant au N. l'agglomération lyonnaise, son relief surprend, presque à pic sur la Saône ; c'est un petit massif très individualisé et vigoureux qui possède beaucoup de charme et mérite qu'on s'y égare un peu. Il faut voir au N. le panorama de la Croix-Rampau (table d'orientation), dont l'ampleur par temps clair est saisissante, et la vue du mont Thou (609 m), au centre ; entre les deux, la maison d'Ampère offre son musée de l'Electricité (fermé mardi). Au S.-E., du mont Cindre (469 m), jolie vue sur le massif lui-même.

MONTÉLIMAR – 26.   29 200 hab.
La capitale du nougat, au confluent du Roubion et du Jabron, possède à l'E. la forteresse XIIe, remaniée, des Adhémar, en cours de restauration (panorama du chemin de ronde, ruines de la chapelle romane avec peintures ; belles fenêtres romanes sur le donjon ; musée ; vis. tous les jours). Beau jardin public. Maison « de Diane de Poitiers » XVIe. Pittoresque vieux quartier avec restes de remparts, collégiale Sainte-Croix XVe-XVIIe, porte XVIIIe, passages.
➡ 4 km N.-O., Ancône, sur le Rhône ; baignades ; dans la même direction, Rochemaure*.

MONTETS (Col des) – 74.
Altitude 1 461 m

Entre Vallorcine (à la frontière suisse) et la vallée de Chamonix, au pied du massif des Aiguilles-Rouges ; vue splendide sur le massif du Mont-Blanc*.

MONTMÉLIAN – 73.   3 600 hab.
Ancienne place forte pittoresque sur un rocher à la situation stratégique (vue magnifique du sommet sur la Combe de Savoie et le Grésivaudan) ; maisons anciennes sur la vieille rue centrale en pente raide. Excellents vignobles aux alentours, vins réputés (Route des Vins de Savoie).
➡ N., 4 h aller et retour, roche du Guet (1 209 m), panorama immense (de bonne heure). ➡ 6 km O., Myans, curieuse région des Abîmes, où s'écroula un pan du mont Granier en 1248. ➡ 4 km S.-E., lac de Sainte-Hélène-du-Lac.

MONTPEZAT-SOUS-BAUZON – 07.

Altitude 600 m

Vieux bourg montagnard pittoresque dans la belle vallée de la Fontolière où abondent les châtaigniers. Curieuse église ancienne Notre-Dame-de-Prévenchère, au S.-E. Château féodal de Pourcheyrolles, en ruines (site). Importante centrale hydro-électrique E.D.F., qui utilise des eaux du versant Loire.
➡ 1 h 30 aller et retour au S. du pont, la Gravenne de Montpezat (846 m), ancien volcan (vue).

MONTREVEL-EN-BRESSE – 01.   1 600 hab.
Baignade et importante base de loisirs et de plein air au bord d'un grand étang à l'E. Marché de volailles. Cheminées sarrasines à la ferme du Souget (2 km N.-O.) et à celle du Broguet au S. de Saint-Sulpice (7,5 km O.).

MONTROND-LES-BAINS – 42.   2 800 hab.
Station thermale près de la Loire ; casino. Belles ruines d'un château XIVe-XVIe, vue splendide (vis. dimanche et jours fériés après-midi l'été).

MORZINE – 74.   2 700 hab.
Altitude 960 m

Grand complexe de sports d'hiver et station estivale sur la haute Dranse, paysages magnifiques, au pied des téléfériques du Pléney (1 546 m, liaison avec les Gets*) et de la pointe de Nyon (2 020 m), aux panoramas splendides, et des routes panoramiques du col du Ranfolly (1 650 m) et de Super-Morzine (1 760 m), qui fait un circuit recommandé par Avoriaz*, les Lindarets, la cascade d'Ardent et le lac de Montriond. Tables d'orientation au Pléney et à Super-Morzine.
➡ 8 km N.-O., belles ruines de l'abbaye de Notre-Dame-d'Aulps, façade de l'église romane cistercienne.

MOTTE-CHALENCON (La) – 26.
Altitude 557 m

Vieux village fleuri dans un site agréable et bien protégé ; centre municipal de loisirs.
➡ 7 km E., la Charce, village pittoresque dominé par de belles ruines féodales ; au S., gorges de Pommerol et église en ruines, sur la route du col de la Fromagère vers Rosans* (région XXI) ; E., haute vallée de l'Oule, vers le col des Tourettes (vue superbe). ➡ 5 km N.-O., Chalencon, vieux hameau dans un site superbe, sur la route de Saint-Nazaire-le-Désert*. ➡ 3,5 km S., Cornillon-sur-l'Oule, château en ruines ; au N.-O., magnifiques gorges de l'Arnayon.

MOUCHEROTTE (Le) – 38.
Altitude 1 901 m

Accessible par télécabine ou en 4 h aller et retour (G.R. 91) de Saint-Nizier-du-Moucherotte (1 180 m, vue splendide, table d'orientation, église XIIe restaurée, belles œuvres modernes, cimetière national des Guillets), grand sommet du N.-E. du Vercors*, au panorama célèbre (table d'orientation). Falaises côté E.

Tuer le cochon est toujours un grand moment dans la vie montagnarde.

MOÛTIERS – 73.   4 900 hab.
Altitude 479 m

Ancienne capitale de la Tarentaise*, au confluent du Doron (celui de la Vanoise) et de l'Isère, dans un site encaissé ; ville industrielle et important carrefour touristique. Cathédrale Saint-Pierre, chœur et crypte XIe, belles œuvres d'art (Mise au tombeau XVIe, statues, boiseries). Au palais épiscopal, musée de l'Académie de la Val d'Isère (archéologie, vie régionale). Maisons anciennes.
➡ 12 km S.-E., Feissons-sur-Salins ; 30 mn aller et retour N.-O., croix de Feissons (1 394 m), vue surprenante sur la région. ➡ 18 km S.-O., Valmorel, station d'hiver récente, bien intégrée au paysage. ➡ S., les Trois Vallées (plus deux : Pralognan* et Champagny), v. Courchevel*, Méribel-les-Allues*, les Menuires près de Saint-Martin-de-Belleville*. ➡ 1,5 km S., Salins-les-Thermes, station thermale qui forme un ensemble avec Brides-les-Bains* (4,5 km S.-E.). ➡ 4 km N.-O., base de plein air et de loisirs du Morel.

MURE (La) – 38.   5 900 hab.
Altitude 885 m

Sévère vieille ville industrielle et minière, marché régional, au S. du plateau de la Matésine. Ancien château de Beaumont XVe.
➡ 5 km N.-E., site du pont de Ponsonnas, sur le Drac, près d'un important barrage. Au départ de la Mure, vue splendide. ➡ Au N.-O., 2 h aller et retour, mont Cimon (1 223 m), vue magnifique. ➡ Chemin de fer touristique de la Mure, 30 km sur voie métrique, parcours superbe, voir aussi corniche du Drac* (se rens. S.I. de la Mure).

Bois de Païolive : *Petit causse décomposé s'enfonçant comme un coin dans une dépression des Cévennes, c'est un répertoire de formes pittoresques ou inquiétantes, riche en « trous » aussi bizarres que ses rochers.*

NAN (Gorges du) – 38.
Coupure spectaculaire dans les falaises N.-O. du Vercors*, montant de l'Isère au village de Malleval, incendié en 1944 et reconstruit, dans un site magnifique (le parcours peut se faire par sentier qui rejoint la route) ; au-dessus, la route rejoint le lacis de routes de la fantastique forêt des Coulmes (10 000 ha, plateau karstique accidenté).

NANTUA – 01.
Altitude 479 m   3 600 hab.
Etape agréable sur la route Lyon-Genève, dans la cluse magnifique qu'occupe aussi le lac de Nantua (long de 2,5 km) au pied de hautes falaises et des Monts d'Ain, sommet de 1 127 m (au S. ; 3 h 30 aller et retour, beau panorama). Superbes bords du lac (tour recommandé), baignade. Belle église romane XIIᵉ, ancienne abbatiale (mobilier, peinture de Delacroix).
➡ 6 km E., sauvage lac de Sylans, dans la cluse mouvementée qui se poursuit jusqu'à la Valserine* ; 8,5 km N. par la cascade de Charix, beau petit lac Genin, dans un charmant site de prés-bois. ➡ 10 km S., belle route de la forêt de Meyriat (ancienne chartreuse).

NEIGE (Crêt de la) – 01.
Altitude 1 718 m
Point culminant du Jura, à 3 h 30 aller et retour de la Marechaude, extrémité de la route forestière montant du col de la Faucille*, sur le sentier « balcon du Léman » ; très curieux paysage de rochers et de bouquets de pins, panorama immense. De la Marechaude, on peut monter au N.-E. au Colomby de Gex (1 689 m) en 2 h aller et retour.

NID D'AIGLE (Le) – 74.
Altitude 2 386 m
Point d'arrivée du TMB (tramway du mont Blanc), au-dessus du glacier de Bionnassay, au cœur du massif, point de départ d'une des voies les plus courues (donc dangereuse) pour le mont Blanc ; le site est des plus montagnards. Le TMB part du Fayet et passe à Saint-Gervais-les-Bains*, au col de Voza et à Bellevue (sommet du téléférique des Houches, v. Chamonix*).

NOIRÉTABLE – 42.
Altitude 722 m   2 000 hab.
Localité industrielle et jolie station au-dessus de l'Anzon, face aux monts du Forez. Eglise XVᵉ (statues).
➡ 4 km N., Cervières, jadis place forte des comtes du Forez, restes de remparts, maisons anciennes, vues remarquables. ➡ 8 km S.-O., l'Hermitage (1 110 m), dans un beau site forestier, monastère avec chapelle de pèlerinage (8 septembre) ; G.R. 3 ; rocher de Peyrotine (vue) ; au S., sommet de la Rochette (1 306 m), 1 h 15 aller et retour, panorama. ➡ S.-O. puis S., la Chamba, belle route vers Chalmazel*.

NOTRE-DAME-D'AIGUEBELLE – 26.
Abbaye cistercienne XIIᵉ relevée au XIXᵉ ; du XIIᵉ ne subsistent guère que l'église (deux vis. par jour sauf dimanche), une galerie de cloître et le réfectoire. Liqueur réputée.

NOTRE-DAME DE LA SALETTE – 38.
Altitude 1 770 m
Pèlerinage très fréquenté (19 septembre surtout), dans un site d'alpages désertiques très isolés, à une basilique néo-romane XIXᵉ élevée sur le lieu d'apparitions de la Vierge à deux enfants en 1846 (monuments) ; hôtellerie (retenir à l'avance). Splendide route d'accès.
➡ 2 h aller et retour, mont Gargas (2 207 m), au N.-O., beau panorama.

NYONS – 26.
Altitude 270 m   5 900 hab.
Sur l'Aygues sortant des Baronnies*, dans une gorge et un petit bassin bien protégés, à l'ensoleillement et au climat très favorables. Superbe Vieux Pont XIVᵉ que domine au S. un beau point de vue. Au N. de l'église, pittoresque vieux quartier des Forts montant par d'étonnantes ruelles parfois voûtées (rues des Grands Forts et des Petits Forts entre autres) à la tour Randonne XIIIᵉ (chapelle). Place à arcades. Château delphinal. Musée gallo-romain. A l'O., moulin Ramade (à huile ; fermé dimanche). Grandes fêtes du Printemps à Pâques et Olivades fin juillet.
➡ 1 h 15 aller et retour au N.-N.-E., le Devès (518 m), belle vue ; pousser au Pied-de-Vaux (837 m), 1 h de plus à monter, splendide panorama.

OBIOU (L') – 38.
Altitude 2 790 m
Point culminant du Dévoluy* (région XXI). Ascension délicate, réservée aux montagnards avertis ; des Payas (2,5 km S. du barrage du Sautet), petite route à l'O., puis sentier, intermittent à la fin, roche délitée. Panorama unique.

OISANS (L') – 38-05.
V. Le Bourg-d'Oisans*, la Bérarde*, etc.

OMBLÈZE (Gorges d') – 26.
Superbe route sans issue qui remonte la Gervanne entre de hautes falaises calcaires, dans des alternances de vals, épanouis mais sévères, et de cluses sauvages ; belle cascade de la Druise (30 mn aller et retour).

ORGNAC (Aven d') – 07.
Une des plus belles cavités naturelles de France (vis. tous les jours sauf hiver), aux stalagmites bourgeonnantes parfois gigantesques ; seule une petite partie de l'immense réseau est aménagée. Dolmens aux environs. Au N.-O. (autre route), aven de la Forestière (vis. id.), connu pour la finesse de ses concrétions.

ORNON (Col d') – 38.
Altitude 1 367 m
Il fait communiquer l'Oisans* et le Valbonnais* dans de beaux sites entre le Taillefer (2 857 m) et le Grand Renaud (2 776 m). Au N., descente impressionnante sur Ornon.

OYONNAX – 01.   22 800 hab.
Altitude 540 m
Bien située entre les gorges de l'Ain* et les hauts plateaux
jurassiens, c'est la capitale du plastique.
➡ 8 km N., Dortan, village martyr en 1944, sur la Bienne,
qui conflue à 4 km N.-O. avec l'Ain au très beau site de
Chancia, grand lac de retenue du barrage de Coiselet.

PAÏOLIVE (Bois de) – 07.
Au pied des Cévennes schisteuses, granitiques ou gréseu-
ses, c'est un festival du calcaire le plus ruiniforme,
labyrinthe chaotique à la végétation surprenante ; la carte
du S.I. des Vans* est indispensable et permet de repérer ses
curiosités, ses chemins balisés et l'extraordinaire canyon du
Chassezac (à l'O. de Mazet-Plage), dont deux perspectives
parallèles se ressemblent de façon étonnante, de part et
d'autre du vieux manoir de Casteljau.

PALADRU (Lac de) – 38.
Altitude 492 m
Beau lac de val de 5 km de long, un des beaux paysages du
Bas-Dauphiné, très poissonneux et fréquenté, plusieurs
baignades ; à l'extrémité S., Charavines-les-Bains (510 m),
villégiature, voile, équitation, belles plages, panorama ; au
N., Paladru, vue splendide. Vestiges de cités lacustres. Une
route fait le tour du lac ; charmants environs. A Clermont,
3 km au S.-E. de Charavines, belle tour XIe en ruines (vue)
et, au N., Libre Soleil (804 m), 1 h 15 aller et retour,
superbe panorama.

PEAUGRES – 07.
Le Safari-parc du Haut-Vivarais (vis. tous les jours), au S.-
O. sur N. 82, comprend quatre parcs : zèbres et babouins,
lions, ours, et la vallée des chameaux et buffles, plus un
vivarium (à pied) et un coin pique-nique. Minicar
obligatoire en cas de voitures décapotables.

PEISEY-NANCROIX – 73.
Altitude 1 300 m
Ancienne station d'été et d'hiver dans la superbe vallée du
Ponturin entre le mont Pourri (3 779 m) à l'E. et le
Sommet de Bellecôte (3 416 m) au S. Le cirque de la Gura
sur la haute vallée est une des « portes » du Parc de la
Vanoise (chalet de Rosuel, 5,5 km S.-E.). Paysages et
excursions magnifiques. Passage du G.R. 5.

PÉLUSSIN – 42.   2 800 hab.
Vieux bourg sur le flanc rhodanien du massif du Pilat*.
Halles anciennes, restes de remparts.
➡ 6 km E., Chavanay, par une belle route ; sur la rive
gauche du Rhône en face, centrale nucléaire en construction de Saint-Maurice-l'Exil.

PENNES (Col de) – 26.
Altitude 1 040 m
Superbe site aérien entre les vallées de la Drôme et de la
Roanne.
➡ 1 h 30 aller et retour à l'O., la Pâle (1 340 m), superbe
panorama sur le Diois.

PÉROUGES – 01.
Un des vieux bourgs fortifiés les plus étonnants de France,
perché sur sa colline en rond dans ses remparts, autour de
sa belle place du Tilleul avec l'Ostellerie et le musée, voisin
de la maison des princes de Savoie (belle vue de la tour) ;
nombreuses maisons XVe et XVIe à pans de bois et
encorbellements, notamment rue des Rondes. Vues
remarquables des portes d'En-Bas et d'En-Haut ; église
fortifiée XIIIe-XVe ; faire le tour extérieur des remparts. On
peut y flâner en toute tranquillité.

PERTUISET (Le) – 42.
Sur la Loire, beau site très fréquenté (baignade). Sur la rive
droite en amont, château pittoresque de Cornillon. Au N.,
faire le tour du lac de barrage de Grangent* par l'O.

PERTY (Col de) – 26.
Altitude 1 303 m
Sommet de la route des Princes d'Orange, site splendide et
désolé dominant à l'O. de nombreux lacets et la vallée de
l'Ouvèze ; un peu au-dessus, table d'orientation au
panorama exceptionnel : Baronnies, Alpes, Cévennes.

PETIT-SAINT-BERNARD (Col du) – 73.
Altitude 2 188 m
A 31 km N.-E. de Bourg-Saint-Maurice*, passage d'une
grande importance historique entre la Savoie et le Val
d'Aoste (Hannibal et ses éléphants l'ont peut-être emprunté), marqué par un cromlech préhistorique, la colonne
romaine de Joux, les ruines de l'hospice et de postes
militaires, et une vue splendide sur le versant italien du
mont Blanc, à l'aspect farouche.
➡ N.-O., en 4 h aller et retour, pic de Lancebranlette
(2 928 m), panorama exceptionnel (table d'orientation).

PIERRE-CHÂTEL (Défilé de) – 01-73.
Le Rhône a taillé là une cluse étroite et profonde, longue de
2,5 km, où le pont de la Balme est dominé par le fort de
Pierre-Châtel qui fut chartreuse. Parallèle, la route sinue
dans un ancien lit. Une dérivation appauvrit beaucoup le
fleuve.

PIERRE-GOURDE (Château de) – 07.
De Saint-Laurent-du-Pape (grand centre « pêcher »), sur
l'Eyrieux, deux routes magnifiques montent au N. sur les
serres vivaroises : à l'O. la D. 21 et, du village, l'extraordinaire D. 266 aux panoramas incessants : à 11 km, chemin
à gauche (G.R. 42) pour le château (2 km), dont les ruines
commandent une des plus belles vues de la région.

PIERRELATTE – 26.   10 000 hab.
Un insolite et anachronique rocher domine le bourg au
milieu de la petite plaine du Tricastin entre le Rhône et le
grand canal de Donzère. Gigantesque complexe atomique
du C.E.A. (centre d'accueil et d'information) ; usines
d'enrichissement d'uranium), de l'E.D.F. (centrale nucléaire du Tricastin) et d'Eurodif. Ouvrages hydro-
électriques de Donzère-Mondragon au S.-E., v. Bollène*
(région XXI).

*Pérouges : La magnifique cité ancienne, que la Savoie défendit
longtemps contre le Dauphiné avant que la France ne s'en emparât,
domine le Rhône et la plaine à l'est de Lyon, grande position
stratégique.*

Forêt et parc du Pilat : *Le massif du mont Pilat est un microcosme très particulier par son économie rurale et par sa nature très diverse.*

PILAT (Mont et Parc régional naturel du mont) – 42.
Altitude 1 432 m

Vaste et superbe massif ancien entre Saint-Etienne et le Rhône qu'il domine de 1 300 m ; il constitue l'extrême N. de la grande chaîne « cévenole » ; il culmine au Crêt de la Perdrix (7 km E. du Bessat, 1 432 m, table d'orientation) et au Crêt de l'Oeillon (1 370 m, près du col de l'Oeillon, table d'orientation), admirable panorama : le Massif Central, le Jura, les Alpes ; grande tour hertzienne et relais TV.
Il porte de belles forêts alternant avec des landes, et des chaos granitiques appelés chirats qui forment les principaux sommets, et est entaillé de gorges profondes et pittoresques sur tout son pourtour. Flore très riche. Nombreuses aires d'accueil et de pique-nique. Paradis de la randonnée (G.R. 7 et 42) et du ski de fond (foyers). Le parc, couvrant 65 000 ha et comptant 35 000 habitants, a pour buts le développement économique rural, la protection d'une nature particulièrement riche et variée et l'animation culturelle et de loisirs. On peut monter au Bessat par la D. 8 (de Saint-Etienne) ou la D. 2 (de Saint-Chamond), faire le tour des sommets par la D. 63 et redescendre au N. par Sainte-Croix-en-Jarez* ou à l'E. sur Condrieu* ; ne pas manquer le village de Doizieux sur le versant N.

PIN BOUCHAIN (Col du) – 69.
Altitude 760 m

La N. 7 y franchit la crête des monts du Lyonnais (que suit le G.R. 7), entourée de paysages vastes et calmes ; vues splendides de la D. 121 qui part à l'E. vers les Sauvages (à 4 km) ; 1 km E. de là, monument de Notre-Dame-de-la-Roche, panorama.

PLAGNE (La) – 73.
Altitude 1 980 m

Importante station de sports d'hiver (160 km de pistes) en balcon sur la Tarentaise*, en face des massifs de Beaufort et du Mont-Blanc, créée en 1961 dans un beau site du N.-O. de la Vanoise* au pied de la Grande-Rochette (2 505 m, télécabine, splendide panorama) et du Sommet de Bellecôte (3 416 m, remontées jusqu'à 3 250 m, ski d'été). Excellente route d'accès. De la Grande-Rochette, 3 h aller et retour à l'O. : mont Jovet (2 554 m), table d'orientation, panorama renommé.

POMMIERS – 42.

Au N. d'un pont XVe sur l'Aix, étonnant prieuré fortifié gardant une curieuse et magnifique église romane XIe-XIIe avec des fresques XVe-XVIe et des œuvres d'art ; logis du Prieur XVe, cloître classique et petit musée régional.
➡ 4,5 km O., Saint-Germain-Laval, vieux bourg pittoresque ; 3 km S.-E., Verrières, ancienne Commanderie et belle chapelle XIIe.

PONCIN – 01.   1 200 hab.

Vieux bourg avec des portes et des maisons anciennes. Château XIVe au XVIIe.
➡ N., belles gorges de l'Ain*.

PONTAIX – 26.

Village pittoresque sur la Drôme, où des ruines féodales gardent le pont établi au plus étroit du défilé.
➡ 4 km N.-E., Sainte-Croix, église catholique et protestante ; au N., belle vallée de Quint, excursions pédestres sur le front S. du Vercors*.

PONTCHARRA – 38.   4 600 hab.
Altitude 255 m

Ville industrielle près du confluent du Bréda et de l'Isère. Statue équestre de Bayard.
Chemin de fer touristique du Bréda, jusqu'à la Rochette* (rens. : gare S.N.C.F.).
➡ 1 km S., Château Bayard, où naquit le chevalier (vis. tous les jours en saison sauf mardi), et dont il subsiste un bâtiment XVe avec musée ; belles vues.

PONT-DE-BEAUVOISIN – 38-73.   4 600 hab.

Ancien bourg frontière franco-savoyard sur le Guiers que surplombent de vieilles maisons pittoresques aux alentours du fameux pont, reconstruit.

PONT-DE-VEYLE – 01.   1 200 hab.

Vieille petit ville pittoresque, tour de l'Horloge XVIe sur une porte XIIIe, maisons anciennes, restes de remparts et promenades, hôpital en partie XIVe, beau parc autour d'un château XVIIIe, etc.

PONT DU DIABLE (Gorges du) – 74.

Au Jotty, qui marque le milieu des sombres gorges de la Dranse entre Thonon* et Morzine*, le pont du Diable et ses gorges forment un site étrange que seul son aménagement permet de voir (vis. tous les jours en saison) ; étonnantes marmites de géants.

PONT-EN-ROYANS – 38.   1 200 hab.
Altitude 208 m

Sur la brusque sortie des gorges de la Bourne*, le site du

bourg est spectaculaire, avec ses vieilles maisons en encorbellement sur le rocher au-dessus de la rivière ; le voir de la rive gauche, au fond, près du confluent de la Vernaison (qui descend des Grands* Goulets) ; pittoresques vieilles rues.
➡ 1 h aller et retour au N., un sentier raide monte au belvédère des Trois Châteaux (ruines, table d'orientation), vue étendue. ➡ 10 km N.-E. (D. 531 puis D. 292), Presles, dans une petite région très pittoresque du Vercors* donnant accès à l'E. à la sauvage forêt des Coulmes et au N. à de superbes points de vue. ➡ 9 km O. (route agréable), Saint-Nazaire-en-Royans, beau site à voir du pont sur l'Isère au N.-O. ➡ S., route spectaculaire de Saint-Jean-en-Royans, traversant les débouchés des grandes gorges du Vercors.

PORTE (Col de) – 38.
Altitude 1 326 m
Sur la grande traversée de la Chartreuse*, entre Chamechaude et le Charmant-Som* (route à l'O.), centre de ski, belles forêts.
➡ 4,5 km S., le Sappey-en-Chartreuse (1 015 m), petite station agréable ; 4 km S., fort du Saint-Eynard (1 359 m), au bord de falaises impressionnantes, panorama splendide du sommet.

PORTES (Calvaire de) – 01.
Altitude 1 025 m
A quelques minutes à pied de la route (D. 99), dans le massif entre le Rhône et la cluse des Hôpitaux*. Le point de vue (table d'orientation) est splendide sur cette cluse, le Bugey, les Alpes, la Bresse.

PRALOGNAN-LA-VANOISE – 73.
Altitude 1 404 m
Au centre du massif de la Vanoise* et aux portes du Parc, grand centre d'excursions et d'alpinisme, et station de sports d'hiver (téléférique du mont Bochor, 2 023 m, vue). Excursions principales : col de la Vanoise à l'E. (au pied de la Grande* Casse), 6 h aller et retour des Fontanettes ; refuge de Péclet-Polset au S. dans le vallon de Chavière, 6 h aller et retour du pont de la Pêche. Baignade. De la Chollière (1,5 km S.-O.), vue admirable.

PRIVAS – 07.   11 200 hab.
Altitude 294 m
Dans un joli site au-dessus de l'Ouvèze, ville agréable dominée à l'O. par le mont Toulon (426 m), belle vue. Au S., pont Louis-XIII. Maisons anciennes.
➡ 4 km S.-O. sur la D. 7, musée agricole du Verdus ; la D. 7 monte ensuite dans le Coiron*. ➡ 15 km N., après Pranles, le Bouschet, musée protestant (vis. tous les jours l'été, et samedi-dimanche en saison).

PUSIGNAN – 69.   1 800 hab.
A proximité au N.-O. de l'aéroport de Lyon-Satolas, ruines féodales au panorama étonnant : Alpes, Jura, Massif Central.

Pont-en-Royans : *Il ne s'agit pas de monastères tibétains, mais d'un site bien dauphinois, aux portes du Vercors. Il fut évidemment fortifié et les ruines des Trois Châteaux qui le dominent jouissent d'une vue imprenable.*

PYFARA – 42.
Altitude 1 381 m
Sommet N. de la chaîne des Boutières* (Vivarais), qu'on atteint facilement (2 h 30 aller et retour) de Tracol au N.-O. (12 km S.-O. de Bourg-Argental). Vue immense.

RANCHAL – 69.
Altitude 800 m
Au-dessus du Reins naissant, beau village dans les monts du Beaujolais*. Carrefour de belles routes panoramiques vers Cours, au S.-O., Lamure-sur-Azergues*, au S.-E., les Echarmeaux*, au N.-E.

RAY-PIC (Cascades du) – 07.
En descendant les gorges de la Bourges entre Lachamp-Raphaël et Burzet*, très pittoresques, on voit les cascades qu'il faut approcher (sentier 1 h aller et retour) pour apprécier leur site étonnant sur des orgues basaltiques et la vasque de réception ; il s'agit d'une coulée volcanique qui se poursuit bas dans la vallée.

RÈS (Dent de) – 07.
Altitude 719 m
Elle trône sur le plateau calcaire des Gras, vaste garrigue coupée de petits canyons (Rimouren, l'Ibie à l'O.). Compter 2 h 30 aller et retour de Saint-Vincent ou des Hellys, entre Saint-Montant et Saint-Remèze ; superbe panorama.

RETORD (Plateau de) – 01.
Immense, magnifique et solitaire région de prés-bois typiquement jurassiens, vastes plateaux ondulés où alternent de grands pâturages et des sapinières éparses ; les narcisses y abondent au printemps. Le G.R. 9, qui passe à la chapelle de Retord, permet de prendre toute la mesure de ce paysage.

REVARD (Mont) – 73.
Altitude 1 537 m
Rebord O. du massif des Bauges, ses falaises dominent Aix-les-Bains* et le lac du Bourget* ; la vue immense (table d'orientation) permet de voir une grande part des Alpes. Routes d'accès magnifiques. Au S., station de la Féclaz (1 380 m) : 1 h 30 S., Croix du Nivolet (1 547 m), dominant Chambéry.

REVOLLAT (Croix de) – 38.
Sur la corniche de Belledonne*, l'un des plus beaux points de vue sur le Grésivaudan* et les énormes murailles de la Chartreuse*.

RICHEMONT (Col de) – 01.
Altitude 1 036 m
Entre le Valromey et Génissiat, il franchit le chaînon sommital du Bugey et procure des vues étendues sur la basse Savoie. Passage du G.R. 9.

ROANNE – 42.   56 500 hab.
Centre industriel sur la Loire. Promenades Populle. Dans un hôtel XVIIIe, le musée Joseph-Déchelette, au centre, est riche en archéologie régionale et en faïences (fermé mardi et jours fériés).
➡ S., gorges de la Loire*. ➡ O., Côte roannaise, voir Saint-Haon-le-Châtel* et Ambierle*.

ROCHEBLOINE (Château de) – 07.
Nid d'aigle médiéval en ruines (bref sentier), commandant toute la haute vallée du Doux, paysage typique du Haut-Vivarais.

ROCHEBONNE (Château de) – 07.
Altitude 900 m
Sur la D. 478 entre Saint-Martin-de-Valamas et Saint-Agrève* par le chemin des écoliers, perdu dans un site admirable au-dessus des sauvages gorges de l'Eyrieux, château féodal en ruines face aux grandes cimes du Vivarais.

ROCHEMAURE – 07.   1 100 hab.
Le bourg actuel est dominé par le site volcanique et féodal étonnant des ruines du vieux village fortifié et de son château, d'où la vue est superbe.
➡ 4,5 km N.-O. puis 1 h aller et retour, pic de Chenavari (507 m), panorama étendu.

ROCHE-SUR-FORON (La) – 74.   6 800 hab.
Altitude 547 m
Pittoresque vieille ville bien située au-dessus du large bassin glaciaire de l'Arve, nombreuses maisons anciennes, vestiges de remparts et tour XIe en ruines sur l'énorme roche apportée par le glacier de l'Arve.

ROCHETAILLÉE – 69.
Au château et dans son parc, sur la rive gauche de la Saône, important musée de l'Automobile (vis. tous les jours) ; sections cycles et motos.

ROCHETTE (La) – 73.   3 200 hab.
Bourg industriel et marché agricole, ancienne place forte, sur l'angle aigu du Gelon qui descend de la chaîne des Hurtières et du col du Grand-Cucheron (1 188 m, sur la Maurienne) par la belle vallée des Huiles.
➡ S.-E. par Arvillard, forêt et ancienne chartreuse de Saint-Hugon, pont du Diable. ➡ S.-E., nouvelle station de Val Pelouse.

ROMANCHE (Vallée de la) – 05-38.
L'une des vallées les plus typiques du Dauphiné, grande voie de communication joignant le col du Lautaret* (région XXI) à Grenoble*, elle sépare les massifs d'Arves, des Grandes* Rousses et de Belledonne au N. de ceux des Ecrins-Pelvoux et du Taillefer au S., drainant le sauvage Oisans et les sites magnifiques de la Grave* (région XXI) au pied de la Meije, de la combe de Malaval, du lac de barrage du Chambon*, des gorges de l'Infernet et du Bourg-d'Oisans* ; en aval, de nouvelles gorges farouches hébergent des théories d'importantes usines.

ROMANS-SUR-ISÈRE – 26.   34 000 hab.
La ville de la chaussure et de la pogne, variété de brioche. Sa belle collégiale Saint-Barnard, en partie romane (porche XIe) et XIIIe, avec un triforium, possède dans une chapelle XIVe huit magnifiques tentures flamandes XVIe de scènes de la Passion ; fresques et boiseries. Derrière le chevet, ancien hôtel des archevêques de Vienne XVe-XVIe. Vieux quartier autour de l'église, nombreuses maisons anciennes sur des ruelles pittoresques. Tour du Jacquemart (horloge XVe). Musée de la Chaussure et d'Ethnographie régionale

(et de la Résistance locale) (fermé mardi).
Au S.-O., esplanade Bellevue, au-dessus de l'Isère. Au S., Bourg-de-Péage (9 000 hab.), par le Pont-Vieux sur l'Isère ; jolies vues sur Romans.

ROSELEND (Barrage et lac de) – 73.
Altitude 1 605 m au col de Méraillet
L'une des pièces maîtresses de l'aménagement hydro-électrique des Alpes, le lac, de 4 km de long, dans d'admirables alpages, est retenu par un barrage de 150 m de haut qu'une route venant d'Arèches* par le col du Pré franchit pour rejoindre la D. 217 au col de Méraillet (11,5 km E. de Beaufort*). 8 km E., Cormet (col) de Roselend (1 968 m) ouvert entre l'aiguille du Grand Fond (2 889 m) et la crête des Gittes, suivie par le G.R. 5 vers le col de la Croix du Bonhomme* (chalet-hôtel, carrefour de sentiers très fréquentés, Tour du Mont-Blanc). Du Cormet, les Chapieux (5 km E.) occupent un site fort encaissé sur le torrent des Glaciers qui descend du col de la Seigne (2 516 m), col frontière sur le Tour du Mont-Blanc ; Bourg-Saint-Maurice*.

ROUSSET (Col de) – 26.
Altitude 1 254 m
Tunnel routier offrant un contraste célèbre entre les vallonnements presque jurassiens du versant N. et le paysage mouvementé, rude et sec, du Diois déjà méridional. Du col géographique au-dessus (centre de ski) où passe le G.R. 93 suivant les falaises, vue beaucoup plus étendue. Impressionnants lacets superposés au S.
➡ 15 km S., Chamaloc, Maison de la Flore (parc régional du Vercors*) ; promenade botanique.

ROYANS (Le) – 26.
Petit pays bien individualisé au pied O. du Vercors*, que l'on embrasse à peu près totalement de la montée du col Gaudissart (Combe* Laval) et de la table d'orientation de Saint-Jean-en-Royans*. Vert et riant, très varié, il permet des promenades et excursions nombreuses et agréables.

RUMILLY – 74.   7 800 hab.
Petite capitale de l'Albanais, grande région d'élevage (lait concentré) ; ville ancienne jadis fortifiée, avec de pittoresques vieux quartiers, maisons et hôtels XVIe et XVIIe ; pont ancien et petit musée régional.

RUOMS – 07.   1 700 hab.
Bourg formé autour d'un ancien prieuré fortifié, église romane et vieilles maisons.
➡ Rive droite, au N., beau défilé de Ruoms sur l'Ardèche, entre des falaises majestueuses ; à la suite, défilé de la Ligne, plus « intime ». ➡ 3,5 km O., Labeaume (v. Beaume*). ➡ 3,5 km S.-O., Auriolles, mas de la Vignasse, musée Alphonse-Daudet et de traditions populaires (magnanerie en saison).

SAILLANS – 26.
Altitude 274 m

Vieux bourg aux ruelles étroites et maisons pittoresques, église romane d'origine ; beau site en vue des plus beaux escarpements N. de la forêt de Saou* et du curieux rocher de la Laveuse (dont la silhouette se découpe en montant au col de la Chaudière*, 12 km S. par une route sauvage vers Bourdeaux*).

SAINT-AGRÈVE – 07.   2 700 hab.
Altitude 1 050 m

Station d'été, vieux bourg sévère dans une belle situation. De la butte du mont Chiniac au N.-N.-O., splendide panorama (Massif Central, Alpes ; table d'orientation). Nombreuses promenades. Chemin de fer touristique du Haut-Vivarais vers Dunières* (région XVI) (fonct. dimanche et jours fériés en saison, mercredi, samedi, dimanche et jours fériés l'été), trajet superbe. La section Saint-Agrève-Lamastre* n'a pas été « ranimée ».
➡ S., belle vallée de l'Eyrieux*.

SAINT-ANDRÉ (Signal de) – 69.
Altitude 934 m

De la D. 113 au N.-N.-O. de Saint-André-la-Côte, un sentier monte à ce sommet offrant une vue immense sur les monts du Lyonnais, le Pilat*, la région de Lyon*, les Alpes.

SAINT-ANTOINE – 38.
Altitude 449 m

Dans les collines de Chambaran, le village conserve une très intéressante et remarquable ancienne abbaye ; bâtiments XVe au XVIIIe, entrée XVIIe ; église gothique XIIe au XVe restaurée, belle façade flamboyant ; à l'intérieur, chœur admirable début gothique, nombreuses œuvres d'art, fresques XVe, beau mobilier, tapisseries, riche trésor.
➡ 10 km S.-E., Saint-Marcellin*.

SAINT-AUBAN-SUR-L'OUVÈZE – 26.
Altitude 637 m

Vieux village dans la vallée de l'Ouvèze, lavande et oliviers ; en face au N.-E., la montagne de la Clavelière (1 359 m).
➡ N.-O., superbe route vers la Motte-Chalencon*, par Bellecombe. ➡ O., en aval, défilé et cascade sur l'Ouvèze.

SAINT-BONNET (Signal de) – 69.
Altitude 680 m

Il vaut mieux monter à pied depuis le col de Saint-Bonnet (30 mn aller et retour) ; vaste panorama. A Montmelas, au S.-E. (6,5 km), beau château féodal restauré, dans le vignoble.

SAINT-BONNET-LE-CHÂTEAU – 42.   2 500 hab.
Altitude 870 m

Vieux bourg pittoresque jadis fortifié, possédant de nombreuses maisons gothiques et Renaissance groupées au pied de la butte portant la belle collégiale XVe-XVIe très simple en granit ; peintures murales XVe dans la crypte, et caveau des « momies » ; du chevet, splendide panorama (Lyonnais, Alpes, Cévennes ; table d'orientation). Suivre le chemin des Remparts. Porte de la Châtelaine XIVe au S.-E. Dentelle.
➡ 12 km S.-O., Usson-en-Forez*. ➡ 5 km N.-E., église de Luriecq.

SAINT-CHEF – 38.   1 500 hab.

Il s'agit du chef de saint Theudère, fondateur de l'abbaye en 567. Remarquable église, ancienne abbatiale romane, conservant de splendides fresques de l'époque, restaurées.

SAINT-CIRGUES-EN-MONTAGNE – 07.
Altitude 1 070 m

Vieux village du S. du plateau ardéchois, près du tunnel du Roux, vestige d'une ligne de chemin de fer abandonnée (3,3 km) ; église romane à clocher à peigne. Beaux environs : lacs de barrage de la Loire, nombreux « sucs » volcaniques, forêts.
➡ 5 km S., Mazan-l'Abbaye, vieux village et ruines de l'abbatiale cistercienne XIIe ; au S., superbe forêt domaniale de Mazan (sapins). ➡ 7 km E., petit lac Ferrand ; non loin à l'E., près du G.R. 7, Suc du Pal (1 402 m), panorama.

SAINT-DONAT-SUR-L'HERBASSE – 26.   2 100 hab.

Collégiale XIIe hébergeant un célèbre festival annuel J.-S. Bach (excellent orgue moderne fait dans le style baroque XVIIIe) ; chapelle et cloître romans XIIe. Ruines d'un château delphinal.
➡ 3 km N.-E., centre de loisirs de Champos, plan d'eau, baignade, voile, forêt.

SAINT-ÉTIENNE – 42.   222 000 hab.
Altitude 517 m

Sur le Furan (en partie recouvert), au pied du massif du Pilat*, la ville de la houille, du fer et de Manufrance est le centre d'une vaste agglomération industrielle.
Le Jardin des Plantes, autour de la Maison de la Culture, est un endroit agréable en pleine ville avec vue générale.
Au centre, le vieux quartier se groupe autour de la Grand-Eglise ou Saint-Etienne XIVe-XVe, de la place du Peuple et de ses fleuristes, et du musée du Vieux-Saint-Etienne (dans

un hôtel XVIIe). Tout près, le Palais des Arts contient le musée d'Art et d'Industrie (fermé mercredi matin et mardi), ensemble important de musées : armes, mine, cycles, peintures, notamment XXe, sculptures (modernes au jardin), tissus et métiers à tisser.
➡ 9,5 km S.-S.-E. sur N. 82, Planfoy, route de la Croix-de-l'Orme au N.-O., superbe point de vue de Guizay sur la ville. ➡ 7 km S.-E., Rochetaillée, vieux village perché au-dessus des gorges du Furan, sous son château en ruines ; 2 km S. puis au moins 1 h aller et retour selon promenade, gouffre d'Enfer et lac de barrage d'Enfer, sites sauvages.

SAINT-GALMIER – 42.   3 200 hab.

Célèbre source minérale Badoit. Joli site face à la plaine et aux monts du Forez*. Eglise de style flamboyant à trois nefs avec un triptyque flamand XVe et une Vierge du Pilier XVIe de l'école de Michel Colombe. Maisons anciennes.

SAINT-GEOIRE-EN-VALDAINE – 38.   1 400 hab.
Altitude 436 m

Dans le joli val de l'Ainan ; château XVe-XVIIe, restauré ; belle église romane et XVe-XVIe avec de très belles stalles Renaissance méritant un examen attentif.
➡ E., route de (14,5 km) Miribel-les-Echelles, par le col des Mille Martyrs (884 m) ; au S.-O., Saint-Sixte (petite crypte mérovingienne à l'église), 1 h 30 aller et retour au S., le Baracuchet (959 m), immense panorama, dont le mont Blanc.

SAINT-GERVAIS-LES-BAINS-LE-FAYET – 74.   4 800 hab.
Altitude 807 m

Importante station aux multiples aspects. Le Fayet (gare où l'on change de train pour Chamonix* et Martigny), en bas sur le bassin de Sallanches, est la station thermale ; les Bains occupent un beau parc au fond de la gorge du Bon-Nant (cascades) ; église moderne Notre-Dame-des-Alpes (1938) par Novarina.
Saint-Gervais, en balcon à l'issue du val Montjoie, est la station climatique, de sports d'hiver et de montagne d'été, par le téléférique du Bettex et du mont d'Arbois* et par le tramway du mont Blanc (TMB), extraordinaire chemin de fer à crémaillère montant au Nid d'Aigle* (glacier de Bionnassay) par le col de Voza d'où un télésiège gagne le point de vue exceptionnel du Prarion (1 860 m, v. Chamonix*). Eglise baroque très décorée (mobilier). Jardin public (vue). Site du mont du Diable (route de Megève). Routes splendides du Bettex et de Saint-Nicolas-de-Véroce (église baroque remarquable, trésor).

SAINT-GINGOLPH – 74.

Village frontalier sur le Léman, dans un beau site au débouché de la Morge. Vues splendides de la corniche et de Locum notamment.
➡ 8 km S., Novel, village alpestre dans un cul-de-sac, joli site, voir l'église. ● Départ du G.R. 5 vers Nice.

Saint-Antoine : Ce beau bâtiment classique aux détails inattendus est l'entrée d'une grande abbaye gothique, maison-mère des frères antonins, ordre hospitalier jadis fameux.

SAINT-HAON-LE-CHÂTEL – 42.

Sur la côte roannaise, parmi les vignobles dominant la plaine de la Loire. Beau vieux village perché, dans ses remparts médiévaux ; maisons et hôtels XVe-XVIe, église romane (œuvres d'art), belles vues.
➡ 5 km S., Saint-André-d'Apchon, autre beau village de la côte roannaise, château XVIe à belle façade Renaissance et église flamboyant et Renaissance (portail, vitraux).
➡ 5 km E., château de Boisy XIVe-XVIe.

SAINT-JEAN-DE-MAURIENNE – 73.   10 400 hab.
Altitude 546 m

Au confluent de l'Arvan et de l'Arc, c'est l'ancienne capitale de la Maurienne*. Cathédrale Saint-Jean-Baptiste XIIe-XVe ; monuments funéraires (mausolée d'Humbert aux Blanches Mains) et fresques ; magnifique mobilier XVe, stalles et ciborium d'albâtre ; remarquable crypte carolingienne ; superbe cloître XVe. Vieux quartier pittoresque et maisons anciennes.
➡ 11 km N.-O., La Chambre, remarquable portail à l'église.

SAINT-JEAN-EN-ROYANS – 26.   2 700 hab.
Altitude 240 m

Sur la Lyonne, dans le beau bassin du Royans* au pied du Vercors* (Combe* Laval, vers la forêt de Lente*), bon centre d'excursions. Panorama (table d'orientation).
➡ S., superbe vallée de Bouvante et col de la Croix, autre accès à la forêt de Lente.

SAINT-MARCEL-DE-FÉLINES – 42.

Pittoresque château XVIe avec une allure encore médiévale (fossés et chemin de ronde joignant les tours) et une jolie galerie sur la cour ; remarquables décors peints des salons XVIIe au beau mobilier.

SAINT-MARCELLIN – 38.   7 000 hab.
Altitude 281 m

Ville jadis fortifiée, restes de remparts. Clocher roman à l'église. A l'O., château du Mollard XIIIe. Au N.-E., jolie promenade de Joud. Fromage réputé.
➡ 6 km S., Beauvoir-en-Royans, sur la rive gauche de l'Isère, superbes ruines du château XIIIe. ➡ 17 km N. (D. 71), Roybon (lac, baignade), au cœur des collines de Chambaran, couronnées au S. et à l'E. par la forêt de Chambaran ; 10,5 km E., col de Toutes Aures (628 m), vues remarquables.

SAINT-MARTIN-DE-BELLEVILLE – 73.   1 700 hab.
Altitude 1 450 m

Le plus haut bourg de la vallée de Belleville, petite station d'été et d'hiver ; beau retable à l'église. 1 km S.-E., chapelle Notre-Dame-de-la-Vie, romane, grand pèlerinage montagnard (15 août et début septembre) ; œuvres d'art.
➡ 8 km S.-E., les Menuires, station moderne, dernière des « Trois Vallées », liaisons avec Méribel* et Val-Thorens (2 300 m), au fond de la vallée ; nombreuses remontées et pistes, ski d'été.

SAINT MÊME (Cirque de) – 73.

A 4,5 km de Saint-Pierre-d'Entremont (sur la D. 912 traversant la Chartreuse*), splendide cirque calcaire de hautes falaises abritant la source du Guiers* Vif (cascades) ; les G.R. 9 et 9 A s'y rejoignent, permettant une belle promenade en circuit.

SAINT-MICHEL-DE-MAURIENNE – 73.   3 700 hab.
Altitude 712 m

Localité industrielle au confluent de la Neuvache et de l'Arc ; vieux quartier pittoresque ; le site est encaissé et dominé d'étranges escarpements.
➡ 2,5 km O., observer la gorge de la Valloirette au pied des falaises du fort du Télégraphe, trait de scie dans la montagne. ➡ Au-dessus au S.-O. (11,5 km), col du Télégraphe (1 570 m), vue, sur la route de Valloire* et du Galibier* (route des Grands Cols).

SAINT-MONTANT – 07.

Charmant village médiéval, minuscule dans un site tourmenté dominé par de puissantes ruines féodales, au bas des gorges calcaires sauvages de la Sainte Baume ; en haut (3 km), Larnas possède une belle église romane (chevet).

SAINT-NAZAIRE-LE-DÉSERT – 26.
Altitude 558 m

Sur la Roanne à la vallée très pittoresque en aval (N., gorges de l'Escharis, routes du col de Pennes et de Rimon-et-Savel). La région est effectivement un impressionnant désert que les pêcheurs et les amateurs de solitude apprécient... Belles routes du col des Roustans à l'E. vers la Motte-Chalencon* et du col de Muse au S.-O. vers Nyons*.

SAINT-PAUL-DE-VARAX – 01.

Belle église romane à coupole et façade sculptée remarquable. Manoir XVe en brique, à l'E. sur la route de Dompierre-sur-Veyle. Très nombreux étangs de la Dombes aux alentours.

SAINT-PAUL-TROIS-CHÂTEAUX – 26.   6 100 hab.

Petite capitale du Tricastin, ancienne ville forte pittoresque, porte XIVe et vieilles maisons. L'ancienne cathédrale XIe-XIIe est une des très belles églises romanes de Provence, superbe façade, vaste et haute nef, belle abside, mosaïque XIIe, mobilier, décoration sculptée inspirée de l'antique.
➡ 5,5 km N., la Garde-Adhémar, magnifique vieux village jadis fortifié, église romane XIIe (Noël provençal, crèche animée), artisanat d'art ; 2 km E., chapelle romane du Val-des-Nymphes, en ruines, superbe. ➡ 5 km N.-E., Clansayes, du haut du chemin de croix, vue splendide.
➡ 3 km S.-E., Saint-Restitut, village perché typique, superbe église romane provençale (sculptures) avec curieuse tour XIe-XIIe attenante ; au N.-O. (bref sentier), chapelle hexagonale du Saint-Sépulcre XVIe (site) ; 3 km S.-O. (D. 218), belvédère sur la plaine de Pierrelatte* et ses grands travaux.

SAINT-PIERRE-DE-CHANDIEU – 69.   2 300 hab.

Remarquable château de Chandieu XIIe au XVIe, à 1,5 km S.-O. ; panorama considérable.

Saint-Jean-de-Maurienne : *Vieille cité savoyarde, la ville possède quelques précieux témoins du passé et notamment ce beau cloître.*

SAINT-PIERRE-DE-CHARTREUSE – 38.
Altitude 888 m

Charmante station été-hiver dans un site magnifique au cœur du massif ; la terrasse de la mairie est célèbre pour la vue qu'elle offre sur Chamechaude, point culminant (2 082 m).
➜ E., la Scia (1 782 m ; télébenne l'après-midi, en plein été, ou 4 h aller et retour), belle vue. ➜ S.-E., dent de Crolles (2 062 m), facile par le col du Coq, route (v. Grésivaudan*). ➜ 3,5 km O., la Correrie du couvent de la Grande-Chartreuse*. ➜ 3 km S., remarquable église moderne Saint-Hugues.

SAINT-RAMBERT-SUR-LOIRE – 42.   10 600 hab.

A l'entrée de la Loire dans le Forez. Le vieux bourg se groupe sur une colline. L'église romane XIᵉ-XIIᵉ à deux clochers s'élargit de l'entrée vers la croisée à coupole ; au prieuré voisin, petit musée éclectique et remarquable (vis. après-midi des samedi, dimanche et jours fériés). Maisons anciennes et vieux lavoir.

SAINT-RIGAUD (Mont) – 69.
Altitude 1 012 m

Au milieu de la belle forêt du Bois d'Ajoux, le point culminant du Beaujolais* offre un panorama splendide (Alpes, Jura, Massif Central) à 1 h 30 de marche de Monsols (agréable station d'été) ou 2 h des Echarmeaux*. Le G.R. 76 qui vient de Cluny* et Tramayes (pays lamartinien) y retrouve le G.R. 7 qui suit la ligne de partage des eaux.

SAINT-ROMAIN-DE-LERPS – 07.
Altitude 649 m

Point culminant de la « corniche du Rhône », route panoramique extraordinaire entre Tournon* et Saint-Péray ; au N. du village, tour de TV et table d'orientation, splendide panorama circulaire sur les Alpes et le Vivarais.

SAINT-SORLIN-EN-BUGEY – 01.

Beau village très pittoresque entre deux châteaux en ruines commandant la sortie du grand défilé du Rhône au travers du Bugey (Jura du Sud).
➜ 15,5 km E., calvaire de Portes*, site admirable au cœur du Bas-Bugey.

SAINT-SYMPHORIEN-SUR-COISE – 69.   3 300 hab.

Jadis fortifié, vieux bourg perché pittoresque aux ruelles escarpées, dans une jolie région des monts du Lyonnais.
➜ 2 km N.-N.-O., monastère de Notre-Dame-de-la-Neylière, chapelle moderne et musée Océanien des pères maristes (vis. tous les jours en saison).

SAINT-VALLIER – 26.   5 400 hab.

Château de Chabrillan XVᵉ des comtes de Poitiers ; église en partie XVᵉ. Au S., beau défilé du Rhône.
➜ E., gorge de la Galaure ; intéressante église de la Motte-de-Galaure (10,5 km E.-N.-E.). ➜ 5 km S.-E., « les Roches qui dansent ». ● Poteries et porcelaines.

SAINTE-CROIX-EN-JAREZ – 42.

Très curieux village installé dans une ancienne chartreuse à l'enceinte fortifiée, dans un beau vallon du N.-E. du mont Pilat*. Eglise début XVIIᵉ (mobilier, peintures murales XIVᵉ dans la sacristie) ; ancien cloître avec de belles portes de cellules.
➜ 5 km S.-E., Pavezin et le col de Pavezin (651 m), beau site sur la crête du Pilat* descendant vers le N.-E., suivie par un remarquable sentier (point de vue du mont Monnet, 789 m, à 2 h aller et retour au N.-E.).

SAINTE-EULALIE – 07.
Altitude 1 284 m

Station d'été et d'hiver, région de ski de fond, au cœur du haut plateau ardéchois, parsemé de sommets volcaniques. Foire à la violette en juillet. G.R. 7.
➜ Suivre la Loire naissante au S. puis au N.-O. (D. 116, 536 vers Usclades, 302, 160 et 116, barrage de la Palisse) vers le lac d'Issarlès* qu'elle contourne par le S. ➜ 5 km N.-E., le Gerbier de Jonc*.

SAINTE-JALLE – 26.
Altitude 409 m

Vieux village féodal fortifié, ruines du château, église romane à l'E. (portail).
➜ 6,5 km O.-S.-O., Rochebrune, étonnant vieux village aussi. ➜ S., col d'Ey*.

SAISIES (Col des) – 73.
Altitude 1 633 m

Magnifique seuil entre les gorges de l'Arly et le Beaufortain, dont les vastes alpages forment, sur le flanc du Signal de Bisanne (1 939 m, route, panorama immense, un des plus beaux sur le mont Blanc*), un bon centre de ski (descente et fond). Route superbe.

SALÈVE (Mont) – 74.
Altitude 1 375 m

Entre Cruseilles et Annemasse, la route du Salève est un parcours panoramique étonnant entre la Savoie et Genève,

Cette femme peut sembler symboliser les soucis de son âge et en général du nôtre. Elle regarde seulement venir le touriste et lui demande, bouche close, de respecter son pays et de le laisser, comme on dit, aussi beau qu'il l'avait trouvé.

sur la crête calcaire étroite qui tombe en falaises impressionnantes au N.-O. Panoramas du Grand Piton, sommet à 1 375 m, et de la table d'orientation des Treize Arbres (1 184 m, bref sentier). Sentier du « Balcon du Léman ».

SALLANCHES – 74.   10 300 hab.
Altitude 554 m

Au pied de Pointe Percée (2 752 m) à l'O. et des aiguilles de Varan (2 541 m) au N.-E., à l'entrée d'un admirable bassin dominé de plus de 4 000 m par le mont Blanc* et son massif, c'est une ville industrielle de plan régulier et un grand centre d'excursions, à portée de Megève*, Saint-Gervais-les-Bains*, Chamonix*.
➜ 2 km E., lacs de la Cavettaz (Mont-Blanc-Plage). ➜ 4 km S.-O., Cordon, joli village (église savoyarde), site merveilleux face au massif du Mont-Blanc. ➜ 4,5 km N., cascade d'Arpenaz.

SAMOËNS – 74.   1 700 hab.
Altitude 714 m

Station de sports d'hiver et de montagne d'été. Jolie église rustique XIIᵉ-XVIᵉ flanquée d'un célèbre tilleul (de 1438). Remarquable jardin alpin de 3 ha. Les remontées partent de Vercland et de Morillon, au S.-O., vers le plateau des Saix (route l'été), liaison avec les Carroz-d'Arâches et Flaine*.
➜ 12,5 km N.-N.-O., col du Ranfolly (1650), v. Morzine*. ➜ 5 km N. par Chantemerle, la Rosière, splendide vue panoramique (mont Blanc).

SAOU (Forêt de) – 26.

Vaste berceau naturel ceinturé à l'extérieur de falaises presque continues, qui culminent à l'E. par les Trois Becs de Roche Courbe et du Veyou (1 589 m, magnifique panorama) dominant le col de la Chaudière*, et à l'O. par Roche Colombe (886 m). La forêt intérieure aux paysages très pastoraux est parcourue par un mauvais chemin circulaire privé (sens unique) au parcours superbe. Beaux accès par le Pas de Lauzens et le Pertuis par où sort la Vèbre et entouré ainsi que Saou de pitons calcaires. Ruines féodales de Soyans au S.-O. (vue).

SASSENAGE – 38.   9 500 hab.

Au départ de la route du Vercors* par les gorges d'Engins. Château de Bérenger XVIIᵉ (vis. l'été sauf samedi, dimanche), intéressant. Les Cuves de Sassenage, grottes-résurgences des eaux du gouffre Berger (2ᵉ gouffre du monde avec 1 142 m de profondeur), s'ouvrant sur le plateau sont dans un beau site boisé avec des cascades (vis. tous les jours en saison).

SAUTET (Lac et barrage du) – 38.

4,5 km O. de Corps*, un pont impressionnant sur le Drac (160 m de haut) domine le grand barrage étroit, de 126 m de haut, qui retient la rivière sur 6 km (baignade, voile), et la Souloise sur plus de 3 km. Tour du lac, beau circuit de 35 km (tout au S., sources des Gillardes, résurgences très abondantes).

SÉDERON – 26.
Altitude 809 m

Sur la Méouge qui naît au S. dans un beau cirque délimité à l'O. et à l'E. par les cols de Macuègne vers Montbrun-les-Bains* et de la Pigière vers Sisteron* (région XXI). Le S. du bourg lui-même est au centre d'un curieux cirque elliptique ; à l'O., montagne de Bergiès (1 367 m), relais TV, panorama immense (Ventoux à l'O.), on y accède par le col de Macuègne.
➡ 11 km E.-N.-E., au S. de Lachau, église romane de Notre-Dame-de-Calma ; au N., Ballons et le col Saint Jean, sites superbes, vers le col de Perty*.

SEMNOZ (Le) – 74.
Altitude 1 699 m

Longue montagne au S. d'Annecy*, dont la D. 41 parcourt la crête à travers d'admirables forêts, où il recèle de nombreux sentiers et points de vue splendides, dont le panorama du sommet, le Crêt de Châtillon (1 699 m), qui porte jusqu'au mont Viso et à l'Oberland bernois (table d'orientation). On redescend sur le col de Leschaux (897 m) qui fait communiquer les Bauges avec le lac d'Annecy* (Sevrier ou Saint-Jorioz).

SERRIÈRES – 07.   1 400 hab.

Vieux bourg pittoresque, tassé au bord et au-dessus du Rhône que passe un pont suspendu (vue) ; quais ombragés ; maisons XVIᵉ ; à l'ancienne église Saint-Sornin, au intéressant musée folklorique et des mariniers du Rhône.
➡ S.-O., vue superbe de la route d'Annonay (N. 82).
➡ 6 km S.-E., Champagne, magnifique église romane à coupoles très curieuses, remarquable façade avec tympan sculpté. ➡ 9 km S.-O., Peaugres*, Safari-parc du Haut-Vivarais.

SEYSSEL – 01-74.   2 700 hab.

La commune est double (Ain et Haute-Savoie), divisée par le Rhône et réunie par un beau pont suspendu. Vins blancs secs réputés. Vieilles maisons.
➡ 5 km S.-E., Val du Fier, étroite gorge taillée dans les calcaires de la montagne du Gros* Foug par la sauvage rivière, ici retenue par un barrage. ➡ 4 km N., Bassy, point de vue depuis l'église sur le barrage de Seyssel. ➡ 9 km N.-E., château de Clermont*.

SIXT-FER-À-CHEVAL – 74.

Dominé au S. par la formidable pointe de Sales (2 496 m) qui ferme au N. le désert de Platé (v. Flaine*), agréable séjour d'été et centre de ski, d'où les randonneurs confirmés peuvent aller à Chamonix* par les cols d'Anterne et du Brévent (G.R. 5), ou monter au mont Buet (3 099 m) en quelque 11 h aller et retour, panorama unique, via le télésiège des Vagnys et le chalet-hôtel du Grenairon. Belle place du village (tilleul) ; ancienne abbaye (hôtel : voir la salle à manger au plafond peint XVIIᵉ) et église abbatiale XIIIᵉ (œuvres d'art, trésor).
Au S., superbes cascades du torrent de Sales. Au N.-E., au fond de la vallée, cirque du Fer* à Cheval.

SURY-LE-COMTAL – 42.   3 800 hab.

Château XVIIᵉ aux salons superbement décorés (vis. après-midi des dimanche, lundi et jours fériés en saison). Au N., musée de l'Automobile du Forez (vis. dimanche et jours fériés et tous les jours en août).
➡ 5,5 km N.-O., Saint-Romain-le-Puy, où un piton de basalte porte un prieuré fortifié dont l'église romane Xᵉ-XIᵉ remaniée possède des sculptures étonnantes (voir la frise du chevet et les chapiteaux) ; crypte.

SUZE-LA-ROUSSE – 26.   1 200 hab.

Vieux bourg pittoresque (belle façade XVIᵉ fortifiée de la Maison de Ville, halle ancienne) dominé par un énorme château féodal sur un rocher, à cour et intérieur Renaissance (vis. tous les après-midi en saison, et dimanche et jours fériés), hébergeant l'Université du Vin.
➡ 6,5 km N. (D. 117), la Baume-de-Transit, vieux village, église romane de plan tréflé (coupole disparue), ruines féodales et vieilles maisons ; 2,5 km N., Montségur-sur-Lauzon, curieux ancien village fortifié et église romane, en ruines (au S.), panorama.

TAIN-L'HERMITAGE – 26.   5 600 hab.

Beau site sur le Rhône face à Tournon* (ponts suspendus), au pied des grands coteaux plantés de vignobles qui font sa célébrité. Place du Taurobole, statue antique. Grand marché de fruits. Quais ombragés du Rhône.
➡ 9 km S., Pont-de-l'Isère, au N. du pont, monument du 45ᵉ parallèle, à mi-chemin du pôle N. et de l'équateur.
➡ N., belvédères du vignoble et dégustation.

TALLOIRES – 74.
Altitude 447 m

Site ravissant sur le lac d'Annecy* au pied de la Tournette,

près des hautes falaises du roc de Chère (sentiers, point de vue) ; villégiature renommée (baignade) ; une ancienne abbaye bénédictine aux bâtiments classiques est devenue un bel hôtel ; l'église XVIIIᵉ en conserve des œuvres d'art.
➡ 3 km N.-O., Menthon-Saint-Bernard (baignade), station climatique réputée, beau site au-dessus du lac ; château XIIIᵉ-XVᵉ de Menthon. ➡ 2 km S., Angon (baignade).

TAMIÉ (Col de) – 73.
Altitude 907 m

Beau passage entre Faverges et la Combe de Savoie, offrant côté S. des vues immenses vers le mont Blanc, le Beaufortain et le Grand Arc en face. A 2 km N.-O., abbaye cistercienne de Tamié XVIIᵉ (fondée au XIIᵉ), église accessible. Au N.-E., sur le chemin du plateau des Teppes, après la Ramaz, sentier à droite pour la Belle Etoile (1 841 m), 4 h aller et retour, splendide panorama (table d'orientation).
➡ 6 km N., Seythenex ; 5,5 km S.-O., par une belle route en forêt, télésiège du Vargnoz, sur le flanc N. de la montagne de la Sambuy, refuge Favre (1 820 m), vue étendue.

TANARGUE (Le) – 07.
Altitude 1 448 m au Signal de Coucoulude

Puissant massif ancien, surtout granitique, déchiré par les profondes et sauvages vallées du Lignon au N.-E. (col de la Croix* de Bauzon, Jaujac), de la Beaume* au S.-E. (Valgorge) et de la Borne* au S.-O., séparées par des serres tourmentées où, hormis la belle forêt des Chambons, ne vivent que la lande et le pin de montagne parmi le chaos de rochers. Il culmine à 1 548 m mais le meilleur panorama est celui du Signal de Coucoulude (1 h 30 aller et retour à l'E. du col de Meyrand*). Le G.R. 4 en fait une traversée typique (v. les Vans*).

TANINGES – 74.   2 400 hab.
Altitude 640 m

Au pied de la pointe de Marcelly (2 000 m), vieux bourg pittoresque sur le Foron débouchant de jolies gorges dans la vallée du Giffre, beau site d'ensemble. Au S.-E., chartreuse de Mélan (église XIIIᵉ, cloître XVᵉ).
➡ 13 km N., le Praz-de-Lys (1 500 m), beau village d'alpages jouissant d'un vaste panorama (vue maximum du col de la Savolière, à l'E.) ; les randonneurs insensibles au vertige peuvent monter à la pointe de Marcelly, splendide panorama (3 h 30 aller et retour). Sports d'hiver.
➡ 13 km O., Saint-Jeoire et sites de la vallée du Risse.

TARARE – 69.   12 200 hab.

Grand centre textile dans une belle région à la limite des monts du Beaujolais* et de ceux du Lyonnais*, sur la Turdine (v. col du Pin* Bouchain et tour Matagrin*). Au-dessus au N.-O., Notre-Dame-du-Bel-Air (1 h aller et retour), panorama.
➡ 4 km O., barrage de la Turdine et joli site de Joux, entouré de forêts de sapins.

TARENTAISE (La) – 73.

Vallée de l'Isère, de ses sources (Val-d'Isère*) à l'entrée de la Combe de Savoie (Albertville) ; la Haute-Tarentaise est une superbe vallée de haute montagne aux gorges impressionnantes (barrage de Tignes*) ; la Tarentaise, moins sauvage et plus habitée en aval de Bourg-Saint-Maurice*, devient après Moûtiers* un couloir industriel typique ; elle sépare le massif de la Vanoise* du massif de Beaufort* et dessert quelques-unes des plus grandes stations alpines. Possibilités de circuits grandioses par les cols de l'Iseran* et de la Madeleine* qui l'unissent à la Maurienne* au travers du massif de la Vanoise*.

TERNAND – 69.

Ancien bourg fortifié pittoresque, perché au-dessus de l'Azergues ; l'église en partie carolingienne (chœur) surmonte une crypte mérovingienne avec peintures pré-romanes. Des remparts, vues magnifiques.

TERRASSE (La) – 69.
Altitude 660 m

A l'E. du col du Fût d'Avenas, dans un virage de la D. 18, magnifique panorama sur le Jura et les Alpes (table d'orientation).
➡ 2 km O., Avenas ; l'église XIIᵉ possède un admirable autel sculpté avec le Christ en gloire parmi les apôtres.

THINES – 07.

En haut d'une route typiquement cévenole et en cul-de-sac (admirables sentiers au N. et à l'E., permettant un beau circuit d'environ 4 h), ce vieux village entoure une splendide église romane toute simple, en appareil poly-chrome du Velay, au beau portail dominant un grand escalier (voir le chevet et l'intérieur). Exposition d'artisanat (Compagnons du Gerboul).

THIZY – 69.   4 100 hab.
Altitude 504 m

Bourg industriel (textiles) sur le flanc de la montagne de Marnand (de la chapelle de Marnand, E., vue magnifique sur les monts du Lyonnais). Quartier médiéval avec église Saint-Georges XIᵉ et citerne Xᵉ.

Le Vercors : *Grandeur tranquille, sérénité de ce paysage tout près de La Chapelle-en-Vercors.*

THOLLON – 74.
Altitude 992 m

Petite station d'été et d'hiver, site admirable en balcon au-dessus du Léman, au pied du pic de Mémise (1 677 m, télésiège puis 30 mn aller et retour), d'où le panorama est splendide.

THÔNES – 74.   3 700 hab.
Altitude 626 m

Bon centre d'excursions au cœur du massif des Bornes-Aravis, à la rencontre de grandes vallées de moyenne montagne. Eglise XVIIe typique du baroque savoyard.
➡ 3 km N.-O., cimetière national de Morette (combattants des Glières, v. Thorens-les-Glières*), musées de la Résistance et de la Déportation (vis. l'été) ; cascades.
➡ 6 km S.-E., belle vallée de Manigod, par le ravissant village des Clefs ; au N.-E., col de la Croix-Fry, vers la Clusaz*, paysages magnifiques. ➡ Ascensions possibles (la journée) : par Manigod et le fond de la vallée, le Charvin (2 407 m, fin délicate) ; par les Clefs puis au S.-O. Belchamp et le chalet du Rosairy, la Tournette (2 351 m), au-dessus du lac d'Annecy* ; panoramas des plus beaux.

THONON-LES-BAINS – 74.   27 100 hab.
Altitude 426 m

Grande station thermale et climatique, la capitale du Chablais occupe une belle terrasse au-dessus du lac Léman*.
Port pittoresque (accès possible par funiculaire), et belle plage au N.-E. Beaux jardins autour de la place du Château (disparu). Au château de Sonnaz XVIIe, musée du Chablais (vis. tous les jours l'été sauf dimanche et jours fériés). A côté de la basilique néo-gothique Saint-François-de-Sales (œuvres d'art, peintures de Maurice Denis), l'église Saint-Hyppolyte surtout XVIIe (crypte romane) possède une étonnante décoration italienne XVIIe. Remarquable Maison de la Culture par Novarina, également auteur des églises de Vongy (Notre-Dame-du-Léman) et de Publier, au N.-E.
➡ 3 km N.-E., château de Ripaille XVe très remanié XIXe, qui fut chartreuse (vis. tous les jours en saison sauf lundi), et aussi résidence d'Amédée VIII, duc de Savoie et anti-pape. ➡ 7 km S., châteaux des Allinges*.

THORENS-GLIÈRES – 74.   1 400 hab.
Altitude 674 m

Sur la Fillière au pied du massif des Bornes, patrie de saint François de Sales (chapelle à l'E.). Intéressant château de Thorens XVe (souvenirs historiques, tapisseries, peintures ; vis. tous les jours sauf mardi en saison).
➡ 13,5 km S.-E., col (1 440 m) et plateau des Glières, haut lieu de la Résistance en 1944, monument par Gilioli.
● Nombreuses promenades possibles.

Val-d'Isère : *La grande rivière commence petit torrent dans une montagne sauvage, aux pentes célèbres l'hiver.*

THUEYTS – 07.   1 000 hab.
Altitude 462 m
Sur l'Ardèche, qui a recoupé (au S.) une grande coulée basaltique, la Chaussée des Géants, reliée par le pont du Diable ; belvédères, escaliers naturels, etc. (environ 1 h de promenade).
➡ 9 km O., vieux village de Mayres (et Vieux-Mayres encore à l'O.) ; beau pont ancien à l'E. ➡ 3 km E., Neyrac-les-Bains, station thermale et ancien volcan ; 4 km S.-E., sur la route de Jaujac (beau village ancien avec lui aussi son volcan, au S.-E.), coulée basaltique, supportant la route.

THUILE (La) – 73.
Altitude 830 m
Charmante villégiature au bord d'un petit lac. Belles promenades dont celle du Père.
➡ N.-N.-E., du col de Marocaz (958 m) à 3 km, pointe de la Galoppaz (1 680 m) par le col du Lindar, 4 h aller et retour ; vaste panorama.

TIGNES – 73.   1 400 hab.
Altitude 2 100 m
L'énorme barrage (160 m de haut, 295 m de long) sur l'Isère, qui retient le lac du Chevril, long de 3 km, a noyé le vieux Tignes (1953) et son bassin ; le village a été reconstruit aux Boisses-de-Tignes (1 810 m), et les eaux travaillées par les différentes centrales produisent plus d'un milliard de kWh par an.
A 6 km S.-O., le lac naturel de Tignes est le centre de la grande station faite de plusieurs quartiers à l'architecture choquante dans un site grandiose. Nombreuses et importantes remontées, culminant à la Grande Motte (3 656 m), ski d'été, 100 km de pistes, liaisons avec Val-d'Isère*. Grand centre d'excursions en montagne. A l'E. du lac du Chevril, route du Saut (6 km), puis (2 h aller et retour) lac de la Sassière (2 430 m), site admirable au pied de la Tsanteleina (3 605 m) et de la Grande Sassière (3 747 m). G.R. 5.

TOUR-DU-PIN (La) – 38.   6 900 hab.
Altitude 339 m
Ville industrielle sur la Bourbre, chef-lieu du plateau des Terres Froides. A l'église, beau triptyque XVIᵉ d'un élève de Dürer. Maisons Renaissance.
➡ 8,5 km O.-N.-O., butte de Montceau (511 m), chapelle, immense panorama.

TOURNON – 07.   9 500 hab.
Altitude 123 m
Vieille ville pittoresque sur la rive droite du Rhône, en face de Tain-l'Hermitage*, au pied de hautes collines plantées en vigne, avec de beaux quais ombragés et deux ponts suspendus.
Château XVᵉ-XVIᵉ (restes féodaux antérieurs), vues superbes des terrasses et musée rhodanien (vis. tous les jours en saison sauf jeudi) ; Ronsard y séjourna. Mallarmé habita la maison voisine. Eglise Saint-Julien XVᵉ (fresques, triptyque XVIᵉ). Vieilles rues, maisons anciennes. Près du pont amont, le lycée Gabriel-Fauré, fondé en 1536 et en partie rebâti au XVIIIᵉ, est un des plus intéressants établissements scolaires de jadis (tapisseries, belle cour, chapelle XVIIᵉ).
➡ 7 km N.-N.-O., Vion, église en partie romane (chapiteaux). ➡ O., gorges du Doux* ; chemin de fer touristique du Vivarais, ligne Tournon-Lamastre (au moins un trajet aller et retour tous les jours en saison, à vapeur ; autres services éventuellement par autorail), à voie métrique partant de la gare de Tournon, excursion magnifique. ➡ S.-O., route de Plats et Saint-Romain-de-Lerps*, « corniche du Rhône ».

TRENTE-PAS (Défilé de) – 26.
Belles gorges profondes et verdoyantes, entre le col la Sausse, vers Bourdeaux*, et Saint-Ferréol-Trente-Pas, vers Nyons*. A l'O., superbes gorges remontant au col de Valouse, vers Dieulefit*.

TRÉVOUX – 01.   5 100 hab.
L'ancienne capitale de la principauté de Dombes, joliment située au N. de la Saône, est une petite ville presque méridionale ; de la place de la Terrasse, belle vue sur la vallée ; palais du Parlement XVIIᵉ (voir salle d'audience). Vieilles rues avec de beaux hôtels XVIIIᵉ. Vers l'O., l'hôpital XVIIᵉ possède une belle pharmacie (vis. tous les jours). Au N., restes du château Xᵉ-XIIᵉ avec une fameuse tour octogone (très « raccourcie »).

TRIÈVES (Le) – 38.
Petit pays bien individualisé entre le Vercors* (mont Aiguille*) et l'Obiou*, aux campagnes riantes et accidentées, entrecoupées des profondes gorges de ses rivières. Mens*, Tréminis, Clelles et les villages du pied du Vercors, entre autres, sont des villégiatures charmantes. La N. 75 montant au col de la Croix-Haute* le traverse au S.-O. (belles vues), ainsi que la superbe ligne S.N.C.F. Grenoble-Sisteron-Marseille (« l'Alpazur »).

TULLINS – 38.   5 700 hab.
Altitude 201 m
Grand marché des noix « de Grenoble », au cœur d'immenses noyeraies. Vieux bourg pittoresque, église XIᵉ au XVᵉ (clocher roman), ancien hôtel-Dieu et ancienne église Notre-Dame XVIᵉ (musée d'art religieux), vestiges du château féodal, porte XIVᵉ.
➡ 7,5 km N.-O. (D. 73 E, route d'Izeaux), sentier à droite pour Notre-Dame-de-Parménie (748 m, 2 h aller et retour), ancien prieuré restauré, pèlerinage, panorama splendide.
➡ 12,5 km S.-E., Montaud (745 m), sur un pittoresque plateau intermédiaire « dans » la pointe N. du Vercors contournée par l'Isère ; au S., route d'Autrans* par le tunnel du Mortier.

URFÉ (Château d') – 42.
Altitude 936 m
Accessibles à pied (1 h aller et retour) de Champoly au S.-O., imposantes ruines médiévales, les « cornes d'Urfé », d'où la vue est splendide.

URIAGE-LES-BAINS – 38.
Altitude 414 m
Station thermale dans un joli bassin, dominée au N. par le château médiéval d'Uriage. Le très beau circuit de Chamrousse* en part (D. 111).

USSON-EN-FOREZ – 42. 1 600 hab.
Altitude 910 m
Petite station d'été dans de beaux paysages. Eglise XVe. Maisons anciennes.

VALBONNAIS (Le) – 38.
Partie basse de la vallée de la Bonne (la haute étant le Valjouffrey*), chef-lieu Valbonnais (788 m, vieux village, lac, baignade), vallée verdoyante entre des montagnes arides. Au N. d'Entraigues sur la route du col d'Ornon*, 7,5 km N.-E., cascade de Confolens (bref sentier), de 70 m.

VAL-D'ISÈRE – 73. 1 300 hab.
Altitude 1 840 m
Importante station estivale et de sports d'hiver aux portes du Parc de la Vanoise* (comme Tignes* qui lui est reliée), dans un site magnifique sur l'Isère naissante, au pied du col de l'Iseran*. Plus de 100 km de pistes sportives ; téléfériques de Bellevarde (2 826 m), de la Tête du Solaise (2 551 m), aux panoramas étendus, et du Fornet ; ski d'été à l'Iseran. Nombreuses excursions, safaris-photo, etc. G.R. 5.

VALJOUFFREY (Le) – 38.
Partie supérieure du Valbonnais* (vallée de la Bonne), entre le pic d'Olan (3 564 m) qui ferme la vallée à l'E. de façon péremptoire et grandiose (à voir depuis la cascade de la Pisse, 2 h 30 aller et retour du Désert), et Entraigues où arrive la route du col d'Ornon*. La vallée est sauvage mais très boisée avec de petits bassins, dans un cadre de montagnes impressionnant. La Chapelle-en-Valjouffrey en est le joli chef-lieu.

VALDRÔME – 26.
Altitude 937 m
Au centre de l'austère bassin où naît la Drôme, et d'où s'échappent à l'E. et à l'O. les routes très solitaires des cols de Carabès (1 261 m) sur Serres* (région XXI) et de la Rossas (1 121 m) vers la Motte-Chalencon* ; la montagne de l'Aup* le domine (point culminant, le Duffre, 1 757 m). Lavande et artisanat.

VALENCE – 26. 70 300 hab.
Grand marché agricole et industries diverses, en terrasse au-dessus du Rhône (vue magnifique du Champ de Mars sur Crussol* et le Vivarais).
La vieille ville présente de l'intérêt avec des ruelles anciennes bordées de maisons notamment XVIe, et des « côtes » pittoresques. Remarquable cathédrale Saint-Apollinaire romane, fin XIe et XIIe, bien restaurée au XVIIe (beaux porches, chevet). Curieux Pendentif XVIe, tombeau Renaissance. Maison des Têtes, 57, Grande-Rue, curieuse façade sculptée (1532), belle cour ; maison Dupré-Latour XVIe, rue Pérollerie, superbe cour. Clocher XIIe de l'église Saint-Jean-Baptiste. Place des Clercs, marché le matin ; Mandrin y fut roué en 1755. A l'ancien évêché XVIe et XVIIIe, le musée (vis. tous les jours) possède notamment quatre-vingt-seize sanguines et dessins italiens d'Hubert Robert ; intéressantes collections de peintures et lapidaires (mosaïque IIe de Luc-en-Diois), histoire locale. Grands boulevards, beau parc Jouvet, grand pont moderne sur le Rhône.
➜ 9,5 km S.-S.-E., Beaumont-lès-Valence, église XIIe catholique et protestante, beffroi XIVe. ➜ 5 km O., Crussol*.

VALLOIRE – 73.
Altitude 1 430 m
Grande station de sports d'hiver et de tourisme estival, dans un site très montagnard. Vieux village avec église XVIIe typiquement baroque savoyard (mobilier et décoration). Superbes panoramas des principales remontées : lac Thimel et la Sétaz (2 250 m), le Crêt Rond (2 200 m).
➜ S., col du Galibier* par une montée magnifique et très sauvage. ➜ 5 km N., col du Télégraphe (1 570 m), belle vue, en descendant sur Saint-Michel-de-Maurienne*.

VALLON-PONT-D'ARC – 07. 1 900 hab.
Carrefour touristique, au départ des excursions des gorges de l'Ardèche* en canoë, barque ou voiture. Tapisseries d'Aubusson à la mairie (hôtel Louis XIII). Aux Mazes, 3 km O., on peut visiter une magnanerie (en saison). Au S.-O., plage sur l'Ardèche, face aux ruines féodales perchées de Salavas.
➜ 9 km O., rocher de Sampzon (381 m, tour TV), panorama, route délicate. ➜ 5 km S.-E., le Pont-d'Arc, v. Ardèche*.

VALSENESTRE – 38.
Une minuscule station d'été (1 315 m) est au bout de la route qui remonte les gorges sauvages du Béranger dans le Valsenestre, site grandiose et perdu dans le massif des Écrins*. Passage du G.R. 54.

VALSERINE (Vallée de la) – 01.
C'est la vallée la plus « montagnarde » du Jura, avec près de 1 000 m de dénivelé entre les cimes des monts Jura* à l'E. et le fond, impressionnant défilé de Sous-Balme puis étroit bassin de Chézery, suivi de nouvelles gorges resserrées (site du pont des Pierres). En amont, au pied du col de la Faucille*, les charmantes stations (sports d'hiver) de Lélex et de Mijoux occupent le fond de la vallée, beaucoup plus « jurassienne » avec d'admirables paysages forestiers très calmes.

VALS-LES-BAINS – 07. 4 200 hab.
Altitude 248 m
Station thermale renommée, étirée le long de la gorge de la Volane à son confluent avec l'Ardèche ; elle exporte une grande part de ses eaux (vis. libre de l'usine d'embouteillage de la source Saint-Jean). En aval, les Bains et la source Intermittente sont sur la rive gauche, et le casino en face (passerelles). En amont, le vieux quartier. Beaux jardins.
➜ 2 km E., rocher des Combes (480 m), panorama (table d'orientation). ➜ 15 km N.-O. (tout par route) ou 6 km plus 2 h 30 aller et retour, tour TV et chapelle Sainte-Marguerite (985 m), panorama immense. ➜ 9 km N., Antraigues, superbe vieux village, entouré d'anciens volcans, la Coupe d'Aizac, typique (808 m, 1 h 30 aller et retour au S.-O.), par exemple ; 15 km N. par la superbe vallée de la Volane (gorges), Mézilhac*.

VANOISE (Parc national de la) – 73.
Contigu au parc national italien du Grand-Paradis mais créé seulement en 1963, sur 56 000 ha de haute montagne, le premier parc national français voulait protéger l'intégralité de son territoire avec sa flore et sa faune tout en l'ouvrant largement à la visite ; son succès même et les empiétements des grandes stations riveraines compromettent quelque peu l'entreprise.
Nombreux refuges et itinéraires balisés (principales traversées possibles : Peisey-Nancroix – Tignes-Entre-Deux-Eaux – Termignon, Entre-Deux-Eaux – Pralognan – Modane ou Aussois, Champagny – Tignes – Val-d'Isère – Bonneval, Val-d'Isère – Entre-Deux-Eaux, Bonneval – Entre-Deux-Eaux – Aussois – Modane (« balcon de la Maurienne »).
Camping interdit. Activités organisées par le parc dans les principales villégiatures. Riches flore et faune (chamois, bouquetins, marmottes, etc.).

VANS (Les) – 07. 2 400 hab.
Altitude 175 m
Ancien bourg très méridional au pied des Cévennes (typique Serre de Barre, 909 m), important marché régional. Exposition-vente d'artisanat régional (Compagnons du Gerboul).
➜ 5 km E., accès au bois de Païolive*. ➜ Aux environs, belles gorges du Chassézac*. Superbe circuit au N.-O. par les gorges du Chassézac et de la Borne*, la Bastide-Puylaurent* (région XIX), Saint-Laurent-les-Bains, retour par la Corniche du Vivarais cévenol (D. 4) ; on domine Thines* ; avant et après Peyre, toutes les routes qui « éclatent » à partir de cet itinéraire splendide entre les vallées de la Drobie et du Chassézac sont à « déguster » (D. 220, D. 4, D. 207, D. 350, D. 10) ; aux paysages montagnards d'une beauté farouche, succèdent les versants de grès rose dans les pins, parsemés de vieilles maisons de caractère et de belles églises magnifiques.
Le G.R. 4, depuis la région de la Croix* de Bauzon (carrefour du Bez) jusqu'aux Vans, permet en deux jours la traversée du Tanargue* et de cette corniche qui est son contrefort S.

VASSIEUX-EN-VERCORS – 26.
Village martyr des combats de 1944 et entièrement reconstruit. Emouvant Mémorial de Gilioli avec gisant, œuvres d'art à l'église nouvelle, musée de la Résistance et de la Déportation (vis. en saison). Centre d'accueil du Parc Régional et Maison de la Préhistoire. Au N., cimetière national du Vercors. Plateau de pâturages assez désolé.
➜ O., forêt de Lente*. ➜ 9 km O., Font d'Urle, station d'hiver, centre d'escalade et école de spéléologie, site sauvage près des grandes falaises S. du massif et au pied de Serre Montué (1 706 m, superbe panorama très inhabituel).

VERCORS (Le et Parc naturel régional du) – 26-38.
Forteresse naturelle ceinturée d'énormes falaises, massif préalpin forestier et pastoral unique en son genre pour les contrastes de ses gorges et de ses immenses plateaux, paradis de la spéléologie et de l'escalade, traversé d'innombrables sentiers balisés ou non, c'est tout un monde de la nature montagnarde et de la forêt.
Le parc régional (135 000 ha), qui cherche à maintenir l'occupation humaine dans l'intégrité de la nature au travers d'un développement équilibré de l'économie, a organisé des refuges, des foyers de ski de fond et d'importantes activités d'entraide rurale. V. notamment Villard-de-Lans*, Autrans*, la Chapelle-en-Vercors*, forêt de Lente*, Vassieux-en-Vercors*, etc.

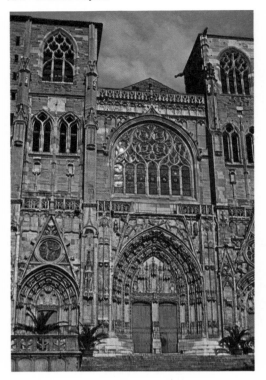

Vienne : La cathédrale Saint-Maurice est un beau morceau d'architecture gothique, au milieu d'une ville très riche en monuments anciens et en restes antiques.

VERNOUX-EN-VIVARAIS – 07.   2 000 hab.
Agréable station d'été sur un petit plateau (lac, baignade).
➡ 3 km S., château de la Tourrette, belles ruines féodales, vue superbe sur les petites gorges de la Dunière que la très belle route D. 231 (E. au départ de Vernoux) descend jusqu'à l'Eyrieux. ➡ 7,5 km N.-E., Boffres, vieux village fréquenté par Vincent d'Indy.

VIENNE – 38.   28 700 hab.
Sur une admirable courbe du Rhône, Vienne offre un puissant intérêt artistique et archéologique.
L'église Saint-Maurice, ancienne primatiale et cathédrale, XIIᵉ au XVᵉ, a une belle façade (portails) ; superbe nef en partie romane et XVᵉ et chœur admirable (chapiteaux, vitraux, tapisseries). Au N., l'église Saint-André-le-Bas IXᵉ (abside) au XIIᵉ surtout (parties XIIIᵉ-XIVᵉ), décoration et chapiteaux saisissants ; splendide petit cloître roman XIIᵉ, musée d'art chrétien (fermé mardi l'hiver). Au S.-O., ancienne église Saint-Pierre, l'une des rares églises gallo-romaines, peut-être IVᵉ, en tout cas VIᵉ au XIIᵉ (clocher), musée lapidaire (fermé mardi l'hiver), mosaïques romaines, sarcophages, statues, amphores. Au centre, musée des Beaux-Arts et d'Archéologie (fermé mardi l'hiver), très riche ; faïences.
La Vienne romaine ; au centre, temple d'Auguste et de Livie, d'av. J.-C., restauré, l'un des plus beaux monuments romains de Gaule ; non loin de là, jardin archéologique de Cybèle avec le portique des thermes ; sur le mont Pipet à l'E. (vue splendide du sommet, restes de citadelle romaine), le théâtre romain (130 m de diamètre) pouvait contenir 15 000 spectateurs ; au jardin public, fragment de voie romaine ; au S., la curieuse Pyramide du cirque (disparu), inachevée.
Sur la rive droite, Saint-Romain-en-Gal et Sainte-Colombe possèdent d'importantes fouilles gallo-romaines (fermé mardi) de villas, entrepôts, etc. (splendides mosaïques, notamment des Dieux Océans).
Au N.-E., ruines du château XIIIᵉ de la Bâtie. Au S.-S.-E., la D. 46 (rampe Coupe-Jarret) procure des vues sur la région puis sur les Alpes. ➡ 14 km E.-N.-E., Septème, curieux château médiéval et XVIᵉ dans une vaste enceinte fortifiée (vis. samedi, dimanche et jours fériés après-midi en saison). ➡ 20 km E., Beauvoir-de-Marc, église en partie romane sur le flanc d'une butte (table d'orientation), vue magnifique.

VIF – 38.   4 400 hab.
Altitude 311 m
Sur la Gresse, au pied des contreforts du Vercors*. Eglise romane restaurée. Au S., courbes superposées de la ligne S.N.C.F. Grenoble-Sisteron.
➡ 12 km S.-O., Prélenfrey, charmante station d'été et

d'hiver sous les rochers du Gerbier (1 974 m) où se tua Lionel Terray ; remontées au col de l'Arzelier au S.

VILLARD-DE-LANS – 38.   4 000 hab.
Altitude 1 023 m
Grande station climatique, estivale et de sports d'hiver, dans un large val de la Montagne de Lans* (N.-E. du Vercors*), centre d'excursions.
➡ 4,5 km S.-E., télécabine de la Cote 2000 (arrivée à 1 720 m) pour la Grande* Moucherolle et d'autres belles promenades sur les crêtes. ➡ 5,5 km S.-S.-O., Corrençon-en-Vercors, à l'orée de l'immense plateau où a lieu la célèbre traversée du Vercors à ski de fond (suivant à peu près le G.R. 91) ; télésiège vers le Pas de la Balme (1 839 m). ➡ E., tour du Roc Cornafion par les G.R. ➡ S.-O., calvaire de Valchevrière (8 km), site impressionnant sur les gorges de la Bourne, chemin de croix rappelant les combats de 1944 ; la route, superbe, donnant (13 km) une vue typique du grand plateau, redescend vers Saint-Martin-en-Vercors. ➡ 8 km N.-N.-E., Lans-en-Vercors, station été-hiver, d'où descendent au N. les magnifiques gorges d'Engins et du Furon et les deux belles routes de Grenoble* par Sassenage* et par Saint-Nizier-du-Moucherotte (v. Moucherotte*) ; au passage, sur celle-ci, gorges du Bruyant (sentier). ➡ O., gorges de la Bourne*, Pont-en-Royans*.

VILLARS-LES-DOMBES – 01.   2 400 hab.
Petite capitale de la Dombes. « Poype », motte féodale. Au S., important et intéressant parc ornithologique de la Dombes (départemental ; vis. tous les jours).
➡ 5 km N.-E., le Plantay, tour médiévale ; 2 km N.-N.-E., abbaye cistercienne de Notre-Dame-des-Dombes. ➡ 4 km N.-O., Bouligneux, parmi les étangs ; château XVIIᵉ.

VILLEFRANCHE-SUR-SAÔNE – 69.   30 700 hab.
Capitale du Beaujolais* ; maisons anciennes et ancien hôtel de ville XVIIᵉ. Eglise Notre-Dame-des-Marais XIIᵉ-XVᵉ très remaniée, façade flamboyante (portes remarquables).
➡ 6 km S., Anse, mosaïque romaine à l'hôtel de ville (château XIᵉ). ➡ 8 km N.-O., Saint-Julien, musée Claude-Bernard, dans la maison du savant (près de sa maison natale) (fermé lundi) ; 3 km N.-O., Salles, restes d'un prieuré clunisien, église en partie romane, salle capitulaire XVᵉ et galerie romane de cloître.

VILLENEUVE-DE-BERG – 07.   1 800 hab.
Altitude 320 m
Ancienne place forte et remarquable vieux bourg perché entre la Claduègne et l'Ibie naissante ; vestiges de remparts et beaux hôtels XVIᵉ-XVIIᵉ ; église cistercienne (mobilier baroque) ; maison et statue d'Olivier de Serres ; panorama superbe sur la haute Ardèche (table d'orientation).
➡ 8 km N., Mirabel, vieux village fortifié, dominé par une fameuse tour (au bord du plateau du Coiron*), seul reste d'une puissante forteresse (accès par route), commandant un vaste panorama. Entre Mirabel et Villeneuve, à l'E., mas du Pradel, ferme-école et petit musée Olivier-de-Serres.

VIRIEU – 38.
Altitude 406 m
Intéressant château féodal XIᵉ-XIVᵉ remanié où Louis XIII passa et Lamartine fit des séjours (vis. après-midi l'été sauf lundi).

VIVIERS – 07.   3 200 hab.
Vieille ville épiscopale sur un rocher dominant le Rhône à l'entrée du défilé de Donzère ; des hôtels XVIIᵉ-XVIIIᵉ et de nombreuses maisons anciennes bordent les pittoresques vieilles rues entourant la cathédrale Saint-Vincent, en haut de la ville, surtout gothique et reconstruite au XVIIᵉ ; tour ancienne séparée, servant de clocher, y attient par porche ; remarquable chœur (voûtes, verrières, mobilier, tapisseries des Gobelins). De la terrasse au N., vue superbe. Au N.-O., rue de la République, belle maison des Chevaliers, Renaissance.
➡ 8 km N., le Teil (8 400 hab.), industries de chaux et ciments (Lafarge, sur la route à mi-chemin) ; au S.-O., Mélas, église romane XIIᵉ avec un curieux baptistère Xᵉ. ➡ 6 km N.-O., sur la route d'Alba*, Saint-Thomé, vieux village pittoresque.

VIZILLE – 38.   7 300 hab.
Altitude 278 m
Ville industrielle sur la Romanche. Célèbre château début XVIIᵉ (fermé mardi), sinistré plusieurs fois, témoin de la réunion des Etats du Dauphiné (1788) qui allait entraîner les Etats Généraux de 1789. Le portail d'honneur s'orne d'une statue équestre du connétable de Lesdiguières par Jacob Richier. Superbes façades. Bel aménagement intérieur. Grand parc dans le cadre des montagnes.
➡ 2 km S.-O., dans la fameuse « côte de Laffrey », Notre-Dame-de-Mésage, remarquable église en partie préromane IXᵉ au XIᵉ. Voir aussi Saint-Georges-de-Commiers (château), Notre-Dame-de-Commiers (XVIᵉ). ➡ E., gorges de la Romanche*, long couloir d'usines dans des sites sombres et sauvages, vers Le Bourg-d'Oisans*, sur le circuit des Grands Cols.

VOGÜÉ – 07.

Vieux bourg groupé au pied de la falaise autour du château remanié XVIIᵉ, berceau d'une illustre famille vivaraise ; pont ancien.
➡ 3,5 km S.-E., Sauveplantade, église romane. ➡ 6 km S.-E., Rochecolombe, village médiéval perché au milieu d'un petit cirque sauvage, ruines féodales et chapelle.

VOIRON – 38.   20 400 hab.
Altitude 290 m

Ville industrielle et commerçante, « porte de la Chartreuse » ; célèbre usine de skis. Eglise Saint-Bruno néogothique XIXᵉ. Eglise Saint-Pierre-de-Sermorens romane, reconstruite (crypte VIIIᵉ). Distillerie et caves de la Grande-Chartreuse (vis. et dégustation tous les jours, sauf samedi, dimanche et jours fériés l'hiver).
➡ N.-E., Notre-Dame-de-Vouise (735 m), vue immense (route par Tolvon puis bref sentier). ➡ 15 km E. par le défilé du Grand Crossey, Saint-Laurent-du-Pont, beau site

Vizille : Le puissant château du connétable de Lesdiguières a vu se réunir en 1788 les Etats du Dauphiné qui, les premiers, réclamèrent les Etats généraux.

Vogüé : Le vaste château bien méridional, plaqué contre la falaise, a fière allure au-dessus du village dans un coude de la vallée de l'Ardèche.

au débouché des gorges du Guiers Mort, route du Désert et de la Grande* Chartreuse. ➡ 12 km N.-O., lac de Paladru*.

VOIRONS (Les) – 74.
Altitude 1 480 m

Petit massif isolé dans l'O. du Chablais, aux vues magnifiques sur Genève, le Léman*, le mont Blanc*. De Boëge ou de Bons-en-Chablais, gagner le col de Saxel (994 m) d'où on monte au S.-O. (D. 50) au Grand Signal (1 480 m, 30 mn aller et retour après la route). De nombreuses routes et des sentiers permettent des promenades dans les forêts magnifiques des versants.

VOREPPE – 38.   8 100 hab.
Altitude 251 m

Belle situation à la sortie de la cluse de Voreppe (voir le Bec de l'Echaillon en face, extrémité N. du Vercors*). 5,5 km N. col de la Placette, beau site au pied de la Sûre (1 920 m).

VOULTE-SUR-RHÔNE (La) – 07.   5 900 hab.

Grand marché de la pêche. Vieille ville pittoresque gardant des restes de remparts et des maisons anciennes ; château XIVᵉ au XVIᵉ (dévasté en 1944), belle cour et vue superbe (vis. : voir S.I.). Beau plan d'eau du Rhône retenu en aval ; remarquer le pont S.N.C.F. en béton précontraint.
➡ 6 km S.-S.-O., le Pouzin, petite ville industrielle reconstruite après 1944, au confluent de l'Ouvèze (gorge en amont) ; remarquable église moderne ; pont gallo-romain.

YENNE – 73.   2 200 hab.

Sur le Rhône à l'entrée du défilé de Pierre-Châtel. Eglise romane XIIᵉ-XIIIᵉ (stalles).
➡ 12 km E., col et tunnel routier du Chat, débouchant à l'E. sur le lac du Bourget*. Près de l'entrée O., Saint-Jean-de-Chevelu, deux petits lacs (baignade) dans un joli paysage.

YVOIRE – 74.

Bourg médiéval fortifié très pittoresque sur le promontoire du Léman* délimitant le Petit et le Grand Lac ; portes fortifiées, château XIVᵉ, chœur XIIIᵉ à l'église ; pont.
➡ 3 km S.-E., Excenevex, sur le golfe de Coudrée, falaise et belle plage ; 3,5 km S.-E., Sciez, belle plage à Bonnatrait, château de Coudrée XIIIᵉ (hôtel) avec superbes buis dans le parc.

YZERON – 69.
Altitude 728 m

Sur l'Yzeron naissant, vieux village dans un site remarquable en balcon sur la crête E. des monts du Lyonnais, vue magnifique vers l'E. (table d'orientation). Une splendide route de crête le relie au S. à Saint-Martin-en-Haut et au Signal de Saint-André*, et au N. aux cols de Malval et de la Luère (714 m), trajet que suit à peu près le G.R. 76 parallèle ; vues magnifiques.

Villefranche : *Le port où subsiste toujours le souvenir de Jean Cocteau.*

Provence Côte-d'Azur

31 436 km² – 3 965 209 habitants

Départements	Superficie en km²	Population
04 Alpes de Hte-Provence	6 944	119 068
05 Hautes-Alpes	5 520	105 070
06 Alpes-Maritimes	4 294	881 198
13 Bouches-du-Rhône	5 112	1 724 199
83 Var	5 999	708 331
84 Vaucluse	3 566	427 343

Une façade maritime célèbre, de grandioses et immenses massifs montagneux, un climat variant du meilleur au plus rugueux, un parler d'oc chantant qui est une véritable langue romane que Mistral a rendue célèbre, terre de l'antiquité, de l'art et du tourisme de masse, voilà un curieux pays plein de couleur et de vie, mais qui souffre de désertification des campagnes, ou plutôt de montagnes bien rudes la plus grande partie de l'année, qui souffre aussi d'être un grand hébergement de vacanciers, de retraités, de plaisanciers au sens large.

Quelques zones d'activités, Fos-Marseille, la Ciotat, la Seyne-Toulon, témoignent d'un réel effort industriel, mais c'est le tourisme qui se taille la part du lion dans l'économie et l'entraîne.

Parfois pittoresque avec le « bon roi René » et les papes d'Avignon par exemple, l'histoire en a été bien troublée ici aussi ; la Provence historique, qui fut terre d'Empire, se complète en effet du Comtat Venaissin que le roi de France avait donné à la papauté, du comté de Nice qui était à la Savoie, et d'une fraction du Dauphiné qui en détient les plus hauts sommets avec la Barre des Ecrins, la Meije et le Pelvoux.

La nature y est superbe et varie de l'exubérance des îles d'Hyères à la sauvagerie dépouillée des reliefs moyens. Quant au charme des cités, il est immense : Aix, Fréjus, Avignon, Antibes, Cagnes, Arles, Saint-Tropez, Carpentras, et que dire des Baux, de Vaison, de Toulon, de Marseille même, si riche !

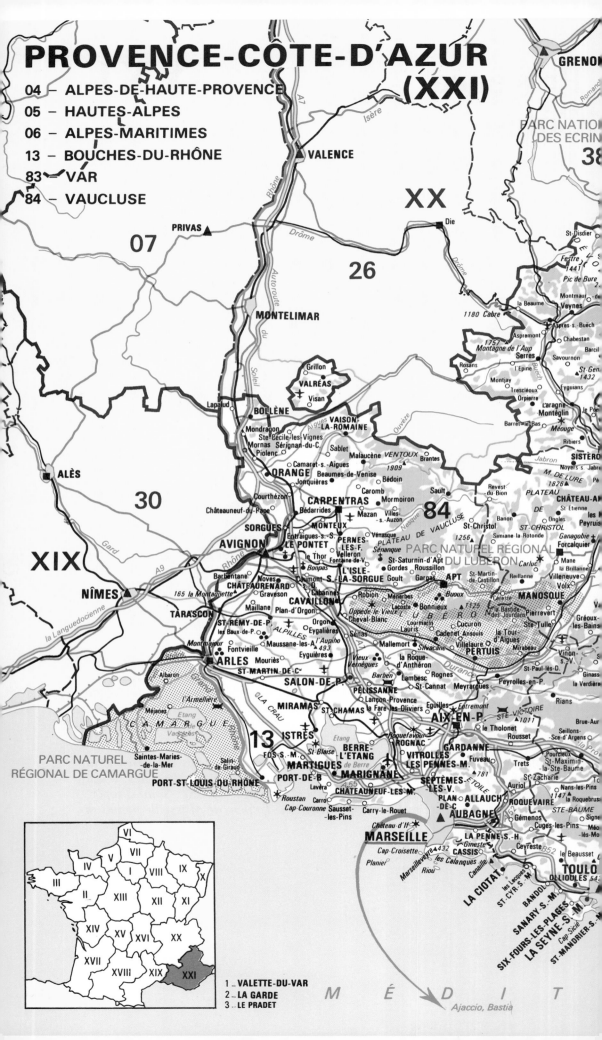

A droite, détail d'une statue au cloître Saint-Sauveur.

En haut à gauche, un Atlante supporte « difficilement » le poids du balcon qu'il soutient... (Pavillon Vendôme).

En bas, le char musical d'une des nombreuses fêtes d'Aix.

Page 489, la tour de l'Horloge, beffroi du XVIᵉ, dominant le bel hôtel de ville classique qui abrite la fameuse bibliothèque Méjanes.

AGAY − **83.**

Station balnéaire protégée par l'Esterel*, au bord d'une admirable baie dominée par le rouge Rastel d'Agay, et centre d'excursions dans l'Esterel.

➡ 5 km E., Anthéor, station au site splendide face aux porphyres rouges du cap Roux.

AGNEL (Col) − **05.**
Altitude 2 744 m

Col international vraiment ouvert récemment entre le Queyras* et la Valle Varaita (au pied du mont Viso), dans des paysages sauvages. Ruines d'un refuge Napoléon. Passage du G.R. 58 entre Saint-Véran* et le haut Guil.

AIGLUN (Clue d') − **06.**

Sur la route sauvage du col de Bleine* à Roquesteron*, le site du pont sur la rivière au sortir de sa fantastique entaille dans la montagne est de ceux qui fascinent. En face, au pied du superbe village, belles cascades de Vegay. Passage du G.R. 4 à proximité, entre Gréolières* et Entrevaux*.

AIGUILLES − **05.**
Altitude 1 450 m

Joli bourg, station été-hiver dans un site ravissant parmi des forêts de mélèzes ; musée du Vieux-Queyras (été). Excursions. G.R. 58.

➡ 5 km E., Abriès, agréable station de montagne fréquentée, village sinistré en 1945 et 1957, église romane ; 16 km S.-E., belvédère du mont Viso* ; d'Abriès, nombreuses excursions.

AILEFROIDE – 05.
Altitude 1 510 m

Centre d'alpinisme principal de la Vallouise, au pied du mont Pelvoux*. La route mène au N.-O. au Pré de Madame Carle (1 874 m), ancien lac comblé, curieuse plaine de cailloux avec quelques mélèzes, d'où on gagne en 2 h le refuge du Glacier Blanc (2 540 m) au N., vue splendide sur le Pelvoux*, au bord du glacier ; plus haut (alpinisme et glace), refuge des Ecrins.

AIX-EN-PROVENCE – 13.   114 000 hab.

Patrie des calissons, l'ancienne capitale de la Provence possède un charme discret mais « redoutable » que le célèbre cours Mirabeau symbolise avec ses magnifiques hôtels XVIIᵉ-XVIIIᵉ, ses magasins, ses platanes et ses fontaines. (Aix est renommée pour ses sources thermales, d'où son nom d'*Aquae Sextiae* sous les Romains.) Festival international de musique en juillet.

Au N., près des boulevards, quartier Saint-Sauveur, avec la cathédrale Saint-Sauveur à nef romane (bas-côté droit), comportant un baptistère paléo-chrétien, et grande nef gothique XIVᵉ abritant le triptyque du *Buisson Ardent,* par Nicolas Froment, grand peintre provençal (vers 1476), de splendides tapisseries, et de nombreuses œuvres d'art dont les vantaux Renaissance du portail flamboyant (belle façade composite comme le monument) ; ravissant cloître roman ; le bel archevêché XVIIᵉ-XVIIIᵉ abrite le musée des Tapisseries (fermé mardi), aux célèbres « Beauvais ». Rue Gaston-de-Saporta au S., beaux hôtels XVIIᵉ-XVIIIᵉ, de Châteaurenard, nº 19 (voir l'escalier), et d'Estienne de Saint-Jean XVIIᵉ notamment, nº 17, avec le musée du Vieil-Aix (fermé lundi) ; la tour (porte) de l'Horloge, au beau campanile, séparait la ville des archevêques de celle des comtes ; bel hôtel de ville XVIIᵉ (cour), célèbre bibliothèque Méjanes, l'une des plus riches de France (expositions temporaires) et fondation Saint-John-Perse, petit musée (voir à l'O. l'insolite place des Cardeurs) ; au S., place Richelme, pittoresque marché le matin, et quartier piétonnier de la rue Méjanes, une aubaine pour flâner ; encore au S., l'admirable petite place d'Albertas XVIIIᵉ en demi-cercle, l'un des lieux favoris du festival de musique, à voir illuminée (l'été) ; l'hôtel Boyer d'Eguilles XVIIᵉ voisin, une merveille, abrite l'important Muséum d'histoire naturelle (fermé dimanche matin et jours fériés) et ses œufs de dinosaures...

A l'O., le pavillon de Vendôme, « folie » XVIIᵉ agrandie au XVIIIᵉ, superbes décoration et mobilier (fermé mardi), beau jardin ; établissement thermal XVIIIᵉ et la Tourreluque XIVᵉ, rescapée des remparts.

A l'E., quartier de la Madeleine (ou des Prêcheurs), avec la belle place des Prêcheurs (grand marché mardi, jeudi et samedi, le matin) et l'église de la Madeleine fin XVIIᵉ, à coupole, possédant de nombreuses et superbes peintures dont le panneau central du *Triptyque de l'Annonciation* XVᵉ (volets au Benelux et au Louvre), un chef-d'œuvre de l'Ecole provençale. Nombreux hôtels aux alentours...

Au S. du cours Mirabeau, toujours à revoir, l'étonnant quartier Mazarin (le frère du cardinal), sur plan régulier milieu XVIIᵉ ; rue Mazarine, superbes hôtels dont l'hôtel de Caumont XVIIIᵉ (Conservatoire Darius-Milhaud) ; musée Paul-Arbaud (fermé mercredi), splendide collection de faïences régionales, arts provençaux, bibliothèque provençale et félibrige ; au S., place et fontaine des Quatre-Dauphins XVIIᵉ ; à l'E. par la rue Cardinale, église Saint-Jean-de-Malte gothique XIIIᵉ-XIVᵉ fortifiée, beau clocher et œuvres d'art ; dans le prieuré de Malte XVIIᵉ voisin, important musée Granet (fermé mardi et jours fériés), archéologie antique et notamment gauloise celto-ligure (oppidum d'Entremont*, au N. d'Aix) et riches collections de peintures XVIIᵉ, françaises XVIIIᵉ-XIXᵉ et provençales, gravures et dessins de Cézanne.

Au N. de la ville, 9, avenue Paul-Cézanne, pavillon-atelier du peintre né et mort à Aix, musée (fermé mardi et jours fériés), jardin et belle vue.

➡ 4 km O., fondation Vasarely (fermé mardi), au Jas de Bouffan, « musée vivant » conçu par l'artiste, expliquant sa recherche (v. Gordes*). ➡ La célèbre « Route Cézanne » fait le tour de la montagne Sainte-Victoire* à travers la partie la plus préservée de la campagne aixoise, par la D. 10, barrage de Bimont, Vauvenargues*, le Puits-de-Rians, Pourrières, Puyloubier et retour à Aix par le pied S. des fantastiques escarpements, le plateau du Cengle lui-même bordé de falaises au S., et le Tholonet* (D. 17), site cézannien par excellence.

ALLAUCH – 13.   11 100 hab.

Banlieue de Marseille autour d'un vieux village au creux du cirque de la chaîne de l'Etoile* et de la Croix de Garlaban. Anciens moulins à vent (vue). Eglise XVIIᵉ (peintures). Musée du Vieil-Allauch (vis. dimanche, et après-midi mercredi et samedi). Par un petit sentier, Notre-Dame-du-Château, au milieu de restes féodaux (vue).

➡ 8 km S.-E., au-dessus de Camoins-les-Bains, la Treille, village où est inhumé Marcel Pagnol.

ALLOS – 04.
Altitude 1 425 m

Station d'été et d'hiver (remontées à 2 km O., le Seignus, et 9 km N.-O., importante station de la Foux-d'Allos, 1 792 m, liaison avec Pra-Loup*), dans un beau cadre montagnard. Au S., belle église romane XIIIᵉ.

➡ 13 km E. puis 30 mn aller et retour, lac d'Allos (2 229 m) de 3 km de tour (sentier) dans un magnifique site entouré de hautes montagnes (au N., mont Pelat, 3 051 m, facile, 4 h 30 aller et retour, panorama remarquable).

ALLOS (Col d') – 04.
Altitude 2 240 m

Un des grands cols des Alpes du Sud. Vue splendide au N. et au N.-E. (table d'orientation), gâchée, ainsi que la descente, côté O. (Verdon), par les innombrables installations de ski de la Foux-d'Allos. Versant N. admirable au-dessus des gorges du Bachelard* et de la Malune, dominées par le Grand Cheval de Bois, le Chapeau de Gendarme, le Pain de Sucre et la Grande Séolane.

ALPILLES (Les) – 13.

Chaîne de montagne miniature, résumé de Préalpes et de Provence au maquis et aux pins odorants, aux vagues figées de calcaire émergeant de la plaine de Crau devenue riche.

Il faut en faire le tour, de près, de loin, les parcourir en détail, toutes les routes sont très pittoresques ; outre Saint-Rémy* et les Baux*, il faut voir les sauvages vallons de l'O. à pied, Orgon*, Eygalières*, monter à l'Aupiho*, à la Caume, aller de Maussane à Eyguières par le Destet et le Mas-de-Montfort, mieux encore : suivre le G. R. 6 en tout ou en partie, entre Eyguières et Tarascon*...

ANCELLE – 05.
Altitude 1 327 m

Avec Saint-Léger-les-Mélèzes au N., station d'été et d'hiver dans l'agréable vallée de l'Ancelle.

➡ 6 km O.-S.-O., col de Manse (1 268 m), « doublant » le col Bayard ; refuge Napoléon.

ANNOT – 04.
Altitude 700 m

Charmant bourg provençal où le pittoresque vieux quartier fortifié domine le cours des Platanes. Les rochers de grès environnants sont célèbres pour leurs formes curieuses qu'on appelle « chaos » ; promenades pittoresques. Magnifique vallée de la Vaïre en amont, vers le col de la Colle Saint-Michel (1 431 m).

Antibes : *L'heure du repos et de la détente, à l'ombre, sur une promenade. « Ça, Monsieur, c'est du sport ! »*

Apt : *Le Colorado provençal (voir cet article), dans les carrières d'ocre, peut être parcouru par un grand circuit pédestre ou de courtes promenades. Ses formes et ses couleurs, déchiquetées et violentes par endroits dans une admirable verdure, assurent le dépaysement.*

ANSOUIS – 84.

Dominant le village sur le flanc de la vallée, la forteresse médiévale est devenue aussi un beau château XVIIe (habité depuis toujours par les comtes de Sabran) ; magnifiques intérieurs (tapisseries, mobilier, cuisine ; vis. après-midi sauf mercredi hors saison). Église romane. Musée extraordinaire (le monde sous-marin, vis. après-midi sauf mardi).

➡ 4,5 km N.-O., Cucuron, au pied de la belle route du Grand Luberon* ; remarquable bourg fortifié autour de son donjon (vue) ; église romane et gothique (mobilier) ; intéressant musée régional (fermé jeudi).

ANTIBES – 06.   56 300 hab.

Antipolis, le port grec antique, est devenu une vieille ville provençale fortifiée (remparts disparus sauf vers la mer) puis une capitale des fleurs dont les châssis couvrent près de 3 km² (roses surtout).
Situation magnifique sur la baie des Anges face à Nice* et aux Alpes. Belle anse Saint-Roch et port de plaisance Vauban entre la ville et le grand Fort-Carré fin XVIe au N. Au milieu du seul rempart subsistant, côté mer (belle promenade Amiral-de-Grasse au-dessus des falaises), église romane et XVIIe, ancienne cathédrale (retable XVIe qui serait de Louis Bréa), et château des Grimaldi, superbe forteresse XVIe avec tour XIVe, abritant un admirable musée Picasso (fermé mardi hors saison), nombreuses œuvres diverses (dont d'importantes céramiques) mêlées à des fragments archéologiques ; pittoresque vieux quartier descendant vers le centre. Sur le rempart au S., le bastion Saint-André, par Vauban, héberge un riche musée archéologique (fermé mardi).

➡ Au S., tour du cap d'Antibes par la plage de la Salis, la pointe Bacon (vue), la belle plage de la Garoupe ; monter au plateau de la Garoupe, panorama (table d'orientation), phare (vis.) et chapelle XIIIe et XVIe (œuvres d'art et fresques modernes), beau jardin exotique Thuret (fermé samedi, dimanche et jours fériés) ; tour du Grillon avec musée Naval et Napoléonien (fermé mardi) ; beau boulevard du Littoral sur le golfe Juan. Voir Golfe-Juan*, Juan-les-Pins*.

APT – 84.   11 600 hab.

Sur le Calavon (ou Coulon), dans le grand verger (cerisiers) de sa vallée, au pays de l'Ocre, des fruits confits et de la faïence, la charmante vieille ville provençale (marché le samedi matin), enserrée dans ses boulevards (restes de remparts), possède une ancienne cathédrale, l'église Sainte-Anne romane et XIVe avec chapelle Sainte-Anne XVIIe (pèlerinage d'Anne d'Autriche), riche trésor et œuvres d'art ; deux cryptes : inférieure pré-romane et supérieure XIIe (autel). Tout près, le musée (hôtel XVIIIe) est riche en préhistoire, antiquités, poteries et faïences.

➡ S.-E., plateau des Claparèdes, plein de charme, de bories et d'horizons lointains sur le flanc N. du Luberon*, beaux villages : Castellet, Auribeau, Sivergues, Saignon (église romane ; ancienne abbaye de Saint-Eusèbe, à l'E.).
➡ 8 km O., pont Julien, pont romain sur le Coulon, bien conservé. ➡ 11,5 km N.E., le Colorado* provençal.

ARCS (Les) – 83.   3 400 hab.

Vieux bourg, restes de fortifications, ruines d'un château ; à l'église, beau retable XVIe attribué à Louis Bréa. Région viticole.
➡ 4 km E., chapelle Sainte-Roseline XIe-XIIe, ancienne abbatiale au superbe mobilier XVIIe, stalles et retables ; vitraux de Bazaine et Ubac, œuvres de Giacometti ; pèlerinages. ➡ 2,5 km N.-E., la Motte, premier village libéré en Provence (en 1944), par les parachutistes américains ; Saut du Capelan (35 m) sur la Nartuby ; 10 km N.-E., sur la D. 25, beau site des gorges et cascade de Pennafort.

ARGENTIÈRE-LA-BESSÉE (L') – 05.   2 500 hab.
Altitude 976 m

Centre industriel d'aluminium au confluent de la Gyronde et de la Durance, et anciennes mines. 2 km S.-O., belle chapelle Saint-Jean XIIe, restes du château féodal, et au-dessus le vieux village avec église XVe (peinture murale de 1516).
➡ O., sauvage vallée du Fournel. ➡ 4 km N.-E., N. 94, belvédère du Pelvoux (table d'orientation), vue splendide par la vallée de la Vallouise*.

ARLES – 13.   50 400 hab.

Le poète Ausone l'appelait « la petite Rome des Gaules » ; les Alyscamps, Saint-Trophime, Mireille et Van Gogh ont pris le relais pour sa renommée ; c'est aussi la porte de la Camargue, de la Crau, des Alpilles, de la Provence.
Sur la belle place centrale de la République, obélisque antique, au N., hôtel de ville fin XVIIe (plans de Mansart) au beffroi XVIe, à l'O., musée lapidaire païen (vis. des principaux musées et monuments tous les jours, billet général ou entrées séparées) très riche, mosaïques, sarcophages, statues, dans l'église Sainte-Anne gothique méridional XVIIe, à l'E., célèbre église Saint-Trophime, ancienne cathédrale roman provençal et XVe, au prodi-

gieux portail roman XIIe nourri de l'antique, très bel intérieur haut, long et étroit, avec de remarquables peintures, sculptures et tapisseries ; par l'archevêché voisin, accès au cloître, l'un des plus beaux cloîtres romans pour les galeries XIIe N. (musée lapidaire et trésor) et E., superbes piliers d'angles aux sculptures en reliefs, galeries S. et O. gothiques, vue superbe sur l'église et son clocher. Non loin de l'O., musée lapidaire chrétien, dans l'ancienne chapelle des Jésuites, riche collection de sarcophages IVe, et cryptoportiques romains qui supportaient les boutiques du forum ; à côté, le Museon arlaten ou musée provençal créé par Mistral dans le superbe hôtel de Laval-Castellane XVIe (fermé lundi l'hiver), art, folklore, Félibrige.
Au N., musée Réattu, dans l'ancien grand prieuré de Malte, peintures XVIe au XVIIIe, important fonds contemporain, exceptionnels dessins de Picasso (donation du peintre), section d'art photographique.
A côté, restes des thermes de Constantin, dits de la Trouille, IVe. De la place de la République, à l'E. par la rue du Cloître, le grand théâtre antique (de plus de 100 m de diamètre), très ruiné, orchestre remarquable avec deux belles colonnes entières, nombreux et magnifiques restes lapidaires (on y avait trouvé la Vénus d'Arles) ; à côté au N.-E., les arènes sans doute fin Ier s., de 136 m sur 107, à deux étages, qui devinrent forteresse médiévale (elles gardent trois tours) puis habitations (détruites au XIXe), ce qui les sauva. A l'E., église romane Notre-Dame-la-Major, remaniée, et les remparts romains, Ier siècle, au-dessus des boulevards, repris au Moyen Age ; au S., églises en partie romanes Saint-Blaise et Saint-Jean-du-Moustier (voir l'abside).
Au S., l'avenue des Alyscamps mène à l'entrée de la seule allée subsistant de la célèbre nécropole antique et médiévale ; sous les arbres, elle est bordée de tombeaux et des chapelles Saint-Accurse XVIe gothique et Renaissance, et des Porcelets fin XVe, et enfin par l'église Saint-Honorat XIIe au magnifique clocher roman à deux étages de baies en plein cintre.
Sur la rive droite, Saint-Pierre-de-Trinquetaille, moderne, a de beaux vitraux de Manessier ; fouilles romaines plus au N.-E. 2 km S., pont « Van Gogh », sur le canal de Marseille au Rhône, pont semblable à celui qu'il a peint. Marché le samedi matin (boulevard des Lices).
➡ N.-E., Montmajour* et les Baux*. ➡ Au S.-O., la Camargue*. ➡ A l'O., Saint-Gilles*, et Nîmes au N.-O.

Arles : *Le vaste théâtre antique n'est plus guère qu'un splendide espace vert, jonché de nobles pierres et dominé par le clocher de Saint-Trophime.*

Arles : *La grande ville antique et médiévale a tout pour séduire, proche en outre des Alpilles et de la Camargue. Les arènes romaines, très vastes et toujours appréciées, furent fortifiées et habitées.*

La fanfare, une institution... (ci-dessous).

ARMELLIÈRE (Château de l') – 13.
Au bord du Grand Rhône, bel édifice XVIIᵉ très militaire (superbes fenêtres), au cœur d'immenses vignes.

Les Alyscamps, *restes défigurés de l'admirable nécropole que veillait l'église Saint-Honorat.*

ASCROS – 06.
Altitude 1 145 m
Village niché dans un col de la longue crête dominant le Var au N. et l'Esteron au S., vue admirable des deux côtés ; du col de Saint-Raphaël au mont Vial*, route panoramique splendide suivant cette crête (versant Esteron).

ASPRES-SUR-BUËCH – 05.
Altitude 762 m
Grand carrefour entouré de montagnes arides ou couvertes d'une sorte de garrigue. Portail roman à l'église. Au S.-E., ruines romaines de Serre-la-Croix.
➡ 17 km O., col de Cabre* (région XX) sur la belle route de Die*.

ASSE (Vallée de l') – 04.
Née de plusieurs branches dans la sauvage région de Senez* où elle franchit de belles clues (Chabrières*), elle forme ensuite un large sillon entre les grands plateaux de Valensole.

AUPIHO (L') – 13.
Altitude 493 m
Point culminant des Alpilles, d'où la vue est admirable. Le sentier (1 h 45 aller et retour) part de la D. 25 à 4,5 km N.-O. d'Eyguières, charmant bourg ancien ; voir au passage les ruines du Castellas de Roquemartine et le château-ferme XVIIᵉ.

AUPS – 83.   1 500 hab.
Altitude 505 m
Agréable villégiature sur un plateau intermédiaire au pied des grands Plans de Provence ; sur une belle esplanade à platanes, église XVᵉ gothique médiéval, peintures et boiseries ; remarquable vieux bourg fortifié, maisons anciennes. Belle région sauvage.
➡ N., superbe route du lac de Sainte-Croix*, de Moustiers-Sainte-Marie* et des gorges du Verdon*. ➡ S.-E., Villecroze* et Tourtour.

AURON – 06.
Altitude 1 608 m
Grande station de sports d'hiver (téléférique de Las Donnas, 2 256 m ; sommet à 2 474 m, table d'orientation, panorama immense ; télébenne, nombreux téléskis), sur un haut plateau pastoral. A la chapelle Saint-Erige XIIᵉ, fresques XVᵉ.

AUTHION (L') – 06.
Altitude 2 082 m
Au N.-E. du col de Turini*, petit massif fortifié et parcouru de routes jadis stratégiques qui constituent un circuit panoramique de toute beauté d'un fort à l'autre, culminant à la pointe des Trois Communes (2 082 m, vue sur les Alpes, la mer, par temps exceptionnel la Corse) et se refermant aux monuments aux Morts de 1793 et 1945 (9 km, plus 8 km aller et retour du col). G.R. 52 (au N., les Merveilles*).

AVIGNON – 84.

Son et Lumière (Palais des Papes). 93 000 hab.

La vieille cité, qui doit sa fortune au séjour des papes, est l'une des grandes villes d'art du Midi et de France ; débordant de ses anciens remparts XIVᵉ, elle s'étale sur la rive gauche du Rhône, au S. de la grande île de la Barthelasse, dans le confluent de la Durance. Célèbre festival d'Art dramatique en juillet-août.

Le grandiose et austère palais des Papes qui, fuyant l'instabilité romaine, s'étaient installés dans leur récente terre du Comtat voisin, comprend le Palais Vieux du cistercien Benoît XII (1334-1342) au N. et, au S., le luxueux Palais Neuf de Clément VI (1342-1352), séparés par la cour d'honneur, lieu principal du festival. Le Palais Vieux comporte la salle du Consistoire (tapisseries des Gobelins XVIIIᵉ) et la chapelle Saint-Jean (fresques de Matteo Giovanetti) au rez-de-chaussée ; au 1ᵉʳ étage, le Grand Tinel ou salle des Festins, longue de 48 m, a reçu les belles fresques de Simone Martini (provenant de la cathédrale) ; la chapelle Saint-Martial, superposée à Saint-Jean dans la tour, a de belles fresques également de Giovanetti ; tour des Cuisines, vue sur le jardin de Benoît XII ; superbes appartements du Pape, décorés de fresques ravissantes, scènes de chasse et de nature, chambre du Cerf, tour de la Garde-Robe ; passant dans le Palais Neuf, curieuse chapelle Clémentine (de Clément VI) de 15 m de large et 19 m de haut, au-dessus (superbe Grand Escalier) de la salle de la Grande Audience,

Ci-dessus, le palais des Papes et les anciens hôtels qui l'avoisinent forment un ensemble magnifique, symbole de toute la vieille ville.

« Sur le pont d'Avignon, on y danse, on y danse, sur le pont d'Avignon, on y danse tous en rond »... C'est d'ailleurs sous le pont Saint-Bénézet, fort élégant, que l'on dansait jadis, au pied du rocher des Doms (ci-dessous).

également longue de 52 m, en deux nefs ; il reste à imaginer la somptuosité et l'animation du palais à l'époque...

Sur la place du Palais, en face, superbe hôtel des Monnaies XVIIᵉ (façade sculptée) ; au N. du Palais Vieux, la cathédrale Notre-Dame-des-Doms, superbe édifice roman provençal remanié, avec de belles œuvres d'art (sculptures, peintures, tombeau XIVᵉ de Jean XXII), jouxte le beau jardin du rocher des Doms, à pic sur le Rhône au N. et la ville à l'E., magnifique panorama (table d'orientation) : Villeneuve-lès-Avignon (région XIX) en face, le Ventoux*, le Luberon*, les Alpilles*..., au pied, le fameux pont d'Avignon (Saint-Bénézet), avec sa double chapelle Saint-Nicolas romane et gothique ; au bout de la place à l'O., le Petit Palais, ancien archevêché XIVᵉ-XVᵉ (fermé mardi), est un splendide musée de peinture et de sculpture du Moyen Age et de la Renaissance (collections Calvet et Campana, très grandes peintures italiennes notamment, et Ecole d'Avignon).

Au N.-O., quartier de la Balance, en partie rénové ou restauré, jolie place Campana ; à l'O., vieux hôtels XVIIe rue Petite-Fusterie notamment ; église Saint-Agricol XIVe-XVe, nombreuses œuvres d'art dont le retable Renaissance des Doni ; place de l'Horloge, animée, avec ses terrasses ombragées ; hôtel de ville et sa tour de l'Horloge XIVe ; superbe palais du Roure fin XVe ; préfecture XVIIIe ; beaux hôtels classiques rue Joseph-Vernet, parmi lesquels l'important musée Calvet (hôtel de Villeneuve-Martignan XVIIIe) aux riches collections de peintures XVIe au XXe, et de préhistoire, antiquités, ferronnerie (fermé mardi).
De la rue Peyrollerie, sous le Palais Neuf, le quartier Saint-Pierre ; musée Théodore Aubanel (vis. le matin, sauf samedi, dimanche et jours fériés), dans un hôtel XIVe remanié, imprimerie et félibrige ; église Saint-Pierre gothique méridional, vantaux Renaissance, boiseries XVIIe, peintures, Mise au tombeau XVe, superbe clocher ; hôtel de Rascas XVe à colombages ; rue Devéria, nº 5, maison Salviati XVIIe ; église Saint-Didier XIVe gothique méridional, l'une des plus belles du genre en Provence, avec l'admirable retable de Notre-Dame-du-Spasme (de douleur) par Francesco Laurana, Renaissance fin XVe, et de belles fresques XIVe ; au S., le musée lapidaire dans la chapelle des Jésuites XVIIe (fermé mardi), magnifique façade baroque, collections d'archéologie antique régionale. De Saint-Didier, à l'E., rue du Roi-René, superbes hôtels ; nº 7, de Crillon XVIIe, nº 8, de Fortia de Montréal, nº 11, du Roi René (couvent d'Ursulines) ; rue de la Masse, à la suite ; au S., école des Beaux-Arts à l'Aumône générale XVIe, cour splendide. Par la rue des Lices au N.-E., cloître des Cordeliers à droite et pittoresque rue des Teinturiers bordant la Sorgue et ses vieilles roues de moulins sous les platanes ; chapelle des Pénitents Gris XVIe (peintures). Des Cordeliers, au N., église des Carmes (Saint-Symphorien) XVIIe, façade XVe (peintures) et cloître XIVe. Revenant à l'O. vers le Palais, hôtels classiques remarquables du quartier de la Banasterie, rue Banasterie, nº 13, hôtel de Châteaublanc XVIIe, rue de la Croix, rue du Four, nº 5, hôtel Galléans fin XVIIe ; chapelle des Pénitents Noirs, baroque XVIIIe, façade et décoration intérieure.
Remparts remarquables (front S. restauré par Viollet-le-Duc).
➡ En complément indispensable, visite de Villeneuve-lès-Avignon* (région XIX), en face sur la rive droite, vues splendides sur Avignon et important ensemble de monuments, musées, palais de cardinaux (« livrées »), etc.

BACHELARD (Gorges du) – 04.
Itinéraire grandiose et très sauvage, versant N. du col de la Cayolle*, route très étroite, belle forêt vers le bas.

Avignon : *Les richesses de la ville sont immenses et s'étaient encore accrues, récemment, d'une admirable collection de Picasso, au palais des Papes, que décorent de nombreuses tapisseries et fresques, de Simone Martini, Matteo Giovanetti...*

BANDOL – 83. 6 900 hab.
Station balnéaire bien située sur une baie abritée entourée de hauteurs boisées ; belles plages et grand port de plaisance. Vins réputés. Tout près, île de Bendor (liaisons fréquentes en 7 mn), centre touristique privé, musée de la Mer, musée du Vin, école de voile, jardin zoologique, plage...
➡ 2 km N.-E., beau jardin exotique et zoologique de Sanary-Bandol (vis. tous les jours).

BANON – 04.
Altitude 792 m
Vieux village perché pittoresque dans des restes de remparts, dans une campagne dominée par la montagne de Lure*, pays d'élection de Giono (né et mort à Manosque*), contrée austère et sauvage, d'une grande beauté.

BARBEN (Château de la) – 13.
Superbe château féodal habité, transformé aux XVIe-XVIIe (fermé mardi), plafonds à la française, mobilier classique et Empire, jardin de Le Nôtre, vues sur la campagne provençale typique ; beau parc en pinède ; vivarium, oisellerie et parc zoologique (vis. tous les jours), petit train.

BARBENTANE – 13. 2 900 hab.
Centre agricole près du confluent de la Durance et du Rhône au pied de la Montagnette*, vieux bourg fortifié pittoresque, maisons anciennes dont la maison des Chevaliers XVe et superbe château XVIIe très classique en pierre ocre (fermé mercredi sauf l'été ; ouv. dimanche et jours fériés l'hiver), beaux ameublement et décoration XVIIIe, jardins en terrasses ; au S., tour Anglica, donjon de 40 m.
➡ 7 km S.-O., Boulbon, village jadis fortifié, imposantes ruines féodales au pied de la Montagnette ; au cimetière, belle chapelle romane Saint-Marcellin, objet de la procession vigneronne des « bouteilles » le 1er juin. En face à l'O., cheminée de la centrale E.D.F. d'Aramon, de 230 m (rive droite du Rhône).

BARCELONNETTE – 04. 3 200 hab.
Altitude 1 132 m
Dans un large bassin pastoral cerné de montagnes herbeuses ou pierreuses frôlant les 3 000 m, l'ancienne bastide du comte de Provence et de Barcelonnette a gardé son plan régulier ; grand centre touristique, la vieille ville est très animée. Place Manuel, fontaine, et tour Cardinalis, clocher XVe. Musée Chabrand d'histoire naturelle (tous les oiseaux d'Europe). Musée municipal archéologique. Le quartier E. est composé des belles propriétés des « Mexicains » ou « Barcelonnettes », habitants émigrés au Mexique et qui ont fait fortune dans la mercerie et les tissus (d'autres existent dans la vallée de l'Ubaye, notamment à Jausiers). Nombreuses excursions pédestres en montagne ; G.R. 6 et 56 (Tour de l'Ubaye* par étapes).
➡ 5 km S.-E., le Sauze, station de sports d'hiver ; 5,5 km S., Super-Sauze (1 700 m), dans un beau cirque. ➡ S., cols d'Allos* et de la Cayolle*, vers les vallées du Verdon et du Var, superbes itinéraires montagnards. ➡ 8,5 km S.-O., Pra-Loup*. ➡ 8 km N.-E., village de Jausiers (église XIVe avec une belle porte en bois).

BARGEMON – 83.
Altitude 465 m
Vieux village provençal remarquable au flanc des Plans de Provence, importants restes de fortifications, portes et tours, vieilles maisons, église XIVe, fontaines.
➡ N., la D. 25 escalade le col du Bel-Homme (951 m), belle vue (à l'O., un petit sommet à 30 mn aller et retour porte une table d'orientation à 1 032 m, panorama étendu).
➡ 6 km S., Callas, autre vieux village intéressant.

BARJOLS – 83. 2 100 hab.
Vieux bourg perché pittoresque aux fameuses fontaines, voir celle de la place de la mairie, ombragée par de gros platanes ; anciens remparts, église gothique XVIe intéressante. Fabrique de tambourins (unique en France). Beaux « vallons » environnants, notamment le Vallon Sourn, en aval (E.-S.-E.), où l'Argens coule dans de superbes gorges.
➡ 14 km S.-O. par le beau vallon de Taillade, source d'Argens.

BARLES – 04.
Altitude 980 m
« Perdu » dans la vallée du Bès entre Digne* et Seyne*, village dans un étroit bassin séparant les superbes clues de Barles, sauvages et profondes, au S., de la clue de Verdaches en amont, à l'E., égayée par des bois de pins.

BARRE DES ÉCRINS – 05.
Altitude 4 102 m
Sommet principal du massif des Ecrins* (v. région XX) bien caché au cœur du massif, longue course difficile de glace et rochers (guide indispensable).

BAUDINARD-SUR-VERDON – 83.
Altitude 650 m
Village dans une région très pittoresque près des basses gorges du Verdon et du grand lac de barrage de Sainte-

Les Baux-de-Provence : *Le grand plateau rocheux, d'où le félibre Charloun Rieu contemple la plaine et la mer, porte les ruines d'une partie de l'ancienne ville des puissants seigneurs et de leur château.*

Croix* (4,5 km N.). Abbaye de Valmogne XIIᵉ. Passage du G.R. 99 longeant le Verdon à distance.
➡ 30 mn aller et retour au N.-E., chapelle Notre-Dame-de-Baudinard (709 m), vue splendide sur le lac et les Alpes.

BAUX-DE-PROVENCE (Les) – 13.
Altitude 280 m
Un grand rocher, qui s'échappe des Alpilles* vers la Crau* et la mer, porte la célèbre ville médiévale en partie détruite dominée par un fantastique château en ruines.
Le village possède encore de beaux hôtels Renaissance, de Manville (hôtel de ville, musée d'art moderne, vis. en saison), des Porcelets (musée archéologique) sur la jolie place Saint-Vincent (vue) où se trouvent la chapelle des Pénitents Blancs XVIIᵉ (décoration par Brayer) et l'église Saint-Vincent romane et XVIIᵉ où a lieu le fameux Noël des bergers (fête du pastrage) ; musée lapidaire au manoir de la Tour de Brau XIVᵉ. Le grand rocher porte au S. le monument Charloun Rieu, superbe panorama, et au S.-O. de grandes dalles recueillant les eaux pour une citerne ; nombreuses ruines sur le plan du château au N. dominé par l'énorme donjon XIIIᵉ d'où la vue sur le site est superbe ; bas-relief romain dit des Trimaié (Trois-Maries). Sous les Baux à l'O., beau jardin public entourant le gracieux pavillon de la Reine Jeanne, Renaissance ; au N., promenade à la grotte des Fées et au superbe Val d'Enfer ; extraordinaire spectacle de la « Cathédrale d'Images » (vis. tous les jours) dans les carrières dont certaines sont en activité ; habitations troglodytiques. Superbe G.R. 6 de part et d'autre du site, entre Tarascon* et Saint-Rémy-de-Provence*.
➡ 2,5 km N., près du col de Sarragan, table d'orientation et panorama saisissant vers les Baux et sur les Alpilles.
➡ E., silhouette fantastique des Baux vus en approchant de l'E. ➡ S.-O., Fontvieille*, Montmajour*.

BAYARD (Col) – 05.
Altitude 1 246 m
Sur la Route Napoléon, Gap-Grenoble, célèbre frontière climatique entre les bassins du Drac (Isère) et de la Durance. Tables d'orientation à 2 km au S., là où le large seuil bascule sur Gap*, et à 4 km N. vers le Champsaur* et l'énorme massif des Ecrins.

BAYONS – 04.
Altitude 870 m
Au cœur d'une région des Préalpes très désertée mais splendide (vallées du Sasse, du Grand Vallon, etc.), à découvrir. Belle église romane et gothique.

BEAULIEU-SUR-MER – 06.   4 300 hab.
Station ancienne très recherchée pour son climat des plus doux l'hiver (la Petite-Afrique) ; petit port dans la baie des Fourmis ; sur la pointe des Fourmis, villa Kerylos (vis. après-midi sauf lundi et novembre), restitution savante de l'antiquité grecque ; grand port de plaisance.

BEAUMES-DE-VENISE – 84.   1 600 hab.
Au pied des Dentelles de Montmirail, sur lesquelles on a une belle vue des ruines du château ; portes de ville. Excellent vin muscat. Baignade.
➡ 1,5 km O., belle chapelle romane Notre-Dame d'Aubane au magnifique clocher (vue étendue et site enchanteur). ➡ 8,5 km E., Caromb, bourg jadis fortifié avec portes, beffroi, remarquable église XIVᵉ (œuvres d'art) ; 5 km N.-N.-O., le Barroux, intéressant château XVIᵉ restauré offrant une très belle vue.

BEAUSSET (Le) – 83.   4 800 hab.
1 h aller et retour au S., le Vieux-Beausset, chapelle romane, beau panorama.
➡ 8 km N., fameux circuit automobile du Castellet, ouvert à tous (piste spéciale) toute l'année, sur le versant S. de la Sainte-Baume*.

BÉDOIN – 84.   1 600 hab.
Altitude 325 m
Agréable village au pied S. du Ventoux*, où se produisent les côtes-du-ventoux et des cultures délicates ; église « jésuite », peintures attribuées à Mignard. A l'E., la route du Ventoux, fréquemment choisie à la montée malgré la pente.

BERRE (Etang de) – 13.
Magnifique petite mer intérieure de 155 km², profond au maximum de 9 m seulement et très dessalé depuis que l'E.D.F. y restitue une grande part des eaux de la Durance (v. Miramas*) malgré sa liaison avec la mer par le canal de Caronte entre Martigues* et Port-de-Bouc* ; entouré de paysages industriels énormes et de splendides reliefs calcaires, c'est un ensemble très insolite dont le tour s'impose pour les impressions contradictoires qu'il procure et la variété de ses sites naturels et archéologiques.

BERRE-L'ÉTANG – 13.   12 100 hab.
Important centre de pétrochimie autour de la grande raffinerie Shell, en face de l'aéroport et de la base aéronavale de Marignane*.
Dans le bourg, chapelle XVIIᵉ Notre-Dame-de-Caderot, boiseries XVIᵉ.

BESSE-SUR-ISSOLE – 83.
Vieux bourg, fontaine ancienne, tour de l'Horloge ; petit lac (baignade).

BEUIL – 06.
Altitude 1 450 m
Ancien fief des Grimaldi, vieux village perché devenu une agréable station d'été et d'hiver sur le Cians* en dessous du mont Mounier ; église XVIIᵉ et chapelle des Pénitents-Blancs.
➡ E., route extraordinaire de Saint-Sauveur-de-Tinée par le col de la Couillole (1 678 m) et Roubion, étonnant village perché fortifié ; passer par Roure, village perché (voir l'église). ➡ N., mont Mounier (7 h aller et retour), admirable panorama.

BÉZAUDUN-LES-ALPES - 06.
Altitude 800 m
Site superbe du village et des routes des environs, face à la haute montagne du Mercantour ; à Bouyon, 5 km N.-E., routes splendides au N. vers Roquesteron* et au S. vers le Broc, Carros* et les corniches dominant le Var.

BIOT - 06.   2 700 hab.
Beau village perché, aux poteries réputées ; verrerie, céramique, vannerie, etc., et importantes cultures florales. A l'église, deux retables de l'Ecole niçoise XVe dont un de Bréa. A 2 km S.-E., Saint-Pierre ; au N., mas Saint-André, musée Fernand-Léger (fermé mardi) : immense façade polychrome (400 m²) en mosaïque de céramiques ; les œuvres présentées permettent une vision globale de l'œuvre de l'artiste, sculptures, peintures, dessins, tapisseries, etc.
➡ 4 km S.-E., à la Brague, Marineland, curieux zoo marin (vis. tous les jours).

BLEINE (Col de) - 06.
Altitude 1 439 m
Passage-clé entre les parties N. et S. des Préalpes de Grasse, site magnifique d'où le val de Thorenc* paraît sec en comparaison du paysage presque alpin que l'on découvre au N. Route difficile mais splendide pour Roquesteron* au N.-E.

BOLLÈNE - 84.   11 500 hab.
Au bord du Lez, vieille ville provençale assez typique et agréable ; ancienne collégiale Saint-Martin romane et XVIe ; au S.-O., belvédère Pasteur, belle vue générale sur la ville, les ouvrages de Donzère-Mondragon, la plaine de Pierrelatte ; à la chapelle des Trois-Croix, musée (fermé mardi), peinture, sculpture ; maison Cardinale XIe.
➡ 3 km N. puis N.-O., barrage de Donzère-Mondragon et usine André-Blondel, l'une des plus puissantes de France et d'Europe ; 3 km N.-E., Barry, village troglodytique dans des falaises, belles vues.

BONETTE (Col et cime de la) - 04-06.
(Col 2 715 m, route 2 802 m, cime 2 862 m)
Entre l'Ubaye et la Tinée, l'une des plus hautes routes d'Europe, à travers des paysages désolés mais grandioses, dont la topographie est complexe ; nombreuses anciennes routes stratégiques. De la cime (bref sentier facile, table d'orientation), panorama extraordinaire (Dévoluy, Thabor, Viso, Argentera, etc.).

BONNIEUX - 84.   1 400 hab.
Vieux village perché du Luberon*, dans des restes de remparts avec une vue magnifique de son ancienne église.

Briançon : *La collégiale Notre-Dame, due à Vauban, s'appuie aux remparts du même Vauban. De la citadelle (encore lui), la vue est splendide sur les montagnes.*

romane et XVe ; à l'église XIXe, beaux tableaux XVIe sur bois.

BONPAS (Chartreuse de) - 84.
Bel ensemble XVIIe au bord de la Durance ; on ne visite que les jardins à la française (vue splendide de la terrasse) et la chapelle romane.

BONSON - 06.
Altitude 480 m
Etonnant nid d'aigle dominant le Var et la sortie des gorges de la Vésubie, sur la route panoramique montant du Var vers le mont Vial*. Voir l'église.
➡ 6 km S.-O., Gilette (459 m), village perché au-dessus de l'Esteron, ruines féodales.

BORÉON (Le) - 06.
Altitude 1 500 m
Sur le Boréon, petit lac (E.D.F.), refuge, hôtel, centre d'excursions et de montagne réputé à 8 km de Saint-Martin-Vésubie*, au cœur du Mercantour* ; cascade du Boréon au-dessous ; passage du G.R. 52 ; vallon de la Cougourde à l'E. ; au N.-O., route (et G.R.) pour le col de Salèse (2 031 m), site magnifique, excursions faciles.

BORMES-LES-MIMOSAS - 83.   3 100 hab.
Altitude 120 m
Ravissant vieux bourg perché très fleuri et ombragé, au pied du beau massif forestier du Dom. Panorama.
➡ 8 km S., Cabasson, qui célèbre le cap et le fort (îlot) de Brégançon. ➡ 10 km S., le cap Bénat, partagé entre l'Armée et des propriétés, n'est guère approchable que par bateau, du Lavandou* (belle excursion). ➡ N., splendide route vers Collobrières*. ➡ E. par le col de Caguo-Ven au N., belle route de crête pour le col du Canadel* par la Pierre d'Avenon, vaste chaos rocheux à gauche de la route, panorama.

BOSCODON (Forêt et abbaye de) - 05.
La sauvage vallée du Boscodon, couronnée d'impressionnants ravinements (cirque du Bragousse), abrite une splendide forêt où abondent les belvédères lointains ou insolites (beaux sentiers complétant les routes forestières) ; elle domine l'abbaye cistercienne de Boscodon XIIe (fouilles et restauration), belle église romane (vis.).

BRANTES - 84.
Altitude 546 m
Site splendide au-dessus de la vallée du Toulourenc, devant l'immense face N. du mont Ventoux* ; artisanat.

BRAUS (Col de) - 06.
Altitude 1 002 m
Entre Nice et Sospel, route de montagne au parcours superbe, vues immenses sur le versant de la Bévera (E.) et étonnant escalier de lacets au S.-O.

BREIL-SUR-ROYA - 06.   2 200 hab.
Altitude 286 m
Bourg agréable, petit chef-lieu de la vallée ; église XVIIIe (retable XVIe). En aval, la Roya passe en Italie où elle se jette dans la mer à Vintimille (la route la plus rapide pour Menton). La ligne S.N.C.F. qui vient de Nice par Sospel fonctionne de nouveau vers Tende et Coni (superbe ; nombreux ouvrages d'art et tunnels hélicoïdaux).

BRIANÇON - 05.   11 500 hab.
Altitude 1 321 m
« La plus haute ville d'Europe », dans un large site montagnard, est dominée par la vieille ville fortifiée par Vauban, la Ville-Haute aux toits de tôle ; ses remparts intacts culminent à la citadelle (chemin de ronde, belvédère, table d'orientation ; vis. int. l'été, voir S.I.) et à la statue *la France* par Bourdelle.
Les Grande et Petite Gargouilles sont les principales rues pittoresques et animées dévalant entre les portes Pignerol au N. et d'Embrun au S.-O. Collégiale Notre-Dame début XVIIIe par Vauban (œuvres d'art), incluse dans le rempart ; table d'orientation. Maisons Renaissance et XVIIe-XVIIIe. Au S.-E., fameux pont d'Asfeld (piétons) XVIIIe, sur la Durance. L'avenue de la République, bien raide, descend à la ville basse, Sainte-Catherine, très animée. Parc municipal de la Schappe, autour de la Durance (cascades). Quartier et lycée climatiques.
➡ N.-E., vallée de Névache* et Montgenèvre*. ➡ S.-E., col d'Izoard* et le Queyras*, par Cervières. ➡ N.-O., Serre-Chevalier*-Chantemerle et le col du Lautaret*.

BRIGNOLES - 83.   10 500 hab.
Sur le Carami, grand centre viticole, production de marbre et de bauxite.
Dominant la ville nouvelle, le pittoresque vieux bourg escalade la colline de ses ruelles contournées. Eglise Saint-Sauveur gothique (portail roman) et belle maison romane. Dans le vieux palais XIIIe des comtes de Provence (en haut du bourg, près de restes de remparts), musée du Pays brignolais, possédant notamment le magnifique sarcophage de la Gayole IIIe, la plus vieille pierre chrétienne de Gaule.

➡ 2,5 km S.-O., La Celle, église romane début XIIIe, ancienne abbatiale bénédictine (l'abbaye défraya la chronique), Christ XVe très réaliste. ➡ 13,5 km S.-O. par la D. 5, sentier (route interdite) pour la montagne de la Loube (830 m), 2 h 15 aller et retour, extraordinaire paysage dolomitique et splendide panorama du relais TV.

BRIGUE (La) – 06.
Altitude 765 m
Charmant vieux bourg montagnard en pierre verte, rattaché à la France en 1947. Eglise romane à clocher lombard, nombreuses œuvres d'art (retable de Louis Bréa). ➡ 4 km E., Notre-Dame-des-Fontaines (clé à la Brigue), site superbe, fresques magnifiques surtout XVe (Balaison et Canavesio). Belles excursions en montagne, par exemple le mont Saccarel (2 200 m), 6 h aller et retour au départ de Bens. ➡ 6 km N.-O., Tende*.

BROUIS (Col de) – 06.
Altitude 879 m
Entre Sospel* et la vallée de la Roya*, route à nombreux lacets et belles vues étendues sur les montagnes autour de la Brigue*.

BUËCH (Vallée du) – 05.
Né dans les Aiguilles de Lus* (région XX), ce sauvage torrent provençal draine le Bochaine, pays de transition entre Vercors, Dévoluy et Baronnies, doté au N. de la belle forêt de Durbon, qui abrita une chartreuse, et au N.-O. de la sauvage vallée de l'Aiguebelle (voir les villages de Montbrand, Creyers et la Haute-Beaume). En aval, vers Aspres* et Serres*, la Provence l'emporte définitivement.

BUOUX (Fort de) – 84.
10 km au S. d'Apt* puis 30 mn aller et retour ; vieille forteresse surtout XIIIe et XVIe aux aménagements très curieux, gardant le meilleur passage du Luberon* dans les superbes gorges de l'Aigue-Brun (vis. tous les jours). ➡ 2,5 km O., près de la très belle route Apt-Lourmarin, magnifique clocher du prieuré de Saint-Symphorien (en ruines).

BURE (Pic de) – 05.
Altitude 2 709 m
Le sommet S. du Dévoluy*, énorme falaise calcaire sur le versant S., grand plateau incliné vers l'intérieur du massif, panorama immense, se gravit facilement en 6 h 30 aller et retour de Superdévoluy ou du col du Festre*.

CAGNES-SUR-MER – 06.   32 000 hab.
Agglomération importante parmi des cultures délicates parsemant encore ses belles collines, elle monte du Cros-de-Cagnes (ancien port de pêcheurs, plage et station balnéaire au béton abondant – comme partout), par la ville moderne, au magnifique vieux bourg fortifié du Haut-de-Cagnes dominé par le château XIVe-XVIIe des Grimaldi (cour Renaissance à galeries, remarquable plafond de Carlone, panorama de la tour) abritant les musées de

Le Briançonnais : *Montagne humaine et pastorale où vivent encore de nombreux troupeaux, cette région est néanmoins souvent grandiose et sévère. Vallouise, Névache ou vallée de la Guisane hébergent de nombreux alpinistes et amoureux de la nature.*

l'Olivier et de l'Art moderne méditerranéen, et de grandes expositions (fermé mardi et jours fériés). Beaux remparts et vieilles maisons restaurées.
A l'E., domaine des Colettes et maison-musée Auguste-Renoir (fermé mardi et jours fériés et le matin), son atelier et son jardin.
Au S.-O., près du vaste hippodrome de la Côte d'Azur, aux Bouches-du-Loup, Villeneuve-Loubet-Plage et son ensemble futuriste (?) de Marina-Baie des Anges.
➡ Circuit de la Corniche du Var, au N. (26 km) par la Gaude, retour par Saint-Laurent-du-Var, belles vues.
➡ 4 km S.-O., Villeneuve-Loubet (6 100 hab.), château XIIe restauré ; à la maison natale du célèbre cuisinier Auguste Escoffier, musée de l'Art culinaire (fermé lundi et jours fériés, le matin et novembre).

CALANQUES (Les) – 13.
Splendides golfes rocheux et falaises calcaires entre Marseille* et Cassis*, dont certains points célèbres sont facilement accessibles par des chemins « individuels » (Sormiou, Morgiou, Sugiton, depuis Mazargues, les Baumettes et Luminy ; En-Vau, Port-Pin et Port-Miou, chemin commun depuis Cassis*), des sentiers difficiles par endroits joignant l'ensemble des sites (documentation précise indispensable).
Les principales calanques (citées ci-dessus) font l'objet d'excursions organisées en bateau, très recommandées, seul moyen de voir dans l'ensemble cette côte étonnante.

CAMARAT (Cap) – 83.
Phare puissant au terme d'une petite route superbe dans les vignes, les pins et le maquis. Vue splendide. Un sentier descend vers le cap et, tournant à droite, passe par les plages de l'Escalet et de la Briande avant de contourner le cap Lardier et de rejoindre Gigaro et Sylvabelle près de la Croix-Valmer, promenade magnifique d'environ 4 h (se rens.).

CAMARGUE (Parc naturel régional de) – 13.
Un milieu unique en France, formé par le delta du Rhône et en grande part reconquis par l'homme pour l'agriculture (riz et vigne notamment).
La Camargue des étangs et marais couvre tout le S. du delta et regroupe les manades, élevages de chevaux et de taureaux dont s'occupent les gardians, et les zones sauvages dont la flore et la faune très spécifiques (la Sansouire) sont fascinantes mais difficiles à observer ; c'est hors saison que les conditions climatiques et d'éclairage sont les meilleures.

La Camargue : *Image rituelle de ce microcosme que les chevaux « sauvages » la parcourant « librement ». Mais, « si la photo est bonne » (comme dit la chanson), pourquoi pas ?*

Ci-dessous : Les grands mas camarguais au bord des étangs pratiquent maintenant la grande culture du riz et de la vigne.

Page 499, haut, Cannes : *D'importants bâtiments mouillent fréquemment devant la Croisette et le Suquet.*

Les Calanques : *Port-Pin, une des calanques de Cassis, est une belle crique appréciée par les alpinistes à l'entraînement et les amateurs de sports sous-marins.*

En bas, Cassis : *Ravissant petit port chanté par Mistral et croqué par les « fauves ».*

Le parc régional couvre 85 000 ha sur les seules communes d'Arles* et des Saintes-Maries-de-la-Mer*, dont les 15 000 ha de la réserve biologique intégrale de l'étang de Vaccarès* (accès interdit), et la Petite Camargue difficilement accessible à l'O. du Petit Rhône. Il faut voir le musée Camarguais, au mas du Pont de Rousty (11 km S.-O. d'Arles), siège du Parc, essentiel pour tirer parti d'une visite en Camargue (fermé mardi l'hiver), et que complète un sentier explicatif typique. La « digue à la mer » est maintenant interdite aux voitures mais il faut contourner l'étang du Vaccarès du mas de Fiélouse aux Saintes-Maries par Méjanes* et le mas de Cacharel ; c'est à l'O., autour du Petit Rhône et des Saintes-Maries, qu'il subsiste le plus de mas et de cabanes de gardians ; on y trouve aussi, à 4,5 km des Saintes-Maries, le parc ornithologique du Pont de Gau (vis. tous les jours) et le centre d'accueil de Ginès (tous renseignements) ; à 2 km S., musée de cire du Boumian.

CANADEL (Col du) – 83.
Altitude 267 m
Entre la vallée de la Môle* et Rayol*, parcours splendide parmi pins et bruyères ; du col, vue immense sur la côte des Maures*. Route de crête vers Bormes*.

CANAILLE (Cap) – 13.
Entre Cassis* et la Ciotat*, par le pas de la Colle (monter au mont de la Saoupe, 340 m, relais TV, panorama), la Corniche des Crêtes permet d'atteindre le bord de l'énorme falaise du cap Canaille (362 m), qui culmine plus loin à 399 m, vue extraordinaire sur Cassis et les Calanques* ; il faut aussi faire le détour du Sémaphore (328 m) pour compléter la vue vers la Ciotat ; de là, un sentier gagne la Ciotat par le bord des falaises.

CANNES – 06.   71 100 hab.
Haut lieu mondain et touristique dans une situation magnifique sur le golfe de la Napoule, face aux îles de Lérins* et au massif de l'Esterel*, la Croisette, plage et boulevard, reste le symbole du luxe, des congrès, des fêtes et festivals.
Le joli port de pêche aux yachts somptueux est dominé par le vieux quartier du Suquet : tour médiévale de 22 m (panorama), restes de remparts et du château (musée de la Castre, archéologie, et ethnographie du monde entier ; fermé lundi et jours fériés et novembre), église XVIe-XVIIe gothique (belles œuvres d'art). Au fond du port, grand marché aux fleurs le matin.
➡ Au N.-E., Super-Cannes, tour-observatoire (avec ascenseur), vaste panorama (325 m) ; on peut redescendre au N. sur Vallauris (v. Golfe-Juan*). ➡ Du port, passage en bateau aux îles de Lérins* (Son et Lumière certains soirs d'été, se rens.).

CAP-MARTIN – 06.
Villégiature aristocratique de Menton, superbe route à l'E. et merveilleux sentier de bord de mer à l'O.

CAP ROUX (Grand Pic du) – 83.
Altitude 452 m
De la pointe de l'Observatoire, près du Cap Roux, monte une route dans le massif ; à 2,5 km environ part à droite un sentier pour ce sommet (2 h aller et retour) de grandioses rochers rouge sombre ; splendide panorama (table d'orientation).

CARCÈS (Lac de) – 83.
Lac de barrage (eau potable pour Toulon et la côte) sur le Carami grossi de l'Issole à son extrémité S., sites charmants.
➡ 5 km S., Cabasse, superbe retable XVIe à l'église, nombreux mégalithes et grottes préhistoriques. ➡ 5,5 km S.-O., Vins-sur-Carami, belles ruines féodales. ➡ 7 km N., Carcès, vieux village pittoresque sur l'Argens ; 6 km O., Montfort-sur-Argens, vieux village et château des Templiers ; à l'O., gorges du Vallon Sourn. ➡ 6 km E., abbaye du Thoronet*.

CARLUC (Prieuré de) – 04.
A 3 km N.-E. de Céreste (pont romain), restes remarquables d'un très curieux prieuré roman, abside de l'église et galerie-nécropole sans doute pré-romane, beaux chapiteaux.

CARPENTRAS – 84.   25 500 hab.
L'ancienne (2e) capitale du Comtat Venaissin, entourée d'une admirable campagne, est un grand marché agricole avec de beaux boulevards (porte d'Orange au N., subsistant des remparts).
Au centre, ancienne cathédrale Saint-Siffrein XVe-XVIe gothique méridional, remarquable portail S. flamboyant (porte Juive) avec la pittoresque « boule aux rats » ; bel intérieur avec de nombreuses œuvres d'art (tableaux, sculptures, importante décoration XVIIe-XVIIIe), vitraux, trésor. A côté, le palais de justice, ancien évêché XVIIe, a une belle façade imitée du palais Farnèse à Rome, superbes intérieurs XVIIe (vis.) ; derrière, intéressant arc de triomphe romain et restes de la cathédrale romane (coupole). Non loin à l'E., la synagogue XVIIIe (fondée au XIVe, la plus ancienne de France existant ; fermé samedi), remarquable décoration du sanctuaire, four à pains azymes, piscine purificatrice. Hôtel de ville XVIIe sur la rue des Halles, à arcades (beffroi). Plusieurs musées (fermés mercredi, ticket commun) ; musée des Beaux-Arts, Comtadin et peinture (et riche bibliothèque Inguimbertine) dans un hôtel XVIIIe ; musée Sobirats, ameublement et décoration XVIIIe ; musée lapidaire, à la chapelle de la Visitation XVIIe. Au S., bel hôtel-Dieu XVIIIe (fermé samedi, dimanche et jours fériés), superbe pharmacie (rares armoires), remarquable chapelle. Berlingots ; marché le vendredi.
➡ 8 km N.-O., Sarrians (4 000 hab.), église intéressante en partie romane ; 2 km O., château de Tourreau, « folie » XVIIIe, beau parc (vis. tous les jours l'été). ➡ 4,5 km S.-O., Monteux (6 600 hab.), gros bourg agricole, importants restes de fortifications.

CARQUEIRANNE – 83.   5 200 hab.
Station balnéaire parmi de belles collines boisées. Grandes cultures de fleurs. Plages du Pradou et des Salettes. Ecole de voile, petit port. Falaises du cap de Carqueiranne à l'O. (promenades pédestres).

CARROS – 06.   7 300 hab.
Altitude 385 m
Dominant la vallée du Var, village perché autour de son gros château médiéval remanié ; vues splendides ainsi que des routes environnantes (le Broc) ; importante zone industrielle en bas le long du Var, à Carros-le-Neuf.

CARRY-LE-ROUET – 13.   4 500 hab.
Principale station balnéaire de la Côte Bleue, grand port de plaisance et vastes lotissements, haute tour dominant le port. Tombe de Fernandel au cimetière.
➡ 4 km O., Sausset-les-Pins, station balnéaire dans la pinède.

CASSIS – 13.   5 800 hab.
Station balnéaire et pittoresque port de pêche au fond d'une jolie baie dominée par les grandioses falaises du cap Canaille* au S.-E. Agréable vieille ville sur plan régulier au fond du port ; à la mairie, petit musée archéologique et local.
➡ Les Calanques* « de Cassis » (Port-Miou, Port-Pin, En-Vau) sont facilement accessibles à pied, 3 h aller et retour, et en bateau (1 h aller et retour ; 2 h pour celles « de Marseille », l'été) ; En-Vau est un site admirable mais la presqu'île de Port-Miou, bien qu'abîmée par des carrières, est devenue un grand parc agréable.

CASTELLANE – 04.   1 300 hab.
Altitude 724 m
Plaisante petite ville provençale et grand centre touristique où se rencontrent la Route Napoléon et celle des Gorges du Verdon* tout proches au S.-O. ; son fameux Roc calcaire à pic de 180 m (chapelle à 1 h aller et retour ; panorama) est son image de marque ; agréable place Marcel-Sauvaire, bordant le vieux quartier où l'église Saint-Victor romane XIIe est à voir ; vestiges des remparts au-dessus. Des ponts, belles vues.
➡ 7 km N. puis E., lac et barrage de Castillon* (belvédère explicatif) ; retour possible au S.-E. par Demandolx et le barrage de Chaudanne (circuit de 25 km).

CASTILLON (Lac de barrage de) – 04.
Superbe plan d'eau de 10 km de long créé sur le Verdon par un barrage-voûte de 95 m de haut et 170 m de long (la route l'emprunte) ; belvédère explicatif et vues superbes sur l'ouvrage et le lac, bordé d'installations touristiques, villages de vacances, écoles de voile, etc. Route splendide au N. vers Saint-André-les-Alpes (agréable villégiature dans un large bassin) par Saint-Julien-du-Verdon et le pont Saint-Julien, beaux sites.

CAUME (Mont) – 83.
Altitude 801 m
Entre Toulon* et Evenos* par le col du Corps du Garde (D. 62) d'où part la route des forts du mont ; un peu en retrait des sites toulonnais, vue splendide. De la D. 62 au S.-E., route (dimanche et jours fériés seulement) du Bau de 4 Heures, difficile.

CAUSSOLS (Plateau de) – 06.
Comme son nom l'indique, causse sauvage, percé de gouffres, traversé par le G.R. 4 de Grasse* à Gréolières*. La route D. 12 de Gourdon à la D. 5 permet de beaux circuits au N. par Gréolières et les gorges du Loup* ou au S. par Grasse.

CAVAILLON – 84.   21 500 hab.
Le melon est le plus célèbre des fruits et légumes qui transitent dans son énorme et tonitruant M.I.N. (marché d'intérêt national).
Dans l'ancien hôpital et sa chapelle, musée archéologique. La synagogue, typiquement comtadine XVIIIe (belle décoration Louis XV), abrite un musée judéo-comtadin rappelant les Quatre saintes communautés juives du Comtat (fermé mardi). Ancienne cathédrale Saint-Véran XIIe-XIIIe roman provençal agrandie (abside et cloître XIIe), décoration XVIIe (et XIXe...). Intéressant petit arc de triomphe romain à jolie décoration ; de là, monter à la chapelle Saint-Jacques romane remaniée, sur un ancien oppidum, lieu provençal charmant au panorama superbe (Alpilles*, Luberon*).
➡ 4 km S.-E., début de l'extraordinaire montée de la route du Petit Luberon, face aux Alpilles.

CAVALAIRE-SUR-MER – 83.   2 700 hab.
Sur la magnifique baie de Cavalaire limitée à l'E. par le cap Lardier, importante station balnéaire, au pied des Pradels (528 m, au N.-O. ; 2 km puis 2 h aller et retour, ou route par le col du Canadel*) ; port de plaisance et grande plage.

CAVALIÈRE – 83.
Superbe plage de la Corniche des Maures* entre la pointe de Layet et le cap Nègre.
➡ 2,5 km E., belle plage de Pramousquier.

CAYOLLE (Col de la) – 04-06.
Altitude 2 327 m
Un des plus beaux cols des Alpes, entre Barcelonnette* et la haute vallée du Var ; la fin de la montée de chaque côté est magnifique ; panorama. Ascension (facile) du mont Pelat (3 051 m), à l'O., par le col de la Petite-Cayolle, 7 h aller et retour. Bon sentier pour le lac d'Allos*.

CEILLAC – 05.
Altitude 1 643 m
Petite station été-hiver très montagnarde à l'issue des splendides vallons du Cristillan et du Mélézet ; G.R. 5, cascade de la Pisse et lac Sainte-Anne (2 409 m, 4 h 30 aller et retour), au pied de la Font-Sancte (3 387 m), pic magnifique. G.R. 58, Tour du Queyras. Belle route d'accès.

CÉÜSE (Montagne de) – 05.
Altitude 2 016 m
Montagne calcaire presque circulaire, grande coupe intérieure entourée de falaises (G.R. 94 au pied à l'E.) ; à Céüse (1 520 m), station de ski. Ascension du pic de Céüse (2 016 m) en 2 h 30 aller et retour, splendide panorama.

CHABRIÈRES (Clue de) – 04.
Clue typique percée par l'Asse dans un puissant chaînon des Préalpes entre Digne* et Senez*.

CHAMPSAUR (Le) – 05.
La haute vallée du Drac se partage en Haut-Champsaur, région montagneuse aride, partie S. du massif des Ecrins*, et Bas-Champsaur, riche zone cultivée dans un large bassin entre ce massif et le Dévoluy*, autour de Saint-Bonnet*. Orcières* occupe la vallée du Drac Noir ; celle du Drac Blanc (ou Drac de Champoléon) pénètre plus profondément dans le massif des Ecrins ; belles excursions dans le S. du massif (lacs de Crupillouse, G.R. 54).

CHASTEUIL (Clue de) – 04.
En amont de Pont-de-Soleils, le Verdon*, avant son gigantesque canyon, creuse déjà de superbes gorges : la Porte de Saint-Jean, aux immenses parois des Cadières de Brandis (1 626 m) et la belle clue de Chasteuil aux rochers obliques, séparées par un agréable bassin que domine le vieux Chasteuil.

Château-Queyras : Le Fort Queyras garde un des grands chemins alpestres vers l'Italie, et groupe autour de lui le village, excellent centre d'excursions dans ce massif très particulier aux immenses pâturages, au ciel bleu et aux traditions vivaces.

CHÂTEAU-ARNOUX – 04.   6 200 hab.
Altitude 440 m   (avec Saint-Auban)
Bon centre d'excursions, au bord du lac de barrage de l'Escale sur la Durance (école de voile, sports nautiques) ; château XVIe.
➡ 3 km S.-O. par N. 96 et à droite, chapelle Saint-Jean (666 m), superbe panorama ; à Saint-Auban* (industries), centre important de vol à voile. ➡ 3 km N., rive gauche, Volonne, vieux bourg dans un beau site ; au N., église Saint-Martin XIe.

CHÂTEAUDOUBLE (Gorges de) – 83.
Sur la route de Draguignan* aux gorges du Verdon* et à Castellane*, très belles gorges boisées très encaissées ; superbe site du village de Châteaudouble ; beau petit circuit possible par Ampus, à l'O.

CHÂTEAU-GOMBERT – 13.
Joli village ancien au pied de la chaîne de l'Etoile*. Excellent petit musée d'Art provençal (vis. après-midi samedi, dimanche et lundi). A l'église, intéressantes peintures XVIIIe.

CHÂTEAUNEUF-DU-PAPE – 84.   2 100 hab.
Un grand vin, des vignes plantées à l'origine par les papes ; leur fameux château XIVe laisse peu de ruines d'où la vue est splendide, panorama de la Provence comtadine, ruines des châteaux de l'Hers et de Roquemaure de part et d'autre du Rhône. Belles collines viticoles au N.
➡ 10,5 km N.-O., Caderousse, vieux bourg dans une digue, île jadis en cas de crue du Rhône ; église romane.

CHÂTEAU-QUEYRAS – 05.
Altitude 1 384 m
Le village en deux parties est dominé par le Fort Queyras sur son rocher, datant du XIIIe (donjon) et refait par Vauban.
➡ 11 km S.-S.-E., Sommet Bucher (2 257 m, table d'orientation), superbe panorama. ➡ 8 km S.-E. (D. 5), après une belle colonne coiffée, église XVIe intéressante de Molines-en-Queyras (superbes maisons), sur la route (5 km plus loin) de Saint-Véran*. ➡ 5,5 km O., Arvieux, beau village, centre de ski, intéressante église XVIe, sur la route du col d'Izoard*.

CHÂTEAURENARD – 13.   11 000 hab.
Un des grands marchés de Provence ; sur la belle colline avec ses pins, ruines de château XIVe, deux grandes tours (table d'orientation), vaste panorama et musée.
➡ 4,5 km E., Noves (3 600 hab.), vieux bourg fortifié, intéressante église romane XIIe.

CHEIRON (Montagne du) – 06.
Altitude 1 777 m
Sommet principal des Préalpes de Grasse, grande crête pelée (traversée par le G.R. 4) entre les profondes gorges de l'Esteron* et du Loup*, panorama grandiose et sauvage du sommet, station de sports d'hiver de Gréolières-les-Neiges (1 450 m), atteinte par une belle route en cul-de-sac montant de Thorenc* ou de Gréolières* par des paysages inattendus.

CHORGES – 05.   1 200 hab.
Altitude 854 m
Dans la grande vallée glaciaire du Gapençais, ancienne capitale des Caturiges ; à l'église XVe, pierre romane dite de Néron et mobilier. Sur le magnifique circuit du lac de Serre-Ponçon*.
➡ 10 km E.-N.-E., petit lac de Saint-Apollinaire dans un beau site en balcon au-dessus du grand lac ; au N.-E., sauvage vallée du Réallon.

CIANS (Gorges du) – 06.
Ce petit affluent du Var descendant par Beuil* du massif du mont Mounier creuse dans les schistes rouges des gorges réputées pour leur étroitesse et leurs contrastes avec les eaux glauques et l'abondante verdure ; en aval de Pra-d'Astier, c'est au contraire un superbe défilé calcaire aux parois élevées.

CIOTAT (La) – 13.   32 700 hab.
D'une part station balnéaire et port de plaisance, d'autre part vieux et pittoresque port de pêche provençal et grands chantiers de constructions navales, la ville est dominée au S. par le fameux Cap de l'Aigle (155 m) dont le profil n'est visible que de l'île Verte (brève excursion en bateau, en saison). Au S.-O., promenade au Mugel et à l'anse de Figuerolles, dominée par la chapelle Notre-Dame-de-la-Garde (vue générale), vers le cap Canaille*.
➡ N.-N.-E., Ceyreste et belle route vers le col de l'Ange, au pied de la Sainte-Baume*.

COLLOBRIÈRES – 83.   1 100 hab.
Vieux bourg charmant au cœur des Maures*, le long du Réal Collobrier, église et maisons anciennes ; spécialités de fruits glacés, miel, etc., et exploitation des chênes-lièges. Nombreuses promenades balisées (voir S.I.).
➡ 9 km S., col de Babaou (415 m), panorama, sur la belle route de Bormes*. ➡ 16,5 km N. par les Maurets et le col de Fourche (ou 3 h 30 aller et retour par le vallon des Vaudrèches), Notre-Dame-des-Anges* (771 m). ➡ 12 km E., chartreuse de la Verne* et superbe route vers Grimaud*.

COLMARS – 04.
Altitude 1 235 m
Etonnante vieille ville entièrement fortifiée, encadrée de plus par le fort de Savoie au N. et le fort de France au S., dans un site grandiose de hautes montagnes aux flancs très boisés ; jolies ruelles intérieures avec des fontaines.
➡ E., route du col des Champs (2 095 m) vers Saint-Martin-d'Entraunes*, sur le Var. ➡ Au N. et au S., belle haute vallée du Verdon (col d'Allos* au N.).

COLORADO PROVENÇAL (Le) – 84.

A 11,5 km au N.-E. d'Apt* sur la D. 22, le G.R. 6 partant à droite dans les carrières d'ocre parcourt des paysages aux couleurs et aux formes inhabituelles dans les falaises ravinées parsemées de bois de pins ; le chemin de crête au S. se double au N. d'un ravissant vallon, le « Coulou-brier » ; on peut aussi partir du vieux village de Gignac, un peu plus à l'E.
➡ 10 km S.-E., Viens, ancien village fortifié, beau site et maisons remarquables.

COMPS-SUR-ARTUBY – 83.
Altitude 898 m

Village pittoresque des Plans de Provence, proche des gorges de l'Artuby, et dominé par un rocher portant le vieux village perché en ruines et son église gothique XIIIᵉ remarquable, vues splendides sur les environs et les gorges.
➡ S., route de Draguignan, longeant un moment les gorges et traversant ensuite le camp militaire de Canjuers, qui occupe une grande partie des Plans, immenses causses sauvages pauvrement boisés. ➡ N., route très sauvage de Castellane* par le Bourguet (avant ce village, celui de Brenon à droite est dans un site étonnant ; du Plan d'Anelle, au S.-E., on peut gagner Bargème en 2 h par les ruines féodales du Castellas). ➡ 9 km E.-N.-E. par la D. 21 puis à gauche, Bargème (1 094 m), superbe village perché fortifié ; des ruines du château, vue immense ; au N., belle randonnée possible au Castellas, v. ci-dessus ; au S., belle route de Bargemon*.

CORNICHES DE LA RIVIÉRA (Les) – 06.

De Nice* à Menton*, trois routes. La Corniche du littoral est hélas bien souvent bordée de maisons et dessert toutes les stations : Villefranche*, Beaulieu*, Cap-d'Ail, Mo-naco*, Roquebrune*. La Moyenne Corniche se déroule à flanc de montagne et passe derrière Eze* (vues). La Grande Corniche est réellement une route de montagne aux vues aériennes, parfois en crête (col d'Eze, descente sur Nice). Il s'y ajoute maintenant l'autoroute A 8 au parcours monta-gneux intérieur magnifique de Nice* à la Turbie* et dominant à son tour le littoral à l'E. Mais les parcours les plus étonnants sont ceux des petites routes qui joignent ces grands itinéraires très fréquentés, tels que la D. 46 du col d'Eze à Eze et la D. 45 remontant à la Turbie. Nombreux belvédères.

CORNICHE DES CRÊTES – 04.

Au départ de la Palud-sur-Verdon, boucle de 23 km par les belvédères de la Maline et de la Barre de l'Escalès au-dessus de la majeure partie du Grand Canyon du Verdon* ; le « sentier Martel* » part du chalet de la Maline. Belvédères impressionnants.

Embrun : Le vieil évêché alpin, installé sur son vaste rocher, jouit d'un large horizon montagnard.

CORNICHE SUBLIME (La) – 83.

Suivant le rebord Sud des gorges du Verdon* entre les balcons de la Mescla* et le col d'Illoire (au-dessus du lac de Sainte-Croix*), c'est un parcours impressionnant dominant la rivière de 300 à 600 m. Les tunnels de Fayet, la falaise des Cavaliers et l'énorme cirque de Vaumale (où l'on atteint 1 204 m) en sont les points les plus spectaculaires. Le G.R. 99 la suit à distance.

COTIGNAC – 83.   1 600 hab.

Beau village provençal ancien dominé par une falaise criblée de grottes et couronnée de deux tours ; nombreuses maisons anciennes, fontaines, platanes. 1 km S.-O., chapelle Notre-Dame-de-Grâce, pèlerinage réputé, belle vue.

COURONNE (Cap) – 13.

Dominant à l'O. le petit port de pêche de Carro et des plages dont celle de Sainte-Croix à l'E., son phare offre une vue intéressante sur la Côte Bleue, l'O. de la chaîne de l'Estaque* et la région de Marseille.

CRAU (La) – 13.

Ancien delta désertique de la Durance, ses fameuses étendues caillouteuses, qui ne se voient plus guère qu'au S. autour de la N. 568 où règne encore le mouton, ont cédé le pas à de riches plaines asséchées, drainées, irriguées ; les modestes hauteurs des Alpilles* s'enlèvent sur ce décor comme un puissant massif à l'horizon.

CRÉVOUX – 05.
Altitude 1 577 m

Bon centre de ski et vieux village dans la vallée sauvage du Crévoux, sur la route célèbre, exécrable et souvent impraticable (grands ravinements et tunnel en mauvais état), du col de Parpaillon (2 645 m), que certains cyclotouristes sont très fiers d'avoir « fait » ; il passe à l'E. sur l'Ubaye*.

CROIX-VALMER (La) – 83.   1 900 hab.
Altitude 120 m

Agréable station climatique dans les vignes, au milieu d'un cirque de collines dominant la baie de Cavalaire*. Au col, une croix rappelle celle que vit Constantin avant sa victoire sur Maxence.
➡ E., D. 93, route splendide pour le col de Collebasse, le cap Camarat*, Ramatuelle*, Saint-Tropez*.

DALUIS (Gorges de) – 06.

Comme le Cians* tout proche, le Var taille ici son passage dans les schistes rouges ; celui-ci est profond et grandiose et les contrastes sont dans les approches, très « montagne » au N. avec le site magnifique de Guillaumes (ruines féodales), et désolées et pierreuses en aval, autour de Daluis, où la rivière s'étale largement.

DENTELLES DE MONTMIRAIL (Les) – 84.
Altitude 734 m

Extraordinaire petit massif de crêtes calcaires très aiguës dans un fouillis de verdure et de pins, dont l'extension des vignes avoisinantes (Gigondas...) menace dangereusement la beauté et même l'existence (possibilités de ravinement). Les petites routes intérieures, les sentiers (G.R. 4), les villages superbes, Séguret (table d'orientation), Crestet, Suzette, la Roque-Alric, Sablet, Beaumes-de-Venise*, le col du Cayron, le cirque de Saint-Amand, méritent de s'y attarder.

DÉVOLUY (Le) – 05.

Ceinturé extérieurement par d'admirables forêts sur les flancs de ses hautes cimes ruiniformes, le massif préalpin a l'apparence, à l'intérieur, d'un causse basculé en tous sens où la verdure semble insolite. Au N., le sauvage défilé de la Souloise en garde l'entrée, ainsi que la belle Mère-Eglise, romane, dominant Saint-Disdier, et les seules autres issues sont les cols du Noyer* à l'E. et du Festre* au S.-O. Point culminant : l'Obiou* (2 790 m, région XX).

DIGNE – 04.   16 600 hab.
Altitude 608 m

Vieille ville, station thermale et grand centre d'excursions au cœur de sauvages Préalpes et sur la Route Napoléon. Du Grand Pont sur la Bléone, le boulevard Gassendi mène à la Grande Fontaine toute « pétrifiée » et moussue et à la basilique (ancienne cathédrale) Notre-Dame-du-Bourg, magnifique édifice XIIIᵉ roman provençal ; sur le boule-vard, intéressant musée (fermé lundi), peintures, archéolo-gie. Pittoresque vieux quartier, « ville haute », couronné par la cathédrale Saint-Jérôme fin XVᵉ (belles orgues) flanquée d'une tour-beffroi.
➡ 3,5 km S.-E., Bains de Digne, dans la gorge des Eaux-Chaudes ; superbe petite route (vraie Route Napoléon) vers Barrème par le col de Corobin (1 230 m). ➡ 6 km N.-O., Courbons (920 m), étonnant village à demi ruiné, superbe panorama. ➡ 15 km N.-E., la Javie, sur la route de Seyne* par le col du Labouret* ; à l'E., superbe haute vallée de la Bléone.

DRAGUIGNAN – 83.   26 300 hab.
Altitude 181 m

Au pied du Malmont (6 km N. par une petite route, vaste panorama), le pittoresque vieux quartier jadis fortifié (deux

Massif et corniche de l'Esterel : *C'est à pied ou en bateau qu'il faudrait pouvoir, selon le cas, découvrir un tel massif, tant il change à chaque virage, à chaque crique, à chaque vallon, sans cesser d'être lui-même, cet immense rocher rouge surgissant de la mer et encore porteur de superbes pinèdes éparses et d'un maquis odorant, dont la flore est généreuse...*

portes subsistent) entoure la tour de l'Horloge XVIIe, à beau campanile, au sommet d'une butte. Belle place du Marché (le matin), fontaines et platanes. Allées d'Azémar aux superbes platanes, buste de Clemenceau par Rodin. Au palais de justice en face, remarquable statue XVIIIe. Musée-bibliothèque (hôtel XVIIIe), statues, peintures et faïences remarquables. A l'E., cimetière militaire américain (débarquement de 1944).
➡ 1 km N.-O., Pierre de la Fée, beau dolmen, vue sur Draguignan. ➡ 4,5 km S.-S.-E., Trans-en-Provence, cascades de la Nartuby.

DRAMONT (Cap du) – 83.
Dominé par le sémaphore (128 m), il garde l'entrée de la baie d'Agay*, face au rouge Esterel* ; superbe panorama ; belle promenade dans le parc du cap entre les plages du Dramont et de Camp Long. Monument du débarquement américain de 1944 et cimetière militaire des morts français.

ÉGUILLES – 13.   4 000 hab.
Beau village perché sur l'étroite chaîne d'Eguilles que suit longuement la D. 17 de Salon* à Aix* (Voie Aurélienne) au parcours panoramique.

EMBRUN – 05.   5 600 hab.
Altitude 870 m
Perchée sur son Roc escarpé au large de la Durance (belles vues de ses bords), la vieille ville dans des restes de remparts possède une superbe église Notre-Dame fin XIIe, ancienne cathédrale, au porche N., « le Réal », célèbre pour ses sculptures (étonnants lions assis supportant des colonnes, chapiteaux) ; beau portail O. roman ; bel intérieur en appareil bicolore, nombreuses œuvres d'art (orgues XVe) et trésor (l'été). A l'ancien archevêché, musée, expositions, et tour Brune XIIe, beau panorama (table d'orientation). Maison des Gouverneurs, Renaissance. Fresques XVe de la chapelle des Cordeliers (S.I.). Maison du Chapitre XIIIe. Belle vue du Jardin de l'Archevêché.
Lac de Serre-Ponçon* commençant au pied d'Embrun par un bassin nautique à niveau constant, baignade, voile, etc.
➡ N.-O., 10 km, puis 5 h 30 aller et retour depuis les Fontaniers, mont Guillaume (2 552 m), beau panorama.
➡ Tour du lac. ➡ E. et S.-E., Crévoux* et les Orres*.
➡ 20 km E.-N.-E., forêt de Saluces et Pra-Mouton (1 920 m) ; une piste forestière rejoint la station du Risoul 1850, au-dessus de Guillestre*. ➡ 9,5 km N.-E., lac de Siguret. ➡ 15 km O., Puy-Saint-Eusèbe et la vallée du Réallon.

Eze-Village : *Se promener à Eze, ce paradis accroché aux Corniches, est un plaisir recherché : les paradis attirent les foules...*

ENTRECASTEAUX – 83.
Vieux village dans une boucle de la Bresque. Remarquable château XVIIᵉ entouré de jardins de Le Nôtre. Eglise XIVᵉ. Tapis artisanaux.

ENTREMONT (Oppidum d') – 13.
A 3 km N. d'Aix-en-Provence*. Ancienne capitale des Salyens, peuplade gauloise, détruite en 123 av. J.-C. et dont les fouilles (fermé mardi) révèlent un urbanisme avancé et une riche statuaire (voir le musée Granet) ; rempart côté N. ; vaste panorama.

ENTREVAUX – 04.
Altitude 515 m
Sur un magnifique site défensif de la vallée du Var, place forte de Vauban occupant le formidable rocher de sa citadelle (1 h aller et retour), des remparts et du pont fortifié qui précède trois portes à pont-levis ; la petite ville close a beaucoup de charme sous son armure ; église XVIᵉ, ancienne cathédrale, faisant partie des remparts, remarquable décoration XVIIᵉ (retable, mobilier, orgues). Environs splendides. G. R. 4.
➡ S., région des clues de l'Esteron*. ➡ N., circuit des gorges de Daluis* et du Cians*, et grands cols alpins.

ESPARRON-DE-VERDON – 04.
Altitude 386 m
Site superbe du vieux village dominé par un château conservant une tour médiévale, au-dessus du grand lac de barrage de Gréoux.
➡ 10 km S.-E., pont de Quinson, sur le Verdon, beau paysage dans ses basses gorges, près du barrage de Quinson.

ESQUILLON (Pointe de l') – 06.
Dominant la sauvage côte de l'Esterel* jusqu'au Cap* Roux (belles stations de Miramar et du Trayas aux plages minuscules entre les rochers rouges), la table d'orientation du sommet (bref sentier) offre une vue étendue vers Cannes* et Antibes*. Au N., station moderne de Port-la-Galère puis belles plages très abritées de Théoule-sur-Mer.

ESTAQUE (Chaîne de l') – 13.
Curieux petit massif calcaire à l'O. de Marseille*, dont les routes desservant les belles calanques de Niolon et de la Redonne offrent un superbe aperçu. A l'O. de Carry-le-Rouet*, le relief littoral est faible : belles plages plus étendues.

ESTEREL (Massif de l') – 83-06.
Massif ancien comme les Maures*, sa nature de porphyre surtout rouge et son relief mouvementé l'en différencient totalement. Très boisé jadis, il a extrêmement souffert des incendies.
Le tour du massif par la N. 7 (monter au passage au mont Vinaigre*) et la célèbre « Corniche de l'Esterel » est une admirable excursion, à compléter par le « tour intérieur »

des routes forestières des cols, surtout à l'E. : cols des Suvières, des Trois-Termes, de la Cadière, Notre-Dame (monter au pic de l'Ours*), des Lentisques. D'Agay* ou du Gratadis, visiter le ravin du Mal Infernet (1 h 30 aller et retour), site d'une beauté sauvage, jusqu'au petit lac de l'Ecureuil. Au passage à la pointe du Cap Roux, il est conseillé de monter au pic du Cap* Roux. (V. aussi pointe de l'Esquillon* et Mandelieu-la-Napoule*.)

ESTERON (Vallées de l') – 06.
Entre la montagne du Cheiron* et le Var, c'est la partie N. des Préalpes de Grasse, « les clues de Haute-Provence », d'une grande sauvagerie, où les villages perchés jouissent de panoramas immenses ; les clues et gorges diverses révèlent des verticales fréquentes, mais les horizontales sont rares (paysage pastoral de la Penne, 10 km S.-E. de Puget-Théniers*...). V. Roquesteron*, Aiglun*, Ascros*, mont Vial*, Saint-Auban*, etc.

ÉTOILE (Chaîne de l') – 13.
Altitude 781 m
Massif calcaire désertique dominant Marseille de son vaste hémicycle que courent de nombreux sentiers et routes (la plupart interdites). Du col Sainte-Anne (600 m), 11 km au N. d'Allauch* (montée superbe), gagner en 3 h 30 aller et retour la Grande Etoile (590 m, émetteur TV), splendide panorama ; revenir par Mimet, Cadolive et les Termes (N. 8 bis). D'Allauch, Croix de Garlaban (710 m) en 3 h 30 aller et retour à l'E., vaste panorama.

ÉVENOS – 83.
Etonnant village à demi ruiné sur un site volcanique que domine un château médiéval et XVIᵉ en ruines. Au N., superbes gorges du Cimail.

EYGALIÈRES – 13.   1 300 hab.
Vieux bourg ravissant au pied des Alpilles*, avec une vue magnifique sur la chaîne et la Petite Crau au N., colonisé par des peintres ; maisons anciennes, église romane, chapelle des Pénitents XVIIᵉ (petit musée). Passage du G.R. 6.
➡ 1,5 km E., chapelle Saint-Sixte XIIᵉ, site typique au milieu des cyprès.

ÈZE – 06.   1 900 hab.
Altitude 427 m
Le vieux-village-perché-fortifié par excellence, très restauré et entretenu avec beaucoup de goût, dans un site unique des Corniches à pic au-dessus de la mer, couronné par son célèbre jardin exotique (vis. tous les jours) avec ses ruines d'un château médiéval. Le site est superbe. Eglise XVIIIᵉ et chapelle des Pénitents Blancs XIVᵉ (œuvres d'art). A l'E., un sentier magnifique descend à Eze-sur-Mer dans les oliviers.

FARON (Mont) – 83.
Altitude 542 m
Téléférique ou route en sens unique (aiguilles d'une montre). Belle montagne calcaire abrupte dominant Toulon au N. et impressionnant circuit routier de 18 km. A la tour Beaumont (507 m), Musée-mémorial du Débarquement en Provence (vis. tous les jours) ; table d'orientation, panorama splendide ; centre artisanal et zoo.

FAYENCE – **83.**   2 100 hab.
Altitude 325 m
Village perché fortifié, dominant un grand plateau avec un centre de vol à voile réputé. Vue superbe.
➡ 6 km O., chapelle romane Notre-Dame-de-l'Ormeau (beau retable Renaissance) ; 1,5 km O., Seillans, superbe bourg fortifié médiéval. ➡ Au N. et au S., belles routes de Mons* et de Fréjus*.

FESTRE (Col du) – **05.**
Altitude 1 441 m
Beau site du Dévoluy*, entre l'intérieur du massif et la superbe vallée du Béoux (cluse de La Cluse, défilé de Potrachon, ruines féodales et de villages), entre de hautes crêtes calcaires ; à l'O., col des Aiguilles (2 150 m), 3 h 40 aller et retour, excursion magnifique (passage possible sur Lus-la-Croix-Haute, région XX).

FLAYOSC – **83.**   2 200 hab.
Vieux bourg perché jadis fortifié (portes) ; église romane et gothique avec un beau campanile.

FONTAINE-DE-VAUCLUSE – **84.**
Son et Lumière
Eglise roman provençal. Colonne et musée Pétrarque. Château en ruine dominant le site (vue). Musée spéléologique Norbert Casteret. Centre artisanal (papeterie) et culturel de Vallis Clausa. A 10 mn S.-E., la célèbre fontaine, source-résurgence de la Sorgue, l'une des plus puissantes du monde au fond d'une « reculée » rocheuse admirable.
➡ 3 h 30 par G.R. 6 à l'E., abbaye de Sénanque*. ➡ 4 km N.-O., Saumane-de-Vaucluse, beau village et important château XVe au XVIIIe du marquis de Sade.

FONTBELLE (Col de) – **04.**
V. Sisteron*.

FONTVIEILLE – **13.**   3 000 hab.
Célèbres carrières (« pierre d'Arles ») et fameux moulin « de Daudet », dont le site enchantait l'écrivain avec son joli panorama sur les Alpilles ; petit musée (vis. tous les jours). ➡ 3,5 km S., aqueducs et restes des moulins romains de Barbegal.

FORCALQUIER – **04.**   3 400 hab.
Altitude 550 m
Vieille ville perchée dans une situation pittoresque parmi une vaste contrée de collines ; église Notre-Dame romane et gothique, ancienne cathédrale ; couvent des Cordeliers XIIIe remarquablement restauré (vis.) ; musée ; chapelle XVe et maisons et hôtels XVIIe-XVIIIe. Au N., curieux cimetière et ses ifs monumentaux. Au S., terrasse du château (disparu ; table d'orientation) au panorama immense.
➡ N., splendide route (D. 12) de la montagne de Lure*.
➡ 6 km S., château de Sauvan début XVIIIe, splendide demeure (mobilier, parc ; vis.) ; au passage, admirable prieuré Notre-Dame-de-Salagon XIIe et Renaissance (vis.).

FOS-SUR-MER – **13.**   7 800 hab.
Le village fortifié sur son rocher de l'Hauture (vue étonnante ; château féodal XIVe, église romane) domine Fos-Plage et l'immense complexe portuaire et industriel qui entoure le fond du golfe de Fos. 8 km N.-O., carrefour de la Fossette, Centre d'information du Port autonome de Marseille, maquette de l'ensemble, films, expositions ; panorama central de la tour-vigie du port, 5 km S.-O., devant laquelle débouchent les trois vastes darses et l'oléoduc du port pétrolier. Visites sur R.-V.

FREISSINIÈRES – **05.**
Altitude 1 190 m
Petite station été-hiver (ski de fond), artisanat. Vallée sauvage de la Biaisse ; grottes historiques des Vaudois.

La Fontaine de Vaucluse : *Pétrarque et... Norbert Casteret sont ses dieux tutélaires. Le site, toujours très beau dans ses falaises, devient extraordinaire quand la résurgence en hautes eaux restitue en cascade un énorme flot.*

➡ 7 km O., fin de la route ; 1 h aller et retour pour Dourmillouse, vieux hameau typique dans un site austère ; cascades.

FRÉJUS – **83.**   30 800 hab.
Importante base militaire romaine, ville épiscopale, station balnéaire, grand carrefour touristique entre les Maures* et l'Esterel*.
Sur la place Formigé se groupe la vieille cité épiscopale jadis fortifiée (fermé mardi) ; baptistère octogonal Ve, l'un des plus beaux et des plus anciens de France, splendide petit cloître fin XIIe avec puits et musée archéologique, belle cathédrale Saint-Etienne gothique XIIIe au mobilier remarquable, stalles XVe, tombeaux, retable de Sainte-Marguerite par Jacques Durandi (1450) ; voir les vantaux Renaissance de l'entrée. L'ancien évêché voisin (hôtel de ville) est en partie XIVe (derrière).

L'aqueduc romain *qui fournissait la ville de* Fréjus *a presque disparu ; il reste quelques arches entre les pins. Mais Fréjus est riche de bien d'autres monuments romains et médiévaux importants.*

Ci-dessus, le safari de l'Esterel : Aux portes de Fréjus, un beau parc zoologique pour touristes motorisés présente de nombreuses espèces exotiques dans un cadre qui semble leur convenir.

Les restes romains (Ier s. av. J.-C.) sont importants : à l'O., les arènes (fermé mardi), assez sommaires et dégradées mais vastes (représentations) ; près de la gare, porte des Gaules ; au N., le théâtre, et non loin à l'E., l'aqueduc, à l'état de restes ; au S., vestiges du port, porte d'Orée, lanterne d'Auguste (ancien amer), citadelle romaine.
➡ 2,5 km N. (N. 7), pagode bouddhique, très décorée, près du cimetière annamite de la Grande Guerre (vis. après-midi tous les jours en été, mercredi, samedi et dimanche hors saison) ; 3 km N., chapelle Notre-Dame-de-Jérusalem, décorée par Cocteau. ➡ 4 km N.-N.-O. (D. 4), mosquée soudanaise Missiri du camp de Caïs ; 2 km N., intéressant parc zoologique (tous les jours) et Safari de l'Esterel (fermé mardi l'hiver), réservé aux voitures non décapotables ; en poursuivant la D. 4 vers Fayence* et Mons*, splendide parcours.

GANAGOBIE (Prieuré de) – 04.
Altitude 660 m
Sur un petit plateau entouré par la Durance et de profonds ravins (par l'allée des Moines, splendide panorama, à pic sur la Durance), admirable ensemble bénédictin XIIe (vis. tous les jours), église romane au portail festonné original, splendides mosaïques d'inspiration orientale, beau cloître. Sur le plateau, nombreux vestiges archéologiques.

GAP – 05.   29 700 hab.
Altitude 733 m
Sur la Luye au pied du col Bayard* et du Dévoluy*, grand marché régional et industries diverses dans un grand bassin agricole d'origine glaciaire.
La cathédrale néo-gothique fin XIXe domine le vieux quartier, anéanti fin XVIIe par les guerres. Au musée départemental (vis. tous les jours l'été ; après-midi hors saison sauf mardi et vendredi), archéologie, céramiques, et le beau mausolée du duc de Lesdiguières XVIIe.
➡ 4 km N.-O., château de Charance et parc Charance-Nature, observation d'animaux et vue magnifique.
➡ 8 km O.-S.-O. à droite sur la D. 994, avant la Freissinouse, table d'orientation, vue immense sur la région et les hautes Alpes ; 3 km S., beau lac (artificiel) de Pelleautier ; route superbe au-delà vers la Saulce (20 km) sur la Durance (panoramas).

GARDE-FREINET (La) – 83.   1 200 hab.
Altitude 405 m
Délicieux vieux bourg perché dans un site splendide des Maures*, sous les ruines d'un puissant château fort des Sarrasins (1 h 15 aller et retour au N.-O.) d'où la vue est immense (Alpes, littoral). Les quatre routes qui s'y croisent sont magnifiques, celles de crête notamment. Travail du liège, et châtaignes dites marrons du Luc.

GASSIN – 83.   1 500 hab.
Altitude 201 m
Superbe village perché fortifié, sur une butte ; vue splendide en contournant le rempart ; église romane.

GÉMENOS – 13.   4 100 hab.
Au-dessus d'Aubagne (33 600 hab., grande banlieue marseillaise, patrie de Marcel Pagnol, restes de remparts, musée de la Légion Etrangère, vis. tous les jours sauf jours fériés l'été, mercredi, samedi et dimanche hors saison), au pied du massif de la Sainte-Baume ; château XVIIe (mairie) ; belles vues sur la région d'Aubagne.
➡ 2,5 km N.-O., Saint-Jean-de-Garguier, château XVIIIe, chapelle de pèlerinage XVIIe aux nombreux et curieux ex-voto. ➡ 3 km E., beau parc départemental de Saint-Pons, d'une ancienne abbaye ; route de la Sainte-Baume.

GIENS (Presqu'île de) – 83.
Ancienne île, reliée à la plaine d'Hyères par l'isthme boisé de la Capte et une autre petite flèche de sable très étroite, encadrant des salins et un étang. Superbe vue des ruines du château, au cœur du village. Belles plages. De la Tour-Fondue, passages pour les îles d'Hyères*.

GINESTE (Col de la) – 13.
Altitude 327 m
Sur la route Marseille-Cassis entre la superbe chaîne de Saint-Cyr au N. et le massif de Puget au S. (Calanques*), paysage calcaire provençal typique, très rude.

GOLFE-JUAN – 06.   (21 700 hab. avec Vallauris)
Belle plage abritée très appréciée, au pied des collines de Vallauris, sur le golfe Juan où débarqua Napoléon au retour de l'île d'Elbe.
➡ 2 km N.-O., Vallauris, vieux village de potiers rendu célèbre par Picasso qui y a notamment laissé la grande décoration, *la Guerre et la Paix*, de la chapelle du château, musée national d'Art moderne, et, devant l'église, son bronze *l'Homme au mouton*. Biennales de céramique et grandes expositions.

GORDES – 84.   1 600 hab.
Altitude 373 m
Le vieux bourg provençal amoureusement restauré coiffe le beau promontoire encore plein de verdure, dominé par l'église et le château fort transformé Renaissance (fermé mardi), superbes décoration et cheminée, abritant un grand musée Vasarely qui explique la démarche du maître de la peinture « cinétique ».
Les ruelles escarpées du village incitent à la flânerie (artisans).
➡ Curieux villages de bories au S.-O. (cabanes de pierre sèche sans âge, dont certaines peuvent remonter à la préhistoire, nombreuses en Vaucluse). ➡ 4 km N.-O., abbaye de Senanque*. ● Passage du G.R. 6 entre Senanque et Roussillon* (9 km E.).

GOURDON – 06.
Altitude 758 m
Village perché sur le rebord du plateau de Caussols* dans un site impressionnant à pic sur les gorges du Loup*, véritable vue aérienne sur sa basse vallée et la côte. Au château fort médiéval restauré, d'origine sarrasine, musée d'art médiéval (hors saison, fermé mardi et le matin).

GRASSE – 06.   35 300 hab.
Altitude 333 m
Au pied des grands Plans de Provence qui dominent de leurs énormes masses la dépression côtière, la capitale des parfums et des fleurs étage ses grandes avenues panoramiques en balcon et en lacets autour du promontoire

portant son vieux quartier XVIIIᵉ où la belle place aux Aires, en haut, entoure de ses arcades le marché aux fleurs (mardi et jeudi). Place du 24-Août (vue), derrière l'ancienne cathédrale Notre-Dame gothique provençal fin XIIᵉ, chœur XVIIᵉ, perron par Vauban, belles peintures, dont trois Rubens, le retable de Saint-Honorat XVᵉ attribué à Louis Bréa et le *Lavement des pieds*, l'un des rares sujets religieux de Fragonard ; devant, place du Petit-Puy, belle vue et tour XIIᵉ. Vieilles rues pittoresques.

Musée-mémorial Amiral de Grasse. Remarquable musée d'art et d'histoire de Provence (fermé lundi et jours fériés), dans un hôtel XVIIIᵉ ; non loin, Villa Fragonard (vis. id., même ticket), importantes collections et bonnes copies. Visites d'usines de parfums. Au N., jardin de la princesse Pauline, beau panorama (table d'orientation) ; plus haut au N.-E., sentier touristique du parc de la Corniche, vue splendide.
➜ 6 km O., Cabris, village perché ; des ruines féodales, beau panorama ; 10 km S.-O., Saint-Cézaire-sur-Siagne*, grottes. ➜ N.-O., N. 85, Route Napoléon, col du Pilon, grands paysages pastoraux de Saint-Vallier-de-Thiey (12 km), préalpins ensuite du Pas de la Faye (981 m) et du col de Valferrière (1 169 m) vers Séranon* et Castellane*.
➜ N.-E., vers Gourdon* et les Gorges du Loup*.

Gordes : La fameuse vieille ville perchée, dominant le pays d'Apt et face au Luberon, est l'un des « phares » du Vaucluse.

Page de gauche, Grasse : Au pays de cocagne, le marché de Grasse est l'un des plus appétissants qui soient ; le canton, manifestement, ne produit pas que des fleurs...

Ci-dessous, aux environs de Gordes, les bories abondent, habitations sans âge de tradition multimillénaire.

GRAVE (La) – 05.
Altitude 1 526 m

Station d'alpinisme et de sports d'hiver, centre touristique fréquenté dans un site célèbre sur la Romanche au pied du pic de la Meije* (3 983 m). Téléférique (deux tronçons) du glacier de la Girose (3 200 m), sous le Rateau (3 809 m). Belle église romane XIIᵉ dans un cimetière alpin (vue).
➜ 7 km N.-O. (D. 33 A), le Chazelet, vieux village typique, vues célèbres sur la Meije ; O., plateau d'En-Paris, 6 h 30 aller et retour pour le lac Lérié, excursion admirable. ➜ O., combe de Malaval et Saut de la Pucelle, dans les gorges de la Romanche, vers Le Bourg-d'Oisans* (région XX).

Iles d'Hyères : *La végétation méditerranéenne de Porquerolles, comme celle de Port-Cros, et leurs plages splendides, en font des lieux splendides, protégés mais bien fragiles, où une excursion laisse un souvenir exquis.*

GRÉOLIÈRES – 06.
Altitude 835 m
Remarquable village perché dominant la haute vallée du Loup dans un site sauvage ; ruines féodales et œuvres d'art à l'église (Vierge ancienne) ; superbe village de Cipières en face au S. A l'O., route de Thorenc, clue de la Bouisse.
➡ 11 km E., Coursegoules (1 020 m), beau village ancien dans le haut vallon sauvage de la Cagne ; belle église romane (retable).

GRÉOUX-LES-BAINS – 04.   1 300 hab.
Altitude 360 m
Station thermale appréciée, dans un beau site en aval des basses gorges du Verdon ; le bourg ancien est dominé par un vieux château des Templiers XIIᵉ-XVIIᵉ (vue).
➡ E., belle route d'Esparron-de-Verdon* (13 km), vues superbes sur le lac du barrage de Gréoux (origine du Grand Canal de Provence, alimentant la région en eau potable avec de nombreuses ramifications). ➡ 6 km E.-N.-E., Saint-Martin-de-Brômes, charmant vieux village, église romane, musée gallo-romain ; curieux ravin de Pinet au N.-E. (G.R 4).

GRIMAUD – 83.   2 400 hab.
Beau village perché, en contrebas des ruines du château féodal des Grimaldi (accès interdit). Eglise romane XIᵉ et maison dite des Templiers, à arcades. Vue magnifique.
➡ 3 km S., Cogolin (4 600 hab.), vieux bourg viticole, artisanat réputé, céramiques, pipes, et surtout tapis.
➡ 5,5 km E., Port-Grimaud*.

GUIL (Vallée du) – 05.
Née au pied du mont Viso*, la rivière principale du Queyras* est un de ses grands charmes avec ses changements d'ambiance, haute montagne au fond et en aval formidables gorges de marbres multicolores de la Combe du Queyras où s'accrochent des pins ; Vauban y a inclus la forteresse de Château-Queyras*.

GUILLESTRE – 05.   1 600 hab.
Altitude 1 000 m
Grand carrefour touristique et marché régional, jolie vieille ville, porte du Queyras*, station de sports d'hiver (le Risoul, relié à Vars*). Le Guil coule à l'écart, au N. Eglise gothique XVIᵉ en marbre rose, beau porche (Réal) à colonnes sur des lions comme à Embrun* (voir porte et tour). Maisons anciennes et vestiges de remparts.
➡ 2,5 km N.-E., D. 902, Pied-la-Viste, table d'orientation, vue célèbre vers le Pelvoux ; au-delà, les gorges du Guil* et le Queyras*. ➡ 3 km S. et un peu à gauche, Peyre-Haute, table d'orientation, vue sur le massif du Pelvoux ; au-delà, Vars* et le col de Vars*. ➡ O. (9 km par Eygliers, la meilleure route), Mont-Dauphin, place forte de Vauban sur un rocher tabulaire escarpé commandant le confluent Guil-Durance, magnifique ensemble de constructions militaires et civiles en marbre divisé par deux rues en croix dans des remparts avec portes côt ponts-levis, église Saint-Louis réduite au chœur ; promenade de la Plantation (ormes). Du

belvédère (mirador), beau panorama. 3,5 km O., fontaine pétrifiante de Réotier, de là, 5 km O., table d'orientation du Truchet, sur la route de l'Alp.

HYÈRES – 83.   42 000 hab.
Célèbre station climatique dans un site agréable sur les pentes de la colline du Castéou couronnée par les remparts en ruines du Vieux Château. Vieille ville autour de l'église Saint-Paul romane et gothique, d'où vue superbe (table d'orientation) ; maisons anciennes (maison romane rue Paradis) dans les ruelles escarpées ; pittoresque marché (tous les jours) de la place Massillon ; à l'E., intéressante église Saint-Louis XIIIᵉ surtout romane. Vieilles portes et tours. Dans la ville moderne, musée d'archéologie et de peinture (fermé mardi et jours fériés et matins samedi et dimanche). Beaux jardins exotiques Olbius-Riquier.
➡ S.-E., immenses plages (11 km de long), de Port-Pothuau à la Capte par Hyères-Plage (embarquement pour les îles). ➡ 5 km S., plage de l'Almanarre, thalassothérapie ; dominant la route, chapelle moderne Notre-Dame-de-Consolation et large vue (table d'orientation).

HYÈRES (Iles d') – 83.
Bel archipel entre la presqu'île de Giens* et le large du Lavandou*, comprenant les îles (dites aussi d'Or ou du Levant) de Porquerolles*, de Port-Cros* (parc national) et du Levant*. Passages possibles partout de Toulon à Cavalaire, recommandés de la Tour-Fondue et du Lavandou (voitures interdites dans les îles). Un cadre magnifique encore préservé.

IF (Château d') – 13.
Excursion en bateau depuis le Vieux Port de Marseille (tous les jours). Au milieu de la rade, le puissant château XVIᵉ, prison d'Etat surtout célèbre depuis *Monte-Cristo* d'Alexandre Dumas, offre un splendide panorama ; à proximité, l'archipel du Frioul (autre excursion). Au large, le grand phare du Planier, qui signale Marseille.

ISLE-SUR-LA-SORGUE (L') – 84.   12 000 hab.
Jolie patrie du poète René Char sur plusieurs bras de la rivière aux nombreux moulins jadis, dont subsistent quelques anciennes roues ; superbes boulevards de platanes. L'église gothique XVIIᵉ à façade classique est renommée pour sa décoration baroque de boiseries dorées (peintures de Parrocel, Mignard, Vouet, etc.). Maisons anciennes. Hôtel-Dieu XVIIIᵉ, superbe pharmacie en Moustiers.
➡ 7,5 km E., Fontaine-de-Vaucluse*.

ISOLA – 06.
Altitude 873 m
Au confluent de la Guerche et de la Tinée, face à la belle cascade de Louch. Célèbre clocher roman isolé.
➡ 17 km E., Isola 2000, grande station de sports d'hiver, au pied du col-frontière de la Lombarde (2 350 m), au cœur du parc du Mercantour*.

ISTRES – 13.   26 200 hab.
Grand centre aéronautique civil et militaire dans la Crau* et l'étang de Berre*, au pied de l'oppidum pré-romain du Castellan dominant le joli étang de l'Olivier (une petite route en fait le tour). Intéressant musée du Vieil-Istres, dans un hôtel XVIIᵉ (vis. après-midi en saison sauf mardi), antiquités, folklore. Jolie route de Miramas* le long de l'étang.

IZOARD (Col d') – 05.
Altitude 2 361 m

Un des plus célèbres cols alpins (tables d'orientation, vue admirable), aux paysages splendides de part et d'autre, forêts et alpages au N. (refuge Napoléon sous le col) et fameuse Casse Déserte au S., immenses éboulis d'où se dressent d'énormes rochers insolites aux couleurs violentes.

JABRON (Vallée du) – 04.

Au pied N. de la montagne de Lure*, superbe couloir sauvage plein de vieux villages, de ruines féodales, de lavande et de moutons ; au N. de Noyers-sur-Jabron, ne pas manquer l'église romane du Vieux Noyers en ruines.

JUAN-LES-PINS – 06.

Célèbre station balnéaire mondaine, grande plage d'Antibes* sur le golfe Juan, qu'une vraie pinède atteint encore. Festival mondial du Jazz.

LABOURET (Col du) – 04.
Altitude 1 240 m

Cette route entre Digne* et Seyne* évite les gorges du Bès (v. Barles*) par un beau parcours boisé ; du Labouret (versant S.) par le Villard, on peut monter à l'O. au Sommet de Blayeul (2 189 m, 6 h 30 aller et retour), vaste panorama.

LACHENS (Montagne de) – 83.
Altitude 1 715 m

Au-dessus de la Bastide (1 000 m) et du col de Clavel (1 063 m) d'où part la route de Varneige, c'est le sommet de « la » station de sports d'hiver du Var. Panorama splendide sur l'ensemble des Préalpes de Grasse.

LACOSTE – 84.

Village perché du Luberon*, belle vue sur le pays d'Apt et château XVe (en partie restauré) du marquis de Sade. Carrières réputées.
➡ 3 km O., restes de l'abbaye de Saint-Hilaire (ferme).

LAMBESC – 13.   3 600 hab.

Vieux bourg noble avec de beaux hôtels ; église XVIIIe (clocher XIVe, flèche victime du séisme de 1909) ; porte devenue beffroi, à jacquemart.
➡ N.-N.-E., superbe route de la Roque-d'Anthéron (abbaye de Silvacane*), au travers de la chaîne des Côtes, plateau de Sèze à gauche, monument maquisard, chapelle XIIe, vue splendide. ➡ 5 km S.-E., Saint-Cannat, maison natale de Suffren (mairie, musée : Suffren, traditions populaires, séisme de 1909) ; sarcophage antique à l'église.

LANÇON-PROVENCE – 13.   2 700 hab.

Vieux bourg, restes de remparts XVIe et d'un château médiéval ; au S., chapelle XIe.
➡ 4,5 km S., à droite (bref sentier), table d'orientation, beau panorama sur l'étang de Berre.

LARCHE – 04.
Altitude 1 691 m

Près du col-frontière de Larche (en Italie : della Maddalena), 1 991 m. Haute vallée gardée par de nombreux forts facilement accessibles et aux vues imprenables. G.R. 5 et 56 confondus, belles excursions au N. au col du Vallonnet

(2 515 m, 4 h 30 aller et retour) et au S. au lac du Lauzanier et au Pas de la Cavale (2 671 m, 5 km puis 5 h aller et retour). Ski de fond.

LAUTARET (Col du) – 05.
Altitude 2 058 m

Un des grands passages des Alpes (voie romaine), reliant Grenoble et Briançon, entre la Vanoise* (aiguilles d'Arves*, col du Galibier*, région XX) et la Meije* et son massif (Ecrins-Pelvoux). Panorama réputé (table d'orientation).
Flore célèbre, beau jardin alpin (vis. l'été) dans un site magnifique. Chapelle des Fusillés de 1944. Carrefour touristique important sur la route des Grands Cols : à l'O., la Grave*, les gorges de la Romanche*, vers le Bourg-d'Oisans* et les cols du Glandon* et de la Croix de Fer* (région XX), au N., les cols du Galibier* et du Télégraphe*, Valloire*, la Maurienne* (région XX) ; au S.-E., Briançon*.

LAUZET-UBAYE (Le) – 04.
Altitude 900 m

Agréable villégiature, petit lac (baignade) et pont romain sur l'Ubaye à proximité. En aval, superbe circuit du tour du lac de Serre-Ponçon* (76 km).
➡ 16 km S.-E. dans le vallon du Grand Riou, abbaye de Laverq, beau prieuré cistercien (G.R. 6 et 56), au pied de la Grande Séolane (2 909 m).

LAVANDOU (Le) – 83.   3 800 hab.

Port de pêche et service des îles d'Hyères* ; importante station balnéaire et grande plage très fréquentée (ainsi que la Favière au S., Saint-Clair et Aiguebelle à l'E.).
➡ E., superbe corniche du massif des Maures*, v. aussi Cavalière*, Rayol*, Cavalaire-sur-Mer*, Croix-Valmer*, vers Saint-Tropez*.

LECQUES (Les) – 83.

Station balnéaire sur une jolie plage au fond d'une baie, en face de la Ciotat. Musée de Tauroentum (vis. après-midi : tous les jours l'été sauf mardi ; samedi et dimanche hors saison), restes d'une villa romaine du Ie siècle, mosaïques.
➡ 1,5 km E., Saint-Cyr-sur-Mer (4 900 hab.) ; au S., château des Baumelles XVIIe ; à l'E., remarquables villages perchés, fortifiés jadis, de la Cadière-d'Azur et du Castellet.

LÉRINS (Iles de) – 06.
Son et Lumière

Deux jolies îles basses, à peine au large de la pointe de la Croisette à Cannes*. Sainte-Marguerite (3,3 km sur 1), très boisée (sentiers balisés), beau fort XVIIe, ancienne prison notamment pour le Masque de Fer et le maréchal Bazaine. Saint-Honorat (1,5 km sur 0,4), au célèbre monastère fortifié XIe-XVe en partie en ruines (du donjon, vue admirable) complété par des bâtiments conventuels XIXe (musée archéologique et église, vis. tous les jours) ; sentier.

Le Lavandou : Au pied de Bormes-les-Mimosas, le petit port de pêche et la grande station moderne attirent un important mouvement touristique.

Lourmarin : Dans un site parfaitement provençal s'inscrit le beau château Renaissance, dont les aménagements et certains détails de sculptures (ci-dessous) sont remarquables.

LEVANT (Ile du) – 83.
Passage surtout du Lavandou (35 mn).
8 km de long, très sauvage, couverte de maquis, entourée de falaises ; les naturistes (Héliopolis) et la marine (au N.-E.) se la partagent. Du fort en ruine, panorama.

LORGUES – 83.   4 500 hab.
Altitude 239 m
Vieille ville pittoresque jadis fortifiée (belles portes) ; collégiale XVIIIe (mobilier, Vierge attribuée à Pierre Puget) et belle fontaine.
➧ 2 km O., chapelle Notre-Dame-de-Benva, fresques XVe-XVIe. ➧ 13 km S.-O., abbaye du Thoronet*.

LOUP (Gorges du) – 06.
La vallée du Loup tout entière est typique des paysages de Haute-Provence, depuis Andon et le carrefour de la D. 5 en dessous des oppidum et ruines féodales de Castellaras (accès facile, bref sentier à partir de la D. 5, entre Thorenc* et Grasse*) à la côte en passant par Gréolières* et la Colle-sur-Loup ; c'est surtout en aval de Gréolières, du pont de

Bramafan à Pont-du-Loup, qu'il s'encaisse dans un canyon étroit dont les parois et les cascades sont spectaculaires ; Gourdon* le domine comme en plein ciel. Au S., le Bar-sur-Loup, vieux village perché tout rond, église remarquable (retable, et Danse macabre XVe).

LOURMARIN – 84.
A la sortie de la Combe de Lourmarin au pied S. du Luberon*, joli site et bourg charmant où repose Albert Camus.
Remarquable château Renaissance sur une petite butte, château vieux début XVIe et château neuf milieu XVIe, fondation culturelle (Académie d'Aix) ; très belle cour (galeries) et beaux appartements, mobilier et décoration superbes ; panorama et jardins étendus.
➧ 4,5 km S., Cadenet, intéressante église en partie romane, patrie du Tambour d'Arcole (statue), bourg bien provençal ; 6,5 km S.-O., abbaye de Silvacane*. ➧ N., belle Combe de Lourmarin (v. Luberon*), vers Apt* et les villages perchés.

LUBERON (Montagne et Parc naturel régional du) – 84-04.
Longue croupe calcaire boisée entre Pays d'Apt et Durance, divisée en Petit Luberon à l'O. de la belle Combe de Lourmarin et Grand Luberon à l'E., qui domine le Pays d'Aigues au S., joli plateau fertile.
Le Luberon est une montagne secrète et magnifique ; villages perchés, innombrables ruines, flore et forêts d'une immense variété, routes et sentiers à l'infini... Dans le Grand Luberon, splendide route de crête et admirable panorama du Mourre Nègre (1 125 m, point culminant ; bref sentier). De même, le Petit Luberon est parcouru par la magnifique route des Hautes Plaines, dominant tantôt les beaux villages du N., tantôt la basse Provence au S. et traversant le Massif des Cèdres.
Le Parc naturel régional couvre environ 100 000 ha et devrait aider à préserver l'équilibre fragile de ce massif naguère à l'abandon et aujourd'hui très envahi.
Voir aussi Oppède-le-Vieux*, Ménerbes*, Bonnieux*, Lourmarin*, La Tour-d'Aigues*.

LUC (Le) – 83.   5 800 hab.
Altitude 168 m
Petite station thermale (Pioule-les-Eaux). Belle tour hexagonale XVIe de l'église romane désaffectée ; orgues XVIIe réputées (concerts) à l'église gothique (et chaire) ; le vieux bourg provençal est typique avec ses vieilles rues et sa place ombragée ; tour de l'Horloge XIIIe ; le Castellas ; oppidum pré-romain de la Fouirette (1 h 30 aller et retour au S.-O.). Grand viaduc de l'autoroute et circuit automobile (non permanent).
➧ 3 km S.-E., parc zoologique. ➧ 3 km E.-N.-E., le Vieux-Cannet, village primitif du Cannet-des-Maures qu'il domine, beau site perché, église romane, ruines féodales.

LUCÉRAM – 06.
Altitude 665 m
Village perché entre deux ravins, dans un site splendide. Eglise XVe à décoration italienne XVIIIe, et important ensemble de retables XVIe notamment des Bréa ; trésor.

➡ Superbe circuit par l'Escarène au S., vieux bourg au joli site, le col de Nice, Berre-les-Alpes à l'O., village panoramique, Contes, bourg perché, église XVIᵉ possédant surtout un superbe retable de Sainte-Madeleine par Bréa, Coaraze au N., joli village perché restauré, col Saint-Roch (990 m) ; de là, les gorges de la Vésubie* au N.-O., Peïra-Cava* au N.-N.-E. ou Lucéram.

LURE (Montagne de) – 04.
Altitude 1 826 m
Vaste massif prolongeant le Ventoux* jusqu'à la Durance, avec les mêmes superbes forêts sur les pentes, et régions sauvages du pied et du sommet ; la route qui la traverse de Forcalquier* à Sisteron*, bel itinéraire panoramique (doublé par le G.R. 6), passe près de l'ermitage Notre-Dame-de-Lure (église romane, pèlerinage) et dessert plus haut un centre de ski ; du passage de la crête, gagner le sommet à l'O. (30 mn aller et retour), immense panorama.

MADONE DE FENESTRE (La) – 06.
Altitude 1 903 m
Célèbre chapelle de pèlerinage dans un site austère parmi les hautes montagnes du Mercantour* (Cime du Gélas, 3 143 m) ; refuge, centre d'excursions et d'ascensions appréciées. Passage du G.R. 52 entre le Boréon* et les Merveilles* (par le refuge Nice, en haut de la Gordolasque).
➡ 3 h 30 aller et retour au N., lac puis col de Fenestre (2 474 m) d'où par temps exceptionnel le Cervin et le mont Rose sont visibles par-delà tout le Piémont.

MADONE D'UTELLE (La) – 06.
Altitude 1 174 m
Ancien pèlerinage très fréquenté et panorama merveilleux sur toute la région (table d'orientation) ; passage du G.R. 5. A Utelle (sur le chemin, à 6 km), grande église gothique Saint-Véran XIVᵉ, à trois nefs, décoration classique, retable de l'Annonciation de l'Ecole niçoise XVᵉ ; bourg ravissant.

MAILLANE – 13.   1 400 hab.
Bourg bien provençal au cœur de la Petite Crau, patrie de Frédéric Mistral, né au mas du Juge (1 km S.-E.) ; museon Mistral (fermé mardi et jours fériés) ; en face, la maison du Lézard, où il vivait auparavant avec sa mère et où il écrivit *Mireille.*

MALAUCÈNE – 84.   2 000 hab.
Remarquable vieux bourg comtadin entre les Dentelles* de Montmirail et le mont Ventoux*, vieilles rues, maisons anciennes, église romane XIVᵉ fortifiée ; du calvaire central (traces d'un château), vue générale.
➡ 1 km E., source et belle chapelle romane du Groseau, au départ de la route du Ventoux. G.R. 4.

La Meije : Sorte de montagne magique dominant le beau village de La Grave entouré de sombres ardoisières, la Meije a fasciné des générations d'alpinistes et en a fait tomber plus d'un, le petit cimetière de La Grave en est témoin.

MANDELIEU-LA-NAPOULE – 06.   11 700 hab.
Dans un joli site au pied N.-E. de l'Esterel, les petites plages de la Napoule entourent son fameux château médiéval restauré, musée de sculpture Henry Clews (vis. après-midi sauf mardi) ; expositions. A l'E., joli ermitage de Saint-Cassien, près de l'entrée de l'aérodrome.

MANOSQUE – 04.   19 600 hab.
Altitude 387 m
Près de la Durance, vieux marché agricole, jadis fortifié et typiquement provençal, patrie de Giono ; belle vieille ville dans ses boulevards et ses portes Saunerie et Soubeyran XIVᵉ ; église Saint-Sauveur romane remaniée (campanile) ; église Notre-Dame romane également remaniée, où une sarcophage IVᵉ sert d'autel (Vierge à l'enfant XIIᵉ) ; hôtels XVIIIᵉ ; fontaines et platanes.
Au N.-E., mont d'Or, ruines féodales, panorama. Au S.-O., Saint-Pancrace, colline panoramique parmi les oliviers ; G.R. 4. En aval, barrage E.D.F. et Centre d'Etudes nucléaires de Cadarache (v. Vinon-sur-Verdon*). 15 km S.-E., Gréoux-les-Bains*. ➡ 11 km O., Montfuron (700 m), village perché au splendide panorama, moulin à vent, ruines féodales ; G.R. 4.

MARIGNANE – 13.   26 900 hab.
Grand centre industriel aéronautique et aéroport international (2ᵉ de France ; terrasses ouv. samedi et dimanche). Château XIVᵉ-XVIIᵉ « de Mirabeau » (mairie), beaux salons. Eglise XIᵉ au XVIᵉ. Au N.-O., longue plage de Jaï, sur une longue flèche de sable au travers du S.-E. de l'étang de Berre.

MARSEILLE – 13.   915 000 hab.
Massalia fut fondée vers 600 av. J.-C. par des Phocéens (Grecs d'Asie Mineure), et la deuxième ville de France en est depuis toujours un grand port, le premier aujourd'hui, après une histoire très agitée.
Le Vieux Port est le noyau primitif de la cité, maintenant port de plaisance, traversé par deux « ferry-boîtes » et d'où partent les vedettes du château d'If* et de visite du port (excursion très recommandée), qui s'étend au N. sur 10 km en commençant par la gare maritime (S.N.C.M.) de la Joliette (terrasses panoramiques ; accès à la Digue du Large par le pont d'Arenc, ouv. seulement dimanche et jours fériés) ; l'entrée du Vieux Port est gardée par les forts XVIIᵉ Saint-Jean au N. et Saint-Nicolas au S., d'où il faut gagner le parc et le château du Pharo : vue générale admirable.
Au S. du Vieux Port, le quai de Rive Neuve est bordé de restaurants à bouillabaisse et d'un quartier où restent quelques hôtels XVIIIᵉ, rue Sainte surtout qui mène à la célèbre basilique Saint-Victor XIIIᵉ-XIVᵉ fortifiée, ancienne abbatiale conservant des voûtes d'ogives parmi les plus anciennes du Midi et bâtie sur des cryptes et catacombes Vᵉ (fermé dimanche) dont des éléments sont des premiers âges chrétiens. En haut de la colline au S.-E., la non moins célèbre basilique de pèlerinage Notre-Dame de la Garde (à 162 m) romano-byzantine XIXᵉ offre un panorama renommé (table d'orientation et vigie du port).

Marseille : *Le grand port méditerranéen, cosmopolite porte de l'Orient, vit par la mer et pour la mer, tournant le dos à une Provence surtout terrienne. Le Vieux Port en était le cœur depuis les Phocéens et l'époque romaine ; la découverte de la ville primitive antique a été un des événements archéologiques contemporains. La cité a grandi démesurément mais le Vieux Port, réservé maintenant à la plaisance et au tourisme, en reste le centre et le symbole, au pied de Notre-Dame-de-la-Garde et au bas de la Canebière.*
Les pêcheurs, en dépit de maintes difficultés, continuent d'exercer leur belle activité, ainsi qu'en témoignent nos deux photographies.

Au N. du Vieux Port, sur le Quai du Port, le bel hôtel de ville XVIIᵉ reste presque seul du quartier ancien détruit par les Allemands en 1943, avec, en retrait, la maison Diamantée XVIᵉ Renaissance (musée du Vieux-Marseille, fermé mercredi matin et mardi ; bel escalier) ; à côté, le musée des Docks romains, découverts sur place en 1947 et gardés bruts de fouilles, les a entourés de précieux objets et documents faisant revivre la ville antique (vis. id.) ; à l'O., près de quelques pierres d'un théâtre grec, vue superbe depuis l'église Saint-Laurent roman provençal. Au N.-E. s'étend tout le vieux quartier du Panier, aux grandes maisons sombres sur des ruelles traversées par le linge qui sèche, entourant au N. la Vieille-Charité XVIIᵉ de Pierre Puget, à l'E. l'hôtel-Dieu XVIIIᵉ et le curieux ensemble des Accoules (rotonde XVIIIᵉ, grottes artificielles, clocher XIVᵉ), à l'O. la grande cathédrale, la Major, XIXᵉ romano-byzantin, immense et imposante, flanquée de l'ancienne Major roman provençal XIIᵉ désaffectée (fermé vendredi) en partie détruite, belles œuvres d'art dont des sculptures Renaissance de F. Laurana et Lucca della Robbia (faïence), et des autels XIIᵉ ; dominant la Joliette, la Major est bien connue des passagers de la Corse. 29, Grand-Rue, voir l'hôtel de Cabre XVIᵉ.

À droite, le vallon des Auffes et au fond, à gauche, la silhouette de Notre-Dame-de-la-Garde.

Débouchant sur le quai des Belges au fond du Vieux Port, la fameuse Canebière est la vitrine de Marseille. La grande Bourse Second Empire y contient le riche musée de la Marine (fermé mercredi matin et mardi). Derrière a été mise au jour la ville primitive grecque avec son port et ses remparts ; musée de l'histoire de Marseille et jardin des Vestiges contenant les vastes fouilles. Au N., place J.-Guesde (débouché de l'A. 7), porte d'Aix, arc de triomphe XIXᵉ décoré par David d'Angers. Au S.-E., rue Grignan, musée Cantini, dans un bel hôtel fin XVIIᵉ (vis. id.), importantes collections diverses et d'art contemporain et splendide Galerie de la Faïence de Marseille et de Provence.

Au N.-E., quartier Longchamp. Le vaste palais Longchamp typiquement Second Empire abrite le Muséum d'histoire naturelle (vis. id.) et son jardin zoologique (vis. tous les jours), et surtout l'important musée des Beaux-Arts (fermé mercredi matin et mardi), avec un musée pour enfants ; salles Puget et Daumier ; peinture : école provençale, Françoise Duparc et Monticelli ; toutes écoles XVᵉ au XXᵉ et notamment le Pérugin, Rubens, Ruisdaël, XVIIIᵉ français. En face, musée Grobet-Labadié, bel hôtel bourgeois XIXᵉ aux admirables collections diverses d'objets d'art et mobilier.

Au S. (5 km) par la superbe Corniche Prés. J.F. Kennedy longeant le rivage très découpé qui contourne la colline de Notre-Dame-de-la-Garde (vallon des Auffres, plages des Catalans et du Prado, vues splendides), ou par l'avenue du Prado (4 km), on atteint le grand parc Borély (avec jardin botanique, fermé samedi et dimanche), où le beau château Borély XVIIIᵉ (fermé mercredi matin et mardi) abrite un riche musée : archéologie méditerranéenne, collections égyptiennes et régionales notamment (portique celto-ligure de Roquepertuse), et importante collection de dessins XVIIᵉ au XXᵉ. Au Rond-Point du Prado, palais des Congrès dans le parc Amable-Chanot où ont lieu les grandes foires, Maison de la Radio et tour de la Télévision ; bd Michelet au S., Cité Radieuse de Le Corbusier (vis.). Après la plage du Prado, la corniche se poursuit sur 8 km jusqu'à Callelongue par le cap Croisette (vue) terminant à l'O. le massif de Marseilleveyre qui domine les Calanques* dans lesquelles seuls le bateau et la marche permettent d'excursionner.

➡ Nombreuses excursions, v. aussi Aix-en-Provence*, étang de Berre*, Cassis*, chaînes de l'Estaque* et de l'Etoile*, château d'If*, la Sainte-Baume*.

MARSEILLEVEYRE (Massif de) – 13.
Altitude 432 m

Puissant petit massif calcaire s'avançant en mer (cap Croisette) au S. de Marseille* et dominant au S.-E. les premières Calanques* ; innombrables voies d'escalade et superbes sentiers (balisés) plus ou moins faciles (prudence). Panorama...

MARTEL (Sentier) – 04.
V. Gorges du Verdon*.

MARTIGUES – 13.   38 400 hab.
Grande agglomération industrielle autour du vieux port de pêche qui arrive à rester charmant, divisé en trois quartiers par les canaux qui l'ont fait surnommer la « Venise provençale » et que traversent des ponts mobiles (pour la circulation maritime importante entre l'étang de Berre* et le golfe de Fos* par le canal de Caronte) ; le viaduc autoroutier est impressionnant à 50 m de hauteur.

Au centre, l'Ile, divisée par le petit canal Saint-Sébastien ; du pont Saint-Sébastien, vue célèbre sur le « Miroir aux oiseaux », coude du canal, petit port de barques entouré de maisons peintes ; à côté du pont, église de la Madeleine XVIIᵉ à façade corinthienne et bel hôtel de ville XVIIᵉ. Au N., Ferrières, musée du Vieux-Martigues (fermé matin et mardi) et musée Ziem (vis. id.) ; plage. Au S., Jonquières, église Saint-Geniès XVIIᵉ et belle chapelle de l'Annonciade XVIIᵉ à côté aux superbes boiseries baroques.

➡ 9 km S.-E., belle route de Sausset-les-Pins, chapelle Saint-Julien, grand bas-relief gallo-romain dans un mur extérieur. ➡ 4 km E., grande raffinerie de la Mède. ➡ 5 km O.-S.-O., port pétrolier de Lavéra et raffinerie (v. Port-de-Bouc*). ➡ Sortie N.-N.-O., chapelle Notre-Dame-des-Marins, large vue panoramique.

MAURES (Massif des) – 83.
D'Hyères* à Fréjus* règne un massif ancien qui n'a rien à voir avec le reste de la Provence, Esterel* excepté ; il est surtout composé de schistes et sa végétation, qui dégénérerait facilement en maquis de type corse, comprend des pins, sur la côte, et châtaigniers et chênes-lièges à l'intérieur. Son relief assez mouvementé culmine à 779 m à la Sauvette et 771 m à Notre-Dame-des-Anges*, au N. de Collobrières*.

Très désert et peu fréquenté mais magnifique, à l'intérieur, sa façade maritime, la « Corniche des Maures », du Lavandou* à Croix-Valmer en fait d'Hyères à Saint-Aygulf*, est splendide mais surfréquentée et commence à être sérieusement mitée par les villas, résidences, ensembles

plus ou moins réussis, ports de plaisance, jusque dans les endroits les plus sensibles et beaux comme Rayol* ou Cavalaire*. Pour les randonneurs et promeneurs ne craignant pas la chaleur (attention au feu et ne pas oublier une bonne provision d'eau), belles excursions dans la forêt du Dom au N. de Bormes*, autour de Collobrières, G.R. 9 de Port-Grimaud* à la Garde-Freinet* et Notre-Dame-des-Anges, entre autres. Le débarquement de Provence en 1944 a eu lieu surtout dans les Maures, du cap Nègre à Saint-Tropez et Sainte-Maxime, et dans l'Esterel.

MAZAN – 84.   2 900 hab.
Il faut voir les sarcophages gallo-romains qui clôturent le cimetière, et sa chapelle romane Notre-Dame de Pareloup ; vue remarquable. Voir aussi l'enceinte médiévale du bourg et, à la chapelle des Pénitents Blancs XVIIᵉ, le musée de traditions populaires (vis. après-midi l'été, et dimanche et jours fériés en saison).

MÉES (Les) – 04.   2 100 hab.
Altitude 410 m
Bourg dominé par les rochers dits « Pénitents des Mées » de plus de 100 m de haut, ensemble étonnant vu d'un peu loin.

➡ 4,5 km N.-O., Saint-Donat, petite église XIᵉ.

MEIJE (La) – 05-38.
Altitude 3 983 m
La célèbre montagne qui se dresse entre la Grave* et la Bérarde* (région XX) n'avait été gravie qu'en 1877 et ses escalades demeurent des plus prestigieuses. C'est l'un des points de mire de la chaîne des Alpes.

MÉJANES – 13.
Célèbre mas de Camargue* près de l'étang de Vaccarès*, grande manade où ont lieu des ferrades (courses de taureaux locales) ; cabanes de gardians (hôtel) et petit train le long de l'étang ; promenades équestres.

MÉNERBES – 84.
Vieux village fortifié du Luberon*, avec une forteresse médiévale et XVIᵉ et des maisons et hôtels anciens ; l'église XIVᵉ, comme la pointe d'un cap, jouit d'une vue étonnante (peintures et retable).

➡ 6 km N., Notre-Dame de Lumières XVIIᵉ, grand pèlerinage provençal ; 4,5 km N.-O., Saint-Pantaléon, belle petite église romane ; 2 km O., moulin des Bouillons XVIᵉ, musée du Vitrail (vis. tous les jours).

MENTON – 06.   25 300 hab.
Grande station climatique et balnéaire, renommée pour ses citrons, dans un site merveilleux : vue splendide du phare sur le port et la vieille ville dans son décor de montagnes ; celle-ci, autour de la rue Longue notamment, culmine à la place Saint-Michel (où se tient le célèbre festival), décor admirable avec l'église Saint-Michel XVIIᵉ, la chapelle de la Conception et les maisons voisines (belle échappée sur la baie de Garavan), au-dessus d'escaliers monumentaux descendant au port.

Menton : Dans son cadre splendide, la vieille petite ville, perchée au-dessus de son port, a toujours inspiré les artistes ; ainsi le Bastion du port est-il musée Jean-Cocteau.

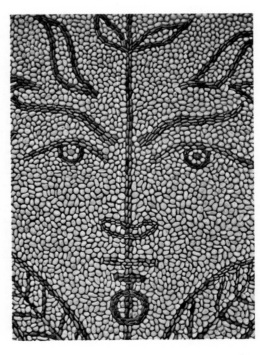

Le vieux Menton étage ses hautes maisons et ses étroites ruelles jusqu'en haut de la colline Saint-Michel, autour de la fameuse place Saint-Michel, superbe théâtre à l'italienne avec le port et la mer comme fond de scène...

A l'hôtel de ville, voir la salle des mariages décorée par Cocteau (fermé dimanche et jours fériés) ; dans le Bastion XVIe du port, musée Jean-Cocteau (fermé lundi, mardi et jours fériés ; même billet). Près de l'entrée O. du tunnel, Musée municipal des Beaux-Arts, d'archéologie et de traditions populaires (fermé mardi et jours fériés et novembre), intéressantes peintures modernes. Beau front de mer (plages). Av. de la Madone, à l'O., palais Carnolès, musée de peinture (fermé mardi et jours fériés). Beaux jardins Biovès, sur le Caréi couvert.
Au N.-E., Garavan, le quartier frontalier, beau jardin exotique de la villa Val Rahmeh (Muséum de Paris ; fermé mardi) ; plus loin, domaine des Colombières, remarquable jardin méditerranéen (tous les jours).
➡ 7 km N., Castellar, remarquable village perché fortifié, belvédère sur Menton ; sentier splendide (G.R. 52). ➡ N.-O., vues splendides également du monastère de l'Annonciade, de Gorbio (9 km), et surtout de Sainte-Agnès*.
➡ N. (D. 2566), route magnifique de Sospel* par le col de Castillon (707 m) ; à la montée, voir le curieux viaduc du Caramel.

MÉOUGE (Gorges de la) – 05.
La rivière née dans les Baronnies* près de Séderon* (région XX) ne dément pas ses origines dans ces gorges boisées et sauvages entourées de vieux villages à chapelles et églises romanes. Nombreux sentiers (G.R. 946).

MÉOUNES-LES-MONTRIEUX – 83.
Agréable villégiature ; église XVIe intéressante. Au S., belle forêt domaniale des Morières, accessible par la route (interdite aux voitures) de la chartreuse de Montrieux-le-Jeune (pas de vis.), site superbe ; cette forêt, traversée au S. par une petite route forestière pittoresque de 32 km entre Signes* et Solliès*-Pont, l'est aussi par le G.R. 9 et d'autres beaux sentiers.
➡ 5,5 km S.-E., Belgentier, beau château XVIe.

MERCANTOUR (Massif et Parc national du) – 06.
Massif ancien (gneiss surtout) couvrant 60 km de la frontière franco-italienne de l'Ubaye* au col de Tende* et comprenant en gros la vallée de la Tinée* et les hautes vallées de la Vésubie* et de la Roya* ; très pittoresque mais fort sauvage, une partie en était depuis longtemps réserve de chasse ; il y existe peu de villages et de refuges, les marches d'approche y sont longues, le terrain souvent difficile et le climat versatile (brouillard dangereux).
Le Parc, de création toute récente, longtemps contesté voire refusé, s'est installé avec peine et son découpage ou plutôt son tronçonnage ne fait même pas l'affaire de ses partisans. Puissent de bonnes fées se pencher sur sa croissance... V. Saint-Étienne-de-Tinée*, le Boréon*, la Madone* de Fenestre.

MERVEILLES (Vallée des) – 06.
De Saint-Dalmas-de-Tende dans la haute vallée de la Roya*, on monte à 10 km O. aux Mesches (la route se terminant à 4 km N.-N.-O., à Casterine) ; de là, 3 h à pied (services de jeeps au départ de Saint-Dalmas) pour le refuge des Merveilles (2 111 m), proche de plusieurs beaux lacs et au cœur d'une région sauvage et désolée dominée au N. par le mont Bego (2 872 m, réservé aux alpinistes), centre des quelque 40 000 graffiti gravés sur d'immenses dalles de rochers où ils sont d'ailleurs difficilement visibles ; ils remontent sans doute à 3 000-4 000 ans et doivent être un témoignage symbolique et religieux.

La Vallée des Merveilles : *Dans la haute montagne niçoise, cette superbe région, encore assez peu connue, cache dans des vallons sauvages un nombre extravagant de gravures antiques, peu distinctes et passant souvent inaperçues (page 515).*

Les plus connues, telles ces stylisations d'animaux cornus (ci-dessous), ne sont pas forcément les plus accessibles, gravées parfois sur des pentes relevées où la promenade devient de l'escalade

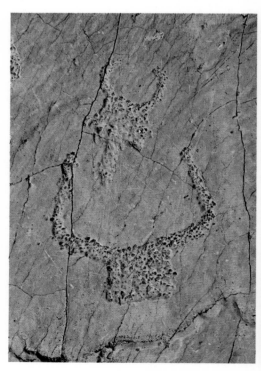

Du refuge, facile et magnifique ascension de la Cime du Diable (2 685 m, O.-S.-O., 3 h 30 aller et retour) ; à 2 h 30 au N., refuge de Valmasque d'où on redescend à Casterine en 2 h. Nombreuses excursions et ascensions des deux refuges et passage à l'O. vers la Gordolasque et la Madone* de Fenestre (G.R. 52, qui passe aux Merveilles et à l'Aution*). Le tour du massif prend environ deux jours, c'est une randonnée inoubliable !

MESCLA (Balcons de la) – 04.
Site grandiose des gorges du Verdon*, dominant son confluent avec l'Artuby (Mescla : « mêlée » des eaux). La vue en enfilade vers l'amont est saisissante. 2 km S., site impressionnant du grand pont sur l'Artuby, marmites de géant.

MESCLA (Pont de la) – 06.
C'est la « mêlée » de la Tinée* et du Var, dans un site encaissé et sauvage entre la Madone* d'Utelle, le mont Vial* et Tournefort*.

MEYRARGUES – 13.   2 200 hab.
Château XVIIe (hôtel), belle vue ; gorges du Pas de l'Etroit et ruines d'un aqueduc romain.
➡ 6 km E., Peyrolles-en-Provence, château XVIIe ; chapelle du Saint-Sépulcre XIIe.

MIRABEAU – 84.
Le célèbre comte de Mirabeau l'était presque malgré lui. Le village conserve le joli château XVIIe de la famille.
➡ 2 km E., défilé de Mirabeau, où la Durance a forcé le passage entre la Haute et la Basse Provence ; en amont (8 km, rive gauche), Centre d'Etudes Nucléaires de Cadarache (pas de vis.) et barrage E.D.F. au confluent du Verdon. 1 km S. du pont, importante centrale E.D.F. de Jouques sur le canal de la Basse-Durance.

MIRAMAS – 13.   18 200 hab.
Centre industriel et importants carrefour et triage ferroviaires. Au S.-E., Miramas-le-Vieux, village perché et fortifié, belle situation au-dessus de l'étang de Berre*.
➡ 5 km S.-E., Saint-Chamas, bourg pittoresque ; 1 km S.-E., beau pont Flavien, Ier s., sur le Touloubre, orné d'arcs triomphaux ; 5 km E. puis N.-E., beau village perché ancien de Cornillon-Confoux ; 3,5 km S.-E. du pont Flavien, centrale hydro-électrique de Saint-Chamas, terminant le canal E.D.F. de la Durance, beau site sur l'étang de Berre, belvédère explicatif.

MÔLE (Vallée de la) – 83.
Entre Hyères* ou Bormes-les-Mimosas* et le golfe de Saint-Tropez*, loin de l'agitation côtière, la route « rapide » réserve des paysages verdoyants et pastoraux, où les environs E. du col de Gratteloup offrent de belles randonnées possibles.

MONACO (Principauté de) et MONTE-CARLO   24 600 hab.
Etat souverain de près de 2 km², dirigé par la famille des Grimaldi. Le fameux rocher, petite presqu'île entourée de falaises à pic, dominé par la Tête de Chien (556 m) et le mont Agel (1 110 m), porte le palais du Prince XIIIe-XVIe (vis. l'été), puissante forteresse restaurée (belle cour d'honneur, appartements somptueux) ; musée napoléonien (fermé lundi) dans une aile récente.
Charmante vieille ville aux anciennes maisons peintes ; cathédrale néo-roman fin XIXe (peintures de Bréa) et chapelle des Pénitents Noirs XVIIe ; 27, rue Basse, Historial des Princes, musée de cires (tous les jours). Important musée océanographique (tous les jours), face au large, traitant de tout ce qui concerne la mer ; aquarium célèbre ; centre de recherches et centre d'acclimatation zoologique (vis. tous les jours). Beaux jardins Saint-Martin sur les pentes S. du rocher. Musée archéologique.

Monaco : Près de la « moyenne corniche », dans la principauté, un très riche jardin exotique a été aménagé et disposé en escalier et en terrasses sur la pente de la falaise. On y trouvera des dizaines d'espèces de cactus et de plantes grasses qui, sous ce climat favorable, ont pris des proportions énormes.

Monaco : *La principauté des Grimaldi, petite enclave côtière paradisiaque pour les plantes exotiques et... les sociétés, est un monde en soi avec son rocher princier, sa ville-champignon et le quartier de jeux et de luxe autour du célèbre casino de Monte-Carlo.*

➡ A l'O., au-dessus du terre-plein récent de Fontvieille, superbe jardin exotique (tous les jours), ensemble botanique de premier ordre et vues splendides, contenant en outre les belles grottes de l'Observatoire (concrétions et préhistoire) et un musée d'anthropologie préhistorique.
Le port (yachts), qui sépare Monaco de Monte-Carlo, est dominé par les tours modernes du quartier d'habitation et d'affaires de la Condamine. La grande station internationale de Monte-Carlo est centrée autour du fameux Casino fin XIXᵉ début XXᵉ commencé par Garnier, au baroque somptueux et surchargé de l'époque (vis.). Au N.-E., Musée National (tous les jours), collection Galéa d'automates (fonctionnement l'après-midi) et de poupées, unique au monde ; importantes sculptures dans le jardin. Musée iranien à la villa Ispahan. Plage du Larvotto. Nombreux établissements de luxe.

MONÉTIER-LES-BAINS (Le) – 05.
Altitude 1 470 m
Sur la Guisane, station d'été (alpinisme) et d'hiver, reliée à Serre-Chevalier* ; beau site aux portes du Parc National et du massif des Ecrins* (v. région XX), à proximité du pic des Agneaux (3 663 m). Ancienne station thermale. Eglise XVᵉ et chapelles avec des fresques.
➡ N.-O., vieux villages typiques du Casset et du Lauzet. Du Casset, à l'O.-S.-O., col d'Arsine (2 348 m), 4 h 30 aller et retour, passant sur Villar-d'Arène et la Grave*.

MONS – 83.
Altitude 804 m
Dans un site admirable sur le flanc des Plans de Provence au-dessus de gorges de la Siagnole, magnifique vieux village typiquement provençal ; beaux retables XVIIᵉ à l'église XIIIᵉ. De la table d'orientation, panorama splendide vers le littoral.
➡ 8 km S. par la D. 56, Roche Taillée, ruines d'un aqueduc romain ; à l'O. du pont sur la Siagnole*, un sentier permet d'atteindre des résurgences importantes.

MONTAGNETTE (La) – 13.
Altitude 165 m
Ce minuscule massif calcaire sauvage et odorant, entre Tarascon* et Barbentane*, est un puissant concentré de Provence aux portes d'Avignon et face aux Costières du Gard. Au centre, l'abbaye Saint-Michel-de-Frigolet (offices remarquables) abrite, dans une grande basilique néo-gothique XIXᵉ très décorée entourée d'une enceinte pseudo-médiévale, une vieille chapelle romane ornée de superbes boiseries XVIIᵉ et de peintures de Mignard ; autre église Saint-Michel romane et beau cloître XIIᵉ ; petit musée. C'est là que Daudet a fait officier le Révérend Père Gaucher, rejoignant dans la légende les chasseurs de casquettes.

MONTFAVET – 84.
Faubourg d'Avignon à la superbe église priorale XIVᵉ fortifiée, gothique méridional.

MONTGENÈVRE – 05.
Altitude 1 854 m
Le col de Montgenèvre, seuil d'alpages, a vu les débuts du ski sportif en France ; le village et la station de sports d'hiver y sont installés. Obélisque de l'ouverture de la route carrossable ordonnée par Napoléon, à la douane. Télécabine pour la crête du mont Chalvet, au N., table d'orientation à 2 620 m, panorama splendide. Au S., sources de la Durance et route du fort du Gondran (vue immense). L'hiver, liaisons avec la grande station italienne de Sestriere, formant l'énorme domaine skiable de la « Voie Lactée ».

Montmajour : *L'abbaye romane, fortifiée ultérieurement, est complétée de splendides bâtiments XVIIIᵉ en ruines. La tour de l'Abbé, crénelée, le magnifique cloître et la crypte en sont les plus belles parties.*

*Une rue du Vieux Nice, vue plongeante depuis les Jardins Grimaldi
(le « Château »).*

MONTMAJOUR (Abbaye de) – 13.

Aux portes d'Arles*, c'est un superbe ensemble roman bénédictin (fermé mardi) dans un beau site provençal.
Les remarquables bâtiments XVIIIᵉ sont en ruines et les parties romanes restaurées. Abbatiale XIIᵉ roman provençal dépouillée à courte nef, au-dessus d'une très curieuse église basse, cloître splendide fin XIIᵉ (chapiteaux romans et gothiques), réfectoire, salle capitulaire ; tour de l'Abbé, grand donjon fortifié XIVᵉ (belle vue) et chapelle Saint-Pierre Xᵉ en partie souterraine. A 200 m, belle petite chapelle Sainte-Croix fin XIIᵉ, au milieu de l'ancien cimetière dans le rocher.
➡ 2,5 km N.-E., Fontvieille*.

MORNAS – 84.   1 200 hab.

L'autoroute a popularisé le site de l'énorme rocher couronné par une vaste enceinte et des ruines XIIᵉ, et du petit vallon où se blottit une vieille église romane ; il faut découvrir cela de près et le beau village fortifié lui-même. Le pittoresque massif qui s'étend côté E. est traversé par le G.R. 4 et par la belle D. 12 puis D. 11 de Bollène* à Orange*.

MOUGINS – 06.   9 600 hab.
Altitude 260 m

Ancien bourg perché fortifié sur une colline isolée au-dessus d'une belle campagne ; Picasso y passa la fin de sa vie.
➡ 6 km N.-N.-E., Valbonne, sorte de curieuse bastide régulière XVIIᵉ avec une jolie place ombragée à arcades.

MOUSTIERS-SAINTE-MARIE – 04.
Altitude 631 m

Site splendide au pied de grands rochers entrouverts par la profonde gorge du Rioul, traversée par la chaîne (227 m de long) portant l'étoile (exécution d'un vœu ?).
L'église romane et gothique au magnifique clocher lombard domine le charmant vieux village aux maisons en cascade. Sous l'étoile, chapelle Notre-Dame de Beauvoir XIIᵉ-XIVᵉ (vue) et plus haut, par un sentier en corniche, grotte-chapelle de la Madeleine, vue étendue sur le plateau de Valensole. A la mairie, beau musée historique de la Faïence (vis. tous les jours en saison). Au S., petit lac (baignade).
➡ S.-E., circuit des gorges du Verdon*. ➡ S., grand lac de Sainte-Croix*.

NESQUE (Gorges de la) – 84.

De Sault* à Carpentras*, la D. 942 suit leur parcours solitaire s'enfonçant dans le plateau de Vaucluse* sous d'énormes falaises avec de beaux points de vue (grand rocher du Cire, 872 m) ; remarquables vieux villages de Monieux et, sur la D. 5 en aval, Méthamis.

NÉVACHE (Vallée de) – 05.

La ravissante vallée de la Clarée, premier affluent de la Durance, est maintenant très fréquentée. Beaux villages aux églises intéressantes (Val-des-Prés, Plampinet, Névache) ; en amont de Névache, hameaux restaurés (résidences secondaires, gîtes), fameuse chapelle de Fontcouverte, près

d'une belle cascade, et chalets de Laval (2 015 m), terme de la route, centre d'excursions faciles et d'ascensions difficiles (massif dolomitique des Cerces). Au N.-E., col de l'Echelle (beau site), vers la Vallée Etroite et l'Italie (Bardonècchia).

NICE – 06.   347 000 hab.

4e de France, la ville des fêtes, du Carnaval (les 10 jours précédant le Mardi gras) et de la baie des Anges escalade son amphithéâtre de collines au pied des Alpes (en partir pour la Corse éclaire aussitôt là-dessus) ; à sa vieille renommée touristique et climatique s'ajoute maintenant une grande réputation culturelle.

La Promenade des Anglais longe l'immense plage ; le quai des Etats-Unis la prolonge jusqu'au Château, puissant plateau rocheux (92 m) qui sépare le port de la vieille ville, portant des vestiges insignifiants du château et de la cathédrale XIIe dans un beau parc aux vues splendides (table d'orientation ; ascenseur) ; au pied O., les hautes maisons des vieilles rues très animées ; non loin du quai, pittoresque marché sur le cours Saleya (fleurs l'après-midi) ; musée de malacologie (mollusques et coquillages ; fermé dimanche, lundi et jours fériés) ; charmante chapelle de la Miséricorde XVIIIe (beau retable XVe) ; à l'E., palais du Sénat XVIIe-XVIIIe ; au N., l'église Saint-Jacques ou du Gesù, classique à riche décoration baroque ; cathédrale Sainte-Reparate XVIIe classique (œuvres d'art) ; palais Lascaris XVIIe (fermé lundi, mardi et vendredi hors saison) de style génois, superbe escalier et décoration, pharmacie XVIIIe, plafond de Carlone XVIIe, peintures, tapisseries ; église Saint-Augustin XVIIe, décoration baroque (Pietà de Bréa).

Le Paillon, couvert sur les deux derniers km de son cours, coupe la ville de grandes esplanades, au pied de la vieille ville ; près du N. de celle-ci, Muséum d'Histoire naturelle (fermé mardi et août) ; au centre de la ville, belle place Masséna style XVIIe, que le jardin Albert-Ier (grand théâtre de verdure) joint à la Promenade des Anglais, non loin du Palais de la Méditerranée ; plus loin à l'O., musée Masséna (fermé lundi et jours fériés) : appartements et décoration Empire, importantes peintures et sculptures régionales (Ecole niçoise XVe-XVIe), céramiques, etc. A l'O., près de l'Université des Baumettes (mosaïque de Chagall), musée municipal des Beaux-Arts J.-Chéret (33, av. des Baumettes ; fermé lundi et jours fériés, et le matin l'été), importantes œuvres diverses, XVIIIe dont Fragonard et Van Loo, salle Carpeaux, impressionnistes, Jules Chéret, 1900 ; pharmacie XVIIIe. Au N.-N.-O., vers le faubourg Saint-Barthélemy, église Sainte-Jeanne-d'Arc moderne, en béton, coupoles et fresques ; musée du Vieux-Logis (59, av. Saint-Barthélemy), ambiance XVe-XVIe.

Au pied de Cimiez (N.-E. de la gare), musée national Chagall (fermé mardi et jours fériés), bâti et organisé pour abriter *le Message biblique* notamment. La colline de Cimiez constitue le « beau » Nice et la ville antique, où le parc des Arènes contient le petit amphithéâtre Ier et IIIe (4 000 spectateurs), d'importants thermes et restes de la cité romaine et paléo-chrétienne (fermé dimanche matin, et lundi hors saison), et la Villa des Arènes avec un musée archéologique et Matisse, enterré non loin (vis. id.). Eglise de Cimiez gothique (façade XIXe troubadour, porche XVIIe ; entrée libre, mais intéressantes visites guidées sauf samedi, dimanche et jours fériés), importantes peintures de l'Ecole niçoise XVe-XVIe des Bréa ; devant l'église, calvaire XVe ; Dufy et Roger Martin du Gard sont inhumés au cimetière voisin, et le jardin au S. offre une vue splendide. Au N.-E., à l'hôpital Pasteur, très curieuse église baroque de l'ancienne abbaye de Saint-Pons.

Le port, dans un joli site d'ensemble urbain et naturel entre le Château et le mont Boron, connaît un important trafic avec la Corse (car-ferries) ; au pied du Château, sur le quai Rauba-Capeu (dérobe chapeau...), grand monument aux Morts, et plus à l'O. musée naval de la Tour Bellanda (fermé mardi et jours fériés) ; à l'E., bd Carnot, musée de préhistoire de Terra-Amata, sur un site très riche datant de 400 000 ans (fermé lundi) ; au-delà, Corniche du littoral, contournant le mont Boron vers Villefranche*, par le cap de Nice (vue).

➜ Splendides villages des collines de Nice au N. : Colomars, Falicon, Castagniers, Aspremont (vue magnifique du mont Chauve, 854 m, près G.R. 5, au N. par la D. 214 puis 1 h aller et retour). ➜ E., les Corniches*, le mont Alban (beau fort XVIe), le mont Boron et leurs panoramas. ➜ De la gare du Sud (au N. de la gare centrale...) part la superbe ligne de Digne par les vallées du Var, du Verdon et de l'Asse, une vraie journée de vacances...

NOTRE-DAME-DES-ANGES – 83.
Altitude 771 m
2e sommet du massif des Maures*, chapelle de pèlerinage et relais TV, panorama immense ; quatre routes et le G.R. 9 s'y donnent rendez-vous. Le point culminant du massif est la Sauvette (779 m) au S.-E. du col de Fourche (4,5 km E.), accessible depuis la D. 39 au S.

NOTRE-DAME-DU-LAUS – 05.
Altitude 930 m
Célèbre pèlerinage local, basilique XVIIe, beau site au-dessus de l'Avance. Au S., belle route de Jarjayes ; de là, Gap* au N. ou Tallard* au S.

NOYER (Col du) – 05.
Altitude 1 664 m
Communication entre le Dévoluy* aride et le riant Champsaur* sur lequel le versant E. offre une vue très aérienne ; superbe panorama (table d'orientation).

*Charme, poésie et calme apaisant du beau village d'**Oppède-le-Vieux**.*

OPPÈDE-LE-VIEUX – 84.
Extraordinaire village en ruine du Luberon, que des artistes relèvent ; vue splendide et étonnant site des ruines du château.

OPPEDETTE – 04.
Village perché dominant un impressionnant canyon du Calavon, qu'un beau sentier un peu sportif permet de visiter en 2 h 30. Croisement des G.R. 4 et 6.
➡ 8 km N.-O., Simiane-la-Rotonde, vieux village fortifié ; la curieuse rotonde est un ancien donjon féodal (vis. ; demander la clé) ; halles anciennes.

ORANGE – 84.   26 500 hab.
Son et Lumière
La prospère petite colonie romaine nous a laissé l'un des plus beaux théâtres antiques (vis. tous les jours), d'environ 10 000 places, avec son immense façade-mur de scène conservant une grande statue d'Auguste ; les fameuses Chorégies (festival lyrique) y ont lieu tous les étés depuis plus de cent ans ; les gradins s'adossent à la superbe colline Saint-Eutrope, jardin public où s'élevait le château des princes d'Orange-Nassau (panorama et table d'orientation) ; vestiges d'un gymnase, d'un temple et du Capitole. Important musée romain et historique (vis. tous les jours), cadastre romain. Au N., l'arc de triomphe, l'un des plus importants monuments romains du genre, commémore les victoires sur les Gaulois, avec des sculptures encore remarquables malgré la transformation en forteresse au Moyen Age.
Au centre, intéressante église Notre-Dame, ancienne cathédrale roman provençal, presque reconstruite après les guerres de Religion. Beffroi XVIIe avec un beau campanile en fer forgé à l'hôtel de ville. Beaux boulevards ombragés de platanes, pittoresque marché (jeudi) ; parc Gasparin.

ORCIÈRES – 05.
Altitude 1 439 m
Beau village au fond du Champsaur*, dominé par la station de sports d'hiver d'Orcières-Merlette (1 838 m), admirablement exposée au S. et culminant au Sommet Drouvet (2 655 m). Excursion au lac des Estaris (2 782 m), au N.-E. (journée).

ORGON – 13.   2 300 hab.
Joli site sur le défilé calcaire de la Durance entre Luberon* et Alpilles* ; au-dessus, Notre-Dame-de-Beauregard (moderne) jouit bien sûr d'une large vue ; vieux bourg, église XIVe, restes de remparts. A l'O., musée automobile de Provence (vis. tous les jours).
➡ 9 km N.-O., Saint-Andiol, église romane XIIe, devenue forteresse (mobilier).

ORPIERRE – 05.
Altitude 683 m
Beau site d'un vieux village des Baronnies, jadis fortifié, sur le Céans. Passage du G.R. 946.
➡ S.-O., route des Princes d'Orange vers Buis-les-Baronnies* par le beau col de Perty* (région XX). ➡ 8 km E.-N.-E., Lagrand, église romane.

ORRES (Les) – 05.
Altitude 1 550 m
Station de sports d'hiver dans la belle vallée des Vachères ; le cœur de la station est Pramouton (1 670 m) à 5 km S. Grands ensembles modernes.

OURS (Pic de l') – 83.
Altitude 496 m
Emetteur TV. Un des grands sommets du massif de l'Esterel*, dominant le golfe de la Napoule (Cannes). Du col Notre-Dame, accès à pied 1 h aller et retour (route interdite). Magnifique panorama sur le massif, la côte, les Alpes-Maritimes.

PAILLAS (Moulins de) – 83.
Altitude 326 m
En ruines, au point culminant de la presqu'île de Saint-Tropez, entre Gassin* et Ramatuelle* ; la vue paraît illimitée, au travers de la végétation (contourner le terrain interdit).

PEILLE – 06.   1 400 hab.
Altitude 630 m
Au-dessus d'un ravin et des gorges du Paillon, vieux bourg perché très pittoresque (vues étendues) ; église XIIe-XIIIe, maisons anciennes.
➡ 11,5 km S.-O., Peillon (beau sentier pour Peille, 3 h 30 aller et retour), village perché, tassé dans un site sauvage ; chapelle des Pénitents Blancs (fresques) et église intéressantes.

PEÏRA-CAVA – 06.
Altitude 1 450 m
Station d'été et d'hiver au site magnifique sur une longue crête panoramique, table d'orientation de Pierre Plate, à l'O. (route) ; remontées mécaniques.
➡ N., forêt et col de Turini* et circuit de l'Aution*.

PELVOUX (Mont) – 05.
Altitude 3 946 m
Haute montagne difficile (guide indispensable) dominant tellement la Vallouise qu'il fut longtemps considéré comme le point culminant des Ecrins. Splendide à voir du refuge du Glacier Blanc notamment (v. Ailefroide*).

PERNES-LES-FONTAINES – 84.   6 100 hab.
Capitale primitive du Comtat, au pied du plateau de Vaucluse, sur la Nesque. Intéressant ensemble fortifié XVIe de la porte Notre-Dame et du vieux pont ; restes d'enceinte XIVe et XVIe, portes Villeneuve et Saint-Gilles ; hôtel de ville, ancien hôtel de Brancas XVIIe ; tour Ferrande XIIIe (belles fresques de l'époque) et fontaine du Gigot XVIIIe ; tour de l'Horloge, reste du château des comtes de Toulouse. Hors enceinte, au N., église Notre-Dame roman provençal. Halle couverte XVIIe. Nombreuses fontaines.

PERTUIS – 84.   10 100 hab.
Marché agricole et chef-lieu du Pays d'Aigues, jadis fortifié (tours XIIIe et XIVe) ; église XVIe (œuvres d'art).

POËT (Le) – 05.
Altitude 550 m
Pittoresque bourg ancien contourné par un canal E.D.F. et face à des méandres de la Durance. Une table d'orientation permet de repérer de hauts sommets alpins de la région dans l'enfilade de la vallée.
➡ 6 km N.-O., Upaix, étonnant village perché médiéval (vue). ➡ 12 km N., Ventavon (660 m), beau village perché aussi au-dessus de la Durance, large vue du beffroi (table d'orientation), château XVe.

POINT SUBLIME – 04.
Belvédère (10 mn aller et retour) dominant l'entrée N. (amont) du Grand Canyon du Verdon* ; une petite route descend au-dessous à l'entrée du couloir Sanson (extrémité N. du sentier Martel*), très encaissé. Monter à Rougon, village perché et ruines féodales : vue aérienne saisissante sur le canyon.

PORQUEROLLES (Ile de) – 83.
Passage recommandé par la Tour-Fondue (presqu'île de Giens*) en 20 mn.
La plus grande des îles d'Hyères* : 1 254 ha, 7,5 km de long, est bordée au N. de plages de sable et de criques ombragées de pins et de maquis ; la côte S. est abrupte (panorama du phare, à la pointe S., 1 h aller et retour) ; la forêt admirable de l'intérieur culmine au sémaphore (142 m, belle vue) ; au-dessus du village-port, fort Sainte-Agathe XVIe.
Un site superbe et encore préservé.

PORT-CROS (Ile de, et Parc national de) – 83.

Passage recommandé par le Lavandou* (35 mn). 4,5 km de long, 2 de large, 640 ha, presque toute boisée de magnifiques forêts typiquement méditerranéennes, faune (oiseaux) et flore très riches, côtes S. et E. très abruptes, côte N.-O. avec des plages et des criques rocheuses, ravissant village-port de Port-Cros, d'où de belles promenades (sentiers balisés) mènent au S.-O. à la plage et à la falaise du Sud, retour par le Vallon de la Solitude, et à l'E. à Port-Man (col, baie et pointe), retour par le vallon Janet et la plage de la Palu par exemple.

Parc national au règlement strict (interdit de fumer, de faire du feu, de chasser, de camper, de plonger avec arme), protégeant un milieu unique.

PORT-DE-BOUC – 13.　　　　　　　　　　　　　21 400 hab.

Le premier site industriel du golfe de Fos* est protégé par le fort de Bouc édifié par Vauban autour d'une vieille tour, phare du port pétrolier de Lavéra, groupant une raffinerie et un puissant ensemble pétrochimique à l'entrée du canal de Caronte, qui relie l'étang de Berre* à la mer.

PORT-GRIMAUD – 83.

Dans un site marin superbe au fond du golfe de Saint-Tropez, bel ensemble moderne évoquant quelque modeste Venise provençale ; grand port de plaisance. Parking payant obligatoire.

PORT-SAINT-LOUIS-DU-RHÔNE – 13.　　　　　10 300 hab.

Près de Fos*, près de l'embouchure du grand fleuve, port et ville industrielle dans un contexte insolite. Bac piéton pour la plage de Piémançon.

➡ 7 km S.-E., plages de Roustan*.

PRA-LOUP – 04.
Altitude 1 630 m

Importante station de sports d'hiver dans un superbe site dominant l'Ubaye* ; beau loup fétiche statufié ; panorama du télécabine de Costebelle (2 120 m), d'où ascension possible (sentier délicat par endroits) de la Grande Séolane (2 909 m), en 5 h aller et retour au S.-O.

PUGET-THÉNIERS – 06.　　　　　　　　　　　　1 500 hab.
Altitude 410 m

Au confluent de la Roudoule et du Var, pittoresque vieux bourg aux grands toits débordants, jadis fortifié, dominé par les ruines d'un château des Grimaldi. Eglise romane XIII°, superbes sculptures XVIII° en bois de scènes de la Passion et retables de l'Ecole niçoise. Sur la place, *l'Action enchaînée* par Maillol, à la mémoire de Blanqui, né ici.

➡ N.-O., belles petites gorges de la Roudoule et les vallons adjacents, sans issue, jolies excursions et panoramas.
➡ Au S., par le col de Saint-Raphaël, accès aux vallées de l'Esteron*. ➡ Circuit classique et splendide des gorges de Daluis* et du Cians* par Entrevaux*, Guillaumes, Valberg* et Beuil*.

QUEYRAS (Parc naturel régional du) – 05.

60 000 ha couvrant l'ensemble du bassin du Guil, c'est un pays très cohérent : montagne surtout pastorale aux reliefs moins accentués que dans d'autres massifs alpins, climat sec convenant au mélèze, flore riche, traditions fortes se reflétant dans un habitat original et un cadre bien préservé mais s'ouvrant de façon coordonnée au tourisme d'été et d'hiver par de petites stations, des gîtes ruraux et un dense réseau de sentiers (G.R. 5, G.R. 58 « Tour du Queyras »), pays tout vert au ciel tout bleu, avec quelques points forts : la Combe du Queyras, Château-Queyras*, Saint-Véran*, le col d'Izoard*, le belvédère du Viso*, et le reste...

RAMATUELLE – 83.　　　　　　　　　　　　　　1 200 hab.

Célèbre village perché fortifié, aux ruelles pittoresques, dominant le petit vallon du Gros Valat qui va se jeter dans l'anse de Pampelonne. Gérard Philipe est inhumé au cimetière.

RAYOL – 83.

Canadel-sur-Mer et Rayol, au centre de la Corniche des Maures*, sont d'agréables stations et des plages très abritées, au pied du col du Canadel* (belle route) ; à l'E., passage le plus sauvage de la corniche, quelques très belles vues. A Rayol, grand escalier fleuri descendant à la plage.

RÉGALON (Gorges du) – 84.

Extraordinaire petit parcours rocheux dans le lit du torrent (suivre les marques du G.R. 6, durée ad libitum) ; il peut faire très chaud ou très frais et gare aux orages !

Orange : Le magnifique arc de triomphe romain commémore les victoires de César durant la guerre des Gaules et, marquant la via **Agrippa** *qui remontait le Rhône, précède de peu le splendide théâtre.*

Roussillon : *Le village, bâti sur l'ocre, en a les couleurs et borde les célèbres carrières, dont le contraste avec la végétation et le paysage est un phénomène spectaculaire très heureux pour l'œil. Au centre du pays d'Apt, les vues lointaines sont étendues et fort belles.*

RESTEFOND (Col de) – 04.
Altitude 2 678 m
Il précède de peu au N. le col de la Bonette* avec lequel il est parfois confondu (on dit souvent « la route du Restefond »).

RIEZ – 04.   1 600 hab.
Altitude 528 m
Pittoresque vieille ville provençale sur le Colostre au milieu des vastes plateaux de Riez et de Valensole ; belles maisons anciennes et hôtels Renaissance, fontaines, platanes, portes fortifiées Aiguière et Saint-Sols ; à la mairie (évêché XVe), musée de la Nature en Provence (fermé mardi). Au S., célèbre baptistère octogonal mérovingien et roman (coupole), restauré, musée lapidaire. Au S.-O. (rive droite), colonnade romaine, subsistant d'un temple (Ier s.). Le mont Saint-Maxime (ermitage ; 640 m) au N.-E., le relais TV au N.-O., commandent de larges vues.

ROCHE-DE-RAME (La) – 05.
Altitude 950 m
Villégiature sur la Durance ; petit lac (baignade, canotage), jolie vue vers le Pelvoux.
➡ 4 km S.-O., au S. de Pallon (D. 38), gouffre de Gourfouran (30 mn aller et retour, accès délicat), impressionnant canyon de la Biaisse au confluent.

ROGNES – 13.   1 400 hab.
Joli village dans les collines calcaires (fameuses carrières de pierre de Rognes, à l'O.) ; magnifiques retables XVIe au XVIIIe dans l'église début XVIIe.

ROQUEBRUNE-CAP-MARTIN – 06.   11 200 hab.
Agréable station sur la baie de Roquebrune, face à Monaco*. Superbe vieux village perché aux ruelles moyenâgeuses, couronné par le château féodal restauré d'origine carolingienne (fermé vendredi et novembre), musée, panorama.

ROQUEBRUNE-SUR-ARGENS – 83.   5 000 hab.
Pittoresque petite ville ancienne jadis fortifiée, escaladant les premiers rochers des Maures ; à l'église (chapelles médiévales), beaux retables XVIe.
➡ 1,5 km S.-O., couvent Notre-Dame-de-Pitié XVIIe (141 m), vue. ➡ 4 km O., sentier à droite (1 h 30 aller et retour) pour la montagne de Roquebrune (372 m), superbe petit massif escarpé, de grès rouges, au panorama merveilleux ; au-dessous à l'O., Notre-Dame-de-la-Roquette, dans un beau site accessible par bref sentier depuis la petite route qui longe l'autoroute.

ROQUEFAVOUR (Aqueduc de) – 13.
Splendide ouvrage construit de 1842 à 1847, faisant franchir l'Arc au canal de Marseille (375 m de long, 83 m de haut), dans un joli site.
➡ 3,5 km N.-N.-O., Ventabren (1 500 hab.), beau vieux village, vue superbe depuis les ruines féodales ; à l'église, peinture XVe de l'école d'Avignon.

ROQUESTERON – 06.
Bourg pittoresque sur l'Esteron* qui le divise en Roquesteron-Puget au N., jadis savoyard, et Roquesteron-Grasse au S., provençal et français ; tous deux furent fortifiés (église romane fortifiée au S.). Beau site.
➡ 2,5 km O., Notre-Dame d'Entrevignes, chapelle romane (peintures murales).

ROSANS – 05.
Altitude 704 m
Typique des Baronnies* (région XX), magnifique bourg médiéval aux ruelles enchevêtrées sur une butte portant une vieille tour carrée ; maisons anciennes à écussons et ancien château XVe. G.R. 91.
➡ 8 km N., col de la Fromagère vers la Motte-Chalencon* (région XX).

ROUSSILLON – 84.   1 100 hab.
Village provençal splendide au milieu de son site de falaises et de carrières d'ocres de toutes les couleurs « chaudes » ; castrum (table d'orientation) et plate-forme du Rocher, sommets du bourg, magnifique panorama ; de part et d'autre, Val des Fées et Chaussée des Géants, sites fantastiques dans les falaises d'ocres couronnées de pins.

Gorges de la Roya : *Elles sont retirées, secrètes, sauvages. Il faut s'arrêter souvent pour les apprécier, ou prendre le train...*

ROUSTAN (Plages de) – 13.
Immenses plages très insolites entre l'embouchure du Grand Rhône et le golfe de Fos*, face à la chaîne de l'Estaque et au complexe pétrolier de Lavéra.

ROYA (Vallée de la) – 06.
Sauvage et fort diverse, elle descend des confins désolés du col de Tende* et du massif du Mercantour* (vallée des Merveilles*) par de beaux villages : Tende* et la Brigue, rattachés à la France en 1947, Fontan, Saorge*, Breil*, puis passe en Italie. Des gorges impressionnantes font l'intérêt, entre deux tunnels, de la ligne S.N.C.F. (Nice-Sospel-Tende-Coni), remise récemment en activité.

SAINT-AUBAN (Clue de) – 06.
L'Esteron qui l'a creusée est un « spécialiste » des cluses (v. Aiglun*) ; entre le pont de Saint-Pierre et Saint-Auban (beau vieux village, centre de ski), le torrent saute de marmite en marmite au pied de falaises verticales aux énormes grottes.
➡ 7 km N.-E., Briançonnet, église romane, retable XVIᵉ attribué à Bréa ; vue magnifique sur la vallée de l'Esteron.

SAINT-AYGULF – 83.
Station balnéaire agréablement boisée et belle plage face à l'Esterel*, aux Plans de Provence et à la montagne de Roquebrune*. Au S., belles plages et criques rocheuses de la Gaillarde, des Issambres et de Val-d'Esquières.

SAINT-BLAISE (Fouilles de) – 13.
Site superbe au-dessus de l'étang de Lavalduc, près de la belle petite chapelle romane Saint-Blaise, importantes fouilles d'un site grec antique (remparts) et d'une cité paléochrétienne et médiévale avec nécropole. (Vis. : fermé mardi l'été ; et jeudi, samedi et dimanche.)

SAINT-BONNET – 05.   1 400 hab.
Altitude 1 025 m
Chef-lieu du Champsaur*, bon centre d'excursions entre plusieurs massifs.
➡ 12,5 km N. par la sauvage vallée de la Séveraissette, Molines-en-Champsaur (1 250 m), inhabité, important centre de reboisement. ➡ 9 km E., Chaillol (1 450 m), centre de ski, et Chaillolet (1 600 m), d'où les courageux gravissent au N. le Vieux Chaillol (3 163 m, 9 h aller et retour, partir tôt, facile) au panorama extraordinaire sur le massif des Ecrins* et les Alpes du Sud.

SAINT-CASSIEN (Lac de) – 83.
Vaste réservoir pour l'irrigation, dans de beaux paysages à la limite des Plans de Provence et des massifs de l'Esterel* et du Tanneron* ; de belles routes joignant ces massifs se rencontrent au pont de Pré-Claou qui le traverse.

SAINT-CÉZAIRE-SUR-SIAGNE – 06.   1 000 hab.
Altitude 500 m
Dominant des gorges profondes de la Siagne (table d'orientation), beau village médiéval perché, avec des restes de fortifications. Routes superbes vers Mons* et Saint-Vallier-de-Thiey.
➡ 3 km N.-E., belles grottes de Saint-Cézaire (vis. tous les jours l'été, après-midi hors saison, fermé l'hiver) aux concrétions rouges colorées.

SAINT-ETIENNE-DE-TINÉE – 06.   1 900 hab.
Altitude 1 144 m
Chef-lieu de la vallée, au cœur de la région du Mercantour*, station d'été et d'hiver en centre d'excursions. Eglise XVIᵉ-XVIIᵉ (superbe clocher roman). Fresques XVIIᵉ de la chapelle des Trinitaires, et belles fresques XVᵉ de la chapelle Saint-Sébastien.
➡ 7 km S., Auron*. ➡ 11,5 km S., Roya, au fond d'un beau vallon et au pied du mont Mounier (2 817 m), 7 h aller et retour au S.-E. par G.R. 5 puis à l'E., panorama unique. ➡ 8 km S.-O., vallon de Demandols ; ➡ 7,5 km N.-O., Saint-Dalmas-le-Selvage et sauvage vallon de Sestrière. ➡ 26 km N. puis N.-O., col et cime de la Bonette*, vers l'Ubaye* ; en chemin (7 km), Vens, cascade, et excursion (la journée) aux lacs de Vens, G.R. 5. ➡ E., 7 h aller et retour, lac de Rabuons, dans un cirque admirable.

SAINT-ÉTIENNE-EN-DÉVOLUY – 05.
Altitude 1 281 m
Village parmi des cultures, petit chef-lieu du massif et station d'été et d'hiver, environné de hautes falaises.
➡ 4 km S.-O., Superdévoluy et son « paquebot des neiges », station de ski ; au-dessus, sur le plateau d'Aurouze vers le pic de Bure* (ascension recommandée), nombreux chouruns et grottes. Sentiers et G.R.

SAINT-GENIS (Montagne de) – 05.
Altitude 1 432 m
Accessible au N. par le Pas de Jubée (v. Savournon*), à l'O. par Saint-Genis ou au N.-E. par le col de Faye, le synclinal perché (berceau de forêt ceinturé de falaises extérieures) d'où s'échappe le Riou à l'O. est saisissant à voir de la crête N. (suivie par le G.R. 94) et des vallées environnantes.

SAINT-JEAN-CAP-FERRAT – 06.   2 300 hab.
Station balnéaire très appréciée admirablement située à la racine de la pointe Saint-Hospice, appendice de la côte E. du cap Ferrat, dont les somptueuses propriétés accaparent souvent les rivages ; village et port charmants ; sentier autour de la pointe Saint-Hospice, et de Saint-Jean à Beaulieu. A la pointe du cap, phare (vis.), immense panorama. A l'O., zoo-jardin exotique (vis. tous les jours). Sur l'isthme, musée Ile-de-France (vis. après-midi sauf lundi et novembre ; jardins aussi le matin), site et jardins splendides, fondation Ephrussi de Rothschild, collections importantes et diverses, de mobilier, peintures, décoration, surtout XVIIᵉ-XVIIIᵉ.

SAINT-JEANNET – 06.   1 900 hab.
Altitude 400 m
Bourg agréable en balcon, au pied de son énorme Baou (800 m), tour calcaire, point de mire de la région (2 h aller et retour par chemin au N.), panorama splendide, table d'orientation.
➡ 4 km S.-E., près de la Gaude, grand centre d'études I.B.M., spécimen d'architecture moderne.

SAINT-JULIEN – 83.
Altitude 579 m
Beau village perché au panorama renommé sur la Haute-Provence ; restes de remparts, porte fortifiée, nombreuses vieilles maisons, belle église romane XIᵉ.
➡ Au N.-E., basses gorges du Verdon, peu accessibles (G.R. 99).

SAINT-MANDRIER (Presqu'île de) – 83.
Elle ferme la rade de Toulon et fournit des vues magnifiques sur l'ensemble du site (monter au cimetière). Port de pêche et de plaisance de Saint-Mandrier-sur-Mer (6 800 hab.), liaisons fréquentes par vedettes avec Toulon. Base aéronavale.

SAINT-MARTIN-D'ENTRAUNES – 06.
Altitude 1 050 m
Beau site boisé sur le haut Var. Remarquable église romane (retable XVIᵉ). ➡ 16,5 km N.-O., superbe route du col des Champs (2 095 m) vers Colmars*.

SAINT-MARTIN-VÉSUBIE – 06.   1 200 hab.
Altitude 960 m
Station d'été et d'hiver, centre touristique de la « Suisse niçoise » (à 60 km de Nice) au pied de la haute montagne du Mercantour* (v. le Boréon* et la Madone* de Fenestre), bourg pittoresque (ruelles, vieilles maisons, belles vues) dont l'église XVIIᵉ a une belle décoration, des œuvres d'art et la statue XIVᵉ de la Madone de Fenestre du pèlerinage ; chapelle des Pénitents Blancs XVIIIᵉ.
➡ 15 km S.-E., Belvédère (830 m), au pied de la superbe vallée de la Gordolasque (14 km de route au-delà) qui pénètre jusqu'aux cimes désolées du Mercantour : refuge Nice, G.R. 52 ; en chemin, cascade du Ray. ➡ 4,5 km S.-O., village de Venanson (site), fresques à l'E. ➡ 8 km O., col Saint-Martin (1 500 m), beau site face au Boréon ; station de ski de la Colmiane ; télésiège pour le pic de la Colmiane (1 795 m) ; de là, 5 h aller et retour au S. par les crêtes (G.R. 5 en partie), mont Tournairet (2 085 m), excursion agréable, immense panorama.

SAINT-MAXIMIN-LA-SAINTE-BAUME – 83.   4 000 hab.
Altitude 303 m
Sur un ancien lac. La célèbre basilique Sainte-Madeleine, ancienne abbatiale XIVᵉ-XVIᵉ gothique (du Nord), sans déambulatoire ni transept, d'une grande simplicité, possède en revanche de nombreuses œuvres d'art (orgues XVIIIᵉ réputées, retable de la Passion XVIᵉ de Ronzen, boiseries et riche décoration XVIIᵉ) ; la crypte, caveau funéraire gallo-romain Vᵉ, conserve quatre sarcophages de saints et le chef de sainte Madeleine dans une châsse XIXᵉ ; célèbres concerts.
L'hôtel de ville voisin est une ancienne hôtellerie du couvent royal ; à côté, le cloître XVᵉ et la salle capitulaire (vis. tous les jours) appartiennent au Collège d'Echanges Contemporains, centre culturel particulièrement dynamique. Maisons anciennes, petite ville agréable.
➡ 21 km S.-O., hôtellerie de la Sainte-Baume*. ➡ 19 km O.-N.-O., Puyloubier, au pied de la montagne Sainte-Victoire.

SAINT-MICHEL-L'OBSERVATOIRE – 04.
Altitude 534 m
A 2,5 km N., Observatoire national d'astrophysique de Haute-Provence à 650 m (vis. le mercredi à 15 h et les premiers dimanches d'avril à septembre à 9 h 30). Eglise prioriale Saint-Michel romane et gothique, possédant des fresques intéressantes.
➡ 3 km S., Lincel, curieux village (église romane) ; 8 km O. par N. 100, Reillanne, beau village perché fortifié, vue superbe.
Saint-Michel est le siège d'« Alpes de Lumière », mouvement pour la renaissance de la Haute-Provence (documentation, rencontres, etc.).

Fondation Maeght, à Saint-Paul : *Le Labyrinthe de Joan Miró parsème les jardins de la Fondation de ses étonnantes sculptures, qui réjouissent l'œil et divertissent l'esprit.*

Saint-Paul-de-Vence : *Beaucoup l'estiment le plus beau village de France. Fortifié, fleuri, plein de jolis détails : cadrans solaires, fontaines, musées inattendus, il est charmeur...*

SAINT-PAUL – 04.
Altitude 1 470 m

Au pied du col de Vars* (2 111 m ; Demoiselles coiffées dans la montée). Vieux village montagnard, comme les hameaux qui suivent en amont.

C'est la porte de la haute Ubaye, superbe vallée de haute montagne, entre le massif de la Font-Sancte (3 387 m), au N., et celui de l'aiguille et du Brec de Chambeyron (3 411 m et 3 390 m, séparés par le beau lac des Neuf Couleurs, excursion de la journée depuis Fouillouze), au S. Impressionnant pont du Châtelet sur la route de Fouillouze (beau village, centre d'excursions et d'ascensions). Gorges sauvages et église romane de Maurin (13,5 km de Saint-Paul) dans un cirque admirable (refuge de Maljasset, 1 903 m, un peu en aval ; excursions et ascensions ; lacs de Mary, 4 h aller et retour).

➡ 9 km S., la Condamine-Châtelard, près du fort de Tournoux ; 6 km O., Saint-Anne-la-Condamine, station de sports d'hiver.

SAINT-PAUL (DE-VENCE) – 06.   2 000 hab.
Altitude 162 m

Un des plus célèbres « villages » de la Côte, dans ses remparts XVIᵉ revus par Vauban (belles vues), perché dans une belle campagne accidentée, entre montagne (les « Baous ») et mer. Typiquement « pour touristes » et artistes, il reste beau et agréable ; maisons et hôtels célèbres, abritant expositions et musées : provençal, Auberge de la Colombe d'or, musique mécanique, municipal, parfum et liqueur (à l'O.) ; au N.-O., fameuse Fondation Maeght, grand musée et centre culturel contemporain dans un cadre architectural et décoratif remarquable (vis. tous les jours), intérieur et extérieur, et présentant un panorama complet et toujours renouvelé de l'œuvre artistique contemporaine.

SAINT-RAPHAËL – 83.   21 400 hab.

Grande et belle station balnéaire aux confins de l'Esterel*, petit port vivant, et port de plaisance ; superbes promenades de front de mer, face aux Lions de Terre et de Mer (îlots rocheux). Belle église romane XIIᵉ (fermé mardi et jours fériés l'été, dimanche et jours fériés hors saison) ; riche musée d'archéologie sous-marine à côté (vis. id.), nombreuses amphores antiques.

➡ 2,5 km N., Valescure, station résidentielle et climatique dans les pins ; superbe route d'Agay*, effleurant l'intérieur de l'Esterel. ➡ 4 km E., Boulouris, agréable station disséminée sous les pins, plage et rochers roses ; au-delà, célèbre corniche de l'Esterel, aux fantastiques paysages de rochers de porphyre rouge plongeant dans la mer, et de bouquets de pins.

SAINT-RÉMY-DE-PROVENCE – 13.   8 000 hab.

Charmante ville provençale dans ses boulevards ombragés ; beau clocher XIVᵉ de l'église Saint-Martin ; musée des Alpilles (fermé mardi) à l'hôtel Mistral de Mondragon, Renaissance, relié à l'hôtel de Sade XVᵉ-XVIᵉ, musée archéologique (fermé l'hiver, le mardi et certains jours hors

saison) des fouilles de Glanum et de Saint-Blaise. Marché le mercredi.
➡ 3 km O.-S.-O., Tour du Cardinal, belle demeure Renaissance. ➡ 1 km S., à gauche, ancien monastère de Saint-Paul-de-Mausole XIIe (clinique ; vis. tous les jours), église romane et très beau petit cloître, où Van Gogh fut interné un an (1889-1890) et peignit beaucoup (buste par Zadkine).
En face, à droite sur la D. 5, les célèbres Antiques : le mausolée à la mémoire des petits-fils d'Auguste, étonnamment conservé et orné de bas-reliefs, et l'arc municipal, superbement sculpté, marquaient l'entrée de la ville antique de Glanum dont les fouilles s'étendent au S. (vis. tous les jours sauf mardi l'hiver), révélant trois villes successives et superposées d'une grande richesse.
Une période hellénistique (IVe au IIe av. J.-C.), aux grandes pierres sans mortier, marquée notamment par la belle maison des Antes à péristyle et mosaïque et par le nymphée tout au S. près de la source celte ; ensuite une première période romaine (après la victoire de Marius en 102 av. J.-C.) avec l'ensemble des thermes, les maisons de Sulla, du Capricorne (mosaïques) et d'Epona, et une deuxième période romaine (après la victoire de César à Marseille, 49 av. J.-C.), en bel appareil avec mortier, comprenant le forum et les temples ; l'ensemble est admirablement situé à l'entrée d'un sauvage vallon des Alpilles. A 30 mn aller et retour au S.-O. des Antiques, splendide lac artificiel dans un beau site rocheux des Alpilles.
➡ 7 km S.-E., la Caume (387 m), sommet avec relais TV, splendide panorama (table d'orientation). Admirable parcours du G.R. 6 par la crête des Alpilles* (la Caume), Saint-Rémy, le col de Sarragan.

SAINT-SATURNIN-D'APT – 84.   1 400 hab.
Vieux bourg dans une belle situation au pied du « plateau » de Vaucluse*, marché agricole ; ruines du château (chapelle romane), vue. Environs sévères et très beaux, entre le Colorado Provençal* et Roussillon*. Carrefour des G.R. 6 et 9.

SAINT-TROPEZ – 83.   5 400 hab.
Par la vertu des artistes et des vedettes, le beau vieux port provençal est devenu l'une des grandes stations à la mode de la Côte d'Azur, dans une situation admirable sur son célèbre golfe, face aux monts des Maures*.
Sur le port, où l'on s'écrase l'été, la chapelle de l'Annonciade abrite un riche musée d'Art moderne (fermé mardi et novembre) : peintures de Signac, découvreur de Saint-Tropez, Seurat, Derain, Dunoyer de Segonzac, Bonnard, Vuillard, Van Dongen, Matisse, Marquet, Dufy, etc., et sculptures de Despiau et Maillol. Du môle, vues magnifiques. Vieilles rues pittoresques (la plupart piétonnes). Statue du bailli de Suffren de Saint-Tropez. A l'E., la citadelle hexagonale XVIe, dans une enceinte XVIIe, commande une vue immense ; elle abrite un musée de la Marine (fermé jeudi et novembre). Pittoresques marchés.
➡ 4,5 km E., après la baie des Canebiers, plage des Salins.
➡ 4 km S.-E., plage de Tahiti, sur l'anse de Pampelonne.
➡ 1 km S., chapelle Sainte-Anne, à quelques mn de la route, sur une butte volcanique, vue superbe ; 5 km S., à gauche, accès à la plage de Pampelonne ; au-delà, vers Ramatuelle*, les moulins de Paillas*, le cap Camarat*.
➡ O., Cogolin, Grimaud*, les Maures*.
● Célèbres « bravades », 16-17 mai et 15 juin.

SAINT-VÉRAN – 05.
Altitude 2 040 m
Commune la plus haute d'Europe et station de ski, ce splendide vieux village a des maisons à grands auvents et greniers de bois, séparées et exposées au midi, et une pittoresque église XVIIe (mobilier) dans le cimetière. Immenses alpages.
➡ 6 km S.-E., chapelle Notre-Dame-de-Clausis (2 390 m), après d'anciennes mines de cuivre et des carrières de marbre ; pèlerinage franco-italien le 16 juillet.

Saintes-Maries-de-la-Mer : *L'église-forteresse devient le centre du monde des gitans lors de leurs grands pèlerinages de mai, avec le concours de tous les éléments du folklore arlésien et camarguais et les réjouissances populaires qui le font revivre.*

SAINT-VINCENT-LES-FORTS – 04.
Altitude 1 280 m
Village perché au-dessus du lac de Serre-Ponçon, à l'entrée de l'Ubaye ; restes d'un fort XVIIe de Vauban et de batteries plus modernes ; vue immense.

SAINTE-AGNÈS – 06.
Altitude 754 m
Beau vieux village dans un site extraordinaire de montagnes au-dessus de Menton ; du haut de la falaise (sentier, table d'orientation), panorama. A l'O., les routes des cols de la Madone et des Banquettes (circuit possible) mènent à Peille* et Peillon*.

SAINTE-BAUME (Massif de la) – 13-83.
Altitude 1 147 m
Une superbe route le traverse de bout en bout entre Gémenos* et la Roquebrussanne mais celles qui montent d'Auriol au N.-O. et par Nans-les-Pins au N. sont également très belles.
Du col de l'Espigoulier à l'O., vue magnifique. Le plan d'Aups, grand plateau dominé par la falaise à peu près régulière de 300 m, porte la célèbre forêt dont la nature « nordique » riche mais fragile est due à l'ombre tutélaire de cet immense roc (et à la protection intégrale dont elle jouit depuis des siècles). De l'hôtellerie, centre international de la Sainte-Baume, animé par des dominicains (chapelle et tapisserie par Thomas Gleb en 1970, statues XVe), un sentier (d'abord G.R. 9) monte en 45 mn à la « sainte baume », grotte de sainte Marie-Madeleine (886 m ; autel, reliquaire et statue gisante XVIIIe au Lieu de pénitence) ; en redescendant un peu, retrouver le G.R. 9 qui monte au Saint-Pilon (2 h 30 aller et retour ; 994 m ; table d'orientation) au panorama immense ; le G.R. 98 à l'O.-S.-O. et le G.R. 9 à l'E.-N.-E. (par le Signal de la Sainte-Baume, point culminant, 1 147 m) parcourent toute la crête. Nombreux itinéraires balisés dans le massif.
De Saint-Zacharie au pied N., une admirable petite route (D. 12 puis route forestière) ou le G.R. 9 montent à l'oratoire de Saint-Jean-du-Puy (658 m ; bref sentier à la fin), magnifique panorama notamment sur la Sainte-Baume.

SAINTE-CROIX (Lac de) – 04.
Enorme lac de barrage à la sortie des gorges du Verdon* ; il équivaut presque au lac d'Annecy (2 500 ha) ; vue saisissante du col d'Illoire en débouchant de la Corniche* Sublime. Installations touristiques à Sainte-Croix-du-Verdon, Bauduen, les Salles-sur-Verdon, autour du nouveau pont d'Aiguines, etc. (villages, écoles de voile). Le G.R. 99 le contourne au S., des gorges du Verdon à Baudinard*.

SAINTE-MAXIME – 83. 6 600 hab.
Station balnéaire très appréciée face à Saint-Tropez, port de pêche et de plaisance, superbe plage abritée. Eglise XVIIIe.
➡ 1,5 km N.-E., sémaphore (128 m), vue magnifique.
➡ 9,5 km N.-O., col de Gratteloup (225 m) ; 0,5 km N.-O., parc d'attractions Saint-Donat et musée de la Musique mécanique (vis. tous les jours). Du col, route magnifique au N.-E. pour Roquebrune-sur-Argens*, panoramas splendides ; elle passe à proximité (30 mn aller et retour) du beau village ruiné de Vieux-Revest.

SAINTE-VICTOIRE (Montagne) – 13.
Altitude 1 011 m
Important massif calcaire dominant Aix-en-Provence* de l'E., aux formidables à-pics au S., sur le plateau du Cengle, dominant lui-même la vallée de l'Arc. La crête, facilement accessible des Cabassols par le G.R. 9 (v. Vauvenargues*) en 3 h 30 aller et retour à la Croix de Provence (945 m), est suivie par ce sentier jusqu'au point culminant, le pic des Mouches (1 011 m), à 2 h à l'E., d'où plusieurs sentiers descendent sur Vauvenargues ou Puyloubier (G.R. 9 au S.-E.) ; on peut aussi descendre sans grande difficulté de la Croix de Provence vers le Tholonet* ou le barrage de Bimont, tracés rouge ou bleu (rens. au S.I. d'Aix). Panoramas superbes.

SAINTES-MARIES-DE-LA-MER – 13. 2 100 hab.
Grand pèlerinage provençal et gitan (24 et 25 mai, fête de Marie Jacobé, grand rassemblement des Gitans ; vers le 22 octobre, fête de Marie Salomé), autour des reliques des saintes Maries et de leur servante noire Sara, abritées depuis 1448 par la chapelle Saint-Michel (inaccessible) au-dessus de l'abside de la belle église-forteresse des Saintes (romane XIIe, avec chemin de ronde – panorama –, mâchicoulis, clocher à peigne, beaux chapiteaux, crypte contenant les reliques de Sara), qui est la seule montagne de la Camargue*...
Musée camarguais Baroncelli (vis. tous les jours sauf novembre). Arènes. Grandes places et statue de Mireille. Immenses plages. Hors saison, la « digue à la mer » (voitures interdites) est une promenade insolite entre les étangs de Camargue et la mer (oiseaux, flore).

SALERNES – 83. 2 500 hab.
Altitude 222 m
Vieux bourg dans la belle vallée de la Bresque, ruines féodales et église romane. Importante fabrication de céramique.
➡ 6 km O., Sillans-la-Cascade, au S., belle cascade sur la Bresque (sentier, 30 mn aller et retour) ; 6 km S.-O., Cotignac*. ➡ 11 km N.-E., Tourtour (v. Villecroze*).

SALIN-DE-GIRAUD – 13. 3 300 hab.
Curieuse localité industrielle (sel et chimie) uniforme, avec de beaux arbres, entre le grand salin et le Grand Rhône, que franchit le bac de Barcarin.
➡ 2 km S.-E., à droite, remarquable belvédère sur les immenses salins ; au-delà, la route longe le Rhône, en face de Port-Saint-Louis-du-Rhône et tourne vers la plage insolite de Piémançon (dangereuse).

SALON-DE-PROVENCE – 13.   35 600 hab.
Grand carrefour, grand marché agricole très provençal, la ville des huiles, de l'Ecole de l'Air et de Nostradamus. Vieux quartier pittoresque autour du château de l'Empéri (Saint-Empire), fière forteresse XIIIᵉ au XVIᵉ couronnant un grand rocher, grande tour carrée et magnifique cour d'honneur Renaissance, chapelle XIIᵉ, belles salles contenant le Musée national d'art et d'histoire militaires (fermé mardi), très riches collections. Vieilles portes ; bel hôtel de ville XVIIᵉ ; église Saint-Michel XIIIᵉ romane (beau portail) et gothique ; maison de Nostradamus (vis. après-midi l'été sauf mardi) ; au N., superbe église Saint-Laurent XIVᵉ gothique méridional (Vierge en albâtre XVIᵉ, tombeau de Nostradamus, Descente de Croix polychrome XVᵉ en pierre, etc.). Non loin à l'E., musée de Salon et de la Crau, régional (fermé mardi, et le matin en semaine).
➡ 12 km E., château de la Barben*. ➡ S., étang de Berre*.

SANARY-SUR-MER – 83.   10 400 hab.
Station balnéaire sur une baie protégée au pied de belles collines, petit port animé, pêche et plaisance. A l'O., pointe du Ban Rouge (chapelle ancienne), belle vue.

SAORGE – 06.
Altitude 520 m
Splendide village perché en balcon au-dessus de la profonde vallée de la Roya* entre les belles gorges rouges de Bergue, en amont de Fontan (joli village, église XVIIIᵉ), et les sauvages gorges de Saorge d'où la vue du village est saisissante. Eglise XVIᵉ. Au S., église romane de la Madone de Poggio, belles fresques (vis.).

SAULT – 84.   1 200 hab.
Altitude 765 m
Le vieux bourg du plateau de Vaucluse*, en balcon au-dessus de la Nesque et du Croc, face au Ventoux*. Belle église romane XIIᵉ et XIVᵉ, restes du château XVIᵉ, petit musée archéologique (à la mairie). Maisons anciennes. Spécialités du plateau : lavande, miel, truffes, nougat.
➡ 11 km S.-E., Saint-Christol, au cœur du plateau d'Albion, qui contient les missiles « dissuasifs » (belles routes et larges vues) ; belle église en partie romane.

SAVINES-LE-LAC – 05.
Altitude 810 m
Important centre touristique et balnéaire recréé au-dessus du village noyé par la retenue de Serre-Ponçon* ; intéressante église moderne ; pont de 900 m sur le lac, beau site. Ecole de voile, sports nautiques, etc.
➡ 7,5 km S.-O. (D. 954), « Demoiselles coiffées » de Pontis, sur la superbe route du Sauze.

SAVOURNON – 05.
Vieux village dominé par plusieurs ruines féodales (château de l'Aigle, au N., 1 015 m, vue) ; à l'E., sauvage col de Faye, vers la Durance. Au S., accès par le Pas de Jubée à l'étonnante montagne de Saint-Genis*. G.R. 94.

SÉNANQUE (Abbaye de) – 84.
Au fond des petites gorges calcaires de la Sénancole (vue admirable de la route de Gordes*), l'abbaye cistercienne XIIᵉ-XIIIᵉ (vis. tous les jours), avec ses toits de lauze, est à l'unisson de l'austère paysage ; église, cloître et tous les bâtiments monastiques (à peu près au complet) sont splendides dans leur simplicité.
Centre d'études sahariennes (exposition passionnante) et centre culturel de rencontre (musiques anciennes, art contemporain, études médiévales) organisant des séminaires et expositions.

SENEZ – 04.
Altitude 781 m
Sur l'Asse de Blieux et la Route Napoléon, ce petit village fut siège d'un évêché ; son ancienne cathédrale est un beau monument XIIIᵉ roman provençal (mobilier XVIIᵉ remarquable et onze magnifiques tapisseries).
➡ 5 km N.-O., Barrême, chapelle XIIᵉ, confluent des Asses de Blieux et de Moriez. ➡ 7 km S.-E. sur la route (Napoléon) du col des Lèques et de Castellane*, belle clue de Taulanne.

SÉRIGNAN-DU-COMTAT – 84.   1 500 hab.
L'« harmas » de l'entomologiste (et esprit universel) J.-H. Fabre contient des trésors (fermé mardi).
➡ 4 km S.-E., Camaret-sur-Aigues, porte de l'Horloge et restes de fortifications.

SERRE-CHEVALIER – 05.
Altitude 2 483 m
Sommet de la station regroupant Chantemerle, la Salle, Villeneuve, le Bez, le Monêtier*, l'une des principales stations françaises de sports d'hiver, sur la Guisane à 6 km de Briançon. Il faut oublier (difficile l'été) la ville-champignon qu'elle forme pour apprécier ses pistes merveilleuses et son admirable panorama (table d'orientation en haut du téléférique en deux tronçons). Important centre sportif, école d'escalade, équitation, piscines, patinoire.
➡ 12 km N., col de Granon (2 413 m), splendide panorama également.

SERRE-PONÇON (Barrage et lac du) – 05.
Cet important barrage (1960) en terre compactée (123 m de haut, 600 m de long, 650 m d'épaisseur à la base) retient la Durance sur 20 km (jusqu'à Embrun*) et l'Ubaye* sur 10 km, formant un lac de 3 000 ha, plus grand que celui d'Annecy, dans une ambiance prononcée de Haute-Provence ; il a noyé plusieurs villages dont Ubaye ; au N., belvédère explicatif de l'E.D.F.
Le tour du lac est une excursion magnifique parmi des paysages tour à tour forestiers et ravinés (la rive S. est très verdoyante) aux nombreuses vues panoramiques : col Lebraut sur la rive O., le Sauze entre Durance et Ubaye, pont de Savines*, chapelle Saint-Michel sur une île au N., etc.

Abbaye de Senanque : *La Senancole a préparé le lieu idéal pour qu'une abbaye cistercienne s'y nichât... C'est un bout-du-monde dominé de petites falaises et l'ancien couvent apparaît comme une forteresse de sérénité et de symbolisme mystique.*

SERRES – 05.   1 400 hab.
Altitude 663 m
Vieille ville protestante fortifiée sur un rocher dans une boucle du Buëch ; maisons anciennes XIVᵉ au XVIᵉ dans des ruelles pittoresques ; hôtel de Lesdiguières XVIIᵉ (mairie), restes de remparts et ruines du château. G.R. 94 et 946.
➡ 8 km N.-O., la Piarre, joli site au pied de la montagne de l'Aup* (1 757 m) (région XX).

SEYNE – 04.   1 200 hab.
Altitude 1 200 m
Station de sports d'hiver dans un beau site sur la haute vallée de la Blanche, et sévère vieux bourg militaire (citadelle revue par Vauban, belle vue) ; remarquable église romane (portails gothiques).
➡ 5 km E., forêt de Seyne, en montagne (G.R. 6). ➡ 5 km S.-O., col du Fanget (1 459 m), vue. ➡ 6 km S.-E., col de Maure (1 346 m), vers Digne* ; station de ski de Grand-Puy (1 350 m). ➡ 12 km N., col Saint-Jean (1 333 m), station de ski.

SIGALE – 06.
Altitude 630 m
Superbe village perché fortifié (maisons et fontaine anciennes), au-dessus de l'Esteron* dans un beau site aérien.
➡ 3 km N.-O., belle clue du Riolan.

SIGNES – 83.
Altitude 350 m
Au pied S.-E. de la Sainte-Baume* par un versant peu incliné (excursion de la journée pour le Saint-Pilon par le G.R. 9) ; vieux village, église XVIIᵉ (portail XIᵉ et retables), tour de l'Horloge et fontaines anciennes.

SILVACANE (Ancienne abbaye de) – 13.
Dans un site bien calme que rien jadis ne séparait de la Durance, l'abbaye cistercienne XIIᵉ (fermé mardi), très modeste mais d'une harmonie étonnante, est l'une des plus typiques de l'ordre ; admirable église fin XIIᵉ ; cloître et magnifiques bâtiments XIIIᵉ, très beau réfectoire début XVᵉ.

SISTERON – 04.   7 500 hab.
Altitude 482 m
Pittoresque vieille ville où la grandiose cluse de la Durance sépare et réunit à la fois le Dauphiné et la Provence ; couronnant le rocher, la citadelle XIIIᵉ-XVIᵉ (musée, table d'orientation, immense panorama ; vis. tous les jours en saison) abrite l'été le festival d'art dramatique. Au bord de la Durance, vieux quartiers aux ruelles curieuses, « couverts » et « andrônes », maisons anciennes, tours (circuit S.I.). Belle cathédrale roman provençal (chapiteaux). Musée du Vieux-Sisteron. Du pont, vue caractéristique. Rive gauche, le Rocher de la Baume ; belle vue d'ensemble de la D. 4 vers l'aval.
➡ S.-O., vallée du Jabron* et montagne de Lure*. ➡ N.-E., D. 3, défilé de Pierre-Ecrite (grande inscription romaine Vᵉ), rocher de Dromon (1 285 m, vue) au-dessus de la chapelle XIᵉ de Chabert, superbe haute vallée du Vançon, Authon, forêt domaniale de Mélan, col de Fontbelle (1 304 m) ; on peut redescendre au S. vers Digne* ou Château-Arnoux* par la vallée des Duyes (circuit de 75 km). ➡ Le G.R. 6 à l'E. double le parcours précédent jusqu'au col à travers des paysages sauvages.
● Superbe ligne S.N.C.F. Grenoble-Marseille par Sisteron. A Digne, ligne de Nice, le « train des pignes ».

SIX-FOURS (Presqu'île de) – 83.
Entre Toulon* et Sanary-sur-Mer*, terminée au S. par la forêt de Janas (belles routes) et la chapelle Notre-Dame-du-Mai XVIIᵉ, point culminant du cap Sicié (358 m), pèlerinage en mai et vue marine immense ; au S.-O., Le Brusc, station balnéaire et petit port, pointe du Petit-Gaou et île des Embiez (liaisons rapides et fréquentes du Brusc), centre touristique et Observatoire de la Mer d'Alain Bombard (Fondation Ricard). Du fort de Six-Fours (210 m), vue superbe ; ancienne église du village abandonné, romane et XVIIᵉ, belles peintures (vis. après-midi samedi et dimanche).

SOLLIÈS-VILLE – 83.
Beau village perché au-dessus de Solliès-Pont (4 600 hab.), grand marché fruitier sur le Gapeau. Belle église romane curieuse avec ciborium en pierre XVᵉ, orgues de 1499 et retables ; musée Jean-Aicard, dans une maison de l'écrivain.

SOSPEL – 06.   1 900 hab.
Altitude 349 m
Charmante vieille ville aux maisons anciennes dont certaines à arcades, ou à balcons au-dessus de la Bévéra que franchit un pont XIᵉ à deux arches et tour centrale à péage (reconstruit depuis 1945). A l'église Saint-Michel XVIIᵉ (clocher roman, façade classique), beau rétable et Vierge XVᵉ de François Bréa. La Bévéra allant rejoindre la Roya tout près à l'E. en Italie, Sospel n'est relié à la France

que par des cols passés par des routes « à rallies », offrant des parcours superbes mais peu rapides : col de Turini* au N.-O., vers l'Aution* et la Vésubie* ; col de Braus* au S.-O. vers Nice* ; col de Castillon au S. vers Menton* ; col de Brouis* au N.-E. vers la vallée de la Roya*, Tende* et Turin.

TALLARD – 05.   1 100 hab.
Altitude 600 m
Vieux bourg fortifié barrant la vallée de la Durance, que domine à pic un puissant château XIVᵉ-XVIᵉ en restauration (beau logis Renaissance) ; église XIIᵉ-XVIᵉ intéressante et maisons anciennes ; chapelle des Templiers XIIIᵉ. Beau parc près de la Durance.
➡ 17 km S.-O., Barcillonnette, centre d'excursions dans la vallée magnifique et déserte de la Déoule.

TANNERON (Massif du) – 06-83.
Continuant au N. le relief de l'Esterel au-delà du ravin de l'Argentière qui l'en sépare, c'est une belle montagne surtout schisteuse qui était couverte de mimosas avant les incendies de 1970. Une magnifique route le traverse du lac de Saint-Cassien* à Mandelieu* (vues étonnantes dans la descente finale de la D. 92) par Tanneron (monter à la chapelle Notre-Dame-de-Peygros, 412 m, immense panorama).

TARASCON – 13.   10 700 hab.
Le splendide et important château fort (fermé mardi) reconstruit au XVᵉ par Louis II d'Anjou et le roi René veille sur le Rhône face à Beaucaire* (région XIX) ; fossés en eau ; la basse-cour au N. est séparée du puissant logis seigneurial au S., qui possède une superbe cour intérieure flamboyant et de belles salles voûtées et chapelles, appartements royaux ; des terrasses, vaste panorama.
Eglise Sainte-Marthe XIVᵉ (beau portail S. XIIᵉ) riche en œuvres d'art, peintures (Parrocel, Vien, Mignard, Van Loo), tombeau de sainte Marthe XVIIᵉ ; dans la crypte, ancien tombeau de la sainte, XVIᵉ, et magnifique tombeau de Jean de Cossa, sénéchal de Provence, Renaissance italienne fin XVᵉ ; nombreuses statues. Hôtel de ville XVIIᵉ ; rue des Halles, à arcades. Au S.-E., hôpital Saint-Nicolas, chapelle XVᵉ et pharmacie XVIIIᵉ aux belles faïences (fermé dimanche). L'été, voir la Tarasque au S.I.
➡ 5,5 km S.-E., chapelle Saint-Gabriel romane XIIᵉ, admirable façade d'influence antique (portail, oculus) ; remarquable intérieur très dépouillé ; c'était l'église d'un bourg disparu, veillé par une tour XIIIᵉ d'où la vue est belle. ➡ N.-E., la Montagnette*. ➡ E.-S.-E., les Alpilles* (v. les Baux*).

Tourette-sur-Loup : *L'un des superbes villages fortifiés du pied des montagnes, un peu en retrait de la Côte. La fête de la violette y est un événement ravissant, et les artisans s'y sont installés nombreux et créent des objets remarquables.*

Tarascon : *La formidable forteresse du roi René, baignée par le Rhône et de puissants fossés, aurait évidemment pu résister à l'abominable Tarasque si sainte Marthe n'avait apprivoisé entretemps l'horrible animal.*

TENDE - 06.   2 100 hab.
Altitude 816 m
Pittoresque bourg montagnard bien situé en balcon au-dessus de la Roya*, au pied du col et des tunnels internationaux (ferroviaire de 8 km et routier de 3,3 km) de Tende, entouré de montagnes pelées et sauvages. Eglise XVᵉ-XVIᵉ (portail Renaissance, œuvres d'art). Restes du château des Lascaris.
Rattachement à la France en 1947.
➡ Excursions dans la vallée des Merveilles* et le massif du Mercantour*. ➡ 6 km S.-E., La Brigue*.

THÉUS (Demoiselles coiffées de) - 05.
Sur la route (difficile) du mont Colombis (1 733 m, relais TV, panorama splendide), le vallon du Vallauria présente un étonnant paysage de puissants ravinements entrecoupés de verdure, d'où émergent des aiguilles et des colonnes coiffées de rochers les préservant un peu de l'érosion, c'est la Salle du Bal des Demoiselles coiffées.
D'autres groupes semblables existent au S.-O. de Savines-le-Lac* notamment, ainsi que sur les routes de Saint-Véran* et du col de Vars* (versant S.).

THOLONET (Le) - 13.   1 200 hab.
Site splendide sur l'Infernet, vues admirables sur la montagne Sainte-Victoire* que la route Paul-Cézanne va longer à l'E. Château des Gallifet XVIIIᵉ.

THOR (Le) - 84.   4 700 hab.
La cité des chasselas (restes de remparts) possède une des plus belles églises roman provençal (avec une très ancienne voûte d'ogives), portail et abside remarquables.
➡ 2,5 km N., grotte de Thouzon (vis. tous les jours), petite mais aux superbes concrétions, au pied d'un château en ruines.

THORAME-HAUTE-GARE - 04.
Altitude 1 012 m
La ligne S.N.C.F. Digne-Nice (plusieurs allers et retours quotidiens, constituant une excursion de premier ordre) débouche là dans la vallée du Verdon en sortant d'un long tunnel sous le beau col de la Colle Saint-Michel qui vient d'Annot*, vallée de la Vaïre. 3 km N., cascade de Font-Gaillarde.

THORENC - 06.
Altitude 1 250 m
Station climatique et estivale dans un beau paysage préalpin de crêtes calcaires dénudées, sur les pentes boisées du col de Bleine* au N. Belles promenades pédestres. Au S.-O., Andon, Caille et Séranon, centres de ski (remontées à l'Audibergue, culminant à 1 642 m).

THORONET (Abbaye du) - 83.
Dans un site superbe très retiré parmi des pinèdes, l'abbaye cistercienne XIIᵉ (fermé mardi) est un chef-d'œuvre de simplicité et de beauté pure ; admirable abbatiale et magnifique cloître barlong à niveaux décalés, avec lavabo hexagonal dans la cour ; superbe salle capitulaire à voûtes gothiques et importantes dépendances (certaines disparues), dortoir, grange dîmière, ateliers.

TINÉE (Gorges de la) - 06.
La longue vallée alpestre qui descend de la cime de Bonette* en longeant le massif du Mercantour* devient très encaissée dans les schistes rouges des gorges de Valabres en aval d'Isola*, puis de grands escarpements calcaires après Saint-Sauveur-de-Tinée, dominée par des villages perchés tels que Rimplas, Ilonse, Clans, Tournefort*, la Tour, avant la Mescla* avec le Var.

TOULON - 83.   185 000 hab.
Le grand port militaire, premier révélateur du génie militaire de Bonaparte, occupe l'une des plus belles rades du monde (malgré le béton), entourée de ses fameuses montagnes calcaires fortifiées.
Sur la Darse Vieille, les immeubles du quai de Stalingrad, reconstruits depuis 1944, séparent le port de la vieille ville ; le Musée naval (fermé mardi), bâti à la place de l'ancien hôtel de ville, est orné des mêmes célèbres Atlantes par Puget, XVIIᵉ. Par le cours Lafayette, au merveilleux marché provençal sous les platanes (chaque matin), musée du Vieux-Toulon (n° 69 ; fermé lundi et jeudi) ; à côté, cathédrale Sainte-Marie-Majeure romane remaniée et XVIIᵉ (œuvres d'art, décorations baroques, belle façade XVIIᵉ) ; au N.-O., place Puget et sa pittoresque fontaine des Trois-Dauphins. Au N.-O., sur le bd Général-Leclerc, musée d'Art et d'Archéologie (fermé lundi et jeudi), peintures, arts d'Asie et d'Indonésie, archéologie, photographie, et Muséum d'histoire naturelle. A côté, voir le jardin Alexandre Iᵉʳ. Sur le port, entrée monumentale de l'Arsenal XVIIIᵉ et tour de l'Horloge XVIIIᵉ (beau campanile moderne).
➡ Au S., le Mourillon, avec la tour Royale XVIᵉ, annexe du Musée naval, à la pointe de la Mitre ; vue superbe au cœur de la rade ; 4 km E., beau site du cap Brun, par la Corniche du Mourillon.
➡ Au N., Corniche du Mont-Faron (vues) et mont Faron*.

➡ S.-O., la Seyne, grands chantiers navals et station balnéaire se continuant par Tamaris et les Sablettes, sur l'isthme de la presqu'île de Saint-Mandrier*.
➡ 8 km O.-N.-O., Ollioules, église XIᵉ roman provençal, maisons anciennes, grandes cultures florales ; au N., belles gorges vers Evenos* ; au S.-O., route extraordinaire du Gros Cerveau.
➡ 7 km N.-O., centre culturel de Châteauvallon, superbe site.
● Visite de la rade en bateau et services réguliers toute l'année pour la Seyne et Saint-Mandrier, l'été pour les Sablettes ; quai de Stalingrad.

TOUR-D'AIGUES (La) - 84.   2 100 hab.
Bourg agricole gardant en son centre les superbes ruines d'un château Renaissance brûlé au XVIIIᵉ ; la porte d'entrée à l'antique est spectaculaire et l'ensemble des vestiges est encore imposant (donjon XIIᵉ, vue). Eglise en partie romane à deux absides opposées.
➡ 6 km N.-O., étang de la Bonde, très fréquenté (baignade). ➡ 6 km N.-E., Grambois, beau village, intéressante église en partie romane.

TOURETTE-SUR-LOUP - 06.   2 300 hab.
Altitude 400 m
Beau village fortifié dont les maisons forment rempart, à pic au-dessus de la rivière, site magnifique ; porte et tours ; à l'église gothique, autel païen à Mercure, œuvres d'art, triptyque de l'Ecole niçoise. Important artisanat d'art et célèbres cultures de violettes (fête de la violette).

TOURNEFORT - 06.
Altitude 630 m
Etonnant village perché sur la crête entre la Tinée* et le Var, remarquable panorama ; route superbe pour y accéder dans les deux vallées.

TOURTOUR - 83.
V. Villecroze*.

TOURVES - 83.   1 900 hab.
Altitude 290 m
Près du Carami descendant de la Sainte-Baume. Vastes vignes. Curieuses ruines du château de Valbelle XVIIIᵉ avec ses fabriques (colonnade notamment). Grottes préhistoriques du Carami (peintures).

TOUTES AURES (Col de) - 04.
Altitude 1 124 m
Entre les bassins du Var et du Verdon (lac de Castillon*), belle route qui permet de traverser de part et d'autre les impressionnantes clues de Rouaine et de Vergons, typiques des Préalpes de Provence.

TRETS - 13.   3 700 hab.
Entre Sainte-Victoire* et Sainte-Baume*, vieille ville fortifiée de remparts XIVᵉ avec des tours et un château XVᵉ ; église en partie romane et nombreuses maisons anciennes.

TURBIE (La) - 06.   1 800 hab.
Altitude 480 m
Le bourg occupe un col sur la crête du mont Agel (1 110 m) au cap d'Ail, et la superbe ruine du Trophée des Alpes (en partie restauré ; musée ; vis. tous les jours), commémorant les victoires d'Auguste, offre un superbe panorama ; des terrasses, étonnante vue plongeante sur Monaco* et la côte. Belle église baroque XVIIIᵉ.
➡ 4,5 km N.-E., golf du mont Agel (800 m) ; route interdite au-delà ; émetteur de RMC). ➡ 11 km N., route magnifique mais désertique vers Peille* et à droite vers Sainte-Agnès* (superbe circuit, retour par Menton*).
➡ 2 km N.-O., la Madone de Laghet, célèbre pèlerinage XVIIᵉ, collection d'ex-voto ; site superbe.

TURINI (Col de) - 06.
Altitude 1 607 m
Réunit, par des routes célèbres pour leurs lacets et la beauté de la forêt de Turini, les vallées de la Vésubie* et de la Bévera (Sospel*) ; elles y croisent la route de crête qui monte de Lucéram* et Peïra-Cava* à l'Aution*. Centre de ski.

UBAYE (L') - 04.
C'est le bassin de la rivière autour de Barcelonnette*, aux paysages amples et aux célèbres ravinements (Riou Bourdoux au N. de l'aérodrome) ; la route de la vallée et, par contraste, les routes des grands cols, Allos*, la Cayolle*, la Bonette*, et les défilés fortifiés de la route de Larche*, en donnent un large aperçu. Mais les excursions sont infinies ; classique cycliste du col de Parpaillon (v. Crévoux*), 2 645 m ; G.R. 56 (Tour de l'Ubaye).

VACCARÈS (Etang de) - 13.
Réserve zoologique et botanique au cœur de la Camargue*, (accès réservé aux spécialistes).
Le petit train de Méjanes* et les routes qui l'approchent surtout à l'E. permettent d'avoir des aperçus magnifiques sur la nature sauvage de la réserve et son caractère amphibie (jumelles indispensables pour observer les oiseaux). Autour, rizières parfois immenses.

Les Demoiselles Coiffées *de Théus. Etrange salle de bal en vérité que ce vallon sauvage d'où surgissent ces aiguilles de terre et de gravillons, témoins d'un ravinement sauvage, miraculeusement protégées par les rochers plats qui leur servent de parapluies.*

VAISON-LA-ROMAINE – 84.   5 200 hab.

Sur la rive droite de l'Ouvèze, la ville moderne recouvre les quartiers romains partiellement dégagés ; la ville moyenâgeuse, abandonnée mais qui revit, occupe le rocher de la rive gauche que domine le château XIIᵉ en ruines des comtes de Toulouse ; maisons anciennes, ancienne cathédrale XVᵉ, etc. Le pont est romain.

Au N., rive droite, importantes fouilles (vis. tous les jours, ticket général) du quartier de Puymin : superbe maison des Messii, grand portique de Pompée, et restes d'immeubles locatifs avec une urne à provisions, musée (mosaïques, statues, objets) ; au N., le théâtre Iᵉʳ-IIIᵉ ; à l'O., fouilles du quartier de la Villasse : partie de basilique, rue commerçante, et deux superbes maisons, du Buste d'argent et du Dauphin.

Au-delà, belle église Notre-Dame, ancienne cathédrale roman provençal, à fondations romaines et éléments mérovingiens (décoration, mobilier, autels), et cloître roman XIᵉ-XIIᵉ servant de musée lapidaire. Au N.-O., curieuse chapelle Saint-Quenin XIIᵉ à abside triangulaire, nef XVIIᵉ.

➡ S., superbe petit massif des Dentelles* de Montmirail.
➡ S.-E., par Malaucène*, le mont Ventoux*.

VALBERG – 06.

Altitude 1 669 m

Station d'été et d'hiver sur un col très ensoleillé, au pied du mont Mounier (2 817 m), site et panorama splendides entre les vallées du Var (gorges de Daluis*) et du Cians* (circuit fréquenté, v. Puget-Théniers*). Belle église moderne Notre-Dame-des-Neiges.

➡ 50 mn aller et retour au S. (route puis sentier), Croix de Valberg (1 829 m), panorama complet et très intéressant.
➡ Les deux routes pour Guillaumes (O.) sont très belles.

VALDEBLORE – 06.

Entre la Tinée* et Saint-Martin-Vésubie*, le versant O. du col Saint-Martin révèle de beaux paysages ; voir les églises de Saint-Dalmas et de la Bolline, et le site étonnant de Rimplas (église), perché au-dessus de la Tinée.

VALENSOLE (Plateau de) – 04.

Vaste et riche plateau, couvert de lavandin et de céréales, entre l'Asse, la Durance et le Verdon ; il est ébréché, notamment au S., de nombreux ravins pittoresques.
Intéressant vieux bourg de Valensole.

VALGAUDEMAR (Le) – 05.

Splendide vallée montagnarde du S. du massif des Ecrins, arrosée par la Séveraisse ; à l'entrée, Saint-Firmin (900 m) en est le petit chef-lieu ; agréable et cultivée jusqu'à Villar-Loubière, elle devient ensuite sévère et rocheuse ; la Chapelle-en-Valgaudemar (1 100 m), grand centre d'alpinisme au pied du sombre pic d'Olan (3 564 m), commande le fond de vallée, cascades de Combefroide, du Casset et, près du chalet-hôtel du Gioberney (cirque grandiose à 1 700 m, excursion au lac du Lauzon, 2 200 m), belle cascade du Voile de la Mariée ; G.R. 54 (« Tour de l'Oisans »). Au S.-O. de la Chapelle, excursion aux lacs de Pétarel (2 090 m, 5 h 30 aller et retour), « miroirs de l'Olan ».

Vaison-la-Romaine : *Les restes romains de Vaison comptent parmi les plus importants de France, et les fouilles continuent.*

Page 532, variété de la Provence...

En haut, **Tende :** *Pittoresque et exquis, égaré en Italie jusqu'à 1947.*

Au milieu, **Le Tholonet :** *Château des marquis de Gallifet, superbe XVIIIᵉ siècle.*

En bas, **Le Cap Ferrat :** *Il déploie ses merveilles entre Villefranche et Saint-Jean.*

L'Ubaye : *La vallée de L'Ubaye, aux crues redoutables, constitue une région sauvage et magnifique.*

Canyon du Verdon : *Le paysage le plus ample des gorges, qui n'en manquent pas, est ce magnifique cirque de Vaumale, point culminant de la Corniche Sublime, d'où le regard plonge sur le Verdon à 700 m en contrebas et vers de hautes montagnes (il arrive que l'on voie le Dévoluy, à 100 km).*

VALLAURIS – 06.
V. Golfe-Juan*.

VALLOUISE – 05.
Altitude 1 167 m
Vieux bourg aux énormes maisons-chalets à galeries de bois et vastes auvents comme dans toute la Vallouise (bassin du Gyr et de l'Onde formant la Gyronde), qui entoure à l'E. les principaux sommets du massif des Ecrins* (v. région XX) ; Barre* des Ecrins, Pelvoux*, Ailefroide, et le Glacier Blanc. Au centre, église XVe, beau porche XVIe à colonnes et tympan (voir la porte et son verrou ; mobilier) ; chapelle des Pénitents voisine.
➡ Au-dessus au N.-O. (6 km), vieux village typique de Puy-Aillaud (vue). ➡ 5 km S., Puy-Saint-Vincent (1 390 m), villégiature et station de sports d'hiver, vue splendide. ➡ N. puis N.-O., Pelvoux et Ailefroide*, vieux villages.

VALRÉAS – 84.   8 500 hab.
Fameuse enclave papale du Vaucluse dans la Drôme. La vieille ville se groupe en cercle autour du château Ripert (tour XIVe) sur une butte, belle vue générale ; chapelle des Pénitents Blancs XVIIe ; belle église romane XIIe (orgues) ; remarquable hôtel de ville XVe-XVIIIe (hôtel de Simiane ; vis. en saison) ; château delphinal, nombreuses et belles maisons anciennes.
Fête et Corso de la lavande (début août). Marché truffier.
➡ 7 km S.-O., Richerenches, commanderie de templiers XIIe fortifiée où se tient l'hiver un important marché de la truffe.

VARS – 05.
Altitude 1 639 m
Beaux villages, grande station de sports d'hiver (centre principal moderne aux Claux, 1 900 m).
➡ E. (8 km, D. 902 au N. puis à droite), Val d'Escreins, réserve naturelle, jolie vallée.

VARS (Col de) – 05.
Altitude 2 111 m
Un des grands cols alpins, entre la Durance et la Haute-Ubaye. Beaux paysages pastoraux, vues vers le Pelvoux et le massif de Chambeyron. Colonnes coiffées dans la descente (rapide) sur Saint-Paul*, au S.-E.

VAUCLUSE (Plateau de) – 84.
« Marchepied » au S. du Ventoux* et de la montagne de Lure*, c'est un causse mouvementé dominant parfois abruptement le Comtat à l'O. et la dépression d'Apt au S. ; boisé et entrecoupé de gorges à l'O. (la Nesque*, Sénanque*, etc.), dénudé et encore plus sauvage à l'E. (plateau d'Albion, v. Sault*), il est parcouru par des routes remarquables (D. 34 et D. 943 Apt*-Sault, D. 4 Apt-Venasque*), accès possibles au Ventoux ; superbes sentiers (G.R. 4, 6, 9). Nombreux avens, bories, etc.

VAUVENARGUES – 13.
Superbe site au-dessus de l'Infernet que dominent les pentes N. de la montagne Sainte-Victoire*. Grand château carré XVIe-XVIIe qui appartint au grand moraliste et à Picasso qui y est enterré (pas de vis.). A 1,5 km O., les Cabassols ; le G.R. 9 au S. escalade la Croix de Provence (945 m, accès le plus facile), premier sommet de la Sainte-Victoire. De Vauvenargues part au S.-E. un sentier pour le point culminant.
➡ 7 km O., Saint-Marc-Jaumegarde, château XVIe ; au S.-E., barrage de Bimont (ou de Rigaud) sur l'Infernet, beau lac de 4 km au pied de la montagne. Beau sentier en aval vers le barrage Zola et le Tholonet*.

VENASQUE – 84.
Vieux bourg perché, premier évêché du Comtat (« Venaissin » vient sans doute de son nom), au pied du plateau de Vaucluse* ; intéressante église romane XIe-XIIIe remaniée, flanquée d'une remarquable petite église XIe à quatre

absidioles en cul-de-four disposées en croix avec colonnes et remplois antiques.
➡ 2 km N., chapelle du carmel Notre-Dame-de-Vie, avec pierre funéraire de l'évêque Boétius († 604), spécimen rare de sculpture mérovingienne ; 3,5 km O., Saint-Didier, château Renaissance remanié, cour et décoration intérieur remarquables. ➡ S.-E., superbes routes d'Apt* (D. 4) par le col de Murs (627 m) et de Gordes* par Senanque* (D. 177).

VENCE – 06.   11 700 hab.
Altitude 325 m
Au pied du col de Vence (970 m, larges vues sur les Préalpes, les Alpes et la mer) et des « Baous », typiques pitons calcaires protégeant les basses collines du Var (v. Saint-Jeannet*), charmante vieille ville épiscopale fortifiée ; voir la délicieuse place du Peyra et les vieilles ruelles autour de l'ancienne cathédrale romane remaniée (œuvres d'art, stalles XVᵉ). Au N. (D. 2210), chapelle dominicaine du Rosaire, construite et décorée par Matisse (1950 ; vis. mardi et jeudi).
➡ O., gorges du Loup* et Grasse*.

VENTOUX (Mont) – 84.
Altitude 1 909 m
Le Fuji-Yama provençal (toujours blanc, de neige ou de calcaire) est bien nommé, le mistral y est redoutable.
De Malaucène*, au pied O., on monte par les Ramayettes (belvédère) et la station de sports d'hiver du mont Serein (1 428 m) le long du raide flanc N. ; du sommet (observatoire météo, tour hertzienne et TV, radar de l'Armée), le panorama porte sur les Alpes, les Cévennes, la côte, exceptionnellement le Canigou (table d'orientation) ; col des Tempêtes (1 829 m), fontaine de la Grave, le Chalet-Reynard, autre centre de ski ; de là à gauche, route de Sault*, la plus douce, à droite la rude descente dans la splendide forêt, sapins, feuillus puis les fameux cèdres, Saint-Estève (belle vue) d'où on peut regagner (magnifique) Malaucène, ou Carpentras au S.-O. Riche éventail de promenades et randonnées pédestres (dont les G.R. 4, 9, 91).

VERDIÈRE (La) – 83.
Altitude 474 m
Village dominé par un remarquable château féodal Xᵉ transformé au XVIIIᵉ (vis.) ; appartements superbement décorés XVIIIᵉ, mobilier, tapisseries, gypseries, peintures. Beau panorama.

VERDON (Grand Canyon du) – 04.
L'une des grandes curiosités naturelles d'Europe et l'un des plus beaux sites qui soient, la rivière entaille des montagnes calcaires sur plus de 20 km de long jusqu'à 700 m de profondeur et parfois 200 m de large seulement en haut ; des corniches « sublimes » (v. Point* Sublime, Corniche* Sublime, balcons de la Mescla*, Corniche* des Crêtes) permettent de bien en voir l'ensemble, constituant un circuit indispensable de près de 120 km entre Pont-de-Soleils (12 km S.-O. de Castellane*) et Moustiers-Sainte-Marie* (lac de Sainte-Croix) ; nombreux belvédères bien aménagés.
La descente du torrent en canoë ou à pied par le fond est un exploit réservé aux sportifs accomplis ; en revanche le « sentier Martel », tronçon du G.R. 4 entre le chalet de la Maline et le Point Sublime, est une randonnée de la journée sans difficultés majeures (échelles, tunnels, lampe indispensable ; aucune issue entre les extrémités). Le G.R. 99 longe les gorges au S., doublant la Corniche Sublime.

VERNE (Chartreuse de la) – 83.
Altitude 415 m
Site splendide des Maures*, complètement isolé au milieu de l'immense forêt ; bâtiments surtout XVIᵉ au XVIIIᵉ et restes romans, cloîtres et moulin à vent (restauration en cours, vis. tous les jours sauf mardi hors saison). Belles promenades pédestres.

VÉSUBIE (Vallée de la) – 06.
Superbe vallée de haute montagne vers Saint-Martin-Vésubie*, elle s'élargit en jolis bassins bien cultivés (oliviers, vignes) vers Roquebillière et Lantosque ; en aval de Saint-Jean-la-Rivière, une route suit des gorges profondes et sauvages aux falaises très colorées, une autre va vers Nice par l'impressionnant belvédère du Saut des Français et Levens (à l'O., belles vues). A 15 km O. de Saint-Jean, la Madone* d'Utelle.

VEYNES – 05.   3 400 hab.
Altitude 824 m
Ville ancienne sur le Petit-Buëch, au pied S. du massif du Dévoluy*. Maisons anciennes et château XVIᵉ restauré (mairie).

VIAL (Mont) – 06.
Altitude 1 549 m
A pic au-dessus de la Mescla (« mêlée » de la Tinée et du Var), face à la Madone* d'Utelle et à Tournefort*, un panorama peu ordinaire. Relais TV.

VIEUX-VERNÈGUES – 13.
A 10 km N.-E. de Salon-de-Provence*, Vernègues a été rebâti au bas du rocher qui portait le vieux village, détruit par un tremblement de terre en 1909 (v. Lambesc*) ; du sommet (bref sentier), splendide panorama provençal (table d'orientation sur la tour).
➡ 4 km S.-E., Château-Bas ; dans le parc du château, restes d'un temple romain de l'époque d'Auguste et d'autres bâtiments, et chapelle Saint-Césaire romane et XVIᵉ.

VILLECROZE – 83.
Altitude 350 m
Au pied des Plans de Provence, sorte de grands causses montagneux, le vieux bourg pittoresque (château, maisons à arcades, chapelle des Templiers, église médiévale, tour de l'Horloge) est dominé par une falaise percée de grottes (vis.) qui furent bien sûr habitées ; parc municipal et cascade ; belvédère. Céramiques et artisanat.
➡ 6 km N.-E., Tourtour, magnifique village perché sur une crête (633 m), dans des restes de remparts ; ormes célèbres du XVIIᵉ, maisons anciennes, panorama immense depuis l'église ; 3 km N.-E., tour de Grimaldi, beau site ; à l'E., Saint-Pierre-de-Tourtour, petit lac et restes romains (voie et pont). Artisanat ; fêtes régionales début août.

VILLEFRANCHE – 06.   7 300 hab.
Station balnéaire très protégée et port de pêche pittoresque sur une admirable rade entre le cap Ferrat et le mont Boron ; au port, dominé par une belle citadelle XVIᵉ plongeant dans la mer (sauf un sentier), chapelle Saint-Pierre (fermé novembre) décorée de fresques de Cocteau ; vieux quartier plein de charme à ruelles et escaliers, parfois voûtés (rue Obscure) ; église baroque (étonnant Christ gisant en bois XVIIᵉ).

VINAIGRE (Mont) – 83.
Altitude 618 m
A 11 km de Fréjus* sur la N. 7 vers Cannes*, une route à droite (puis deux fois à gauche) mène en 4 km plus 30 mn aller et retour au point culminant du massif de l'Esterel*, où l'ancienne vigie permet un des plus beaux panoramas de Provence : la côte, la Provence, les Alpes. La route forestière qui contourne le sommet au S. fait le tour du massif au plus près des crêtes, parcours recommandé (v. Esterel*).

VINON-SUR-VERDON – 83.   1 800 hab.
Vieux bourg sur un piton dominant la plaine du confluent avec la Durance, large nappe d'eau du barrage de Cadarache. Sur la rive droite, centre de vol à voile et petite forêt domaniale de Vinon.

VISO (Belvédère du Cirque du mont) – 05.
Altitude 2 127 m
Au terme de la route remontant le Guil*, au fin fond du Queyras* (47 km de Guillestre*), site remarquable offrant une vue admirable sur le mont Viso, énorme masse de 3 841 m (tour balisé, trois étapes).

VITROLLES – 13.   20 200 hab.
L'agglomération commerciale et industrielle est dominée par le vieux village perché au-dessus de l'étang de Berre*, au pied d'un impressionnant rocher, facilement accessible par un bref sentier et un escalier : magnifique panorama.

Villefranche-sur-Mer : La « chapelle de Cocteau » est un des nombreux et magnifiques témoins de l'art moderne dans la région. Mais la rade de Villefranche est elle aussi d'une grande beauté.

Le golfe de Sagone, entre Cargèse et Ajaccio.

Corse

8 680 km² − 240 178 habitants

Départements	Superficie en km²	Population
2B Haute-Corse	4 666	131 574
2A Corse-du-Sud	4 014	108 604

L'Ile de Beauté, qui est la plus grande île... de France (métropolitaine), est un petit monde sauvage et odorant, au sol fort incliné, et fut très peuplée ; elle était alors entièrement cultivée hormis les forêts et les rochers ; on trouve encore d'anciennes terrasses de culture partout, et, du temps des Romains, la plaine d'Aléria et même le « désert » des Agriates étaient des greniers à blé ! C'est à son corps défendant qu'elle a toujours attiré les étrangers car elle ne cherchait pas à les retenir, bien au contraire...

Elle se compose presque entièrement de puissantes chaînes de montagnes et, par temps très clair, on la voit de la région de Nice, comme de l'Italie plus proche, bien entendu. En faire le tour par mer est une magnifique croisière pour les amateurs de paysages. Elle est encore victime d'un faible développement, sauf du point de vue touristique et immobilier..., et aussi pour la vigne qui produit certes du gros rouge mais aussi beaucoup d'excellents vins qui ne sont guère connus.

Chacun sait que les Corses sont ombrageux mais ils ont un grand cœur et ils sont charmants, autant que leur pays.

Ajaccio et Bastia ont beaucoup grandi ; il faut voir Corte, Sartène, pour toucher la Corse profonde, celle qui mérite des heures de bateau plutôt qu'un coup d'aile.

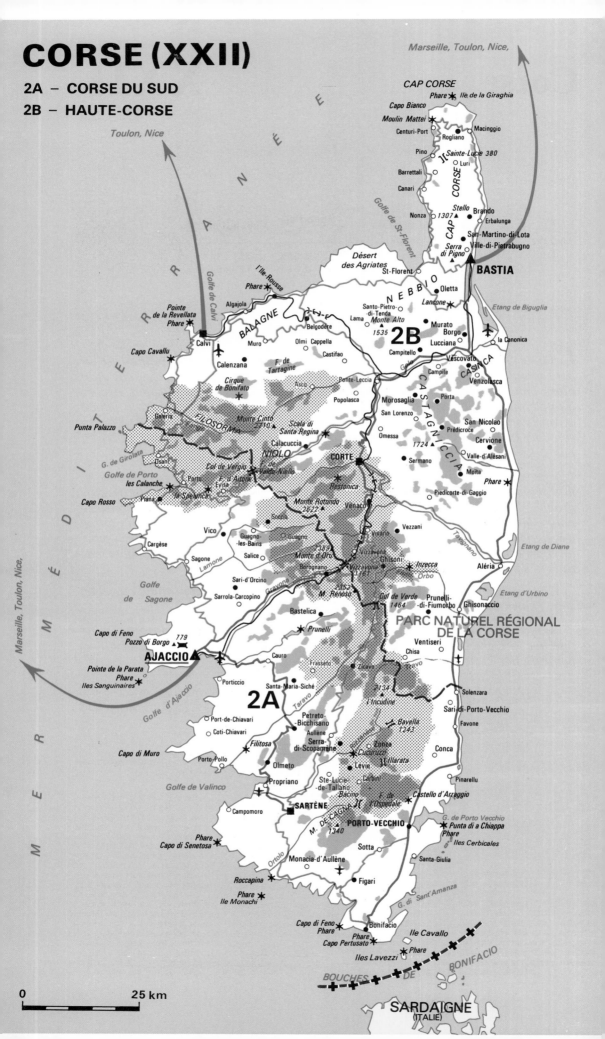

CORSE (XXII)

2A – CORSE DU SUD
2B – HAUTE-CORSE

Marseille, Toulon, Nice,

Toulon, Nice,

CAP CORSE

CAP CORSE
Phare ✱ *Ile de la Giraghia*
Capo Bianco
Moulin Mattei
Centuri-Port
Rogliano
Macinggio
Pino
Sainte-Lucie 380
Luri
Barrettali
Canari
Nonza
Stello
○ *1307* ▲ Brando
Erbalunga
San-Martino-di-Lota
Serra di Pigno
Ville-di-Pietrabugno
BASTIA ▲

Golfe de St-Florent

Désert des Agriates
St-Florent
Oletta
Etang de Biguglia
NEBBIO
Lancone ✱
Santo-Pietro-di-Tenda
Lama
Monte Alto
1535
Murato
Borgo
2B
Campitello
Lucciana
la Canonica
Vescovato
Campile
CASINCA
Venzolasca

I'Ile-Rousse
Phare ✱
Algajola
BALAGNE
Belgodère
Muro
Olmi Cappella
Castifao
F. de Tartagine
Asco
Ponte-Leccia
Porta
Castiao
Popolasca
Morosaglia
San Lorenzo
San Nicolao
Omessa
Prédicroce
Cervione
Valle-d'Alesani
CASTAGNICCIA
1724
Sermano
Moita
Piedicorte-di-Gaggio
Phare ✱

Pointe de la Revellata
Phare ✱
Capo Cavallu ✱
Calvi
Calenzana
Cirque de Bonifato
Monte Cinto
2710 ▲
Scala di Santa Regina
FILOSORMA
Galeria
Punta Palazzo
G. de Girolata
Golfe de Porto
les Calanche ✱
Capo Rosso ✱
Usant
Col de Vergio
F. d'Aïtone
NIOLO
Calacuccia
F. de Valdu-Niellu
CORTE ■
Restonica
Porto
Piana
la Spelunca
Evisa
Monte Rotondo
2622 ▲
Venaco

Vico
Guagno-les-Bains
Guagno
Soccia
Vivario
Vezzani
Cargèse
Salice
1389
Monte d'Oru
Vizzavona
Ghisoni
Inzecca
Orbo
Sagone
Sari-d'Orcino
Borognano
Vizzavona
1161
Aléria
Etang de Diane
Sarrola-Carcopino
Lamone
M. Renoso
2352
Cul de Verde
1464
Prunelli-di-Fiumorbo
Ghisonaccio
Etang d'Urbino
Golfe de Sagone
Bastelica
Prunelli ✱

Capo di Feno
Pozzo di Borgo *779*
AJACCIO ▲▲
Pointe de la Parata
Phare ✱
Iles Sanguinaires ✱
Cauro
Santa-Maria-Siché
Frasseto
Zicavo
Chisa
PARC NATUREL RÉGIONAL DE LA CORSE
Ventiseri
Porticcio
2A
Solenzara
Port-de-Chiavari
2134
I'Incudine ▲
Sari-di-Porto-Vecchio
Coti-Chiavari
Petreto-Bicchisano
Aullène
Serra-di-Scopamène
Bavella
1243
Favone
Filitosa
Capo di Muro
Zonza
Cucuruzzu
Conca
Porto-Pollo
Olmeto
Levie
Illarata
Pinarellu
Propriano
Ste-Lucie-de-Tallano
Bacino
Carbini
Castello d'Arraggio
Golfe de Valinco
SARTÈNE ■
F. de l'Ospedale
Campomoro
M. DE CAGNA
PORTO-VECCHIO
1340
Punta di a Chiappa
Phare ✱
G. de Porto Vecchio
Sotta
Phare ✱
Capo di Senetosa
Santa-Giulia
Iles Cerbicales
Monacia-d'Aullène
Roccapina ✱
Figari
Phare ✱
Ile Monachi
G. di Sant'Amanza

Capo di Feno
Phare ✱
Bonifacio
Ile Cavallo
Phare ✱
Capo Pertusato
Phare ✱
Iles Lavezzi
BOUCHES DE BONIFACIO

SARDAIGNE (ITALIE)

M É D I T E R R A N É E

Golfe de Calvi

Golfe d'Ajaccio

Marseille, Toulon, Nice,

0 _____ 25 km

Ajaccio : *La lumière du soir y est toujours belle et c'est un grand plaisir de « transiter » par la ville natale de Napoléon, fondée dit-on par Ajax et où l'empereur ne laissa pas un souvenir très apprécié – sur le moment.*

AGRIATES (Désert des) – 2 B.

Vaste zone rocheuse de près de 200 km², volontiers torride ou glaciale, couverte d'un maigre maquis, où se dressent quelques monts à la silhouette altière en dépit d'altitudes peu corsées (autour de 400 m). De Lozari à Saint-Florent (37 km), quelques maisons seulement bordent la route. Le désert est cependant traversé de sentiers courus par les chèvres et bordé de magnifiques criques aux plages sauvages (courants violents). A l'O., la vallée peu habitée de l'Ostriconi débouche dans l'anse de Peraiola dans un beau paysage nostalgique. Ce désert fut jadis un grenier à blé...

AÏTONE (Forêt d') – 2 A.

Escaladant la haute vallée de l'Aïtone qui monte au col de Vergio*, forêt de 1 700 ha de laricios (du hêtre en montant), où abondent rochers, eaux vives et sentiers, aux portes d'Evisa. Cascades d'Aïtone. Au N., cols de Salto et de Cocavera (vue magnifique), 5 h 30 aller et retour.

AJACCIO – 2 A.   52 000 hab.

Port important au fond de son admirable golfe (alerte au béton !) veillé par les Sanguinaires*, ville charmante et champignon, dominée par la pointe Pozzo di Borgo et la haute figure du Petit Caporal. Patrie en outre de Danielle Casanova et de Tino Rossi.
Souvenirs napoléoniens importants : Maison Bonaparte (natale) (vis. tous les jours sauf mardi), au cœur de la vieille ville, place Letizia, et, bordant ce vieux quartier, place Général-de-Gaulle avec le monument de Viollet-le-Duc (l'empereur entouré de ses quatre frères), et place Maréchal-Foch, statue du Premier Consul au-dessus d'une fontaine, entourée de palmiers, de cafés et de restaurants, à côté du port ; sur cette place, musée napoléonien, à l'hôtel de ville (vis. tous les jours sauf dimanche et jours fériés, couplée avec le musée Fesch) ; au palais Fesch, chapelle impériale (XIXᵉ-Renaissance), où repose la famille Bonaparte, et important musée Fesch (notamment peintures italiennes : Bellini, Botticelli, Tura, Titien, Véronèse). Près de la plage Saint-François, cathédrale Renaissance à coupole et décors en trompe-l'œil (œuvres d'art). La citadelle XVIᵉ est interdite, mais sa jetée permet une vue magnifique. Parcourir la rue Cardinal-Fesch et le cours Napoléon, et traîner le matin au marché (près gare maritime). Au S.-O., après le monument Fred Scamaroni, place d'Austerlitz et monument Napoléon. Aller voir arriver ou partir le *Napoléon* (ou les autres car-ferries). Au N. du port, la gare, tête de ligne pour Bastia (changement à Ponte-Leccia pour Calvi).

AJACCIO (Golfe d') – 2 A.

Ouvert de 15 km, profond de 17, entouré de montagnes dans une progression qu'on dirait savante (à voir du bateau arrivant de Marseille), il est d'une grande variété et d'une beauté que l'urbanisation de ses rivages menace. Voir Ajaccio*, Iles Sanguinaires*, Chiavari*, Coti-Chiavari*.

ALÉRIA – 2 B.   2 700 hab.

Capitale de la Corse pendant l'antiquité, grecque, romaine, Aléria revit au milieu de sa plaine redevenue fertile mais non sans problèmes. Fouilles importantes, qu'on visite avec le musée Jérôme-Carcopino (tous les jours sauf dimanche hors saison), bien installé dans le fort de Matra XVIᵉ, et très riche ; de la cité romaine, on a dégagé un forum, des bains, un prétoire et un temple ; il existait un port de commerce et des thermes, plus au N.-E., et le port militaire de l'étang de Diane. Eglise Saint-Marcel XVᵉ.

ARRAGIO (Castello d') – 2 A.

Monument torréen fortifié d'une enceinte énorme assez bien conservée (porte), dans un site splendide dominant le golfe de Porto-Vecchio (1 h aller et retour du hameau d'Arragio). (V. Filitosa* et Cucuruzzu*).
➡ 3 km E., Torre, hameau dominé par une petite forteresse torréenne typique et curieuse (vue). – Les Torréens étaient un peuple guerrier qui occupa le Sud de la Corse vers – 1500.

ASCO (Vallée de l') – 2 B.

Vallée de haute montagne, glaciaire en haut dans le beau cirque du Haut-Asco (que le G.R. 20 côtoie sur les crêtes), petit centre de ski, dominé par le Monte Cinto* ; grande forêt de pins laricio de Carrozzica ; village montagnard austère d'Asco ; gorges sauvages et colorées avant le bassin de cultures de Ponte-Leccia où l'Asco rejoint la Tartagine et le Golo*.

AULLÈNE – 2 A.   800 hab.
Altitude 850 m

Dans les châtaigniers. A l'église, voir la chaire.
➡ 11,5 km N., col de la Vaccia (vue sur le Taravo et les hautes chaînes). ➡ O., belle route de Petreto. ➡ S.-E., la route de Zonza* traverse l'Alta-Rocca, région comprenant les bassins du Coscione*, du Rizzanèse* et du Fiumicicoli.

BACINO (Col de) – 2 A.
Altitude 808 m

Sur la jolie route Levie-Carbini*-Porto-Vecchio*, beau site de moyenne montagne sauvage entre le haut Ortolo* et le superbe versant N.-E. de la montagne de Cagna* dominant de loin le golfe de Porto-Vecchio.

BALAGNE (La) – 2 B.

Région de collines, qui fut riche et peuplée, et reste riante, séparée du reste de la Corse par des barrières naturelles impressionnantes que le train et la route ont du mal à franchir. Littoral très touristique, intérieur à villages perchés, belles églises et artisanat. De Calenzana* à l'Ile-Rousse* par la D. 151 et la D. 71, Cassano (triptyque XVIᵉ à l'église), col de Salvi (de la tour à gauche, vue), Muro, Feliceto (artisanat), Speloncato (village perché, vue), Belgodère (église Saint-Thomas, œuvres d'art ; vieux fort avec vue), crochet par Palasca (artisanat), Lozari, l'Ile-Rousse, puis, jusqu'à Calvi*, D. 151 par Corbara (église de l'Annonciation XVIIIᵉ avec objets d'art, ruines de castels), couvent de Corbara (œuvres d'art ; grimper au Monte Sant'Angelo, panorama sur la Balagne et la côte), Pigna (siège de la Corsicada, artisanat corse), Aregno (église de la Trinité, roman pisan polychrome, fresques à l'intérieur), crochet par Sant'Antonino (village perché), puis D. 71 à droite, Lavatoggio, Lumio (église romane), de là, Calvi ou Algajola, belle plage et citadelle, sur la route côtière.

BASTELICA – 2 A.   1 800 hab.
Altitude 770 m

Au centre d'un bassin forestier aux longues pentes douces (à l'œil), au pied du Monte Renoso d'où descend le Prunelli*, petite station de sports d'hiver du Plateau d'Ese (à l'E. par la bocca di Ciano au S.) et centre réputé de ski de fond. Patrie de Sampiero Corso (statue ; maison natale dans un hameau). Cascades. Montée facile au Renoso (2 352 m), par le lac de Vitelaca (10 h aller et retour, bivouaquer) ou par les bergeries des Pozzi et la crête, plus long (G.R. 20 un moment sur la crête).

BASTIA – 2 B.   52 000 hab.

« Bastille » génoise puis française, c'est une belle ville corse très active, en longueur au pied de ses hautes collines (la ville moderne s'installe commodément dans la plaine au S.).

Sur le Nouveau-Port (grande jetée), place Saint-Nicolas, immense, avec statue de Napoléon. Vieux quartiers : Terra-Vecchia, au centre, avec la place de l'Hôtel-de-Ville (marché tous les jours) et des vieilles rues pittoresques et escarpées ; rue Napoléon, chapelle de la Conception, XVIIᵉ, décorée au XVIIIᵉ, et chapelle Saint-Roch (stalles). Dominant le joli Vieux Port (pêche et plaisance), église Saint-Jean-Baptiste XVIIᵉ, très décorée ; jetée du Dragon, fermant le Vieux Port ; l'escalier Romieu, le long du jardin Romieu, monte à la citadelle fin XVᵉ, ou quartier de Terra-Nova, donnant de belles vues ; le palais des Gouverneurs XIVᵉ-XVIᵉ abrite le musée d'ethnographie corse (vis. tous les jours sauf dimanche l'hiver), des jardins suspendus, un mémorial des régiments corses ; vieilles maisons, ancienne cathédrale Sainte-Marie XVIIᵉ à décoration baroque (groupe XVIIIᵉ en argent de l'Assomption de la Vierge, procession le 15 août), chapelle Sainte-Croix XVIᵉ au décor Louis XV de stucs dorés et Christ ancien vénéré.

➡ Au-dessus à l'O., route de corniche (24 km) par Sainte-Lucie, San-Martino-di-Lota et Miomo, vues extraordinaires, sur le flanc du Cap Corse*. ➡ 10 km O.-S.-O., col de Teghime et Serra di Pigno* (panorama). ➡ 11 km S., Biguglia, sur la hauteur, fut la première capitale pisane puis génoise. ➡ 7 km S.-E., plages de la Marana et Bastia-Plage. ● Terminus des trains corses pour Ajaccio et Calvi.

Page 540, La Balagne : *Le « jardin de la Corse » a durement souffert du feu, mais renaît doucement, dans un cadre charmant souvent en vue de la mer, piqueté de superbes villages et traversé par le sensationnel petit train.*

Ci-dessus, Bonifacio : *Surprenante, Bonifacio l'est assurément, avec son petit fjord tropical, ses énormes remparts, son étonnant « escalier du roi d'Aragon » dans la falaise.*

En bas, Bastia : *Bastia le dispute à Ajaccio entre autres pour la beauté du site, et flâner dans ses ruelles ou sur le Vieux-Port est un moment rare. Mais la ville, que « la colonelle » Fiora Oliva souleva contre la Constitution civile du clergé en 1791, est devenue aussi une grande cité industrielle et commerçante dont le port et l'aéroport sont les organes essentiels.*

BAVELLA (Col de) – 2 A.
Altitude 1 243 m

Haut lieu de la nature corse, entre Zonza* et Solenzara* ; village d'été des habitants de Conca*, dans les premiers lacets E. Dominé à l'O. par les Cornes d'Asinao et le Pargolo, alias aiguilles de Bavella, à l'E. par la chaîne hérissée des « vraies » aiguilles de Bavella (que le G.R. 20 traverse aisément au col de Finosa, vue extraordinaire ; 2 h 40 aller et retour). Parcours splendide sur les deux versants (Solenzara 30 km, Zonza 9 km).

BIGUGLIA (Etang de) – 2 B.

Cet étang varié, de 10 km (sur plus de 2 vers le S.), aux grands roseaux sur les bords, héberge des anguilles. Le cordon littoral, boisé, est occupé par des villages de vacances et, au N., par Bastia-Plage.

BOCOGNANO – 2 A.
Altitude 640 m

Village plaisant, bon centre d'excursions, face au beau massif de la Punta Migliarello (2 254 m) et du Monte d'Oro (v. Vizzavona*) et au pied de celui du Monte Renoso.
➡ N.-E., fontaine de Fondali et, du pont de la Sellola, haute vallée de la Gravona. ➡ 4 km S.-O., cascade le Voile de la Mariée, sur la belle route du col de Scalella passant sur Bastelica*. ➡ O. puis à droite, vallon de la Pentica.

BONIFACIO – 2 A.   3 000 hab.

Au S. de la Corse, bâtie sur un petit causse inattendu, dans un site extraordinaire sur un promontoire entouré de falaises verticales séparant de la mer son port naturel, étroite calanque de près de 2 km. On arrive par la Marine, fond du port (de pêche, de plaisance, de passage en Sardaigne, traversées quotidiennes en 1 h, fréquentes l'été), quartier le plus animé. A pied, rampe pour le col Saint-Roch (descente à une petite plage, face au « Grain de Sable », sous les falaises) puis la porte de Gênes, dans les remparts XVIᵉ (en voiture, porte de France, au N.-O.) ; la vieille ville est toute en ruelles pittoresques et escarpées, traversées d'arcs-boutants (gouttières pour les citernes) reliant les hautes maisons-forteresses dont celles du sud sont à l'aplomb du rocher, regardant la Sardaigne et les falaises du cap Pertusato*.
Au centre, église Sainte-Marie-Majeure XIIᵉ-XIIIᵉ remaniée, avec loggia et joli clocher (à l'intérieur, sarcophage antique en marbre et tabernacle XVᵉ) ; près de la place Grandval, maisons où passèrent Charles Quint et Bonaparte, et belvédère de la Manichella, au-dessus du col Saint-Roch. Citadelle interdite (Légion Etrangère), occupant l'O. du promontoire (église gothique Saint-Dominique). Par beau temps, excursion indispensable en bateau à la grotte du Sdragonato et à Bonifacio vu de la mer sur ses falaises (45 mn).
➡ 5 km S.-E., mauvaise route du capo Pertusato* (phare). ➡ 6 km E. puis N.-E., Santa-Manza, au fond d'un beau golfe. ➡ 7 km O., ermitage de la Trinité, dominé par le signal de la Trinité, énormes blocs (219 m), d'où vue sur Bonifacio (l'après-midi). Au large du capo Pertusato, dans les Bouches de Bonifacio, île Cavallo et îles Lavezzi (où se fracassa la « Sémillante »), phare. Extrémité S. de la France (en Europe).

BONIFATO (Cirque de) – 2 B.

Vallée haute de la Figarella, que la route remonte jusqu'à l'Auberge de la Forêt, puis le G.R. 20 qu'on suit facilement jusqu'à Spasimata (1 190 m), cabanes en ruine à la sortie de la forêt, dans un beau cirque de hautes murailles rouges.

CAGNA (Montagne de) – 2 A.
Altitude 1 339 m

Massif peu connu (maquis et chaleur) mais aux belles forêts (chênes, pins, sapinière en haut) traversées de sentiers. De la bocca di Croce d'Arbitro (472 m, 12,5 km N. de Pianotolli), on monte en 2 h 30 à l'Uomo di Cagna (1 217 m), curieux rocher à forme humaine, belle vue (Sardaigne).

CALACUCCIA – 2 B.   1 100 hab.
Altitude 830 m

Chef-lieu du Niolo*, dans un beau site au pied S. du massif du Cinto*, au bord d'un grand lac de barrage (irrigation et énergie) retenant le Golo. A l'église, Christ populaire en bois.

CALANCHE (Les) – 2 A.

Prodigieux désordre de rochers de granit rouge aux formes étranges s'étageant au-dessus du golfe de Porto* sur 400 m de haut dans le maquis. Au départ du chalet des Roches-Bleues, au centre, des sentiers sillonnent les abords de la route qui traverse ce site en corniche sur 2 km. Les criques se visitent par les vedettes de Porto.

Calvi : La ville où est peut-être né Christophe Colomb occupe un des plus beaux sites de Corse, et sa citadelle y fut, au long de l'histoire, la tête de pont principale de la puissance génoise.

La montagne est proche de Calvi, avec des paysages pastoraux d'une grande douceur.

CALENZANA – 2 B.   1 700 hab.
Altitude 300 m

Chef-lieu de la Balagne*, vieille ville corse dominant Calvi la génoise. Grande église Saint-Blaise XVIIᵉ-XVIIIᵉ au bel intérieur, avec clocher séparé.

➡ 1 km N.-E., église Sainte-Restitute, romane, reconstruite, conservant un sarcophage IVᵉ en marbre et des fresques médiévales. ● Extrémité N. du G.R. 20, randonnée très sportive suivant les hautes crêtes de la Corse jusqu'auprès de Porto-Vecchio.

CALVI – 2 B.   3 700 hab.

Port de pêche et de passage régulier avec Nice (Toulon l'été), tête de ligne des trains corses pour Bastia (changement à Ponte-Leccia pour Ajaccio), puissante citadelle génoise contrôlant le magnifique golfe sur lequel s'ouvre la Balagne* et que borde une grande pinède, plage immense et port de plaisance...

Dans ses puissants remparts initialement XVᵉ (vues), la citadelle enferme la vieille ville sur son cap rocheux ; au sommet, l'église Saint-Jean-Baptiste XVIᵉ-XVIIIᵉ (triptyque XVᵉ, chaire, etc.) contenant le trésor d'art religieux de Balagne (Christ en ivoire qui serait du Sansovino, vêtements et objets liturgiques, bois peints, fresques) ; maison natale supposée de Christophe Colomb. En bas, la Marine, bordant le port et la ville basse, est le centre de la vie, entre ses cafés et ses palmiers ; l'église Sainte-Marie à l'histoire agitée conserve des pierres du IVᵉ. Tour du Sel, en allant au bout de la jetée du port (belle vue).

➡ Deux excursions en bateau : grotte des Veaux Marins (3 h), et Porto (journée), très recommandé, seule façon de voir vraiment la côte. ➡ 4 km S.-O. et 1 h 30 aller et retour, pointe de la Revellata. ➡ 6 km S.-O. ou 2 h aller et retour, Notre-Dame-de-la-Serra, panorama et pèlerinage. ➡ 16,5 km S.-O. et 1 h aller et retour, sémaphore du Capo

a u Cavallu (295 m), panorama magnifique par temps clair. La semaine sainte est intéressante à Calvi, le jeudi et surtout le vendredi, procession de la Granitola le soir, où des pénitents portent une croix.

CANARI – 2 B.

Dans un site étonnant de corniches multiples au-dessus de la mer, deux églises intéressantes : Santa Maria, romane pisane XIIᵉ, en dalles de schiste vert (corniches), et Saint-François, baroque (œuvres d'art).
➡ 4 km S., ancienne mine et usine d'amiante ; 1 km S., rocher d'Albo, vue sur le golfe de Saint-Florent et, au-dessous, sur la marine d'Albo, plage de schiste sombre très fin (tour génoise).

CANONICA (La) – 2 B.

Ancienne cathédrale de l'évêché de Mariana (fouilles de la cité romaine auprès), type des églises romanes pisanes XIIᵉ, beau vaisseau rectangulaire de trois nefs (32 m de long) en marbre polychrome aux teintes délicates ; jolies sculptures d'inspiration lombarde. Les fouilles ont dégagé les bases d'une cathédrale antique (IVᵉ ?) et d'un baptistère avec piscine et mosaïques. A 0,5 km O., San Parteo est une autre petite église romane à belle abside XIᵉ (sculptures), ressemblant à la Canonica.
➡ 10 km O., Borgo (320 m) domine la plaine orientale (voir le cimetière). ➡ Devant l'aéroport Bastia-Poretta, proche, stèle à la mémoire de Saint-Exupéry, disparu en 1944.

CAP CORSE – 2 B.

Le tour du Cap Corse occupe un bon moment : 120 km de virages en corniche, plus les détours. Il est jalonné de jolies marines, de tours génoises, de chapelles, moulins, villages extraordinaires, églises, falaises...
Bastia*, Erbalunga*, Sisco (trésor à l'église Saint-Martin, chapelle Saint-Michel, vue), Porticciolo, Tomino (site), Macinaggio, Rogliano*, Moulin Mattéi*, Centuri-Port*, Pino* et le col de Sainte-Lucie*, Canari*, Nonza*, le col de Teghime et Serra* di Pigno ou Saint-Florent*. Il faut « déguster » le Cap comme son muscat ou son poisson.

CARBINI – 2 A.

Patrie de la malheureuse secte hérétique des Giovannali ; belle église romane Saint-Jean à clocher séparé, dans un cadre paisible.

CARGÈSE – 2 A.   900 hab.

Ville construite au XVIIIᵉ par les Français pour héberger une colonie grecque qui était « squatter » à son corps défendant depuis cent ans et réfugiée un moment à Ajaccio. Beau site, vue sur tout le golfe de Sagone*. Eglises catholiques XIXᵉ grecque (icônes, Saint-Jean-Baptiste XVIᵉ) et latine (décors baroques en trompe-l'œil face à face. Tour en ruine (157 m), panorama.
➡ N.-O., plages de Pero et de Chiuni, au fond de beaux golfes entre des pointes basses (tours génoises). ➡ N., Porto* (31 km) après Piana* et ses Calanche*.

CASINCA (La) – 2 B.

Région particulière de la Castagniccia*, à la riche économie agricole et très peuplée. Villages perchés typiques ; Vescovato, son chef-lieu, Loreto-di-Casinca (vues), Penta-di-Casinca. Beau tabernacle à l'église de Vescovato, et fresque.

CASTAGNICCIA (La) – 2 B.

Incroyable dédale dans les châtaigniers, c'est la Corse secrète, avec quelques grandes beautés. Les courageux y vont à pied et sont récompensés. V. la Casinca*, Cervione*, Morosaglia*, Piedicorte-di-Gaggio* de Bozio au S., Piedicroce* au-dessus du Fium Alto (qui a fourni un marbre célèbre), la Porta*.
➡ E., la côte orientale voit fleurir les stations balnéaires sur ses grandes plages de sable : Anghione, Moriani-Plage, Campoloro (port de plaisance), Marine de Bravone. Le développement agricole est spectaculaire, grâce à l'irrigation notamment (agrumes, vigne).

CENTURI-PORT – 2 B.

Ravissante marine du Cap Corse*, maisons colorées et toits de lauze en serpentine verte, petit port ; derrière la pointe, îlot de Centuri.
➡ Au S., tout près, Mute, sur une crique toute petite. Belle route de Pino* au S.

CERVIONE – 2 B.   1 400 hab.

Petite ville en balcon sur la plaine orientale et le port de plaisance de Campoloro. Ancienne cathédrale XVIᵉ (stalles).
➡ N., 1 km + 1 h aller et retour, chapelle Sainte-Christine, fresques (clé à Valle-di-Campoloro). ➡ O., 1 h aller et retour, Notre-Dame-de-la-Scobiccia, statue florentine XVIᵉ ; plus haut au S., pointe de Nevera (805 m), vue.
➡ 4 km N., cascade. ➡ 20 km O., Piazzali, ancien couvent d'Alesani, près de Valle-d'Alesani ; à la chapelle, *Vierge à la Cerise*, peinture XVᵉ de l'école de Sienne. Un roi éphémère s'y fit couronner (Théodore de Neuhoff, en 1736). Barrage de l'Alesani (pour l'irrigation).

Les Génois ont laissé de nombreuses tours de guet semblables tout autour de l'île. Ici, au Cap Corse.

CHIAVARI (Port de) – 2 A.

Sur le golfe d'Ajaccio ; la marine de Chiavari, et la plage de Verghia, voisinent avec une pinède.
➡ 6 km S.-O., plage de Portigliolo et tour de la Castagna (30 mn aller et retour, vue). ➡ N., plage de Ruppione, pointe de Sette Nave (vue) et les grandes plages entourant Porticcio.

CINTO (Monte) – 2 B.
Altitude 2 710 m

Point culminant de l'île et belle montagne que les bons randonneurs réussissent à gravir (il est conseillé de bivouaquer pour être tôt au sommet) ; 10 à 12 h aller et retour du Haut-Asco ou de Calacuccia (traversée N.-S. recommandée).

CONCA – 2 A.   1 000 hab.
Altitude 252 m

Gros village (voir le cimetière) dans un beau site dominé par les aiguilles de Conca (ou pointe d'Usciolo). Extrémité S. du G.R. 20, sentier sportif et sauvage, véritable haute route corse, qui commence ici par monter à Bavella* par un parcours de toute beauté (8 h ; auberge à Bavella).

CORSE (Parc naturel régional de la) – 2 A-2 B.

Couvrant 1/6ᵉ de l'île et plus spécialement les hautes montagnes et la région de Porto avec 80 km de côte « étrangement belle et presque vierge encore », il cherche à arrêter la désertification en permettant la continuation de l'élevage et de l'artisanat dans des conditions de vie décentes, et à assurer la préservation des richesses naturelles, contre l'incendie, la pollution, la spéculation. Animation et protection (faune et flore spécifiques très riches, sites) sont ses objectifs.
Outre l'action en faveur de l'artisanat, il a organisé ou patronné : le G.R. 20, des circuits culturels, des sentiers inter-villages (dans le Taravo, le Bozio à l'E. de Corte et l'Alta-Rocca, des randonnées équestres à Calacuccia et à Quenza, du ski de fond (centres-écoles à Quenza et Zicavo, foyers à Bastelica et Evisa) ; il signale l'existence du Guide de la Montagne corse, de M. Fabrikant (deux tomes), de nombreux sentiers pastoraux dans toute l'île (renseignements auprès de la population) ; il édite *Plantes et Fleurs rencontrées*, *Les Rapaces de Corse*, *Les Oiseaux de Corse*, *Civilisations perdues en Alta-Rocca*.
G.R. 20. Non un sentier mais un itinéraire de grande randonnée, sportif et montagnard, souvent très proche de la ligne de crête centrale ; il réclame force, endurance et insensibilité au vertige, pratique du camping ou du bivouac (rares refuges dont peu sont gardés, trois points de ravitaillement sur le parcours lui-même, de 170 km) ; disposer d'au moins quinze jours, prévoir nuits froides et violents caprices du temps. Peut se parcourir à partir de la mi-juin (encore quelques névés possibles).

CORTE – 2 B.

6 100 hab.

Altitude 396 m

Capitale de la Corse traditionnelle, au confluent de la Restonica et du Tavignano dans un beau site dominé par le roc de la citadelle (terrain militaire interdit) ; vue panoramique du belvédère qui en est proche, en haut de la vieille ville aux hautes maisons sur des rues en escalier ; palais national, place Gaffori (église de l'Annonciation XVIIe, mobilier) et, en bas, au bout du cours Paoli, place Paoli (marché). Près du pont du Tavignano (route d'Ajaccio), beau lavoir et maison de l'Artisanat ou Corsicada. Université corse.

➡ O., grandes randonnées dans la haute vallée du Tavignano : col de la Rinella (1 592 m) sur Calacuccia*, lac de Nino (1 743 m) et retour par la Restonica* (deux jours), beaux paysages montagnards très divers. ➡ 15 km S.-O., gorges de la Restonica*. ➡ 7,5 km N. (N. 193), col de San Quilico ; à droite, route de Sermano, où on a très vite une vue admirable sur Corte et les massifs montagneux (Rotondo) ; 2 km N., village de Soveria ; 6 km N.-E., Omessa, église et chapelle (Vierge à l'enfant XVe). ➡ 2,5 km S.-E. (N. 200), église et baptistère pré-romans de Saint-Jean, puis la vallée du Tavignano*.

Le Monte Cinto enneigé a beaucoup d'allure et ne peut qu'impressionner. Au reste, de Calacuccia (le très corse chef-lieu du Niolo) surtout, c'est une vraie course qui réclame de l'endurance.

Ci-dessous, Evisa : Il faut y séjourner pour goûter sa situation, suspendue entre mer et montagne et au-dessus des fascinantes gorges de la Spelunca.

COTI-CHIAVARI – 2 A.

Altitude 500 m

En haut d'une route aux virages féroces (courses de côte), village étonnant en balcon sur le golfe d'Ajaccio ; le relais TV au-dessus (581 m) étend la vue au golfe de Valinco.
➡ S.-O., Capo di Muro. ➡ N.-E., cols successifs dans la forêt de Chiavari puis le maquis. A 22 km, Pila-Canale, statue-menhir U Cantonu.

CUCURUZZU (Castello de) – 2 A.

A 7,5 km N. de Levie par la route de Sartène et à droite, puis 30 mn aller et retour, forteresse torréenne du IIe millénaire, dominant un vaste plateau granitique (vue immense) ; aménagements fort curieux ; restes de villages, fouilles en cours.

Filitosa : *Comme les monuments de Cucuruzzu ou d'Araggio, la puissance d'évocation des énormes statues-menhirs de Filitosa est grande.*

DIANE (Etang de) – 2 B.

Vaste étang dont le nom vient du port militaire romain d'Aléria ; des coquilles d'huîtres de cette époque y forment une île. On y cultive toujours huîtres et moules ; pêche intensive. Au S.-E., belle plage de Padulone.

ERBALUNGA – 2 B.

Jolie marine aimée des peintres, au port très coloré, le « Collioure corse » (?) est le berceau de la famille de Paul Valéry. Le Jeudi saint, et surtout le Vendredi, processions de la Cerca et de la Granitola.

➡ 2 km O., Notre-Dame-des-Neiges, chapelle romane très ancienne (fresques XIVᵉ) ; de Pozzo, un peu plus haut, on peut grimper (au moins 5 h aller et retour) au Monte Stello (1 307 m), point culminant du Cap Corse*, panorama : tout le N. de l'île, les îles toscanes, la côte italienne (y être au levant).

EVISA – 2 B.
Altitude 830 m

Villégiature charmante dans les châtaigniers, à l'orée de la forêt d'Aïtone*, entre le col de Vergio* et le golfe de Porto* sur lequel on a une vue magnifique (24 km de route, 9 à vol d'oiseau). En longueur sur un éperon rocheux dominant la Spelunca*, promenade magnifique, et tout le bassin du Porto.

FIGARI – 2 A.   1 500 hab.

Ex-Tivarello (bons vins), sur une plaine où un grand aéroport a été réalisé, qui devait desservir un gigantesque complexe touristique à Testa-Ventilegne, que les habitants n'ont pas voulu... Belle côte découpée au S.-O. et au S., petites plages.

FILITOSA – 2 A.

Station préhistorique essentielle de la Corse (vis. tous les jours) et très beau site ; oppidum fortifié avec d'importants monuments tumulaires ou cultuels torréens (IIᵉ millénaire) et la statue-menhir Filitosa IX entre autres ; au N.-O., groupe de cinq statues-menhirs plus anciennes ; sur le chemin d'accès, la belle Filitosa V et le musée-centre de documentation, capital pour comprendre et situer les faits et les hommes. A voir le matin de préférence.

FILOSORMA – 2 B.

Ensemble des vallées drainées par le Fango, fermées par la plus haute crête de Corse, proche du Monte Cinto* et suivie par le G.R. 20. Les hautes vallées sont remarquables avec leurs murailles de rhyolithes rouges ou de granit. Voie de transhumance, le Filosorma, presque désert, est une région sauvage et fragile, très dégradée par les incendies.

GALÉRIA – 2 B.

Belle plage au fond d'un golfe tranquille où se jette le Fango, qui draine le Filosorma*.

➡ S.-O., 2 h aller et retour, capo Porcolicato, panorama.

GHISONI – 2 B.   1 100 hab.
Altitude 658 m

Village au pied des cols de Sorba et de Verde*, face au Monte Renoso, et aux rochers escarpés du Christe Eleïson et du Kyrie Eleïson (1 260 et 1 535 m) sur la rive opposée du Fium Orbo coulant dans une gorge profonde.

➡ 6,5 km S., sur la route de Verde, pont de Casso, où commence la forêt de Marmano ; à droite part la route du Casso qui monte, à travers la forêt de Ghisoni, aux bergeries de Capannelle (G.R. 20) d'où l'on monte facilement au Renoso (2 352 m, 5 à 6 h aller et retour). Ski à Capannelle.

GIROLATA (Golfe de) – 2 A.

Accessible seulement par mer ou à pied, s'ouvrant sur le large à l'entrée du golfe de Porto*, entouré de maquis et de falaises de porphyre rouge (services de vedettes depuis Porto tous les jours l'été, un jour sur deux en moyenne en saison). A pied, 4 h aller et retour depuis le col de la Croix (22 km au N.-O. de Porto). Petite citadelle.

GOLO (Vallée du) – 2 B.

Après le Niolo* et la Scala di Santa Regina*, à Castirla, au-dessus de la rive droite, chapelle San Michele (fresque XVᵉ) ; riche bassin de cultures de Francardo et de Ponte-Leccia, où la ligne de Calvi se détache du chemin de fer Ajaccio-Bastia. Ponte-Nuovo, où Paoli fut battu par les Français (10 km S.-E., chapelle San Tomaso, fresques Renaissance). Sur les hauteurs, villages du Campitello, avant la plaine orientale, Mariana et la Canonica*, et la mer.

GRAVONA (La) – 2 A.

Belle rivière descendant du Monte Renoso par Bocognano* et le joli pont d'Ucciani et arrosant une plaine basse assez riche aux portes d'Ajaccio* où elle reçoit le Prunelli juste avant la mer au fond du golfe. Cette vallée est suivie par la grande route intérieure et le chemin de fer.

GUAGNO – 2 A.
Altitude 750 m

Village dans un beau site pastoral dans la Cinarca. E., la haute Restonica* et le refuge de Pietra-Piana (au pied du Monte Rotondo*) sont à une journée de marche chacun aller et retour, beau circuit possible en deux jours avec l'ascension au passage ; bons randonneurs seulement (crête par le G.R. 20 en partie). S.-O., Monte Tritorre (1 502 m), panorama, 4 h 30 aller et retour.

➡ 13 km N., Orto ou Soccia, villages remarquablement situés ; monter au lac de Creno (3 h 30 aller et retour), au-delà, on peut rejoindre le G.R. 20 vers le haut Tavignano.

ILE-ROUSSE (L') – 2 B.   2 700 hab.

Fondée par Paoli pour concurrencer Calvi encore génoise, c'est un port en liaison avec Nice (et Toulon l'été) et qui exporte ce que produit la riche Balagne ; station balnéaire appréciée, sur la ligne des trains corses qui joignent Calvi à Bastia et Ajaccio. Phare de la Pietra (l'île Rousse aujourd'hui presqu'île), vue magnifique. Place Paoli (buste), très vivante. Autour, la Balagne*.

ILLARATA (Col d') – 2 A.
Altitude 1 008 m
Entre les forêts de Zonza* et celles de l'Ospedale*, au S. du Monte Calva (Chauve ; 1 378 m, vue immense) et au N. de la Pointe du Diamant, d'escalade difficile. Sites grandioses le long de la route, elle-même dénaturée.

INZECCA (Défilé de l') – 2 B.
Cluse sauvage taillée dans la serpentine verte par le Fium Orbo à la suite du défilé des Strette, moins sinistre car verdoyant et avec vue sur le Renoso.

LANCONE (Défilé de) – 2 B.
Le Bevinco, après Murato*, franchit la grande chaîne côtière par un défilé court mais impressionnant ; à sa sortie, panorama sur la côte orientale proche (étang de Biguglia*).

MOROSAGLIA – 2 B.   1 200 hab.
Altitude 800 m
Haut lieu corse, avant même que Pascal Paoli y fût né ; statue et maison natale (vis.) ; église Santa Reparata, romane. Vues splendides sur les hautes chaînes.
➡ 13 km S., San Lorenzo (église), d'où on peut aussi grimper au San Petrone (voir Piedicroce*) par l'O. ; 5 km S., Cambia, chapelle San Quilico XIIIᵉ (tympan) ; 11 km S., Bustanico, dans le Bozio, Christ en bois polychrome XVIIIᵉ, populaire ; 4 km O., Sermano, perché, où la chapelle San Nicolao en contrebas a des fresques remarquables ; messe « a paghiella » (chants corses). Au S. et au S.-E., les corniches du Tavignano, voir Piedicorte-di-Gaggio*.

MOULIN MATTÉI – 2 B.
Altitude 389 m
A 15 mn du col de Serra (369 m), le moulin domine l'extrémité du Cap Corse* et sa côte O. On peut voir l'île d'Elbe et Capraia. L'îlot au N. avec un phare est la Giraglia (phare). On peut descendre à Barcaggio et à la marine de Tollare, face à la Giraglia.

MURATO – 2 B.   1 000 hab.
Altitude 500 m
L'église de Murato n'est pas inintéressante mais San-Michele, à 1 km N., romane XIIᵉ, est extraordinaire par l'alternance en apparent désordre de ses dalles vertes et blanches, qui estompe les délicates sculptures des corniches et des encadrements ; clocher-porche.

NEBBIO (Le) – 2 B.
Arrière-pays de Saint-Florent*, la « conque d'or » de Paoli est une autre Balagne, fraîche et fertile, dominée par la chaîne du Tenda au S.-O. (monte Asto, 1 535 m). Beau circuit par le col de Teghime, Oletta (triptyque XVIᵉ à l'église), l'église San-Michele de Murato*, Rapale, Pieve, Santo-Pietro-di-Tenda (église baroque rougeâtre et ruines d'une église XIIIᵉ à curieuses sculptures).

NIOLO (Le) – 2 B.
Beau bassin supérieur du Golo, dont le haut est occupé par la grande forêt de Valdo-Niello* et qui est fermé au N. et à l'O. par les plus hautes crêtes corses : Cinto* (2 710 m), Paglia Orba (2 525 m), Capo Tafonato (la « tête trouée ») et au S. par la Punta Artica (2 327 m), le col de Vergio* (1 464 m), le plus haut de l'île, passant à l'O. sur Evisa* et Porto*. A première vue, le Niolo est comme le broccio (fromage), c'est la Corse mais ça ne se voit pas... Le niolo est aussi un fromage, très corsé, lui ! Faire le tour du lac. A Casamaccioli, un Saint-Roch en bois, à l'église, a l'apparence d'un berger corse ; grande procession le 8 septembre et foire de la Santa (trois jours). Pont génois d'Albertacce. Promenades et randonnées innombrables : en forêt de Valdo-Niello, au lac de Nino, à la cascade de Radule, à la grotte des Anges, le G.R. 20, le col de la Rinella sur le Tavignano, le Cinto...

NONZA – 2 B.
La tour domine la mer à pic et le village occupe le col (site). Un Corse tout seul, Jacques Casella, défendit la place contre les Français (il accepta les honneurs de la guerre). Ruines d'un couvent près du rivage.

Ci-dessus, **Murato** : *La polychromie de San-Michele de Murato a fait la célébrité de cette belle petite église romane aux sculptures discrètes mais remarquables.*

Nonza : *Le site du village est splendide et typique du Cap Corse. En contrebas au nord, un escalier permet d'atteindre la fontaine Sainte-Julie et un point de vue inattendu sur le village et ses hautes maisons.*

Forêt de l'Ospedale : *Ce grandiose massif forestier et rocheux permet des escapades infinies aux marcheurs courageux ; la végétation est très riche et le récent barrage apporte une note insolite dans ces paysages.*

ORTOLO (Vallée de l') − **2 A.**
Vallée presque déserte mais très cultivée (vigne, fruits) dans sa partie inférieure, non loin de Sartène ; beaux sites au pied de la montagne de Cagna*.

OSPEDALE (Forêt de l') − **2 A.**
En y comprenant celle de Barocaggio-Marghèse, immense massif rocheux tourmenté planté de pins, de laricios et de bruyères arborescentes. Cascade de Piscia di Gallo (sentier, 2 h aller et retour), souvent à sec, site remarquable. Barrage de l'Ospedale (pour l'irrigation). Village de l'Ospedale (812 m), en balcon sur la côte S.-E.

PERTUSATO (Capo) − **2 A.**
Altitude 86 m
Pointe extrême de la Corse au S. (sauf les îlots Cavallo et Lavezzi) ; vues magnifiques sur Bonifacio, les Bouches, la Sardaigne (à 12 km). Phare (vis.).

PETRETO-BICCHISANO − **2 A.**   1 100 hab.
Altitude 412 m
Carrefour dans le Taravo* et vue remarquable sur la vallée (route de Propriano). Eglise de Petreto (Christ en bois, populaire).
➡ E., belle route d'Aullène*.

PIANA − **2 A.**
Beau village en balcon sur le golfe de Porto, près des Calanche* et au-dessus de l'anse de Ficajola (petite plage, à 4 km). Eglise XVIIIᵉ (campanile) et jolies maisons blanches.
➡ 6 km O. (D. 824), un chemin à droite approche de la tour de Turghio, sur le Capo Rosso.

PIEDICORTE-DI-GAGGIO − **2 B.**
Altitude 730 m
Chef-lieu du Bozio (flanc S. de la Castagniccia*), en balcon au-dessus du Tavignano* ; église XVIIIᵉ (restes romans) ; des ruines du château, panorama.
➡ 12 km N.-O., Erbajolo, autre belvédère magnifique sur la montagne corse (table d'orientation) ; 12 km N., Bustanico puis Sermano (voir Morosaglia*), toujours dans le Bozio, plus sec et pauvre que la Castagniccia.

PIEDICROCE - 2 B.
Hameau dominant le cirque vert d'Orezza (couvent en ruine à 1 km N.) ; église baroque avec un orgue excellent.
➡ 4 km O. (par la D. 71 au N. puis à gauche), Campodonico, panorama (à 636 m) ; grimper au Monte San Petrone (1767 m) en 5 h 30 aller et retour, sans difficulté, et la vue récompense. ➡ 3,5 km E., célèbre source minérale ferrugineuse d'Orezza ; 9 km N.-E., fontaine de Caldane, aux eaux rouges. ➡ 4 km N., Campana (peinture attribuée à Zurbaran à l'église).

PINO - 2 B.
A pic sur la mer, un des beaux sites du Cap Corse*. Eglise baroque. Près de la marine (route), ancien couvent Saint-François, fresque et chemin de croix à la chapelle. Végétation luxuriante.
➡ 5 km E., col de Sainte-Lucie*.

POPOLASCA - 2 B.
Village au pied des aiguilles de Popolasca, splendide groupe rocheux, retombée à l'E. du massif du Cinto. 6 km S., Castiglione, site différent, à voir aussi.

PORTA (La) - 2 B.
Au cœur de la Castagniccia*, belle église (concerts d'orgue) et splendide clocher baroques, sur une place dégagée. Routes ahurissantes aux alentours ; de l'église de Ficaja, vue. La Porta est un haut lieu de l'histoire corse.

PORTO - 2 A.
Brève plage de galets et petite marine, séparées par une tour génoise sur un rocher, des eucalyptus, dans le site violemment coloré de son golfe* entouré de montagnes. Le couchant y est, quelques cubes de béton, des routes qui deviennent indiscrètes, attention !
➡ S.-O., Les Calanche*, et Piana*. ➡ N.-O., Girolata*. ➡ E., la Spelunca* et Evisa*, le col de Vergio*. En bateau, excursions à Girolata, aux Calanche, à Calvi*.

PORTO (Golfe de) - 2 A.
De proportions admirables dans un décor naturel grandiose de falaises et de pics rouges (le Capo d'Orto, 1 296 m, est à 2,5 km de la mer) ce phénomène touristique doit être vu de la mer et de la montagne, loin de la route. Belles plages, mais de galets.

PORTO-VECCHIO - 2 A.   8 400 hab.
Station balnéaire très fréquentée, chef-lieu d'une région vinicole réputée, au fond de son beau golfe. Port de commerce (vins, bois) et de plaisance. Restes de remparts génois (vues) entourant la vieille ville bâtie sur une hauteur. Région encore riche en chênes-lièges.
➡ 15 km N., plage et pinède de Pinarello (tour génoise en face dans une île). ➡ S.-E., beau circuit (26 km) de la presqu'île de Piccovaggia, entourant les collines du Cerchio (325 m, panorama) : plage de Palombaggia bordée de pins-pignons, îles Cerbicale en face (excursion possible en bateau de Porto-Vecchio), pointe de la Chiappa, phare (vis.), vue. ➡ 5 km S.-O., Ceccia, monument préhistorique de Teppa.

PORTO-VECCHIO (Golfe de) - 2 A.
Peut-être un fjord, mais sans verticales, dans un décor de reliefs boisés que domine au loin telle ou telle aiguille de Bavella, et entouré de belles plages, San Cipriano au fond de son anse, Cala Rossa, la baie de Stagnolo, Porto-Vecchio* tout au fond, où débouche le Stabiacco bordé d'eucalyptus. L'entrée est veillée au S. par le phare de la Chiappa (vis.), vue magnifique.

POZZO DI BORGO (Pointe) - 2 A.
Altitude 779 m
Du château de la Punta (13 km N.-O. d'Ajaccio), 1 h 30 aller et retour, raccourcis possibles ; panorama immense : les golfes, la montagne. Le château XIXe (actuellement fermé suite à un incendie) des Pozzo di Borgo possédait une riche décoration et un somptueux mobilier ; peintures ; il reproduisait un des pavillons des Tuileries, avec les pierres mêmes de la démolition. En contrebas sur la route, tombeau de la famille.

PROPRIANO - 2 A.   3 000 hab.
Station balnéaire et touristique importante autour d'un port qui grandit (passages de Toulon et Marseille en saison ; gros trafic de fret) ; pêche, plaisance. Villages de vacances, hôtels. Plages magnifiques sur le golfe très particulier de Valinco*, débouché naturel du Sartenais.
➡ 20 km N.-O., Porto-Pollo, ancien port et petite plage très abritée par sa pointe ; 9,5 km N.-E., Filitosa*. ➡ 9 km N., Olmeto, parmi les oliviers ; la vraie Colomba, qu'a rencontrée Mérimée, y est morte ; plages. ➡ 15 km E. puis N.-E., Santa-Maria-Figaniella, église romane pisane XIIe remarquable ; 1 km S., Fozzano, cadre authentique de « Colomba ». ➡ 16 km S.-O., Belvédère-Campomoro, plage abritée face à Porto-Pollo et tour (panoramique) en ruine de la pointe de Campomoro.

PRUNELLI (Gorges du) - 2 A.
Monter d'Ajaccio* à Bastelica* par la rive droite ; Ocana, belvédère du barrage de Tolla (10 mn aller et retour) dont on longe ensuite le lac.

PRUNELLI DI FIUMORBO - 2 B.   2 100 hab.
Chef-lieu du Fiumorbo dont il est le centre, c'est un observatoire au panorama immense sur un pays peu connu au-dessus de la plaine devenue riche de Ghisonaccia (3 300 hab.) ; église fortifiée au sommet du village. Les autres villages sont aussi étonnants ainsi que la montagne, courue de sentiers. Au S.-E. de Ghisonaccia, plages de Quercioni (près de l'étang de Palo la séparant de la base aérienne de Zara), de Calzarello et de Vignale, au N. de laquelle s'aménage un complexe touristique dans le vaste domaine de Piena, au S. de l'étang d'Urbino (huîtres et moules).

Porto : Les célèbres « calanche » de Piana, bordant la côte sud du golfe de Porto, méritent l'exploration à la fois nautique et pédestre, et il faut prendre son temps pour les détailler, loin de la route qui les traverse.

Porto : *Coucher de soleil très « carte postale » sur le golfe, mais comment résister à une telle beauté !*

RESTONICA (Gorges de la) – 2 B.

Affluent fougueux du Tavignano, issu du versant N. du massif du Monte Rotondo*, dont les gorges d'abord très alpines (lacs glaciaires de l'Oriente, de Melo, du Capitello) se poursuivent entre de splendides murailles de porphyre émergeant de la forêt de pins et de laricios très accidentée et resserrée. Des bergeries de Grotelle (route de 14,5 km depuis Corte*), monter au lac de Melo (1 711 m) par la rive gauche puis droite (cairns ; 2 h aller et retour). Cascade près de Grotelle.

RIZZANÈSE (Vallée du) – 2 A.

Belle rivière descendant de la région de Bavella* et parcourant l'Alta-Rocca (voir Aullène*), région riche en vestiges de la préhistoire et en beautés naturelles. Après être passée près de Sartène*, elle se jette dans le golfe de Valinco* près de Propriano*.

ROCCAPINA (Rochers de) – 2 A.

Lieu-dit sur la route Sartène-Bonifacio, face à des rochers de granit rose, un lion, un éléphant... Tour en ruine et plage.

ROGLIANO – 2 B.

Ancienne capitale du Cap Corse*, avec des châteaux forts en ruines, trois églises, des tours, un couvent, des hameaux répartis dans un cirque dominant le port de Macinaggio. Deux églises XVIe (nef ancienne à Saint-Côme-et-Saint-Damien, mobilier à Saint-Agnel).

ROTONDO (Monte) – 2 B.

Altitude 2 622 m

Le deuxième sommet corse est accessible aux bons randonneurs (coucher le plus haut possible pour être en haut au levant). Lacs magnifiques. Partir du N. (Restonica) par le lac di l'Oriente, ou du S.-E., pont du Vecchio et refuge de Pietra-Piana (9 à 10 h aller et retour).

SAGONE (Golfe de) – 2 A.

Vaste golfe aux plages de sable immense, où débouche le Liamone drainant la Cinarca (voir Vico* et Guagno*). Cargèse*, Sagone, Tiuccia, le petit golfe de la Liscia, le col de San-Bastiano (route d'Ajaccio) en sont les étapes. A Sagone, station balnéaire, ancienne cathédrale XIIe en ruine (fouilles) ; statue-menhir.

SAINT-FLORENT – 2 B.   1 400 hab.

Station balnéaire et port de plaisance réputés, la vieille ville est dans un beau site au fond de son golfe profond ; c'est le débouché du Nebbio*, que sa citadelle génoise protégeait et dont elle conserve l'ancienne cathédrale romane pisane XIIe en calcaire blanc (chapiteaux), 1 km E.

➡ 5 km N.-E., Patrimonio, aux vins fameux (église XVIe et statue-menhir), après le défilé calcaire de Ficajola.

SAINTE-LUCIE (Col de) – 2 B.

Altitude 380 m

Sur une belle petite route recoupant le Cap Corse*, vues sur les deux versants, plus intéressantes de la tour de Sénèque au S. (route sur 1 km puis sentier escarpé, 1 h aller et retour). Magnifique descente sur Pino*.

La haute vallée du Golo dévale des sommets les plus alpins de l'île dans des paysages sauvages et splendides, avant de traverser le Niolo.

Saint-Florent : Le petit port est un enchantement dans le cadre magnifique du golfe et du vaste bassin du Nebbio.

SAINTE-LUCIE-DE-TALLANO – 2 A.   1 200 hab.

Village ravissant étagé au-dessus du Rizzanese*. A l'église paroissiale, bas-relief en marbre XVe ; le couvent Saint-François, au S.-E., (ou la mairie) conserve une Crucifixion pré-Renaissance. On dit le gisement de diorite orbiculaire épuisé (1 h 15 aller et retour, au S.). Très bons vins.
➡ 8,5 km E., Levie, en face des crêtes de l'Ospedale et sur le flanc des plateaux portant Cucuruzzu* ; musée archéologique important (fermé le mardi ; à la mairie) ; à l'église, Christ en ivoire XVe. ➡ 7,5 km S., près du Fiumicicoli, source thermale de Caldane.

SANGUINAIRES (Iles) – 2 A.

La route de la pointe de la Parata (12 km S.-O. d'Ajaccio*), jalonnée de chapelles funéraires, de monuments, d'hôtels, de plages, se termine à la tour génoise ; vue magnifique sur ces îlots fort sauvages (célébrés par A. Daudet), rouge sombre le soir, qu'on visite en bateau d'Ajaccio.

SANTA-GIULIA – 2 A.

Villages de vacances et hôtels sur un petit golfe ravissant, avec lagune ; au large, les îles Cerbicale.

SARTÈNE – 2 A.   6 000 hab.
Altitude 305 m

Ses hautes maisons typiques sur des ruelles étroites souvent en escaliers font le charme austère de la vieille ville, rendue célèbre par Mérimée et aussi par la procession du Catenacciu, le Vendredi saint, étonnante de violence et de recueillement mêlés. La ville étant au cœur d'une région privilégiée par cette époque, important musée de Préhistoire corse (vis. tous les jours l'été, l'après-midi en semaine hors saison), sur la hauteur à l'E. Sur la place de la Libération, église et hôtel de ville.
➡ 6,5 km N.-O., U frate e a suora, deux menhirs dans un champ près du Rizzanese ; 5 km en amont, Spin'a cavallu,

Murato.

pont génois remarquable. ➡ 5 km E., Foce, vue magnifique. ➡ 17,5 km S.-S.-O. (D. 48), mégalithes de Cauria : alignements de Stantari et de Renaggiu, et dolmen de Fontanaccia ; à l'O., par la route de Tizzano (belle plage), alignements de Palaggiu. Vins réputés.

SCALA DI SANTA REGINA – 2 B.

Gorges profondes, désertiques et hautes en couleur qu'a creusées le Golo* dans le granit entre le bassin du Niolo* et la dépression centrale qui sépare la haute montagne de la Castagniccia schisteuse ; ancien chemin en escalier, d'où le nom des gorges. Dans le haut, petit lac de barrage, surprenant, parmi la verdure retrouvée.

SERRA DI PIGNO – 2 B.
Altitude 960 m

Du col de Teghime (548 m, vue) entre Saint-Florent et Bastia, une route monte à ce sommet occupé par le relais TV. Panorama exceptionnel. Les abords du col sont beaux, dans le maquis.
➡ Au S.-O., route d'Oletta et de Murato*.

SOLENZARA – 2 A.

Station balnéaire moderne, sur l'embouchure de la Solenzara descendant du bois de Sambuco et de Bavella (vallée magnifique) ; grand bois d'eucalyptus sur la rive gauche. Jusqu'à Tarco au S., c'est la Côte des Nacres, grands coquillages nacrés à l'intérieur.
➡ 12 km S., anse de Favone, plage ; 4 km S., Tarco, petite plage. ➡ Au N.-O., belle région peu fréquentée, Solaro ; Chisa, sur le Travo ; vaste forêt de Tova, au-dessus de Solaro.

SPELUNCA (La) – 2 A.

Gorge profonde du Porto en aval d'Evisa*, au pied des rochers énormes du Capo Ferolata (dont la vue est saisissante depuis la route Evisa-Porto). A pied, descendre du cimetière d'Evisa au pont génois de Zaglia en aval duquel la gorge se trouve ; aller jusqu'à Ota (route rive droite ; 3 h, aller).

TARAVO (Le) – 2 A.

Région-vallée aux aspects divers, descendant du col de Verde* dans un vaste bassin pastoral dont Zicavo* est le chef-lieu, devenant ensuite un maquis sauvage, les villages restant sur les hauteurs (Petreto-Bicchisano*), et s'achevant par une plaine plus riche rendue célèbre par Filitosa*, débouchant sur le golfe de Valinco*.

TARTAGINE (Forêt de) – 2 B.

La forêt couvre de ses laricios tout le haut de la vallée magnifique et très sauvage de la Tartagine, dominée au N. par l'unique voie d'accès latéral d'Olmi-Capella (autre route récente venant s'y raccorder depuis Spelancato), à 20 km au S. de Belgodère en Balagne ; aucune route ne remonte la partie médiane de la vallée. Belles gorges et promenades pédestres à l'infini dans la forêt.

TAVIGNANO (Vallée du) – 2 B.

En aval de Corte*, le fleuve traverse les schistes par de petites gorges pittoresques dominées au N. par les corniches du Bozio (voir Piedicorte-di-Gaggio*) et au S. par les crêtes de Vezzani* et d'Antisanti. Beau pont ancien d'Altiani, près de la vieille chapelle San Giovanni (17,5 km de Corte). Il arrose la plaine orientale et Aléria* et se jette dans la mer au S. de la plage de Padulone.

VALDO-NIELLO (Forêt de) – 2 B.

La plus grande forêt corse (4 600 ha), de pins laricio mélangés, en haut, de hêtres, de bouleaux et de sapins. Le chemin de ronde de la forêt et le lac de Nino (source du Tavignano) par les bergeries de Colga sont les deux plus belles excursions. Le G.R. 20 en traverse la partie supérieure à l'O., ainsi que la route du col de Vergio*.

VALINCO (Golfe de) – 2 A.

Vaste golfe au S.-O. de l'île, dont le fond est assez fermé par les pointes de Porto-Pollo et de Campomoro. Le Rizzanèse* et le Baracci s'y jettent de part et d'autre de Propriano* et le Taravo* non loin du site préhistorique de Filitosa*. Belles plages.

VENACO – 2 B.   1 500 hab.
Altitude 600 m

Chef-lieu du Venacais, pays d'élevage de brebis (fromage local) et agréable station d'été. Eglise baroque.
➡ 2 km N., du col de Bellagranajo, panorama ; autour, les villages perchés du Venacais. ➡ 8 km S.-O., parc de mouflons de Verghello, dans le vallon de Solibello, non loin des beaux ponts du Vecchio.

VERDE (Col de) – 2 A-2 B.
Altitude 1 289 m

Passage entre le Fiumorbo (Ghisoni*) et le Taravo* (Zicavo*), où le G.R. 20 rencontre une route, chose rare. Sites magnifiques dans la haute forêt de laricios à l'O. (où le G.R. 20 conduit au Renoso en 7 h 30 aller et retour). Forêts de Marmano au N., de San Pietro di Verde et de Saint-Antoine au S. (hêtraie immense et accidentée, beaux sites vers le pont de Saint-Antoine, 11 km S.).

VERGIO (Col de) – 2 A-2 B.

Plus haut col routier de l'île (1 464 m), dans les prairies entre les proches forêts de Valdo-Niello* dans le Niolo*, et d'Aïtone* dans la vallée de Porto* ; petite station de ski sur le versant E. Passage du G.R. 20 et promenades.

VEZZANI – 2 B.

Sur la lisière N.-E. de la forêt de Sorba (pins laricio), agréable séjour entouré de routes étonnantes.
➡ 11,5 km E., Antisanti, en balcon sur la plaine orientale, par une route de crête ; tissage traditionnel. ➡ 3 km O., fontaine de Padula. Nombreux sentiers.

Scala di Santa Regina : *Le colossal défilé que le Golo a découpé dans le granit, en aval du Niolo, a longtemps effarouché les voyageurs. Les éclairages violemment colorés changent de façon surprenante selon l'heure.*

VICO – 2 A.   2 000 hab.
Altitude 385 m

Cœur de la Cinarca, commandant les vallées du Liamone et du Fiume Grosso, face au beau rocher de la Sposata (belle bergère mais fille ingrate changée en pierre avec son cheval). Cultures, élevage, forêts, eaux vives occupent cette belle contrée.
➡ 13 km E., Guagno-les-Bains (établ. thermal), sur la route de Guagno* ; 3 h aller et retour N.-O., cascade de Piscia a l'Onda. ➡ 1,5 km S., couvent de Saint-François, Christ ancien en bois. ➡ 19 km N., Evisa. ➡ 2 h 30 aller et retour S.-O., Punta a la Cuma (904 m), panorama. ➡ 15 km S., pont de Truggia, sur le Liamone, dans des sites rocheux ; à l'E., vallée « perdue » du Cruzzini, 27 km de Truggia à Rezza, centre du Cruzzini (élevage), cascades, sentiers, maquis.

VIVARIO – 2 B.
Altitude 650 m

La route et le chemin de fer se tordent en tous sens autour de ce village au site remarquable dans les vallées du Vecchio. Forêts de Sorba et de Cervello. Routes de Vezzani* et de Ghisoni* (col de Sorba), aux vues grandioses.

VIZZAVONA (Col de) – 2 B.
Altitude 1 161 m

Entouré de sa splendide forêt de laricios et de hêtres, le col met Ajaccio en communication avec Corte et Bastia. Fort en ruine (vue). Le village, composé d'hôtels autour de la gare (à la sortie N. du tunnel de 4 km) et à l'écart de la route, est très calme. Cascades des Anglais (O.), à 1 h 30 aller et retour, sur le G.R. 20 qui passe à proximité du Monte d'Oro (2 389 m, environ 9 h aller et retour, monter par les bergeries de Pazzatello et revenir par l'O. et le G.R. au S.). A l'E., le G.R. contourne le massif du Monte Renoso (2 352 m) avant de l'escalader (facile mais il faut coucher à Capannelle) ; voies plus directes (8 à 10 h aller et retour).

ZICAVO – 2 A.

Beau village s'étageant sur le flanc E. du Taravo*, au pied de la ligne de partage des eaux. Ski de fond. Cascades, hêtraies et châtaigneraies. Promenades dans le Coscione, forêt puis plateau au S. (D. 69 sur 10 km et D. 428 à gauche sur 7 km) ; le chemin continue jusqu'au G.R. 20 qui monte au Monte Incudine (2 136 m, bivouaquer pour y être à l'aube) en 4 h 30 (8 h aller et retour) ; vue marine immense et étrange.

ZONZA – 2 A.   1 400 hab.
Altitude 784 m

Belle villégiature en balcon sur l'Asinao ; forêts immenses ; vue étendue sur les plateaux de l'Alta-Rocca, Quenza en face (7 km N.-O.) ; église, chapelle Sainte-Marie romane XIᵉ avec statues ; centre de ski de fond, et de randonnées équestres et pédestres ; vue remarquable sur les aiguilles de Bavella* et l'Incudine, accessible de Bavella et de Quenza (voir Zicavo*). Remarquable centre d'excursions : col de Bavella*, forêt de l'Ospedale* par le col d'Illarata* passant sur Porto-Vecchio*, Levie et Cucuruzzu*, Carbini*, etc. Hippodrome.

Peu de coins de France qui ne soient jalonnés par quelque souvenir de l'antiquité romaine : ici, une aigle de granit à Ussel (Corrèze).

Remerciements et crédit photographique

Hervé Bordas et Michelle Parra-Aledo ont été assistés dans leur prestation photographique par Bernard et Catherine Desjeux, Jean-Philippe Houdebine, Michel Videau, Paul de Bruin, Didier Carpentier, Guy Malaroy.

La cartographie est de Gustave Tocqueville, la photogravure de Arts Graphiques Plaisance à Paris et de G.E.A. à Milan. La composition de T.T.I. à Osny et de Maury à Malesherbes.

Le Grand Guide des Régions de France paraît aux Editions Pierre Bordas et fils sous ce titre, ISBN 2-86311-111-6. Il paraît aux Editions du Club France Loisirs avec l'autorisation de Pierre Bordas et fils sous le titre Guide touristique des Régions de France, ISBN 2-7242-2262-8.

Achevé d'imprimer sur les presses de Printer à Barcelone le 24 janvier 1985.

Index

Les chiffres romains renvoient aux chapitres : il y en a en tout 22 (I, II, III, IV, etc.). Dans chaque chapitre, les articles sont classés alphabétiquement, on n'aura donc aucune peine à les retrouver.

Les chiffres inscrits dans un cercle indiquent le département dans lequel se trouve le site recherché.

A

Arradon (Pointe d') ▶ Morbihan (Golfe du) (56) III.
Arradoy (Pic d') ▶ St-Jean-Pied-de-Port (64) XVII.
Arragio (Castello d') (2A) XXII.
Arraing (Étang d') ▶ Sentein (09) XVIII.
Arras (62) VI ▶ Flandres-Artois (Route) (59) (62) II.
Arrats (L') ▶ Gramont (82) XVIII ▶ Masseube (32) XVIII ▶ Mauvezin (32) XVIII.
Arre (L') ▶ Vigan (Le) (30) XIX.
Arreau (65) XVIII.
Arrée (Monts d') (29) III ▶ Armorique (29) III ▶ Commana (29) III ▶ Cranon (Forêt de) (29) III ▶ Elorn (Vallée de l') (29) III ▶ Lorge (Forêt de) (22) III ▶ Menez-Bré (22) III ▶ Morlaix (29) III ▶ Ploudiry (29) III.
Arrens-Marsous (65) XVIII ▶ Pyrénées (Parc national des) (64) (65) XVIII.
Arrien ▶ Bethmale (Vallée de) (09) XVIII.
Arromanches-les-Bains (14) IV.
Arrou ▶ Courtalain (28) XIII.
Arroux (L') ▶ Arnay-le-Duc (21) XII ▶ Dettey (71) XII ▶ Digoin (71) XII.
Arry (Château d') ▶ Bernay-en-Ponthieu (80) VII.
Arse (Cascade d') ▶ Aulus-les-Bains (09) XVIII.
Ars-en-Ré ▶ Ré (Ile de) (17) XIV.
Arsine (Col d') ▶ Monêtier-les-Bains (Le) (05) XXI.
Ars-sur-Formans (01) XX.
Artagnan ▶ Vic-en-Bigorre (65) XIX.
Artemare (01) XX.
Artense (Plateau de l') (15) (63) XVI ▶ Rhue (Gorges de la) (15) XVI ▶ Condat (15) XVI ▶ Tour-d'Auvergne (La) (63) XVI.
Artenay (45) XIII.
Arthous (Abbaye d') ▶ Peyrehorade (40) XVII.
Artige (Prieuré de l') ▶ Saint-Léonard-de-Noblat (87) XV.
Artois ▶ Aa (Vallée de l') (62) VI ▶ Arras (62) VI ▶ Notre-Dame-de-Lorette (62) VI.
Artonne ▶ Aigueperse (63) XVI.
Artouste (Lac d') (64) XVII ▶ Ossau (Vallée d') (64) XVII.
Artuby (Gorges de l') ▶ Comps-sur-Artuby (83) XXI ▶ Mescla (Balcons de la) (04) XXI.
Artus (Grotte d') ▶ Huelgoat (29) III.
Artzamendi ▶ Cambo-les-Bains (64) XVII.
Arudy (64) XVII ▶ Ossau (Vallée d') (64) XVII.
Arundel (Phare de la Tour d') ▶ Sables-d'Olonne (Les) (85) II.
Arvan (Vallées de l') (73) XX ▶ Belledonne (Chaîne de) (38) XX ▶ Croix-de-Fer (Col de la) (73) XX ▶ Grandes-Rousses (Massif des) (38) XX ▶ St-Jean-de-Maurienne (73) XX.
Arvert (Presqu'île d') ▶ Coubre (Forêt de la) (17) XIV.
Arve (L') ▶ Aravis (Chaîne des) (73) (74) XX ▶ Bonneville (74) XX ▶ Cluses (74) XX ▶ Roche-sur-Foron (La) (74) XX.
Arves (Aiguilles d') (73) XX ▶ Galibier (Col du) (73) XX.
Arvières (Forêt d') ▶ Grand-Colombier (Le) (01) XX.
Arvieux ▶ Château-Queyras (05) XXI.
Arville ▶ Saint-Agil (41) XIII.
Arz (Ile d') ▶ Morbihan (Golfe du) (56) III.
Arz (Vallée de l') ▶ Rochefort-en-Terre (56) III.
Arzal (Barrage d') (56) III ▶ Redon (35) III ▶ Vilaine (Vallée de la) (35) III.
Arzelier (Col de l') ▶ Vif (38) XX.
Arzenc-d'Apcher ▶ Fournels (48) XIX.
Arzon (56) III ▶ Morbihan (Golfe du) (56) III.
Arzon (L') ▶ Chamalières-sur-Loire (43) XVI.
Ascain (64) XVII ▶ Rhune (La) (64) XVII.
Asclier (Col de l') (30) XIX ▶ St-Hippolyte-du-Fort (30) XIX ▶ Lasalle (30) XIX.
Asco (Vallée de l') (2B) XXII.
Ascros (06) XXI ▶ Estéron (Vallée de l') (06) XXI.
Asfeld (08) VIII.
Asinao (Cornes de) ▶ Bavella (Col de) (2A) XXII ▶ Zonza (2A) XXII.
Asnières ▶ Gennevilliers (92) I.
Asnières (Abbaye d') (49) II ▶ Montreuil-Belloy (49) II.
Asnières-sur-Vègre (72) II.
Aspe (Vallée de l') (64) XVII ▶ Lescun (64) XVII ▶ Marie-Blanque (Col de) (64) XVII ▶ Oloron-Sainte-Marie (64) XVII ▶ Sarrance (64) XVII ▶ Somport (Col du) (64) XVII.
Aspet (31) XVIII.
Aspin (Col d') (65) XVIII ▶ Arreau (65) XVIII ▶ Campan (65) XVIII.
Aspre (Vallée de l') ▶ Salers (15) XVI.
Aspremont (Château d') ▶ Peyrehorade (40) XVII.
Aspremont ▶ Nice (06) XXI.
Aspres (L') ▶ Thuir (66) XIX.
Aspres (Les) ▶ Castelnou (66) XIX.
Aspres-sur-Buëch (05) XXI ▶ Buëch (Vallée du) (05) XXI.
Assas (34) XIX.
Asse (L') ▶ Bourg-Archambault (86) XIV.
Asse (Vallée de l') (04) XXI ▶ Chabrières (Cluse de) (04) XXI ▶ Valensole (Plateau de) (04) XXI.
Assemblée-des-Deux-Lay (L') ▶ Chantonnay (85) II.
Assier (46) XVIII.
Asson ▶ Nay (64) XVII.
Assy ▶ Brèche-au-Diable (14) IV.
Assy (Plateau d') (74) XX.
Astaffort ▶ Romieu (La) (32) XVIII.
Astarac (Lac de barrage d') ▶ Masseube (32) XXIII.
Astau ▶ Ôo (Lac d') (31) XVIII.
Asto (Route) ▶ Nebbio (Le) (2B) XXII.
Aston (Montagne de l') ▶ Ariège (Vallée de l') (09) XVIII.
Atalay (L') ▶ Biarritz (64) XVII.
Athies (80) VII.
Attigny (08) VIII.
Attila (Camp d') (51) VIII ▶ Mourmelon-le-Grand (51) VIII.
Attilly ▶ Ozoir-la-Ferrière (77) I.
Aubagne ▶ Gémenos (13) XXI.
Aubarèdes (Plan d'eau des) ▶ Beaulieu-sur-Dordogne (10) XV.
Aubassin (Puy d') ▶ Saint-Privat (19) XV.
Aubazines (19) XV ▶ Brive-la-Gaillarde (19) XV.
Aube (L') (10) (52) VIII ▶ Clairvaux (10) VIII ▶ Lesmont (10) VIII ▶ Marcilly-sur-Seine (51) VIII.
Aubenas (07) XX ▶ Ardèche (Vallée et gorges de l') (07) XX.
Aubergenville ▶ Maule (78) I.
Auberive (52) VIII ▶ Ource (Vallée de l') (21) XII.
Aubert (Lac) ▶ Néouvielle (Massif de) (65) XVIII.
Aubeterre-sur-Dronne (16) XIV ▶ Montmoreau-Saint-Cybard (16) XIV.
Aubette (Vallée de l') ▶ Ambleville (95) I ▶ Guiry-en-Vexin (95) I ▶ Vigny (95) I.
Aubette (L') ▶ Chaume (Forêt de la) (21) XII.
Aubiac ▶ Agen (47) XVII ▶ Laplume (47) XVII.
Aubigné-Racan ▶ Vaas (72) II.
Aubigny ▶ Falaise (14) IV.
Aubigny-au-Bac ▶ Sensée (Étangs de la) (59) VI.
Aubigny-Plage ▶ Sensée (Étangs de la) (59) VI.
Aubigny-sur-Nère (18) XIII.
Aubin (12) XVIII.
Aubisque (Col de l') (64) XVII ▶ Arrens (65) XVIII.
Aubois (Vallée de l') ▶ Cuffy (18) XIII.
Aubrac (L') ▶ Carlat (15) XVI ▶ Mallet (Belvédère de) (15) XVI ▶ Saint-Urcize (15) XVI ▶ Ternes (Les) (15) XVI ▶ Espalion (12) XVIII ▶ St-Gemez-d'Olt (12) XVIII ▶ Maury (Barrage de) (12) XVIII.
Aubrac (Monts d') (48) XIX ▶ Chaldette (La) (48) XIX ▶ Fournels (48) XIX ▶ Marvejols (48) XIX.
Aubres ▶ Eygues (Vallée de l') (26) XX.
Aubure ▶ Ribeauvillé (68) X.
Aubusson (23) XV.
Auch (32) XVIII.
Auchy-les-Esdin ▶ Hesdin (62) VI.
Aude (L' et gorges de l') (11) XIX ▶ Alaric (Montagne d') (11) XIX ▶ Alet-les-Bains (11) XIX ▶ Capcir (Le) (66) XIX ▶ Carcassonne (11) XIX ▶ Corbières (Les) (11) (66) XIX ▶ Fanges (Forêt des) (11) XIX ▶ Jau (Col de) (66) XIX ▶ Valras-Plage (34) XIX.
Auderville ▶ Hague (Cap de la) (50) IV.
Audeux (L') ▶ Cusancin (Vallée du) (25) XI.
Audeux (Gorges de l') ▶ Glacière (Grotte de la) (25) XI.
Audibergue (L') ▶ Thorenc (06) XXI.
Audierne (29) III ▶ Cornouaille (29) III ▶ Sein (Ile de) (29) III.
Audierne (Baie d') ▶ Saint-Guénolé (29) III.
Audiernes (L') ▶ Peyrusse-le-Roc (12) XVIII.
Audignon ▶ Saint-Sever (40) XVII.
Audincourt (25) XI ▶ Doubs (Vallée du) (25) (39) (71) XI.
Audinghen ▶ Gris-Nez (Cap) (62) VI.
Audomarois (Marais) ▶ Rihoult-Clairmarais (Forêt de) (62) VI ▶ Saint-Omer (62) VI.
Audouze (Signal d') (19) XV.
Audressein ▶ Castillon-en-Couserans (09) XVIII.
Audresselles ▶ Ambleteuse (62) VI.
Audry (Source de l') ▶ Rumigny (08) VIII.
Au Duc (Forêt) ▶ Chenue (Forêt) (58) XII ▶ Cure (Vallée de la) (58) (59) XII.
Auffay (76) V.
Auge (Pays d') (14) IV ▶ Lisieux IV.
Augerolles ▶ Olliergues (63) XVI.
Auges (Les) ▶ Pleurs (51) VIII ▶ Sézanne (51) VIII.
Augronne (Vallée de l') ▶ Plombières-les-Bains (88) IX.
Aujon (L' et vallée de l') (52) VIII ▶ Arc-en-Barrois (52) VIII ▶ Châteauvillain (52) VIII ▶ Clairvaux (10) VIII.
Aulan ▶ Montbrun-les-Bains (26) XX.
Aulas ▶ Vigan (Le) (30) XIX.
Aules ▶ Saint-Sever (40) XVII.
Aullène (2A) XXII ▶ Petreto-Bicchisano (2A) XXII ▶ Rizzanèse (Vallée du) (2A) XXII.
Aulnay (17) XIV ▶ Dampierre-sur-Boutonne (17) XIV.
Aulnay (Forêt d') ▶ Aulnay (17) XIV.
Aulnay-sous-Bois ▶ Raincy (Le) (93) I.
Aulne (Vallée de l') (29) III ▶ Châteaulin (29) III ▶ Châteauneuf-du-Faou (29) III.. ▶ Faou (Le) (29) III ▶ Landévennec (29) III ▶ Laz (29) III ▶ Montagnes noires (29) III ▶ Plourac'h (22) III ▶ Rade de Brest (29) III.
Ault (80) VII.
Aulteribe (Château d') ▶ Courpière (63) XVI.
Aulus-les-Bains (09) XVIII ▶ Vicdessos (Vallée du) (09) XIX.
Aumale (76) V.
Aumance (L') ▶ Hérisson (03) XVI.
Aumar (Lac) ▶ Néouvielle (Massif de) (65) XVIII.
Aumede (Dolmen de l') ▶ Chanac (48) XIX.
Aumont ▶ Senlis (60) VII.
Aumont (Forêt d') (10) VIII ▶ Chaource (10) VIII.
Aumont-Aubrac (48) XIX.
Aunay-sur-Odon ▶ Pinçon (Mont) (14) IV.
Aune (L') ▶ Luché-Pringé (72) II.
Auneau (28) XIII.
Aunelle (L') ▶ Sebourg (59) VI.
Aunis ▶ Châtelaillon-Plage (17) XIV.
Aup (Montagne de l') ▶ Serres (05) XXI.
Aup (Montagne de l') (26) XX ▶ Valdrôme (26) XX.
Aupès ▶ Campan (65) XVIII.
Aupiho (L') (13) XXI ▶ Alpilles (Les) (13) XXI.
Aups (Plan d') ▶ Sainte-Baume (Massif de la) (13) (83) XXI.
Aups (83) XXI.
Auranchin (L') (50) ▶ Chaulieu (50) IV.
Auray (56) III ▶ Carnac (56) III ▶ Morbihan (Golfe du) (56) III.
Aure (L') ▶ Isigny-sur-Mer (14) IV.
Aure (Vallée de l') (65) XVIII ▶ Aragnouet (65) XVIII ▶ Arreau (65) XVIII.
Aurec-sur-Loire (Château d') ▶ Loire (Gorges de la) (43) XVI.
Aureilhan (Étang et lac d') (40) XVII.
Aurélienne (Voie) ▶ Éguilles (13) XXI.
Auriac-l'Église ▶ Sianne (Gorges de la) (15) XVI.
Auribeau ▶ Apt (84) XXI.
Aurignac (31) XVIII.
Aurillac (15) XVI ▶ Crêtes (Route des) (15) XVI ▶ Mandailles (Vallée de) (15) XVI ▶ Mary (Puy) (15) XVI ▶ Mauriac (15) XVI ▶ Maurs (15) XVI.
Auriol ▶ Sainte-Baume (Massif de la) (13) (83) XXI.
Auriolles ▶ Ruoms (07) XX.
Auron (06) XXI ▶ St-Étienne-de-Tinée (06) XXI.
Aurouze (Plateau d') ▶ St-Étienne-en-Dévoluy (05) XXI.
Ausseing (Tour d') (31) XVIII ▶ Martres-Tolosane (31) XVIII.
Aussières (Col d') ▶ Puilaurens (11) XIX.
Aussois (73) XX.
Aussurucq ▶ Aphanize (Col d') (64) XVII.
Authie (Vallée de l') (80) (62) VII ▶ Auxi-le-Château (62) VI ▶ Sarton (62) VI ▶ Boisle (Le) (80) VII.
Authion (L') ▶ Angers (49) II ▶ Beaufort-en-Vallée (49) II.
Authion (L') (06) XXI ▶ Peïra-Cava (06) XXI ▶ Turini (Col de) (06) XXI.
Authre (Vallée de l') ▶ Crêtes (Route des) (15) XVI.
Automne (L') ▶ Verberie (60) VII.
Autoire (Cirque d') (46) XVIII.
Autrans (38) XX ▶ Vercors (Le et parc régional) (26) (38) XX.
Autreppes ▶ Marly (02) VII.
Autrey (88) IX.
Autrey-les-Gray ▶ Gray (70) XI.
Autry (08) VIII.
Autry-Issards ▶ Souvigny (03) XVI.
Autun (71) XII ▶ Planoise (Forêt de) (71) XII.
Auvergne ▶ Espalion (12) XVIII.
Auvergne (Monts d') ▶ Vichy (03) XVI ▶ Volcans d'Auvergne (15) (63) XVI.
Auvers-le-Hamon ▶ Sablé-sur-Sarthe (72) II.
Auvers-sur-Oise (95) I.
Auvézère (L' et vallée de l') (24) XVII ▶ Ségur-le-Château (19) XV.
Auvillar (82) XVIII.
Auvillars-sur-Saône ▶ Bagnot (21) XII.
Auxances (L') ▶ Vouillé (86) XIV.
Auxence (Vallon de l') ▶ Donnemarie (77) I.
Auxerre (89) XII ▶ Yonne (Vallée de l') (58) (89) XII.
Auxi-le-Château (62) VI ▶ Authie (Vallée de l') (80) (62) VII.
Auxois (L') ▶ Bard (Signal de) (21) XII ▶ Semur-en-Auxois (21) XII.
Auxois (Mont) ▶ Alise-Sainte-Reine (21) XII ▶ Montréal (89) XII.
Auxon (10) VIII.
Auxonne (21) XII.
Auzances (23) XV.
Auzers (15) XVI.
Auzon (43) XVI.
Auzon (L') ▶ Allegre (30) XIX.
Auzoue (L') ▶ Montréal (32) XVIII.
Availles-Limouzine ▶ Saint-Germain-de-Confolens (16) XIV.
Aval (Falaise d') ▶ St-Valéry-en-Caux (76) V.
Avallon (89) XII ▶ Cousin (Vallée du) (89) XII.
Avaloirs (Mont des) (53) II ▶ Mayenne (Vallée de la) (53) II ▶ Pré-en-Pail (53) II ▶ Ecouves (Forêt d') (61) IV.
Avance (L') ▶ Notre-Dame-du-Laus (05) XXI.
Avangour ▶ Guingamp (22) III.
Avelon (Vallée de l') ▶ Beauvais (60) VII.
Aven (L') ▶ Kerfany-les-Pins (29) III ▶ Pont-Aven (29) III ▶ Port-Manech (29) III ▶ Rosporden (29) III.
Avenas ▶ Beaujolais (Le) (69) XX ▶ Terrasse (La) (69) XX.
Avenay-Val-Dor (51) VIII ▶ Montagne-de-Reims (51) VIII.
Avène (Lac de barrage d') (34) XIX ▶ Orb (Gorges de l') (34) XIX.
Avensan ▶ Castelnau-de-Médoc (33) XVII.
Aveny ▶ Epte (Vallée de l') (27) (78) (95) V.
Avérole (Vallée d') ▶ Bessans (73) XX.
Avesnes-le-Comte (62) VI.
Avesnes-sur-Helpe (59) VI.
Avesnois ▶ Sars-Poteries (59) VI ▶ Hirson (02) VII.
Aveyron (L') ▶ Laguépie (82) XVIII ▶ Penne (81) XVIII ▶ St-Antonin-Noble-Val (82) XVIII ▶ Varen (82) XVIII ▶ Villefranche-de-Rouergue (12) XIX.
Aveyron (Vallée de l') (12) (81) (82) XVIII ▶ Belcastel (12) XVIII ▶ Montauban (82) XVIII ▶ Montricoux (82) XVIII ▶ Najac (12) XVIII ▶ Negrepelisse (82) XVIII.
Avèze (Gorges de l') (63) XVI ▶ Bourg-Lastic (63) XVI.
Avignon (84) XXI ▶ Montagnette (La) (13) XXI ▶ Montfavet (84) XXI.
Avignonet-Lauragais ▶ Villefranche-de-Lauragais (31) XIX.
Avioth (55) IX.
Avison (Mont) ▶ Bruyères (88) IX.
Avize ▶ Blancs (Côte des) (51) VIII.
Avoine-Chinon (37) XIII.
Avolsheim ▶ Molsheim (67) X.
Avon ▶ Fontainebleau (77) I.
Avon-les-Roches ▶ Ile-Bouchard (L') (37) XIII ▶ St-Épain (37) XIII.
Avord (18) XIII.
Avoriaz (74) XX ▶ Châtel (74) XX ▶ Morzine (74) XX.
Avranches (50) IV ▶ Sée (Vallée de la) (50) IV.
Avranchin (Colline d') ▶ Chaulieu (50) IV.
Avre (L' et vallée de l') (27) (28) (61) V, 337 ▶ Nonancourt (27) V.
Avrillé (85) II.
Avy ▶ Pons (17) XIV.
Axat ▶ Rebenty (Gorges du) (11) XIX ▶ St-Georges (Gorges de) (11) XIX.
Ax-les-Thermes (09) XVIII ▶ Ariège (Vallée de l') (09) XVIII ▶ Chioula (Signal de) (09) XVIII ▶ Corniches (Route des) (09) XVIII ▶ Pailhères (Port de) (09) XVIII ▶ Pradel (Col du) (09) (11) XVIII ▶ Rebenty (Gorges du) (11) XIX.
Axiat ▶ Corniches (Route des) (09) XVIII.
Ay (Estuaire de l') ▶ Lessay (50) IV.

Beaulieu-sur-Layon (49) II.
Beaume (Gorges de la) (07) XX.
Beaumes-de-Venise (84) XXI ▶ *Dentelles de Montmirail* (84) XXI.
Beaumesnil (27) V.
Beaumont (24) XVII.
Beaumont (86) XIV.
Beaumont (Château de) ▶ *Hoc (Pointe du)* (14) IV.
Beaumont-de-Lomagne (82) XVIII.
Beaumont-du-Gâtinais (77) I.
Beaumont-en-Argonne (08) VIII.
Beaumont-le-Roger (27) V.
Beaumont-lès-Valence ▶ *Valence* (26) XX.
Beaumont-sur-Oise (95) I.
Beaumont-sur-Sarthe (72) II.
Beaumontel ▶ *Beaumont-le-Roger* (27) V.
Beaune (21) XII ▶ *Archéodrome (L')* (21) XII ▶ *Borne (Forêt de)* (21) XII ▶ *Rochepot (La)* (21) XII ▶ *Nuits-Saint-Georges* (21) XII.
Beaune-la-Rolande (45) XIII.
Beaunant (Aqueduc de) ▶ *Lyon* (69) XX.
Beauport (Abbaye de) ▶ *Paimpol* (22) III.
Beaupréau (49) II.
Beaurain ▶ *Marly* (02) VII.
Beauregard ▶ *Nemours* (77) I.
Beauregard (Forêt de) ▶ *Chalon-sur-Saône* (71) XII.
Beauregard (Manoir de) (41) XIII.
Beaurgard (46) XVIII.
Beaurevoir ▶ *Escaut (Source de l')* (02) VII.
Beausset (Le) (83) XXI.
Beauvais (60) VII.
Beauvallon ▶ *Saint-Tropez* (83) XXI ▶ *Sainte-Maxime* (83) XXI.
Beauvières ▶ *Cabre (Col de)* (26) (05) XX.
Beauville (47) XVII.
Beauvoir ▶ *Besbre (Vallée de la)* (03) XVI.
Beauvoir-de-Marc ▶ *Vienne* (38) XX.
Beauvoir-en-Lyons (76) V.
Beauvoir-en-Royans ▶ *St-Marcellin* (38) XX.
Beauvoir-sur-Mer (85) II ▶ *Machecoul (Marais de)* (44) (85) II.
Beauzac (43) XVI.
Beblenheim ▶ *Vin (Route du)* (67) (68) X.
Bec (Château du) (76) ▶ *Montivilliers* (76) V.
Bec-d'Allier ▶ *Marcy* (58) XII ▶ *Nevers* (58) XII ▶ *Cuffy* (18) XIII.
Bec-d'Ambès (33) XVII ▶ *Dordogne (Vallée de la)* (24) (33) XVII ▶ *St-André-de-Cubzac* (33) XVII.
Bec d'Andaine (Cap du) ▶ *Carolles* (50) IV.
Bec de l'Échaillon ▶ *Voreppe* (38) XX.
Bec-de-Vir (Pointe du) ▶ *Saint-Quay-Portrieux* (22) III.
Bec-Hellouin (Le) (27) V ▶ *Brionne* (27) V ▶ *Risle (Vallée de la)* (27) V.
Bécherel (35) III ▶ *Couëlan (Château de)* (22) III ▶ *Hédé* (35) III.
Bédailhac ▶ *Tarascon-sur-Ariège* (09) XVIII.
Bédarieux ▶ *Espinouse* (34) XIX ▶ *Orb (Gorges de l')* (34) XIX.
Bédat (Mont) ▶ *Bagnères-de-Bigorre* (65) XXI.
Bédaule (La) ▶ *Fournels* (48) XIX.
Bédeilhac ▶ *Ariège (Vallée de l')* (09) XVIII.
Bédoin (84) XXI ▶ *Ventoux (Mont)* (84) XXI.
Bedous (Bassin de) ▶ *Aspe (Vallée de l')* (64) XVII.
Beffou (Forêt de) ▶ *Aulne (Vallée de l')* (29) III.
Beger Lan ▶ *Quiberon* (56) III.
Beg-Meil (29) III.
Bego (Mont) ▶ *Merveilles (Vallée des)* (06) XXI.
Bégrolles-en-Mauges ▶ *Cholet* (49) II.
Bégude-de-Mazenc (La) (26) XX.
Béhobie ▶ *Hendaye* (64) XVII.
Béhuard (49) II.
Bel-Air (Étang du) ▶ *Fouët (Le)* (56) III.
Bélaye (46) XVIII.
Belbèze ▶ *Ausseing (Tour d')* (31) XVIII.
Belcastel (Château de) ▶ *Lacave (Grotte de)* (46) XVIII.
Belcastel (12) XVIII.
Bélesta (Forêt de) ▶ *Fontestorbes (Fontaine de)* (09) XVIII ▶ *Sault (Pays de)* (11) XIX.
Belesbat (Plage de) ▶ *Saint-Vincent-sur-Jard* (85) II.
Bélestat ▶ *Ille-sur-Têt* (66) XIX.
Belfahy ▶ *Servance* (70) XI.
Belfort (90) XI.
Belfort (Trouée de) ▶ *Belfort* (90) XI.
Belgodère ▶ *Balagne (La)* (2B) XXII ▶ *Tartagine (Forêt de)* (2B) XXII.
Belhade ▶ *Sore* (40) XVII.
Bel-Homme (Col du) ▶ *Bargemon* (83) XXI.
Bélisaire (Phare de) ▶ *Cap Ferret* (33) XVII.
Bellac (87) XV.
Bellagranajo (Col de) ▶ *Venaco* (2B) XXII.
Bellaigue ▶ *Montaigut* (63) XVI.
Bellary (Forêt de) (58) XII ▶ *Dijon* (21) XII ▶ *Prémery* (58) XII.
Bellay (Étangs du) ▶ *Brain-sur-Allonnes* (49) II.
Bellebouche ▶ *Brenne (La)* XIII.
Bellecombe ▶ *LansLevillard (Val-Cenis)* (73) XX ▶ *St-Auban-sur-l'Ouvèze* (26) XX.
Bellecôte (Massif de) ▶ *Brides-les-Bains* (73) XX.
Belledonne (Chaîne de) (38) XX ▶ *Allevard* (38) XX ▶ *Chamrousse* (38) XX ▶ *Eau d'Olle (Vallée de l')* (38) XX ▶ *Fond-de-France (Le)* (38) XX ▶ *Glandon (Col du)* (73) XX ▶ *Grenoble* (38) XX ▶ *Grésivaudan (Le)* (38) XX ▶ *Maurienne (La)* (73) XX.
Belledonne (Corniche de) (38) XX ▶ *Révollat (Croix de)* (38) XX ▶ *Romanche (Vallée de la)* (05) (38) XX.
Bellefois (Dolmen de) ▶ *Neuville-de-Poitou* (86) XIV.
Belle-Fontaine (Abbaye de) ▶ *Cholet* (49) II.
Bellefontaine (Lac de) ▶ *Morez* (39) XI ▶ *Mortes (Lac des)* (25) XI.
Bellegarde (45) XIII.
Bellegarde ▶ *Génissiat (Barrage de)* (01) (74) XX.
Bellegarde (Fort de) ▶ *Perthus (Le)* (66) XIX.
Bellegarde-en-Marche (23) XV.
Bellegarde-sur-Valserine (01) XX.
Belle-Ile (56) III ▶ *Quiberon* (56) III.
Belle-Isle-en-Terre (22) III ▶ *Kerfons* (22) III ▶ *Kiriou (Roche de)* (22) III.
Bellême (61) IV.
Bellenaves ▶ *Veauce* (03) XVI.
Belles-Aigues ▶ *Lioran (Le)* (15) XVI.
Bellevarde ▶ *Val d'Isère* (73) XX.
Bellevaux ▶ *Lullin* (74) XX.
Belleville (69) XX.
Belleville (Vallée de) ▶ *St-Martin-de-Belleville* (73) XX.
Bellevue (Grotte de) ▶ *Marcilhac-sur-Célé* (46) XVIII.
Bellevue ▶ *Nid d'Aigle (Le)* (74) XX.
Bellicourt (02) VII.
Bellocq ▶ *Salies-de-Béarn* (64) XVII.
Belley (01) XX.
Bellou (14) IV.
Belloy-en-France ▶ *Royaumont* (95) I.
Belmont-sur-Rance (12) XVIII.
Belmont (Rocher) ▶ *Crêtes (Route des)* (68) (88) X ▶ *Lacs Blanc et Noir* (68) X.
Bélon (Le) ▶ *Kerfany-les-Pins* (29) III ▶ *Port-Manech* (29) III.
Belpech (11) XIX.
Belval (Parc de vision de) (08) VIII.
Belvédère-Campomoro ▶ *Propriano* (2A) XXII.
Belval (Forêt de) (51) VIII.
Belvès (24) XVII.
Belvoir (25) XI ▶ *Lomont (Montagne du)* (25) XI ▶ *Sancey-le-Grand* (25) XI.
Belz (56) III.
Bénat (Cap) ▶ *Bormes-les-Mimosas* (83) XXI.
Bénaven ▶ *Ste-Geneviève-sur-Argence* (12) XVIII.
Bendor (Ile de) ▶ *Bandol* (83) XXI.
Bens ▶ *Brigue (La)* (06) XXI.
Benauge (Château de) ▶ *Cadillac* (33) XVII.
Bénéhart (Château de) (72) II.
Bénerville (Falaises de) ▶ *Deauville* (14) IV ▶ *Villers-sur-Mer* (14) IV.
Bénesse ▶ *Dax* (40) XVII.
Benest ▶ *Allque* (16) XIV.
Bénévent-L'Abbaye (23) XV.
Benfeld (67) X.
Bengy-sur-Craon ▶ *Avord* (18) XIII.
Bénisson-Dieu (La) (42) XX.
Bénodet (29) III ▶ *Odet (Estuaire de l')* (29) III.
Bénou (Plateau de) ▶ *Marie-Blanque (Col de)* (64) XVII.
Bénouville ▶ *Ouistreham-Riva Bella* (14) IV.
Beny-Bocage ▶ *Vire (Vallée de la)* (14) (50) IV.
Béost ▶ *Laruns* (64) XVII.
Béout (Mont) ▶ *Lourdes* (65) XVIII.
Béoux (Vallée du) ▶ *Festre (Col du)* (05) XXI.
Béranger (Gorges du) ▶ *Valsenestre* (38) XX.
Bérarde (La) (38) XX ▶ *Bourg-d'Oisans (Le)* (38) XX ▶ *Écrins (Massif et parc national des)* (05) (38) XX ▶ *Oisans (L')* (38) (05) XX ▶ *Meije (La)* (05) (38) XX.
Bercé (Forêt de) (72) II ▶ *Etangsort (Vallée de l')* II.
Berchères-sur-Vesgre ▶ *Anet* (28) XIII.
Berck-Plage (62) VI.
Bergerac (24) XVII ▶ *Malfourat (Moulin de)* (24) XVII.
Bergheim (68) X.
Bergies (Montagne de) ▶ *Séderon* (26) XX.
Bergne (Gorges de) ▶ *Saorge* (06) XXI.
Bergues (59) VI.
Bernard (Le et dolmens) ▶ *Avrillé* (85) II.
Bernay (27) V.
Bernay-en-Ponthieu (80) VII.
Bernerie-en-Retz (La) ▶ *Bourgneuf-en-Retz* (44) II.
Bernex (74) XX.
Bernières-sur-Seine ▶ *Lyons (Forêt de)* (27) (76) V.
Berny ▶ *Folleville* (80) VII.
Béronne (La) ▶ *Melle* (79) XIV.
Béroux (Le) ▶ *Boussac* (23) XV.
Berre (Vallée de) ▶ *Aguilar (Château d')* (11) XIX.
Berre-L'Étang (13) XXI ▶ *Istres* (13) XXI ▶ *Lançon-Provence* (13) XXI ▶ *Vitrolles* (13) XXI.
Berre (Étang de) (13) XXI ▶ *Marignane* (13) XXI ▶ *Marseille* (13) XXI ▶ *Martigues* (13) XXI ▶ *Miramas* (13) XXI ▶ *Port-de-Bouc* (13) XXI ▶ *Salon-de-Provence* (13) XXI.
Berre-les-Alpes ▶ *Lucéram* (06) XXI.
Berry ▶ *Ainay-le-Vieil* (18) XIII.
Berry (Canal du) ▶ *Vierzon* (18) XIII.
Berry-au-Bac (02) VII.
Bersac-sur-Rivalier ▶ *Bessines-sur-Gartempe* (87) XV.
Berson (33) XVII.
Bertangles (80) VII.
Berteaucourt-les-Dames ▶ *Domart-en-Ponthieu* (80) VII.
Bertheaume (Anse de) ▶ *Saint-Mathieu (Pointe de)* (29) III.
Berthenoux (La) (36) XIII.
Berthiand (Col du) (01) XX.
Bertranges (Forêt de) (58) XII ▶ *Guérigny* (58) XII ▶ *Prémery* (58) XII.
Béruges ▶ *Poitiers* (86) XIV.
Bérulle (10) VIII.
Berven (29) III.
Berville-sur-Mer (27) V.
Berzé-la-Ville (71) XII ▶ *Cluny* (71) XII.
Berzé-le-Châtel ▶ *Berzé-la-Ville* (71) XII ▶ *Cluny* (71) XII.
Bès (Le) ▶ *Mallet (Belvédère de)* (15) XVI ▶ *Chaldette (La)* (48) XIX.
Bès (Gorges du) ▶ *Fournels* (48) XIX.
Bès (Vallée du) ▶ *Barles* (04) XXI ▶ *Labouret (Col du)* (04) XXI.
Besançon (25) XI ▶ *Ornans* (25) XI.
Besbre (Vallée de la) (03) XVI ▶ *Châtel-Montagne* (03) XVI ▶ *Lapalisse* (03) XVI.
Bésines (Cascades des) ▶ *Ax-les-Thermes* (09) XVIII.
Bessans (73) XX.
Bessay-sur-Allier (03) XVI.
Besse (24) XVII.
Besse ▶ *Chambon (Lac du)* (38) XX.
Besse-et-Saint-Anastaise (63) XVI.
Bessèges (30) XIX.
Bessèges (Château de) ▶ *Cèze (Gorges de la)* (30) XIX.
Besserve (Barrage de) ▶ *Sioule (Gorges de la)* (63)(03) XVI ▶ *Fades (Viaduc des)* (63) XVI.
Besse-sur-Issole (83) XXI.
Bessines-sur-Gartempe (87) XV.
Bessoles (Puy de) ▶ *Murol* (63) XVI.
Besson ▶ *Châtel-de-Neuvre* (03) XVI.
Besson (Lac) ▶ *Alpe-d'Huez* (38) XX.
Bessou (Mont) ▶ *Audouze (Signal d')* (19) XV.
Bessy ▶ *Issy-L'Évêque* (71) XII.
Bétharam (Grotte de) (64)(65) XVII ▶ *Lourdes* (65) XVIII.
Bethmale (Vallée de) (09) XVIII ▶ *Castillon-en-Couserans* (09) XVIII ▶ *Seix* (09) XVIII.
Béthemont-la-Forêt ▶ *Montmorency* (95) I.
Béthisy-Saint-Pierre ▶ *Champlieu* (60) VII.
Béthune (62) VI.
Betschdorf (67) X ▶ *Haguenau (Forêt d')* (67) X.
Bétuzon (Le) ▶ *Meyruès* (48) XIX.
Betz ▶ *Acy-en-Multien* (02) VII.
Betz-le-Château ▶ *Ferrière-Larçon* (37) IX.
Beuil (06) XXI ▶ *Cians (Gorges du)* (06) XXI ▶ *Puget-Theniers* (06) XXI.
Beune (La) ▶ *Eyzies-de-Tayac (les)* (24) XVII.
Beuvray (Mont) (71) XII ▶ *Château-Chinon* (58) XII ▶ *Haut-Folin* (71) XII ▶ *Autun* (71) XII.
Beuvreuil (76) V.
Beuvron (Le) ▶ *Bracieux* (41) XIII.
Beuzeville (27) V.
Bévera (La) ▶ *Braus (Col de)* (06) XXI ▶ *Sospel* (06) XXI ▶ *Turini (Col de)* (06) XXI.
Bevinco (Le) ▶ *Landone (Défilé de)* (2B) XXII.
Beynac-et-Cazenac (24) XVII ▶ *Castelnaud* (24) XVII ▶ *Dordogne (Vallée de la)* (24)(33) XVII.
Bez (Le) ▶ *Serre-Chevalier* (05) XXI.
Bézaudun-les-Alpes (06) XXI.
Bèze (21) XII.
Béziers (34) XIX ▶ *Neussargues-Moissac* (15) XVI.
Bézu-la-Forêt ▶ *Mainneville* (27) V.
Bézu-Saint-Éloi ▶ *Mainneville* (27) V.
Biaisse (Vallée de la) ▶ *Freissinières* (05) XXI ▶ *Roche-de-Rame (La)* (05) XXI.
Biarritz (64) XVII ▶ *Anglet* (64) XVII ▶ *Argent (Côte d')* (33) (40) (64) XVII.
Bidache (64) XVII.
Bidarray (64) XVII.
Bidarray (Gorges de) ▶ *Nive (Vallée de la)* (64) XVII.
Bidart ▶ *Biarritz* (64) XVII.
Bidassoa (La) ▶ *Argent (Côte d')* (33) (40) (64) XVII ▶ *Hendaye* (64) XVII.
Bidouze (La) ▶ *Bidache* (64) XVII.
Bielle (64) XVII.
Bielsa (Tunnel de) ▶ *Aragnouet* (65) XVIII ▶ *Aure (Vallée de l')* (65) XVIII.
Bienassis (Château de) (22) III.
Bienassis (Château de) ▶ *Crémieu* (38) XX.
Biennac ▶ *Rochechouart* (87) XV.
Bienne (Gorges de la) (39) XI ▶ *Rousses (Les)* (39) XI ▶ *St-Romain-de-Roche* (39) XI.
Bienne (La) ▶ *Oyonnax* (01) XX.
Biesme (Source de la) ▶ *Beaulieu-en-Argonne* (55) IX ▶ *Clermont-en-Argonne* (55) IX.
Bieuzy ▶ *Castennec (Site de)* (56) III.
Bièvre (La) ▶ *Bièvres* (92) I ▶ *Jouy-en-Josas* (78) I.
Bièvre (Plaine de) (38) XX ▶ *Côte-St-André (La)* (38) XX.
Bièvres (91) I.
Bigorre (La) ▶ *Montaner (Château de)* (64) XVII.
Biguglia (Étang de) (2B) XXII ▶ *Bastia* (2B) XXII ▶ *Lancone (Défilé)* (2B) XXII.
Bihit (Pointe de) ▶ *Trébeurden* (22) III.
Bijoux (Fort de) (84) XXI.
Bile (Pointe du) ▶ *Pénestin* (56) III.
Bilfot (Pointe de) ▶ *Paimpol* (22) III.
Billaude (Cascade de la) ▶ *Champagnole* (39) XI.
Billiers (Marais de) ▶ *Muzillac* (56) III.
Billom (63) XVI.
Billy (03) XVI.
Bimont (Barrage de) ▶ *Aix-en-Provence* (13) XXI ▶ *Vauvenargues* (13) XXI ▶ *Sainte-Victoire (Montagne)* (13) XXI.
Binic (22) III ▶ *Étables-sur-Mer* (22) III.
Biolle (La) ▶ *Aix-les-Bains* (73) XX.
Bionnassay (Aiguilles de) ▶ *Contamines-Montjoie* (74) XX ▶ *Nid d'Aigle (Le)* (74) XX.
Biot (06) XXI ▶ *Antibes* (06) XXI ▶ *Nice* (06) XXI.
Bioule (Pont de) ▶ *Nègrepelisse* (82) XVIII.
Bious-Artigues (Lac de) ▶ *Ossau (Vallée d')* (64) XVII.
Biran (32) XVIII.
Biron (24) XVII.
Biros (Vallée de) ▶ *Sentein* (09) XVIII.
Bisanne (Signal de) ▶ *Beaufortain (Le)* (73) XX ▶ *Saisies (Col des)* (73) XX.
Biscarosse (40) XVII ▶ *Argent (Côte d')* (33) (40) (64) XVII.
Biscarosse-Parentis (Étang de) (40) XVII ▶ *Parentis-en-Born* (40) XVII.
Bitche (57) IX.
Bitoulet (Le) ▶ *Lamalou-les-Bains* (34) XIX.
Bitrague (Pic de) ▶ *Quillan* (11) XIX.
Biville (50) IV.
Bizot (Le) ▶ *Roche du Prêtre (La)* (25) XI.
Bizy (Château de) ▶ *Vernon* (27) V.
Blain (44) II.
Blainville-Crevon ▶ *Ry* (76) V.
Blaise (La) ▶ *Dreux* (28) XIII.
Blaise (Vallée de la) ▶ *Cirey-sur-Blaise* (52) VIII.
Blaiseron (Vallée du) ▶ *Cirey-sur-Blaise* (52) VIII.
Blajoux ▶ *Tarn (Gorges du)* (48) XIX.
Blâmont (54) IX.
Blanc (Le) (36) XIII ▶ *Saint-Savin* (86) XIV.

558

Bourg-de-Péage ► *Romans-sur-Isère* (26) XX.
Bourg-Dun (76) V.
Bourg-en-Bresse (01) XX.
Bourges (Gorges de la) ► *Burzet* (07) XX ► *Ray-Pic (Cascades du)* (07) XX.
Bourges (18) XIII.
Bourget (Le) (93) I ► *Meudon* (92) I.
Bourget (Lac du) (73) XXI ► *Aix-les-Bains* (73) XX ► *Chambéry* (73) XX ► *Chat (Mont du)* (73) XX ► *Grand-Colombier (Le)* (01) XX ► *Revard (Mont)* (73) XX ► *Hautecombe (Abbaye de)* (73) XX ► *Yenne* (73) XX.
Bourget-du-Lac ► *Bourget (Lac du)* (73) XX.
Bourg-Lastic (63) XVI ► *Avèze (Gorges d')* (63) XVI.
Bourg-le-Roi ► *Perseigne (Forêt de)* (72) II.
Bourg-Madame (66) XIX.
Bourgneuf (Baie de) ► *Machecoul (Marais de)* (44)(85) II ► *Saint-Gildas (Pointe de)* (44) II.
Bourgneuf-en-Retz (44) II.
Bourgogne (51) VIII.
Bourgogne (Canal de) ► *Auxonne* (21) XII ► *Dijon* (21) XII ► *Grosbois (Réservoir de)* (21) XII ► *Ouche (Vallée de l')* (21) XII ► *St-Jean-de-Losne* (21) XII.
Bourgonnière (Château de la) (49) II.
Bourgoin ► *Ile Crémieu* (38) XX.
Bourgoin (Marais de) ► *Bourgoin-Jallieu* (38) XX.
Bourgoin-Jallieu (38) XX.
Bourgouet (Forêt de) ► *Boulet (Étang de)* (35) III.
Bourg-St-Andéol (07) XX.
Bourg-St-Léonard ► *Pin (Haras du)* (61) IV.
Bourg-St-Maurice (73) XX ► *Petit-St-Bernard (Col du)* (73) XX ► *Roselend (Barrage et lac)* (73) XX ► *Tarentaise (La)* (73) XX ► *Arcs (Les)* (73) XX ► *Beaufontaine (Le)* (73) XX.
Bourgueil (37) XIII.
Bourguet (Le) ► *Comps-sur-Artuby* (83) XXI.
Bourguignon-les-Conflans (70) XI.
Bouriane (La) ► *Gimont* (32) XVIII ► *Milhac* (46) XVIII ► *Labastide-Murat* (46) XVIII.
Bourisp ► *St-Lary-Soulan* (65) XVIII.
Bourlémont (Château de) ► *Donrémy-la-Pucelle* (88) IX.
Bourmont (52) VIII.
Bourmont ► *Pompierre* (88) IX.
Bournan (37) XIII.
Bournand (86) XIV.
Bournazel (Château de) (12) XVIII.
Bournazel (Étang de) ► *Naves* (19) XV.
Bourne (Gorges de la) (38) XX ► *Chapelle-en-Vercors (La)* (26) XX ► *Villars-de-Lans* (38) XX ► *Pont-en-Royans* (38) XX.
Bournel ► *Baume-les-Dames* (25) XI.
Bourneville ► *Brotonne* (27) (76) V.
Bourogne (90) XI.
Bourouze (Vallée de la) ► *Ile-Bouchard (L')* (37) XIII.
Bourret (Le) ► *Capbreton* (40) XVII.
Bours (62) VI.
Boursay ► *Saint-Agil* (41) XIII.
Boury-en-Vexin ► *Montjavoult* (60) VII.
Bouschet (Le) ► *Privas* (07) XX.
Boussac (23) XV.
Boussac (46) XVIII.
Boussac ► *Saint-Affrique* (12) XVIII.
Boussagues ► *St-Gervais-sur-Mare* (34) XIX.
Boussagues (Château de) ► *Lamalou-les-Bains* (34) XIX.
Boussay (Château de) ► *Preuilly-sur-Claise* (37) XIII.
Boussens (Cluse de) ► *Ausseing (Tour d')* (31) XVIII ► *Saint-Martory* (31) XVIII.
Boussières (25) XI.
Boussuivre (Signal de) ► *Matagrin (Tour)* (42) XX.
Boustigue ► *Corps* (38) XX.
Boussy-Saint-Antoine (91) I.
Bout-des-Crocs ► *Marquenterre (Parc du)* (80) VII.
Bout-du-Monde (Cascade du) ► *Besançon* (25) XI.
Bout-du-Monde (Cirque du) ► *Nolay* (21) XII.
Bout-du-Monde (Cirque du) ► *Lodève* (34) XIX.
Bout du Monde (Vallée du) ► *St-Guilhem-le-Désert* (34) XIX.
Boutières (Les) (07) XX ► *Cance (Vallée de la)* (07) XX ► *Eyrieux (Vallée de l')* (07) XX ► *Gerbier-de-Jonc (Mont)* (07) XX ► *Pyfara* (42) XX ► *Mézenc* (43)(07) XX.
Boutigny-sur-Essonne (91) I.
Boutissaint (89) XII ► *Saint-Fargeau* (89) XII.
Boutonne (La) (17)(79) XIV ► *Chef-Boutonne* (79) XIV ► *Dampierre-sur-Boutonne* (17) XIV ► *Saint-Jean-d'Angély* (17) XIV ► *Tonnay-Boutonne* (17) XIV.
Bouvals (Puy de) ► *Pleaux* (15) XVI.
Bouvante (Vallée de) ► *St-Jean-en-Royans* (26) XX.
Bouvières ► *Bourdeaux* (26) XX.
Bouvines (59) VI ► *Mélantois (Le)* (59) VI.
Bouxwiller ► *Ferrette* (68) X ► *Neuwiller-les-Saverne* (67) X.
Bouyon ► *Bézaudun-les-Alpes* (06) XXI.
Bouzanne (Vallée de la) (36) XIII ► *Aigurande* (36) XIII ► *Cluis* (36) XIII.
Bouzèdes (Belvédère des) ► *Génolhac* (30) XIX.
Bouzemont (88) IX.
Bouzey (Réservoir de) (88) IX.
Bouziès ► *St-Cirq-Lapopie* (46) XVIII.
Bouzigues ► *Mèze* (34) XIX ► *Thau (Bassin de)* (34) XIX.
Bouzillé ► *Bourgonnière (Château de la)* (49) II.
Bouzols (Château de) ► *Puy (Le)* (43) XVI.
Bouzonville (57) IX.
Bouzy ► *Champagne (Routes du)* (51)(10) VIII.
Bovère ► *Bonneville* (74) XX.
Boves (80) VII.
Boyardville ► *Oléron (Ile d')* (17) XIV.
Bozio (Le) ► *Castagniccia (La)* (2B) XXII ► *Morosaglia* (2B) XXII ► *Piedicorte-di-Gaggio* (2B) XXII ► *Tavignano (Vallée du)* (2B) XXII.
Bozouls (12) XVIII.
Brach (Étang de) ► *Gimel-les-Cascades* (19) XV.
Bracieux (41) XIII.
Braconne (Forêt de la) (16) XIV ► *Pranzac* (16) XIV.
Brageac ► *Mauriac* (15) XVI.
Bragousse (Cirque de) ► *Boscodon (Forêt et abbaye de)* (05) XXI.
Brague (La) ► *Biot* (06) XXI.
Brain ► *Vitteaux* (21) XII.
Braine (02) VII.
Brain-sur-Allonnes (49) II.
Bram (11) XIX.
Bramabiau (Le) (30) XIX ► *Espérou (L')* (30) XIX.
Bramans ► *Modane* (73) XX.
Brame-Farine ► *Allevard* (38) XX.
Brameloup ► *Aubrac* (12) XVIII ► *St-Chély-d'Aubrac* (12) XVIII.
Bramont (Col de) ► *Bresse (La)* (88) IX.
Brancion (71) XII ► *Chapaize* (71) XII ► *Cluny* (71) XII.
Brandefer (Colline de) ► *Plancoët* (22) III.
Bramont (Col de) ► *Thur (Vallée de la)* (68) X.
Brandivy ► *Plumergat* (56) III.
Branféré (Parc zoologique de) (56) III.
Brangues (38) XX.
Brantes (84) XXI.
Brantes ► *Montbrun-les-Bains* (26) XX.
Brantôme (24) XVII.
Brasparts (29) III.
Brassac (81) XVIII.
Brassac (82) XVIII.
Brassac ► *Haut-Languedoc (Parc naturel)* (34) XIX.
Braud-et-St-Louis ► *Blaye* (33) XVII.
Braunhie (La) ► *Labastide-Murat* (46) XVIII.
Braus (Col de) (06) XXI ► *Sospel* (06) XXI.
Braux-Sainte-Cohière ► *Valmy* (51) VIII.
Bray (Pays de) ► *Beauvoir-en-Lyons* (76) V ► *Forges-les-Eaux* (76) V ► *Neufchâtel-en-Bray* (76) V.
Bray-Dunes (59) VI ► *Malo-les-Bains* (59) VI ► *Zuydcotte* (59) VI.
Braye (La) ► *Courtangis (Château de)* (72) II.
Braye (Vallée de la) ► *Mondoubleau* (41) XIII.
Bray-et-Lu ► *Epte (Vallée de l')* (27)(78)(95) V.
Bray-sur-Seine (77) I.
Bray-sur-Somme (80) VII.
Brec de Chambeyron (Massif du) ► *Saint-Paul* (04) XXI.
Brèche (Vallée de la) ► *Liancourt* (60) VII.
Brèche au Diable (14) IV.
Brécy (Château de) ► *Creully* (14) IV.
Bréda (Vallée du) ► *Fond-de-France (Le)* (38) XX ► *Allevard* (38) XX ► *Pontcharra* (38) XX.
Brédevent ► *Luisandre (Mont)* (01) XX.
Brée-les-Bains ► *Oléron (Ile d')* (17) XIV.
Brégançon (Fort de) ► *Bormes-les-Mimosas* (83) XXI.
Brégille (Fort de) ► *Besançon* (25) XI.
Bréhat (Ile de) (22) III ► *Arcouest (Pointe de l')* (22) III ► *Fréhel (Cap)* (22) III ► *Lézardrieux* (22) III ► *Paimpol* (22) III ► *Saint-Quay-Portrieux* (22) III.
Bréhec-en-Plouha ► *Lanloup* (22) III.
Breil (49) II.
Breil-sur-Mérize (Le) ► *Connerré* (72) II.
Breil-sur-Roya (06) XXI.
Brélès ► *Aber-Ildut* (29) III.
Brémontiers ► *Beauvoir-en-Lyons* (76) V.
Bremur-et-Vaurois (21) ► *Seine (Vallée de la) XII.*
Brenne (La) (36) XIII ► *Montbard* (21) XII ► *Blanc (Le)* (36) XIII ► *Ciron* (36) XIII ► *Reugny* (37) XIII ► *Saint-Gaultier* (36) XIII ► *Saint-Savin* (86) XIV.
Brennilis (29) III ► *Saint-Michel (Montagne)* (29) III ► *Trévezel (Roc'h)* (29) III.
Brenon ► *Comps-sur-Artuby* (83) XXI.
Bréseux (Les) ► *Maîche* (25) XI.
Brésis (Ruines de) ► *Génolhac* (30) XIX.
Bresle (La) ► *Aumale* (76) V ► *Blangy-sur-Bresle* (76) V ► *Tréport (Le)* (76) V.
Bresque (La) ► *Entrecasteaux* (83) XXI ► *Salernes* (83) XXI.
Bressieux ► *Côte-St-André (La)* (38) XX.
Bresse (La) ► *Neublans* (39) XI ► *Cuisery* (71) XII ► *Louhans* (71) XII ► *Pierre-de-Bresse* (71) XII ► *Berthiand (Col du)* (01) XX ► *Dombes (La)* (01) XX.
Bressuire (79) XIV.
Brest (29) III ► *Elorn (Vallée de l')* (29) III ► *Gouesnou* (29) III ► *Ouessant (Ile d')* (29) III ► *Plougastel-Daoulas* (29) III.
Brest (Rade de) cf. ► *Rade de Brest.*
Bretenoux (46) XVIII.
Bretesche (Château de la) ► *Missilac* (44) II.
Breteuil (60) VII.
Breteuil (Château de) ► *Chevreuse* (78) I.
Brétignolles-sur-Mer ► *Saint-Nicolas-de-Brem* (85) II.
Breton (Cap) voir Capbreton.
Breton (Marais) (85) II ► *Machecoul (Marais de)* (44)(85) II ► *Saint-Jean-de-Mont* (85) II ► *Sallertaine* (85) II.
Breton (Pertuis) ► *Ré (Ile de)* (17) XIV.
Breuchin (Le) ► *Faucogney-et-la-Mer* (70) XI.
Breuil-Benoît (27) V.
Breuil-en-Auge (Le) (14) IV.
Breuvannes ► *Clefmont* (52) VIII.
Brévenne (La) (69) XX ► *Arbresle (L')* (69) XX.
Brévent (Le) (74) XX ► *Chamonix-Mont-Blanc* (74) XX ► *Sixt* (74) XX.
Brevon (Vallée du) (21) XII ► *Seine (Vallée de la)* (21) XII.
Brevon (Le) ► *Lullin* (74) XX.
Brézal (Moulin de) ► *Elorn (Vallée de l')* (29) III.
Brézé ► *Saumur* (49) II.
Brézons (Vallée du) (15) XVI.
Brézouard (68) X ► *Bonhomme (Col du)* (68)(88) X.
Briançon (05) XXI ► *Lautaret (Col du)* (05) XXI ► *Serre-Chevalier* (05) XXI.
Briançonnet ► *Saint-Auban (Cluse de)* (06) XXI.
Briande (La) ► *Camarat (Cap)* (83).
Briare (45) XIII.
Briare (Canal de) ► *Rogny-les-Sept-Écluses* (89) XII.
Bricot-la-Ville ► *Traconne (Forêt de)* (51) VIII.
Bricquebec (50) IV.
Bride (Forêt de) ► *Morhange* (57) IX ► *Vic-sur-Seille* (57) IX.
Brides-les-Bains (73) XX ► *Moûtiers* (73) XX.
Bridoire (Château de) ► *Malfourat* (24) XVII.
Bridoré ► *Verneuil-sur-Indre* (37) XIII.
Brie ► *Donnemarie-Dontilly* (77) I ► *Grand-Morin* (77) I ► *Jouarre* (77) I ► *Meaux* (77) I ► *Rampillon* (77) I.
Brie (Château de) ► *Montbrun (Château de)* (87) XV.
Brie-Comte-Robert (77) I.
Brienne-la-Vieille ► *Bourmont* (52) VIII.
Brienne-le-Château (10) VIII.
Brienon-sur-Armançon ► *Saint-Florentin* (89) XII.
Brière (Parc naturel régional de la) II ► *Guérande* (44) II ► *Pontchâteau* (44) II ► *Ranrouët (Château de)* (44) II ► *Saint-Nazaire* (44) II ► *Pénestin* (56) III.
Briey (54) IX ► *Orne (Vallée de l')* (54)(57) IX.
Brighton-les-Pins ► *Cayeux-sur-Mer* (80) VII.
Brigneau ► *Kerfany-les-Pins* (29) III.
Brignogan-Plage (29) III.
Brignoles (83) XXI.
Brigue (La) (06) XXI ► *Brouis (Col de)* (06) XXI.
Brigueil-le-Chantre ► *Bourg-Archambault* (86) XIV.
Brigueuil (16) XIV.
Brimballe (Butte de) ► *Chaulieu* (50) IV.
Brinay (18) XIII.
Brindos (Lac de) ► *Biarritz* (64) XVII.
Brion ► *Beaufort-en-Vallée* (49) II.
Brion (Mont) ► *Lasalle* (30) XIX ► *St-Jean-du-Gard* (30) XIX.
Brionnais (Le) (71) XII ► *Anzy-le-Duc* (71) XII ► *Semur-en-Brionnais* (71) XII.
Brionne (27) V.
Brioude (43) XVI ► *Alagnon (L')* (15)(43) XVI ► *Allier (Gorges de l')* (43) XVI ► *Issoire* (03) XVI ► *Blesle* (43) XVI.
Brisecou (Cascade de) ► *Planoise (Forêt de)* (71) XII.
Brissac (34) XIX.
Brissac-Quincé (49) II.
Brive ► *Vézère (Vallée de la)* (24) XVII.
Brive-la-Gaillarde (19) XV ► *Fage (Gouffre de la)* (19) XV.
Brivet (Le) ► *Pontchâteau* (44) II.
Brizon ► *Bonneville* (74) XX.
Brocéliande ► *Paimpont (Forêt de)* (35) III.
Broglie (27) V.
Bromme (La) ► *Mur-de-Barrez* (12) XVIII.
Brossac ► *Condéon* (16) XIV.
Brosse (Château de) (36) XIII.
Brosse (Signal de la) ► *Montaigut* (63) XVI.
Brotonne (Forêt de) ► *Bourg-Achard* (27) V ► *Caudebec-en-Caux* (76) V.
Brotonne (Parc naturel de) (27)(76) V.
Brou (28) XIII.
Brou ► *Bourg-en-Bresse* (01) XX ► *Dombes (La)* (01) XX.
Brouage (17) XIV.
Brouage (Golfe de) ► *Marennes* (17) XIV.
Broualan ► *Landal (Château de)* (35) III.
Broue (17) XIV.
Brouilly (Mont) (69) XX ► *Beaujolais (Le)* (69) XX.
Brouis (Col de) (06) XXI ► *Sospel* (06) XXI.
Brousse-le-Château (12) XVIII ► *Tarn (Vallée du)* (81) XVIII.
Bruay-sur-l'Escaut (59) VI.
Bruche ► *Moyenmoutier* (88) IX.
Bruche (Vallée de la) (67) X ► *Climont (Le)* (67) X ► *Grendelbruch (Signal de)* (67) X ► *Hantz (Col du)* (67)(68) X ► *Molsheim* (67) X ► *Nideck (Site du)* (67) X ► *Schirmeck* (67) X.
Brudour (Grotte du) ► *Lente (Forêt de)* (26) XX.
Bruère-Allichamps ► *St-Amand-Montrond* (18) XIII.
Brugny (Château de) ► *Epernay* (51) VIII.
Brunémont ► *Sensée (Étangs de la)* (59) VI.
Bruneval ► *Antifer* (76) V.
Bruniquel (82) XVIII ► *Aveyron (Vallée de l')* (12)(81)(82) XVIII ► *Gresignes (Forêt de la)* (81) XVIII ► *Cordes* (81) XVIII ► *Puycelci* (81) XVIII.
Brunoi ► *Sénart (Forêt de)* (91) I.
Brusque (12) XVIII.
Brux ► *Couhé* (86) XIV.
Bruyant (Gorges du) ► *Villars-de-Lans* (38) XX.
Bruyante (La) ► *Quérigut* (09) XVIII.
Bruyères (88) IX ► *Vologne (Vallée de la)* (88) IX.
Bruz ► *Pont-Réau* (35) III.
Bry ► *Sebourg* (59) VI.
Buc ► *Jouy-en-Josas* (78) I.
Buch (Pays de) ► *Arcachon* (33) XVII.
Buchy (76) V.
Budos (33) XVII.
Buëch (Col du) (26)(05) XX.
Buëch (Vallée du) (05) XXI ► *Serres* (05) XXI.
Buèges (Gorges de la) (34) XIX.
Bueil-en-Touraine (37) XIII.
Buffon ► *Montbard* (21) XII.
Bugarach ► *Rennes-les-Bains* (11) XIX.
Bugarach (Pic du) ► *Corbières (Les)* (11)(66) XIX ► *Galamus (Gorges de)* (11)(66) XIX.
Bugey (Le) ► *Gros Foug (Montagne du)* (74) XX ► *Richemont (Col de)* (01) XX ► *St-Sorlin-en-Bugey* (01) XX ► *Grand-Colombier (Le)* (01) XX ► *Louisandre (Mont)* (01) XX ► *Portes (Calvaire de)* (01) XX.
Bugue (Le) (24) XVII ► *Vézère (Vallée de la)* (24) XVII.
Bujaleuf ► *Peyrat-le-Château* (87) XV.
Buis-les-Baronnies (26) XX ► *Ey (Col d')* (26) XX.
Buisson (Col du) ► *Lalouvesc* (07) XX.
Bulat-Pestivien (22) III.
Bully (14) IV.

561

Chémoulin (Pointe de) ▶ *Pornichet* (44) **II.**
Chénas ▶ *Beaujolais (le)* (69) **XX.**
Chenavari (Pic de) ▶ *Coiron (Plateau du)* (07) **XX** ▶ *Rochemaure* (07) **XX.**
Chenay (Etang de) ▶ *Saint-Thierry* (51) **VIII.**
Chenecey-Buillon ▶ *Loue (Gorges de la)* (25) **XI.**
Chênehutte-les-Tuffeaux ▶ *Cunault* (49) **II.**
Chénérailles (23) **XV.**
Chéniers ▶ *Malval* (23) **XV.**
Chennevières-sur-Marne (94) **I.**
Chenonceau (Château de) (37) **XIII.**
Chenôve ▶ *Gevrey-Chambertin* (21) **XII.**
Chenue (Forêt) (58) **XII.**
Cheppes (La) ▶ *Attila (Camp d')* (51) **VIII.**
Cher (Vallée du) (18)(41)(37) **XIII** ▶ *Châteaumeillant* (18) **XIII** ▶ *Chenonceau (Château de)* (37) **XIII** ▶ *Montrichard* (41) **XIII** ▶ *St-Amand-Montrond* (18) **XIII** ▶ *Selles-sur-Cher* (41) **XIII** ▶ *Sologne (la)* (41)(45) **XIII** ▶ *Tours* (37) **XIII** ▶ *Vierzon* (18) **XIII** ▶ *Evaux-les-Bains* (25) **XV** ▶ *Vallon-en-Sully* (03) **XVI.**
Chéran (le) ▶ *Châtelard (Le)* (73).
Cherbourg (50) **IV.**
Chère (la) ▶ *Châteaubriant* (44) **II.**
Chère (Roc de) ▶ *Talloires* (74) **XX.**
Chérencé-le-Roussel ▶ *Sée (Vallée de la)* (50) **IV.**
Chéronne (Château de) ▶ *Conneré* (72) **II.**
Chèreperrine (Château de) ▶ *Mamers* (72) **II.**
Cherisey ▶ *Metz* (57) **IX.**
Cherlieu (Forêt de) ▶ *Chauvirey-le-Châtel* (70) **XI.**
Chéronnac ▶ *Saint-Mathieu* (87) **XV.**
Chéroy (89) **XII.**
Cherrueix ▶ *Dol-de-Bretagne* (35) **III.**
Cherval (24) **XVII.**
Chesne (Le) ▶ *Bairon (Lac de)* (08) **VIII.**
Chétardie (Château de la) ▶ *Exideuil* (16) **XIV.**
Cheval Noir (Le) ▶ *Madeleine (Col de la)* (73) **XX.**
Cheverny (41) **XIII.**
Chevenon (58) **XII.**
Chevet (Pointe du) ▶ *Saint-Jacut-de-la-Mer* (22) **III.**
Chèvre (Cap de la) (29) **III** ▶ *Van (Pointe du)* (29) **III.**
Chèvre-Roche (Vallon de) ▶ *Darney* (88) **IX.**
Chevré (Forêt de) ▶ *Rennes (Forêt de)* (35) **III.**
Chèvres (Col des) ▶ *Brancion* (71) **XII.**
Chevresse (Dolmen de) ▶ *Chenue (Forêt)* (58) **XII.**
Chevreuse (78) **I.**
Chevreuse (vallée de) (78) **I** ▶ *Dampierre* (78) **I.**
Chevril (lac du) ▶ *Tignes* (73) **XX.**
Cheylade (15) **XVI.**
Cheylard (le) (07) **XX** ▶ *Eyrieux (Vallée de l')* (07) **XX.**
Cheylard (le) ▶ *Dunières* (43) **XVI.**
Chezal-Benoît (18) **XIII.**
Chèze (Château de la) ▶ *Cheylard (le)* (07) **XX.**
Chèze (Lac de la) ▶ *Saint-Thurial* (35) **III.**
Chézery (Vallée de) ▶ *Valserine (Vallée de la)* (01) **XX.**
Chez Ragon ▶ *Portes d'Enfer* (86) **XIV.**
Chiappa (Pointe de la) ▶ *Porto-Vecchio* (2A) **XXII.**
Chiavari ▶ *Ajaccio* (2A) **XXII.**
Chiavari (Port de) (2A) **XXII.**
Chien (Grotte du) ▶ *Royat* (63) **XVI.**
Chiers ▶ *Carignan* (08) **VIII.**
Chiers (la) ▶ *Cons-la-Grandville* (54) **IX** ▶ *Longuyon* (54) **IX** ▶ *Longwy* (54) **IX** ▶ *Montmédy* (55) **IX.**
Chiffretot ▶ *Bellou* (14) **IV.**
Chigné ▶ *Genneteil* (49) **II.**
Chigny-les-Roses ▶ *Rilly-la-Montagne* (51) **VIII.**
Chingoudy (Baie de) ▶ *Hendaye* (64) **XVII.**
Chiniac (Mont) ▶ *St-Agrève* (07) **XX.**
Chinon (37) **XIII** ▶ *Indre (Vallée de l')* (36) (37) **XIII.**
Chioula (Col de) (09) **XVIII** ▶ *Ax-les-Thermes* (09) **XVIII** ▶ *Hers (Vallée de l')* (09) **XVIII.**
Chiroubles ▶ *Beaujolais (le)* (69) **XX.**
Chisa ▶ *Solenzara* (2A) **XXII.**
Chissay-en-Touraine (41) **XIII.**
Chisseaux ▶ *Montrichard* (41) **XIII.**
Chissey ▶ *Loue (Gorges de la)* (25) **XI.**
Chissey-en-Morvan (71) **XII.**
Chitry ▶ *Saint-Bris-le-Vineux* (89) **XII.**
Chiuni ▶ *Cargèse* (2A) **XXII.**
Chizé (Forêt de) (79) **XIV.**
Chœurs (Forêt de) ▶ *Bommiers (Forêt de)* (36) **XIII.**
Cholet (49) **II.**
Cholet (Gorges du) ▶ *Combe-Laval* (26) **XX.**
Chollière (la) ▶ *Grande-Casse* (73) **XX.** ▶ *Pralognan-la-Vanoise* (73) **XX.**
Chomelix ▶ *Craponne-sur-Arzon* (43) **XVI.**
Chooz (Centrale Nucléaire de) ▶ *Givet* (08) **VIII.**
Choranche (Grotte de) ▶ *Bourne (Gorges de la)* (38) **XX.**
Chorges (05) **XXI.**
Chouvigny (Gorges de) (03) **XVI** ▶ *Sioule (Gorges de la)* (63) (03) **XVI.**
Christe Eleïson (Roches) ▶ *Ghisoni* (2B) **XXII.**
Cians (Gorges du) (06) **XXI** ▶ *Dalvis (Gorges de)* (06) **XXI** ▶ *Puget-Théniers* (06) **XXI** ▶ *Valberg* (06) **XXI** ▶ *Beuil* (06) **XXI** ▶ *Entrevaux* (04) **XXI.**
Cimail (Gorges du) ▶ *Évenos* (83) **XXI.**
Cime du Diable (la) ▶ *Merveilles (Vallée des)* (06) **XXI.**
Cinarca (la) ▶ *Guagno* (2A) **XXII** ▶ *Sagone (Golfe de)* (2A) **XXII** ▶ *Vico* (2A) **XXII.**
Cinq-Mars-la-Pile (37) **XIII** ▶ *Langeais* (37) **XIII.**
Cieux (Etang de) ▶ *Blond (Monts de)* (87) **XV.**
Cimon (Mont) ▶ *Mure (la)* (38) **XX.**
Cindre (Mont) ▶ *Mont-D'or (le)* (69) **XX.**
Cintegabelle (31) **XVIII.**
Cinto (Massif du) (2B) **XXII** ▶ *Calacuccia* (2B) **XXII** ▶ *Popolasca* (2B) **XXII.**
Cinto (Monte) ▶ *Asco (Vallée de l')* (2B) **XXII** ▶ *Filosorma* (2B) **XXII.**
Cinturat (Menhir de) ▶ *Blond (Monts de)* (87) **XV.**
Ciotat (la) (13) **XXI** ▶ *Canaille (Cap)* (13) **XXI** ▶ *Lecques (les)* (83) **XXI.**
Cipières ▶ *Gréolières* (06) **XXI.**
Cire (Rocher de) ▶ *Nesque (Gorges de la)* (84) **XXI.**
Cires-lès-Mello ▶ *Mello* (60) **VII.**
Cirey ▶ *Buthiers* (70) **XI.**
Cirey-sur-Blaise (52) **VIII.**
Cirey-sur-Vezouze ▶ *Badonviller* (54) **IX** ▶ *Blâmont* (54) **IX.**
Ciron (36) **XIII.**
Ciron (le) ▶ *Villandraut* (33) **XVII.**
Cisai-Saint-Aubin ▶ *Gacé* **IV.**
Cisse (la) ▶ *Blois (Forêt de)* (41) **XIII** ▶ *Limeray* (37) **XIII** ▶ *Orchaise* (41) **XIII.**
Cîteaux (Abbaye de) (21) **XII** ▶ *Bagnot* (21) **XII** ▶ *Nuits-Saint-Georges* (21) **XII.**
Civaux (86) **XIV.**
Civray (86) **XIV.**
Cize-Bolozon ▶ *Aime* (73) **XX.**
Claduègne (la) ▶ *Villeneuve-de-Berg* (07) **XX.**
Claie (vallée de la) ▶ *Callac* (56) **III.**
Clain (Vallée du) ▶ *Beaumont* (86) **XII** ▶ *Château-Larcher* (86) **XII** ▶ *Dissay* (86) **XIV** ▶ *Jaunay-Clan* (86) **XIV** ▶ *Ligugé* (86) **XIV** ▶ *Poitiers* (86) **XIV** ▶ *Réau (Abbaye de la)* (86) **XIV** ▶ *Villedieu-du-Clain (La)* (86) **XIV.**
Clairac ▶ *Laparade* (47) **XVII.**
Clairefontaine ▶ *Rambouillet (forêt de)* (78) **I.**
Clairmarais (Abbaye de) ▶ *Rihoult-Clairmarais (Forêt de)* (62) **VI.**
Clairvaux (Forêt de) ▶ *Aujon (Vallée de l')* (52) **VIII** ▶ *Dhuits (Forêt des)* (52) **VIII.**
Clairvaux-les-Lacs (39) **XI.**
Claise (Vallée de la) ▶ *Grand-Pressigny (le)* (37) **XIII.**
Clamecy (58) **XII** ▶ *Yonne (Vallée de l')* (58) (89) **XII.**
Clamouse (Grotte de) (34) **XIX.**
Clamoux (Gorges de la) ▶ *Prade (Col de la)* (11) **XIX.**
Clans ▶ *Tinée (Gorges de la)* (06) **XXI.**
Clansayes ▶ *St-Paul-Trois-Châteaux* (26) **XX.**
Claparèdes (Plateau des) ▶ *Apt* (84) **XXI.**
Clape (La) ▶ *Bages (Etang de)* (11) **XIX.**
Clape (Montagne de la) (11) **XIX** ▶ *Narbonne* (11) **XIX.**
Clapier de St-Christophe (chaos de) ▶ *Bérarde (La)* (38) **XX.**
Claps (Site du) (26) **XX.**
Clarée (Vallée de la) ▶ *Névache (Vallée de)* (05) **XXI.**
Clarens (Lac de) ▶ *Casteljaloux* (47) **XVII.**
Clarté (La) ▶ *Corlay* (22) **III.**
Claveisolles ▶ *Lamure-sur-Azergues* (69) **XX.**
Clavel (Col de) ▶ *Lachens (Montagne de)* (83) **XXI.**
Clavelière (Montagne de la) ▶ *St-Auban-sur-Ouvèze* (26) **XX.**
Clavières ▶ *Mouchet (Mont)* (43) **XVI.**
Clayette (La) (71) **XII.**
Clécy (14) **IV.**
Cléden-Cap-Sizun ▶ *Plogoff* (29) **III.**
Cléden-Poher ▶ *Carhaix-Plouguer* (29) **III.**
Clefmont (52) **VIII.**
Clefs (Les) ▶ *Thônes* (74) **XX.**
Cléguérec ▶ *Quénécan (Forêt de)* (56) **III.**
Clelles ▶ *Trièves (Le)* (38) **XX.**
Clérans (Château de) ▶ *St-Léon-sur-Vézère* (24) **XVII.**
Clères (76) **V.**
Clergoux ▶ *Roche-Canillac (La)* (19) **XV.**
Clermont (60) **VII.**
Clermont (Abbaye de) (53) **II.**
Clermont ▶ *Paladru (Lac de)* (38) **XX.**
Clermont (74) **XX.**
Clermont-Dessous ▶ *Port-Sainte-Marie* (47) **XVII.**
Clermont-en-Argonne (55) **IX.**
Clermont-Ferrand (63) **XVI.**
Clermont-L'Hérault (34) **XIX.**
Cléron (Château de) ▶ *Loue (Gorges de la)* (25) **XI.**
Clerval (25) **XI.**
Cléry ▶ *Albertville* (73) **XX.**
Cléry (Le) ▶ *Courtenay* (45) **XIII** ▶ *Ferrières* (45) **XIII.**
Cléry-Saint-André (45) **XIII.**
Clessé ▶ *Vierge (Rocher de la)* (79) **XIV.**
Cleurie (La) ▶ *Tholy (Le)* (88) **IX.**
Climont (Le) (67) **X** ▶ *Bruche (Vallée de la)* (67) **X.**
Clisson (44) **II.**
Cloche (Vallée de la) ▶ *Nogent-le-Rotrou* (28) **XIII.**
Clos (Futaie des) ▶ *Bercé (Forêt de)* (72) **II.**
Clos-de-Vougeot (21) **XII.**
Clos-du-Doubs (25) **XI.**
Clouère (La) ▶ *Château-Larcher* (86) **XIV** ▶ *Gençay* (86) **XIV.**
Cloyes-sur-le-Loir (28) **XIII.**
Cluis (36) **XIII** ▶ *Bouzanne (Vallée de la)* (36) **XIII.**
Cluny (71) **XII** ▶ *Berzé-la-Ville* (71) **XII.**
Cluny ▶ *St-Rigaud (Mont)* (69) **XX.**
Clusaz (La) (74) **XX** ▶ *Aravis (Col des)* (73) (74) **III.**
Cluse (La) ▶ *Festre (Col du)* (05) **XXI.**
Cluse-et-Mijoux (Cluse de) ▶ *Joux (Château de)* (25) **XI.**
Cluses (74) **XX** ▶ *Colombière (Col de la)* (74) **XX.**
Coaraze ▶ *Lucéram* (06) **XXI.**
Coat-au-Hay (Forêt de) ▶ *Belle-Isle-en-Terre* (22) **III.**
Coat-au-Noz (Forêt de) ▶ *Belle-Isle-en-Terre* (22) **III.**
Coatfrec (Château de) ▶ *Kerfons* (22) **III.**
Coat-Liou (Bois de) ▶ *Bourbriac* (22) **III.**
Coat-Plin-Coat (Sommet de) ▶ *Laz* (29) **III.**
Cocalière (Grotte de la) (30) **XIX** ▶ *Bessèges* (30) **XIX.**
Cocavera (Col de) ▶ *Aïtone (Forêt d')* (2A) **XXII.**
Cocherel (27) **V.**
Coëtquidan-Saint-Cyr ▶ *Ploërmel* (56) **III.**
Cœur (Cascades du) ▶ *Lys (Vallée du)* (31) **XVIII.**
Cœuvres-et-Valsery ▶ *Villers-Cotterêts* (02) **VII.**
Coëvrons (53) **II** ▶ *Bais* (53) **II** ▶ *Charnie (Forêts de)* (53) (72) **II** ▶ *Evron* (53) **II** ▶ *Foulleforte (Château de)* (53) **II** ▶ *Normandie-Maine* (50) (53) (61) (72) **II** ▶ *Serrant (Château de)* (49) **II.**
Cognac (16) **XIV.**
Cognat ▶ *Gannat* (03) **XVI.**
Cogny (Forêt de) ▶ *Aumont (Forêt d')* (10) **VIII.**
Cogolin ▶ *Saint-Tropez* (83) **XXI** ▶ *Grimaud* (83) **XXI.**
Coiffy-le-Haut ▶ *Bourbonne-les-Bains* (52) **VIII** ▶ *Fayl-Billot* (52) **VIII.**
Coin-de-la-Roche (Défilé du) ▶ *Entre-Roches* (25) **XI.**
Coincy (02) **VII.**
Coiron (Plateau du) (07) **XX** ▶ *Escrinet (Col de l')* (07) **XX** ▶ *Privas* (07) **XX.**
Coiron (Le) ▶ *Volcans d'Auvergne* (15) (63) **XVI.**
Coiroux (Gorges du) ▶ *Aubazines* (19) **XV.**
Coiroux (Vallée du) ▶ *Aubazines* (19) **XV.**
Coiselet (Lac et Barrage du) ▶ *Oyonnax* (01) **XX.**
Cojoux (Lande de) (35) **III.**
Colagne (La) ▶ *Marvejols* (48) **XIX.**
Col-d'Ey ▶ *Sainte-Jalle* (26) **XX.**
Colembert (59) **VI** ▶ *Boulonnais (Collines du)* (62) **VI.**
Colettes (Forêt des) ▶ *Veauce* (03) **XVI.**
Colga (Bergeries de) ▶ *Valdo-Niello (Forêt de)* (2B) **XXII.**
Coligny (01) **XX.**
Colin (le) ▶ *Morogues* (18) **XIII** ▶ *Aix-d'Angillon (les)* (18) **XIII.**
Collebasse (Col de) ▶ *Croix-Valmer (La)* (83) **XXI.**
Colle-Saint-Michel (Col de la) ▶ *Annot* (04) **XXI** ▶ *Thorame-Haute-Gare* (04) **XXI.**
Colle-sur-Loup (La) ▶ *Loup (Gorges du)* (06) **XXI.**
Collet (Plage du) ▶ *Bourgneuf-en-Retz* (44) **II.**
Collet d'Allevard ▶ *Allevard* (38) **XX.**
Collias ▶ *Gardon (Gorges du)* (30) **XIX.**
Collinée (22) **III.**
Collines Vendéennes (les) (85) **II** ▶ *Crapaud (Puy)* (85) **II** ▶ *Pouzauges* (85) **II** ▶ *Saint-Michel-Mont-Mercure* (85) **II.**
Collioure (66) **XIX** ▶ *Madeloc (Tour)* (66) **XIX.**
Collobrières (83) **XXI** ▶ *Bormes-les-Mimosas* (83) **XXI.**
Collonges-la-Rouge (19) **XV.**
Colmar (68) **X, 257** ▶ *Bonhomme (Col du)* (68) (88) **X** ▶ *III (L')* (67) (68) **X** ▶ *Kaysersberg* (68) **X** ▶ *Rhin (Le)* (68) (67) **X** ▶ *Ried (Le)* (67) (68) **X** ▶ *Vin (Route du)* (67) (68) **X.**
Colmars (04) **XXI** ▶ *St-Martin-d'Entraunes* (06) **XXI.**
Colmiane (La) ▶ *St-Martin-Vesubie* (06) **XXI.**
Colmier-le-Bas ▶ *Ource (Vallée de l')* (21) **XII.**
Colmier-le-Haut ▶ *Auberive* (52) **VIII.**
Cologne (32) **XVIII.**
Colomars ▶ *Nice* (06) **XXI.**
Colombey-les-Choiseul ▶ *Morimond (Abbaye de)* (52) **VIII.**
Colombey-les-Deux-Églises (52) **VIII.**
Colombier (Le) (85) **II.**
Colombier (03) **XVI.**
Colombière (Col de la) (74) **XX** ▶ *Grand-Bornand (Le)* (74) **XX.**
Colombières-sur-Orb ▶ *Olargues* (34) **XIX.**
Colombiers (17) **XIV** ▶ *Châtellerault* (86) **XIV.**
Colombis (Mont) ▶ *Théus (Demoiselles Coiffées de)* (05) **XXI.**
Colomby de Gex (Le) ▶ *Gex* (01) **VI** ▶ *Jura (Monts)* (01) **XX** ▶ *Neige (Crêt de la)* (01) **XX.**
Colonnes Coiffées (Les) ▶ *Vars (Col de)* (05) **XXI.**
Colorado Provençal (Le) (84) **XXI** ▶ *Saint-Saturnin-d'Apt* (84) **XXI.**
Colostre (Le) ▶ *Riez* (04) **XXI.**
Comacre (Château de) ▶ *Ste-Catherine-de-Fierbois* (37) **XIII.**
Combarelles (Grotte de) ▶ *Eyzies-de-Tayac (Les)* (24) **XVII.**
Combe à la Vieille (Cirque de) ▶ *Bouilland* (21) **XII.**
Combe de Savoie (La) ▶ *Granier (Col du)*
Combeau (Rocher de) ▶ *Menée (Col de)* (26) **XX.** (73) **XX** ▶ *Miolans (Château de)* (73) **XX** ▶ *Montmélian* (73) **XX** ▶ *Tarentaise (La)* (73) **XX** ▶ *Frêne (Col du)* (73) **XX.**
Combe d'Orvaz (La) ▶ *Giron* (01) **VI.**
Combefa (Château de) ▶ *Monestiés-sur-Cérou* (81) **XVIII.**
Combefroide (Cascade de) ▶ *Valgaudemar (Le)* (05) **XXI.**
Combe-Laval (26) **XX** ▶ *Royans (Le)* (26) **XX.**
Combes (Retenue des) ▶ *Felletin* (23) **XV.**
Comblanchien ▶ *Nuits-Saint-Georges* (21) **XII.**
Combloux (74) **XX.**
Comborn (Château de) ▶ *Vigeois* (19) **XV.**
Combourg (35) **III**
Combraille (la) ▶ *Auzances* (23) **XV** ▶ *Evaux-les-Bains* (23) **XV** ▶ *Ramade (Etang de la)* (23) **XV** ▶ *Chancelade (Etang de)* (63) **XVI** ▶ *Herment* (63) **XVI.**
Combres ▶ *Thiron* (28) **XIII.**
Combreux ▶ *Vallée (Etang de la)* (45) **XIII** ▶ *Orléans (Forêt d')* (45) **XIII.**
Comfort ▶ *Pont-Croix* (29) **III.**
Comines (59) **VI.**
Commagny (58) ▶ *Moulins-Engilbert* (58) **XII.**
Commana (29) **III** ▶ *Armorique* (29) **III.**
Commarin (Château de) (21) **XII.**
Commarque (Château de) ▶ *Eyzies-de-Tayac (Les)* (24) **XVII.**
Commelles (Etang de) ▶ *Chantilly* (60) **VII.**
Commensacq ▶ *Sabres* (40) **XVII.**
Commentry ▶ *Néris-les-Bains* (03) **XVI.**
Commequiers ▶ *Apremont* (85) **II.**
Commercy (55) **IX.**
Comminges (Plaine de) ▶ *Ausseing (Tour d')* (31) **XVIII.**
Compains (63) **XVI** ▶ *Cézallier* (15) (63) **XVI.**
Comper (Château de) ▶ *Paimpont (Forêt de)* (35) **III.**
Compiègne (60) **VII.**
Compiègne (Forêt de) (60) **VII** ▶ *Aisne (Vallée de l')* (02) **VII** ▶ *Champlieu* (60) **VII** ▶ *Laigue (Forêt de)* (60) **VII.**

567

III ► Port-Louis ⑤⑥ III ► Pouldu (Le) ㉙ III.

Gros-Bois (Château) ⑨④ I ► Brie-Comte-Robert ⑦⑦ I.

Gros-Bois (Forêt de) ⓞ③ XVI.

Grosbois (Réservoir de) ㉑ XII.

Grosbot (Abbaye de) ► Charras ⑯ XIV.

Groseau (Source du) ► Malaucène ⑧④ XXI.

Gros Foug (Montagne du) ⑦④ XX ► Seyssel ⓞ① ⑦④ XX.

Grosley-sur-Risle ► Beaumont-le-Roger ㉗ V.

Grosne (Vallée de la) ► Brancion ⑦① XII ► Matour ⑦① XII.

Gros-Roc (Parc zoologique du) ⑧⑤ II.

Grossthal (Gorges du) ► Dabo ⑤⑦ IX.

Gros Valat (Vallon du) ► Ramatuelle ⑧③ XXI.

Grotelle (Bergeries de) ► Restonica (Gorges de la) ②B XXII.

Grotte aux Fées (Dolmen de la) ► Saint-Brieuc ㉒ III.

Grotte aux Fées (Dolmen de la) ► Tours ㊲ XIII.

Grouches (La) ► Lucheux ⑧⓪ VII.

Grouin (Pointe du) ㉟ III ► Cancale ㉟ III ► Fréhel (Cap) ㉒ III ► Saint-Malo ㉟ III.

Grouin (Pointe du) ► Ré (Ile de) ⑰ XIV.

Gruchy ► Landemer ⑤⓪ IV.

Gruissan ⑪ XIX ► Clape (Montagne la) ⑪ XIX.

Grusse ► Cressia ㊴ XI.

Guagno-les-Bains ► Vico ②A XXII.

Guagno ②A XXII.

Guarbecque ► Lillers ⑥② VI.

Gué-du-Loir (Le) ④① XIII ► Vendôme ④① XIII.

Gué-Péan (Château du) ④① XIII.

Guebwiller ⑥⑧ X ► Lauch (Vallée de la) ⑥⑧ X ► Vin (Route du) ⑥⑦ ⑥⑧ X.

Guéhenno ⑤⑥ III.

Guellec (Le) ► Corong (Gorges du) ㉒ III.

Guéméné-sur-Scorff ⑤⑥ III.

Guengat ► Locronan ㉙ III.

Guentrange ► Thionville ⑤⑦ IX.

Guer ► Ploërmel ⑤⑥ III.

Guérande ④④ II.

Guérard ► Grand-Morin ⑦⑦ I.

Guerche (La) ► Isola ⓞ⑥ XXI.

Guerche (La) ㊲ XIII.

Guerche (La) ► Oyré ⑧⑥ XIV.

Guerche (Forêt de la) ► Guerche-de-Bretagne (La) ㉟ III.

Guerche (Forêt de la) ► Oyré ⑧⑥ XIV.

Guerche-de-Bretagne (La) ㉟ III.

Guéret ㉓ XV ► Chabrières (Forêt de) ㉓ XV.

Guérigny ⑤⑧ XII.

Guérinière (La) ► Noirmoutier (Ile de) ⑧⑤ II.

Guerlédan (Barrage de) ► Blavet (Vallée du) ㉟ III.

Guerlédan (Lac de) ㉒ ⑤⑥ III ► Mur-de-Bretagne ㉒ III ► Quénécan (Forêt de) ⑤⑥ III.

Guerlesquin ㉙ III ► Aulne (Vallée de l') ㉙ III ► Commana ㉙ III.

Guermantes (Château de) ► ⑦⑦ I.

Guerno (Le) ► Branféré (Parc zoologique de) ⑤⑥ III.

Guéry (Col de) ► Mont-Dore (Le) ⑥③ XVI ► Sioul (Gorges de la) ⑥③ ⑥③ XVI ► Tuilière et Sanadoire (Roches) ⑥③ XVI.

Guesle (Vallée de la) ► Rambouillet (Forêt de) ⑦⑧ I.

Guéthary ► Biarritz ⑥④ XVII.

Guette (Pointe de la) ► Val-André (Le) ㉒ III.

Guettes (Pointe des) ► Lamballe ㉒ III.

Guiaudet (La) ㉒ III ► Kergrist-Moëlou ㉒ III ► Saint-Nicolas-du-Pelem ㉒ III.

Guibert (Etang de) ► Perseigne (Forêt de) ⑦② II.

Guidel ► Fort-Bloqué ⑤⑥ III.

Guidel-Plages ► Fort-Bloqué ⑤⑥ III ► Pouldu (Le) ㉙ III.

Guidon-du-Bouquet ㉚ XIX ► Allègre ㉚ XIX.

Guiers ► Pont-de-Beauvoisin ㊳ ⑦③ XX ► Saint-Même (Cirque de) ⑦③ XX ► Échelles (Les) ⑦③ XX.

Guiers-Mort (Gorges du) ► Voiron ㊳ XX.

Guiers Mort et Vif (Vallées de) ► Cucheron (Col du) ㊳ XX ► Grande-Chartreuse ㊳ XX.

Guiers Vif (Gorges du) ㊳ ⑦③ XX.

Guiers (Le) ► Cordon ⓞ① XX.

Guignicourt ⓞ② VII.

Guil (Haut) ► Agnel (Col) ⓞ⑤ XXI ► Queyras (Le) ⓞ⑤ XXI ► Viso (Belvédère du Cirque du Mont) ⓞ⑤ XXI.

Guil (Vallée du) ⓞ⑤ XXI.

Guilben (Pointe de) ► Paimpol ㉒ III.

Guildo (Le) ► Saint-Cast ㉒ III.

Guilhaumard ► Caylar (Le) ㉞ XIX.

Guille (Col de la) ► Prats-de-Mollo ⑥⑥ XIX.

Guillaume (Mont) ► Embrun ⓞ⑤ XXI.

Guillaumes ► Valberg ⓞ⑥ XXI.

Guillestre ⓞ⑤ XXI ► Viso (Belvédère du Cirque du Mont) ⓞ⑤ XXI ► Embrun ⓞ⑤ XXI.

Guilligomarc'h ► Diable (Rocher du) ㉙ III.

Guilvinec ㉙ III.

Guimiliau ㉙ III ► Landerneau ㉙ III ► Saint-Thégonnec ㉙ III.

Guimorais (La) ► Cancale ㉟ III ► Saint-Malo ㉟ III.

Guindy (Le) ► Tréguier ㉒ III.

Guînes (Forêt de) ⑥② VI.

Guingamp ㉒ III ► Arrée (Monts d') ㉙ III ► Corlay ㉒ III.

Guipry ► Messac ㉟ III.

Guiry-en-Vexin ⑨⑤ I.

Guisane (La) ► Monêtier-les-Bains (Le) ⓞ⑤ XXI ► Serre-Chevalier ⓞ⑤ XXI.

Guisay ► St-Étienne ㊷ XX.

Guise ⓞ② VII.

Guîtres ㉝ XVII.

Guitté ► Couëlan (Château de) ㉒ III.

Gujan-Mestras ► Arcachon (Bassin d') ㉝ XVII.

Gura (Cirque de la) ► Peisey-Nancroix ⑦③ XX.

Gurs ► Navarrenx ⑥④ XVII.

Gurson (Château de) ► Montpon-Ménestérol ㉔ XVII.

Gurunhuel ► Belle-Ile-en-Terre ㉒ III.

Guzet-Neige ► Ustou ⓞ⑨ XVIII.

Gy ⑦⓪ XI.

Gy-l'Évêque ⑧⑨ XII ► Auxerre ⑧⑨ XII.

Gyr (Bassin du) ► Valouise ⓞ⑤ XXI.

Gyronde (La) ► Valouise ⓞ⑤ XXI.

H

Hable d'Ault (Marais) ► Ault ⑧⓪ VII.

Hagetmau ④⓪ XVII.

Hagnicourt ⓞ⑧ VIII.

Hague (Cap de la) ⑤⓪ IV.

Haguenau ⑥⑦ X.

Haguenau (Forêt d') ⑥⑦ X ► Betschdorf ⑥⑦ X ► Seltz ⑥⑦ X.

Haie-Fouassière (La) ► Goulaine (Château de) ④④ II.

Haie-Longue (La) ► Corniche angevine ④⑨ II.

Halatte (Forêt d') ⑥⓪ VII ► Raray (Château de) ⑥⓪ VII ► Saint-Christophe ⑥⓪ VII ► Senlis ⑥⓪ VII.

Halguen (Pointe du) ► Pénestin ⑤⑥ III.

Ham ⑧⓪ VII.

Ham-en-Artois ► Lillers ⑥② VI.

Hambye (Abbaye de) ⑤⓪ IV.

Hanau (Etang de) ► Falkenstein (Château de) ⑤⑦ IX.

Hannonville-sous-les-Côtes ► Eparges (Les) ⑤⑤ IX.

Hantz (Col du) ⑥⑦ ⑧⑧ X ► Senones ⑧⑧ IX.

Harambels ► St-Palais ⑥④ XVII.

Harchelles (Etang d') ► Rihoult-Clairmarais ⑥② VI.

Harcourt (Château) ► Brionne ㉗ V.

Harcourt (Château d') ► Chauvigny ⑧⑥ XIV.

Hardelot-Plage ⑥② VI.

Hardouinais (Forêt de la) ㉒ III.

Hardy (Puy) ► Fenioux ⑦⑨ XIV.

Hares (Forêt des) ► Quérigut ⓞ⑨ XVIII.

Harfleur ► Havre (Le) ⑦⑥ V.

Hargnies-Laurier ⓞ⑧ VIII.

Harmonière (Château de la) ④⑨ II.

Haroué ⑤④ IX.

Harth ► Mulhouse ⑥⑧ X.

Harzillemont (Château d') ► Hagnicourt ⓞ⑧ VIII.

Hasard (Pont du) ► Sauve ㉚ XIX.

Hasparren ⑥④ XVII.

Haspelschiedt (Étang de) ► Bitche ⑤⑦ IX.

Hasselfurth (Étang de) ► Bitche ⑤⑦ IX.

Hastingues ► Peyrehorade ④⓪ XVII.

Hattonchâtel ⑤⑤ IX.

Haurs (Mont d') ► Givet ⓞ⑧ VIII.

Haut-Asco (Haut) ► Asco (Vallée) ②B XXII ► Cinto (Monte) ②B XXII.

Haut-Barr (Château du) ► Saverne ⑥⑦ X.

Haut-Bugey (Vallée du) ► Artemare ⓞ① XX.

Haut-Crêt ► Lamoura ㊴ XI.

Haut de Faîte (Roc du) ► Sainte-Marie (Col du) ⑧⑧ ⑥⑧ IX.

Haut du Phény ► Gérardmer ⑧⑧ IX.

Haut du Roc (Le) ► Vagney ⑧⑧ IX.

Haut-du-Sec ► Aujon (Vallée de l') ⑤② VIII.

Haut-Folin ⑦① XII ► Château-Chinon ⑤⑧ XII ► St-Honoré-les-Bains ⑤⑧ XII.

Haut-Fourché (Point de vue du) ► Alpes mancelles ⑦② II.

Haut-Kœnigsbourg (Château du) ⑥⑦ X ► Bergheim ⑥⑧ X ► Climont (Le) ⑥⑦ X ► Sélestat ⑥⑦ X.

Haut-Lion (Château du) ► Ouistreham-Riva-Bella ⑭ IV.

Haut-Ribeaupierre (Château du) ► Ribeauvillé ⑥⑧ X.

Haute-Beaume ► Buëch (Vallée du) ⓞ⑤ XXI.

Haute-Chevauchée (Route de la) ► Varennes-en-Argonne ⑤⑤ IX.

Hautefage-la-Tour ► Laroque-Timbaut ④⑦ XVII.

Hautecombe (Abbaye de) ⑦③ XX ► Bourget (Lac du) ⑦③ XX.

Hautecourt (Signal de) ► Ain (Gorges de l') ⓞ① XX.

Hautefort (Château d') ㉔ XVII.

Haute-Guerche (Château de la) ► Corniche angevine ④⑨ II.

Haute-Isle ► Roche-Guyon (La) ⑨⑤ I.

Haute-Meurthe (La) ► Gérardmer ⑧⑧ IX.

Hauteluce (Vallée de l') ► Beaufort ⑦③ XX ► Beaufortain (Le) ⑦③ XX.

Haute-Seille (Abbaye) ► Blâmont ⑤④ IX.

Hauterives ㉖ XX.

Haute-Sève (Forêt de) ► Ouée (Étang d') ㉟ III.

Hautefage (Barrage d') ► Argentat ⑲ XV.

Haute-Soule (Vallée de la) ► Sainte-Engrâce ⑥④ XVII.

Hauteville-Lompnès ⓞ① XX ► Albarine (Gorges et Cluse de l') ⓞ① XX.

Hautil (Hauteurs de l') ⑦⑧ I ► Triel-sur-Seine ⑦⑧ I.

Hautmont (Côte de) ⑧⑧ IX.

Hautvillers ⑤① VIII ► Epernay ⑤① VIII.

Haux ► Langoiran ㉝ XVII.

Havre (Le) ⑦⑥ V ► Honfleur ⑦⑥ IV ► Seine (Vallée de la) ㉗ ⑦⑥ V.

Havre (Plage du) ► Saint-Malo ㉟ III.

Havre-de-Vie (Le) ► Corniche vendéenne ⑧⑤ II.

Haÿ-les-Roses (La) ⑨④ I.

Hayange ⑤⑦ IX.

Haybes ► Fumay ⓞ⑧ VIII.

Haye (Forêt de) ⑤④ IX ► Liverdun ⑤④ IX ► Moselle (Vallée de la) ⑧⑧ IX ► Nancy ⑤④ IX ► Saint-Nicolas-du-Port ⑤④ IX.

Hazebrouck ㊾ VI.

Héas (Gave de) ► Gèdre ⑥⑤ XVIII.

Hédé ㉟ III.

Helbronner (Pointe) ⑦④ XX ► Midi (Aiguille du) ⑦④ XX.

Hellet (Forêt du) ⑦⑥ V.

Helly (Les) ► Rès (Dent de) ⓞ⑦ XXI.

Helpe (L') ► Liessies ㊾ VI ► Val-Joly (Lac du) ㊾ VI ► Wallers-Trélon ㊾ VI.

Helpe-Majeure (L') ► Avesne-sur-Helpe ㊾ VI.

Hem ㊾ VI.

Hendaye ⑥④ XVII ► Argent (Côte d') ㉝ ④⓪ XVII.

Hennebont ⑤⑥ III ► Baud ⑤⑥ III ► Blavet (Vallée du) ㉟ III.

Henne-Morte (Gouffre de) ► Arbas ㉛ XVIII.

Henrichemont ⑱ XIII.

Henridorff ⑤⑦ IX.

Hérault (L') ► Agde ㉞ XIX ► Asclier (Col de l') ㉚ XIX ► Clamouse (Grotte de) ㉞ XIX ► Demoiselles (Grotte des) ㉞ XIX ► Gignac ㉞ XIX ► Saint-Thibéry ㉞ XIX ► Valleraugne ㉚ XIX.

Herbaudière (L') ► Noirmoutier (Ile de) ⑧⑤ II.

Herbiers (Les) ⑧⑤ II.

Herbisse ⑩ VIII.

Héric (Gorges d') ㉞ XIX ► Caroux (Mont) ㉞ XIX ► Espinouse (Sommet d') ㉞ XIX ► Olargues ㉞ XIX.

Héricourt ⑦⓪ XI.

Héricy ► Samoreau ⑦⑦ I.

Hérisson ⓞ③ XVI.

Hérisson (Cascade du) ► Lacs (Région des) ㊴ XI.

Herm (Château de l') ► Rouffignac ㉔ XVII.

Hermelinghen ► Boulonnais (Collines du) ⑥② VI.

Herment ⑥③ XVI.

Hermitage (L') ► Noirétable ㊷ XX.

Hermitain (Forêt de l') ► Mothe-Saint-Héray (La) ⑦⑨ XIV.

Hermitière (Sources de l') ► Bercé (Forêt de) ⑦② II.

Hermone (Mont) ► Lullin ⑦④ XX.

Héron (Le) ㉗ ⑦⑥ V ► Andelle V.

Hermonville ► Saint-Thierry ⑤① VIII.

Herquemoulin ► Jobourg (Nez de) ⑤⓪ IV.

Herrenberg (Col du) ► Crêtes (Route des) ⑥⑧ ⑧⑧ X.

Herse (Étang de la) ► Bellême ⑥① IV.

Hers (L') ► Belpech ㉚ XIX ► Roquemaure ㉚ XIX ► Sault (Pays de) ⑪ XIX ► Chalabre ⑪ XIX.

Hers (Vallée de l') ⓞ⑨ XVIII ► Fontestorbes (Fontaine de) ⓞ⑨ XVIII ► Frau (Gorges de la) ⓞ⑨ XVIII.

Herse (Mont) ► Rochefort-en-Terre ⑤⑥ III.

Héry (Balcon d') ► Arly (Gorges de l') ⑦③ XX.

Hesdigneul ► Béthune ⑥② VI.

Hesdin ⑥② VI.

Hettange-Grande ► Thionville ⑤⑦ IX.

Heuchin ⑥② VI.

Heudebouville ► Louviers ㉗ V.

Heudicourt ► Mainneville ㉗ V.

Hez (Forêt de) ⑥⓪ VII ► Clermont ⑥⓪ VII.

Hierges ► Givet ⓞ⑧ VIII.

Hillion ► Lamballe ㉒ III.

Hirson ⓞ② VII ► Wimy ⓞ② VII.

Hix ► Bourg-Madame ⑥⑥ XIX.

Hoc (Pointe du) ⑭ IV.

Hochfelsen (Le) ► Ribeauvillé ⑥⑧ X.

Hock (Pointe du) ► Cancale ㉟ III.

Hœdic (Ile de) ⑤⑥ III ► Quiberon ⑤⑥ III.

Hoerdt ► Weyersheim ⑥⑦ X.

Hohatzenheim ⑥⑦ X.

Hohenbourg ► Fleckenstein (Château de) ⑥⑦ X.

Hohlandsbourg ► Eguisheim ⑥⑧ X.

Hohneck (Le) ⑥⑧ X ► Gérardmer ⑧⑧ IX ► Vologne (Vallée de la) ⑧⑧ IX ► Crêtes (Route des) ⑥⑧ ⑧⑧ X ► Munster ⑥⑧ X.

Hohrodberg ► Munster ⑥⑧ X.

Hohwald (Le) ⑥⑦ X ► Andlau ⑥⑦ X ► Bruche (Vallée de la) ⑥⑦ X ► Schirmeck ⑥⑦ X.

Hohwalsch ► Abreschviller ⑤⑦ IX.

Holcarté (Crevasses d') ⑥④ XVII.

Hollandais (Digue des) ► Quillebeuf ㉗ V.

Hollande (Etang de) ► Rambouillet (Forêt de) ⑦⑧ I.

Hom ► Thury-Haucourt ⑭ IV.

Hom ► Nîmes-le-Vieux ㊽ XIX.

Hombourg-Haut ⑤⑦ IX.

Homme Mort (Croix de l') ► Saint-Anthème ⑥③ XVI.

Homy (Cap de l') ④⓪ XVII.

Hondschoote ㊾ VI ► Bergues ㊾ VI.

Honfleur ⑭ IV ► Auge (Pays d') ⑭ IV.

Hôpital-D'Orion (L') ⑥④ XVII.

Hôpital-sous-Rochefort (L') ► Couzan ㊷ XX.

Hôpitaux (Les et Cluse des) ⓞ① XX ► Albarine (Gorges et Cluse de l') ⓞ① XX ► Portes (Calvaire de) ⓞ① XX.

Hôpitaux-Neufs ► Metabief ㉕ XI.

Hornu (Cap) ► St-Valery-sur-Somme ⑧⓪ VII.

Horre (Etangs de la) ► Puellemontier ⑤② VIII.

Hospice de France ㉛ XVIII.

Hospitalet (L') ► Rocamadour ㊻ XVIII.

Hospitalet-du-Larzac ► Larzac (Causse du) ⑫ XVIII.

Hossegor ④⓪ XVII ► Argent (Côte d') ㉝ ④⓪ XVII.

Hostens ㉝ XVII.

Houat (Ile de) ⑤⑥ III ► Quiberon ⑤⑥ III.

Houches (Les) ► Chamonix-Mont-Blanc ⑦④ XX ► Nid d'Aigle (Le) ⑦④ XX.

Houdain ⑥② VI.

Houdan ⑦⑧ I.

Houeillès ④⑦ XVII.

Houetteville ► Iton (Vallée de l') ㉗ V.

Houlgate ► Cabourg ⑭ IV.

Houle (La) ► Cancale ㉟ III.

Hourat (Gorge du) ► Eaux-Chaudes (Les) ⑥④ XVII.

Hourdel (Le) ⑧⓪ VII.

Hourquette-d'Arreau ► Arreau ⑥⑤ XVIII.

Hourquette-de-Héas (La) ► Aragnouet ⑥⑤ XVIII.

Hourtin (Lac d') ㉝ XVII ► Cazaux-Sanguinet (Étang de) ㉝ ④⓪ XVII ► Maubuisson ㉝ XVII.

Hourtous (Roc des) ㊽ XIX ► Tarn (Gorges du) ㊽ XIX ► Vignes (Les) ㊽ XIX.

Houssay ► Port-du-Salut (Trappe du) ⑤③ II.

571

586

587

589

594

Imprimé en Espagne par
Printer industria gráfica sa.   Provenza, 328   Barcelona
D.L.B.: 2651-1985